EUROPA-FACHBUCHREIHE
für informationstechnische und
kommunikationstechnische Berufe

Fachkunde für Fachinformatiker
und Informatikkaufleute

Fachwissen und Fachkompetenz IT-Berufe

Bearbeitet von Lehrern und Ingenieuren an beruflichen Schulen

2. Auflage

VERLAG EUROPA-LEHRMITTEL · Nourney, Vollmer GmbH & Co. KG
Düsselberger Straße 23 · 42781 Haan-Gruiten

Europa-Nr.: 36519

Autoren der Fachkunde für Fachinformatiker

Klaus Gretzinger	Dipl.-Ing., Studienrat	Ulm
Bernhard Grimm	Oberstudienrat	Leonberg, Sindelfingen
Josef Isser	Oberstudienrat	Stuttgart, Sindelfingen
Jürgen Österle	Technischer Lehrer	Ulm
Hermann Münch	Studiendirektor	Stuttgart
Heike Okker	Dipl.-Ing., Oberstudienrätin	Leutkirch
Werner Philipp	Dipl.-Ing. (FH), Oberstudienrat	Heilbronn
Bernd Schiemann	Dipl.-Ing., Studiendirektor	Stuttgart, Ulm
Hubert Troßmann	Studiendirektor	Ulm

Bildbearbeitung:
Wissenschaftliche Publikationstechnik Kernstock, 73230 Kirchheim/Teck

Lektorat:
Dipl.-Ing., Studiendirektor Schiemann, Ulm

Das Buch wurde auf der **Grundlage der amtlichen Rechtschreibregeln** erstellt.

2. Auflage 2004
Druck 5 4 3 2 1
Alle Drucke derselben Auflage sind parallel einsetzbar, da sie bis auf die Behebung von Druckfehlern untereinander unverändert sind.

ISBN 3-8085-3652-7

Diesem Buch wurden die neuesten Ausgaben der DIN-Blätter und der VDE-Bestimmungen zugrunde gelegt. Verbindlich sind jedoch nur die DIN-Blätter und VDE-Bestimmungen selbst.
Die DIN-Blätter können von der Beuth-Verlag GmbH, Burggrafenstraße 4–7, 10787 Berlin 30, und Kamekestraße 2–8, 50672 Köln, bezogen werden.

Umschlagbearbeitung: Idee B. Schiemann, Bearbeitung Michael M. Kappenstein, 60385 Frankfurt, unter Verwendung eines Fotos der Firma National Instruments
Satz: Meis Grafik, 59469 Ense
Druck: Tutte Druckerei GmbH, 94121 Salzweg/Passau

Vorwort zur 2. Auflage

Der schnelle technische Fortschritt hat die Informationstechnik zu einer der Schlüsseltechnologien für die wirtschaftliche und industrielle Entwicklung unseres Landes gemacht. Betroffen sind davon auch die Ausbildungsinhalte für alle damit befassten Berufe. Das vorliegende Buch ist im Besonderen für die Erstausbildung in den IT-Berufen Fachinformatiker/in der Fachrichtungen Systemintegration und Anwendungsentwicklung sowie Informatikkauffrau/mann gedacht. Auch in den Lernfeldern mit betriebswirtschaftlichen Inhalten werden, so weit sinnvoll, Formeln verwendet. Grundlage sind die Bundesrahmenlehrpläne dieser Berufe.

Neu ist die didaktische und methodische Konzeption in der Vermittlung der Inhalte durch Lernfelder. Alle Inhalte, auch das integrative Englisch sind so aufgebaut, dass sie zielgerichtet Handlungsorientierung fördern und Fachkompetenz vermitteln. Damit ist das Buch für ein schülerzentriertes Lernen geeignet. Das Buch ist zusätzlich so konzipiert, dass es beim Arbeiten in Geschäftsprozessen die fachliche Unterstützung liefert, ohne gleichzeitig durch eigene Geschäftsprozessvorgaben den Unterrichtsspielraum sowie die betrieblichen Geschäftsprozessvorgaben einzuengen. Das Werk stellt ein Kompendium dar, anhand dessen ein schnelles Vertrautmachen mit den technischen und wirtschaftlichen Bedingungen eines Geschäftsprozesses durch Selbststudium oder in Zusammenarbeit mit Lehrern oder Ausbildern ermöglicht wird. Das Verständnis zusammenhängender englischer Fachliteratur wird durch ein eigenes Kapitel schülergerecht vermittelt. Zur Erlernung der Schwerpunkte der FI-Berufe enthält das Buch die folgenden Abschnitte:

- Der Betrieb und sein Umfeld,
- Geschäftsprozesse und betriebliche Organisation,
- Arbeitsmethoden und Informationsquellen,
- Einfache IT-Systeme,
- Information and telecommunications technology,
- Entwickeln und Bereitstellen von Anwendungssystemen,
- Vernetzte IT-Systeme,
- Mitwirkung bei Marktbeobachtungen und Marktforschungen,
- Öffentliche Netze und Dienste,
- Betreuen von IT-Systemen,
- Rechnungswesen und Controlling.

Die Autoren haben sich bemüht, auch schwierige Zusammenhänge in einer verständlichen Sprache darzustellen. Besonderer Wert wurde darauf gelegt, Funktionszusammenhänge und Funktionsabläufe durch zahlreiche mehrfarbige Bilder, Diagramme und Tabellen zu veranschaulichen. Auch für den Unterricht an Informationstechnischen Gymnasien, Fachgymnasien, Fachoberschulen und Berufsoberschulen wird das Buch empfohlen. Als grundlegende Einführung in das gesamte Fachgebiet ist dieses Buch gleichzeitig nützlich für Schüler an Berufskollegs und Studierende an Fachschulen, Berufsakademien, Fachhochschulen und Technischen Universitäten.

Über konstruktive Verbesserungsvorschläge, die zu einer Verbesserung des Buches führen, freuen sich Verlag und Autoren.

Sommer 2004

Die Verfasser

Inhaltsverzeichnis

7 Vernetzte IT-Systeme

10 Betreuen von IT-Systemen

11 Rechnungswesen und Controlling

12 Anhang

1 Der Betrieb und sein Umfeld

Unternehmen produzieren, verkaufen und kommunizieren nicht isoliert von ihrer sozialen und ökologischen Umwelt. Sie wissen, dass ihr Verhalten gegenüber Mitarbeitern, Kunden, Anteilseignern und der Gesellschaft langfristig den wirtschaftlichen Erfolg wesentlich beeinflusst **(Bild 1)**.

Durch ihre wirtschaftliche Macht sind sie Antriebskraft für viele positive und negative Veränderungen in der Gesellschaft. Es liegt in ihrer eigenen Verantwortung, der Verantwortung jedes einzelnen Mitarbeiters und der Verantwortung des Staates, diese wichtige Rolle gewissenhaft auszufüllen.

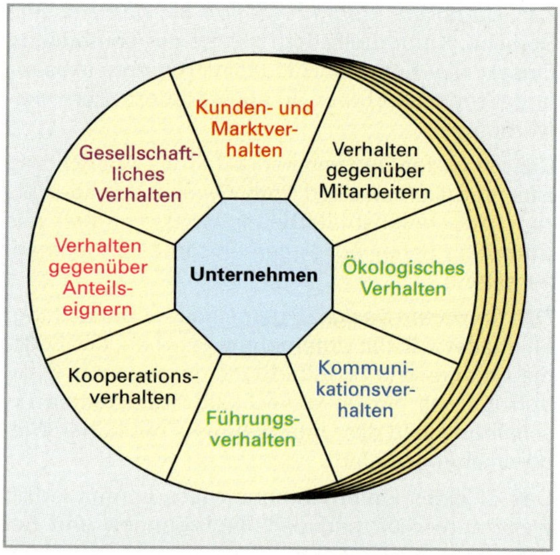

Bild 1: Beschreibung eines Unternehmens

1.1 Selbstverständnis der Unternehmen

Um den Ansprüchen des Marktes nach einem positiven Bild des Unternehmens in der Öffentlichkeit gerecht zu werden, formulieren Unternehmen zunehmend „freiwillig" übergreifende Leitlinien, die ihre Identität, ihr Selbstverständnis, nach innen und außen prägen sollen. Dies wird auch als Corporate Identity (Unternehmensphilosophie) bezeichnet.

Unternehmensleitlinien stellen einen verbindlichen Rahmen für die Mitarbeiter dar.

Das *Corporate Identity* (CI) beinhaltet z. B. Richtlinien über

- die Art und Weise wie man mit Mitarbeitern und Geschäftspartnern umgeht,
- das Qualitätsverständnis,
- die Kundenorientierung,
- das Umweltverhalten und
- die Bedeutung von Kreativität und Innovation im Unternehmen.

Ziel des Corporate Identity ist es, die Unternehmensphilosophie im Unternehmen als Motivationsfaktor konsequent durchzusetzen und in der Öffentlichkeit ein positives Unternehmensbild aufzubauen.

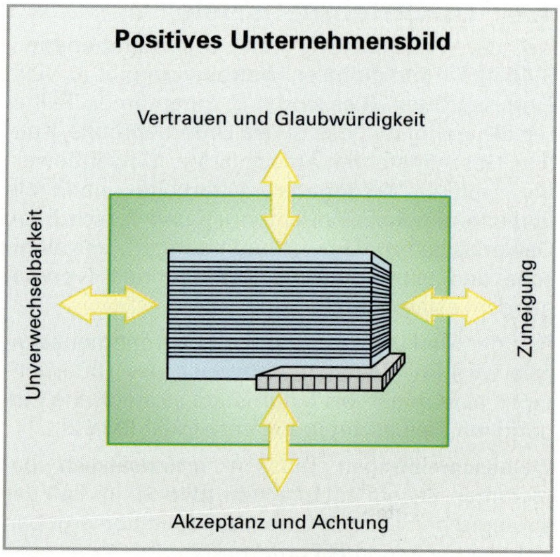

Bild 2: Positives Unternehmensbild

Zu einem positiven Unternehmensbild gehören z. B.

- Achtung und Akzeptanz,
- Vertrauen und Glaubwürdigkeit,
- Zuneigung und
- Unverwechselbarkeit **(Bild 2)**.

Um einen guten Erfolg bei der Vermittlung des CI zu erzielen, muss das Unternehmen überall durch das Zusammenwirken der drei CI-Elemente Corporate Communication, Corporate Behaviour und Corporate Design einheitlich dargestellt und präsentiert werden **(Bild 3)**.

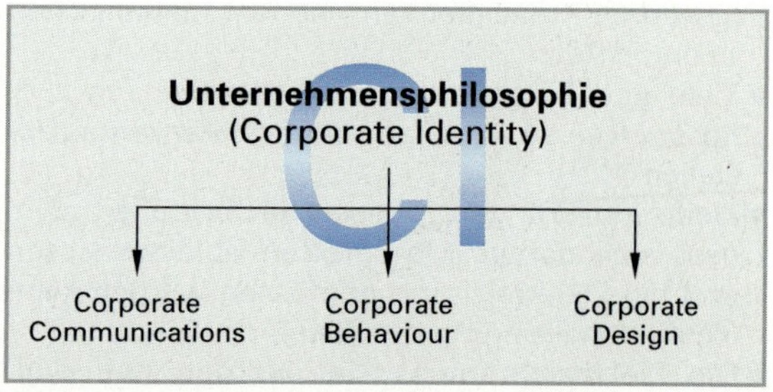

Bild 3: Umsetzung der Unternehmensphilosophie

Zur *Corporate Communication* (= gemeinsame Sprache, Kommunikation) gehört der kombinierte Einsatz aller Kommunikationsinstrumente (Absatz- und Produktwerbung, Imagewerbung, Personalwerbung).

Die schlüssige und widerspruchsfreie Ausrichtung aller Verhaltensweisen vom Generalmanager bis zum Außendienstmitarbeiter ist Bestandteil des *Corporate Behaviour* (= gemeinsames Benehmen, Verhalten).

Das Corporate Design (= gemeinsame Darstellung) beinhaltet z. B. die Unternehmensfarben, das Logo, die Typografie (= Schriftart) und das Signet (= Symbol). Es soll ein unverwechselbares äußeres Erscheinungsbild des Unternehmens mit hoher Wiedererkennung liefern.

Das CI eines Unternehmens muss kontinuierlich weiterentwickelt und den Bedingungen und Bedürfnissen des Unternehmens und des Marktes angepasst werden.

1.2 Unternehmensziele

Bei der Formulierung der Unternehmensziele **(Bild 1)** für den globalen Wettbewerb gibt es viele Einflussgrößen. Dies sind z. B. Eigentümer, Teilhaber (Shareholder), das CI des Unternehmens, Kunden, Geschäftsführer, Aufsichtsräte, Mitwettbewerber, Lieferer, Kreditgeber, Mitarbeiter, nationale und internationale Einrichtungen und Vorschriften, Gewerkschaften, Umweltbedingungen, astrologische und astronomische Bedingungen (vorwiegend im asiatischen Raum).

Aus der Marktanalyse und der Unternehmensanalyse wird im Managementbereich des Unternehmens eine mittel- bis langfristige strategische Planung mit Zielbeschreibung entwickelt **(Bild 2)**.

Zielbeschreibungen müssen grundsätzlich bestimmten Regeln entsprechen **(Bild 3)**. Im Fall der strategischen Unternehmenszieldefinition ergeben sich daraus folgende Forderungen:

- Die formulierten Ziele müssen für das Unternehmen und die Marktbedingungen realistisch sein.
- Standardziele treffen am Markt auf viele Mitwettbewerber. Kreativität kann helfen, Marktnischen zu entdecken.
- Ziele und Teilziele sind zu bewerten, um z. B. Ressourcen zu verteilen und Präferenzen aufzustellen.
- Zielformulierungen müssen so formuliert sein, dass sich daraus Messgrößen ableiten lassen und die Zielerreichung gemessen werden kann (Operationalisierung der Ziele).
- Die Zielabsicht muss klar werden (wir wollen ..., damit wir ...).

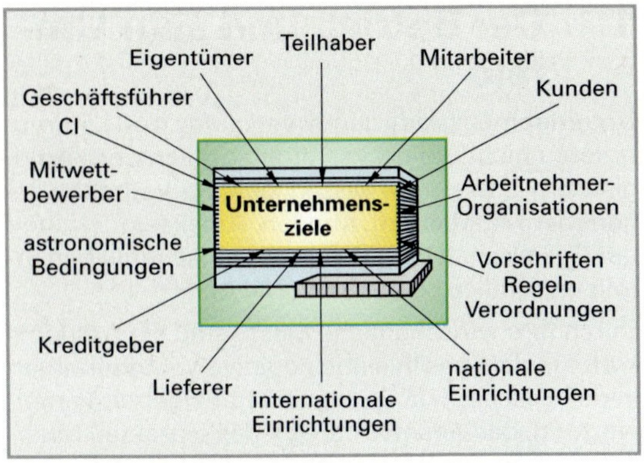

Bild 1: Einflussfaktoren auf die Zieldefinition des Unternehmens

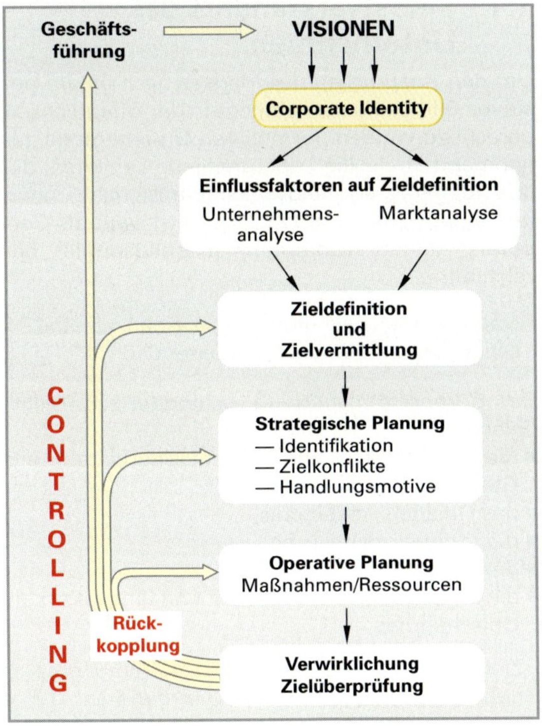

Bild 2: Zielverwirklichung

Zielbeschreibung

⇨ Zielabsicht soll erkennbar sein.
⇨ Ziele sollen realistisch sein.
⇨ Zielformulierungen sollen so konkret sein, dass daraus Führungsgrößen abgeleitet werden können (Maßstab, inwieweit das Ziel erreicht wurde).
⇨ So offen und flexibel sein, dass nachfolgende Maßnahmen kurzfristig angepasst werden können.

Bild 3: Anforderungen an Zielbeschreibungen

In der operativen Planung werden Zielvereinbarungen für die Beschäftigten festgelegt. Es wird bestimmt, wer, wann, wo und wie etwas tut und welche Mittel er dafür zur Verfügung hat **(Bild 1)**.

In der operativen Planung werden die Grundgedanken der strategischen Planung in konkrete Einzelmaßnahmen umgesetzt.

Zur erfolgreichen Zielverwirklichung sind die formulierten Ziele und Zielaspekte allen Beteiligten so zu vermitteln, dass sie akzeptiert werden und sich die Mitarbeiter damit identifizieren.

Je besser Mitarbeiter über die Ziele des Unternehmens informiert sind und sich damit identifizieren, desto selbstständiger und zielgerichteter können sie arbeiten.

Durch das Controlling (vgl. Abschnitt 11) wird der gesamte Ablauf überwacht und bei Bedarf werden Warnmeldungen und Verbesserungsvorschläge gemacht.
In einer abschließenden Zielüberprüfung wird bewertet, ob die formulierten Ziele ganz oder teilweise erreicht wurden. Es wird nach Gründen gesucht, warum Planungen und Maßnahmen erfolgreich oder nicht erfolgreich waren, um zukünftig bessere Planungen und Realisierungen durchführen zu können. Dieses Review (= Überdenken) hat zum Ziel, eine sich selbst weiterentwickelnde Organisation zu schaffen (Selbstevaluation).
Die angestrebten Unternehmensziele lassen sich z. B. in *Primärziele und Sekundärziele* unterscheiden **(Bild 2)**.
Die Primärziele
- Optimierung der Kosten,
- Einhaltung von Terminen und
- Optimierung der Qualität

sind für den momentanen wirtschaftlichen Erfolg wesentlich. Sie bestimmen den kurzfristigen Shareholder Value (Gewinn für die Teilhaber) und werden deswegen oft vorrangig betrachtet.
Die oft vernachlässigten sekundären Ziele sind Voraussetzung für den langfristigen Unternehmenserfolg. Auch die Bewertung von Unternehmen am Aktienmarkt wird weniger durch die aktuelle Gewinnsituation bestimmt als durch die Erwartungen für die mittel- und langfristigen Marktaussichten des Unternehmens.
Ein wesentliches Element zum Erreichen der sekundären Ziele ist die Förderung der Schlüsselqualifikationen, wie sie in allen neuen Berufsbildern enthalten ist **(Bild 3)**. In vielen Stellenanzeigen und Bewerbungsverfahren werden diese Schlüsselqualifikationen, oft auch als „soft skills" bezeichnet, ausdrücklich verlangt.

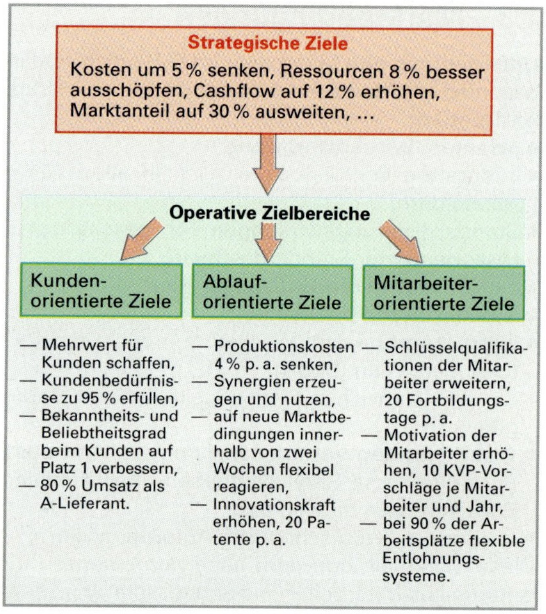

Bild 1: Ableitung operativer Zielbereiche aus den strategischen Zielen

Bild 2: Primärziele und Sekundärziele eines Unternehmens

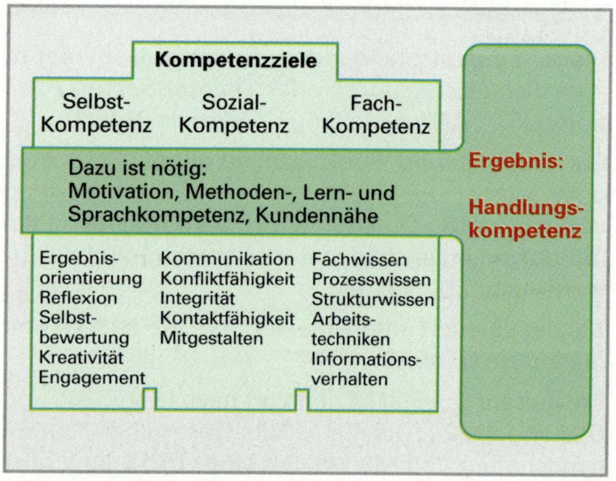

Bild 3: Schlüsselqualifikationen

1.3 Marktbedingungen

Unternehmen und Mitarbeiter im IT-Bereich sind in besonderem Maße mit Merkmalen neuer Märkte konfrontiert:

- rasantem Wissensfortschritt,
- Integration von IT-Technologien in allen Tätigkeitsfeldern,
- Standardisierungswirkungen von geschäftsprozessorientierter Standardsoftware,
- extrem kurzen Produktlebenszyklen,
- Globalisierung der Märkte,
- überproportionalem Wachstum in nicht produktiven Bereichen **(Bild 1)**,
- Kundenanspruch auf individuelle Problemlösungen,
- Wahrnehmung von Dienstleistungs-, Vertriebs-, Beratungs- und Serviceaufgaben über fachliche Berufsgrenzen hinweg und
- steigenden gesellschaftliche Anforderungen.

Diese Merkmale erfordern neue Kompetenzen für erfolgreiche Mitarbeiter und angepasste Unternehmensstrategien.

Die in vielen Märkten vorherrschende Wettbewerbssituation mit einem Überangebot an Waren und Dienstleistungen (= Käufermarkt) bedingt, dass Angebote, die außer einem attraktiven Preis nur den Grundnutzen erfüllen (bei einem Handy ist z. B. der Grundnutzen das Führen eines Gesprächs über eine Distanz) sich am Markt nicht behaupten können. Nur wenn Angebote dem Kunden in möglichst vielen Merkmalen einen Zusatznutzen (beim Handy z. B. ein bestimmtes Image, erhöhte Aufmerksamkeit) in Aussicht stellen, ist der Erfolg wahrscheinlich.

Nur wenn Produkte und Dienstleistungen gegenüber den Mitwettbewerbern in möglichst vielen Merkmalen einen Zusatznutzen versprechen, können sie am Markt erfolgreich sein.

Diese kaufentscheidenden Zusatznutzen nennt man *Schlüsselfaktoren* oder *Unique Selling Positions* USP (= Alleinstellungsmerkmale, **Bild 2**).

Die Qualität und Funktionalität eines Produktes oder einer Dienstleistung wird vom Kunden vorausgesetzt. Qualität und Funktionalität fallen nur auf, wenn sie fehlen oder überraschend die Erwartungen übersteigen.

Bei der Qualität unterscheidet man die äußere und die innere Qualität.

Die äußere Qualität ist definiert nach DIN 55350 und DIN ISO 8402: „Qualität ist die Gesamtheit von Eigenschaften und Merkmalen eines Produktes oder einer Tätigkeit, die sich auf deren Eignung zur Erfüllung gegebener Forderungen bezieht..." **(Bild 3)**.

Die innere Qualität bezieht sich auf herstellerinterne qualitätsbeeinflussende Größen.

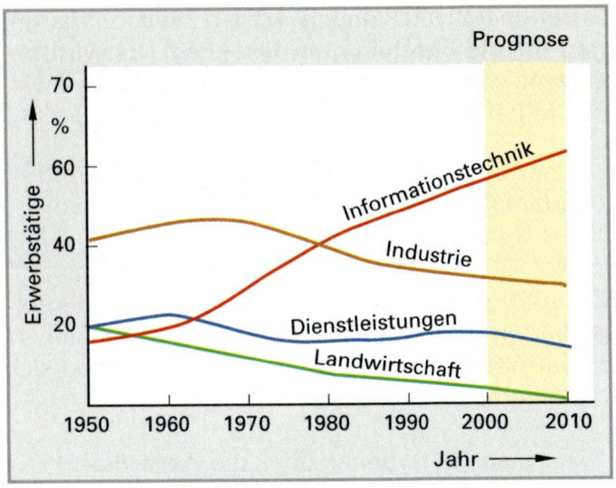

Bild 1: Anteil der Erwerbstätigen nach Sektoren

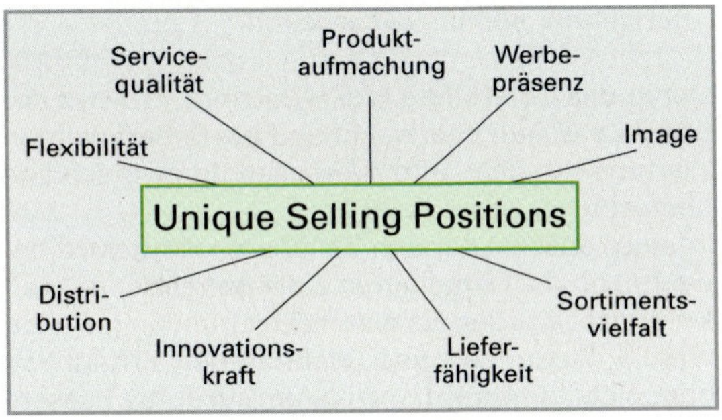

Bild 2: Wichtige Unique Selling Positions

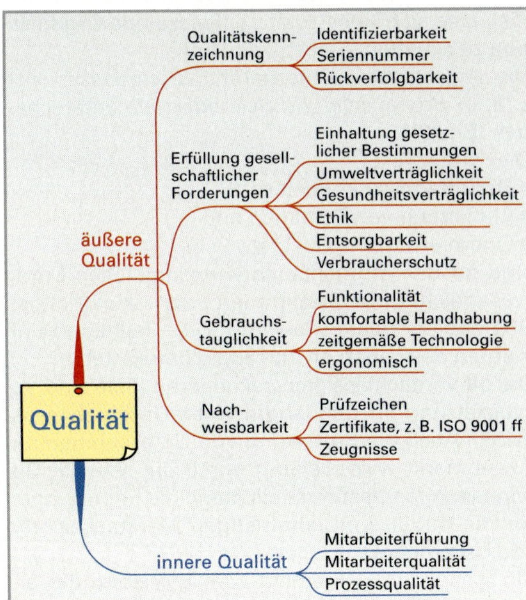

Bild 3: Qualitätselemente

1.4 Umsetzung von Kundenwünschen

Um die Kundenwünsche optimal zu erfüllen, setzen viele Unternehmen systematische Methoden zur Planung, Entwicklung und Umsetzung von Kundenforderungen ein. Unter Kunden versteht man dabei jeden Nachfrager von Leistungen und Produkten, also z. B. auch andere Abteilungen innerhalb des gleichen Unternehmens.

Quality Function Deployment (QFD) ist ein Beispiel für eine häufig eingesetzte Methode zur konsequenten Umsetzung von Kundenforderungen. Zentrales Werkzeug des QFD ist das *House of Quality* (HoQ, **Bild 1** und **Bild 2**).

Die Arbeitsschritte zum Erstellen eines HoQ sind:

1. Ermittlung und Bearbeitung der Kundenforderungen. Was will der Kunde?
   Diese Kundenforderungen werden oft durch direkten Kundenkontakt (Voice of the Customer, VoC, z. B. über Servicemitabeiter) gewonnen.
2. Vergleich mit Mitwettbewerbern. Wie bewertet der Kunde meine Produkte?
   Dieser Vergleich ist durch die Kunden durchzuführen, ihre subjektiven Urteile sind entscheidend.
3. Formulierung der technischen Kriterien. Die meist vagen Äußerungen des Kunden müssen in aussagefähige und möglichst messbare Kriterien umformuliert werden.
4. Ableiten und Gewichten korrelierender (= zusammenhängender) Merkmale für die Verbesserung. Überprüfen auf Wechselwirkungen mit anderen Kriterien.
5. Analyse der Abhängigkeiten.
6. Gewichtung der Merkmale.
7. Technischer Leistungsvergleich mit Mitwettbewerbern und Festlegung messbarer Zielwerte für die Umsetzung.

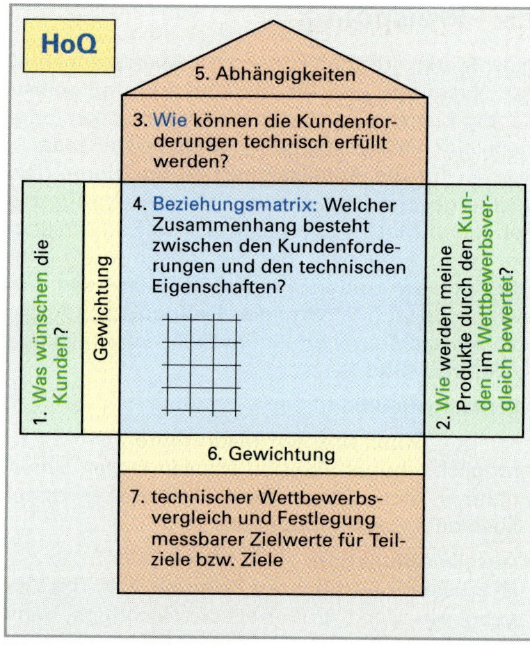

Bild 1: House of Quality

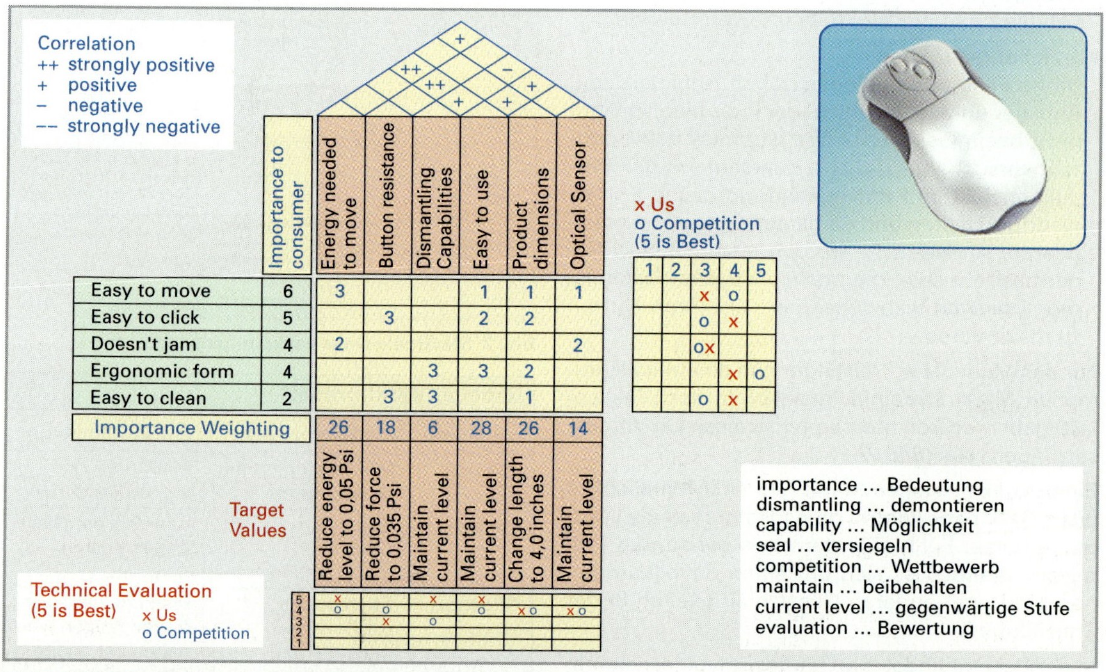

Bild 2: HoQ für die Weiterentwicklung einer Computermaus

1.5 Preispolitik

In der Marktwirtschaft können alle Marktteilnehmer ihre Nachfrage und ihr Angebot frei und selbstständig planen. Die Unternehmer versuchen langfristig einen möglichst hohen *Shareholder Value* (= Gewinn für die Anteilseigner) zu realisieren. Die Nachfrager möchten mit den ihnen zur Verfügung stehenden Mitteln ein Maximum an Bedürfnisbefriedigung erreichen. Bei der Abstimmung zwischen diesen unterschiedlichen Interessen am Markt (= realer oder virtueller Treffpunkt von Angebot und Nachfrage) erfüllt der Preis entscheidende Funktionen **(Bild 1)**.

- **Lenkungsfunktion:**
  Knappe Güter sind am Markt teurer. Um einen möglichst hohen Preis zu erzielen stellen Unternehmer diese Güter bereit und dienen damit auch dem Gesamtinteresse.
- **Ausgleichsfunktion:**
  Ist zu einem bestimmten Zeitpunkt z. B. das Angebot am Markt größer als die Nachfrage, dann sinkt der Preis. Zum niedrigeren Preis wird mehr nachgefragt, aber weniger angeboten. Dieser Anpassungsprozess läuft bis ein Gleichgewicht (Gleichgewichtsmenge, Gleichgewichtspreis) erreicht wird.
- **Signalfunktion:**
  Der Preis signalisiert den Knappheitsgrad eines Gutes. Dabei ist nicht die absolute Preishöhe relevant, vielmehr zeigen Preisänderungen an, wie sich die Knappheitsverhältnisse verschieben.
- **Erziehungsfunktion:**
  Da im Falle des polypolistischen Anbieters (ein Anbieter unter sehr vielen) der Preis eine von ihm nicht beeinflussbare Größe ist, muss der Produzent versuchen, möglichst sparsam mit den Produktionsfaktoren umzugehen, um seine Kosten niedrig zu halten und damit den Gewinn zu maximieren. Andererseits werden auch die Nachfrager bestrebt sein, die preisgünstigsten Einkaufsmöglichkeiten wahrzunehmen, um ihren Nutzen zu maximieren.

Für das Modell der Preisbildung in einem vollkommenen Markt (vereinfachtes Abbild der Wirklichkeit) geht man von mehreren Prämissen (= Voraussetzungen) aus **(Bild 2)**.

Einen vollkommenen Markt gibt es in Wirklichkeit nicht. Sehr nahe kommt dem Idealmodell die Wertpapierbörse. Fehlt eine der oben genannten Prämissen, handelt es sich um einen unvollkommenen Markt mit anderen Gesetzmäßigkeiten in der Preisbildung.

In der Realität findet man häufig Polypole, seltener Oligopole und Monopole **(Tabelle)**.

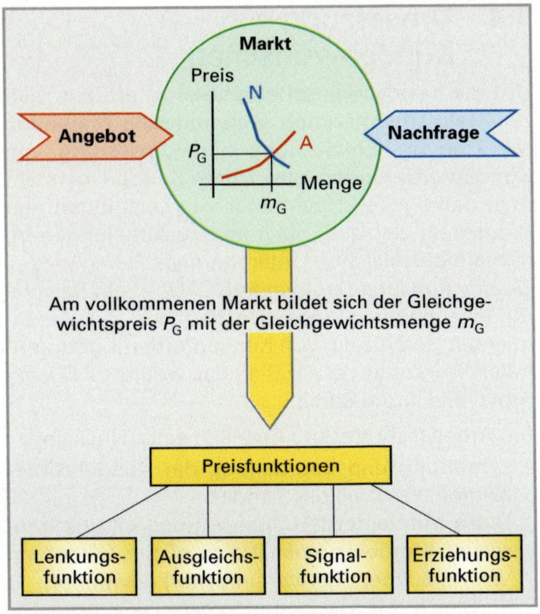

Bild 1: Preisbildung und Preisfunktionen am vollkommenen Markt

Bild 2: Merkmale eines vollkommenen Marktes

Tabelle: Marktformen

Marktform	Marktverhalten	Preisbestimmung
Polypol	Mengenanpassung an Marktpreis	Marktpreis und eigene Kosten
Monopol	Strategie zur Gewinnmaximierung	Reaktion der Nachfrager, Kosten
Oligopol	Strategie zur zur Gewinnmaximierung	Reaktion der Nachfrager, Kosten, Verhalten der anderen Oligopolisten

Im vollkommenen Polypol ist der Preis für den einzelnen Unternehmer eine Größe, die er aufgrund der Wettbewerbssituation nicht beeinflussen kann. Entsprechend seiner Kostenstruktur kann er nur als Mengenanpasser reagieren oder durch Marketingmaßnahmen versuchen andere Markt- und Kundensegmente zu erschließen.

Der Angebotsmonopolist befindet sich im Vergleich zum Polypolisten in einer völlig anderen Situation: Er kann über den Preis auch die Absatzmenge gemäß seinen Vorstellungen bestimmen.

Der Monopolist kann Preise und Angebotsmengen zum Erreichen des Gewinnmaximums festlegen.

Er erreicht sein Gewinnmaximum, indem er die Versorgung des Marktes verschlechtert **(Bild 1)**.

Zum Schutz des Verbrauchers ist die Marktmacht von Unternehmen hinsichtlich monopolartiger Stellungen in vielen Ländern eingeschränkt. In Deutschland wird durch das Gesetz gegen Wettbewerbsbeschränkung (Kartellgesetz) die Bildung wettbewerbsgefährdender, marktbeherrschender Unternehmen verhindert. Hiervon sind Kartelle (= vertragliche Zusammenschlüsse rechtlich selbstständiger Unternehmen mit dem Ziel den Markt und den Wettbewerb einzuschränken), Zusammenschlüsse von Unternehmen (Fusionen) und Absprachen zwischen Unternehmen betroffen. Durch z. B. technologische Spitzenleistungen und Patente können jedoch zeitweise monopolistische Stellungen entstehen.

Bei einem Angebotsoligopol stehen wenigen großen Anbietern viele Nachfrager gegenüber. Auf oligopolistischen Märkten kann man oft eine weitgehende Starrheit der Preise feststellen, d. h. die Oligopolisten erhöhen gemeinsam ihre Preise, z. B. durch Bildung eines Kartells, oder sie überlassen einem Marktführer die Preispolitik und ziehen gemeinsam nach. Dabei kann die Preisführerschaft abwechselnd von verschiedenen Oligopolisten übernommen werden. Geht man vom Modell des vollkommenen Angebotsmonopols aus, so ist das gemeinsame Gewinnmaximum der Oligopolisten im *Cournotschen Punkt* erreicht. Für die Oligopolisten insgesamt ist es also vorteilhaft, gemeinsam die Cournotsche Menge zum Monopolpreis anzubieten. Dieses Vorgehen erfordert allerdings eine Absprache unter den Oligopolisten.

Für den einzelnen Anbieter kann es aber z. B. bei Vorliegen einer günstigeren Kostenstruktur auch günstig sein, seinen Preis zu senken und damit seinen Marktanteil auf Kosten der anderen zu erhöhen. Er muss aber damit rechnen, dass die anderen Anbieter versuchen, ebenfalls kostengünstiger zu produzieren und auch ihre Preise senken. Dies führt schließlich dazu, dass der gemeinsame Gewinn aller reduziert wird. Es ist daher letztendlich für den Oligopolisten von Vorteil, sich friedlich zu verhalten.

Für die Preisgestaltungsmöglichkeiten eines Anbieters in nicht vollkommenen Märkten ist es auch wichtig zu wissen, wie die Nachfrager auf Preisänderungen reagieren.

Mit der Preiselastizität der Nachfrage beschreibt man die Reaktion der Nachfrager auf eine Preisänderung.

$E = \frac{\Delta m}{\Delta p}$	E Preiselastizität der Nachfrage Δm Mengenänderung (%) Δp Preisänderung (%)

Je weniger Kunden auf ein Produkt angewiesen sind, je mehr Ersatzprodukte mit vergleichbarem Nutzen und Zusatznutzen vorhanden sind, desto stärker reagieren Kunden auf Preisänderungen. Ist die Elastizität größer als 1, so spricht man von einer elastischen Nachfrage, d. h. bei einer Preiserhöhung sinkt der Umsatz.

Monopolpreis in €	Absatzmenge in Mio. Stk.	Erlöse in Mill. €	Kosten in Mill. €	Gewinn in Mio. €
80,00	10,0	800	2.900	–2100
160,00	10,0	1.600	2.880	–1280
240,00	9,5	2.280	2.860	–580
320,00	9,0	2.880	2.840	40
400,00	8,3	3.320	2.820	500
480,00	7,5	3.600	2.800	800
560,00	6,7	3.752	2.780	972
640,00	5,5	3.520	2.760	760
720,00	4,0	2.880	2.740	140
800,00	3,2	2.560	2.720	–160
880,00	2,6	2.288	2.700	–412

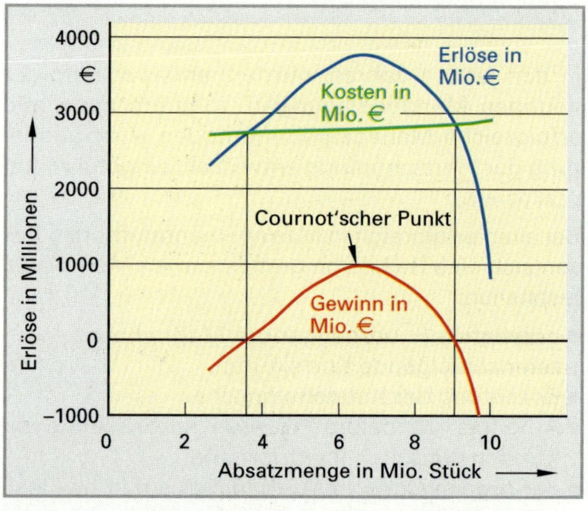

Bild 1: Monopolpreisbildung, Tabelle und Diagramm

1.6 Leistungs-, Geld- und Informationsflüsse in einem Unternehmen

Durch den optimierten Einsatz der Produktionsfaktoren Arbeit, Rohstoffe, Kapital und Knowhow versuchen Unternehmen ihre Ziele zu verwirklichen. Die betriebliche Abläufe und Schnittstellen **(Bild 1)** zu Märkten müssen hierzu geplant, organisiert, koordiniert und kontrolliert werden.

Aus technischer Sicht bedeutet dies z. B., dass der Materialfluss der Roh-, Hilfs- und Betriebsstoffe optimiert werden muss. Aus umweltorientierter Sicht bedeutet es die Minimierung von Belästigungen, Umweltschäden und sparsamen Einsatz globaler Ressourcen. Finanztechnisch bedeutet es z. B., dass die Kapitalbindung minimiert werden muss. Informationstechnisch muss sichergestellt sein, dass Informationen durch entsprechende IT-Dienstleistungen

- in der richtigen Menge,
- in der richtigen Qualität,
- am richtigen Ort,
- zur richtigen Zeit,
- zu günstigen Preisen,
- vollständig und
- transparent zur Verfügung stehen.

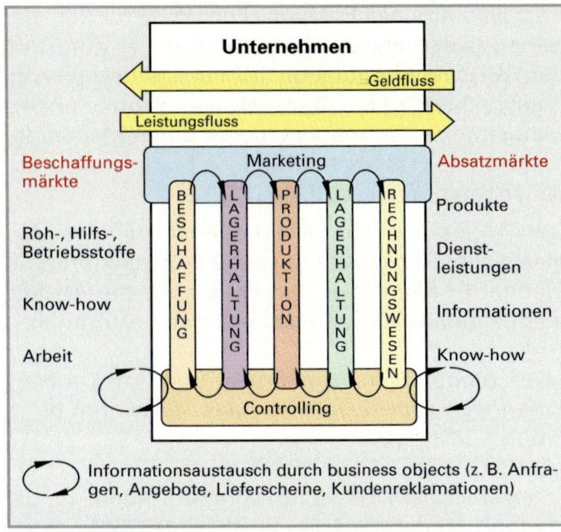

Bild 1: Leistungs-, Geld- und Informationsflüsse

1.7 Wertschöpfung

Je geringer der Aufwand des Unternehmens für die Bereitstellung und den Absatz seiner Leistung am Markt ist, desto höher ist die Wertschöpfung.

Unter Wertschöpfung versteht man den Wertzuwachs eines Produktes oder einer Dienstleistung zwischen dem Beschaffungspreis und dem Absatzpreis.

In den letzten Jahren wurden, entsprechend der heutigen Marktbedingungen, mehrere neue und erfolgreiche Managementmethoden zur Optimierung der Wertschöpfung entwickelt, eingeführt und praktiziert.

Bei allen erfolgreichen Managementmethoden lassen sich eine Reihe von gemeinsamen Merkmalen feststellen:

- präventive (= vorbeugende) Maßnahmen ersetzen nachfolgende Korrekturen,
- Beachtung der Kundenwünsche,
- Aufgaben werden in Prozesse zur Erfüllung von Kundenwünschen integriert und
- der organisatorische Aufbau zielt auf hohe Flexibilität, Einsicht und Lernfähigkeit.

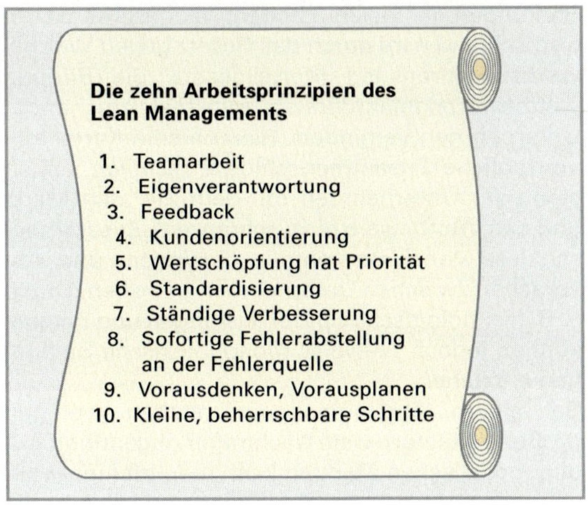

Bild 2: Die zehn Arbeitsprinzipien des Lean Managements

Die direkten Auswirkungen dieser Zielsetzungen zeigen sich in der Aufbau- und Ablauforganisation moderner Unternehmen.

In den flachen Hierarchien moderner Unternehmen werden Führungsaufgaben und Verantwortung für Prozesse an Prozessverantwortliche (Prozessowner) delegiert. Kundenprobleme werden am Ort der Ursache durch schnelle, flexible und kundennahe „case worker" (case = Fall, Prozess, worker = Arbeiter) gelöst.

Lean Management LM (schlankes Management) und *Lean Production LP* (schlanke Produktion) galt jahrelang als Zauberwort für Produktivitätsfortschritte in der produzierenden Wirtschaft. Die wichtigsten Verhaltensregeln für die Mitarbeiter sind in 10 Arbeitsprinzipien zusammengefasst **(Bild 2)**.

Grundstrategien des LM und LP sind

- die Suche nach Rationalisierungsmöglichkeiten durch Verringern der Fertigungstiefe. D. h., wenn andere die Arbeit günstiger und/oder schneller erledigen können, wird dieser Bereich ausgelagert (= Outsourcing),
- kooperatives Vorgehen von Marketingfachleuten, Technikern, Servicemitarbeitern (= Simultaneous Engineering) zur Verringerung des „time to market" (= Zeit eines Projekts bis zur Markteinführung),
- die Konzentration auf technologisch anspruchsvolle Bereiche mit hochqualifizierten Mitarbeitern,
- Einbeziehung der Zulieferfirmen in die Planung,
- höhere Flexibilität durch Konzentration auf das Wesentliche und eine flache Hierarchie,
- Verzicht auf zu breite Produktpaletten ohne Synergieeffekte (= Übertragung von Wissen auf andere Aufgabenstellungen),
- starke Orientierung der Arbeitsabläufe an selbstgesteuerten und selbstverantwortlichen Teams und
- Integration der Teams in Prozesse.

Total Quality Management TQM

Um am Markt erfolgreich zu sein muss ein Unternehmen kundenorientierte Produkte und Dienstleistungen kundengerechter Qualität zu wettbewerbsfähigen Preisen anbieten.

Während in der Vergangenheit hauptsächlich Qualitätsüberprüfungen am Endprodukt erfolgten, werden heute durch das Qualitätsmanagement alle qualitätsbeeinflussenden Größen während des gesamten Lebenszykluses eines Produktes überwacht und beeinflusst (TQM). Kostentreibendes Overengineering (nicht in Anspruch genommene Qualität) ist ebenso zu vermeiden wie nach Kundenmeinung vorhandene Qualitätsdefizite **(Bild 1)**.

Just-in-Time JIT

JIT bedeutet, dass nachgeschaltete Fertigungsstufen Güter genau dann abrufen und bereitgestellt bekommen, wenn Bedarf danach besteht. JIT zielt insbesondere auf eine Minimierung der Lagerhaltungskosten, birgt aber das Risiko einer starken Lieferantenabhängigkeit. Dieses Risiko muss durch eine entsprechene Lieferantenauswahl und Vertragsgestaltung minimiert werden.

Business Process Reengineering BPR

BPR vereinigt Elemente des Lean Management und des TQM und zeichnet sich durch fundamentale und radikale Eingriffe in bestehende Abläufe und Organisationen aus. BPR geht es nicht um partielle Verbesserungen. Ziel ist eine Verbesserung um „Quantensprünge". Hierzu muss u.a. das Denken in Prozessen statt in Teilaufgaben, das Anbieten von Problemlösungen anstatt Produkten, die Anwendung neuer Kostenrechnungsverfahren durch Prozessverantwortliche (case worker, case manager) vorangetrieben werden.

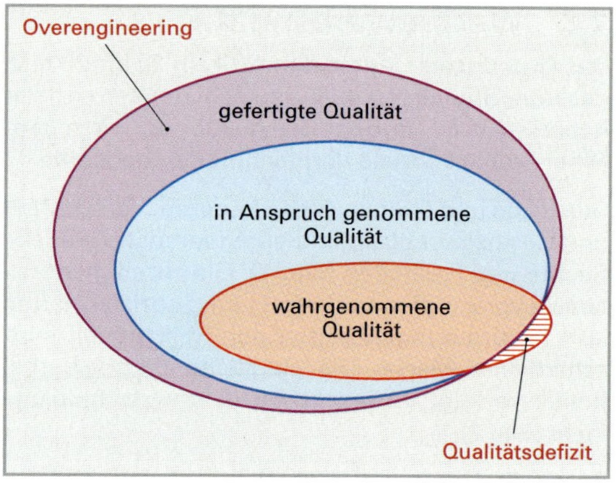

Bild 1: Qualitätsanforderungen

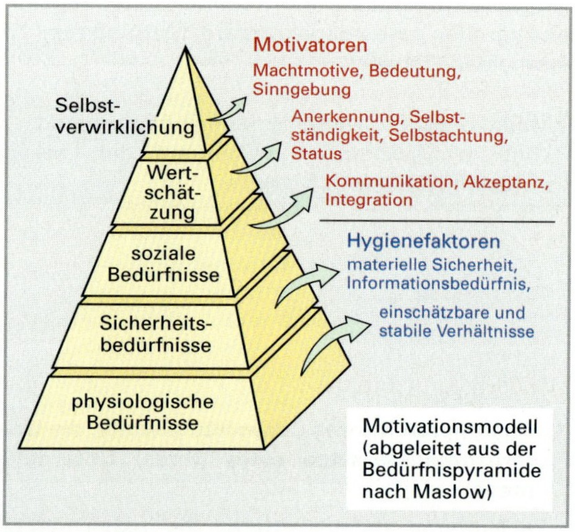

Bild 2: Motivationsmodell

Höhere Wertschöpfung durch neue Verfahren und Methoden kann aber nur mit zufriedenen Mitarbeitern und dem Kunden realisiert werden **(Bild 2)**.

Hygienefaktoren bilden die Rahmenbedingungen, um unter den Mitarbeitern und Kunden Unzufriedenheit zu vermeiden.

Hygienefaktoren wirken von außen (extrinsisch) auf den Mitarbeiter. Diese Maßnahmen sind tendenziell nur kurzfristig wirksam, d. h. sie müssen häufig erneuert werden.

Motivatoren wirken von innen (intrinsisch) und sind tendenziell langfristig wirksam.

Motivatoren erhöhen die Leistungswilligkeit.

1.8 Wettbewerbspolitik

Das Grundgesetz legt in den Artikeln 20 bis 28 fest, dass die Bundesrepublik Deutschland ein sozialer Rechtsstaat ist, in dem die Ausübung wirtschaftlicher Freiheit soziale Verpflichtungen bedeutet.

Staatliche und überstaatliche Normen, Vorschriften und Gesetze schützen und garantieren individuelle Rechte und Freiheiten **(Bild 1)**. Gleichzeitig enthalten sie Vorschriften zur Vermeidung sozialer Härten und Bestimmungen gegen den Missbrauch wirtschaftlicher Macht. Die staatliche Wettbewerbspolitik verfolgt insbesondere volkswirtschaftliche Ziele **(Bild 2)**.

Damit die Leistungsfähigkeit eines freien Marktes nicht unnötig eingeschränkt wird, versucht man möglichst mit marktkonformen Methoden regelnd einzugreifen und marktkonträre Maßnahmen zu vermeiden **(Tabelle)**.

Marktkonforme Maßnahmen erhöhen, marktkonträre Maßnahmen verringern die Leistungsfähigkeit eines Marktes.

GG:
Art. 12 freie Arbeitsplatzwahl
Art. 14 Privateigentum an Produktionsmitteln
Art. 14 Abs. 2: Sozialverpflichtung des Eigentums: „Eigentum verpflichtet. Sein Gebrauch soll zugleich dem Wohle der Allgemeinheit dienen …“

Stabilitätsgesetz StWG:
§1 StWG: „Bund und Länder haben bei ihren wirtschafts- und finanzpolitischen Maßnahmen die Erfordernisse des gesamtwirtschaftlichen Gleichgewichts zu beachten. Die Maßnahmen sind so zu treffen, dass sie im Rahmen der marktwirtschaftlichen Ordnung gleichzeitig zur Stabilität des Preisniveaus, zu einem hohen Beschäftigungsstand und außenwirtschaftlichen Gleichgewicht bei stetigem und angemessenem Wirtschaftswachstum beitragen.“

Arbeitsförderungsgesetz AFG
Gesetz gegen Wettbewerbsbeschränkungen GWB
Gesetz gegen unlauteren Wettbewerb UWG
Gewerbeordnung GewO §1 Gewerbefreiheit
EWG VO 1836/93, DIN EN ISO 14001

Bild 1: Gesetzesauswahl zur Wettbewerbspolitik

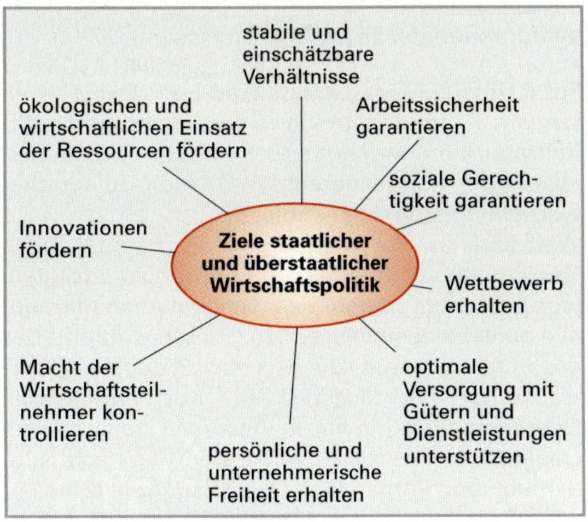

Bild 2: Volkswirtschaftliche Ziele der Wirtschaftspolitik

Tabelle: Marktkonforme und marktkonträre Maßnahmen

Maßnahme	marktkonform	marktkonträr
Kennzeichen	Preisfunktionen des Marktes bleiben erhalten	Preisfunktionen des Marktes werden außer Kraft gesetzt
Beispiele	– unterschiedliche Besteuerung von Energieträgern – Eingriffe der Notenbanken zur Beeinflussung der Geldmenge – staatlich finanzierte Umschulungsmaßnahmen	– Preisfestsetzung für bestimmte Güter – Einfuhr- und Ausfuhrverbote – zeitlich unbegrenzte Subventionen für Unternehmen

Wiederholung und Vertiefung

1. **Analysieren Sie das Corporate Identity, die Unternehmensleitsätze eines (Ihres) Unternehmens.**
   a) **Notieren und diskutieren Sie insbesondere die Aussagen zu folgenden Stichworten: Kunde, Mitarbeiter, Innovation, Umwelt und Qualität.**
   b) **Beschreiben Sie, wie das Corporate Design realisiert wurde.**
2. **Erörtern Sie die Problematik, in einem globalen Markt allgemein anerkannte Bewertungskriterien für gesellschaftliche Anforderungen an Unternehmen zu finden.**
3. **Welche Ziele hat Ihr Unternehmen?**
4. **Begründen Sie an Beispielen aus ihrem beruflichen Alltag, warum die Förderung der Schlüsselqualifikationen für Ihren Beruf ein wesentliches Erfolgselement ist.**
5. **Analysieren Sie, welche Grundnutzen und welche Zusatznutzen Produkte bzw. Dienstleistungen aus Ihrem Tätigkeitsbereich versprechen.**
6. **Erstellen Sie ein HoQ für ein Handy.**

2 Geschäftsprozesse und betriebliche Organisation

2.1 Strukturveränderungen der Wirtschaft

Der gegenwärtige Umbruch in der Wirtschaft ist betriebswirtschaftlich durch eine Vielzahl von Merkmalen gekennzeichnet **(Bild 1)**.

Trend zur Dezentralisierung: Wertschöpfungsketten sind auf mehrere Betriebe, oft sogar international, verteilt. Die Fertigungstiefe einzelner Unternehmen ist gering.

Trend zur Zentralisierung: Verwaltungen, Lager bestimmter Massenzulieferteile, EDV-Dienstleistungen werden zentralisiert.

Wertschöpfungskettenmanagement (Supply Chain Management SCM): systematische Ausdehnung der Prozessorganisation und Prozessüberwachung bis zu Verbrauchern und Lieferanten.

Trend zu individuellen Problemlösungen: Produkte und Dienstleistungen werden in einer großen Zahl von Varianten angeboten. Der Kundenwille bestimmt wesentlich das Angebot. Kundenorientierte Strukturen bei der Gestaltung interner Abläufe zwischen Abteilungen oder Profitcentern werden häufiger.

Globalisierung: Der Wettbewerb ist weltweit.

Zeitwettbewerb: Die Time to Market (= Zeit bis zur Bereitstellung eines Produktes) als wesentlicher Wettbewerbsfaktor wird immer kürzer. Trotz minimierter Lagerhaltung werden kürzeste Lieferzeiten erwartet.

Wissensmanagement (= Knowledgemanagement) wird zum entscheidenden Wettbewerbsfaktor.

Innovationsgeschwindigkeit: die Lebensdauer von Produkten, die Wettbewerbsvorteilsdauer durch technologische Spitzenprodukte, z. B. den gerade schnellsten Prozessor, oder andere Alleinstellungsmerkmale (USP) am Markt sinken ständig.

Mitarbeiterorientierung: bessere Beachtung der Mitarbeiterbedürfnisse als Motivationsfaktor. Z. B. flexible Arbeitszeiten, Formen der Gruppenarbeit mit Möglichkeiten zu einem Höchstmaß an individueller Autonomie und Verantwortung.

Trend zur Dematerialisierung: Durch technische Fortschritte, z. B. durch IT-Techniken wie Telearbeit, Teleshopping, Teleausbildung tritt eine Erhöhung der Ressourcenproduktivität ein, weil der Arbeiter bzw. Kunde sich viele Fahrwege sparen kann. In der Praxis gehen die Ressourcengewinne aus diesen Fortschritten allerdings häufig durch vermehrte Aktivitäten auf anderen Gebieten, z. B. höhere Freizeitnutzung des PKW, wieder verloren (Rebound-Effekt, to rebound = zurückprallen).

Bild 1: Wirtschaftstrends aus betriebswirtschaftlicher Sicht

Bild 2: Volkswirtschaftliche Gesichtspunkte der Globalisierung und moderner Informationstechnik

Auch aus volkswirtschaftlicher Sicht ergeben sich Veränderungen durch die verflochtene Weltökonomie und moderne Informationstechnik **(Bild 2)**.

Durch den Abbau von Handelshemmnissen und eine moderne Transportlogistik sind für Massengüter die Transportkosten in der internationalen Ökonomie oft vernachlässigbar.

Subventionen verfälschen die wahren Kostenverhältnisse.

Moderne IT-Einrichtungen erlauben ein grenzüberschreitendes Echtzeitmanagement aller Unternehmensaktivitäten und machen Unternehmen zunehmend ortsunabhängig.

Durch die Verlagerung in Steuerparadiese können Unternehmen Steuern sparen.

Volkswirtschaftlich gesehen ist die Mitfinanzierung von Umwelt- und Sozialstandards durch die Unternehmen international noch nicht an diese neuen Bedingungen angepasst und vereinheitlicht.

Transnationale Unternehmen verlassen deshalb zunehmend räumlich gebundene Einflussbereiche wie lokale und nationale Wirtschafts- und Sozialpolitik, Gewerkschaften und betriebliche Interessenvertretungen. Schon die bloße Existenz multinationaler Rationalisierungsmöglichkeiten beeinflusst damit das Kräfteverhältnis zwischen Unternehmen und Gesellschaft massiv.

Wiederholung und Vertiefung

1. **Skizzieren Sie die internationale Wertschöpfungskette bei der PC-Herstellung mit Angabe der Länder.**
2. **Beschreiben Sie zu den genannten Strukturveränderungen Beispiele aus Ihrem Beschäftigungs- und Erfahrungsbereich.**
3. **Veranschaulichen Sie den Begriff „komparativer Kostenvorteil" an einem Beispiel.**

2.2 Aufbauorganisation von Unternehmen

Zur Bewältigung neuer Marktbedingungen müssen Unternehmen ihre Aufbauorganisation und Ablauforganisation entsprechend organisieren.

In der Aufbauorganisation werden Stellen und Abteilungen gebildet.

Stellen sind die kleinsten organisatorischen Einheiten in einem Betrieb. Zu jeder Stelle gibt es eine Stellenbeschreibung, die z. B. die Stellenbezeichnung, den Dienstrang, die Zielbeschreibung, Aufgabenbeschreibungen, Kompetenzbeschreibung und ein Anforderungsprofil enthält **(Tabelle)**.

Zur optimalen Anpassung an die Marktbedingungen und einer effektiven Umsetzung der Unternehmensziele soll die Organisation eines Unternehmens eine möglichst optimale „innere Ordnung" haben.

Bei der Gestaltung der Aufbauorganisation orientiert man sich an drei wesentlichen Prinzipien:

Prinzip der Eindeutigkeit und Klarheit
Alle Organisationsgrundsätze, -regeln und -unterlagen müssen auf das Unternehmensziel ausgerichtet sein **(Bild 1)**. Die Unternehmensziele müssen

Tabelle: Stellenbeschreibung

Stellenbezeichnung:	Gruppenleiter Netzwerktechnik
Vorgesetzter:	Abteilungsleiter Netzwerktechnik
Mitarbeiter:	4-6 Fachinformatiker
Stellvertreter:	Abteilungsleiter Netzwerktechnik
Stellenziel:	Der Stelleninhaber hat seine Aufgaben im Bereich Netzwerktechnik so wahrzunehmen, dass die Vorschriften unseres Qualitätshandbuches eingehalten werden.
Stellenaufgaben:	1. Entwurf und Änderung von UNIX-Netzen 2. Installation und Test von UNIX-Netzen 3. Kundenbetreuung und Wartung
Stellenbefugnisse:	1. Auftragsannahme und Materialbestellungen für Aufträge bis 100.000 Euro 2. Bestellungen des Eigenbedarfs bis 500 Euro 3. Personaleinteilung innerhalb der zugeordneten Arbeitnehmer
Stellenverantwortung:	1. Auftragsabwicklung 2. Personalbeurteilung
Eingruppierung:	T6

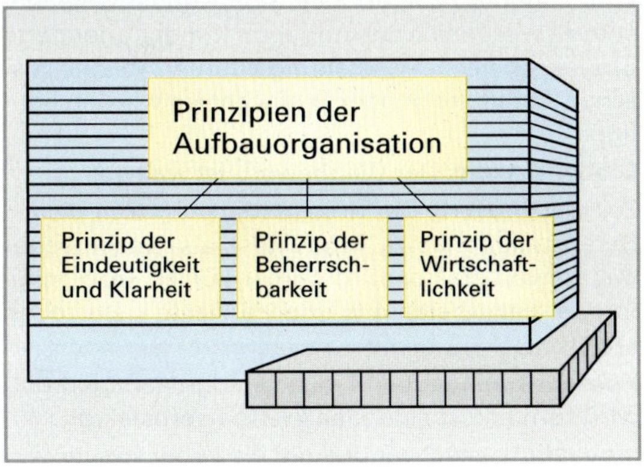

Bild 1: Organisationsgrundsätze

allen bekannt sein und dürfen sich nicht widersprechen. Als Hilfsmittel dienen Organisationspläne, Stellen- bzw. Aufgabenbeschreibungen und Arbeitsanweisungen.

Prinzip der Beherrschbarkeit
Es müssen alle Voraussetzungen zur Erfüllung der übertragenen Aufgaben geschaffen werden. Unverzichtbare Voraussetzungen sind z. B. Kompetenzen, Informationen, Kenntnisse und Fähigkeiten.

Prinzip der Wirtschaftlichkeit
Die Aufbauorganisation muss wesentliche Benchmarkings (= Erfolgskennzahlen) positiv beeinflussen.

In traditionell organisierten Unternehmen werden Stellen mit gleichen Funktionen zu Abteilungen zusammengefasst. So entstehen z. B. die Abteilungen Einkauf, Fertigung, Verkauf und Buchhaltung.

In modern organisierten Unternehmen werden die Stellen oft objektbezogen zusammengefasst. Z. B. bilden alle Stellen zur Erfüllung eines Kundenauftrages eine Organisationseinheit oder eine Projektgruppe.

Für die Arbeitsorganisation innerhalb der Organisation gelten folgende Regelungen:

- Substitutionsprinzip
  Sich oft wiederholende spezielle Entscheidungen werden durch generelle Entscheidungen ersetzt.
- Dynamisches Optimum
  Zwischen grundsätzlichen Regelungen und fallweiser Bearbeitung ist ein wirtschaftlicher Kompromiss zu finden.
- Eindeutigkeit
  Aufgaben, Kompetenzen und Verantwortungen für Zuständigkeitsbereiche sind eindeutig festzulegen.

Die in der Aufbauorganisation eingeführten Leitungssysteme stellen Rangordnungen dar. Es wird geregelt, wie der Instanzenweg ist, Zuordnungs- und Weisungsbefugnisse werden verteilt, Informationswege und Beschwerdewege bestimmt.

Traditionelle Grundformen von Leitungssystemen

Liniensystem

Im Liniensystem erhalten untergeordnete Stellen nur von einer übergeordneten Stelle Anweisungen. Das Liniensystem kann funktionsorientiert **(Bild 1)** oder produktorientiert aufgebaut sein z. B. in der Netztechnik, Kommunikationstechnik oder Meldetechnik).

Stabliniensystem

Das Stabliniensystem **(Bild 2)** unterscheidet sich vom Liniensystem dadurch, dass die Geschäftsleitung sich mit einem Stab von Beratern, z. B. Juristen, technischen Beratern, Finanzfachleuten, Marketingfachleuten umgibt, die die Geschäftsleitung in der Entscheidungsvorbereitung unterstützen, jedoch meist keine Anweisungsbefugnisse besitzen.

Matrixorganisation

Die Matrixorganisation ist eine Organisation, bei der Funktionsbereiche mit objektorientierten, produktorientierten oder projektorientierten Abteilungen zusammenarbeiten **(Bild 3)**. In der IT-Branche bewähren sich für die Durchführung von Aufträgen Projektorganisationen.

Die **Tabelle, folgende Seite**, zeigt in einem Vergleich wesentliche Merkmale dieser traditionellen Aufbauorganisationsformen.

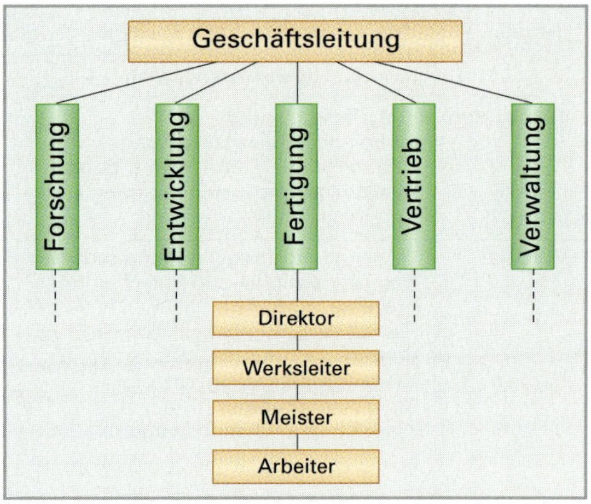

Bild 1: Funktionsorientiertes Liniensystem

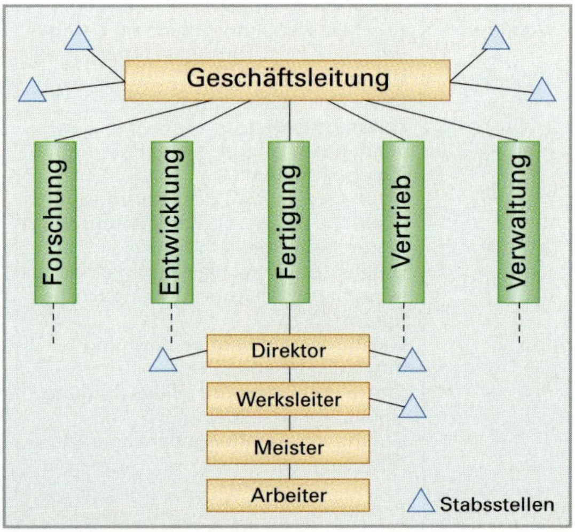

Bild 2: Stab-Liniensystem

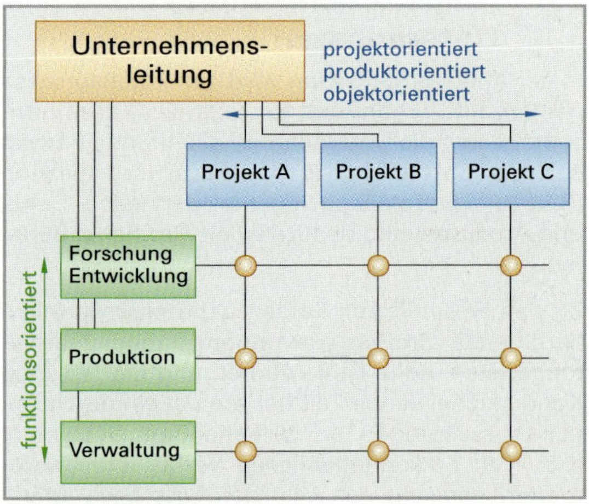

Bild 3: Matrixorganisation

Tabelle: Merkmale, Vorteile und Nachteile traditioneller Leitungsmodelle

	Linien-Organisation	Stab-Linien-Organisation	Matrix-Organisation
Grundsätze	Einheit der Leitung. Einheit des Auftragsempfangs. Unterscheidung der Linien z. B. nach Funktionen, Produkten, Regionen oder Kundengruppen.	Wie Linienorganisation. Zusätzlich: Spezialisierung von Stabsstellen auf Leitungsunterstützungsfunktionen, in der Regel ohne Kompetenzen gegenüber der Linie.	Spezialisierung der Leitung und Aufgaben nach den Funktionen.
Vorteile	Einheit der Auftragserteilung reduziert Kommunikations- und Entscheidungsprozesse. Einheit der Leitung, kein Kompromissdenken. Klare Kompetenzabgrenzung. Klare Anordnungen. Klare Kommunikationswege.	Entlastung der Linieninstanzen, erhöhte Kapazität für sorgfältige Entscheidungsvorbereitung, sinnvoller Ausgleich zwischen Spezialistendenken des Stabes und Überblick der Linie (Teamarbeit), fachkundige Entscheidungsvorbereitung unter Einsatz moderner Methoden möglich.	Entlastung der Leitungsspitze, Spezialisierung, aufgabenspezifische Zusammensetzung, gleichwertige Berücksichtigung mehrerer Dimensionen, permanente Teamarbeit.
Nachteile, Gefahren	Lange Dienstwege für Anordnungen, Beschwerden, Informationen, Delegationen, lange Kommunikationswege. Hierarchisches Denken. Keine Spezialisierung bei der Leitungsfunktion. Tendenz zur Bildung von „Passerellen" (Querverbingen). Überlastungsrisiko der Führungskräfte. Unnötige Belastung von Zwischenhierarchiestufen. Gefahr der Vernachlässigung eines systematischen Entscheidungsvorbereitung. Gefahr der Informationsfilterung durch Zwischeninstanzen. Starre und langsame Willensbildung. Gefahr von Insellösungen. Gefahr von Abteilungsdenken und Abteilungsegoismus.	Funktionsaufteilung der Leitung nach Phasen des Willensbildungsprozesses. Entscheidungskompetenz von Fachkompetenz getrennt. Gefahr der Entwicklung einer überdimensionierten „wasserkopfartigen" Stabstruktur. Gefahr der Vernachlässigung der Leitungsfunktionen (Stab als Vorwand für mangelhafte Delegation). Fülle von Konfliktmöglichkeiten zwischen Linie und Stab. Transparenz der Entscheidungsprozesse geht verloren. Gefahr, dass Stabsmitarbeiter Linienvorgesetzte dank fachlicher Überlegenheit manipulieren (Entscheidung ohne Verantwortung). Gefahr, dass Stabsarbeit von Linieninstanzen nicht ausgewertet wird oder nur missbraucht wird.	Regelung der Kompetenzkreuzungen notwendig, großer Bedarf an Leitungskräften, großer Kommunikations- und Abstimmungsbedarf.

2.3 Ablauforganisation von Unternehmen

In der Ablauforganisation wird der Arbeitsprozess geplant und organisiert. Es zeigt sich, dass horizontal durch die Unternehmen ablaufende Prozesse in der funktionsorientierten Aufbauorganisation **(Bild 1)** mit abteilungseigenen vertikalen Denk- und Arbeitsablaufstrukturen viele Probleme bereiten.

Zu den wesentlichen Folgen gehören so erfolgshemmende Größen wie unnötig lange Bearbeitungszeiten, hohe Fehlerquoten und die fehlende Kundennähe. Lange Zeit hat man allein durch Detailverbesserungen an bestehenden Systemen, z. B. KVP (= kontinuierliches Verbesserungsprogramm) versucht, den Anforderungen neuer Märkte gerecht zu werden. Es wurde jedoch erkannt,

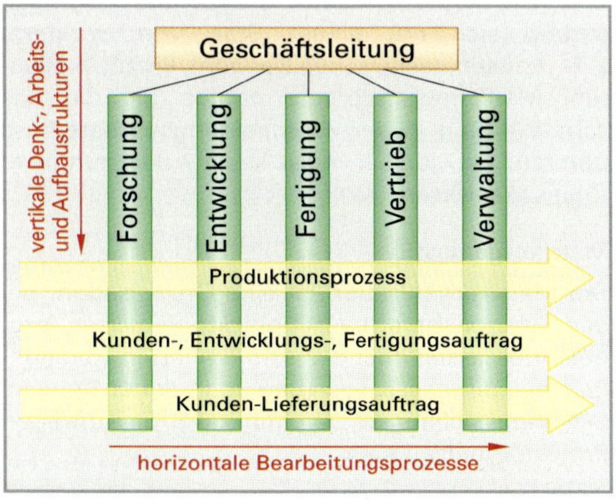

Bild 1: Widerspruch horizontal ablaufender Auftragsbearbeitung und vertikaler Organisationsmerkmale

dass die angestrebten wesentlichen Verbesserungen nur über radikale Veränderungen der alten Strukturen erreichbar sind **(Bild 1)**.

Bedingt durch die Verhältnisse in vielen Märkten, motiviert durch Erfolge anderer Unternehmensneuorganisationen und beschleunigt durch entsprechende IT-Unterstützung geht der Trend heute zu immer weitreichenderen Umstrukturierungen: Geschäftsprozessorientierung und Business Reengineering (= umfassende Neuorganisation von Unternehmen) werden in der Theorie und Praxis als unabdingbare Voraussetzung für eine zeitgemäße und anforderungsgerechte Unternehmensgestaltung angesehen.

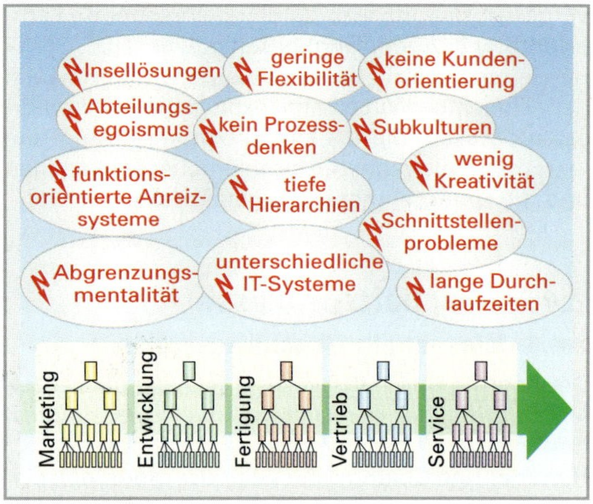

Bild 1: Probleme traditioneller Aufbauorganisationen

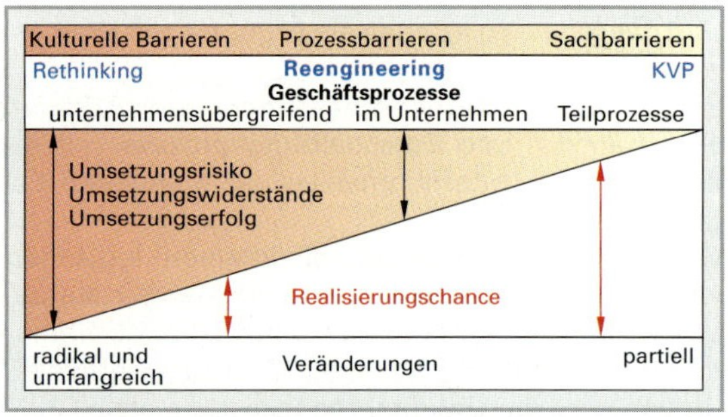

Bild 2: Zusammenhang zwischen Strukturveränderungen und Realisierungschance

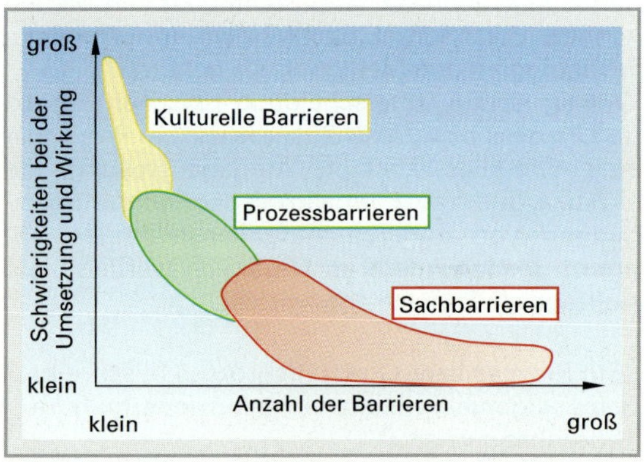

Bild 3: Häufigkeit und Wirkung von Veränderungsbarrieren

Ausgangspunkte für Reengineeringmaßnahmen sind:

Die Frage nach der Effektivität:
Tun wir das Richtige zum Erreichen der Unternehmensziele?
Warum tun wir das, was wir tun?

Die Frage nach der Effizienz:
Tun wir es richtig? Weshalb machen wir es auf diese Weise?

Die Frage nach der Kundenfokussierung:
Wo sind Defizite im Kundennutzen?
Erzielen wir für den Kunden einen zusätzlichen Nutzen?
Kann der Kunde den Nutzen erkennen?

Die Frage nach der Informatiknutzung:
Wird der Prozess optimal durch Software unterstützt?

Im Wertschöpfungskettenmanagement (= Supply Chain Management) werden die Methoden und Vorgehensweisen des Geschäftsprozessmanagements sogar über die Unternehmensgrenzen hinweg auf den gesamten Wertschöpfungsprozess ausgedehnt.

Da mit dem Umfang und der Geschwindigkeit der Strukturänderungen zwar der mögliche Umsetzungserfolg steigt, sich gleichzeitig aber auch Umsetzungsrisiken und Umsetzungswiderstände erhöhen, muss ein erfolgsversprechender Kompromiss gefunden werden **(Bild 2** und **Bild 3)**.

Sachbarrieren wie z. B. Softwarefehler, fehlende oder unzureichende Eingabemasken, treten bei Umstrukturierungen häufig auf. Sie lassen sich in der Regel durch Fachspezialisten leicht lösen, bringen insgesamt aber keine entscheidenden Gesamtverbesserungen. Prozessbarrieren wie z. B. zu viele Vorschriften, unterschiedliche Ziele der Abteilungen, Kapazitätsengpässe und umständliche Genehmigungsverfahren behindern die Zusammenarbeit und damit den reibungslosen Ablauf zwischen Kollegen und Abteilungen und müssen durch Prozessteams beseitigt werden.

Kulturelle Barrieren, z. B. Fachdenken statt Prozessdenken, Angst vor Misserfolgen und Abgrenzungsmentalität zu anderen Fachabteilungen bei Neuerungen sind in unserem Denken und Handeln

verankert und müssen durch entsprechende Lernerfahrung (= Rethinking) beseitigt werden.
Barrieren, die nicht beseitigt werden, führen neben der schlechten Wirtschaftlichkeit zu heimlichen Ersatzprozessen, die die Unternehmensleitung und Unternehmensregelung problematischer machen und die Unternehmensziele gefährden.

2.4 Geschäftsprozesse

2.4.1 Was ist ein Geschäftsprozess?

Der Begriff „Geschäftsprozess" ist einer der zentralen Begriffe bei der Unternehmensneuorganisation.
Hammer und Champy, die Väter der modernen Geschäftsprozessorientierung definieren einen Geschäftsprozess als: „... ein Bündel von Aktivitäten, für das ein oder mehrere Inputs benötigt werden und das für einen Kunden ein Ergebnis mit Wert erzeugt..".
Eiff: „... ein am Kerngeschäft orientierter Arbeits-, Informations- und Entscheidungsprozess mit einem für den Unternehmenserfolg relevanten Ergebnis..."
Gausmeier: „... Aktivitäten, die in einem logischen wie zeitlichen Zusammenhang zueinander stehen und inhaltlich abgeschlossen sind, ... der Kombination von Menschen, Material, Maschinen und Methoden wird die Unternehmensleistung erzielt."
DIN EN ISO 8402: „... Satz von in Wechselbeziehungen stehenden Mitteln und Tätigkeiten, die Eingaben in Ergebnisse umgestalten. Zu den Mitteln können Personen, Einrichtungen und Anlagen, Technologien und Methodologie gehören."
Wichtig ist die Unterscheidung zwischen Projekt und Prozess bzw. Geschäftsprozess: Ein Projekt ist eine einmalige, konkrete Aufgabenstellung, die sich u. a. durch die Einmaligkeit der Rahmenbedingungen von anderen Aufgabenstellungen abgrenzt. Insbesondere im IT-Bereich werden viele Aufträge als Projekte abgewickelt.

Ein Prozess bzw. Geschäftsprozess beschreibt eine allgemeingültige, vielfach wiederholbare Vorgehensweise.

Die Optimierung dieser Prozesse unter verschiedenen Gesichtspunkten kann einem Unternehmen entscheidende Wettbewerbsvorteile bringen.

In einem Unternehmen laufen verschiedene Geschäftsprozesse ab **(Bild 1)**.

Wertschöpfungprozesse erzeugen die Unternehmensleistung, für die der Kunde bereit ist Geld zu bezahlen.

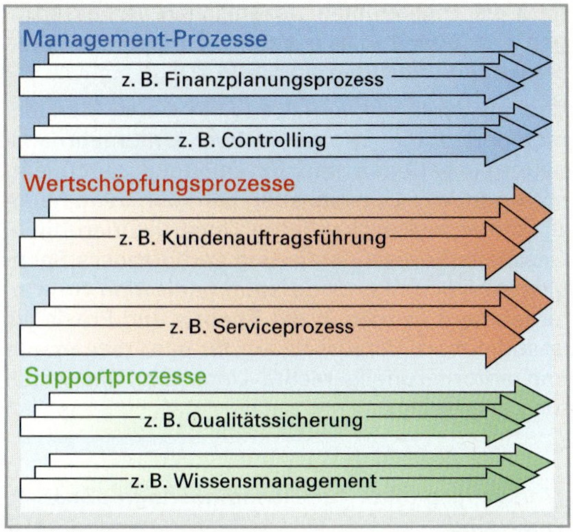

Bild 1: Geschäftsprozesse

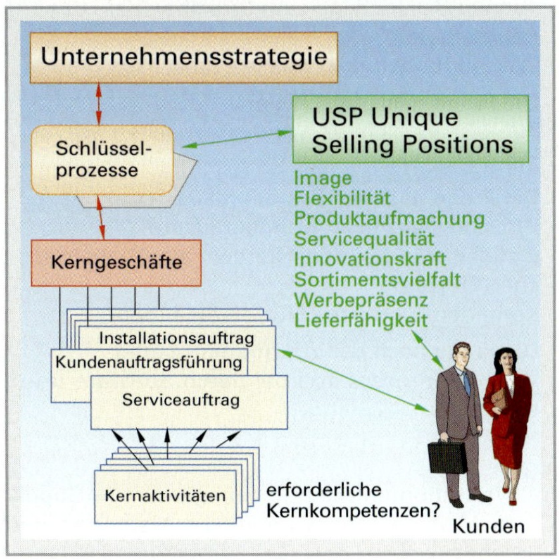

Bild 2: Schlüsselprozesse

Innerhalb von Wertschöpfungsprozessen oder operativen Prozessen nehmen die Schlüsselprozesse eine besondere Rolle ein **(Bild 2)**.

Schlüsselprozesse leisten einen wesentlichen Beitrag zur Wertschöpfung des jeweiligen Unternehmens und sind entscheidend für die Kundenzufriedenheit.

Durch das Einnehmen möglichst vieler Schlüsselfaktoren im Bereich der Kerngeschäfte schaffen Unternehmen die Voraussetzung für das Erreichen der mittel- und langfristigen Unternehmensziele. Schlüsselprozesse und deren Voraussetzungen (Kernkompetenzen) erhalten deshalb bei Reengineeringmaßnahmen Vorrang.

Zu den Managementprozessen gehören z. B. die Gesamtfinanzierung des Unternehmens, das Entwickeln von Unternehmens- und Marketingstrategien, stategische Zieldefinitionen und die Pflege und Weiterentwicklung der Unternehmensphilosophie.

Managementprozesse regeln langfristig den Ablauf der Unternehmenstätigkeit und schaffen Voraussetzungen zur erfolgreichen Arbeit eines Unternehmens.

Sie stellen z. B. IT-Systeme zur Verfügung, bereiten Informationen auf, verwalten Informationen und Eigentum, betreuen das Personal und überwachen den Ablauf anderer Prozesse.

Supportprozesse unterstützen und ermöglichen die anderen Prozesse.

2.4.2 Umsetzungsphasen der Geschäftsprozessorientierung

Kurz zusammengefasst erfolgt die Einführung der Geschäftsprozessorientierung in fünf Schritten **(Bild 1)**.

1. **Schritt:**
   Aus der Vielzahl von Prozessen und Teilprozessen werden die für die Unternehmensziele relevanten Prozesse selektiert.
2. **Schritt:**
   Der Istzustand dieser Prozesse wird ermittelt, analysiert und dokumentiert.
3. **Schritt:**
   Die Prozesse werden unter Beachtung von Unternehmenspotenzialen, Marktbedingungen und Restriktionen zu optimierten Sollmodellen ausgearbeitet. Für die zukünftige Bewertung der Prozesse werden Messgrößen und Indikatoren bestimmt. Man sagt hierzu auch, die Prozesse werden operationalisiert.
4. **Schritt:**
   Die Organisation und die Informationssysteme werden an die neuen Prozesse angepasst.
5. **Schritt:**
   Ein permanentes Prozessmonitoring und Processcontrolling ermöglicht einen Soll-Ist-Vergleich und gibt Auskunft über Schwachstellen und ermöglicht einen kontinuierlichen Lern- und Verbesserungsprozess.

2.4.2.1 Prozessabgrenzung und Ist-Erfassung

Zur Ist-Erfassung der Unternehmensabläufe stehen nur zwei Informationsquellen zur Verfügung, Mitarbeiter und Dokumentationen **(Tabelle 1)**.

Bei der Ist-Erfassung der Prozesse ist es sinnvoll, den Ablauf eines Prozesses von dessen Startereig-

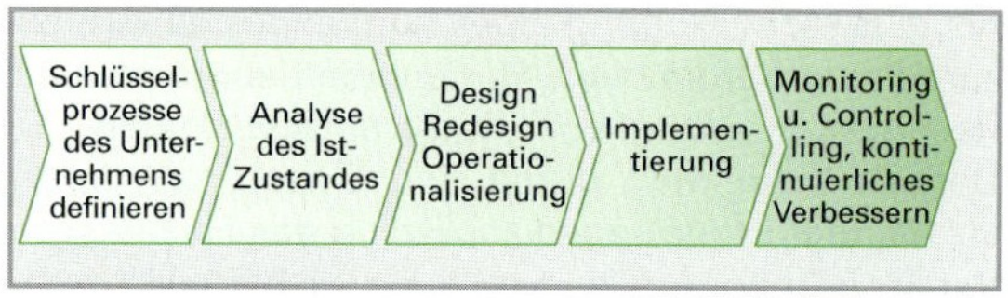

Bild 1: Umsetzungsphasen der Geschäftsprozessorientierung

Tabelle 1: Informationsquellen zur Ist-Erfassung von Abläufen

Mitarbeiter:	Dokumentationen:
 beteiligte Sachbearbeiter, Abteilungsleiter, Unternehmensführung liefern verschiedene Sichten, Ablauf-Prozesserfahrung wird genutzt, Vorschlagswesen kann Verbesserungspotenziale nutzen und Mitarbeiter motivieren.	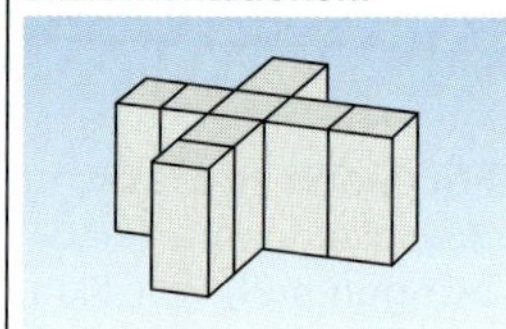 Handbücher, Programmdokumentationen, Organisationsrichtlinien, Arbeitsunterlagen, Kundenbriefe, Abnahmeberichte, Ablaufdiagramme.

Tabelle 2: Beispiele für Prozesse in einem kleinen EDV-Unternehmen

Prozess	Objekt	Kunde	Startereignis	Prozessergebnis
Orders and Logistics	Kundenauftrag	externe Neu- und Stammkunden	Kundenauftrag trifft ein	erfüllter Kundenauftrag
Sales	Kundenanfrage		Kundenanfrage	Angebot
Customer Service	Kundenprobleme		Kundenanfragen	Supportleistung, Kundeninformation
Business Development	Produktentwicklung	eigene Abteilungen	Marktentwicklungen, neue Unternehmensziele, Kundenwünsche	neue Produkte, neue Kompetenzen
Controlling	Prozesse	Geschäftsführung, Prozessowner, Prozessbeteiligte	definierte Messstellen	Prozessverbesserungen, Mitarbeiterbeteiligung am Unternehmenserfolg
Weitere Prozesse: Dokumentation, Personalentwicklung, Buchhaltung.				

nis, z. B. dem Eingang einer Kundenbestellung, bis zum Prozessergebnis, z. B. der Inbetriebnahme und Rechnungsstellung, vollständig mitzuverfolgen.

Danach kann man durch den Einsatz von Interviews oder Fragebogen zusätzlich das Fachwissen der Mitarbeiter nutzen und auch wichtige Informationen über Gefühle und Einstellungen bzgl. des Arbeitsablaufs von Prozessen gewinnen **(Bild 1)**. Aus Wirtschaftlichkeitsgründen wird meist eine Mischung aus beiden Verfahren praktiziert.

Bevor Prozesse gestaltet bzw. optimiert werden, ist festzulegen, welche Prozesse es im Unternehmen gibt bzw. geben soll **(Tabelle 2, vorhergehende Seite)**.

> Für jeden Prozess muss festgelegt sein, wodurch er gestartet wird, welches Ergebnis er bringen soll, wer Kunde des Prozessergebnisses ist und welche Schnittstellen zu anderen Prozessen vorhanden sind.

Je nach Ebene der Untersuchung von Gesamtprozess, Teilprozess oder einzelnen Arbeitspaketen, beziehen sich die Fragen auf den Zuständigkeitsbereich der Interviewpartner.

Beispiele für die Prozessebene:

- Welche Ereignisse lösen den Prozess aus?
- Welche Tätigkeiten führen Sie in diesem Prozess aus?
- Welche Inputs (Daten, Teile, ...) benötigen Sie?
- Welche IT-Unterstützung nutzen Sie?
- Was ist der Output des Prozesses?
- Wer ist Kunde (Empfänger) des Outputs?
- Was geschieht im Folgeprozess?
- Wer ist verantwortlich für den Prozess (Process Owner)?

Die Ergebnisse werden z. B. in einem Tabellenkalkulationsprogramm zur Weiterverarbeitung zusammengefasst und zur besseren Veranschaulichung grafisch dargestellt **(Bild 1, folgende Seite)**.

2.4.2.2 Darstellung und Sichtweisen von Geschäftsprozessen

Die Erfahrung zeigt, dass eine differenzierte Darstellung der komplexen Geschäftsprozesse und Unternehmensmodelle nach unterschiedlichen Sichtweisen und Sichtebenen für die Prozessanalyse, Prozessmodellierung, Prozessmessungen und Prozessverbesserungen eine enorme Vereinfachung darstellt und damit unerlässlich ist. So unterscheidet z. B. das ARIS-Modell (Architektur integrierter Informationssysteme nach Prof. Scheer) zwischen vier verschiedenen Sichtweisen **(Bild 2)**.

Zu diesen Sichtweisen gibt es je drei Beschreibungsebenen **(Bild 3)**.

Bild 1: Mitarbeiterbeteiligung bei der Ist-Erfassung von Unternehmensabläufen

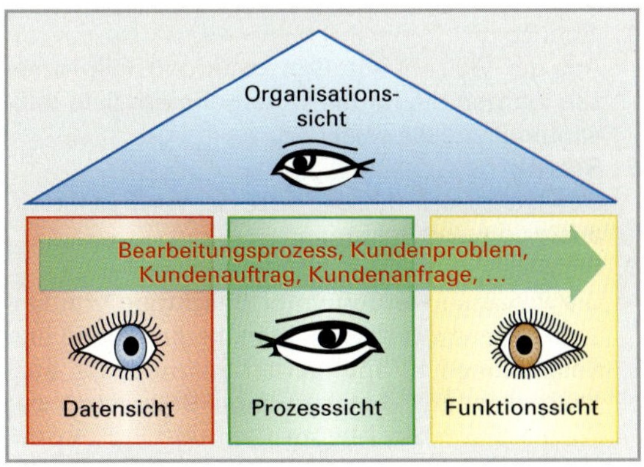

Bild 2: Beispiel für unterschiedliche Sichtweisen von Geschäftsprozessen

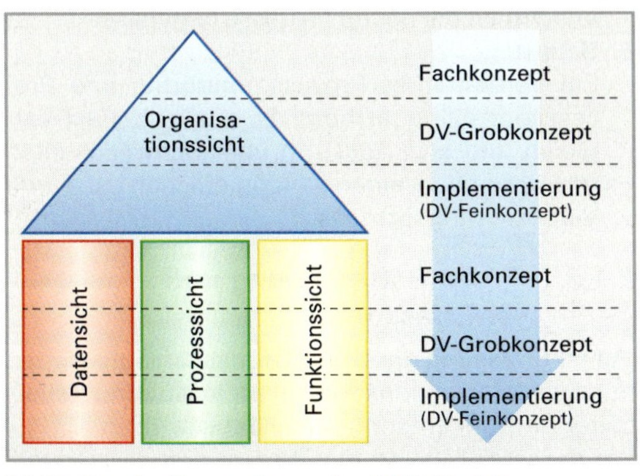

Bild 3: Beschreibungsebenen im ARIS-Modell

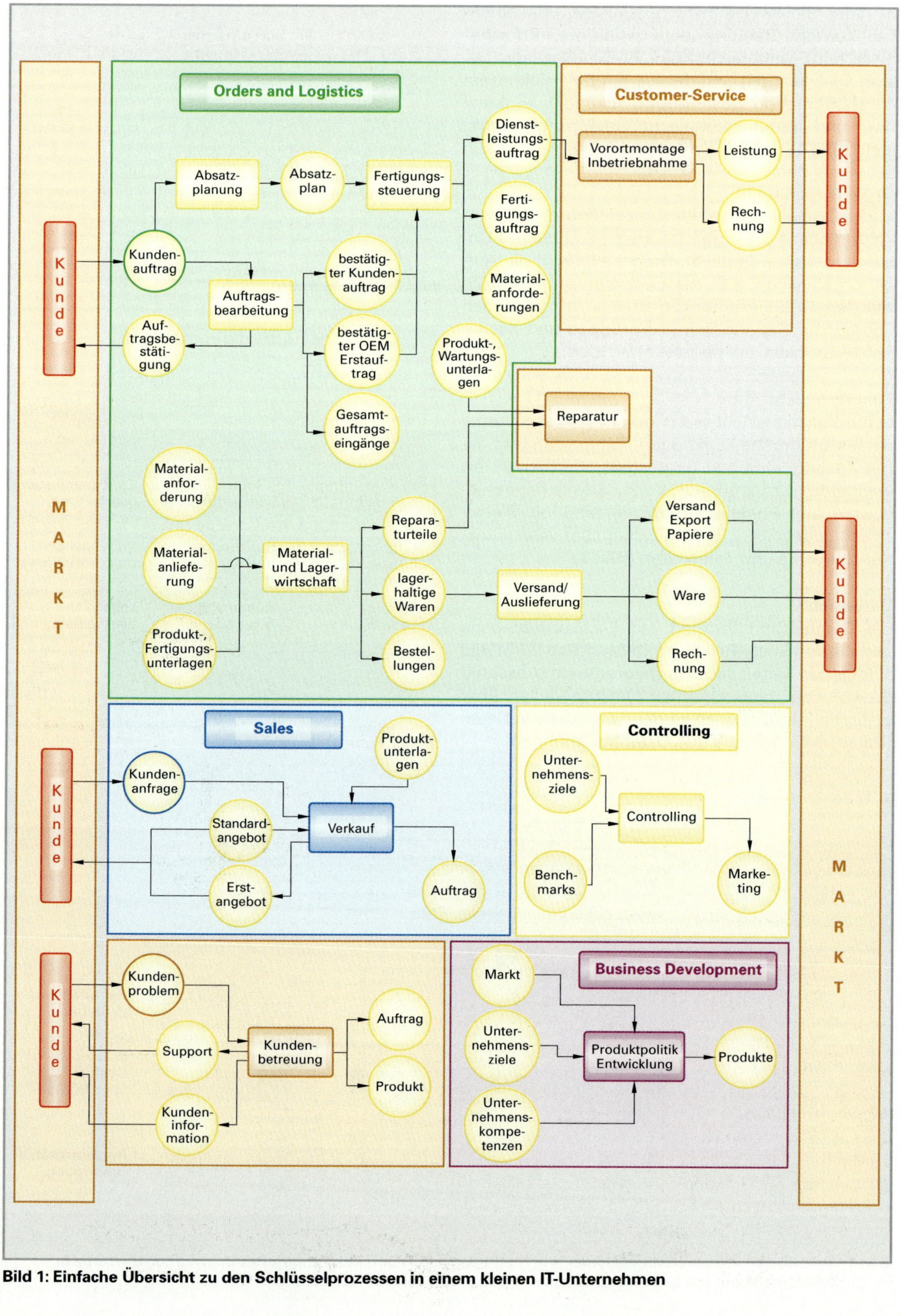

Bild 1: Einfache Übersicht zu den Schlüsselprozessen in einem kleinen IT-Unternehmen

In jeder Sichtweise wird ausgehend von einem Fachkonzept (Requirements definition = Erfordernisse der Fachbereiche) ein DV-Grobkonzept (Design specification) und daraus ein DV-Feinkonzept (Implementation description), also die konkrete hart- und softwaretechnische Umsetzung, dargestellt **(Bild 1)**.

Organisationssicht

In der Organisationssicht von ARIS wird auf Fachkonzeptebene der organisatorische Aufbau des Unternehmens verdeutlicht. Dargestellt wird die Aufbauorganisation z. B. als Organigramm **(Bild 2)**. Aus dem Organigramm können u. a. Informationen über einzurichtende Benutzergruppen und Rechte im DV-Grobkonzept abgeleitet werden.

Funktionssicht

In der Funktionssicht werden auf Fachkonzeptebene auszuführende Funktionen, Tätigkeiten und deren Zusammenhänge dargestellt. Die hierzu verwendeten Strukturbäume, Funktionshierarchiebäume und Funktions-Matrizen sind oft hierarchisch gegliedert, z. B. in Geschäftsbereiche, Funktionsbereiche und Tätigkeiten **(Bild 3)**.

Datensicht

Die Datensicht informiert auf Fachkonzeptebene mithilfe von Entity-Relationship-Modellen (ERM **Bild 1, folgende Seite**), Jackson-Diagrammen (Abschnitt 6.2.4.5) oder hierarchischen Datenmodellen über statische Informationen zu den verwendeten Daten (Daten, Datenformate und Datenbeziehungen).

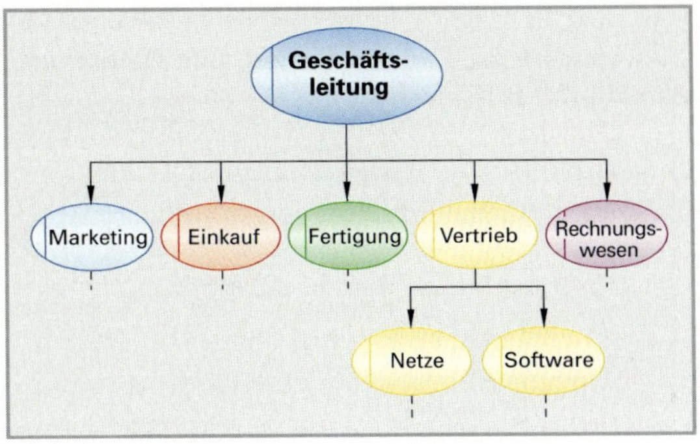

Bild 2: Organigramm

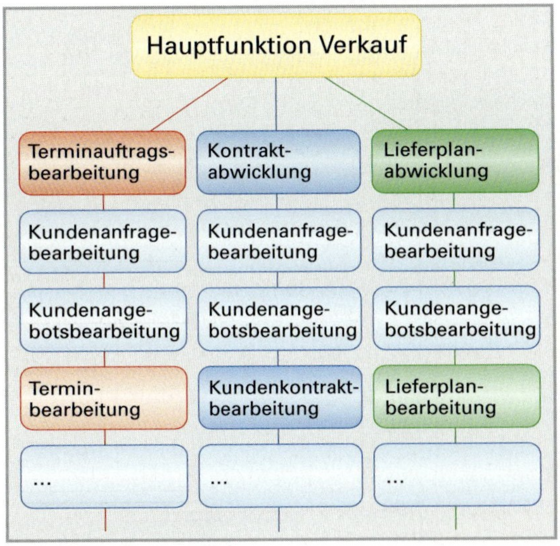

Bild 3: Funktionsmatrix

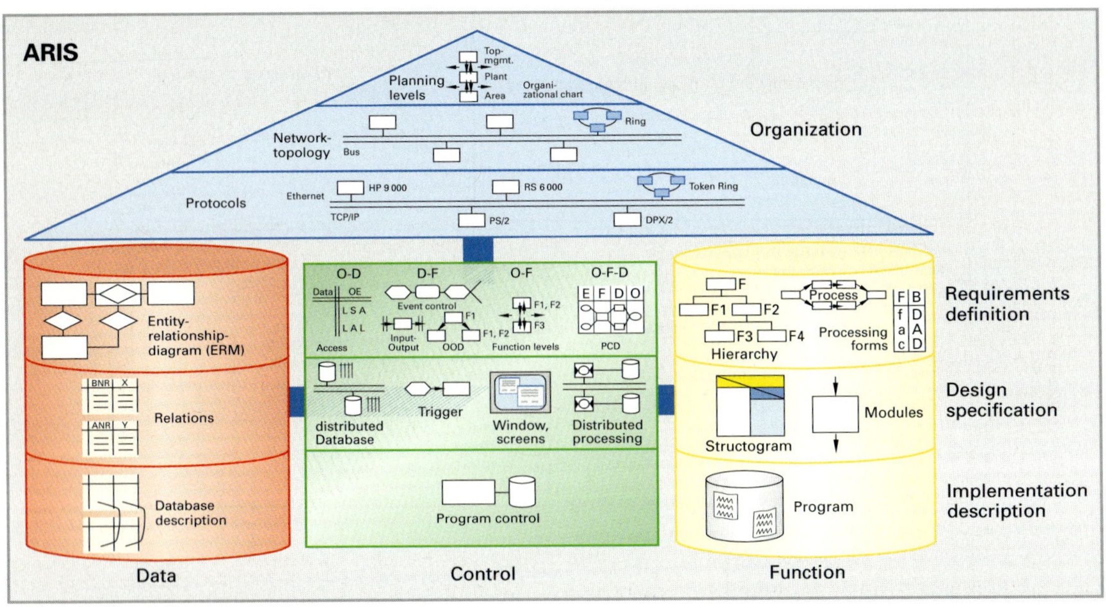

Bild 1: Sichtweisen, Beschreibungsebenen und Methoden zur Architektur integrierter Informationssysteme in Zusammenhang mit Geschäftsprozessen (nach Prof. Scheer)

Dynamische Aspekte werden in Datenflussdiagrammen (Dataflowdiagrammen) und Datenflussplänen erfasst **(Bild 2)**.

Kontroll- oder Prozesssicht

Die Kontrollsicht (Prozesssicht) verbindet verschiedene Sichtweisen. Sie zeigt je nach gewählter Darstellungsart und dem Darstellungsumfang

- welche Ereignisse einen Prozess auslösen,
- welche Funktionen bei einem Prozess mitwirken,
- wie der sachlogische Ablauf des Prozesses ist,
- welche Informationsobjekte benötigt werden,
- welche Hilfsmittel benötigt werden und
- welche Organisationseinheiten beteiligt sind.

Grafische Modelldarstellungen unterschiedlicher Sichtweisen von Geschäftsprozessen sind sehr vorteilhaft, weil sie

- die komplexe Realität verständlich abbilden, Transparenz schaffen und damit die Kommunikation erleichtern,
- den Istzustand verdeutlichen können,
- sicher stellen, dass alle über das Gleiche reden,
- potenzielle zukünftige Lösungsmöglichkeiten aufzeigen können,
- Grundlage für Zertifizierung nach DIN EN ISO 9001ff. sind,
- bei der Einführung und Auswahl von Standardsoftware und Hardware hilfreich sind,
- hilfreich bei der Einführung von IT-Systemen und Workflow-Management-Systemen sind,
- hilfreich bei der Entwicklung von Individualsoftware sind,
- die Grundlage für ganzheitliches Geschäftsprozessmanagement sind und
- in manchen Case-Tools Grundlage der Programmierung sind.

Zur grafischen Darstellung verwendet man die *ereignisgesteuerte* ***P**rozess**k**ette (EPK)* und die ***e**rweiterte* ***e**reignisgesteuerte* ***P**rozess**k**ette (eEPK)*. Die Darstellung von Prozessen mit der ereignisgesteuerten Prozesskette wird z. B. von Prof. Scheer und der Firma SAP empfohlen und angewendet. Die beim EPK verwendeten Symbole und Verknüpfungsregeln sind in **Bild 1 und Bild 2, folgende Seite**, dargestellt und kurz erläutert. Betrachtet man für ein IT-Unternehmen den Schlüsselgeschäftsprozess „Angebots- und Leistungserstellung“ auf der obersten Ebene, so besteht er lediglich aus einem Startereignis (Kundenanfrage trifft ein), der komplexen Funktion Angebots- und Leistungserstellung und dem Endereignis Kundenauftrag ist abgewickelt **(Bild 3)**.

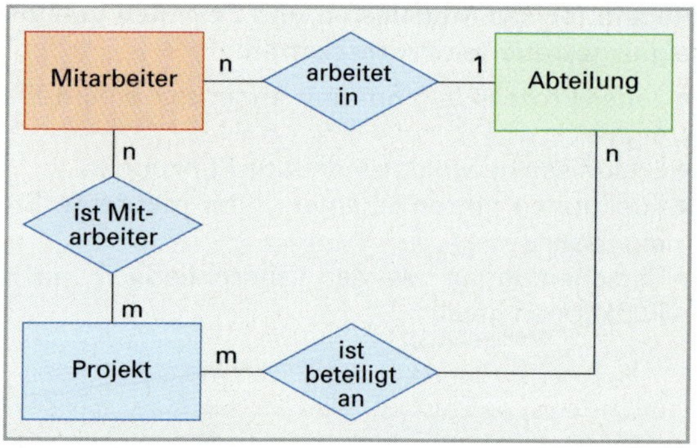

Bild 1: ERM-Modell

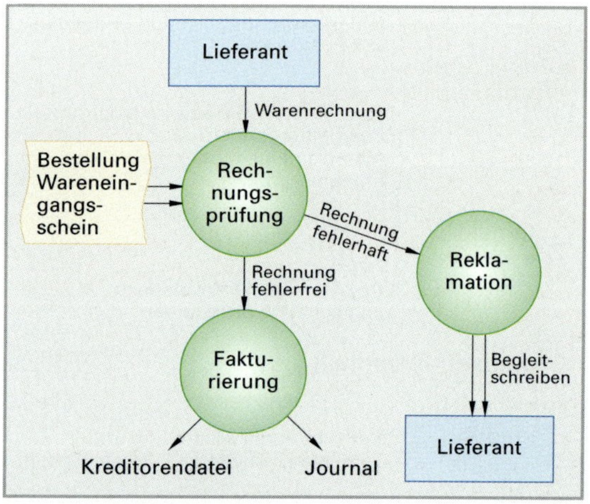

Bild 2: Datenflussdiagramm

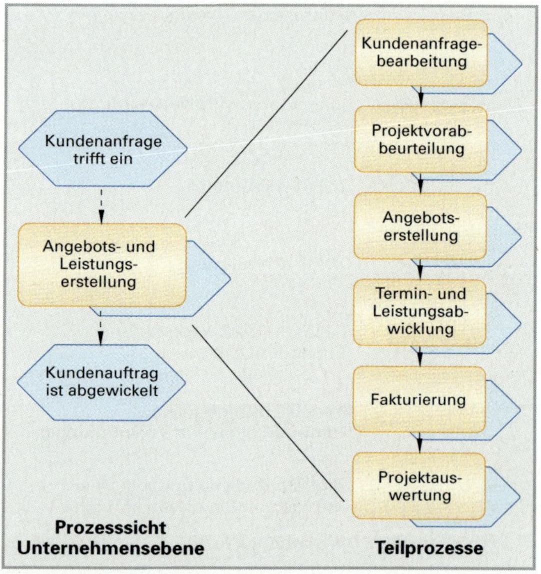

Bild 3: EPK zur Angebotserstellung und Leistungserstellung auf der obersten Ebene und Teilprozesse

Regeln für das Modellieren und Zeichnen von ereignisgesteuerten Prozessketten

- Jeder Prozess beginnt und endet mit einem Ereignis.
- Ereignisse bewirken eindeutige Funktionen.
- Funktionen führen zu einem oder mehreren Ereignissen.
- Entscheidungen werden ausschließlich nach Funktionen gefällt.

Detaillierungsgrad von ereignisgesteuerten Prozessketten

Auf welcher Betrachtungsebene und wie detailliert ein Prozess modelliert wird, hängt von der Zielsetzung ab. Für Gesamtbetrachtungen und Schnittstellenuntersuchungen wählt man höhere Ebenen mit geringer Detaillierung, für Schwachstellenanalysen und Optimierungen tiefere Ebenen mit vielen Details.

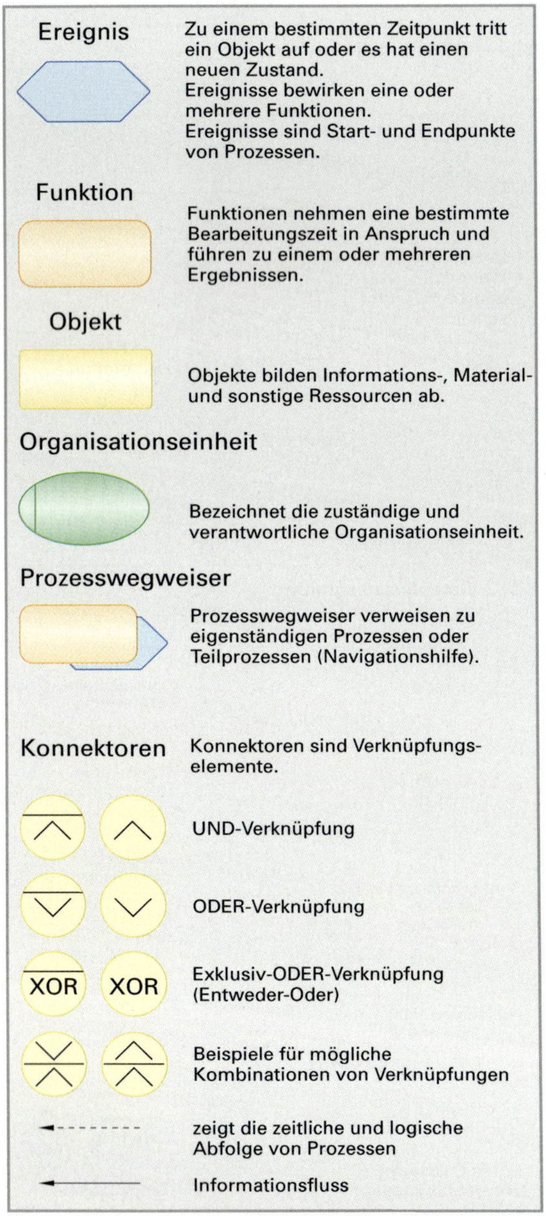

Bild 1: Symbole der ereignisgesteuerten Prozesskette

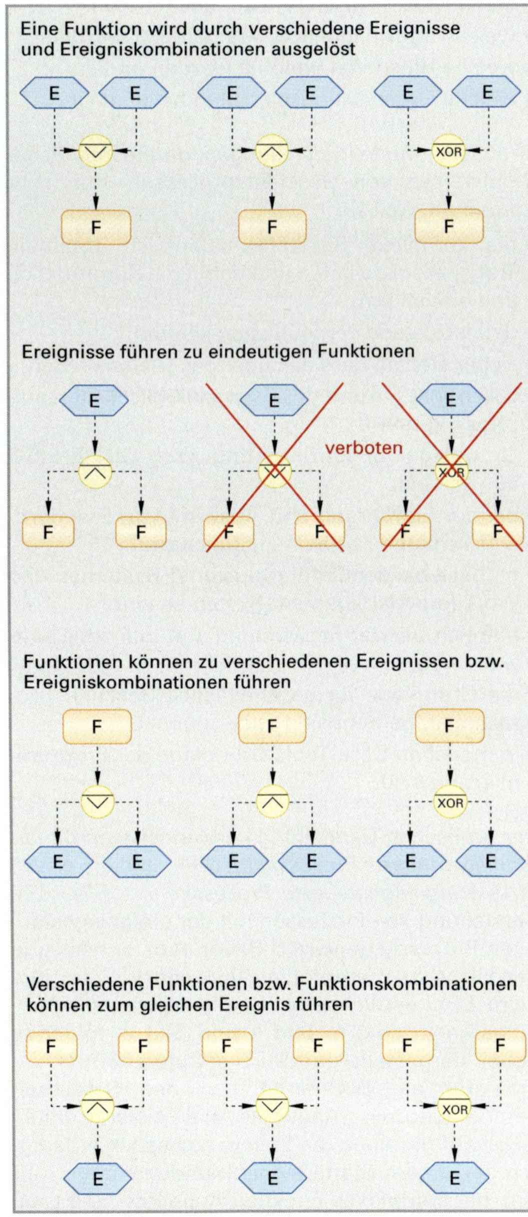

Bild 2: Verknüpfungsregeln zur ereignisgesteuerten Prozesskette

Die Geschäftsprozessdarstellung auf der obersten Ebene ist ausreichend, wenn ein Unternehmen auf strategischer Planungsebene Prozesse gegeneinander abgrenzen möchte.

Für genauere Betrachtungen, Programmierungen, Optimierungen und die Abwicklung von Aufträgen wird diese Darstellung in mehreren Stufen erweitert.

Für Ablaufanalysen genügt das einfache EPK. Es besteht lediglich aus der Darstellung von Ereignissen, Funktionen, Verknüpfungselementen und Kontrollflüssen **(Bild 1)**.

Die Aussagekraft der eEPK ist wesentlich größer, da man dort zusätzlich Objekte und Organisationseinheiten einzeichnet **(Bild 2)**.

Beim Vorgangskettendiagramm (VKD) wird die Darstellung des eEPK in die Spalten Ereignis, Funktion, Informationsobjekt, zuständige Organisationseinheit und eventuell Anwendungssystem eingeteilt und durch Angabe der Verarbeitungsarten

- Dialog: Durchführung des Arbeitspaketes im Mensch-Maschinen-Dialog,
- Batch: Stapelverarbeitung durch IT-Systeme oder
- Manuell: ausschließliche Bearbeitung durch Menschen

weiter präzisiert **(Bild 1, folgende Seite)**.

Aus wirtschaftlichen Gründen z. B. Schulungsbedarf, Verständlichkeit, Kompatibilität sollte man sich für einheitliche Verfahren zur Prozessdarstellung entscheiden. Auswahlkriterien könnten z. B. die Verfügbarkeit des Verfahrens, die Kompatibilität mit im Unternehmen verwendeten Tools und die Anwenderfreundlichkeit (= usability) sein. IT-Systeme sind ein wichtiger Bestandteil dieser Betrachtungen eines Unternehmens.

Zu allen Funktionen (Arbeitsvorgängen) gibt es, zumindest in zertifizierten Unternehmen, genaue Detailbeschreibungen. Diese Arbeitsablaufpläne oder Verfahrensanweisungen garantieren z. B., dass unabhängig vom Bearbeiter ein bestimmter Standard eingehalten wird und dass für neu eingestellte Mitarbeiter eine zuverlässige Informationsquelle zur Einarbeitung vorhanden ist **(Bild 2, folgende Seite)**.

Auch die Entwicklung der Software und die Gestaltung der Hardwarestruktur sind ein Ergebnis einer mehrstufigen Analyse des Aufbaus, der Vorgänge und Methoden eines Unternehmens.

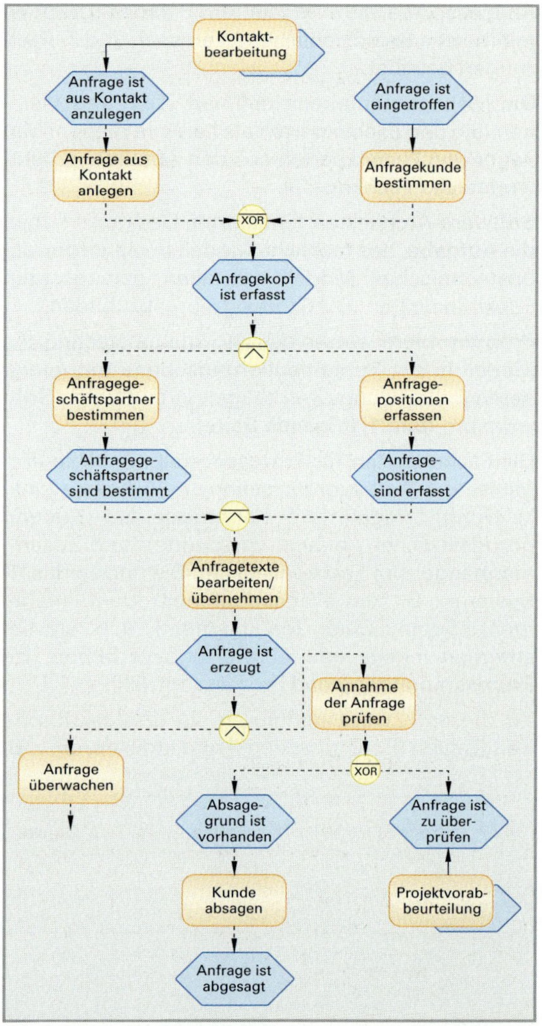

Bild 1: EPK zum Teilprozess Kundenanfragebearbeitung

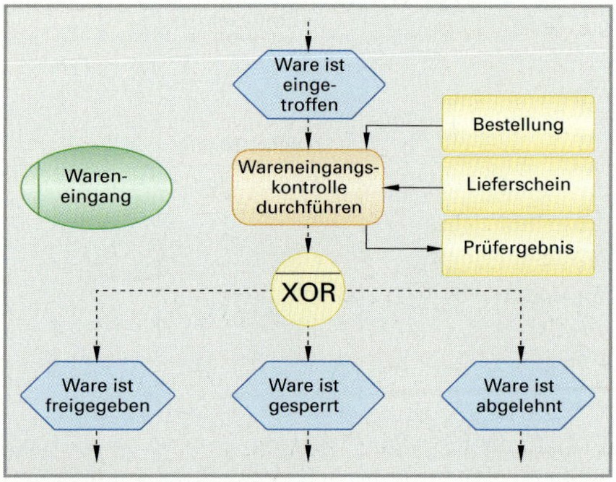

Bild 2: Erweiterte ereignisgesteuerte Prozesskette zur Materiallieferung

An dieser Analyse sind mehrere Personengruppen mit meist unterschiedlichen Interessen und Zielsetzungen beteiligt.

Die Managementebene definiert Ziele und Visionen, die den Fachexperten als Leitlinie dienen. Manager und Fachexperten aus den Abteilungen entwerfen das Fachkonzept.

Software-Architekten (Entwickler, Designer) haben die Aufgabe, das fachliche Modell in ein informationstechnisches Modell mit allen gewünschten Funktionalitäten (DV-Grobkonzept) abzubilden.

Programmierer setzen das informationstechnische Modell in der Implementierungsebene mit geeigneten Entwicklungswerkzeugen in lauffähige Software um **(Bild 1, folgende Seite)**.

Die Fachexperten für Prozessgestaltung, Ablauforganisation, Aufbauorganisation und Arbeitsrationalisierung bringen ihre Kenntnisse zur Klärung grundsätzlicher Abläufe, Vorschriften und Zusammenhänge zum Fachkonzept ein. Sie nutzen das IT-System z. B. zum Wertschöpfungskettenmanagement (Supply Chain Management), d. h. sie bestimmen Inhalte und Auswertungsverfahren des Prozessmonitoring und Prozesscontrolling.

Zu diesem Zweck definieren sie erfolgskritische Kennzahlen (Benchmarkings) und Indikatoren, z. B.

MHB-Kapitel W10	Datum: 24. 6. 04	Verantwortlich: Mü
Verfahrensanweisung	Bereich: Wareneingang	Arbeitsgegenstand: Wareneingangskontrolle
VA-Nr. 98-10-1012	Version 4.3	Seite 3 von 8

VG-Nr.	Vorgang	Verantw.
W10	Vergleich Bestell- und Lieferunterlagen	WAE
W10.1	Prüfung Bestell- und Liefertermin	WAE
W10.2	Vergleich von Mengen und Artikeln	WAE
W10.3	Überprüfung der Verpackung auf äußere Mängel	WAE
W10.4	Prüfung des Lieferinhaltes	LVW
	— Menge — Artikelnummer und -bezeichnung — ...	
W10.5		

Bild 2: Ausschnitt aus einer Verfahrensanweisung (Arbeitsablaufplan)

- Prozessgeschwindigkeit (Durchlaufzeiten, Bearbeitungszeiten, Antwortzeiten),
- Prozessqualität (Kundenzufriedenheit, Anzahl von Kundenbeschwerden, Fehlerquoten),
- Prozessflexibilität und
- Prozesskosten.

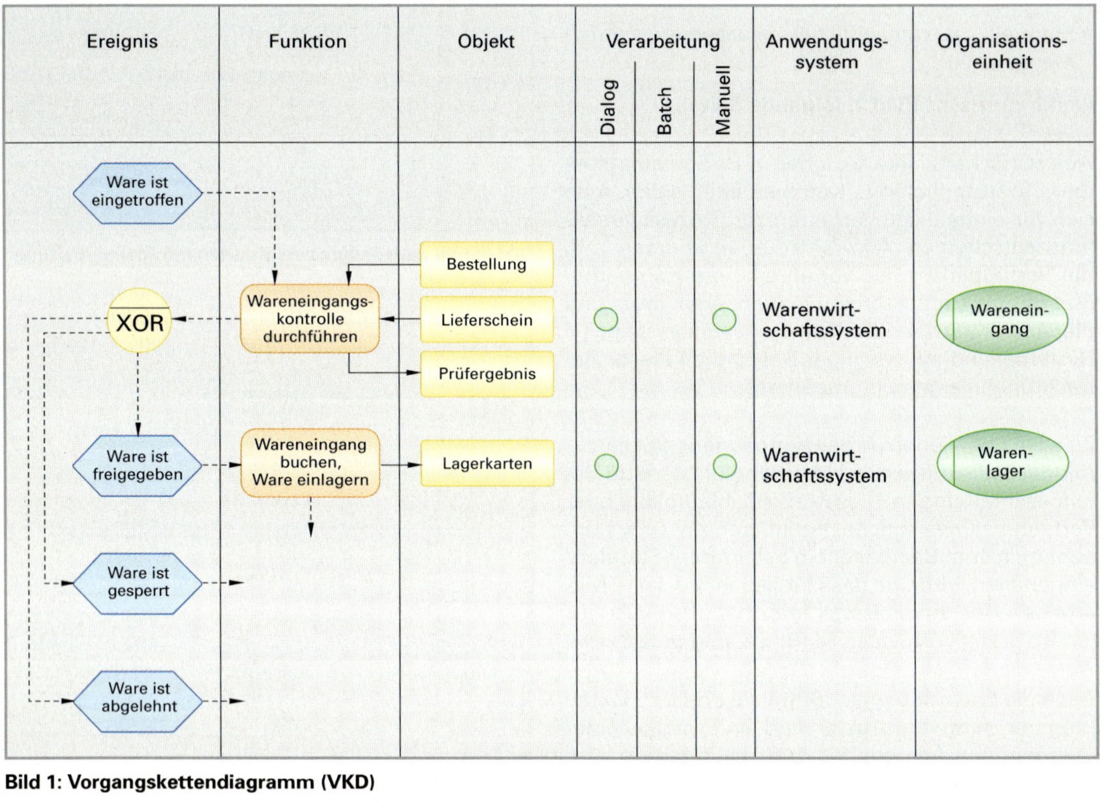

Bild 1: Vorgangskettendiagramm (VKD)

Schließlich ist die Anwenderakzeptanz für die vom Programmierer entwickelten Module, Funktionen und Masken ein wesentlicher Faktor für den Erfolg oder Misserfolg des Systems. Aus diesem Grund sollten auch die Anwenderwünsche genau erforscht und berücksichtigt werden.

Diese hierarchische Sichtweise auf Prozesse hat auch Einfluss auf die Menüstruktur von Software. Funktionshierarchiebäume liefern für das DV-Grobkonzept Informationen über benötigte Vorgänge und deren Zusammenhang. Aus der Übersicht ist zu erkennen, dass bestimmte Funktionen in verschiedenen Hauptfunktionen und Funktionsbereichen benutzt werden können **(Bild 2)**.

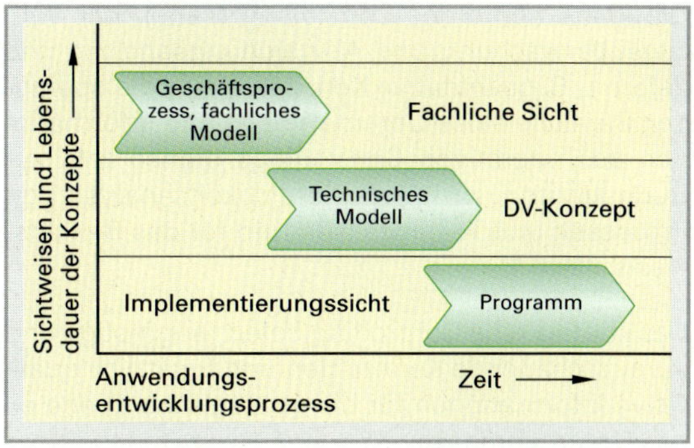

Bild 1: Sichtweisen im Anwendungsentwicklungsprozess

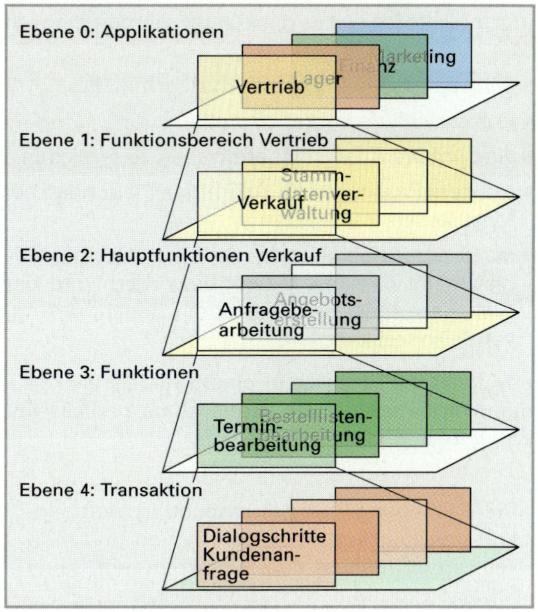

Bild 2: Hierarchische Menüstruktur

2.4.2.3 Überwachung und Optimierung von Prozessen

Optimierungsansätze von Prozessen mit dem Ziel der Zeitreduzierung, der Kostenreduzierung und der Qualitätssteigerung betreffen

- die Verbesserung von Schnittstellen,
- die Verbesserung von einzelnen Arbeitsabläufen, z. B. bessere Eingabemasken, andere Eingabeverfahren (Scanner, Barcodeleser),
- die Veränderung der Prozessabfolge, z. B. wenn mehrere Stellen verantwortlich sind,
- das Eliminieren oder Outsourcen (= Vergeben von Tätigkeiten an andere Unternehmen) nicht wertschöpfender Tätigkeiten, z. B. überflüssige Verwaltungstätigkeiten, unnötige Statistiken, Teilelieferungen,
- das Zusammenfassen von Aktivitäten, damit weniger Schnittstellen entstehen,
- das Parallelisieren von Aktivitäten, damit Prozesse schneller ablaufen und
- das Automatisieren von Aktivitäten **(Bild 3)**.

Ausgangspunkt für diese Maßnahmen sind die Ergebnisse und Erkenntnisse des Monitoring und Controlling.

2.5 Controlling und Monitoring

Ursprünglich war Controlling die Kontrolle und Überwachung betrieblicher Abläufe. Heute versteht man Controlling als Informations-, Führungs- und Entscheidungsunterstützungssystem (Abschnitt 11, Rechnungswesen und Controlling).

> Das Controlling im Unternehmen hat die Aufgabe Entscheidungs- und Führungshilfen zur Unternehmenssteuerung zur Verfügung zu stellen.

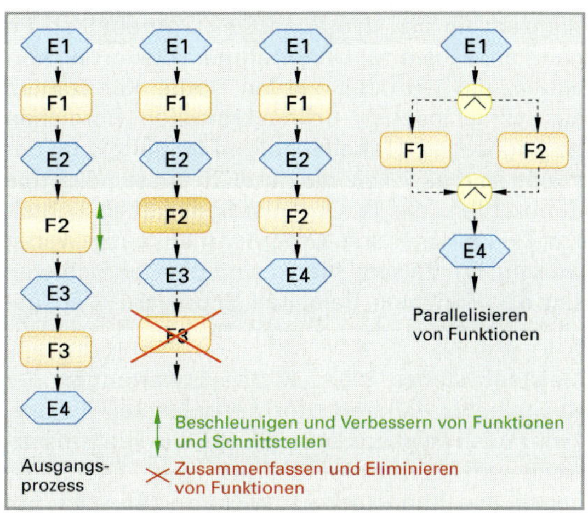

Bild 3: Verbesserungsansätze für Prozesse

Die Instrumente des Controlling dienen der Vollzugsüberwachung und Abweichungsanalyse und liefern z. B. quantitative Kennzahlen für die operativen Bereiche eines Unternehmens. Die Informationen des operativen Controllings dienen z. B. zur Budgetierung, zur Wirtschaftlichkeitsanalyse von Prozessen und Teilprozessen und für das Berichtswesen **(Bild 1)**.

Das strategische Controlling liefert langfristige und vorausschauende Kennzahlen und zusätzlich qualitative Informationen für die strategische Ebene eines Unternehmens.

Durch die Festlegung und Überwachung zielorientierter, erfolgskritischer Kennzahlen (Benchmarks) und Indikatoren soll es dem Unternehmen möglich sein

- Schwachstellen in Prozessen zu ermitteln,
- Prozessabläufe besser zu steuern,
- eine höhere Auskunftsbereitschaft zu erreichen,
- exaktere Prognosen für zukünftige Planungen bereitzustellen,
- die Leistungsfähigkeit des Unternehmens im Vergleich mit direkten Mitwettbewerbern und der Weltspitze (best practice) durch Benchmarkingvergleich festzustellen,

um damit die Prozesse in einem Regelkreis kontinuierlich zu verbessern (continuous process improvement, **Bild 2**).

> Die Festlegung und Überwachung zielorientierter, erfolgskritischer Kennzahlen und Indikatoren ermöglicht dem Unternehmen, seine Prozesse kontinuierlich zu verbessern.

Während in der Vergangenheit vornehmlich Finanzkennzahlen zur Unternehmenssteuerung herangezogen wurden, werden heute Kennzahlen aus verschiedenen erfolgskritischen Bereichen herangezogen **(Tabelle, folgende Seite)**. In der Praxis sind es 12 bis maximal 20 aussagekräftige Kennzahlen, die je Organisationseinheit (Abteilung, Hauptabteilung, Unternehmen) ausgewertet werden. Ein Beispiel hierzu sind die vier Sichtweisen der BSC (von Balanced Scorecard = ausgeglichenes Kennzahlensystem, **Bild 3**).

Meistens stehen die aus den Erwartungen der Kapitalgeber (shareholder) abgeleiteten Finanzkennzahlen an oberster Stelle. Größen wie Umsatzwachstum, Projektrentabilität und Cash-Flow geben den Kapitalgebern wichtige Hinweise auf die Wertentwicklung des Unternehmens. Rein

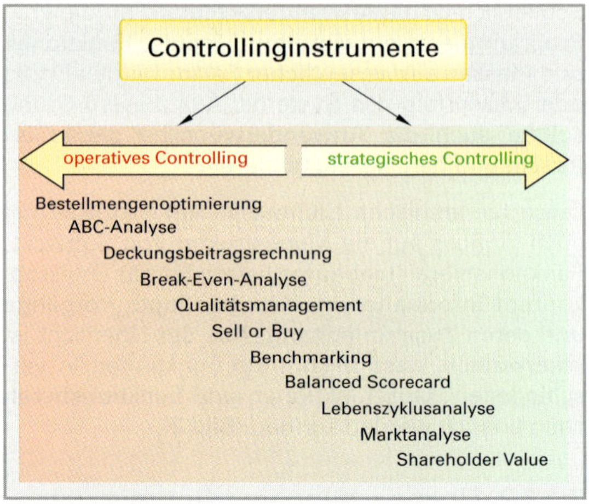

Bild 1: Operative und strategische Controlling-instrumente

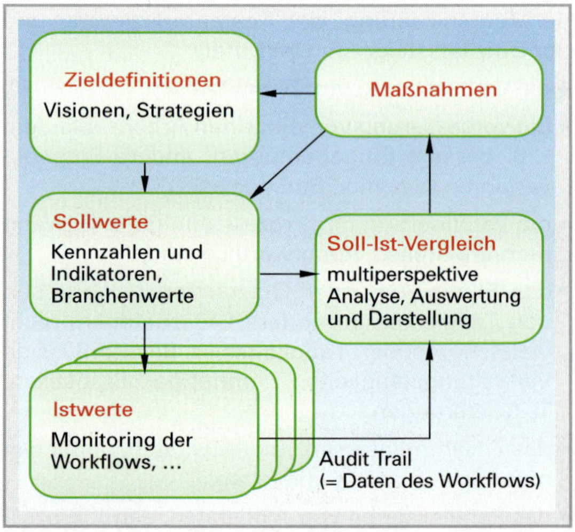

Bild 2: Controlling als Regelkreis

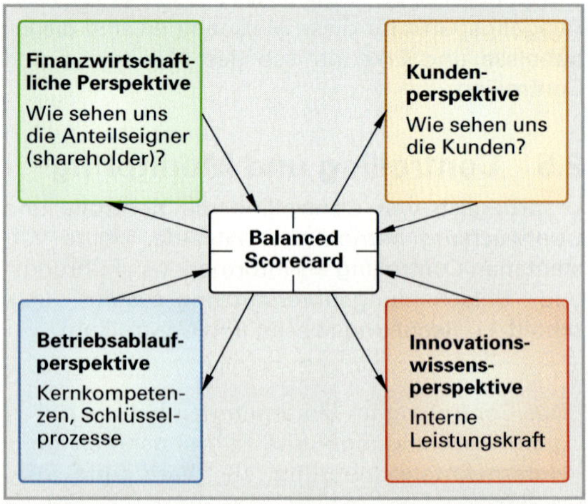

Bild 3: Die vier Sichtweisen der Balanced Scorecard

Tabelle: Beispiele für eine Balanced Scorecard für ein Unternehmen der IT-Branche			
BALANCED SCORECARD	**Strategisches Ziel**	**Messgröße für operative Bereiche**	**Zielwert und Zeithorizont**
FINANZEN **„Wie wollen wir aus Kapitalgebersicht, für die Finanzmärkte dastehen?"**	schneller wachsen als der Branchendurchschnitt	Umsatzwachstum	15 % p.a
	Cash flow steigern	Discounted Free-Cash-Flow	14 % p.a.
	Marktanteil im Vertriebsgebiet Südwest steigern	Marktanteil	40 % innerhalb 2 Jahre
	ROCE über Branchendurchschnitt	ROCE (Return on Capital Employed)	ROCE über 22 %
KUNDEN **„Wie sollen uns die Kunden sehen?"**	Preis-Leistungsverhältnis hervorragend	Kundenbewertung	1. Platz bei mindestens 70 % der Kunden
	Innovator-Image	Umsatzanteil von Produkten, die weniger als 1 Jahr alt sind, am Gesamtumsatz	> 40 %
	A-Lieferant	Umsatzanteil als A-Lieferant	> 80 %
	Bekanntheitsgrad bei potenziellen Kunden	Bekanntheitsgrad im Vertriebsgebiet Südwest	> 90 %
PROZESSE **„Wie können wir unsere Prozesse optimieren?"**	hervorragendes Kunden-Projektmanagement	Anteil der Kundenprojekte ohne Zeitüberschreitung	> 95 %
		Anteil der Kundenprojekte ohne Kostenüberschreitung	> 90 %
	hohe Erfolgsquote bei Anfrage- und Angebotsbearbeitung	Anteil der Bearbeitungen die zu einem Vertragsabschluss führen.	> 50 %
	schnelle Reaktionszeit auf Kundenfragen	Reaktionszeit und Beantwortung	95 % der Fragen innerhalb eines Arbeitstages
LERNFÄHIGKEIT, MITARBEITER **„Wie sehen uns die Mitarbeiter?"**	KVP-Erfolge	Anzahl umgesetzter Verbesserungsvorschläge pro Mitarbeiter	> 10 % p.a.
	hohe Mitarbeiterzufriedenheit	Mitarbeiterzufriedenheitsindex	> 80 %

finanzielle Kennzahlen kommen aber für die Unternehmenssteuerung oft zu spät und liefern keine konkreten Anhaltspunkte für notwendige langfristige Maßnahmen, da sie auf Vergangenheitswerten basieren und oft zu stark zusammengefasst (aggregiert) sind.

Die Kundenperspektive im Käufermarkt berücksichtigt, welche Kundenforderungen erfüllt werden müssen, damit die finanziellen Ziele erreicht werden können.

Die Analyse der Soll- und Istabläufe gibt Informationen über den Vollkommenheitsgrad von Kernprozessen.

Die Untersuchung der internen Leistungsfähigkeit wie Kreativität, Innovationsfähigkeit und Flexibilität liefert Informationen über das Humankapital der Firma und den möglichen langfristigen Unternehmenserfolg.

Bei der Bewertung von Unternehmen im Hightechbereich und in innovativen Bereichen, wie dem IT-Markt, spielt das Humankapital eine wichtige Rolle.

Neben der Bewertung dieser vier Einzelperspektiven ist es von besonderer Bedeutung, die Vernetzung und gegenseitige Beeinflussung der Kenngrößen deutlich zu machen und entsprechend zu bewerten.

Monitoring ist im technischen Sinne die Systemüberwachung zum Zweck der Konfigurationsplanung und Systemoptimierung.

Im organisatorischen Monitoring (Prozessmonitoring) geht es um die permanente Überwachung,

Aufzeichnung und Darstellung erfolgskritischer Kennzahlen, Daten und Indikatoren **(Bild 1** und **Bild 2)**.

Unter Monitoring versteht man die Beobachtung und Darstellung des zeitlichen Ablaufgeschehens in einem System.

Hierzu werden die Daten von Workflowsystemen, ERP-Systemen, SCM-Systemen, Kunden-, Mitarbeiter- und Marktdatenbanken und vielerlei anderen Quellen erfasst und entsprechend der späteren Verwendung und Zielgruppe in einem Prozessinformationssystem ausgewertet, dargestellt und mit den Soll-Daten verglichen.

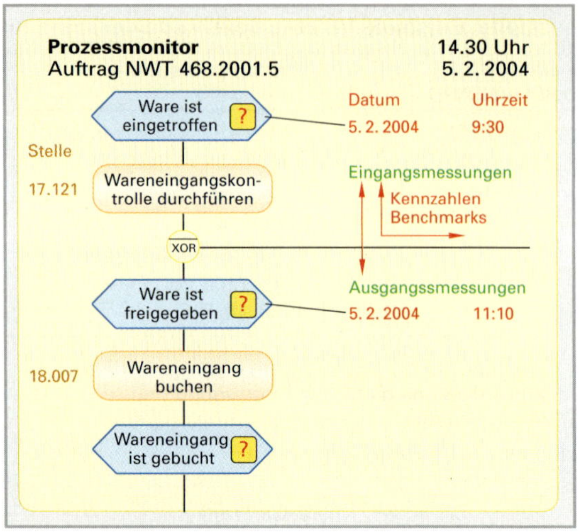

Bild 1: Beispiel zum Prozessmonitoring Wareneingang (Ausschnitt)

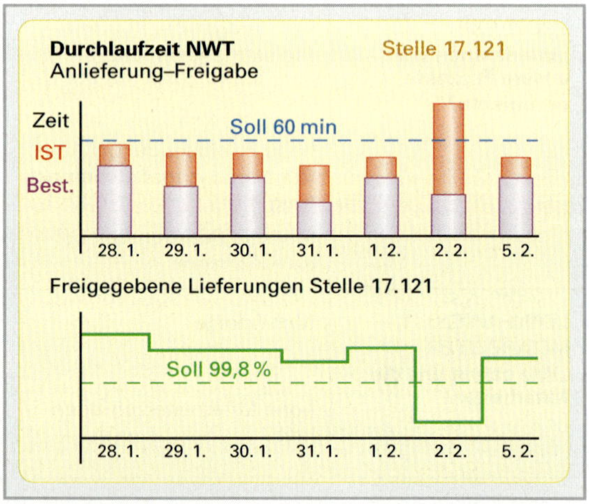

Bild 2: Beispielansicht zum Monitoring der Funktion Wareneingangskontrolle

2.6 Wissensmanagement

Für viele Unternehmen hat sich der Übergang vom Produktverkäufer zum Lösungsanbieter bereits vollzogen oder ist in vollem Gange. Das in aufgezeichneten Daten offen oder versteckt enthaltene Wissen und das bei Fachexperten und Managern angesammelte Wissen sind erfolgsentscheidende Wettbewerbsfaktoren. Wissen muss jederzeit und überall verfügbar, optimal strukturiert, dokumentiert und nach bekannten und neu zu gestaltenden Regeln verknüpfbar sein.

Der Supportprozess Wissensmanagement ist aufgrund der riesigen Datenmengen, kurzen Halbwertszeiten der Daten und multiperspektiven Auswertungsanforderungen nur mit Einsatz und Unterstützung verschiedenster IT-Technologien möglich **(Bild 1, folgende Seite)**.

Mithilfe von IT-Technologien werden im Wissensmanagement (Knowledge-Management) das verteilte Mitarbeiterfachwissen der Funktionsbereiche (operationales Wissen) mit dem Organisations-, Prozess- und Marktwissen des Managements, dem strategischen Wissen, verknüpft **(Bild 3)**. Durch diese Verknüpfung des „Wie ist etwas zu tun?" mit dem „Was ist zu tun?" entstehen schnell neue, erfolgswirksame Kompetenzen.

Durch die zusätzliche Berücksichtigung von implizitem Wissen über Mitarbeiter und Kunden so wie deren Gefühlen und Überzeugungen kann das Unternehmen seine Wettbewerbsvorteile gegenüber Mitwettbewerbern erhalten und weiter ausbauen.

Wissen ist zum erfolgsentscheidenden Produktionsfaktor geworden.

Deshalb muss das Wissen zur Festigung und Verbesserung der Wettbewerbsposition entsprechend gemanagt werden.

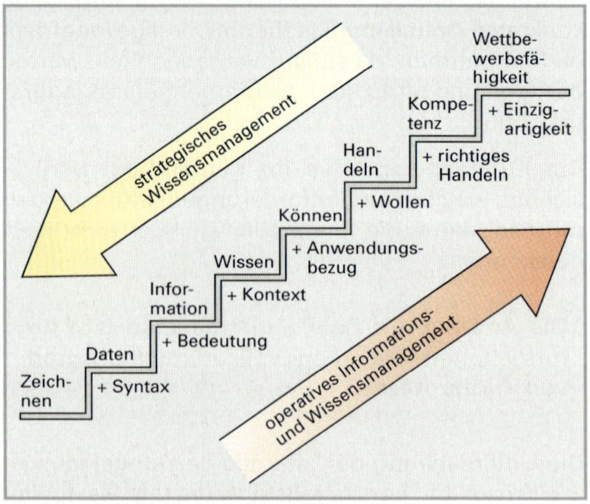

Bild 3: Wissenstreppe nach North

Data-Mart, Data-Warehouse

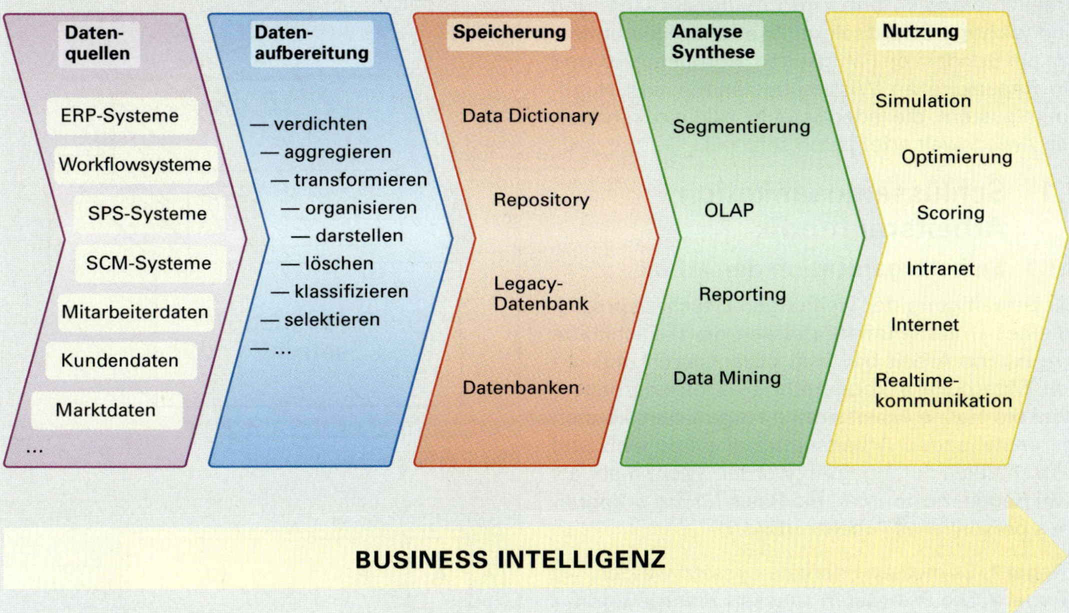

Data-Warehouse (Daten-Lagerhaus): bietet den unternehmensweiten Zugriff auf nutzer- und zielgerecht aufbereitete Daten vieler spezieller Datenbanken. Liefert eine Vielzahl von Informationen für operative und strategische Geschäftsbereiche.
Data-Mart (Daten-Marktplatz): Data-Warehouse auf Abteilungsebene.

Data Dictionary: Datenbank über Unternehmensdaten (Name, Format, ...).
Repository: Datenbank für alle Arten von Unternehmenswissen (Daten, Prozesse, ...).
Legacy-Datenbank: beinhaltet „Altlasten", d.h. früher verwendete Programme und Daten.

OLAP (Online Analytical Processing): erlaubt die permanente, nutzenorientierte Analyse von großen Datenmengen (wie viel, was, wann, wo ...) in einer intuitiven grafischen Oberfläche.
Reporting: vgl. OLAP.
Data Mining: analysiert Zusammenhänge zwischen Daten (warum ...).

Bild 1: Wissenmanagementprozess

Der IT-unterstützte Transfer von Inselwissen und unverbundenen Daten zu einer überrragenden Unternehmenskompetenz ist in Bild 1 dargestellt.

Wiederholung und Vertiefung

1. **Zeigen Sie, dass der Geschäftsprozess Personalentwicklung in einem Unternehmen Supportprozess sein kann und in einem anderen Unternehmen Wertschöpfungsprozess.**
2. **Ordnen Sie die Geschäftsprozesse Kundenserviceabwicklung, Zahlungsabwicklung, Finanzdisposition, Vertriebsabwicklung und Entsorgung den Geschäftsprozessgruppen Managementprozesse, Wertschöpfungsprozesse und Supportprozesse zu und begründen Sie ihre Zuordnung.**
3. **Welche Prozesse sind in ihrem Unternehmen Schlüsselprozesse?**
4. **Warum ist es sinnvoll, Geschäftsprozesse aus verschiedenen Sichten darzustellen?**
5. **Welche Bedeutung haben Ereignisse bei der EPK-Darstellung für das Monitoring und Controlling?**
6. **Welche Aufgaben hat das Wissensmanagement in einem Unternehmen?**

3 Arbeitsmethoden und Informationsquellen

Arbeitsmethodik und Informationsbeschaffung sind wichtige Schlüsselqualifikationen. Sie umfassen ein Bündel von Fähigkeiten, Kompetenzen und ein Repertoire an Wissensbeständen und Handlungsmustern, die jeder braucht, der in der modernen Arbeitswelt erfolgreich sein will.

3.1 Schlüsselqualifikation Arbeitsmethodik

3.1.1 Selbstorganisation der Arbeit

Zur Bewältigung der vielfältigen Geschäftsprozesse eines Unternehmens müssen die IT-Fachkräfte ihre eigene Arbeit bewusst organisieren und mit den Mitarbeitern kooperativ zusammenarbeiten. Wird die eigene Arbeit sinnvoll organisiert, können die anstehenden Arbeitsaufträge erfolgreich und wirtschaftlich durchgeführt werden. Nicht mehr als zwei Regeln bestimmen die Basis für ein erfolgreiches persönliches Arbeiten **(Bild 1)**.

Regel 1: Es müssen Prioritäten gesetzt werden.
Regel 2: Die Prioritäten müssen planmäßig in die Tat umgesetzt werden.

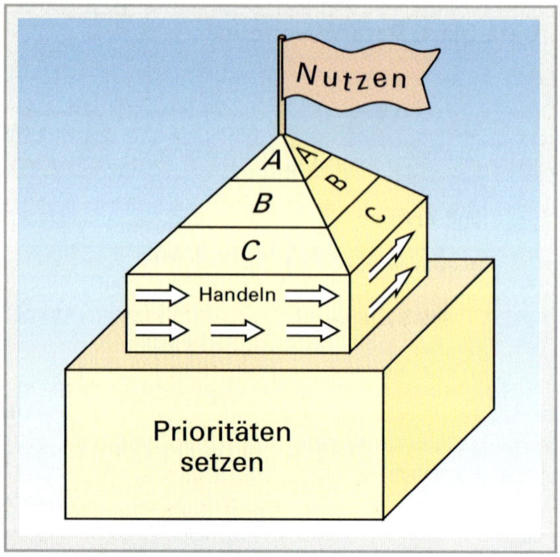

Bild 1: Erfolgreiches Arbeiten

Das wichtigste Kriterium für die Bevorzugung einer Handlung oder Tätigkeit gegenüber einer anderen ist der Nutzen. Daran muss sich die Zeitplanung orientieren **(Bild 2)**.

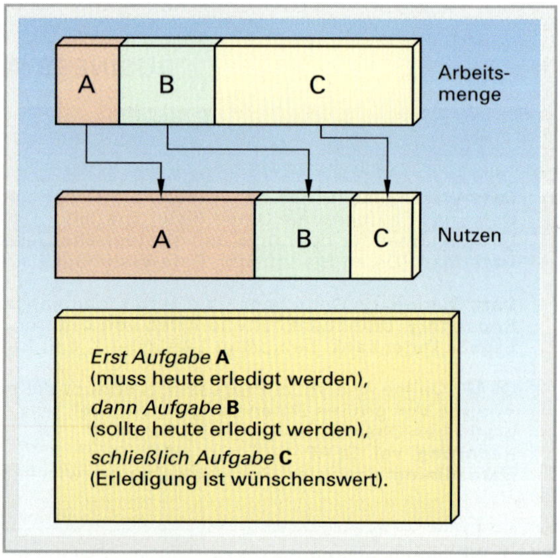

Bild 2: Tagesplanung

Zeitmanagement

Ein gutes Zeitmanagement führt immer zu mehr Gewinn. Es verringert Stress und schafft Freiräume. Nur jemand, der klare persönliche und berufliche Ziele hat, weiß mit seiner Zeit umzugehen und ist in der Lage, seine Aufgaben zielorientiert anzugehen. Eine erfolgreiche Ziel- und Zeitplanung kann nur schriftlich geschehen. Teilziele geben Sicherheit und Arbeitsantrieb. Eine einfache Möglichkeit der Planung von Aktivitäten ist die ALPEN-Methode. Die Anfangsbuchstaben der Schlüsselbegriffe dienen hierbei als Merkhilfe für die Reihenfolge der durchzuführenden Zielplanung:

A → Aufgaben zusammenstellen,
L → Länge der Tätigkeiten abschätzen,
P → Pufferzeiten für Unvorhergesehenes einplanen,
E → Entscheidungen über Prioritäten treffen und
N → in ein Planungsinstrument eintragen.

Ein einfacher Terminkalender als Erinnerungshilfe für Termine und Namen genügt jedoch nicht als Zeitplanungsinstrument. Für eine bessere Nutzung der wertvollen Zeit sorgt ein Zeitplanbuch als effektives Planungsinstrument **(Bild 3)**. Es ist der

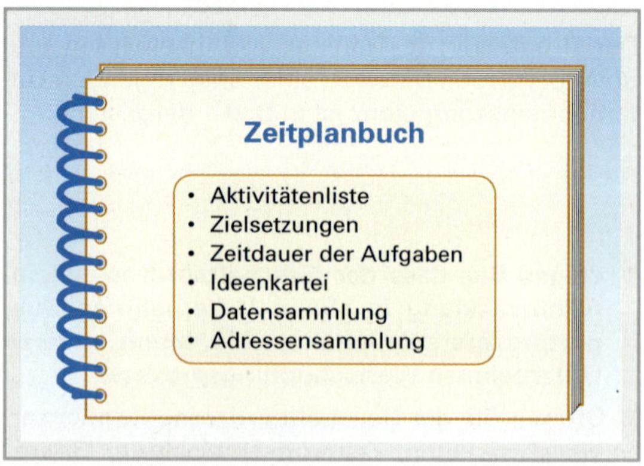

Bild 3: Zeitplanungsinstrument

wichtigste praktische Teil einer konsequenten Arbeitsmethodik.

Das Zeitplanbuch sollte immer zur Hand und einfach zu handhaben sein. Tätigkeiten müssen darin mit Prioritäten versehen werden können und die Möglichkeit zur Anpassung an die persönlichen Bedürfnisse muss vorhanden sein. Das Zeitplanbuch ist das Abbild der eigenen Aktivitäten im Regelkreis der Handlungen **(Bild 1)**.

> Wer sich nicht alles merken kann, ist menschlich – wer die gleiche Frage dreimal stellt, ist unorganisiert.

Oft verschlingt Unwichtiges die meiste Zeit. Alle Tätigkeiten sind deshalb auf Dringlichkeit und Wichtigkeit hin zu überprüfen **(Bild 2)**. In der Praxis resultieren meist 80 % des zählenden Erfolgs aus nur 20 % der Aktivitäten (Paretos Gesetz). Wenn z. B. auf einer Liste mit zehn Aufgaben die beiden entscheidenden Aktivitäten erfüllt sind, ist der Gesamterfolg bereits zu 80 % gesichert. Beachten Sie deshalb bei Ihren Aktivitäten die 80-zu-20-Regel **(Bild 3)**.

Zielstrebiges und konzentriertes Arbeiten

Der Unfähigkeit sich auf eine Arbeit zu konzentrieren und tatsächlich zu beginnen begegnet man am besten durch zeitlich genau festgelegte Arbeitsphasen. Fangen Sie deshalb schon morgens sofort richtig an.

> Beherzigen Sie den Ausspruch: Mach es sofort.

Menschen, die mit ihrer Arbeit nicht zu Rande kommen, wollen immer zuviel auf einmal erledigen oder schieben viel vor sich her. Nicht die auf ein Vorhaben verwendete Gesamtzeit ist maßgebend, es kommt vielmehr darauf an, wie systematisch man an einer Aufgabe arbeitet.

> Vermeiden Sie, zuviel auf einmal zu erledigen.

Ordnung am Arbeitsplatz

Unordnung ist üblicherweise der Konzentration abträglich. Ein Chaos am Arbeitsplatz erzeugt Nervosität und das Gefühl, von der Arbeit erschlagen zu werden. Befreien Sie ihre Arbeitsfläche von allem, außer dem Projekt, an dem Sie gerade arbeiten. Die Ordnung auf dem Schreibtisch ist bereits der erste Weg zum effektiven Arbeiten **(Bild 4)**.

> Ein Schreibtisch kann nie groß und breit genug sein.

Nehmen Sie jedes Papier nur einmal in die Hand und bearbeiten Sie es sofort abschließend. Benutzen Sie den Papierkorb und bauen Sie keine

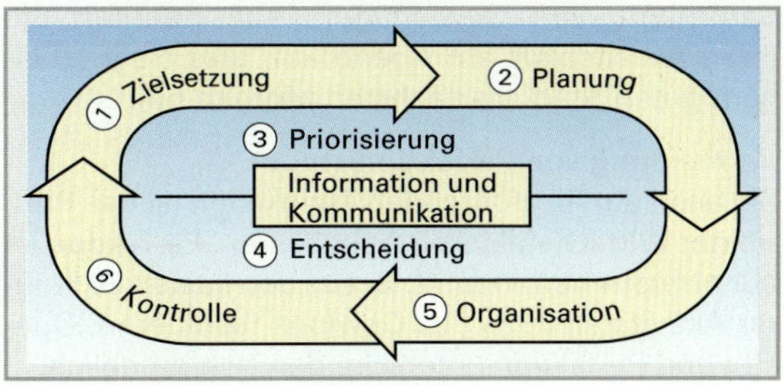

Bild 1: Regelkreis der Handlung

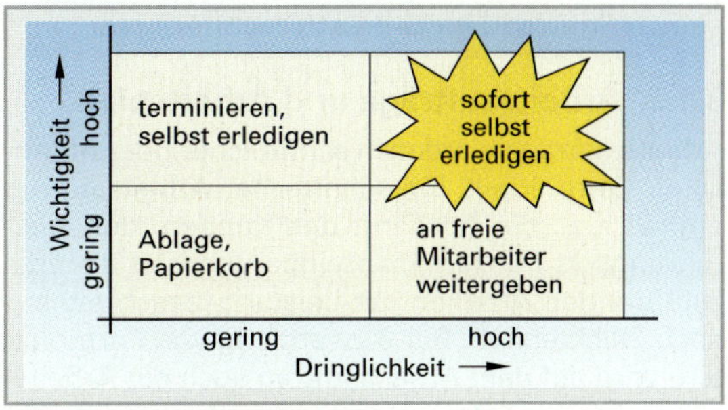

Bild 2: Entscheidungsfindung

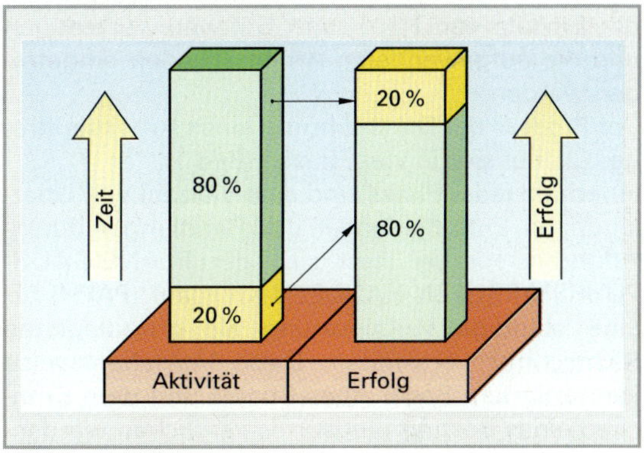

Bild 3: 80-zu-20-Regel

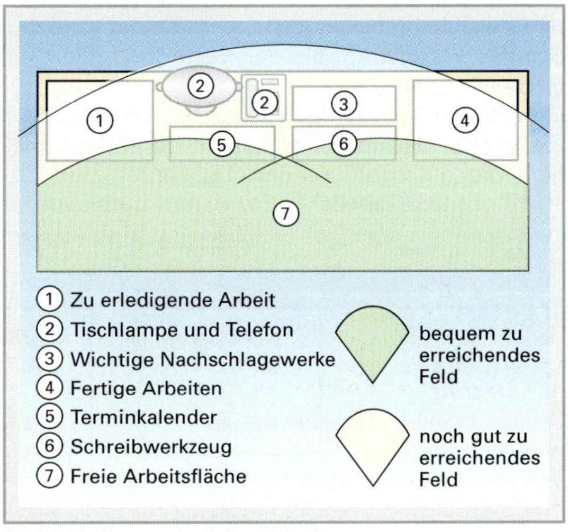

Bild 4: Ordnung am Schreibtisch

Sammlung von Unwichtigem auf. Räumen Sie ihren Arbeitsplatz am Abend auf, dies trägt zu einem guten Start am nächsten Morgen bei.

Vermeidung von Perfektionismus

Bei allen durchzuführenden Tätigkeiten ist das Prinzip der Wirtschaftlichkeit zu beachten. Perfektion ist nur anzustreben, wenn z. B. aus den letzten 20 % ihrer Aktivitäten 80 % des Gewinns resultieren. Qualität und Perfektion unterscheiden sich erheblich.

> Das Arbeitsergebnis muss die für eine Tätigkeit aufgewendete Zeit auch rechtfertigen.

3.1.2 Arbeitsaufträge und Arbeitsplan

Arbeitsaufträge werden in schriftlicher oder mündlicher Form erteilt. Ein schriftlicher Arbeitsauftrag enthält z. B. die Anschrift des Kunden, den Ausführungsort mit Terminvereinbarung und die auszuführenden Arbeiten mit Leistungsbeschreibung nach Pflichtenheft. Bei Verwendung von Formblättern wird auf dem Arbeitsauftrag auch ein Arbeitsbericht der ausführenden Fachkraft verlangt. Zur Kostenermittlung müssen der Materialverbrauch, der Einsatz von Hard- und Softwarewerkzeugen und die aufgewendeten Arbeitsstunden eingetragen werden.

Der Prozess der Durchführung eines Arbeitsauftrages gliedert sich in vier Phasen **(Bild 1)**.

Innerhalb jeder Phase sind eine Vielzahl von Überlegungen, Entscheidungen und Handlungen durchzuführen. Hierbei lässt sich der PLANEN-AUSFÜHREN-PRÜFEN-HANDELN-Kreislauf (PAPH) für eine ständige Verbesserung als grundlegende Richtschnur verwenden. Diese Vorgehensweise kann mit dem Segel eines Bootes und dem Erreichen eines Bestimmungsortes verglichen werden, wobei das Vorwärtskommen durch PAPH-Kreisläufe überwacht wird **(Bild 2)**. Wenn der Grund für eine Abweichung bekannt ist, lässt sich der Kurs des Schiffes korrigieren, bis der Bestimmungsort erreicht ist.

Ein *Arbeitsplan* legt die Arbeitsschritte fest, die zur Zielerreichung führen. Er enthält im Maßnahmeplan die durchzuführenden Tätigkeiten und Zuständigkeiten **(Tabelle 1)**. Ein darauf aufbauender

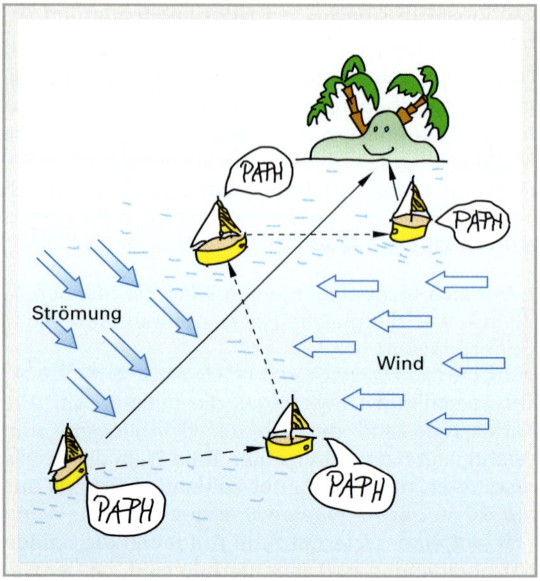

Bild 2: Beispiel für einen PAPH-Kreislauf

Tabelle 1: Maßnahmeplan

Nr.	Aufgabe	Verantwortlicher	Termin
1	Projektaufgabe	Abteilungsleiter	14. Mai
2	Hardwarebeschaffung	Sachbearbeiter	2. Juli

Tabelle 2: Arbeitsablaufplan

Reihenfolge	Arbeitsschritte	Verantwortlicher
1	Angebote einholen	H. Meier
2	Bestellungen aufgeben	H. Moser

Aktionsplan oder *Arbeitsablaufplan* legt die Reihenfolge der Tätigkeiten fest **(Tabelle 2)**. Ein Zeitplan hilft Termine zu überwachen und zu visualisieren. *Zeitpläne* in Form von Netzplänen werden bei Arbeitsaufträgen eingesetzt, die sich über einen längeren Zeitraum hinziehen.

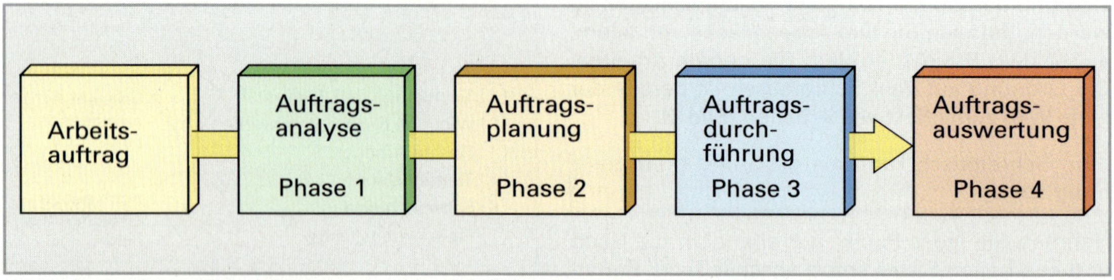

Bild 1: Prozess eines Arbeitsauftrages

3.2 Schlüsselqualifikation Kommunikationsfähigkeit

Im Arbeitsleben der heutigen Informationsgesellschaft sollten eigene Standpunkte und Argumente in Gesprächen und Diskussionen erfolgreich vertreten werden können.
Störungen und Konflikte in der zwischenmenschlichen Kommunikation müssen rechtzeitig erkannt werden, um sie durch zielgerichtete Verhaltensweisen und Gesprächstechniken zu entschärfen.

3.2.1 Kompetenzen der erfolgreichen Gesprächsführung

Ein wertschätzendes, vorurteilfreies Menschenbild und eine Portion Einfühlungsvermögen (emotionale Intelligenz) sind in jedem Fall die Grundlage für ein erfolgreiches Gespräch. Neben diesen inneren Einstellungen können bestimmte Kommunikationsstrategien sehr hilfreich sein.

Kommunikationsebenen bewusst wahrnehmen

Die zwischenmenschliche Kommunikation bewegt sich immer in zwei Ebenen **(Bild 1)**. Die Inhaltsebene dient dem verbalen Austausch der Sachinformationen. Die Beziehungsebene überträgt die Gefühle und Beziehungen zwischen den Gesprächspartnern.

Die Beziehungsebene bestimmt über die Sachebene.

Nur wenige Entscheidungen werden ausschließlich nach dem Inhalt und der Sache gefällt, vier Fünftel aller Entscheidungen geschehen aus dem Bauch heraus, also auf der Beziehungsebene. Wenn Störungen auf der Beziehungsebene vorliegen, lassen sich keine optimalen Lösungen auf der Sachebene finden **(Bild 2)**.

Die eigene Meinung präzise formulieren

Schon der einfache Satz: „Das Fenster ist offen" kann verschiedene Interpretationen zulassen **(Bild 3)**. Als Beispiel seien vier Möglichkeiten aufgeführt:
Der Sprecher stellt nur schlicht einen Sachverhalt dar (Sachaspekt).
Der Sprecher möchte, dass der Zuhörer das Fenster schließt (Appellfunktion).
Der Sprecher will mitteilen, dass er den Zuhörer für rücksichtslos hält (Beziehungsaspekt).
Dem Sprecher gefällt es nicht, dass das Fenster offen ist (Selbstoffenbarung).
Missverständnisse sind schlecht für das Arbeitsklima, sie halten auf und kosten damit Geld. Sprachliche Kommunikationsstörungen lassen sich vermeiden durch veränderten Tonfall (Befehlston), durch nähere Erläuterungen oder durch Umwandlung der Aussage in eine Bitte.

Jeder Sprecher kann auch durch Mimik und Gestik seiner Aussage Kraft und Klarheit verleihen.

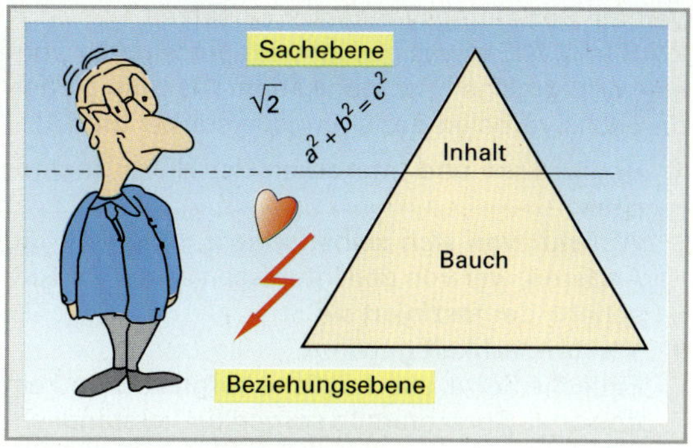

Bild 1: Kommunikationsebenen

Bild 2: Emotionale Störungen

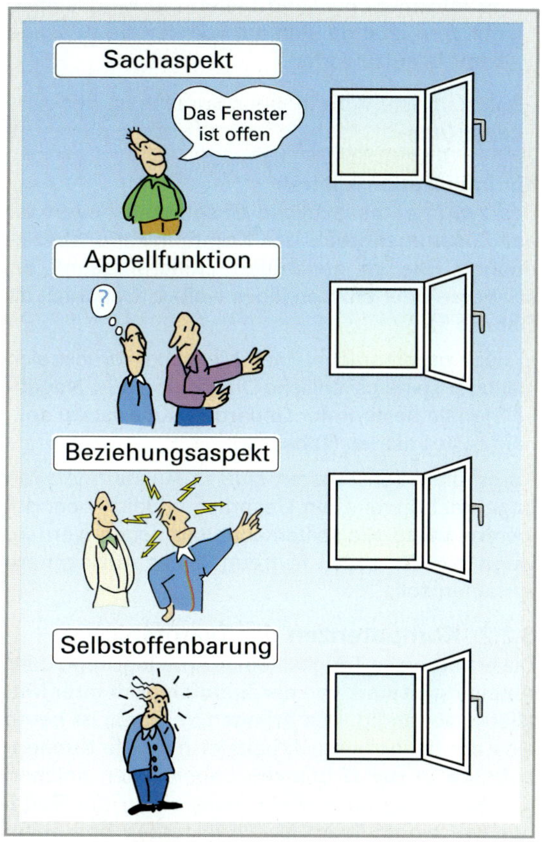

Bild 3: Interpretationsmöglichkeiten

Verbale Beziehungsverstärker einsetzen

WAS und WIE etwas gesagt wird entscheidet über eine erfolgreiche Kommunikation. Als Hilfe dienen die sechs verbalen Beziehungsverstärker **(Bild 1)**.

1. **Bedürfnisse und Interessen der Hörer ansprechen.**
   Wer nur von sich selbst spricht, langweilt die Anderen; wer von den Interessen seiner Partner spricht, der fasziniert sie.
2. **Verständlichkeit gewinnt.**
   Einfache Sätze, anschauliche Vergleiche und ein dosiertes Sprechtempo sorgen für Verständlichkeit.
3. **Fragen zeigen Wertschätzung.**
   Fragetechnik wertet Gesprächspartner auf.
4. **Die Worte der Partner verwenden.**
   Die Verwendung bereits geäußerter Fachausdrücke ist eine vertrauensbildende Vorgangsweise.
5. **Die Magie des Namens nützen.**
   Alle Menschen lieben es, vor allem vor einer Gruppe, mit dem eigenen Namen angesprochen zu werden.
6. **Wer zitiert wird, ist wichtig.**
   Aussagen von Gesprächspartnern sind wichtige Informationen und bieten die Möglichkeit, mit dem Zitat die Person, von der die Aussage kommt, aufzuwerten.

Das schönste Wort in jeder Sprache ist der eigene Name.

Kommunikationssperren

Das zwischenmenschliche Gespräch scheitert oft am Zusammenbruch der Kommunikationsbeziehungen. Die so genannten „Killerphrasen" erschweren oder blocken jedes weitere Gespräch ab **(Tabelle 1)**.

In der Körpersprache eines Menschen drückt sich viel über seine psychische Disposition aus. Negative Signale bestimmter Gebärden (Killerfaces) sollte man vermeiden **(Tabelle 2)**.

Kommunikationssperren sind in Ausnahmefällen angebracht, wenn ein Gespräch wirklich beendet werden muss. Sie sollten aber vermieden werden, wenn das Gespräch in freundlicher Atmosphäre verlaufen soll.

3.2.2 Kompetenzen der Teamfähigkeit

Die erfolgreiche Tätigkeit einer Arbeitsgruppe oder Abteilung ist stark von der Teamfähigkeit ihrer Mitglieder abhängig. Das Arbeiten in Teams ist heute eine der bevorzugten Arbeitsformen. Die Kundenaufträge in der IT-Branche haben einen solchen Komplexitätsgrad erreicht, dass sie in der Regel nur von einem Team als Projektarbeit bearbeitet werden können (siehe Abschnitt 6).

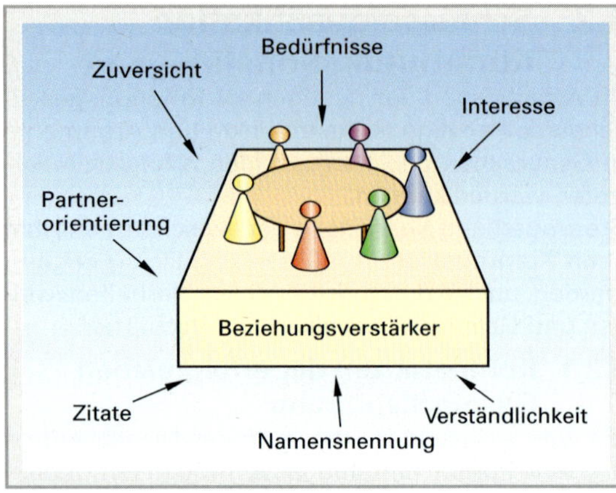

Bild 1: Beziehungsverstärker

Tabelle 1: Killerphrasen

Gesprächshemmer	Beispiele
Befehlen	Ich erwarte von Ihnen, ...
Drohen	Das sollten sie nicht tun!
Moralisieren	Sie sind verpflichtet ...
Lösungen liefern	Wenn sie mich fragen ...
Vorwürfe machen	Das war falsch ...
Verhören	Wie lange sind Sie schon ...
Endgültige Bemerkungen	Das ging noch nie! Haben wir schon probiert! Das ist nicht neu! Dafür haben wir kein Geld! Haben wir denn bisher alles falsch gemacht?

Tabelle 2: Killerfaces

Gebärde	Erläuterung
	Blick von oben herab, spöttisches Lächeln. Kritisch verengte Augen.
	Blick nach oben, gelangweiltes Aussehen. Ungeduldiges Klopfen mit den Fingern.
	Gerümpfte Nase, spöttisches Lächeln, Mundwinkel leicht herabgezogen.
	Augenlider fast geschlossen, Kopf geneigt und in die Hand gestützt.

Arten von Teams

Die Mitglieder eines Teams liefern Ideen und führen Aufgaben aus. Sie stellen sicher, dass Entscheidungen im Einvernehmen getroffen werden und tragen zum Leistungsprozess bei. Es gibt zwei Arten von Teams:

Cross-functional teams (überfunktionale Teams) führen spezifische Aufgaben an überfunktionalen Geschäftsprozessen durch. Die Teammitglieder kommen aus verschiedenen Fach- und Funktionsbereichen. Diese Teams, die auf eine spezifische Aufgabe ausgerichtet sind, werden gewöhnlich nach Projektende aufgelöst.

Family teams (Familienteams) existieren unbegrenzt, obwohl sich die Teammitglieder durch Zu- und Abgänge ändern können. Familienteams setzen sich aus den Mitarbeitern eines Funktionsbereiches oder einer Abteilung zusammen. Die Führungskraft dieses Bereiches dient meistens als Teamleiter und Moderator.

Es gibt überfunktionale (cross functional) Teams und so genannte Familienteams.

Regeln für die Teamarbeit

Die Mitarbeiter eines Teams stützen sich gegenseitig. Der Erfolg eines Teams liegt vor allem in der Erschließung der Kreativität der Teammitglieder. Deshalb ist in Teams das Wir-Gefühl stark ausgeprägt. Damit arbeitet jeder hart und hat doch Freude. Die Motivation der Teammitglieder wird durch die gemeinsame Verantwortung für ein Projekt noch gefördert. Idealerweise sollten die Teammitglieder freiwillig an der Teamarbeit teilnehmen und die Ziele des Teams voll unterstützen.

In einem Team muss offene Kommunikation herrschen.

Teamfähigkeit heißt jedoch nicht, die eigenen Ansichten und die eigene Identität völlig der Gruppe anzupassen.

Teamfähig sind vor allem diejenigen, die in Konfliktsituationen ausgleichend eingreifen, die Teamstrukturen durchschauen, die persönliche Eitelkeiten auch einmal zurückstellen und die die Harmonie der Gruppe nicht empfindlich stören. Jedes Teammitglied trägt in unterschiedlicher, aber ergänzender Weise dazu bei, die Mission des Teams zu erreichen **(Bild 1)**.

Im Wort „Team“ ist kein „Ich“ enthalten.

Der Stand der Teamaktivitäten sollte im Unternehmen bekanntgemacht werden, um das Maß der Realisierungen anzuzeigen **(Bild 2)**. Die Fortschritte verschiedener Teams können so miteinander verglichen werden.

Bild 1: Teamarbeit

Bild 2: Stand des Teamprojektes

Wiederholung und Vertiefung

1. **Nennen Sie die Regeln für ein erfolgreiches persönliches Arbeiten.**
2. **Erläutern Sie die ALPEN-Methode zur Planung von Aktivitäten.**
3. **In welchem Zusammenhang stehen gewöhnlich Aktivitäten und Erfolg?**
4. **Wie unterscheiden sich der Maßnahmeplan und der Arbeitsablaufplan in ihren Zielsetzungen?**
5. **Welche Bedeutung haben die Kommunikationsebenen bei einem Gespräch?**
6. **Nennen Sie die vier Interpretationsmöglichkeiten einer verbalen Aussage.**
7. **Welche Beziehungsverstärker entscheiden über eine erfolgreiche Kommunikation?**
8. **Nennen Sie Verhaltensweisen für eine erfolgreiche Teamarbeit.**
9. **Wie unterscheiden sich die Teamarten?**
10. **Welche Vorteile ergeben sich aus der laufenden Information über Teamaktivitäten?**

3.3 Problemlösungstechniken

Bei Problemen muss zielorientiert nach einer Lösung gesucht werden. Hierbei ist vor allem Kreativität und Flexibilität gefordert. Kreativität bedeutet das Ausbrechen aus verfestigten Denkstrukturen. Dabei ist eine kreative Leistung meistens eine Neukombination von bekanntem Wissen.

Beispiel:
In der folgenden Reihe finden Sie sechs Buchstaben, die in einer bestimmten Logik hintereinandergesetzt sind.
E, Z, D, V, F, S, _, _.
Stellen Sie durch kreatives Denken fest, wie die nächsten beiden Buchstaben in der logischen Folge lauten müssen.

Lösung: Die logische Systematik liegt in den Anfangsbuchstaben der Zahlen. Die fehlenden Buchstaben lauten S(ieben) und A(cht).

3.3.1 Kreativfördernde Verhaltensweisen

Das eigene Kreativitätspotenzial lässt sich in einem gewissen Umfang erhöhen. Neben Kreativitätstechniken fördern im Wesentlichen vier persönliche Verhaltensweisen die Innovation:

Persönliche Verhaltensweisen erhöhen das kreative Potenzial.

Der Glaube an die eigene Kreativität verhilft uns dazu, zielstrebiger zu handeln. Er beinhaltet Wille, Mut und Durchhaltevermögen bei neuen Lösungen. Die Stimme der Kritik (SdK) kann uns hindern, jemals den Mut zu haben, ungewöhnliche Lösungswege zu finden. Deshalb die Forderung nach *Verzicht auf Kritik,* um die SdK zu besiegen.
Je mehr Informationen wir über Vorgänge, Gegebenheiten und Arbeitsabläufe aufnehmen, desto genauer wird das Bild, das wir uns von der Wirklichkeit machen können. Die genaue *Beobachtung der Welt* ist deshalb besonders für Berufseinsteiger wichtig.
Aus Angst vor Kritik werden oft keine Fragen gestellt. Wer kreativ sein will, muss lernen, auch anscheinend dumme Fragen zu stellen.

Die einzige dumme Frage ist die, die wir nicht stellen.

Visionen beginnen mit Fragen und belegen damit die *Wichtigkeit der unvoreingenommenen Frage.* Fragen Sie deshalb wiederholt „warum?" bei der Suche nach der Lösung eines Problems **(Bild 1)**.

Beispiel:
Für einen Kreativitätstest sind zwölf Rechtecke in fünf Minuten mit Ideen auszufüllen **(Bild 2)**. Lassen Sie Ihrer Phantasie freien Lauf.

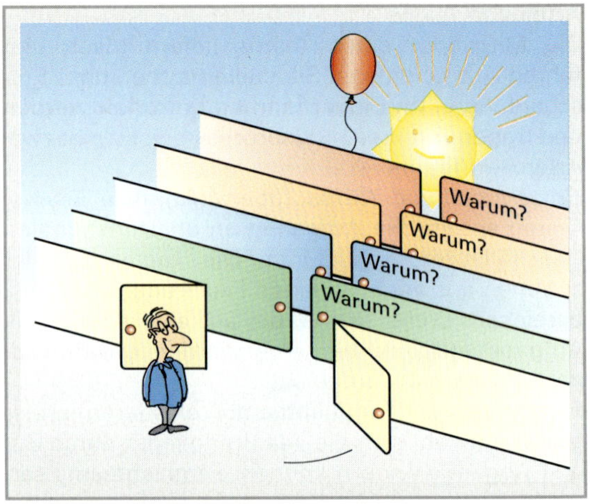

Bild 1: Die unvoreingenommene Frage

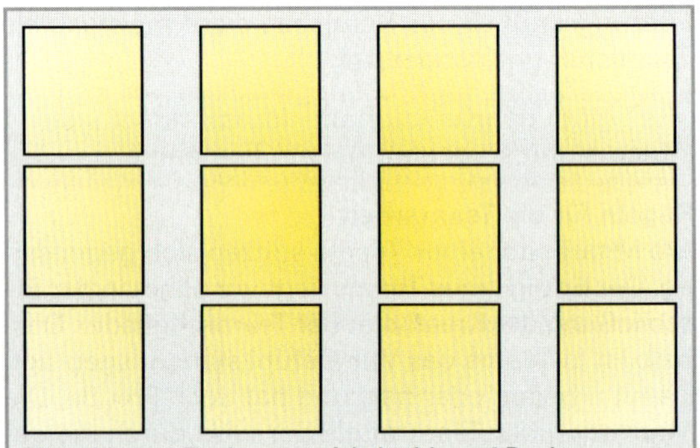

Neue Idee = 3 Punkte, entwickelte Idee = 1 Punkt

Bild 2: Kreativitätstest mit 12 Rechtecken

3 Punkte 1 Punkt 1 Punkt 3 Punkte

Bild 3: Punkteverteilung

Jedes Rechteck selbst muss Bestandteil der Idee sein und darf durch die Zeichnung nicht überschritten werden.
Jedes ausgefüllte Rechteck ergibt maximal 3 Punkte.
Für die Bewertung gilt:
24-36 Punkte: Sie denken sehr kreativ,
13-24 Punkte: Sie haben innovative Ideen,
1-12 Punkte: Sie denken geradlinig.
Lösung: **Bild 3 für vier Rechtecke**

Durch Ergänzungen kann z. B. ein Rechteck als Fenster zu zwei weiterentwickelten Ideen führen.

3.3.2 Kreativitätstechniken

Viele Grundtechniken der Kreativität basieren auf den Prinzipien der Intuition (Eingebung), dem Prinzip der Analyse (systematische Untersuchung eines Sachverhaltes) und auf den Prinzipien der Analogie (Gleichheit von Verhältnissen).

Ideen sollten grundsätzlich schriftlich festgehalten werden **(Bild 1)**. Die Ideenerhebung und die Ideenbewertung sind bei den Kreativitätstechniken immer getrennt durchzuführen.

3.3.2.1 Brainstorming

Eine auf Eingebung beruhende Methode ist das Brainstorming (brainstorm = Gehirnsturm). Diese Methode ist dadurch gekennzeichnet, dass innerhalb einer Gruppe durch wechselseitige Verknüpfungen der vorgebrachten Gedanken und Ideen (Assoziationen) Problemlösungen gefunden werden **(Bild 2)**.

3.3.2.2 Kartenabfrage (META-Plan)

Die Kartenabfrage oder META-Plan-Technik ist ein umfassendes und formalisiertes System zur Ideenfindung und Bewertung. Die Teilnehmer schreiben ihre Aussagen zu einem Problemkreis mit Filzschreibern auf Karten, Größe etwa 10 cm x 20 cm. Der Moderator sammelt die Karten ein und mischt diese. Anschließend werden die beschrifteten Karten vorgelesen und durch den Moderator ohne Kommentar, aber in Gruppen geordnet, an eine Pinwand gesteckt. Die Oberbegriffe zu den Gruppen werden nun auf kreisförmige Karten geschrieben und zu den Gruppen geheftet. Anschließend erhält jeder Teilnehmer zur Bewertung der Ideen eine Anzahl von Markierungspunkten, z. B. drei bis sechs rote Klebepunkte. Das Ergebnis der Gewichtung schafft Prioritäten bei Problemfeldern und führt zu Lösungsvorschlägen aus der Sicht einer Gruppe oder eines Teams.

Die Kartenabfrage mit META-Plan schafft Prioritäten.

3.3.2.3 Methode 6-3-5

Sechs Teilnehmer (6) treffen sich ohne einen Moderator zur Gruppensitzung. Jeder Teilnehmer notiert drei Ideen (3) auf ein vorbereitetes Papier. Das Blatt wird weitergereicht. Nun hat jeder an den Ideen der anderen Teilnehmer (5) weiterzuarbeiten **(Bild 3)**. Es entstehen so in kurzer Zeit 108 Lösungsvorschläge. Sie werden anschließend in der Gruppe auf Machbarkeit hin überprüft.

Die Methode 6-3-5 dient zur Findung vieler Lösungsvorschläge.

Kurze Beschreibung der Idee	Geplante Aktivitäten	Terminvorstellung
1.		
2.		
3.		

Bild 1: Ideen schriftlich festhalten

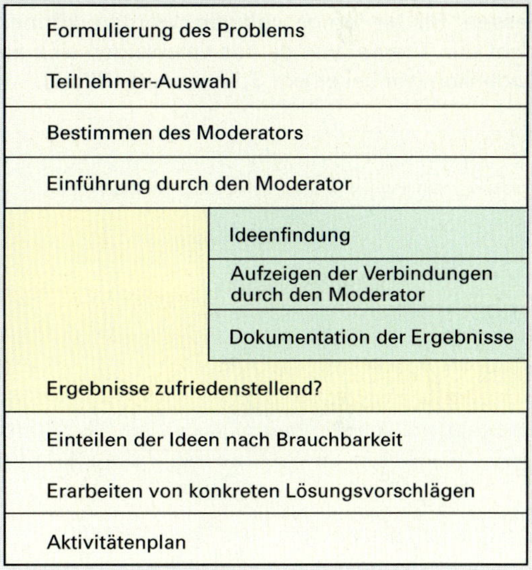

Bild 2: Struktogramm des Brainstormings

Turbo-Weiß	Schmutz & weg	Waschwunder
TurboFix	Oha – weg	Wonderweiß
Fix & Fertig	Momo-ex	Riesenweiß
Fertigrein	Bakto-ex	Dr. Weiß
Rein & Sauber	Bakto-Hopp	Dr. Clean
Reinsil	Antipfui	Dr. Dosch

Bild 3: Namensfindung nach der Methode 6-3-5

3.3.2.4 Systematische Problemlösung

Bei der systematischen Problemlösung wird das Problem genau analysiert, in Teilprobleme aufgespalten und durch formale Vorgehensweise einer Lösung zugeführt.

Die wesentlichen Schritte bei der systematischen Problemlösung sind die Analyse der Ausgangssituation, die exakte Definition des Problems, das Aufzeigen von Lösungsvorschlägen in Teilbereichen, die Bewertung der Alternativen und die Entscheidung **(Tabelle)**.

Durch die Kombination von Teillösungen erreicht man eine Gesamtlösung.

Tabelle: Problemlösung durch Systematik

Schritte	Vorgehensweise
1.	Definition und Eingrenzung des Problems.
2.	Analyse der Ausgangssituation (Randbedingungen, Schwerpunkte und Teilbereiche).
3.	Ordnen und Strukturieren der Einflussfaktoren.
4.	Aufzeigen von Lösungsalternativen für Teilbereiche.
5.	Kombination verschiedener Teillösungen.
6.	Bewertung der Gesamtlösungen (Nutzwertanalyse, Kriterienvergleich).
7.	Auswahl der optimalen Lösung.
8.	Abschätzung der Auswirkungen und Konsequenzen.

3.3.2.5 Mind-Map-Methode

Die Erstellung einer Gedächtniskarte (Mind-Map) ist eine flexible, kreative und gehirngerechte Arbeitstechnik. In der Mitte eines Blattes oder einer Flipchart (Gestell mit einem großen Papierblock, dessen Blätter umgeschlagen werden können) steht das Thema. Von da aus verzweigen sich alle Gedanken wie bei einem Spinnennetz **(Bild 1)**.

Mind-Mapping ist ein Werkzeug zur Ideenfindung und Visualisierung.

Der Vorteil von Mind-Mapping liegt in der Möglichkeit, viele Punkte auf einen Blick einzusehen. Die Darstellung kann jederzeit erweitert werden. Eine Auswertung kann abschließend in einer Gruppendiskussion erfolgen.

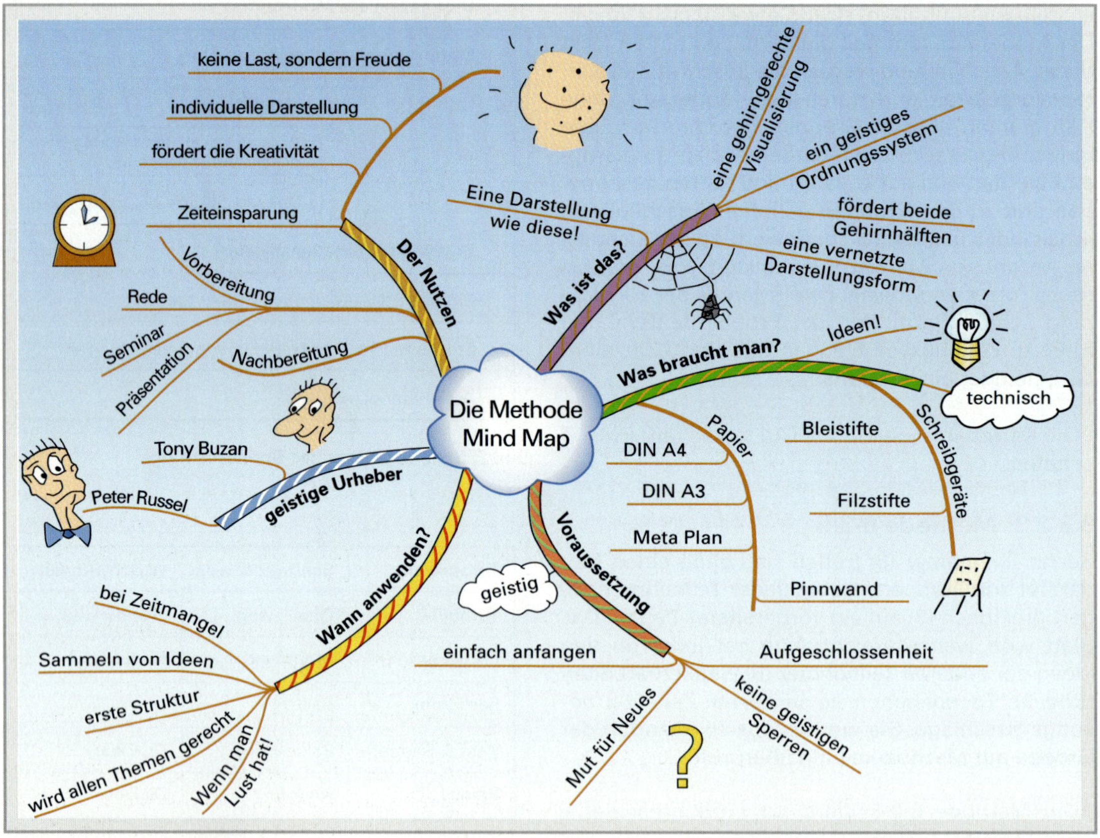

Bild 1: Die Methode Mind-Map

3.3.2.6 Umkehrtechnik

Die beiden Schritte der Umkehrtechnik sind immer die gleichen: Im ersten Schritt überlegt man sich allein oder im Team so viele Möglichkeiten wie nur denkbar, die den Ist-Zustand verschlimmern (worst case = schlimmster Fall). Somit formuliert man Schwachstellen, die dann im zweiten Schritt ins Gegenteil gekehrt werden (best case = bester Fall). Dadurch werden aus Schwächen Stärken.

Bei der Umkehrtechnik wird aus dem worst case der best case.

Beispiel:
Im folgenden Planspiel befinden Sie sich allein in der Mitte einer Insel, die 100 km lang und 50 km breit ist **(Bild 1)**. Ein im Norden der Insel ausgebrochenes Feuer bewegt sich, angetrieben durch starken Wind, mit 40 km/h auf Sie zu. Die Feuerfront ist noch 20 km entfernt. Ausgedörrtes Gras macht eine Flucht aussichtslos. Ihre Ausrüstung besteht aus Schaufel, Eimer, Feuerzeug, Gewehr, Zeltplane und einem Boot. In der Nähe befindet sich ein Brunnen. Wie retten Sie sich aus dieser ausweglosen Situation?

Lösung: Es sind verschiedene Lösungen möglich. Verblüffend einfach ist die Lösung durch die Umkehrtechnik. Nehmen Sie ihr Feuerzeug und zünden Sie ein so genanntes Gegenfeuer an. Das trockene Gras beginnt zu brennen und wird nach Süden getrieben. Sie können sich später auf die ausgebrannte Fläche retten.

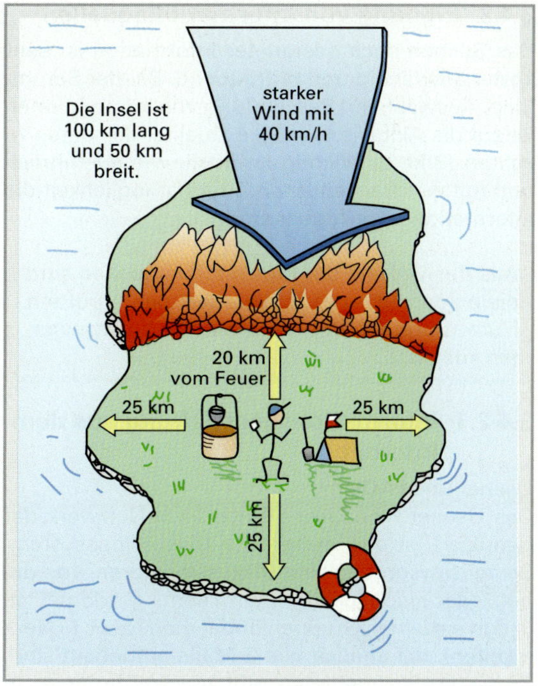

Bild 1: Umkehrtechnik im Planspiel

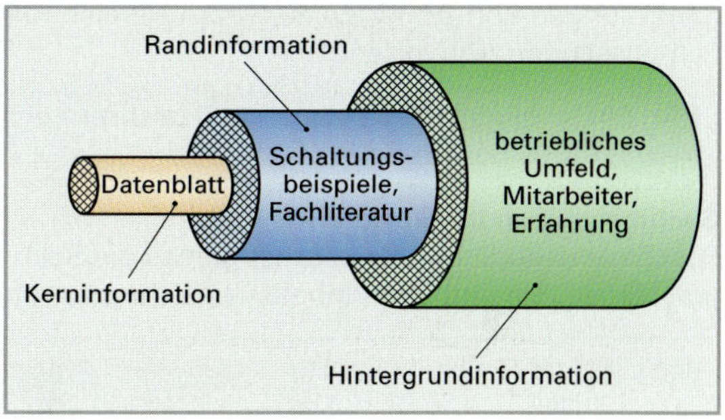

Bild 2: Informationsarten

Wiederholung und Vertiefung

1. **Welche vier persönlichen Verhaltensweisen fördern die Kreativität?**
2. **Schildern Sie den organisatorischen Ablauf einer Brainstorming-Sitzung.**
3. **Für welche Problemfelder eignet sich die Kartenabfrage?**
4. **Wie lassen sich Problemlösungen mit der META-Plan-Technik erreichen?**
5. **Welche Kreativitätsmethode wird verwendet, wenn viele Lösungsvorschläge erwünscht sind?**
6. **Nennen Sie die Vorteile der Mind-Map-Methode.**

3.4 Informationsbeschaffung

Informationen werden zweckorientiert verwendet, um Handlungen vorzubereiten und durchzuführen. Man unterscheidet Kerninformationen, Randinformationen und Hintergrundinformationen **(Bild 2)**.

Eine intensive Informationsbeschaffung erspart tagelange Eigenarbeit.

3.4.1 Informationsquellen

Die wichtigste Informationsquelle sind erfahrene Mitarbeiter. Hier besteht die Wahrscheinlichkeit, dass die notwendigen Informationen bereits in aufbereiteter Form vorliegen. Es sollte auch gezielt nach weiteren kompetenten Ansprechpartnern gefragt werden. Betriebsinterne Informationssysteme, wie die abteilungsbezogene Literatur und betriebseigene Stammdateien, z. B. Lieferantendaten und Projektdaten, bieten die schnellste Informationsmöglichkeit. Fachzeitschriften, Bibliotheken, das Internet und Datenbanken auf CD-ROM mit leistungsfähigen Auswahlmechanismen führen zeitsparend zu gesuchten Informationen **(Bild 1, folgende Seite)**.

3.4.2 Eignung von Informationsquellen

Das Suchen nach geeigneter Information ist sehr kostenaufwändig und zeitraubend. Bei der Sammlung, Auswahl und Beschaffung von Informationen ist auf die Aktualität und die Qualität der Daten zu achten **(Bild 2)**. Wichtig ist auch, wie ausführlich und mit welcher zeitlichen Zugriffsmöglichkeit die Informationen verfügbar sind.

Aus der Vielzahl der Informationsquellen sind diejenigen auszuwählen, die den größten Nutzen bringen und dem Betrieb am wenigsten kosten.

3.4.2.1 Informationsbeschaffung aus dem Internet

Usenet und FAQs

Das Usenet (von User's Network = Netzwerk der Benutzer) ist das weltgrößte Diskussionssystem. Seine Newsgroups sind Diskussionsforen, von denen jedes einem bestimmten Thema gewidmet ist. In den einzelnen Gruppen findet man News (= Neuigkeiten), die ähnlich wie E-Mails aufgebaut sind. Zu vielen Fachgebieten gibt es Einführungen in Form so genannter FAQs (von Frequently Asked Questions = häufig gestellte Fragen). Dies sind Sammlungen von Anfragen zu einem Bereich mit den passenden Antworten.

Die FAQs sind größtenteils auf bestimmte Newsgroups bezogen.

Suchmaschinen im World Wide Web

Für die gezielte Suche im Internet gibt es die Suchmaschinen. Sie enthalten Inhaltsverzeichnisse von

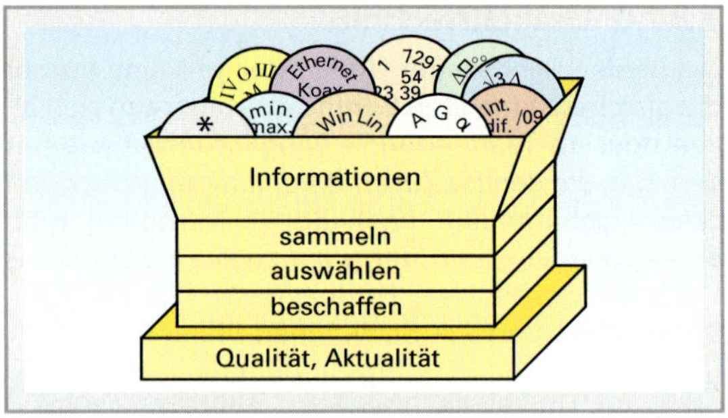

Bild 2: Informationsauswahl

Webseiten und unterscheiden sich in ihrem Aufbau, ihrer Struktur und in ihrem Inhalt.

Man unterscheidet folgende Arten von Suchmaschinen:

- Reine Suchmaschinen lesen über so genannte Robots oder Spider (= Spinne) den kompletten Quelltext einzelner Webseiten ein und speichern ihn in einer Datenbank. Diese Datenbankart kann dann über ein Suchformular durchsucht werden.
- Webkataloge werden nicht von Maschinen erstellt, sondern von Redakteuren. Sie liefern gefilterte und hochwertige Ergebnisse. Interessenten müssen ihre Seiten bei einem Webkatalog anmelden. Wird eine Seite für würdig befunden, schreibt der Redakteur eine kurze Zusammenfassung und ordnet die Seite in eine passende Kategorie ein.
- Hybrid-Suchmaschinen sind eine Mischung aus reinen Suchmaschinen und Webkatalogen.
- Meta-Suchmaschinen sind so programmiert, dass sie eine Anfrage parallel an verschiedene Suchmaschinen und Web-Kataloge verschicken.

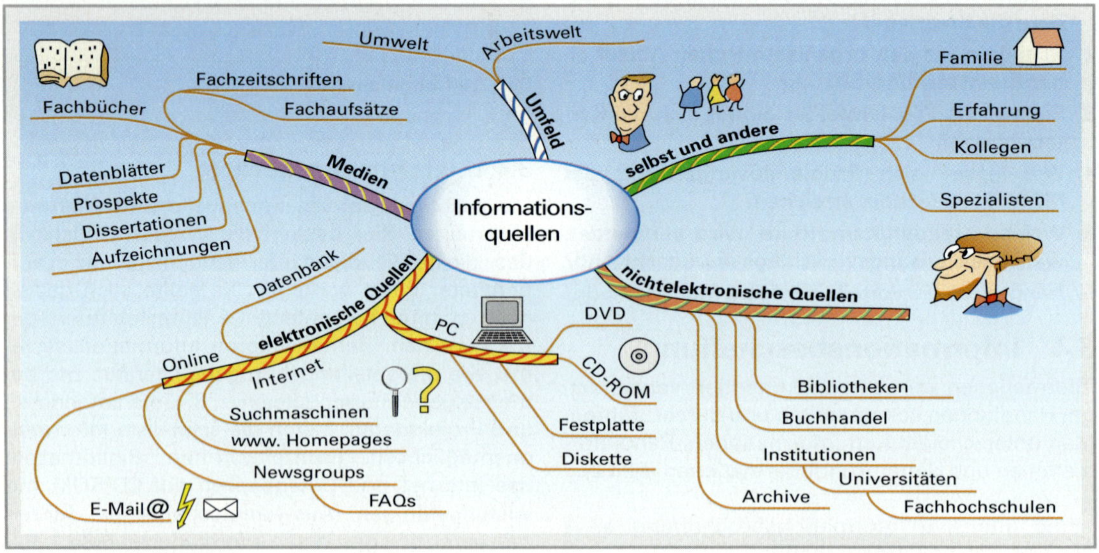

Bild 1: Informationsquellen

3.4.2.2 Gezielte Suche mit Suchmaschinen

Für erfolgreiches Recherchieren ist neben der Wahl der Suchmaschine auch die Suchstrategie entscheidend. Die gewünschte Information muss so genau wie möglich eingekreist werden. So kann bei der Suchanfrage „Golf" eine Meeresströmung, ein Auto oder eine Sportart gemeint sein.

Strategie 1 – die direkte Suche
Wird nach einem bestimmten Thema gesucht, ist zu überlegen, welche Begriffe auf der gesuchten Webseite vorkommen werden. Sind die Begriffe richtig gewählt, sollte unter den ersten 2 bis 30 Ergebnissen die gewünschte Information zu finden sein.

Strategie 2 – die indirekte Suche
Sie wird angewendet, wenn man sich einen Überblick über ein bestimmtes Thema verschaffen will oder wenn die Suche mit Strategie 1 nicht erfolgreich verlaufen war. Man wählt einen Begriff, der als Oberbegriff für die gesuchte Information steht und gibt ihn in einen Webkatalog ein. Zuerst erhält man eine Reihe von Kategorien mit dem entsprechenden Begriff. Wird in eine dieser Kategorien gewechselt, findet der Suchende eine Reihe von Webseiten, die gute Infos zum gesuchten Thema bieten.

Zur Eingrenzung der Suchabfrage gibt es je nach Suchmaschine verschiedene Möglichkeiten, durch Verknüpfung von mehreren Suchbegriffen mit booleschen Operatoren zum Ziel zu kommen:

- Mit den Begriffsverknüpfungen „AND" und „OR" werden alle Seiten aufgeführt, die alle beide oder mindestens einen der beiden verknüpften Begriffe enthalten.
- Mit dem Befehl „NOT" schließt man Worte von der Suche aus. Bei „Golf AND NOT Sport" wird ausgedrückt, dass nicht die Sportart gemeint ist.
- Sucht man nach Namen, Firmen oder Produktbeschreibungen, ist eine Großschreibung des ersten Buchstabens zu empfehlen.
- Trunktierungen ermöglichen es, nach Wortstämmen zu suchen. So findet man bei „Auto" z. B. Automobil, Autobahn oder Autozubehör.
- Für jedes zu suchende Wort gibt es Synonyme. Durch die Eingabe eines sinnverwandten Wortes kann eine vergebliche Suche doch noch erfolgreich verlaufen.

Zusätzlich zu den booleschen Operatoren gibt es oft noch weitere Möglichkeiten, die Suche einzugrenzen **(Tabelle)**.

Viele Suchmaschinen bieten in einer Unterrubrik eine Detailsuche oder Profisuche an, um einen Begriff besser einzuschränken. Dort sind schon alle möglichen Einschränkungen vordefiniert, sodass der Anwender aus den einzelnen Rubriken wählen kann.

Tabelle: Suchmaschinenanleitung

Verwendung von Operatoren	Erklärung
+Begriff 1 +Begriff 2	Wird vor einem Suchbegriff ein Plus notiert, so muss dieser Begriff auf der Web-Seite vorkommen.
+Begriff 1 –Begriff 2	Ein Minus vor dem Begriff wählt nur die Seiten aus, in denen der entsprechende Begriff **nicht** vorkommt.
„wörtliche Phrase"	Begriffe in Anführungszeichen werden als Phrase interpretiert, d. h. der Text muss buchstäblich auf der Seite vorkommen.
NEAR	Die gesuchten Begriffe sollen nahe beieinander auftauchen.

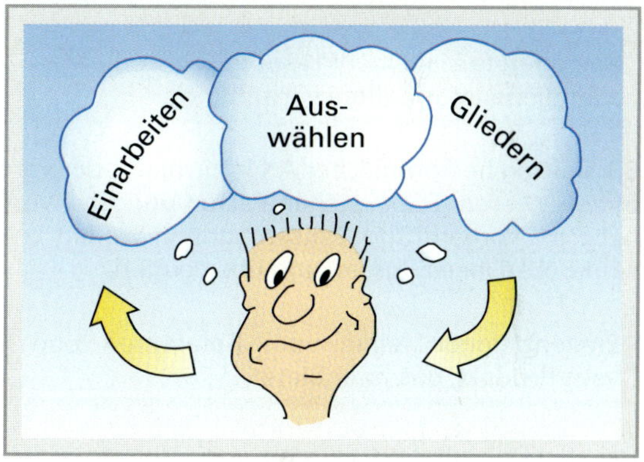

Bild 1: Informationsaufbereitung

3.5 Aufbereitung der Informationen

Mit den vielfältigen und umfangreichen Informationen gilt es fertig zu werden. Dazu muss man zuerst mit dem gesammelten Material vertraut werden, es sich verständlich machen, um es dann auszukämmen und gedanklich zu ordnen **(Bild 1)**. Hier wird vom Bearbeiter verlangt, das Wesentliche vom Unwesentlichen zu unterscheiden, die Spreu vom Weizen zu trennen.

Das ausgewertete Informationsmaterial muss geordnet und in einer Gliederung zusammengefasst werden.

3.6 Weitergabe von aufbereiteten Informationen

Gute Ideen verkaufen sich selten von allein. Es ist heute deshalb mehr denn je notwendig, sich und seine Leistung zusammen mit den Produkten gut ins Bild zu setzen, d. h. zu präsentieren.

3.6.1 Schlüsselqualifikation Präsentationstechnik

Die Präsentation ist eine Veranstaltung, bei der ein Referent einem ausgewählten Teilnehmerkreis vorbereitete Inhalte vorstellt. Die Absicht ist hierbei:

- seine Vorgesetzten von der Notwendigkeit zur Fortsetzung eines Projektes zu überzeugen,
- den oder die Kunden vom Nutzen eines Angebotes zu überzeugen und
- den Zuhörerkreis über neue Entwicklungen zu informieren.

Das oberste Ziel einer Präsentation ist die verständliche Informationsvermittlung.

Ein Vortrag herkömmlicher Art informiert oder vermittelt Wissen. Dabei stehen Fakten und Sachverhalte im Vordergrund. Präsentationen wollen beeindrucken, beeinflussen und überzeugen.

Präsentationen leben vom Referenten und vom Produkt, das er anbietet.

Bei der Präsentation werden vom Vortragenden viele Fähigkeiten erwartet. Präsentationstechniken stellen große Anforderungen an die Informationskompetenz, das effektive Arbeiten, die Kommunikationsfähigkeit und die Kreativität.

Da eine Präsentation von der konkreten Situation lebt, gibt es keine den Erfolg garantierenden, allgemeingültigen Regeln. Trotzdem ist es wahrscheinlich, dass mit

- einem ausgefeilten Aufbau,
- einer gelungenen Visualisierung und
- gekonntem Präsentationsverhalten

eine Präsentation zum Erfolg wird.

3.6.1.1 Die Planung einer Präsentation

Ein gutes Gelingen hängt somit ganz entscheidend von der Vorbereitung ab, denn an keiner Stelle kann der Referent sonst so stark Einfluss auf das Gelingen nehmen. Eine Präsentation ist umfassend vorbereitet, wenn für folgende Teilbereiche die Vorarbeiten geleistet wurden **(Bild 1)**:

- Thema,
- Ziel,
- Zielgruppe,
- Inhalt,
- Ablauf und
- Organisation.

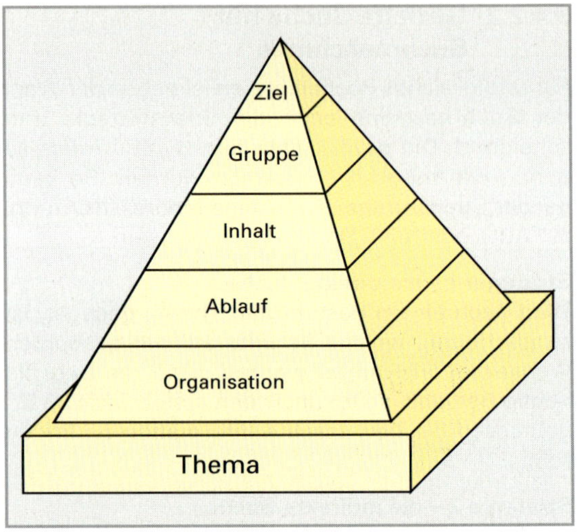

Bild 1: Vorbereitung einer Präsentation

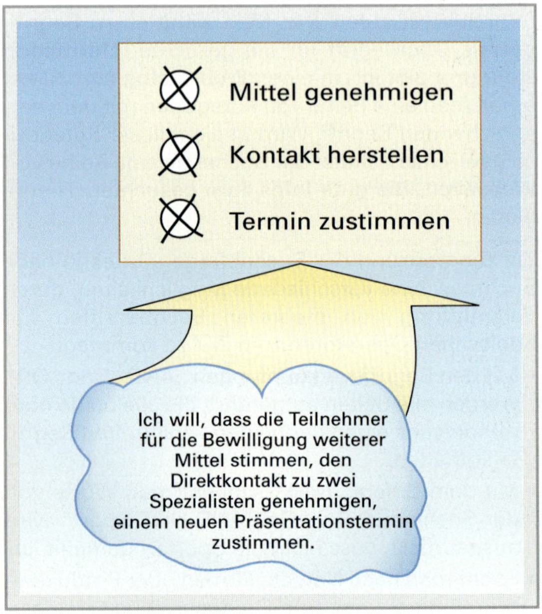

Bild 2: Zielsetzung einer Präsentation

Thema und Ziel

Thema und Ziel einer Präsentation werden oft miteinander verwechselt. Wenn das Thema z. B. die Berichterstattung über ein Projekt ist, so ist damit noch nicht geklärt, ob über Schwierigkeiten bei der Realisierung, über die Kostensituation oder über die Erfolgsaussichten des Projekts berichtet werden soll. Das Ziel einer Präsentation muss so konkret wie möglich formuliert werden **(Bild 2)**.

Das Ziel einer Präsentation ist genau festzulegen.

Wer nicht ganz genau weiß, was er will, darf sich nicht wundern, wenn er gar nichts erreicht.

Bei der Zielsetzung ist zu fragen, ob das Ziel auch für die Partner akzeptabel ist. Beide Seiten sollten bei einer Präsentation gewinnen **(Bild 1)**.

Bei der Zielformulierung müssen die Interessen der Partner berücksichtigt werden.

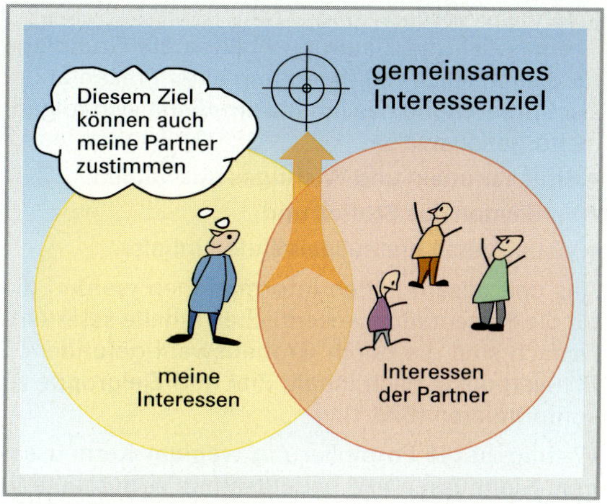

Bild 1: Interessenausgleich

Zielgruppe

Nur selten wird das Publikum einer Präsentation aus einer homogenen Gruppe bestehen. Bei einer Kleingruppe kann ein Referent einen direkten Dialog durchführen. Mit steigender Zahl der Zuhörer steigt jedoch der Anteil, den der Präsentator am Gespräch nimmt **(Bild 2)**. Auch der Zeitbedarf für die Präsentation wächst. Sind mehr als 20 Zuhörer anwesend, wird eine Abschlussdiskussion kaum sinnvoll sein. Es empfiehlt sich dann, nur noch Fragen an den Referenten zuzulassen. Bei der Planung einer Präsentation sollte deshalb der Teilnehmerkreis analysiert werden.

Bei einer Präsentation muss die Zusammensetzung des Teilnehmerkreises berücksichtigt werden.

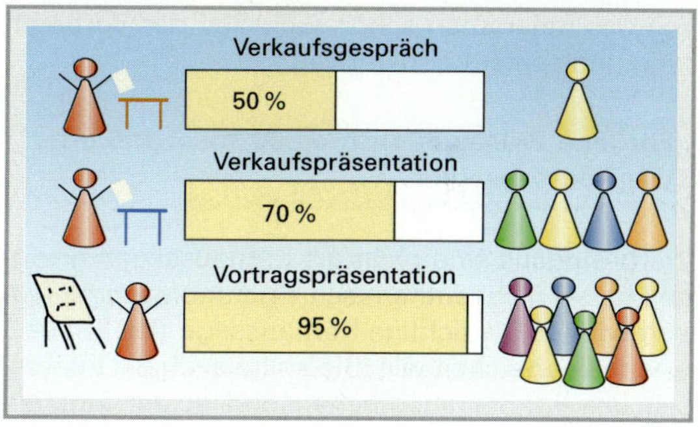

Bild 2: Kommunikationsanteile

Räumlichkeiten

Vor einer Präsentation muss sich der Referent unbedingt mit den Räumlichkeiten vertraut machen, in denen die Präsentation stattfinden soll. Größe und Gestaltung eines Raumes beeinflussen die Medienwahl und die Sitzordnung der Zuhörer.

Die am häufigsten gewählte Sitzordnung sind die U-Form und die Kino-Bestuhlung. Der Vorteil bei einer halbkreisförmigen Form liegt darin, dass jeder jeden sehen kann. Damit wird eine aktive Diskussionsteilnahme erleichtert **(Bild 3)**. Bei einer kreisrunden Sitzordnung können wegen der uneinheitlichen Blickrichtung nicht alle Teilnehmer dem Medieneinsatz problemlos folgen.

Bei einer kreisförmigen Sitzordnung wird der Medieneinsatz erschwert.

Der Vorteil einer Kinobestuhlung ist darin zu sehen, dass sie platzsparend ist und sich damit gut für Präsentationen vor großen Gruppen eignet (Bild 3). Diskussionen werden aber erschwert.

An einer schlechten Raumorganisation kann eine Präsentation scheitern.

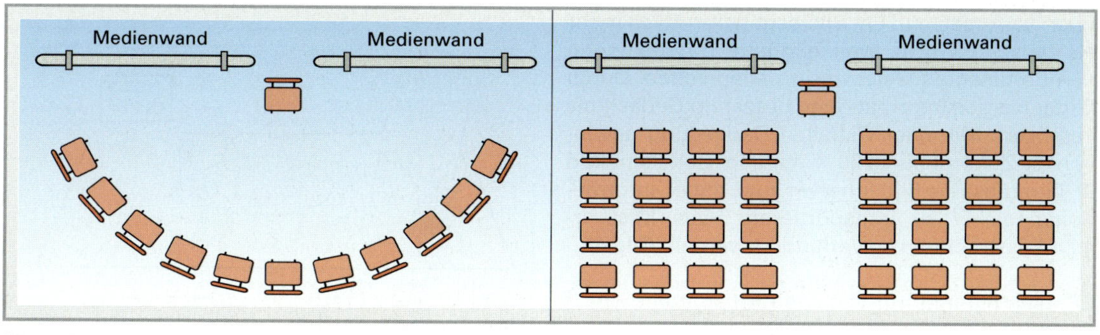

Bild 3: Bestuhlungsarten bei einer Präsentation

Inhaltliche Vorbereitung

Thema, Ziel und Zielgruppe bilden die Grundlage für die inhaltliche Aufbereitung einer Präsentation. Zur Vorbereitung des Inhalts empfiehlt sich folgende Vorgehensweise:

- Stoff sammeln und Wichtiges auswählen,
- Verdichten des Stoffes und
- Visualisieren der ausgewählten Inhalte.

Aus den gesammelten Informationen werden die für die Präsentation wesentlichen Inhalte selektiert. Danach sind die durch Grobauswahl gefundenen Schwerpunkte nach Inhalt, Ziel und Zielgruppe zu komprimieren **(Bild 1)**.

Wichtig ist die Formulierung weniger Kernaussagen. Sie müssen alle bedeutsamen Argumente in griffiger, leicht merkbarer Form enthalten. Kernaussagen bündeln die Energie und Aufmerksamkeit des Referenten schon während der Vorbereitung und später beim Vortrag.

Für eine Präsentation braucht man drei oder vier Kernaussagen.

Werbeslogans sind nicht als Kernaussagen geeignet, da sie nicht authentisch sind und nachgeplappert wirken. Die richtige Kernaussage zielt auf das, was man erreichen will. Sie sollte auch die Interessen der Partner ansprechen und in der eigenen persönlichen Sprache formuliert sein. Die Kernaussagen werden auch in die visuellen Hilfsmittel und in die schriftlichen Unterlagen eingebaut. Damit helfen Kernaussagen automatisch bei der Vorbereitung und vermeiden ein Abschweifen vom Thema. Mithilfe der Kernaussagen einer Präsentation lassen sich alle Argumente und Informationen auf Zielgenauigkeit prüfen **(Bild 2)**.

Klare Kernaussagen bei der Präsentationsvorbereitung helfen Energien zu bündeln.

3.6.1.2 Bausteine der Visualisierung

Wir Menschen nehmen die meisten Informationen über die Augen auf. Ein Bild sagt bekanntlich mehr als tausend Worte, weil bildhafte Darstellungen den dominanten Gesichtssinn ansprechen. Durch Bilder werden Informationen besser im Gedächtnis verankert. Mit einer visuellen Darstellung gewinnen die Zuhörer bis zu 30 % mehr im Behalten **(Bild 3)**. Einprägsame Bilder helfen auch dabei, Informationen sicher zu transportieren. Viele Missverständnisse können so verhindert werden **(Bild 4)**.

Präsentationen mit visuellen Hilfsmitteln wirken überzeugend und professionell.

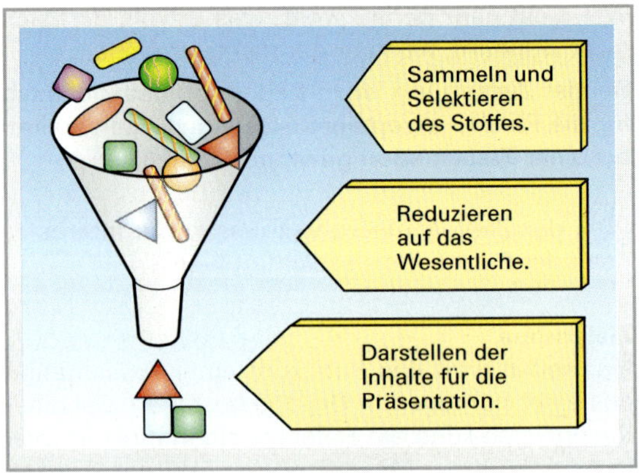

Bild 1: Vorbereitung einer Präsentation

Bild 2: Kernaussagen einer Präsentation

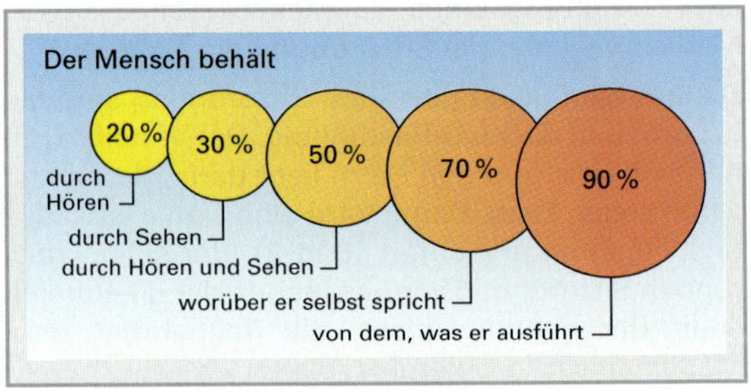

Bild 3: Behaltensquote der Zuhörer

Bild 4: Einprägsame Bilder verankern Informationen im Gedächtnis

Visuelle Hilfsmittel sind mehr als nur eine angenehme Verpackung für Informationen. Sie erleichtern das Verständnis. Zuviel oder falsch eingesetzte Medien können die Teilnehmer verwirren oder vom eigentlichen Inhalt ablenken.

Visuelle Hilfsmittel ersetzen nie ein schlechtes Konzept.

Für eine interessante und abwechslungsreiche Präsentation reichen bereits Textbilder, Tabellen, Diagramme und Strukturbilder aus.

Textbilder oder Bullet-Charts (= Gewehrkugel-Karten) können stichwortartig Inhaltsübersichten, Aufzählungen oder Maßnahmen enthalten.

Sie sind oft durch Punkte oder Kugeln (= Bullets) gegliedert. Die Aufgabe des Präsentators ist es, die Stichworte eines Textbildes mit Leben zu füllen. Ein Textbild sollte nicht mehr als 25 Worte enthalten.

Textbilder sind Konzentrate des Inhalts einer Präsentation.

Beispiel:
Erstellen Sie eine Bullet-Chart, in der die Merkmale und Vorteile von Textbildern aufgelistet sind.

Lösung: **Bild 1**

Texttabellen ermöglichen durch ihre Struktur, verschiedene Dinge einander gegenüberzustellen. So wird ein Vergleich leichter und das Ganze übersichtlicher **(Bild 2)**.

Tabellen strukturieren Informationen.

Diagramme zeigen das Wesentliche auf einen Blick. Jedes Diagramm ist nur ein Ausschnitt, eine besondere Sicht, aus einer großen Zahlenmenge. Die Achsen der Diagramme sollten eine klare Beschriftung tragen. Jede Kurve muss beschriftet werden. Eine Überschrift und etwaige Quellenangaben dürfen nicht vergessen werden.

Diagramme zeigen Entwicklungsverläufe.

Faktendiagramme geben genaue Zahlenwerte im entsprechenden Maßstab wieder. Symboldiagramme zeigen Größenzusammenhänge im Prinzip. Maßeinheiten an den Achsen sind deshalb hier nicht notwendig **(Bild 3)**.

Mit modernen Office-Softwarepaketen lassen sich komfortabel verschiedene Diagramme erstellen. Es werden neben Kreis-, Säulen-, Balken- und Blockdiagrammen auch Liniendiagramme angeboten. Aufgrund der beabsichtigten Aussagen entscheidet man über den Diagrammtyp **(Bild 4)**.

Textbilder sind

- **einfach**
- **knapp**
- **prägnant**
- **Hilfe für den Zuhörer**
  — sichern den Überblick
  — erleichtern das Mitdenken
- **Hilfe für den Vortragenden**
  — Stichwortgeber
  — Filter für Unwichtiges
  — einfach herzustellen

Bild 1: Textbild (Bullet-Chart)

	Produkt A	Produkt B	Produkt C
Leistung	✓✓	✓	✓✓✓
Preis	✓✓✓	✓✓	✓✓
Garantie	✓✓✓	✓	✓✓
Bewertung	1	3	2

Bild 2: Texttabelle

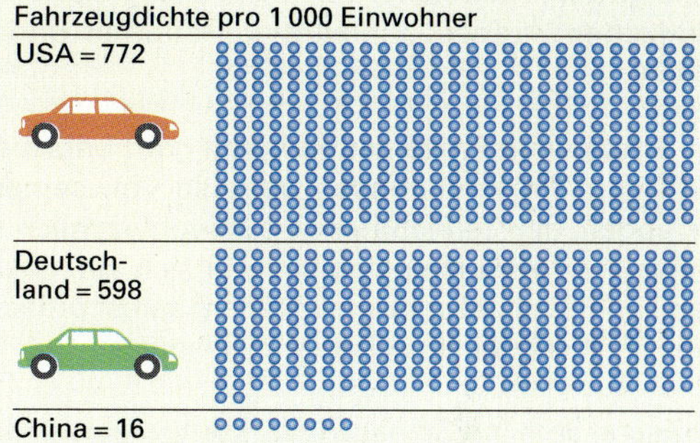

Bild 3: Symboldiagramm

Diagrammtyp		beabsichtigte Aussage Anteil	Kontrast	Trend
Kreis	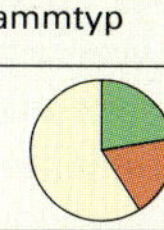	✓	✓	
Säule	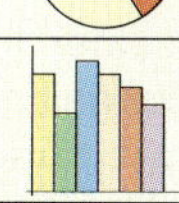		✓	✓
Balken	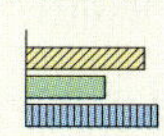		✓	
Block		✓	✓	✓
Linien	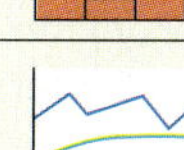		✓	✓

Bild 4: Aussagen der Diagrammtypen

Strukturbilder oder Organigramme dienen zur Darstellung von Abläufen und Zusammenhängen. Diese visuellen Hilfsmittel ermöglichen ein schnelles Verständnis bei geringstem Aufwand **(Bild 1)**. Die Kästchen eines Strukturbildes sollten Schlüsselworte enthalten. Über jedes Strukturbild muss eine aussagekräftige Überschrift gesetzt werden. Damit wird die beabsichtigte Botschaft verstärkt.

Strukturbilder entwickeln durch ihr logisches Aussehen eine hohe Suggestivkraft.

3.6.1.3 Durchführung einer Präsentation

Entscheidend für das Erreichen der Ziele ist die Beherrschung der richtigen Präsentationstechnik. Der Ablauf einer Präsentation muss nicht nur logisch, sondern auch psychologisch gegliedert sein.

Grundsätzlich sind alle Präsentationen in drei Teile gegliedert: Einleitung, Hauptteil und Schluss.

Ähnlich wie in einem Schauspiel wird zuerst eine Ordnung vorgegeben, dann in Frage gestellt und schließlich in neuer Form wieder hergestellt **(Bild 2)**.

Alle guten Präsentationen haben den gleichen einfachen Aufbau: Einleitung, Hauptteil und Schluss.

Der Erfolg einer Präsentation hängt ganz entscheidend vom Präsentierenden ab, also von seinem Vermögen, den Teilnehmerkreis sowohl fachlich zu überzeugen als auch persönlich für sich einzunehmen. Ein Präsentator muss vor allem selbst präsent sein. Er ist sein bestes visuelles Hilfsmittel.

Präsent sein heißt natürlich, kompetent und zuversichtlich auftreten.

Es ist einfacher, die Zuhörer von Anfang an durch einen Spannungsbogen bei Laune zu halten, als ein ermüdetes Publikum wieder wach zu rütteln. Bei der Durchführung einer Präsentation sollten deshalb folgende Empfehlungen beachtet werden.

Nur ein Vortragender, der von seiner Idee überzeugt ist, wird auch andere damit begeistern. Wichtig ist es, für erhöhte Aufmerksamkeit und Neugier zu sorgen. Erzeugen Sie beim Publikum Spannung.

Präsentieren Sie mit Schwung, Engagement und Power.

Achten Sie darauf, dass Sie die wichtigen Dinge betonen und an entscheidenden Punkten eine Pause machen. Üben Sie vorher die schwierigen Zungenbrecher.

Modulieren Sie mit Ihrer Stimme.

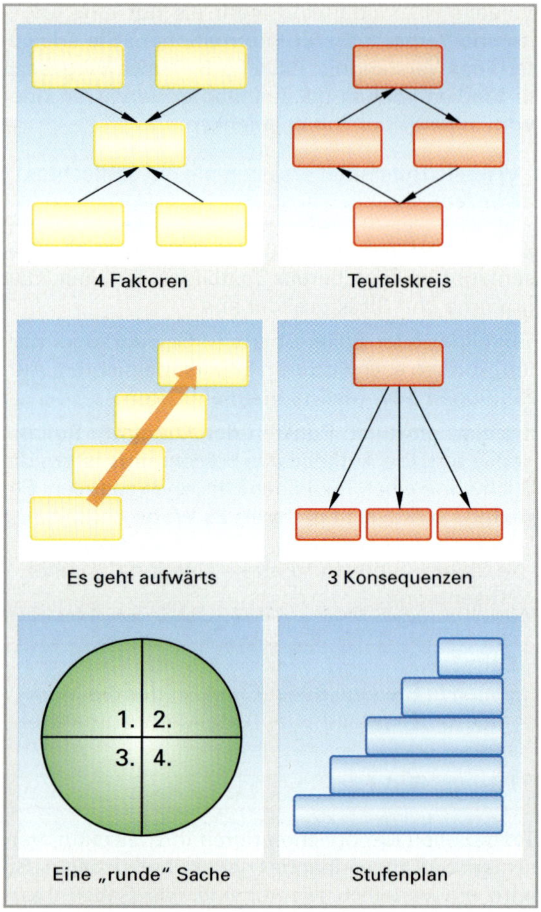

Bild 1: Aussagekräftige Strukturbilder

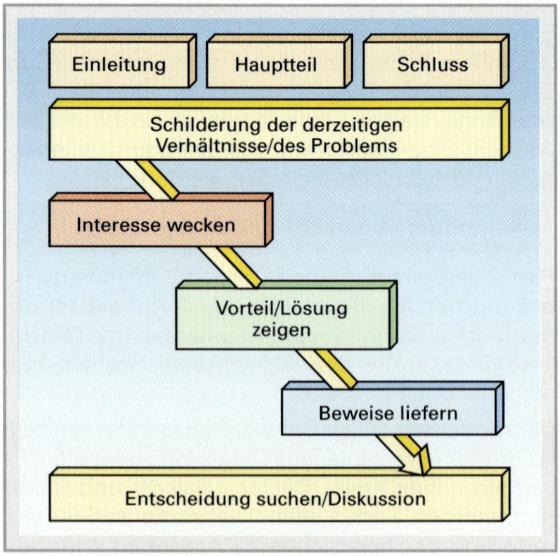

Bild 2: Gliederung einer Präsentation

Lächeln Sie bei Ihren Präsentationen, denn Lächeln ist eine vertrauensbildende Maßnahme. Menschen, die selbstbewusst und positiv auftreten, haben mehr Erfolg. Vermeiden Sie aber andauerndes Grinsen.

Erzeugen Sie eine freundliche Grundstimmung.

Schauen Sie nicht über die Köpfe ihrer Zuhörer hinweg. Durch Blickkontakt binden Sie die Aufmerksamkeit auf sich. Gleichzeitig bekommen Sie Rückmeldungen, wie das, was Sie sagen, bei den Zuhörern ankommt. Nehmen Sie eine Position ein, von der Sie alle Zuhörer gut sehen können. Drehen Sie den Zuhörern niemals beim Sprechen den Rücken zu. Damit versteht man Sie nicht nur wesentlich schlechter, auch der Blickkontakt ist aufgehoben – ein Anlass für das Publikum, sich vom Thema und Vortragenden abzuwenden.

Halten Sie Blickkontakt.

Stehen Sie aufrecht und bewegen Sie sich frei, aber in Maßen. Zuviel Bewegung lenkt eher ab **(Bild 1)**. Die Körperhaltung verrät ihre Einstellung zum Publikum. Setzen Sie Mimik und Gestik ein. Die Gestik der Hände sollte das unterstreichen, was Sie zu sagen haben, aber nicht theatralisch wirken **(Bild 2)**.

Achten Sie auf die Körpersprache.

Um die Präsentation ruhig und gelassen durchzustehen, wenden Sie die 4-S-Regel an **(Tabelle)**. Damit lässt sich die Nervosität bekämpfen.

Setzen Sie die 4-S-Regel ein.

Das äußere Erscheinungsbild sollte stets den Erwartungen des Publikums angepasst sein. Kleiden Sie sich dezent.

Wählen Sie bewusst ihre Kleidung aus.

3.6.1.4 Medieneinsatz bei Präsentationen

Professioneller Medieneinsatz hat zwei Elemente: Die Blickführung und die Erklärung selbst. Für die Blickführung eignet sich die Touch-Turn-Talk-Regel bzw. die Berühren-Drehen-Sprechen-Methode **(Bild 1, folgende Seite)**. Immer, wenn der Blick des Auditoriums auf einen neuen Punkt geführt werden soll und Sie deshalb dorthin sehen müssen, wo ihre Hand hingreift (Touch), unterbrechen Sie ihren Sprechfluss. Danach lassen Sie die Hand am betreffenden Punkt und wenden sich um (Turn). Jetzt erst sprechen Sie wieder (Talk) mit Blickrichtung zu den Zuhörern. In der Erklärung selbst erläutern Sie zuerst was man sieht, dann erst was es bedeutet.

Bild 1: Kontrollierte Ortsveränderung

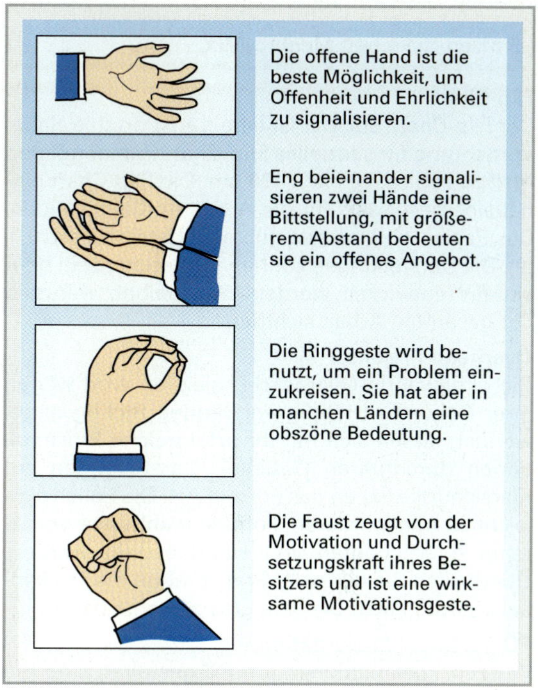

Bild 2: Gestik der Hände

Tabelle: 4-S-Regel

Merkwort	Erklärung
Steh	Suchen Sie Bodenkontakt mit beiden Beinen, d. h. haben Sie einen festen Standpunkt.
Schau	Bevor Sie zu reden anfangen, nehmen Sie Blickkontakt zu ihren Zuhörern auf. Sie signalisieren damit Ruhe und Gelassenheit.
Schnauf	Atmen Sie tief durch, bevor Sie beginnen.
Sprich	Erst jetzt beginnen Sie zu sprechen und haben damit gezeigt, wie Sie die Situation meistern.

Die Präsentation muss mit geeigneten Medien durchgeführt werden. Üblich sind Präsentationen mit Flip-Chart, Pinnwand, Overhead-Projektor und Beamer. Machen Sie sich im Vorfeld gut mit der Technik vertraut, die eingesetzt werden soll. Sinnvoll ist es, auf jeden Fall eine Generalprobe durchzuführen. So fühlen Sie sich sicher und das Lampenfieber sinkt.

Der Einsatz von unterschiedlichen Medien wirkt aufmunternd und professionell. Schreiben Sie z. B. den Ablauf ihrer Präsentation als Textbild auf eine Flip-Chart und nutzen Sie zur eigentlichen Präsentation den Laptop mit Beamer. Der Vorteil dabei ist, dass der rote Faden während der gesamten Präsentation sichtbar bleibt.

Nutzen Sie einen Medien-Mix.

Flip-Chart
Der Flip-Chart-Ständer ist eine transportable Haltevorrichtung für spezielles Flip-Chart-Papier mit den Maßen von ca. 70 cm x 100 cm. Die Flip-Chart eignet sich besonders für die Arbeit in Kleingruppen. Das Papier wird mit geeigneten Filzstiften beschriftet. Die Darstellungen können vorbereitet sein oder situativ entwickelt werden. Sie bleiben während der gesamten Arbeit sichtbar.

Overhead-Projektor
Die altbewährte Overhead-Projektion wird wegen ihrer Robustheit häufig verwendet. Richtig angewendet, lassen sich mit ihr erfolgreiche Präsentationen durchführen **(Tabelle)**. Darstellungen auf Klarsichtfolie haben das Format A 4. Die Folien sind leicht zu transportieren, können wahlweise vorbereitet oder spontan von Hand erstellt werden. Überprüfen Sie vor jeder Präsentation die Funktionalität und halten Sie eine Ersatzleuchte bereit.

PC-gestützte Präsentation
Werden Präsentationen am PC gestaltet, sind Sie frei in der Wahl des Layouts und können wirkungsvolle Animationen einsetzen **(Bild 2)**. Dazu wird ein Laptop und ein LCD-Panel oder ein Datenprojektor (Beamer) benötigt. Der Beamer setzt sich immer stärker durch, da er höchste Professionalität bietet. Von Nachteil ist das Brummen des Ventilators, der einen „Diavortragseffekt" erzeugt und die Zuhörer müde werden lässt. Beamer sind zudem nach wie vor teuer in der Anschaffung.

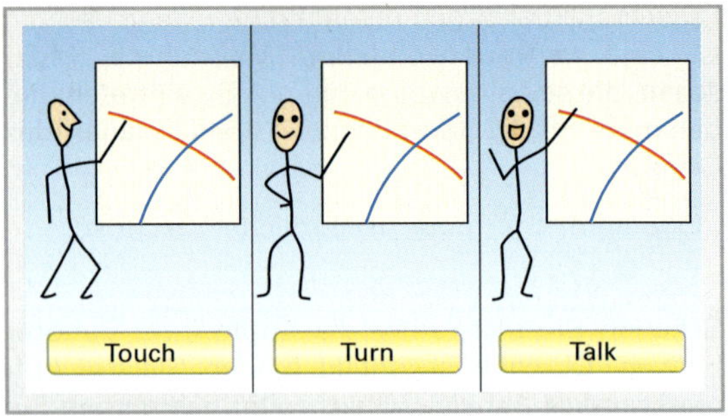

Bild 1: Berühren-, Drehen- und Sprechenmethode

Tabelle: Fehler bei Overhead-Folien

Fehler	Erläuterung
Zu viel Information	Zu viel Text, zu viele Zahlen, zu viele Details.
Zu kleine Schrift	Normale Schreibmaschinenschrift ist zu klein.
Zu dünne Linien	Vor dem hellen Hintergrund wirkt alles Dünne kümmerlich.
Nur kopiert	Einfach kopierte Manuskriptseiten sind keine Präsentation.
Keine Bilder	Ziffern und Text sind ohne Bilder langweilig.
Keine Farbe	Verschiedenfarbige Folienschreiber verwenden oder Farbkopien.
Zu viele Folien	Mehr als eine Folie pro Minute im Durchschnitt ist zu viel.

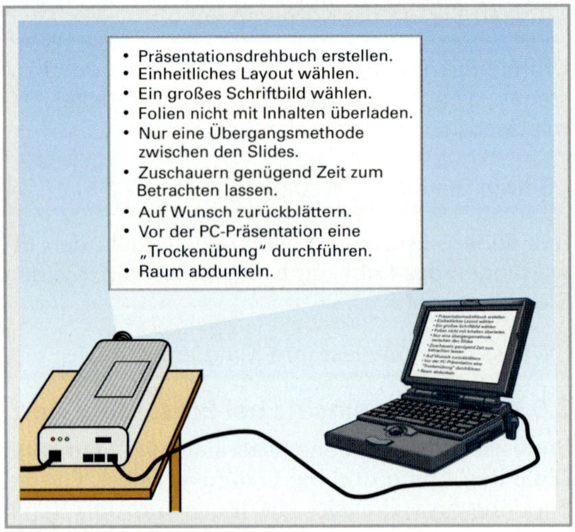

Bild 2: Regeln zur PC-Präsentation

Wiederholung und Vertiefung

1. **Welche Arten von Suchmaschinen gibt es?**
2. **Welches Ziel haben Präsentationen?**
3. **Wozu werden für eine Präsentation Kernaussagen formuliert?**
4. **Nennen Sie Bausteine der Visualisierung.**
5. **Welcher Unterschied besteht zwischen einem Faktendiagramm und einem Symboldiagramm?**
6. **Wie lässt sich der Ablauf einer Präsentation beschreiben?**
7. **Erläutern Sie die 4-S-Regel.**
8. **Welche Vorteile haben die verschiedenen Präsentationsmedien?**

4 Einfache IT-Systeme

Häufig verbreitete Computer sind Personal-Computer (PC von personal = persönlich und to compute = berechnen). Ein PC wird oft nur von einer einzelnen Person benutzt, im Unterschied zu einem Großrechner (Host), der von mehreren Personen gleichzeitig benutzt werden kann.

4.1 Hardwareaufbau und Hardwarekonfiguration

4.1.1 PC-System

Ein einfaches PC-System besteht aus einem Grundgerät, einem Monitor und einer Tastatur **(Bild 1)**. Im Grundgerät befindet sich die Hauptplatine. Alle Geräte, die an die Hauptplatine angeschlossen werden, nennt man *Peripheriegeräte* (griech. Peripherie = Umgebung) oder kurz Peripherie. Neben dem Monitor oder der Tastatur gehören auch das Diskettenlaufwerk, die Festplatte und das CD-ROM-Laufwerk zur Peripherie, auch wenn die Laufwerke im gleichen Gehäuse untergebracht sind wie die Hauptplatine. Die Peripheriegeräte dienen zur Dateneingabe, Datenausgabe oder zur externen Speicherung von Daten.

Jedes PC-System besteht aus der Hauptplatine und den Peripheriegeräten.

Bild 1: Midi-Tower-PC, Tastatur, Monitor und Maus

Die Hauptplatine und die Peripheriegeräte bezeichnet man als *Hardware* (= harte Ware). Die verschiedenen Arbeitsabläufe zwischen Hauptplatine und Peripherie organisieren und steuern Programme, die man als *Software* (= weiche Ware) bezeichnet.

Auf der Hauptplatine (Motherboard) befinden sich ein oder mehrere *Mikroprozessoren,* der *Zentralspeicher* (Arbeitsspeicher), der Systembus, die Eingabe-Ausgabewerke und Schnittstellen für die Peripheriegeräte **(Bild 2)**. Der Mikroprozessor ist der eigentliche Kern des PC und wird auch als CPU (von Central Processing Unit = Zentrale Verarbeitungseinheit) bezeichnet.

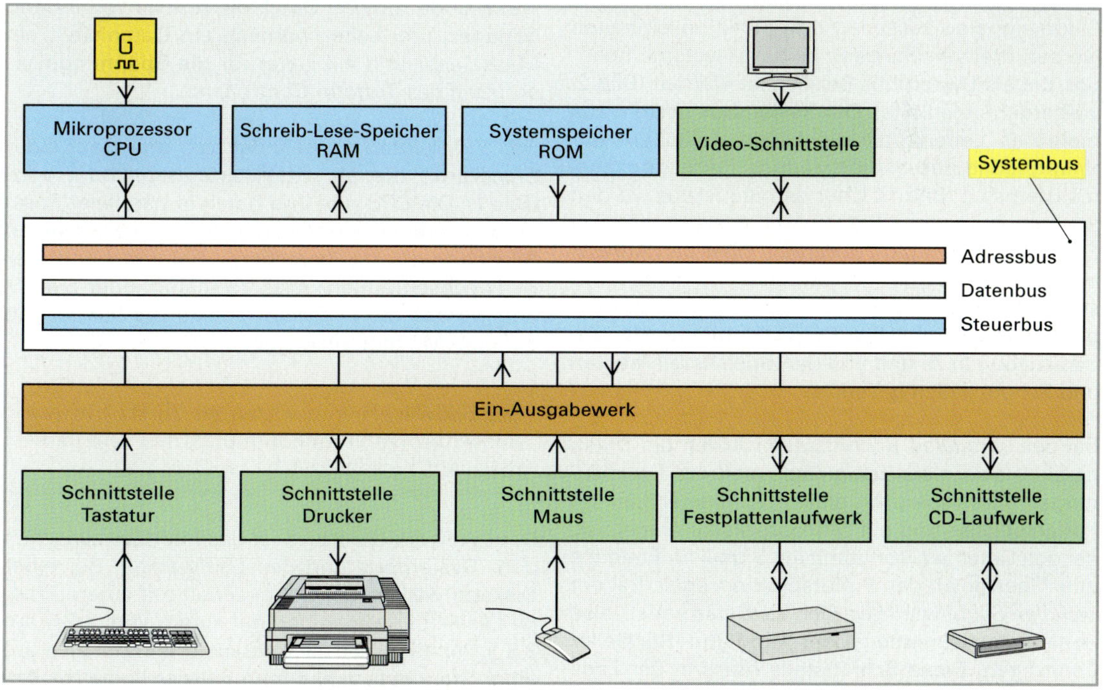

Bild 2: Bestandteile eines Computer-Systems

Die CPU entschlüsselt die Befehle eines Programms und führt sie aus. Dazu besitzt sie verschiedene Register zur Zwischenspeicherung von Daten, ein Steuerwerk und ein Rechenwerk (ALU von Arithmetic Logic Unit = arithmetisch logische Einheit) zur Ausführung von arithmetischen Operationen.

Der *Systemspeicher* ist ein Festwertspeicher (z. B. ROM von Read Only Memory = Nur-Lese-Speicher) und enthält das Urladeprogramm BIOS zur Initialisierung des Rechners. Im *Arbeitsspeicher* (RAM von Random Access Memory = Speicher mit wahlfreiem Zugriff) befinden sich das Betriebsprogramm und Anwenderprogramme. Diese Programme werden bei Bedarf von einem Massenspeicher, z. B. der Festplatte, geladen.

In den Arbeitsspeicher werden Betriebsprogramme und Anwenderprogramme geladen.

Baugruppen, welche die Peripheriegeräte an das Eingabe-Ausgabewerk anpassen, nennt man *Schnittstellen,* auch Interfaces (interface = Berührpunkt). Das Eingabe-Ausgabewerk stellt die Verbindung zu den Schnittstellen her. Es wird von der CPU gesteuert und besitzt oft einen eigenen Mikroprozessor.

Für die Übertragung von Daten, Adressen und Steuersignalen zwischen den Funktionseinheiten werden drei verschiedene Leitungssysteme benötigt, die als Systembus bezeichnet werden (Bild 2, vorhergehende Seite). Der Systembus besteht aus mehreren Leitern, die als Leiterbahnen auf der Hauptplatine und als mehradrige Flachbandkabel realisiert sind **(Bild 1)**. Über den Steuerbus werden Steuersignale, die z. B. den Arbeitsspeicher in den Schreibmodus setzen, gesendet. Über den Adressbus werden die Speicherelemente und die Schnittstellen mit ihrem dazugehörenden Eingabe-Ausgabewerk angewählt. Über den Datenbus werden die Informationen zu und von den Speicherelementen und Schnittstellen gesendet.

Bei der *parallelen Schnittstelle* werden die Daten parallel, also gleichzeitig über mehrere Datenleitungen übertragen. An dieser Schnittstelle ist ein Pufferspeicher und ein Mikroprozessor eingebaut, der den Datenverkehr durch ein Signal für Freigabe oder Sperren an den Pufferspeicher regelt. Bei der *seriellen Schnittstelle* werden die Daten seriell, also zeitlich nacheinander, über Hin- und Rückleiter übertragen. Diese Schnittstelle muss in der Lage sein, parallele Daten in serielle Daten und umgekehrt umzuwandeln.

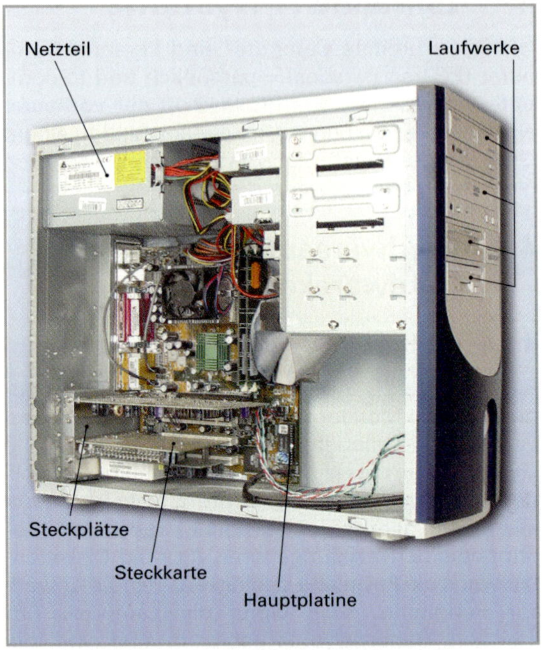

Bild 1: Geöffnete Zentraleinheit mit Hauptplatine, Laufwerken, Steckkarte und Netzteil

Das *Tastatur-Interface* ist eine serielle Schnittstelle für die Tastatureingabe. Je nach Betätigung einer Taste sendet ein Mikrocontroller (Tastatur Controller) in der Tastatur die entsprechenden Signale im ASCII-Code zum PC. Durch die serielle Verbindung genügen drei Leiter, nämlich ein Datenleiter, ein Masseleiter und ein Leiter für die Spannungsversorgung des *Tastatur-Controllers.*

Das Video-Interface befindet sich meist auf einer Steckkarte, die als Grafikkarte bezeichnet wird (Bild 1). Die CPU gibt ihre Daten in paralleler Form an den *Video-Controller,* der daraus die einzelnen Bildschirmpunkte berechnet. Entsprechend der Bildwechselfrequenz (z. B. 75-mal in einer Sekunde), werden die Bildschirmpunkte zur Darstellung auf dem Monitor ausgegeben.

Bei Bildwechselfrequenzen ab 75 Hz tritt am Bildschirm von Monitoren praktisch kein Flimmern auf.

Der Laufwerk-Controller ist das Interface zwischen dem Systembus und den Laufwerken. Bei einer Diskette werden die Daten seriell mit einem Floppy-Lesekopf gelesen und mit einem Verstärker auf 3,3 V verstärkt. Dieser Verstärker befindet sich auf einer Steckkarte zusammen mit der Logik zur Ansteuerung der Motoren im Floppy-Laufwerk.

4.1.2 PC-Mikroprozessoren

Auf dem Motherboard befindet sich eine CPU z. B. der Firma Intel aus der Mikroprozessorfamilie 80x86, bzw. deren Nachfolger. Ausgehend von einem gemeinsamen Befehlssatz wurde bei neueren Prozessoren der Befehlssatz erweitert **(Tabelle)**. Deshalb kann ältere Software auch mit den neueren Mikroprozessoren verarbeitet werden. Man sagt, die Mikroprozessoren einer Familie sind *aufwärtskompatibel.*

Tabelle: Befehlsvorrat von PC-Mikroprozessoren

Befehlsart	Anwendung
Standardbefehle	Für die meisten Aufgaben des Mikroprozessors. z. B. Schiebeoperationen.
FPU-Befehle (FPU = Gleitkommaeinheit)	Zur Berechnung von mathematischen Funktionen mit großer Genauigkeit und hoher Geschwindigkeit.
MMX-Befehle (MMX von Multi Media Extended)	Für beschleunigte Multimediaanwendungen.

Bei einer softwaremäßig aufwärtskompatiblen Prozessorfamilie können Programme für ältere Prozessoren auch bei neuen, leistungsfähigeren Prozessoren verwendet werden.

Die CPU ist in einem Sockel oder einer Steckerleiste auf der Hauptplatine eingesteckt, sodass ein Austausch des Mikroprozessors möglich ist **(Bild 1)**.

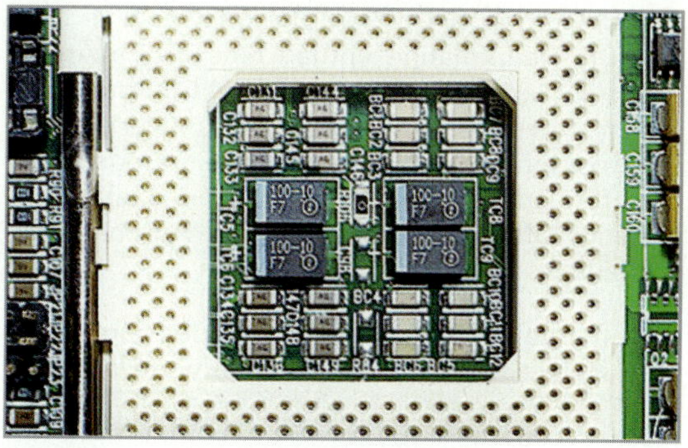

Bild 1: Sockel für den Pentium Prozessor

Pentium-Prozessor

Der Pentium-Prozessor (von griech. penta = fünf) verfügt über einen Adressbus mit einer Breite von 32 bit. Dadurch ist ein physikalischer Arbeitsspeicherbereich von 4 GB adressierbar. Die interne Datenbusbreite beträgt 64 bit. Die Taktfrequenz der Hauptplatine wird im Prozessor intern vervielfacht, so dass der Prozessortakt z. B. 2,2 GHz beträgt. Damit ein schnelles Abarbeiten der Befehle gewährleistet ist, ist intern im Prozessor ein schneller Zwischenspeicher (Cache = geheimes Lager) integriert. Hier werden oft benötigte Daten und Programmteile zwischengespeichert.

Der interne Cachespeicher ermöglicht eine rasche Befehlsausführung.

Der Pentium-Prozessor arbeitet mit zwei Betriebsspannungen: 2,8 Volt für den eigentlichen Prozessor-Kern und 3,3 Volt für die Eingabe-Ausgabe-Bauelemente. Durch die geringe Betriebsspannung des Prozessor-Kerns wird weniger Wärme erzeugt. Die Betriebsspannung von 3,3 V für die Eingabe-Ausgabe-Bauelemente wird für den Datenaustausch mit den Bauelementen auf der Hauptplatine benötigt.

Die Bauform des Pentium-II-Prozessors ähnelt einer Einsteckkarte **(Bild 2)**. Der Prozessor befindet sich auf einer Platine innerhalb des Prozessorgehäuses. So können zusätzliche IC, wie z. B. der Second-Level-Cache (von second level = zweite Ebene) im Prozessorgehäuse untergebracht werden. Dadurch wird ein umständlicher Datentransport über das Bussystem der Hauptplatine vermieden.

Bild 2: Slot für den Pentium II Prozessor

Betriebsarten

Der Pentium-Prozessor kann in drei verschiedenen Betriebsarten arbeiten, im *Protected Mode* (von to protect = schützen), im *Real Mode* oder im *System Management Mode.*

Der Protected Mode ist die meist verwendete Betriebsart, in der alle Befehle des Mikroprozessors verfügbar sind. Dieser Modus erlaubt auch den *Multitaskingbetrieb* (von task = Aufgabe), d.h. es können mehrere Programme gleichzeitig bearbeitet werden.

Der Systemmanagement Mode wird angewendet, wenn Abläufe höchster Priorität ausgeführt werden.

4.1.3 Hauptplatine eines Mikrocomputers

Steckbare Baugruppen und Steckerverbindungen

Die Hauptplatine ist eine gedruckte Schaltung mit genormten Abmessungen **(Bild 1)**. Auf ihr befinden sich die Steckplätze für Erweiterungskarten **(Tabelle)**. PCI-Bus-Karten ① enthalten oft Steckanschlüsse, die mit Geräten, z. B. Lautsprechern, Modem oder anderen Anschlussbuchsen, z. B. TV-Antenne verbunden werden. Um eine leistungsfähige Grafikausgabe zu ermöglichen können Rechner mit einer AGP-Bus-Karte ② erweitert werden. Arbeitsspeicher arbeiten mit DRAM oder SRAM. Für DRAM werden 144-polige Steckplätze ③ verwendet. Die Hauptplatine enthält eine große Anzahl von Steckverbindern. Es können im Computer Diskettenlaufwerke ④ und Festplattenlaufwerke ⑤ angeschlossen werden. Weitere Verbindungen werden für Drucker ⑥, Maus ⑧ und Tastatur ⑨ benötigt. Oft sind zusätzliche serielle Anschlüsse ⑦ vorhanden.

Die Energieversorgung erfolgt mit dem Stromversorgungsstecker ⑪. Selten zu ändernde Einstellungen werden durch Umstecken kleiner Kurzschluss-Steckverbinder (Jumper) vorgenommen. So kann z. B. die Auswahl der Taktfrequenz für den FSB-Takt (FSB von Front Side Bus) mit einem Jumper vorgenommen werden.

Tabelle: Steckplätze für Erweiterungskarten

Nr.	Anzahl und Steckplatzart	Anwendungsbeispiel
①	6 PCI-Bus-Karten. Steckkarten für 32-Bit- und 64-Bit-Datenbusse.	AD-Wandler, Netzwerkkarten, TV-Empfangskarten.
②	1 AGP-Steckplatz (AGP von Accelerated Graphics Port = verbesserte Grafikschnittstelle)	Grafikkarte für schnelle Bildschirmausgabe.
③	3 DIMM-Steckplätze (2 x 92-polig) für DDR SDRAM, d. h. synchron getaktete DRAM	Arbeitsspeichermodule bis 512 MB. (DIMM von Dual-Inline-Memory Module)

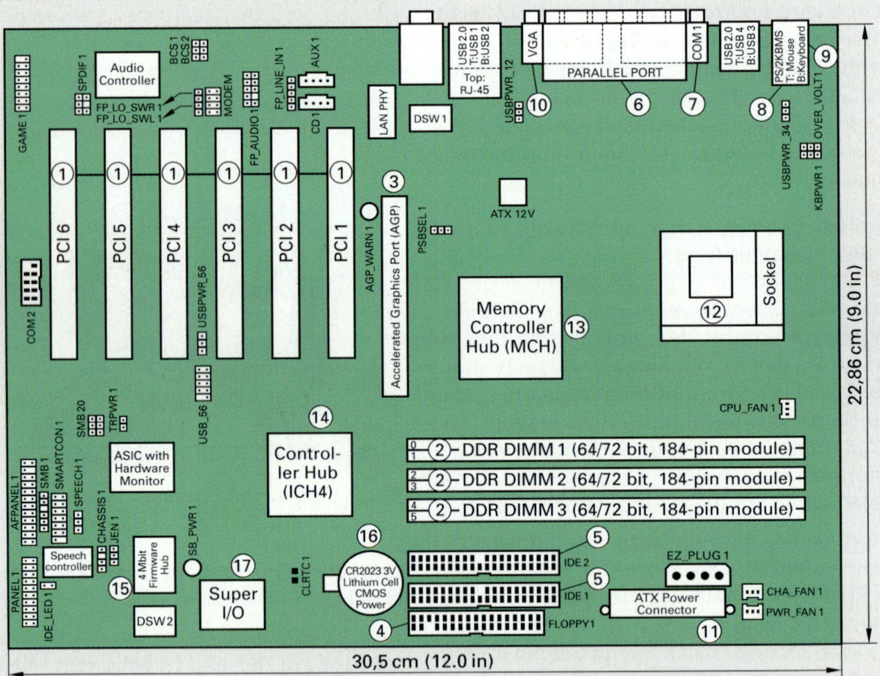

① PCI-Steckplätze
② DDR-DIMM-Steckplätze
③ AGP-Steckplatz
④ Diskettenlaufwerksteckleiste
⑤ Festplattensteckleisten
⑥ Parallelschnittstelle
⑦ Serielle Schnittstelle
⑧ Mausstecker
⑨ Tastaturstecker
⑩ VGA-Monitorstecker
⑪ Stromversorgungsstecker
⑫ CPU-Steckfassung
⑬ Chipsatz (North Bridge)
⑭ Chipsatz (South Bridge)
⑮ BIOS-EEPROM
⑯ Batterie
⑰ I/O-Chip

Bild 1: Baugruppen und Anschlüsse der Hauptplatine für einen PC

Wirkungsweise von Baugruppen auf der Hauptplatine

In die Steckfassung für den Mikroprozessor ⑫ (Bild 1, vorhergehende Seite) wird der Mikroprozessor eingesetzt **(Tabelle)**. Je höher die Taktfrequenz eines Mikroprozessors ist, desto schneller werden Berechnungen durchgeführt, aber es wird auch mehr Wärme erzeugt. Deshalb wird zur Abfuhr der Wärme meist ein kleiner Ventilator auf dem Mikroprozessor befestigt.

Ein defekter Ventilator oder eine zu hohe Taktrate kann zu einer Überhitzung und Beschädigung der CPU führen.

Der Mikroprozessor bearbeitet die Daten und führt zusammen mit dem Chipsatz (Tabelle) die Steuerung des Mikrocomputersystems durch.

Die Daten zwischen der CPU und dem Arbeitsspeicher (RAM) werden über den FSB-Datenbus transportiert.

Die Busleitungen auf der Hauptplatine werden mit einer niedrigeren Taktfrequenz betrieben als dem CPU-Takt. Der Chipsatz auf der Hauptplatine besteht aus der North-Bridge ⑬ und South-Bridge ⑭. Die Bezeichnungen North (Norden) und South (Süden) wurden aufgrund der IC-Anordnung auf der Hauptplatine gewählt. Der North-Brückenchip verbindet den Datenbus des Mikroprozessors mit dem AGP-Bus und dem South-Brückenchip **(Bild 1)**. Zusätzlich führt der North-Brückenchip auch die Speicherverwaltung durch. Die Steckerleisten für die PCI-Karten ① sind an den PCI-Bus angeschlossen, der vom South-Brückenchip angesteuert wird. An den internen Steuerbus sind die Bausteine für den Zeitgeber, den Direkt-Speicher-Zugriff (DMA) und die Interrupts, sowie die Bausteine für die Steuerung der Tastatur und der Maus angeschlossen. Über das IO-Chip ⑰ werden ein Diskettenlaufwerk, ein Parallelport und die seriellen Ports gesteuert. Hier können z. B. ein Drucker und ein Modem angeschlossen werden. Bei Hauptplatinen die mit einem LAN-Baustein bzw. mit einem Audio-Baustein bestückt sind, wird keine Einsteckkarte für den Netzwerkanschluss bzw. keine Soundkarte für den Anschluss von Lautsprechern benötigt. Im BIOS Flash-EEPROM ⑮ sind die Informationen enthalten, die der Mikrocomputer nach dem Einschalten benötigt.

Tabelle: Wichtige Integrierte Schaltungen (IC)

Nr.	Bauelementname	Aufgabe, Erklärung
⑫	Mikroprozessor, CPU, z.B. Pentium oder Athlon K7	Rechnen, zentrale Recheneinheit.
⑬ ⑭	Chipsatz, besteht z. B. aus der AGP-Steuerung, der PCI-Steuerung und Datenleiterumschaltern.	Steuert den Datenaustausch zwischen Mikroprozessor, Speicher und Datenbus.
⑮	EEPROM mit BIOS (von engl. Basic-Input-Output-System).	Enthält Hardware-Test und lädt Teile des Betriebssystems.
⑰	IO-Chip (von engl. Input-Output = Eingabe – Ausgabe).	Verbindet externe Schnittstellen mit dem Datenbus.
⑱	Audio-Controller	verarbeitet und erzeugt analoge Tonsignale

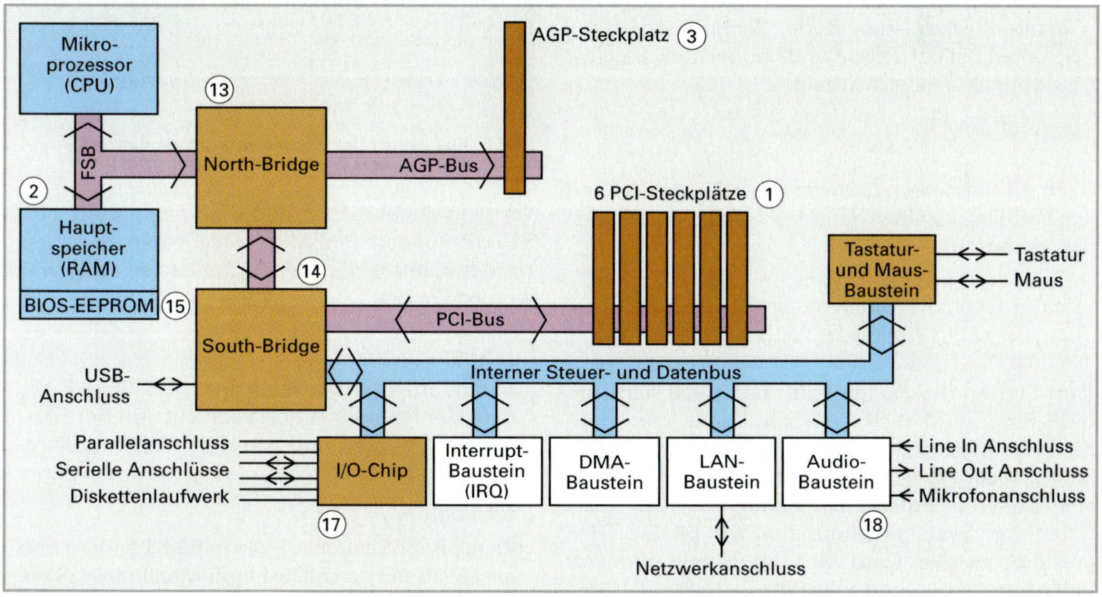

Bild 1: Übersichtsschaltplan einer Hauptplatine mit wichtigen Anschlüssen

4.1.4 BIOS

Da es PC von vielen Herstellern in verschiedenen Varianten, mit unterschiedlichen Komponenten und unterschiedlicher Leistung gibt, kann das Betriebssystem des Rechners nicht direkt auf die Rechner-Hardware zugreifen. Damit aber die unterschiedlichsten Rechner von einem Betriebssystem verwaltet werden können, besitzt jeder Computer eine grundlegende Software-Ebene, das BIOS (von Basic-Input-Output-System = Basis-Eingabe-Ausgabe-System). Das BIOS wird von dem PC-Hersteller für seine Rechner angepasst und ist meist in einem EEPROM auf der Hauptplatine gespeichert und auf den Chipsatz, die seriellen und parallelen Schnittstellen, sowie auf die Laufwerks-Controller abgestimmt **(Bild 1)**.

> Das BIOS bildet eine standardisierte Schnittstelle zwischen Betriebssystem und Hardware.

Bei jedem Anschalten des Rechners wird das BIOS-Programm gestartet. Es führt zuerst einen Selbsttest des PC durch. Dies dient dazu, die wichtigsten Baugruppen des Gerätes, z. B. die CPU, den Speicher, das Diskettenlaufwerk, die Grafikkarte und andere Systemkomponenten auf Fehler zu überprüfen. Tritt bei diesem Test ein Fehler auf, so wird dies durch Signaltöne aus dem Lautsprecher und einer entsprechenden Fehlermeldung auf dem Monitor angezeigt.

Übung 1:

Ziehen Sie an einem ausgeschalteten PC den Tastaturstecker aus dem Rechnergehäuse. Schalten Sie den PC ein und beobachten sie die auftretende Fehlermeldung.

Lösung: **Bild 2**

Nach erfolgreichem Selbsttest wird anschließend das Betriebssystem in den Arbeitsspeicher geladen und gestartet.

> Das Arbeiten mit dem Rechner ist erst möglich, nachdem aufgetretene Fehler behoben wurden.

Zum Starten des PC benötigt man zusätzlich zum BIOS-Programm auch die Daten der Systemkonfiguration. Diese Daten sind ebenfalls in dem BIOS-EEPROM abgespeichert. Wird z. B. in einen Rechner eine weitere Festplatte eingebaut, so müssen die Daten der Systemkonfiguration im BIOS-SETUP geändert werden. Dazu wird der PC neu gebootet und während der Startphase die Taste `Entf` (`Del`) oder die Taste `F2` gedrückt. Dadurch wird der Bootvorgang abgebrochen und man gelangt ins BIOS-SETUP. Auf dem Bildschirm erscheinen verschiedene Menüpunkte, die über die Pfeiltasten ausgewählt werden können.

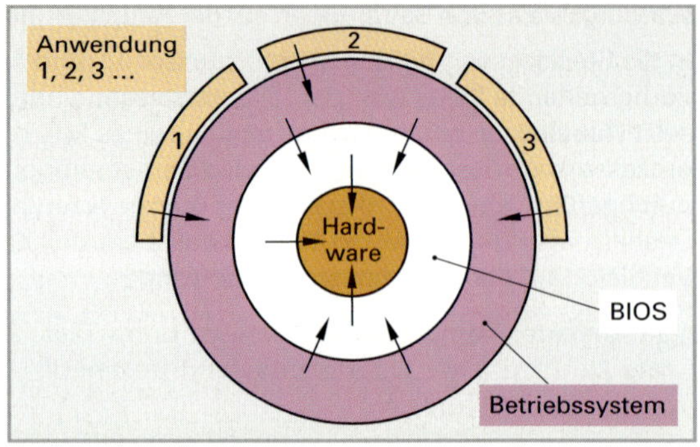

Bild 1: Zusammenwirken von BIOS und Betriebssystem

```
Initialize Plug and Play Cards ...
PNP Init Completed

Keyboard error or no keyboard present



Press F1 to continue, DEL to enter SETUP
```

Bild 2: Ausschnitt der Bildschirmanzeige nach einer aufgetretenen Fehlermeldung

```
Virus Warning                  :Disabled
CPU Internal Cache             :Enabled
External Cache                 :Enabled
Quick Power On Self Test       :Enabled
Boot Sequence                  :C, CD ROM, USB
Swap Floppy Drive              :Disabled
Boot Up Floppy seek            :Disabled
Boot Up NumLock Status         :On
Boot Up System Speed           :High
IDE HDD Block Mode             :Enabled
IDE 32-bit Transfer Mode       :Enabled
Typematic Rate Setting         :Disabled
Typematic Rate (Chars/Sec)     :6
Typematic Delay (Msec)         :250
Security Option                :System
IDE Second Channel Control     :Enabled
```

Bild 3: Ausschnitt der Bildschirmanzeige des BIOS-Menüpunktes „BIOS FEATURES SETUP"

Übung 2:

Verändern Sie die Daten im BIOS-SETUP so, dass der Rechner zuerst versucht von der Festplatte zu booten und wenn dies nicht gelingt, von dem CD-Laufwerk.

Lösung:

Zeile „Boot-Sequence" wie in **Bild 3** ändern und anschließend das BIOS-Setup-Menü über „Save and Exit" verlassen.

4.1.5 PC-Busse

Damit der Mikroprozessor mit anderen Baugruppen, z. B. dem Arbeitsspeicher, der Festplatte oder der Grafikkarte, Daten austauschen kann, sind alle Baueinheiten miteinander verbunden. Für eine schnelle Übertragung von Daten, Adressen und Steuersignalen werden viele parallele Leitungen verwendet, die ein Leitungssystem bilden. Dies wird als Systembus bezeichnet **(Bild 1)**.

Ein Systembus besteht aus dem Datenbus, dem Adressbus und dem Steuerbus.

Man unterscheidet verschiedene Systembusse **(Tabelle)**. Je nach Verwendungszweck sind mehrere Steckplätze für die Erweiterungskarten vorhanden, die zum Teil an verschiedenen Bussystemen angeschlossen sind **(Bild 2)**. Die Bussysteme unterscheiden sich in der Anzahl der Adressleitungen, Datenleitungen und Steuerleitungen, in der zeitlichen Abfolge der Signalübertragung und bei den Steckerleisten in den geometrischen Abmessungen und Anordnung der Pinbelegung.

In den ersten PC wurde nur der ISA-Bus (von Industry Standard Architecture = Industrie Standard Architektur) verwendet. Durch die Anforderungen der modernen grafischen Benutzeroberflächen und Multimedia-Anwendungen kommen heute Bussysteme mit hohen Übertragungsraten zum Einsatz.

PCI-Bus und Frontsidebus FSB

Der PCI-Bus (von Peripheral Component Interconnect = Verbindung zwischen Peripheriekomponenten) ist ein Datenbus zur parallelen Übertragung großer Datenmengen zwischen der CPU und den Peripheriegeräten. Die Leitungen des PCI-Busses sind über eine Host-Bridge (Host = Gastgeber, Bridge = Brücke) mit dem Prozessor-Bus verbunden **(Bild 3)**. Die Host-Bridge passt die unterschiedlichen externen Prozessortaktfrequenzen an die maximale PCI-Bustaktfrequenz von 33 MHz an und setzt die Schreib- bzw. Lese-Anforderungen des Prozessors für den PCI-Bus um. Dabei werden Schreib-Zugriffe um etwa 30 % schneller ausgeführt als Lese-Zugriffe. Der Bus zwischen Prozessor und dem Chipsatz wird als Frontsidebus (= Vorderseitenbus) bezeichnet. Werden aus dem RAM-Speicher aufeinander folgende Datenblöcke benötigt, so ist ein Burst-Zugriff (to burst = bersten, ausbrechen) möglich. Das bedeutet, dass nicht jeder Datenblockzugriff mit der dazugehörenden Adresse erfolgt, sondern nur die Adresse des ersten Datenblockes übertragen wird und die folgenden Blöcke dann sequenziell übertragen werden.

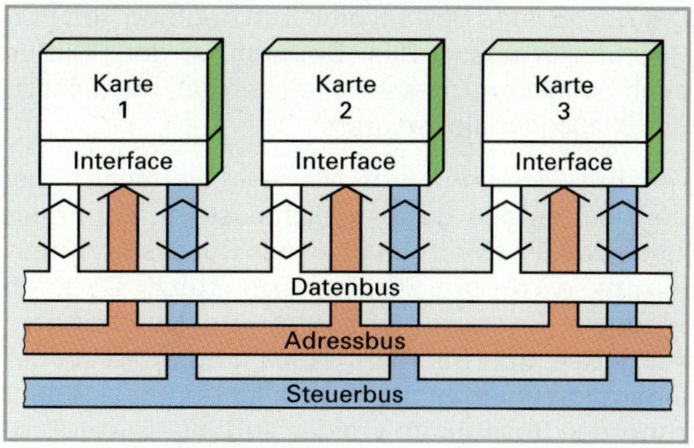

Bild 1: Parallelbussystem

Tabelle: Kenndaten von Bussystemen

Bussystem	ISA	EISA	PCI 1.0	PCI 2.1
Adressbusbreite	24 bit	32 bit	32 bit	64 bit
Datenbusbreite	16 bit	32 bit	32 bit	64 bit
max. Bustaktfrequenz	8 MHz	8,33 MHz	33 MHz	66 MHz
max. Bitrate	8 MB/s	33 MB/s	132 MB/s	264 MB/s

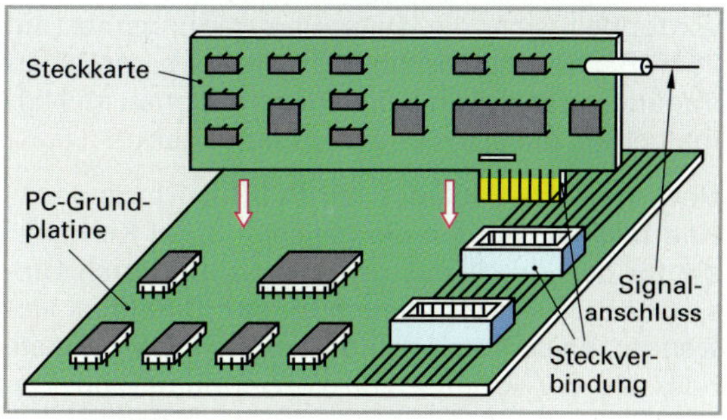

Bild 2: PC-Motherboard mit internem Bus

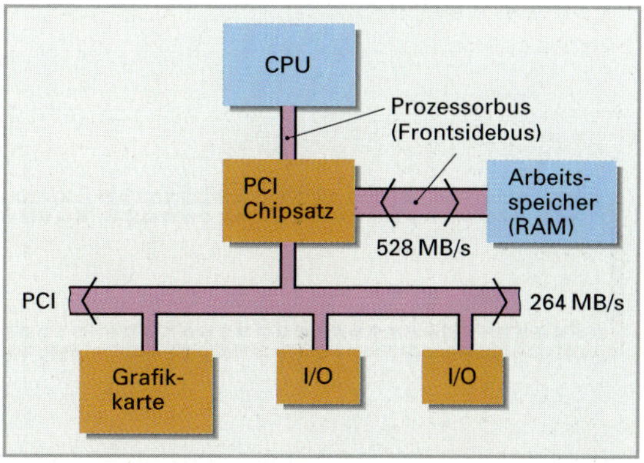

Bild 3: Anschluss des PCI-Busses an den Prozessor-Bus

Die Host-Bridge bewirkt eine Entkopplung von PCI-Bus und Prozessor-Bus. Dadurch ist der PCI-Bus auch bei Mikroprozessoren einsetzbar, die nicht zu der 80x86-Familie gehören.

Das Bus-Mastering (von Master = Herrscher), bei dem ein an den Bus angeschlossener Controller zeitweise die Kontrolle über das Bussystem übernimmt, wird vom PCI-Bus unterstützt. Dadurch wird der Prozessor entlastet und kann andere Aufgaben übernehmen. Nach abgeschlossener Operation übergibt der Controller dann die Steuerung der Busabläufe wieder zurück an den Prozessor.

Der PCI-Bus unterstützt den Plug-and-Play-Betrieb (to plug = stöpseln, to play = spielen). Wird eine Steckkarte in den PC eingebaut, so kann über das BIOS eine automatische Konfiguration durchgeführt werden.

Der PCI-Bus arbeitet selbstkonfigurierend, ist multiprozessorfähig und unterstützt das Bus-Mastering.

Der PCI-Bus hat in der Version 1.0 eine Datenbusbreite, bzw. Adressbusbreite von 32 bit, während bei der Version 2.0 die Busbreite 64 bit beträgt und die Steckerleiste verlängert ist **(Bild 1)**. Dadurch verdoppelt sich die Datenübertragungsrate auf 264 MB/s. Die durchschnittlich erreichbaren Übertragungsraten liegen bei beiden Versionen im Normalbetrieb meistens erheblich niedriger.

Um eine kurze Baulänge der PCI-Bus-Steckerleiste zu erreichen, werden die gleichen 32/64 Kontakte, die für den Adressbus bestimmt sind, durch Umschalten (Multiplexen) auch für den Datenbus verwendet. Beide Versionen gibt es als 3,3-V-Variante oder als 5-V-Variante zur Verwendung von Einsteckkarten für 3,3 V, bzw. 5 V. Zwei Codierstege in der Steckerleiste sorgen dafür, dass eine falsche Spannungsversorgung ausgeschlossen ist (Bild 1, Pin 12/13 und 50/51).

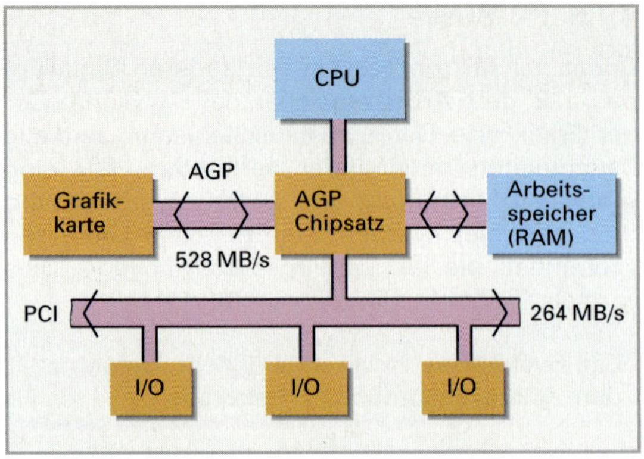

Bild 2: Anschluss des AGP-Busses an die CPU

AGP-Bus

Der AGP-Bus (von Accelerated Graphics Port = beschleunigter Grafik Bus) ist ein separater Bus, an dem ausschließlich die Grafikkarte angeschlossen ist. Sie kann somit die gesamte Bandbreite des Busses nutzen und muss sie nicht mit anderen angeschlossenen Karten teilen. Der AGP-Bus ist über den AGP-Chipsatz direkt mit dem Arbeitsspeicher (RAM) auf der Hauptplatine verbunden **(Bild 2)**.

Der AGP-Bus ist ein schneller Grafikbus, der für die Grafikkarte zusätzlichen Speicherplatz vom Arbeitsspeicher (RAM) auf der Hauptplatine abzweigen kann.

Der Anteil, den sich der AGP vom RAM abzweigt, ist variabel. Das Betriebssystem muss dafür Arbeitsspeicher für den AGP-RAM zur Verfügung stellen und gleichzeitig darauf achten, dass der verbleibende Speicher noch für die jeweils laufende Anwendung ausreicht. Durch zusätzliche Signalleitungen kann beim AGP das Pipelining angewendet werden, das bedeutet, dass neue Daten aus dem Speicher angefordert werden können, während die zuvor verlangten Daten noch im Speicher gesucht werden.

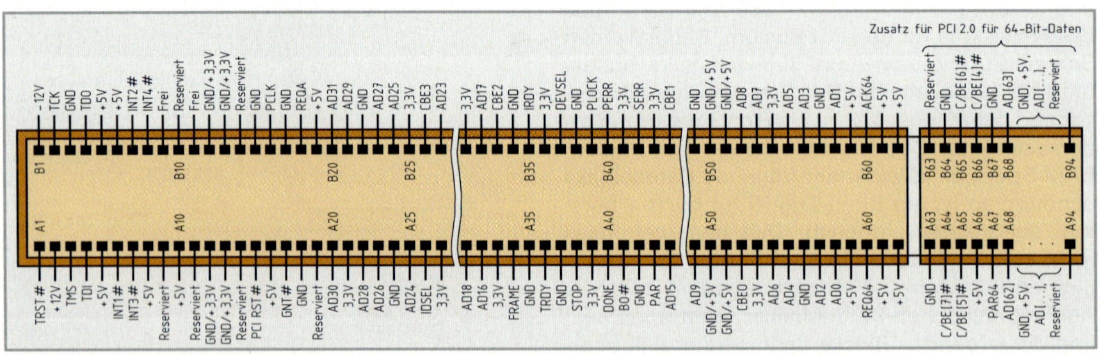

Bild 1: Pinbelegung beim PCI 2.0 Bus

In den AGP-Spezifikationen sind verschiedene Modi definiert, mit denen unterschiedlich große Übertragungsraten erreicht werden **(Tabelle 1)**.

Der AGP-Bus ist ein schneller Grafikbus, der angewendet wird, wenn detailreiche 3D-Grafik in hoher Auflösung schnell bewegt werden muss.

Tabelle 1: Übertragungsraten bei AGP-Modi

Modus	AGP 1x	APG 2x	APG 4x
Datenbusbreite	32 bit	32 bit	32 bit
Bustaktfrequenz	66 MHz	66 MHz	100 MHz
Taktflanke	steigende	steigende und fallende	steigende und fallende
max. Bitrate	264 MB/s	528 MB/s	800 MB/s

IDE-Schnittstelle

Für die IDE-Schnittstelle (von Intelligent Drive Electronics = Intelligente Laufwerkelektronik) werden auch die Namen AT-Bus (von Advanced Technology = fortschrittliche Technologie) und ATA-Schnittstelle (von AT-Attachment = AT-Anschluss) verwendet. Die IDE-Schnittstelle wird bei Laufwerken verwendet, die selbst intelligent sind, d.h. sie besitzen einen eingebauten Festplatten-Controller, der die Ansteuerung des Laufwerks übernimmt. Der Hersteller der Festplatte kann somit den Controller auf seine Festplatte abstimmen und optimieren. Durch die Unterbringung des Festplattencontrollers im Laufwerk erreicht man unter anderem eine bessere Störsicherheit, da die digitalen Daten von der CPU erst auf dem Laufwerk-Controller zu analogen Signalen codiert werden. Störsignale, die über das Verbindungskabel zwischen Hauptplatine und Festplatte eingekoppelt werden, können daher die Funktion nicht beeinträchtigen.

An eine IDE-Schnittstelle können zwei Laufwerke angeschlossen werden. Da jedes Laufwerk seinen eigenen Controller besitzt, müssen die Laufwerke im Master-Slave-Verfahren verwendet werden. Ein Laufwerk arbeitet dabei als Master, das andere als Slave. Die Laufwerke werden mit einem 40-poligen Flachbandkabel mit dem AT-Bus über einen Busstecker auf der Hauptplatine verbunden **(Tabelle 2)**.

Die E-IDE-Schnittstelle (von Enhanced = erweitert) bzw. ATA-2, bzw. ATAPI (AT-Attachment-Packed-Interface) ist eine Weiterentwicklung, die höhere Bitraten, eine vergrößerte maximale Speicherkapazität und den Anschluss von Laufwerken mit wechselbarem Datenträger, z.B. CD-ROM, ermöglicht. Die Übertragungsgeschwindigkeit ist von der ausgewählten Übertragungsart abhängig. Im PIO-Modus 4 (Programmed Input/Output) beträgt die maximale Bitrate 16,66 MB/s. Für eine zuverlässige Verbindung zwischen Laufwerk und Hauptplatine darf das Flachbandkabel eine Länge von 30 cm nicht überschreiten.

Tabelle 2: Belegung des IDE-Schnittstellenkabels

Pin	IDE-Signal	Bezeichnung	Signalrichtung
1	RESET	Laufwerke zurücksetzen	CPU → Laufwerk
2*	GND	Masse	—
3	DD7	Datenbit 7	bidirektional
4	DD8	Datenbit 8	bidirektional
5	DD6	Datenbit 6	bidirektional
6	DD9	Datenbit 9	bidirektional
7	DD5	Datenbit 5	bidirektional
8	DD10	Datenbit 10	bidirektional
9	DD4	Datenbit 4	bidirektional
10	DD11	Datenbit 11	bidirektional
11	DD3	Datenbit 3	bidirektional
12	DD12	Datenbit 12	bidirektional
13	DD2	Datenbit 2	bidirektional
14	DD13	Datenbit 13	bidirektional
15	DD1	Datenbit 1	bidirektional
16	DD14	Datenbit 14	bidirektional
17	DD0	Datenbit 0	bidirektional
18	DD15	Datenbit 15	bidirektional
20	—	Markierung für Pin 20	—
21	DMARQ	DMA Anforderung (Requeset)	Laufwerk → CPU
23	$\overline{\text{DIOW}}$	Daten über I/O-Kanal schreiben	CPU → Laufwerk
25	$\overline{\text{DIOR}}$	Daten über I/O-Kanal lesen	CPU → Laufwerk
27	IORDY	I/O-Zugriff ausführen (ready)	Laufwerk → CPU
28	SPSYNC	Spindelsynchronisation	Laufwerk → CPU
29	$\overline{\text{DMACK}}$	DMA Bestätigung (Acknowledge)	CPU → Laufwerk
31	INTRQ	Unterbrechung angefordert (Interrupt Request)	Laufwerk → CPU
32	$\overline{\text{IOCS16}}$	16-Bit-Transfer über I/O-Kanal	Laufwerk → CPU
33	DA1	Adressbus 1	CPU → Laufwerk
34	$\overline{\text{PDIAG}}$	Passed Diagnostic vom Slave	Laufwerk → CPU
35	DA0	Adressbus 0	CPU → Laufwerk
36	DA2	Adressbus 2	CPU → Laufwerk
37	$\overline{\text{CS1Fx}}$	Chip Select für Basisadresse 1F0h	CPU → Laufwerk
38	$\overline{\text{CS3Fx}}$	Chip Select für Basisadresse 3F0h	CPU → Laufwerk
39	$\overline{\text{DASP}}$	Betriebsbereitschaft/Slave Laufwerk präsent (Drive Active / Slave Present)	Laufwerk → CPU
*	weitere Masseanschlüsse 19, 22, 24, 26, 30 und 40		

4.1.6 Interrupt-Controller

Peripheriegeräte oder Erweiterungskarten müssen dem Prozessor mitteilen, wenn sie seine Rechenleistung in Anspruch nehmen wollen. Wenn z. B. eine Taste der Tastatur gedrückt wird, muss dies dem Mikroprozessor mitgeteilt werden. Computer haben daher ein Interruptsystem (to interrupt = unterbrechen), das es ermöglicht, ein laufendes Programm zu unterbrechen, ein anderes Programm auszuführen und das unterbrochene Programm danach weiter auszuführen. Ausgelöst wird eine Unterbrechung durch ein Steuersignal an einem Interrupt-Eingang des Mikroprozessors. Damit der Prozessor feststellen kann, von welchem Gerät ein IRQ (von Interrupt Request = Unterbrechungsanforderung) ausgelöst wurde, kommt in Computern ein Interrupt-Controller zum Einsatz.

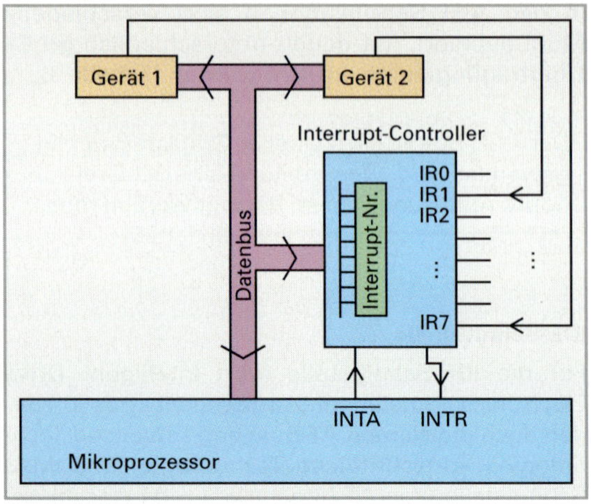

Bild 1: Bearbeitung von Interrupts

Funktion des Interrupt-Controllers

Mit einem Signal an einem der Eingänge IR0 bis IR7 des Interrupt-Controllers kann ein Gerät eine Programmunterbrechung anfordern **(Bild 1)**. Der Interrupt-Controller gibt die Anforderung an den Eingang INTR des Mikroprozessors weiter. Ist der Mikroprozessor bereit den Interrupt zu bearbeiten, sendet er nacheinander zwei LOW-Pegel-Impulse über seinen Ausgang $\overline{\text{INTA}}$(Interrupt Acknowledge = Interrupt-Empfangsbestätigung) an den Interrupt-Controller. Der erste Impuls sperrt den Interrupt-Controller für das Annehmen von weiteren Interrupts. Der zweite Impuls veranlasst den Interrupt-Controller, die zu dem Interrupt gehörende Interruptnummer über den Datenbus an den Mikroprozessor zu senden und gibt damit den Interrupt-Controller für die Annahme neuer Interrupts frei.

Der Interrupt-Controller 8259 verfügt über acht Interrupt-Eingänge. Um die Anzahl der Interruptleitungen zu erhöhen, können mehrere dieser Interrupt-Controller hintereinander geschaltet werden. Im PC sind zwei Interrupt-Controller vorhanden, die als Master und Slave arbeiten, wobei der Slave über den IR2-Eingang mit dem Master verbunden ist. Damit sind 15 verschiedene Interrupts möglich, die zum Teil frei belegbar sind **(Tabelle)**.

Durch das Zusammenschalten von mehreren Interrupt-Controllern wird die Anzahl der Interruptleitungen in einem Computer erhöht.

Normalerweise kommt es zu Konflikten, wenn nach dem Installieren einer neuen Karte zwei Geräte den gleichen IRQ benutzen. Um dies zu vermeiden, kann bei Erweiterungskarten über Steckbrücken oder mittels Softwareeinstellung festgelegt werden, welcher IRQ von der Erweiterungskarte verwendet werden soll.

Tabelle: Bearbeitung von Interrupts

Interrupt	Gerät
IRQ0	System Timer
IRQ1	Tastatur-Controller
IRQ2	zweiter IRQ-Controller (Slave)
IRQ3	Com2 (zweite serielle Schnittstelle)
IRQ4	Com1 (erste serielle Schnittstelle)
IRQ5	Soundkarte
IRQ6	Diskettenlaufwerk-Controller
IRQ7	LPT 1 (erste parallele Schnittstelle)
IRQ8	Echtzeitsystemuhr (RTC – Realtime Clock)
IRQ9	frei
IRQ10	Netzwerkkarte
IRQ11	frei
IRQ12	frei
IRQ13	Coprozessor
IRQ14	Festplatte
IRQ15	CD-ROM-Laufwerk

Eine Interruptleitung darf nicht gleichzeitig von zwei Geräten benutzt werden.

Wird in einen PC, bei dem alle Interruptleitungen belegt sind, eine weitere Erweiterungskarte eingebaut, muss notgedrungen eine Interruptleitung doppelt belegt werden. Dabei ist darauf zu achten, dass nicht mit beiden Geräten gleichzeitig gearbeitet wird.

Wiederholung und Vertiefung

1. **Beschreiben Sie den Ablauf einer Interruptanforderung durch ein Gerät.**
2. **Wie kann man die Anzahl der Interruptleitungen erhöhen?**

4.2 Baugruppen

4.2.1 PC-Karten

4.2.1.1 Systemeigenschaften

Steckkarten müssen beim Einbau an das Mikrocomputersystem angepasst werden. Dies wird z. B. hardwaremäßig durch das Stecken von *Jumpern* (Überbrückungselemente) auf der Steckkarte **(Bild 1)** und softwaremäßig durch das Anpassen (Konfigurieren) bestimmter Eigenschaften von Programmteilen des Betriebssystems erreicht. Im Betriebssystem Windows werden diese Programmteile als *Ressourcen* (von resource = Hilfsmittel) bezeichnet.

Ressourcen sind bei Windows Teile der Software, die das Betriebssystem während der Programmausführung einem Gerät zuteilt.

Das Konfigurieren wird nach dem Einbau einer Karte durch Software vorgenommen oder kann manuell geschehen. Die Einstellung betrifft meist:

- die Unterbrechungsanforderung (IRQ von Interrupt request),
- die Adressen von Karten,
- die DMA-Steuerung (DMA von Direct Memory Access = Direkter Speicherzugriff) und
- den zu reservierenden Bereich im Arbeitsspeicher.

Unterbrechungssteuerung
Die Tastatursteuerung benutzt z. B. den fest zugewiesenen Interrupt mit der IRQ-Nummer 01 **(Bild 2)**. Für Steckkarten stehen nur einige freie Nummern zur Verfügung. Diese werden beim Einbau der Karte automatisch, z. B. bei PCI-Karten, oder über die Systemsteuerung zugewiesen, z. B. bei ISA-Karten.

Adressen von Karten
Steckkarten oder Geräte können eine Adresse oder auch Adressbereiche belegen. Die serielle Schnittstelle COM2 (COM ist ein Gerätename) belegt z. B. den Adressbereich von 02F8 bis 02FF, also acht Adressen **(Bild 3)**.

DMA-Steuerung
Größere Datenmengen werden oft direkt von der Steckkarte über den Datenbus in den Hauptspeicher geschrieben. Diesen Transportweg nennt man DMA-Kanal. Soundkarten haben meist zwei DMA-Kanäle. So kann man z. B. die mit einem Mikrofon aufgenommenen Töne in digitalisierter Form direkt über den DMA-Kanal 1 in den Hauptspeicher schreiben **(Bild 4)**. Ein mit der Soundkarte verbundenes CD-ROM-Laufwerk kann seine digitalen Tondaten, z. B. über den DMA-Kanal 3, in den Arbeitsspeicher übertragen.

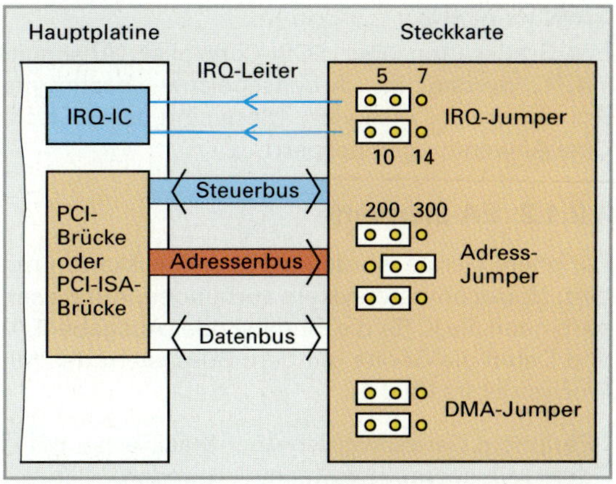

Bild 1: Zusammenwirken von Hauptplatine und Steckkarte

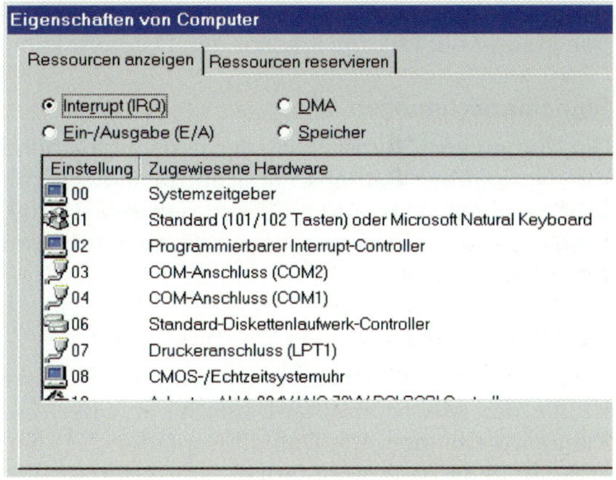

Bild 2: Auszug aus der Zuordnung von IRQ-Nummern

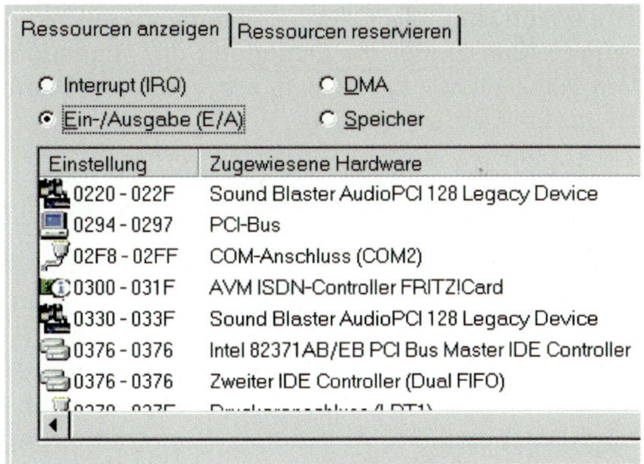

Bild 3: Auszug aus der Liste der Geräteadressen

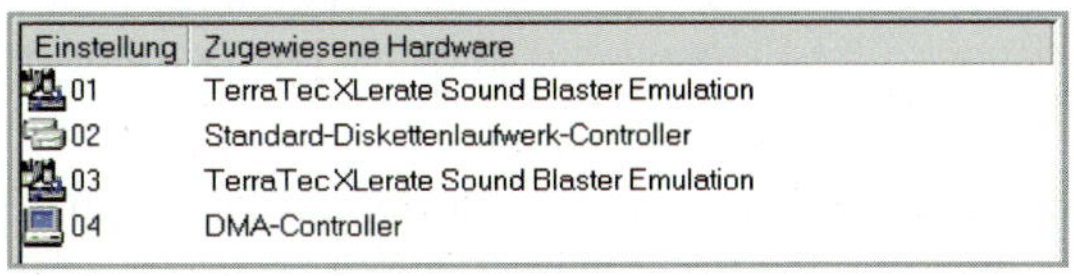

Bild 4: DMA-Kanäle mit Gerätezuordnung

Speicherbereich

Für Grafikkarten oder SCSI-Controller (Abschnitt 7.4.7) werden im Arbeitsspeicher bestimmte Adressbereiche reserviert. Diese sind dann für andere Anwendungen gesperrt.

4.2.1.2 EA-Elemente

Periphere Geräte werden oft über Steckkarten mit dem Mikrocomputersystem verbunden. Auf diesen verbinden die IC für die Eingabe oder Ausgabe (EA) von Daten die Geräte mit dem Bussystem des Mikrocomputers **(Bild 1)**.

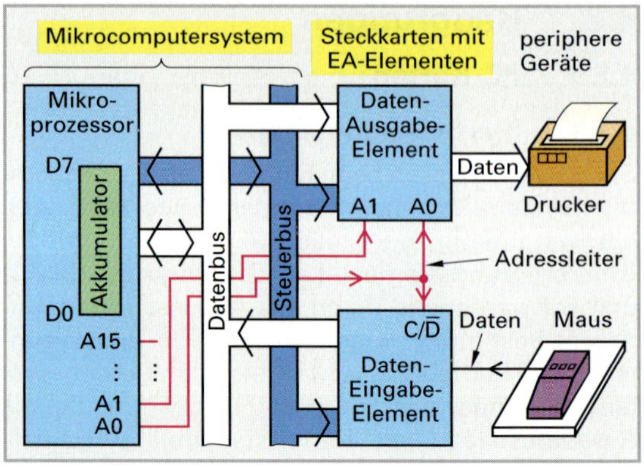

Bild 1: Mikrocomputer mit EA-Elementen

> Periphere Geräte werden über Steckkarten mit dem Mikrocomputersystem verbunden.

Jede Steckkarte wird über eine Adresse oder einen Adressbereich angesprochen. Über Steuerleitungen steuert der Mikroprozessor den Datenverkehr.

Signalbezeichnungen

Die Namen von Signalleitern werden entsprechend der Norm über Betriebsmittelkennzeichnung mit großen Buchstaben und Ziffern gekennzeichnet. Signalnamen werden mit kleinen Buchstaben und Ziffern bezeichnet.

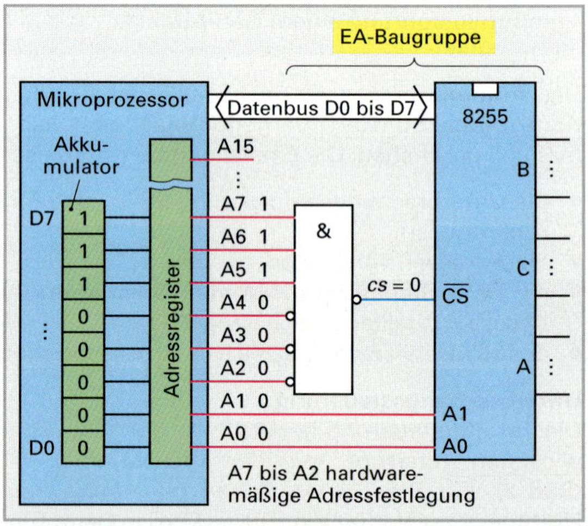

Bild 2: Adressierung eines EA-Elementes

Parallele EA-Elemente

EA-Steckkarten verwenden meist programmierbare IC, die den Mikrocomputer-Datenbus mit den EA-Kanälen verbinden. Die Datenflussrichtung ist einstellbar. Jede Baugruppe erhält eine Adresse, z.B. 1110 0000 ≙ E0H. Das Bitmuster der Adresse wird, ganz oder teilweise, dazu verwendet, ein Signal $cs = 0$ (von chip select = Bauelementauswahl) zu erzeugen **(Bild 2)**. Für die Erzeugung des Signals cs von Bild 2 gilt $cs = \overline{\bar{a}_2 \wedge \bar{a}_3 \wedge \bar{a}_4 \wedge a_5 \wedge a_6 \wedge a_7}$. Damit ist das EA-Element aktiviert.

> EA-Elemente müssen vor der Eingabe oder Ausgabe von Daten vom Mikroprozessor angewählt werden.

Das EA-Element 8255 hat drei Kanäle A, B und C mit einer Breite von je 8 Bit, die in verschiedenen Betriebsarten arbeiten können. Die Einstellung einer gewünschten Betriebsart, z. B. Datenausgabe oder Dateneingabe, wird durch Programmierung vorgenommen. Das EA-Element enthält ein Register, in das ein Steuerwort geschrieben wird (Steuerwortregister, **Bild 3**). Mit dem Steuerwort wird dann im EA-Element die gewünschte Betriebsart für die Kanäle eingestellt.

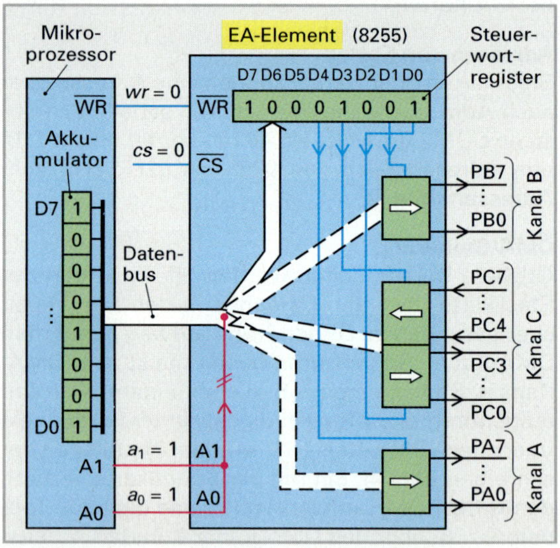

Bild 3: Einstellung einer Betriebsart

> Das Steuerwortregister enthält die Daten für die Betriebsarteinstellung der Kanäle.

Mit Signalen vom Wert 1 an A0 und A1 wird das Steuerwortregister angewählt (Bild 3, vorhergehende Seite). Nun wird das Schreibsignal $wr = 0$ (wr von to write = schreiben) gesetzt.

Anschließend sendet der Akkumulator z.B. das Steuerwort 1000 1001 bzw. 89H zum Steuerwortregister. Mit dem Signal $d_4 = 0$ werden die Leiter PA0 bis PA7 von Kanal A als Ausgang, mit $d_3 = 1$ die Leiter PC4 bis PC7 von Kanal C als Eingänge, mit $d_1 = 0$ und $d_0 = 1$ die restlichen Leiter als Ausgänge geschaltet. Die übrigen Bits des Steuerwortes stellen die Betriebsart 0, d.h. einfache Dateneingabe und Datenausgabe, des EA-Elements 8255 ein.

Nach erfolgter Programmierung können nun Daten transportiert werden. Für das Einlesen von Daten in den Akkumulator wird mit den Signalen $a_0 = 0$ und $a_1 = 1$ Kanal C adressiert **(Bild 1)**. Mit dem Signal $wr = 1$ zeigt der Mikroprozessor seine Bereitschaft an Daten einzulesen. Gleichzeitig erhält am EA-Element das Signal an $\overline{RD}$ den Wert 0, und es werden Daten vom adressierten Kanal C in den Akkumulator eingelesen.

Bei der Ausgabe werden die vom Akkumulator kommenden Datenworte in einem Ausgaberegister zwischengespeichert (Bild 1). Der Dateninhalt bleibt so lange erhalten, bis ein neues Datenwort vom Akkumulator über den Datenbus in den Datenbuspuffer des EA-Elementes 8255 gesendet wird **(Bild 2)**.

Serielle EA-Elemente

Eingabeeinheiten werden meist über eine serielle Schnittstelle mit dem Datenbus des Computers verbunden. Die serielle Schnittstelle enthält ein EA-Element, das in seinem Empfangsteil die am Anschluss E1 seriell ankommenden Datenbits taktweise in parallele Datenworte mit einer Breite von 8 bit umsetzt. Die Datenumsetzung wird mit einem Seriell-Parallel-Umsetzer (SPU) vorgenommen **(Bild 3)**.

Die Seriell-Parallel-Umsetzung erfolgt durch bitweises Einlesen und bitweises Schreiben der Daten im SPU.

Für das Senden von Daten wird ein Parallel-Seriell-Umsetzer (PSU) verwendet, der die parallel vom Datenbus angelieferten Daten bitweise seriell am Anschluss A1 aussendet.

Die Parallel-Seriell-Umsetzung erfolgt durch paralleles Laden eines Datenbytes und das serielle Auslesen durch bitweises Schieben.

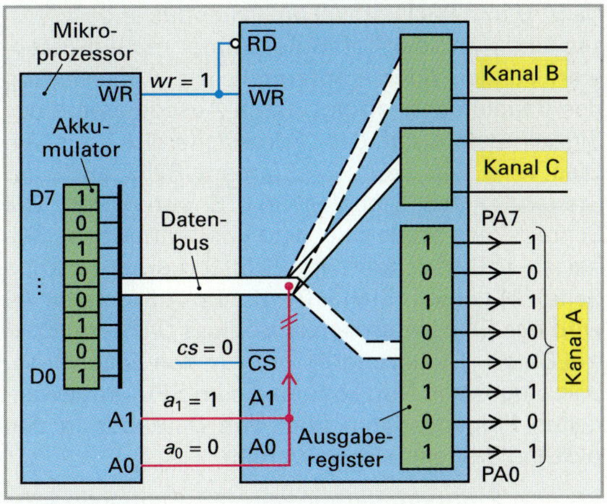

Bild 1: Datentransport mit dem EA-Element 8255

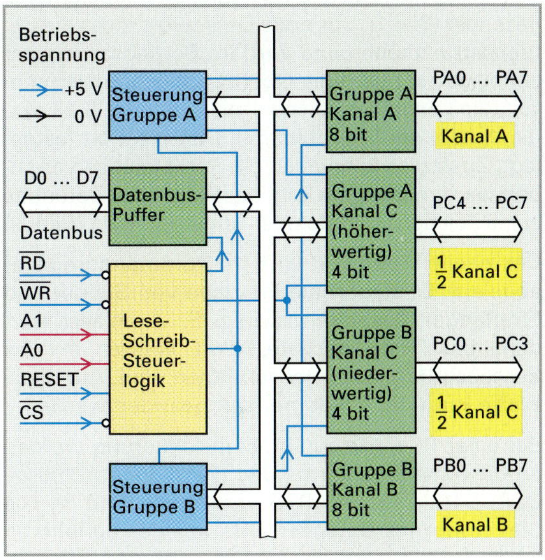

Bild 2: Wirkungsplan des EA-Elementes 8255

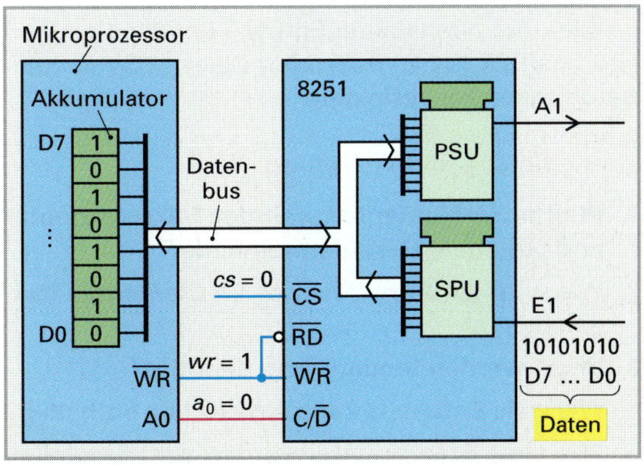

Bild 3: Datentransport mit dem EA-Element 8251

Da SPU und PSU parallel am Datenbus angeschlossen sind, kann der Computer immer nur ein Datenwort senden oder empfangen. Die Adressierung des Bauelements erfolgt durch Auscodieren eines Signalmusters auf den Adressleitern A7 bis A1. Dies wird wie beim EA-Element 8255 auch zur Steuerung des Signales an $\overline{CS}$ verwendet. Die Schreib-Lese-Steuerung wird wieder mit dem Signal an $\overline{WR}$ durchgeführt (Bild 3, vorhergehende Seite). Mit einem Signal 0 auf dem Adressleiter A0 wird das EA-Element am Anschluss $C/\overline{D}$ (von Control/Data = Steuerung/Daten) für den Datentransport eingestellt. Nun können die im SPU umgewandelten Eingangsdaten über den Datenbus in den Akkumulator eingelesen werden.

Für die Programmierung des EA-Elements 8251 werden die Signale $wr = 0$ und $c/\overline{d} = 1$ gesetzt. Anschließend werden mindestens zwei Datenworte vom Akkumulator zur Einstellung des Bauelements gesendet **(Bild 1)**. Das erste Datenwort muss die Betriebsart enthalten und wird im Betriebsartregister abgelegt. Hier wird die Übertragungsgeschwindigkeit, die Länge der Zeichen mit 7 bit oder 8 bit und die Anzahl der Stoppbits mit 1 bit bis 2 bit festgelegt. Zusätzlich kann auch ein Paritätsbit so vereinbart werden, dass die Zahl der Einsen der Datenbits eines Zeichens gerade oder ungerade wird **(Bild 2)**.

Das zweite Datenwort wird im Kommandoregister abgelegt. Es steuert die Freigabe von Sender und Empfänger. Zusätzlich kann z. B. veranlasst werden, dass das nächste Wort wieder in das Betriebsartregister eingeschrieben wird. Auf diese Weise kann z.B. die Betriebsart geändert werden.

Bei einer PC-Karte zur Modem-Steuerung werden für die Datenfernübertragung (DFÜ) die Anschlüsse $\overline{DSR}$, $\overline{DTR}$, $\overline{CTS}$ und $\overline{RTS}$ verwendet **(Bild 3)**. Die Steuerung des Datenverkehrs auf der peripheren Seite kann zusätzlich mit den Signalen TxRDY (Transmitter Ready = Sender bereit), RxRDY (Receiver Ready = Empfänger bereit), TxC (Transmitter Clock = Sendetakt), RxC (Receiver Clock = Empfängertakt), TxE (Transmitter Empty = Sendepuffer leer) und SYNDET (Synchronization Detect = Synchronisation entdecken) erfolgen.

Wiederholung und Vertiefung

1. **Welche EA-Elemente verbinden Mikrocomputer und periphere Geräte miteinander?**
2. **Wie wird die Adresse eines EA-Elementes festgelegt?**
3. **Wozu werden Steuerworte benötigt?**
4. **Wie viele Datenbits kann ein Zeichen enthalten?**
5. **Wie viele Steuerworte werden zum Einstellen des Bauelements 8251 mindestens benötigt?**

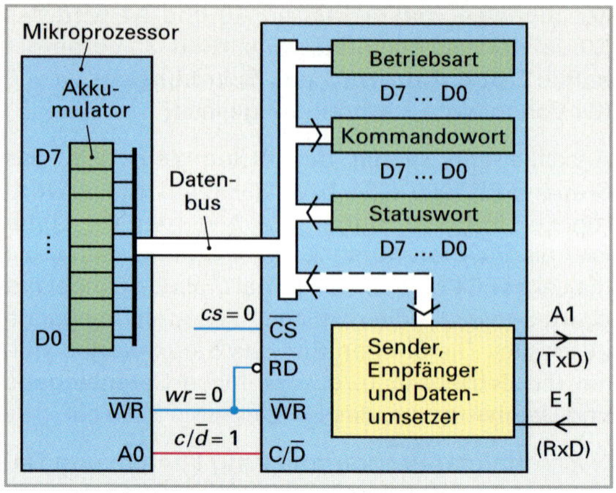

Bild 1: Einstellung des EA-Elements 8251

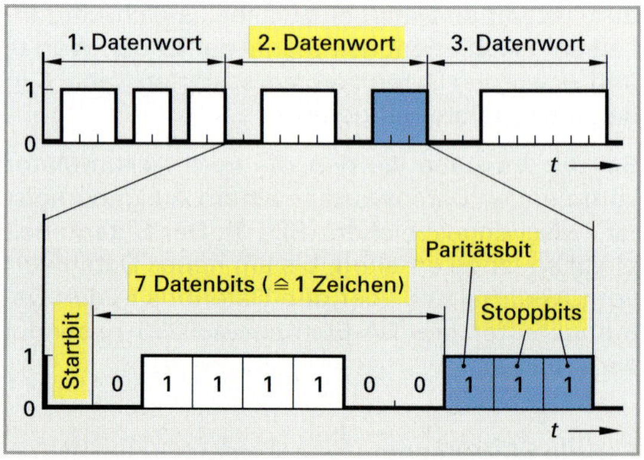

Bild 2: Datenübertragung und Wortformat

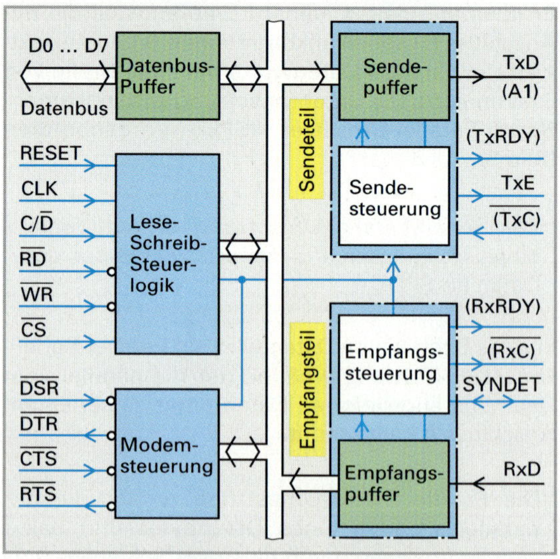

Bild 3: Wirkungsplan des EA-Elements 8251

4.2.2 Speicherarten

4.2.2.1 Aufbau und Wirkungsweise

Speicher werden zum Aufbewahren von Daten verwendet. *Festwertspeicher* halten ihre Daten auf Dauer, also auch nach dem Abschalten der Betriebsspannung. *Schreib-Lesespeicher* „vergessen" ihre Daten meist nach dem Abschalten. Speicher bestehen aus vier Baugruppen **(Bild 1)**. Die Adressdecodiereinrichtung wählt nach Anlegen einer binären Adresse, z. B. 1101, die entsprechende Zeile 13 im Speicherfeld (Speichermatrix) an.

$$z_S = 2^n \qquad n = \text{lb}\, z_S = \lg z_S / \lg 2$$

z_S Zahl der Speicherzellen
n Zahl der Adressleiter

Beispiel:
Wie viele Speicherzellen z_S können mit 14 Adressleitern n angewählt werden?

Lösung: $z_S = 2^n = 2^{14} = \mathbf{16384}$

Das *Speicherfeld* besteht aus vielen 1-Bit-Speicherelementen, die z. B. byteweise (zeilenweise als Worte mit 8 bit) angeordnet sind **(Bild 2)**. Die Größe von Speichern wird bei bitweiser Speicherung mit 1 Kbit = 2^{10} bit = 1024 bit (sprich Ka-Bit) oder 1 Mbit = 2^{20} bit = 1 048 576 bit oder bei wortweiser Speicherung mit 1 KB = 1 024 x 8 bit (sprich Ka-Byte) oder 1 MB = 1 048 576 x 8 bit angegeben. Oft wird auch eine halbbyteweise Anordnung der Speicherzellen verwendet (Bild 2, rechts).

Speichergrößen werden in Kbit, Mbit, KB, MB und GB angegeben.

Ein Verstärker, der *Datenpuffer* genannt wird, verstärkt beim Lesen die Signalspannungen der Speichermatrix und schaltet die Daten DQ0 bis DQ7 byteweise an den Datenbus (Bild 1). Beim Schreiben werden die Daten mit dem Datenpuffer vom Datenbus in die angewählte Zeile geschrieben. Die Verstärkerelemente sind antiparallel geschaltet und werden von der Bausteinsteuerung angesteuert.

Durch Anlegen des Steuersignales 0 an $\overline{CS}$ (von Chip Select = Baustein auswählen) wird der Speicher angewählt **(Bild 3)**. Die Bauelementsteuerung verbindet dazu z.B. den Datenpuffer mit dem Datenbus. Mit dem Steuersignal an $\overline{WE}$ (von Write Enable = Schreiben einschalten) wird zwischen Schreiben und Lesen umgeschaltet. Der Schreib-Lesespeicher hat vier Adressleiter. Dadurch sind 2^4 = 16 Zeilen anwählbar. Die Daten werden byteweise gespeichert.

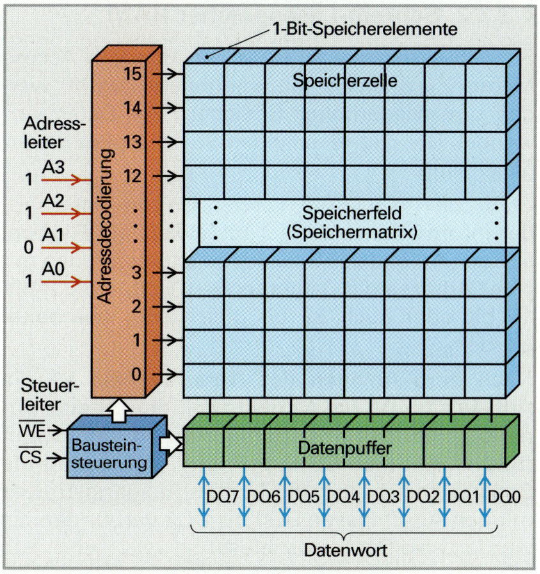

Bild 1: Prinzipieller Aufbau eines Speichers

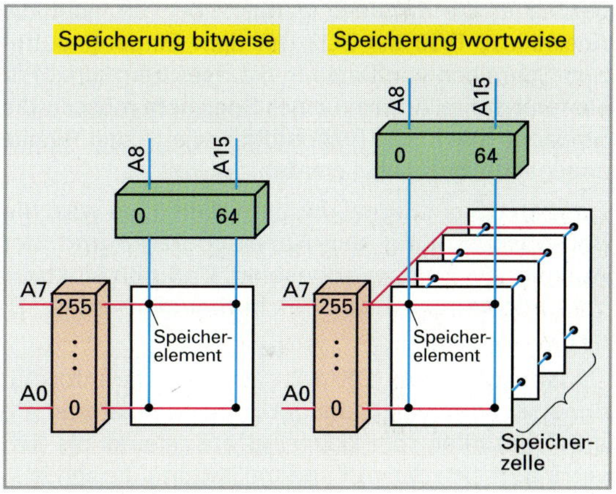

Bild 2: Arten der Speicher

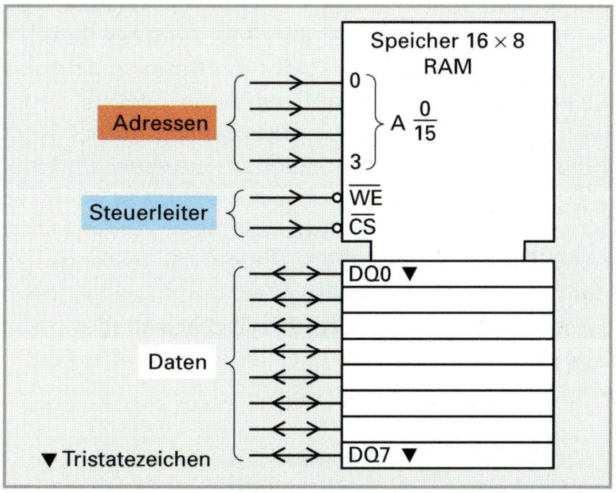

Bild 3: Schaltzeichen für den Speicher Bild 1

4.2.2.2 Schreib-Lesespeicher RAM

Schreib-Lesespeicher (RAM von Random Access Memory = Speicher mit wahlfreiem Zugriff) werden zum wiederholten Speichern von Daten verwendet. Der Zugriff auf jeden Speicherplatz dauert gleich lang.

Statische RAM (SRAM) verwenden zum Speichern der Informationsmenge 1 bit jeweils ein Flipflop. Je nach Aufbau des Speicherbausteins können mit einer Adresse die Datenmengen 1 bit, 4 bit, 8 bit, 16 bit oder auch 32 bit gleichzeitig bearbeitet werden.

Nach dem Anlegen der Adresssignale an die Adressleiter A0 bis A13 wird mit dem Steuersignal 0 an $\overline{CS}$ das Speicherbauelement angewählt **(Bild 1).** Mit dem $\overline{CS}$-Signal wird gleichzeitig die Speichermatrix über die Tristate-Ausgangstreiber mit den Anschlüssen DQ0 bis DQ3 verbunden. Es werden also Daten ausgelesen.

Liegt z. B. an $\overline{WE}$ in Bild 1 ein Signal mit dem Wert 0, so werden die Tristate-Ausgangstreiber hochohmig geschaltet. Die Tristate-Eingangstreiber verbinden die Anschlüsse DQ0 bis DQ3 mit dem Eingangspuffer zum Schreiben von Daten in die Speichermatrix. Für ein fehlerfreies Arbeiten eines Speichers müssen die Steuersignale in der Reihenfolge, wie in der **Tabelle** angegeben, geschaltet werden.

Liegt an $\overline{CS}$ ein Signal mit dem Wert 1, so wird die Betriebsspannung der Adresscodierer und der Ausgangsverstärker abgesenkt. Dadurch sinkt die Verlustleistung eines Speicherbauelements z. B. um 70 %.

Dynamische RAM (DRAM) speichern die Informationen in Form von Ladungen in Kondensatoren. Da die Kapazitäten sehr klein sind, z. B. kleiner als 1 fF, verringert sich die vorhandene Ladung durch Leckströme in wenigen Millisekunden stark. Deshalb wird der Speicherinhalt in kleinen Zeitabständen durch Nachladen aufgefrischt. Durch Anlegen der Auswahlsignale an RAS (von Row Address Select = Zeilenauswahl) und an CAS (von Column Address Select = Spaltenauswahl) wird die jeweils angewählte Zeile beim Lesen automatisch aufgefrischt **(Bild 2).** Der Speicher speichert bitweise und hat z. B. eine Speicherkapazität von 2^{20} bit = 1 048 576 bit. Für die Adressierung sind also 20 Adressbit nötig. Diese werden in zwei Hälften nacheinander an die Adressleiter A0 bis A9 gelegt und in den Adressdecodierern gespeichert. Durch die Aufteilung der Speichermatrix in vier parallel anwählbare Felder wird die Zugriffszeit verringert.

> Schreib-Lesespeicher dienen zum wiederholten Speichern von Daten.

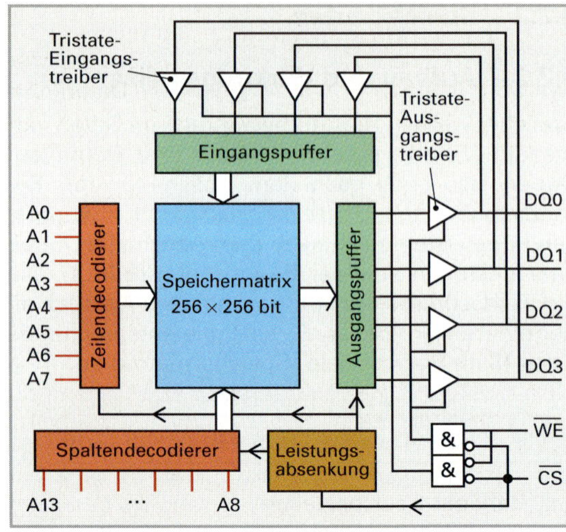

Bild 1: SRAM-Speicherbauelement mit 65 536 bit

Tabelle: Lesen und Schreiben beim SRAM (Bussignale)	
Aus dem Speicher lesen	In den Speicher schreiben
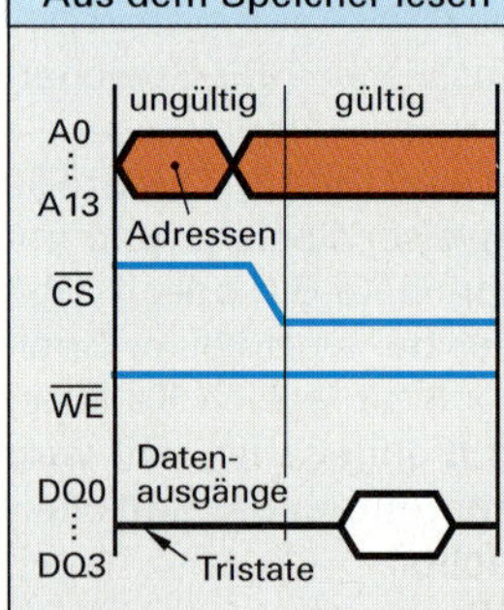	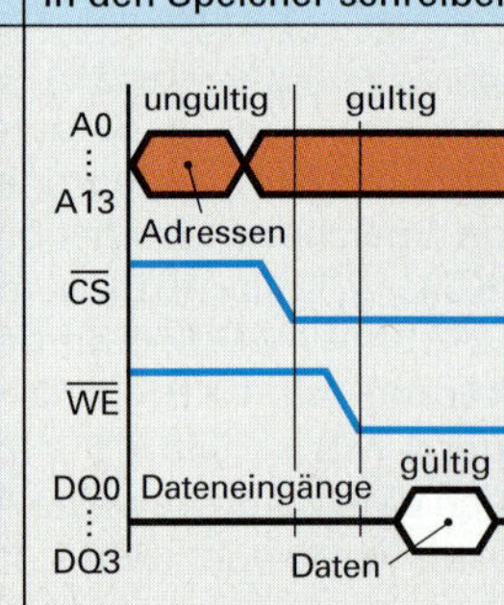

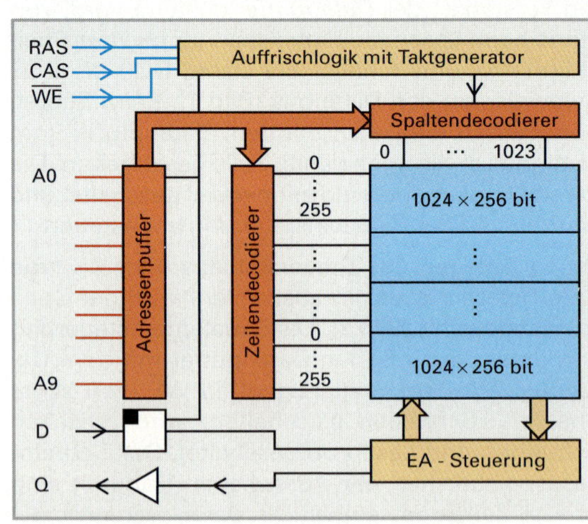

Bild 2: DRAM-Speicherbauelement für 1 Mbit

4.2.2.3 Lesespeicher ROM

ROM (von Read Only Memory = Nur-Lesespeicher) werden für einen sich nicht ändernden Dateninhalt gefertigt. Die Programmierung erfolgt vom Hersteller und kann nicht geändert werden.

PROM (Programmable ROM = programmierbares ROM) können nur einmal programmiert werden. Die Inhalte sind danach nicht weiter veränderbar.

EPROM (Erasable PROM = löschbares PROM) sind vom Anwender programmierbare Speicherbauelemente, bei denen die Daten durch UV-Strahlung an das Löschfenster gelöscht werden. Anschließend ist eine Neuprogrammierung möglich. EPROM sind ähnlich wie SRAM aufgebaut **(Bild 1)**. Mit dem Signal 0 an $\overline{OE}$ (Output Enable = Ausgang einschalten) wird die Speichermatrix über Datenpuffer mit den Ausgängen DQ0 bis DQ7 verbunden. Die Ausgänge haben Tristatestruktur. Für die Programmierung werden Programmiergeräte verwendet, die meist auf verschiedene EPROM-Typen einstellbar sind.

In EEPROM (Electrically EPROM) kann der Speicherinhalt ohne Entfernen des Bauelementes aus der Schaltung geändert werden. Nachteilig ist die im Millisekundenbereich liegende Zeit für das Schreiben von Daten.

> EEPROM sind Schreib-Lesespeicher, bei denen der Schreibvorgang wesentlich länger als der Lesevorgang dauert.

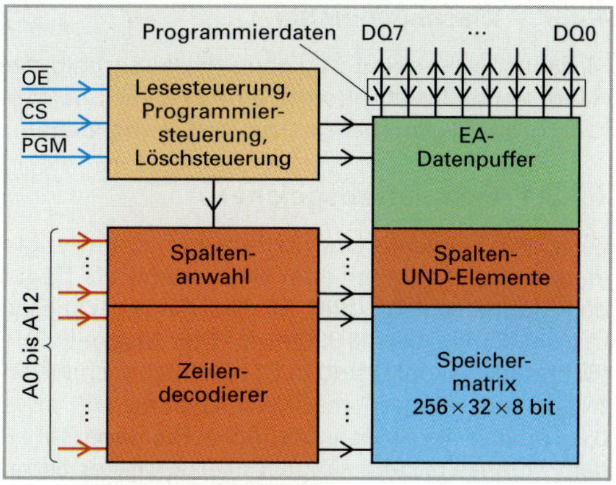

Bild 1: EPROM mit 8 KB-Speicher

Tabelle: Speichermodule (mit DRAM)		
Bauform	Pins	Erklärung
SIMM, PS/2-Module	72	SIMM. Single-In-Line-Memory-Module = Einfach in (einer) Reihe Speichermodul. Datenbusbreite von 32 bit.
DIMM für SDRAM	168	DIMM. Dual-In-Line-Memory-Module = Zwei in Reihe Speichermodule. Datenbusbreite 64 bit, Bustakt bis 133 MHz.
DIMM für DDR-SDRAM	184	DDR. Double Data Rate = Doppelte Datenmenge. Beide Bustaktflanken werden genutzt.
RIMM	68	RIMM. Rambus-In-Line-Memory-Module. Datenbusbreite 16 bit, Bustakt bis 400 MHz.
SO-DIMM	2 x 71	SO-DIMM. Small Outline = Kleine Abmessungen DIMM. Datenbusbreite 32 bit. Für Laptops oder Notebook-PC.

4.2.2.4 Speichermodule mit RAM

Es gibt verschiedene Speichermodule mit Kapazitäten von 32 MB, 64 MB, 128 MB, 256 MB, 512 MB und 1024 MB **(Tabelle)**.

SIMM haben eine Steckleiste mit 72 Pin, die durch eine Kerbe geteilt sind. Diese Speichermodule werden auch PS/2-Module genannt. In PC mit der CPU Pentium müssen die Module paarweise eingebaut werden, da der Datenbus 64 bit breit ist.

DIMM haben eine Datenbusbreite von 64 bit. Die Anschlüsse sind in zwei Gruppen angeordnet und durch zwei Einkerbungen voneinander getrennt. Bei Rechnern mit sehr hohen Taktfrequenzen werden sie paarweise eingebaut. Während die CPU mit einem Speichermodul arbeitet, wird der Speicherinhalt des anderen Speichermoduls aufgefrischt.

RIMM haben eine Datenbusbreite von 16 bit. Zur Steuerung wird ein eigener Controller benötigt.

SO-DIMM verwendet man für Geräte mit kleinen Abmessungen **(Bild 2)**. Bei Notebook-PC mit Pentium-CPU müssen sie wegen der Datenbusbreite von 32 bit paarweise eingesetzt werden.

Bild 2: Ansicht eines SO-DIMM-Moduls

Wiederholung und Vertiefung

1. **Aus welchen Baugruppen besteht ein Speicher?**
2. **Was bedeutet die Angabe 1 MB?**
3. **Wodurch unterscheiden sich SRAM und DRAM?**
4. **Wodurch sind Festwertspeicher gekennzeichnet?**
5. **Welche Arten von Speichermodulen gibt es?**

4.2.3 Massenspeicher

Massenspeicher sind Speicher, die außerhalb der Hauptplatine (Motherboard) eines PC zur Speicherung großer Datenmengen zur Verfügung stehen.

4.2.3.1 Festplattenspeicher

Festplattenspeicher sind extrem genau gefertigte Platten aus Aluminium oder Glaskeramik als Träger der Magnetschicht **(Bild 1)**. Die Platten rotieren mit 4000/min bis 10 000/min. Die Magnetköpfe (Schreib-Leseköpfe) sind in Dünnschichttechnik gefertigt und „fliegen" in einem Abstand von etwa 0,2 µm über der Plattenoberfläche. Die Kapazität einer Plattenseite kann einige Milliarden Bytes betragen. So kann z. B. eine 120-GB-Platte den Inhalt der Bibel (6 MB) zwanzigtausendmal speichern.

Bild 1: Festplattenlaufwerk

> Festplattenspeicher sind schnelle Peripheriespeicher mit hohen Speicherkapazitäten.

Personalcomputer haben ein oder zwei Festplattenlaufwerke. Das Festplattenlaufwerk ist ein Plattenspeicher (Bild 1), der aus einer oder mehreren Platten besteht. Für Beurteilung und Vergleich von Festplattenspeichern sind entsprechende Begriffe maßgebend **(Tabelle)**.

Tabelle: Begriffe bei Festplattenspeichern

Begriff	Erklärung, Beispiel
Bitrate	Datenübertragung von und auf die Platte, z. B. 40 MB/s.
Cache-Speicher	Platteninterner RAM mit z. B. 512 KB bis 4096 KB.
Kopfzahl	Zahl der Schreib-Lese-Köpfe, z. B. 4 bis 16.
Plattengröße	Durchmesser der Platten, z. B. 2,5", 3,5", 5,25".
Plattenzahl	Zahl der Platten je Laufwerk, z. B. 1 bis 11.
Sektoren je Spur	Spuraufteilung in Sektoren, z. B. 17, 26, 34 oder 63.
Speicherkapazität	Speicherfassungsvermögen, z. B. 2 GB bis 200 GB.
Spurenzahl	Zahl der Spuren je Plattenseite, z. B. bis 1024.
Spurendichte	Zahl der Spuren je Zoll Plattendurchmesser, z. B. bis 1250 tpi (track per inch).
mittlere Zugriffszeit (random access time)	Mittlere Zeit für Lesen oder Schreiben eines Sektors, z. B. 4 ms bis 8 ms.
Zylinder	Gleiche Spuren aller Platten eines Laufwerkes bilden einen Zylinder. Zylinderzahl = Spurenzahl.

Auf der Platte ist eine Servoinformation, die genaue Angaben über die Spurfindung durch den Schreib-Lese-Kopf enthält. Diese wird gelesen, von der Elektronik ausgewertet und für die Positionierung der Köpfe verwendet **(Bild 2)**. Bei Laufwerken mit mehreren Platten verwendet man oft eine ganze Plattenseite für die Servoinformationen.

Je nach Anwendung sind die Dauerübertragungsrate in MB/s oder die mittlere Zeit für das zufällige Lesen oder Schreiben eines Sektors oder Platte in ms wichtig. Festplatten enthalten einen Zwischenspeicher (Cache) für die Daten, dessen Größe in KB angegeben wird.

Festplattenspeicher werden über eine Schnittstelle mit dem PC verbunden. Gebräuchlich sind die (E)-IDE-Schnittstellen und die SCSI-Schnittstellen. Von beiden Schnittstellen gibt es verschiedene Ausführungsarten (Abschnitt 7.4.7).

Die *SCSI-Schnittstelle* (SCSI sprich skahsi) ist eigentlich ein Peripheriebus und ermöglicht eine hohe Bitrate. An dieser Schnittstelle können je nach Breite des Datenbusses 8 bis 15 Laufwerke oder andere Geräte betrieben werden. SCSI-Laufwerke benutzen meist die synchrone Datenübertragung.

Die *IDE-Schnittstelle* (Integrated Drive Electronic = integrierte Laufwerkelektronik) wird am PC-Bus, z. B. AT-Bus (Advanced Technology), angeschlossen und im PC-Bereich verwendet. Es lassen sich

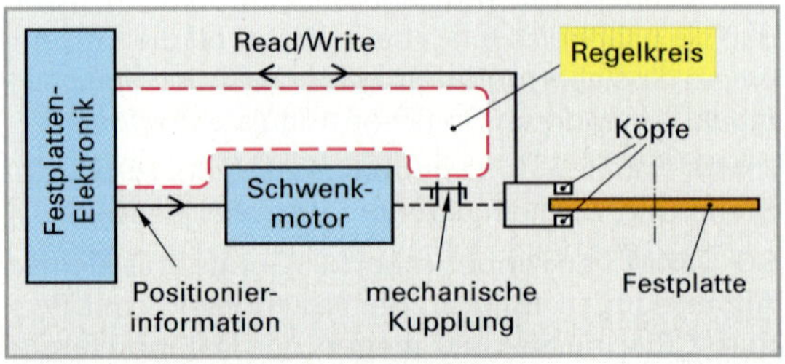

Bild 2: Prinzip der Servopositionierung

vier Festplattenlaufwerke im Master-Slave-Verfahren verwenden. Ein Laufwerk arbeitet dabei als Master, das andere als Slave.

Die IDE-Schnittstelle ermöglicht unter DOS die Adressierung von Festplatten bis zu 2 GB.

Die Adressierung ist durch die Baugröße der Festplatten begründet (16 Plattenköpfe x 63 Sektoren x 1024 Spuren x 512 Byte).

Die *Enhanced-IDE-Schnittstelle* (E-IDE) bzw. Fast-ATA (F-ATA, AT-Attachment) sind Weiterentwicklungen, die höhere Bitraten und die Adressierung von Festplatten bis zu 2 GB Kapazität ermöglichen. Dies ist durch die LBA-Adressierung (LBA von Logical Block Address = logische Blockadressierung) möglich. Bei diesem Verfahren werden alle Sektoren der Festplatte fortlaufend nummeriert.

Mit dem ATAPI (AT-Attachment-Packed-Interface) sind ähnlich wie bei SCSI Anschlüsse von verschiedenen Peripheriegeräten möglich.

Wechselplattenlaufwerke sind Festplattenspeicher, die in einem Wechselrahmen eingebaut sind. Damit ist es möglich, diese problemlos auszutauschen. Wechselplatten werden ähnlich Disketten eingesetzt, wenn Daten an einen anderen Einsatzort transportiert werden sollen oder als Speicher für Backup (Datensicherung).

Wechselfestplattenspeicher bestehen aus ein oder zwei Platten, die vom Laufwerksgehäuse aus angetrieben werden **(Bild 1)**. Sie werden z. B. für Speicherkapazitäten von 2 GB angeboten.

Das Laufwerk wird über die USB-Schnittstelle mit dem PC verbunden.

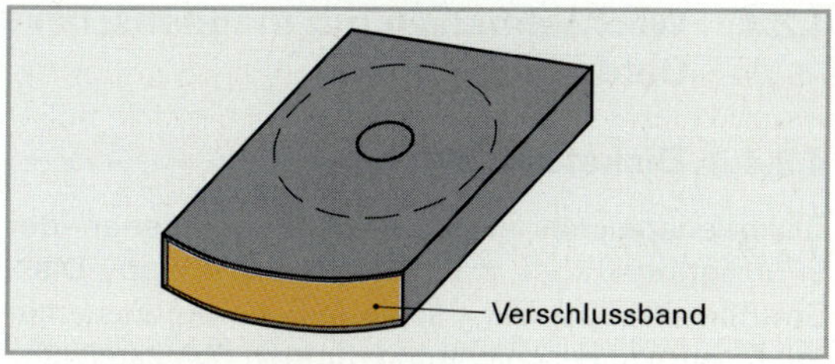

Bild 1: Wechselfestplattenspeicher

Aufzeichnungsverfahren

Bei Disketten und Festplatten werden zur Datenaufzeichnung auf die Magnetschicht meist Frequenzmodulationsverfahren verwendet **(Bild 2)**. Die Aufzeichnung der binären 0 und 1 in die Bitzellen (örtliche Stellen für ein Bit) erfolgt meist durch Horizontalmagnetisierung (Magnetisierung in horizontaler Richtung). Bei Festplatten mit sehr hoher Speicherdichte wird die Magnetschicht in vertikaler Richtung magnetisiert.

Beim *FM-Verfahren* wird an den Anfang jeder Bitzelle ein Taktbit geschrieben, ein Datenbit (1-Bit) in deren Mitte. Beim *MFM-Verfahren,* das z.B. bei DD-Disketten angewendet wird, werden Datenbits in die Mitte der Bitzellen geschrieben. Taktbits werden an den Anfang der Bitzelle nur dann geschrieben, wenn kein Datenbit in die vorhergehende Bitzelle und in die vorliegende Bitzelle geschrieben wird.

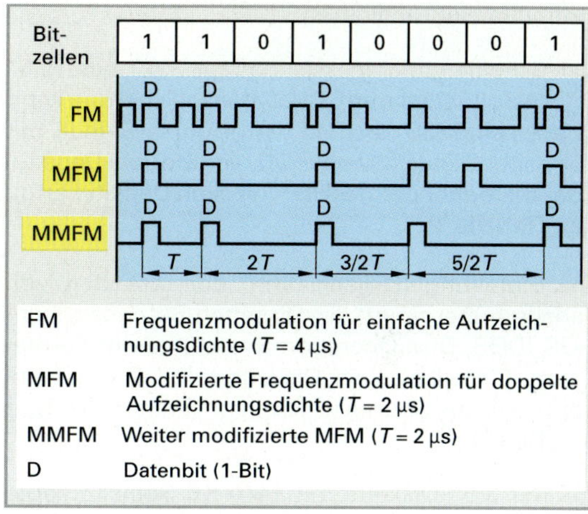

Bild 2: Aufzeichnungsverfahren

Beim *MMFM-Verfahren* wird das Schreiben von Taktbits weiter reduziert. Die Taktfrequenz ist bei MFM und MMFM doppel so groß wie bei FM.

Beim *RLL-Verfahren* (Run Length Limited = Lauflängenbegrenzung) werden Gruppen von Bits in einen anderen Code variabler Länge umcodiert. Man erreicht dadurch weniger Flusswechsel und eine etwa dreifach höhere Bitdichte auf der Platte. Der effektive Nutzen beträgt etwa 50 %, da die Umcodierung auch Platz auf der Platte braucht. Es werden 26 Sektoren je Spur vom Controller angelegt. Noch höhere Verdichtungen werden mit dem ARLL-Verfahren (Advanced RLL = fortgeschrittene RLL) erreicht. Dabei werden 34 Sektoren je Spur angelegt.

Wiederholung und Vertiefung

1. **Aus welchem Material werden Festplatten gefertigt?**
2. **Nennen Sie drei Schnittstellenarten zur Verbindung von Festplatte und PC.**
3. **Welches Verfahren wird zur Datenaufzeichnung auf der Magnetschicht verwendet?**
4. **Nennen Sie drei Verfahren zur Datenaufzeichnung.**

4.2.4 Wechselmedien mit magnetischer Datenaufzeichnung

4.2.4.1 Diskettenspeicher

Diskettenspeicher sind Speicher, bei denen der Informationsträger z. B. bei einem Floppy-Disk-Speicher (floppy disk = schlaffe Scheibe) aus einer mit Eisenoxid beschichteten dünnen Polyesterfolie, der Diskettenscheibe, besteht. Die Scheibe ist in einer mit Vlies ausgekleideten viereckigen Kunststoffhülle eingeschlossen.

Der Scheibendurchmesser beträgt 3,5″ oder 2,5″ (1″ = 1 Zoll = 25,4 mm). Die Datenspeicherung kann doppelseitig (2S oder DS, von Double Sided), mit doppelter Dichte (2D oder DD, von Double Density) oder mit hoher Dichte (HD, von High Density) erfolgen **(Tabelle 1)**.

Die Einteilung (Organisation) der Disketten von Tabelle 1 übernimmt das Disketten-Betriebssystem DOS (DOS, Disk Operation System). Beim Formatieren (Einteilen) einer Diskette teilt DOS diese in konzentrische Spuren (tracks) und Sektoren je Spur ein **(Bild 1)**.

Bei der 3,5″-Diskette mit 1440 KB Speicherkapazität (1,44 MB-Diskette) ist die Seite 0 die Seite gegenüber dem Etikett, die Seite 1 die Etikettenseite. Die Spuren werden von 0 bis 79 nummeriert. Jede Spur hat 18 Sektoren (Bild 1). Intern beginnt DOS mit 0 bei der Nummerierung der Sektoren. Jeder Sektor kann 512 Bytes aufnehmen. Die kleinste belegbare Speichereinheit ist 1 Cluster (= Haufen, Bündel). Es enthält bei der 1,44-MB-Diskette einen Sektor, d.h. 512 Bytes. Auf die ersten 33 Sektoren der Spur 0 greift beim Booten von Laufwerk A: der Bootstrap-Loader zu und prüft, ob dort ein Betriebssystem enthalten ist, welches dann geladen wird **(Tabelle 2)**.

Die 33 Sektoren enthalten

- den Bootsektor (von to boot = treten, Sektor 0),
- die Dateizuordnungstabelle FAT und
- das Systemverzeichnis (Root Directory = Wurzelverzeichnis)

Die Sektorennummer kann aus der Clusternummer berechnet werden.

Beispiel:

Berechnen Sie die Sektorennummer von Cluster 2.

Lösung:

SNR = (CNR − 2) · 2 + 33 = (2 − 2) · 2 + 33 = **33**

Tabelle 1: Disketten

Durchmesser	Kapazität	Spurenzahl	Sektoren je Spur	Spuren je Zoll (tpi)
3,5″	720 KB	80	9	135
3,5″	1440 KB	80	18	135
tpi von track per inch = Spuren je Zoll				

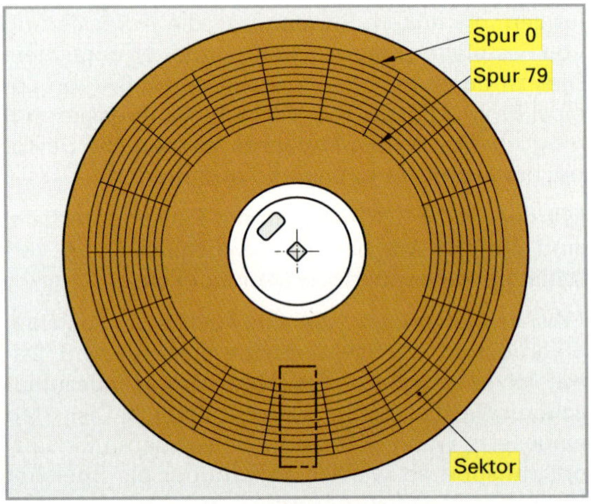

Bild 1: Organisation einer Diskette (1440 KB)

Bei 1,44-MB-Disketten	
SNR = (CNR − 2) · 2 + 33	
SNR Sektornummer	CNR Clusternummer

Tabelle 2: Sektoreninhalte der Spur 0

Sektor-Nr.	Bezeichnung	Inhalt
0	Bootsektor (boot sector)	PC-Art, Betriebssystem Angaben über Sektoren, Cluster, Diskettenart.
1 bis 9 und 10 bis 18	Dateizuordnungstabelle FAT (File Allocaction Table), Kopie der FAT	Angaben über Inhalte von Clustern: Dateifortsetzung, Dateiende, freie Cluster, defekte Cluster.
19 bis 23	Systemverzeichnis (root directory)	Name, Länge, Extension der Dateien, Clusternummer des Dateibeginns.
File Allocation Table = Dateizuordnungstabelle		

Das erste belegbare Cluster bekommt die Nummer 2 und beginnt beim Sektor 33. Auf einer 3,5"-Diskette stehen (2 · 80 · 18 Sektoren – 33 Sektoren)/(1 Sektoren/Cluster) = 2847 Cluster zur Verfügung.

Der Speicherauszug **Bild 1** einer Diskette für z. B. 1,44 MB zeigt den Bootsektor beim Betriebssystem MS-DOS. In einer Zeile werden von links nach rechts die Adressen der Speicherzellen und die Inhalte von 16 Speicherstellen als zweistellige Hexadezimalzahlen sowie im Klarschriftfeld ganz rechts die Werte der Hexadezimalzahlen als ASCII-Zeichen ausgegeben.

Die Adresse der ersten Speicherzelle einer Zeile steht am Zeilenbeginn z. B. als vierstellige Dezimalzahl bzw. dahinter in Klammern als vierstellige Hexadezimalzahl (Bild 1). Die Inhalte der Speicherzellen zeigt die **Tabelle.** Dabei bedeutet z. B. der Inhalt 02H der Speicherzelle 0016, dass zwei FAT angelegt werden. Im Klarschriftfeld werden die Inhalte der Speicherzellen als ASCII-Zeichen ausgegeben. Dabei erscheinen Leerzeichen und Zeichen aus dem erweiterten ASCII-Code, sodass scheinbar zusammenhanglose Inhalte entstehen (Bild 1).

Die Werte für die 1,44-MB-Diskette von Bild 1 sind in der Tabelle in der mittleren Spalte aufgelistet.

Die Datenaufzeichnung und das Lesen einer Diskette erfolgt über das Zugriffsfenster, wenn die Diskette in das Laufwerk gesteckt wird.

Die Drehzahl der Diskettenscheibe beträgt 300/min bis 600/min. Die maximale Speicherkapazität liegt bei 2 MB, die Bitrate kann 500 kbit/s betragen.

Disketten sollten sorgfältig behandelt werden. Dazu gehören folgende Maßnahmen:

- Von Magnetfeldern fern halten,
- nicht knicken,
- nicht ohne Hülle stapeln,
- Magnetschicht nicht berühren.

Die 3,5"-Diskette hat ein Gehäuse mit einem Metallkern und einen Kopffensterverschluss aus Metall (Metallshutter, **(Bild 2)**. Dadurch ist sie sehr robust. Der Disketteninhalt ist gegen Löschen und Überschreiben geschützt, wenn das Schreibsperrenfenster offen ist (Bild 2).

Tabelle: Inhalt des Bootsektors (Auszug)

Dezimale Adresse der Speicherzelle	Inhalt (hexadezimal)	Bedeutung
0011, 0012	0200	Bytes/Sektor
0013	01	Sektoren/Cluster
0014, 0015	0001	Reservierte Sektoren
0016	02	Anzahl der FAT
0017, 0018	00E0	Directory-Einträge (je 32 Byte)
0019, 0020	0B40	Zahl der Sektoren
0021	F0	Mediabyte
0022, 0023	0009	Sektoren/FAT
0024, 0025	0012	Sektoren/Spur
0026, 0027	0002	Zahl der Köpfe (Seiten)
0028, 0029	0000	Versteckte Seiten
0030, 0031	0000	—

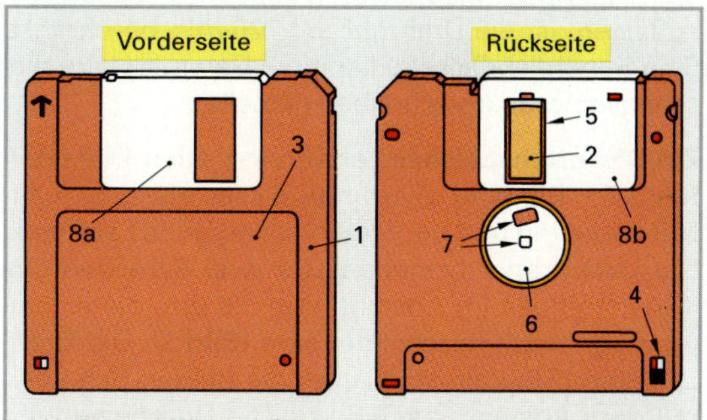

1 Halbstarre Hülle, 2 Flexible Magnetscheibe, 3 Etikettierbereich, 4 Schreibsperre/Schreibfreigabe, 5 Kopffenster, 6 Metallkern, 7 Zentrier- und Antriebsöffnungen, 8a Kopffenster-Verschluss, 8b Kopffenster-Verschluss geöffnet

Bild 2: 3,5"-Diskette

3,5"-Disketten sind durch ein Kunststoffgehäuse gegen mechanische Beschädigung geschützt.

```
                                   Disk View
          Absoluter Sektor 0000000, System BOOT, Disk-Abs-Sec 0000000
0000(0000)  EB 3C 90 28 26 78 79 55 49 48 43 00 02 01 01 00   <  (&xyUIHC
0016(0010)  02 E0 00 40 0B F0 09 00 12 00 02 00 00 00 00 00      @
0032(0020)  40 0B 00 00 00 00 29 03 16 55 18 4E 4F 20 4E 41 @       > U^NO NA
```

Bild 1: Speicherauszug einer Diskette

4.2.4.2 Weitere Diskettenspeicher

Superdisk-Diskettenspeicher speichern 120 MB Daten auf beiden Seiten einer magnetisch beschichteten Kunststofffolie **(Tabelle)**.
Man nennt sie auch Flopticals (von Floppy und Optical). Die Daten werden in Spuren mit einer Breite von 0,01 mm aufgezeichnet **(Bild 1)**. Auf je zwei Magnetspuren folgt eine Spur mit optischen Markierungen. Diese Markierungen werden bei der Herstellung der Diskette auf einer Seite angebracht. Die Positionierung des Schreib-Lesekopfes wird optisch gesteuert **(Bild 2)**. Ein Fotodetektor wertet das von den Markierungen reflektierte Licht der Laserdiode aus. Eine elektronische Schaltung erzeugt dann die Signale zur Steuerung der Kopfmechanik. Von Vorteil ist, dass Superdisk-Laufwerke mit 1,44-MB-Disketten und 120-MB-Disketten arbeiten können, da diese die gleichen Abmessungen haben. Für das Lesen und Schreiben werden deshalb auch zwei Magnetköpfe benötigt. Da die Magnetköpfe auf der Kunststofffolie aufliegen, ist die Drehzahl auf 720/min beschränkt. Eine Superdisk-Diskette kann die Daten fast dreimal schneller lesen als schreiben (Tabelle).

Zip-Diskettenspeicher verwenden auch Disketten mit 3,5". Sie sind allerdings dicker als z. B. 1,44-MB-Disketten und benötigen ein eigenes Laufwerk. Die Datenträger bestehen aus zwei Scheiben aus Kunststofffolie im Abstand von 0,6 µm, die einseitig magnetisch beschichtet sind **(Bild 3)**. Die Drehzahl von 2968/min stabilisiert die beiden Scheiben mit dem Abstand von 0,6 µm. Die Drehbewegung erzeugt eine Luftströmung. Diese drückt die Teile der beiden Scheiben, die gerade an den Kopffenstern vorbeikommen, nach außen. Dadurch entsteht ein kleiner Abstand zu den Schreib-Lese-Köpfen. Das Schreiben und Lesen erfolgt bei Zip-Disketten berührungslos. Zwischen den Nutzdaten befinden sich auf der Diskette speichenförmig angeordnete Servoinformationen zur Positionssteuerung der Magnetköpfe **(Bild 4)**. Es kommt also 120-mal je Umdrehung der Diskette eine Servoinformation an den Magnetköpfen vorbei. Die Servoinformationen werden bei der Herstellung der Diskette geschrieben und danach nicht mehr verändert. Durch Beschädigung der Servoinformation wird die Diskette unbrauchbar.

Wiederholung und Vertiefung

1. **Wie viele Spuren hat eine 1,44-MB-Diskette?**
2. **Welche Angaben enthält eine Dateizuordnungstabelle (FAT)?**
3. **Beschreiben Sie den Aufbau einer 3,5"-Diskette.**
4. **Was bedeutet der Name Superdisk?**
5. **Welche Aufgabe haben die Servoinformationen bei einer Zip-Diskette?**

Tabelle: Vergleich von Disketten

Begriff	Floppy	Superdisk	Zip
Kapazität	1,44 MB	120 MB, 240 MB; 1,44 MB	95,7 MB; 250 MB
Bitrate Schreiben	60 KB/s	87 KB/s	533 KB/s
Bitrate Lesen		201 KB/s	647 KB/s
Drehzahl	360 /min	300 /min; 720 /min	2968 /min
Zugriffszeit	84 ms	112 ms	39 ms
Spurzahl je Seite	160	1736	1500
Spurdichte je Zoll	135	2490	2200

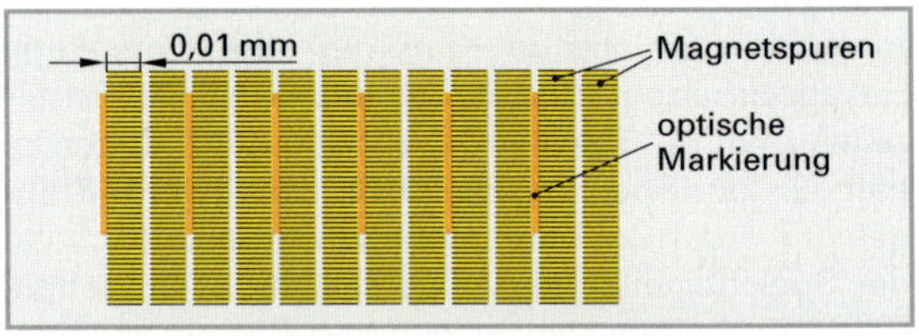

Bild 1: Magnetspuren und optische Markierungen

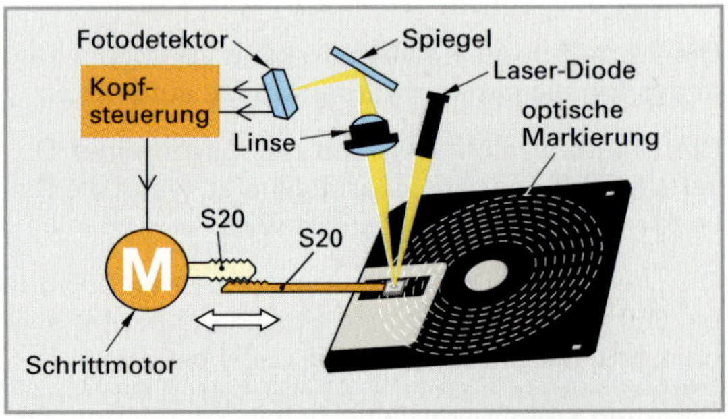

Bild 2: Prinzip der Kopfsteuerung von Superdisk-Laufwerken

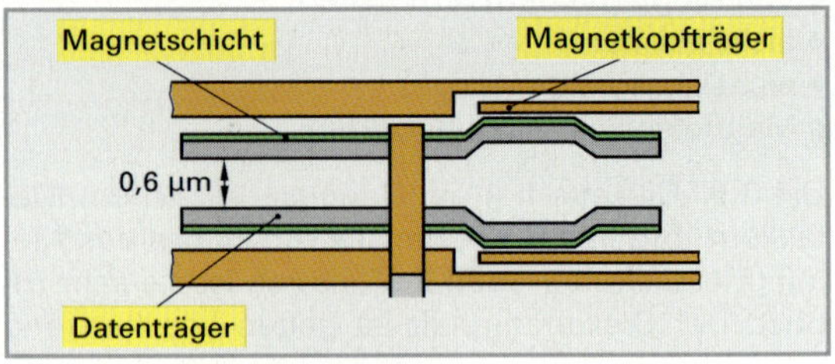

Bild 3: Prinzip der Zip-Diskette

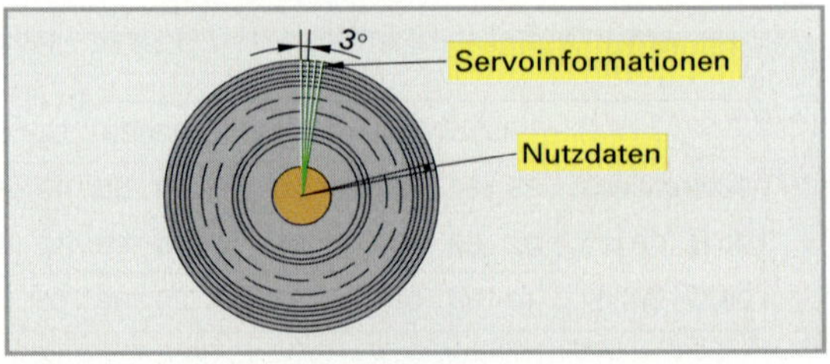

Bild 4: Anordnung der Servospeichen der Zip-Diskette

4.2.5 Optische Speicher

Bei optischen Speichern unterscheidet man zwischen CD-ROM-Speichern, CD-R-Speichern, DVD-Speichern und magneto-optischen Plattenspeichern.

CD-ROM-Speicher sind Lesespeicher, die vom Hersteller einschließlich der Information erzeugt werden. Als Informationsträger dient eine einseitig mit einer hauchdünnen Aluminiumschicht überzogene Polycarbonatscheibe. In dieser sind die Informationen in Form von eingebrannten Löchern, den Pits (pit = Grube) und Lands (land = Land), in die 0,6 μm breite Spur eingeprägt **(Bild 1)**. Zum Vergleich: Ein menschliches Haar misst 30 μm, ist also 50-mal so dick.

Die Spuren bilden eine Spirale mit etwa 20000 Windungen (≈ 5 km Länge), die in Sektoren eingeteilt ist **(Bild 2)**.

Die Lesegeschwindigkeit kann 150 KB/s bei Laufwerken für einfache Geschwindigkeit (Single speed) bis z. B. 6 MB/s bei Laufwerken mit 48-facher Geschwindigkeit betragen.

Der Spuranfang der Spirale ist am inneren Rand der CD. In diesen Sektoren stehen die Daten zur Steuerung der CD, z. B. die Verzeichnisstruktur der CD. Die Sektoren am Spuranfang sind nicht so gefährdet gegen mechanische Beschädigungen wie die äußeren Sektoren am Spurende.

CD-ROM können nach dem Beschreiben nur noch gelesen werden.

Das Lesen erfolgt blockweise (sektorweise) mit einem scharf gebündelten Laserstrahl (Bild 1). Dabei werden die unterschiedlichen Lichtreflexionen der Pits und Lands vom Lesegerät erkannt und als eine Folge von Binärzeichen bewertet. Auf einer CD-ROM mit 5,25" Durchmesser lassen sich bis zu 900 MB speichern, entsprechend 150 000 Schreibmaschinenseiten A4.

CD-ROM sind preiswerte Massenspeicher zur Archivierung großer Datenmengen.

CD-R-Speicher sind ähnlich wie CD-ROM aufgebaut **(Bild 3)**. Sie können vom Anwender durch Einbrennen von Pits mittels eines Lasers nur einmal mit Daten beschrieben werden. Das Lesen erfolgt über die unterschiedliche Lichtreflexion der Pits gegenüber der normalen Beschichtung beim Abtasten mit einem Laserstrahl.

CD-R-Platten können einmal beschrieben und mehrfach gelesen werden.

CD-R-Laufwerke gibt es als externe Abspielgeräte oder als Einbaugeräte in PC.

Tabelle: Arten von CD-Speichern

Name	Erklärung
CD-ROM	Compact Disk-Read Only Memory Kompaktdiskette-Nurlesespeicher.
CD-R	R von recordable = aufzeichenbar, d.h. einmal vom Anwender beschreibbar.
CD-RW	RW von read = lesen und write = schreiben.
DVD-R	Digital Versatile Disk Recordable = digitale vielseitig verwendbare Diskette, einmal beschreibbar.
DVD-RAM oder DVD+RW	RAM von Random Access Memory = Wiederholt beschreibbarer Speicher.
MOD	Magnetic Optical Disc = magnetisch optische Diskette.

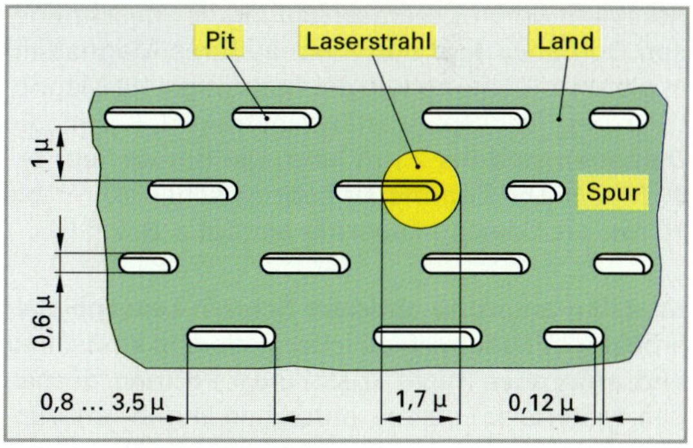

Bild 1: Oberfläche einer CD

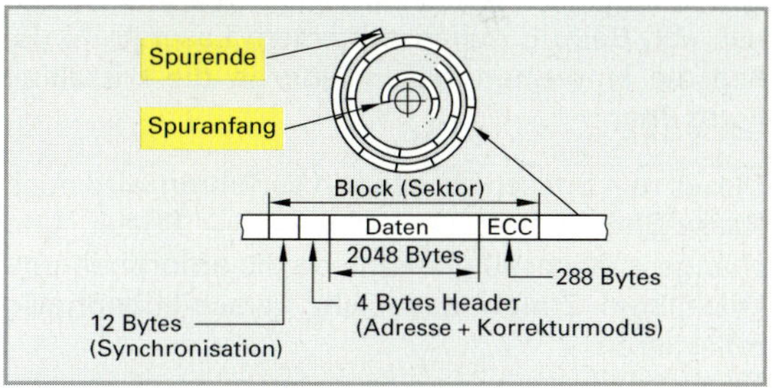

Bild 2: Sektoren und Spuren einer CD

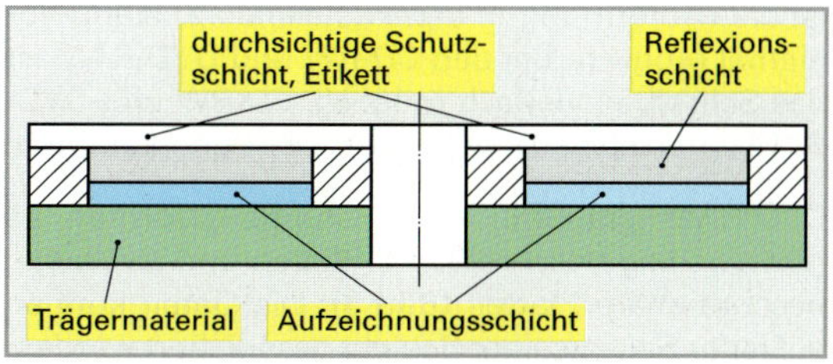

Bild 3: Schnitt durch eine CD-R-Platte

Magneto-optische-Schreib-Lesespeicher (MO-Speicher oder MOD = Magnet Optical Disk = Magnetisch-optische Diskette) sind wieder beschreibbare CD-Speicher. Sie bestehen aus Magnetschichten von 0,1 μm Dicke. Beim *Schreiben* erhitzt ein Laserbrennfleck örtlich die Metallschicht in einer vorgeprägten Rille auf etwa 200 °C **(Bild 1).** Durch ein von außen wirksames Magnetfeld in Gegenrichtung zur ursprünglichen Plattenmagnetisierung wird an der Stelle des Brennfleckes die molekulare Magnetschicht umgepolt (Bild 1). Es entsteht ein Bereich (Domäne) mit entgegengesetzter Magnetisierung. Das Lesen der Domänen erfolgt mit einem Laserstrahl kleiner Intensität. Das linear polarisierte Licht wird dabei an der magnetischen Schicht reflektiert und ein wenig in seiner Polarisationsebene gedreht. Diese Drehung hängt von der Magnetisierungsrichtung der Domäne ab und wird durch einen Detektor erkannt.

Das Löschen der aufgezeichneten Informationen geschieht durch Laserbestrahlung der geschriebenen Domänen und durch ein äußeres Magnetfeld in gleicher Richtung wie die ursprüngliche Magnetisierung. Der Spurabstand beträgt 1,7 μm, die Domänen sind bis 2 μm lang. Die Bitrate liegt bei 50 Mbit/s. Die Zugriffszeit liegt zwischen 20 ms bis 70 ms, die Speicherkapazität beträgt z. B. 2,6 GB.

Kristallin-amorphe optische Schreib-Lesespeicher arbeiten mit unterschiedlicher Reflexion kristalliner und amorpher (nicht kristalliner) Formen desselben Materials. Letztere entstehen durch Einbrennen mit einem Laserstrahl und rascher Abkühlung **(Bild 2).** Die amorphen Bereiche im Wechsel mit den kristallinen Bereichen stellen die Informationen dar. Beim Löschen mit einem Laserstrahl gehen die amorphen Teile wieder in die kristalline Form über.

Dieses rein optisch arbeitende Verfahren wird auch Phase-Change-Verfahren (phase = Phase und change = Wechsel) genannt, da die amorphen und kristallinen Zonen das Licht verschiedenphasig reflektieren.

Mit dem Phase-Change-Verfahren arbeiten die CD-RW, die DVD-R und die DVD-RAM. Bei der DVD-R ist die Umformung in den kristallinen Zustand nur einmal möglich. Bei den CD-RW und DVD-RAM ist das Schreiben vielfach möglich. CD-RW und DVD-RAM unterscheiden sich in ihrer Speicherkapazität.

DVD-RAM gibt es in vier Ausführungsformen. Es gibt einseitig beschreibbare Platten und zweiseitig beschreibbare Platten **(Bild 3).** Die Daten können auf jeder Seite in einer Schicht gespeichert werden, oder in zwei Schichten. Die äußere Schicht spei-

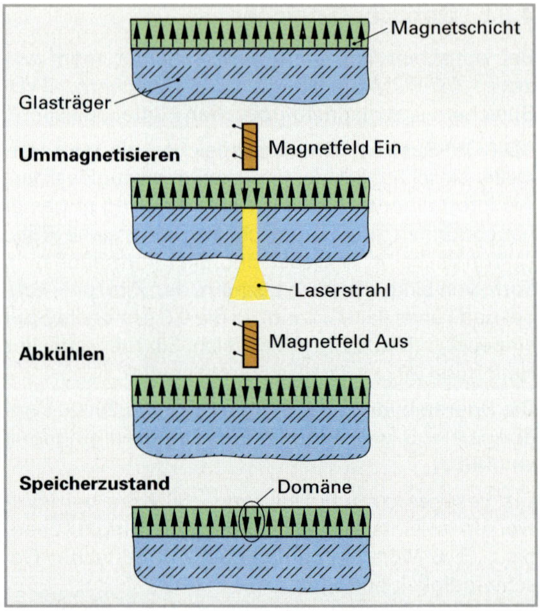

Bild 1: Schreibvorgang bei MOD

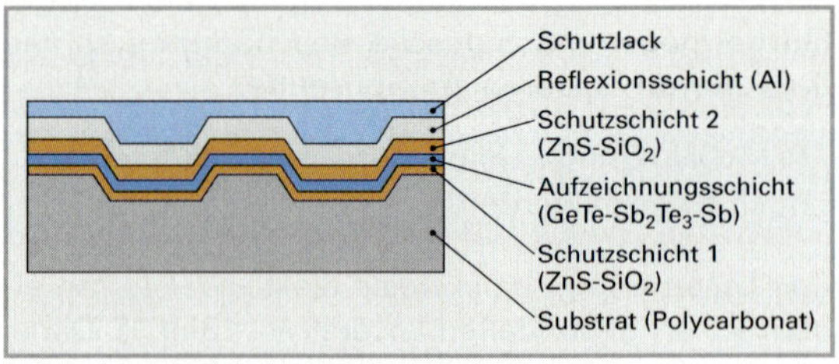

Bild 2: Schichten eines Speichers für das Phase-Change-Verfahren

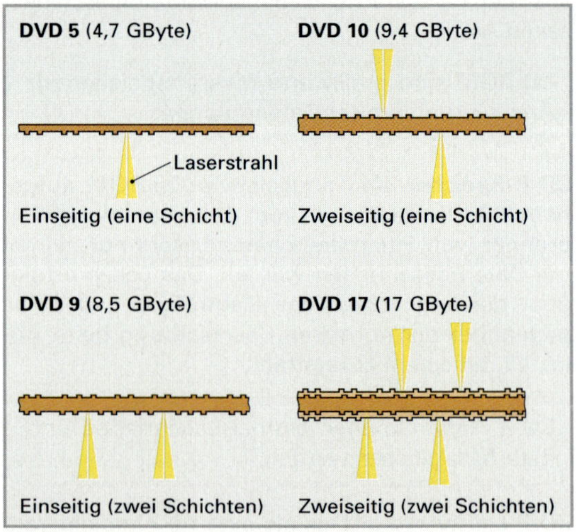

Bild 3: Ausführungsformen von DVD

Die CD-RW hat eine Speicherkapazität von 640 MB bis 750 MB. Für CD-RW und DVD müssen entsprechende Laufwerke verwendet werden.

4.2.6 Besondere Speicher

Speicher für Backup
Backup-Speicher (to backup = ergänzen, sichern) werden zur Datensicherung eingesetzt. Dazu werden auf ihre Datenträger Daten kopiert und an einem sicheren Ort aufbewahrt. Man unterscheidet dabei Datenträger mit direktem Zugriff, z. B. Wechselplatten und optische Platten, und Datenträger, die bei einem späteren Zugriff zuerst wieder vor der Bearbeitung umkopiert werden müssen, z. B. Magnetbänder bzw. Magnetbandkassetten.

Magnetbänder und Magnetbandkassetten werden in entsprechenden Backup-Laufwerken beschrieben und gelesen.

Die Laufwerke nennt man Streamer (von to stream = strömen). Es gibt verschiedene Technologien für die Bandlaufwerke, z. B. QIC (Quarter Inch Cartridge = 1/4"-Cartridge), Travan (1/4"-Magnetband mit erhöhter Speicherkapazität), DAT (Digital Audio Tape = digitales Tonband) und DLT (Digital Linear Tape). Sie unterscheiden sich im Wesentlichen durch ihre Speicherkapazität je Band **(Tabelle).** Bei der Spuraufzeichnung der Magnetbänder werden die Daten entweder schräg zur Bandachse aufgezeichnet **(Bild 1)** oder serpentinenförmig **(Bild 2).**

Memory Cards
Memory Cards (Magnetkarten) sind externe Speicher, die ungefähr so groß sind wie eine Telefonkarte **(Bild 3).** Die Kartendicke und die Anordnung und Zahl der Messerkontakte an der Stirnseite sind in der PCMCIA-Norm (PCMCIA von Personal Computer Memory Card International Association = Internationale PC-Speicherkartenvereinigung) festgelegt. Sie enthalten einen programmierbaren Festwertspeicher mit Speicherkapazitäten von 128 KB bis zu mehreren MB. Die Zugriffszeiten liegen zwischen 100 ns bis 250 ns. Memory Cards werden z. B. in Notebooks und in Geräten zur Archivierung von NC-Programmen verwendet.

Flash-Speicherkarten
Für kurze Zugriffszeiten verwendet man Halbleiterspeicher (Flash-RAM = Blitz-Schreib-Lesespeicher), die Plattensysteme ersetzen, z. B. Compact-Flash-Karten, Smartmedia-Karten, Memorysticks oder MultimediaCards. USB-Speicher-Sticks oder Flash-Pen enthalten EEPROMS und einen USB-Controller in einem Gehäuse. Diese Speicher ersetzen zunehmend Floppy-Disk-Laufwerke in PC und Notebook.

Tabelle: Streamer

Laufwerk	Banddaten	Erläuterung
QIC	1/4"-Band, 3,5"- und 5,25"-Cartridges.	Wenig Speicherkapazität.
Travan	1/4"-Spezialband 400 (850) MB	Verbesserte QIC-Technologie.
DAT	4-mm-Kassetten bis 8 GB/Kassette	Hohe Aufzeichnungsdichte durch Verwendung von Videoverfahren.
DLT	1/2"-Kassetten bis 20 GB/Kassette	Höchste Kapazitätswerte; meist als Kassettenwechsler (Jukebox) ausgelegt.
Kapazitätsangaben in (): Werte bei Datenkompression		

Bild 1: Schräge Aufzeichnung (z. B. DAT) und Serpentinenförmige Aufzeichnung (z. B. DLT)

Bild 2:

Bild 3: Memory-Card mit Laufwerken

Wiederholung und Vertiefung

1. **Welche Form hat die Spurführung auf einer CD?**
2. **Wo ist auf einer CD der Spuranfang?**
3. **Erklären Sie den Schreibvorgang bei einer MOD.**
4. **Wie arbeitet das Phase-Change-Verfahren?**
5. **Wie nennt man Laufwerke für die Datensicherung?**

4.2.7 Bildschirme und Displays

Bildschirme

Bildschirme enthalten zur Bild- und Schrifterzeugung Katodenstrahlröhren (CRT von Cathode Ray Tube) ähnlich den Fernsehröhren.

Über drei Elektronenstrahlkanonen werden drei Elektronenstrahlen für die Farben Rot, Grün und Blau erzeugt. In der jeweiligen Strahlrichtung liegt hinter einer Blechmaske oder Metallstreifenmaske die Leuchtschicht für die jeweilige Farbe. Entsprechend der Art der Maske unterscheidet man zwischen Lochmaskenröhren, Schlitzmaskenröhren und Trinitronröhren **(Bild 1)**. Bei der Trinitronröhre wird die Maske aus senkrecht gespannten Metallstreifen gebildet. Diese Röhre ist daher in vertikaler Richtung nicht gewölbt. Sie liefert die größte Helligkeit bei bestem Kontrast.

Maßgeblich für die erreichbare Bildschirmauflösung ist der Abstand der Leuchtschichtpunkte bzw. der Leuchtschichtstreifen **(Bild 2)**. Je geringer dieser Abstand ist, desto schärfer kann ein Bild dargestellt werden. Dabei liefert ein Lochabstand von z. B. 0,25 mm die gleiche Schärfe wie ein Streifenabstand von 0,29 mm.

Ein Bildpunkt (pixel von picture element) setzt sich aus einem roten, blauen und grünen Leuchtpunkt oder Leuchtstreifen zusammen. Das Auge empfindet ein Farbgemisch aus so dicht zusammenliegenden Farbpunkten als eine neue Farbe. Farbgemische aus den drei Grundfarben Rot, Grün und Blau ergeben je nach ihrer jeweiligen Leuchtdichte (Helligkeit) eine beliebige Farbe. Weiß entsteht, wenn alle drei Farbanteile mit größter Helligkeit vorliegen **(Bild 3)**.

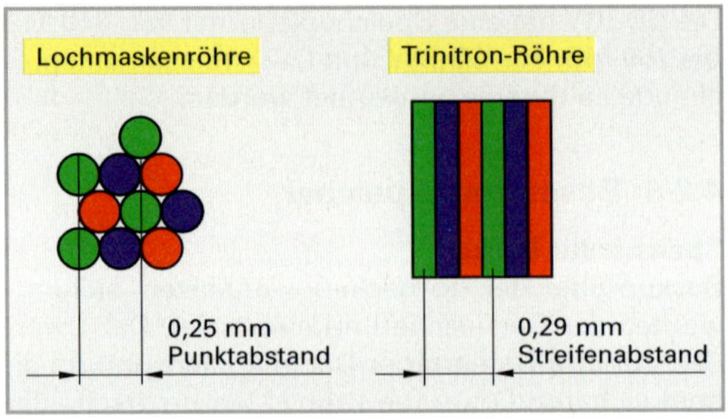

Bild 2: Bildpunktabstand und Bildstreifenabstand

Bild 3: Additive Farbmischung

> Bei der additiven Farbmischung ergeben die Grundfarben Rot, Grün und Blau die Farbe Weiß.

Die Leuchtdichte der einzelnen Farben ist durch die Stärke der Elektronenstrahlen steuerbar. Verwendet man z. B. für jede Grundfarbe 8 Bits zur Codierung der Farbleuchtdichte, also insgesamt 24 Bits zur Farbcodierung, dann können $2^{24} \approx 16{,}7 \cdot 10^6$ verschiedene Farben dargestellt werden.

Zur Bilderzeugung werden die drei Elektronenstrahlen zeilenweise über den Bildschirm geführt. Die Auflösung in vertikaler Richtung eines Bildes ist umso besser, je dichter die Zeilen sind.

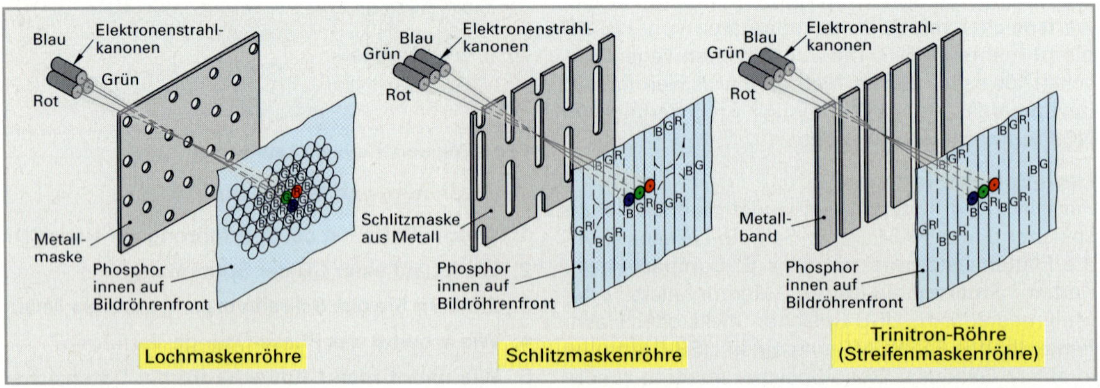

Bild 1: Arten von Bildröhren

Für einen großen PC-Bildschirm benötigt man bei gleicher Auflösung mehr Zeilen als für einen kleinen Bildschirm **(Bild 1)**. In horizontaler Richtung hängt die Auflösung von der Bandbreite der Strahlsteuerung ab. Mit dem einmaligen Durchlaufen der drei Elektronenstrahlen aller Zeilen entsteht für einen kurzen Augenblick durch das Nachleuchten der Leuchtschichten ein Bild. Zur dauernden Bilddarstellung muss das Bild laufend wiederholt werden.

Die Bildwiederholfrequenz beträgt für ein flimmerfreies Bild 75 Hz oder mehr.

Je häufiger ein Bild erzeugt wird, desto weniger Zeilen können bei vorgegebener Bandbreite der Horizontalablenkung durchlaufen werden **(Bild 2)**. Die Zahl der Zeilen und die Bildwiederholfrequenz wird von der Grafikkarte des Computers festgelegt.

Für *Bildhelligkeit, Bildkontrast, Bildzentrierung, Bildgröße, Bildrotation, Kissenverzerrung, Konvergenz, Farbtemperatur* und *Moiré-Störungen*[1] gibt es Einstellmöglichkeiten, die entsprechend der Herstellerfirma vorzunehmen sind, oder aber die automatisch vorgenommen werden **(Bild 3)**.

Viele Bildschirme haben hierfür die *Plug-and-Play*-Funktionalität (to plug = stecken, to play = spielen), d. h. sie identifizieren die Art der Grafikkarte über DDC (Display Data Channel = Bildschirmdaten-Kanal) und stellen sich automatisch auf die Eigenschaften der Grafikkarte ein. Umgekehrt erhält auch die Grafikkarte Informationen, z. B. Angaben über Ablenkfrequenzen des Monitors, sodass die Grafikkarte eine für den Monitor optimale Einstellung selbst vornimmt.

Beim Betrieb von Bildschirmröhren entstehen sowohl niederfrequente elektromagnetische Felder, z. B. von den Wicklungen zur Strahlablenkung, als auch hochfrequente elektromagnetische Strahlung, z. B. *Röntgenstrahlung,* durch das Auftreffen der Elektronen auf der Bildschirminnenseite.

Zum Schutz der Benutzer werden Höchstwerte und Grenzwerte der Strahlungen vorgeschrieben. Diese gewährleisten, dass die Benutzer keiner Gefährdung ausgesetzt sind.

Strahlungsarme Bildschirme entsprechen dem MPR-II-Standard oder der TCO-Norm 92/95/99.

Um die Belastung der Augen möglichst gering zu halten, sind die Bildröhren in mehreren Schichten so beschichtet, dass sich Fremdlicht möglichst wenig in der Bildschirmoberfläche spiegelt. Dabei werden vor allem auch die nicht sichtbaren Reflexe im infraroten und ultravioletten Strahlungsbereich unterdrückt.

[1] Das franz. Wort moiré kommt vom arabischen *muhayyar* und dieses bedeutet *feiner Ziegenhaarstoff.*

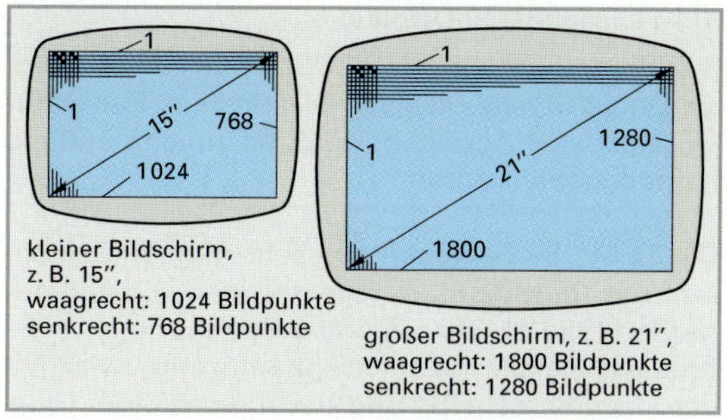

Bild 1: Bildschirmauflösung und Bildschirmzeilen

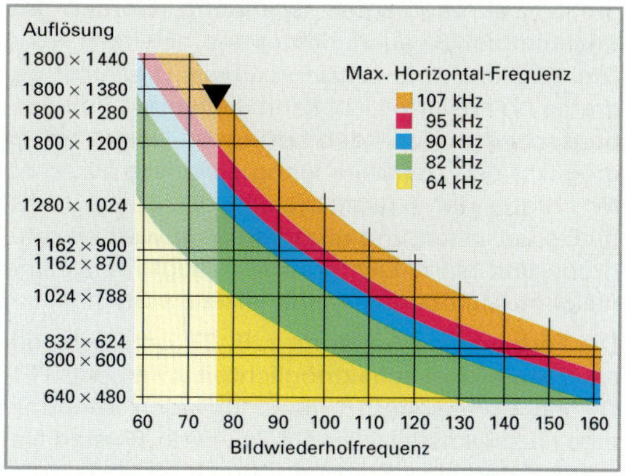

Bild 2: Bildwiederholfrequenz bei unterschiedlichen Auflösungen

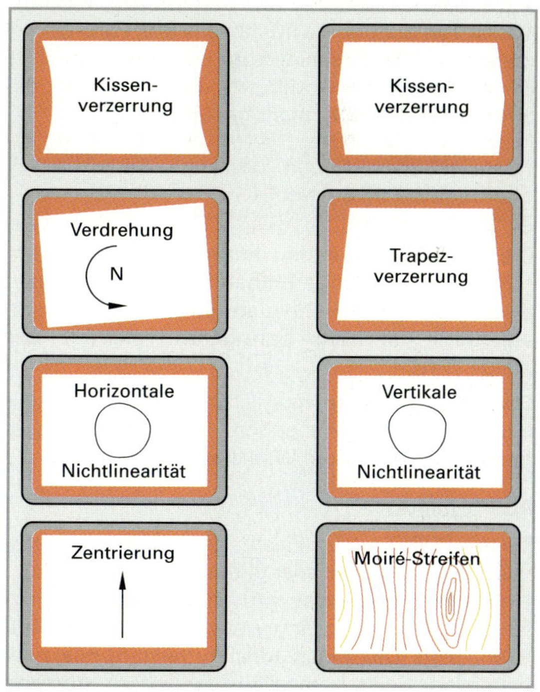

Bild 3: Bildkorrekturen

TFT-Flüssigkristall-Display

Flachbildschirme mit TFT-LCDs (Thin Film Transistor Liquid Crystal Displays = Dünn-Film Transistor-Flüssigkristall-Anzeigen) ersetzen zunehmend die Kathodenstrahlröhren.

Die TFT-LCDs bestehen aus sehr dünnen Schichten mit flüssigen, langgestreckten Kristallmolekülen **(Bild 1)**. Bei fehlender Spannung sind die Kristallmoleküle wendeltreppenförmig zwischen der Frontglasscheibe und der rückwärtigen Glasscheibe angeordnet. Dadurch wird das einfallende polarisierte Licht im Flüssigkristall um 90° gedreht. Bei angelegter Spannung werden die Kristallmoleküle ausgerichtet und bewirken keine Drehung des *polarisierten Lichtes*. Das nicht gedrehte polarisierte Licht kann die hintere Polarisationsscheibe nicht durchdringen. Damit ist es möglich, den Lichtdurchgang elektrisch zu schalten. Hinter den Flüssigkristallen wird eine Lichtquelle betrieben und über Farbfilter werden rote, grüne und blaue Lichtpunkte erzeugt. Diese sind gleichmäßig über die Displayfläche verteilt.

Die Farbauflösung beträgt z. B. 2^{18} unterschiedliche Farben. Die Schaltmöglichkeit wird beim TFT-Display so ausgenützt, dass für jeden Bildpunkt eine Flüssigkristallzelle (TN-Zelle von Twisted Nematik = gedrehte Stäbchen) durch einen Transistor steuerbar in einem Rasterfeld angeordnet ist **(Bild 2)**. Die Bildpunktgröße beträgt z. B. 0,33 mm x 0,33 mm. Dies ergibt bei einem 15" Monitor 1024 x 768 Bildpunkte mit jeweils drei Farb-Unterpunkten. Im Unterschied zum Bildschirm mit CRT kann man mit der Grafikkarte des Computers die Bildschirmzeilenzahl nicht beeinflussen.

> Bei TFT-Bildschirmen wird die Bildwiederholfrequenz nicht verändert.

Die TFT-Displays haben anders als Bildschirme mit CRT eine geringe Einbautiefe und benötigen keine gefährliche Hochspannung. Die Leistungsaufnahme ist sehr gering und beträgt nur einige Watt.

Der Benutzer sollte möglichst senkrecht auf die Bildschirmoberfläche sehen. Die Beobachtungsgrenze liegt bei einem Winkel von etwa 70°.

PDP-Displays

Bei den PDP-Displays (Plasma Display Panels = Plasmaanzeigetafeln) ist jeder Bildpunkt ein selbstleuchtendes Element. Dabei wird Phosphor zum Leuchten angeregt und zwar jeweils in den Farben Rot, Grün, Blau. Das Plasmadisplay besteht aus zwei parallelen Glasscheiben mit geringem Abstand zueinander **(Bild 3)**. Die Glasscheiben haben auf der Innenseite ein sich überkreuzendes metallisches Streifengitter mit Elektroden in den Kreuzungspunkten.

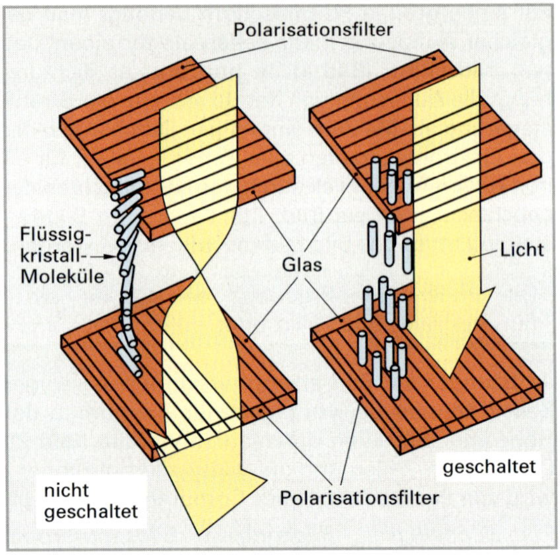

Bild 1: Lichtdurchgang bei nichtgeschaltetem und geschaltetem Bildpunkt

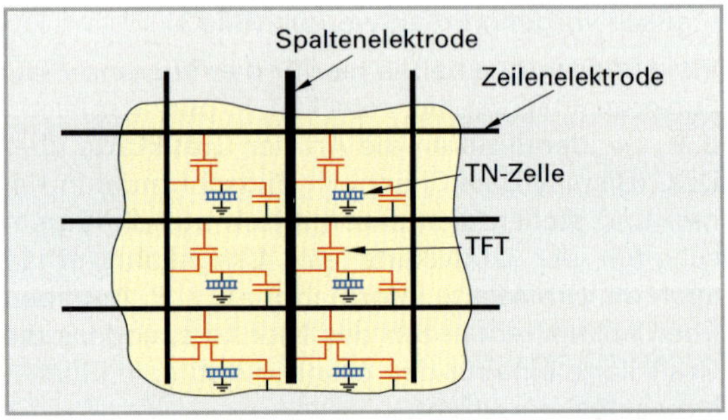

Bild 2: TFT-LCD (Ausschnitt)

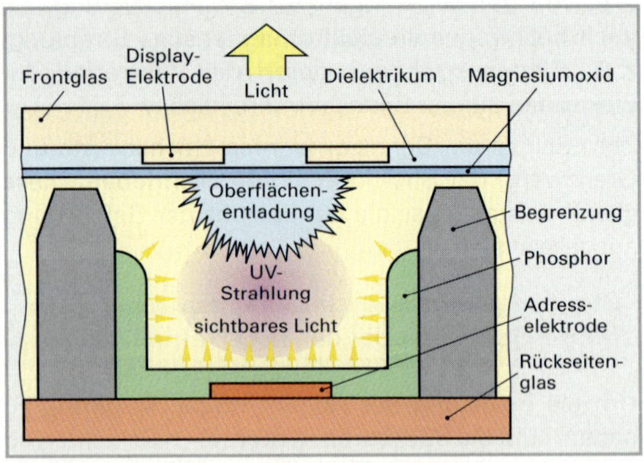

Bild 3: Querschnitt durch ein PDP-Display

Zur Bildpunkterzeugung wird Spannung an ein Streifenpaar angelegt. Am Kreuzungspunkt findet dann eine Entladung statt und erzeugt so lange UV-Strahlung, bis über einen Löschimpuls die Entladung gelöscht wird. Die UV-Strahlung wird über fluoreszierenden Phosphor in sichtbares Licht in den Farben Rot, Grün und Blau umgewandelt. Jeder Bildpunkt besteht aus einem rot-, grün- und blaufluoreszierenden Kreuzungspunkt. PDP-Displays werden mit Auflösungen von z. B. 1280 x 1024 Bildpunkten hergestellt und sind besonders auch für CAD-Anwendungen vorgesehen.

Flachbildschirme sind flimmerfrei und verzerrungsfrei.

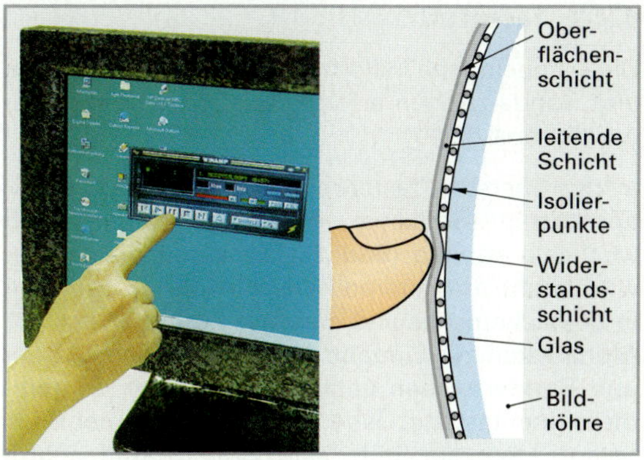

Bild 1: Touch-Screen mit Widerstandsschicht

Touch-Screen

Touch Screens (Berührungs-Bildschirme) ermöglichen eine Daten- und Signaleingabe durch Berührung der Bildschirmoberfläche mit dem Finger, z. B. bei TFT-Displays **(Bild 1).** Der angeschlossene Computer wertet die Berührpunkte entsprechend den x/y-Koordinaten des Bildschirms aus. Durch die Bildschirmberührung werden virtuelle (scheinbare) Tasten betätigt (Bild 1).

Der Touch-Screen ermöglicht eine Signaleingabe mit dem Finger und ersetzt die Maus mit Cursor.

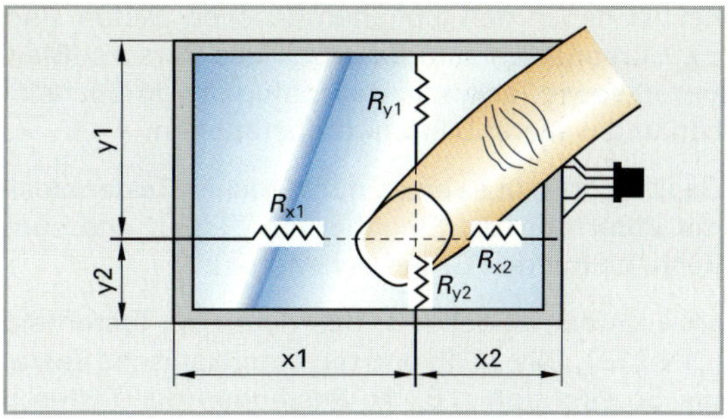

Bild 2: Die Widerstandsaufteilung bei Berührung

Beim **Touch-Screen mit Widerstandsschicht** befindet sich auf der Bildschirmoberfläche eine transparente Widerstandsbeschichtung und darüber, durch Isolierpunkte getrennt, eine wiederum transparente Schicht mit leitfähigem Kunststoff (Bild 1). Bei Berührung gibt die leitfähige Kunststoffschicht Kontakt zur Widerstandsschicht auf der Bildschirmoberfläche und schließt damit einen x-Stromkreis und einen y-Stromkreis **(Bild 2).** Anhand der Widerstände in diesen beiden Stromkreisen können die Berührpunktkoordinaten bestimmt werden. Die Auflösung der Berührpunktpositionen liegt bei etwa 100.000 Berührpunkten je inch (inch, Längenmaß, 1 inch = 1 Zoll = 2,54 cm = 25,4 mm) bei einer Transparenz der Berührungsschicht von 75 %.

Der **Touch-Screen mit Ultraschallabtastung** sendet Körperschall-Ultraschallwellen in einem Deckglas des Bildschirms. Durch Reflektoren am Bildschirmrand wird die Ultraschallwelle über die gesamte Bildschirmfläche geführt.

Bei Berührung wird die Ultraschallwelle gedämpft und die Schallsensoren in den 4 Bildschirmecken empfangen je nach x-, y-Koordinate des Berührpunktes die Schallwellen mit reduzierter Schallleistung mit unterschiedlichen Schalllaufzeiten. Die Auflösung beträgt etwa 150 Berührpunkte je inch bei einer Bildschirmtransparenz von mehr als 90 %.

Wiederholung und Vertiefung

1. **Welche drei Bildschirmröhrenarten sind gebräuchlich?**
2. **Welche drei Grundfarben benötigt man bei Farbbildschirmen?**
3. **Welche Bildkorrekturen müssen bei Katodenstrahl-Bildschirmen vorgenommen werden?**
4. **Auf welchen Funktionsprinzipien beruhen Flachbildschirme?**
5. **Erklären Sie die Wirkungsweise der Touch-Screens.**
6. **Erklären Sie den Zusammenhang zwischen Bildwiederholfrequenz und Auflösung.**

4.2.8 Tastatur

Die Dateneingabe in Form von Buchstaben, Ziffern und Sonderzeichen erfolgt meist über eine Tastatur (Keyboard).

In der obersten Tastenreihe befinden sich Funktionstasten (Softkeys), deren Funktionen auch wechseln können **(Bild 1)**. Die aktuelle Funktion wird häufig am unteren Bildschirmrand angezeigt. In deutlichem Abstand darunter befinden sich die Alphatasten zur Eingabe von Buchstaben, Ziffern und Sonderzeichen entsprechend einer Schreibmaschinentastatur. Dabei sind die Tasten mehrfach belegt. Über die Shift-Taste (von to shift = umschalten) [↑] wird auf die 2. Ebene z. B. auf die Großbuchstaben umgeschaltet und über die Alt-Gr-Taste (von to alternate = wechseln) auf die 3. Ebene, z. B. für die eckige Klammer **(Bild 2)**. Die 4. Ebene erreicht man z. B. mit der Taste Strg (Steuerung). Rechts neben den alphanumerischen Tasten sind die Cursortasten zum Bewegen des Cursors (Markierer) sowie Tasten für das Einfügen von Buchstaben und weiterer Bildschirmoperationen.

Ganz rechts gibt es einen numerischen Tastenblock mit Ziffern für die Eingabe von Zahlen und zum Rechnen mit den Grundrechenarten.

Man unterscheidet z. B. das deutsche Tastenfeld (DIN 2137, DIN 2139) und die amerikanische Tastatur. So sind dort z. B. die Positionen der Tasten *y* und *z* vertauscht.

> Die Tastenbelegungen sind in den einzelnen Ländern unterschiedlich.

Die Tasten selbst sind entweder Tasten mit einem Tastenkopf und deutlichem Tastenhub oder es sind flache Folientasten mit nur geringem oder keinem

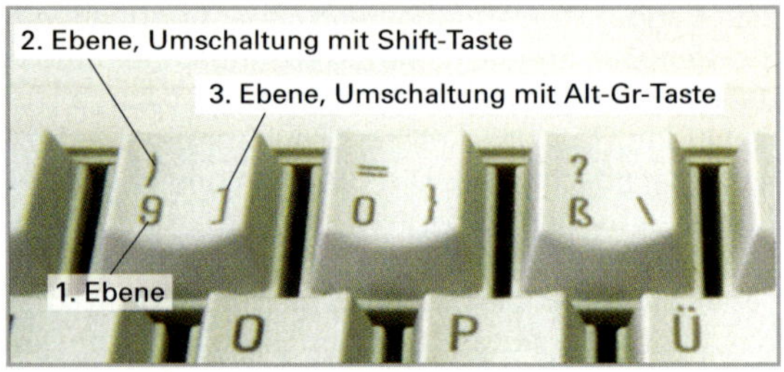

Bild 2: Dreifach belegte Tasten (Auswahl)

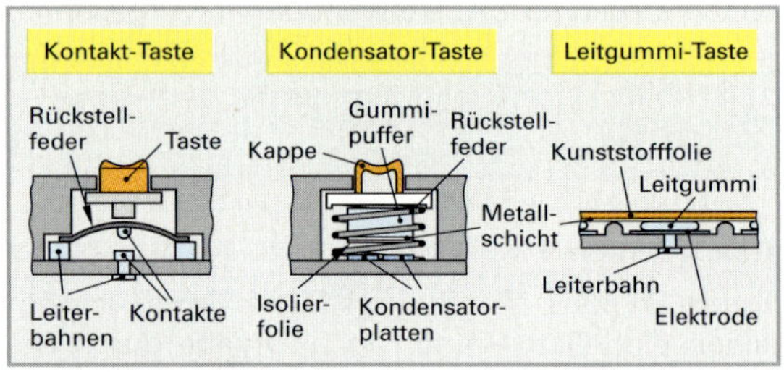

Bild 3: Tastenarten

Tastenhub. Letztere bieten guten Schutz vor Verschmutzung und Wasser und werden daher im Bereich von Werkstätten und Fabrikhallen verwendet – obgleich diese Tasten weniger gut zu betätigen sind.

Die Funktionsweise der Tasten beruht meist auf einer mechanischen Kontaktgabe mit einer Lebensdauer von etwa 10 Millionen Betätigungen oder auf einer kapazitiven Kontaktgabe, wobei die Kapazität eines Kondensators bei Betätigung geändert wird. Die Lebensdauer beträgt ca. 50 Millionen Betätigungen **(Bild 3)**. Bei den Folientastaturen befindet sich unter der Tastfläche meist *Leitgummi*, der auf Druck leitend wird und die darunterliegenden Kontaktelektroden kurzschließt.

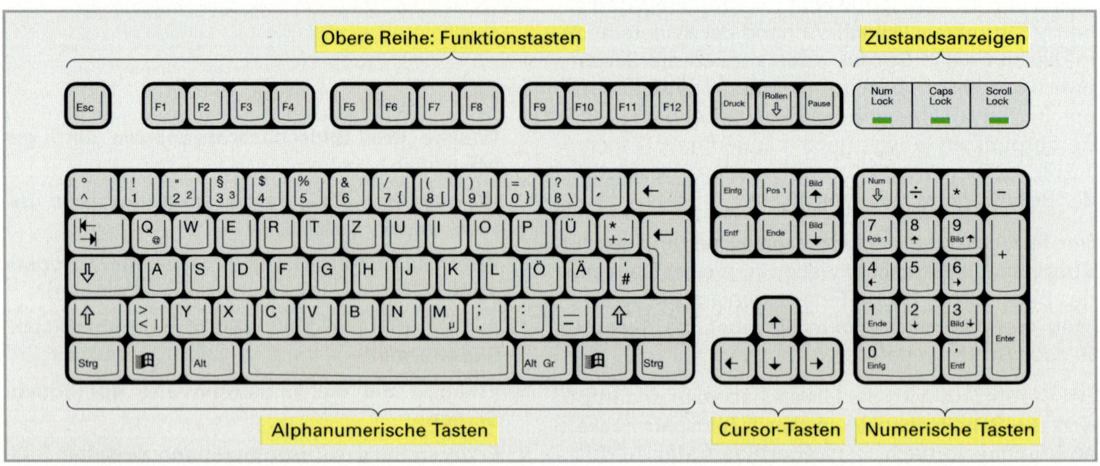

Bild 1: Tastatur

4.2.9 Zeige- und Steuergeräte

Die **Maus** (Mouse) ist ein inkrementeller zweiachsiger Wertgeber, der bei Bewegung einen Bildschirmmarkierer (Cursor) zweiachsig, d. h. in *x*-Richtung und *y*-Richtung, bewegen kann. Dabei werden die von der Maus ausgelösten Bewegungsinkremente am Bildschirm ausgeführt, z. B. bei einer Bewegung der Maus nach rechts erfolgt auch eine Cursorbewegung nach rechts.

Bei der Maus, welche auf einem Tisch benützt werden kann, wird eine Gummikugel auf dem Mauspad (von pad = Kissen, Unterlage) abgerollt, und dabei werden zwei senkrecht zueinander angeordnete Strichscheiben für die *x*-Richtung und die *y*-Richtung (Inkrementalgeber) angetrieben und über kleine Lichtschranken ausgewertet **(Bild 1)**.

Mit jedem Strich wird ein Impuls zur Bewegung des Cursors um einen Schritt ausgelöst. Die absolute Lage der Maus auf dem Tisch oder einem Mauspad spielt dabei keine Rolle.

Mit der Maus wird der Cursor bewegt und es können Befehle gestartet werden.

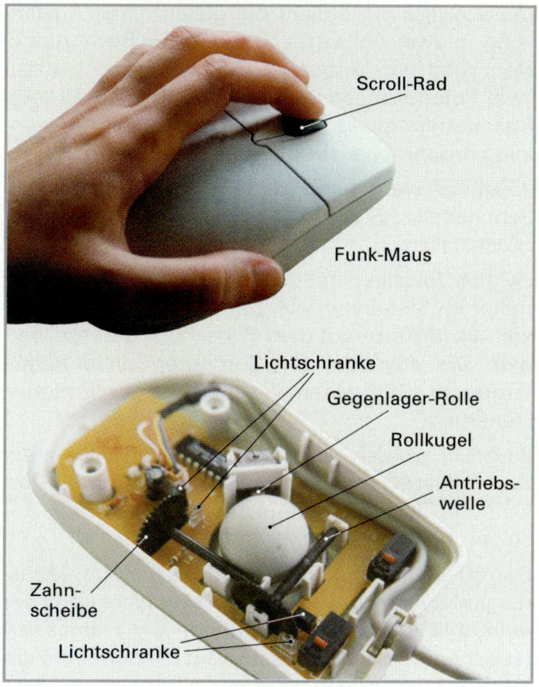

Bild 1: Maus mit Inkrementalgeber

Die mit speziellem Maustableau (von franz. Tableau = Tafel) betriebene Maus enthält auf der Gehäuseunterseite Fotosensoren **(Bild 2)**. Das Maustableau ist eine Metallplatte mit feinem Strichmuster in horizontaler und vertikaler Richtung (Strichabstand z. B. 2 mm). Die maximale Bewegungsgeschwindigkeit beträgt etwa 100 mm/s. Bei der schnurlosen Maus erfolgt die Signalübertragung über Infrarot oder Funk.

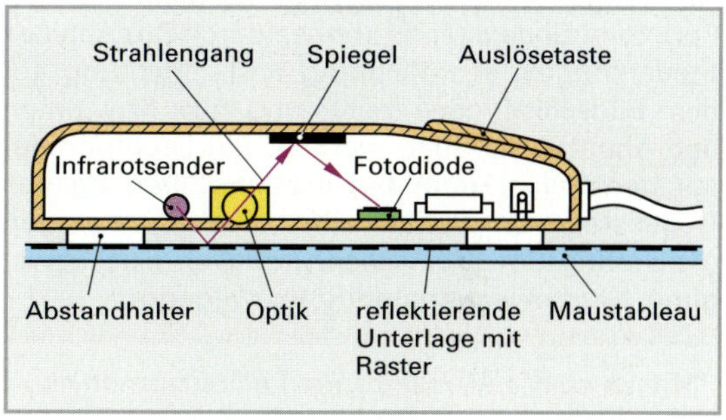

Bild 2: Optische Maus mit speziellem Maustableau

Mit dem Scroll-Rad (scroll = Schriftrolle) kann Text durchgeblättert werden.

Beim **Tracker-Ball** (von to track = folgen), wird mit dem Daumen und Zeigefinger oder Mittelfinger die etwa 3 cm große Kugel in ihrer Lagerung gedreht **(Bild 3)**. Bei Drehung der Kugel liefern zwei Inkrementalgeber, welche senkrecht zueinander angeordnet sind, Impulse zur Cursorsteuerung (Bild 3). Wie bei der Maus wird der Tracker-Ball durch einige Tasten zur Auslösung von Funktionen ergänzt. Man kann mit den Tasten im Tippbetrieb eine Feinpositionierung des Cursors durchführen. Dabei verschiebt sich mit jedem Tippen der Cursor um einen Bildpunkt.

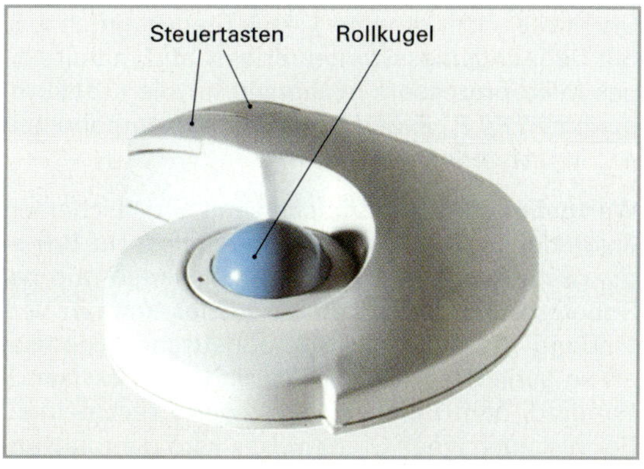

Bild 3: Tracker-Ball

Der **Joystick** (= Steuerknüppel) dient zur Cursorsteuerung und ist häufig in das Computerbedienungsfeld integriert. Beim Joystick mit binärem Ausgangssignal werden über den kugeligen oder elastisch gelagerten Steuerknüppel entsprechend der Auslenkung ein oder zwei der vier Mikroschalter betätigt. Der Joystick mit binärem Ausgangssignal ersetzt die übliche Cursor-Tastatur.

Der Joystick ermöglicht die gleichzeitige Auslenkung in zwei Achsen, z. B. auch zur Bewegungssteuerung von Robotern **(Bild 1)**. Dabei werden zwei Potenziometer gedreht und man erhält zwei Spannungssignale, welche der jeweiligen Auslenkung proportional sind.

Joysticks werden an den PC über die serielle Schnittstelle RS 232, z. B. über die Soundkarte angeschlossen.

Es gibt Joysticks mit zusätzlichem Drehpotenziometer im Steuerknüppel. Damit kann z. B. ein Cursor-Achsenkreuz auf dem Bildschirm gedreht werden. Die Joysticks für Computer-Spiele haben ferner im Griff einen Tastschalter zur Ereignissteuerung.

Joysticks werden im Menü Game-Controller in der Systemsteuerung von Windows konfuguriert. Dort kann der Joystick kalibriert werden, d. h. die Ansteuerung eingestellt werden.

Der **6D-Steuerkopf** (Space-Mouse = Raum-Maus) reagiert auf drei Kräfte und drei Momente und zwar auf Kräfte in den Hauptrichtungen *x, y, z,* eines kartesischen Achsenkreuzes und auf die Momente um diese Achsen **(Bild 2)**. Verwendet wird dieser Steuerknopf zur Bildschirmsteuerung bei der 3D-Darstellung (dreidimensionale Darstellung) in CAD-Anwendungen und zur Bewegungssteuerung von Robotern. Gegenstände können durch Drücken des Steuerknopfes in *x*-Richtung und *z*-Richtung auf dem Bildschirm nach rechts und links bzw. unten und oben verschoben werden. Ein Drehmoment auf den Steuerknopf bewirkt eine Drehung des Gegenstandes. Dabei sind Drehbewegungen gleichzeitig um drei Achsen möglich (Nickbewegung, Gierbewegung und Rollbewegung).

> Mit der Space-Mouse können Bildschirmobjekte in bis zu 6 Bewegungskomponenten gleichzeitig gesteuert werden.

Die Kräfte und Momente auf die Stege werden z. B. mit Dehnungsmessstreifen erfasst und mithilfe eines Mikroprozessors in Signale für die Kraftkomponenten F_x, F_y, F_z und Drehmomentkomponenten M_x, M_y, M_z zerlegt.

Wertgeber sind Handrädchen mit Strichscheiben (Inkrementalgeber). Man verwendet sie zur Bewegungssteuerung, z. B. bei NC-Maschinen und bei Robotern **(Bild 3)**. Das Handrädchen kann in Verbindung mit einer elektromagnetischen Bremse, als so genanntes reaktives (reaktiv = rückwirkend) Handrad, dem Benutzer Grenzwerte rückmelden. Bei Vorliegen eines Grenzwertes wird richtungsabhängig die Drehbewegung erschwert.

Bild 1: Joystick zur Roboterbewegungssteuerung mit drei Freiheitsgraden

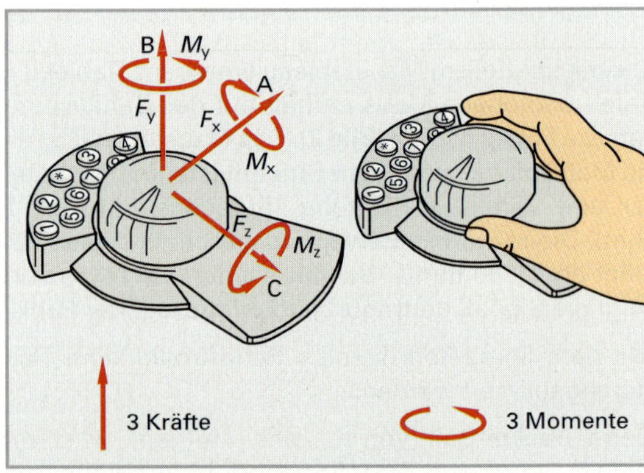

Bild 2: 6D-Steuerkopf (Space-Mouse)

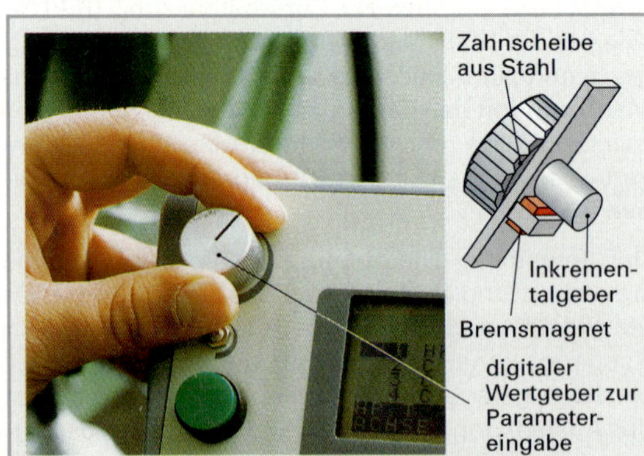

Bild 3: Wertgeber zur Bewegungssteuerung

4.2.10 Drucker

Die Ausgabe von Textdaten und Grafikdaten auf Papier, Folien und Etiketten erfolgt mit Druckern. Es gibt Nadeldrucker, Tintenstrahldrucker, Laserdrucker, Thermotransferdrucker, Thermosublimationsdrucker und Phasen-Wechsel-Drucker (Phase-Change-Printer).

Die Farbdrucker arbeiten mit den Grundfarben *Cyan* (Grün + Blau), *Magenta* (Rot + Blau) und *Gelb* sowie oft zusätzlich mit Schwarz. Dementsprechend unterscheidet man zwischen Dreifarbendruck und Vierfarbendruck. Zur Darstellung von Farbnuancen müssen die Grundfarben mit Punkten unterschiedlicher Farbsättigung oder unterschiedlicher Häufigkeit innerhalb einer Farbzelle, z. B. bei einer 6x6 Matrix mit 36 Punkten, gedruckt werden. Die Zahl der Punkte je Zeilenlänge bestimmt die Qualität des Druckes **(Bild 1)**. Angegeben wird dies in der Einheit dpi (dots per inch = Punkte je Inch[1]).

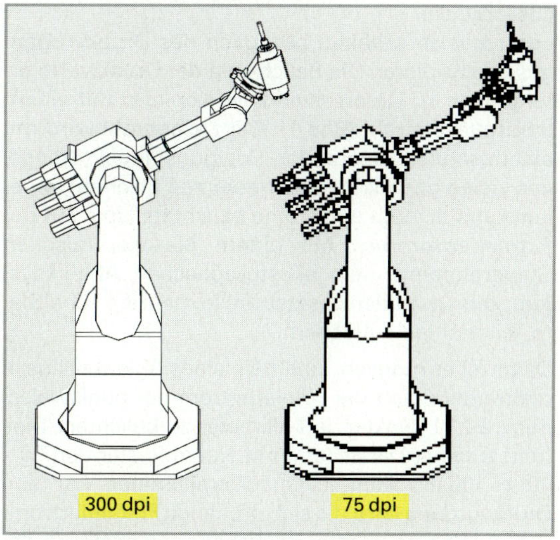

Bild 1: Zeichnungen mit Matrix-Druckern erzeugt

> Die Druckqualität wird durch die Zahl der Punkte je Inch festgelegt und in dpi angegeben.

Tintenstrahldrucker

Beim Tintenstrahldrucker sind haarfeine Tintenkanäle in einer Reihe oder in zwei Reihen angeordnet, ähnlich den Nadeln beim Nadeldrucker. Die Tinte wird über einen austauschbaren Behälter bereitgestellt und den Tintenkanälen über einen zentralen Kanal zugeführt. Das Ausstoßen des Tintentröpfchens erfolgt entweder thermisch **(Bild 2)** durch lokale Verdampfung der Tinte und anschließende Kondensation oder mithilfe piezokeramischer Röhrchen **(Bild 3)**. Diese Röhrchen verändern bei Anlegen einer Spannung ihre Querschnitte. Dies wird hier genutzt, um ein Tintentröpfchen zu erzeugen. Durch einen Spannungsimpuls am Piezoröhrchen wird der Druck im Druckkanal impulsartig stark erhöht und ein Tröpfchen wird aus der Düse ausgestoßen und auf das Papier geschossen.

Die Druckqualität ist abhängig vom verwendeten Papier. Mit speziell beschichtetem Foto-Papier erhält man eine hohe Druckqualität.

> Tintenstrahldrucker sind preisgünstig und geräuscharm.

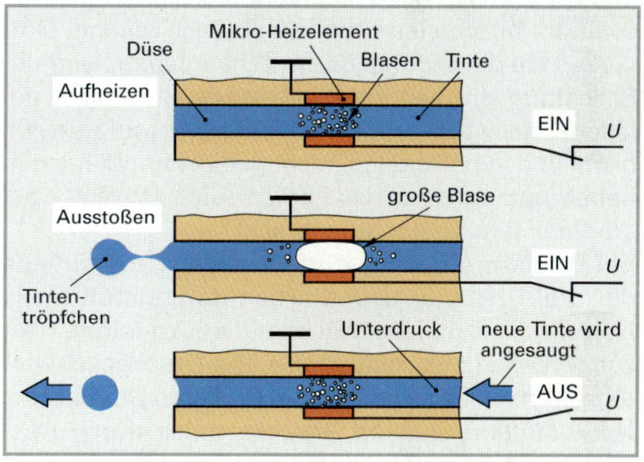

Bild 2: Entstehung eines Punktes in der Tintenstrahl-Technik

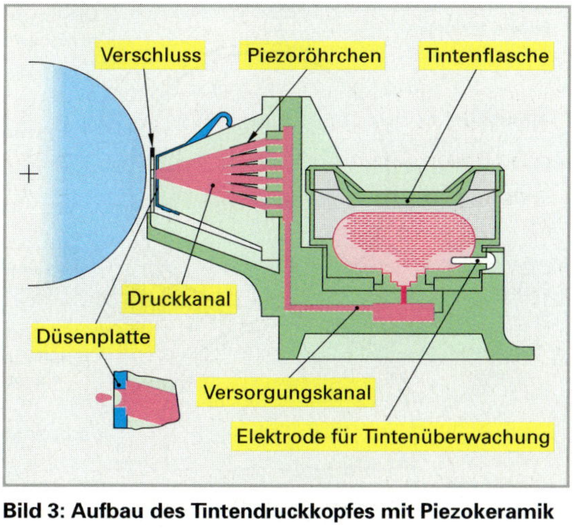

Bild 3: Aufbau des Tintendruckkopfes mit Piezokeramik

---
[1] inch, Längenmaß, 1 inch = 1 Zoll = 25,4 mm

Laserdrucker

Laserdrucker arbeiten bezüglich des Druckvorganges wie Kopierer. Die Belichtung der Druckwalze erfolgt aber im Unterschied zum Kopierer mit einem Infrarotlaserstrahl **(Bild 1)**. Der Laserstrahl wird mit einem schnell rotierenden Polygonspiegel (Spiegel aus vielen gegeneinander geneigten Flächen) abgelenkt und erzeugt damit eine belichtete Linie auf der *Fotoleitertrommel*. Mit einem piezokeramischen Steuerelement, dem akusto-optischen Ablenksystem, kann man den Laserstrahl in mehrere schaltbare Teilstrahlen auffächern.

Damit ist es möglich, innerhalb eines Ablenkzyklus in mehreren Linien die Fotoleitertrommel punktweise, mit z. B. 10 Punkten je Millimeter zu belichten. Dies führt zu einer Darstellung mit einem Raster von 10 x 10 = 100 Punkten je Quadratmillimeter. Für den Druckvorgang wird die sich drehende Fotoleitertrommel durch eine, mittels Hochspannung erzeugte, Ladung positiv elektrostatisch geladen. Die Fotoleitertrommel ist mit dem Halbleiterstoff Selen beschichtet und im Dunkeln nicht leitend, in den durch den Laserstrahl belichteten Bereichen jedoch leitend. Dort verliert sie die Ladung. Es entsteht entsprechend der Belichtung ein „Ladungsbild" als Negativ. Positiv geladenes, feinstes Farbpulver (Toner) wird aufgestreut, bleibt in den belichteten (nicht geladenen) Bereichen haften und wird auf das Papier durch Umdruck bei erhöhter Temperatur aufgebracht.

Bei Farblaserdruckern wird dieser Vorgang für jede der drei bzw. vier Grundfarben durchgeführt. Die Laserdrucker liefern höchste Druckqualität. Der Druckvorgang ist relativ leise. Die Druckgeschwindigkeiten reichen von vier bis 40 Seiten pro Minute. Nach einigen tausend Drucken muss durch Austausch der Tonerkassetten neuer Toner eingebracht werden. Vor dem Einsetzen muss von den Tonerkassetten ein Sicherheitsband abgezogen werden, welches das Herausrieseln des Toners verhindert. Tonerkassetten sind recyclebar.

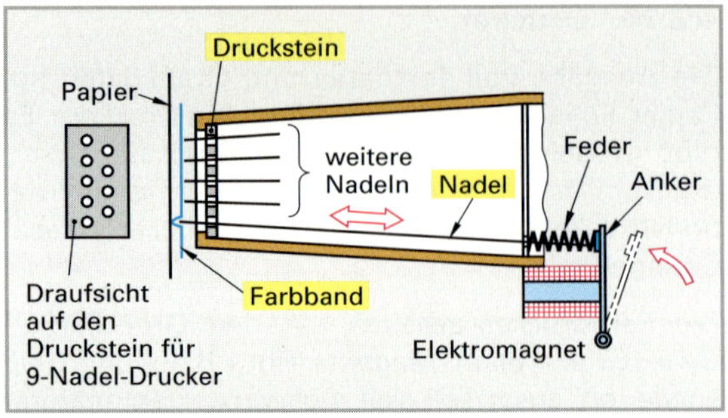

Bild 2: Prinzip des Nadeldruckers

Laserdrucker liefern höchste Druckqualität.

Nadeldrucker

Beim Nadeldrucker **(Bild 2)** werden z. B. 9 Nadeln in einer Reihe oder bis zu 48 Nadeln in mehreren Reihen während der Vorwärtsbewegung und der Rückwärtsbewegung des Nadelschreibkopfes in Zeilenrichtung gegen ein Farbband und das zu beschreibende Papier angeschlagen. Vorteilhaft beim Nadeldrucker sind die geringen Anforderungen an das Papier. Es können wie bei der Schreibmaschine auch Durchschläge hergestellt werden. Von Nachteil sind die geringe Druckqualität, die geringe Druckgeschwindigkeit und die starken Druckgeräusche. Nadeldrucker werden z. B. von Banken zum Ausdrucken von Kontoauszügen verwendet.

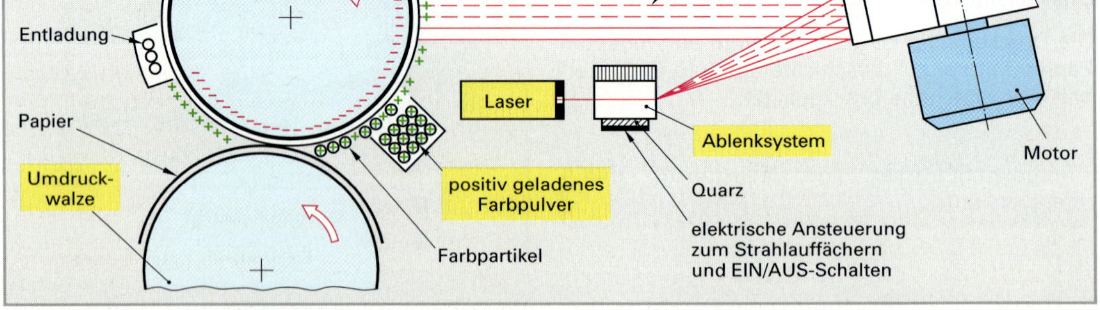

Bild 1: Prinzipielle Wirkungsweise eines Laserdruckers

Thermotransferdrucker

Mikroheizelemente schmelzen Punkte von einer mit Farbschichten aus Wachs beschichteten Folie ab. Die Folie hat z. B. die Farbwachsschichten Cyan, Magenta, Gelb und Schwarz. Zum Druck wird nun die Folie über dem Druckmedium unter Hitze abgerollt und dabei das jeweilige Einfarbenbild übertragen.

Thermosublimationsdrucker

Mit diesen Druckern können Drucke in höchster fotorealistischer Qualität erzeugt werden. Sie arbeiten wie die Thermotransferdrucker, nur dass zur Übertragung der Farbe in ein Spezialpapier die Heizelemente das farbige Wachs nicht verflüssigen sonder verdampfen (sublimieren). Die Heizelemente können die verschiedenen Farben unterschiedlich intensiv übertragen.

Phasen-Wechsel-Drucker

Der Druck erfolgt sehr ähnlich zum Tintenstrahldrucker, bei welchem die Tintentröpfchen über Heizelemente in gasförmigen Zustand gebracht und auf das Druckmedium ausgestoßen werden. Farbträger sind zunächst feste Farbstifte. Ebenfalls über Heizelemente werden kleine Farbmengen davon abgeschmolzen und als flüssige Farbtinte gespeichert.

Druckercodes

Meist gebräuchlich sind die Druckercodes (Druckerprotokolle) Post Script, HP PCL (HP Printer Communication Language) und HP GL (HP Graphics Language).

Post Script ist eine universelle Seitenbeschreibungssprache und kann für fast alle Druckerfabrikate verwendet werden.

Die gewünschte Schrift kann aus einer großen Zahl von Schriftarten (fonts) ausgewählt werden. Die einzelnen Buchstaben sind durch mathematische Funktionen definiert und können dadurch sehr exakt auch bei großen Schriftgrößen erzeugt werden.

4.2.11 Scanner

Scanner (Abtaster, von to scan = abtasten) tasten Textvorlagen und Bildvorlagen optisch ab. Ein *CCD-Zeilensensor* (CCD von Charge Coupled Device = ladungsgekoppelter Schaltkreis) fährt die beleuchtete Vorlage wie bei einem Kopiergerät ab **(Bild 1)**. Der CCD-Zeilensensor erfasst die Vorlage, aufgespalten nach den Farben Rot, Grün und Blau (RGB) mit z. B. jeweils 48-Bit-Farbtiefe. Jede Farbe wird in $2^{48} \approx 2{,}81 \cdot 10^{12}$ = 281 Billionen Farbnuancen aufgespalten. Hierfür wird der CCD-Zeilensensor entweder nacheinander mit rotem, grünem oder

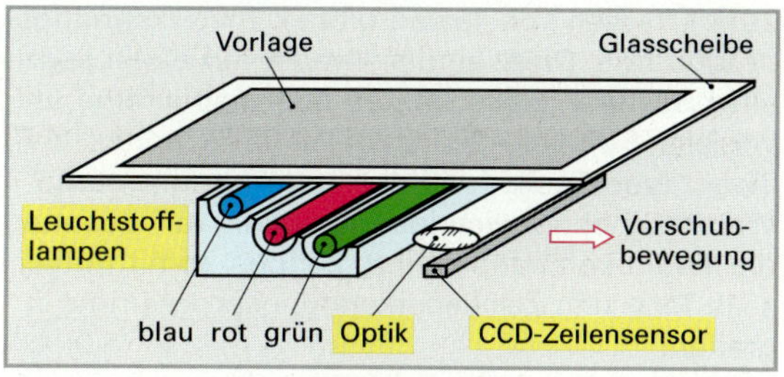

Bild 1: Prinzip des Flachbett-Farbscanners

blauem Licht beleuchtet und die Vorlage dreimal abgetastet oder die Vorlage wird mit weißem Licht beleuchtet und die Farben werden durch ein Dreifarbenfilter in die RGB-Farbanteile aufgespalten. Diese werden, ähnlich zur Farbvideokamera, mit einem Dreifarben-CCD-Zeilensensor in RGB-Signale umgewandelt. Bei einem weiteren Verfahren erfolgt die Farbtrennung über ein Stab-Prisma, das die drei Farbanteile auf drei CCD-Zeilen ablenkt.

Ein Scanner mit z. B. 48-Bit-Farbtiefe unterscheidet 2^{48} Farbnuancen.

Die optische Auflösung des Scanners wird über die Software des Scanners eingestellt, z. B. 600 dpi x 1200 dpi. Beim Abscannen von Bildvorlagen führt dies zu sehr großen Datenmengen.

Beispiel:

Berechnen Sie für das Bild 1, vorhergehende Seite bei einer optischen Auflösung des Scanners von 600 dpi x 1200 dpi und einer Farbtiefe von 48 bit a) die Zahl der Bildpunkte und b) die nötige Speicherkapazität.

Lösung:

a) $A = 140\text{ mm} \cdot 70\text{ mm} = 9800\text{ mm}^2 =$
15,19 Bildpunkte inch^2. Daraus die Zahl der Bildpunkte $n = 15{,}19 \cdot 600 \cdot 1200 = \mathbf{10{,}9 \cdot 10^6}$

b) $M = 10{,}9 \cdot 10^6 \cdot 48\text{ bit} = 10{,}9 \cdot 10^6 \cdot 6\text{ B} =$ **65,4 MB**

Beim Einscannen von Bildern sollte nur der interessierende Bildbereich gescannt werden, damit die Datenmengen nicht zu groß werden.

Mit zunehmender Auflösung verbessert sich die Bildqualität. Sehr häufig wird neben dieser physikalischen Auflösung, vorgegeben durch die Anzahl der Pixel, die Auflösung durch mathematische Interpolation weiter verbessert. Hierbei werden Farbzwischenwerte zwischen zwei erfassten Bildpunkten berechnet und so weitere Bildpunkte rechnerisch erzeugt.

Man kommt auf diese Weise z. B. zu einer Auflösung von mehr als 9 600 dpi.

Zum Erfassen von Texten gibt es Texterkennungsprogramme. Diese sind entweder auf einen speziellen Scanner zugeschnitten oder haben eine universelle Software-Schnittstelle für Scanner, z. B. *Twain* (von Toolkit without an important name = Werkzeug ohne wichtigen Namen). Auf Scanner, die Twain-kompatibel sind, können somit universelle Text- und Zeichenerkennungsprogramme zugreifen.

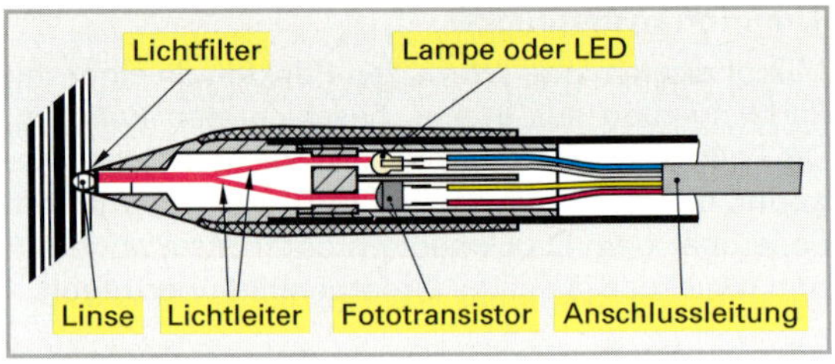

Bild 1: Lichtstift

4.2.12 Erfassung von Strichcodes und Flächencodes

Zur Datenerfassung werden Waren mit einem Balkencode (Barcode, von bar = Balken) oder Flächencode (2D-Code) versehen. Zur Kennzeichnung von Lebensmitteln wurde der EAN-Code (EAN von Europäische Artikel-Nummerierung) eingeführt. Dieser Code kann mit einem manuell geführten Lichtstift **(Bild 1)** oder z. B. bei Förderbändern mit einem Laserabtaster erfasst werden. Der EAN-Code setzt sich aus dunklen Strichen und hellen Lücken von einfacher bis vierfacher Breite zusammen.

Der Flächencode ist entweder ein mehrzeiliger Barcode **(Bild 2)** oder ein 2D-Code, meist in quadratischer Form **(Bild 3)**.

Bild 2: Mehrzeiliger Barcode (Code PDF 417)

2D-Codes haben eine hohe Informationsdichte.

Bild 3: 2D-Flächencodes

4.2.13 Digitalisierer (Digitizer)

Digitalisierer ermöglichen die punktweise Erfassung von Zeichnungen und auch von Befehlen, wenn auf dem Digitalisiertablett eine Menütafel aufgelegt ist. Zur Festlegung einer Position wird ein beweglicher Markierer, der als Griffel **(Bild 4)** oder als Messlupe mit Fadenkreuz **(Bild 5)** ausgeführt ist, auf dem Digitalisiertisch an die gewünschte Stelle gebracht. Die Dateneingabe erfolgt durch Druck auf den Griffel oder bei der Fadenkreuzlupe auf Knopfdruck. Die Positionserfassung auf dem Digitalisiertablett erfolgt beim Stift z. B. über eine kapazitive Kopplung und bei der Messlupe über eine induktive Kopplung.

Bild 4: Digitalisiertablett mit Griffel

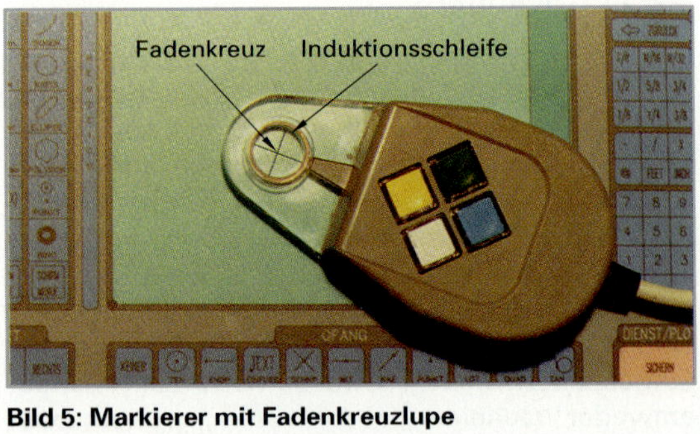

Bild 5: Markierer mit Fadenkreuzlupe

Wiederholung und Vertiefung

1. **Welche Tastenarten gibt es bei Tastaturen?**
2. **Was bedeutet die Einheit dpi?**
3. **Erklären Sie die Funktionsweise eines Tintenstrahldruckers.**
4. **Wofür verwendet man Digitizer?**
5. **Wie erfolgt die Dateneingabe bei einem Digitalisierer?**

4.3 Zusammenwirken von Hardwarekomponenten

4.3.1 Einbau einer Soundkarte

Übung:

Installieren Sie in einen PC mit dem Betriebssystem Windows eine PCI-Bus-Soundkarte.

Lösung: **Schritte 1 bis 6**

Schritt 1: Feststellen der Systemeigenschaften

Nach Doppelklick auf das Ikon Arbeitsplatz öffnet sich das `Arbeitsplatzfenster` **(Bild 1)**. Mit einem Doppelklick auf das Icon Systemsteuerung wird das `Systemsteuerungsfenster` geöffnet. Dort wird das Ikon System angeklickt und das Fenster `Eigenschaften für System` geöffnet **(Bild 2)**. Hier wird nun der Karteikartenreiter `Gerätemanager` angewählt. Mit einem Doppelklick auf das Computer-Ikon in der ersten Zeile der Geräteauswahl werden im Fenster `Eigenschaften für Computer` die Ressourcen des PC angezeigt **(Bild 3)**.

Schritt 2: Einstellen der Karteneigenschaften

Nun vergleicht man die vom PC verwendeten Systemressourcen mit den Daten in der Soundkarten-Beschreibung. Sind die System-Ressourcen bereits vergeben, so muss man die Karteninterrupts `Interrupt (IRQ)`, die Kartenadressen `Ein/-Ausgabe (EA)` und die Kanalnummern der DMA-Kanäle `DMA` auf der Karte ändern. Die Änderung wird durch Umstecken von Steckern (Jumpern) vorgenommen **(Bild 4)**.

Schritt 3: Einbau der Soundkarte

Nach Trennen des PC vom Netz wird das PC-Gehäuse geöffnet, ein freier Steckplatz gesucht und das Verschlussblech auf der Rückseite des PC-Gehäuses entfernt. Vorsichtig wird nun die Karte in eine freie Steckfassung (PCI-Slot) eingesetzt und die Karte an der vorgesehenen Stelle festgeschraubt. Eine Soundkarte darf nicht in den Slot 1 eingebaut werden, da dies zur gemeinsamen, unerwünschten IRQ-Benutzung, z. B. durch AGP führen kann. Als nächstes verbindet man die Karte über eine Flachbandleitung mit dem CD-Laufwerk. Über diese Leitung werden die Daten transportiert. Dann verbindet man den Audio-Ausgang des CD-Laufwerkes über eine abgeschirmte Leitung mit dem Audio-Eingang auf der Karte (Bild 4, CD-In-Stecker). Schräg sitzende Steckverbindungen verursachen Fehler.

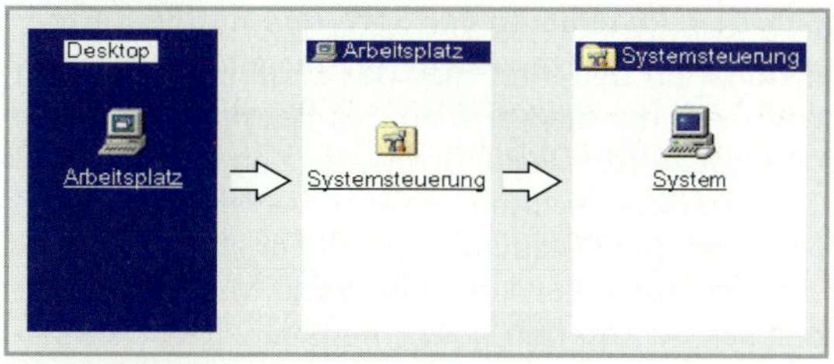

Bild 1: Schritte zum Öffnen des System-Eigenschaften-Fensters

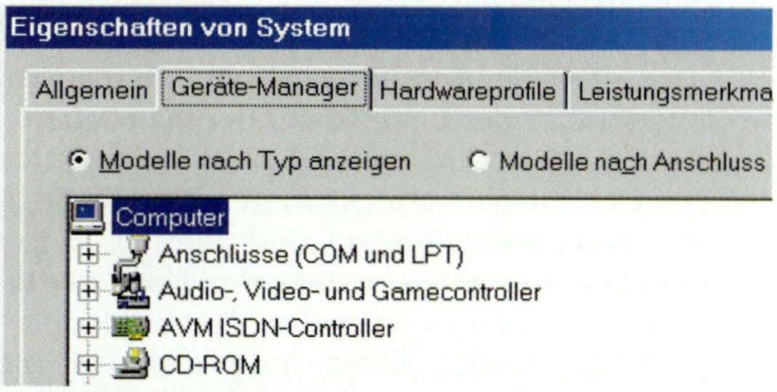

Bild 2: Ausschnitt aus dem Fenster Eigenschaften von System

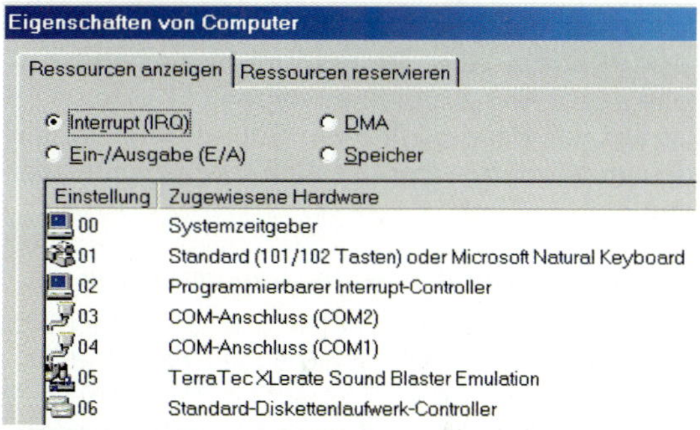

Bild 3: Fenster Eigenschaften von Computer

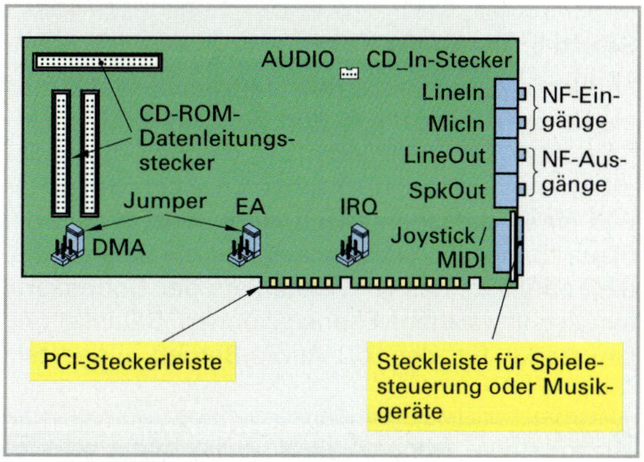

Bild 4: Ansicht einer Soundkarte

Nach dem Schließen des PC-Gehäuses ist der mechanische Einbau der Karte beendet. Lautsprecher werden am Anschluss SpkOut (von SpeakerOut = Lautsprecherausgang) angeschlossen.

Schritt 4: Installieren der Software für die Karte

Installation bedeutet hier das Ergänzen von Software, mit der die Karte an das Betriebssystem angepasst wird. Diese Software nennt man auch *Treibersoftware* oder einfach *Treiber*. Nach dem Neustart des PC sucht man im Fenster `Systemsteuerung` das Ikon Hardware. Mit einem Doppelklick wird nun das Fenster `Hardware-Assistent` des Betriebssystems gestartet **(Bild 1)**. Klickt man auf die Schaltfläche `Weiter`, wird ein Auswahlfenster geöffnet. Hier klickt man nun die `Zeile Audio-, Video- und Game-Controller` an. Anschließend wird man aufgefordert, die CD oder Diskette mit der Installationssoftware des Kartenherstellers in ein bestimmtes Laufwerk einzulegen. Man kann nun menügesteuert die benötigten Treiber und die zur Karte gehörenden Programme installieren. Nach der Installation erscheint wieder das Fenster `Hardware-Assistent`. Klickt man nun auf die Schaltfläche `Weiter`, so beendet das Betriebssystem die Installation, indem es einen Neustart durchführt. Damit ist die Installation der Soundkarte beendet. Durch die Installation ist im Menü `Programme` die Programmgruppe `Soundblaster AW32` zugefügt worden.

Ist auf der Hauptplatine ein Sound-Chip vorhanden, muss dieses über das BIOS abgeschaltet werden.

Schritt 5: Überprüfen der Systemressourcen

Hierzu öffnet man das Fenster `Eigenschaften` für System (Bild 2, vorhergehende Seite) und lässt sich nach einem Doppelklick auf die Zeile `Audio-, Video-, und Game-Controller` die verwendeten Ressourcen zeigen **(Bild 2)**.

Schritt 6: Testen der Karte

Im Menü `Programme` des Startmenüs wählt man die Zeile `Zubehör` und dort die Zeile `Multimedia` aus. Hier wählt man mit einem Doppelklick den Menüpunkt `Lautstärke` an. Es erscheint das Bild eines einfachen Mischpultes **(Bild 3)**. Mit der Maus können die Schieberegler für die Balance und die Lautstärke des NF-Verstärkers der Soundkarte eingestellt werden. Ebenso können Balance und Lautstärke für den CD-Audio-Betrieb eingestellt werden. Nun wählt man im Menü `Programme` die Zeile `Soundblaster AW32` und startet dort mit einem Doppelklick das Programm `Ensemble CD`. Es erscheint das Bild eines CD-Steuergerätes **(Bild 4)**. Die Bedienung des CD-Spielers erfolgt mit der Maus. Nach Einlegen einer Musik-CD in das CD-Laufwerk kann diese nun abgehört werden. Gespielt wird z. B. gerade der Titel 2 der CD (Bild 4).

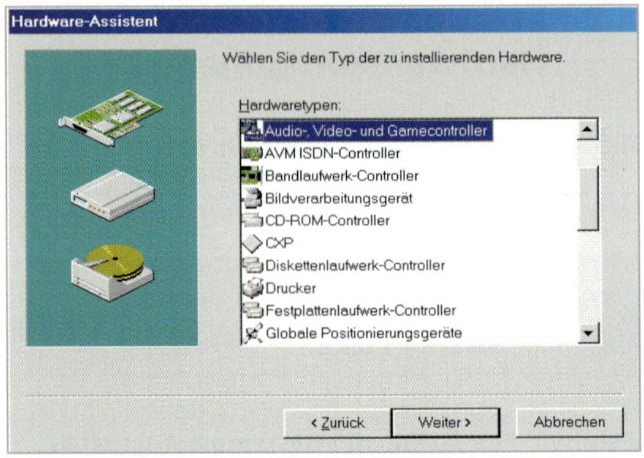

Bild 1: Fenster des Hardware-Assistenten

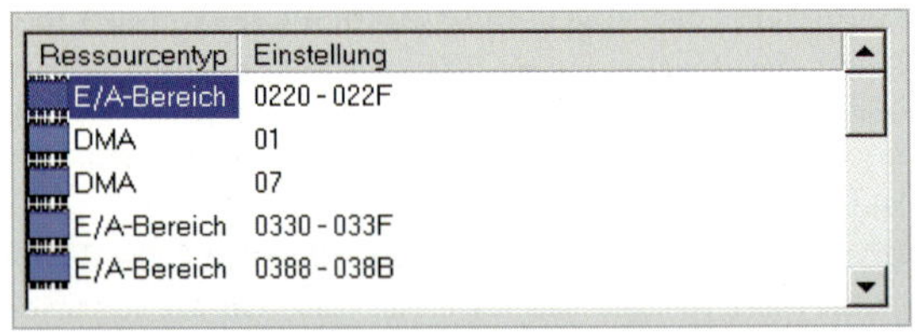

Ressourcentyp	Einstellung
E/A-Bereich	0220 - 022F
DMA	01
DMA	07
E/A-Bereich	0330 - 033F
E/A-Bereich	0388 - 038B

Bild 2: Ressourcen der verwendeten Soundkarte

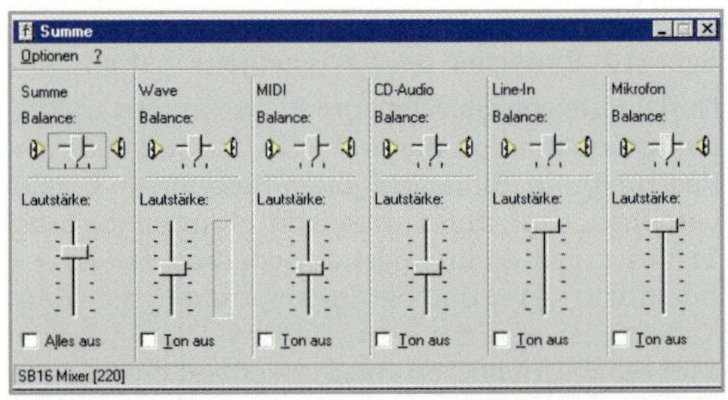

Bild 3: Fenster Summe mit den Funktionen eines Mischpultes

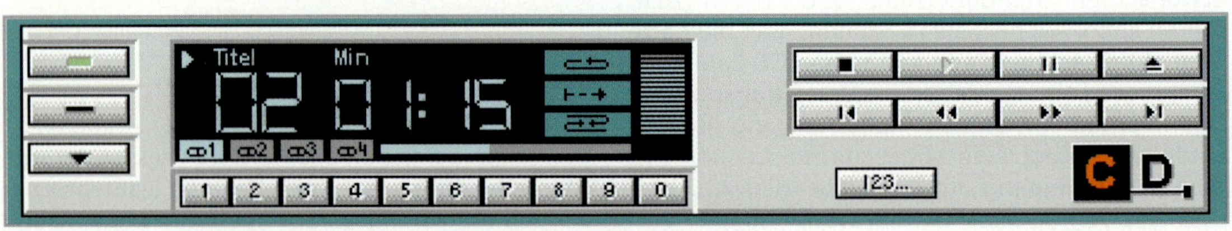

Bild 4: Fensterbild des CD-Steuergerätes des Programms Ensemble CD

4.3.2 Grafikkarte

Grafikkarten erzeugen die Signale zur Steuerung von Monitoren. Dies sind die Signale für den Aufbau des Bildes auf dem Bildschirm und die Steuersignale für die horizontale und vertikale Bildsynchronisation. Die Grafikkarte wird über ein Anschlusskabel mit dem Monitor verbunden **(Bild 1)**. Grafikkarten werden mit einer Treibersoftware an den verwendeten Monitor angepasst.

Ein Bild wird aus Bildpunkten (Pixeln) aufgebaut, die nacheinander in Zeilen (horizontal) auf dem Bildschirm von links nach rechts dargestellt werden **(Bild 2)**. Eine Zeile kann z. B. aus 1280 Bildpunkten bestehen. Nach Beendigung einer Zeile wird die nächste Zeile geschrieben. Sind die Zeilen von oben nach unten (vertikal) auf dem Bildschirm geschrieben, wird das nächste Bild aufgebaut. Ein Bild besteht z. B. aus 1024 Zeilen. Die Anzahl der Bilder beträgt z. B. 76 je Sekunde. Bildröhren verwenden z. B. nebeneinanderliegende Phosphorstreifen, die bei Bestrahlung mit Elektronen in den Farben Rot, Grün und Blau leuchten können. Die Zahl der möglichen Farbtöne wird mit dem Begriff *Farbtiefe* angegeben **(Tabelle)**. So kann man 65536 Farbtöne mit einer Farbtiefe von 16 bit darstellen. Bildpunkte und Farbtiefe werden in einem Schreib-Lesespeicher auf der Grafikkarte gespeichert.

Die Horizontalfrequenz eines Monitors wird aus der Zahl der Bilder je Sekunde und der Zahl der Zeilen je Bild berechnet. Da die Horizontalfrequenz nicht beliebig hoch werden kann, sinkt die Zahl der wiederholten Bilder (Bildwiederholfrequenz) bei zunehmender Zeilenzahl (Auflösung) und umgekehrt.

Bei höherer Auflösung sinkt die Bildwiederholfrequenz.

Die Vertikalfrequenz entspricht der Zahl der Bilder je Sekunde. Die Speicherkapazität M des Schreib-Lesespeichers ist das Produkt von Zeilenzahl, Spaltenzahl und Farbtiefe in bit. Die Pixelfrequenz wird aus der Horizontalfrequenz und der Spaltenzahl berechnet. Die berechnete Pixelfrequenz ist die Frequenz, die auftritt, wenn alle Bildpunkte in allen Zeilen unterschiedlich sind. Da dies meist nicht der Fall ist, gibt man stattdessen oft die geringere Videobandbreite an.

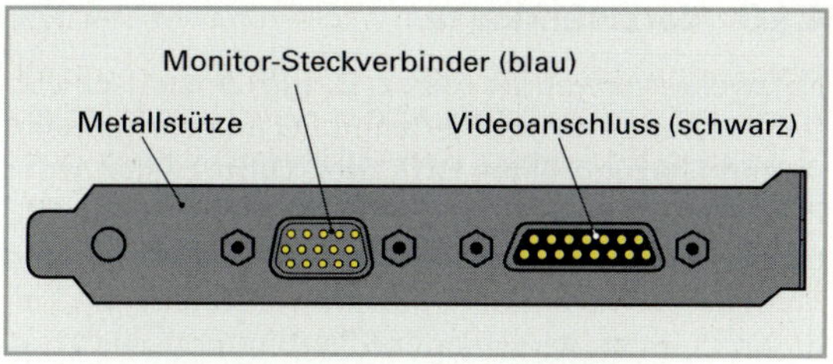

Bild 1: Anschlüsse einer einfachen Grafikkarte

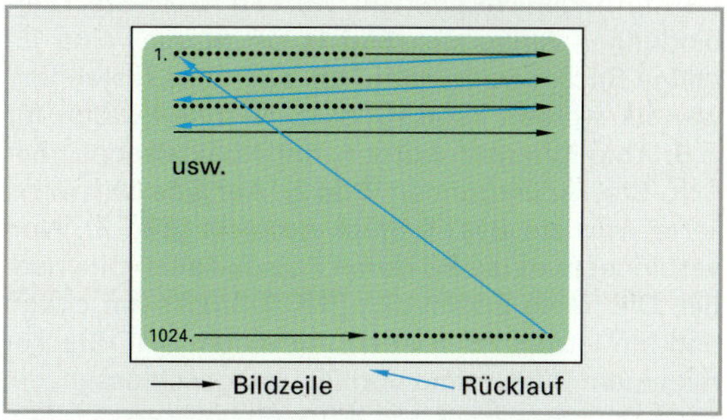

Bild 2: Zeilenverlauf eines Elektronenstrahls

Tabelle: Bildpunktezahlen und Speicherkapazität

Bildpunkte (Auflösung)	Farbtiefe	Farbenzahl	Speicherkapazität notwendig	Speicherkapazität eingebaut
800 x 600	16 bit	65536	937,500 KB	1 MB
800 x 600	24 bit	16777216	1,37 MB	2 MB
1024 x 768	16 bit	65536	1,57 MB	2 MB
1280 x 1024	24 bit	16777216	3,75 MB	4 MB
1600 x 1200	32 bit	$4{,}29 \cdot 10^9$	7,32 MB	8 MB
2400 x 1536	48 bit	$281{,}5 \cdot 10^{12}$	21,09 MB	32 MB

$$f_Z = f_B \cdot n_Z \qquad n = n_Z \cdot n_S$$

$$f_P = f_B \cdot n_Z \cdot n_S \qquad f_P = f_B \cdot n \qquad f_P = f_H \cdot n_S$$

$$M = n_Z \cdot n_S \cdot k_F \qquad B = 0{,}707 \cdot f_P$$

B_V Videobandbreite
f_B Vollbildfrequenz
f_P Pixelfrequenz
f_Z Horizontalfrequenz
k_F Farbtiefe in bit
M Speicherkapazität
n Pixelzahl
n_S Spaltenzahl
n_Z Zeilenzahl

Beispiel:

Eine Grafikkarte kann 1280 x 1024 Bildpunkte bei einer Farbtiefe von 24 bit darstellen. Es werden 76 Bilder je Sekunde an den Monitor geliefert. Berechnen Sie a) die Horizontalfrequenz, b) die Vertikalfrequenz, c) die Speicherkapazität, d) die Pixelfrequenz und e) die Videobandbreite.

Lösung:

a) $f_Z = n_B \cdot n_Z = 76\ 1/\text{s} \cdot 1024 =$ **77,824 kHz**
b) $f_B = f_Z / n_Z = 77{,}824\ \text{kHz} / 1024 =$ **76 Hz**
c) $M = n_Z \cdot n_S \cdot k_F = 1024 \cdot 1280 \cdot 24\ \text{bit} = 31457280\ \text{bit} =$ **3,75 MB**. Verwendete Speichergröße: **M = 4 MB.**
d) $f_P = f_Z \cdot n_S = 77{,}824\ \text{kHz} \cdot 1280 =$ **99,61 MHz**
e) $B_V = 0{,}707 \cdot f_P =$ **70,4 MHz**

4.3.3 Netzwerkkarte

Netzwerke verwendet man z. B. zum Austausch von Daten zwischen verschiedenen PC und zur gemeinsamen Nutzung eines Druckers. Dazu besitzt jeder PC eine Netzwerkkarte. Die Netzwerkkarten der PC oder Drucker werden durch steckbare Leitungen miteinander verbunden. Für die verschiedenen Leitungen gibt es verschiedene Verbindungssysteme. Bei Verwendung von Twisted-Pair-Leitungen, z. B. in sternförmigen Netzwerken, werden RJ-45-Steckverbindungen verwendet **(Bild 1)**. Oft ist auch eine 15-polige Buchse vorhanden, die z. B. zum Testen verwendet werden kann (Bild 1). Netzwerkkarten für z. B. Thin-Ethernet wurden mit Koaxialkabel über BNC-Stecker verbunden **(Bild 2)**. Auf jede Netzwerkkarte wird ein BNC-T-Stück gesteckt **(Bild 3)**. Nun verbindet man die PC durch Koaxialkabel miteinander. Die freien Enden des BNC-T-Stücks am ersten und am letzten PC werden mit einem BNC-Stecker mit einem Widerstand von 50 Ω abgeschlossen.

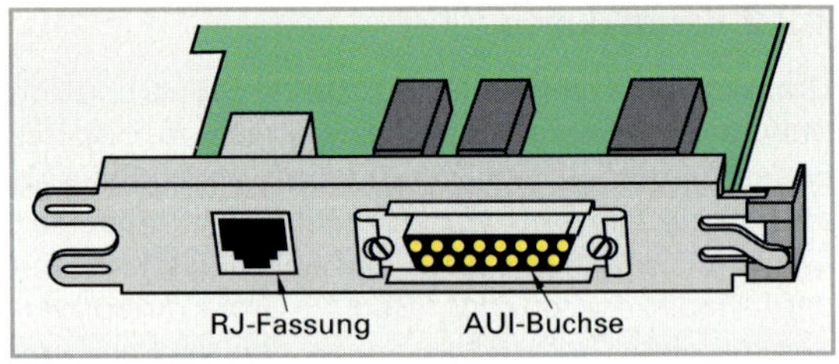

Bild 1: Teil einer Netzwerkkarte mit RJ-45-Anschluss und AUI-Buchse

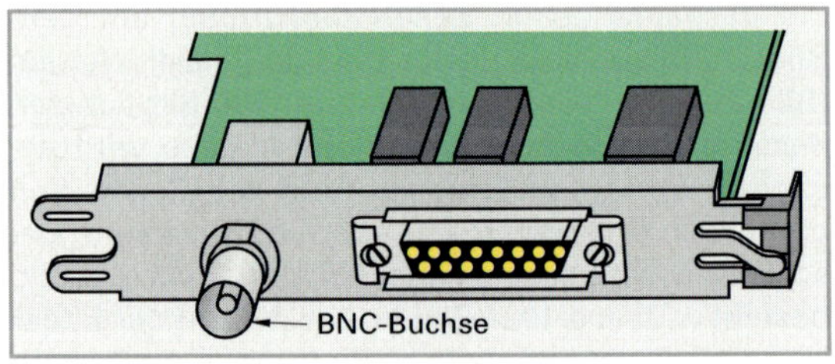

Bild 2: Teil einer Netzwerkkarte mit BNC-Anschluss

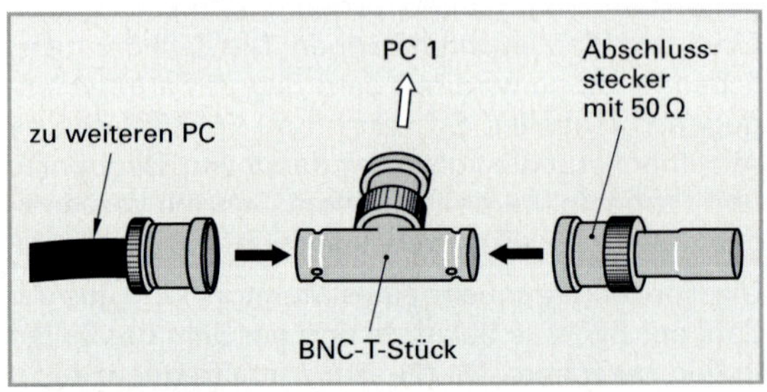

Bild 3: Verkabelung mit BNC und Koaxialkabel

Übung:

Bauen Sie in einen PC mit dem Betriebssystem Windows eine Ethernet-Netzwerkkarte ein und richten Sie das Netzwerk mit Twisted-Pair-Leitungen ein.

Lösung: **Schritte 1 bis 4**

Schritt 1: Einbau der Netzkarte

Nach Trennen des PC vom 230-V-Netz wird das PC-Gehäuse geöffnet. Nun sucht man einen freien Steckplatz und entfernt das Verschlussblech auf der Rückseite des PC-Gehäuses. Vorsichtig steckt man die Karte in die entsprechende Steckfassung. Dann schraubt man die Karte an der vorgesehenen Stelle fest. Nach dem Schließen des PC-Gehäuses ist der mechanische Einbau der Karte beendet.

Schritt 2: Verkabeln der PC

Nun werden alle vorhandenen Netzwerkkarten über Twisted-Pair-Leitungen sternförmig über einen Switch mit dem Server verbunden.

Schritt 3: Einbinden der Netzwerkkarte in das Betriebssystem jedes PC

Nach dem Neustart des PC meldet sich Windows: `Neue Hardwarekomponente gefunden` und fordert dazu auf, die Windows-CD einzulegen. Anschließend werden die Treiber von der Windows-CD auf die Festplatte kopiert. Dann trägt man noch im Fenster `Netzwerkinstallation` einen Namen für den PC ein.

Schritt 4: Überprüfen der Netzwerkeinstellungen

Nach einem Neustart muss in einer Dialogbox ein Name, ein Passwort, der Kontext und der Servername angegeben werden. Nach Anklicken des Ikons `Netzwerkumgebung` auf dem Desktop kann das Fenster `Netzwerk` geöffnet werden **(Bild 4)**. Hier muss die Zeile `Client für Microsoft Netzwerke` und z. B. das Netzwerkprotokoll `TCP/IP` vorhanden sein.

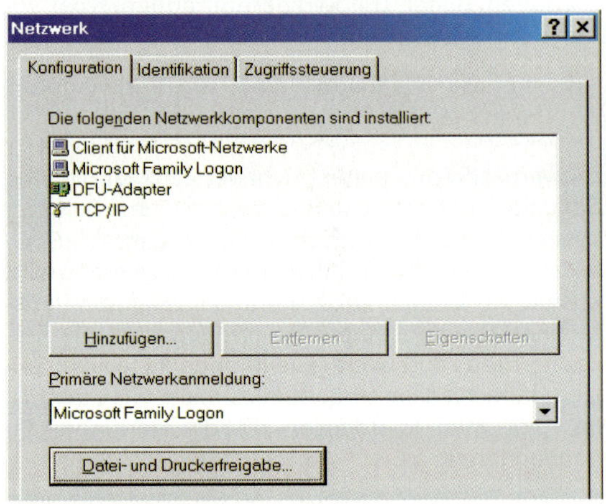

Bild 4: Fenster Netzwerk

4.3.4 ISDN-Karte

ISDN-Karten verbinden den PC mit dem S_0-Bus des NTBA (Abschnitt 9.1.7) oder einer TK-Anlage. Da ISDN-Treiber das Betriebssystem mit einem WAN verbinden, müssen die Schritte beim Einbau der Karte genau wie in der Anleitung angegeben erfolgen. Beispielhaft wird eine ISDN-Karte (Typ Fritzcard) eingebaut.

Übung:

Installieren Sie in einen PC mit dem Betriebssystem Windows eine ISDN-Karte.

Lösung: **Schritte 1 bis 5**

Schritt 1: Treiber installieren
Die Treiber werden mithilfe des Hardware-Assistenten installiert. Dazu klickt man nacheinander die Icons `Arbeitsplatz`, `Systemsteuerung` und `Hardware` an. Im Fenster `Hardware-Assistant` klickt man auf die Schaltfläche `Weiter` und wählt anschließend `Nein, Hardware in der Liste wählen` aus **(Bild 1)**. Nach einem weiteren Klick auf `Weiter` erscheint ein Fenster, in dem man die Zeile `Andere Komponenten` wählt **(Bild 2)**. In einem weiteren Fenster erscheint eine Liste aller vorhandenen Gerätetreiber **(Bild 3)**. Da kein ISDN-Treiber dabei ist, klickt man auf die Schaltfläche `Diskette...`. Im nächsten Fenster trägt man den Buchstaben des CD-ROM-Laufwerks ein und klickt die Schaltfläche `OK` an **(Bild 4)**. Im folgenden Fenster klickt man den Ordner `fritz!32` an, in dem sich im Ordner `disk1` der zu installierende Treiber `AVMISDN-ControllerFritz!Card` befindet **(Bild 5)**. Nach weiteren Klicks auf `Weiter` wird der Treiber im Betriebssystem installiert. Zum Schluss weist Windows darauf hin, dass nun noch die Hardware eingebaut werden muss.

Schritt 2: Einbau der Karte
Vorgehen wie bei der Netzwerkkarte (vorhergehende Seite).

Schritt 3: Karte mit dem ISDN-Netz verbinden
Kabel am PC und an der ISDN-Dose oder am NTBA einstecken.

Schritt 4: ISDN-Betriebssoftware installieren
Nach Einlegen der CD-ROM meldet sich das Setup-Programm der Firma AVM. Im folgenden Fenster stellt man das ISDN-Protokoll DSS1 ein. Klickt man auf `Weiter >` wird die Software der Firma AVM installiert.

Schritt 5: Dienstprogramme installieren
Das Faxprogramm oder ein BTX-Programm werden nun von der CD installiert.

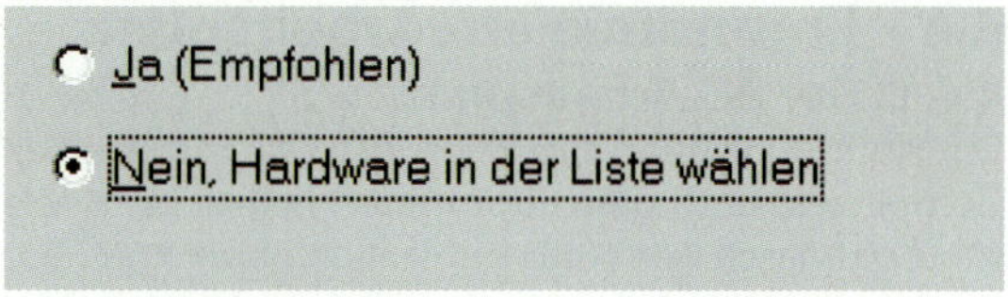

Bild 1: Ausschnitt aus dem Fenster 1, des Hardware-Assistenten

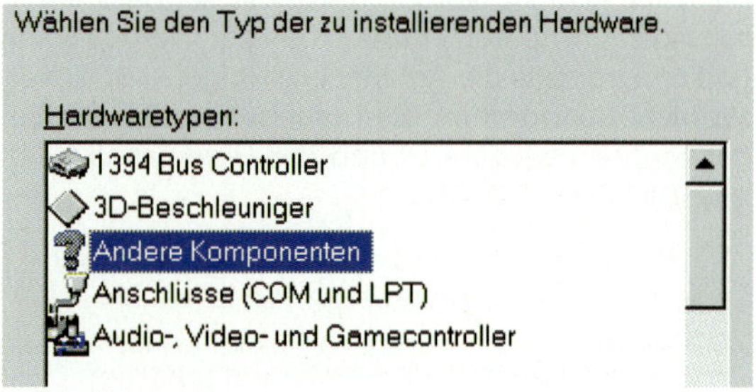

Bild 2: Ausschnitt aus dem Fenster 2 des Hardware-Assistenten

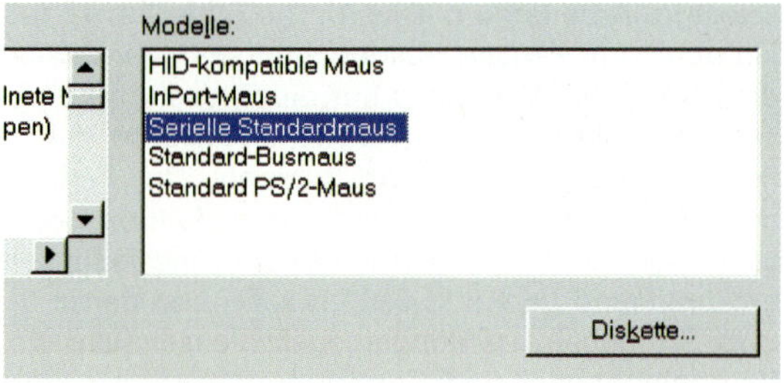

Bild 3: Ausschnitt aus dem Fenster 3 des Hardware-Assistenten

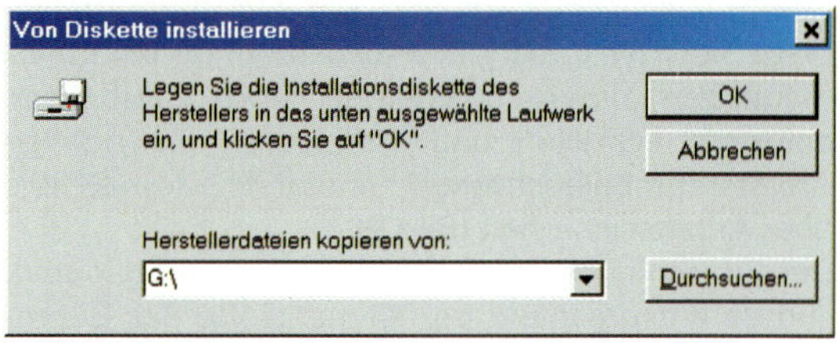

Bild 4: Auswahlbox

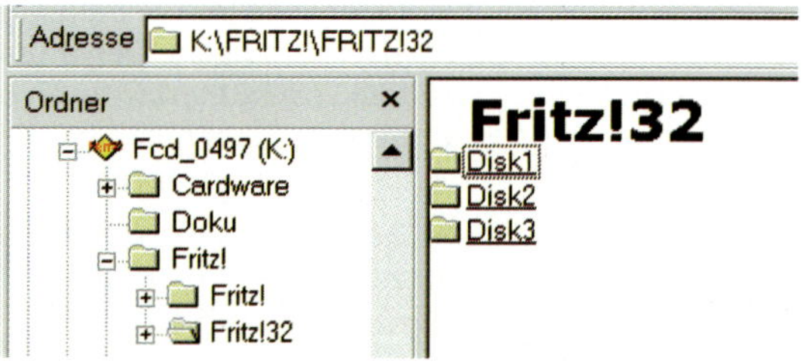

Bild 5: Ausschnitt aus dem Ordner Setup von AVM

4.4 Ergonomie am Arbeitsplatz

4.4.1 Der PC-Arbeitsplatz

Die Kommunikation zwischen dem Benutzer eines Computers und dem Computer selbst wird als Mensch-Maschinen-Kommunikation bezeichnet. Der PC-Arbeitsplatz ist ein wichtiger Teil der Mensch-Maschinen-Kommunikation. Er wird nach ergonomischen Gesichtspunkten gestaltet, d. h., er muss dem Benutzer gerecht werden und zwar so, dass einerseits der Computer effizient benutzt werden kann und andererseits die Arbeitsbelastungen den Benutzer nicht überfordern. Man unterscheidet zwischen der *Softwareergonomie* und der *Hardwareergonomie* (DIN EN ISO 9241).

Bei PC-Arbeitsplätzen sind die Softwareergonomie und die Hardwareergonomie zu berücksichtigen

Zur Hardwareergonomie gehört die körperliche Gestaltung der Arbeitsmittel, z. B. der Tastatur und des Bildschirms, aber auch die Anordnung dieser Arbeitsmittel am Arbeitsplatz und der Arbeitsplatz selbst im Arbeitsraum **(Bild 1)**. Die Bildschirme sollen quer zum Fenster ausgerichtet sein, damit sich die Augen des Benutzers auf die Bildschirmhelligkeit einstellen können und nicht von dem hellen Fensterhintergrund gestört werden. Die Fenster müssen mit Lamellenvorhängen oder Jalousien versehen sein, damit der Lichteinfall der Tageshelligkeit entsprechend geregelt werden kann und damit direkte Sonneneinstrahlung ausgeschlossen wird. Bei Raumplanungen sind Computerarbeitsplätze vorzugsweise auf Nordseiten vorzusehen. Die Deckenbeleuchtung muss mit Blendlamellen versehen und so angeordnet sein, dass Spiegelungen im Bildschirm ausgeschlossen sind. Die Bildschirmarbeitsplatz-Leuchten, auch BAP-Leuchten genannt, ermöglichen durch spiegelnde und parabolisch geformte Lamellen und Reflektoren die richtige Arbeitsraumbeleuchtung, entsprechend Gesetz über Arbeitssicherheit **(Bild 2)**.

Der Bildschirm sollte in der Höhe verstellbar sein, sodass entsprechend der Körpergröße des Benutzers der obere Bildschirmrand etwa in Augenhöhe liegt und bei Betätigung der Tastatur der Ellenbogen einen Winkel von 90° bildet **(Bild 3)**. Vor der Tastatur sollte noch eine Handauflagefläche von etwa 5 cm Breite zur abgerundeten Tischkante sein. Der Stuhl ist so einzustellen, dass zur Tischunterkante eine hinreichend große Beinfreiheit gegeben ist und die Sitzlehne für eine aufrechte Sitzhaltung sorgt.

Beim PC-Arbeitsplatz ist auf eine blendfreie Bildschirmaufstellung zu achten, wobei der Bildschirm rechtwinklig zur Fensterfront angeordnet sein soll.

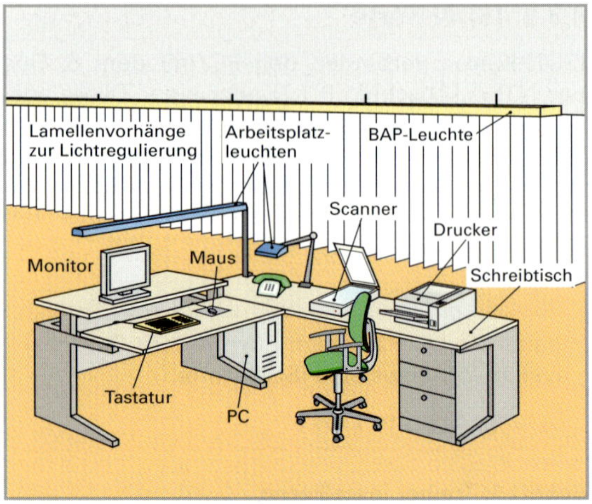

Bild 1: Der Computerarbeitsplatz

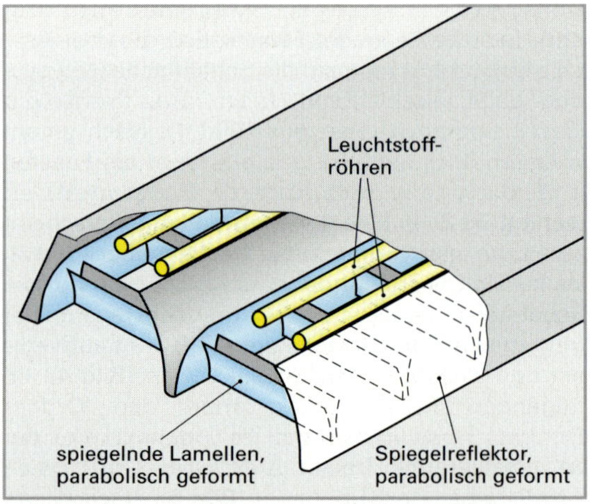

Bild 2: Die Spiegel-Rasterleuchte (BAP-Leuchte)

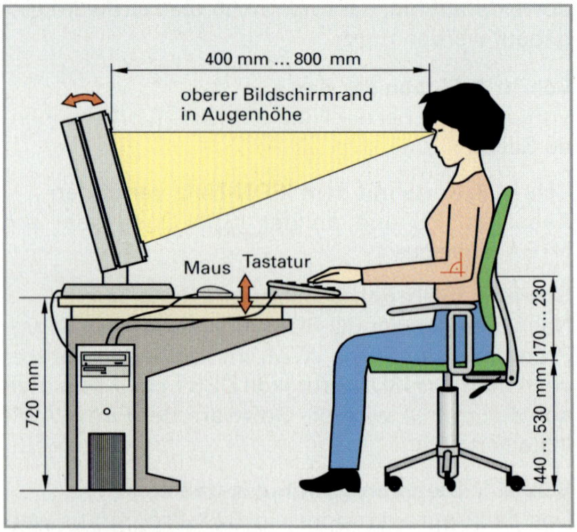

Bild 3: Der PC-Arbeitsplatz

4.4.2 Einrichten eines PC-Arbeitsplatzes

Die Geräte und Baugruppen eines PC-Systems sind sehr empfindlich. Das Auspacken, Aufstellen und die erste Inbetriebnahme eines PC-Systems muss sorgfältig erfolgen, um Beschädigungen zu vermeiden. Oft ist es hilfreich sich in den mitgelieferten Handbüchern über die Vorgehensweise zu informieren.

Zu Beginn prüft man die Verpackungen auf eventuelle Beschädigungen. Dann packt man die Geräte sorgfältig und vollständig aus den Kartons aus und prüft auf Vollzähligkeit **(Bild 1)**. Das Verpackungsmaterial bewahrt man für den Fall späterer Transporte, z. B. für Reparaturen, auf. Manche Geräte, wie z. B. Drucker, enthalten Transportsicherungen, die vor der Inbetriebnahme entfernt werden müssen. Soweit vorhanden, werden alle Netzschalter in Stellung AUS/OFF/0 gebracht. Auf die richtige Angabe oder Einstellung der Netzspannung ist zu achten. Für ein PC-System sind mehrere Steckdosen des 230-V-Netzes erforderlich. Dabei sind Steckdosenleisten mit eingebautem Überspannungsschutz zweckmäßig. Die gesamte Verkabelung darf nur im spannungsfreien Zustand der Geräte erfolgen, um Beschädigungen von Bauelementen durch Überspannungen zu vermeiden. Als letzte Verbindung wird das Netzkabel angeschlossen. Auch bei nachträglichen Änderungen dürfen die Verbindungen nur bei ausgeschalteten Geräten gelöst oder wiederhergestellt werden. Meist sind vielpolige Verbindungskabel durch Halteklammern oder Schrauben am PC oder den Peripheriegeräten befestigt. Dadurch wird ein unbeabsichtigtes Lösen verhindert.

Bild 1: Schritte beim Einrichten eines PC-Arbeitsplatzes

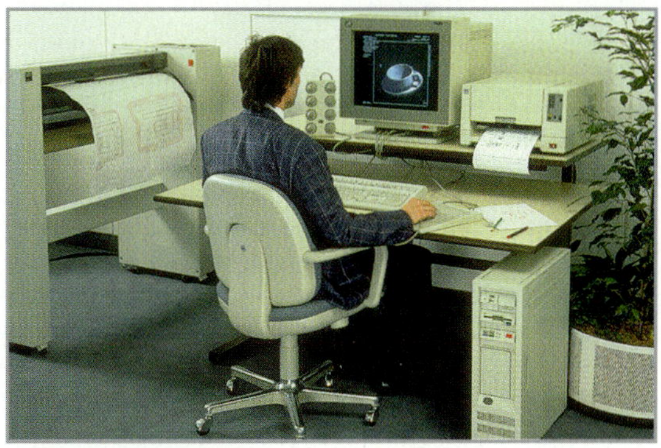

Bild 2: PC-Arbeitsplatz

> Die meisten Verbindungskabel zwischen PC-Komponenten dürfen nur im spannungslosen Zustand gelöst oder gesteckt werden.

Für Bildschirmarbeitsplätze gelten die Prüfsiegel nach TCO 99. Danach muss z. B. die Bildwiederholfrequenz mindestens 75 Hertz betragen und es müssen Grenzwerte elektrischer und magnetischer Felder eingehalten werden.

Die Aufstellung der Geräte muss so vorgenommen werden, dass technische Probleme durch Staub, Feuchtigkeit, Hitze, Stoßgefahr, elektrostatische Aufladung oder durch Magnetfelder vermieden werden. Für ein tätigkeitsgerechtes und körpergerechtes Arbeiten müssen *ergonomische Anforderungen* (Ergonomie = Erforschung der Leistungsmöglichkeiten und optimalen Arbeitsbedingungen des Menschen) beachtet werden. Die Arbeit am PC wird z. B. dadurch erleichtert, dass alle Gerätekomponenten leicht erreichbar sind **(Bild 2)**.

Monitore sollten eine ausreichende Größe, z. B. mit einer Bildschirmdiagonale von mindestens 17 Zoll bei CRT-Monitoren oder 15 Zoll bei Flachbildschirmen haben.

> Bei Mängeln der Funktion sowie der Vollzähligkeit der PC-Einrichtungen gelten die gesetzlichen oder vertraglich vereinbarten Bestimmungen.

Die Kabel sind verdeckt zu verlegen, z. B. in einem Doppelboden, um „Stolperfallen“ zu vermeiden.

> PC-Arbeitsplätze müssen so eingerichtet werden, dass technische Probleme vermieden werden.

4.5 Systemsoftware

Die meisten PC-Systeme werden mit einem bereits installierten Betriebssystem ausgeliefert, z. B. Windows XP oder LINUX. Installiert heißt, das Betriebssystem befindet sich bereits auf der Festplatte des PC-Systems und ist an dessen Hardware angepasst.

4.5.1 Installation von Betriebssystemen

Betriebssystemarten

Betriebssysteme (*Operating Systems*) sind Programme, die jeder Computer benötigt **(Tabelle)**. Mit ihnen wird z. B. die Tastatureingabe, die Bildschirmausgabe und der Datentransport von und zu den Massenspeichern gesteuert. Das Betriebssystem steuert und überwacht auch die Abwicklung von Programmen. Betriebssystemprogramme werden auf mobilen Datenträgern, z. B. auf DVD oder CD-ROM geliefert oder sind auf der Festplatte installiert.

Betriebssysteme sind das Software-Bindeglied zwischen der Hardware und dem Benutzer.

Einplatzbetriebssysteme

Computersysteme werden oft durch Schalenmodelle dargestellt **(Bild 1)**. Meist kann der Anwender über die Tastatur auf Anwenderprogramme oder auf bestimmte Funktionen des Betriebssystems (BS) einwirken. Die Steuerung der Bildschirmausgabe erfolgt durch das Betriebssystem, wobei bestimmte Ausgaben auch wieder durch Anwenderprogramme steuerbar sind. Das Betriebssystem DOS kann z. B. immer nur ein Programm bearbeiten.

Mit Linux, Windows 98, Windows ME, Windows 2000 oder Windows XP kann der Anwender mehrere Tasks (= Aufgaben) vom Computer bearbeiten lassen **(Bild 2)**. Dabei teilt das Betriebssystem nacheinander jedem Task eine bestimmte, kurze Rechenzeit zu (Time-Sharing-Betrieb). Dadurch entsteht der Eindruck, als ob alle Anwendungen gleichzeitig bearbeitet würden.

Die gleichzeitige Nutzung mehrerer Programme durch den Computer wird Mehrprogrammbetrieb (Multitasking) genannt.

Mehrplatzbetriebssysteme

Bei Mehrplatzbetriebssystemen, wie UNIX, können mehrere Anwender mit einem Computer arbeiten **(Bild 3)**.

Tabelle: Betriebssysteme (Auswahl)

Name	Bedeutung, Übersetzung
DOS	Disk Operating System, Disketten-Betriebs-System
Windows CE	Betriebssystem für Geräte
Windows 98, ME	Betriebssystem für 32 bit
Windows NT, Windows 2000, Windows XP	Betriebssystem für 32 bit New Technology = Neue Technologie
UNIX	Betriebssystem für den Bereich Mikrocomputer, Workstation
LINUX	Betriebssystem für den PC-Bereich und Vernetzung

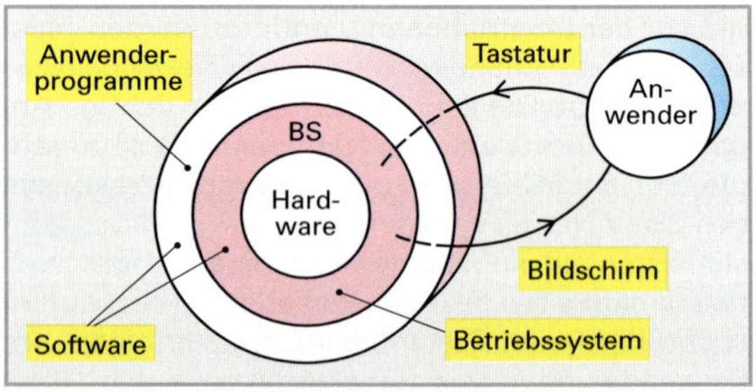

Bild 1: Computersystem (Einprogrammbetrieb)

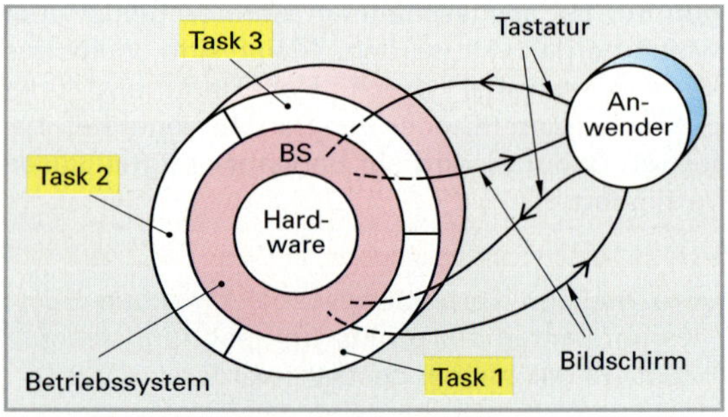

Bild 2: Mehrprogrammbetrieb (Multitasking)

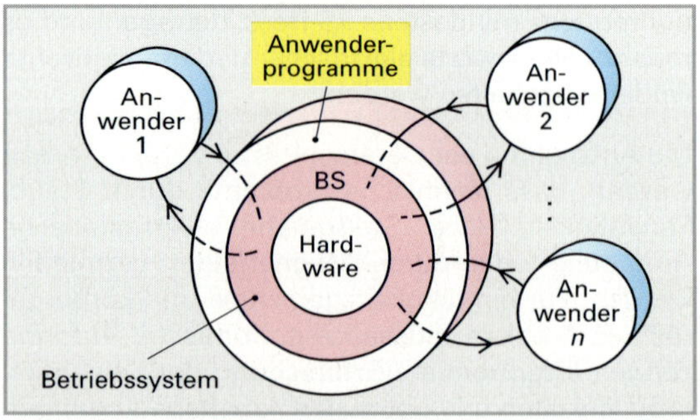

Bild 3: Mehrplatzsystem (Multiuser)

UNIX teilt dazu jedem Anwender nacheinander eine bestimmte, kurze Rechenzeit zu. Dadurch entsteht der Eindruck, als ob jeder Anwender den Computer allein zur Verfügung hätte.

> Mit Mehrplatzsystemen können Anwender unabhängig voneinander verschiedene Aufgaben mit einem Computer bearbeiten.

4.5.2 Installation des Betriebssystems Windows

Einschalten

Im ausgeschalteten Zustand enthält der Hauptspeicher undefinierte Inhalte und das Betriebssystem befindet sich auf der Festplatte. Ein Benutzerprogramm kann man erst starten, wenn die Hardware-Baugruppen eingestellt (initialisiert) und getestet sind und das Betriebssystem geladen ist. Das Initialisieren und Testen der Hardware wird vom BIOS (von Basic Input Output System = Basis-Eingabe-Ausgabe-System) gesteuert. Das BIOS befindet sich in einem EEPROM. Zuerst führt der Rechner einen Selbsttest durch. Der Selbsttest überprüft nacheinander den Hauptspeicher, die CPU, die Festplatte und andere Systemkomponenten. Meist wird der Fortgang der Tests auf dem Bildschirm angezeigt **(Bild 1)**.

> Beim Selbsttest werden die Baugruppen des PC auf Funktion getestet.

Treten Fehler auf, wird dies durch akustische Signale aus dem Lautsprecher oder entsprechende Meldungen auf dem Bildschirm angezeigt. Im nächsten Schritt greift das BIOS auf die ersten Sektoren der Festplatte zu. Dort befindet sich ein kleines Programm zum Booten (von to boot = jem. treten), das Urladeprogramm. Dieses Programm lädt nun die Startdateien des Betriebssystems in den Hauptspeicher und startet diese. Die Startdateien laden die eigentlichen Betriebssystemdateien von der Festplatte in den Hauptspeicher. Nach kurzer Zeit erscheint dann z. B. das Startbild von Windows auf dem Bildschirm. Den geschilderten Vorgang nennt man auch *Kaltstart*.

> Die nach dem Einschalten im PC-System ablaufenden Vorgänge nennt man Kaltstart.

Durch Anklicken der Schaltfläche `Start` kann dann über das Startmenü ein gewünschtes Anwendungsprogramm, z. B. Word, aufgerufen werden. Im Startmenü befindet sich auch der Menüpunkt `Ausschalten` zum Herunterfahren des Betriebssystems vor dem Ausschalten des PC. Reagiert ein Programm nicht mehr auf Bedienkommandos, kann

Bild 1: Bildschirmanzeige nach Ausführen der Systemtests

Strg Alt	**Steuerungstaste (Ctrl-Taste) und Alt-Taste** (von to control = steuern; von alternative = andere Möglichkeit) Diese Tasten haben nur eine Funktion, wenn sie zusammen mit anderen Tasten betätigt werden.
Entf	**Entfernttaste (Del-Taste,** von to delete = löschen)

Bild 2: Tasten für das Durchführen eines Warmstarts

Bild 3: Fenster Windows Task-Manager

man das Betriebssystem bei laufendem PC durch einen Software-Reset erneut starten. Hierbei führt das BIOS nicht mehr alle Initialisierungen erneut aus. Der Neustart wird durch Betätigen der Tastenkombination `Strg` + `Alt` + `Entf` eingeleitet **(Bild 2)**. Nach Betätigung der drei Tasten erscheint das Fenster `Windows Task-Manager` auf dem Bildschirm **(Bild 3)**. Durch Anklicken der Schaltfläche `Task beenden` oder Betätigen der Taste `T` wird z. B. die im Fenster blau hinterlegte Anwendung `Microsoft Excel-Mappe1` beendet. Andernfalls muss ein Neustart durch die Tastenkombination `Strg` + `Alt` + `Entf` erfolgen. Reagiert der PC nicht, kann ein Neustart des BIOS durch Betätigen einer eventuell am PC vorhandenen RESET-Taste (von to reset = zurück-setzen) vorgenommen werden. Ist keine RESET-Taste vorhanden, muss man den PC ausschalten, warten bis kein Festplattengeräusch mehr hörbar ist und dann einen erneuten Kaltstart durchführen.

Installation

Nach dem Einschalten des PC führt das BIOS den Selbsttest durch. Findet es anschließend kein Betriebssystem vor, erscheint auf dem Bildschirm die Aufforderung Insert Bootable Disk (startfähige Diskette einstecken). Nach Einstecken einer bootfähigen CD-ROM startet man den PC neu. Nach einigen Sekunden erscheint eine Bildschirmanzeige **(Bild 1).** Geladen wurde ein Gerätetreiber (Device Driver) für das CD-ROM-Laufwerk, die Steuersoftware MSCDEX für das CD-ROM und die Codepage (Codeseite) mit der länderspezifischen Anpassung des Zeichensatzes und der entsprechenden Anpassung der Tastatur an den Zeichensatz. Betätigt man die Eingabe-Taste (Bild 1, unten), erscheint nach kurzer Zeit die Oberfläche des Setup-Programms von Windows **(Bild 2).** Bei einer formatierten und partitionierten Festplatte kann nun eine Partition für die Installation von Windows gewählt werden. Ist die Festplatte des PC noch nicht formatiert, erscheint nach Betätigen der Eingabetaste am Bildschirm die Aufforderung, die Festplatte zu formatieren **(Bild 3).** Beim Formatieren wird die Festplatte auf Fehler überprüft, die Dateizuordnungstabelle erstellt und ein Inhaltsverzeichnis angelegt. Nach Betätigen der Eingabetaste wird die Festplatte formatiert.

Durch das Formatieren werden auf einer Festplatte Spuren, Sektoren und ein Inhaltsverzeichnis angelegt.

Ist die Formatierung beendet, beginnt die eigentliche Installation des Betriebssystems von der CD-ROM. Nach Einstecken in das Laufwerk wird die CD-ROM automatisch gelesen und es erscheint das Fenster `Windows-Setup` **(Bild 4).** Klickt man auf die Schaltfläche `Weiter` führt das BIOS eine kurze Überprüfung durch. Anschließend werden noch einige Dateien geladen, die zum Kopieren von Windows benötigt werden **(Bild 1, folgende Seite).** In diesem Fenster trifft man die Auswahl zwischen Update oder Neuinstallation. Das nächste auf dem Bildschirm erscheinende Fenster zeigt den Lizenzvertrag von Microsoft. Nach dem Lesen des Vertrags klickt man die Schaltfläche `Ja` an, wenn man einverstanden ist, andernfalls wird bei Anklicken von `Nein` die Installation abgebrochen. Das nächste Fenster zeigt vier

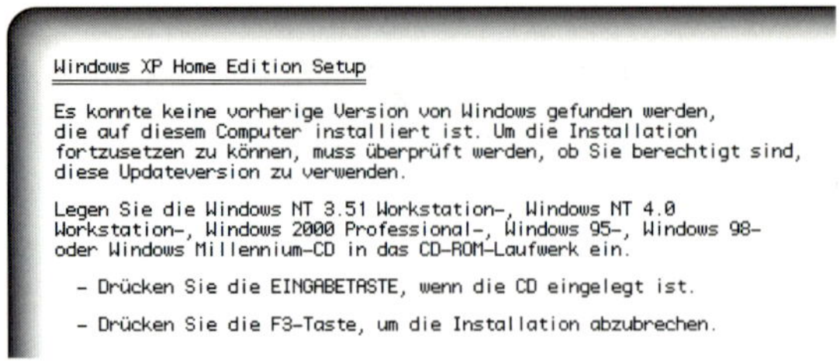

Bild 1: Bildschirmanzeige nach dem Start des Setup-Programms

Bild 2: Setup-Bildschirmanzeige für die Installation von Windows

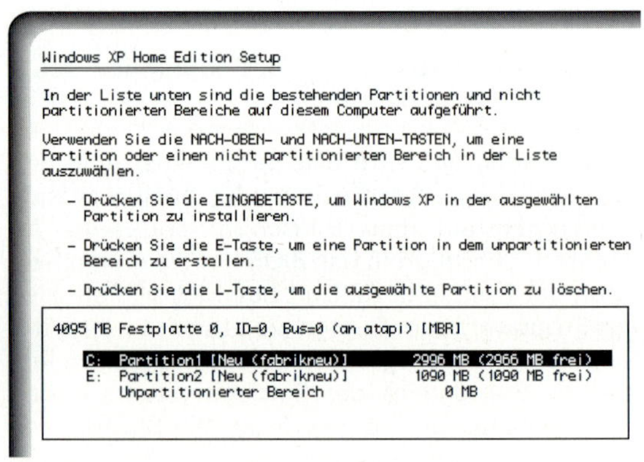

Bild 3: Bildschirmanzeige mit Formatierungsabfrage

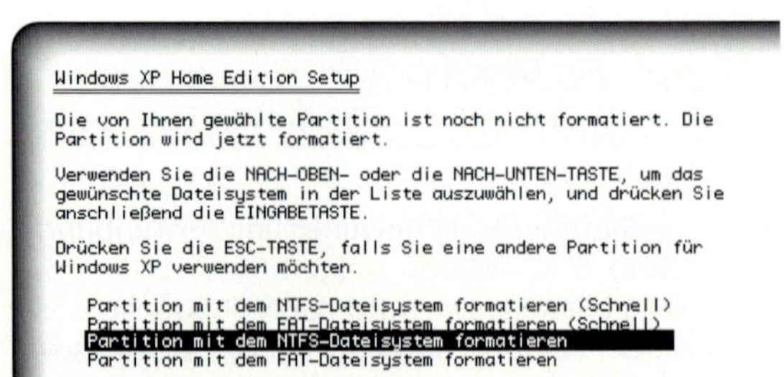

Bild 4: Windows-Setup Fenster

Menüpunkte zur Installation **(Bild 2)**. Nach Klicken auf die Schaltfläche `Windows XP installieren` kann in einem weiteren Fenster eine Komponentenauswahl getroffen werden **(Bild 3)**.

Übung:

Fügen Sie die Windows-Komponente `Paint` den zu installierenden Komponenten zu.

Lösung:

Markieren Sie die Komponente `Zubehör und Dienstprogramme` mit ✓. Mit Doppelklick werden die Unterkomponenten `Spiele und Zubehör` gezeigt. Der nächste Doppelklick zeigt eine Auswahlliste, in der `Paint` markiert wird (Bild 4).

Nach Eingabe der Seriennummer, die z. B. auf der Rückseite der CD-ROM-Kassette oder der CD-ROM-Hülle steht, führt das Installationsprogramm die Hardware-Erkennung durch. Anschließend werden die Windows-Dateien auf die Festplatte kopiert. Das kann bis zu 50 Minuten dauern. Ist die Installation erfolgreich verlaufen, verlangt der Windows Setup-Assistent einen Neustart des PC-Systems. Windows wird nun das erste Mal von der Festplatte gestartet.

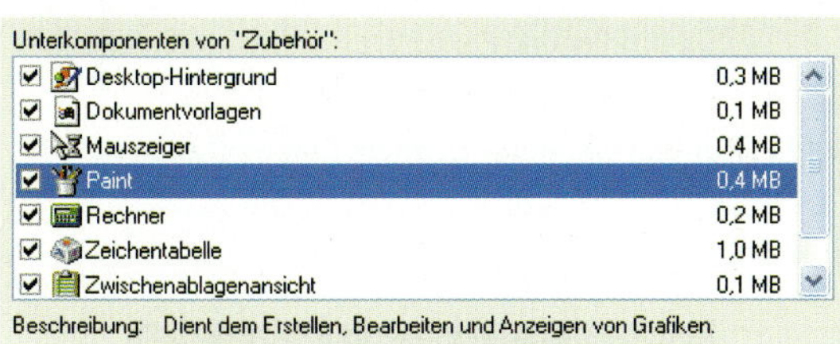

Bild 4: Grafikprogramm PAINT wählen

Wiederholung und Vertiefung

1. **Welche Aufgaben hat ein Betriebssystem?**
2. **Was versteht man unter Einprogrammbetrieb?**
3. **Wie arbeiten Multitasking-Betriebssysteme?**
4. **Welche Folge hat die kurze Rechenzeitzuteilung bei Mehrplatzsystem?**
5. **Welche Dateien müssen vor der Installation von Windows von der Bootdiskette geladen werden?**
6. **Nennen Sie die vier Arten des Setup-Modus.**

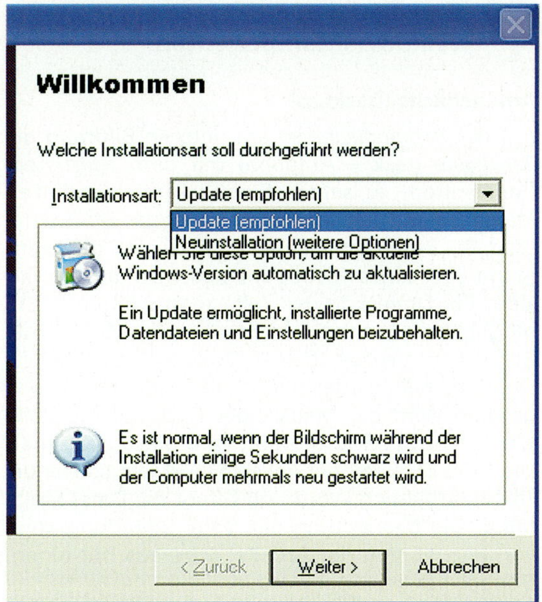

Bild 1: Ausschnitt aus dem Auswahlfenster für die Installationsart

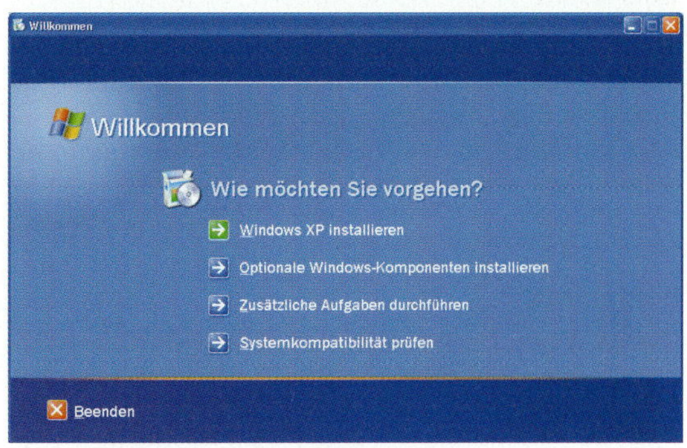

Bild 2: Installationsmöglichkeiten

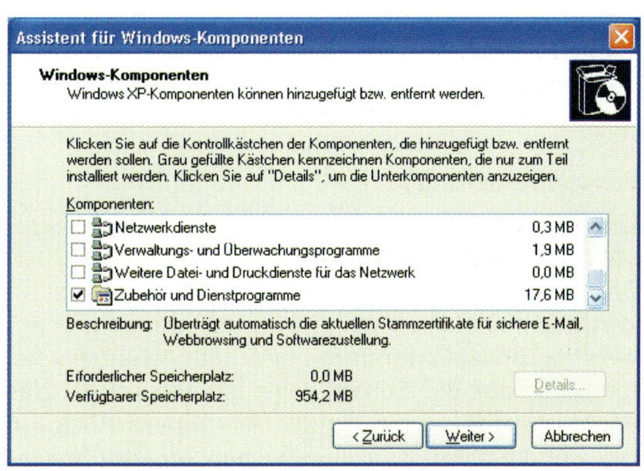

Bild 3: Assistent für Windows-Komponenten

4.5.3 Bedienung von Windows-Komponenten

Arbeitsfläche (Desktop)

Auf der *Arbeitsfläche* ist am unteren Bildrand die *Taskleiste* (task = Aufgabe) mit dem *Startknopf* (Startbutton) zu sehen. Ein Klick mit der linken Maustaste auf den Startknopf öffnet das Startmenü **(Bild 1)**. Bewegt man den Mauszeiger im Startmenü über einen Menüpunkt, so wird dieser markiert. Ein Dreieck in der Zeile zeigt weitere Wahlmöglichkeiten an. So wird für den Menüpunkt `Zuletzt verwendete Dokumente` eine Liste von erstellten oder zuletzt aufgerufenen Dateien gezeigt. Wird der Mauszeiger z. B. auf die Zeile `Einladung.doc` bewegt, wird diese Zeile markiert. Ein Klick mit der linken Maustaste startet die Textverarbeitung Word und öffnet die Datei Einladung. Die Bearbeitung der Datei Einladung kann von jetzt an von der Arbeitsfläche aus mit einem Doppelklick gestartet werden.

> Dateien können über ein Icon auf dem Desktop durch Mausklick gestartet werden.

In der Computertechnik nennt man die bildhaften Symbole zum Anklicken Icon (von griech. eikon = Bild. Betätigt man nun die rechte Maustaste, erscheint das Kontextmenü (Inhaltsmenü).

Bild 1: Bildschirmausschnitt des Windows-Desktop

Bild 2: Kontextmenü des Ordners Eigene Dateien

Kontextmenü

Dieses Menü zeigt eine Liste der ausführbaren Bearbeitungsmöglichkeiten **(Bild 2)**. So kann man das Dokument z. B. Öffnen, Kopieren oder Umbenennen. Im Menüpunkt `Eigenschaften` sind z. B. die Dateigröße und das Erstelldatum zu finden.

> Kontextmenüs erleichtern die Dateibearbeitung.

Bild 3: Fenster für das Beenden von Windows XP

Fenstersteuerung

Die Titelleisten der Fenster wie z. B. der Systemsteuerung und Arbeitsplatz enthalten drei Schaltflächen. Mit einem Klick auf die Schaltfläche ⊟ wird das Fenster verkleinert und es erscheinen andere geöffnete Programme oder die Arbeitsfläche. Ein Klick auf die Schaltfläche ☐ vergrößert das Fenster auf Bildschirmgröße. Mit einem Klick auf die Schaltfläche ⊠ schließt man ein geöffnetes Fenster und beendet z. B. auch eine Anwendung.

Windows beenden

Nach Anwahl des Menüpunktes `Ausschalten` im Startmenü erscheint das Fenster `Computer ausschalten` **(Bild 3)**. Nach Betätigen des Buttons `Ausschalten` ⏻ wird Windows heruntergefahren.

4.5.4 Dateiverwaltung

Der Explorer

Dateien (files) werden mit dem Programm Explorer (von to explore = erforschen) verwaltet. Zum Explorer (Nicht mit dem Internet-Explorer verwechseln!) gelangt man durch Anklicken des Buttons `Start` mit der linken Maustaste und der Anwahl der Zeile `Alle Programme` und Anklicken der Zeile `Windows-Explorer` im Menü `Zubehör` **(Bild 1)**.

In der linken Hälfte sind z. B. der Arbeitsplatz, Laufwerke oder *Ordner* in einer *Baumstruktur* zu sehen. Ein Ordner wird auch *Verzeichnis* genannt. Einen Ordner wählt man durch Anklicken auf das entsprechende Icon aus. Das Pluszeichen + zeigt an, dass in diesem Ordner weitere Ordner (Unterordner) vorhanden sind. In der rechten Hälfte des Fensters sieht man die *Objekte* des Ordners. Dies sind z. B. die Laufwerke des PC.

> **Übung 1:**
>
> Öffnen Sie den Ordner des Laufwerks A. Lassen Sie die Ordner mit dem Ikon Registerkarte 🗀 anzeigen.
>
> *Lösung:* Doppelklick auf das Laufwerksymbol A: im Explorer **(Bild 2)**

Mit einem Doppelklick auf das Laufwerksymbol in der rechten Fensterhälfte (Bild 1) wird das Laufwerk A angewählt. Nach Öffnen des Kontextmenüs (Kontext = umgebender Text) mit der rechten Maustaste kann man im Explorer markierte Ordner oder Dateien z. B. versenden, kopieren, löschen oder umbenennen.

Dateien suchen

Auf den Festplatten von PC sind meist tausende von Dateien vorhanden. Oft sucht man eine ganz bestimmte Datei, von der man z. B. nur noch den Namen weiß, aber nicht mehr, in welchem Ordner man sie gespeichert hat.

> **Übung 2:**
>
> Suchen Sie die Datei `Brief_1` auf dem Laufwerk E.
>
> *Lösung:* **Bild 3**

Für die Dateisuche klickt man das Menü `Extras` des Explorers an. Nach Anwahl der Zeile `Suchen` klickt man auf die Zeile `Dateien/Ordner`. Es öffnet sich das Fenster `Suchen nach: Alle Dateien`. Nach Wechsel zum Laufwerk E gibt man den Dateinamen `Brief_1` ein und klickt auf `Starten`. Es werden die gefundenen Dateien mit Pfadangabe angezeigt.

Bild 1: Fenster Arbeitsplatz

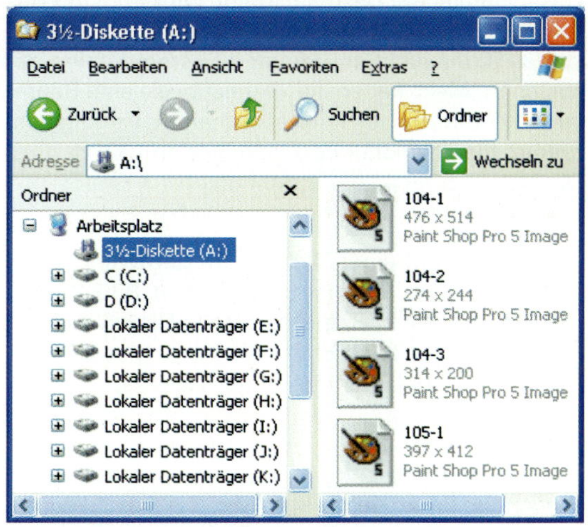

Bild 2: Fenster 3½-Diskette (A:)

Bild 3: Fenster Suchergebnisse

MS-DOS-Eingabeaufforderung

Zum DOS-Eingabefenster gelangt man durch Anklicken von `Start`, `Alle Programme`, `Zubehör` und Anklicken der Zeile `Eingabeaufforderung`. Das Fenster Eingabeaufforderung besitzt ein schwarzes Textfeld **(Bild 1)**.

Im Textfeld ist der DOS-Prompt > zu sehen. Durch Eingabe von `A:` kann zum Laufwerk A gewechselt werden. Kommandos **(Tabelle)** führt man durch Betätigen der Eingabe-Taste aus. Mit dem Kommando `DIR` wird z. B. das Verzeichnis am Bildschirm aufgelistet (Bild 1).

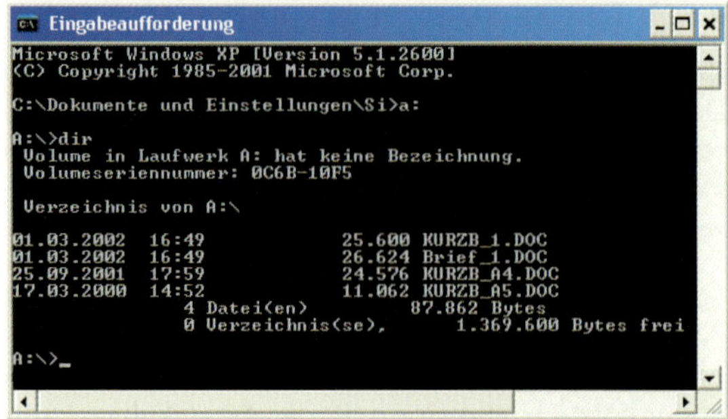

Bild 1: Fenster Eingabeaufforderung für MS-DOS

Verzeichnisse (Ordner) und Verzeichniskommandos von MS-DOS

Ein Ordner wird in DOS *Verzeichnis* (directory) genannt. Das Verzeichnissystem ist in DOS hierarchisch gegliedert. Die erste Ebene wird in DOS Wurzelverzeichnis (root) genannt. In diesem Verzeichnis sind z. B. die nicht angezeigten Systemdateien gespeichert. Meist haben die Verzeichnisse eine Baumstruktur, d.h. Verzeichnisse enthalten Verzeichnisordner, die oft wieder Verzeichnisse enthalten.

Übung:

Legen Sie auf einer Diskette im Laufwerk A in MS-DOS eine Baumstruktur wie in **Bild 2** an. Speichern Sie z. B. die bereits auf Laufwerk C angelegten Dateien Blatt1.DOC und Blatt2.DOC nach A in das Unterverzeichnis Zweig1.

Lösung:

Mit dem Kommando `MD Baum` wird das Verzeichnis Baum angelegt. Mit `CD Baum` wird Baum geöffnet. In diesem Ordner werden mit `MD Ast1` und `MD Ast2` die Verzeichnisse Ast1 und Ast2 angelegt. Mit `CD Ast2` wird das Verzeichnis Ast2 aufgerufen. In ihm legt man mit `MD Blätter` das Verzeichnis `Zweig1` an. Die beiden Dateien Blatt1.DOC und Blatt2.DOC wurden mit dem Kommando COPY von der Festplatte C hierher kopiert.

Tabelle: Externe MS-DOS-Kommandos (Auswahl)

Kommando	Bedeutung, Auswirkung
D:	Wechselt zum Laufwerk D.
CD	Change Directory. Wechselt das Inhaltsverzeichnis entlang eines Pfades; nennt das aktuelle Inhaltsverzeichnis.
COPY	Kopiert Dateien.
DEL	Löscht die angegebenen Dateien.
DIR	Listet den Inhalt eines Verzeichnisses auf.
FORMAT	Formatiert, d.h. legt Spuren und Sektoren auf z. B. Disketten an.
MD	Make Directory. Erzeugt ein neues Inhaltsverzeichnis.
PATH	Legt einen Suchpfad an.
RD	Remove Directory. Entfernt ein leeres Inhaltsverzeichnis aus der hierarchischen Inhaltsverzeichnis-Struktur.
SCANDISK	Prüft ein gewähltes Laufwerk.
SYS	Kopiert die DOS-Systemdateien.

Mit dem Kommando DEL kann man Dateien löschen. Spuren und Sektoren auf Disketten und Festplatten legt man mit dem Kommando FORMAT an.

Bild 2: Fenster Explorer mit Baumstruktur

Stapelprogramme

Ein Stapelprogramm ist eine unformatierte Textdatei, die DOS-Kommandos enthält und ausführbare Dateien (mit der Dateierweiterung .EXE) aufrufen kann. Einer Stapeldatei (Batch-Datei) wird beim Speichern die Datei-Erweiterung .BAT (von Batch = Stapel) angefügt. Der Aufruf einer Stapeldatei erfolgt durch Eingabe des vereinbarten Dateinamens oder Anklicken eines zugewiesenen Ikons.

Stapelprogramme ersparen das mehrfache Eingeben oft benötigter Kommandofolgen über die Tastatur.

DOS-Editor

Stapeldateien schreibt man z. B. mit dem im DOS-Betriebssystem enthaltenen EDITOR-Programm. Der Aufruf erfolgt von Windows aus im Fenster `Eingabeaufforderung` durch Eingabe des Kommandos `EDIT` und Betätigen der Eingabetaste **(Bild 1)**. Nach Anklicken des Menüpunktes `Neu` kann die gewünschte Kommandofolge eingegeben werden.

Übung 1:

Erstellen Sie eine Stapeldatei mit dem Namen NEUDISK.BAT, mit der Disketten im Laufwerk A formatiert und mit dem Zubehörprogramm Scandisk auf Fehlerfreiheit geprüft werden.

Lösung: **Bild 2**

Nach REM (von remark = Bemerkung) kann ein Kommentartext angefügt werden. Mit dem Kommando `PAUSE` wird der Ablauf der Stapeldatei unterbrochen. Es wird PAUSE und der angefügte Text ausgegeben. Die Pause wird durch Betätigen der Eingabetaste beendet. Dann wird mit dem Kommando `FORMAT A:` die in das Laufwerk A eingelegte Diskette formatiert. Beim Formatieren werden alle Daten auf der Diskette gelöscht. Dann wird mit dem Kommando `SCANDISK A:` wird die Diskette im Laufwerk A nach Fehlern durchsucht. Nach dem Speichern und Beenden des Editorprogramms kann die Stapeldatei durch Aufruf von NEUDISK im Fenster `Eingabeaufforderung` ausgeführt werden **(Bild 3)**.

WordPad

Für das Schreiben von Stapeldateien kann auch das Windows-Programm WordPad (pad = Schreibblock) verwendet werden.

Übung 2:

Erstellen Sie die Stapeldatei mit dem Programm WordPad.

Lösung: **Bild 4**, Datei mit .BAT speichern.

Wiederholung und Vertiefung

1. **Wie ruft man das Programm Explorer auf?**
2. **Nennen Sie vom Explorer angezeigte Objekte.**
3. **Welche Aufgabe hat das Kommando FORMAT?**
4. **Wie legt man in MS-DOS Unterverzeichnisse an?**

Bild 1: MS-DOS-EDIT-Fenster

Bild 2: Text der Stapeldatei NEUDISK.BAT

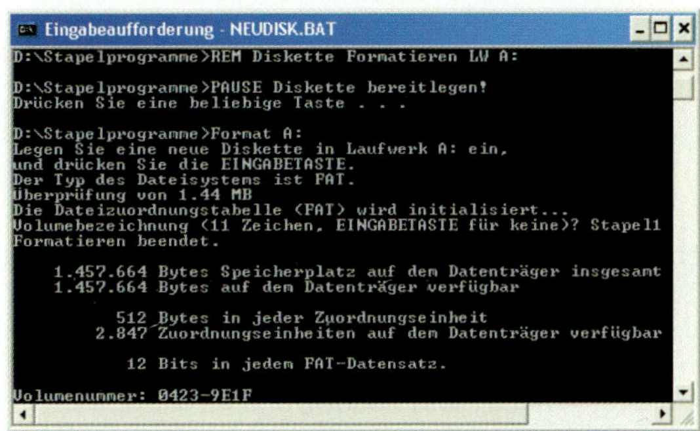

Bild 3: Ausführen der Stapeldatei NEUDISK.BAT

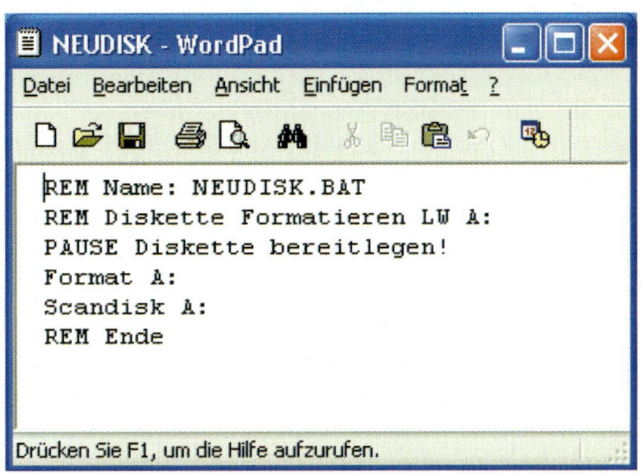

Bild 4: Stapeldatei NEUDISK.BAT im Fenster von WordPad

4.5.5 Konfigurationen in Windows

Betriebssysteme müssen an unterschiedliche Anforderungen angepasst werden. Diese Einstellungen führen Programme aus, die man Treiber nennt.

Einstellungen am Betriebssystem durch Treiber werden Konfigurationen genannt.

Drucker an einem PC

Bei PC mit USB-Schnittstelle ist das Konfigurieren recht einfach. Nach dem Verbinden des PC mit dem Drucker durch das USB-Kabel wird die Konfiguration selbstständig vom Betriebssystem durchgeführt.

Bei Verwendung USB-fähiger Geräte wird die Konfiguration vom Betriebssystem meist automatisch durchgeführt.

Drucker ohne USB-Anschluss, z. B. mit parallelem oder seriellem Anschluss, konfiguriert man mit dem Druckerinstallations-Assistenten von Windows. Für das Konfigurieren ruft man das Fenster `Systemsteuerung` auf **(Bild 1)**. Für die Installation ist die Kategorie `Drucker und andere Hardware auswählen` zuständig.

Übung:

Schließen Sie einen Drucker mit Parallelport an einen PC an.

Lösung: **Bild 2, Bild 3**

Nach einem Doppelklick auf das Icon der Kategorie `Drucker und andere Hardware` wird das Fenster `Druckerinstallations-Assistent` geöffnet **(Bild 2)**. In diesem Fenster kann ein Druckeranschluss ausgewählt werden.

Schritt 1:

Es wird aus der Liste der möglichen Anschlüsse der Eintrag `LPT1: (Empfohlener Druckeranschluss)` markiert.

In der Liste sieht man an der Zeile `DOT4_001-(HP LaserJet 1200-Drucker)`, dass bereits ein Drucker mit USB-Anschluss installiert ist.

Nach Klick auf die Schaltfläche `Weiter` ändert sich der Fensterinhalt so, dass das Druckermodell ausgewählt werden kann **(Bild 3)**.

Schritt 2:

Man sucht in der Liste `Hersteller` den Druckerhersteller und wählt anschließend das Druckermodell aus der nebenstehenden Liste `Drucker` aus. Nach dem Anklicken der Schaltfläche `Weiter` wird die Druckersoftware installiert. Damit ist die Druckerkonfiguration abgeschlossen. Sinnvoll ist es, nach der Installation eine Testseite auszudrucken.

Bild 1: Fenster Systemsteuerung

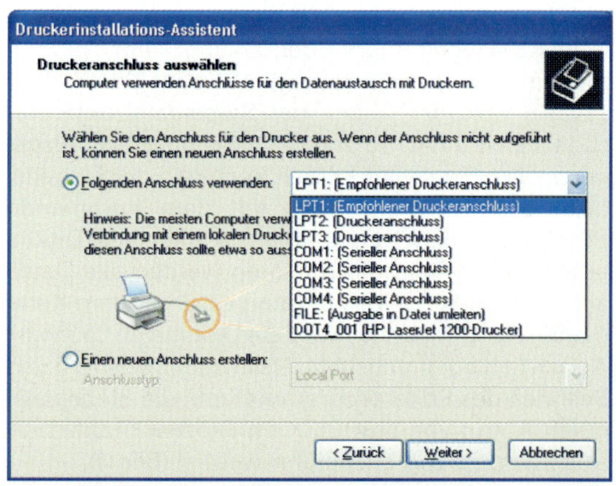

Bild 2: Fenster Druckeranschluss auswählen

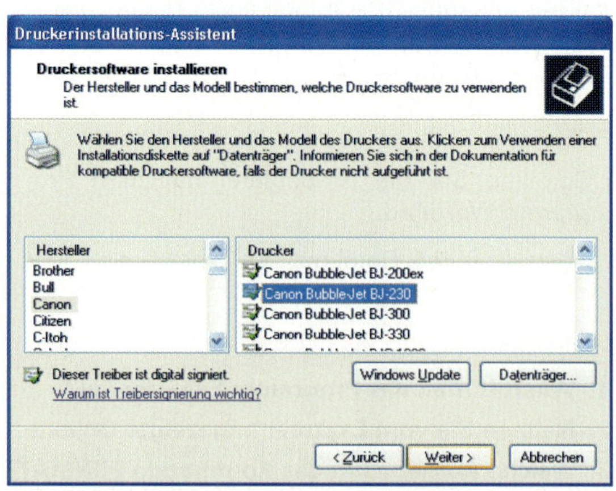

Bild 3: Fenster Druckersoftware installieren

4.5.6 Betriebssysteme im Überblick

Das Betriebssystem ist das Bindeglied zwischen der Hardware eines Computers und den vom Benutzer ausgeführten Anwendungsprogrammen **(Bild 1)**.

Bild 1: Das Betriebssystem als Vermittler

> Ein Betriebssystem ist ausgestattet mit einer Vielzahl von Systemprogrammen, die für den Betrieb eines Computers unverzichtbar sind.

Das Betriebssystem wird nach dem Einschalten eines Computers meist automatisch gestartet. Mit seiner Hilfe können alle Verwaltungsaufgaben wie Datenspeicherung und Datensicherung bewältigt werden. Das Betriebssystem steuert alle Abläufe innerhalb des Computers und sorgt für die Kommunikation zwischen dem Computer und seinen Geräten zur Dateneingabe und Datenausgabe. Es ist die Schnittstelle aller Anwendungsprogramme zur Computerhardware. Für den Datenaustausch zwischen Hardware und Software ist somit das Betriebssystem zuständig.

> Das Betriebssystem ermöglicht die Kommunikation zwischen dem Benutzer und dem Computer.

Es gibt verschiedene Betriebssysteme, die sich sowohl in den Hardwarevoraussetzungen als auch in ihrer Betriebsweise unterscheiden. Zu den derzeit gebräuchlichen Betriebssystemen zählen Windows XP, Windows 2000, Windows NT, Windows CE, UNIX und LINUX **(Tabelle)**.

Tabelle: Betriebssysteme

Betriebssystem	Einsatz	Verbreitung
Windows 9x	Heimgebrauch	Einsatz sinkt
Windows ME	Heimgebrauch	Einsatz sinkt
Windows NT	Unternehmen	häufig
Windows XP	Heimgebrauch, Unternehmen	Einsatz steigt
Windows 2000 Professional	Heimgebrauch	Einsatz steigt
Windows 2000 (Advanced, Datacenter) Server	Unternehmen	Einsatz steigt
Windows CE	bei Palmtops, Pocket-PC	Einsatz steigt
UNIX	bei Workstations, ausschließlich in Unternehmen	häufig
LINUX	PC-Basis, Unternehmen, Schulen, Heimgebrauch	Einsatz steigt
OS/2	PC	selten
MS-DOS	PC	wird seltener

Sämtliche Windows-Versionen sind als Betriebssysteme für IBM-kompatible PC weit verbreitet. Windows 98 und Windows 2000 sind genauso wie Windows NT 32-Bit-Betriebssysteme. Allerdings nutzen Windows 2000 und Windows NT die Hardware besser aus als die anderen Windows-Versionen, stellen aber höhere Anforderungen an die Hardwareausstattung, wie an die Größe des Arbeitsspeichers.

Windows 2000 gibt es in vier verschiedenen Varianten: Windows 2000 Professional wird auf dem lokalen PC eingesetzt, während die Server-, Advanced Server und Datacenter Server-Versionen als Server-Betriebssysteme Verwendung finden.

Windows CE (CE = Compact Edition) ist eine abgemagerte Version von Windows. Es wurde in erster Linie für Pocket-PCs und für Computer in Geräten entwickelt, in denen keine Plattenspeicher vorgesehen sind. Pocket-PCs (von pocket = Hosentasche) sind kleine Minicomputer, die wegen ihren Abmessungen und ihrem Gewicht problemlos in der Hand gehalten werden können **(Bild 2)**. Sie werden meist als Adressbuch und für Terminplanungen verwendet, verfügen aber auch über ein Textverarbeitungsprogramm oder Tabellenkalulationsprogramm sowie eine Schnittstelle zur Datenübertragung zu einem PC.

Bild 2: Pocket-PC mit Windows CE

Das Betriebssystem UNIX ist auf Workstations stark vertreten und hat in vielen Unternehmen, z. B. im CAD-Umfeld, eine große Bedeutung. LINUX ist eine für den PC-Bereich entwickelte UNIX-Variante, die immer größeren Einsatz auch in Firmen findet.

4.5.7 Eigenschaften von Betriebssystemen

Benutzeroberfläche

Betriebssysteme können sich im Aussehen ihrer Benutzeroberflächen unterscheiden. Es gibt rein befehlsorientierte oder grafische Benutzeroberflächen. Bei befehlsorientierten Benutzeroberflächen werden gewünschte Aktionen durch Eingabe einer bestimmten Zeichenfolge über die Tastatur ausgelöst **(Bild 1)**. MS-DOS hat z. B. eine rein befehlsorientierte Oberfläche.

Grafische Benutzeroberflächen sollen das Erlernen und das Arbeiten mit dem Betriebssystem vereinfachen. Hier können Programme über ein Bildsymbol (Icon) ausgelöst werden **(Bild 2)**. Alle Windows-Versionen besitzen grafische Benutzeroberflächen.

Singletasking

Bei der Betriebsart Singletasking (von single = einzeln, task = Aufgabe) wird ein neues Programm nur nach Beendigung des vorherigen Programms ausgeführt. Es kann immer nur mit einem einzigen Programm zur selben Zeit gearbeitet werden **(Bild 3)**. MS-DOS ist ein Singletasking-Betriebssystem.

Multitasking

Bei der Betriebsart Multitasking kann mehr als ein Programm zur selben Zeit ausgeführt werden.

Beim *kooperativen* (zusammenwirkenden) Multitasking bestimmt jedes laufende Programm seine beanspruchten Prozessorzeiten selber und gibt nach gewissen Zeitspannen den Prozessor für andere Programme wieder frei **(Bild 4)**. Es können allerdings Probleme auftreten, wenn ein Programm nicht einwandfrei läuft oder gar abstürzt und damit über die Software nicht mehr abschaltbar ist. Dann können meist die anderen Programme auch nicht mehr auf den Prozessor zugreifen und ein Neustart des Computers ist unumgänglich. Das kooperative Multitasking wurde beim Betriebssystemaufsatz Windows 3.1 verwendet.

Beim *preemptiven* Multitasking (von to preempt = im Voraus mit Beschlag belegen) wird die Prozessorzeit vom Betriebssystem und nicht von den laufenden Programmen bestimmt **(Bild 5)**. Die Prozessorleistung wird jedem ausgeführten Anwendungsprogramm für eine gewisse Zeit zur Verfügung gestellt, anschließend wieder entzogen und einem anderen Programm übertragen. Die Unterbrechungen werden vom Benutzer meist nicht bemerkt. Ein Programm ist nach einer bestimmten Anzahl von Takten abgearbeitet. Kommt es beim preemptiven Multitasking zu einem Programmabsturz, so hat das keine Auswirkung auf die anderen gerade ausgeführten Programme.

Bild 1: Befehlsorientierte Benutzeroberfläche

Bild 2: Grafische Benutzeroberfläche

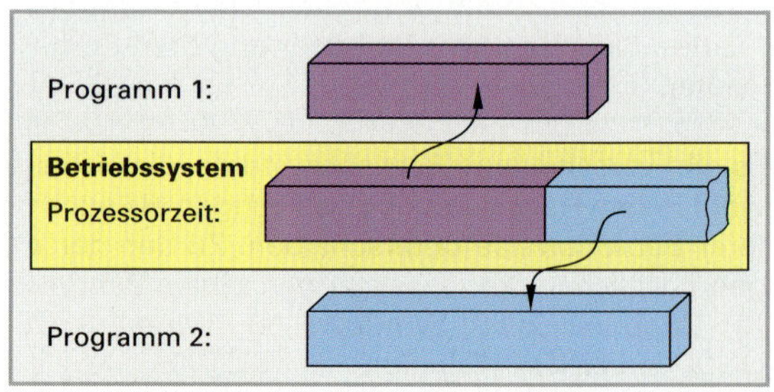

Bild 3: Singletasking

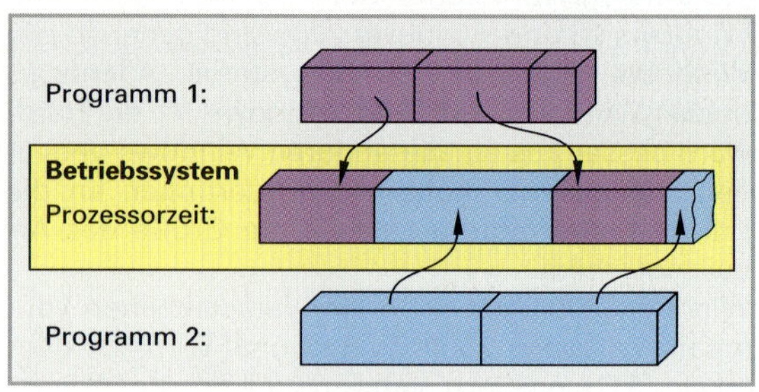

Bild 4: Kooperatives Multitasking

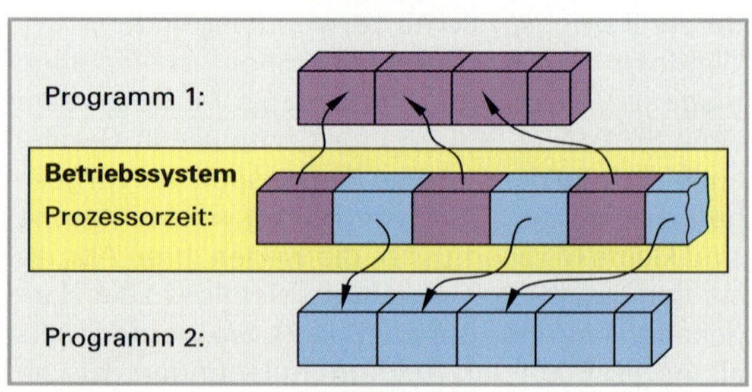

Bild 5: Preemptives Multitasking

Das preemptive Multitasking wird bei Betriebssystemen, wie Windows 9x/2000 und Windows NT, eingesetzt **(Bild 1)**.

> Beim preemptiven Multitasking ist das Betriebssystem für die Vergabe der Prozessorzeit zuständig.

Multithreading

Oft erlauben Betriebssysteme auch einem Programm, mehrere Programmteile, so genannte Threads (thread = Faden), gleichzeitig ablaufen zu lassen. Es wird dann von *Multithreading* gesprochen. Allerdings muss das Anwendungsprogramm auch multithreadingfähig sein. So kann bei dem Textverarbeitungsprogramm Word z. B. gleichzeitig die Silbentrennung und das Drucken des Dokumentes im Hindergrund durchgeführt werden **(Bild 2)**. Multithreadingfähige Betriebssysteme sind z. B. Windows und Windows NT.

Multi-User-Systeme und Single-User-Systeme

Bei Multi-User-Systemen können mehrere Benutzer gleichzeitig auf einen leistungsfähigen zentralen Computer, den Server (von to serve = dienen), zugreifen. Meist arbeiten die Benutzer an Arbeitsstationen und nutzen gemeinsame Ressourcen auf dem zentralen Computer. Für ein Mehrbenutzersystem muss das verwendete Betriebssystem multiuserfähig sein. Windows 2000, UNIX und LINUX sind multiuserfähige Betriebssysteme. Dagegen gibt es auch Betriebssysteme, die nur einem einzigen Benutzer zur selben Zeit die Verwendung des Computers erlauben. MS-DOS ist ein solches Single-User-System oder Einzelplatz-Betriebssystem.

Arbeitsspeicherverwaltung

Die maximale Größe des Arbeitsspeichers ist abhängig von der Prozessorarchitektur. Die Adressbusbreite ist ausschlaggebend für die Größe des Arbeitsspeichers. Bei 16-Bit-Prozessoren hat der Adressbus 20 Leiter. Es werden 2^{20} verschiedene Speicherzellen angesprochen und damit ein Arbeitsspeicher von bis zu 1 MB direkt adressiert. Das Betriebssystem MS-DOS arbeitet mit einem Arbeitsspeicher von 1 MB. Um den Arbeitsspeicher

Bild 2: Multithreading bei Word

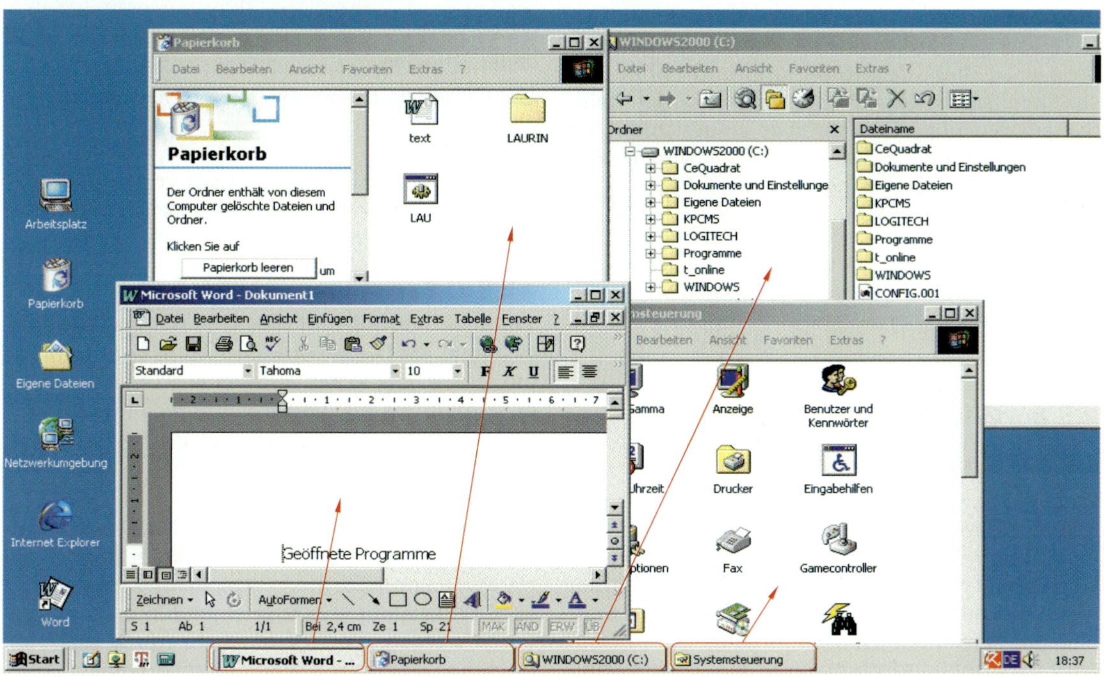

Bild 1: Preemptives Multitasking bei Windows

vergrößern zu können, wurde die Adressbusbreite auf 32 Leiter erhöht. So kann ein Speicherbereich mit bis zu 2^{32} Byte = 4 GB verwaltet werden.

Die Größe des adressierbaren Arbeitsspeichers ist abhängig von der Adressbusbreite.

Windows 98 und Windows NT sind 32-Bit-Betriebssysteme und können deshalb einen Arbeitsspeicher mit einer Größe von 4 GB adressieren.

Dateisystem
Das Dateisystem wird für die Verwaltung der Daten auf den Speichermedien, z. B. der Festplatte, benötigt. Durch das verwendete Dateisystem wird das Aussehen der Dateinamen und die Größe der Cluster (= Haufen), d. h. der kleinsten Speichereinheiten auf dem Speichermedium, festgelegt. Jedes Dateisystem ist durch seine *Dateizuordnungstabelle* charakterisiert. In der Dateizuordnungstabelle sind die Adressen der gespeicherten Dateien hinterlegt. Von der Dateizuordnungstabelle wird zur Sicherheit mindestens eine Kopie erstellt.

Das Dateisystem ist zur Verwaltung des Festplattenspeichers unabdingbar.

Viele Betriebssysteme unterscheiden sich in dem Aufbau ihres Dateisystems **(Tabelle)**. Die FAT (von File Allocation Table = Dateizuordnungstabelle) wird automatisch eingerichtet und bei der Verwaltung von Disketten unter Windows verwendet. Als FAT32 bzw. VFAT32 wird die Dateizuordnungstabelle eines 32-Bit-Betriebssystems bezeichnet. Diese Dateizuordnungstabelle wird immer beim Systemstart über Gerätetreiber eingerichtet. Auf die Dateisysteme FAT32 und NFTS wird in Abschnitt 4.5.8.4 näher eingegangen.

Sicherheit
Bei einigen Betriebssystemen, wie Windows NT und UNIX, können Daten gegenüber dem Zugriff von Dritten gesichert werden.

4.5.8 Windows

4.5.8.1 Systemvoraussetzungen

Voraussetzungen für die Installation und für den reibungslosen Gebrauch des Betriebssystems ist ein Pentium-Rechner mit mindestens 64 MB Arbeitsspeicher und einer freien Festplattenkapazität von mindestens 900 MB. Um zusätzlich Speicherplatz für Anwendungsprogramme zu haben, sollten 2 GB nicht unterschritten werden. Bei Installation von Windows 2000 und Windows XP sollte eine Festplatte von mindestens 4 GB vorhanden sein. Zudem sollte der Computer mit einer SVGA-Grafikkarte ausgestattet sein.

Tabelle: Dateisysteme

Dateisystem	Erklärung	Einsatzgebiet
FAT	File Allocation Table	DOS, bei Disketten unter Windows 9x, Windows 2000, Windows NT
VFAT	Virtual File Allocation Table	Windows for Workgroups 3.11, Windows 95
VFAT32, FAT32	wie oben	Windows 98, Windows ME, Windows 95B, wahlweise bei Windows 2000/XP
NTFS	New Technology File System	Windows NT
NTFS 5	wie oben, Version 5	wahlweise Windows 2000/ Windows XP
EXT2	Second Extended File System	Linux
CDFS	CD-ROM File System	bei CD-ROMs unter Windows 95, Windows NT
HPFS	High Performance File System	OS/2

Bild 1: Grafische Benutzeroberfläche (Windows NT)

4.5.8.2 Systembeschreibung

Windows 98/2000 und Windows NT sind Betriebssysteme, die Datenworte und Adressworte mit einer Breite von 32 bit verarbeiten können und zudem multitasking- und multithreadingfähig sind. Windows NT und Windows 2000 sind multiuserfähig. Diese Betriebssysteme weisen grafische Benutzeroberflächen auf **(Bild 1)**.

Windows NT, Windows 2000 und Windows XP verweigern Programmen den direkten Zugriff auf Hardwarekomponenten, was beim Arbeiten mit DOS-Programmen zu Problemen führen kann. Dadurch werden aber Systemabstürze reduziert, sodass diese Betriebssysteme damit erheblich an Sicherheit und Stabilität gewonnen haben.

Plug-and-Play
Windows unterstützt Plug-and-Play (von to plug = einstöpseln, to play = spielen). Eine Plug-and-Play-fähige Hardware wird bei der Installation nur in den Rechner eingesteckt und übergibt dann dem Betriebssystem die eigene Spezifikation. Einstellungen von Interrupts sind nicht mehr erforderlich. Die notwendige Treibersoftware (Ansteuerungssoftware für die Hardware) wird automatisch nach Einlegen der mitgelieferten CD-ROM installiert. Plug-and-Play-Komponenten werden von vielen Hardwareherstellern angeboten.

> Das Betriebssystem Windows weist Plug-and-Play-fähiger Hardware bei Bedarf automatisch Systemressourcen zu.

Windows 2000 und Windows XP verwendet eine *Treibersignierung,* bei der alle von Microsoft erfolgreich getesteten Treiber digital signiert werden. Wird ein nicht signierter Treiber installiert, gibt das Betriebssystem eine Warnung aus.

Virtueller Arbeitsspeicher
Windows unterstützt einen *virtuellen Arbeitsspeicher* (von lat. virtus = Geist). Mithilfe des virtuellen Arbeitsspeichers wird ein zu kleiner Arbeitsspeicher ausgeglichen, indem ein Bereich auf der Festplatte als zusätzlicher Arbeitsspeicher zur Verfügung gestellt wird. Der bereitgestellte Bereich wird bei Windows 98 über die Auslagerungsdatei `win386.swp` und bei Windows NT/2000/XP über die Datei `pagefile.sys` angesprochen.

> In den virtuellen Arbeitsspeicher werden Daten vorübergehend aus dem Arbeitsspeicher ausgelagert.

Die Verlagerung der Daten wird als *Swapping* (von to swap = austauschen) bezeichnet. Das Schreiben der Daten auf eine Festplatte dauert länger als das Ablegen der Daten im Arbeitsspeicher. Deswegen sollte die Auslagerungsdatei am Anfang oder Ende der Partition (von part = Teil) gespeichert sein, um die Verlangsamung des Rechners durch den virtuellen Arbeitsspeicher so klein wie möglich zu halten. Die Auslagerungsdatei sollte deswegen auch unbedingt unfragmentiert (unzerstückelt) auf der Partition sein. Eine Partition ist ein Teil einer Festplatte, der mit einem eigenen Laufwerksbuchstaben angesprochen wird.

Die Einstellungen des virtuellen Arbeitsspeichers können in der Systemsteuerung über das Icon `System` vorgenommen werden.

Windows 98: Das Fenster `Virtueller Arbeitsspeicher` erscheint nach Drücken der

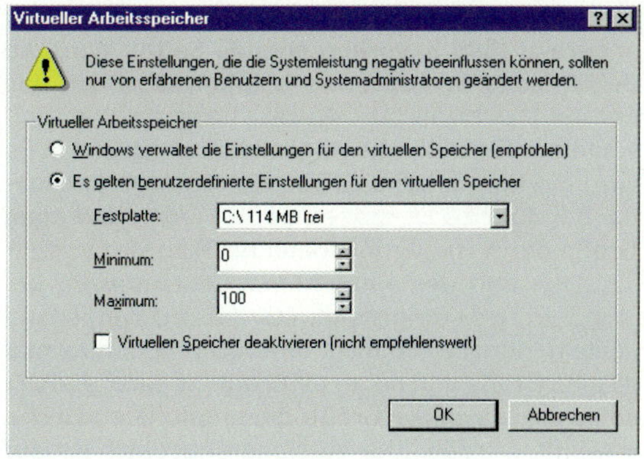

Bild 1: Virtueller Arbeitsspeicher bei Windows 98

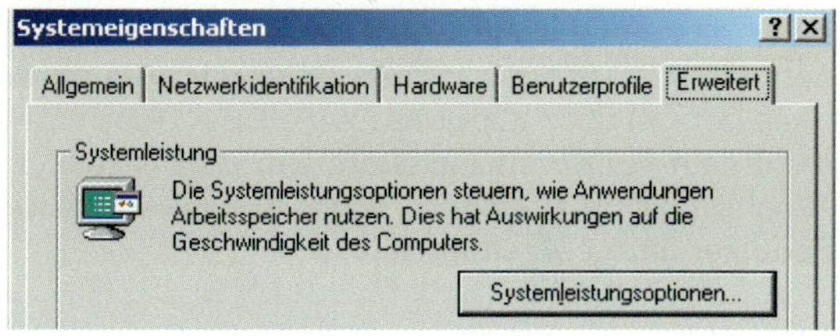

Bild 2: Systemeigenschaften bei Windows 2000

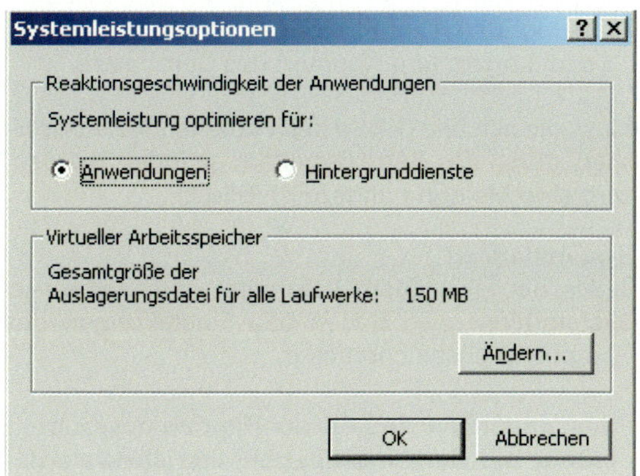

Bild 3: Systemleistungsoptionen

Schaltfläche `Virtueller Arbeitsspeicher` in der Karteikarte `Leistungsmerkmale` **(Bild 1)**. Werden die Einstellungen vom Benutzer vorgenommen, sollte sich die Auslagerungsdatei auf der Partition befinden, auf der auch das Betriebssystem gespeichert wurde. Durch Setzen des Minimum-Werts auf 0 MB wird die Swap-Datei beim Herunterfahren des Computers geleert.

Windows 2000: Hier erscheint das Fenster zur Einstellung des virtuellen Arbeitsspeichers durch Drücken der Schaltfläche `Systemleistungsoptionen...` in der Karteikarte `Erweitert` **(Bild 2)**. Im Fenster `Systemleistungsoptio-`

`nen` wird die Gesamtgröße der Auslagerungsdatei angezeigt **(Bild 3, vorhergehende Seite)**. Wird die Schaltfläche `Ändern...` betätigt, erscheint das Fenster `Virtueller Arbeitsspeicher` mit weiteren Einstellungsmöglichkeiten **(Bild 1)**. Es wird die momentane Größe der Auslagerungsdatei bei `Zurzeit zugeteilt:`, die minimale Größe der Auslagerungsdatei bei `Minimal erlaubt:` und die empfohlene Gesamtgröße bei `Empfohlen:` angezeigt. Die Auslagerungsdatei sollte minimal 2 MB nicht unterschreiten, maximal ist eine Größe von bis zu 4095 MB möglich. Jedoch sollte als maximale Größe die empfohlene Größe gewählt werden. Die Auslagerungsdatei ist auf mehrere Laufwerke aufteilbar.

Um die Größe der Auslagerungsdatei einzustellen, muss das gewünschte Laufwerk ausgewählt werden. Über `Anfangsgröße (MB):` ist die minimale Größe, über `Maximale Größe (MB):` die maximale Größe einzustellen. Um den virtuellen Arbeitsspeicher zu ändern, muss der angemeldete Benutzer dazu berechtigt sein.

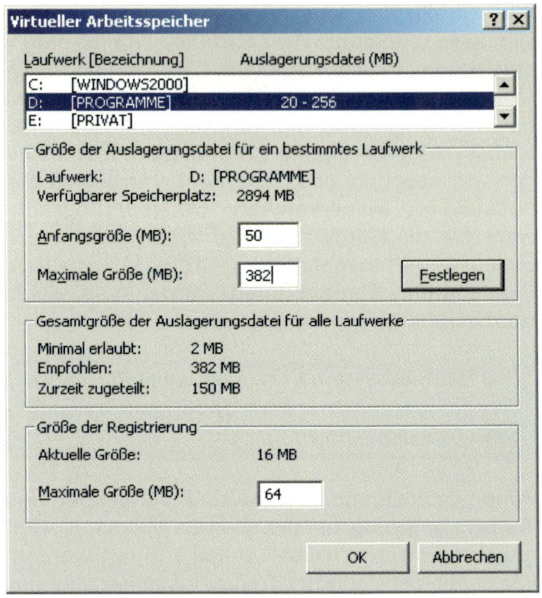

Bild 1: Virtueller Arbeitsspeicher bei Windows 2000

Übung:
Wählen Sie als maximale Größe des virtuellen Arbeitsspeichers die empfohlene Größe.

Lösung: **Bild 1** und Betätigen der Schaltfläche `Festlegen` und Neustart des Computers.

Muss die aktuelle Größe des virtuellen Arbeitsspeichers durch das Betriebssystem geändert werden, wird eine Meldung angezeigt **(Bild 2)**.

Systemdateien
Jedes Betriebssystem beinhaltet eine Reihe von Systemdateien, in denen alle Einstellungen des Computers gespeichert sind.

Systemdateien sind für den Betrieb des Computers mit dem installierten Betriebssystem nötig.

In der *Registry* (= Registrierung) werden sämtliche Systemeinstellungen gespeichert. Sie wird mithilfe des Registrierungseditors `regedit.exe` dargestellt und auch verändert **(Bild 1, folgende Seite)**. Die Registry hat eine Baumstruktur ähnlich der eines Verzeichnisbaums. Dabei sind die einzelnen Einträge *Schlüsselworte* (KEYs), denen bestimmte Daten oder Unterschlüssel zugeordnet werden. Die Daten können z. B. aus ASCII-Zeichen oder aus Binärzeichen bestehen. Unter dem Schlüssel HKEY_LOCAL_MACHINE sind Systemdaten und Daten über vorhandene Software des lokalen Computers aufgeführt, die für alle Benutzer gleich sind. HKEY_CURRENT_CONFIG und HKEY_CLASSES_ROOT verweisen auf Unterschlüssel von HKEY_LOCAL_MACHINE.

HKEY_CURRENT_CONFIG gibt dabei die aktuelle Konfiguration und HKEY_CLASSES_ROOT gemeinsam genutzte Windows-Komponenten an. Unter HKEY_USERS sind die benutzerspezifischen Einstellungen aller Benutzer zu finden. HKEY_CURRENT_USER greift auf die Einstellungen des momentan angemeldeten Benutzers zu und ist deshalb mit einem Zweig aus HKEY_USERS identisch. Unter HKEY_DYN_DATA sind bei Windows 98 die Daten über den aktuellen Zustand des Computers gespeichert. Entsprechend gibt es bei Windows 2000 den nicht angezeigten Hierarchiezweig HKEY_PERFORMANCE_DATA.

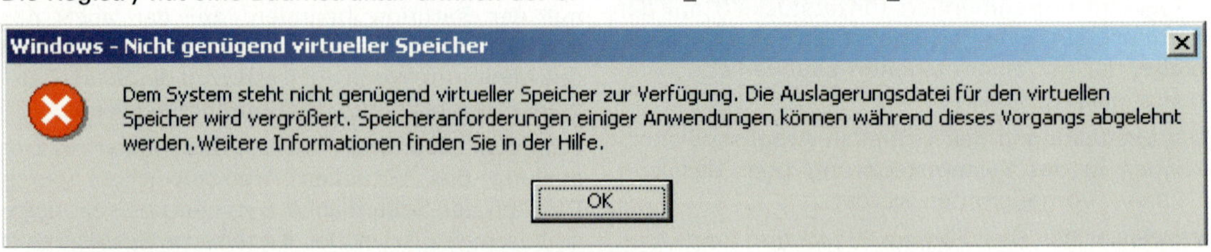

Bild 2: Meldung bei unzureichendem virtuellem Arbeitsspeicher

Übung:
Verändern Sie die Größe der Icons auf dem Desktop.
Lösung: **Bild 1.**
Es wird HKEY_CURRENT_USER/Control Panel/Desktop/WindowMetrics aufgerufen, auf `Shell Icon Size` doppelgeklickt, der Wert auf z. B. 25 geändert und der Computer neu gestartet.

Windows 98: Die Registry besteht aus den versteckten Dateien `system.dat` und `user.dat`, die im Windows-Verzeichnis gespeichert sind. In der Datei `user.dat` sind Benutzereinstellungen und in der Datei `system.dat` die Konfigurationen von Hard- und Software abgelegt. Damit sind die Systemeinstellungen benutzerunabhängig speicherbar. Die beiden Dateien werden einmal pro Tag gesichert und im Ordner `C:\windows\sysbckup\rb*.cab` hinterlegt. So sind bei einer Beschädigung der Registry immer noch ältere Versionen vorhanden. Die Grundkonfiguration wurde im Hauptverzeichnis nach der Installation des Betriebssystems unter dem Namen `system.1st` automatisch gespeichert.

Windows 2000: Hier besteht die Registry dagegen aus einer Vielzahl von Dateien, von denen die meisten im Ordner `WinNT\system32\config` zu finden sind. Z. B. werden die Softwareeinstellungen in den Dateien `software`, `software.log` und `software.sav` gespeichert und die Systemeinstellungen in den Dateien `system`, `system.log` und `system.sav`. Dabei sind Dateien mit der Endung `alt` Sicherungskopien von Registry-Einträgen, die `log`-Dateien enthalten die entsprechenden Neueinträge der Registry und die Dateien mit der Endung `sav` sind Sicherungen für eine textorientierte Betriebssystem-Umgebung. Weitere Dateien für die Registry, die Benutzer-Einstellungen betreffen, befinden sich im Ordner `C:\Dokumente und Einstellungen`.

Die Registry enthält alle Einstellungen der Hardware und Software sowie benutzerabhängige Konfigurationen.

Durch die Registry werden die MS-DOS-Systemdateien `config.sys` und `autoexec.bat` sowie die unter Windows 3.11 vorhandenen Systemdateien `win.ini` und `system.ini` ersetzt. Diese Dateien sind aber weiterhin vorhanden, da manche älteren Programme diese Dateien noch benutzen. `autoexec.bat`, `config.sys` (bzw. bei Windows 2000 `autoexec.nt` und `config.nt`) `win.ini` und `system.ini` werden beim Start des Computers aufgerufen.

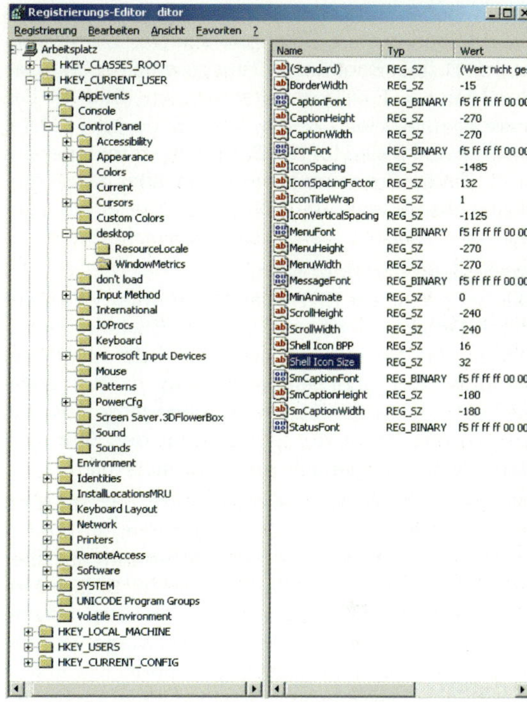

Bild 1: Registrierungseditor mit Registry

```
[Paths]
WinDir=C:\WINDOWS
WinBootDir=C:\WINDOWS
HostWinBootDrv=C

[Options]
BootMenu=1
BootMulti=1
BootGUI =1
Logo=0
DoubleBuffer=1
AutoScan=1
WinVer=4.10.1998
;
;The following lines are required for compatibility with
;Do not remove them (MSDOS.SYS needs to be >1024 bytes).
;xxxxxxxxxxxxxxxxxxxxxxxxxxxxxxxxxxxxxxxxxxxxxxxxxxxxxxxxxxxxxxx
```

Bild 2: Auszug aus der Datei msdos.sys

Eine weitere Systemdatei unter Windows 98 ist die Datei `io.sys`. In dieser Datei sind die zum Start des Computers benötigten Daten angegeben. Über das Ausführen der Datei werden die Treiber für die Hardware des Computers geladen. Der Inhalt von `io.sys` ist nicht veränderbar. Sollte die Datei `config.sys` vorhanden sein, dann wird die Abarbeitung dieser Datei bevorzugt.

In der Systemdatei `msdos.sys` von Windows 98 sind die Bootoptionen des Computers verzeichnet (**Bild 2**). Die Datei enthält Angaben über die beim Hochfahren des Rechners auszuführenden Abläufe. Die unter [Paths] (von path = Pfad) aufgelisteten

Zeilen geben Pfadeinstellungen wieder. Anschließend folgen weitere Bootoptionen. Das Start-Menü kann z. B. über BootMenu=0 ausgeschaltet bzw. über BootMenu = 1 eingeschaltet werden **(Bild 1)**. Die auskommentierten Zeilen am Ende der Datei `msdos.sys` sind für das Betriebssystem unbedeutend. Einige Programme erwarten aber aus Kompatibilitätsgründen, dass die Datei größer als 1024 Byte ist. Deshalb dürfen diese Zeilen nicht fehlen.

Start-Menü und Boot-Menü

Das textorientierte Start-Menü wird unter Windows durch Drücken der Funktionstaste `F8` beim Hochfahren des Rechners aufgerufen oder kann bei Windows 98 über einen Eintrag in die Datei `msdos.sys` automatisch geladen werden (Bild 2, vorhergehende Seite). Es bietet für den Start des Betriebssystems verschiedene Varianten an.

Windows 2000: Das textorientierte Start-Menü **(Bild 2)** bietet als erstes den abgesicherten Modus (mit Netzwerk oder Eingabeaufforderung) an, über den nur Basistreiber geladen werden. Dieser Modus ist immer dann notwendig, wenn zuvor falsche Treiber geladen wurden oder schwerwiegende Fehler aufgetreten sind. Der abgesicherte Modus ist durch eine veränderte Windows-Oberfläche erkennbar **(Bild 3)**. Ist die Startprotokollierung aktiviert, wird eine Protokolldatei `ntbtlog.txt` im Windows-Verzeichnis angelegt. In dieser Datei werden die geladenen bzw. nicht geladenen Treiber vermerkt. Der `Eintrag VGA-Modus aktivieren` sollte bei fehlerhaften Einstellungen der Grafikkarte gewählt werden. Der VGA-Modus wird auch im abgesicherten Modus geladen. Über den Eintrag `Letzte als funktionierend bekannte Konfiguration` werden Schäden an der Registry behoben. `Die Verzeichnisdienstwiederherstellung` ist nur bei Windows 2000-Servern von Bedeutung. Der `Debugmodus` sendet beim Starten von Windows 2000 Debuginformationen an einen anderen Computer über ein serielles Kabel.

Windows 98: Über den Start-Menü-Eintrag `Normal` wird das Betriebssystem mit den üblichen Einstellungen gestartet (Bild 1). Bei Aufruf von `Protokolliert` wird zusätzlich die Datei `bootlog.txt` im Hauptverzeichnis angelegt und dort der Bootvorgang protokolliert. Die Datei `bootlog.txt` kann nach dem Bootvorgang z. B. mit einem Editor eingesehen werden. Über den Menüeintrag 3 wird der `abgesicherte Modus` gestartet und nur Basistreiber geladen. Im abgesicherten Modus ist kein Zugriff auf das CD-ROM-Laufwerk möglich. Wird `Einzelbestätigung` gewählt, muss jeder Ladevorgang vorher bestätigt werden. Soll nur der MS-DOS-Modus gestartet werden, reicht die Wahl von `Nur Eingabeaufforderung`.

```
Microsoft Windows 98 Start-Menü
===============================

  1. Normal
  2. Protokolliert (\BOOTLOG.TXT)
  3. Abgesicherter Modus
  4. Einzelbestätigung
  5. Nur Eingabeaufforderung
  6. Nur Eingabeaufforderung für abgesicherten Modus
  7. Vorherige MS-DOS-Version

Auswahl: 1          Restdauer: 28
```

Bild 1: Start-Menü von Windows 98

```
Erweiterte Windows 2000-Startoptionen
Wählen Sie eine Option aus:

 Abgesicherter Modus
 Abgesicherter Modus mit Netzwerktreibern
 Abgesicherter Modus mit Eingabeaufforderung

 Startprotokollierung aktivieren
 VGA-Modus aktivieren
 Letzte als funktionierend bekannte Konfiguration
 Verzeichnisdienstwiederherstellung (Windows 2000-Domänencontroller)
 Debugmodus

 Normal starten

Verwenden Sie ↑ und ↓, um einen Eintrag zu markieren.
Drücken Sie anschließend die EINGABETASTE.
```

Bild 2: Start-Menü von Windows 2000

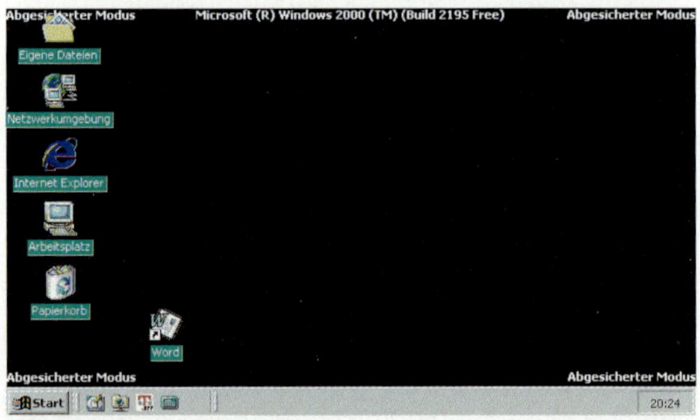

Bild 3: Abgesicherter Modus

```
Wählen Sie das zu startende Betriebssystem:

 Microsoft Windows 2000 Professional
 Microsoft Windows

Verwenden Sie ↑ und ↓, um einen Eintrag zu markieren.
Drücken Sie anschließend die EINGABETASTE.
```

Bild 4: Boot-Menü

> Das textorientierte Start-Menü wird beim Hochfahren von Windows über die Funktionstaste F8 aufgerufen.

Sind mehrere Betriebssysteme auf einem Computer installiert, wird von Windows 2000 zusätzlich ein Boot-Menü angeboten **(Bild 4)**. Die Boot-Menü-Einträge sind in der Datei `boot.ini` im Hauptverzeichnis hinterlegt. Zusätzlich wird das Start-Menü um den Eintrag `Zum Betriebssystemauswahlmenü zurückkehren` ergänzt.

4.5.8.3 Benutzung von Windows

Anmelden

Um mit Windows 2000 zu arbeiten, wird aus Sicherheitsgründen eine Anmeldung verlangt, die aus dem Benutzernamen und einem Kennwort besteht.

Arbeitsfläche einrichten

Die Arbeitsfläche (Desktop) ist die Schnittstelle zwischen dem Benutzer und dem Betriebssystem. Jeder Benutzer kann sie wie seinen Schreibtisch nach seinem Geschmack gestalten. Über die Icons auf dem Desktop werden Programme oder Dokumente aufgerufen. Die Icons stellen meist *Verknüpfungen,* d. h. Verweise zu diesen Programmen oder Dokumenten dar. Verknüpfungen beanspruchen sehr wenig Speicherplatz und werden durch einen Pfeil in der linken unteren Ecke des Bildsymbols gekennzeichnet.

Um ein Icon als Verknüpfung zu einem Programm auf dem Desktop anzulegen, muss für die Arbeitsfläche das Kontextmenü über die rechte Maustaste aufgerufen werden **(Bild 1)**. Durch Auswahl von `Neu` und anschließende Auswahl von `Verknüpfung` erscheint das Fenster `Verknüpfung erstellen` **(Bild 2)**. In das Feld wird das gewünschte Programm inklusive Pfadangabe eingetragen oder über `Durchsuchen...` der Speicherort des Programms ausgewählt. Die Pfadangabe wird mit `Weiter` bestätigt, anschließend der Name der Verknüpfung eingetragen und über `Fertigstellen` die Erstellung der Verknüpfung beendet.

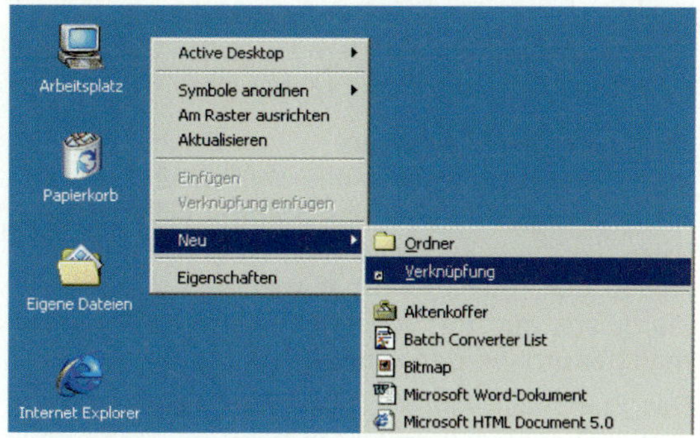

Bild 1: Kontextmenü der Arbeitsfläche

Bild 2: Verknüpfung erstellen

Übung 1:

Fügen Sie den Windows-Explorer (`explorer.exe`), der sich im Windows-Verzeichnis befindet, als Icon auf Ihre Arbeitsfläche ein.

Lösung: **Bild 2**

Über das Kontextmenü des Icons (rechte Maustaste) kann ein anderes Bildsymbol für die Verknüpfung ausgewählt werden. Durch Klick auf den Menüpunkt `Eigenschaften` erscheint das Eigenschaften-Fenster. In der Karteikarte `Verknüpfung` wird die Schaltfläche `Anderes Symbol...` gedrückt und die Symbolauswahl erscheint **(Bild 3)**. Ein ausgewähltes Symbol muss durch zweimaliges Drücken von `OK` bestätigt werden.

Bild 3: Bildsymbol des Icons verändern

Übung 2:

Ändern Sie das Bildsymbol des Explorer-Icons ab.

Lösung: Bild 3, anklicken des neuen Symbols.

Bei Windows wird die Arbeitsfläche als *Active Desktop* bezeichnet, auf dem zusätzlich Seiten oder Bilder aus dem Internet ablegbar sind.

Taskleiste und Startmenü

In der *Taskleiste* werden alle geöffneten Programme angezeigt und über das *Startmenü* in der Taskleiste die meisten Programme aufgerufen **(Bild 1)**. Neben dem Startmenü befindet sich die *Schnellstartleiste,* die zum schnellen Start von Programmen genutzt werden kann.

Das Startmenü kann an die Wünsche des Benutzers angepasst werden, indem im Menüpunkt `Einstellungen` des Startmenüs der Eintrag `Taskleiste...` gewählt wird. Es erscheint ein Fenster, in dem die Eigenschaften des Startmenüs verändert werden können **(Bild 2)**. Wird bei Windows 2000 `Persönlich angepasste Menüs verwenden` in der Karteikarte `Allgemein` angeklickt, wird das Menü `Programme` im Startmenü bereinigt und länger nicht verwendete Einträge ausgeblendet (Bild 1). Auf die ausgeblendeten Einträge kann über den Abwärtspfeil zugegriffen werden.

Über die Karteikarte `Erweitert` (bzw. bei Windows 98 die Karteikarte `Programme im Menü "Start"`) werden Programme in das Startmenü hinzugefügt, entfernt oder an anderer Stelle im Startmenü eingetragen. Wird die Schaltfläche `Hinzufügen...` gedrückt, erscheint das Fenster `Verknüpfung erstellen` (Bild 2, vorhergehende Seite). Das hinzuzufügende Programm wird über Anklicken auf `Durchsuchen...` ausgewählt und über `Weiter` bestätigt. Die Programmgruppe, in die das Programm eingefügt werden soll, muss im sich öffnenden Fenster durch Anklicken ausgewählt werden **(Bild 3)**. Bei Bedarf kann über die Schaltfläche `Neuer Ordner...` ein neuer Ordner erstellt werden. Der übergeordnete Ordner muss zuvor markiert sein. Die Auswahl wird über `Weiter` bestätigt und anschließend der Name des Programms eingetragen. Das Drücken von `Fertigstellen` beendet die Änderung des Startmenüs.

Übung:

Fügen Sie den Explorer (`C:\WinNT\explorer.exe`) ins Startmenü unter der Programmgruppe `Startmenü` ein.

Lösung: **Bild 3**

Die erweiterte Ansicht wird über die Schaltfläche `Erweitert...` im Eigenschaften-Fenster der Taskleiste aufgerufen (Bild 2, **Bild 1, folgende Seite**). Hier wird deutlich, dass das Startmenü bei Windows 2000 zweigeteilt verwaltet wird. Der Teil des Startmenüs, der im Ordner `C:\Dokumente`

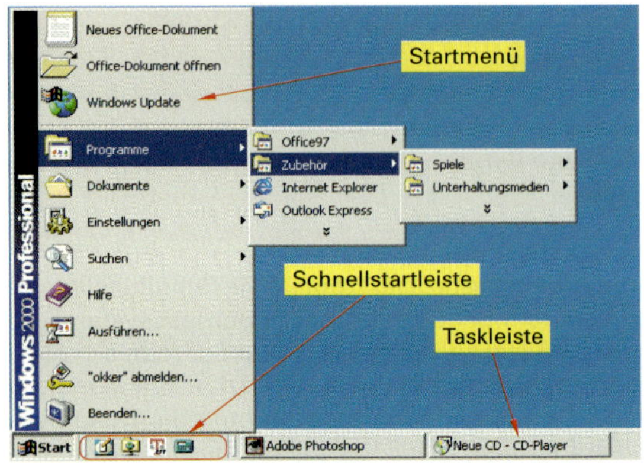

Bild 1: Taskleiste

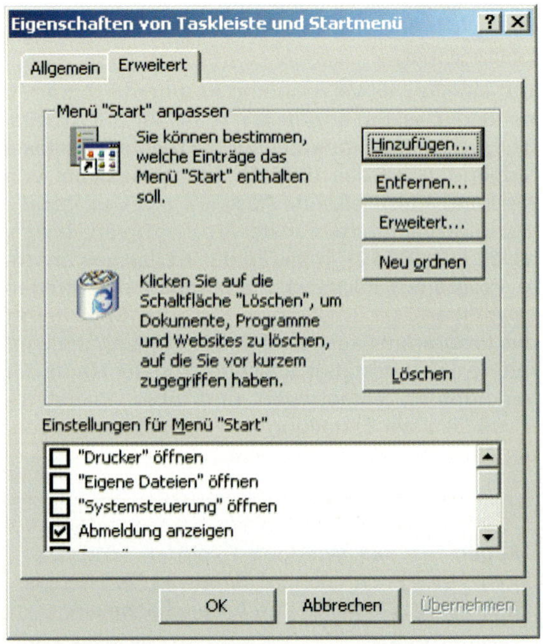

Bild 2: Änderungen im Startmenü vornehmen

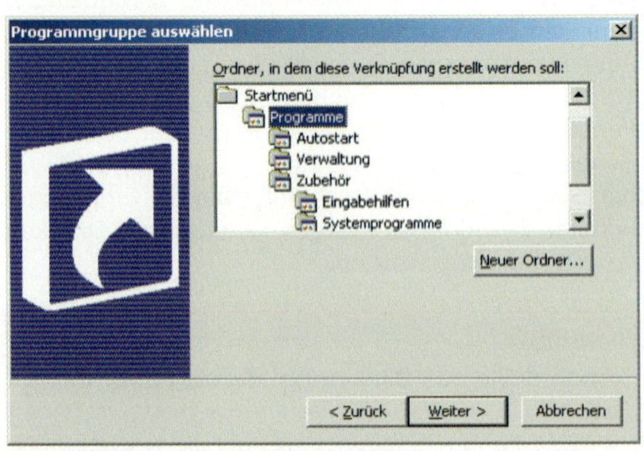

Bild 3: Programmgruppe auswählen

und `Einstellungen\All Users` abgelegt ist, wird allen Benutzern zur Verfügung gestellt. Ein weiterer Teil des Startmenüs ist benutzerabhängig unter dem jeweiligen Login-Namen abgespeichert.

Auch die Schnellstartleiste kann verändert werden. Um ein neues Programm aufzunehmen, kann über den Explorer oder aber das Startmenü das entsprechende Programm gewählt und mit der rechten Maustaste in die Schnellstartleiste gezogen werden **(Bild 2)**. Anschließend wird der Vorgang mit z. B. `Verknüpfung(en) hier erstellen` bestätigt.

> **Übung:**
> Fügen Sie den Taschenrechner (`C:\WinNT\System32\calc.exe`) in die Schnellstartleiste ein.
>
> *Lösung:* **Bild 2**

Systemsteuerung

Die Systemsteuerung wird über das Startmenü durch Anwahl von `Einstellungen...` gefolgt von `Systemsteuerung` oder über den `Arbeitsplatz` durch anschließenden Doppelklick auf das Icon `Systemsteuerung` aufgerufen **(Bild 3)**. Die Icons innerhalb der Systemsteuerung geben die Systemkomponenten an, die bei Aufruf eingestellt werden können.

> Mit der Systemsteuerung kann das Betriebssystem an die Belange des Benutzers angepasst werden.

Durch Doppelklick auf das Icon `System` in der Systemsteuerung werden die Eigenschaften des Systems eingesehen. Wird in der Karteikarte `Hardware` auf die Schaltfläche `Gerätemanager...` geklickt, bekommt man Aufschluss über die sich im Computer befindlichen Hardwarekomponenten **(Bild 4)**. Mit einem Klick auf das Pluszeichen + werden die angeschlossenen Geräte aufgelistet. Das gelb unterlegte Ausrufezeichen ! bedeutet, dass diese Komponente momentan nicht betriebsbereit ist und Probleme aufgetreten sind. Sollte ein rotes Kreuz X vorhanden sein, ist die Hardwarekomponente defekt oder vom Benutzer deaktiviert worden und deshalb nicht verfügbar. Die Merkmale jeder Systemkomponente können über die Schaltfläche `Eigenschaften` in der Symbolleiste oder durch einen Doppelklick auf den entsprechenden Eintrag abgerufen werden. So bekommt man Aufschluss über nicht betriebsbereite Geräte. Nicht mehr benötigte Treiber einer Hardwarekomponente können über das Menü `Vorgang` durch Wahl von `Deinstallieren...` entfernt werden. Über das Menü `Ansicht`, gefolgt vom Menüeintrag

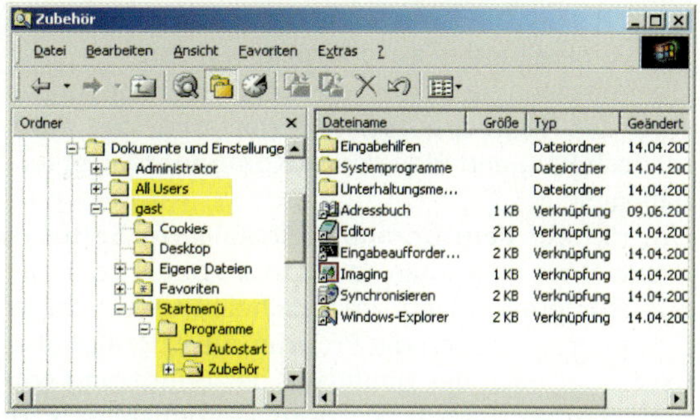

Bild 1: Erweiterte Ansicht

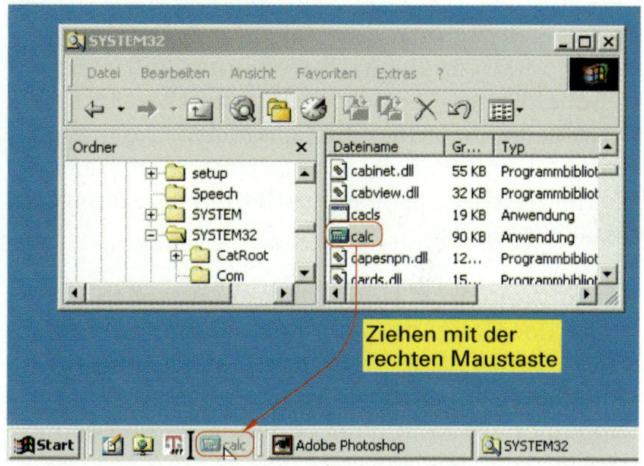

Bild 2: Ergänzen der Schnellstartleiste

Bild 3: Systemsteuerung

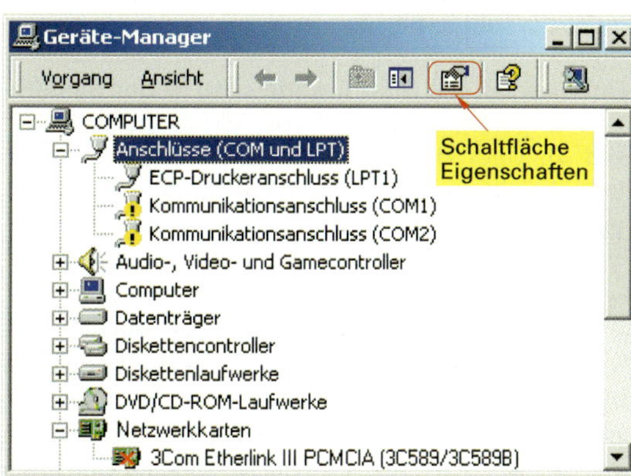

Bild 4: Geräte-Manager

Drucken..., kann eine Systemübersicht mit allen Einstellungen ausgedruckt werden.

Über das Icon Hardware in der Systemsteuerung wird der Hardware-Assistent gestartet, der automatisch Plug-and-Play-fähige Komponenten erkennen kann.

Um die auf dem Computer installierte Software einzusehen, klickt man das Icon Software in der Systemsteuerung an. Im erscheinenden Fenster Software können die Programme z. B. alphabetisch oder nach der Häufigkeit der Benutzung sortiert werden **(Bild 1)**. Wird ein aufgelistetes Programm ausgewählt, werden weitere Informationen bereitgestellt. Das Programm kann über die Schaltfläche Entfernen deinstalliert werden. Um weitere Programme zu installieren, muss die integrierte Schaltfläche Neue Programme hinzufügen gewählt werden. Über die Schaltfläche Windows-Komponenten hinzufügen/entfernen können zusätzliche Teile des Betriebssystems z. B. installiert werden.

Startdiskette bzw. Notfalldiskette erstellen

Sollte der Computer z. B. nach einem Systemabsturz einmal nicht mehr hochfahren, muss eine Notfalldiskette vorhanden sein. Mit dieser Diskette kann dann die Kommunikation mit dem Computer wiederhergestellt werden.

Windows 2000: Die Notfalldiskette wird im Programm Sicherung innerhalb der Karteikarte Willkommen erstellt **(Bild 2)**. Nach Klicken auf die Schaltfläche Notfalldiskette erscheint ein Fenster mit der Aufforderung eine Diskette einzulegen. Die Erstellung der Notfalldiskette findet nach Bestätigen mit OK automatisch statt. Gleichzeitig kann die Registry in einem Wiederherstellungsverzeichnis gespeichert werden.

Übung:
Erstellen Sie die Notfalldiskette und sichern Sie die Registry.
Lösung: **Bild 2, Bild 3**

Windows 98: Die Startdiskette wird in der Systemsteuerung durch Anklicken von Software erzeugt **(Bild 4)**. Über die Karteikarte Startdiskette durch Anklicken von Diskette erstellen... beginnt die automatische Erstellung der Diskette. Dabei werden Sie aufgefordert, die Windows CD-ROM und eine Diskette einzulegen.

Es ist notwendig, dass sich auf der Startdiskette die Treiber für das CD-ROM-Laufwerk befinden. Unter Umständen muss der Treiber von Hand auf die Startdiskette kopiert und dann noch in die Dateien autoexec.bat und config.sys eingetragen werden.

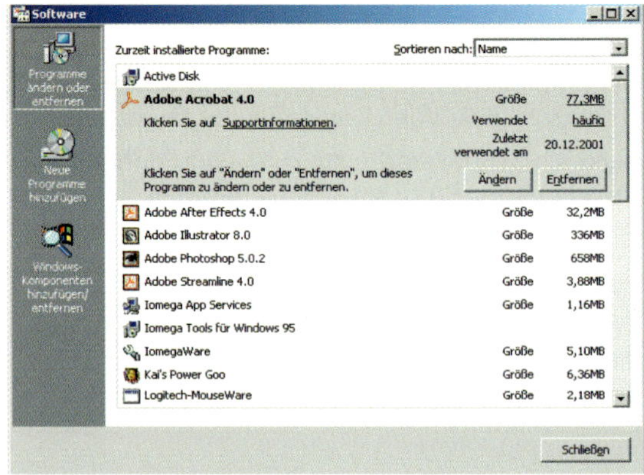

Bild 1: Fenster Software

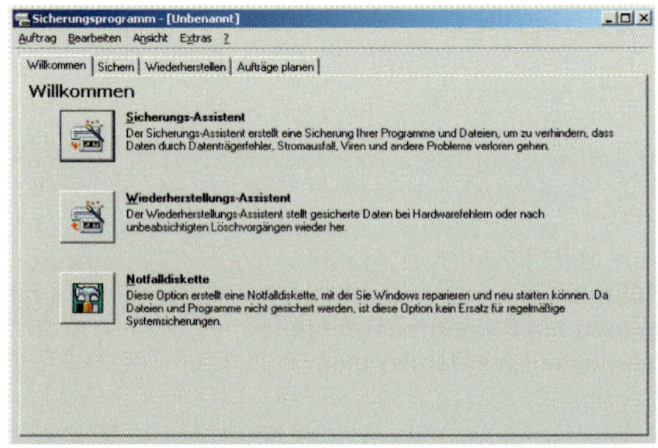

Bild 2: Notfalldiskette erstellen

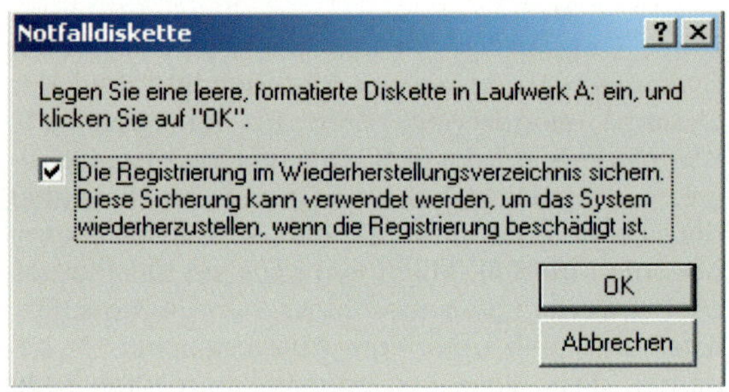

Bild 3: Fenster Notfalldiskette

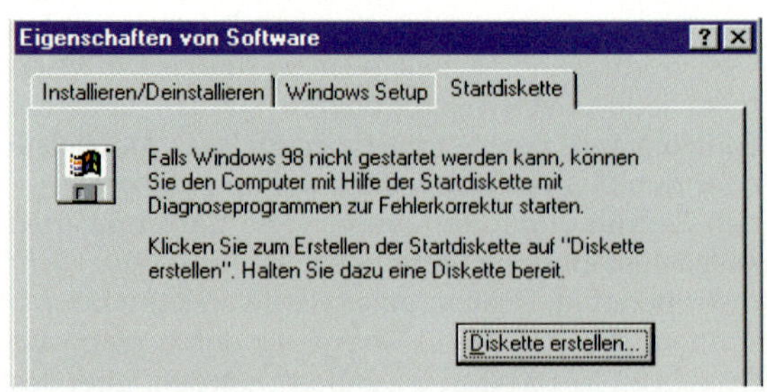

Bild 4: Eigenschaften-Fenster von Software

Komprimierung

Windows 2000: Dateien und Ordner auf NTFS-Laufwerken (siehe Abschnitt 4.5.8.4) werden im Explorer durch Setzen eines Attributes komprimiert. Dazu wird über das Kontextmenü das Fenster Eigenschaften aufgerufen und dort auf der Karteikarte Allgemein die Schaltfläche Erweitert... gewählt. Im Fenster Erweiterte Attribute wird Inhalt komprimieren, um Speicherplatz zu sparen angeklickt und mit OK die Komprimierung bestätigt **(Bild 1)**. Im Fenster Eigenschaften erfolgt eine weitere Bestätigung mit OK. Sollen Ordner komprimiert werden, erfolgt eine Abfrage, ob die Komprimierung auch für den Inhalt des Ordners und vorhandene Unterordner übernommen werden soll **(Bild 2)**. Wird auch hier mit OK bestätigt, beginnt die Komprimierung der Daten **(Bild 3)**. Im Explorer wird allerdings immer die Originalgröße angezeigt, die Karteikarte Allgemein des Fensters Eigenschaften gibt Aufschluss über die Größe des belegten Speicherplatzes. NTFS-Laufwerke können direkt auf der Karteikarte Allgemein des Fensters Eigenschaften komprimiert werden.

> Laufwerke, Dateien und Ordner können bei Windows 2000 komprimiert werden, um Speicherplatz zu sparen.

Windows 98: Hier muss das Systemprogramm DriveSpace 3 zur Komprimierung genutzt werden. Es können allerdings nur komplette Laufwerke ohne FAT32 komprimiert werden. Dazu wird ein virtuelles Laufwerk von bis zu 2 GB eingerichtet. Sollte die Festplatte mehr Speicherkapazität aufweisen, muss sie in mehrere Partitionen aufgeteilt werden.

Verschlüsselung

Windows 2000: Um vertrauliche Ordner oder Dateien zu verschlüsseln, dürfen diese nicht komprimiert sein. Die Verschlüsselung erfolgt mithilfe eines Schlüssel-Algorithmus. Der verwendete Schlüssel ist für einen anderen Benutzer des Computers unbekannt, und so sind die verschlüsselten Daten für ihn unbrauchbar. Zur Verschlüsselung von Daten wird in der Karteikarte Allgemein des Fensters Eigenschaften die Schaltfläche Erweitert... gewählt. Im Fenster Erweitere Attribute wird Inhalt verschlüsseln, um Daten zu schützen angeklickt (Bild 1). Beim Verschlüsseln einer Datei sollte auch der Ordner, in dem sich die Datei befindet, verschlüsselt werden **(Bild 4)**. Beim Verschlüsseln eines Ordners kann auch der gesamte Ordnerinhalt mitverschlüsselt werden.

> Daten können bei Windows 2000 entweder verschlüsselt oder komprimiert sein.

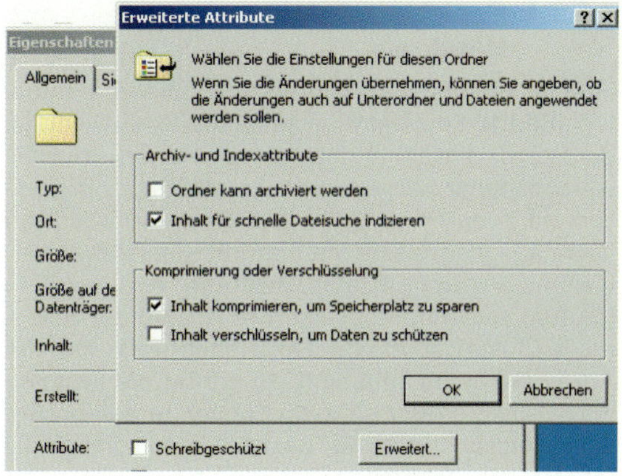

Bild 1: Komprimieren oder Verschlüsseln von Daten

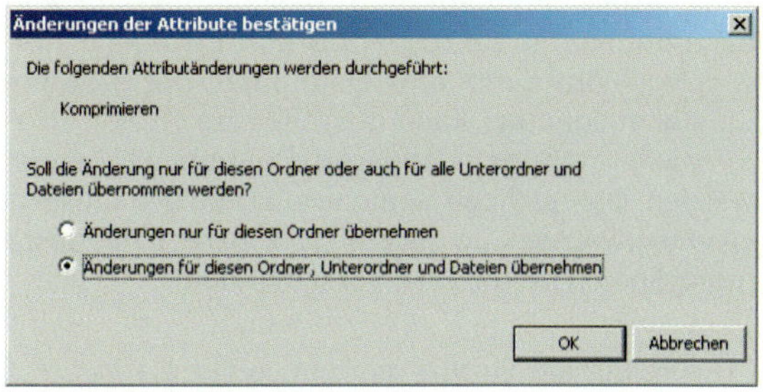

Bild 2: Komprimieren des gesamten Ordnerinhalts

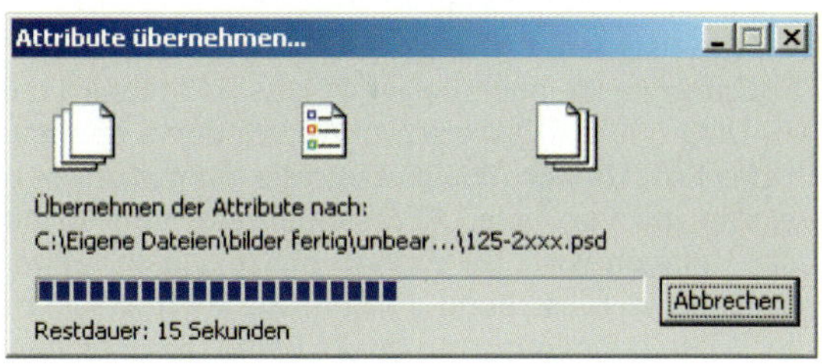

Bild 3: Fortschrittsanzeige bei der Komprimierung

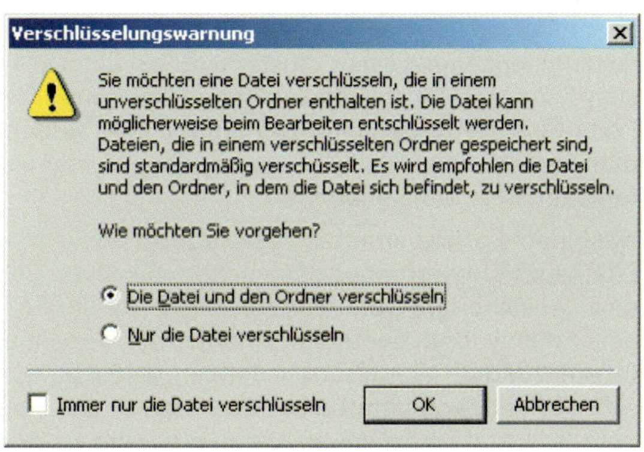

Bild 4: Fenster Verschlüsselungswarnung

4.5.8.4 Speicherverwaltung unter Windows

Eine Festplatte ist in Spuren und Sektoren eingeteilt **(Bild 1)**. Ein Sektor umfasst 512 Byte. Wenn jeder Sektor einzeln angesprochen werden müsste, wäre mit einer Adressbusbreite von 16 bit ein Speicherplatz von 2^{16} x 512 B = 32 MB adressierbar. Um auch Speichermedien mit höherer Kapazität zu verwalten, werden einzelne Sektoren zu Cluster (= Haufen) zusammengefasst. Die Anzahl der Sektoren je Cluster ist von der Festplattengröße und der Adressbusbreite abhängig. Je größer die Festplatte ist, desto größer sind die Cluster, und je größer die Adressbusbreite ist, desto kleiner können die Cluster sein **(Tabelle)**.

Die gespeicherten Dateien belegen je nach Größe eine unterschiedliche Anzahl an Cluster. Um die gespeicherten Daten auf dem Speichermedium wiederzufinden, ist die Dateizuordnungstabelle notwendig. Wird durch eine Datei nicht der gesamte Cluster ausgenutzt, kann der teilweise „freie" Cluster nicht mehr von anderen Dateien verwendet werden. Der restliche Speicherplatz dieses Clusters ist verschwendet. Je größer die Cluster sind, desto mehr Speicherplatz wird verschwendet.

Die minimale Größe des von einer Datei belegten Speicherplatzes ist durch die Größe der Cluster bestimmt.

Das Dateisystem FAT bzw. FAT16

Die Dateizuordnungstabelle FAT bzw. FAT16 wird bei MS-DOS und bei Disketten unter Windows benutzt. In die FAT können 65536 Einträge aufgenommen werden, da von einer Adressbusbreite von 16 bit ausgegangen wird. Es können 65526 Cluster angesprochen werden, denn 10 Einträge werden durch die FAT selber benötigt. In der FAT sind die Speicherorte, d. h. die belegten Cluster, einer Datei vermerkt. Jede Datei erhält so mindestens einen FAT-Eintrag über den ersten und letzten Cluster. Ansonsten wird in der FAT die Position des ersten Clusters einer Datei hinterlegt. Von diesem Cluster wird auf den nächsten benutzten Cluster dieser Datei verwiesen. Die letzte Cluster-Adresse wird gekennzeichnet. Außerdem ist der Zustand der nicht benötigten Cluster als frei oder fehlerhaft angegeben.

Nach dem Formatieren der Festplatte stehen in der FAT kaum Einträge über gespeicherte Dateien. Jede zu speichernde Datei wird an das Ende der FAT geschrieben und benutzt nacheinander liegende Cluster **(Bild 2)**. Werden nun Dateien gelöscht, die sich auf der Festplatte befinden, treten in der FAT Lücken auf, die von neuen Dateien wieder gefüllt werden.

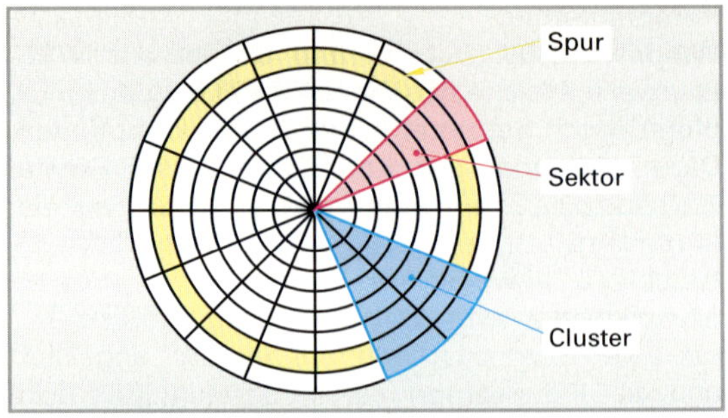

Bild 1: Festplatte mit Spuren und Sektoren

Tabelle: Clustergröße

Partitionsgröße in MB	bei 16-Bit-Breite Clustergröße in KB	Sektoren je Cluster	bei 32-Bit-Breite Clustergröße in KB	Sektoren je Cluster
< 128	2	4	4	8
129 bis 256	4	8	4	8
257 bis 512	8	16	4	8
513 bis 1024	16	32	4	8
1025 bis 2048	32	64	4	8
2049 bis 8192	—	—	4	8
8193 bis 16384	—	—	8	16
16385 bis 32786	—	—	8	16
> 32786	—	—	8	16

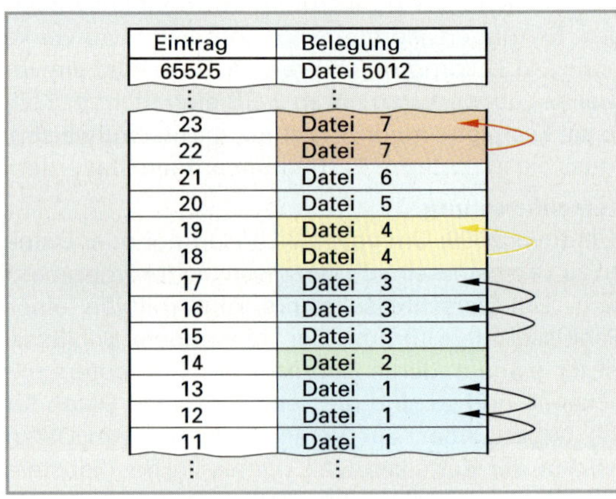

Bild 2: FAT nach erfolgter Defragmentierung

Allerdings muss die Größe der Datei nicht unbedingt der Anzahl der wieder freien Cluster entsprechen. Ist die Datei größer, werden zusätzlich die nächsten freien Cluster genommen **(Bild 1, folgende Seite)**. Dies führt zu einer Zerstückelung der Datei und mit der Zeit zur *Fragmentierung* (von fragment = Bruchstück) der Festplatte. Der Lesezugriff wird verlangsamt, da die verteilten Dateiteile erst wieder zusammengestellt werden müssen. Das

Speichermedium muss defragmentiert werden. Bei der *Defragmentierung* werden die Dateien, die vorher in einzelne Teilstücke aufgeteilt waren, in hintereinander liegende Cluster geschrieben (Bild 2, vorhergehende Seite). Die Dateizuordnungstabelle wird meist zusammen mit einer Kopie auf dem Datenträger gesichert. Die FAT ist im Sektor 0 direkt nach dem Bootsektor und vor dem Hauptverzeichnis abgelegt.

Das Dateisystem VFAT

Die VFAT (von Virtual File Allocation Table = virtuelle Dateizuordnungstabelle) beruht auf einem 32-Bit-Dateisystem und wurde z. B. unter Windows 95 eingesetzt. Die Adressierung der Cluster erfolgt bei dieser Dateizuordnungstabelle immer noch mit einer Breite von 16 bit, sodass sich auch hier eine maximale Partitionsgröße von 2 GB ergibt.

Das Dateisystem FAT32 bzw. VFAT32

Mit Erscheinen von Windows 95 B als OEM-Version (OEM von original equipment manufacturer, im Sinne von Fremdgerätehersteller) wurde auch das Dateisystem überarbeitet. Eine OEM-Version ist nur durch Kauf eines neuen Computers zu erwerben. Bei der FAT32 bzw. VFAT32 wird eine Adressbusbreite von 32 bit zugrunde gelegt. Für die Adressierung stehen nun 28 bit zur Verfügung. Die Clustergröße kann so verringert werden, was zu einer besseren Ausnutzung des Speicherplatzes führt. Mit der FAT32 bzw. VFAT32 können Speichermedien bis zu einer Größe von 2 TB genutzt werden. Ansonsten arbeitet die FAT32 ebenso in der vorher beschriebenen Weise. Das Dateisystem FAT32 erlaubt außerdem Dateinamen bis zu einer Länge von 255 Zeichen. Leerzeichen und diverse Sonderzeichen wie z. B. Komma, Plus, Strichpunkt und eckige Klammern sind möglich. Der Nachteil der FAT32 bzw. VFAT32 liegt in der fehlenden Kompatibilität. Weder unter Windows NT oder Windows 95, noch unter MS-DOS oder OS/2 sind Dateien mit VFAT32 lesbar.

Windows 98 und Windows ME verwenden das Dateisystem FAT32.

Das Dateisystem NTFS

Mit dem Dateisystem NTFS für Windows NT können auch logische Laufwerke weit größer als 2 TB eingerichtet werden. Der Grund dafür ist, dass hier mit einer Adressierungsbreite von 64 bit gearbeitet wird. Dadurch ist NTFS weitaus mächtiger als die FAT bzw. FAT32. Zudem werden die während des Betriebs des Computers geänderten Dateien vermerkt. So kann nach einem Systemabsturz das Programm ScanDisk schneller nach einem Fehler

Eintrag	Belegung
65525	Datei 5012
⋮	⋮
23	Datei 5014
22	Datei 5014
21	Datei 6
20	Datei 5
19	Datei 5014
18	Datei 5013
17	Datei 3
16	Datei 3
15	Datei 3
14	Datei 5013
13	Datei 1
12	Datei 1
11	Datei 1
⋮	⋮

Bild 1: FAT mit fragmentierten Einträgen

suchen. Es muss nicht wie bei FAT32 die gesamte Festplatte bzw. Partition überprüft werden. Die Länge der Dateinamen beträgt ebenso 255 Zeichen. Es wird zwischen Groß- und Kleinschreibung unterschieden. Das Dateisystem NFTS wird beim Hochfahren des Rechners installiert.

Beispiel:
Berechnen Sie die mit dem Dateisystem NTFS theoretisch ansprechbare Laufwerksgröße.

Lösung: 2^{64} Byte = **$1{,}8447 \cdot 10^{19}$ Byte**

Bei Windows 2000 und Windows XP wird das Dateisystem NTFS, Version 5 bei der Verwaltung der Festplatte eingesetzt, aber auch die FAT32 unterstützt. Bei Disketten kommt die Dateizuordnungstabelle VFAT zum Einsatz. Auf dem Systemlaufwerk sollte allerdings das Dateisystem NTFS installiert sein, um Funktionen, wie die Verschlüsselung oder die Komprimierung von Dateien, anwenden zu können.

Windows 2000 und Windows XP entfalten ihre gesamte Funktionalität erst bei Verwendung des Dateisystems NTFS.

Bei Windows NT wird das Dateisystem NTFS bei der Verwaltung der Festplatte eingesetzt, aber auch die FAT16 weiterhin unterstützt. FAT32-Partitionen können nicht bearbeitet werden. Bei Disketten wird die Dateizuordnungstabelle VFAT verwendet.

Sollen Dateien, die in eine Dateizuordnungstabelle eingetragen sind, z. B. wieder entfernt oder umbenannt werden, dann kann dies mithilfe des Windows-Explorer geschehen.

4.5.8.5 Systemprogramme unter Windows

Systemprogramme dienen der Konfiguration des Betriebssystems und vereinfachen das Arbeiten damit. Die Systemprogramme sind über die Schaltfläche `Start` durch Anwahl der Programmgruppen `Programme`, `Zubehör` und `Systemprogramme` aufzurufen. Bei Windows NT sind viele Systemprogramme über die Schaltfläche `Start` durch Auswahl der Programmgruppe `Verwaltung (Allgemein)` zu finden. Sofern nichts anderes angegeben ist, werden die Systemprogramme von Windows 2000 besprochen.

Defragmentierung

Mit dem Systemprogramm `Defragmentierung` kann eine Optimierung des Datenträgers durchgeführt werden **(Bild 1)**. Durch fragmentierte (zerstückelte) Dateien muss der Schreib-/Lesekopf der Festplatte unzählige Wege zurücklegen und die Lesegeschwindigkeit wird erheblich reduziert. Durch die Ausführung des Defragmentierungsprogrammes werden zuvor fragmentierte Dateien in hintereinander liegende Speicherbereiche geschrieben und so der Zugriff auf diese Dateien beschleunigt.

Das Betriebssystem ist nach der Defragmentierung schneller und sicherer.

Wird die Schaltfläche `Überprüfen` gedrückt, wird das ausgewählte Laufwerk nach fragmentierten Dateien durchsucht (Bild 1). Zum Abschluss der Überprüfung wird ein Fenster ausgegeben **(Bild 2)**. Hier kann z. B. ein Bericht über die am stärksten fragmentierten Dateien eingesehen oder die Defragmentierung begonnen werden.

Übung 1:
Überprüfen Sie Ihr Laufwerk D.
Lösung: **Bild 1**

Der Defragmentierungsvorgang kann bei voller Festplatte einige Stunden dauern. Er lässt sich aber auch vorzeitig anhalten.

Übung 2:
Defragmentieren Sie Ihr Laufwerk D.
Lösung: **Bild 3**

Nach Beendigung des Defragmentierungsvorgangs kann über die Schaltfläche `Bericht anzeigen` ein Bericht eingesehen werden, in dem die nicht defragmentierten Dateien und die Anzahl der Fragmente aufgelistet sind **(Bild 4)**.

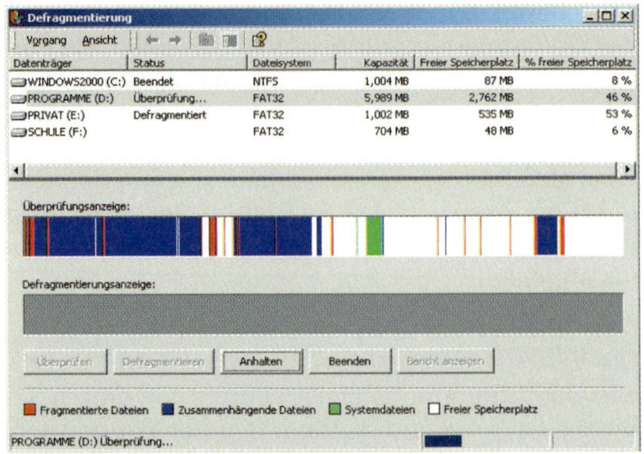

Bild 1: Überprüfung des Laufwerks

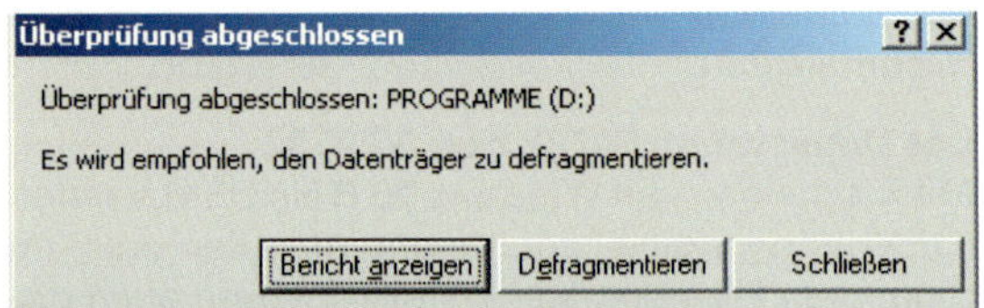

Bild 2: Fenster Überprüfung abgeschlossen

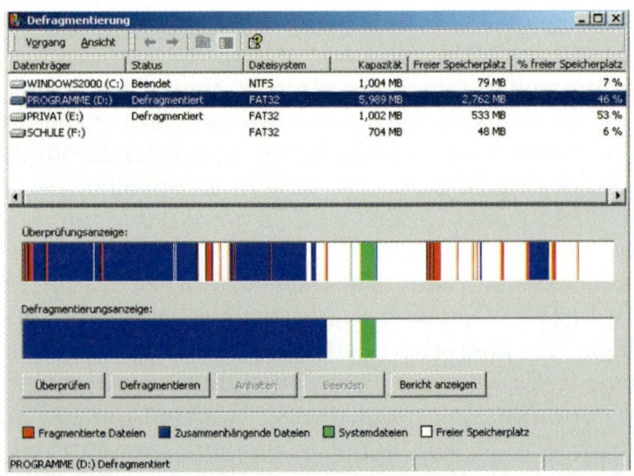

Bild 3: Defragmentierung des Laufwerks

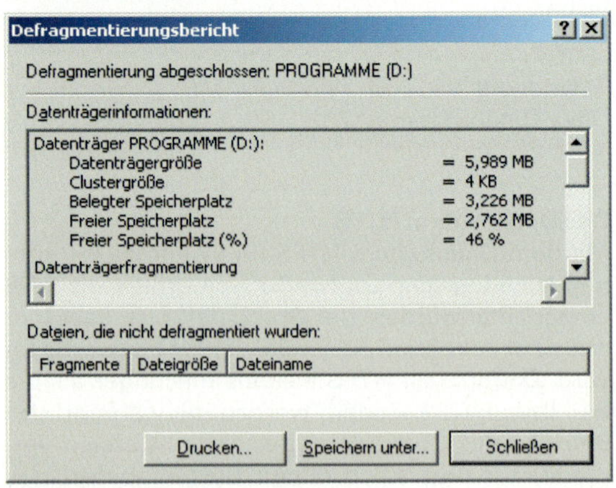

Bild 4: Defragmentierungsbericht

Fehlerüberprüfung bzw. Datenträgerüberprüfung
Bei der Fehlerüberprüfung wird der Zustand eines Speichermediums, wie der Festplatte, überprüft, um einen späteren Datenverlust zu vermeiden. Es werden logische und physikalische Fehler auf einem Datenträger diagnostiziert. Zu den logischen Fehlern gehören verlorene Cluster, die keinen Eintrag in der Dateizuordnungstabelle mehr besitzen oder Konflikte in der Dateizuordnungstabelle, die z. B. auftreten, wenn ein Cluster von mehr als einer Datei beansprucht wird. Physikalische Fehler sind z. B. Beschädigungen von Speicherbereichen, die aufgrund nachlassender Magnetisierung des Speichermediums vorkommen. Diese Bereiche werden markiert, sodass sie nicht mehr als Speicherplatz zur Verfügung stehen.
Die Fehlerüberprüfung wird im Explorer über das Kontextmenü des gewünschten Laufwerkes durch Aufruf von `Eigenschaften` gestartet. Die Überprüfung beginnt nach Anklicken der Schaltfläche `Jetzt prüfen...` in der Karteikarte `Extras` **(Bild 1)**. Wird im erscheinenden Fenster `Dateisystem automatisch korrigieren` gewählt und auf die Schaltfläche `Starten` geklickt, kann die Überprüfung nur durch einen Systemneustart erfolgen **(Bild 2)**. Soll die Überprüfung stattfinden, muss die entsprechende Abfrage bejaht werden.

Übung:
Überprüfen Sie ein Laufwerk auf Fehler.
Lösung: **Bild 2**, Neustart des Betriebssystems, **Bild 3**

Nach der Fehlerüberprüfung findet erneut ein Neustart des Betriebssystems statt.

Mit dem Programm `ScanDisk` (von to scan = abtasten, disk = Scheibe) zur Datenträgerüberprüfung wird bei Windows 98 der Zustand eines Speichermediums überprüft **(Bild 4)**. Außerdem startet `ScanDisk` automatisch, wenn Windows 98 zuvor nicht ordentlich heruntergefahren wurde. Bei jedem Aufruf von `ScanDisk` wird die Protokolldatei `scandisk.log` im Hauptverzeichnis aktualisiert. ScanDisk sucht in der Prüfart `Standard` nur nach logischen Fehlern und bei `Intensiv` zusätzlich nach physikalischen Fehlern. Das zu prüfende Laufwerk muss ausgewählt und anschließend `ScanDisk` über die Schaltfläche `Starten` ausgeführt werden (Bild 4). Zum Schluss werden die Ergebnisse angezeigt. Die gefundenen Fehler können korrigiert, gelöscht oder ignoriert werden.

Datenträgerbereinigung
Mit der Datenträgerbereinigung kann Speicherplatz auf einem Laufwerk freigegeben werden. Das Programm durchsucht dabei das ausgewählte Laufwerk und zeigt eine Liste mit nicht mehr

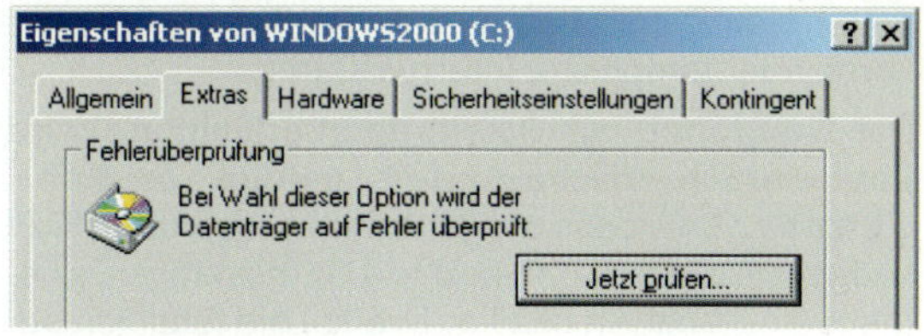

Bild 1: Eigenschaften-Fenster eines Laufwerks

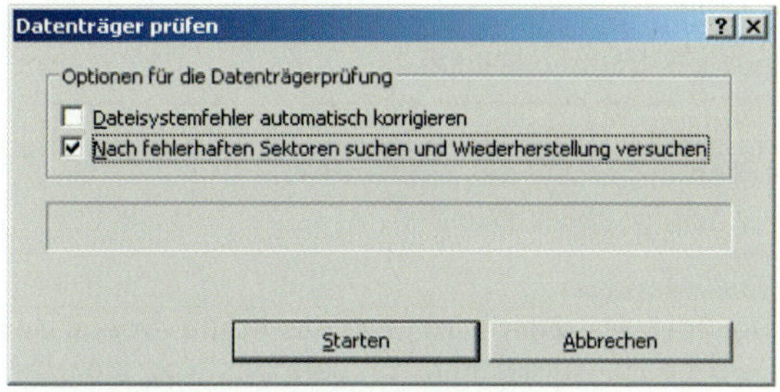

Bild 2: Fenster Datenträger überprüfen

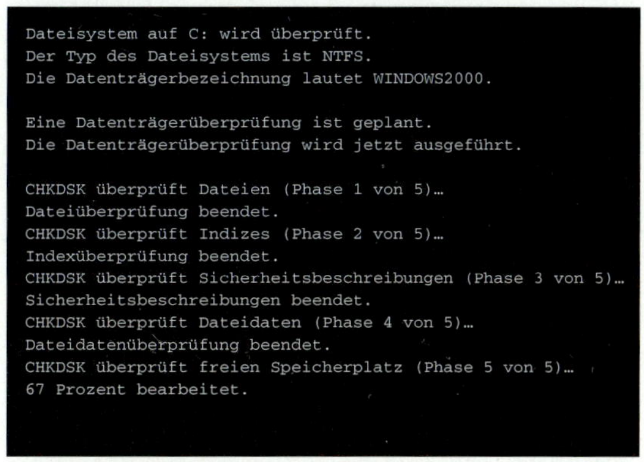

Bild 3: Fehlerüberprüfung nach Neustart

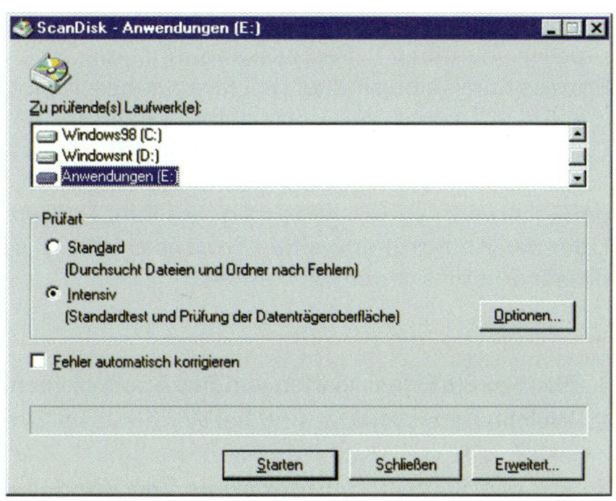

Bild 4: Anwendung ScanDisk

benötigten Dateien an, wie den Inhalt des Papierkorbs oder temporäre Internet-Dateien.

Das Programm zur Datenträgerbereinigung wird über die Schaltfläche `Start`, gefolgt von `Programme`, `Systemprogramme` aufgerufen. Das Laufwerk wird gewählt und mit `OK` bestätigt. Es beginnt eine Analyse des Laufwerks, die jederzeit abgebrochen werden kann **(Bild 1)**. In der erscheinenden Dateiliste mit Größenangaben werden anschließend die gewünschten Komponenten ausgewählt und mit einem Klick auf `OK` die Bereinigung begonnen **(Bild 2)**.

> **Übung:**
> Bereinigen Sie das Laufwerk C.
> *Lösung:* **Bild 1, Bild 2**

Task-Manager
Der Task-Manager wird über das Kontextmenü der Task-Leiste aufgerufen. Er befindet sich stets im Vordergrund des Bildschirms.

> Der Task-Manager gibt Informationen zur Computerleistung, zu ausgeführten Programmen und Prozessen an.

Auf der Karteikarte `Anwendungen` werden die momentan ausgeführten Programme und ihr Zustand aufgelistet **(Bild 3)**. Über die Schaltfläche `Task beenden` können z. B. Programme beendet werden, die abgestürzt sind. Über die Schaltfläche `Wechseln zu` wird zu dem farbig markierten Programm gewechselt.
Auf der Karteikarte `Systemleistung` wird z. B. die aktuelle Systemleistung und die Speicherausnutzung visuell dargestellt **(Bild 4)**. Ein Doppelklick auf diese Seite zeigt die CPU-Nutzung vergrößert an.
Auf der Karteikarte `Prozesse` werden gestartete Prozesse und deren Kennwerte angezeigt. Ein Prozess ist z. B. ein Programm, eine ActiveX-Komponente oder ein Systemdienst. Standardmäßig beinhaltet die angezeigte Information, die PID (von process identifier = Prozesskennung), die einen Prozess durch eine eindeutige Nummer beschreibt, die CPU-Nutzung der gestarteten Prozesse, die CPU-Zeit und die Speichernutzung in KB. Andere Informationen werden über das Menü `Ansicht`, gefolgt von `Spalten auswählen`, hinzugefügt. Über das Kontextmenü eines Prozesses kann z. B. dessen Priorität verändert werden.

Wiederholung und Vertiefung

1. **Nennen Sie Eigenschaften von Betriebssystemen.**
2. **Welche Dateisysteme sind bei Windows im Einsatz?**
3. **Nennen Sie Systemprogramme von Windows und deren Verwendungszweck.**

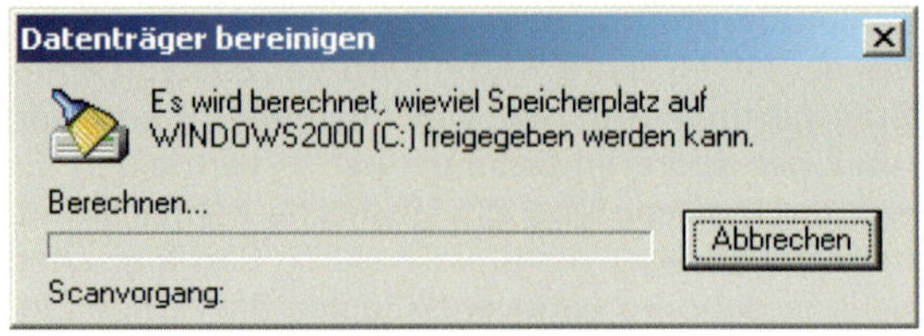

Bild 1: Fenster Datenträger bereinigen

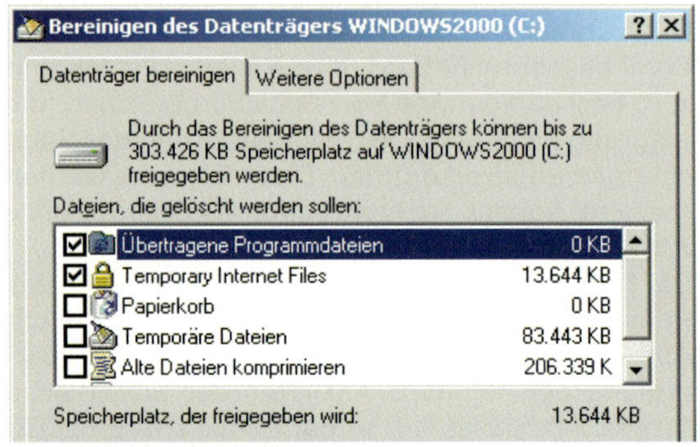

Bild 2: Datenträgerbereinigung

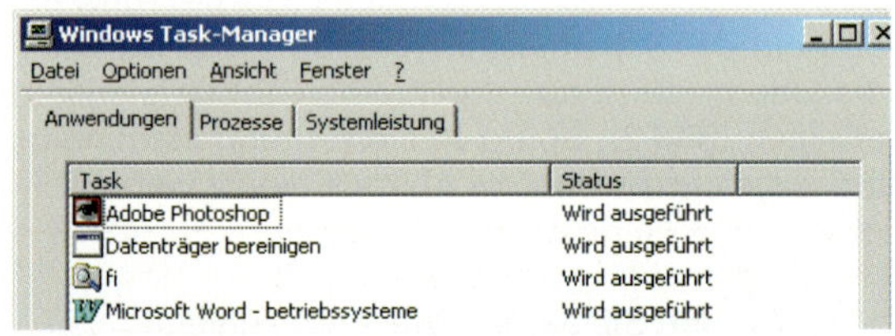

Bild 3: Ausgeführte Anwendungen im Task-Manager

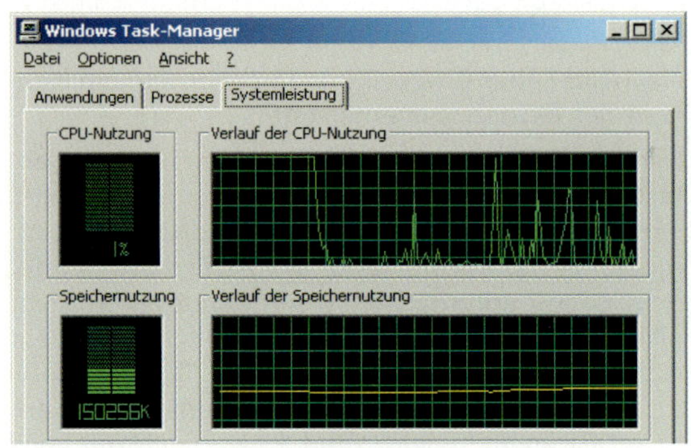

Bild 4: CPU-Nutzung und Speicherausnutzung

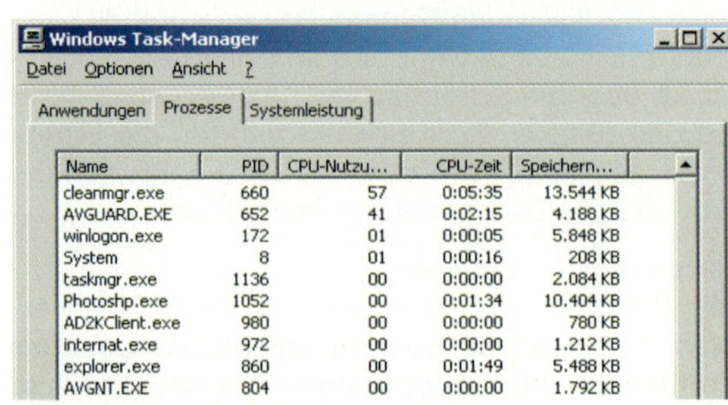

Bild 5: Prozesse im Task-Manager

4.5.9 LINUX

4.5.9.1 Allgemeines

LINUX ist ein Betriebssystem für PC. Seinen Namen erhielt LINUX in Anlehnung an seinen Erfinder Linus Torvald und an das Betriebssystem UNIX. LINUX besitzt preemptives Multitasking, ist multiuserfähig und verfügt über die Unterstützung eines virtuellen Arbeitsspeichers.

Für eine grafische Benutzeroberfläche mit entsprechender Anwendungssoftware sollte für die Installation 1 GB bis 2 GB Festplattenspeicher frei sein.

4.5.9.2 Möglichkeiten zur Einteilung von Festplatten

In der Partitionstabelle einer Festplatte können vier primäre Partitionen eingetragen werden. Ist es nötig mehr als vier Partitionen einzurichten, so wird die vierte Partition als erweiterte Partition angelegt. In dieser Partition werden weitere logische Partitionen angelegt **(Bild 1)**.

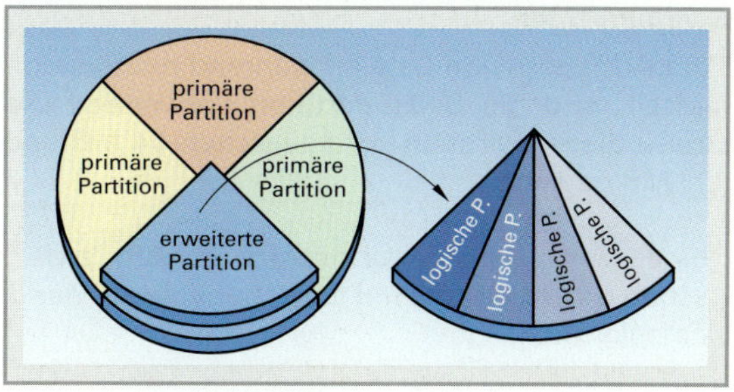

Bild 1: Festplatten-Partitionen

Bezeichnungen von Festplatten

Unter Linux hat eine Festplatte z. B. die Kennzeichnung hda1 **(Tabelle)**. Die ersten zwei Buchstaben bezeichnen den Festplattentyp. Z. B. bezeichnet hd eine EIDE-Festplatte, sd eine SCSI-Festplatte. Der dritte Buchstabe gibt an, um welche Festplatte es sich handelt, z. B. erste oder zweite Festplatte. Nach dieser Buchstabenkombination folgt eine Ziffer, welche die Partition kennzeichnet. Die Ziffern 1 bis 4 kennzeichnen eine primäre Partition. Die erste logische Partition wird immer mit der Ziffer 5 angegeben, auch wenn es weniger als vier primäre Partitionen gibt.

Tabelle : Bezeichnungen von Festplatten

Typ	Festplatte	Partition	Beschreibung
hd	a	1	Erste EIDE-Festplatte, erste primäre Partition.
sd	b	3	Zweite SCSI-Festplatte, dritte primäre Partition.
hd	b	5	Zweite EIDE-Festplatte, erste logische Partition.

Beispiel:

Erklären Sie die Bezeichnung hdb6.

Lösung:

Es ist die zweite EIDE-Festplatte mit der zweiten logischen Partition.

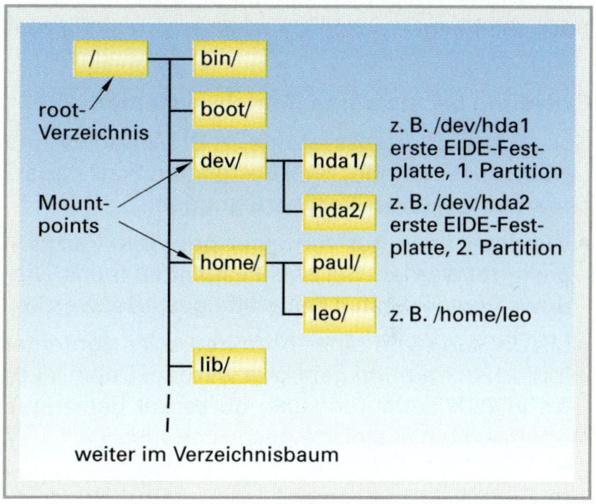

Bild 2: Filesystem

LINUX bindet alle Geräte als Dateien in den Verzeichnisbaum root ein.

Für das Betriebssystem LINUX werden in der Regel zwei Partitionen benötigt. Dies sind die Root-Partition (root = Wurzel) und Swap-Partition (to swap = tauschen).

Root-Partition

In LINUX werden alle Geräte, wie CD-ROM, Diskette oder Festplatte in das Dateisystem eingebunden. Man nennt dies *mounten* (to mount = einbinden).

Die einzelnen Partitionen werden nicht über Laufwerksbuchstaben angesprochen, sondern über die Wurzel, das Root-Verzeichnis **(Bild 2)**. Dieses wird mit / (Slash) gekennzeichnet.

Im Root-Verzeichnis sind die Mount Points (Verbindungspunkte) abgelegt. Die Festplatten sind über den `Mount Point dev` eingebunden (Bild 2).

Swap-Partition

Zum Auslagern von Dateien während der Systemlaufzeit wird die Swap-Partition verwendet. Die Größe dieser Partition wird zwischen 64 MB und 128 MB gewählt.

Eine Swap-Auslagerungsdatei erhält zwischen 64 MB bis 128 MB Speicherplatz auf der Festplatte.

Boot-Partition

Wenn eine Festplatte aus mehreren Scheiben besteht, dann werden übereinander liegende Tracks (= Spuren) als Zylinder bezeichnet. Das BIOS (Basic Input Output System) kann nach dem Zylinder 1024 einer Festplatte keine Dateien für den Bootvorgang mit einbeziehen. Wenn die Root-Partition (/) über dem Zylinder 1024 liegt, wird eine kleine Boot-Partition (/boot) von 2 MB Größe benötigt **(Bild 1)**. Diese Boot-Partition liegt dann komplett unterhalb dieser Grenze.

Eine eigene Boot-Partition benötigt man, wenn das Wurzelverzeichnis über dem Zylinder 1024 liegt.

Einteilung bei mehreren Betriebssystemen

Sollen zwei Betriebssysteme, z. B. Windows und LINUX, auf einer oder zwei Festplatten Platz haben, bedarf es folgender Vorüberlegungen:

- Windows kann nur von einer primären Partition gestartet werden. Bei zwei Festplatten muss Windows von der ersten Festplatte gestartet werden.
- LINUX kann von einer primären oder von einer logischen Partition gebootet werden. Dabei ist es für LINUX bedeutungslos, ob es auf der ersten oder zweiten Festplatte gespeichert ist.
- Zum Starten des Rechners wird ein Bootmanager benötigt. Bootmanager sind Programme, welche mehrere Betriebssysteme starten können. Die Installationsprogramme YaST1 (von **Y**et **a**nother **S**etup **T**ool = Noch ein anderes Montagewerkzeug) und YaST2 enthalten solch einen Bootmanager. Man kann aber auch jeden anderen Bootmanager verwenden, z. B. XFDISK.
- Festplatten neu organisieren bedingt, dass die Daten vorher gesichert werden.

Festplatten können unterschiedlich eingeteilt werden.

Folgende Möglichkeiten treffen oft zu:

- Man verfügt bereits über mehrere Partitionen.
- Es gibt nur eine große C-Partition.
- Man hat eine zweite Festplatte zur Verfügung.

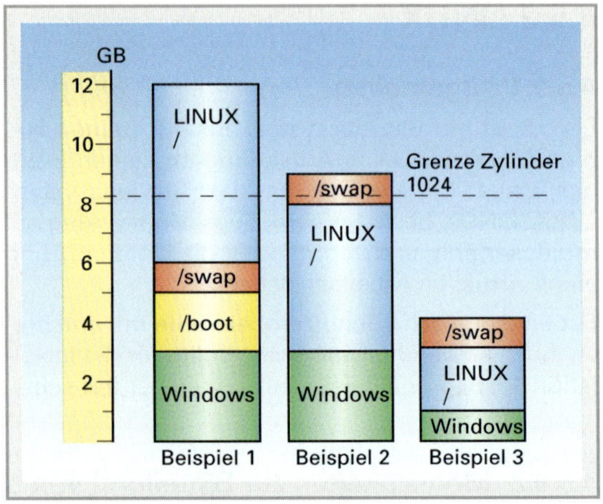

Bild 1: Der Grenzwert-Zylinder 1024

Tabelle : Möglichkeiten zur Einteilung von Festplatten

Mehrere Partitionen	Eine Partition	Zweite Festplatte
Datensicherung der Partition, welche Linux zur Verfügung gestellt werden soll. Löschen dieser Partition. Anlegen einer LINUX-Partition.	Neue Aufteilung der Festplatte in mehrere Partitionen. Hierbei kann man eine Partitionierungs-Software, z. B. Partition Magic zum Einsatz bringen.	Der Einbau einer zweiten Festplatte lohnt sich immer. Somit hat man zusätzlich Platz für eine Datenpartition und eine Partition, auf der man ein Backup (Image) der Betriebssysteme speichern kann.

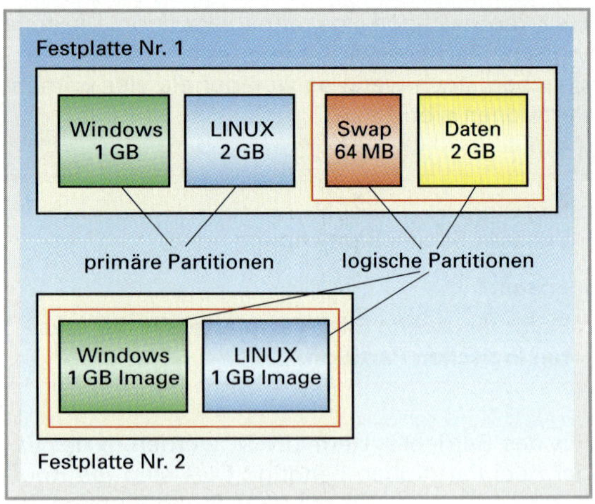

Bild 2: Partitionen von Festplatten

Je nachdem welche der oben aufgeführten Konfigurationen zutreffen, sind verschiedene Strategien zu verfolgen **(Tabelle)**.

Bild 2 zeigt eine mögliche Konfiguration von zwei Festplatten.

Das LINUX Dateisystem

LINUX arbeitet mit dem Dateisystem EXT2 (EXT2 = second extended file system). Dieses unterstützt z. B. lange Dateinamen, d. h. diese dürfen länger als 8 Zeichen sein.

4.5.9.3 Installationsarten

Es gibt mehrere LINUX-Anbieter. Hier wird beispielhaft das Programmpaket der Distribution S.u.S.E. verwendet. Eine Distribution bietet neben dem Betriebssystem eine Zusammenstellung von Anwendungsprogrammen und den dazugehörigen Dokumentationen an.

Für die Installation von LINUX gibt es mehrere Möglichkeiten. Als Installationsprogramm stehen YaST1 sowie YaST2 zur Verfügung **(Tabelle 1)**. YaST1 ist textorientiert, d. h. ein Konsolenprogramm. YaST2 weist eine grafische Oberfläche auf. Mit S.u.S.E 8 und S.u.S.E. 9 wird die Installation weitgehend automatisch durchgeführt.

4.5.9.4 Systemstart vorbereiten

Zur Installation von LINUX muss der Rechner mit einem minimalen LINUX-Betriebssystem gestartet werden. Deshalb ist es oft erforderlich im BIOS die Reihenfolge der Laufwerksbuchstaben des Rechners zu ändern. Die Bootreihenfolge wird im BIOS auf CDROM, A, C geändert. Nach dem Einlegen der ersten LINUX-CD kann der Rechner von der CD gestartet werden.

Die Installation von LINUX mit YaST2 wird in acht Installationsschritten durchgeführt **(Tabelle 2)**.

Nach kurzer Zeit erscheint der Begrüßungsbildschirm **(Bild 1)**. Am unteren Bildrand kann man die Vorgänge beim Start beobachten. Nach erfolgreichem Laden des minimalen LINUX startet das Installationsprogramm YaST2 automatisch.

Nach der Analyse der Hardware durch YaST2 erscheint der Installationsbildschirm von YaST2 **(Bild 2)**. Oben am Bildschirm wird mit den Zahlen ① ... ⑧ der Fortschritt der Installation angezeigt.

4.5.9.5 Installation von LINUX

Schritt 1: Grundsätzliche Einstellungen

Es werden die Eingaben zur Sprache, Konfiguration der Maus, Tastaturbelegung und der Zeitzone vorgenommen.

Tabelle 1: Überblick Installationsprogramme

YaST1	YaST2
Textmodus Installation für Experten, erweiterte Einstellungsmöglichkeiten.	Grafikmodus, Erstinstallation oder Update.
Booten von Diskette mithilfe einer Startdiskette.	Booten vom CDROM-Laufwerk.

Tabelle 2: Installationsschritte mit YaST2

Installationsschritte	Beschreibung
1	Grundsätzliche Einstellungen.
2	Festplatte zur Installation vorbereiten.
3	Auswahl der zu installierenden Software.
4	Systemstart konfigurieren.
5	Benutzer anlegen.
6	Software kopieren.
7	Monitorauswahl und Konfiguration der Grafikkarte.
8	Systemkomponenten konfigurieren.

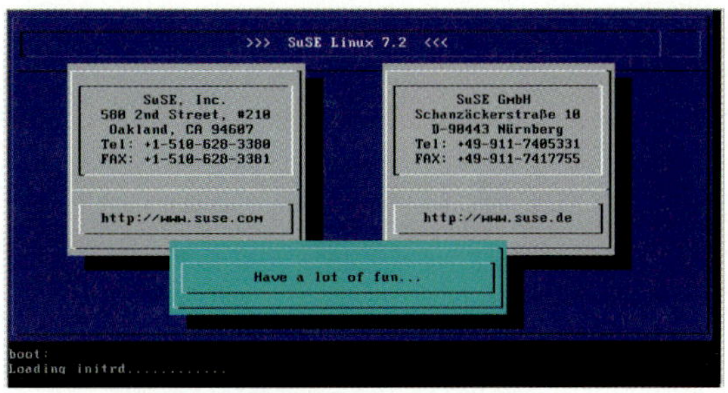

Bild 1: Begrüßungsbildschirm von LINUX

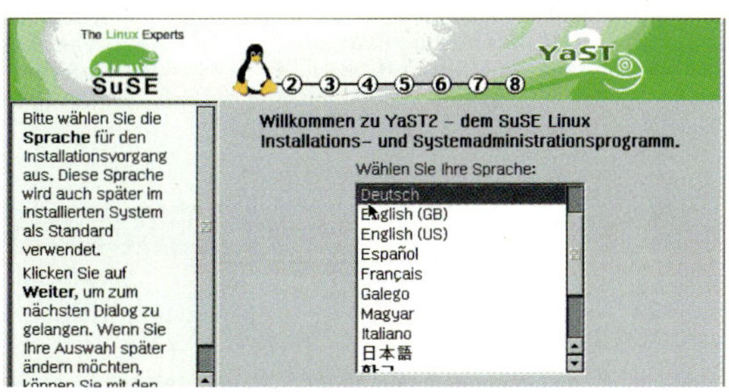

Bild 2: Begrüßungsbildschirm von YaST2

Schritt 2: Festplatte zur Installation vorbereiten

Bevor eine Festplatte zur Installation eingerichtet werden kann, erfolgt die Abfrage, ob eine Neuinstallation oder ein Update des Systems durchgeführt werden soll.

Als nächstes werden alle im System vorhandenen Festplatten aufgelistet **(Bild 1)**. Nicht gewählte Button haben keinen Punkt im Radio-Button (Auswahlkreis) ○. Die Auswahl wird durch einen Punkt kenntlich gemacht ⊙. Hier wählt man die Festplatte aus, auf der LINUX installiert werden soll. Ist eine manuelle Einteilung der Festplatte nicht nötig, erkennt YaST2 automatisch, wie die gewählte Festplatte eingeteilt ist **(Bild 2)**.

Will man die Festplatte selbst einteilen, so wählt man den Menüpunkt ⊙ `Erweiterte Einstellungen, manuelle Aufteilung (Partitionierung)` (Bild 1). Dadurch wird das Fenster `Festplatte vorbereiten: Expertenmodus` dargestellt **(Bild 3)**. Hier kann z. B. die Größe der Festplatte sda1 verändert werden.

Schritt 3: Auswahl der zu installierenden Software

Hierbei kann zwischen verschiedenen Softwarepaketen gewählt werden. Über den Button ⊙ `Erweiterte Auswahl` kann man weitere Programme dem gewählten Softwarepaket hinzufügen oder entfernen. Als Beispiel wird das ⊙ `Standardsystem mit Office` gewählt.

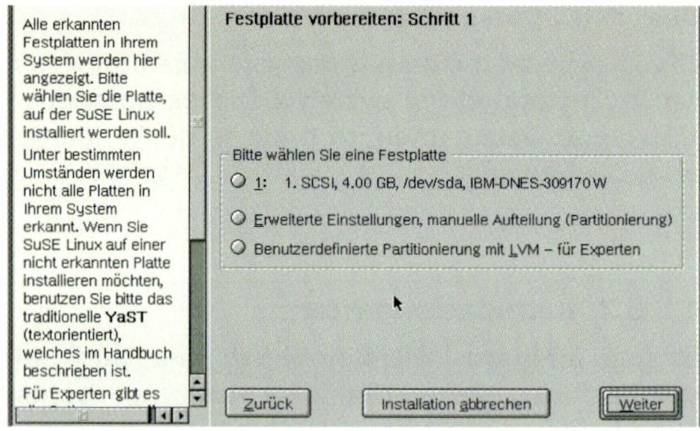

Bild 1: Festplatte auswählen

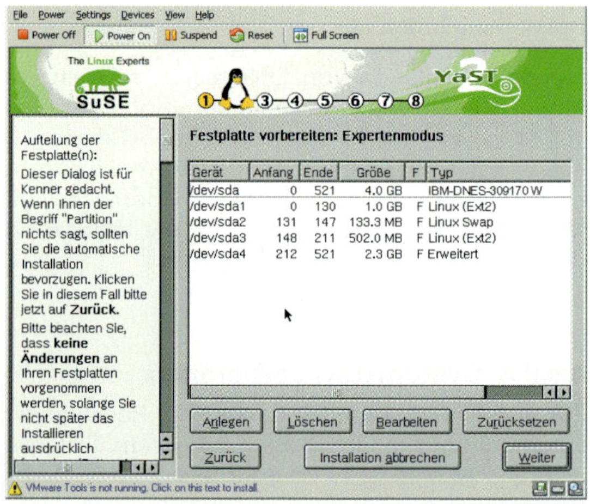

Bild 3: Fenster Festplatte vorbereiten: Expertenmodus

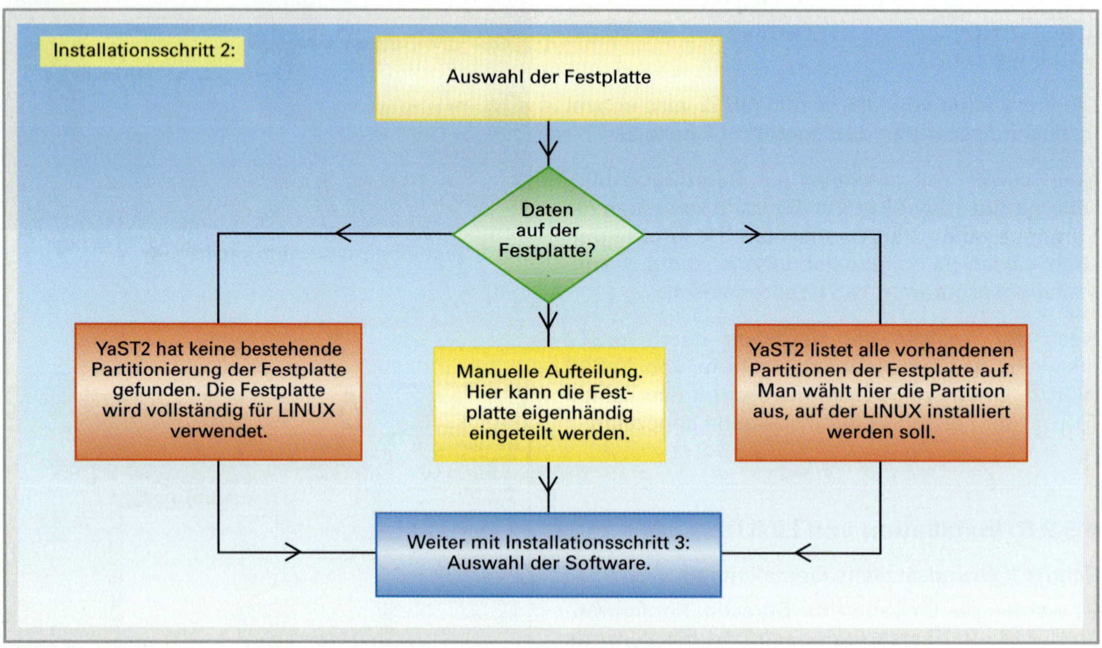

Bild 2: Festplatte zur Installation vorbereiten

Schritt 4: Art des Systemstarts einstellen

In diesem Installationsschritt wird die Konfiguration des Startvorganges von LINUX vorgenommen **(Bild 1)**. LINUX wird mit dem LINUX-Bootloader LILO (= **LI**NUX **Lo**ader) geladen. Dabei können mehrere Wege eingeschlagen werden **(Bild 2)**:

⊙ `Auf C: (im MBR der ersten Festplatte)`

S.u.S.E. LINUX ist das einzige Betriebssystem auf dem Rechner, oder LILO soll auch andere Betriebssysteme starten. Dabei wird LILO in den MBR (= Master Boot Record) der Festplatte geschrieben.

⊙ `Bootdiskette erstellen`

Hierbei wird keine Änderung im Bootsektor der Festplatte vorgenommen. Das Laden von LINUX erfolgt über die Bootdiskette.

⊙ `Nicht mit LILO booten (anderer Bootmanager erforderlich)`

Diese Auswahl kommt dann in Betracht, wenn der bisher verwendete Bootmanager weiter zum Einsatz kommen soll.

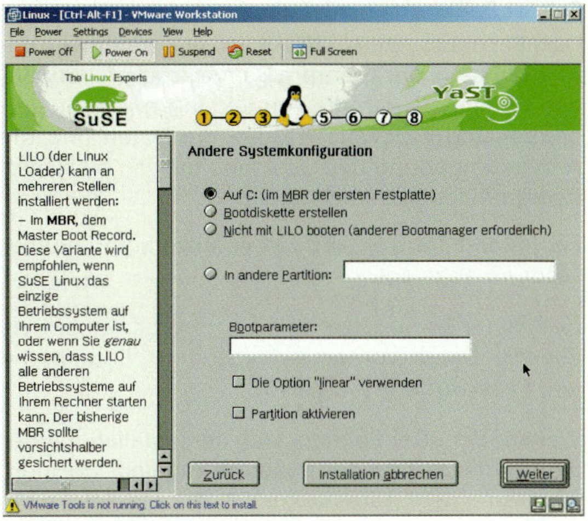

Bild 2: Mögliche Systemkonfiguration

⊙ `In andere Partition`

Hier kann die gewünschte Partition der Festplatte eingegeben werden, z. B. dev/hda3/boot. Zu beachten ist auch, dass manche Bootmanager nicht von einer logischen Partition booten können.

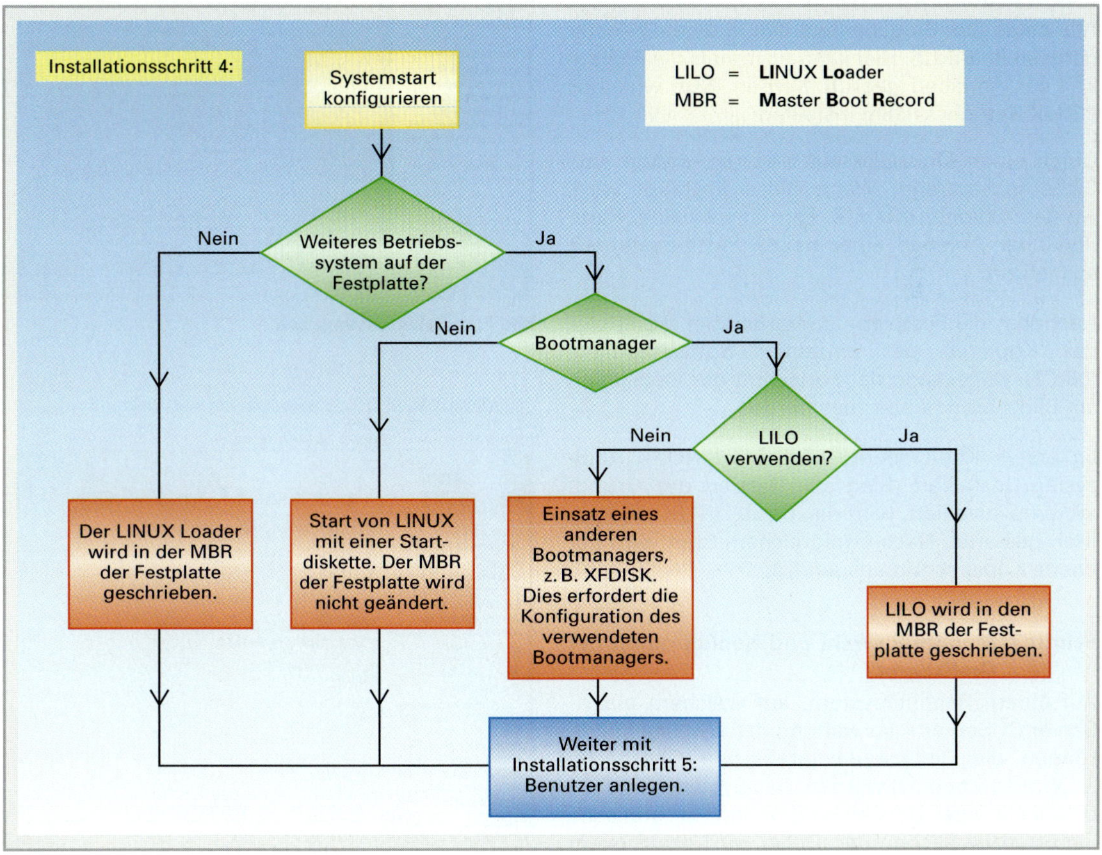

Bild 1: Systemstart konfigurieren

Schritt 5: Benutzer anlegen

Das Betriebssystem LINUX ist ein Multiuser-Betriebssystem, das mehrere Benutzer (user) verwenden können. Durch die Anmeldung mit Benutzernamen und Passwort werden die Daten und die Arbeitsumgebung des Desktops für den einzelnen User individuell bereitgestellt.

Für jeden Benutzer wird ein Benutzerkonto (= user account) angelegt.

Im Fenster `Benutzer - Informationen` werden die Daten Vorname, Nachname, Loginname und Passwort erfasst **(Bild 1)**.

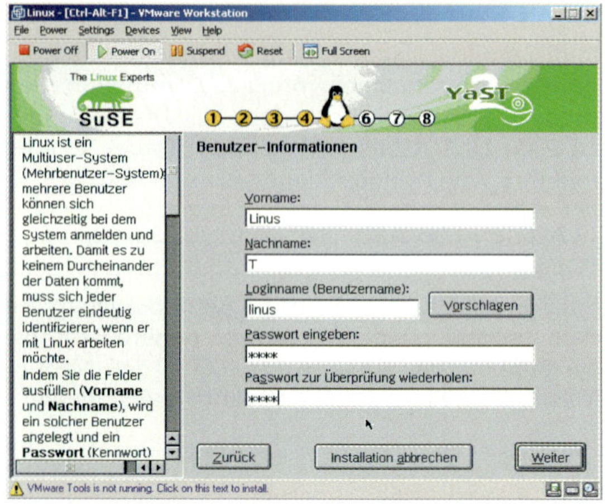

Bild 1: Benutzer-Informationen

Weitere Benutzer können nach der Installation über die Administration des Systems angelegt werden. Der Name des Systemadministrators lautet `root`. Als Systemadministrator hat man sämtliche Rechte im gesamten System. Der Systemadministrator kann z. B. neue Programme installieren oder neue Hardware einrichten. Das Passwort des Administrators muss besonders sorgfältig gehütet werden, da ein späteres Einsehen nicht mehr möglich ist.

Schritt 6: Software kopieren

Alle getätigten Eingaben werden in einem Fenster dargestellt **(Bild 2)**. Hier kann nochmals die Richtigkeit der Angaben geprüft werden. Nun wird das LINUX Betriebssystem installiert.

Durch einen Mausklick auf `Weiter` erfolgt eine Sicherheitsabfrage. Wenn diese bestätigt wird, werden Aktionen wie z. B. Formatieren einer Partition oder Anlegen einer neuen Partitionstabelle ausgeführt.

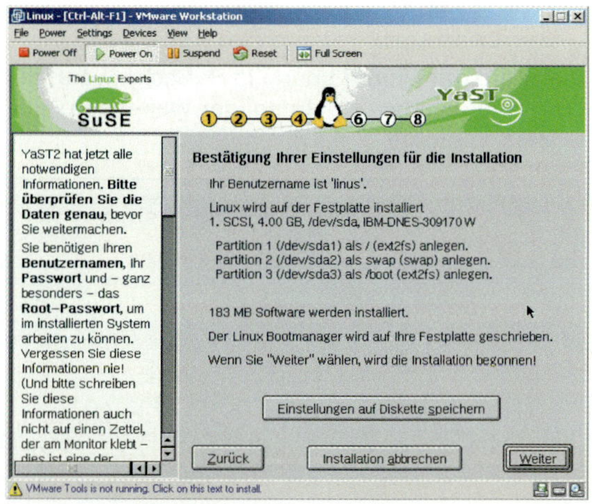

Bild 2: Installationsangaben

Nachdem die Festplatte so vorbereitet ist, erfolgt das Kopieren der einzelnen Softwarepakete **(Bild 3)**. Dabei kann der Fortschritt der Installation am Bildschirm beobachtet werden.

Im ersten Kopierschritt wird das LINUX-Grundsystem installiert. Sind alle Dateien des Grundsystems installiert, wird das Basis-LINUX automatisch gestartet. Nach erfolgreichem Start wird der zweite Kopierschritt ausgeführt.

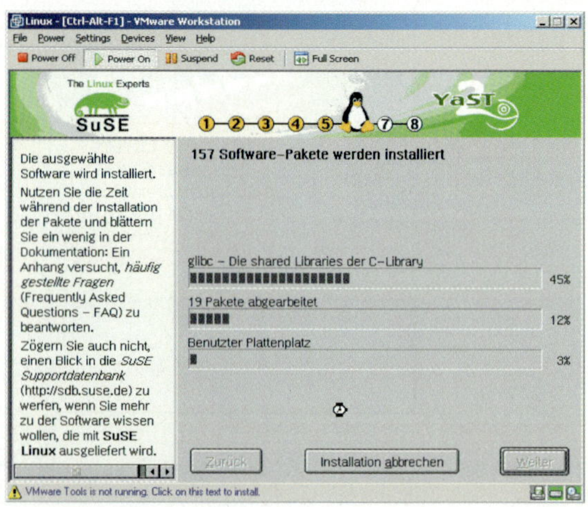

Bild 3: Kopiervorgang

Schritt 7: Monitorauswahl und Konfiguration der Grafikkarte

Auf einem Rechnersystem, auf welchem ein X-Server (X Server = Verwaltung des Displays) läuft, können die Dienste der grafischen Oberfläche `X Window` benutzt werden. Das System `X Window` stellt unter Unix einen Standard für grafische Benutzeroberflächen dar. Dabei wird das System `X Window` auch kurz X11 genannt.

> Grafische Benutzeroberflächen benötigen ein System X Window.

Monitor auswählen

In einer Datenbank der LINUX-CD sind die verschiedenen Hersteller mit ihren entsprechenden Modellen gespeichert. Für die Auswahl benötigt der X Server Angaben zum Monitor **(Bild 1)**. Nach Auswahl des gewünschten Monitors wird automatisch die Horizontal- und Vertikalfrequenz des Monitortyps eingetragen. Durch Klicken des Buttons `Weiter` kann die Grafikkarte konfiguriert werden (Bild 1).

Grafikkarte konfigurieren

Es erfolgt nun die Eingabe der Bildschirmauflösung und Farbtiefe für den Grafikmodus **(Bild 2)**.

Mit der Schaltfläche `Testen` können die Einstellungen überprüft und wenn nötig korrigiert werden. Dazu wird das in **Bild 3** dargestellte Fenster geöffnet. Mit dem Auswahlfenster `Größe` kann man das Bild in horizontaler und vertikaler Richtung stauchen oder strecken. Die relative Lage des Bildes wird im Auswahlfenster `Position` verändert. Durch Anklicken des Buttons `Konfiguration speichern` wird diese gespeichert (Bild 3).

Schritt 8: Systemkomponenten konfigurieren

Als nächstes erfolgt die Einstellung von Systemkomponenten, z. B. Drucker, Soundkarte, Internet und Netzwerk. Sind Systemkomponenten bereits automatisch erkannt worden, werden diese unter der jeweiligen Komponente eingetragen, z. B. Drucker – Hyper Office Jet Pro 7000 **(Bild 4)**.

Nach der Konfiguration der Systemkomponenten ist die Installation abgeschlossen.

Wiederholung und Vertiefung

1. **Was versteht man unter mounten?**
2. **Wie muss eine Festplatte eingerichtet werden, wenn man fünf Partitionen benötigt?**
3. **Von welchen Partitionen kann LINUX gebootet werden?**
4. **In welchem Fall ist der Einsatz eines Bootmanagers nötig?**
5. **Ab welchem Zylinder muss eine Boot-Partition bei der Installation von LINUX eingerichtet werden?**
6. **Nennen Sie Möglichkeiten, den Systemstart von LINUX zu konfigurieren.**
7. **Erklären Sie den Begriff X Window.**

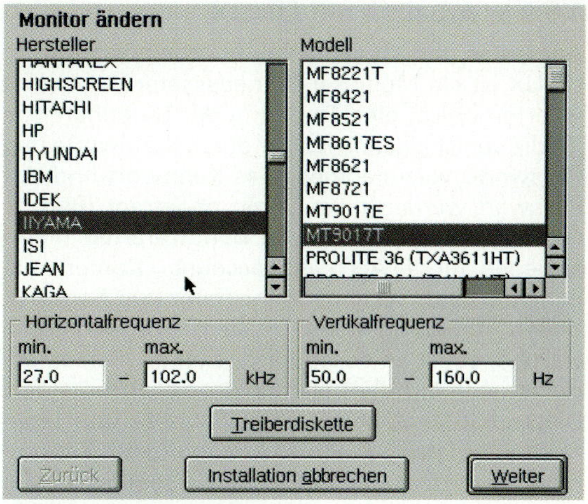

Bild 1: Auswahl-Monitor

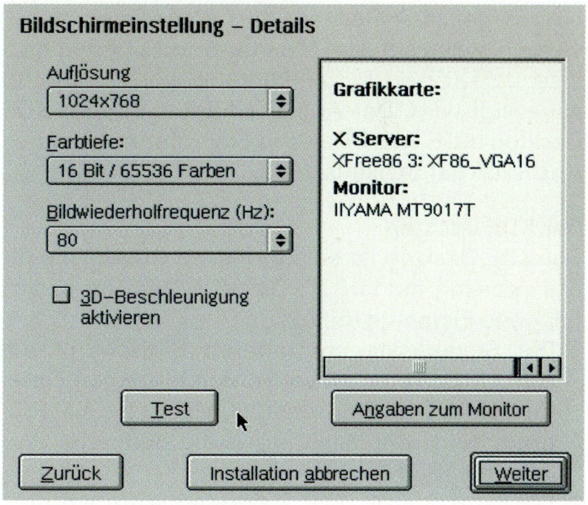

Bild 2: Konfiguration Grafikkarte

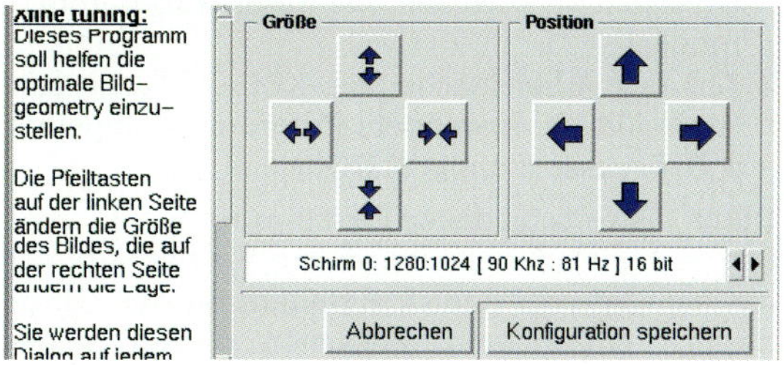

Bild 3: Einstellungen des X-Servers

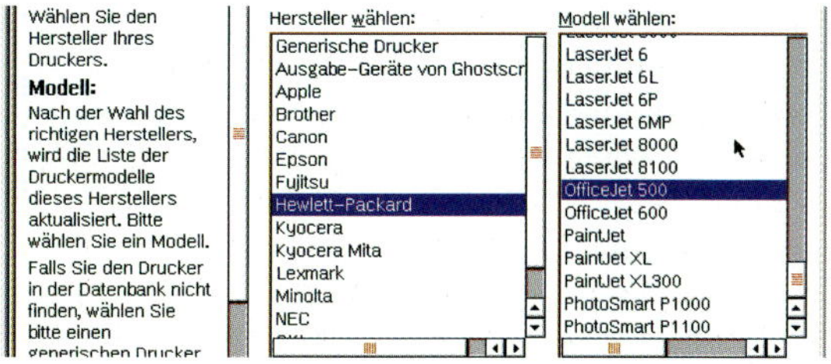

Bild 4: Drucker einstellen

4.5.9.6 Arbeiten mit LINUX

Anmelden und Abmelden einer Arbeitssitzung

LINUX ist ein Multiuser-Betriebssystem, daher ist es erforderlich, eine Trennung der Datenbereiche für die verschiedenen Nutzer durch Kennworte und Passworte vorzunehmen. Das Kennwort und das Passwort werden beim Login abgefragt **(Bild 1)**. Grundsätzlich werden zwei Benutzerarten unterschieden, für die Accounts (account = Konten) eingerichtet sind, Systemadministrator und Benutzer. Sollen Änderungen am System vorgenommen werden, so ist es erforderlich, sich als Systemadministrator mit dem Namen `root` anzumelden. Dieser hat sämtliche Rechte (Schreib- und Leserechte), um das System zu konfigurieren. Ein normaler Benutzer kann nur Dateien in seinem HOME-Verzeichnis verändern. Beim Beenden von LINUX muss das System ordnungsgemäß heruntergefahren werden. Der Rechner darf erst ausgeschaltet werden, wenn auf dem Monitor `runlevel ø has been reached` (= Laufebene ø wurde erreicht) angezeigt wird. Der Aufruf erfolgt z. B. vom KDE Desktop (KDE von K Desktop Environments), durch Anklicken der Schaltfläche `K`.

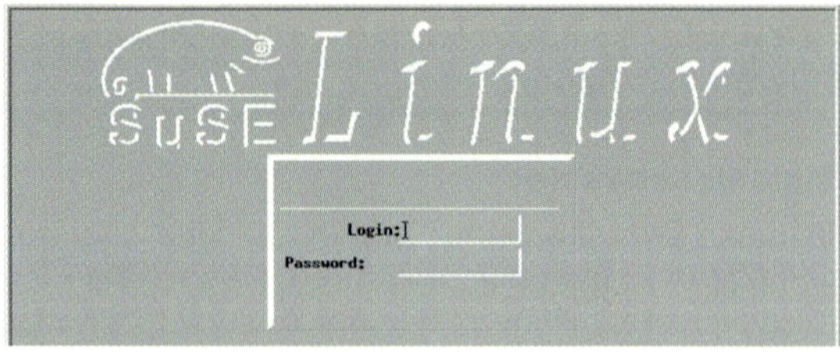

Bild 1: Login-Fenster

Der KDE Desktop

Der KDE-Desktop ist eine grafische Oberfläche für das Arbeiten mit LINUX. Der KDE-Desktop besitzt folgende Elemente **(Bild 2)**:

1. Die Steuerleiste am unteren Bildschirmrand, zum Umschalten zwischen den einzelnen Desktops (1-4). Das Startmenü (K-Menü) für alle Programme, sowie Icons für häufig benötigte Programme (Bild 2).
2. Die Prozessleiste oder Programmleiste am oberen Bildschirmrand. Hier ist z. B. ein schnelles Umschalten zwischen mehreren Programmen möglich.
3. Auf der Arbeitsfläche des KDE-Desktops sind Ikons für oft verwendete Programme abgelegt, z. B. Drucker, Floppy, StarOffice.

Durch die verschiedenen Desktops ist es z. B. möglich, sich eine Arbeitsumgebung für das Arbeiten mit dem Internet und eine weitere für den Office-Bereich einzurichten. Zwischen diesen beiden Desktop-Konfigurationen kann dann über die Steuerleiste gewechselt werden.

Bild 2: KDE-Desktop

> Der Windowmanager KDE kann bis zu acht verschiedene Desktop-Konfigurationen gleichzeitig verwalten.

KDE-Kontrollzentrum

Die Gestaltung des Desktops erfolgt über das `K Startmenü` unter dem Eintrag `KDE Kontrollzentrum` **(Bild 3)**.

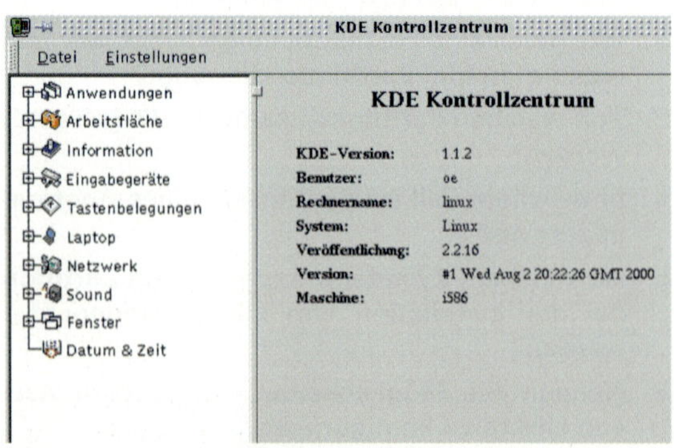

Bild 3: KDE-Kontrollzentrum

Der Dateimanager KFM

Der KDE-Desktop enthält den KFM-Dateimanager (KFM von K File Manager) zur Navigation im Verzeichnisbaum, sowie zum Verwalten von Dateien, z. B. Kopieren, Löschen, Verschieben, Umbenennen **(Bild 1)**. Das KFM-Fenster enthält:

- Menüleiste für alle Aktionen, z. B. `Datei`,
- Werkzeugleiste mit den häufigsten Aktionen, z. B. für Kopieren,
- Seite-Eingabezeile, z. B. `file:` und das
- KFM-Hauptfenster mit dem Verzeichnisbaum und dem Dateiverzeichnis.

Bild 1: KFM-Dateimanager

Festplattenpartition für den Datenaustausch einrichten

Da LINUX dateiorientiert ist, werden auch Geräte, z. B. Festplatten, als Dateien dargestellt. Um ein Gerät sichtbar zu machen, muss dieses in das LINUX-Dateisystem eingehängt (gemounted) werden. Zum Mounten muss zuvor der Mount Point festgelegt werden.

Das Einrichten einer Festplattenpartition gliedert sich in drei Schritte:

- Mount-Point mit Hilfe von YaST1 festlegen,
- Laufwerk-Icon auf dem Desktop anlegen unter Verwendung des Programmes KFM und
- Festplattenpartition freigeben.

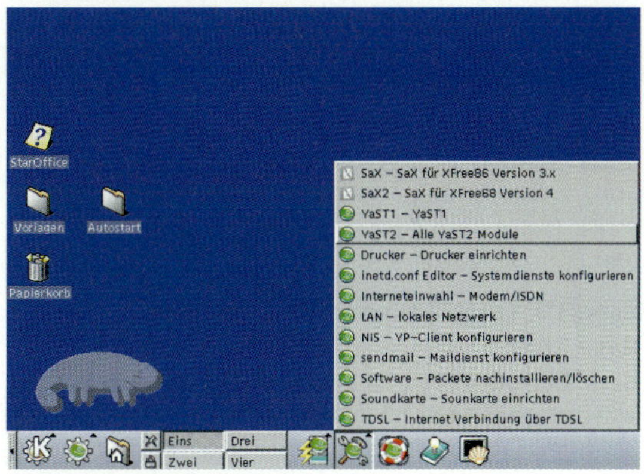

Bild 2: Start von YaST1

> **Übung:**
>
> Eine Festplattenpartition soll als Icon auf dem Desktop angelegt werden. Durch einen Mausklick auf das Icon soll sich ein KFM-Fenster zur weiteren Bearbeitung der Daten öffnen.
>
> *Lösung:* **Schritt 1 bis Schritt 3**

Schritt 1: Mount Point festlegen

Man führt einen Login als Administrator durch und wählt auf der Steuerleiste des K-Desktops das YaST Menü zum Starten des Programmes YaST1 **(Bild 2)**.

Man wählt mit den Cursortasten die Option `Einstellungen zur Installation` und bestätigt die Auswahl mit der Eingabetaste. Nun wählt man `Ziel und Dateisysteme festlegen`.

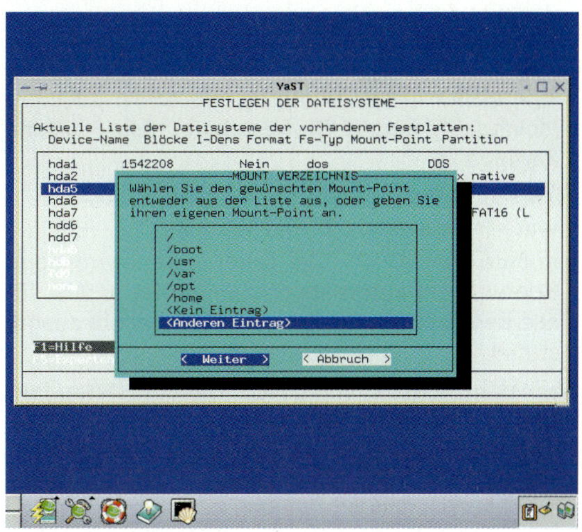

Bild 3: Mount Point festlegen mit YaST1

Anschließend wählt man die entsprechende Festplattenpartition aus, z. B. hda5 **(Bild 3)**. Jetzt wird der Mount Point, unter welchem diese Partition in das Dateisystem eingehängt werden soll, festgelegt. Dazu drückt man die Taste F4 `Mount Point`. Als nächstes wählt man im Mount-Verzeichnis `Anderen Eintrag` und gibt z. B. `/daten` ein. Alle Mount Points werden in der Datei `fstab` im Verzeichnis `etc` gespeichert. Nun beendet man YaST1 und den KDE-Desktop. Durch erneutes Booten des Systems werden die Daten der Datei `fstab` wirksam.

Schritt 2: Symbol auf dem KDE-Desktop anlegen

Nun soll ein Ikon für die Festplattenpartition auf der Arbeitsfläche abgelegt werden. Dieses Ikon wird so konfiguriert, dass durch Anklicken des Ikons mit der Maus die Daten der Partition angezeigt werden.

Dazu klickt man mit der Maus auf das Ikon `Vorlagen` und zieht das Symbol `Device` per Drag-and-Drop (ziehen und fallenlassen) auf den KDE-Desktop **(Bild 1)**. In dem sich öffnenden Fenster wählt man `Verknüpfung`. Dadurch wird ein Symbol mit dem Namen `Device` auf den Desktop gelegt.

Durch Klick mit der rechten Maustaste auf dieses Ikon wählt man das Menü `Eigenschaften`. Hier trägt man in der Registrierkarte `Allgemein` bei `Dateiname` z. B. Daten.kdelnk ein (kdelnk von kde link = kde verbinden) **(Bild 2)**. Nun wählt man die Registrierkarte `Gerät` und gibt dort die Partition der Festplatte z. B. /dev/hda5 ein **(Bild 3)**. Im Feld `gemountet auf` wird der Mount Point der Partition, z. B. /daten eingetragen. Die Konfiguration muss mit einem Mausklick auf `OK` bestätigt werden.

Schritt 3: Festplattenpartition freigeben

Wenn die eingerichtete Festplatten-Partition für andere Benutzer des Systems freigegeben werden soll, muss noch die Konfigurationsdatei `fstab` geändert werden. Dazu wird die Datei `fstab`, welche sich im Verzeichnis `etc` befindet, mit dem Texteditor `kedit` geöffnet **(Bild 4)**.

In der Datei `fstab` wird der Eintrag, z. B. /dev/hda5 wie folgt abgeändert:
/dev/hda5 /daten vfat noauto,users,umask=000
Der Eintrag ist so zu verstehen:

- /dev/hda5 – Erste EIDE-Festplatte, erste logische Partition,
- /daten – eingetragener Mount Point,
- vfat – Filesystem, z. B. FAT-Win95,
- noauto,users,0 0 – die Datei /daten wird beim Booten nicht automatisch gemountet und ist für alle Benutzer mit Schreib- und Leserechte ausgestattet.

Nach dem Neustart von LINUX steht die Daten-Partition der Festplatte als Symbol auf dem Desktop zur Verfügung. So wird ein problemloser Datenaustausch zwischen zwei Betriebssystemen, z. B. Windows und LINUX, möglich.

Wiederholung und Vertiefung

1. **Welche drei Schritte sind nötig, um eine Festplattenpartition auf dem KDE-Desktop als Symbol anzulegen?**
2. **Wie lautet der Pfadname für die Datei fstab?**

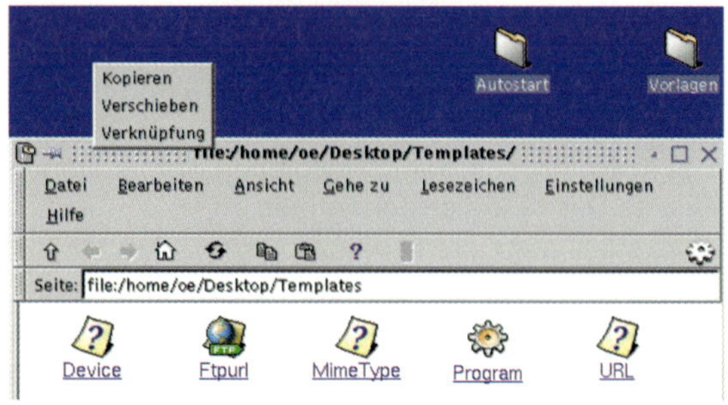

Bild 1: Das Fenster Vorlagen

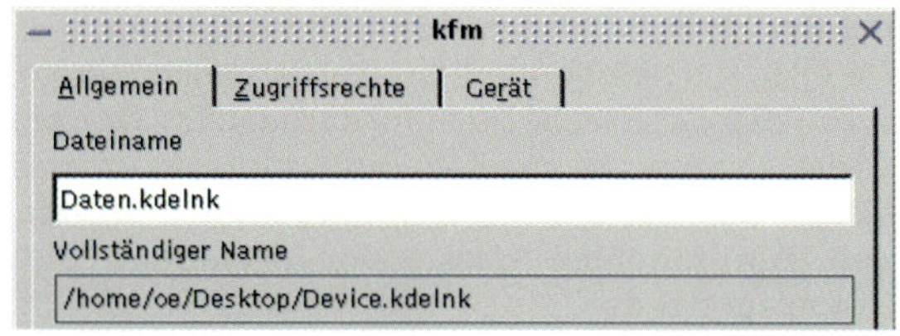

Bild 2: Dateiname eingeben

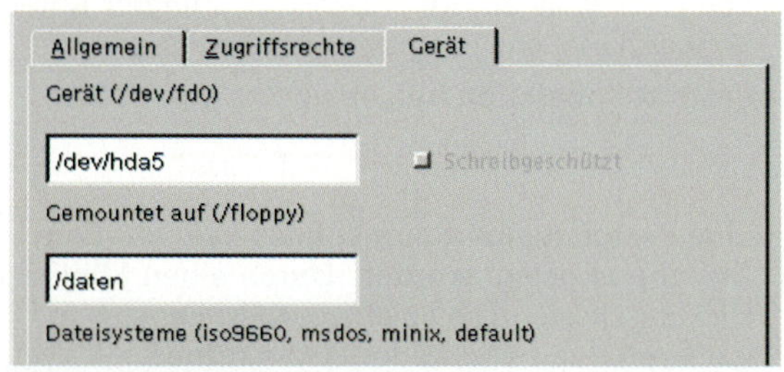

Bild 3: Festplattenpartition eingeben

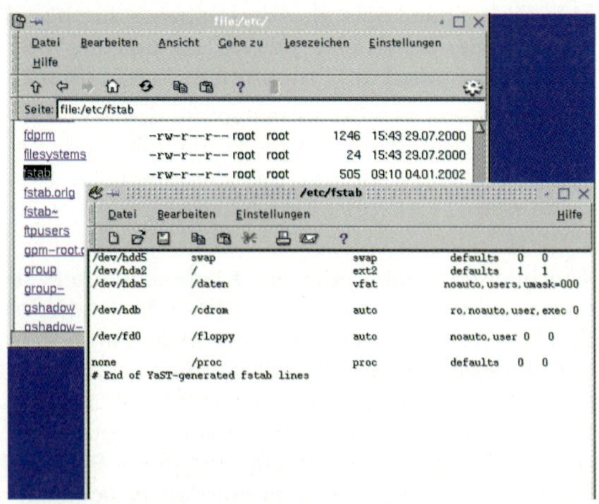

Bild 4: Datei `fstab` konfigurieren

Neue Hardware einbinden

Zuerst wird nach den entsprechenden Angaben des Herstellers die neue Hardware, z. B. eine ISDN-Karte, in den Rechner eingebaut.

Dann meldet man sich als Administrator root an und startet auf der Steuerleiste des K-Desktops das YaST-Menü. Hier wählt man YaST2 – Alle YaST2 Module. YaST2 erkennt einen Großteil der handelsüblichen Hardwarekomponenten automatisch.

> Neue Hardware wird durch den Administrator eingebunden.

Nach dem Start von YaST2 – Alle YaST2 Module wird das Fenster YaST2 Systemkonfiguration und – Administration dargestellt. Hier wählt man mit der Maus das entsprechende Modul, z. B. Netzwerk/Modem + ISDN aus. Durch einen Klick mit der Maus auf Modul starten erscheint ein Hinweis, dass man ein externes Modem oder Terminaladapter einschalten soll. Nach dem eventuellen Einschalten bestätigt man dies durch einen Klick auf OK.

Es wird nun die automatische Hardwareerkennung gestartet. Nach kurzer Zeit wird z. B. die eingebaute ISDN-Karte gefunden. Um mit der Konfiguration für den Internetzugang fortzufahren, klickt man mit der Maus auf Weiter.

> LINUX verwendet eine automatische Hardwareerkennung.

Es öffnet sich das Fenster Internetzugang – Konfiguration der Internetparameter **(Bild 1)**. Hier wird ein Internet-Provider aus der Liste ausgewählt, z. B. Germany/Arcor. Ist ein Provider in dieser Liste nicht aufgeführt, so gibt man die Telefonnummer, Benutzererkennung und Passwort des Providers in die entsprechenden Felder ein (Bild 1).

Mit einem Mausklick auf Weiter können in dem sich öffnenden Fenster Internetzugang – ISDN Konfiguration die entsprechenden Eingaben vorgenommen werden **(Bild 2)**. Mit einem Klick auf Weiter wird das Fenster zur Eingabe der Netzwerkadressen geöffnet **(Bild 3)**.

Wurde ein Internet-Provider aus der Liste (Bild 1) ausgewählt, sind die notwendigen Eingaben bereits von YaST2 vorgenommen worden. Ist der Internet-Provider nicht in der Liste aufgeführt, so erhält man die hier einzutragenden Daten von seinem Internet-Provider. Nach der Eingabe der lokalen IP-Adresse, der Remote IP-Adresse, dem Setzen der Checkboxen und einem Mausklick auf Ende ist die Konfiguration abgeschlossen.

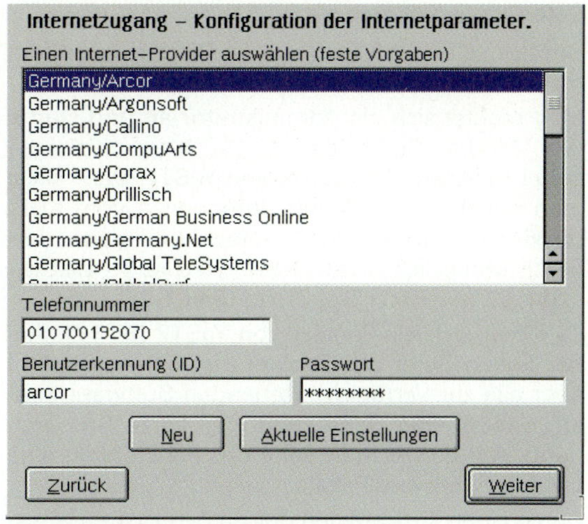

Bild 1: Internet-Provider auswählen

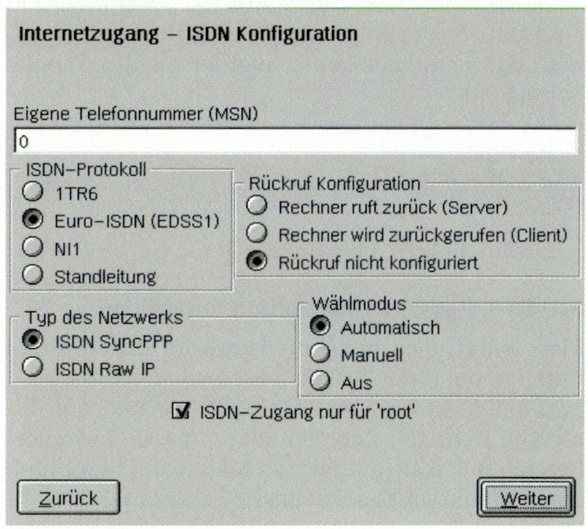

Bild 2: ISDN-Karte einstellen

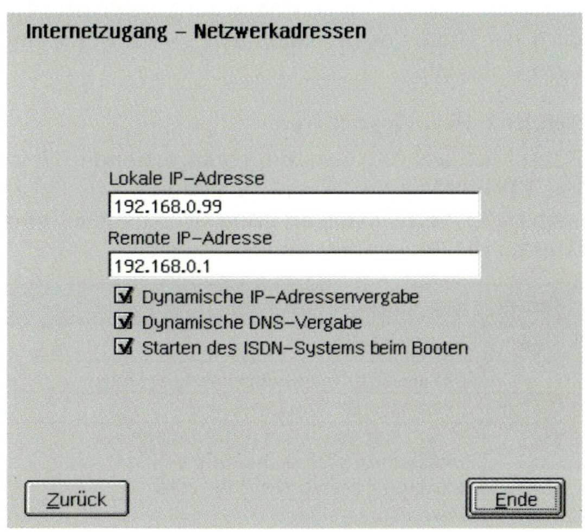

Bild 3: Eingabe der Netzwerkadressen

Software installieren

Um zusätzlich Software zu installieren verwendet man das Programm YaST2.

Man meldet sich als Administrator an und startet das Modul `Software - Pakete nachinstallieren/löschen` von YaST2. Dazu klickt man mit der Maus in der Steuerleiste vom KDE-Desktop auf das Ikon `YaST-Menü` und startet dort durch Mausklick `Software - Pakete nachinstallieren/löschen` **(Bild 1)**.

Es öffnet sich ein Fenster von YaST2 **(Bild 2)**. Auf der linken Seite des Fensters ist eine Übersicht über alle zur Verfügung stehenden Software-Serien. Neben jeder Serie steht eine kurze Beschreibung. Auf der rechten Seite des Fensters ist eine Liste der Software-Pakete.

Durch einen Klick auf den Button `Beschreibung` erhält man zusätzliche Informationen über das zu installierende Paket. Der Status der Pakete wird in der Statusspalte angezeigt (Bild 2). Die verschiedenen Statusmöglichkeiten werden in der **Tabelle** dargestellt.

> **Übung:**
> Es soll die Software `antivir` installiert werden.
>
> *Lösung:* **Schritt 1 bis Schritt 3**

Schritt 1: Paket zur Installation auswählen

Man wählt links bei Serienauswahl durch einen Klick mit der Maus auf die Serie `pay Kommerzielle Software` aus. Dadurch werden auf der rechten Seite des Fensters die in dieser Serie vorhandenen Pakete aufgelistet. Man wählt hier durch einen Mausklick das Paket `antivir` aus.

Schritt 2: Paket Status auf Installieren setzen

Durch einen Klick mit der Maus auf `Übernehmen` wird der Status des Paketes `antivir` auf `X` gesetzt (Tabelle).

Schritt 3: Paket installieren

Nach Klick auf `OK` muss die entsprechende CD in das CD-ROM-Laufwerk einlegt werden. Das Paket `antivir` wird installiert **(Bild 3)**. Anschließend werden die Systemdateien aktualisiert.

Tabelle: Status Beschreibung	
Status	Beschreibung
x	Paket ist zur Installation ausgewählt.
	Paket ist nicht ausgewählt.
a	YaST2 hat das Paket automatisch zur Installation vorgeschlagen, weil es von anderen Paketen benötigt wird.
i	Paket ist installiert.
d	Paket wird entfernt.

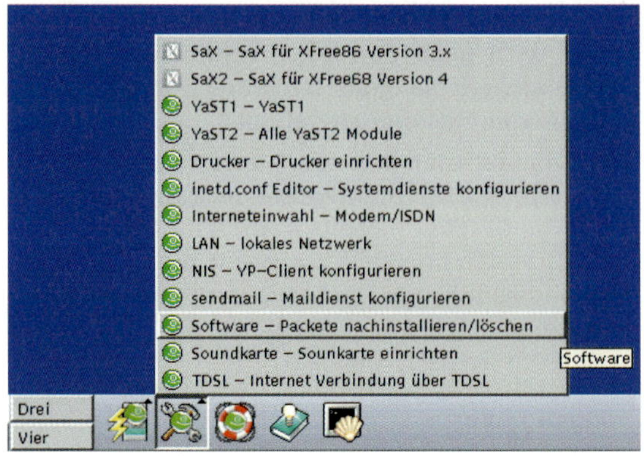

Bild 1: Software-Pakete installieren

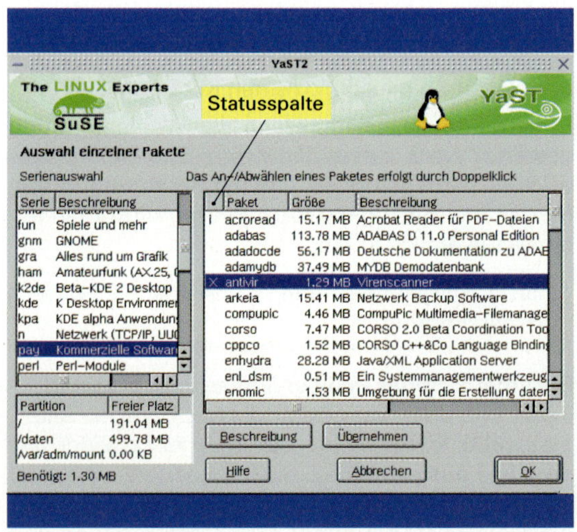

Bild 2: YaST2 Fenster

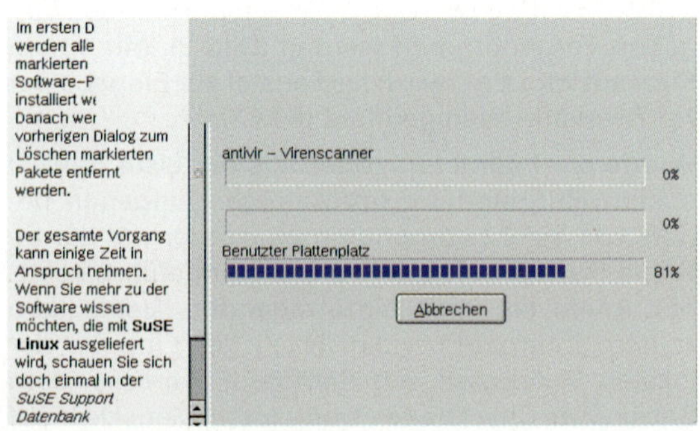

Bild 3: Installation Software

Software deinstallieren

Die Deinstallation von Software-Paketen erfolgt so ähnlich wie die Installation.

> **Übung:**
> Das Programmpaket `antivir` soll deinstalliert werden.
>
> *Lösung:* **Schritt 1, Schritt 2**

Schritt 1: Paket anwählen

Man startet YaST2 mit dem Modul `Software - Pakete nachinstallieren/löschen`. Dann wählt man aus der Serie `pay Kommerzielle Software` das Paket `antivir` aus.

Schritt 2: Paket deinstallieren

Durch einen Mausklick auf den Button `Übernehmen` wird der Status des Pakets `antivir` von `i` nach `d` geändert **(Bild 1)**. Nach Betätigen des Buttons `OK` mit der Maus wird das Paket `antivir` entfernt und es werden die Systemdateien geändert.

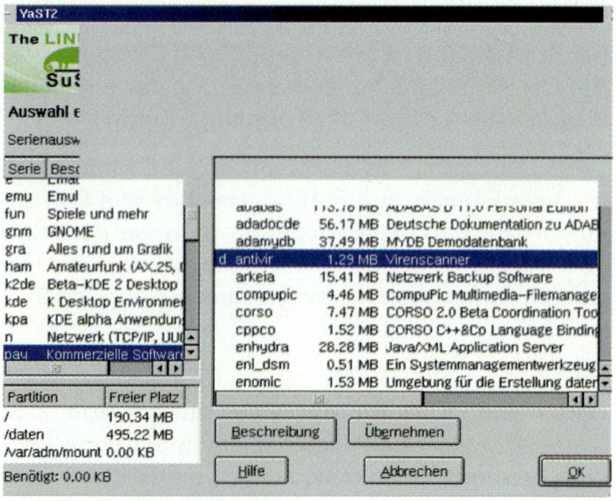

Bild 1: Software deinstallieren

StarOffice unter LINUX

StarOffice ist ein Office-Paket unter LINUX. Es vereinigt die Anwendungen Textverarbeitung, Tabellenkalkulation, Datenbank, Zeichenprogramm, Präsentationssoftware, Terminplaner, Internet-Browser und E-Mail-Client unter einer gemeinsamen Desktop-Oberfläche, dem StarOffice-Desktop.

Installation von StarOffice

Die Daten von StarOffice befinden sich schon auf dem Rechner, wenn LINUX mit der Auswahl `Standardsystem mit Office` installiert wurde. Vor der ersten Benutzung muss noch das Installationsprogramm von StarOffice gestartet werden. Man startet hierzu die Terminal Emulation und gibt in der Eingabezeile `soffice` ein **(Bild 2)**. Durch Betätigen der `Eingabe-Taste` wird das Installationsprogramm gestartet. Es werden nun die Benutzerdaten abgefragt und anschließend kann man die Installationsart wählen. Hier hat man die Auswahl zwischen `Standard Installation`, `Benutzergesteuerte Installation` und `Minimale Installation`. Das Programm wird dann in das Verzeichnis `office52` im `HOME-Verzeichnis` kopiert.

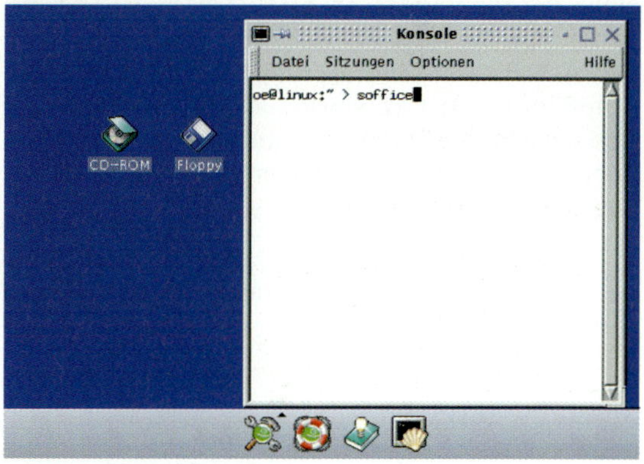

Bild 2: Installation StarOffice starten

Starten von StarOffice

Man startet StarOffice im `K-Startmenü` unter dem Eintrag `Persönlich, StarOffice`, durch Klick mit der Maus auf den Menüeintrag `Star Office` **(Bild 3)**. Es öffnet sich nun ein Fenster, in welchem der StarDesktop dargestellt wird **(Bild 1, folgende Seite)**.

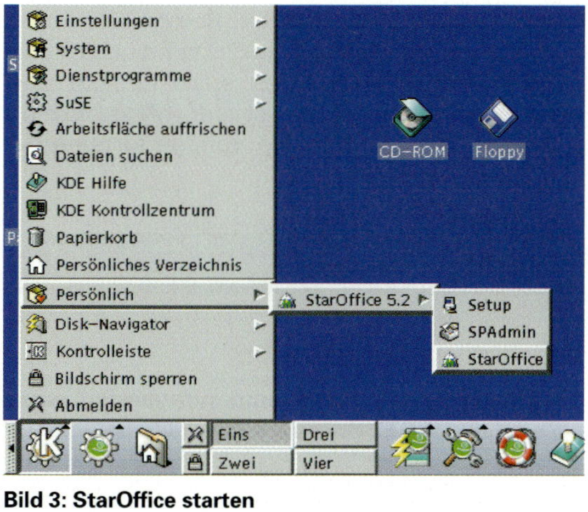

Bild 3: StarOffice starten

Der StarDesktop

Der StarDesktop ist die Arbeitsfläche für StarOffice. Auf der Arbeitsfläche sind die Ikons der einzelnen Programme für StarOffice abgelegt (Bild 1).

Unter `Extras, Optionen` in der Menüleiste wird ein Fenster geöffnet, in welches alle Einstellungen zu StarOffice vorgenommen werden können, z. B. Einstellung des Pfades, in dem die erstellten Daten gespeichert werden sollen **(Bild 2)**.

Arbeiten mit StarOffice

Durch einen Klick mit der Maus auf ein Ikon, z. B. `Neuer Text`, öffnet sich das entsprechende Textverarbeitungsprogramm, z. B. `StarWriter`.

StarOffice enthält für die einzelnen Programme Formatvorlagen. Man kann sie mit dem AutoPiloten benutzergeführt anwenden oder setzt die zur Verfügung stehenden Vorlagen ein.

Über die Menüleiste `Datei - AutoPilot` erreicht man die Auswahl der zur Verfügung stehenden AutoPiloten **(Bild 3)**. Hier kann man z. B. den AutoPilot für `Brief` starten. Durch den AutoPilot `Brief` wird die Erstellung eines Briefes durch Eingabe der erforderlichen Daten, z. B. Absender, in das Briefformat vereinfacht.

In StarOffice können auch Vorlagen für verschiedene Aufgaben, z. B. Tabellen, Präsentationen benutzt werden.

Übung:

Erstellen Sie eine Gesprächsnotiz mit der Vorlage `Formulare...` von StarOffice.

Lösung: **Bild 3**

Man wählt `Datei, Neu, Aus Vorlage` durch Klick mit der Maus aus. Es öffnet sich ein Fenster, in welchem man den Bereich `Formulare und Verträge` mit der Maus anklickt und unter Vorlagen `Gesprächsnotizen` auswählt. Die Auswahl wird durch Klick mit der Maus auf `OK` bestätigt. Dadurch wird die Vorlage für eine Gesprächsnotiz geöffnet.

Mit dem AutoPilot wird das Arbeiten mit StarOffice vereinfacht.

Wiederholung und Vertiefung

1. **Welche drei Schritte sind notwendig, wenn man mit YaST2 Software-Pakete installiert?**
2. **Welche zwei Programme kann man in StarOffice für vorgefertigte Dokumente verwenden?**

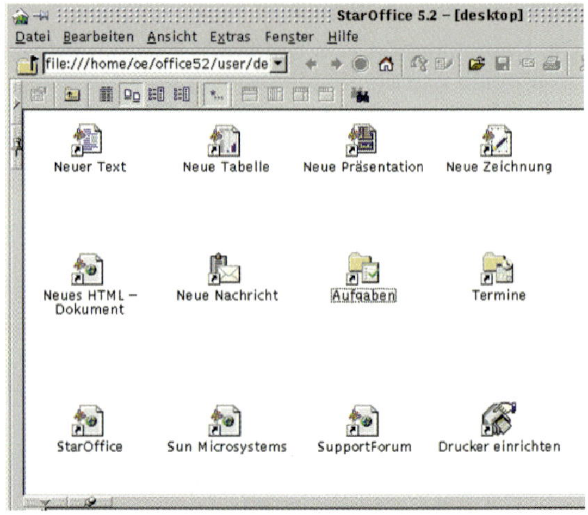

Bild 1: StarOffice Desktop

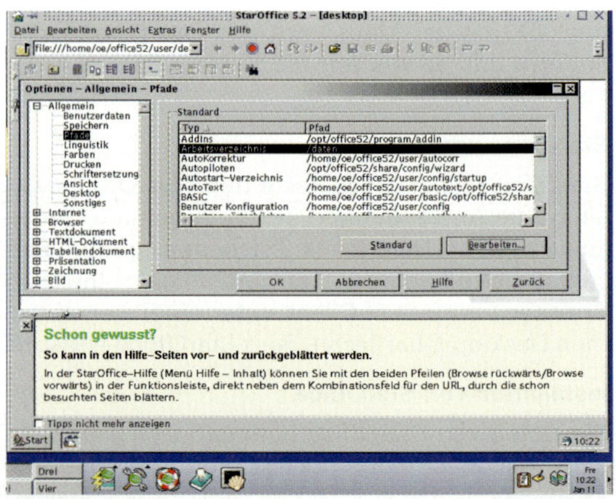

Bild 2: StarOffice Einstellungen

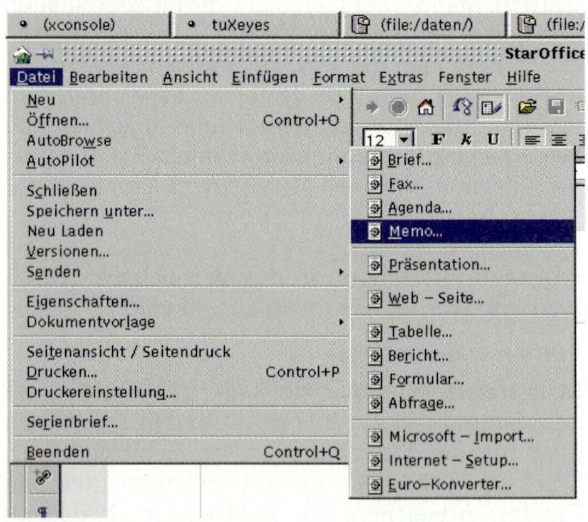

Bild 3: Starten von AutoPilot

4.6 Anwendungssoftware

4.6.1 Installation

Die Steuerung der Installation erfolgt meist vom Betriebssystem aus. Es sind verschiedene Wege der Installation möglich:

- Vom Desktop aus ⇒ Icon `Arbeitsplatz` ⇒ Icon `Systemsteuerung` ⇒ Icon `Software` anklicken. Im Fenster `Eigenschaften von Software` die Schaltfläche `Installieren` anklicken und die erste Diskette des Programms oder die CD-ROM mit dem Programm einlegen.
- Im Startmenü von Windows die Zeile `Ausführen` anklicken. Dann die erste Diskette oder die CD-ROM mit dem Programm einlegen. Meist meldet sich der Datenträger entsprechend **Bild 1**. Durch Anklicken von OK wird der Installationsvorgang gestartet, wenn nicht, wählt man das benutzte Laufwerk an und klickt z. B. E:\Setup.exe an.
- CD für die Anwendungssoftware startet selbstständig.

Übung:

Installieren Sie das Programmpaket Office XP im Laufwerk C.

Lösung: Bild 1, **Bild 2, Bild 3**

Es erscheint das Fenster `Microsoft Office XP Setup` mit Informationen und einem Hinweis zu den Lizenzbedingungen. Mit `Weiter` erscheint ein Fenster, in dem der Benutzername und die Firma eingegeben werden muss. Mit `Weiter` wird im nächsten Fenster die Eingabe des CD-Keys (CD-Schlüssel) verlangt. Dieser Schlüssel steht meist auf der DVD- oder CD-Hülle, im Handbuch oder er wird online über das Internet abgerufen. Erst nach richtiger Eingabe kann die Installation fortgesetzt werden. Nach Beantwortung weiterer Fragen in weiteren Fenstern erscheint nach Anklicken von `Weiter` das Fenster `Ordner`. Hier können das Laufwerk und der Verzeichnispfad gewählt werden. Es wird `C:\Programme\Microsoft Office XP` vorgeschlagen. Anschließend wird das Office-Paket installiert. Eine Freischaltung kann auch online oder über Telefon vorgenommen werden.

Deinstallation

Software wird mit Deinstallationsprogrammen von der Festplatte entfernt. Vom Desktop aus nacheinander Icon `Arbeitsplatz` ⇛ `Systemsteuerung` ⇛ `Software` anklicken. Im Fenster `Eigenschaften von Software` wird das zu entfernende Programm markiert und der Button `Deinstallieren` angeklickt **(Bild 4)**.

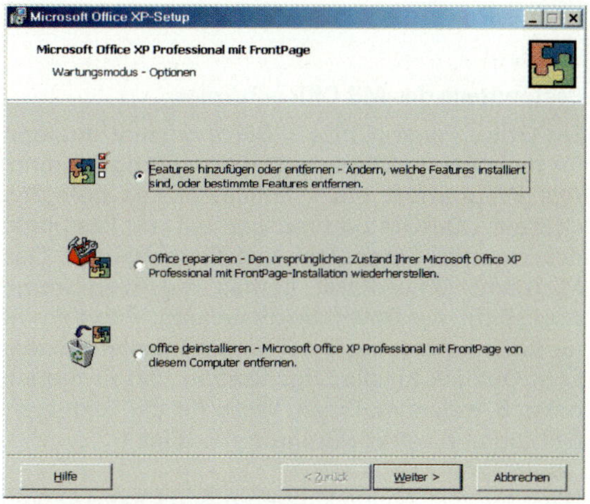

Bild 1: Fenster Office XP-Setup

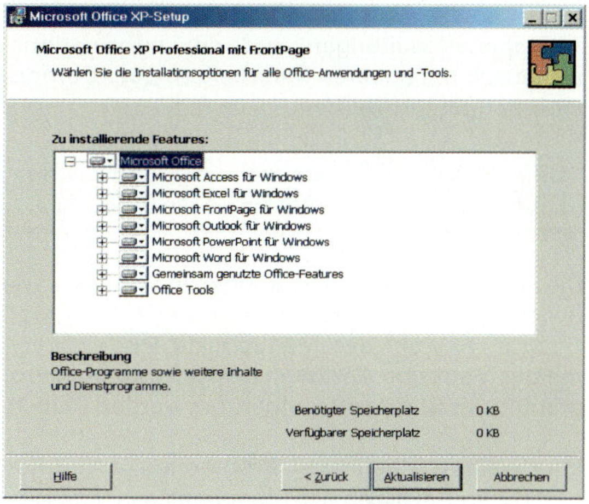

Bild 2: Komponentenauswahl für das Office-Paket

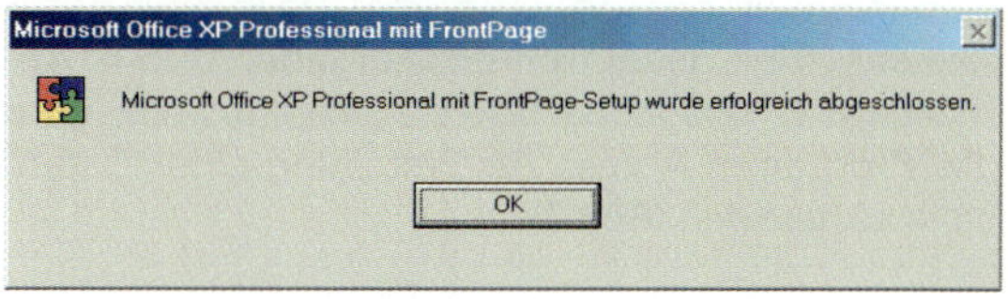

Bild 3: Fenster für die erfolgreiche Installation

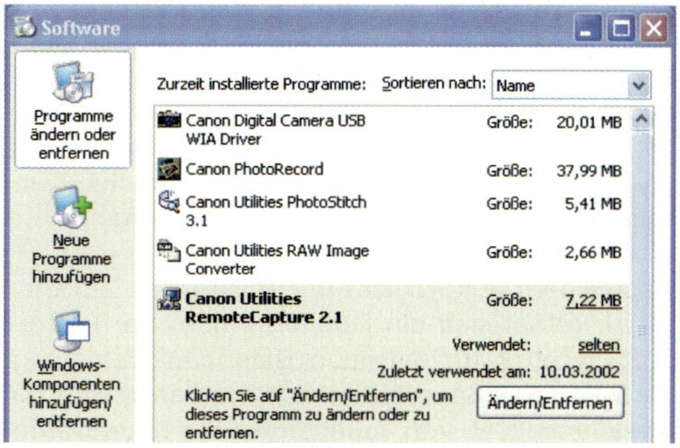

Bild 4: Fenster für Deinstallation

Office-Pakete

Bestandteile des MS Office-Paketes

Ein Office-Paket (Office = Büro) besteht aus den für die tägliche Büroarbeit nötigen Programmen. Alle Programme eines Office-Paketes befinden sich auf CD-ROM und müssen auf der Festplatte des eigenen Computers installiert werden. Das Microsoft Office-Paket enthält die Programme Access für die Datenbankerstellung, PowerPoint für die Präsentation, Excel für die Tabellenkalkulation, Outlook für die Organisation von Aufgaben mit z. B. Kalender, Email, Word für die Textverarbeitung und weitere Programme **(Bild 1)**.

Nach der Installation können z. B. mit dem Office-Paket Texte, Datenbanken und Präsentationen erstellt, sowie Kalkulationen, Terminplanungen, Aufgabenverwaltungen und der Informationsaustausch mit anderen Mitarbeitern über Computer durchgeführt werden.

Office-Pakete bestehen aus einer Sammlung häufig genutzter Programme für die Büroarbeit.

Die einzelnen Programme können in Windows wie üblich durch Anklicken des Buttons (= Knopf) `Start`, Anwahl des Menüpunkts `Programme` mit der Maus und Anklicken des gewünschten Programms im Startmenü aufgerufen werden **(Bild 2)**.

Eine weitere Möglichkeit Programme aufzurufen besteht im Anklicken des Menüpunktes `Office-Dokument`. Es erscheint dann ein Fenster mit dem Namen `Neues Office-Dokument` zur Auswahl der gewünschten Aufgabe. Durch Anklicken z. B. des Icons `Leere Datenbank` wird das Programm Access zur Erstellung einer Datenbank aufgerufen **(Bild 3)**.

Im oberen Teil des Fensters stehen weitere Auswahlmöglichkeiten in Form von Registerreitern zur Verfügung. So kann man z. B. Vorlagen für Tabellen, Präsentationen, Datenbanken, Briefe, Faxe, Memos (von Memory = Gedächtnis, hier Merkzettel) oder Web-Seiten (von Web = Gewebe, Gespinst), d. h. Internet-Seiten, als Vorschau anschauen und in eigene Projekte übernehmen.

Nach einem Doppelklick auf z. B. `Leere Datenbank` öffnet sich ein Fenster, indem der Ordner `Datenbank` für die neue Datenbank festgelegt wird. Anschließend öffnet sich das Fenster für die Erstellung, z. B. von Tabellen für die neue Datenbank `db1` **(Bild 4)**.

Bild 1: Programme eines Microsoft Office-Paketes im Startmenü

Bild 2: Oberer Teil des Startmenüs

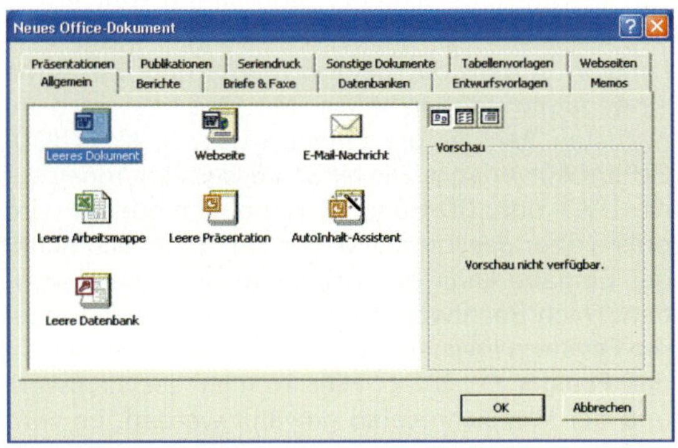

Bild 3: Ausschnitt aus dem Auswahlfenster für ein neues Office-Menü

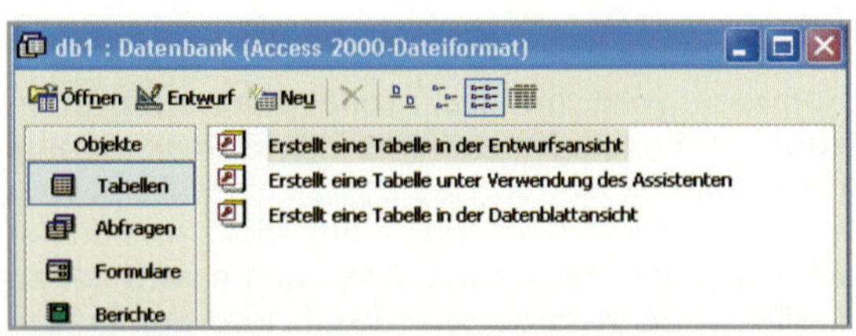

Bild 4: Ausschnitt aus dem Fenster Datenbank erstellen

4.6.3 Textverarbeitung

Textverarbeitungssysteme werden für das Eingeben, Verarbeiten, Ausgeben und Verwalten von Schriftstücken benutzt. Schriftstücke enthalten oft auch Grafiken und Tabellen. Schriftstücke nennt man auch Dokumente.

Starten von Word

Word kann über den Menüpunkt `Neues Office-Dokument` im Startmenü von Windows (Bild 2, vorhergehende Seite) oder über den Menüpunkt `Programme` ausgewählt werden. Gestartet wird Word im ersten Fall mit einem Klick auf das Icon `Leeres Dokument` (Bild 3, vorhergehende Seite) oder im zweiten Fall durch Klicken auf die Zeile `Microsoft Word`. Auf dem Bildschirm erscheint nun das Fenster Word-Arbeitsplatz **(Bild 1)**. Das Fenster enthält die Elemente

- Titelleiste mit z. B. Dokument1 – Microsoft Word,
- Menüleiste für die Auswahl von Arbeitsgängen,
- Symbolleisten, deren Symbole die ausführbaren Tätigkeiten zeigen,
- Bearbeitungsfenster für die Texteingabe und
- Statusleiste mit Angaben zum Dokument.

Oft sind noch Lineale und Bildlaufleisten zu sehen. Mit dem Menü `Datei` wird die Dokumentverwaltung durchgeführt **(Bild 2)**. Wichtige Menüpunkte sind z. B. `Speichern unter ...` des eingegebenen Textes unter einem Namen, die Arbeit am Text durch `Schließen` beenden, ein neues Dokument mit `Neu...` anfangen oder ein vorhandenes Dokument zur Weiterbearbeitung `Öffnen...`. Mit `Seite einrichten...` wird z. B. die Größe der beschreibbaren Fläche festgelegt. Die Ausgabe von Text auf einem Drucker steuert `Drucken...`.

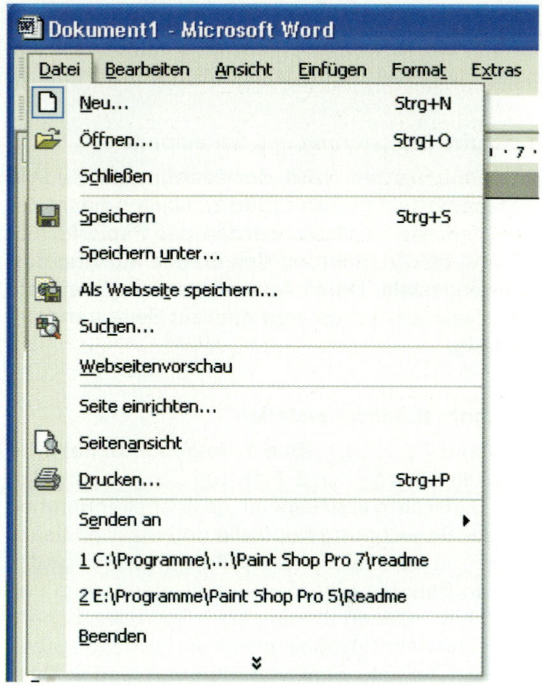

Bild 2: Menüpunkte des Menüs Datei

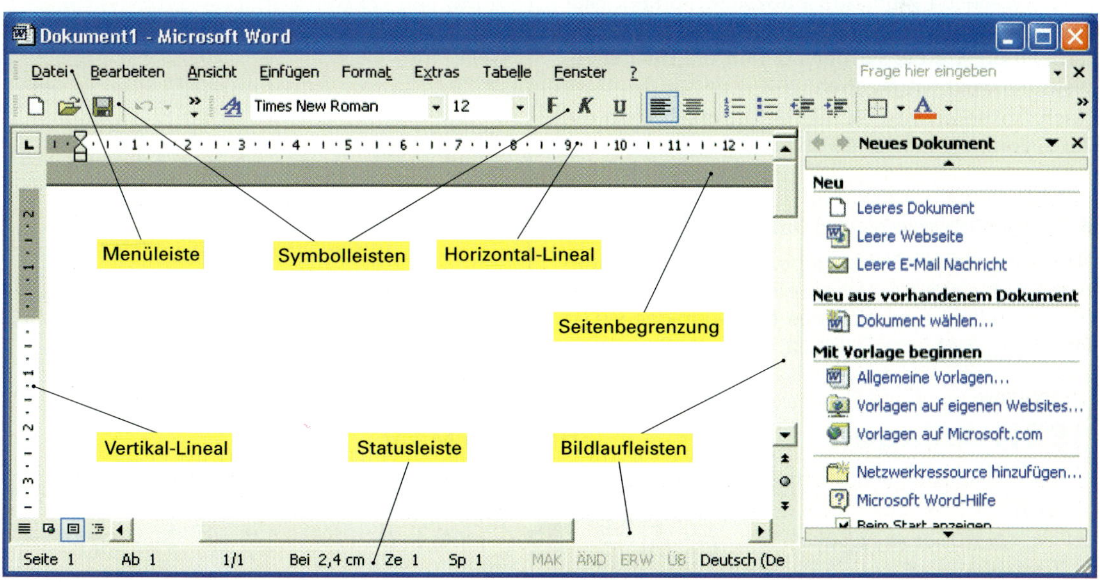

Bild 1: Microsoft-Word-Arbeitsplatzfenster

Geschäftsbrief erstellen

Es soll ein Antwortbrief auf eine Kundenanfrage nach ISDN-TK-Anlagen geschrieben werden **(Bild 1)**.

1. Schritt: Papierformat und Seitenränder

Im Menü `Datei` wird der Menüpunkt `Seite einrichten` gewählt **(Bild 2)**. Nach Anwahl der Registerkarte `Format` werden das Papierformat A4 und die Ausrichtung des Blattes auf Hochformat eingestellt. Durch Auswahl der Registerkarte `Seitenränder` gelangt man zur Seitenrandeinstellung.

2. Schritt: Briefkopf erstellen

Im Menü `Ansicht` **(Bild 1, folgende Seite)** wird die Zeile `Kopf- und Fußzeile` gewählt. Auf dem Bildschirm erscheint ein gestrichelter Rahmen mit der Bezeichnung Kopfzeile und die Menüleiste `Kopf- und Fußzeile` **(Bild 3)**. In den gestrichelten Rahmen gibt man den Firmennamen von Bild 1 ein, markiert ihn und stellt Schriftart, Schriftfarbe und Schriftgröße ein. Für die Firmenangaben wird ein Textfeld ohne Rahmen verwendet. Dazu wählt man im Menü `Einfügen`, die Zeile `Textfeld`. Nach einem Klick erscheint ein schraffierter Rahmen (Bild 3), in den Name, Adresse, Telefonnummer und Faxnummer eingegeben werden. Im Menü `Format` wählt man die Zeile `Textfeld` und stellt bei Farbe keine Linie ein.

3. Schritt: Fußzeile bearbeiten

Durch Klick auf die Schaltfläche (Bild 3, Menüleiste) wechselt man zum Fußzeilenrahmen. Hier werden gesellschaftsrechtliche Angaben zum Unternehmen wie der Firmensitz und die Handelsregisternummer eingegeben.

Nach Anklicken von `Schließen` erscheinen die Texte von Kopfzeile und Fußzeile hellgrau.

4. Schritt: Ortsangabe und Datumsfeld erzeugen

Nach Eingabe der Ortsangabe, z. B. Ulm, soll automatisch das aktuelle Datum eingefügt werden. Hierzu bedient man sich des Menüpunktes `Feld` im Menü `Einfügen` **(Bild 2, folgende Seite)**.

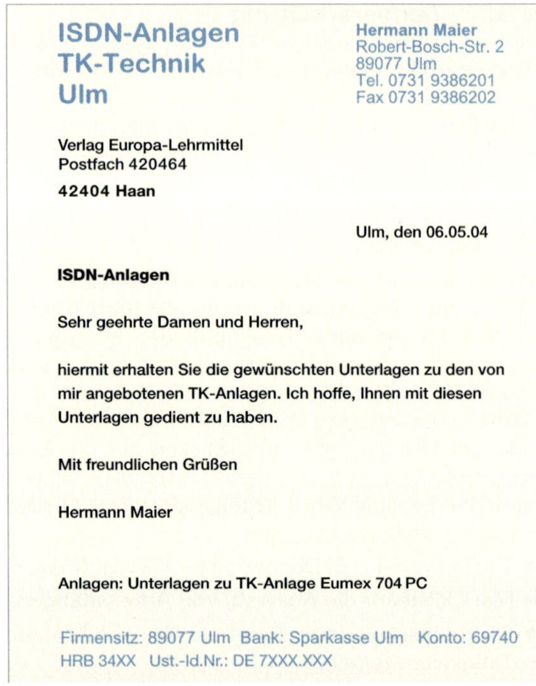

ISDN-Anlagen
TK-Technik
Ulm

Hermann Maier
Robert-Bosch-Str. 2
89077 Ulm
Tel. 0731 9386201
Fax 0731 9386202

Verlag Europa-Lehrmittel
Postfach 420464

42404 Haan

Ulm, den 06.05.04

ISDN-Anlagen

Sehr geehrte Damen und Herren,

hiermit erhalten Sie die gewünschten Unterlagen zu den von mir angebotenen TK-Anlagen. Ich hoffe, Ihnen mit diesen Unterlagen gedient zu haben.

Mit freundlichen Grüßen

Hermann Maier

Anlagen: Unterlagen zu TK-Anlage Eumex 704 PC

Firmensitz: 89077 Ulm Bank: Sparkasse Ulm Konto: 69740
HRB 34XX Ust.-Id.Nr.: DE 7XXX.XXX

Bild 1: Geschäftsbrief-Vorlage

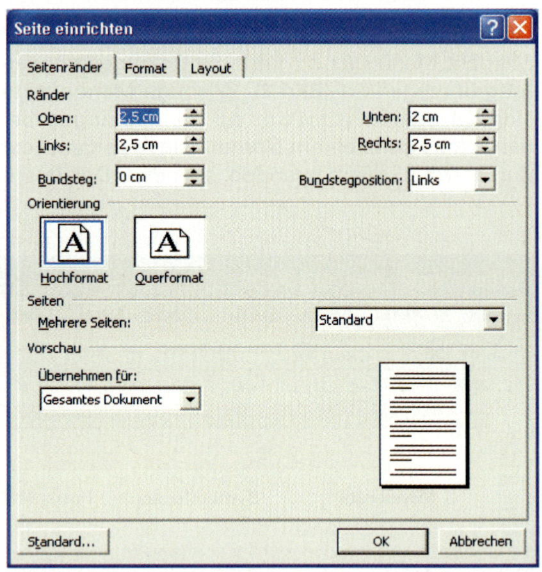

Bild 2: Menüpunkt Seite einrichten im Menü Datei

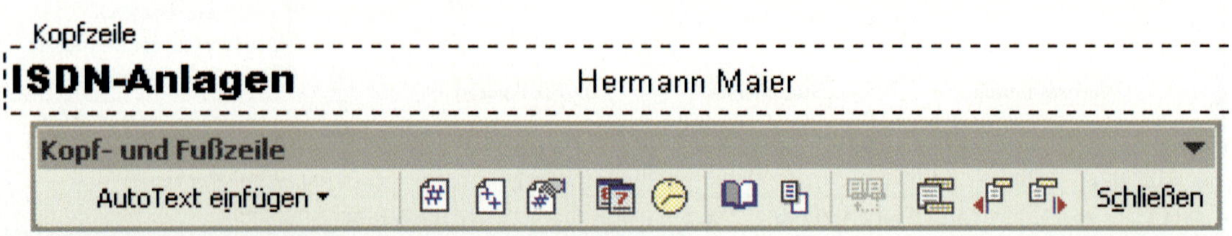

Bild 3: Kopfzeilenerstellung mit Menüleiste Kopf- und Fußzeile

5. Schritt: Anschriftenfeld bearbeiten
Für das Anschriftenfeld wird ein Textfeld mit einem Rahmen verwendet und dort die Anschrift eingetragen. Das Textfeld wird durch Ändern und Verschieben seiner Größe so angeordnet, dass die Anschrift in einem Fensterbriefumschlag an der gewünschten Stelle zu sehen ist. In das Feld trägt man die Anschrift ein (Bild 1, vorhergehende Seite).

6. Schritt: Text eingeben
Nun wird der Text entsprechend der Vorlage eingegeben. Schreibfehler kann eine Rechschreibkorrektur-Hilfe weitgehend selbst berichtigen.

7. Schritt: Brieftext speichern
Durch Anklicken des Diskettensymbols in der Symbolleiste öffnet sich bei erstmaligem Speichern ein Fenster, in das ein Dateiname für den Brief, z. B. Angebot_1, einzugeben ist. Auch das Verzeichnis kann hier ausgewählt werden. Bei wiederholtem Speichern erscheint dieses Fenster nicht mehr. Speichern kann man auch durch Anwahl von `Speichern` oder `Speichern unter...` im Menü `Datei`.

8. Schritt: Brief drucken
Für das Drucken genügt das Anklicken des Symbols Drucker in der Symbolleiste. Die Auswahl eines Druckers erfolgt über das Menü `Datei` mit dem Menüpunkt `Drucken` **(Bild 3).**

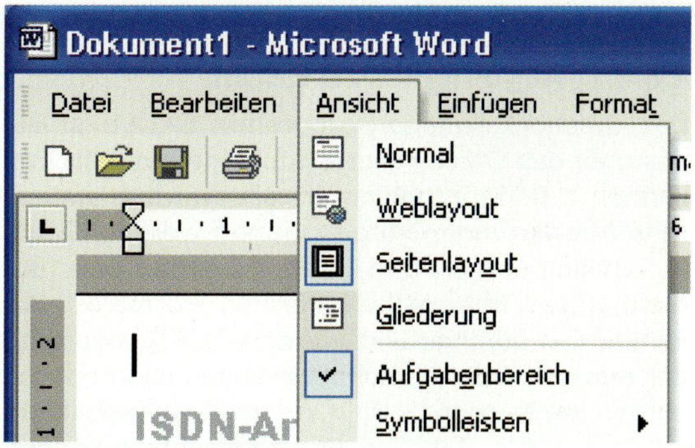

Bild 1: Menüpunkte des Menüs Ansicht

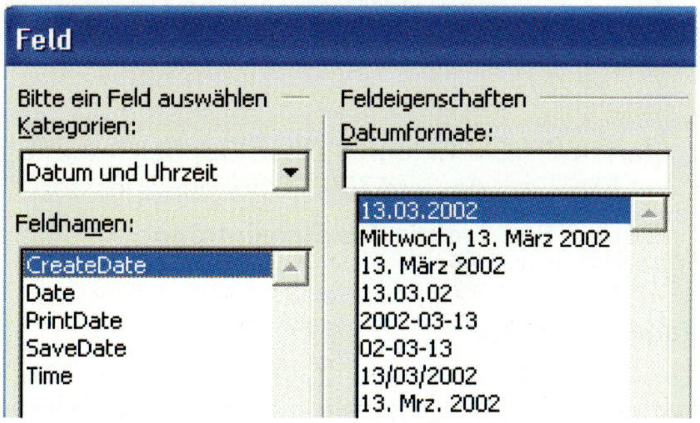

Bild 2: Menüpunkt Feld des Menüs Einfügen

Wiederholung und Vertiefung

1. **Nennen Sie Programme eines Office-Paketes.**
2. **Welche Elemente enthält das Fenster Word?**
3. **Nennen Sie wichtige Menüpunkte des Menüs Datei.**
4. **In welchen Schritten wird ein Geschäftsbrief erstellt?**

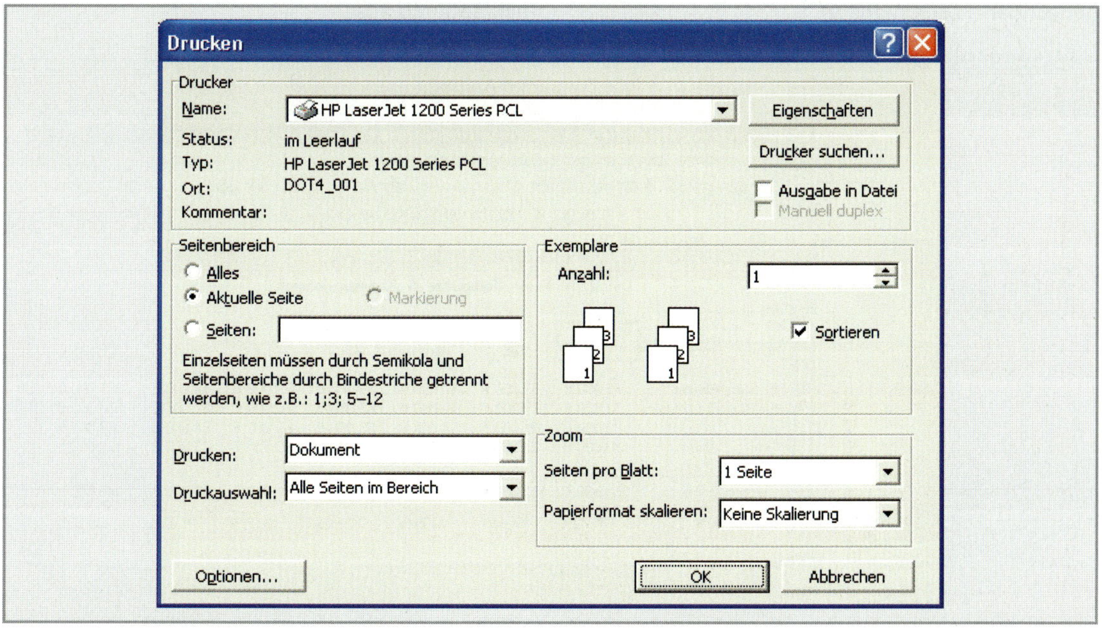

Bild 3: Menüpunkt Drucken des Menüs Datei

4.6.4 Tabellenkalkulation mit EXCEL

4.6.4.1 Allgemeines zu EXCEL

Das Tabellenkalkulationsprogramm EXCEL ist Bestandteil des Office-Paketes für Windows. Mit ihm können z. B. Terminpläne erstellt werden, statistische Auswertungen vorgenommen werden, Daten in Tabellen sortiert und gefiltert werden oder Berechnungen mit mathematischen Formeln oder Funktionen durchgeführt werden. Die Auswertung der erfassten oder berechneten Daten kann optisch aufbereitet werden, z. B. in einem dreidimensionalen Diagramm. Tabellen und Diagramme können ausgedruckt oder in ein anderes Programm, z. B. zur Weiterverwendung, als Grafik eingefügt werden.

Übung 1:

Starten Sie EXCEL durch einen Doppelklick mit der Maus auf das Icon EXCEL auf dem Desktop.

Lösung: **Bild 1, ohne Tabelleneinträge**

Tabelleneinträge

Um einen Eintrag in eine Zelle der Tabelle vorzunehmen, wird die Zelle mit der Maus markiert. In der Bearbeitungsleiste wird die Zellenbezeichnung, z. B. C3 für Spalte C und Zeile 3, angezeigt. Ein Eintrag, z. B. Jan für Januar, wird aus der Bearbeitungszeile in die Zelle übernommen. Ein Tabelleneintrag wird abgeschlossen, indem man entweder mit der Maus eine andere Zelle anklickt oder mit einer der Pfeiltasten der Tastatur eine benachbarte Zelle markiert.

Übung 2:

Der Umsatz des 1. Halbjahres einer Computerfirma soll ausgewertet werden. Tragen Sie den Text der Zeile 1 und der Spalten A und B aus Bild 1 in eine EXCEL-Tabelle ein.

Lösung: **Bild 1**

Durch Bewegen der Maus auf die Markierungen zwischen den Spaltenbuchstaben und Ziehen der Markierung mit gedrückter Maustaste kann die Breite der Spalten verändert werden. Auf gleiche Weise ändert man die Höhe der Zeilen. Der eingegebene Text wird von EXCEL automatisch linksbündig ausgerichtet und kann wie unter WORD formatiert werden.

Zur Eingabe der Monate wird „Jan" in die Zelle C3 eingegeben, dann wird mit der Maus auf die rechte untere Markierung des Rahmens geklickt und mit gedrückter linker Maustaste der Rahmen nach rechts vergrößert. EXCEL fügt automatisch die Folgemonate ein.

Übung 3:

Tragen Sie wie beschrieben die Monate in die Tabelle ein und richten Sie diese mittig aus. Tragen Sie anschließend für die Monate die Monatsumsätze jedes Mitarbeiters ohne Punkt und Währung ein.

Lösung: **Bild 1, folgende Seite**

EXCEL erkennt Zahlen automatisch und richtet sie rechtsbündig aus.

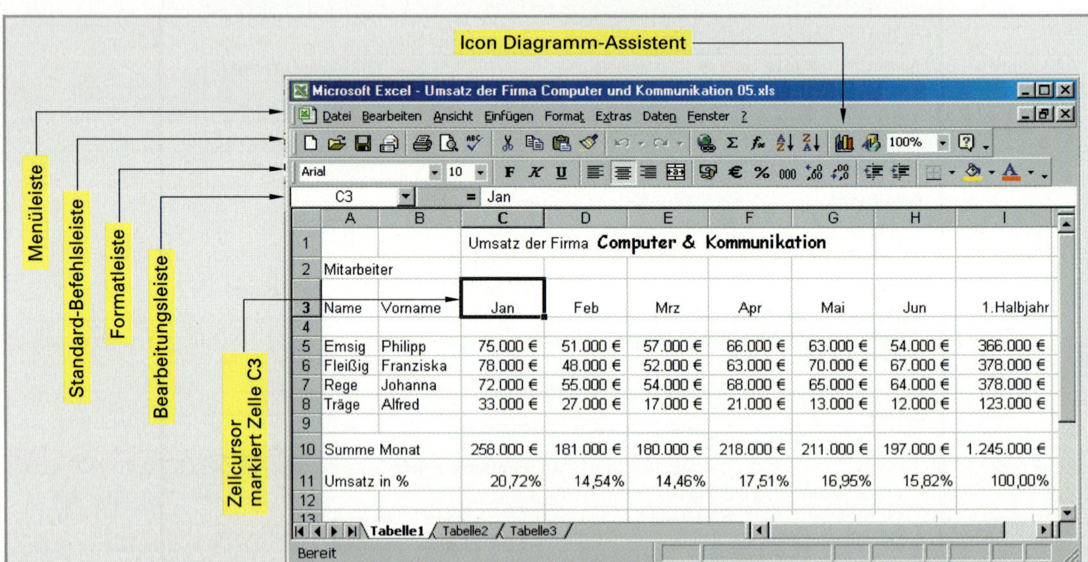

Bild 1: Elemente des EXCEL-Fensters

Zellenformatierung

Die eingegebenen Umsätze sind im Währungsformat EURO anzuzeigen. Durch Klicken auf die Zelle C5 und durch Ziehen mit gedrückter Maustaste zur Zelle H8 wird der Tabellenbereich C5:H8 markiert **(Bild 1)**. Durch Klicken auf `Zellen...` im Menü `Format` öffnet sich das Fenster `Zellen formatieren` **(Bild 2)**.

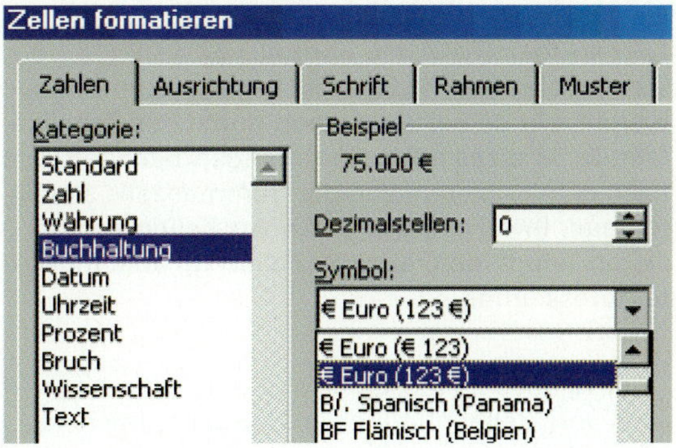

Bild 2: Zellenformatierung

Übung 1:

Wählen Sie im Fenster `Zellen formatieren` unter der Kategorie `Buchhaltung` das Symbol € `EURO (123 €)` ohne Dezimalstellen.

Lösung: **Bild 2 und Bild 1, vorhergehende Seite**

Apr	Mai	Jun	1.Halbjahr
66.000 €	63.000 €	54.000 €	366.000 €
63.000 €	70.000 €	67.000 €	378.000 €
68.000 €	65.000 €	64.000 €	378.000 €
21.000 €	13.000 €	12.000 €	123.000 €

Bild 3: Summenbildung durch Ziehen mit Maus

4.6.4.2 Verwendung von Formeln

In der Tabellenspalte I sind die Halbjahresumsätze jedes Mitarbeiters automatisch von EXCEL zu berechnen. Nachdem die Zelle I5 markiert ist, wird in der Bearbeitungsleiste das Icon `Autosumme`, Σ (griech. Großbuchstabe Sigma), angeklickt. EXCEL schlägt mit der Formel `=Summe(C5:H5)` automatisch die Summenbildung der nebenstehenden Zahlenreihe vor. Durch Betätigen der Eingabetaste wird die Summe gebildet.

Um die anderen Zeilensummen zu bilden, klickt man mit der Maus auf die rechte untere Ecke der markierten Zelle I5 und zieht mit gedrückter Maustaste bis zur Zelle I8.

218.000 €	211.000 €	197.000 €

Bild 4: Laufrahmenmarkierung

Übung 2:

Bilden Sie wie beschrieben die Halbjahressummen für die Mitarbeiter in den Zellen I5 bis I8.

Lösung: **Bild 3**

Übung 3:

Bilden Sie die Spaltensummen in den Zellen C10 bis H10.

Lösung: **Bild 1, vorhergehende Seite**

Durch Ziehen mit gedrückter linker Maustaste können Formeln in EXCEL kopiert werden.

Die Umsätze der Computerfirma für jeden Monat sind in der Zeile `Summe Monat` darzustellen.

Das Kopieren von Formeln mit EXCEL kann auch mit dem Menü `Bearbeiten` ausgeführt werden. Zunächst wird die Zelle markiert, welche die zu kopierende Formel enthält, z. B. Zelle H10. Im Menü `Bearbeiten` wird auf `Kopieren` geklickt. Die markierte Zelle wird mit einem Laufrahmen versehen **(Bild 4)**. Nachdem die Zelle markiert ist, in welche die Formel kopiert werden soll, z. B. I10, klickt man im Menü `Bearbeiten`

3	Name	Vorname	Jan	Feb	Mrz	Apr	Mai	Jun	1.Halbjahr
4									
5	Emsig	Philipp	75.000 €	51.000 €	57.000 €	66.000 €	63.000 €	54.000 €	366.000 €
6	Fleißig	Franziska	78.000 €	48.000 €	52.000 €	63.000 €	70.000 €	67.000 €	378.000 €
7	Rege	Johanna	72.000 €	55.000 €	54.000 €	68.000 €	65.000 €	64.000 €	378.000 €
8	Träge	Alfred	33.000 €	27.000 €	17.000 €	21.000 €	13.000 €	12.000 €	123.000 €
9									

Bild 1: Markieren eines Tabellenfeldes

auf Einfügen. In der Bearbeitungszeile von EXCEL erscheint jetzt die Formel =SUMME(I5:I8). Das Tabellenfeld H5:H8, welches die Summanden enthält, wurde beim Kopieren durch das Tabellenfeld I5 : I8 ersetzt. Die Summanden behalten also nach dem Kopieren, von der Summenzelle aus betrachtet, ihre Lage bei. Diese Art Zellen zu adressieren, nennt man relativen Zellbezug oder indirekte Adressierung.

Der relative Zellbezug erfolgt durch die Angabe von Zellennummer und Spaltenbuchstaben ohne weiteren Zusatz.

In der Tabellenzeile 11 wird der Umsatz bezogen auf den Halbjahresumsatz in Prozent dargestellt. Die Prozentwerte sind auf 2 Stellen hinter dem Komma gerundet.

Zunächst wird auf das Icon Funktions-Assistent, f_x, geklickt. Es öffnet sich das Fenster Funktion einfügen **(Bild 1)**.

Übung:
Markieren Sie die Zelle C11, wählen Sie unter der Funktionskategorie Math. & Trigonom. die Funktion RUNDEN und geben Sie unter Zahl den Quotienten (C10/I10) und unter Anzahl der Stellen den Wert 4 ein.

Lösung: **Bild 2**

Die Angabe I10 bewirkt, dass beim Kopieren der Funktion RUNDEN bei der Quotientenbildung als

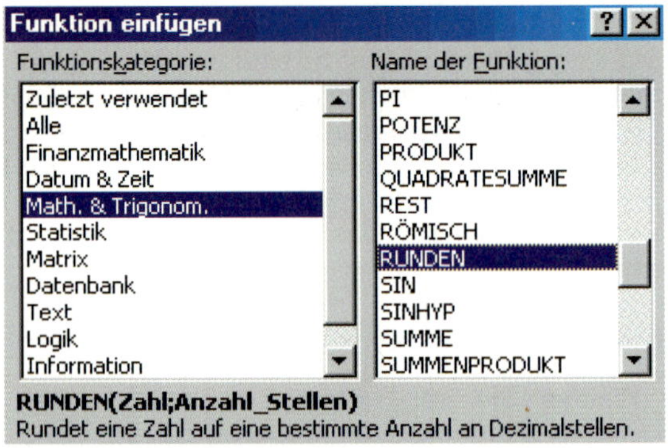

Bild 1: Fenster Funktion einfügen

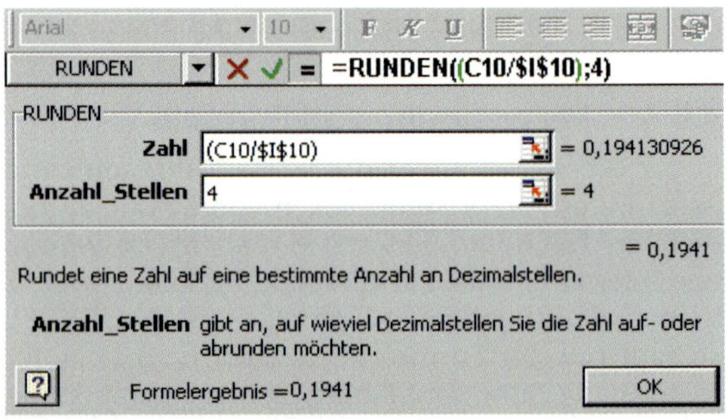

Bild 2: Funktion RUNDEN

Divisor immer der Halbjahresumsatz aus Zelle I10 verwendet wird. Die Zelle ist somit absolut bzw. direkt adressiert.

Durch den Zusatz $ werden Zellen absolut adressiert.

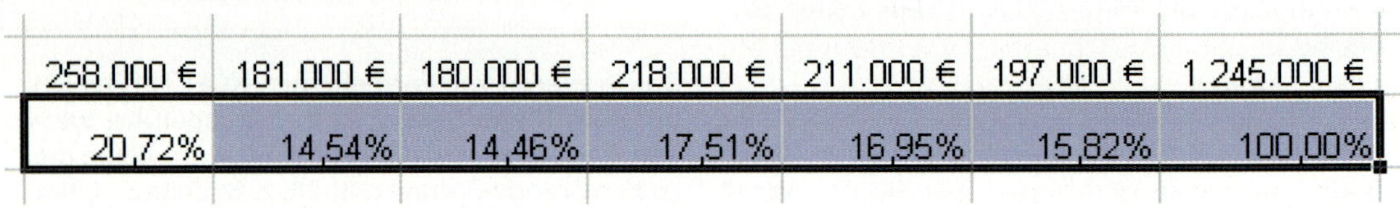

Bild 3: Kopieren der Prozentformatierung in Tabellenzeile 11

Bild 4: Formelbeziehung farblich markieren

Bild 5: Spuren von Vorgängerzellen anzeigen

Übung 1:

Wählen Sie im Menü `Format` für die Zelle C11 unter `Zellen...` und der Kategorie `Prozent` 2 Dezimalstellen. Kopieren Sie die Eigenschaften von Zelle C11 durch Ziehen mit gedrückter Maustaste bis Zelle I11.

Lösung: **Bild 3, vorhergehende Seite**

Formelbezüge darstellen

Übung 2:

Markieren Sie die Zelle D11 durch einen Doppelklick mit der Maus.

Lösung: **Bild 4, vorhergehende Seite**

Dividend und Divisor sowie deren Herkunftszellen werden farblich verschieden markiert.

Zur gleichzeitigen Darstellung mehrerer Beziehungen wird im Menü `Extras` unter `Detektiv` die Anweisung `Spur zum Vorgänger` gewählt.

Übung 3:

Stellen Sie die Spuren zum Vorgänger von den Zellen G11 und E11 dar.

Lösung: **Bild 5, vorhergehende Seite**

4.6.4.3 Diagramme erstellen

Um Diagramme zu erstellen, werden zunächst ausgesuchte Tabellenbereiche markiert und über das Icon `Diagramm-Assistent` ein Diagrammtyp, z. B. `Liniendiagramm`, ausgewählt **(Bild 1)**.

Übung 4:

Stellen Sie Umsätze je Mitarbeiter in Abhängigkeit der Monate als Liniendiagramm dar.

Lösung: **Bild 2**

Nachdem der Tabellenbereich A3:H3 markiert ist, wird mit gedrückter Steuerungstaste `Strg` zusätzlich das Tabellenfeld A5:H8 markiert. Im Diagramm-Assistenten wird der Diagrammtyp `Linie` und der Untertyp `Linie mit Datenpunkte, die für jeden Datenwert angezeigt wird` ausgewählt. Nacheinander wird dreimal auf die Schaltflächen `weiter` und danch auf `Fertig stellen` geklickt. Das Diagramm erscheint als Grafik in einem neuen Fenster.

Übung 5:

Stellen Sie die monatlichen Umsätze je Mitarbeiter in einem Zylinderdiagramm mit gruppierten Säulen dar.

Lösung: **Bild 3**

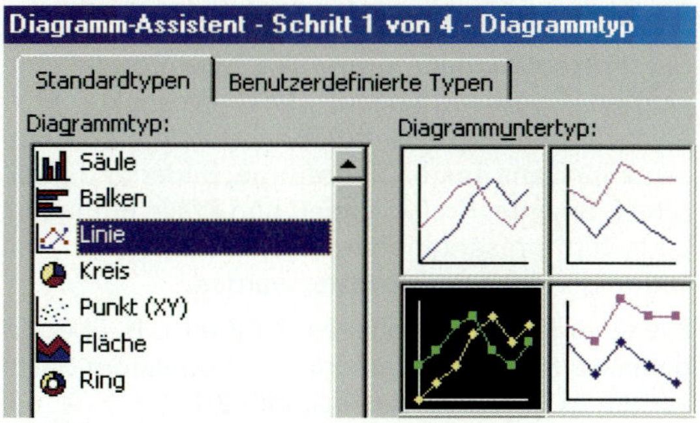

Bild 1: Fenster Diagramm-Assistent

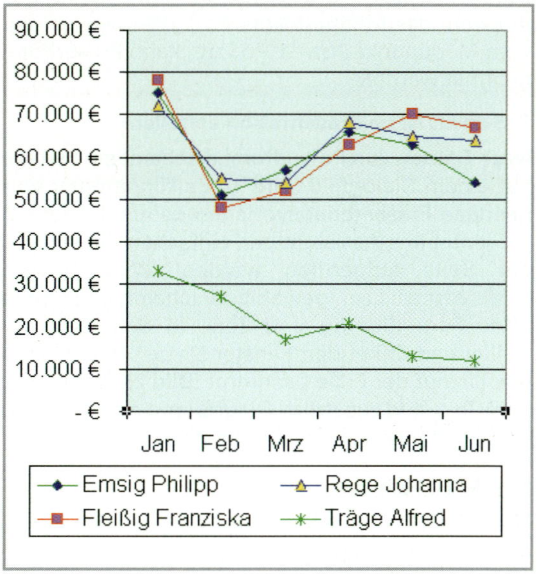

Bild 2: Liniendiagramm

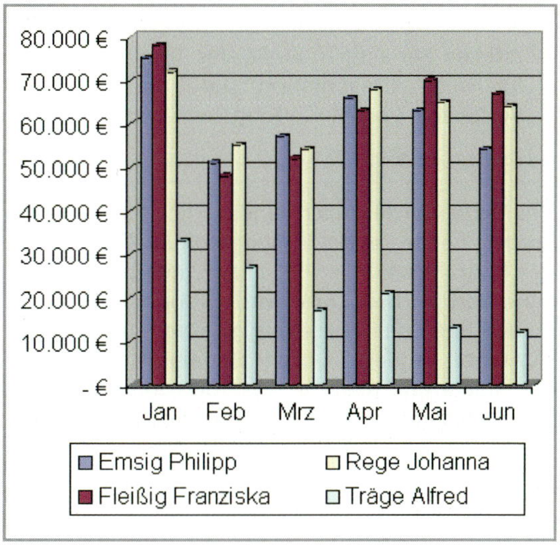

Bild 3: Zylinderdiagramm

4.6.5 Präsentationsprogramm

Mit *Präsentationsprogrammen,* wie PowerPoint, werden Overhead-Folien, Dias, Prospekte aber auch Bildschirmpräsentationen erstellt. Jede Präsentation kann Texte, Diagramme, Bilder und grafische Elemente, Kreise, Linien und Pfeile enthalten. Bildschirmpräsentationen können zusätzlich mit Ton und Videos ausgestattet werden.

Ziel einer Präsentation ist es, Zuhörer z. B. über Ergebnisse zu informieren oder sie von einem Sachverhalt zu überzeugen (Abschnitt 3).

1. Schritt: PowerPoint starten

Durch Anklicken des Windows-Startmenüs und Auswahl des Menüpunktes `Programme`, gefolgt vom Menüpunkt `PowerPoint`, kann PowerPoint geöffnet werden.

2. Schritt: Neue Präsentation erstellen

Nach Starten von PowerPoint erscheint ein Fenster mit einem Dialogfeld **(Bild 1)**. Es können hier vorhandene Präsentationsvorlagen geöffnet oder ein Präsentations-Assistent zur einfachen Gestaltung der Seite aufgerufen werden. Wird `Leere Präsentation` gewählt, erscheint eine Seite ohne Formatierung und Text. In dem sich anschließend öffnenden Fenster `Neue Folie` wird das Layout der Folie bestimmt **(Bild 2)**. Neben reinem Text sind zusätzlich Diagramme oder Bilder in verschiedener Anordnung möglich.

3. Schritt: Folie bearbeiten

Nach Auswahl eines Folienlayouts erscheint eine leere Folie am Bildschirm, in der Bereiche (Felder) für die gewählten Gestaltungselemente eingetragen sind **(Bild 3)**.

Übung 1:

Erstellen Sie eine Titelfolie. Als Titel tragen Sie „Internet – Präsentation" und als Untertitel „Vorgestellt von Maria Klug" ein.

Lösung: **Bild 3**

Die Texte werden nach einem Klick auf die dafür vorgesehenen Textfelder eingetragen. Die Position des Textfeldes auf der Folie kann mithilfe der Maus verändert werden. Dazu wird mit dem Mauszeiger an den Rand des Textfeldes gefahren, bis sich sein Aussehen ändert. Durch Betätigen der linken Maustaste und gleichzeitiges Bewegen der Maus ändert sich die Position des Textfeldes.

Übung 2:

Ändern Sie die Schriftart der Folie.

Lösung: **Bild 4**

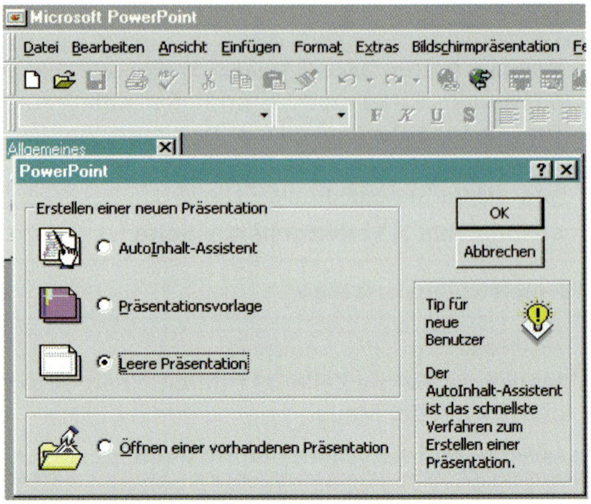

Bild 1: Fenster zum Erstellen einer neuen Präsentation

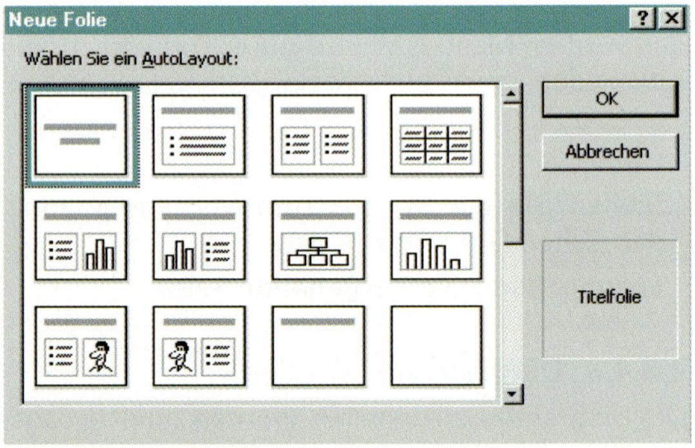

Bild 2: Fenster zum Erstellen einer neuen Folie

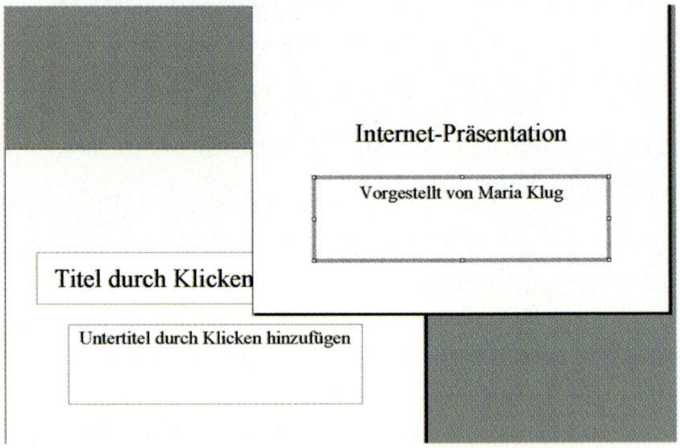

Bild 3: Folie mit Text, darunter Folie mit Platzhaltern für den Text

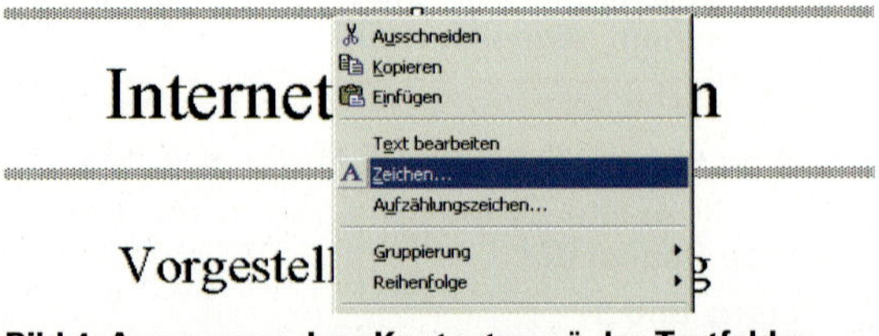

Bild 4: Auszug aus dem Kontextmenü des Textfeldes

Dazu muss z. B. das Textfeld am Rand mit der rechten Maustaste angeklickt und im erscheinenden Kontextmenü `Zeichen...` gewählt werden. Im aufgerufenen Dialogfeld kann die Schriftart, aber auch die Schriftgröße und Schriftfarbe geändert werden.

4.Schritt: Hintergrund der Folie bestimmen

Der Hintergrund der Folie kann verschieden gewählt werden, denn es werden sowohl einfarbige Hintergründe als auch Farbverläufe oder Strukturen angeboten. Auch das Einfügen einer Grafik als Hintergrundbild ist möglich.

Übung 1:
Wählen Sie einen einfarbigen Folienhintergrund.
Lösung: **Bild 1**

Über den Menüpunkt `Hintergrund...` im Menü `Format` oder im Kontextmenü des Folienhintergrundes werden ausgewählte Farben durch einen Klick in das weiße Auswahlfeld angezeigt **(Bild 2)**. Soll eine andere Hintergrundfarbe gewählt werden, muss `Weitere Farben...` ausgesucht werden. Die Hintergrundfarbe erscheint dann mit Betätigen der Schaltfläche `Zuweisen` in der aktuellen Folie und über die Schaltfläche `Allen zuweisen` in allen Folien.

Soll der Folienhintergrund einen Farbverlauf erhalten, muss in Bild 2 der Menüpunkt `Fülleffekte...` angeklickt werden. Es erscheint ein Fenster, in dem einfarbige, zweifarbige oder voreingestellte Farbverläufe ausgewählt werden können **(Bild 3)**. Auch die Verlaufsrichtung kann geändert werden.

Übung 2:
Erzeugen Sie einen Folienhintergrund mit Farbverlauf. Wählen Sie hierzu den voreingestellten Farbverlauf „Weizen".
Lösung: **Bild 3**

Über die Karteikarte `Grafik` im Fenster `Fülleffekte` können Hintergrundbilder eingebunden werden.

Eine andere Art den Hintergrund aller Folien zu gestalten ist, ihm eine schon vorhandene Präsentationsvorlage zuzuweisen. Diese Vorlagen, die zusätzlich zum Folienhintergrund die Farbwahl der Folie und die Schriftgestaltung bestimmen, werden über den Menüpunkt `Design übernehmen` im Menü `Format` oder im Kontextmenü des Folienhintergrundes ausgewählt. Es gibt mehrere schon vorhandene Präsentationsvorlagen.

Bild 1: Folie mit Hintergrundfarbe

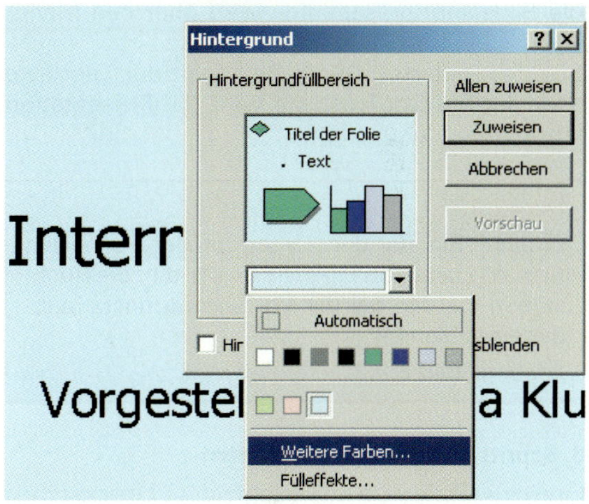

Bild 2: Fenster zur Farbauswahl des Hintergrundes

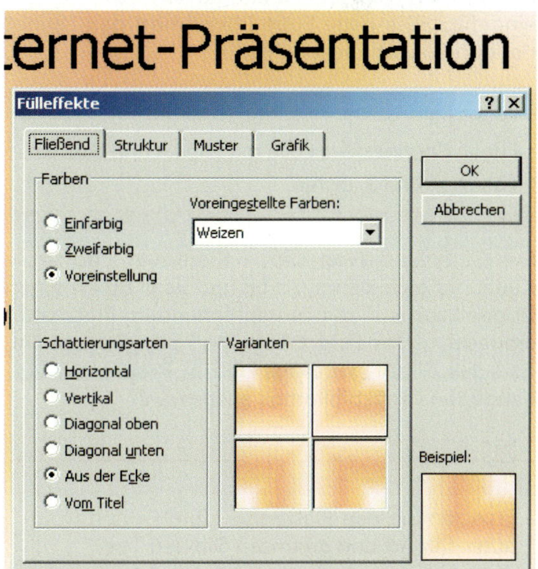

Bild 3: Fenster zum Einstellen von Farbverläufen

Übung 1:
Wählen Sie für Ihre Internet-Präsentation die Präsentationsvorlage „Wasser".
Lösung: **Bild 1**

5. Schritt: Animation innerhalb der Folie wählen

Für eine Bildschirmpräsentation können die einzelnen Textteile (sowie Bilder und Diagramme) eingeblendet und mit visuellen Effekten oder Klangeffekten als `Animation` (= Belebung) versehen werden. Dazu wird die Textstelle markiert und über den Menüpunkt `Voreingestellte Animation` des Menüs `Bildschirmpräsentation` die gewünschte Animation ausgewählt.

Die Bildschirmpräsentation wird über den Menüpunkt `Bildschirmpräsentation vorführen` getestet. Durch Betätigen der Leertaste oder der linken Maustaste wird die Präsentation schrittweise durchgeführt.

Übung 2:
Wählen Sie für den Untertitel der Folie den `Schreibmaschineneffekt`, d.h. die Buchstaben werden bei der Vorführung nacheinander eingeblendet.
Lösung: **Bild 2**

6. Schritt: Präsentation erweitern

Eine neue Folie wird im Dialogfeld `Allgemeines` über den Menüpunkt `Neue Folie` bzw. im Menü `Einfügen` über den Menüpunkt `Neue Folie` eingefügt. Die neue Folie übernimmt das Layout der bereits vorhandenen Folie.

Übung 3:
Fügen Sie eine neue Folie mit ClipArt und Text ein.
Lösung: **Bild 3, unten**

Ein `ClipArt` (von clip = Klammer, und art = Kunst) ist eine kleine Grafik und wird durch einen Doppelklick auf den entsprechenden Platzhalter eingesetzt. Das Feld `Clip Gallery` erscheint, und das ClipArt wird aus der im Programm vorhandenen Grafikbibliothek ausgewählt.

Übung 4:
Ersetzen Sie den Platzhalter durch einen Computer-ClipArt und ergänzen Sie den Text.
Lösung: **Bild 3, oben**

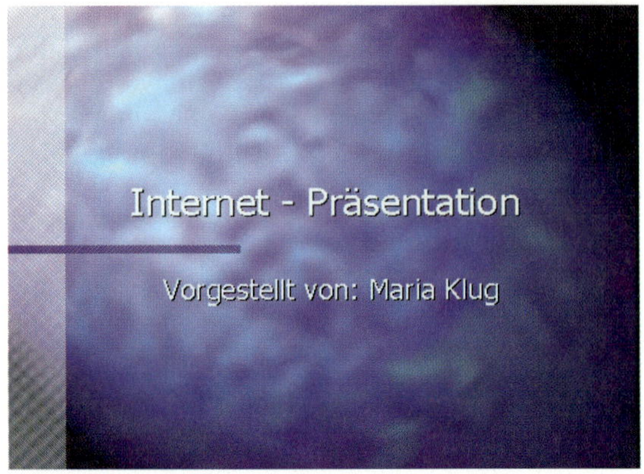

Bild 1: Folie mit Präsentationsvorlage „Wasser"

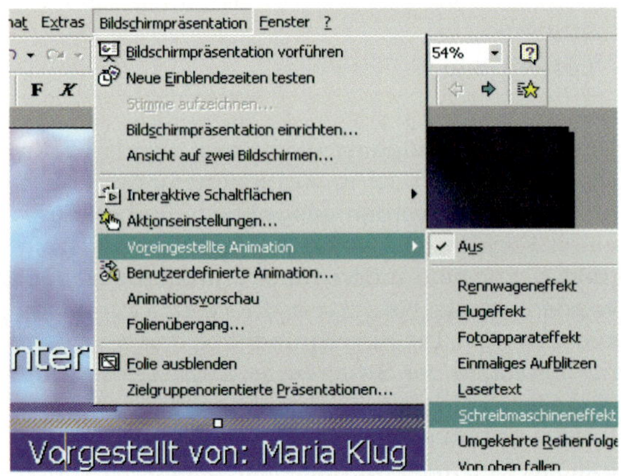

Bild 2: Animation der Gestaltungselemente

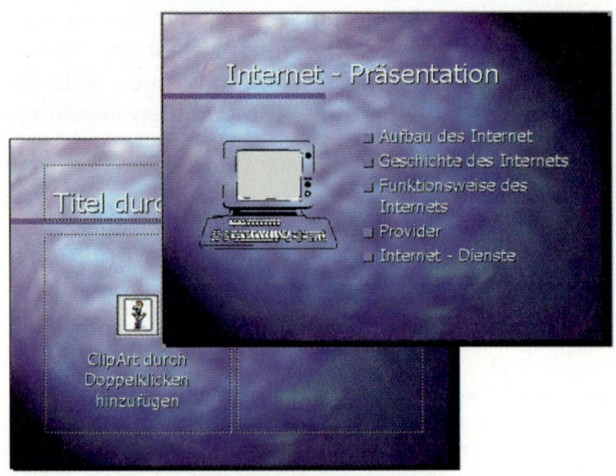

Bild 3: Folie mit ClipArt, darunter Folie mit einem Platzhalter für ein ClipArt

7. Schritt: Folienübergänge

Auch die Übergänge zwischen den Folien können animiert werden. Die möglichen Überblendtechniken werden über den Menüpunkt `Folienübergang` des Menüs `Bildschirmpräsentation` ausgewählt.

4.6.6 Sprachverarbeitung

Aufbau von Systemen zur Sprachverarbeitung

Die Verarbeitung gesprochener Sprache kann mit einem PC und einem Programm zur Sprachverarbeitung erfolgen **(Bild 1)**.

Für die Sprachverarbeitung benötigt man einen PC mit großem RAM-Speicher, Prozessoren mit hoher Taktfrequenz und eine Soundkarte.

Als Software wird ein Sprachverarbeitungsprogramm und ein Textverarbeitungsprogramm benötigt. Meist wird das Diktieren aus der Textverarbeitung heraus gestartet. Die gesprochenen Worte erscheinen dann nach kurzer Zeit direkt im Dokumentenfenster der Textverarbeitung. Zum Korrekturlesen erfolgt die Tonwiedergabe des geschriebenen Textes mit dem Stimmmodul der Software. Diese Wiedergabe klingt sehr unnatürlich.

Wirkungsweise der Spracherkennung

Die Spracherfassung erfolgt mit einem Mikrofon. Die Soundkarte digitalisiert das Sprachsignal **(Bild 2)**. Das digitale Signal wird in der akustischen Signalverarbeitung von Störsignalen, z. B. Rauschen, befreit, durch Filterung in der Datenmenge reduziert und an den Sprachdecoder weitergegeben. Der Sprachdecoder arbeitet dreistufig.

Stufe 1: Phonetische Transkription

Bei der phonetischen Transkription werden die vorhandenen Laute bekannten Wortformen zugeordnet **(Tabelle)**. So entsteht eine Anzahl gleichklingender Worte, z. B. „Feld", „fällt", „bellt".

Stufe 2: Sprachmodellerzeugung

Je nach Software wird eine Prüfung mit Bigrammen oder Trigrammen vorgenommen (Tabelle). Dabei wird überprüft, ob sich Wortkombinationen mit vorhandenen Worten bilden lassen. Entscheidend ist nicht der Sinn, sondern wie oft das in Stufe 1 erzeugte Wort zusammen mit anderen Worten aufgetreten ist.

Stufe 3: Vergleichen und Sortieren

In der Reihe ihrer Häufigkeit werden die Worte nun mit dem vorhandenen Wortvorrat verglichen. Zusätzlich wird eine Sinnprüfung durchgeführt. So ist z. B. die Wortfolge (Trigramm) „im Feld arbeiten" sinnvoll, „im fällt arbeiten" jedoch nicht. Die gefundenen Worte werden dem Wortdecoder ein zweites Mal zugeführt. Erst dann übergibt sie der Sprachdecoder nach Durchlaufen einer Rechtschreibprüfung in Wortfolgen an die Textverarbeitung.

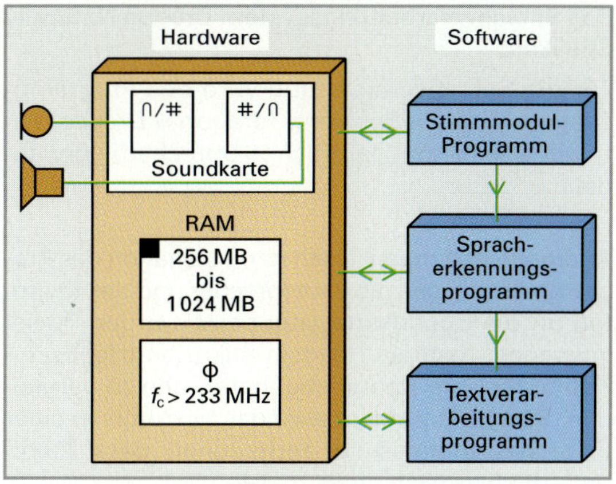

Bild 1: PC-System zur Sprachverarbeitung

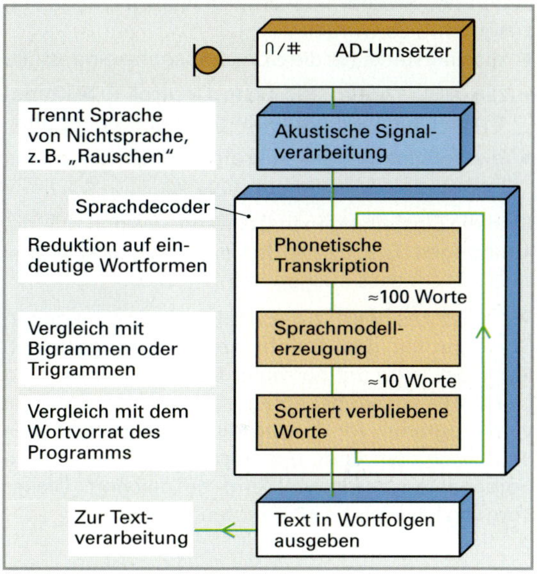

Bild 2: Sprachverarbeitung

Tabelle: Begriffe zur Spracherkennung

Begriff	Erklärung
Bigramm-Prüfung	Griech. Bigramm = Zwei-Zeichen. Prüft, ob Wortfolge sinnvoll, z. B. „ich bin", oder nicht sinnvoll, z. B. „ich du", ist.
Phonetische Transkription	Aussondern von Lautfolgen, die in bestimmten Wortkombinationen nicht möglich sind.
Trigramm-Prüfung	Griech. Trigramm = Drei-Zeichen. Prüft, ob die Folge von drei Worten sinnvoll ist.
Stimm-Modul	Programm zur Erzeugung von Sprache aus Text.

Das Sprachverarbeitungssystem Dragon Naturally Speaking

Für die Sprachverarbeitung wird das Programm Dragon NaturallySpeaking (dragon = Drache, naturally speaking = natürliches Sprechen) verwendet.

Audio-Einstellungen. Nach der Installation des Programmes müssen die Lautsprecher und das Mikrofon an die Soundkarte angepasst werden. Meist verwendet man ein Headset-Mikrofon (Headset = Kopfhörer), um Raumnebengeräusche zu vermeiden **(Bild 1)**. Außerdem wird das Mikrofon an einer Seite des Mundes so angeordnet, dass Atemgeräusche es nicht direkt treffen.

Die Anpassung wird mit dem Audio-Setup-Assistenten des Programms Dragon NaturallySpeaking ausgeführt. Es werden

- die Lautstärke für die Sprachausgabe eingestellt,
- die AGC (Automatic Gain Control = Automatische Lautstärkenregelung) ausgeschaltet und
- die Verstärkung des Mikrofonverstärkers an das verwendete Mikrofon angepasst.

Sind die Einstellungen in Ordnung, werden z. B. die Meldungen `Lautstärke normal` und `Tonqualität gut` ausgegeben.

Als nächstes wird zur Erstellung eines eigenen Sprachprofils das Trainingsprogramm gestartet. Man liest Texte mit normaler Geschwindigkeit und Lautstärke vor, wobei anfangs Worte oder Satzteile vom Programm zur Wiederholung angefordert werden. Nach dem Ende des Vorlesens werden diese Sprachdaten verarbeitet und gespeichert. Dieser Vorgang kann bis zu 40 Minuten dauern.

Jeder Benutzer muss mit einem Trainingsprogramm sein eigenes Sprachprofil erzeugen.

Diktieren im Textverarbeitungsprogramm Word. Dazu klickt man in der Menüleiste von Word `Dragon NaturallySpeaking` an und dann die Zeile `NaturalWord aktivieren` **(Bild 2)**. Dadurch wird das Spracherkennungsprogramm gestartet und nach kurzer Zeit erscheinen die Steuerelemente farbig hinterlegt in der Menüleiste **(Bild 3)**. Nun setzt man den Headset auf, klickt auf das Steuerelement `Mikrofon` (Bild 3) und beginnt mit dem Diktieren. Dies soll in natürlicher Weise ohne größere Pausen zwischen den Worten erfolgen. Jeweils nach kurzer Zeit erscheinen die gesprochenen Worte, Satzteile und Satzzeichen. Auch Formatierungsbefehle wie „neue Zeile" oder „neuer Absatz" können gesprochen werden. Beendet wird das Diktat durch erneutes Klicken auf das Steuerelement `Mikrofon`. Klickt man das Steuerelement `Diktatwiedergabe starten` an, so wird der Text vorgelesen. Vom Programm nicht verstandene Wörter können über das Steuerelement `Wörter trainieren` durch Vorsprechen geübt werden.

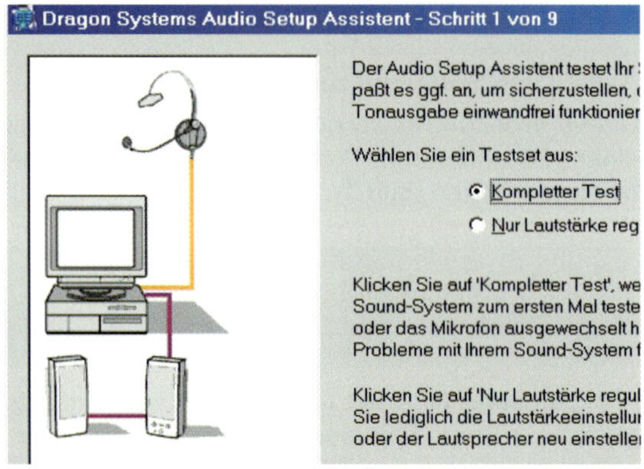

Bild 1: Ausschnitt aus dem Fenster des Setup-Assistenten

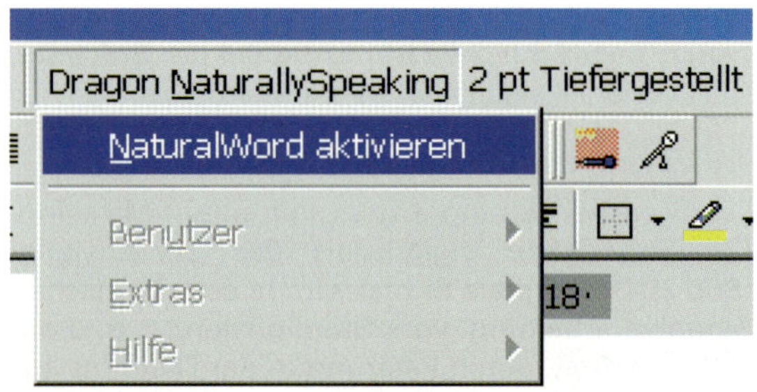

Bild 2: Ausschnitt aus der Menüleiste von Word

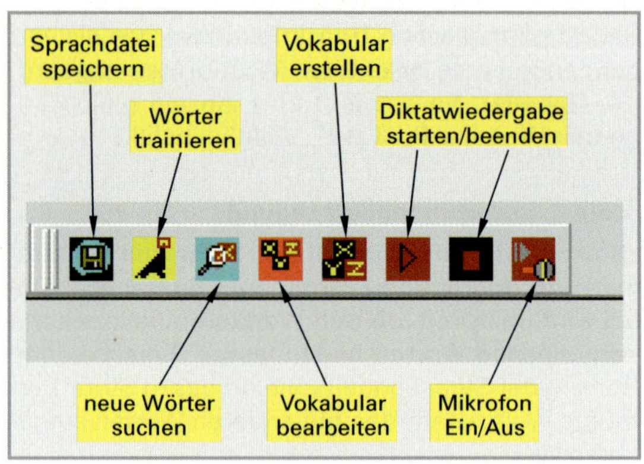

Bild 3: Steuerelemente der Spracherkennungssoftware

4.7 Informationsverarbeitung in IT-Systemen

4.7.1 Bedeutung und Darstellung der Information

Die Verarbeitung und die Übertragung von elektrischen Signalen erfolgt in zunehmenden Maße in digitaler Form. Hierfür werden analoge Größen, z. B. Musik, Sprache, Bilder oder gemessene physikalische Größen wie die Temperatur, digitalisiert. Dadurch können z. B. Bilder oder Musikstücke leichter nachbearbeitet werden, Messwerte schnell und grafisch übersichtlich ausgewertet werden, Abläufe in der Technik oder der Natur simuliert werden und alle Informationen auf kleinstem Raum gespeichert werden.

Ein einzelner analoger Musikton ist eine zeitkontinuierliche Sinusspannung **(Bild 1)**. Zur digitalen Übertragung wird diese zyklisch (in gleichen Zeitabständen) abgetastet und in Binärsignale (lat. bini = je zwei) umgewandelt. Eine einzelne Stelle eines binären Signals nennt man Binärzeichen (von binary digit) oder einfach Bit, Mehrzahl Bits. Diese besitzen die Einheit 1 bit.

Ein Bit hat den Signalwert 0 oder 1.

Besitzt ein Binärsignal 8 Bits, hat es die Einheit 8 bit oder 1B = 1Byte **(Tabelle 1)**.

Die Speicherkapazitäten von Speicherbauelementen, z. B. ROM, EPROM, werden in Kbit = Kilobit oder in KB = Kilobyte angegeben. Die Abkürzung Kilo beträgt dabei nicht $10^3 = 1000$ wie in der Physik, sondern $2^{10} = 1024$. Zur Unterscheidung wird das Kilo nicht mit dem Kleinbuchstaben k sondern mit dem Großbuchstaben K abgekürzt.

Massenspeicher, z. B. Festplatten, haben Speicherkapazitäten von GB = Gigabyte oder TB = Terabyte. 1 Giga hat hier den Wert $1K \cdot 1K \cdot 1K = 2^{10} \cdot 2^{10} \cdot 2^{10} = 2^{30}$.

Beispiel:

Wie viel bit Speicherkapazität hat ein Arbeitsspeicher eines PC mit 128 MB?

Lösung:

128 MB = $128 \cdot 2^{20} \cdot 8$ bit ≈ **1,07 Milliarden bit**

Den Signalwerten 0 und 1 sind Spannungen zugeordnet. Der Wert 0 erhält z. B. die Spannung 0 V und wird mit L (von low = niedrig) bezeichnet **(Tabelle 2)**. Der Wert 1 oder H (von high = hoch) kann je nach Gerätetechnologie unterschiedliche Spannungen führen, z. B. 3 V.

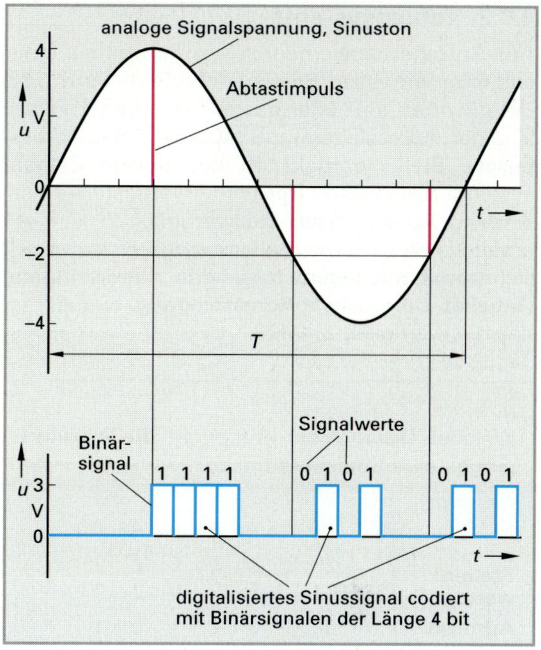

Bild 1: Digitalisierung eines Musiktons

Tabelle 1: Einheiten von binären Signalen

Einheit	Umformungen
1 bit	2^0 bit = 1 bit
1 Kbit 1 Mbit 1 Gbit	2^{10} bit = 1024 bit $1K \cdot 1K$ bit = $2^{10} \cdot 2^{10}$ bit = 2^{20} bit = 1048576 bit $1K \cdot 1M$ bit = 2^{30} bit = 1073741824 bit
1 kbit	10^3 bit = 1000 bit
1 B 1 KB 1 MB 1 GB 1 TB	2^3 bit = 8 bit 2^{10} B = 1024 B = $1024 \cdot 2^3$ bit = $1024 \cdot 8$ bit = 8192 bit $1 K \cdot 1 KB = 2^{10} \cdot 2^{10} B = 2^{20}$ B = 1048576 B $2^{20} \cdot 2^3$ bit = 2^{23} bit = 8388608 bit $1K \cdot 1 MB = 2^{30}$ B = 1073741824 B $2^{30} \cdot 2^3$ bit = 2^{33} bit = 8589934592 bit $1K \cdot 1 GB = 2^{40}$ B = 1099511627776 B $2^{40} \cdot 2^3$ bit = 2^{43} bit = 8796093022208 bit = 8,8 Billionen bit

Tabelle 2: Spannungspegel bei Binärsignalen

Anwendung	Binärwert	Bezeichnung	Spannung
Prozessoren, logische Bauelemente	0 1	low high	0 ... 0,8 V 3 ... 5 V
Datenleiter der V.24-Schnittstelle	0 1	low high	3 ... 15 V –3 ... –15 V
Steuerleiter der V.24 Schnittstelle	0 1	low high	–3... –15 V 3 V ... 15 V
Speicherprogrammierbare Steuerungen	0 1	low high	0 V 24 V

4.7.2 Zahlensysteme

Aus Speicherbauelementen werden mittels binär codierter Adressen Speicherinhalte in Form von Datenworten ein- oder ausgelesen **(Bild 1)**. Dazu sind den Adressleitern, z. B. A0 bis A7, des Adressbusses Stellenwertigkeiten des dualen Zahlensystems zugeordnet. Der niederwertigste Adresseingang A0 erhält die Stellwertigkeit $2^0 = 1$, A1 erhält $2^1 = 2$, usw. Die Stellenwertigkeit verdoppelt sich somit mit jedem folgenden Adresseingang **(Tabelle)**. Der höchste Adresseingang, hier A7, erhält die Wertigkeit $2^7 = 128$.

Beispiel 1:

Welcher Dezimalzahl entspricht die in Bild 1 eingestellte Speicheradresse?

Lösung:

	A7	A6	A5	A4	A3	A2	A1	A0
Stellenwert	2^7	2^6	2^5	2^4	2^3	2^2	2^1	2^0
	128	64	32	16	8	4	2	1
Adresse	1	0	0	0	1	1	0	1

= 128 + 0 + 0 + 0 + 8 + 4 + 0 + 1 = **141**

Da die Adressen von größeren Speichern aus mehr als 8 Binärzeichen, also 8 bit, bestehen, entstehen bei der Darstellung im Dualsystem sehr lange Zahlen.

Wegen der besseren Lesbarkeit werden diese, z. B. bei der Erstellung von Programmen, hexadezimal codiert (Tabelle). Die Hexadezimalziffern können 16 unterschiedliche Werte annehmen. Deshalb werden Werte größer als 9 mit den ersten 6 Buchstaben des Alphabets dargestellt. Da der Übertrag der Hexadezimalzahlen in die zweite Stelle des Hexadezimalsystems gleichzeitig mit dem Übertrag der Dualzahlen in die fünfte Stelle des Dualsystems auftritt (Tabelle), können immer 4 Binärstellen in eine Hexadezimalziffer beginnend mit den 4 niederwertigsten Bits umgewandelt werden.

Beispiel 2:

Geben Sie die Speicheradresse aus Bild 1 in hexadezimaler Form an.

Lösung:

1000 (= 8) 1101 (= D) = **8D**

Die Anzahl aller wählbaren Adressen bestimmt die Kapazität eines Speichers. Hinter jeder Adresse ist ein Datenwort einer bestimmten Größe, z. B. 8 bit (Bild 1), abgelegt. Beträgt die Anzahl der Adressleiter eines Speichers n, so beträgt die Gesamtzahl aller wählbaren Adressen 2^n.

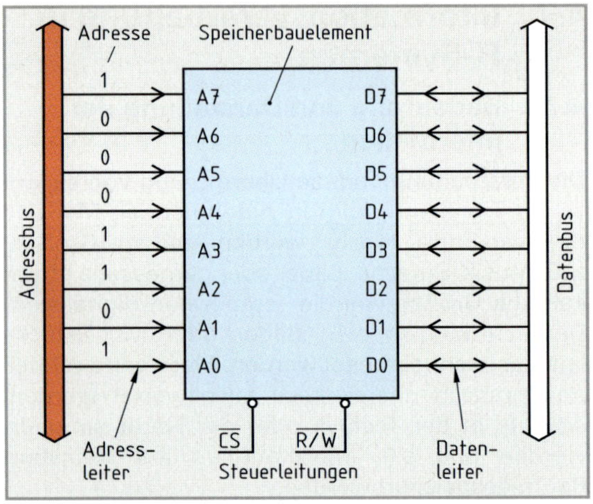

Bild 1: Signalbelegung eines Speicherbauelementes

Tabelle: Zahlensysteme

System	dezimal			dual							hexadezimal	
Wertigkeit	10^2	10^1	10^0	2^6	2^5	2^4	2^3	2^2	2^1	2^0	16^1	16^0
Zahl im jeweiligen Zahlensystem			0							0		0
			1							1		1
			2						1	0		2
			3						1	1		3
			4					1	0	0		4
			5					1	0	1		5
			6					1	1	0		6
			7					1	1	1		7
			8				1	0	0	0		8
			9				1	0	0	1		9
		1	0				1	0	1	0		A
		1	1				1	0	1	1		B
		1	2				1	1	0	0		C
		1	3				1	1	0	1		D
		1	4				1	1	1	0		E
		1	5				1	1	1	1		F
		1	6			1	0	0	0	0	1	0
		1	7			1	0	0	0	1	1	1
		1	8			1	0	0	1	0	1	2
		1	9			1	0	0	1	1	1	3
		2	0			1	0	1	0	0	1	4
		3	1			1	1	1	1	1	1	F
		3	2		1	0	0	0	0	0	2	0
		3	3		1	0	0	0	0	1	2	1
		4	8		1	1	0	0	0	0	3	0
		6	4	1	0	0	0	0	0	0	4	0
		8	0	1	0	1	0	0	0	0	5	0
		9	6	1	1	0	0	0	0	0	6	0
	1	1	2	1	1	1	0	0	0	0	7	0
	1	1	3	1	1	1	0	0	0	1	7	1
		…					…					…
	1	2	6	1	1	1	1	1	1	0	7	E
	1	2	7	1	1	1	1	1	1	1	7	F

> **Beispiel 1:**
> Berechnen Sie die Speicherkapazität eines Speichers mit 8 Adressleitern und 8 Datenleitern.
> *Lösung:*
> $2^8 \cdot 8$ bit = 2^8 B = **256 Byte**

In Rechenwerken werden binäre Ziffern verarbeitet, z. B. addiert. Bei der Addition zweier Einsen erhält man einen Übertrag in die nächst höhere Stelle, da Ziffern größer 1 nicht möglich sind **(Bild 1)**.

> **Beispiel 2:**
> Addieren Sie die Dualzahlen 1001 und 1011.
> *Lösung:*

	1001	≙ 9
	+ 1011	≙ 11
Übertrag	111	1
	10100	**≙ 20**

4.7.3 Binärcodes

Zum Rechnen in Rechenwerken, bei der Datenübertragung und beim Erfassen von Messwerten werden Dezimalzahlen nicht als mehrstellige Dualzahl eingesetzt, sondern jede einzelne Ziffer wird binär verschlüsselt.

BCD-Codes

BCD-Codes (von binary coded decimal = binär codiertes Zehnersystem) besitzen mindestens 4 bit zur Verschlüsselung von Dezimalziffern **(Tabelle)**. Ein 4-Bit-Wort nennt man auch Tetrade (von griech. tetra = vier). Da man zur Verschlüsselung aber nur zehn Tetraden benötigt, unterscheidet man echte Tetraden von Pseudotetraden. Letztere werden für die Codierung nicht verwendet. Wird eine dreistellige Dezimalzahl mit Tetraden codiert, ist sie 12 bit groß.

0	1	0	1
+ 0	+ 0	+ 1	+ ₁1
0	1	1	10

Bild 1: Addieren von Dualziffern

> **Beispiel 3:**
> Drücken Sie die Dezimalzahl 825 im Aiken-Code aus.
> *Lösung:*
> 825 = **1110 0010 1011**

Oft werden Dezimalziffern mit Binärworten von mehr als 4 bit codiert, z. B. im Biquinär-Code oder im 2-aus-5-Code (Tabelle). Solche Codes nennt man redundant (weitschweifig, lat. redundans = Überfluss habend). Redundante Codes sind z. B. leichter auf Fehler überprüfbar. Bei der Datenübertragung prüft der Empfänger z. B. beim 1-aus-10 Code (Tabelle), ob das empfangene Binärwort aus einem Wert 1 und neun Werten 0 besteht. Ist dies nicht der Fall, wird der Datensender vom Empfänger aufgefordert, das Binärwort zu wiederholen. Der Empfänger kann somit den Fehler in einer Binärstelle sicher erkennen.

Viele BCD-Codes besitzen eine Stellenwertigkeit. Der 2-aus-5-Code hat die Stellenbewertung 7-4-2-1-0 für die Dezimalziffern 1 bis 9, für die Dezimalziffer 0 hat er jedoch keine Stellenbewertung.

Ein weiterer redundanter Code ist der Hamming[1]-Code (Tabelle). Bei ihm können bis zu zwei Bitfehler in einem Codewort erkannt werden, da sich zwei beliebige Codewörter in mindestens drei Binärstellen unterscheiden. Der dargestellte Hamming-Code hat somit die Hammingdistanz 3.

Tabelle: Beispiele von BCD-Codes

Dezimalziffer	8-4-2-1 Code	Aiken[2]-Code	Biquinär-Code	2-aus-5-Code	1-aus-10-Code	Hamming-Code
0	0000	0000	00001 01	11000	0000000001	0000 000
1	0001	0001	00010 01	00011	0000000010	0000 111
2	0010	0010	00100 01	00101	0000000100	0001 001
3	0011	0011	01000 01	00110	0000001000	0011 110
4	0100	0100	10000 01	01001	0000010000	0101 010
5	0101	1011	00001 10	01010	0000100000	0101 101
6	0110	1100	00010 10	01100	0001000000	0110 011
7	0111	1101	00100 10	10001	0010000000	0110 100
8	1000	1110	01000 10	10010	0100000000	1001 011
9	1001	1111	10000 10	10100	1000000000	1001 100
Stellenwert	8 4 2 1	2 4 2 1	4 3 2 1 0 5 0	7 4 2 1 0 für die Ziffern 1 bis 9	9 8 7 6 5 4 3 2 1 0	keine (Hammingdistanz: 3)

[1] Hamming, Richard Wesly, amerikanischer Mathematiker, 1915-1998
[2] Aiken, Howard Hathaway, amerikanischer Mathematiker, 1900-1973

Gray-Code

Der Gray[1]-Code ist ein einschrittiger Code, d. h. von einer codierten Dezimalziffer zur nächsten ändert sich nur in einer einzigen Binärstelle der Wert. Deshalb wird der Gray-Code zur Längenmessung und Winkelmessung verwendet. Dabei lesen Fotodioden die einzelnen Codewörter von einem Codelineal bzw. einer Codescheibe ab **(Bild 1)**. Stehen die Fotodioden beim Ablesen genau zwischen zwei Binärwörtern, z. B. zwischen der 3 und der 4, so kann ein Lesefehler nur bei der mittleren Binärstelle auftreten, d. h. es wird entweder 00010, also 3, oder 00110, also 4, erkannt. Würde man anstatt des Gray-Code den 8-4-2-1-Code (Tabelle, vorhergehende Seite) verwenden, könnte bei einem Lesefehler jedes der Codeworte von 0000 bis 0111 erfasst werden und dadurch ein völlig falscher Wert gelesen werden **(Bild 2)**.

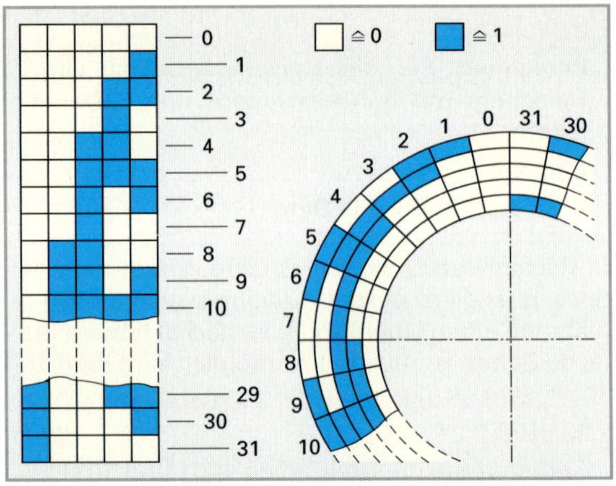

Bild 1: Codelineal und Codescheibe mit Gray-Code

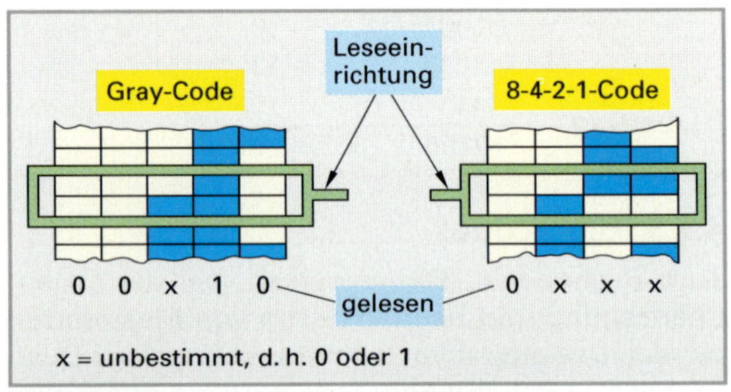

Bild 2: Mögliche Lesefehler bei BCD-Codes

Strichcodes (Barcodes)

Zum maschinellen Erfassen von Waren, z. B. an der Kasse eines Kaufhauses oder bei der Inventur in einem Warenlager, wird der EAN-Code (EAN von Europäische Artikel Nummerierung) eingesetzt. Jede Ziffer des Codes wird mit 7 bit verschlüsselt, wobei zur Verschlüsselung ein Codewort aus einem von drei unterschiedlichen Zeichensätzen gewählt werden kann **(Tabelle)**.

Der EAN-Code wird mit einem Lesestift oder einem Lesescanner abgetastet (gelesen).

Der EAN-Code beginnt und endet mit einem Randzeichen. Dazwischen befinden sich zwölf codierte Dezimalziffern und in deren Mitte ein Trennzeichen **(Bild 3)**. Die linken 6 Ziffern werden für deutsche Artikel in der Zeichensatzfolge ABAABB codiert, während die rechten 6 Ziffern immer mit dem Zeichensatz C codiert werden.

Tabelle: Zeichensätze des EAN-Codes

Zeichen	Zeichensatz A	Zeichensatz B	Zeichensatz C
0	0001101	0100111	1110010
1	0011001	0110011	1100110
2	0010011	0011011	1101100
3	0111101	0100001	1000010
4	0100011	0011101	1011100
5	0110001	0111001	1001110
6	0101111	0000101	1010000
7	0111011	0010001	1000100
8	0110111	0001001	1001000
9	0001011	0010111	1110100

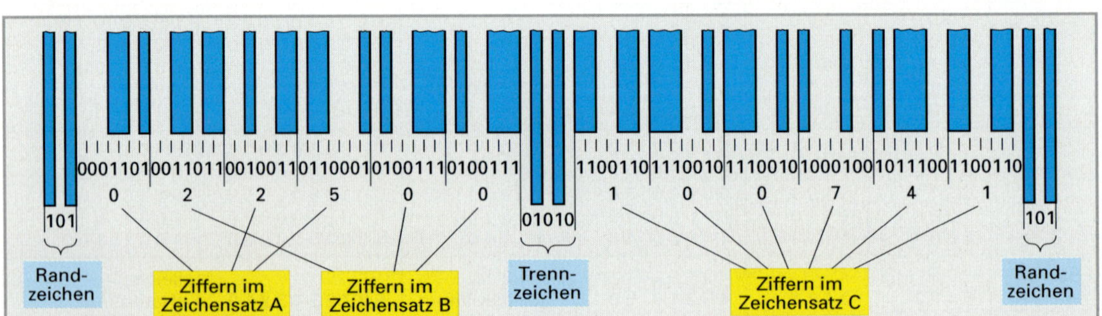

Bild 3: Decodierung eines EAN-Codes

[1] Gray, Frank, amerikanischer Elektroingenieur

Zur automatisierten Verteilung wird auf Briefe und Postkarten eine Folge fluoreszierender Striche aufgedruckt. Ein Strich entspricht dem Binärwert 0 und ein fehlender Strich dem Wert 1. Die Strichfolge wird von rechts nach links gelesen. Bei der Codierung werden zwei verschiedene Codes verwendet, ein Code mit 80 Stellen und ein Code mit 36 Stellen.
Der 36-stellige Code **(Bild 1)** enthält eine Prüfziffer und die fünf Ziffern der Postleitzahl, welche alle im 2-aus-5-Code verschlüsselt sind. Vor allen sechs Ziffern steht der binäre Wert 0 (Strich). Die Prüfziffer erhält man, indem man die Quersumme der Dezimalziffern der Postleitzahl bildet, das Ergebnis durch 10 teilt und den Teilerrest auf 10 ergänzt.

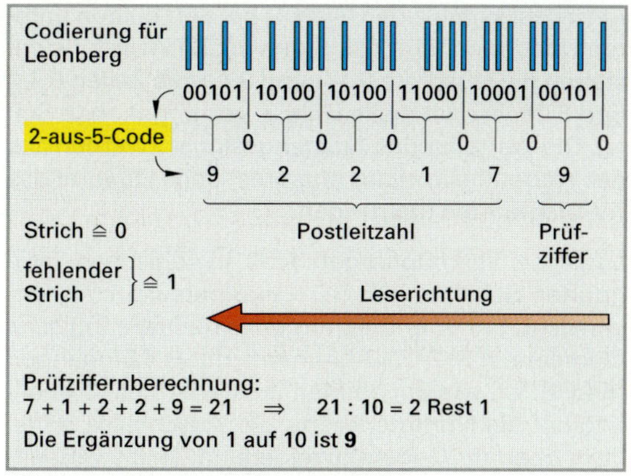

Bild 1: 36-stelliger Postleitzahlencode

4.7.4 Logische Funktionen

UND-Funktion

Ein PC besitzt z. B. neben dem Einschalter ein Schloss, um unbefugtes Einschalten zu verhindern **(Bild 2)**. Das PC-Netzteil wird nur mit Strom versorgt, wenn der Einschalter und der Schlüsselschalter betätigt werden. Die UND-Funktion (UND-Verknüpfung) kann somit aus zwei oder mehreren in Reihe geschalteten Schließern dargestellt werden **(Bild 3)**. Das Schaltzeichen (Symbol) dieser Verknüpfung hat die Eingangssignale *a* und *b* und das Ausgangssignal *z*.

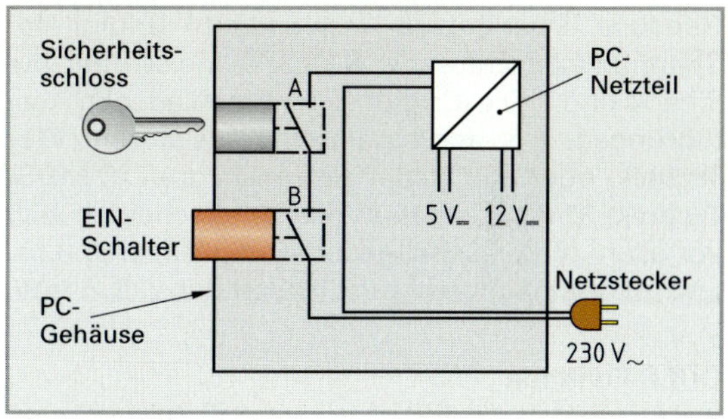

Bild 2: UND-Funktion

> Das Ausgangssignal *z* der UND-Verknüpfung hat nur dann den Wert 1, wenn alle Eingangssignale den Wert 1 führen.

Die Funktionsgleichung mit zwei Eingangssignalen lautet $z = a \wedge b$ (sprich: und). Das Zeichen $\wedge$ wird oft weggelassen, wenn Verwechslungen ausgeschlossen sind, d. h. $a \wedge b = ab$.
Die Wertetabelle der UND-Funktion (Bild 3) hat bei *n* Eingangssignalen 2^n verschiedene Wertekombinationen der Eingangssignale, also bei zwei Signalen $2^2 = 4$. Diese werden untereinander in Zeilen geschrieben. Die Werte der Eingangskombinationen steigen im Dualcode 00, 01, 10 und 11. Entsprechend werden die Zeilen nummeriert. Das Ausgangssignal *z* erhält den Wert entsprechend der Schalterstellungen der Schließer A und B, wobei ein unbetätigter Schließer den Wert 0 führt und ein betätigter Schließer den Wert 1.
Das KV-Diagramm (Karnaugh[1]-Veitch[2]-Diagramm) ist eine gleichwertige Darstellung für die Wertetabelle. Die vier Zeilen der Tabelle werden durch vier Quadrate ersetzt. Bei den zwei rechten Quadraten

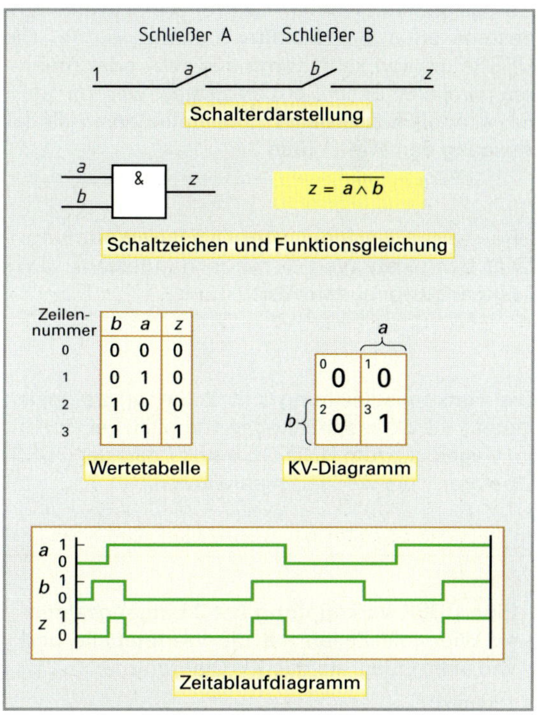

Zeilennummer	b	a	z
0	0	0	0
1	0	1	0
2	1	0	0
3	1	1	1

Bild 3: Darstellungsformen der UND-Funktion bei 2 Eingängen

[1] Karnaugh, Maurice, amerikanischer Elektroingenieur
[2] Veitch, Eward, amerikanischer Mathematiker

führt das Signal a den Wert 1, bei den beiden unteren Quadraten führt das Signal b den Wert 1. Somit stehen die Quadrate 0,1,2 und 3 für die Zeilen 0,1,2 und 3 der Wertetabelle (Bild 3, vorhergehende Seite). Die Werte für das Ausgangssignal *z* werden aus der Wertetabelle in das entsprechende Quadrat des KV-Diagramms übertragen.

Logische Verknüpfungen sind in logischen integrierten Schaltkreisen (IC = integrated circuit) verwirklicht. Ein IC enthält ein oder mehrere logische Elemente, z. B. 2 UND-Elemente mit je 4 Eingängen **(Bild 1)**. Ist, wie abgebildet, die Kerbe des IC oben, beginnt die Nummerierung der Anschlüsse (Pins) links oben im Gegenuhrzeigersinn. Nicht verwendete Pins werden mit NC (not connected = nicht verbunden) bezeichnet. Bei 14-poligen IC im DIL-Gehäuse (Dual-In-Line = zweireihig) erfolgt der Spannungsanschluss, z. B. 3,3 V, meist über die Pins 14 und 7. Die ICs gibt es in verschiedenen Ausführungen, z. B. aus bipolaren Transistoren (TTL-Technik) oder aus Feldeffekttransistoren (C-MOS-Technik). Die einzelnen Typen unterscheiden sich vor allem in der Schaltgeschwindigkeit, z. B. 2 ns, und im Leistungsverbrauch je Element, z. B. 5 mW.

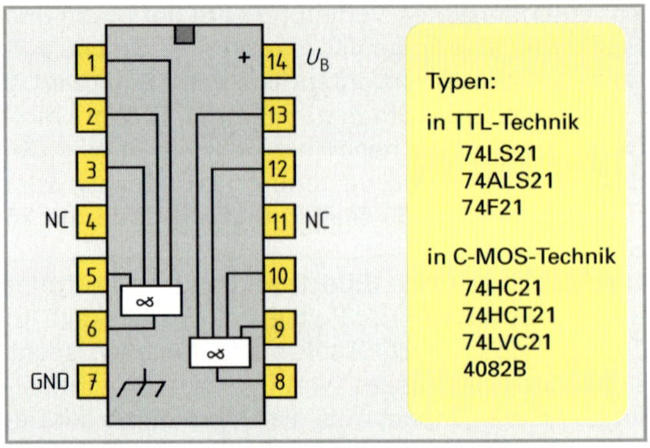

Bild 1: IC mit 2 UND-Elementen

ODER-Funktion

Ein Garagentor **(Bild 2)** kann entweder durch einen Handsender oder durch einen Handschalter in der Garage geöffnet werden. Das Tor öffnet, wenn mindestens einer der Schalter betätigt wurde. Die ODER-Funktion kann somit aus zwei oder mehreren parallelen Schließern dargestellt werden. Bei 3 der 4 möglichen Schalterkombinationen erhält der Ausgang den Wert 1 **(Bild 3)**.

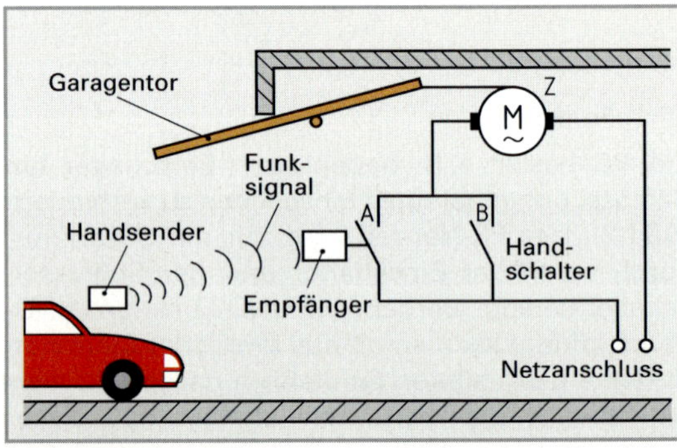

Bild 2: ODER-Funktion

> Das Ausgangssignal *z* der ODER-Verknüpfung hat dann den Wert 1, wenn mindestens ein Eingangssignal den Wert 1 führt.

Die Funktionsgleichung mit 2 Eingangssignalen lautet $z = a \vee b$ (∨ sprich: oder, ∨ von lat. vel = oder). Im Gegensatz zum UND-Operator ∧ darf der ODER-Operator ∨ nie weggelassen werden.

Beispiel:

Eine ODER-Verknüpfung hat 3 Eingangssignale. Wie viele Zeilen hat die Wertetabelle und wie viele Quadrate das KV-Diagramm?

Lösung:

2^3 = **8 Zeilen**, bzw. **8 Quadrate**

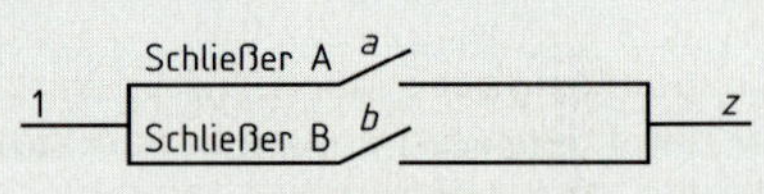

Schalterdarstellung

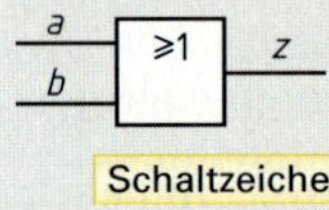

$z = a \vee b$

Schaltzeichen und Funktionsgleichung

Zeilennummer	*b*	*a*	*z*
0	0	0	0
1	0	1	1
2	1	0	1
3	1	1	1

Wertetabelle

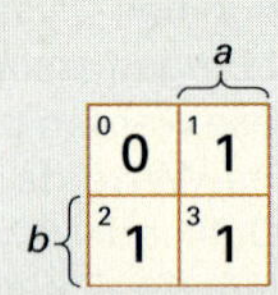

KV-Diagramm

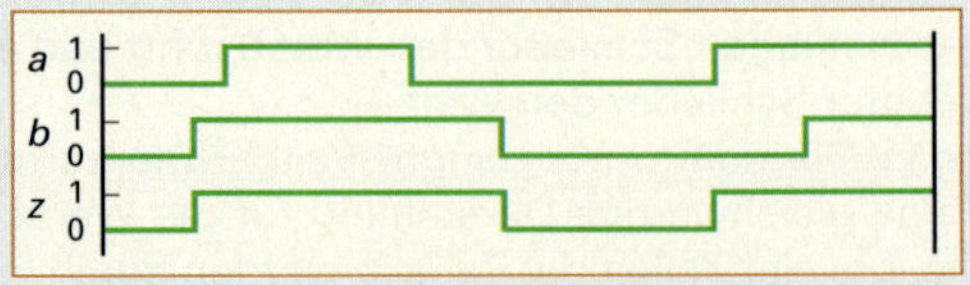

Zeitablaufdiagramm

Bild 3: Darstellungsformen der ODER-Funktion bei 2 Eingängen

NICHT-Funktion

Die Innenleuchte eines Kühlschranks **(Bild 1)** erlischt, wenn die Kühlschranktür geschlossen und der Öffner $\overline{A}$ betätigt wird. Das Signal $\overline{a}$ ($\overline{a}$ sprich: *a* nicht, oder sprich: nicht *a*) ist die Invertierung des Signals *a*. Beim unbetätigten Öffner **(Bild 2)** ist $\overline{a}$ = 1 und damit *a* = 0. Das Signal *z* hat dann den Wert 1. Dies entspricht der ersten Zeile der Wertetabelle. Die zweite Zeile der Wertetabelle stellt den betätigten Öffner dar. Das Zeitablaufdiagramm zeigt, dass die Signale *a* und *z* stets verschiedene Werte haben. Sie sind komplementär.

> Die Signale *z* und *a* sind bei der NICHT-Funktion immer komplementär.

Dies zeigt auch das Zeitablaufdiagramm (Bild 2).

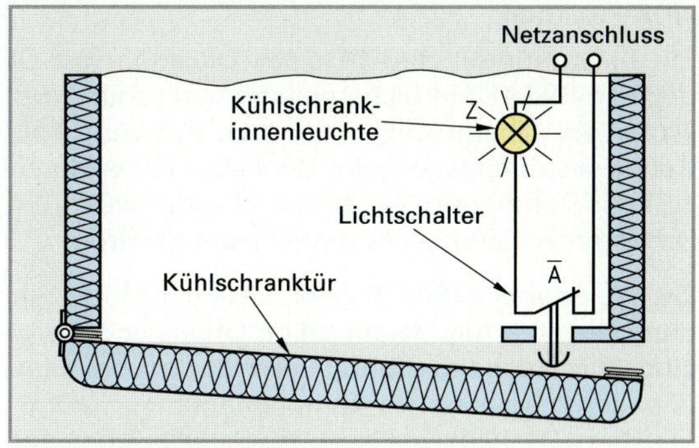

Bild 1: NICHT-Funktion

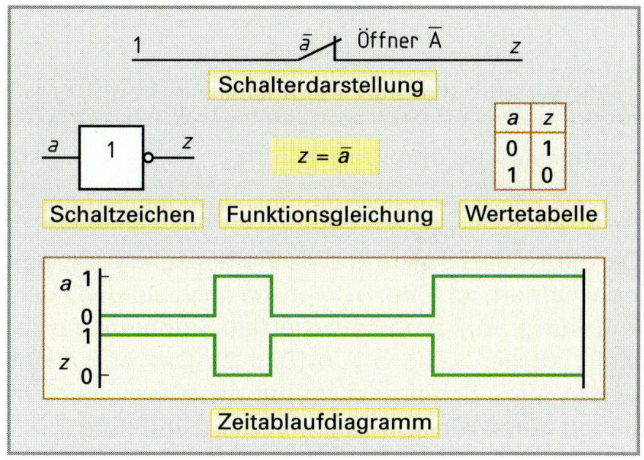

Bild 2: Darstellungsformen der NICHT-Funktion

NAND-Funktion

Auf einem Schrottplatz wird ein defektes Auto mit einem Kran zur Schrottpresse befördert. Das Auto hängt an dem Hubmagneten am Ende des Kranarmes **(Bild 3)**. Der Kranführer muss mit jeder Hand einen der beiden Öffner betätigen, damit der Hubmagnet stromlos wird und das Auto frei gibt. Der zweite Öffner dient als Schutzfunktion, damit nicht bei zufälligem Betätigen eines Öffners Personen am Schrottplatz gefährdet werden.

Die Wertetabelle **(Bild 4)** zeigt, dass sich das Ausgangssignal *z* für alle 4 Schalterkombinationen genau komplementär zur UND-Verknüpfung verhält. Deshalb ist das Schaltzeichen zusammengesetzt aus dem der UND-Funktion und dem Kreiszeichen der NICHT-Funktion. Bei der Funktionsgleichung ist das Ergebnis der UND-Verknüpfung der Signale *a* und *b* durch einen langen Negierungsbalken invertiert.

> Das Ausgangssignal *z* der NAND-Verknüpfung hat dann den Wert 1, wenn nicht alle Eingangssignale gleichzeitig den Wert 1 führen.

Da die NAND-Verknüpfung eine Parallelschaltung aus zwei Öffnern ist (Bild 3), kann sie auch als ODER-Verknüpfung von zwei invertierten Signalen dargestellt werden, also durch $\overline{a} \vee \overline{b}$ (Bild 4). Das entspricht einem ODER-Schaltzeichen, bei welchem die Eingänge durch Kreiszeichen invertiert sind (Bild 4).

> Ein UND mit negiertem Ausgang verhält sich gleich wie ein ODER mit negierten Eingängen.

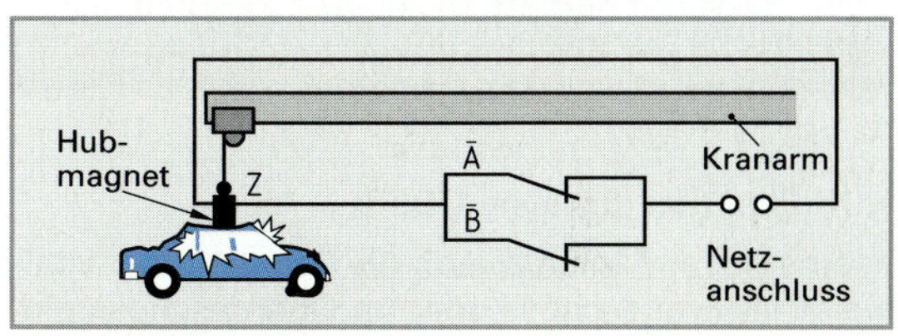

Bild 3: NAND-Funktion

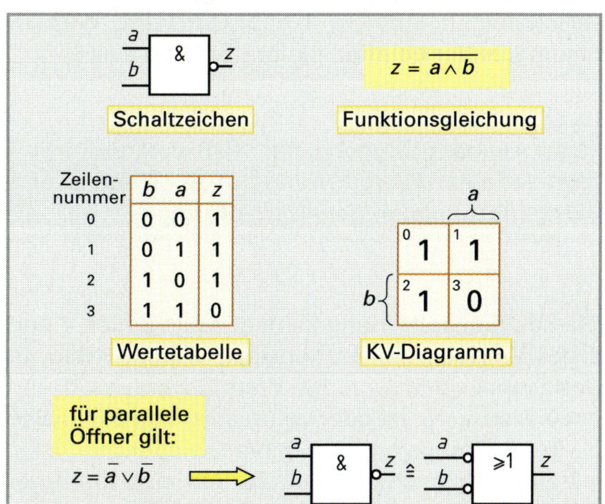

Bild 4: Darstellungsformen der NAND-Funktion

NOR-Funktion

Ein Elektromotor wird in einer Ölwanne mit Öl gekühlt **(Bild 1)**. Ein Sicherheitssystem schützt den Motor vor Überhitzung, indem es ihn vom Netz trennt, wenn entweder der Bimetallschalter durch zu hohe Temperatur betätigt wird oder wenn ein Schwimmschalter bei Ölverlust betätigt wird.

Die Wertetabelle **(Bild 2)** zeigt, dass der Motor nur dann Strom erhält, wenn beide Öffner unbetätigt sind. Das Ausgangssignal *z* verhält sich bei allen Schalterkombinationen komplementär zur ODER-Funktion. Deshalb setzt sich das Schaltzeichen aus dem der ODER-Funktion und aus dem der NICHT-Funktion zusammen.

> Das Ausgangssignal *z* der NOR-Verknüpfung hat dann den Wert 1, wenn keines der Eingangssignale den Wert 1 führt.

Da die NOR-Schaltung eine Reihenschaltung aus zwei Öffnern ist (Bild 1), kann sie auch als UND-Verknüpfung von zwei invertierten Signalen dargestellt werden, also $\bar{a} \wedge \bar{b}$ **(Bild 2)**. Das entspricht einem UND-Schaltzeichen, bei welchem die Eingänge durch Kreiszeichen invertiert sind (Bild 2).

> Ein ODER mit negiertem Ausgang verhält sich gleich wie ein UND mit negierten Eingängen.

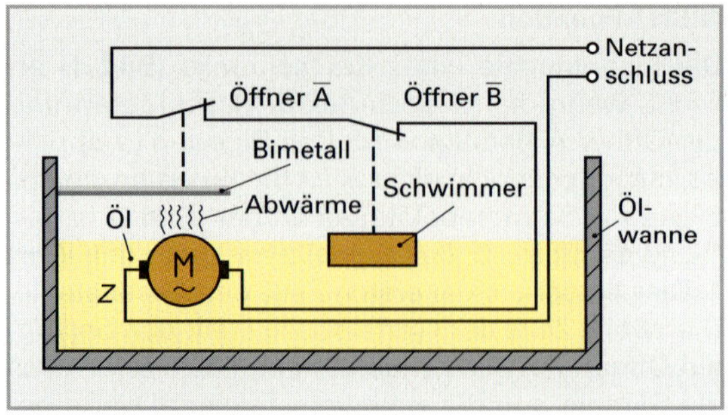

Bild 1: NOR-Funktion

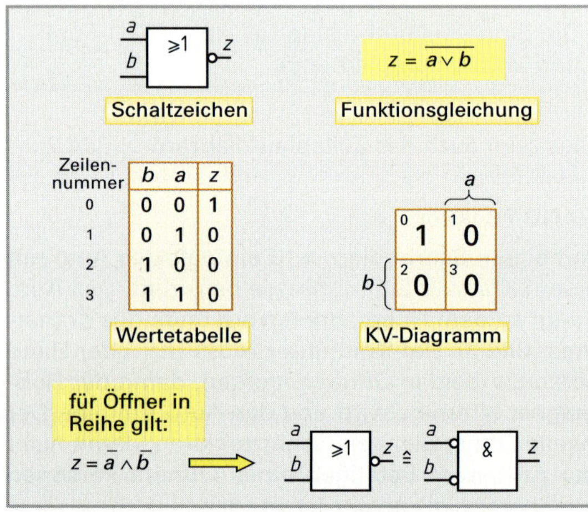

Zeilennummer	b	a	z
0	0	0	1
1	0	1	0
2	1	0	0
3	1	1	0

Bild 2: Darstellungsformen der NOR-Funktion

XOR-Funktion (Exclusiv-ODER)

In einem Treppenhaus kann die Beleuchtung wahlweise im Erdgeschoss oder im Obergeschoss eingeschaltet bzw. ausgeschaltet werden **(Bild 3)**. Die Lampe leuchtet nur, wenn einer der beiden Wechselschalter in Stellung 1 gebracht wird. Werden beide Schalter betätigt, bleibt das Licht aus.

> Das Ausgangssignal z der XOR-Verknüpfung hat dann den Wert 1, wenn nur eines von zwei Eingangssignalen den Wert 1 führt.

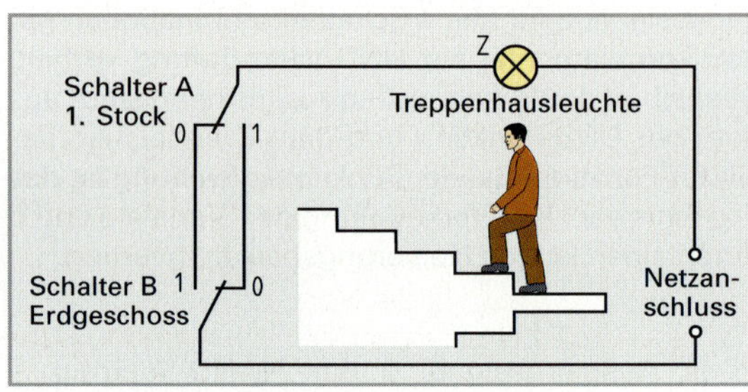

Bild 3: Exclusiv-ODER-Funktion

Die Funktionsgleichung kann aus den Zeilen 1 und 2 der Wertetabelle entnommen werden **(Bild 4)**. Das Signal *z* hat dann den Wert 1, wenn $a = 1$ und $b = 0$, also $a \wedge \bar{b}$, ist oder wenn $a = 0$ und $b = 1$, also $\bar{a} \wedge b$, ist. Daraus ergibt sich die Gleichung $z = a \wedge \bar{b} \vee \bar{a} \wedge b$ oder auch $z = a\bar{b} \vee \bar{a}b$. Auf eine Klammer kann verzichtet werden, da der UND-Operator Vorrang vor dem ODER-Operator hat.

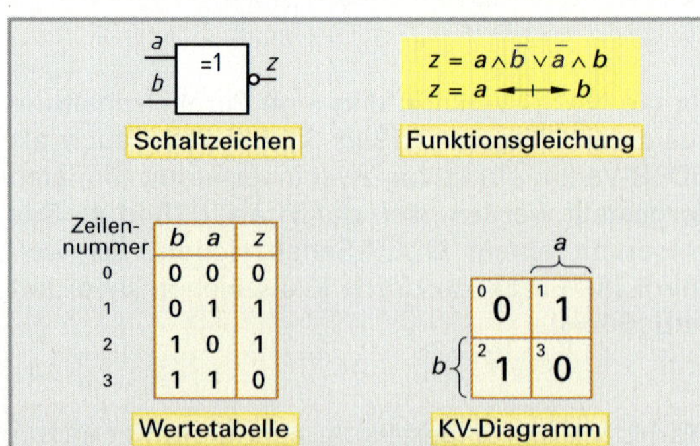

Zeilennummer	b	a	z
0	0	0	0
1	0	1	1
2	1	0	1
3	1	1	0

Bild 4: Darstellungsformen der XOR-Funktion

Es gilt immer UND (∧) vor ODER (∨).

Da bei der XOR-Funktion das Ausgangssignal *z* nur dann den Wert 1 führt, wenn die beiden Eingangssignale komplementäre Werte haben, nennt man die Funktion auch Antivalenz-Funktion (von lat. antivalens = entgegengesetzt wertig).

XNOR-Funktion (Exclusiv-NICHT-ODER)

Auf einer PC-Karte kann mit einem Jumper (Stecker, von to jump = springen) die Adresse 0 oder 1 eingestellt werden **(Bild 1)**. Mit dem Adresswahlschalter A soll auf die Karte zugegriffen werden. Die Freigabe $z = 1$ erfolgt nur, wenn die beiden Adressen übereinstimmen.

Das Ausgangssignal *z* der XNOR-Verknüpfung hat dann den Wert 1, wenn alle Eingangssignale den gleichen Wert führen.

Aus der Wertetabelle **(Bild 2)** entnimmt man, dass für $\overline{a} \wedge \overline{b}$ oder auch für $a \wedge b$ das Signal $z = 1$ ist. Damit gilt $z = \overline{a} \wedge \overline{b} \vee a \wedge b$. Das Ausgangssignal *z* ist bei allen 4 Zeilen komplementär zur XOR-Funktion, deshalb erhält man *z* auch aus einem XOR-Element und einem nachgeschalteten NICHT-Element (Bild 2). Da nur bei Gleichheit der Eingangssignalwerte der Ausgang den Wert 1 führt, nennt man die XNOR-Funktion auch Äquivalenz-Funktion (von lat. aequivalens = gleichwertig).

Normen logischer Funktionen

Die im Buch dargestellten Schaltzeichen entsprechen der IEC-Norm (International Electrotechnical Commission = internationale elektrotechnische Kommission). Obwohl die Norm international gültig ist, wird sie bei Datenblättern von IC für logische und programmierbare logische Elemente von den IC-Herstellern nicht verwendet. Da die IC-Hersteller meist amerikanische Firmen sind, wird die amerikanische Norm ASA (Typ B) verwendet **(Tabelle)**.

Für die Programmierung von logischen Elementen fehlt auf der PC-Tastatur der UND-Operator ∧. Deshalb benutzt man für logische Verknüpfungen die Rechenzeichen *, + und das Zeichen / (slash).

Das Rechenzeichen * entspricht dem UND-Operator ∧ .
Das Rechenzeichen + entspricht dem ODER-Operator ∨.
Das Slash-Zeichen / entspricht dem NICHT-Operator.

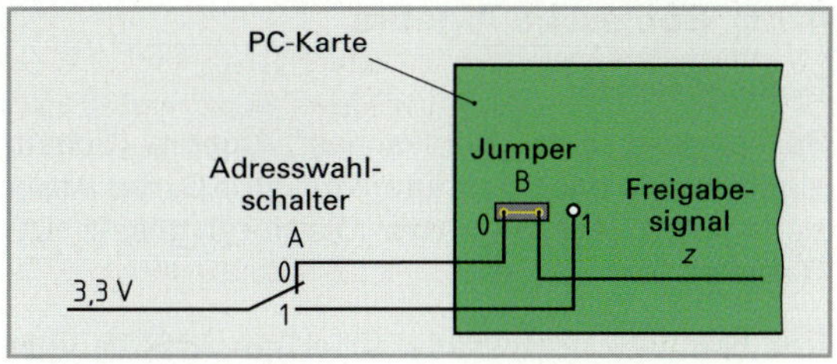

Bild 1: XNOR-Funktion

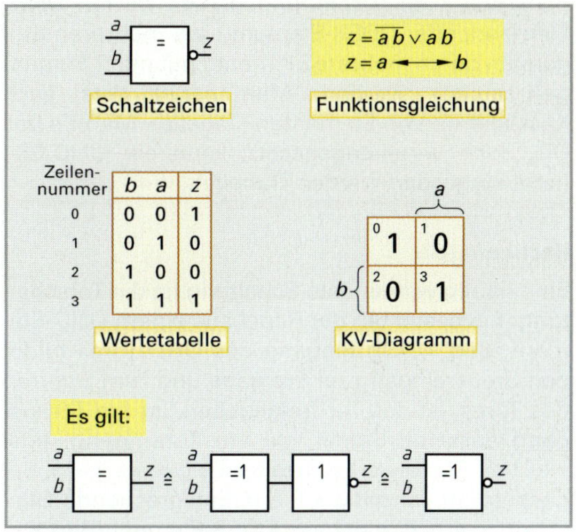

Bild 2: Darstellungsformen der XNOR-Funktion

Tabelle: Schaltzeichen nach verschiedenen Normen

Funktion	IEC-Norm	am. Norm ASA (Typ B)	alte deutsche Norm	am. Norm ASA (Typ A)
UND	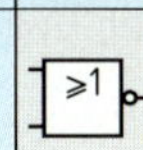 ≥1	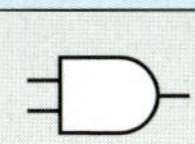	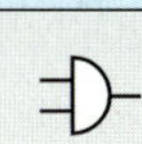	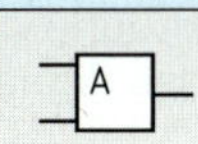 A
ODER	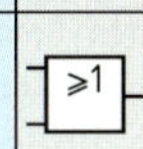 ≥1	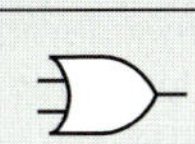	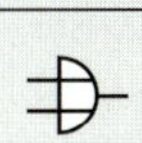	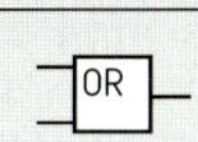 OR
NICHT	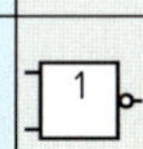 1	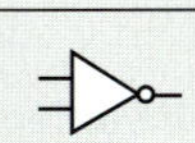	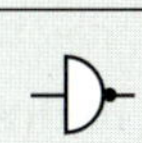	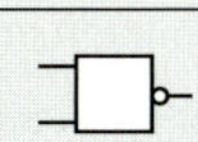
NAND	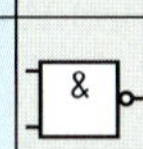 &	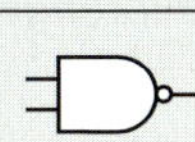	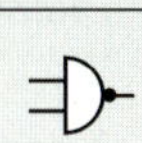	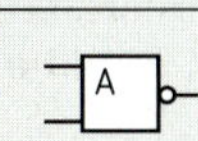 A
NOR	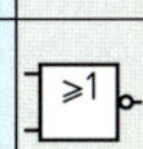 ≥1	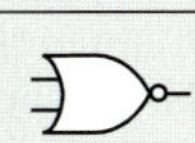	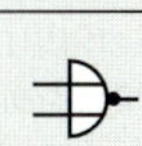	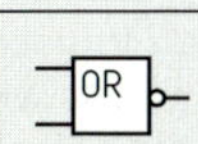 OR
XOR	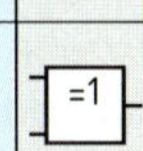 =1	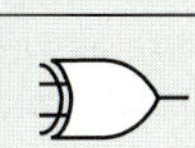	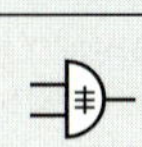	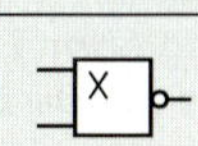 X
XNOR	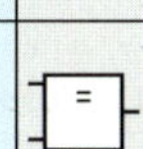 =	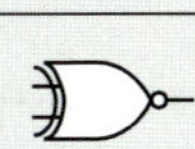	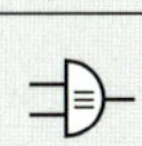	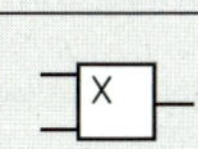 X

4.7.5 Boolesche Algebra

Rechengesetze

Rechengesetze der Booleschen[1] Algebra (Schaltalgebra) sind das Kommutativgesetz KG, das Assoziativgesetz AG und das Distributivgesetz DG **(Tabelle)**.

Das KG, auch Vertauschungsgesetz, besagt, dass bei logischen Elementen die Eingänge gleichwertig sind und somit vertauscht werden dürfen. Nach dem AG, auch Verbindungsgesetz, dürfen UND-Elemente oder ODER-Elemente mit mehreren Eingängen durch mehrere Elemente mit nur 2 Eingängen ersetzt werden. Man nennt dies auch Kaskadieren von Elementen (Tabelle). Mithilfe des DG, auch Verteilungsgesetz, kann ein UND-Element eingespart werden (Tabelle).

Tabelle: Rechengesetze

Art	Gleichungen	Beispiel
KG	$a \wedge b = b \wedge a$ $a \vee b = b \vee a$	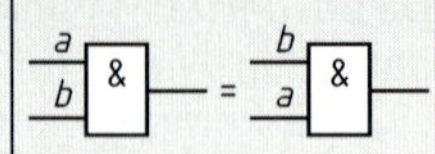
AG	$a \wedge b \wedge c = (a \wedge b) \wedge c$ $a \vee b \vee c = a \vee (b \vee c)$	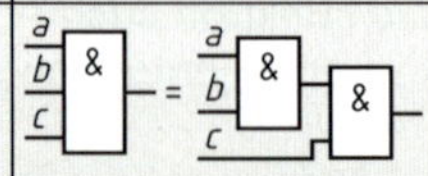
DG	$a \wedge b \vee a \wedge c = a \wedge (b \vee c)$ bzw. $ab \vee ac = a\,(b \vee c)$	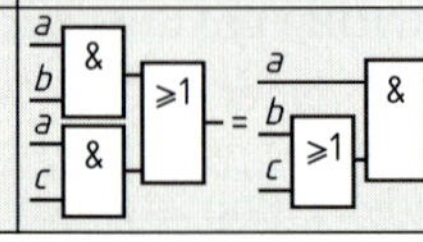

Rechenregeln

Eine häufig verwendete Schaltung ist die Torschaltung. Sie besteht in der Regel aus einem UND-Element **(Bild 1)**. Ein Eingang des UND-Tores bildet den Steuereingang zur Freigabe und zum Sperren des Tores. Ist das Tor freigegeben, ist am Torausgang dasselbe Signal wie am Toreingang, egal welchen Signalwert es besitzt. Es gilt $a \wedge 1 = a$. Bei gesperrtem Tor gilt $a \wedge 0 = 0$. Entsprechende Gleichungen erhält man beim ODER-Element **(Bild 1)**.

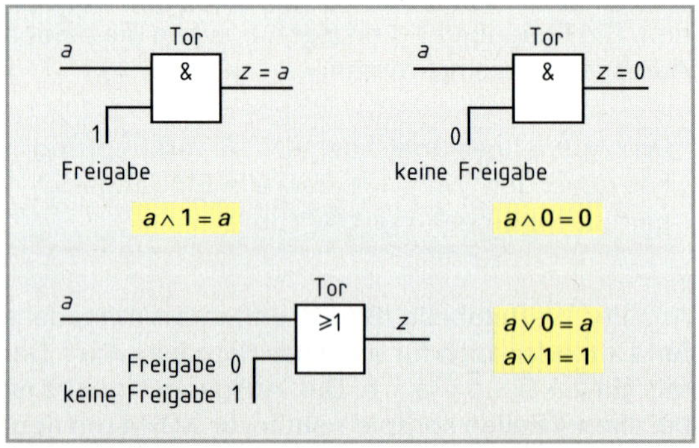

Bild 1: Torschaltungen

Wird bei einem Logikelement ein Eingang nicht benötigt, kann er mit einem benachbarten Eingang überbrückt werden. Daraus lassen sich die Rechenregeln aus **Bild 2** ableiten.

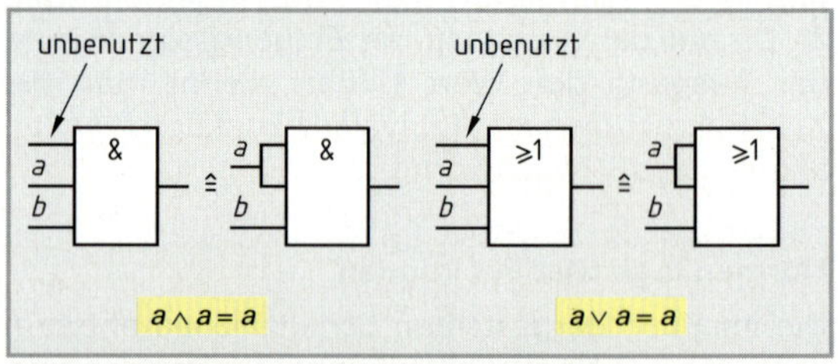

Bild 2: Beschaltung unbenutzter Eingänge

> Wird ein Signal *a* mit sich selbst UND-verknüpft oder ODER-verknüpft, ist das Ergebnis das Signal *a*.

Bei programmierbaren Logikelementen kommt es vor, dass ein Signal mit der eigenen Invertierung verknüpft werden muss **(Bild 3)**. Je nach logischer Funktion erhält man den Wert 0 oder 1.

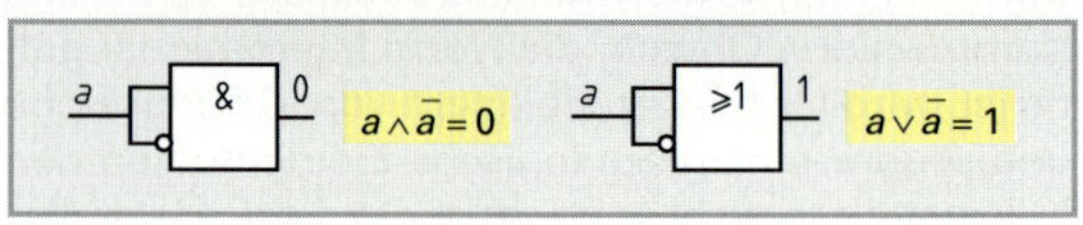

Bild 3: Verknüpfungen von *a* mit $\bar{a}$

Wird ein Signal nach dem Invertieren nochmals invertiert, erhält es seinen ursprünglichen Wert **(Bild 4)**. Es gilt $\bar{\bar{a}} = a$.

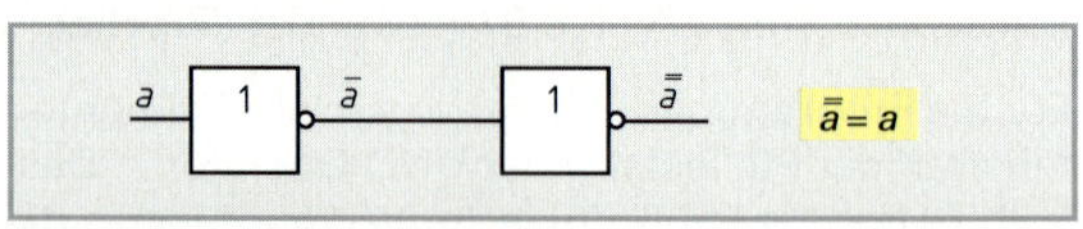

Bild 4: Doppelte Invertierung

Mit den Gesetzen nach de Morgan[2] **(Bild 5)** lassen sich logische Schaltungen algebraisch oder auch grafisch vereinfachen. Sie besagen, dass eine NAND-Funktion gleich einer ODER-Funktion mit negierten Eingängen ist und dass eine NOR-Funktion gleich einer UND-Funktion mit negierten Eingängen ist.

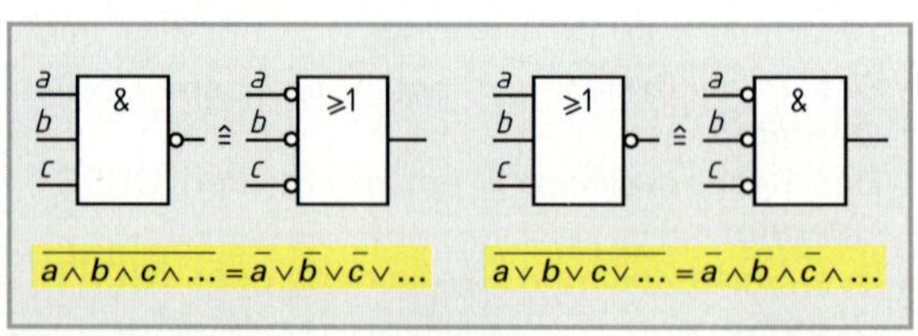

Bild 5: Gesetze nach de Morgan

[1] Boole, George, englischer Mathematiker und Philosoph, 1815-1864

[2] Morgan, Augustus de, englischer Mathematiker, 1806-1871

Beispiel 1:

Zum Aufbau der Logikschaltung **(Bild 1)** benötigt man 3 verschiedene IC. Die Schaltung soll so verändert werden, dass sie mit dem IC 7400 (Bild 1) verwirklicht werden kann. Vereinfachen Sie die Schaltung nach den Regeln der booleschen Algebra a) auf schaltalgebraischem Weg b) auf grafischem Weg.

Lösung:

a) 1. Schritt: Gleichung aufstellen.

$z = a \wedge b \vee \overline{c}$

2. Schritt: Doppelt negieren.

$z = \overline{\overline{a \wedge b \vee \overline{c}}}$

3. Schritt: Gesetz nach de Morgan anwenden.

$z = \overline{\overline{a \wedge b} \wedge \overline{\overline{c}}}$

4. Schritt: Doppelte Negierung aufheben.

$z = \overline{\overline{a \wedge b} \wedge c}$

***z* ist durch 2 NAND-Elemente mit 2 Eingängen realisierbar.**

b) **Bild 2**

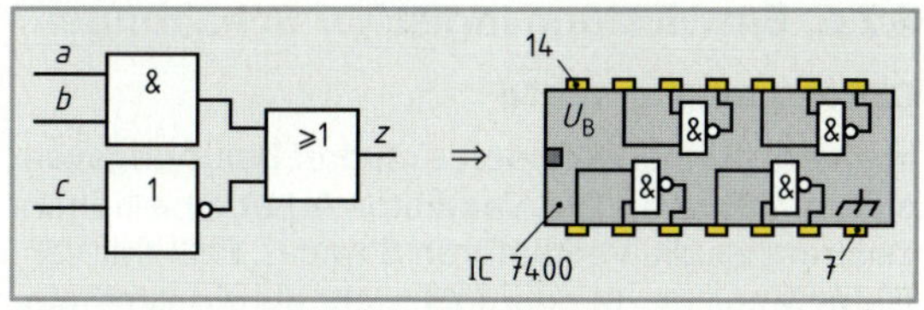

Bild 1: Problemstellung zu Beispiel 1

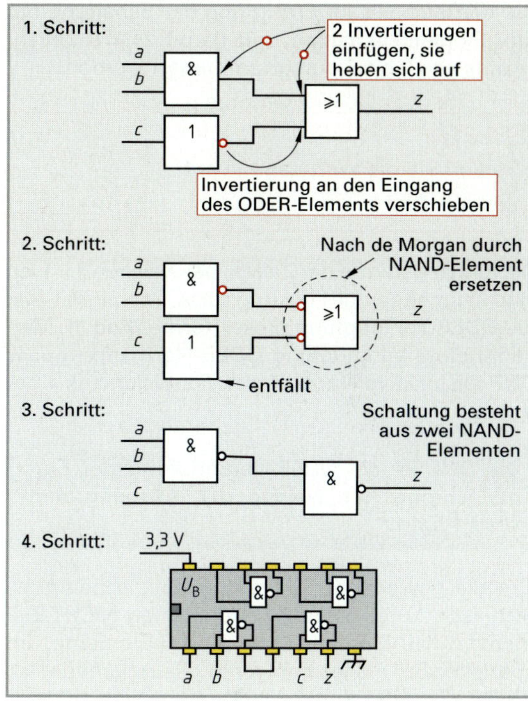

Bild 2: Grafische Vereinfachung nach de Morgan

Ausnutzen von Freiheitsgraden

Mithilfe des Mauscursors soll das Signal $z = 1$ für Drucken erzeugt werden. Dazu wird mit der Maus in der Menüleiste unter dem Menü Datei der Befehl Drucken $a = 1$ gewählt oder in der Symbolleiste auf das Druckersymbol $b = 1$ geklickt **(Bild 3)**.

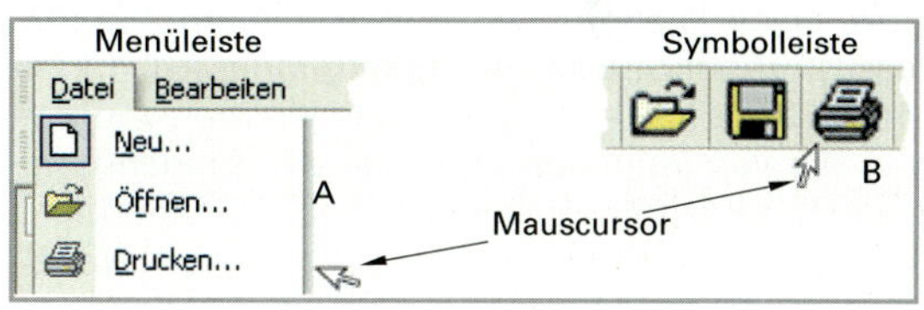

Bild 3: Erzeugen des Signals *z* für Drucken

Beim Erstellen der Wertetabelle **(Bild 4)** wird in die Zeile 3 für das Signal *z* (drucken) das Zeichen X eingetragen. *z* hat dort nämlich weder den Wert 0 noch 1, da mit dem Mauscursor nicht gleichzeitig der Befehl Drucken und das Druckersymbol angeklickt werden kann. Die Eingangskombination $a = b = 1$ der Wertetabelle tritt also nie ein. Deshalb ist es egal, welchen Wert *z* in dieser Zeile führt. Man kann ihn wahlweise auf 0 oder auf 1 setzen.

Der Freiheitsgrad X kann wahlweise auf 0 oder auf 1 gesetzt werden.

Man wird den Freiheitsgrad immer so wählen, dass sich die logische Schaltung vereinfacht, wenn dies möglich ist.

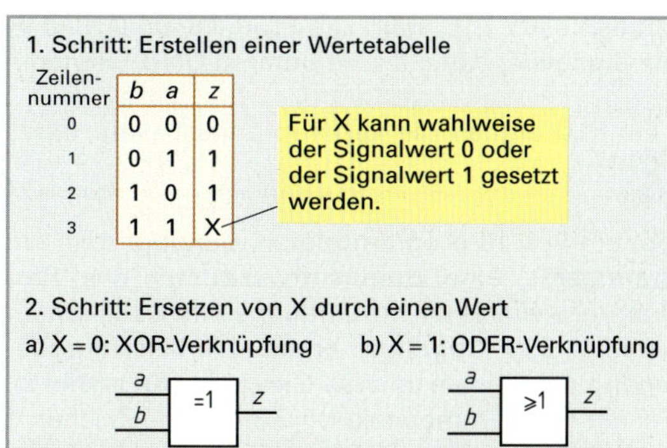

Bild 4: Ermitteln der Verknüpfung für das Signal *z*

Beispiel 2:

Ermitteln Sie die Funktion für das Signal *z* (Drucken).

Lösung:

Bild 4

4.7.6 Entwicklung logischer Schaltungen

ODER-Normalform DNF

In einem Tunnel befinden sich drei Belüftungsventilatoren **(Bild 1)**. Der Ventilator A hat eine höhere Leistung als die Ventilatoren B und C. Fällt der Ventilator A aus ($a = 0$) oder fällt mehr als ein Ventilator aus, leuchtet die Alarmleuchte Z auf ($z = 1$).

Die Wertetabelle zur Ermittlung der Schaltung hat drei Eingangsvariablen und damit 2^3 = 8 Zeilen, welche von 0 bis 7 durchnummeriert werden.

Beispiel:

Stellen Sie die Wertetabelle auf.

Lösung: **Bild 2**

Die Eingangsterme der Zeilen, bei welchen $z = 1$ ist, sind Teilmengen der Lösung für z. Das Signal z ist die ODER-Verknüpfung dieser Terme **(Bild 3)**. Man nennt diese Verknüpfung ODER-Normalform oder DNF (disjunktive Normalform, lat. disjunctus = getrennt).

> Die DNF ist die ODER-Verknüpfung der Eingangsterme, für welche der Ausgang den Wert 1 führt.

Um die gewonnene Gleichung für z schaltungstechnisch zu realisieren, benötigt man NICHT-Elemente, UND-Elemente und ODER-Elemente, im speziellen Fall insgesamt vier IC. Platzsparender ist, die Schaltung in einem programmierbaren IC bzw. PLD (programmable logic device = programmierbare Logikschaltung) zu programmieren. Ein PLD besitzt intern bereits die Verknüpfungsstruktur einer DNF **(Bild 4)**. Programmiert werden müssen nur die Verbindungen zwischen den Eingangssignalen und den Produktlinien. Diese Verbindungen werden durch Kreuze (x) gekennzeichnet (Bild 4). Eine Produktlinie besteht aus vielen einzelnen Leitern, aber nur solche sind wirksam, welche verbunden sind. Z. B. führt die Produktlinie 0 (Bild 4) die Signale $\bar{a}$, $\bar{b}$ und $\bar{c}$ zum unteren UND-Element.

> Ein PLD enthält die Verknüpfungsstruktur der DNF.

Um ein PLD zu programmieren, benötigt man ein Brenngerät, eine Brennsoftware und das Programm, welches die Verbindungen im Bauelement herstellt. Das Programm enthält die Anschlussbelegung der Signale und die Gleichung für z **(Bild 5)**. Bei der Programmerstellung werden die Zeichen * und + für UND und ODER und der Slash / für die Negierung verwendet.

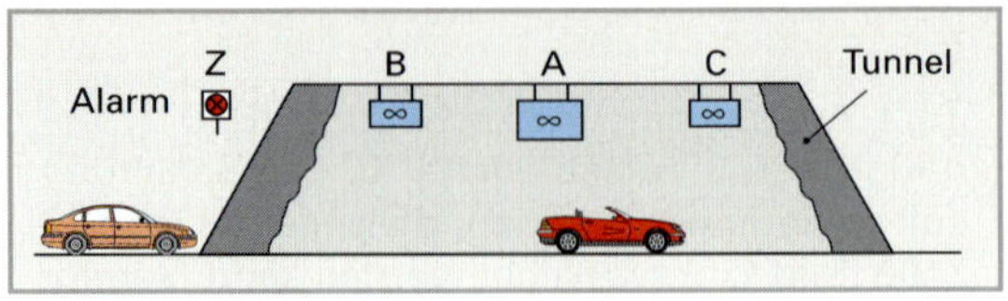

Bild 1: Tunnelbelüftung

Zeilennummer	c	b	a	z	
0	0	0	0	1	$\bar{a} \wedge \bar{b} \wedge \bar{c}$
1	0	0	1	1	$a \wedge \bar{b} \wedge \bar{c}$
2	0	1	0	1	$\bar{a} \wedge b \wedge \bar{c}$
3	0	1	1	0	
4	1	0	0	1	$\bar{a} \wedge \bar{b} \wedge c$
5	1	0	1	0	
6	1	1	0	1	$\bar{a} \wedge b \wedge c$
7	1	1	1	0	

Terme, bei welchen z = 1 ist.

Bild 2: Wertetabelle für das Alarmsignal

$$z = \bar{a}\bar{b}\bar{c} \vee a\bar{b}\bar{c} \vee \bar{a}b\bar{c} \vee \bar{a}\bar{b}c \vee \bar{a}bc$$

Bild 3: DNF für das Alarmsignal

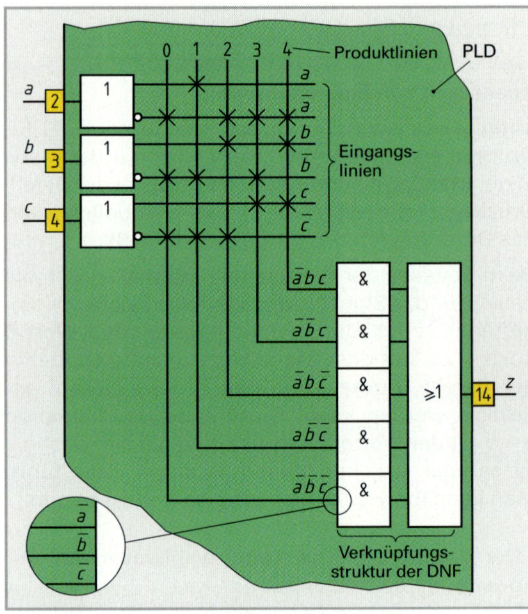

Bild 4: Realisierung der DNF in einem PLD

```
title tunnel
chip tunnel GAL16V8
;1    2    3    4    5    6    7    8    9    10
nc    a    b    c    nc   nc   nc   nc   nc   GND
;11   12   13   14   15   16   17   18   19   20
nc    nc   nc   z    nc   nc   nc   nc   nc   VCC
equations
z=/a*/b*/c+a*/b*/c+/a*b*/c
  +/a*/b*c+/a*b*c
```

Bild 5: Programmierung eines PLD, hier GAL 16V8

KV-Diagramm

Eine minimierte (kürzeste) Form der Schaltfunktion für das Ausgangssignal z (Bild 1, vorhergehende Seite) liefert das KV-Diagramm. Da die Wertetabelle 8 Zeilen besitzt, besteht das KV-Diagramm aus 8 Quadraten. Die Signalzuordnung zeigt **Bild 1**.

Beispiel 1:

Übertragen Sie die Werte für z in das KV-Diagramm.

Lösung: **Bild 2**

Um die Schaltfunktion für z minimiert zu erhalten, müssen immer möglichst viele Quadrate mit den Werten $z = 1$ zusammengefasst werden. Dabei können benachbarte und gegenüber liegende Quadrate in Vierergruppen oder Zweiergruppen zusammengefasst werden. Die so gewonnenen Terme, hier $\bar{a}$ und $\bar{b} \wedge \bar{c}$, werden ODER-verknüpft (Bild 2).

Zum Aufbau der Schaltung benötigt man drei IC (NICHT, UND, ODER). Die minimierte Schaltfunktion liefert zwar die kürzeste Form der Schaltfunktion, aber nicht den einfachst möglichen Schaltungsaufbau. Dazu wird die Gleichung umgeformt **(Bild 3)**. Als Lösung erhält man eine Funktion, die ausschließlich mit NAND-Elementen verwirklicht werden kann, da die Invertierungen $\bar{b}$ und $\bar{c}$ durch NAND-Elemente mit überbrückten Eingängen ersetzt werden können **(Bild 4)**.

Beispiel 2:

Bauen Sie die Logikschaltung für z mit einem NAND-IC 74LS00 auf.

Lösung: **Bild 5**

Wie das Beispiel der Tunnelbelüftung zeigt, ist die Schaltungsentwicklung mit dem KV-Diagramm im Gegensatz zu der mit der DNF viel rechenintensiver und die Fehlerwahrscheinlichkeit höher. Die DNF liefert zwar die längere Schaltfunktion, diese lässt sich aber in einem einzigen IC, einem PLD, programmieren. Die Schaltzeiten des PLD sind ähnlich schnell wie die des NAND-Bauelements, da auch der PLD eine Hardware-Schaltung ist. Die Programmier-Software wird bei PLD nur benötigt, um die Hardware der Bauelemente zu konfigurieren (einzustellen).

Bei der Schaltungsentwicklung mit PLD ist die Erstellung der Schaltfunktion mit der DNF schneller und sicherer als mit dem KV-Diagramm.

Zeilennummer	c	b	a	z
0	0	0	0	1
1	0	0	1	1
2	0	1	0	1
3	0	1	1	0
4	1	0	0	1
5	1	0	1	0
6	1	1	0	1
7	1	1	1	0

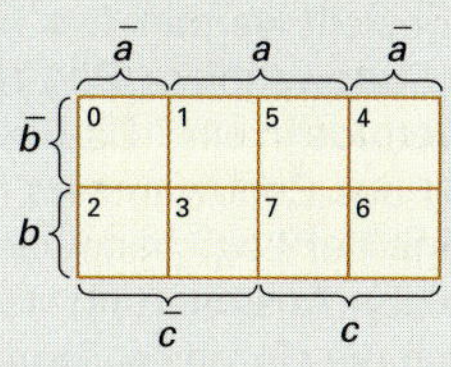

Bild 1: KV-Diagramm für z

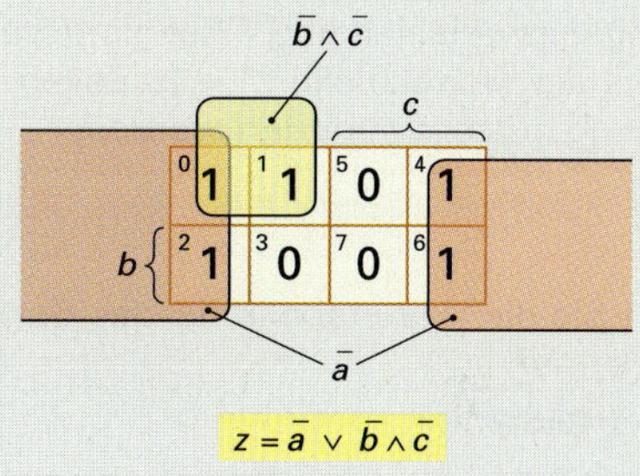

Bild 2: Ermitteln der minimierten Schaltfunktion

1. Schritt: Doppelt negieren

$$z = \overline{\overline{\bar{a} \vee \bar{b} \wedge \bar{c}}}$$

2. Schritt: Gesetz von De Morgan anwenden

$$z = \overline{\bar{\bar{a}} \wedge \overline{\bar{b} \wedge \bar{c}}}$$

3. Schritt: Doppelte Negation aufheben

$$z = \overline{a \wedge \overline{\bar{b} \wedge \bar{c}}}$$

Bild 3: Umformen der minimierten Schaltfunktion

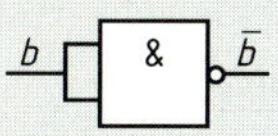

Zeile	b	b	b̄
0	0	0	1
3	1	1	0

Die Zeilen 1 und 2 der Wertetabelle entfallen

Bild 4: NICHT-Verknüpfung mit NAND-Element

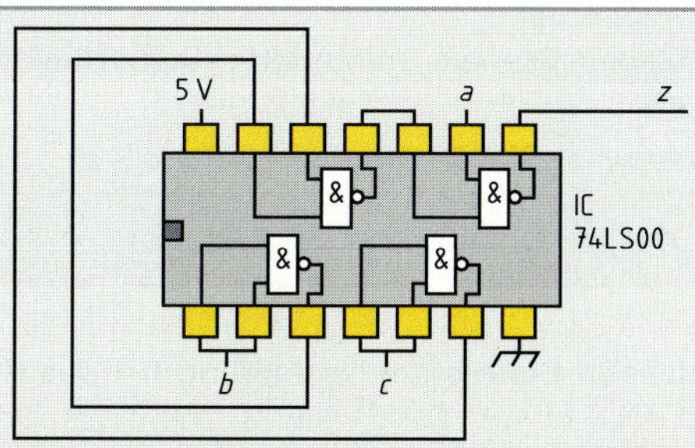

Bild 5: Schaltungsaufbau mit NAND-Bauelement

Die im Aiken-Code (Abschnitt 4.7.3) verschlüsselten Dezimalziffern sollen mit einer 7-Segment-Anzeige dargestellt werden. Die Tetraden liegen am Eingang des Codewandlers **(Bild 1)**. Der Codewandler setzt jede Tetrade in ein 7-Bit-Binärwort um. Die Logikschaltung des Codewandlers ist zu entwickeln. Die Ausgänge der Logikbauelemente eignen sich nicht zur direkten Ansteuerung des Anzeigeelements, da sie durch die einzelnen Segmente zu stark belastet würden. Dies hätte zur Folge, dass die Segmente schwächer und ungleichmäßig hell leuchten. Deshalb werden Treiberelemente dazwischengeschaltet.

Die vollständige Wertetabelle für den Codewandler hat 4 Eingangsvariablen und 7 Ausgangsvariablen. Damit hat die Wertetabelle $2^4 = 16$ Zeilen, welche von 0 bis 15 durchnummeriert werden.

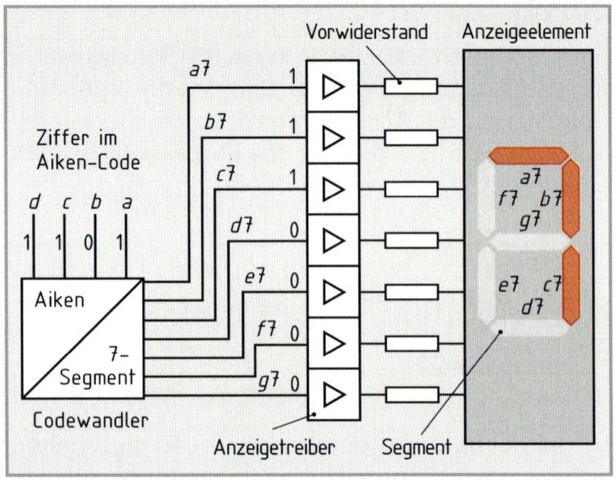

Bild 1: Anzeige der Ziffern des Aiken-Codes

Beispiel 1:
Stellen Sie die Wertetabelle für das Segmentsignal *e7* auf.
Lösung: **Bild 2**

Zeile	d	c	b	a	e7
0	0	0	0	0	1
1	0	0	0	1	0
2	0	0	1	0	1
3	0	0	1	1	0
4	0	1	0	0	0
5	0	1	0	1	X
6	0	1	1	0	X
7	0	1	1	1	X
8	1	0	0	0	X
9	1	0	0	1	X
10	1	0	1	0	X
11	1	0	1	1	0
12	1	1	0	0	1
13	1	1	0	1	0
14	1	1	1	0	1
15	1	1	1	1	0

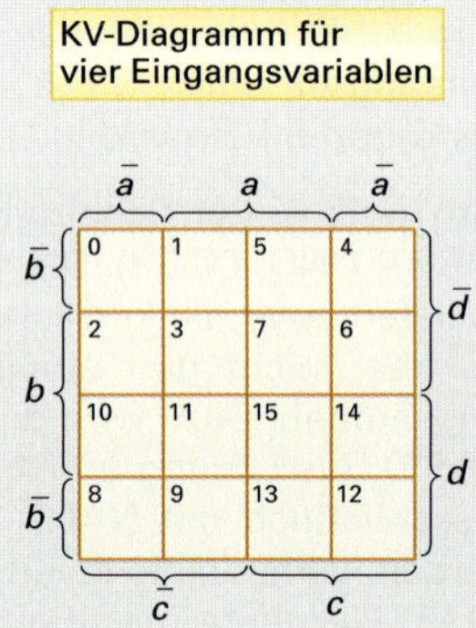

Bild 2: Signalzuordnung Wertetabelle – KV-Diagramm

Da die Pseudotetraden des Aiken-Codes nie vorkommen, kann bei den Eingangswerten 0101 bis 1010 für das Ausgangssignal *e7* ein Freiheitsgrad X eingetragen werden.

Den 16 Zeilen der Wertetabelle sind 16 Quadrate im KV-Diagramm zugeordnet. Die dargestellte Zuordnung (Bild 2) ist nicht genormt. In der Fachliteratur existieren mehrere Zuordnungsmuster. Abhängig davon wie die Signale *a*, *b*, *c* und *d* am KV-Diagramm angeordnet werden, ändert sich die Zählfolge der Quadrate. Der Aufwand bei der Ermittlung der minimierten Schaltfunktion ist jedoch bei allen Zuordnungen gleich groß.

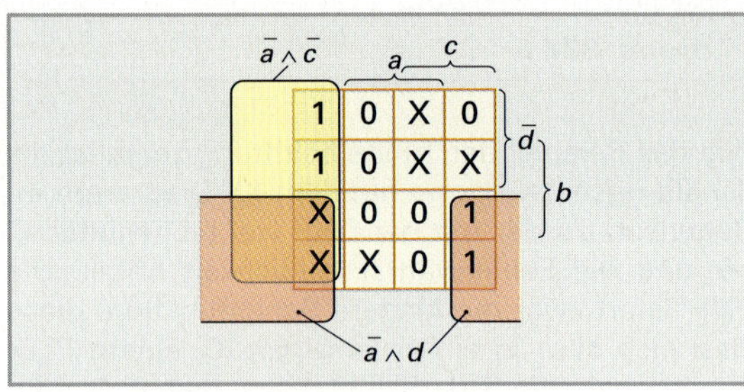

Bild 3: KV-Diagramm für das Segment *e7*

Beispiel 2:
a) Übertragen Sie die Signalwerte für *e7* in das KV-Diagramm und fassen Sie die Signalwerte 1 in möglichst großen Gruppen zusammen.
b) Geben Sie die minimierte Schaltfunktion an.
Lösung: a) **Bild 3** b) $\boldsymbol{e7 = \bar{a} \wedge \bar{c} \vee \bar{a} \wedge d}$.

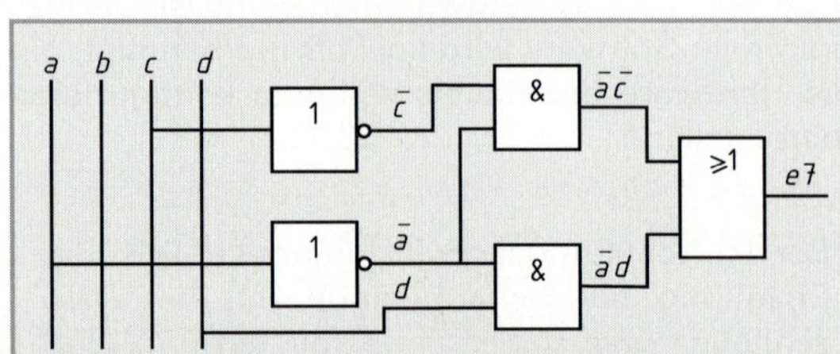

Bild 4: Logikschaltung für das Segment *e7*

Beispiel 3:
Zeichnen Sie die Logikschaltung für das Signal *e7*.
Lösung: **Bild 4**

Schaltungssimulation mit PSpice

Bevor Schaltungen aufgebaut werden, wird ihre Funktionsweise meist mit einem Simulationsprogramm, z. B. `PSpice`, simuliert. Mit dem Programmmodul `Schaltplaneditor` wird zunächst die Schaltung gezeichnet, hier die der Tunnelbelüftung **(Abschnitt 4.7.6 und Bild 1)**. Durch Klicken auf die Schaltfläche `Bauelemente suchen` **(Bild 2)** werden nacheinander die Elemente `NAND` und `DigStim` im Schaltplan platziert. Die Elemente `DigStim` sind die Signalquellen der Eingangssignale *a, b* und *c*. Über die Schaltfläche `Verdrahten` werden die Elemente verbunden. Durch einen Doppelklick mit der linken Maustaste auf die Verbindungsleitungen können diese über ein sich öffnendes Fenster mit Signalnamen versehen werden, z. B. mit *a*.

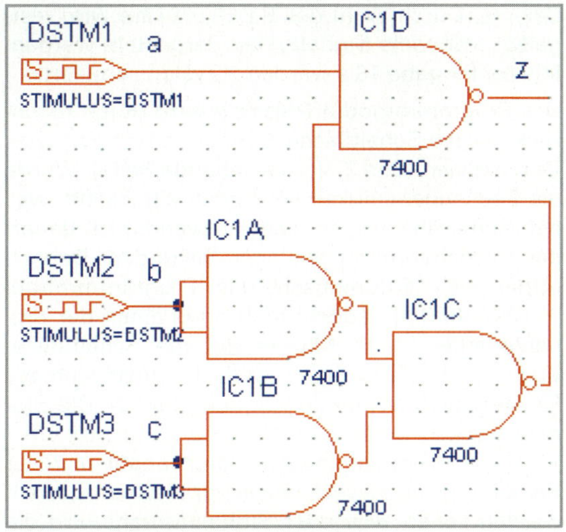

Bild 1: Schaltplan der Tunnelbelüftung

Übung 1:

Zeichnen Sie den Schaltplan der Tunnelbelüftung mithilfe des Schaltplaneditors von `PSpice`.

Lösung: **Bild 1**

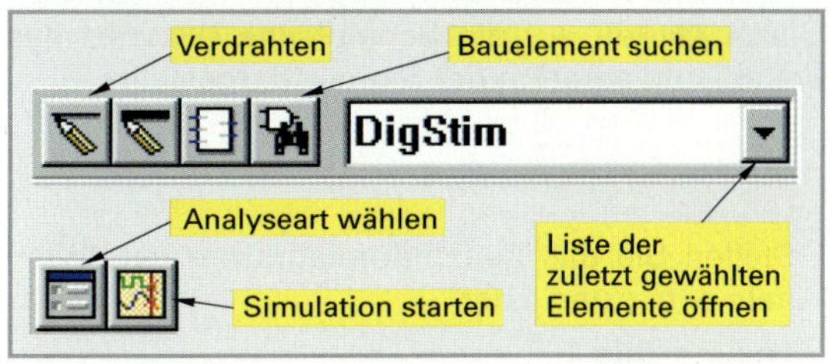

Bild 2: Schaltflächen der Menüleiste

Ist die Schaltung gezeichnet, muss sie abgespeichert werden. Bei der Vergabe des Programmnamens darf kein Umlaut verwendet werden, z. B. ä oder ü, da amerikanische Software diese Zeichen nicht verarbeitet. Die Simulation würde verweigert werden.

Zum Einstellen der Signalquellen `DigStim` werden diese doppelt angeklickt. Es öffnet sich das Programmmodul `Stimulus Editor` **(Bild 3)**. Über ein Fenster wird für jede Signalquelle die Periodendauer (Period) und die Impulsdauer (On time) in Sekunden eingegeben. Dabei hat wie in der Wertetabelle von oben nach unten betrachtet *a* einen doppelt so schnellen Wechsel der Werte 0 und 1 wie *b* und *b* einen doppelt so schnellen Wechsel der Werte 0 und 1 wie *c*.

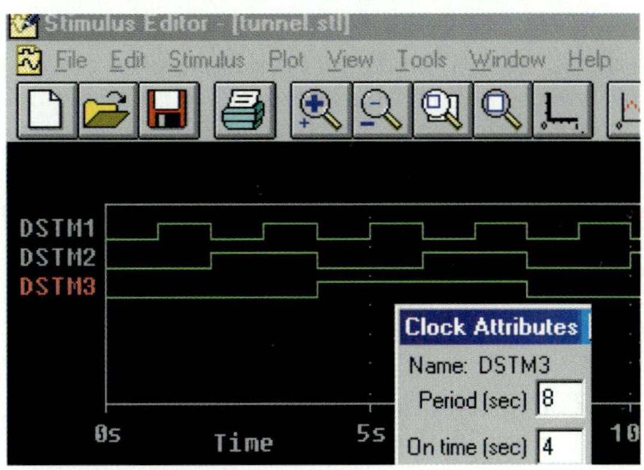

Bild 3: Stimulus Editor

Übung 2:

Stellen Sie die Signalquellen `DigStim` ein.

Lösung: Bild 3

Um ein Zeitablaufdiagramm der Signale zu erhalten, muss die Transienten-Analyse aktiviert werden. Dazu wird die Schaltfläche `Analyseart wählen` (Bild 2) und die Schaltfläche `Transient...` angeklickt. Es öffnet sich das Fenster **(Bild 4)**. Eingegeben werden müssen die Endzeit der Simulation (Final Time), die Zeichengenauigkeit und Rechengenauigkeit (Print Step und Step

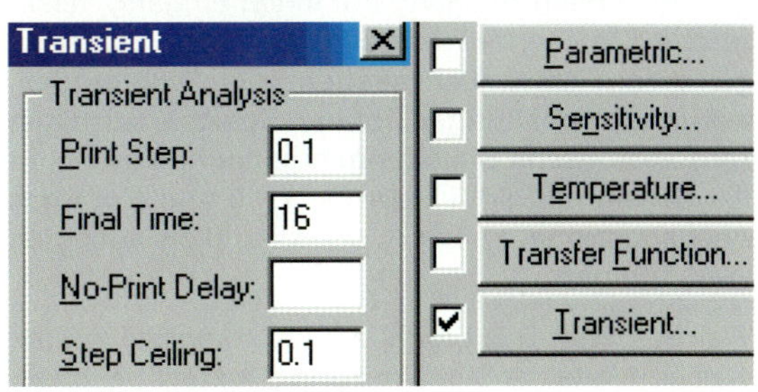

Bild 4: Transienten-Analyse einstellen

Ceiling). Durch Wahl der `Final Time` wird festgelegt, wie viele Signalzyklen dargestellt werden. Mit der Eingabe 16 s werden 2 Zyklen simuliert.

Das Programmmodul `PSpice` wird durch Mausklick auf die Schaltfläche `Simulation starten` aktiviert (Bild 2, vorhergehende Seite). Wurde die Rechengenauigkeit sehr hoch eingestellt, was bei Digitalschaltungen nicht notwendig ist, dauert der Rechenvorgang ein paar Sekunden. Danach öffnet sich automatisch das Programmmodul `Probe` **(Bild 1)**, jedoch noch ohne einen der Signalverläufe. Durch Klicken auf die Schaltfläche `Kurve hinzufügen` (Bild 1) öffnet sich ein Fenster zur Auswahl der Signale **(Bild 2)**. Die Signale werden unter `Simulation Output Variables` (Simulations-Ausgangsvariablen) in der Reihenfolge angeklickt, wie sie grafisch dargestellt werden sollen. Mit jeder Signalauswahl wird die Signalbezeichnung in die Zeile `Trace Expression` (Kurvenausdruck) aufgenommen (Bild 2). Durch Klicken auf die Schaltfläche `OK` wird das Zeitablaufdiagramm der Signale dargestellt.

Übung:

Stellen Sie das Zeitablaufdiagramm der Signale *a*, *b*, *c* und *z* dar.

Lösung: **Bild 1**

Durch Mausklick auf die Schaltfläche `Fadenkreuz` (Bild 1) erscheint eine Signalerfassungslinie, welche mit der Maus horizontal hin und her bewegt werden kann. Die so erfassten Signalwerte werden neben den Signalbezeichnungen angezeigt (Bild 1). Man stellt fest, dass die Werte im dargestellten Diagramm der Wertetabelle entsprechen. Damit ist sichergestellt, dass die entwickelte Schaltung die angestrebte Schaltfunktion erfüllt.

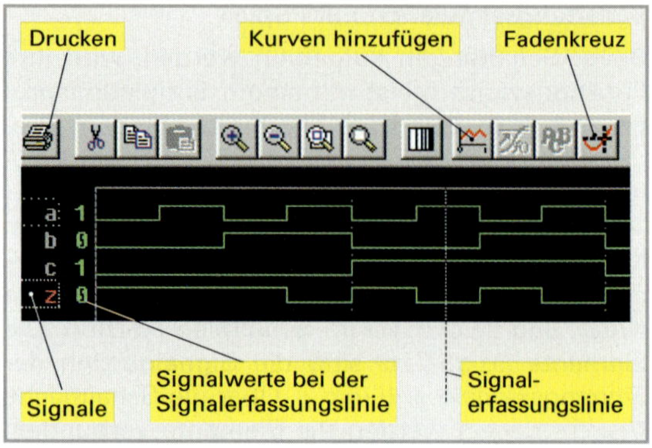

Bild 1: Kurvenausgabe

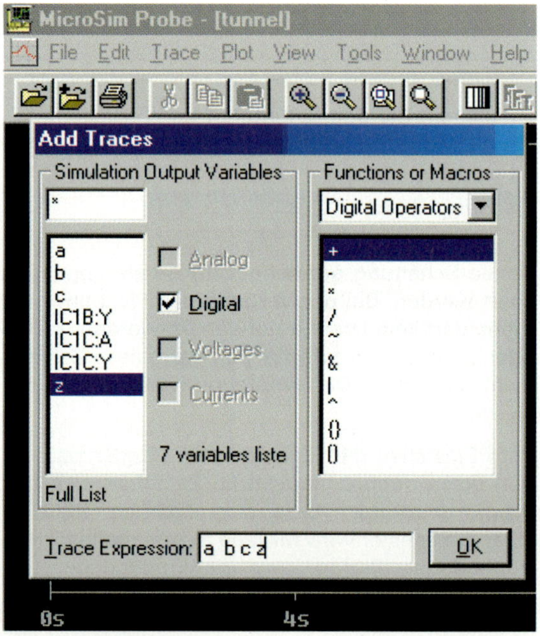

Bild 2: Kurvenauswahl

4.7.7 Digitalschaltungen mit speicherndem Verhalten

Enthalten Digitalschaltungen Signalrückkopplungen von einem Ausgang auf einen Eingang, besitzen sie Speicherfähigkeit **(Bild 3)**. Solche Schaltungen nennt man auch sequenzielle Schaltungen, während Schaltungen ohne Speicherverhalten kombinatorische Schaltungen genannt werden. In der Schaltung Bild 3 kann für $a = 0$ und $b = 1$ das Ausgangssignal *z* sowohl den Wert 0 als auch den Wert 1 führen.

Welchen Wert das Signal *z* führt, hängt davon ab, welche Werte die Signale *a* und *b* hatten, bevor $a = 0$ und $b = 1$ wurden.

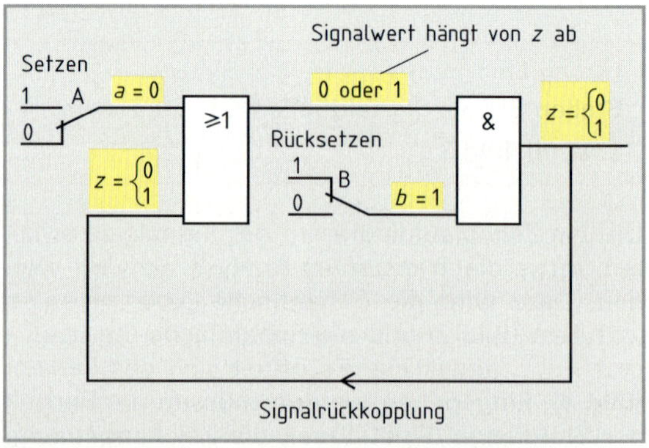

Bild 3: Schaltung mit speicherndem Verhalten

Haben *a* und b den Wert 1, wird *z* auf den Wert 1 gesetzt, haben *a* und *b* den Wert 0, wird *z* auf den Wert 0 zurückgesetzt. Für a = 0 und b = 1 wird der entsprechende Wert für *z* gespeichert. Einen solchen 1-Bit-Speicher nennt man auch Flipflop oder bistabile Kippschaltung.

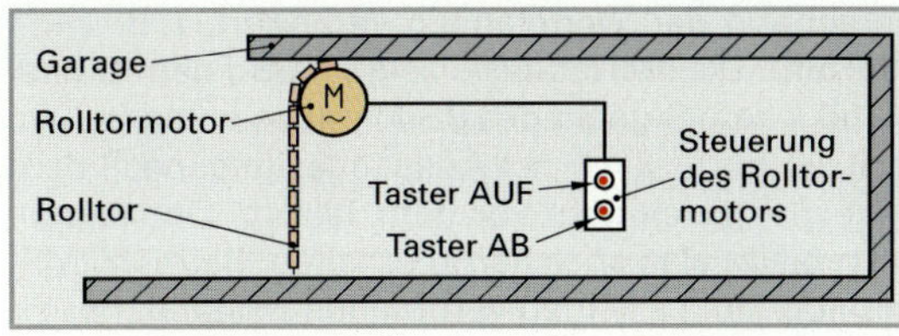

Bild 1: Rolltorsteuerung

Bistabile Kippschaltung (Flipflop)

Durch Betätigen des Tasters AUF wird das Rolltor einer Garage geöffnet **(Bild 1)**. Durch Betätigen des Tasters AB wird es wieder geschlossen. Im betätigten Zustand der Taster, kann sich das Tor öffnen oder schließen.

Die notwendige Schaltung besteht aus einem RS-Flipflop (RS = reset, set bzw. Rücksetzen, Setzen). Dessen Ausgang *q* wird mit *s* = 1 gesetzt und *r* = 1 zurückgesetzt **(Bild 2)**. Der Signalzustand *r* = *s* = 1 ist verboten. Dieser Zustand wird vermieden, indem man eine zusätzliche Ansteuerlogik vor den Eingängen *r* und *s* des RS-Flipflops anbringt. Dabei wird zwischen Setzdominanz (von lat. dominare = vorherrschen) und Rücksetzdominanz unterschieden **(Bild 3)**.

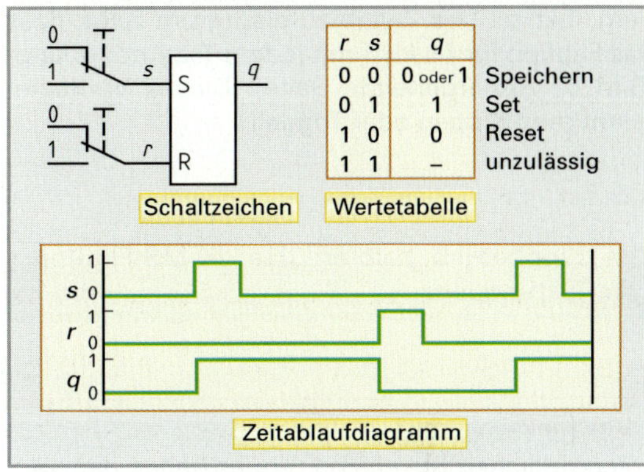

r	*s*	*q*	
0	0	0 oder 1	Speichern
0	1	1	Set
1	0	0	Reset
1	1	–	unzulässig

Bild 2: Darstellungsformen des RS-Flipflops

Für *r* = *s* = 1 hat der Ausgang des setzdominanten RS-Flipflops den Wert 1, der des rücksetzdominanten RS-Flipflops den Wert 0.

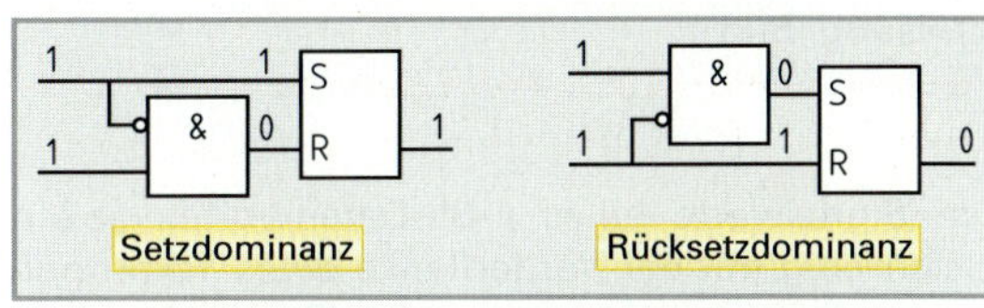

Bild 3: RS-Flipflops ohne verbotenem Zustand

Taktabhängige Flipflops

Auf einer Prozessorplatine **(Bild 4)** befindet sich ein Taktgenerator mit einem Schwingquarz, welcher die Taktfrequenz 4 MHz ausgibt. Mithilfe von Flipflops soll die Taktfrequenz auf 1 MHz vermindert werden.

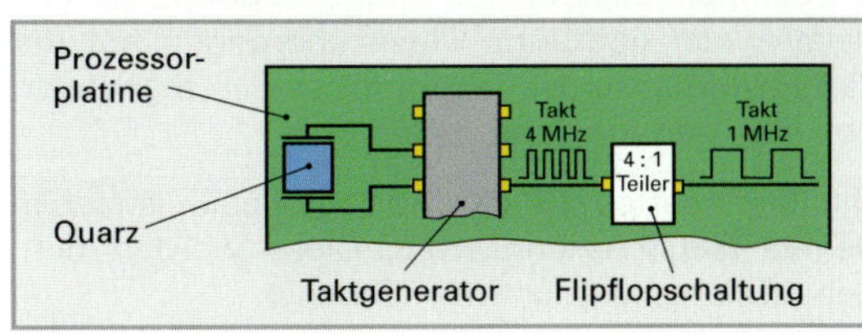

Bild 4: Frequenzteilung

Flipflopschaltungen, welche Taktfrequenzen vermindern, heißen Frequenzteiler.

Zum Aufbau von Frequenzteilern eignen sich JK-MS-Flipflops **(Bild 5)**. Sie besitzen einen Takteingang *c* (von clock = Takt), die Eingänge *j* und *k* und den Ausgang *q* sowie dessen Invertierung $\bar{q}$. Die Bezeichnung MS (von Master Slave = Meister Sklave) weist darauf hin, dass das JK-MS-Flipflop intern aus einem Master-Flipflop und einem Slave-Flipflop aufgebaut ist. Die Ausgänge *q* und $\bar{q}$ solcher Flipflops sind zweiflankengesteuert. Mit der Taktvorderflanke des Taktsignals *c* werden die Werte der Signale *j* und *k* erfasst, z. B. *j* = 1 und *k* = 0 (Bild 5), mit der Taktrückflanke des Taktsignals wird der Wert der Ausgangssignale *q* und $\bar{q}$ ent-

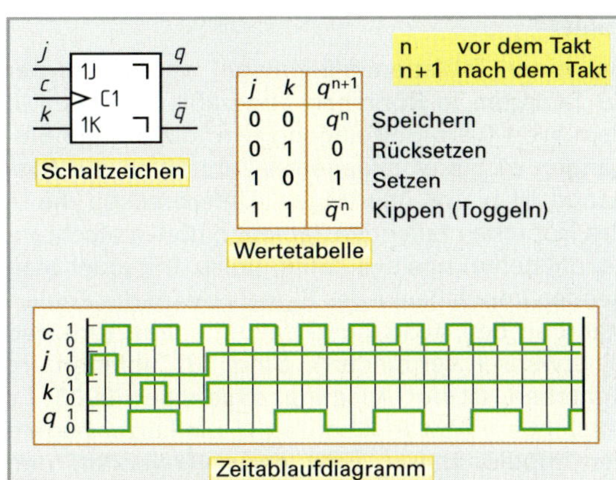

j	*k*	q^{n+1}	
0	0	q^n	Speichern
0	1	0	Rücksetzen
1	0	1	Setzen
1	1	$\bar{q}^n$	Kippen (Toggeln)

Bild 5: Darstellungsformen des JK-MS-Flipflops

sprechend der Wertetabelle verändert, z. B. $z = 1$ (Setzen). Die Wertetabelle zeigt, dass j dem Signal s und k dem Signal r des RS-Flipflops entsprechen. Z. B. ist für $j = k = 0$ das Ausgangssignal nach dem Takt q^{n+1} gleich dem vor dem Takt q^n. Der Signalwert bleibt also speichernd erhalten. Beim JK-MS-Flipflop gibt es keinen verbotenen Zustand. Für $j = k = 1$ ist das Ausgangssignal nach dem Takt q^{n+1} gleich der Invertierung des Ausgangssignals vor dem Takt q^n. Das Zeitablaufdiagramm zeigt, dass das Flipflop für $j = k = 1$ mit jedem Taktimpuls kippt (Bild 5, vorhergehende Seite). Dieses Verhalten nennt man Kippen oder Toggeln.

Im Kippbetrieb halbiert das JK-MS-Flipflop die Taktfrequenz.

Beispiel:

Verwirklichen Sie einen Frequenzteiler, der die Taktfrequenz eines Taktgenerators viertelt.

Lösung: **Bild 1**

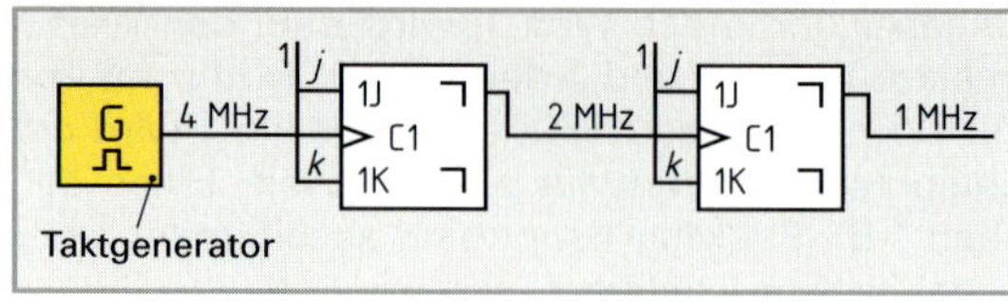

Bild 1: Frequenzteilung 4 : 1

Die Signalwerte eines 4-Bit-Datenwortes sollen gleichzeitig mit der Vorderflanke eines Taktimpulses zur Anzeige gebracht werden **(Bild 2)**. Die Ausgabeeinheit besteht aus vier D-Flipflops (D von delay = Verzögerung). Diese übergeben mit der Taktvorderflanke des Taktimpulses den Signalwert von d an den Ausgang q **(Bild 3)**.

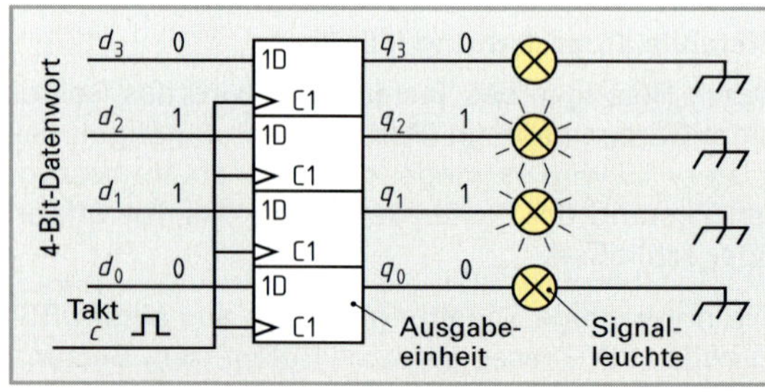

Bild 2: Ausgabe eines Datenwortes

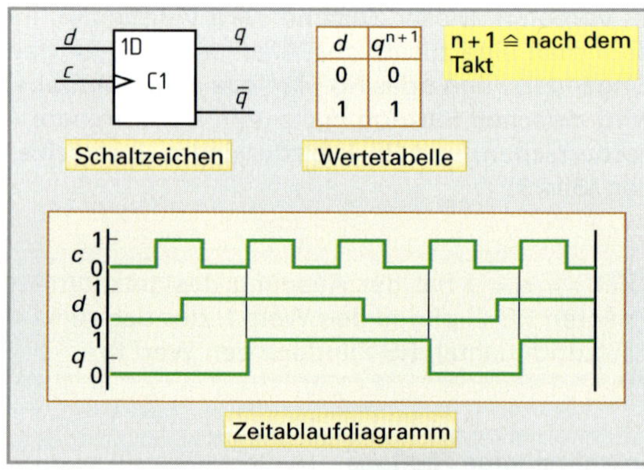

Bild 3: Darstellungsformen des D-Flipflops

Die Flipfloparten RS, JK und D gibt es in verschiedenen Taktsteuerungsarten. Diese werden dem Schaltzeichen entnommen **(Tabelle)**.

Tabelle: Taktsteuerungsarten

Art	Vorderflanke	Rückflanke	Zwei Flanken (MS)	Taktzustand
Symbolik	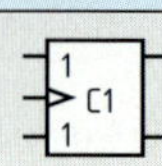	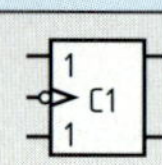	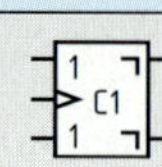	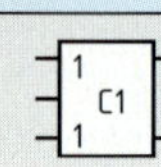

Zähler

Bei einer Tablettenabfüllanlage werden immer 10 Tabletten je Röhrchen abgezählt **(Bild 4)**. Mit dem Wert 0 am Setzeingang wird die an den Eingängen $e1$ bis $e4$ anliegende Zahl 10 an die Ausgänge $q1$ bis $q4$ übertragen. Unterbrechen die in das Röhrchen fallenden Tabletten die Lichtschranke, entstehen positive Zählimpulse. Mit jeder steigenden Impulsflanke des Signals c wird der Zählerstand an den Ausgängen dekrementiert (um den Binärwert 1 vermindert). Sind 10 Tabletten im Röhrchen, ist der Ausgangszählerstand 0000. Es entsteht am Abwärtsübertrag $\bar{U}$- ein kurzer negativer Impuls. Dieser wird dazu verwendet, den Zählerstand 10 wieder neu zu laden und die Tablettenzufuhr zu unterbrechen.

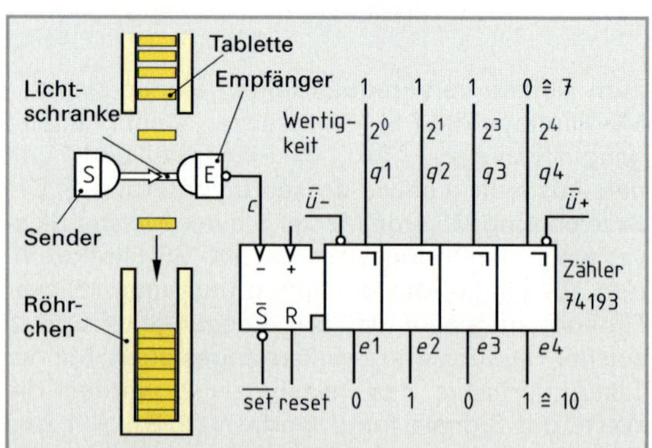

Bild 4: Tablettenabfüllanlage

Der Zähler ist ein IC, in welchem intern der Takt c alle Ausgangsflipflops synchron (gleichzeitig) ansteuert. Aufwärtszählen und Abwärtszählen wird bei einigen IC über einen Takteingang durchgeführt. Ein zusätzlicher Steuereingang legt dann die Zählrichtung fest. Neben Binärzählern gibt es auch Dezimalzähler.

Bei Dezimalzählern ist der höchste Zählerstand 9.

Schieberegister

Mithilfe von zwei 4-Bit-Schieberegistern soll das Binärwort 1111 seriell übertragen werden **(Bild 1)**. Zuvor wird das Binärwort in das erste Schieberegister parallel eingelesen. Zum Schaltungsaufbau stehen zwei IC 74194 zur Verfügung **(Bild 2)**. Bei ihnen wird die Betriebsart über die Wertekombination der Steuersignale *s*1 und *s*0 eingestellt. Die Betriebsart wird mit der steigenden Flanke des Taktsignals *c* wirksam. Bei der Betriebsart Rechtsschieben wird der Wert von *dsr* (von data shift right = Daten schieben rechts) nach *q*1 eingelesen. Die Werte von *q*2 bis *q*4 werden durch die Werte von *q*1 bis *q*3 ersetzt. Das Signal *dsl* (von data shift left = Daten schieben links) ist entsprechend beim Linksschieben aktiviert.

Beispiel:
Entwickeln Sie die Schaltung zur seriellen Datenübertragung des Binärwortes 1111.
Lösung: **Bild 3**

Der Schaltplaneditor von `PSpice` besitzt die Elemente `HI` = high = 1 und `LO` = low = 0, um Eingänge mit Signalwerten zu belegen. Damit die Schaltung simuliert werden kann, muss die Schaltfläche `Analyseart wählen` angeklickt werden und im Fenster `Digital Setup` die `Flipflop Initialization` (Flipflop-Einstellung) auf `All 0` gestellt werden. Dadurch haben alle acht Schieberegisterausgänge zum Simulationsbeginn den Signalwert 0. Durch Doppelklick auf die Leitungen werden die Signalnamen eingegeben. Zwei verschiedene Leitungen dürfen nicht denselben Namen erhalten. Leitungsnamen dürfen keine Leerzeichen enthalten.

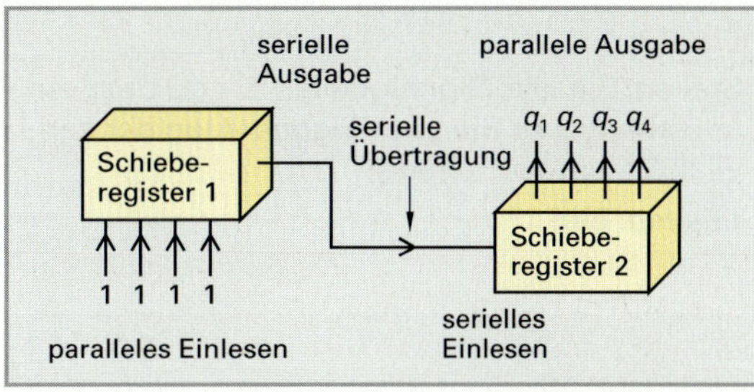

Bild 1: Serielle Datenübertragung mit Schieberegistern

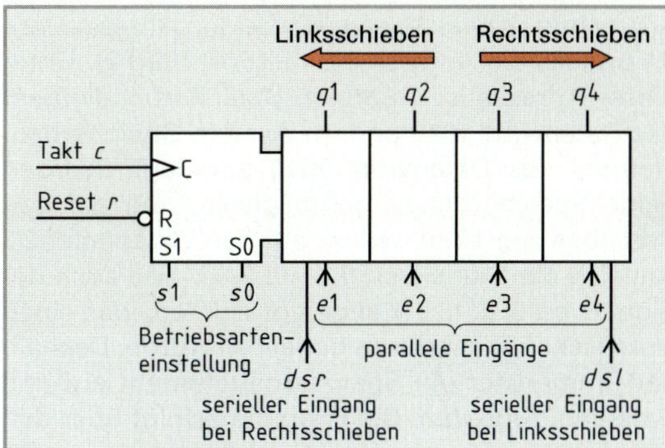

S1	S0	Betriebsart
0	0	keine Funktion
0	1	Rechtsschieben und Einlesen von *dsr*
1	0	Linksschieben und Einlesen von *dsl*
1	1	Paralleles Einlesen von *e*1, *e*2, *e*3 und *e*4

Bild 2: Schieberegister-IC 74194

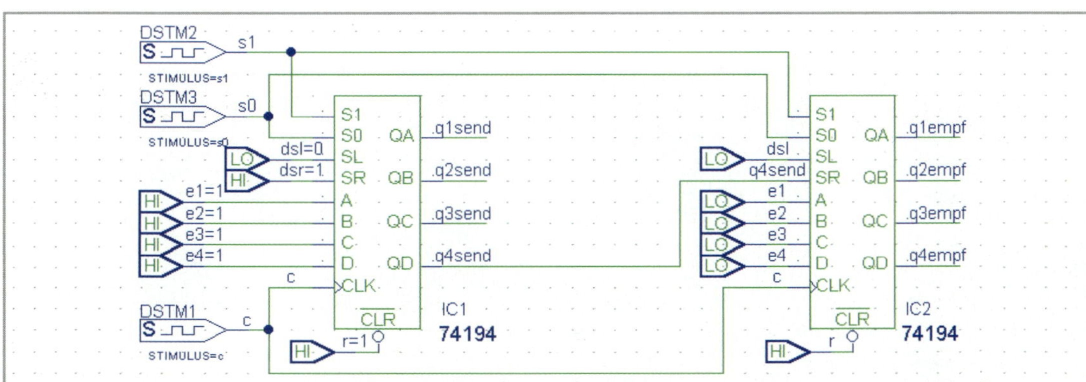

Bild 3: Schaltplan für die serielle Datenübertragung

Übung:

Stellen Sie die Signalquellen DigStim ein und simulieren Sie zwei Signalzyklen der seriellen Datenübertragung.

Lösung: **Bild 1**

4.7.8 Tristate-Schaltelemente

Zwei Speicherbauelemente liegen an einem Adressbus an, welcher an den beiden Adressleitern A1 und A0 die Adresse 11 ≙ 3 führt **(Bild 2)**. Unter dieser Adresse ist im ersten Speicherbauelement das Datenwort 1010 und im zweiten Speicherbauelement das Datenwort 0010 abgelegt. Würden beide Speicherbauelemente gleichzeitig auf den Datenbus zugreifen, würde auf den Datenleiter D3 zugleich der Signalwert 1, z. B. 3,3 V wie auch der Signalwert 0, d. h. 0 V angelegt werden, was einen elektrischen Kurzschluss bedeuten würde. Deshalb darf immer nur ein Speicherbauelement auf den Datenbus zugreifen. Die Freigabe erfolgt über den Adressleiter A2 der zum Speicheranschluss CS (von chip select = Bauelement auswählen) führt (Bild 2). Die Datenausgänge aller nicht ausgewählten Speicherbauelemente werden hochohmig geschaltet. Dies geschieht über Tristate-Elemente (tristate = drei Zustände), welche sich an den Datenausgängen befinden **(Tabelle)**.

Tristate-Elemente nehmen am Ausgang die Signalwerte 0, 1 oder hochohmig an.

Das Signal $\overline{cs}$ eines Speicherbauelements wird intern den Steueranschlüssen EN (von to enable = freigegeben) der Tristate-Elemente an den Datenausgängen zugeführt.

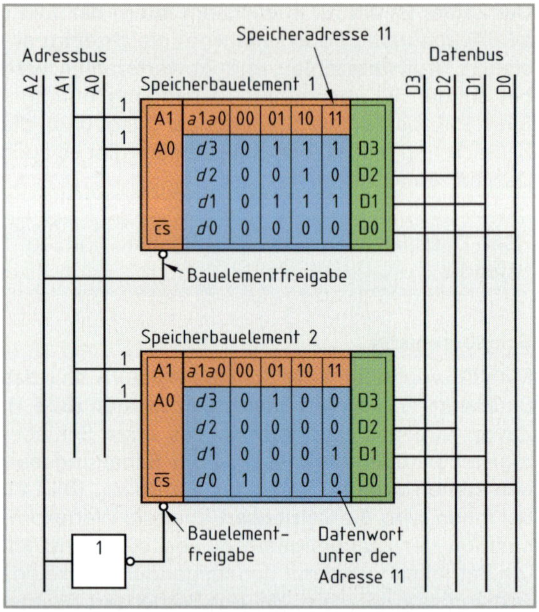

Bild 2: Prinzip der Speicheradressierung

Tabelle: Tristate-Elemente

Art	Tristate-Treiber mit positiver Ansteuerung (high-aktiv)	Tristate-Treiber mit negativer Ansteuerung (low-aktiv)	Tristate-Inverter mit positiver Ansteuerung (high-aktiv)
Schaltzeichen	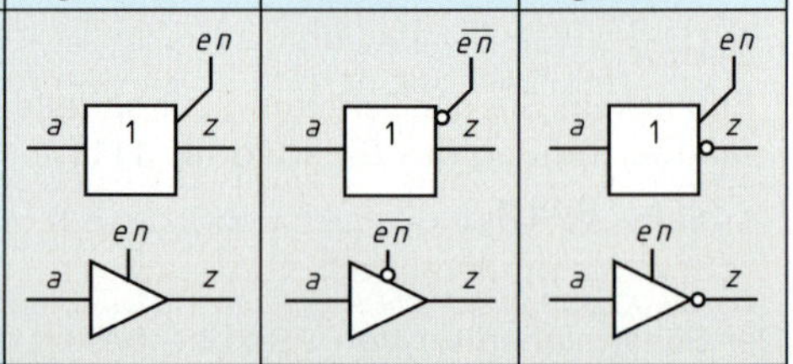		
Wertetabelle	*en a* / *z* 0 X hochohmig 1 0 0 } = *a* 1 1 1 }	$\overline{en}$ *a* / *z* 0 0 0 } = *a* 0 1 1 } 1 X hochohmig	*en a* / *z* 0 X hochohmig 1 0 1 } = $\bar{a}$ 1 1 0 }
x = 0 oder 1 (Freiheitsgrad)			

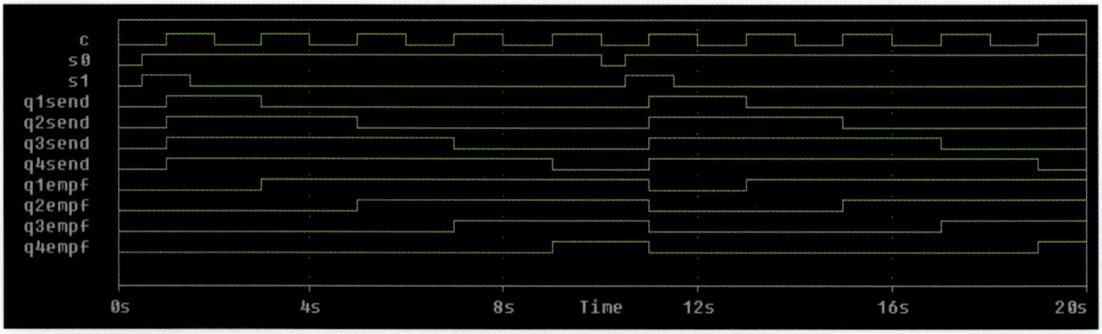

Bild 1: Zeitablaufdiagramm der seriellen Datenübertragung mit Schieberegistern

4.7.9 Multiplexer, Demultiplexer

Die Signale von vier Datenkanälen sollen über eine einzige Leitung übertragen werden und am Leitungsende wieder auf vier Datenkanäle verteilt werden **(Bild 1)**. Die Übertragungsleitung steht dazu jedem Datenkanal zyklisch für eine kurze Zeitspanne zur Verfügung. Diese Mehrfachausnutzung der Übertragungsleitung nennt man Zeitmultiplex.

Beim Zeitmultiplexverfahren werden die Daten mehrerer Kanäle zeitlich versetzt auf einer Leitung übertragen.

Das Abtasten der Kanäle geschieht durch einen Multiplexer, das Verteilen auf die Kanäle am Übertragungsende durch einen Demultiplexer. Beide müssen im Gleichtakt auf die Kanäle zugreifen. Diese Synchronisierung erfolgt durch Adressdecoder. Sie erzeugen nacheinander für jeden Datenkanal je einen Freigabeimpuls, z. B. *k*1, *k*2, *k*3 und *k*4.

Beispiel 1:

Entwickeln Sie die Wertetabelle eines Adressdecoders für vier Datenkanäle.

Lösung: **Bild 2**

Die Freigabeimpulse eines Adressdecoders geben nacheinander die vier UND-Tore des Multiplexers frei **(Bild 3)**. Ein nachgeschaltetes ODER-Element leitet das Signal des freigegebenen Kanals auf die Übertragungsleitung. Der Demultiplexer besteht aus Torschaltungen, die gleichermaßen durch einen Adressdecoder zyklisch freigegeben werden (Bild 3). Beide Adressdecoder werden über dieselben Adresssignale *a* und *b* adressiert.

Beispiel 2:

Wie viele Adresseingänge benötigen die Adressdecoder beim Zeitmultiplex von 16 Datenkanälen?

Lösung:

Da $2^4 = 16$, benötigt man **4 Adresseingänge**.

Ein Multiplexer für 16 Datenkanäle besteht aus einem 1-aus-16-Adressdecoder und einem 16-Kanal-Datenselektor (von to select = auswählen, **Bild 4**). Das Ausgangssignal $\bar{q}$ des Multiplexers wird über einen Tristate-Inverter gesteuert. Der Steuereingang Strobe (Blitz) dient zur zusätzlichen Synchronisierung des Multiplexers mit einem Demultiplexer.

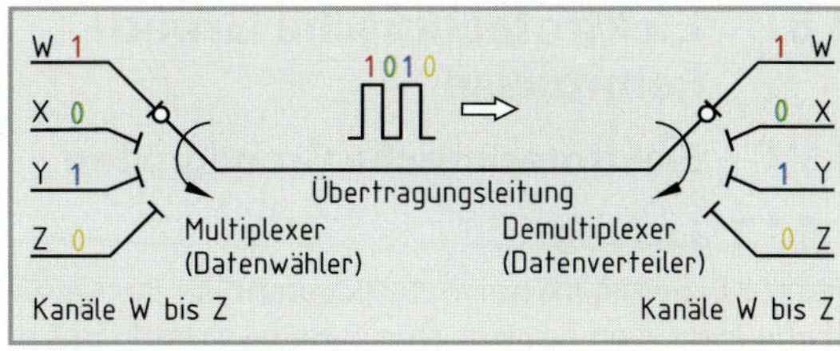

Bild 1: Zeitmultiplex

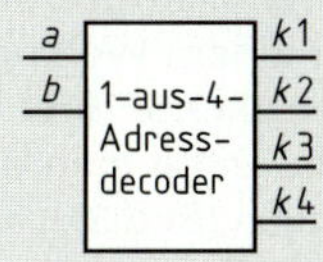

b	*a*	*k*1	*k*2	*k*3	*k*4
0	0	1	0	0	0
0	1	0	1	0	0
1	0	0	0	1	0
1	1	0	0	0	1

Bild 2: 1-aus-4-Adressdecoder

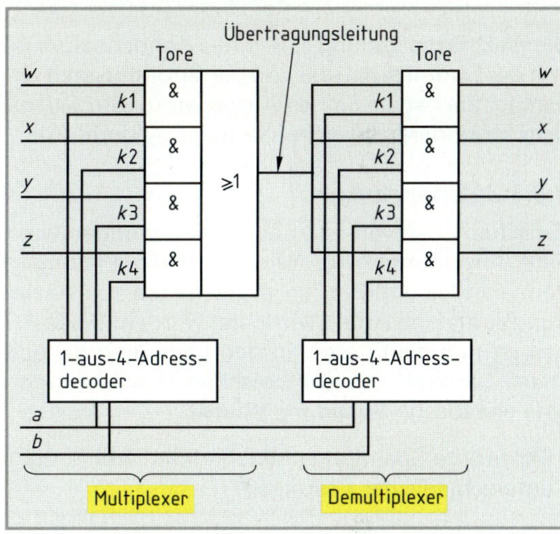

Bild 3: Prinzipschaltung der Datenübertragung

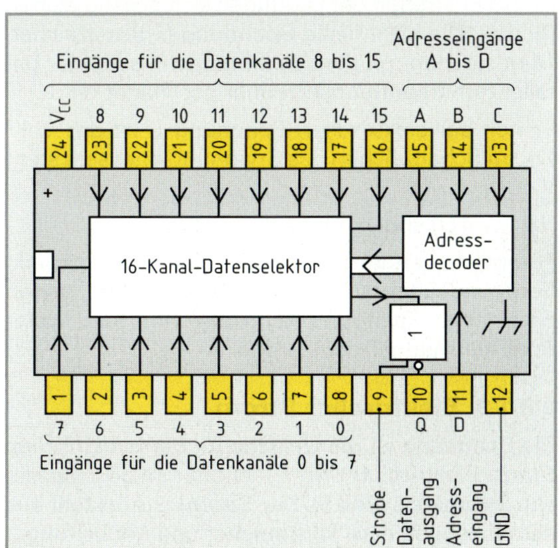

Bild 4: 1-aus-16-Multiplexer 74150

4.8 Elektrotechnische Grundkenntnisse

4.8.1 Elektrotechnische Grundgrößen

4.8.1.1 Ladung

Jeder Körper ist im normalen Zustand an der Oberfläche elektrisch neutral. Durch Reiben des Körpers kann dieser Zustand geändert werden.

Stäbe aus Isolierstoffen, wie z. B. Hartgummi, Acrylglas, Polystyrol, die man mit einem Wolltuch reibt, üben aufeinander Abstoßungskräfte **(Bild 1)** oder Anziehungskräfte **(Bild 2)** aus. Dafür sind die *elektrischen Ladungen* verantwortlich **(Bild 3)**.

> Gleichartige Ladungen stoßen sich ab, ungleichartige Ladungen ziehen sich an.

Die elektrische Ladung z. B. eines Kondensators ist von der Stromstärke und von der Stromflusszeit abhängig. Sie hat die Einheit Amperesekunde (As) mit dem besonderen Einheitennamen Coulomb[1] (C).

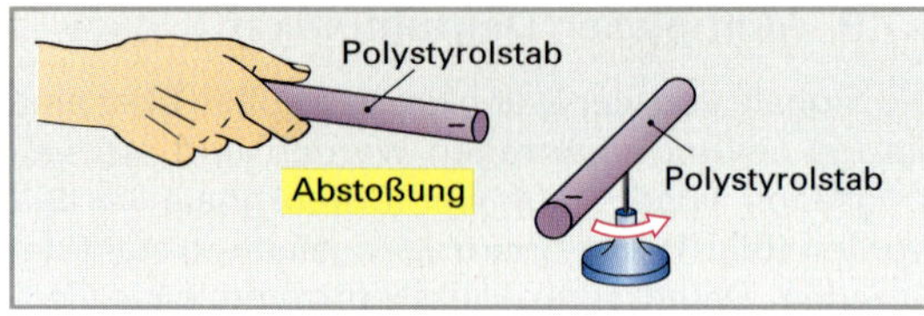

Bild 1: Abstoßung gleichartiger Ladungen

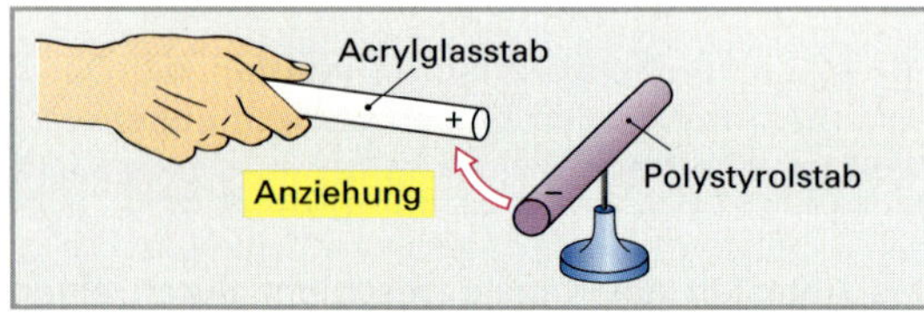

Bild 2: Anziehung ungleichartiger Ladungen

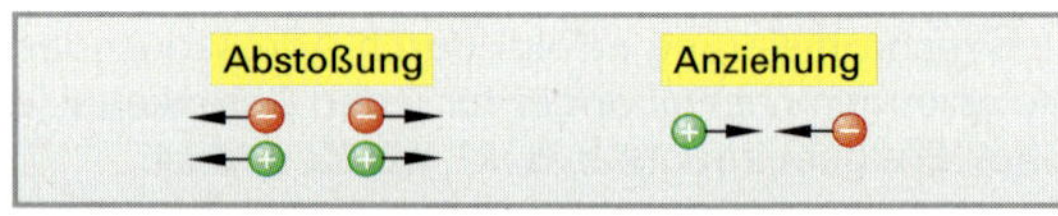

Bild 3: Ladungswirkungen

$[Q] = \text{As} = \text{C}$	$Q = I \cdot t$
Q Ladung; I Stromstärke;	t Zeit

4.8.1.2 Spannung

Zwischen positiven und negativen Ladungen wirkt eine Anziehungskraft. Werden diese Ladungen voneinander entfernt, so muss gegen die Anziehungskraft eine Arbeit verrichtet werden. Diese Arbeit ist nun als Energie in den Ladungen gespeichert. Dadurch besteht zwischen den Ladungen eine elektrische *Spannung* **(Bild 4)**.

> Elektrische Spannung entsteht durch Trennung unterschiedlicher Ladungen.

Je höher die erzeugte Spannung ist, desto größer ist das Bestreben der Ladungen sich auszugleichen (Bild 4). Die elektrische Spannung (Formelzeichen *U*) misst man mit dem *Spannungsmesser*, der parallel zum Spannungserzeuger geschaltet wird.

Einheit der elektrischen Spannung *U* ist das Volt[2] (V). Im Schaltzeichen des Spannungsmessers steht V oder *U*.

$[U] = \text{V}$ ($[U]$ sprich: Einheit von U).

Potenziale nennt man eine auf einen Bezugspunkt bezogene Spannung, z. B. die Spannung gegen Erde. Jede Spannung kann als Differenz zweier *Potenziale* aufgefasst werden.

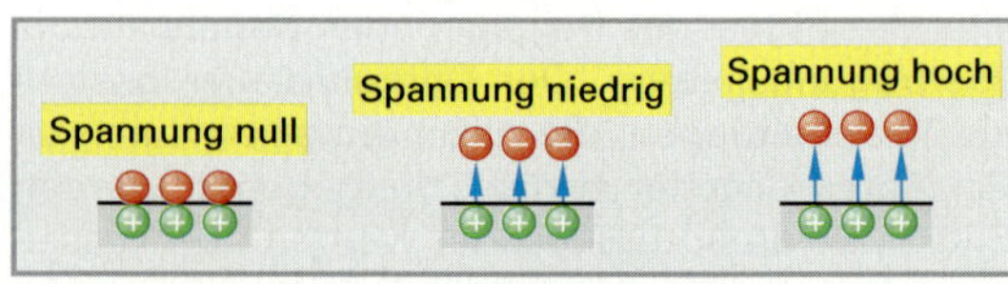

Bild 4: Spannung durch Ladungstrennung

4.8.1.3 Elektrischer Strom

Die Spannung ist die Ursache für den *elektrischen Strom.* Elektrischer Strom fließt nur im geschlossenen Stromkreis **(Bild 5)**. Der *Stromkreis* besteht aus dem Erzeuger, dem Verbraucher und der Leitung.

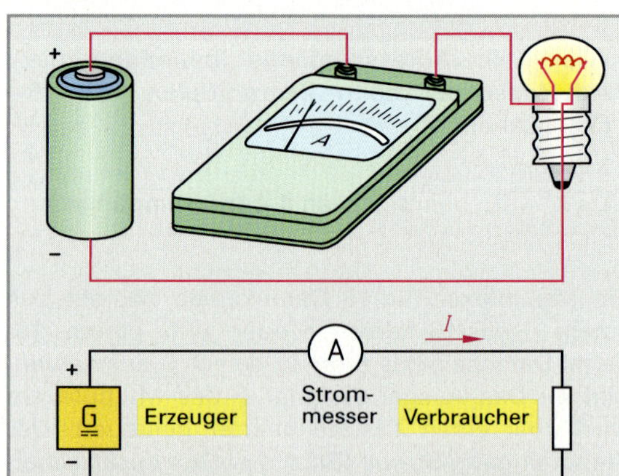

Bild 5: Strommessung

[1] Charles Augustin de Coulomb, franz. Physiker, 1736 bis 1806
[2] Alessandro Volta, ital. Physiker, 1745 bis 1827

Tabelle: Stromwirkungen

Wärmewirkung	Magnetwirkung	Lichtwirkung	Chemische Wirkung	Wirkung auf Lebewesen
immer vorhanden	immer vorhanden	in Gasen, in manchen Halbleitern	in leitenden Flüssigkeiten, Gelen	bei Menschen und Tieren
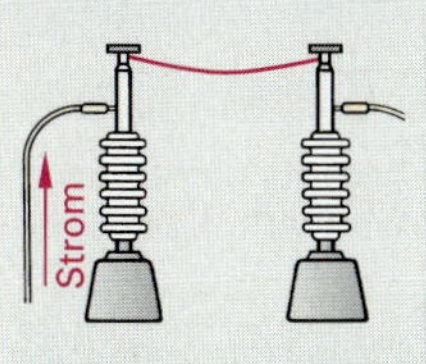		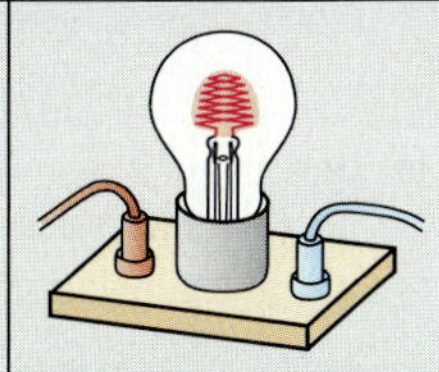	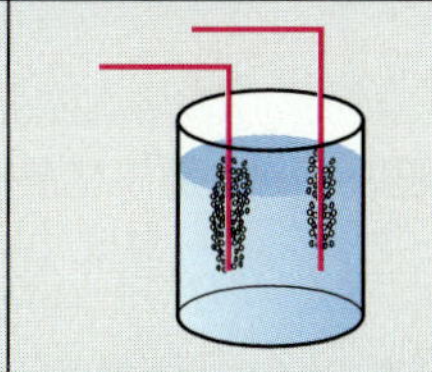	
Heizung, Lötkolben, Schmelzsicherung	Relaisspule, Türöffner	Glimmlampe, Lumineszenzdiode	Ladevorgang bei Akkumulatoren, belastete Elemente	Unfälle, Herzschrittmacher, Weidezaun

Mit einem Schalter kann man den Stromkreis öffnen und schließen. Bewegen sich im Stromkreis alle freien Elektronen eine Zeit lang in eine Richtung, spricht man vom elektrischen Strom.

> Elektrischer Strom ist die gerichtete Bewegung von Elektronen.

Die *elektrische Stromstärke* (Formelzeichen I) misst man mit dem Strommesser (Bild 5, vorhergehende Seite). Die Einheit der elektrischen Stromstärke I ist das Ampere[1] (A). Im Schaltzeichen des Strommessers steht A oder I.

$[I]$ = A $[I]$ sprich: Einheit von I.

> Zur Messung der Stromstärke wird der Strommesser in den Stromkreis geschaltet.

Der elektrische Strom hat verschiedene Wirkungen **(Tabelle)**. Die Wärmewirkung und die Magnetwirkung treten bei elektrischem Strom immer auf. Lichtwirkung, chemische Wirkung und die Wirkung auf Lebewesen treten nur in bestimmten Fällen auf.

Bei *Gleichstrom* bleibt der Strom bei gleicher Spannung konstant **(Bild 1)**. Die Elektronen fließen im Verbraucher vom Minuspol zum Pluspol. Das Kurzzeichen für *Gleichstrom* ist *DC* (von *Direct Current* = Einrichtungsstrom).

In Schaltbildern wird die technische Stromrichtung verwendet (Bild 5, vorhergehende Seite). Der Strom fließt also vom Pluspol zum Minuspol des Generators.

Bei *Wechselstrom* ändern die Elektronen ständig ihre Bewegungsrichtung. Das Kurzzeichen für Wechselstrom ist *AC* (von *Alternating Current* = abwechselnder Strom, Bild 1).

[1] André Marie Ampère, franz. Physiker, 1775 bis 1836

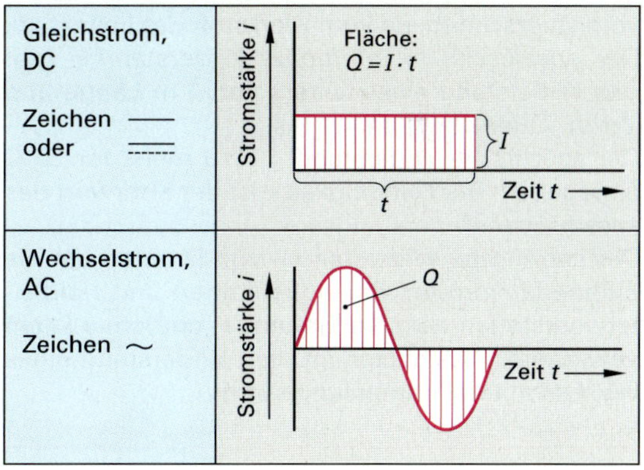

Bild 1: Stromarten

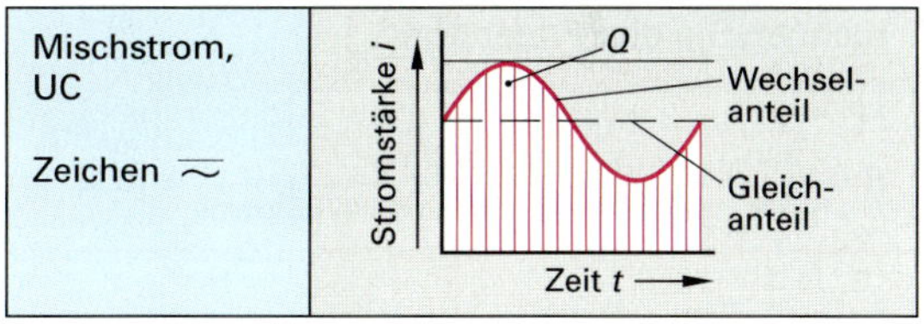

Bild 2: Mischstrom

Mischstrom entsteht durch die Addition (Überlagerung) von Gleichstrom und Wechselstrom. Wird in Bild 1 der Gleichstrom zu dem Wechselstrom addiert, so erhält man den Stromverlauf **Bild 2**.

> Mischstrom enthält einen Gleichstromanteil und einen Wechselstromanteil.

Das Kurzzeichen für Mischstrom ist *UC* (von *Universal Current* = allgemeiner Strom). Ein gleichgerichteter Wechselstrom enthält Gleichstrom und Wechselstrom.

4.8.1.4 Elektrischer Widerstand

Der Widerstand, auch *Resistanz* genannt (Formelzeichen *R*), hat die Einheit Ohm[1] (Ω). [*R*] = Ω. Den Kehrwert des Widerstandes nennt man Leitwert. Der Leitwert (Formelzeichen *G*) hat die Einheit Siemens[2] (S). [*G*] = S.

Beispiel 1:

Ein Widerstand beträgt 200 Ω. Wie groß ist der Leitwert?

Lösung:

$$R = \frac{1}{G} \Rightarrow G = \frac{1}{R} = \frac{1}{200\ \Omega} = \mathbf{5\ mS}$$

Leiterwiderstand

Der Widerstand eines Leiters hängt von der Länge, vom Querschnitt und vom Werkstoff des Leiters ab. Der *spezifische (= arteigene) Widerstand* ϱ gibt den Widerstand eines Leiters von 1 m Länge und 1 mm² Querschnitt an.

Der spezifische Widerstand ϱ wird meist für 20 °C angegeben. Die *Leitfähigkeit* γ ist der Kehrwert des spezifischen Widerstandes ϱ.

Der spezifische Widerstand ϱ von Drähten hat die Einheit Ω · mm²/m. Bei Isolierstoffen und Halbleiterwerkstoffen wird die Einheit Ω · cm²/cm = Ω cm verwendet. Dies entspricht dem Widerstand eines Würfels mit der Kantenlänge 1 cm.

Beispiel 2:

Ein Aluminiumdraht hat die Länge l = 2,778 m und einen Querschnitt von 0,00785 mm². Berechnen Sie den Widerstand.

Lösung:

$$R = \frac{l}{\gamma \cdot A} = \frac{2{,}778\ \text{m}}{35{,}38\ \text{m}/(\Omega\ \text{mm}^2) \cdot 0{,}00785\ \text{mm}^2} = \mathbf{10\ \Omega}$$

4.8.1.5 Ohmsches Gesetz

Bei konstantem Widerstand nimmt die Stromstärke linear mit der Spannung zu. Zeichnet man I in Abhängigkeit von U auf, so erhält man eine Gerade **(Bild 1).** Wenn $I \sim U$ (sprich: I ist proportional U) ist, so spricht man von einem linearen Widerstand. Die Widerstandsgerade verläuft umso steiler, je kleiner der Widerstand ist. Mit zunehmendem Widerstand nimmt dagegen die Stromstärke bei gleicher Spannung ab.

Das ohmsche Gesetz drückt den Zusammenhang von Stromstärke, Spannung und Widerstand aus.

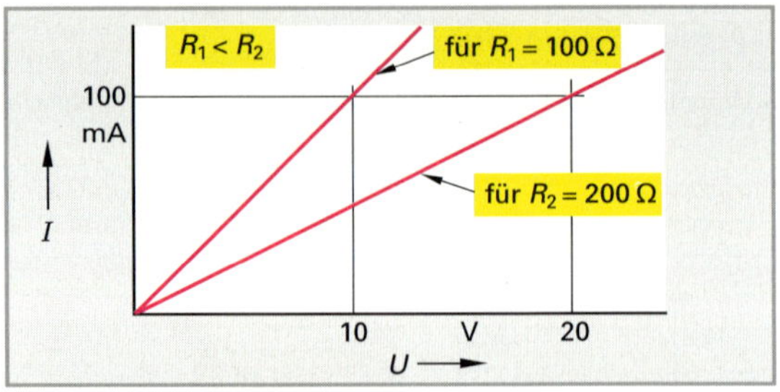

Bild 1: ***I*** **als Funktion von** ***U*** **bei konstantem Widerstand**

$[R] = [G] = S = \Omega$ $\quad R = \frac{1}{G}$

$\gamma = \frac{1}{\varrho}$ $\quad R = \frac{\varrho \cdot l}{A}$ $\quad R = \frac{l}{\gamma \cdot A}$

R Widerstand (Resistanz)
G Leitwert
γ Leitfähigkeit (γ griech. Kleinbuchstabe Gamma)
$\gamma_{AL} = 35{,}38\ \frac{\text{m}}{\Omega\ \text{mm}^2}$ $\quad \gamma_{Cu} = 56\ \frac{\text{m}}{\Omega\ \text{mm}^2}$
ϱ spezifischer Widerstand (ϱ griech. Kleinbuchstabe Rho)
l Länge des Leiters
A Querschnitt des Leiters

4.8.1.6 Stromdichte

In einem Stromkreis fließt die gleiche Stromstärke durch jeden Leiterquerschnitt. Bei verschieden großen Querschnitten, z. B. in der Leitung zu einer Glühlampe und im Glühfaden in der Glühlampe, müssen sich deshalb die Elektronen im kleinen Querschnitt schneller als im großen Querschnitt bewegen. Dadurch ist dort die Stromdichte *J* größer.

Beispiel 3:

Durch eine Glühlampe fließt eine Stromstärke von 0,2 A. Wie groß ist die Stromdichte in der Zuleitung mit 1,5 mm² Querschnitt?

Lösung:

$$J = \frac{I}{A} = \frac{0{,}2\ \text{A}}{1{,}5\ \text{mm}^2} = \mathbf{0{,}133\ A/mm^2}$$

$[I] = \frac{[U]}{[R]} = \frac{\text{V}}{\Omega} = \text{A}$ $\quad I = \frac{U}{R}$ $\quad [J] = \frac{\text{A}}{\text{mm}^2}$ $\quad J = \frac{I}{A}$

I Stromstärke; *J* Stromdichte
U Spannung; *R* Widerstand

[1] Georg Simon Ohm, deutscher Physiker, 1789 bis 1854
[2] Werner von Siemens, deutscher Erfinder, 1816 bis 1892

4.8.1.7 Bauformen der Widerstände

Festwiderstände

Als Träger der Widerstandsschicht aus z. B. kristalliner Kohle dient ein zylindrischer, keramischer Körper, z. B. aus Porzellan.

Widerstand und Toleranz können durch Zahlen oder durch eine Farbkennzeichnung in Form von Ringen, Strichen oder Punkten angegeben sein **(Tabelle)**. Die Farbkennzeichnung ist so angebracht, dass der erste Ring näher bei dem einen Ende des Schichtwiderstandes liegt als der letzte Ring bei dem anderen Ende.

Sofern Widerstände mit 5 Farbringen gekennzeichnet werden, bilden die ersten 3 Ringe die Ziffern des Widerstandswertes, der 4. Ring gibt den Multiplikator und der 5. Ring die Widerstandstoleranz an.

Veränderbare Widerstände

Als veränderbare (einstellbare) Widerstände werden hauptsächlich Drehwiderstände (Potenziometer, Trimmer) verwendet (siehe Tabellenbuch Informationstechnik).

4.8.1.8 Elektrische Leistung

Die elektrische Leistung ist umso größer, je höher die Spannung und je größer die Stromstärke ist. Die Einheit der Leistung ist das Watt[1] (W). [P] = W.

1 W ist die Leistung eines Gleichstromes von 1 A bei einer Gleichspannung von 1 V.

Mit einem Spannungsmesser und einem Strommesser kann man die Leistung indirekt bestimmen **(Bild 1)**.

Bei Glühlampen und bei anderen elektrischen Betriebsmitteln, z. B. Lötkolben, Rundfunkgeräten, Motoren, stimmt die tatsächliche Leistung meist nicht mit der angegebenen Leistung (Bemessungsleistung) überein, weil bei der Herstellung Maßschwankungen (Toleranzen) auftreten oder auch Abgabeleistungen angegeben werden. Diese betreffen eine bestimmte Energieform, z. B. die Lichtenergie bei Glühlampen.

Die Bemessungsleistung ist die Leistung, für die ein Bauelement bei den angegebenen Betriebsbedingungen (Anschluss an Bemessungsspannung) ausgelegt ist.

Beispiel:

Wie groß ist die Leistungsaufnahme P der Glühlampe E1 (Bild 1)?

Lösung: $P = U \cdot I = 230\ \text{V} \cdot 0{,}43\ \text{A} =$ **98,9 W**

[1] James Watt, engl. Ingenieur, 1736 bis 1819

Tabelle: Farbschlüssel für Widerstände

Kennfarbe	Widerstand in Ω 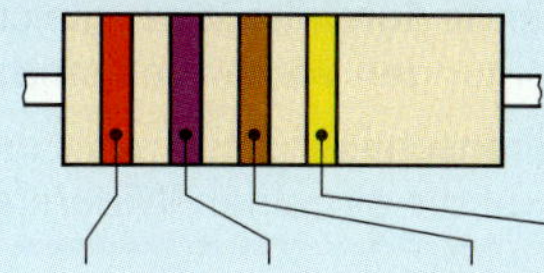 1. Ziffer	2. Ziffer	Multiplikator	Toleranz des Widerstandswertes
Keine	–	–	–	± 20 %
Silber	–	–	10^{-2}	± 10 %
Gold	–	–	10^{-1}	± 5 %
Schwarz	–	0	10^{0}	–
Braun	1	1	10^{1}	± 1 %
Rot	2	2	10^{2}	± 2 %
Orange	3	3	10^{3}	–
Gelb	4	4	10^{4}	–
Grün	5	5	10^{5}	± 0,5 %
Blau	6	6	10^{6}	–
Violett	7	7	10^{7}	–
Grau	8	8	10^{8}	–
Weiß	9	9	10^{9}	–

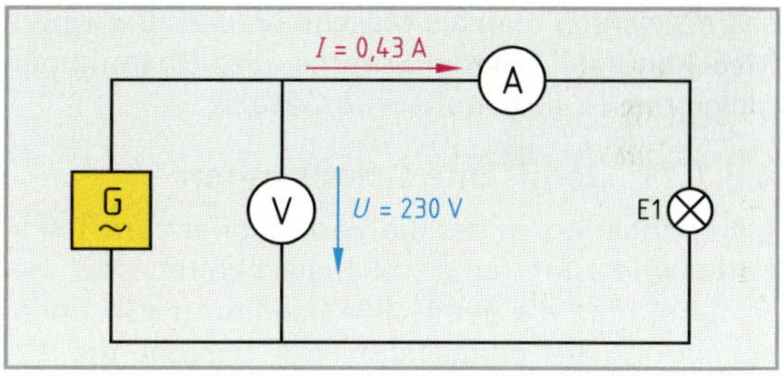

Bild 1: Schaltung zur Leistungsbestimmung

[P] = V · A = VA = W

$$P = U \cdot I$$

$$P = I^2 \cdot R$$

$$P = \frac{U^2}{R}$$

[P] = A² · Ω = W

[P] = V²/Ω = W

P Leistung;
I Stromstärke
R Widerstand;
U Spannung

4.8.1.9 Reihenschaltung

Bei der Reihenschaltung sind Erzeuger und Widerstände hintereinander geschaltet **(Bild 1)**.
Alle Widerstände durchfließt der gleiche Strom, da keine Verzweigungen vorhanden sind.

> Bei der Reihenschaltung teilt sich die Gesamtspannung auf die einzelnen Widerstände auf.

Die Teilspannungen verhalten sich proportional zu den Widerständen.

4.8.1.10 Parallelschaltung

Bei der Parallelschaltung sind die gleichartigen Anschlüsse von Verbrauchern oder Erzeugern miteinander verbunden **(Bild 2)**.

> Alle parallel geschalteten Widerstände sind an dieselbe Spannung angeschlossen.

> Bei der Parallelschaltung ist die Gesamtstromstärke gleich der Summe der Teilstromstärken.

Die Teilstromstärken verhalten sich umgekehrt wie die zugehörigen Widerstandswerte bei der Parallelschaltung.
Verzweigungspunkte der Ströme werden Knoten genannt (Bild 2). Auf den Knoten fließt der Strom I zu. Vom Knoten weg fließen die Ströme I_1 und I_2. Der Zusammenhang zwischen zufließenden und abfließenden Strömen wird als 1. Kirchhoffsches[1] Gesetz bezeichnet.
Einen Umlauf entlang des Leiters eines Stromkreises bezeichnet man als Masche (Bild 2). Bei einem Maschenumlauf ist die Summe aller Spannungen gleich null (2. Kirchhoffsches Gesetz).

4.8.1.11 Gemischte Schaltungen

Eine Schaltung, in der die Verbraucher zum Teil in Reihe und zum Teil parallel geschaltet sind, bezeichnet man als gemischte Schaltung (Gruppenschaltung). Im einfachsten Fall besteht die gemischte Schaltung aus drei Widerständen.

4.8.1.12 Spannungsteiler

Ein *Spannungsteiler* besteht aus zwei in Reihe geschalteten Widerständen R1 und R2 (Bild 1, rechts). Diese sind an die Gesamtspannung U angeschlossen. Am Widerstand R2 wird im unbelasteten Zustand die Teilspannung U_{20} abgegriffen.

Unbelasteter Spannungsteiler. Ein Spannungsteiler ist *unbelastet,* wenn ihm kein Strom entnommen wird (Bild 1, rechts). Beim unbelasteten Spannungsteiler teilt sich die Gesamtspannung U in die Teilspannungen U_1 und U_{20} auf. Die Spannungen verhalten sich wie die zugehörigen Widerstände.

[1] Robert Kirchhoff, deutscher Physiker, 1824 bis 1887

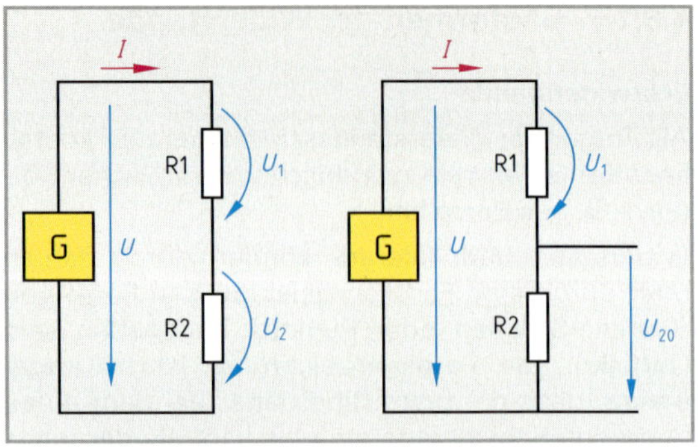

Bild 1: Reihenschaltung zweier Widerstände und Verwendung als Spannungsteiler

Reihenschaltung:

$$U = U_1 + U_2 + \ldots \qquad R = R_1 + R_2 + \ldots$$

$$\frac{U_{20}}{U} = \frac{R_2}{R_1 + R_2} \qquad \frac{U_1}{U_2} = \frac{R_1}{R_2}$$

U	Gesamtspannung	U_1, U_2, U_{20}	Teilspannungen
R	Ersatzwiderstand	R_1, R_2	Einzelwiderstände

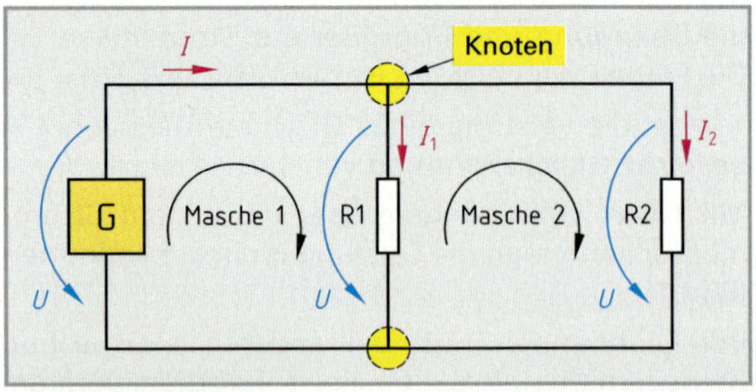

Bild 2: Parallelschaltung

Parallelschaltung:

$$I = I_1 + I_2 + \ldots \qquad \frac{I_1}{I_2} = \frac{R_2}{R_1}$$

$$\frac{1}{R} = \frac{1}{R_1} + \frac{1}{R_2} + \ldots \qquad G = G_1 + G_2 + \ldots$$

Bei n gleichen Widerständen:

$$R = \frac{R_1}{n}$$

Bei 2 Widerständen:

$$R = \frac{R_1 \cdot R_2}{R_1 + R_2}$$

I	Gesamtstromstärke;	I_1, I_2	Teilstromstärken
R	Ersatzwiderstand;	R_1, R_2, ...	Einzelwiderstände
G	Ersatzleitwert;	G_1, G_2, ...	Einzelleitwerte
n	Anzahl der gleichen Widerstände		

4.8.1.13 Wechselgrößen

Periodendauer *T* und Frequenz *f*

Bei einer Wechselspannung ändern sich die Richtung und die Höhe der Spannung *periodisch* (sich wiederholend). Eine vollständige Schwingung nennt man eine *Periode* (griech. Periode = Zeit der Wiederkehr). Die Zeit dafür ist die Periodendauer *T* **(Bild 1)**. Die Anzahl der Perioden in einer Sekunde ist die Frequenz (lat. frequentia = Häufigkeit) *f*. Die Einheit der *Frequenz* ist das *Hertz*[1] (Hz). Im Amerikanischen wird c/s verwendet. Jede Wechselgröße erreicht einen *Maximalwert* (Höchstwert, Amplitude), z. B. $\hat{u}$ (sprich: u Dach) und einen *Minimalwert* (Tiefstwert) $\check{u}$ (Bild 1). Den Abstand des Minimalwertes vom Maximalwert nennt man *Spitze-Tal-Wert* oder Schwingungsbreite $\hat{\check{u}}$, im Amerikanischen mit u_{pp} (von peak-peak) abgekürzt.

Sinuslinie und Zeiger

Unter einem Zeiger verstehen wir eine Pfeilstrecke, die um ihren Anfangspunkt entgegen dem Uhrzeigersinn rotiert. Dreht sich ein Zeiger mit gleich bleibender Geschwindigkeit, so ändert sich dauernd der Abstand der Pfeilspitze von der Waagrechten. Trägt man diesen Abstand in Abhängigkeit vom Drehwinkel in ein Schaubild ein, so erhält man eine Sinuslinie (von lat. sinus = Bucht, Busen, **Bild 2**).

> Sinusförmige Wechselspannungen lassen sich also auch durch rotierende Zeiger darstellen.

Kreisfrequenz ω

Die Drehzahl (Umdrehungsfrequenz) eines Zeigers ist so groß wie die Frequenz der von ihm dargestellten Sinusgröße. Bei der Drehung des Zeigers nimmt der von ihm überstrichene Winkel zu. Der Zeiger hat also je nach Umdrehungsfrequenz eine *Winkelgeschwindigkeit*. Die genormte Einheit ist 1/s. Die Winkelgeschwindigkeit des Zeigers bezeichnet man als *Kreisfrequenz* ω.

Phasenverschiebung φ

Gehen zwei Sinusgrößen gleicher Frequenz im Liniendiagramm an derselben Stelle in gleicher Richtung durch null, so sagt man, die beiden Größen sind *phasengleich* oder *in Phase* (von griech. phasis = Zustand) oder *ohne Phasenverschiebung* **(Bild 3)**. Ersetzt man die Sinuslinien durch Zeiger, so liegt in diesem Zeigerbild zwischen den Zeigern der Winkel $\varphi = 0°$ (griech. Kleinbuchstabe Phi). Der Winkel φ zwischen Zeigern ist ein Maß für die Phasenverschiebung. Man nennt ihn den *Phasenverschiebungswinkel*.

Gehen zwei Sinusgrößen gleicher Frequenz nicht an derselben Stelle durch null, so sagt man, die beiden Größen sind *phasenverschoben* oder haben eine *Phasenverschiebung* **(Bild 4)**.

[1] Heinrich Hertz, deutscher Physiker, 1857 bis 1894

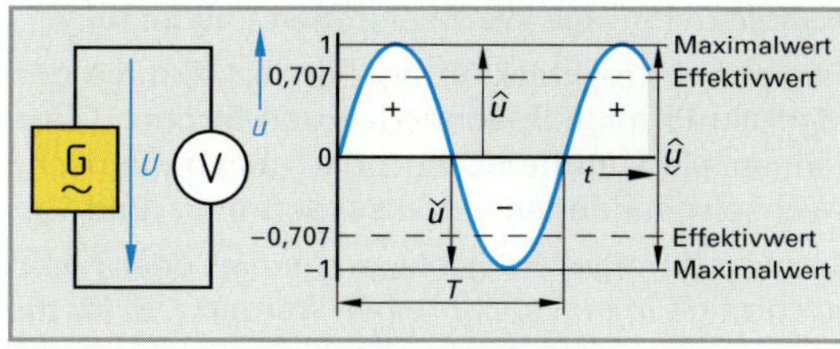

Bild 1: Bezeichnungen bei Wechselgrößen

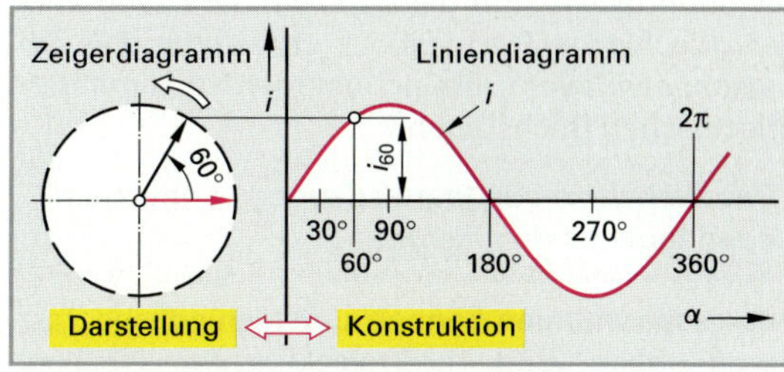

Bild 2: Konstruktion der Sinuslinie aus einem Zeiger und Darstellung einer Sinuslinie durch einen Zeiger

$$[f] = \frac{1}{s} = \text{Hz} \qquad \boxed{f = \frac{1}{T}} \qquad [\omega] = \frac{1}{s} \qquad \boxed{\omega = 2 \cdot \pi \cdot f}$$

f Frequenz; *T* Periodendauer

ω Kreisfrequenz (griech. Kleinbuchstabe Omega)

$[f] = 1\,\frac{c}{s}$ (c von cycle = Kreis, Periode)

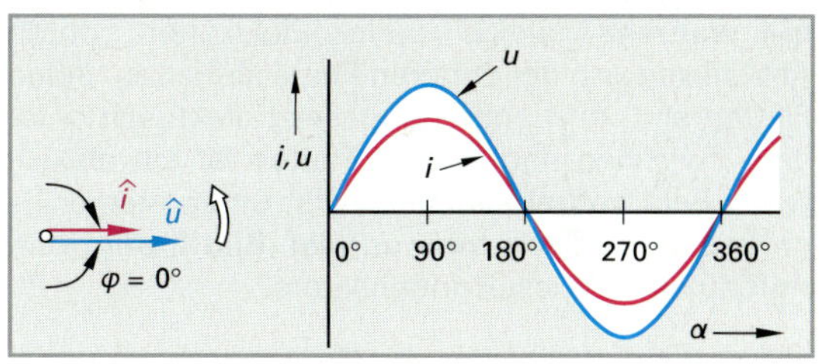

Bild 3: Sinusgrößen ohne Phasenverschiebung

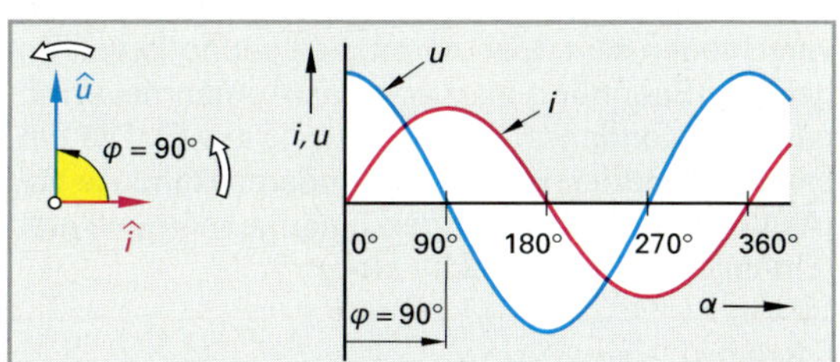

Bild 4: Sinusgrößen mit Phasenverschiebung

Effektivwert sinusförmiger Größen

Messgeräte für sinusförmige Wechselgrößen (Bild 1) zeigen meist *Effektivwerte* an. Der Zusammenhang zwischen dem Maximalwert $\hat{u}$ und dem Effektivwert *U* ist $\hat{u} = 1{,}41 \cdot U$.

Nichtsinusförmige Wechselgrößen und Impulse

Es gibt auch rechteckförmige, dreieckförmige und sägezahnförmige Spannungen und Ströme. Diese können als symmetrische oder unsymmetrische Wechselspannungen (Impulse) auftreten **(Bild 1)**.

Rechteckförmige Wechselspannungen oder rechteckförmige *Impulsspannungen* werden z. B. für die Übertragung von Informationen auf Leitungen verwendet. Impulsspannungen haben eine *Impulsperiodendauer T*. Für die *Impulsdauer* t_i wird auch der griechische Buchstabe τ verwendet. Die *Impulspausendauer* t_p bezeichnet man auch mit dem griechischen Buchstaben τ_p.

> Das Verhältnis von Impulsdauer zu Impulsperiodendauer ist der *Tastgrad g*.

Impulsspannungen können unterschiedliche Tastgrade haben (Bild 1). Dreieckförmige Wechselspannungen werden z. B. in digitalen Spannungsmessern verwendet.

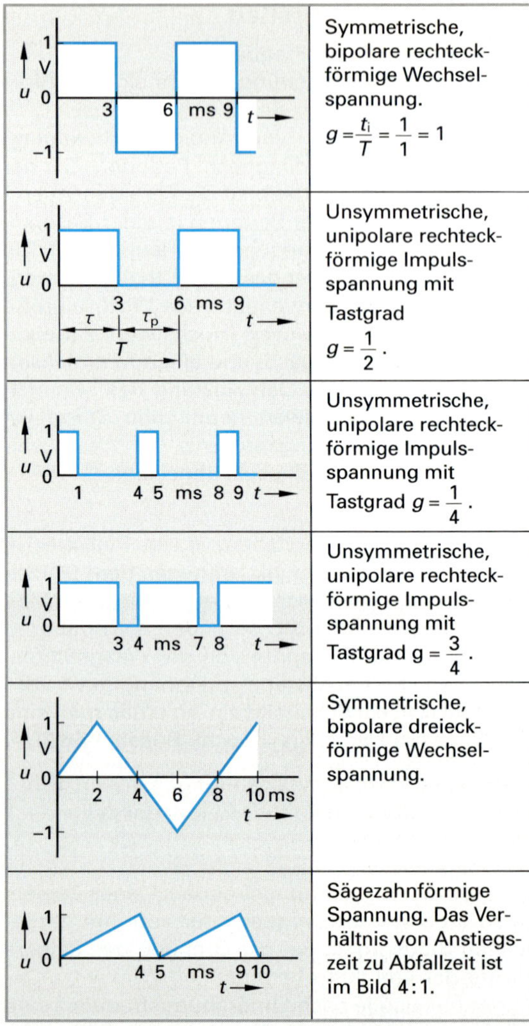

Bild 1: Nichtsinusförmige Spannungsformen

4.8.1.14 Kondensator

Ein *Kondensator* (von lat. condensus = dicht gedrängt) besteht grundsätzlich aus zwei leitenden Platten, zwischen denen sich ein Isolierstoff (*Dielektrikum*, von lat. di = weg, d. h. ohne elektrische Leitfähigkeit) befindet. Wird der Kondensator an Spannung gelegt, so fließt kurzzeitig ein Ladestrom. Dabei fließen Elektronen auf die eine Platte, während gleich viele Elektronen durch Abstoßung von der anderen Platte abfließen. Beide Platten sind nun entgegengesetzt elektrisch geladen. Zwischen den beiden Platten ist ein elektrisches Feld aufgebaut. Dieses ist umso stärker, je größer die Ladungstrennung ist. **Bild 2** zeigt den Aufbau eines Wickelkondensators.

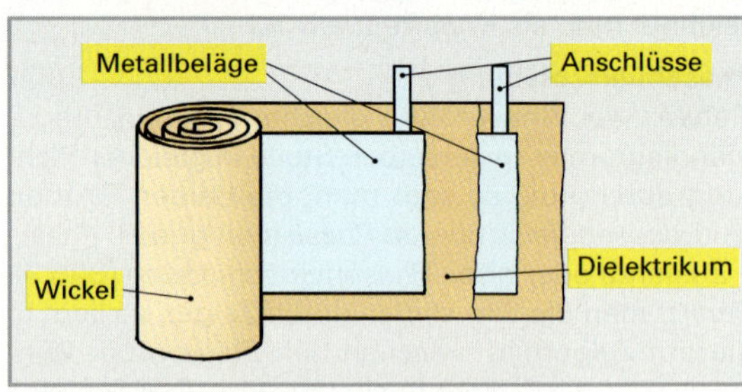

Bild 2: Aufbau eines Wickelkondensators

Kapazität

Das Fassungsvermögen der Kondensatoren für elektrische Ladung kann bei gleich hoher Spannung verschieden sein. Man nennt die Ladung je Volt angelegter Spannung die *Kapazität* (Aufnahmevermögen) des Kondensators (Formelzeichen *C*). Die Einheit der Kapazität ist also die Amperesekunde je Volt (As/V). Diese Einheit hat den Einheitennamen Farad (Einheitenzeichen F, nach Faraday[1]).

Beispiel:

Wie groß ist die Ladung eines Kondensators von 16 µF, wenn er an eine Gleichspannung von 300 V gelegt wird?

Lösung:

$Q = C \cdot U = 16 \cdot 10^{-6}\,\text{F} \cdot 300\,\text{V} = 48 \cdot 10^{-4}\,\text{C} = \mathbf{4{,}8\,mC}$

[1] Michael Faraday, engl. Physiker, 1791 bis 1867

Kapazität eines Plattenkondensators

Je größer die Plattenfläche ist, umso mehr Ladung kann der Kondensator bei gleicher Spannung aufnehmen und um so größer ist deshalb seine Kapazität. Die Kapazität ist also proportional zur Plattenfläche *A*.

Die auf den Kondensator fließende Ladung wird aber auch größer, wenn man den Plattenabstand verkleinert, weil dadurch die elektrische Feldstärke zunimmt. Die Kapazität ist also umgekehrt proportional zum Plattenabstand l.
Die Kapazität zwischen den Platten kann man außerdem durch ein geeignetes isolierendes Material erhöhen und damit ebenfalls die Kapazität des Kondensators vergrößern. Diese Isolierschicht wird als Dielektrikum bezeichnet.

Beispiel 1:

Ein Plattenkondensator besteht aus zwei Platten mit je 200 cm² Fläche. Der Plattenabstand beträgt 2 mm. Welche Kapazität hat der Kondensator, wenn das Dielektrikum Hartpapier ($\varepsilon_r = 4$) ist?

Lösung: $C = \frac{\varepsilon_0 \cdot \varepsilon_r \cdot A}{l} =$

$$= \frac{8{,}85\ \text{pAs/(Vm)} \cdot 4 \cdot 200\ \text{cm}^2}{2\ \text{mm}} = \mathbf{354\ pF}$$

Beim Wickelkondensator verdoppelt sich die wirksame Fläche.

$[Q] = \text{As} = \text{C}$ $\qquad C = \frac{Q}{U}$

$[C] = \frac{\text{As}}{\text{V}} = \text{F}$ $\qquad C = \frac{\varepsilon_0 \cdot \varepsilon_r \cdot A}{l}$

Q Ladung; C Kapazität; U Spannung
ε_0 elektrische Feldkonstante $\varepsilon_0 = 8{,}85$ pC/(Vm)
ε_r Permittivitätszahl (materialabhängig)
A gleichartig geladene Plattenoberfläche
l Plattenabstand

Kapazitiver Blindwiderstand

Wird ein Kondensator an eine sinusförmige Wechselspannung angeschlossen, so werden seine Platten abwechselnd positiv und negativ geladen.
In der Leitung fließt abwechselnd ein Ladestrom und ein Entladestrom, also ein Wechselstrom.
Wird eine Glühlampe in Reihe zu einem Kondensator an Wechselspannung angeschlossen, so hat die Glühlampe erst bei einer wesentlich höheren Spannung die gleiche Helligkeit wie bei direktem Anschluss der Glühlampe an die Spannung.
Wechselt man den Kondensator gegen einen Kondensator mit kleinerer Kapazität aus, so nimmt die Helligkeit der Glühlampe ab. Der Kondensator wirkt im Wechselstromkreis also als Widerstand. Dieser nimmt mit steigender Frequenz und größer werdender Kapazität ab, da der Kondensator häufiger umgeladen wird und ein größerer Strom fließt **(Bild 1)**.

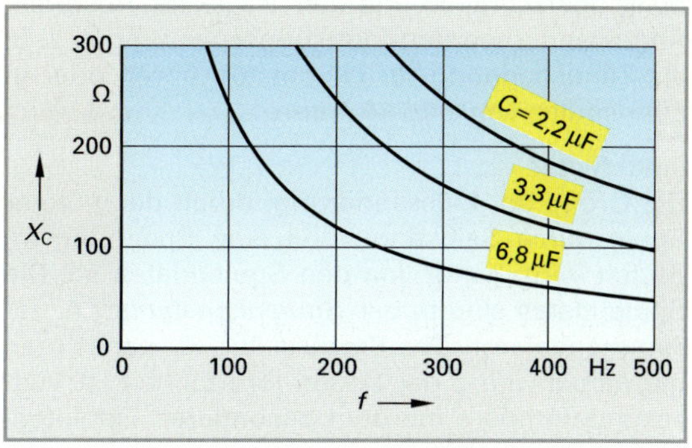

Bild 1: Abhängigkeit des kapazitiven Blindwiderstands von der Frequenz und der Kapazität

$[X_C] = \frac{\text{s}}{\text{F}} = \frac{\text{s} \cdot \text{V}}{\text{As}} = \frac{\text{V}}{\text{A}} = \Omega$ $\qquad X_C = \frac{1}{\omega \cdot C}$

X_C kapazitiver Widerstand; ω Kreisfrequenz
C Kapazität

Der kapazitive Blindwiderstand ist umso größer, je niedriger die Frequenz und je kleiner die Kapazität ist.

Beispiel 2:

Welche Kapazität hat ein Kondensator, dessen Blindwiderstand bei 1000 Hz 1591,5 Ω beträgt?

Lösung:

$$X_C = \frac{1}{\omega C} \Rightarrow C = \frac{1}{\omega X_C} = \frac{1}{2\pi f X_C}$$

$$= \frac{1}{2 \cdot \pi \cdot 1000\ 1/\text{s} \cdot 1591{,}5\ \Omega} = \mathbf{0{,}1\ \mu F}$$

Zum Aufbau des elektrischen Feldes (Ladungstrennung) benötigt der Kondensator Leistung. Beim Abbau des elektrischen Feldes wird die gleiche Leistung wieder an den Spannungserzeuger abgegeben. Im Mittel ist die Leistung null. Die zwischen Kondensator und Erzeuger hin- und herpendelnde Leistung nennt man *Blindleistung*. Der ideale Kondensator nimmt nur Blindleistung auf. Er ist deshalb ein *kapazitiver Blindwiderstand*.

Phasenverschiebung

Die Ladestromstärke und die Entladestromstärke sind der Änderungsgeschwindigkeit der Spannung proportional. Damit eilt der Strom der Spannung *phasenverschoben* um 90° voraus.

4.8.1.15 Spule

Eine Spule besteht aus dem Spulenkörper und der Wicklung sowie einem Kern. Beim Schließen und Öffnen eines Stromkreises mit einer Spule ändert sich der magnetische Fluss in der Spule **(Bild 1)**. Dadurch wird in ihr eine Spannung induziert. Man nennt diesen Vorgang *Selbstinduktion.*

Wird der Stromkreis durch Betätigen des Schalters geöffnet, leuchtet die Glimmlampe kurz auf. Durch die schnelle Flussänderung entsteht eine hohe Induktionsspannung u_i. Diese Spannung ist meist unerwünscht, wenn z. B. Induktivitäten mit Transistoren geschaltet werden. Eine hohe Induktionsspannung kann z. B. die maximale Betriebsspannung überschreiten und den Transistor zerstören. Angewendet werden Induktionsspannungen z. B. als Zündspannung für Leuchtstoffröhren oder in Zündspulen von Otto-Motoren.

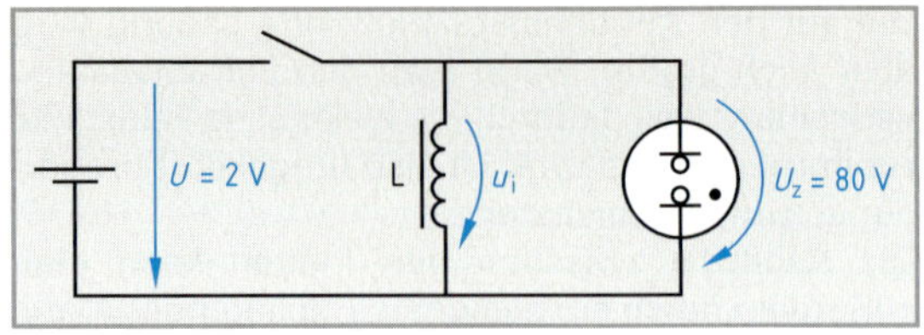

Bild 1: Spule mit Kern im Gleichstromkreis

$$u_i = -L \cdot \frac{\Delta i}{\Delta t}$$

$$L = N^2 \cdot A_L$$

$$[L] = \text{Vs/A} = \text{H}$$

u_i induzierte Spannung
Δi Lineare Änderung der Stromstärke
Δt Zeit, in der die Änderung der Stromstärke erfolgt
A_L Spulenkonstante
L Induktivität der Spule
N Windungszahl

Induktivität

Die Größe der Flussänderung, durch die in einer Spule durch Selbstinduktion eine Spannung induziert wird, hängt von den Spulendaten ab. Die Spulendaten sind in der *Spulenkonstanten* A_L zusammengefasst. Das Produkt $N^2 \cdot A_L$ nennt man die *Induktivität* L der Spule. Ihre Einheit ist Voltsekunde/Ampere mit dem besonderen Einheitennamen Henry[1] (H).

Induktiver Blindwiderstand

Liegt eine Spule an Wechselspannung, so steigt infolge der Selbstinduktion die Stromstärke durch die Spule nur langsam an und fällt anschließend langsam ab. Erfolgt die Umpolung genügend rasch, so kann die Stromstärke ihren Endwert nicht erreichen. Die mittlere Stromstärke nimmt ab. Sie wird umso kleiner, je rascher die Umpolung erfolgt. Im Mittel ist die Leistung für den Aufbau und den Abbau des magnetischen Feldes null. Die zwischen Spule und Erzeuger hin und her pendelnde Leistung nennt man Blindleistung. Die Spule hat deshalb einen induktiven *Blindwiderstand* X_L, der von der Kreisfrequenz ω und der Induktivität L abhängt. Es gilt bei sinusförmiger Spannung $X_L = \omega \cdot L$.

Reale Spulen nehmen die Blindleistung Q und Wirkleistung P auf und geben die Blindleistung wieder ab. Das Produkt aus gemessener Spannung und Strom nennt man Scheinleistung S.

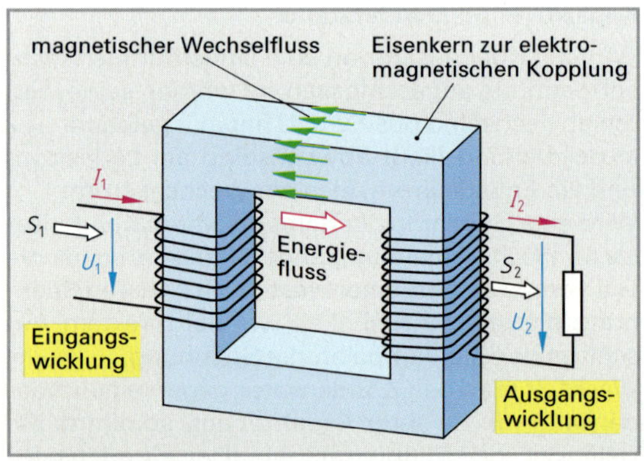

Bild 2: Energiefluss beim Transformator

$$ü = \frac{U_1}{U_2}$$

$$\frac{U_1}{U_2} = \frac{N_1}{N_2}$$

N Windungszahl; $ü$ Übersetzungsverhältnis
U_1 Eingangsspannung; U_2 Ausgangsspannung
N_1 Windungszahl der Eingangswicklung
N_2 Windungszahl der Ausgangswicklung

4.8.1.16 Transformator

Transformatoren werden meist für die Energieübertragung verwendet. Der Transformator trennt die Wechselspannungen U_1 und U_2 **(Bild 2)**. Dies nennt man galvanische[2] Trennung. Transformatoren übertragen keine Gleichspannungen.

Beim idealen Transformator ist die Eingangsscheinleistung S_1 so groß wie die Ausgangsscheinleistung S_2 und die Spannungen verhalten sich wie die Windungszahlen

$$S_1 = S_2 \Rightarrow U_1 \cdot I_1 = U_2 \cdot I_2$$

$$\Rightarrow I_1/I_2 = U_2/U_1 \Rightarrow I_1/I_2 = N_2/N_1$$

[1] Joseph Henry, amerikanischer Physiker, 1797 bis 1878
[2] Luigi Galvani, italienischer Physiker, 1737 bis 1798

4.8.1.17 Halbleiterdioden

Grenzen zwei Halbleiterzonen verschiedener Leitungsart aneinander, so entsteht ein *PN-Übergang.* Ein PN-Übergang wirkt als Halbleiterdiode **(Bild 1).** Entsprechend den Stromrichtungen unterscheidet man bei der *Diode* die *Vorwärtsrichtung* und die *Rückwärtsrichtung.* Unabhängig von diesen Stromrichtungen bezeichnet man die Betriebszustände als Durchlasszustand und Sperrzustand.

Die Spannung, bei welcher der Vorwärtsstrom merklich anzusteigen beginnt, wird *Schleusenspannung* genannt **(Bild 2).** Sie beträgt bei Silicium etwa 0,7 V.

Die Diodenanschlüsse werden *Anode* und *Katode* genannt (Bild 2). Die Anode ist die positive Elektrode (P-Schicht) und die Katode ist die negative Elektrode (N-Schicht) einer in Vorwärtsrichtung gepolten Diode.

> Die Pfeilspitze des Diodenschaltzeichens gibt die Stromrichtung in Vorwärtsrichtung an.

Gleichrichterdioden

Netzanschlussgeräte für elektronische Schaltungen enthalten meist Gleichrichterschaltungen. Diese bestehen im einfachsten Fall z. B. aus einem Transformator, einer Diode und einem Siebkondensator **(Bild 3, oben).** Die Diode lässt den Vorwärtsstrom nur fließen, wenn die Wechselspannung so gepolt ist, dass die Diode in Vorwärtsrichtung geschaltet und die Spannung größer als die Schleusenspannung ist. Ist die Diode in Rückwärtsrichtung geschaltet, so fließt nur der sehr schwache Rückwärtsstrom.

Leuchtdioden (LED)

Leuchtdioden (*LED*, von Light Emitting Diode) werden in Vorwärtsrichtung betrieben (Bild 3, Mitte). Je nach Halbleiterwerkstoff ist die Strahlung im Infrarotbereich oder im sichtbaren Bereich. LED haben Schleusenspannungen von 1,3 V (Farbe rot) bis 2,2 V (Farbe grün). Der Vorwiderstand muss so gewählt werden, dass die LED mit ihrem Bemessungsstrom z. B. 20 mA betrieben wird. Die zulässige Rückwärtsspannung beträgt oft nur 5 V.

Z-Diode

Z-Dioden bestehen aus Silicium und sind durch starke Dotierung für den Betrieb in Sperrrichtung (Durchbruchsbereich) ausgelegt. In Vorwärtsrichtung verhalten sie sich wie gewöhnliche Siliciumdioden. Erreicht die Rückwärtsspannung den Wert der Durchbruchspannung, so bewirkt eine kleine Spannungserhöhung eine große Stromerhöhung. In diesem Bereich bleibt die Spannung an der Z-Diode fast konstant. Dies wird für die Spannungsstabilisierung und Spannungsbegrenzung ausgenützt (Bild 3, unten).

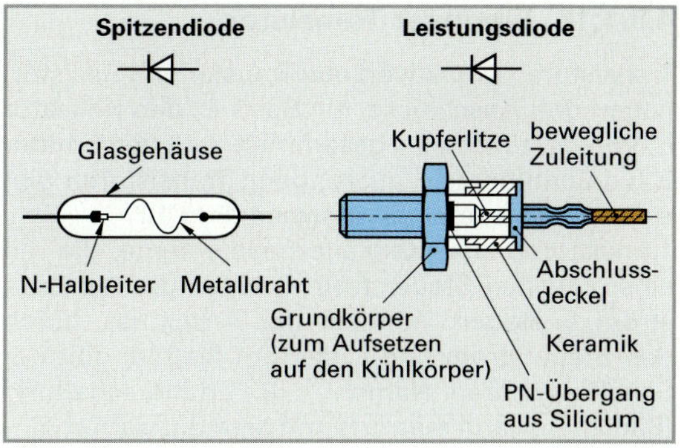

Bild 1: Aufbau von Dioden

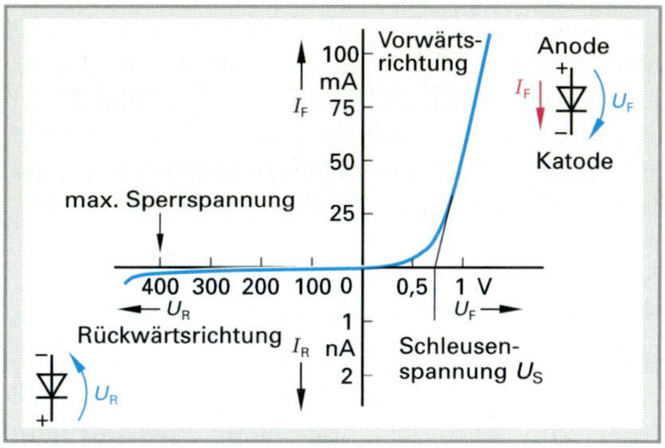

Bild 2: Kennlinie einer Diode

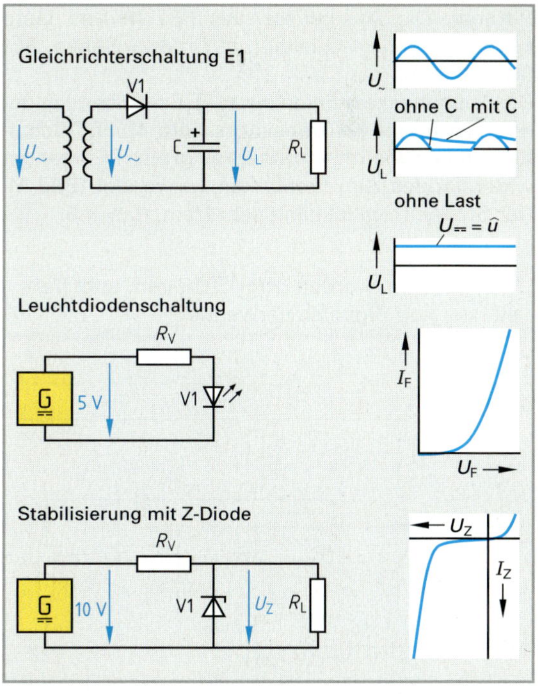

Bild 3: Schaltungen mit Dioden

4.8.1.18 Bipolarer Transistor

Transistoren (Kunstwort aus Transfer und Resistor) haben drei Anschlüsse, die Basis B, den Kollektor C (von lat. collectus = gesammelt) und den Emitter E (von emittieren = aussenden). Transistoren gibt es in verschiedenen Bauformen **(Bild 1)**.

Transistoren sind Halbleiterbauelemente, die mit einem kleinen Steuerstrom I_B einen großen Laststrom I_C steuern können. Der Anschluss, durch den Steuerstrom und Laststrom fließen, gibt der Schaltung ihren Namen, z. B. Emitterschaltung **(Bild 2)**. So kann man z. B. mit dem Basisstrom I_B = 8 mA mit I_C = 180 mA eine Lampe oder einen PC-Lüftermotor einschalten oder mit I_B = 0 mA ausschalten.

Für jeden Transistor gibt es Kennlinienfelder. So werden z. B. im Ausgangskennlinienfeld die Arbeitspunkte AUS und EIN festgelegt **(Bild 3)**. Im Arbeitspunkt EIN fließt ein großer Strom I_C und im Arbeitspunkt AUS ein kleiner Reststrom I_C. Die Arbeitspunkte liegen auf der Widerstandsgeraden R_L.

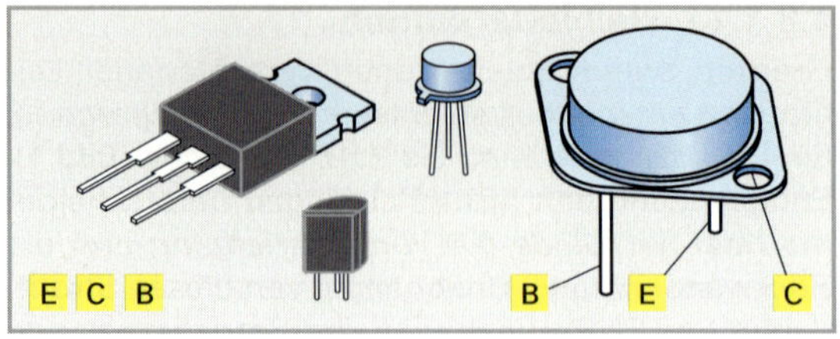

Bild 1: Gehäuse von Transistoren

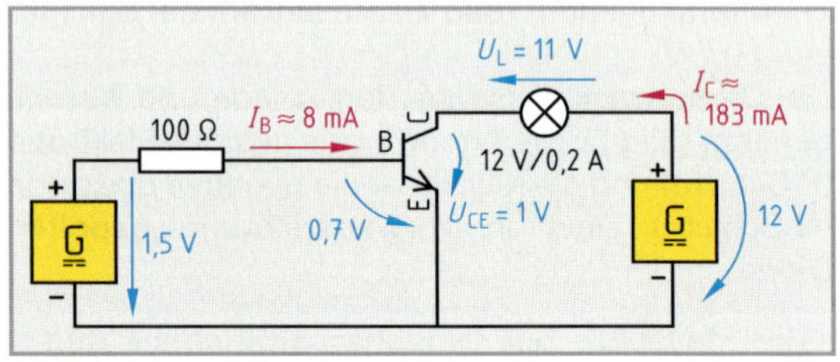

Bild 2: Schaltung mit NPN-Transistor

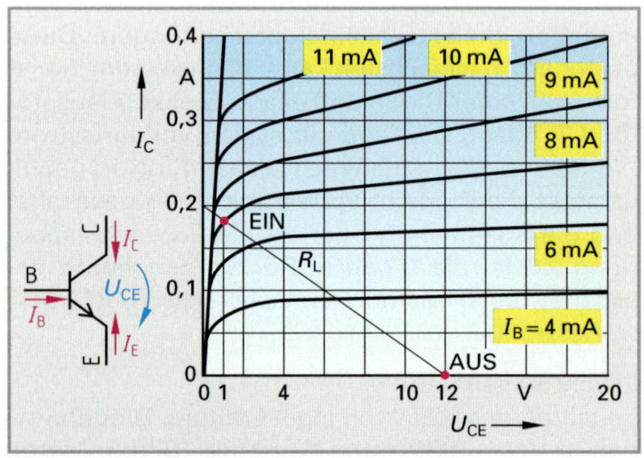

Bild 3: Ausgangskennlinien eines Transistors mit I_B als Parameter

4.8.1.19 Unipolarer Transistor (FET)

Bei *unipolaren Transistoren* fließt der Laststrom nur durch eine Halbleiterstrecke *desselben* Leitungstyps, also nicht über einen PN-Übergang. Bei den FET (Feldeffekttransistoren) nennt man die Halbleiterstrecke für den Laststrom *Kanal.* Man unterscheidet FET mit N-Kanal und FET mit P-Kanal. Die Anschlüsse des FET heißen Gate (= Tor), *Source* (= Quelle) und *Drain* (= Senke, Abfluss, Bild 1).

Die Ausgangskennlinien eines FET sind ähnlich denen des bipolaren Transistors **(Bild 4)**. FET-Schaltungen werden oft wegen ihres großen Eingangswiderstandes zum Verstärken verwendet **(Bild 5)**. Der Steuerstrom ist dann sehr klein, d. h. ≈ 0.

> Transistoren werden zum Schalten und Verstärken von Signalen verwendet.

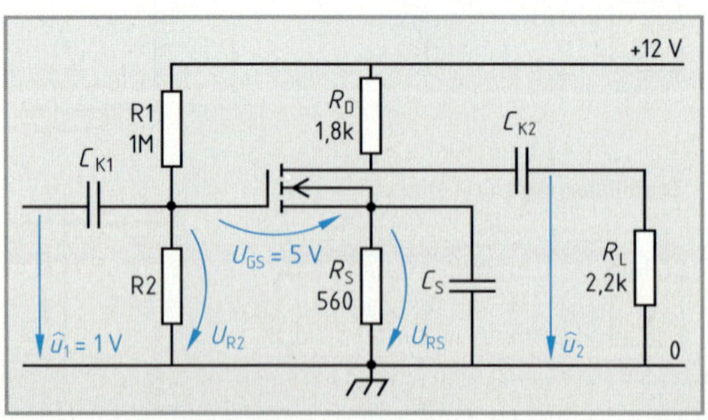

Bild 5: Verstärker mit Anreicherungs-IG-FET

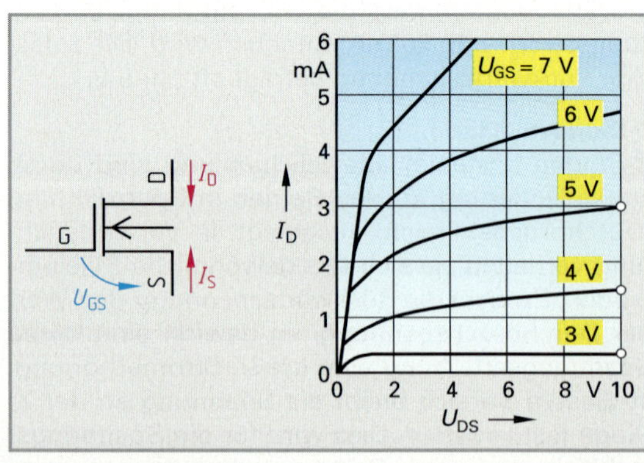

Bild 4: Ausgangskennlinien eines Anreicherungs-IG-FET mit N-Kanal

4.8.1.20 Operationsverstärker

Operationsverstärker sind lineare integrierte Schaltkreise. Mit Operationsverstärkern können sowohl Gleichspannungen als auch Wechselspannungen verstärkt werden **(Bild 1)**. Besondere Eigenschaften sind sehr großer *Spannungsverstärkungsfaktor*, z. B. $V_0 = 150\,000$, großer Leistungsverstärkungsfaktor, sehr großer Eingangsinnenwiderstand und kleiner Ausgangsinnenwiderstand. V_0 sinkt mit steigender Frequenz der Spannung U_1.

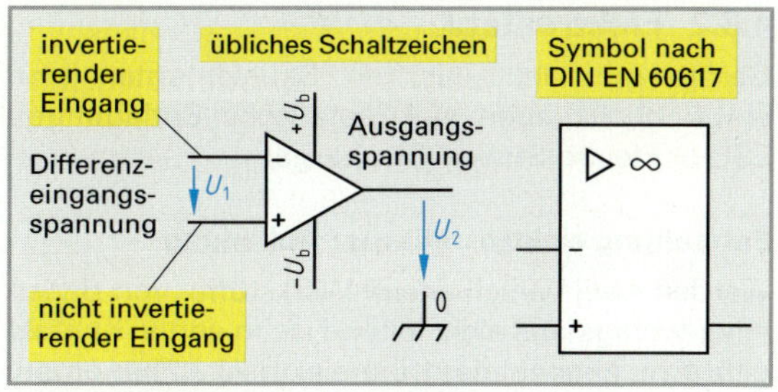

Bild 1: Schaltzeichen und Symbol für Operationsverstärker

Invertierender Verstärker (Umkehrverstärker)

Mit der Schaltung als *Umkehrverstärker* wird eine Spannung U_e im Vorzeichen umgekehrt und im Betrag vergrößert oder verkleinert. Hierzu beschaltet man den Operationsverstärker mit einem Gegenkopplungswiderstand R_K und einem Eingangswiderstand R_e **(Bild 2)**. Der Eingangsstrom I_e fließt über R_K zum Verstärkerausgang. Mit $U_a = -U_K$ wird die Ausgangsspannung $U_a = -I_e \cdot R_K$.

Wegen $U_1 \approx 0$ hängt der Eingangsstrom I_e nur von U_e und R_e ab und beträgt $I_e = U_e/R_e$. Damit erhält man für die Ausgangsspannung $U_a = -(R_K/R_e) \cdot U_e$. Der Verstärkungsfaktor des beschalteten Operationsverstärkers ist somit gleich dem Widerstandsverhältnis R_K/R_e. Dies gilt solange $R_K/R_e \ll V_0$ ist.

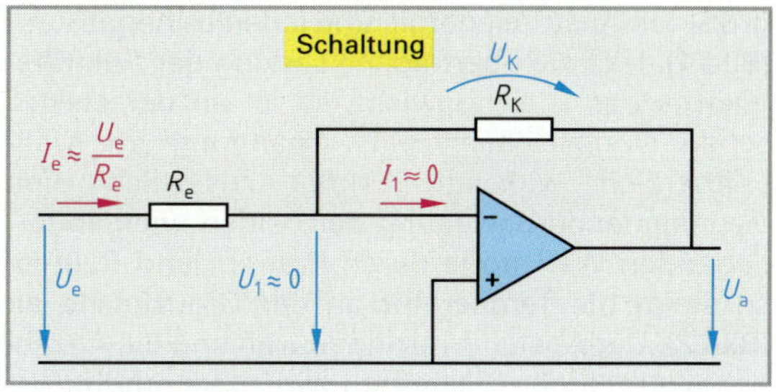

Bild 2: Invertierender Verstärker

Beispiel:

Berechnen Sie den Spannungsverstärkungsfaktor V für einen invertierenden Verstärker mit $R_e = 1\ \text{k}\Omega$ und $R_K = 10\ \text{k}\Omega$.

Lösung:

$V = R_K/R_e = 10\ \text{k}\Omega/1\ \text{k}\Omega = \mathbf{10}$

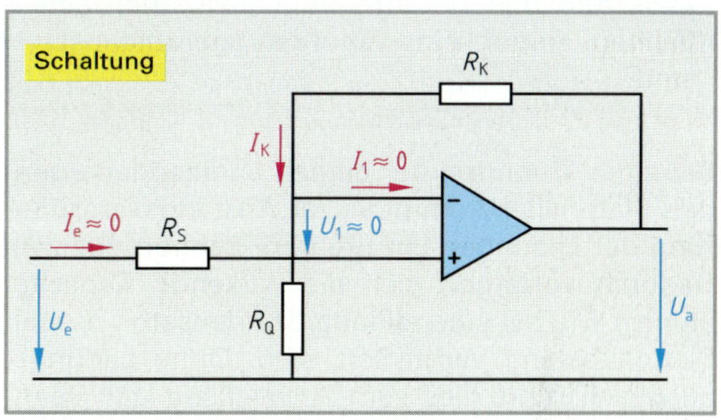

Bild 3: Nicht invertierender Verstärker

Nicht invertierender Verstärker

Beim nicht invertierenden Verstärker haben Eingangsspannung und Ausgangsspannung gleiches Vorzeichen. Die Eingangsspannung U_e wird über R_S an den nicht invertierenden Eingang angeschlossen **(Bild 3)**. Der Eingangsstrom I_e ist wegen des hochohmigen Eingangsinnenwiderstandes des Operationsverstärkers sehr klein.

Die Ausgangsspannung U_a wird zum invertierenden Eingang über den Rückkopplungswiderstand R_K zurückgeführt. Der rückgekoppelte Strom I_K fließt wegen $I_1 \approx 0$ über R_Q. Wegen der hohen Spannungsverstärkung des Operationsverstärkers ist $U_1 \approx 0$ V. Damit wird $I_K = U_a/(R_Q + R_K)$ und $I_Q = U_e/R_Q$. Mit $I_K = I_Q$ erhält man die Bestimmungsgleichung für die Ausgangsspannung $U_a = U_e\,(1 + R_K/R_Q)$.

Beim invertierenden Verstärker:

$$U_a = -\frac{R_K}{R_e} \cdot U_e \qquad V = \frac{R_K}{R_e}$$

Beim nicht invertierenden Verstärker:

$$U_a = \left(1 + \frac{R_K}{R_Q}\right) \cdot U_e \qquad V = 1 + \frac{R_K}{R_Q}$$

U_a Ausgangsspannung
U_e Eingangsspannung
R_Q Eingangsquerwiderstand
R_S Schutzwiderstand
R_K Rückkopplungswiderstand
R_e Eingangswiderstand
V Spannungsverstärkungsfaktor

4.8.2 Elektrostatik

Geräte mit elektronischen Bauelementen sind empfindlich gegen elektrostatische Entladungen ESD (= Electro Statical Discharge).

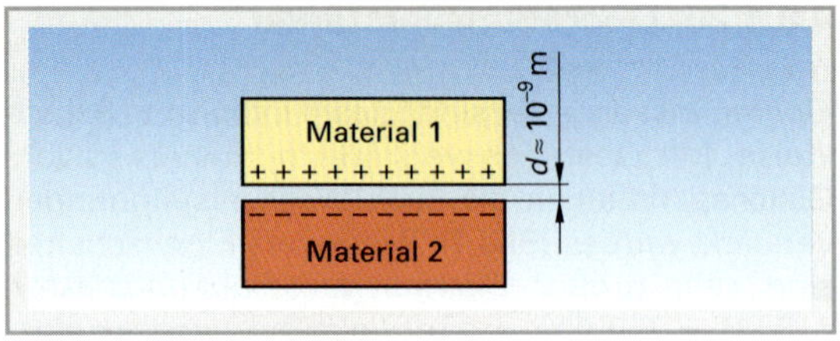

Bild 1: Trennflächenladung

Entstehung elektrostatischer Aufladung

Werden zwei verschiedene Werkstoffe, von denen einer wenigstens nicht leitend ist, in engen Kontakt gebracht, entsteht das tribo-elektrische Phänomen: An der gemeinsamen Grenzschicht wandern bei hinreichender Temperatur Elektronen mit der kleineren Austrittsenergie zu dem Material mit der größeren Austrittsenergie und laden es negativ auf **(Bild 1)**. Hält die übertragene Ladung der Austrittsenergie das Gleichgewicht, so ist an der elektrischen Doppelschicht eine Spannung im Millivoltbereich wirksam. Erfolgt zusätzlich eine Gegeneinanderbewegung der beiden aneinanderliegenden Werkstoffe durch Pressen und Reiben, so steigt die Temperatur an der Grenzfläche an **(Bild 2)**. Der Abstand verringert sich und die Anzahl der austretenden Elektronen wird stark erhöht.

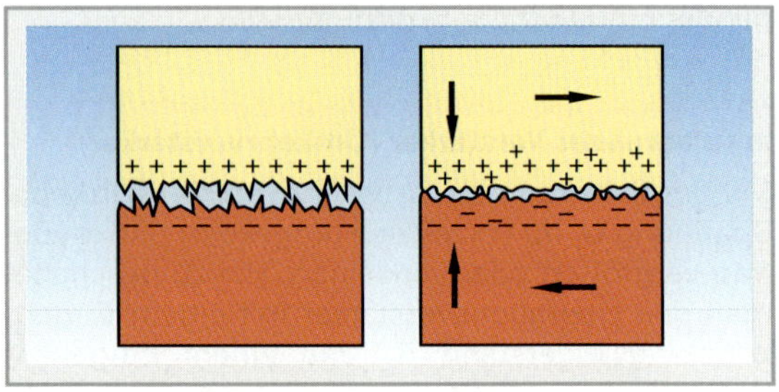
Bild 2: Reibung zwischen Materialien

Zwischen den berührenden Festkörperoberflächen findet ein Ladungsträgeraustausch statt.

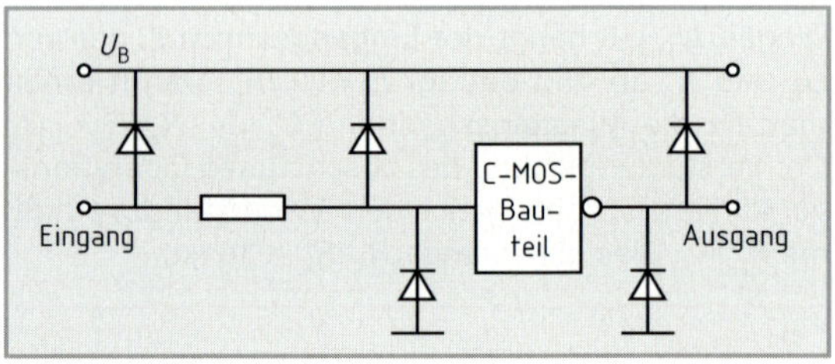

Bild 3: CMOS-Schutzbeschaltung

Bei einer Trennung der beiden aneinanderliegenden Materialien kommt es zur Abstandsvergrößerung der Ladungen um mehrere Zehnerpotenzen. Dadurch verringert sich die wirkende Kapazität ähnlich wie bei einem Plattenkondensator, dessen Plattenabstand vergrößert wird. Ohne Ladungsausgleich führt dies zum Anwachsen der Spannung um mehrere Zehnerpotenzen.

Beispiel 1:

Wie groß ist die entstehende Spannung U_2 ohne Ladungsausgleich, wenn der Materialabstand bei U_1 = 1 mV von d_1 = 1 nm auf d_2 = 0,1 m erhöht wird?

Lösung:

$$\frac{C_1}{C_2} = \frac{d_2}{d_1} = \frac{0{,}1\ \text{m}}{1\ \text{nm}} = 10^8$$

$$U_2 = \frac{Q}{C_2} = \frac{C_1 \cdot U_1}{C_2} = 10^8 \cdot 1\ \text{mV} = \mathbf{100\ kV}$$

Beim Trennen der Ladungen findet in der Praxis sofort ein Ladungsausgleich über den Kontaktwiderstand statt. Wie beim Entladevorgang eines Kondensators über einen Widerstand (Zeitkonstante) benötigt die zurückfließende Ladung aber Zeit. Sie ist abhängig vom Materialwiderstand, dem Kontaktwiderstand und der Schnelligkeit der Trennung. Wenn z. B. beim gehenden Menschen die Entladung vorzeitig unterbrochen wird, entsteht ein Potenzial von bis zu 20 kV gegen Erde, da sich bei gut isolierenden Schuhen mit jedem Tritt eine immer höhere Spannung aufbaut. Eine elektrostatische Entladung des aufgeladenen Menschen ist jedoch ungefährlich, da die gesamte übertragene Ladung gering ist. Der Mensch kann sie nur deshalb spüren, weil der Entladungskanal (kleiner Blitz) einen sehr kleinen Durchmesser hat. An der Eintrittsstelle ist die Stromdichte so hoch, dass die Nervenzellen durch den Strom angeregt werden.

Beispiel 2:

Der menschliche Körper hat eine Eigenkapazität von 150 pF. Welche elektrische Ladung besitzt er, wenn er auf 20 kV aufgeladen ist?

Lösung:

$Q = C \cdot U = 150\ \text{pF} \cdot 20\ \text{kV} = \mathbf{3\ \mu As}$

Auswirkungen elektrostatischer Entladungen

Elektrostatische Entladungen bewirken in elektronischen Bauteilen die Zerstörung von leitenden Verbindungen, isolierenden Schichten und von Halbleiterstrukturen. Dies kann zu sofortigem Ausfall der Bauelemente führen. Empfindliche Bauelemente werden deshalb mit integrierten ESD-Schutzschaltungen versehen (**Bild 3, vorhergehende Seite**). Sie schützen aber nur bis zu einer bestimmten Spannung und dienen hauptsächlich zur Ableitung von Aufladungen, die z. B. beim Gleiten durch die Verpackung aus dem Stangenmagazin entstehen. Elektrostatisch gefährdete Bauteile sind besonders gekennzeichnet.

Zerstörte Schutzdioden wirken wie Widerstände und lassen bei Weiterbestehen der logischen Funktion die Stromaufnahme der IC bis auf das 500-fache steigen, z. B. von 2 µA auf 1 mA bei CMOS-Logik. Wurden viele Bauelemente beschädigt, kann es im Betrieb zur zeitweisen Überlastung der Stromversorgung kommen, was mit einem Absinken der Versorgungsspannung verbunden ist. Dadurch arbeiten solche Systeme plötzlich unzuverlässig, ohne dass der Fehler leicht zu lokalisieren ist.

Mittel zur ESD-Vermeidung

Bereits eine ausreichend hohe relative Luftfeuchtigkeit kann statische Aufladung stark vermindern (**Tabelle 1**). Gefährlich sind schnelle Temperaturveränderungen z. B. durch Lüften im Winter. So sinkt die relative Luftfeuchtigkeit von 80 % bei –10° C auf 7 % bei +25° C. Der unachtsame Umgang mit nicht leitenden Prospekthüllen, Verpackungsmaterial oder Klebebändern sollte unterbleiben. Elektrostatische Aufladungen lassen sich mit dem Einsatz von ESD-Schutzmitteln vermeiden (**Tabelle 2**).

Durch vorbeugende Maßnahmen im Sinne der DIN EN ISO 9000 können ESD-Schäden durch elektrostatische Aufladungen vermieden werden.

Neben der Bereitstellung von Schutzmitteln muss das Personal motiviert sein, diesen Schutz wirksam zu machen. Auch sollte über ein Qualitätsmanagementsystem die Wirksamkeit und Anwendung des ESD-Schutzes gesichert werden. Dazu sind durch systematische und regelmäßige Prüfungen die Wirksamkeit der gewählten Schutzmaßnahmen nachzuweisen. Zusätzlich haben sich auch Maßnahmen bewährt, die z. B. einen Zugang zu ESD-Schutzzonen nur nach einer erfolgreichen Prüfung der ESD-Schutzmittel ermöglichen.

Tabelle 1: Elektrostatische Aufladung in kV

Tätigkeit	relative Feuchtigkeit in %		
	65 - 90	40 - 60	10 - 20
Laufen auf dem Teppichboden	1,5	12	35
Laufen über PVC-Boden	0,25	5	15
Sitzen auf synthetischem Arbeitsstuhl	1,5	15	20
Öffnen einer Kunststoffverpackung	0,6	6	18

Tabelle 2: Schutzmittel zur ESD-Vermeidung

Arbeitsmittel	Eigenschaft
Handgelenkbänder	leitfähig, aber hochohmig
Arbeitsplatte	leitfähig, 10 kΩ bis 1 GΩ
Fußbodenbelag	Ableitwiderstand 1 GΩ
Arbeitsstuhl	leitfähig
Bekleidung	antistatisch
Schuhe	leitfähig
Luftbefeuchter	Erhöhung der Luftfeuchte

Tabelle 3: Magnetische Feldstärke von Geräten

Gerät	magnetische Feldstärke an der Gehäuseoberfläche
Spülmaschine, Waschmaschine	1 µT bis 10 µT
Toaster, Heizkissen	1 µT bis 100 µT
Farbfernseher, Bohrmaschine	100 µT bis 500 µT
Rasierapparat, Tischlampe	650 µT bis 1000 µT
Fön, Lötkolben (25 W)	1000 µT bis 2500 µT
T steht für Testa (magn. Einheit)	

4.8.3 Grenzwerte und Normen zum Schutz der Gesundheit bei technisch erzeugten Feldern

Die vielfältige Nutzung der modernen Technik ist ohne elektrischen Strom nicht mehr möglich. Das unsichtbare elektromagnetische Umfeld, verursacht z. B. durch Hochspannungsleitungen, Rundfunk- und Richtfunksender, Mobiltelefone, elektrische Haushaltsgeräte und elektrische Installationen, lässt sich vom Menschen nicht fernhalten. Der Mensch hat für diese Einwirkungen kein Wahrnehmungsorgan. Je nach Stärke, Art und Dauer der Einwirkung elektromagnetischer Felder kann die menschliche Gesundheit beeinträchtigt werden.

Niederfrequente Felder

Niederfrequente Felder (kleiner 30 kHz) induzieren vorwiegend schwache elektrische Ströme im menschlichen Körper. Typische Werte der magnetischen Feldstärke sind in **Tabelle 3, vorhergehende Seite**, angegeben.

Die elektrischen Feldstärken der Haushaltsgeräte sind relativ gering und in der Regel immer kleiner als 0,5 kV/m. Hochspannungsleitungen besitzen dagegen hohe elektrische Feldstärken **(Tabelle 1)**.

Hochfrequente Felder

Hochfrequente Felder (größer 30 kHz) wirken auf atomarer Ebene, indem sie Atome in Schwingungen versetzen oder die Elektronenbahnen in Atomen verschieben können. Typische Feldstärkewerte können nicht angegeben werden, da hier die auf den menschlichen Körper einwirkenden Feldstärken sehr stark von den Umgebungsbedingungen abhängen.

Grenzwerte und Normen

Die Schutzvorschriften sind festgelegt in DIN- und VDE-Normen sowie in Empfehlungen der Deutschen Strahlenschutzkommission (SSK). Darüber hinaus gibt es noch Empfehlungen der Internationalen Strahlenschutzvereinigung (IRPA).

Die Grenzwerte sind für zwei Bereiche festgelegt:

- Expositionsbereich 1. Das sind Arbeitsplätze, bei denen die Einwirkungen kontrolliert werden können oder die nur einige Stunden am Tag erfolgen.
- Expositionsbereich 2. Dies sind alle anderen Bereiche wie Wohnungen, Sport- und Freizeiteinrichtungen.

Im niederfrequenten Bereich dürfen die äußeren Felder nur so stark sein, dass Schädigungen durch Körperströme nicht möglich sind **(Tabelle 2)**.

Die durch hochfrequente Strahlung im Körper erzeugte Temperaturerhöhung darf nicht größer als 0,5 °C im 6-Minuten-Intervall sein (IRPA-Empfehlung). Die SSK empfiehlt für die Bevölkerung einen Grenzwert für die Energieabsorption im Körper auf der Basis von Spezifischen Absorptionsraten (SAR).

> Um schädliche Wirkungen zu vermeiden, darf z. B. die Wärmeabsorption im Körper über 6 Minuten den Wert von 80 mW/kg für die Allgemeinbevölkerung nicht überschreiten (Bereich 100 kHz).

Der Ganzkörper-SAR-Wert beträgt 0,08 W/kg, der Teilkörper-SAR-Wert z. B. für das Auge beträgt 2 W/kg. Für die berufliche Exposition gelten um den Faktor 5 höhere Werte. Die Einhaltung der Grenzwerte ist durch geeignete Messungen an Nachbildungen zu kontrollieren.

Tabelle 1: Felder bei Hochspannungsleitungen (Leiterstrom 1 kA, 1 m über dem Boden

Spannung (kV)	Elektr. Feld (kV/m)	magn. Feld (µT)
110	0,6 - 2,2	5,6 - 20,1
220	1,2 - 3,8	5,3 - 13,9
380	2,5 - 6,3	5,2 - 12,7

Tabelle 2: Grenzwerte für 50/60 Hz

Norm/Empfehlung	elektrische Feldstärke	magnetische Flussdichte
DIN VDE 0848 Expositionsbereich 1	21,3 kV/m	1360 µT
DIN VDE 0848 Expositionsbereich 2	6,7 kV/m	425 µT
IRPA Expositionsbereich 1	10,0 kV/m	500 µT
IRPA Expositionsbereich 2	5,0 kV/m	100 µT

Tabelle 3: Empfohlene Mindestabstände Antenne-Kopf zur Einhaltung des Teilkörper-SAR-Wertes

Frequenz	Spitzenleistung	Mindestabstände
450 MHz analog	bis 0,5 W bis 1 W bis 5 W bis 20 W	kein Mindestabstand ca. 4 cm ca. 20 cm ca. 40 cm
900 MHz analog	bis 0,5 W bis 1 W bis 5 W bis 20 W	kein Mindestabstand ca. 5 cm ca. 25 cm ca. 50 cm
900 MHz digital	bis 2 W bis 4 W bis 8 W bis 20 W	kein Mindestabstand ca. 3 cm ca. 5 cm ca. 8 cm
1800 MHz digital	bis 1 W bis 2 W bis 8 W bis 20 W	kein Mindestabstand ca. 3 cm ca. 7 cm ca. 12 cm

Analoge und digitale Signale

Die Grenzwert-Empfehlungen der Deutschen Strahlenschutzkommission unterscheiden bei Funkgeräten und Mobiltelefonen zwischen analogen und digitalen Funksignalen **(Tabelle 3)**. Bei Einhaltung der Mindestabstände zwischen Kopf und Antenne wird danach der Teilkörper-SAR-Wert zuverlässig unterschritten. Geräte, die analoge Funksignale in hohen Frequenzbereichen abstrahlen, erfordern einen größeren Abstand zur Antenne.

4.9 Stromversorgung elektronischer Schaltungen

4.9.1 Netzanschlussgeräte

Elektronische Geräte erfordern meist Gleichspannungen, aber oft steht nur die Netzwechselspannung mit 230 V zur Verfügung. Für derartige Geräte sind deshalb Netzanschlussgeräte (Netzteile) erforderlich **(Bild 1)**. Netzanschlussgeräte enthalten zur Anpassung der Wechselspannung von 230 V an die benötigte meist kleinere Spannung oft Transformatoren mit Eisenblechkernen oder Ferritkernen **(Tabelle)**.

> Für die Anpassung der Netzspannung an die Gerätespannung werden Transformatoren verwendet.

Zur Umwandlung der Wechselspannung in Gleichspannung verwendet man Gleichrichterschaltungen. Eine Gleichrichterschaltung besteht z. B. aus einer Gleichrichterdiode mit den Anschlüssen Katode (K) und Anode (A), die mit einem Glättungskondensator verbunden ist (Tabelle). Der Glättungskondensator ist meist ein Elektrolytkondensator. Elektrolytkondensatoren haben bei kleiner Bauform eine große Kapazität, z. B. Werte von 4,4 mF.

> Gleichrichterschaltungen bestehen aus Gleichrichterdioden und Glättungskondensatoren.

Am Ausgang der Gleichrichterschaltung enthält die Gleichspannung noch einen Wechselspannungsanteil (Tabelle). Je größer die angeschlossene Last, also je kleiner R_L ist, desto mehr macht sich der Wechselspannungsanteil bemerkbar. Meist verwendet man zusätzliche Glättungseinrichtungen um den Wechselspannungsanteil zu verringern. Stabilisierungseinrichtungen bewirken eine konstant bleibende Gleichspannung oder einen konstant bleibenden Gleichstrom, auch wenn die Last verschieden groß ist und/oder wenn die Netzspannung schwankt.

> Stabilisierungsschaltungen gleichen Spannungsschwankungen und Stromschwankungen aus.

Außerdem enthalten Stabilisierungseinrichtungen oft einen Kurzschlussschutz oder einen Überlastungsschutz. Stabilisierungsschaltungen sind meist als IC ausgeführt (Tabelle). Es gibt sie z. B. für Festspannungen von z. B. +5 V, +12 V, oder −12 V. Diese IC werden auch als lineare Spannungsregler bezeichnet. **Bild 2** zeigt einen Schaltplan für ein einfaches Netzgerät, das zur Verringerung der Wechselspannungsanteile eine Brückengleichrichterschaltung mit vier Gleichrichterdioden, ein IC zur Spannungsstabilisierung und einen weiteren Glättungskondensator verwendet.

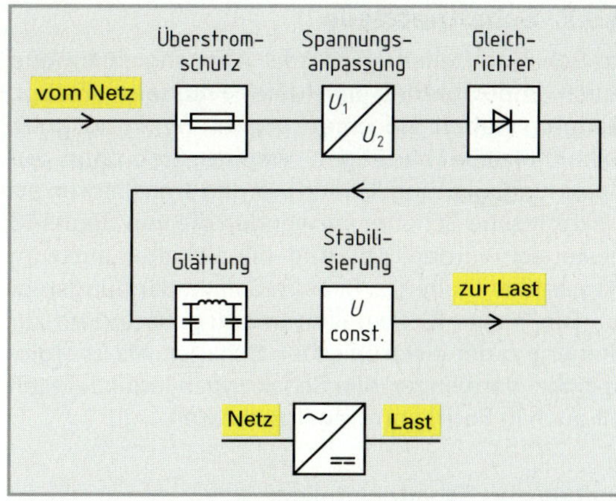

Bild 1: Übersichtsschaltplan und Schaltzeichen eines Netzanschlussgerätes

Tabelle: Baugruppen von Netzteilen

Schaltzeichen	Bauelement, Baugruppe
Transformator	
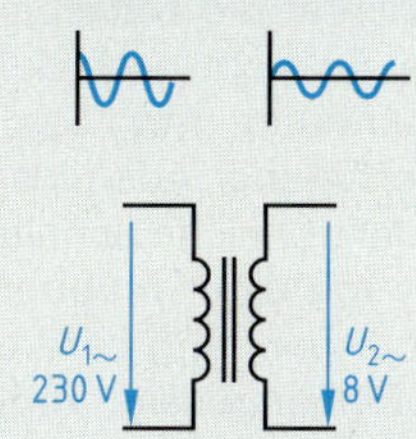	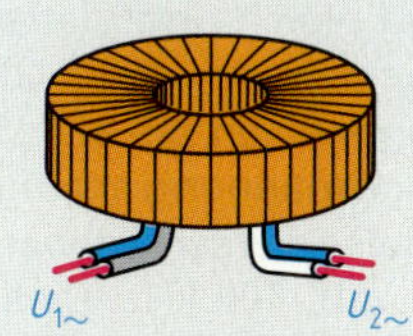
Gleichrichtung, Glättung und Lastwiderstand	
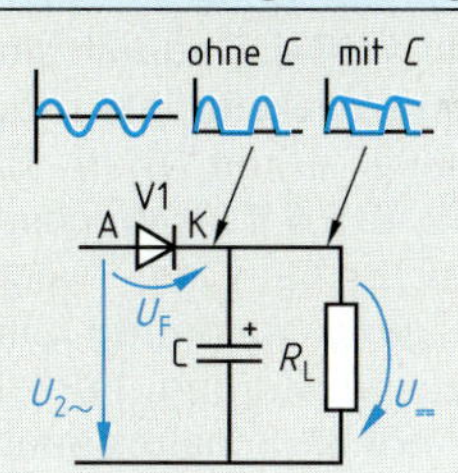	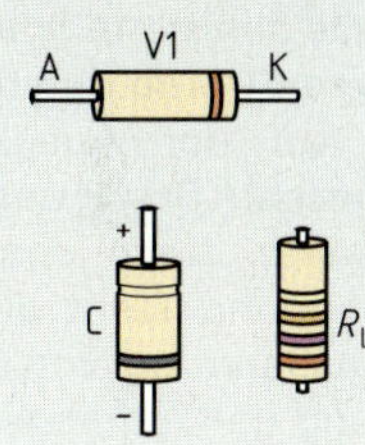
Stabilisierung	
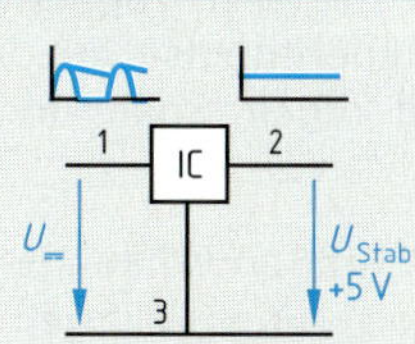	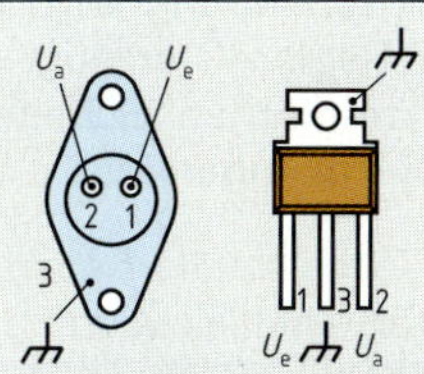

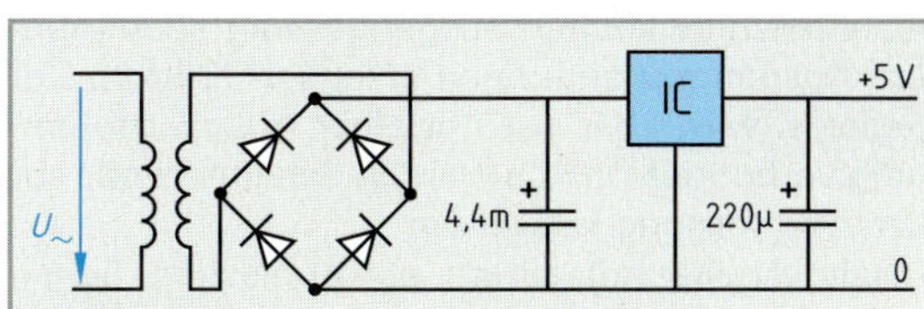

Bild 2: Schaltung eines einfachen Netzteils

4.9.2 Schaltnetzteile

In Schaltnetzteilen wird die Ausgangsspannung durch Impulsbetrieb bei hoher Frequenz erzeugt. Dadurch haben sie einen großen Wirkungsgrad. Schaltnetzteile benötigen wenige Siebmittel zur Spannungsglättung. Häufig werden Transistoren als elektronische Schalter verwendet, die von Regler-IC gesteuert werden. Oft sind die Schalter auch im Regler-IC enthalten, z. B. beim Schaltspannungsregler. Die Regler-IC enthalten Impulsgeneratoren zur Steuerung der elektronischen Schalter. Als Energiespeicher verwenden alle Schaltungen Induktivitäten oft auch in Form von Transformatoren.

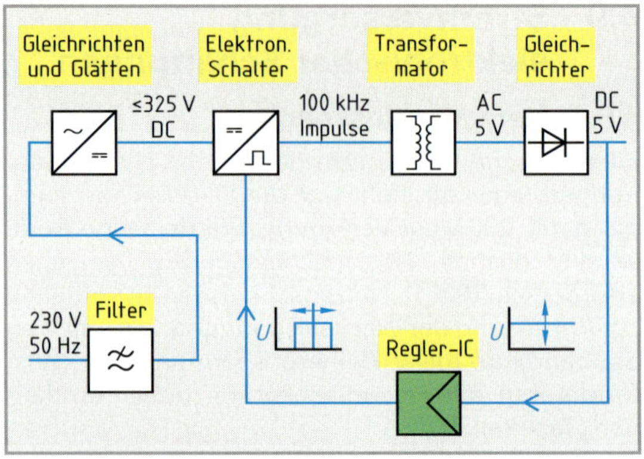

Bild 1: Übersichtsschaltplan eines primär getakteten Schaltnetzteils

Aufbau von Schaltnetzteilen

Schaltnetzteile für den Betrieb an der Netzspannung von 230 V bestehen aus mehreren Baugruppen **(Bild 1)**.

Die Netzspannung wird über ein Filter dem Gleichrichter zugeführt. Der Filter soll verhindern, dass Störspannungen des Impulsgenerators in das Netz gelangen. Der Gleichrichter richtet die Netzspannung gleich und glättet diese. Es steht nach dem Gleichrichter eine Gleichspannung mit Spannungswerten bis 325 V zur Verfügung. Aus dieser Gleichspannung erzeugt der elektronische Schalter Impulse verschiedener Länge mit einer Frequenz von z. B. 100 kHz. Diese Impulsspannung wird einem Transformator auf die Eingangsseite zugeführt. Als Transformatoren werden meist Ferritringkerne verwendet. Durch die hohe Frequenz wird die induzierte Spannung größer. Dadurch sind größere Ströme durch dickere Wickeldrähte möglich. Auf der Ausgangsseite erhält man die gewünschte Spannung von z. B. 5,6 V als Wechselspannung. Nach dem Gleichrichten der Wechselspannung steht als Ausgangsspannung eine Gleichspannung von 5 V zur Verfügung. Für die Siebung genügt wegen der hohen Schaltfrequenz ein kleiner Kondensator von z. B. 0,5 µF. Die Ausgangsspannung wird einem Regler-IC zugeführt. Der Regler-IC erzeugt die Steuerimpulse für den elektronischen Schalter und regelt Spannungsschwankungen aus.

> Schaltnetzteile haben einen großen Wirkungsgrad, sind leicht und haben ein kleines Volumen.

Bild 2: Schaltnetzteil

Schaltnetzteile können ausgangsseitig auch mehrere Ausgangsspannungen erzeugen **(Bild 2)**. Der Regler-IC wird aber nur mit einer Ausgangsspannung verbunden. In PCs werden Schaltnetzteile zur Stromversorgung verwendet.

Schaltnetzteile mit einem elektronischen Schalter werden als Eintaktschaltnetzteile bezeichnet **(Bild 3)**.

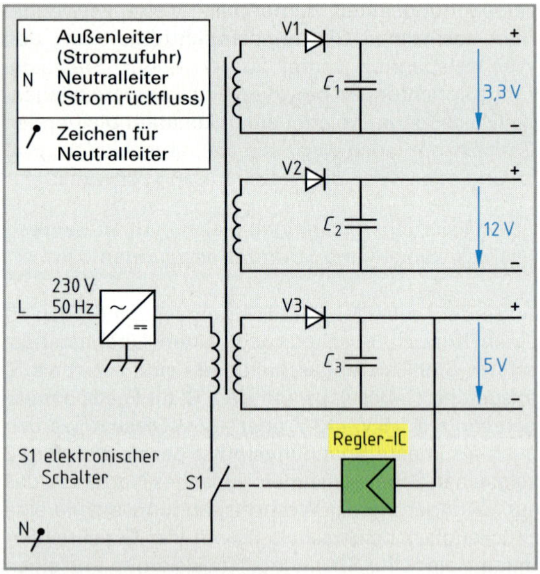

Bild 3: Eintaktschaltnetzteil

4.9.3 PC-Netzteile

Netzteile für PC werden in allseits geschlossenen Metallgehäusen hergestellt **(Bild 1)**. Das Metallgehäuse ist mit dem Anschluss des Schutzleiters verbunden und verhindert so ein Berühren spannungsführender Teile. Die meisten Netzteile verfügen über eine Umschaltmöglichkeit für 110 V/60 Hz (USA) und 230 V/50 Hz (Europa). Vorhandene Netzschalter sind oft nur einpolig ausgeführt. Oft ist auch ein zusätzlicher Netzanschluss für einen Monitor vorhanden.

> PC-Netzteile sind erst sicher spannungslos, wenn der Netzstecker gezogen wurde.

PC-Netzteile gibt es für Nennleistungen von 230 W bis 450 W. Netzteile sollten eine Leistungsreserve von 20 % für Erweiterungen, durch z. B. Zusatzkarten, besitzen. Zu große Netzteile verringern den Gesamtwirkungsgrad des PC.

> PC-Netzteile werden mit 80 % der Bemessungsleistung betrieben.

Die abgebbaren Ströme und Spannungen sind in der ATX-Spezifikation festgelegt **(Tabelle)**. ATX-Netzteile haben bis zu fünf Stecker zur Versorgung der PC-Komponenten.

Der Hauptstecker (Main Power Connector) hat 20 Anschlüsse **(Bild 2, links)**. Für die Spannungen 5 V und 3,3 V mit großer Stromstärke sind mehrere Kontakte parallel geschaltet, ebenso für die Masse. Für Prozessoren wie den Athlon oder den Pentium 4 ist ein ATX12V-Anschluss für 12 V vorgesehen **(Bild 2, rechts)**. Für die Versorgung von Geräten mit der Größe 5¼ Zoll, wie Festplatten oder CDROM-Laufwerken wird der PPC-Stecker (Power Peripheral Connector) benutzt **(Bild 3, links)**. Diskettenlaufwerke werden über den FDPC-Stecker (Floppy Disk Power Connector) versorgt **(Bild 3, Mitte)**. Bei manchen Netzteilen ist ein zusätzlicher APC-Stecker (Auxiliary Power Connector) vorhanden, der z. B. zusätzliche Hilfsspannungen für Server-Mainboards liefert **(Bild 3, rechts)**.

> ATX-Netzteile haben bis zu fünf verschiedene Stecker für den Anschluss der PC-Komponenten.

Die Steckerfarben sind gleich wie die Farben der Leiter zwischen Netzteil und Stecker. Für Erweiterungen, z. B. den Anschluss einer weiteren Festplatte verwendet man die Y-Leitung **(Bild 4)**. Diese besteht aus einer Buchse, die auf den PPC-Stecker gesteckt wird und zwei parallel geschalteten PPC-Steckern, die auf die entsprechenden Festplatten gesteckt werden.

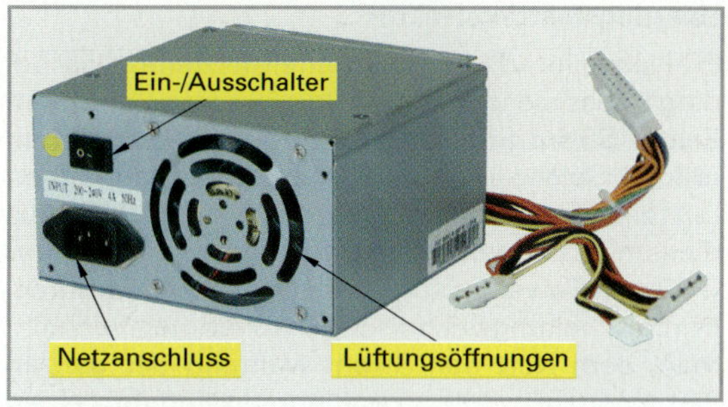

Bild 1: PC-Netzteil

Tabelle: Spannungen und Ströme nach ATX-Festlegung

Ausgang	U_n/V	U_{min}/V	U_{max}/V	I_{min}/A	I_{max}/A
12	+12	11,4	12,6	0,0	12,0
5	+ 5	4,75	5,25	1,0	30,0
3,3	+ 3,3	3,14	3,47	0,3	20,0
– 5	– 5	– 4,5	– 5,5	0,0	0,3
–12	–12	–10,8	–13,2	0,0	0,8
+ 5 SB	+ 5	4,75	5,25	0,0	1,5

ATX von **A**dvanced **T**echnology e**X**tended = Fortgeschrittene, erweiterte Technologie.

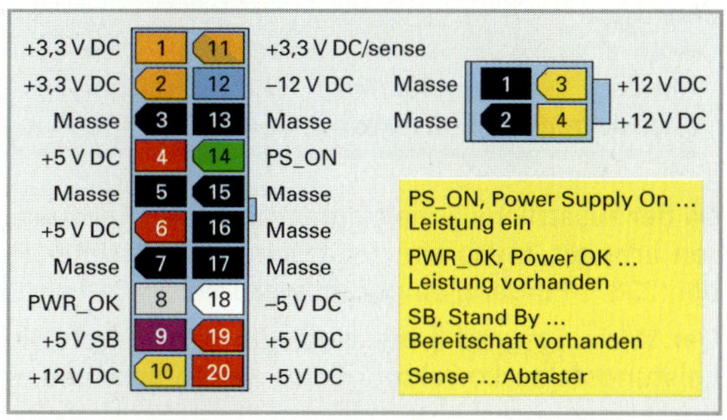

Bild 2: Hauptstecker und ATX12V-Stecker

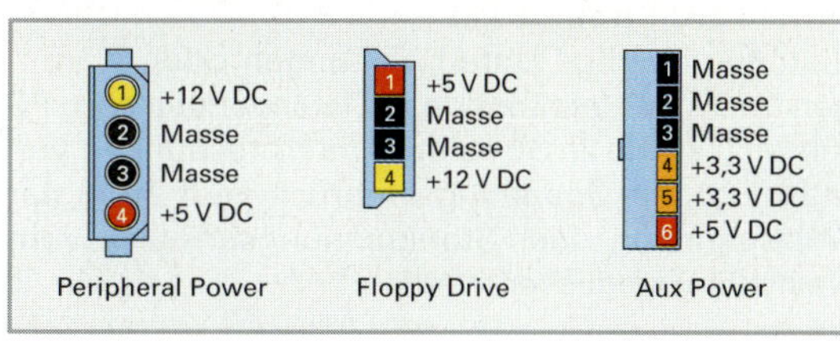

Bild 3: Komponentenstecker

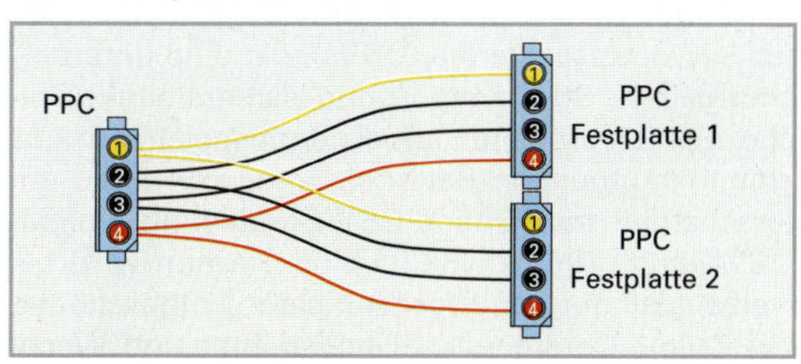

Bild 4: Y-Steckverbindung

Leistungsfaktorkorrektur

PC-Netzteile arbeiten als Schaltnetzteile. Das bedingt, dass sie dem 230-V-Netz nur zu bestimmten Zeiten Strom in Form von Impulsen entnehmen **(Bild 1)**. Solche Impulse führen zu Störspannungen mit teilweise hohen Frequenzen bis zu 100 kHz. Aus diesem Grund wird eine *Leistungsfaktorkorrektur* (PFC von Power Factor Correction) vorgenommen. Durch schaltungstechnische Maßnahmen versucht man, dem Netz den Strom während der ganzen Zeit einer Halbwelle zu entnehmen und ihm einen sinusförmigen Verlauf zu geben (Bild 1).

> Die Leistungsfaktorkorrektur bewirkt eine gleichmäßige Belastung des 230-V-Netzes.

Bei der *passiven Leistungsfaktorkorrektur* wird eine Spule in den Eingangskreis des Netzteiles geschaltet **(Tabelle 1)**. Nachteilig sind die großen Abmessungen der Spule und ihr großes Gewicht.

Bei der *aktiven Leistungsfaktorkorrektur* wird in den Eingangskreis des Netzteiles ein zusätzlicher Schaltregler zur Regelung der Impulsbreite und der Impulsform des Eingangsstromes geschaltet. Dadurch kann eine Korrektur von 100 % erreicht werden.

> Aktive Leistungsfaktorkorrekturschaltungen erreichen Korrekturfaktoren von 100 %.

Da der zusätzliche Schaltregler mit hohen Frequenzen arbeitet, muss ein zusätzliches Entstörfilter in den 230-V-Eingang eingefügt werden.

Der Wirkungsgrad η der Netzteile wird durch die Leistungsfaktorkorrektur nicht wesentlich beeinflusst.

Ausfall des Stromnetzes

Schon kurzzeitige Unterbrechungen oder Störungen im 230-V-Netz können zu Datenverlusten im PC führen **(Tabelle 2)**. So sollten Unterbrechungen von bis zu 20 ms, Spannungseinbrüche auf 70 % der Netzspannung oder Störspannungsimpulse vom Netzteil ausgeglichen werden.

Unterbrechungsfreie Stromversorgung (USV)

Zum Schutz vor Netzausfällen verwendet man z. B. für Server Zusatzgeräte (USVs), die eine unterbrechungsfreie Stromversorgung sicherstellen. Solche Geräte enthalten als Energiespeicher meist einen Akkumulator (Batterie). Je nach Aufbau unterscheidet man Offline-USV-Geräte und Online-USV-Geräte **(Bild 2)**. Bei Offline-Geräten wird bei Netzausfall auf den Wechselrichter umgeschaltet, bei Online-Geräten sind Gleichrichter und Wechselrichter dauernd in Betrieb.

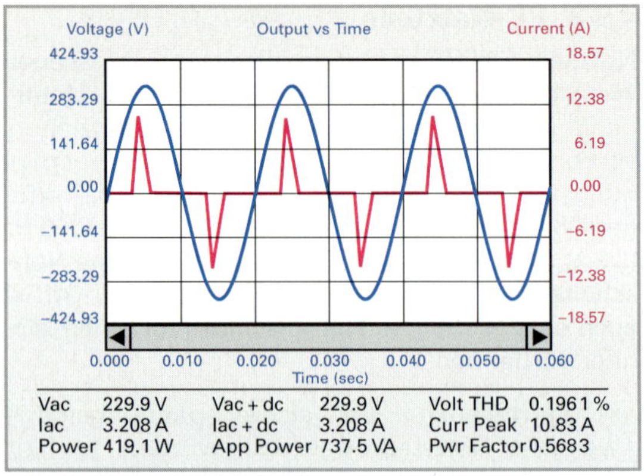

Bild 1: Spannungen und Ströme im PC-Netzteileingang

Tabelle 1: Leistungsfaktorkorrektur (PFC)

	Art der Korrektur		
	Ohne	passiv	aktiv
Baugruppe	–	Induktivität zwischen Netz- und Gleichrichterschaltung.	Zusätzlicher Schaltregler mit Pulsweitenmodulation.
Korrekturfaktor	0,5 ... 0,6	0,7 ... 0,8	0,8 ... 1,00
Wirkungsgrad η ist bei PC-Netzteilen: 0,3 ... 0,45			

Tabelle 2: Netzausfallarten

Art	Erklärung
Blackout (= Verdunkelung)	Ausfall der Netzspannung, für eine oder mehrere Schwingungen mit 50 Hz.
Brownout (= milde Verdunkelung)	Einbruch der Versorgungsspannung auf 70 %. Tritt z. B. beim Anlaufen großer Maschinen auf.
Surge (= Woge, Brandung)	Überlagerung der Netzspannung mit Spannungsimpulsen. Z. B. bei Blitzschlag oder auch Ausschalten von Niedervolt-Halogen-Beleuchtungen (induktive Verbraucher).

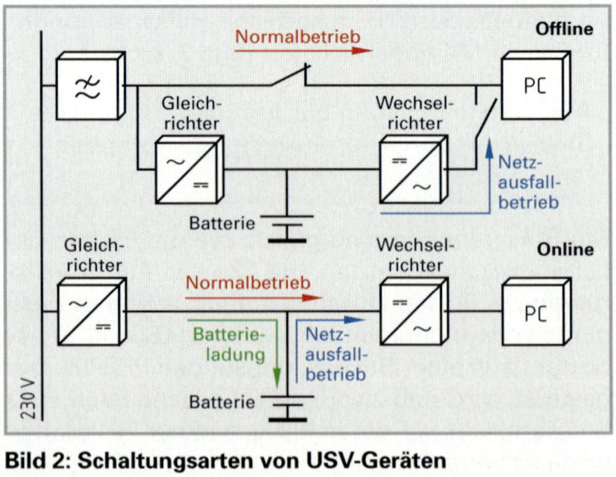

Bild 2: Schaltungsarten von USV-Geräten

4.10 Schutzmaßnahmen

4.10.1 Elektrischer Schlag

An einem PC-Arbeitsplatz ist ein Metallregal an der Wand befestigt. Eine Befestigungsschraube geht durch die Isolation der Stromleitung in der Wand und verursacht den Fehlerstrom I_F **(Bild 1)**. Der Fehlerstrom ist jedoch so gering, dass kein Abschalten durch den Leitungsschutzschalter (Sicherungsautomaten) erfolgt. Bei gleichzeitigem Berühren des unter Spannung stehenden Regals und des über die Steckdose geerdeten PC-Gehäuses bildet sich der Körperstrom I_K (Bild 1). Geht man von einem Körperwiderstand von z. B. 1 kΩ aus, beträgt wegen der Berührspannung U_B von 230 V der Körperstrom 230 mA. Bei einer Einwirkdauer von 0,5 s kann dieser Strom bereits Herzkammerflimmern auslösen **(Bild 2)**, ab 1 s ist Herzstillstand möglich. Beim Herzkammerflimmern „flimmert" das Herz mit der Frequenz des Stromes.

Der körperliche Schaden bei elektrischem Schlag hängt von der Stromstärke, der Stromart, der Einwirkdauer und dem Stromweg durch den Körper ab.

Um das Risiko körperlicher Schäden zu minimieren, sind bei der Einrichtung elektrischer Anlagen, z. B. eines PC-Arbeitsraumes, Sicherheitsvorschriften einzuhalten. Zu diesen zählen z. B. die

- Bestimmungen nach DIN VDE (von Deutsches Institut für Normungen und Verband Deutscher Elektriker), vor allem die Schutzmaßnahmen (VDE 0100 Teil 410),
- Unfallverhütungsvorschriften der Berufsgenossenschaften,
- Arbeitsstättenrichtlinien oder die
- TAB (von Technische Anschlussbedingungen).

Eine elektrotechnische Fachkraft ist verpflichtet, diese Vorschriften einzuhalten.

Missachtung der Sicherheitsvorschriften können mit Ordnungsstrafen geahndet werden.

Verletzt sich eine Person bei einem Elektrounfall, muss die Erste Hilfe schnell und in der richtigen Reihenfolge durchgeführt werden **(Tabelle)**. Dabei darf man nicht den Verletzten zuerst berühren, um den eigenen Körper vor elektrischem Schlag zu schützen. Bei Übelkeit des Verletzten wird dieser wegen der Gefahr des Erbrechens in die stabile Seitenlage gebracht. Bei Brandverletzungen dürfen keine Mittel auf die Wunden aufgetragen werden.

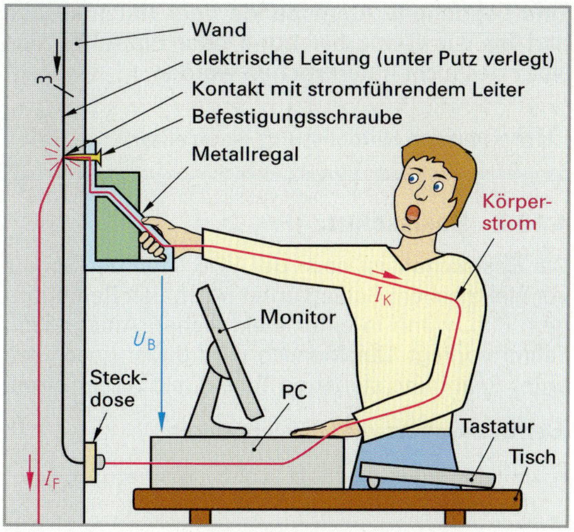

Bild 1: Berühren von spannungsführenden Teilen

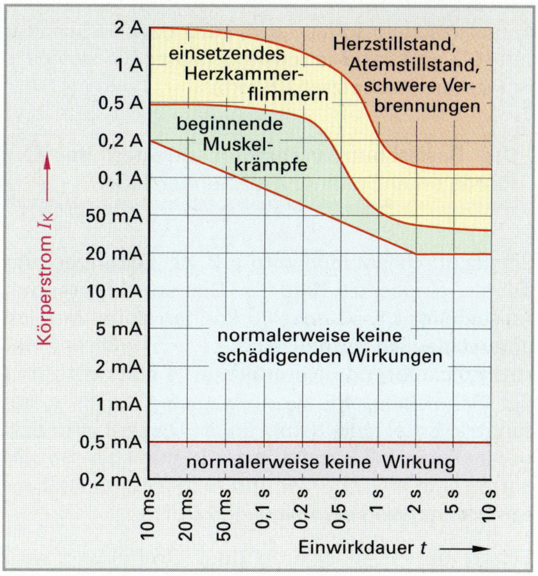

Bild 2: Stromwirkung auf den menschlichen Körper

Tabelle: Vorgehensweise bei einem Elektrounfall

Schritt	Maßnahme	Beispiel
1	Stromkreis sofort unterbrechen.	NOT-AUS-Schalter drücken. Sicherung ziehen.
2	Vor Wiedereinschalten sichern.	Sicherung mitnehmen.
3	Arzt benachrichtigen.	Betriebsarzt, Rettungswagen.
4	Art der Verletzung feststellen.	Herz-, Atemstillstand, Verbrennungen, Übelkeit.
5	Verletzungen behandeln.	Künstliche Beatmung, äußere Herzmassage, stabile Seitenlage.

Eine begonnene Atemspende oder Herzmassage darf bis zur Wiederbelebung oder Eintreffen des Notarztes nicht unterbrochen werden.

Unterlassene Hilfeleistung ist strafbar.

4.10.2 Basisschutz

Der Basisschutz ist nach der VDE 0100 der Schutz vor elektrischem Schlag unter normalen Bedingungen, d. h. wenn in einer elektrischen Anlage kein Fehler vorliegt. Der Mensch wird davor geschützt, unter Spannung stehende Teile direkt zu berühren.

Der Basisschutz wird erreicht durch

- vollständigen Schutz, d. h. Isolierung, Abdeckung, Umhüllung,
- teilweisen Schutz, d. h. Abstand, Hindernisse oder
- zusätzlichen Schutz, z. B. RCD bzw. FI-Schalter (RCD von residual current protective device = Reststromschutzschaltkreis).

Der Basisschutz verhindert direktes Berühren unter Spannung stehender Teile.

Schutz durch Isolation wird z. B. bei Leitungen und Kabeln eingesetzt **(Bild 1)**. Die stromführenden Außenleiter L1, L2 oder L3 können dabei farblich unterschiedlich gekennzeichnet sein, während der stromrückführende Neutralleiter N stets blau und der Schutzleiter PE (von Protected Earth = geschützte Erde) stets gelbgrün ist. Dieser Leiter darf *nur* im Fehlerfall Strom führen. In manchen Stromnetzen sind die Leiter PE und N zu einem Leiter zusammengefasst, dem Nullleiter PEN.

Schutz durch Abdeckung oder Umhüllung wird z. B. erreicht, wenn eine Verdrahtungsstelle von Leitungen durch eine Abzweigdose geschützt ist. Diese enthält neben dem VDE-Prüfzeichen eine IP-Kennzeichnung, z. B. IP 54 **(Bild 2)**. Ist die erste der beiden Ziffern 2 oder größer, liegt Basisschutz vor, weil ein Zugang mit einem Finger von 12 mm Durchmesser ausgeschlossen wird.

4.10.3 Fehlerschutz

Der Fehlerschutz ist nach VDE 0100 der Schutz vor elektrischem Schlag unter Fehlerbedingungen in einer elektrischen Anlage (Bild 1, vorhergehende Seite und **Bild 3**). Beim Fehlerschutz werden netzunabhängige Maßnahmen und netzabhängige Maßnahmen unterschieden **(Bild 4)**.

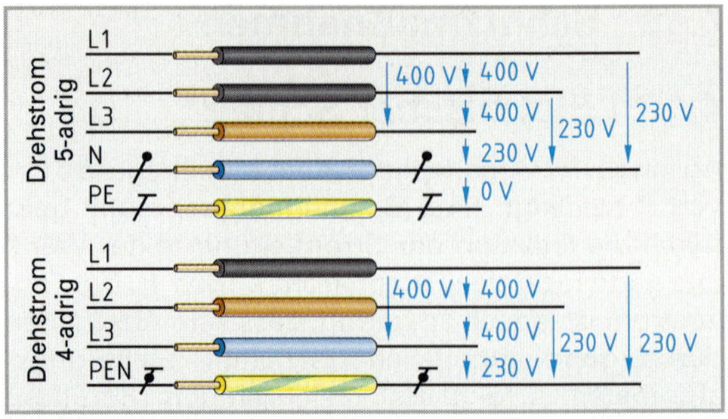

Bild 1: Schutz durch Isolation bei Leitungen und Kabeln

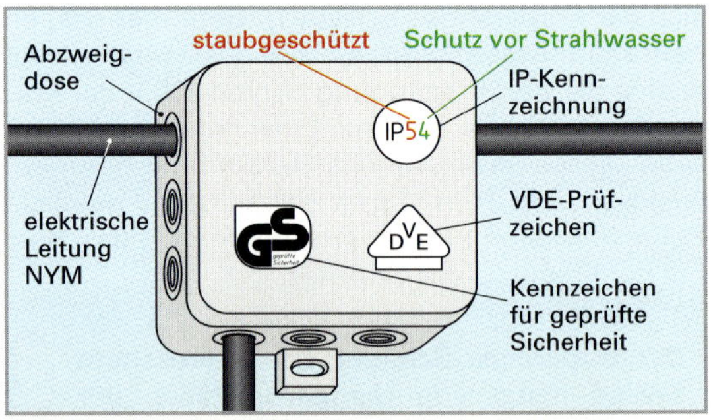

Bild 2: Schutz durch Abdeckung und Umhüllung

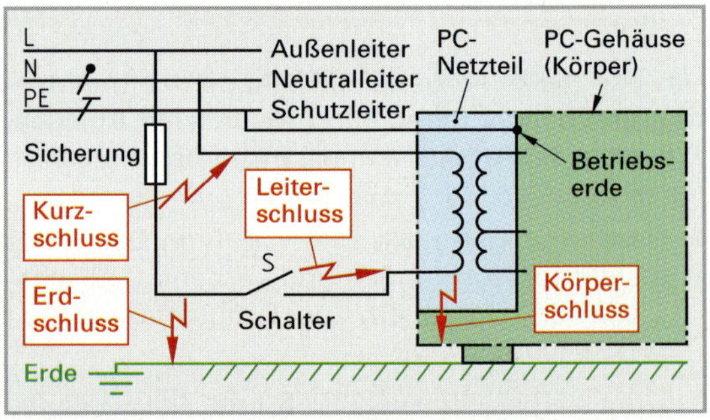

Bild 3: Fehlerarten an einem PC-Netzanschluss

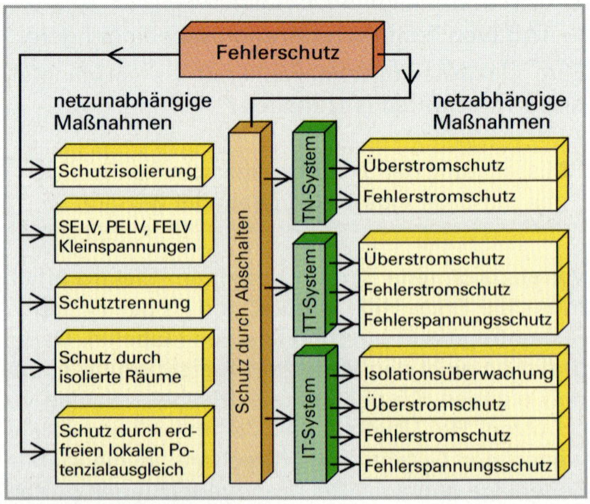

Bild 4: Fehlerschutzarten

4.10.3.1 Netzunabhängiger Fehlerschutz

Netzunabhängiger Fehlerschutz funktioniert ohne Schutzleiter und schützt Personen vor indirektem Berühren, z. B. über das Gehäuse eines elektrischen Gerätes bei einem Körperschluss. Der Begriff Körper wird nicht nur beim Mensch und beim Tier verwendet, sondern auch für berührbare, leitfähige Teile von elektrischen Geräten.

Schutzisolierung

Schutzisolierte Geräte, z. B. das Netzteil eines externen Zip-Laufwerkes, sind mit dem Symbol für Schutzisolierung gekennzeichnet **(Bild 1)**. Das Gehäuse (Körper) schutzisolierter Geräte ist vom elektrischen Teil vollständig isoliert und besteht meist ganz aus Kunststoff. Die Netzstecker der Geräte verfügen über keinen Schutzkontakt und die Netzleitung ist 2-adrig. Bei sichtbaren Gehäuseschäden dürfen die Geräte nicht mehr benutzt werden.

> Schutzisolierte Geräte dürfen nicht mit dem Schutzleiter PE des Netzes verbunden werden.

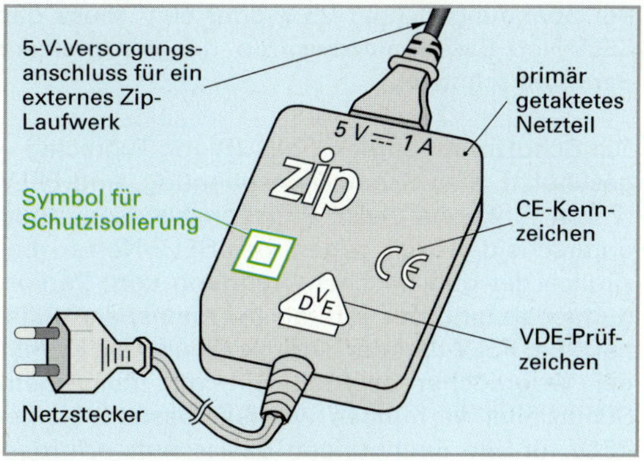

Bild 1: Schutzisoliertes Netzteil

Schutztrennung

Bei der Schutztrennung werden Verbraucher über Trenntrafos (VDE 0550 und 0551) vom Netz galvanisch getrennt. Die Trenntrafos führen das Symbol für Schutztrennung **(Bild 2)**.

> Die Ausgangsseite des Trenntrafos enthält die gegen Erde potenzialfreien Leiter L1 und L2.

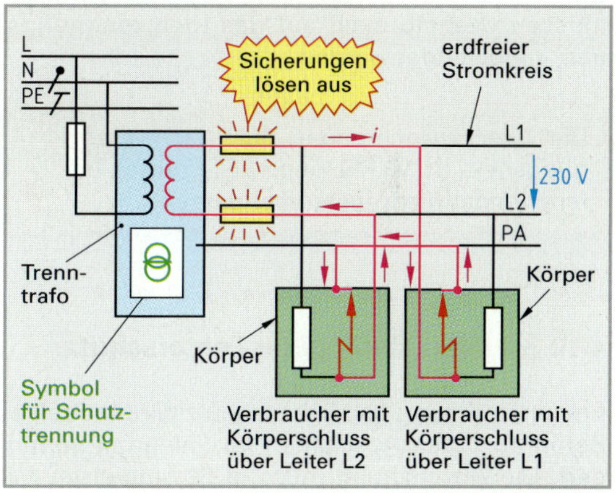

Bild 2: Schutztrennung mit 2 Verbrauchern im Fehlerfall

Ortsveränderbare Trafos müssen schutzisoliert sein. Ist Schutztrennung zwingend vorgeschrieben, z. B. in Laborräumen, darf nur ein Verbraucher an den Trenntransformator angeschlossen werden. Sonst können mehrere Verbraucher angeschlossen werden, wobei ein ungeerdeter Potenzialausgleichsleiter PA die Körper der Verbraucher verbindet. So werden im Fehlerfall (Bild 2) die Sicherungen ausgelöst. Dadurch wird eine unzulässige Berührspannung zwischen den Körpern der Verbraucher verhindert.

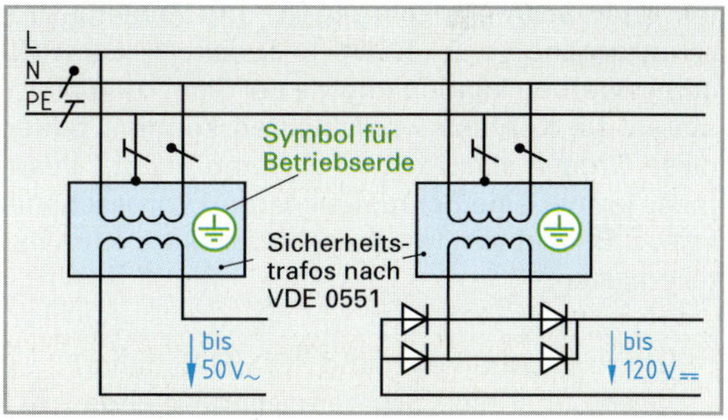

Bild 3: SELV (Sicherungskleinspannung)

SELV, PELV, FELV

Bei diesen Schutzmaßnahmen handelt es sich um Kleinspannungen bis 50 V Wechselspannung oder bis 120 V Gleichspannung. **SELV** (von Safety Extra Low Voltage = Sicherheitskleinspannung), früher Schutzkleinspannung, verwendet Sicherheitstransformatoren nach VDE 0551 oder Akkumulatoren **(Bild 3)**, z. B. bei der Stromversorgung eines Laptops. Die Körper der Trafos sind mit Betriebserde, d. h. dem Schutzleiter PE, verbunden. Ausgangsseitig müssen die Trafos galvanisch vom Netz getrennt sein.

> Das SELV-Netz darf nicht geerdet werden.

Bei Spannungen über 25 V oder 60 V muss das SELV-Netz Basisschutz besitzen, d.h. vor direktem Berühren schützen.

Die Schutzmaßnahmen PELV (P von Protected = geschützt), also Schutzkleinspannung, und FELV (F von funktional), also Funktionskleinspannung unterscheiden sich gegenüber SELV-Netzen bezüglich der galvanischen Trennung vom Versorgungsnetz und der Erdung im Kleinspannungsnetz. Bei PELV darf der Stromkreis und die Körper der Verbraucher geerdet sein, d.h. mit einem Schutzleiter verbunden werden. Deshalb ist bei PELV für alle Spannungen Basisschutz erforderlich. FELV-Netze haben keine galvanische Trennung gegenüber dem Versorgungsnetz **(Bild 1)**. Die Schutzmaßnahmen des Versorgungsnetzes müssen deshalb auch auf das Kleinspannungsnetz angewendet werden.

> Die Steckvorrichtungen für das Versorgungsnetz, SELV, PELV und FELV dürfen untereinander nicht zusammenpassen.

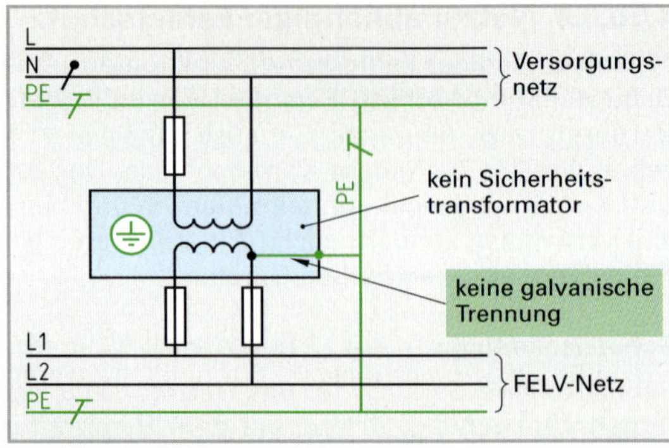

Bild 1: Schutzmaßnahme FELV

4.10.3.2 Netzabhängiger Fehlerschutz

Beim netzabhängigen Fehlerschutz wird indirektes Berühren durch Abschalten im Fehlerfall verhindert. Die Abschaltung muss in Stromkreisen mit Steckdosen bei Spannungen bis 400 V innerhalb von 0,2 s erfolgen. Die Schutzeinrichtungen sind Überstromschutzorgane, z. B. Sicherungsautomaten oder Schmelzsicherungen, und Fehlerstromschutzorgane, z. B. RCD (FI-Schalter). Da RCD defekt werden können und da bei Sicherungsautomaten die Kontakte verschleißen können, bilden diese Organe allein keinen sicheren Schutz. Ihnen muss immer eine Schmelzsicherung vorgeschaltet sein, z. B. in einem Hausanschlusskasten oder Verteilerkasten.

> Sicherungsautomaten und RCD (FI-Schalter) müssen über eine Schmelzsicherung abgesichert werden.

Beim Schutz durch Abschalten müssen alle leitfähigen Körper an einen Schutzleiter angeschlossen und geerdet werden. Ob die Erdung über das Netz (Betriebserde) oder direkt mit der Erde erfolgt, hängt von dem Verteilungssystem (Netzform) ab **(Tabelle)**. In jedem Gebäude muss ein Hauptpotenzialausgleich stattfinden, damit z. B. bei einem Körperschluss alle geerdeten Gegenstände, z. B. auch

Tabelle: Verteilungssysteme (Netzformen)

Art	Aufbau	Beschreibung
TN-S	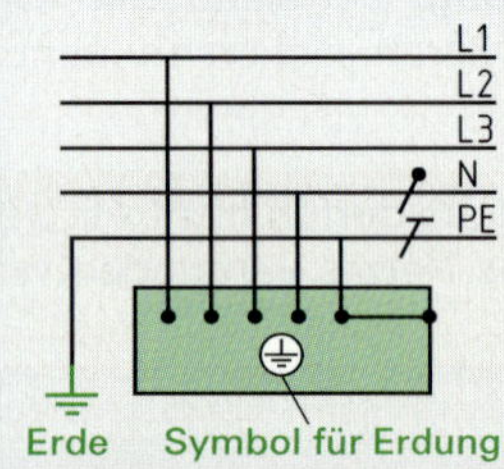	Neutralleiter und Schutzleiter sind netzseitig geerdet, z. B. an der Trafostation des EVU (Elektrizität-Versorgungsunternehmen). Die Körper sind an den Schutzleiter (Betriebserde) angeschlossen.
TN-C	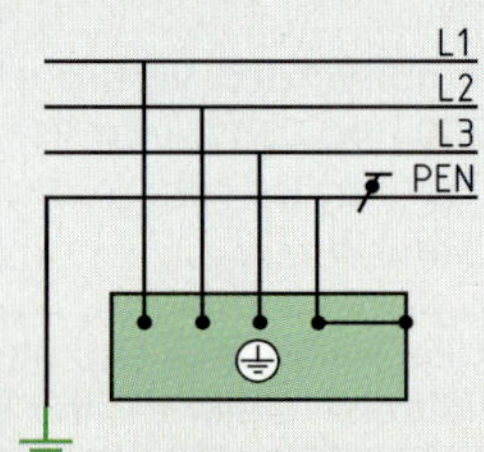	Der Nullleiter PEN übernimmt die Stromrückführung des Neutralleiters N und die Schutzfunktion des Schutzleiters PE. Sonst liegt derselbe Aufbau wie beim TN-S-System vor.
TT	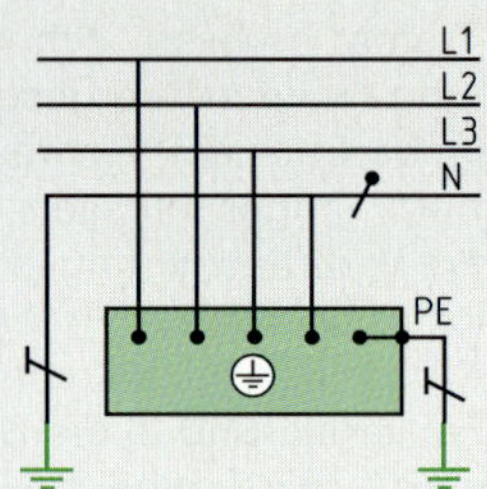	Der Neutralleiter ist netzseitig geerdet wie bei den TN-Systemen. Körper werden mit einem Schutzleiter PE über Erder direkt mit der Erde verbunden. Fehlerströme fließen über den Erder, z. B. bei Körperschluss.
IT	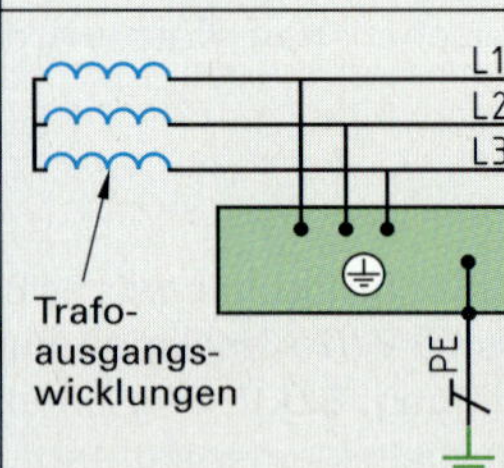	Das System besteht nur aus den Außenleitern L1, L2 und L3. Der Sternpunkt der Ausgangswicklungen des Netztransformators ist gegen Erde isoliert. Körper werden mit einem Schutzleiter direkt geerdet.

1. Buchstabe für Netzseite: T = direkt geerdet, I = isoliert.
2. Buchstabe für Körper: T = direkt geerdet, N = über das Netz geerdet.
3. Buchstabe für PE und N: S = separat, getrennt, C = kombiniert.

Rohrleitungen, Heizkörper oder Badewannen, ungefähr das Potenzial des Schutzleiters annehmen und keine Potenzialdifferenz gegen Erde auftritt. Die Potenzialausgleichsschiene ist mit einem Fundamenterder verbunden **(Bild 1)**.

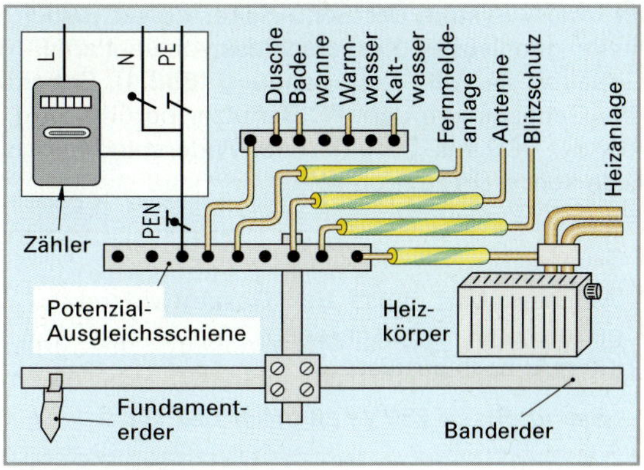

Bild 1: Potenzialausgleich

Schutz im TN-System

In einem TN-System ist ein PC-Labor mit 8 PCs und einem Datennetz einzurichten. Für den Laborraum ist neben dem Überstromschutzorgan ein RCD (FI-Schalter) vorgeschrieben **(Bild 2)**. Der Fehlerstrom darf 30 mA nicht überschreiten.

Bei einem Körperschluss, z. B. im PC 8, fließt der Strom I_F vom Außenleiter L1 über das PC-Gehäuse und den Schutzleiter PE direkt ins Netz zurück. Der Strom würde aufgrund des geringen elektrischen Widerstandes auf einen hohen Wert ansteigen. Der RCD (FI-Schalter) mit einem Nennfehlerstrom von 30 mA schaltet innerhalb von 0,2 s ab, sodass am PC-Gehäuse keine gefährliche Berührspannung auftreten kann.

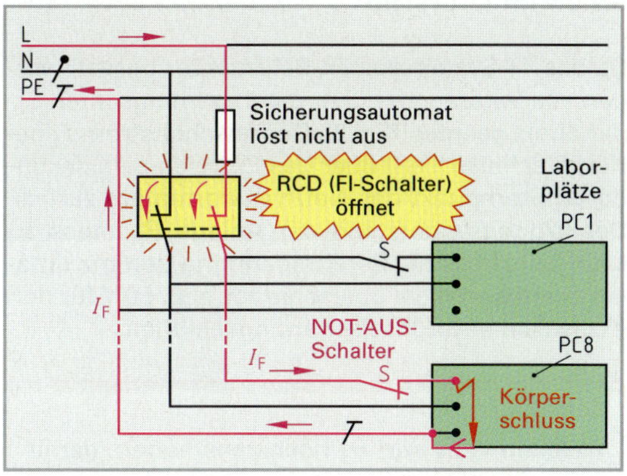

Bild 2: Schutz im TN-S-System bei Körperschluss

Der RCD ist ein Summenstromwandler **(Bild 3)**. Er vergleicht den zufließenden Strom durch den Leiter L1 mit dem rückfließenden Strom durch den Leiter N. Tritt eine Stromdifferenz auf, wird in dem die Leiter umschließenden Eisenkern ein Magnetfeld aufgebaut. Ist die Stromdifferenz so groß wie der Nennfehlerstrom des RCD oder größer, wird in der Induktionswicklung eine ausreichende Spannung induziert, um den RCD allpolig abzuschalten.

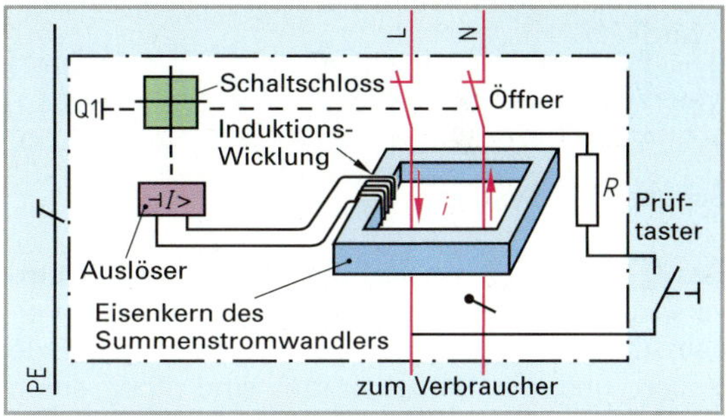

Bild 3: Aufbau des RCD (FI-Schalter)

> Damit der Fehlerstrom erkannt wird, muss der Leiter PE außerhalb des RCD (FI-Schalter) vom Netz zum Verbraucher führen.

Eine Prüftaste erzeugt einen gewollten Fehlerstrom, der den RCD auslöst. Mit dem Prüftaster wird in regelmäßigen Zeitabständen die Funktion des Schutzorgans getestet.

Bei einem Kurzschluss, z. B. im PC 1, fließt der Strom über den Leiter N durch den RCD ins Netz zurück **(Bild 4)**. Da die Stromsumme im RCD null ist, löst dieser nicht aus. Der Strom steigt auf ein Vielfaches des Bemessungsstromes (Nennstromes) des Sicherungsautomaten. Dieser unterbricht dadurch den Stromkreis durch Abschalten.

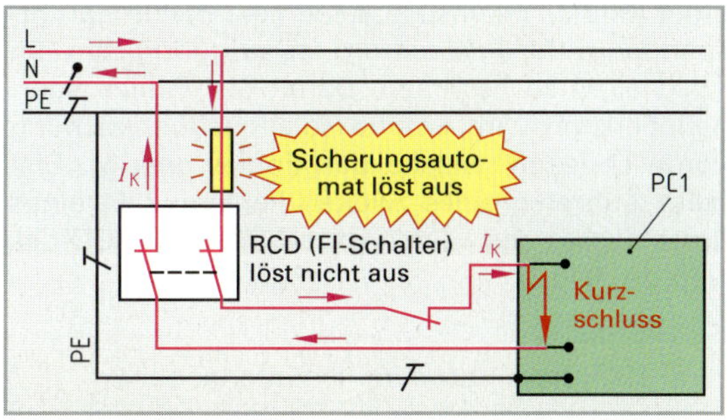

Bild 4: Abschalten bei Kurzschluss im TN-S-System

> RCD (FI-Schalter) ersetzen nicht die Schutzfunktion von Überstromschutzorganen.

Ist im TN-System der Schutzleiter defekt (Bruchstelle) und liegt ein Körperschluss vor, liegt am PC-Gehäuse die volle Netzspannung **(Bild 1)**. Sobald das Gehäuse von dem PC-Benutzer berührt wird, löst der RCD aus. Dazu darf der Widerstand gegen Erde aber nicht zu groß sein.

Beispiel 1:

Welchen Wert muss der Gesamtwiderstand gegen Erde unterschreiten, damit der RCD (30 mA) noch auslöst?

Lösung: R_{max} = 230 V / 30 mA = **7,67 kΩ**

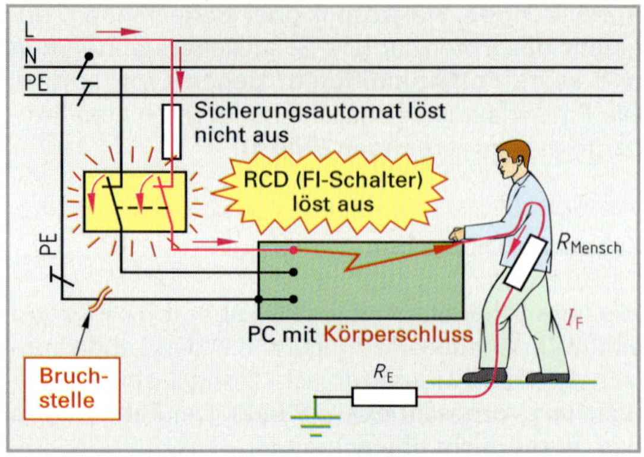

Bild 1: Fehlerschutz bei defektem Schutzleiter

Schutz im TT-System

Da das TT-System keinen Schutzleiter besitzt, werden alle Verbraucher über einen gemeinsamen Erder direkt geerdet **(Bild 2)**. Der Abschaltstrom I_A bei Körperschluss fließt über das Erdreich zum sekundären Sternpunkt des Netztransformators zurück. Der Erdungswiderstand der Anlage R_A muss so klein sein, dass die Berührspannung den maximalen Grenzwert nicht überschreitet, z. B. 50 V für den Menschen in Wechselspannungsanlagen.

Beispiel 2:

Welchen Wert darf R_A höchstens haben, damit beim Abschalten durch den RCD (30 mA) die maximale Berührspannung nicht überschritten wird?

Lösung: R_{max} = 50 V / 30 mA = **1,67 kΩ**

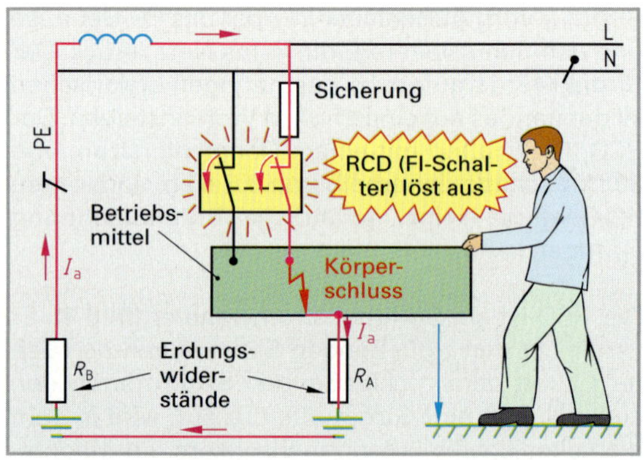

Bild 2: Schutz bei Körperschluss im TT-System

Schutz im IT-System

Das IT-System ist ein von der öffentlichen Stromversorgung galvanisch getrenntes Netz, z. B. in einem Operationssaal. Alle Leiter sind gegen Erde isoliert und die Betriebsmittel sind über einen Schutzleiter direkt geerdet. Tritt ein Fehler auf, z. B. ein Körperschluss über den Leiter L1, so wird L1 geerdet **(Bild 3)**. Es ensteht keine gefährliche Berührspannung. Der Fehlerstrom ist zu gering, um ein Abschalten zu bewirken. Damit der Fehler überhaupt erkannt wird, ist eine Isolationsüberwachung vorgeschrieben, welche den Fehler anzeigt. Erst beim Auftreten eines zweiten Fehlers, z. B. eines Erdschlusses des Leiters L3, schaltet der RCD das Netz ab (Bild 3).

Im IT-System ist eine Isolationsüberwachung vorgeschrieben.

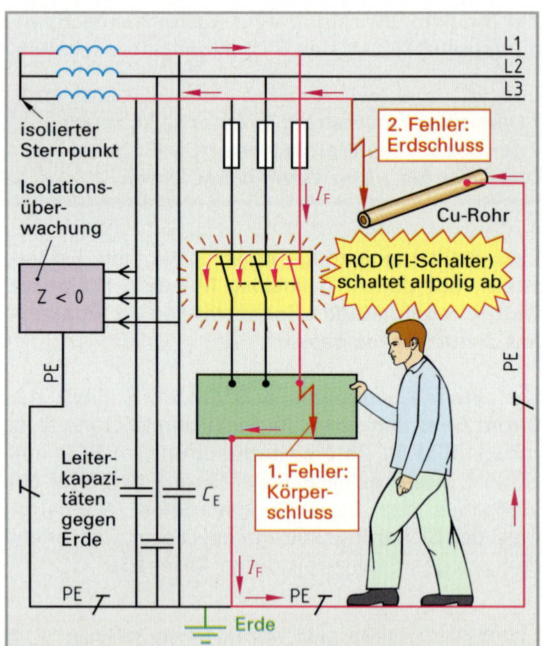

Bild 3: Abschalten im IT-System bei 2 Fehlern

4.11 Elektromagnetische Verträglichkeit EMV

Bei der Signalübertragung muss sichergestellt sein, dass die Information während der Übertragung nicht verfälscht wird. Schon ein kurzes Flachbandkabel kann Störungen in Form von elektromagnetischen Wellen „einfangen" aber auch aussenden. Durch elektrostatisch oder elektromagnetisch hervorgerufene Spannungen können elektronische Bauelemente zerstört werden.

Die elektromagnetische Verträglichkeit (EMV) befasst sich mit der Beeinflussung durch elektromagnetische Störsignale. Darunter fallen alle elektromagnetischen Strahlen und Felder, welche die technischen Systeme aber auch die Umwelt und insbesondere den Menschen beeinflussen.

Die EMV bezieht sich auf strahlende elektrische und magnetische Störfelder sowie leitungsgebundene Störsignale.

Störung durch elektrische Felder

Geht eine Person über einen isolierenden Bodenbelag, z. B. einen Teppichboden mit synthetischen Fasern, wird der menschliche Körper durch die Ladungstrennung elektrisch aufgeladen **(Bild 1)**. Dies kann zu Spannungen von einigen 10 000 V führen. Eine Aufladung tritt auch beim täglichen Umgang mit anderen isolierenden Stoffen auf **(Tabelle 1)**. Kommt ein ungeschütztes elektronisches Bauelement mit einer elektrostatisch aufgeladenen Person oder Gegenstand in Berührung, so kann die elektrostatische Spannung zu einer erheblichen Funktionsstörung oder Zerstörung des Bauelementes führen. Dies kann die Verfälschung von gespeicherten Daten sein, eine Vorschädigung des Bauelementes, die dann zu einem späteren Zeitpunkt, z. B. beim Kunden, zu einem Ausfall führt, oder die sofortige Zerstörung des Bauelementes sein. Halbleiterbauelemente werden bereits von Spannungen zerstört, die weit unter den möglichen Höchstwerten der elektrostatischen Spannungen liegen **(Tabelle 2)**.

Gespeicherte Daten und Hardware von elektrischen Geräten können durch elektrostatische Aufladungen zerstört werden.

Tabelle 2: Zerstörungsspannungen

Halbleitertyp	Zerstörspannung in V
Bipolare Transistoren	380 bis 7000
Operationsverstärker (bipolar)	190 bis 2500
EPROM, EEPROM	100 bis 500
Operationsverstärker (FET)	100 bis 200

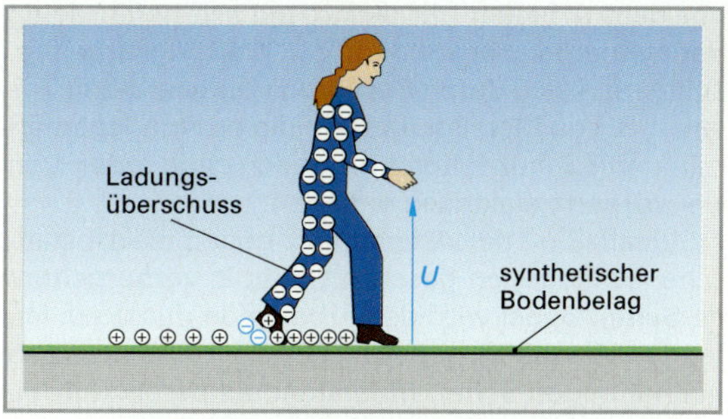

Bild 1: Aufladung eines Menschen beim Laufen über einen synthetischen Bodenbelag

Tabelle 1: Elektrostatische Spannungen

Ursache	Spannung in kV	Maßnahmen zur Aufhebung
Kleidung aus synthetischen Fasern, Schuhe mit Gummisohlen	30	Kleidung aus Baumwolle, Schuhe mit Ledersohlen tragen.
Fußbodenbelag aus Holz, Keramikfliesen, Kunststoff oder synthetischen Fasern	10	Leitfähiger Fußbodenbelag, antistatisches Spray.
Arbeitstisch mit isolierendem Belag	5	Leitfähige Farbe aufbringen, leitfähige Arbeitsunterlage verwenden.
Papier aus Fotokopiergeräten oder Laserdruckern	5	Vermeidung am Arbeitsplatz.

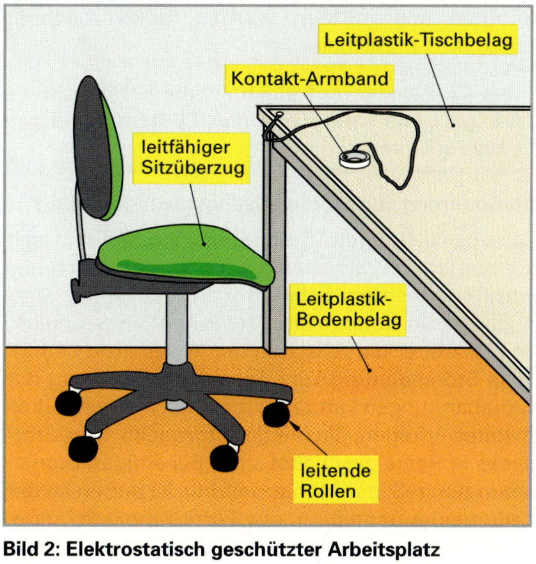

Bild 2: Elektrostatisch geschützter Arbeitsplatz

Vor dem Arbeiten mit elektrostatisch gefährdeten Bauelementen, besonders bei Wartungsarbeiten, sollte man sich durch Berühren von geerdeten Teilen, z. B. von Metallgehäusen, die ordnungsgemäß mit dem Schutzleiter verbunden sind oder von Heizkörpern, elektrisch entladen.

Im Idealfall ist der Arbeitsplatz gegen elektrostatische Aufladungen geschützt **(Bild 2, vorhergehende Seite)**. Dabei wird der Arbeitende durch ein leitendes Armband geerdet. Dieses ist über einen hochohmigen Schutzwiderstand an den Schutzleiter PE der elektrischen Anlage angeschlossen.

Elektrostatische Aufladungen werden durch Ableitungen zur Erde beseitigt.

Störung durch elektromagnetische Felder

Hochfrequente elektromagnetische Schwingungen treten bei vielen technischen Systemen auf, z. B. bei hohen Taktfrequenzen in Computern oder Schaltnetzteilen. Auch bei Schaltvorgängen von Gleichspannungen oder im elektrischen Netz treten beim Öffnen oder Schließen von Kontakten Funken auf, die dann z. B. im Rundfunkempfänger als störende Geräusche hörbar sind. Die hochfrequenten Schwingungen gelangen von der Störquelle zur Störsenke, z. B. einem Computer **(Bild 1)**. Der Störweg kann aus einer galvanischen, induktiven oder kapazitiven Kopplung oder der Einstrahlung zwischen Störquelle und Störsenke bestehen.

Zur Sicherstellung der Informationsübertragung, z. B. in einem Funknetzwerk oder einem Kabelnetzwerk, dürfen die Störspannungen bestimmte Werte nicht überschreiten.

Durch Entstörung werden die Störspannungen möglichst weit verringert, sodass die vom Gesetzgeber vorgegebenen Grenzwerte für die Störsignale nicht überschritten werden, gekennzeichnet durch die CE-Zeichen.

Das CE-Zeichen auf elektrischen Geräten bestätigt unter anderem die Einhaltung der EMV-Richtlinien.

Maßnahmen zur Störspannungsunterdrückung

Die über Leitungen übertragene Störspannungen können an der Störquelle oder an der Störsenke verringert werden. Schaltet man z. B. an der Störquelle einen Kondensator zwischen die Netzleiter, so schließt er die zwischen den Netzleitern befindliche Störspannung kurz. Eine Abschwächung der Störspannungen kann zusätzlich noch durch Induktivitäten erfolgen, die mit der Störquelle, bzw. Störsenke in Reihe geschaltet sind. Bei einigen Signalleitungen, z. B. der Monitorleitung, ist außen an der Leitungsummantelung ein Ferrit-Ringkern angebracht, der nur das Nutzsignal passieren lässt und hohe Frequenzen dämpft. Bei Störabstrahlung bzw. bei Störstrahlungsempfang muss die Störsenke bzw. die Störquelle abgeschirmt werden **(Bild 2)**.

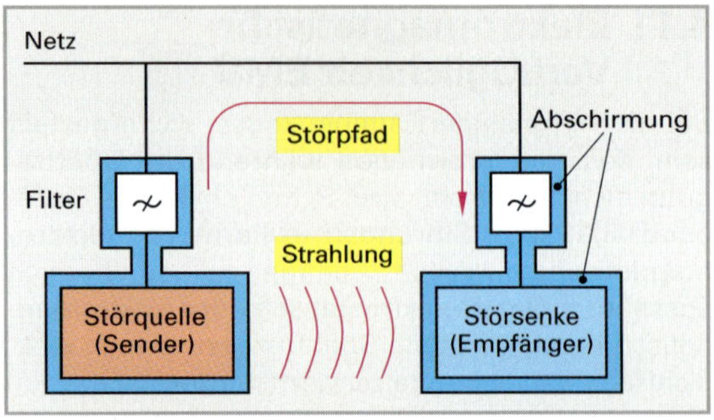

Bild 1: Ausbreitung von Störungen

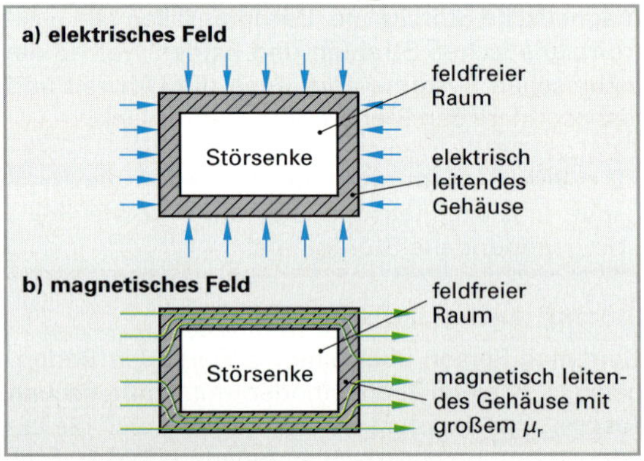

Bild 2: Abschirmung gegen a) elektrisches Feld und b) magnetisches Feld

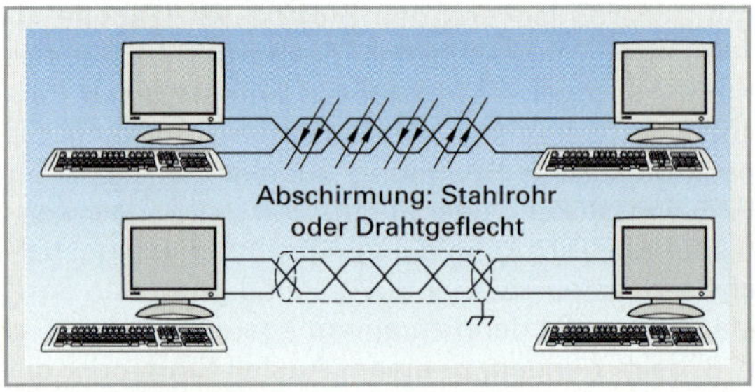

Bild 3: Schutzmaßnahmen gegen induktive Einstreuung bei Leitungen

Abschirmung verringert die Störstrahlung, Kondensatoren oder Filter verringern die leitungsgebundenen Störsignale.

Elektrische Leitungen wirken auch als Antenne für elektromagnetische Strahlung, die dann eine Störspannung induzieren kann. Bei Netzwerkleitungen werden die beiden Leiter paarweise verdrillt, dadurch induziert das äußere Magnetfeld gegensinnige Störspannungen, die sich in der Störwirkung abschwächen **(Bild 3)**.

5 Information and telecommunications technology

5.1 Telecommunications

Dramatic advances in technology over the last 25 years have shown how small the world is. This has been thanks to developments in communication. The ability to speak to anyone, instantly, wherever he or she may be, makes the world appear to us a global village.

> The term "telecommunications" refers to the transmission of information over long distances using the telephone system, radio, satellite or computer links.

Today, communication satellites orbit the earth in geo-stationary orbits at a height of nearly 36,000 km **(Fig. 1)**. They provide all forms of communication and such services as telephony, data, TV, navigation, meteorology, and surveillance.

In the modern world, telecommunications mainly means transferring information from one PC to another via modem and phone lines.

One of the latest developments is the optical fiber cable **(Fig. 2)**. It is a tiny glass fiber which can convey signal information by light pulses. Optical fiber cable with extremely low loss has now been developed with very high data-carrying capacity. Thousands of telephone messages can be carried down a single fiber.

> Optical fibers possess a very high data-carrying capacity.

Perhaps the greatest change which has occurred in the last twenty years is that from analog to digital methods of information transmission. Telephony, radio and TV all started as analog systems. Today the general trend is towards digital technology.

> Problems of noise and interference can be eliminated much more successfully in a digital system.

The advances in microelectronics and the merging of communications with computers has led to the digital transmission mode with its advantages of computer control, automatic error checking of signals, excellent memory storage facilities for data, and intelligent terminals.

Table: Keywords

English expression	Übersetzung
advance	Fortschritt
advantage	Vorteil
carrying capacity	Übertragungskapazität
development	Entwicklung
error	Fehler
fiber	Faser
global	weltweit
instantly	sofort
interference	Störung
latest	jüngste, neueste
loss	Verlust
merging	Zusammenschluss
orbit	Umlaufbahn
service	Dienst(leistung)
storage facilities	Speichermöglichkeiten
surveillance	Überwachung
tiny	winzig
to appear	erscheinen
to convey	übertragen
to occur	sich ereignen
to provide	bereitstellen
to transfer	übertragen
transmission	Übertragung
vast	riesig

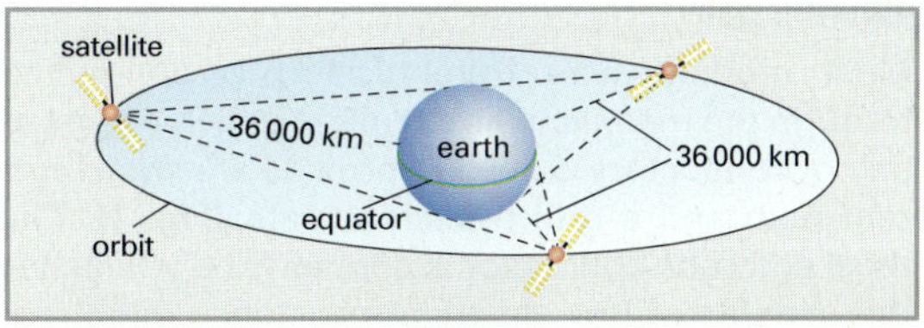

Fig. 1: Satellites orbiting earth

Fig. 2: Optical fibers

Revision and consolidation

1. **What is 'telecommunications'?**
2. **What is meant by 'global village'?**
3. **What is a 'geo-stationary' orbit?**
4. **What are the advantages of optical fibers?**
5. **Why is digital transmission superior to analog transmission?**

5.2 Telecommunications media

Telecommunications media refer to equipment and systems used in telecommunications – metal wire, terrestrial and satellite radio, and optical fiber which is employed in the transmission of electro-magnetic signals. Every telecommunications system involves the transmission of an information-carrying electro-magnetic signal through a physical medium that separates the transmitter from the receiver.

5.2.1 Wire transmission

In wire transmission an information-carrying electro-magnetic wave is guided along a wire conductor to a receiver. Propagation of the wave is always accompanied by a flow of electric current through the conductor. Since all practical conductor materials are characterized by some electrical resistance, part of the electric current is always lost by conversion to heat, which is radiated from the wire. The basic types of wire media found in telecommunications are single-wire lines, open-wire pairs, cables, and coaxial cables.

Twisted pair

Most modern wire transmission is conducted through the metallic-pair circuit, in which a twisted pair of conductors is used to provide a forward current path and a return current path **(Fig. 1)**. The most common conductor is copper wire, which has the benefits of low electrical resistance, high tensile strength, and high resistance to corrosion.

Coaxial cable

By enclosing a single conducting wire in a dielectric insulator and an outer conducting shell, an electrically shielded transmission circuit called coaxial cable is obtained **(Fig. 2)**. Coaxial cable has very low radiation losses and low susceptibility to external interference.

In order to reduce weight and make the cable flexible, copper or aluminum foil is commonly used for the conducting shell. Most coaxial cables use a light-weight polyethylene insulator.

Optical fibers

An optical fiber consists of a transparent core sheathed by a transparent cladding and by an opaque plastic protective coating **(Fig. 3)**. The core and the cladding possess different indexes of refraction, the cladding having a lower index than the core. The abrupt change in refractive index between the core and the cladding makes the inside of the core-to-cladding interface highly reflective to

Table: Keywords

English expression	Übersetzung
benefit	Nutzen
circuit	Stromkreis
cladding	Ummantelung
coating	Umhüllung
conductor	Leiter
conversion	Umwandlung
copper	Kupfer
core	Zentrum
current	Strom
equipment	Ausrüstung
fiber	Faser
insulator	Isolierschicht
opaque	undurchsichtig
propagation	Ausbreitung
refraction	Brechung
resistance	Widerstand
shielded	abgeschirmt
susceptibility	Empfänglichkeit
tensile strength	Zugfestigkeit
terrestrial	irdisch
to accompany	begleiten
to guide	führen
to involve	einschließen
to provide	bereitstellen
to radiate	strahlen
to sheath	umkleiden
transmission	Übertragung
twisted	verdreht
uninsulated	unisoliert
wave	Welle
wire	Draht

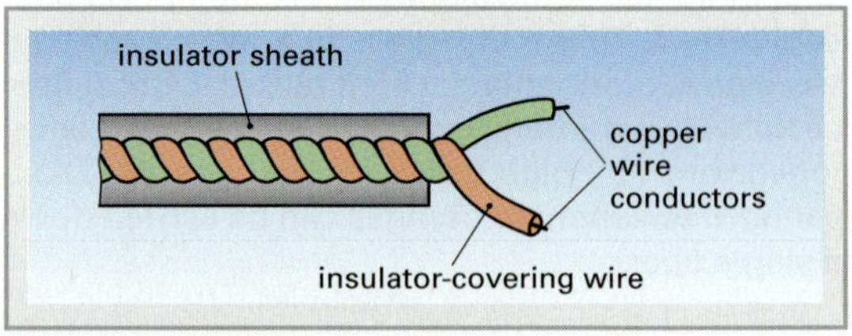

Fig. 1: Twisted pair

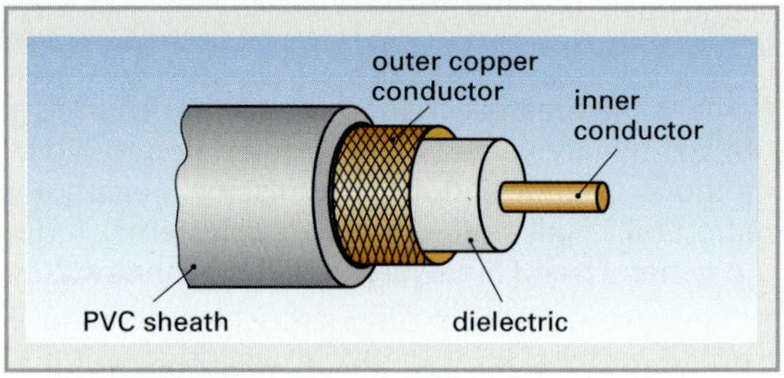

Fig. 2: Coaxial cable

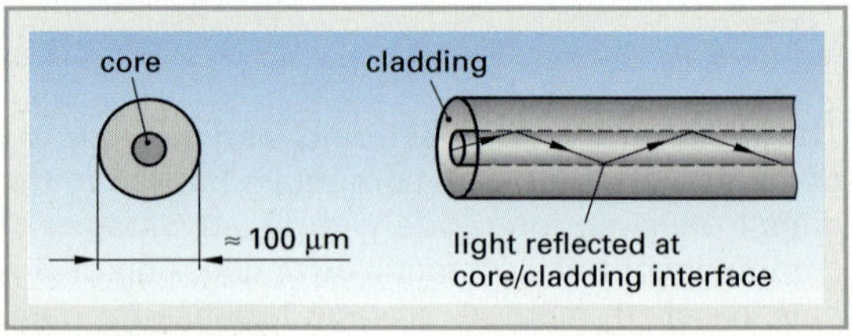

Fig. 3: Optical fiber

light rays. The fiber therefore acts like a tubular mirror concentrating most of the rays of light to the interior of the core. Although the optical fiber has a smaller diameter than a human hair, it can be used to transmit thousands of signals at high speed with very little loss and no interference from other signals. Optical fiber cable can be used in corrosive environments and is light, flexible and cheap.

5.2.2 Analog transmission

The older telephone systems function on the basis of analog signals representing voice modulation patterns which are represented by variations in wave forms. When telephone lines are used for transmitting data from a terminal to a computer, the digital signals from the terminal have to be converted to analog signals by a modem before the signals are transmitted. A modem is a device which has two functions: it acts as a *MOdulator* (digital to analog) and *DEModulator* (analog to digital), hence the name *MODEM* **(Fig. 1)**.

A modem is a device that changes digital signals into analog signals for transmission over telephone lines and , in reverse, transforms analog signals into digital signals.

An analog communication system requires a modem at either end of the communication line. When the signals are received by the distant computer, the signals are reconverted to digital form before they are processed.

Table: Keywords

English expression	Übersetzung
coupler	Koppler
distant	entfernt
error	Fehler
facility	Möglichkeit
foil	Folie
incidence	Auftreten
insulator	Isolator
interference	Störung
loss	Verlust
modulation	Modulation, Änderung einer Schwingung
pattern	Muster
purpose	Zweck
radiation	Strahlung
shell	Schale, Muschel
shielded	geschützt
suitable	geeignet
to convert	umwandeln
to employ	benutzen
to enclose	einschließen
to facilitate	erleichtern
to function	funktionieren
to process	verarbeiten
voice	Stimme

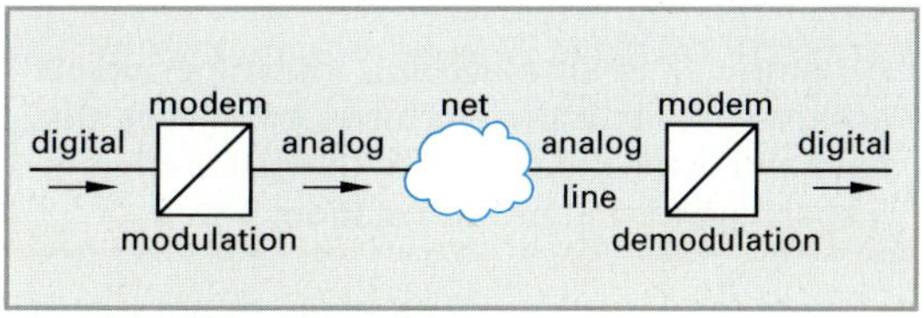

Fig. 1: Modulation and demodulation

5.2.3 Digital transmission

Analog transmission has been in use for many years as the basis of telephone technology and is very effective for this purpose, but it is not so suitable for high-speed transmission of information. Digital transmission consists of electrical pulses representing data in binary code as a series of on/off pulses. A number of different codes exist, some of which are based on a 6-, 7-, or 8-bit structure. ASCII (**A**merican **S**tandard **C**ode for **I**nformation **I**nterchange) is a 7-bit code and EBCDIC (**E**xtended **B**inary-**C**oded **D**ecimal **I**nterchange **C**ode) is an 8-bit code. The codes represent characters, transmission control signals, information separators, and device control. Digital technology has a number of advantages compared to analog, including higher transmission speed, lower incidence of errors, and the facility for mixing data consisting of voice, image, and text on the same circuit. It is for this reason that data transmissions will be increasingly digital in the future. A network structure known as Integrated Services Digital Network (ISDN) facilitates these aspects.

Revision and consolidation

1. **What does the term 'telecommunications' mean?**
2. **What is a medium?**
3. **What does an optical fiber consist of?**
4. **What is a coaxial cable made up of?**
5. **What are the advantages of coaxial cables and optical fiber cables?**
6. **What is a modem?**
7. **What is a 'binary' code?**
8. **What do the codes represent?**
9. **What are the advantages of digital transmission?**

5.3 Computers

5.3.1 Introduction

Computers make all modern communication possible. They operate telephone switching systems, coordinate satellite launches and operations, help generate special effects for movies, and control the equipment in all phases of television and radio broadcasts. Local-area networks (LANs) link the computers in separate departments of businesses or universities **(Fig. 1)**. Computers link larger networks, such as the Internet, and permit modems to link individual computers to other computers anywhere in the world. Journalists and writers use word processors to write books and articles, which they then submit to publishers on magnetic disks or through telephone lines. The data may then be sent directly to computer-controlled typesetters, some of which actually design the layout of printed pages on computer screens.

Generally, a computer is any device that can perform numerical calculations. Currently, however, the term usually refers to an electronic device that can use a list of instructions, called a program, to perform calculations or to store, manipulate, and retrieve information.

A computer is an electronic machine which accepts data in a certain form, processes the data and gives the results of the processing in a specified format as information.

The heart of today's computers are integrated circuits (ICs), sometimes called microchips or simply chips **(Fig. 2)**.

An integrated circuit is a system of interrelated circuits packaged together on a single silicon chip.

These tiny silicon wafers can contain millions of microscopic electronic components and are designed for many specific operations: some control an entire computer (like the CPU, or central processing unit); some perform millions of mathematical operations per second (math coprocessors); others can store millions of characters of information at one time (memory chips).

5.3.2 Computer types

Digital computers are divided into three main types, depending on their size and power: mainframes, minicomputers, and microcomputers. 'Mainframes' are the largest and most powerful computers.

Table: Keywords

English expression	Übersetzung
circuit	Schaltkreis
component	Bauteil
core	Herz
CPU (central processing unit)	zentrale Recheneinheit
currently	gegenwärtig
device	Gerät
entire	ganz
memory chip	Speicherbauelement
network	Netzwerk
purpose	Zweck
radio broadcasts	Radiosendungen
satellite launch	Satellitenstart
shape	Form
silicon	Silizium
switching system	Schaltsystem
tiny	winzig
to link	verbinden
to perform	ausführen
to permit	erlauben
to refer to	sich beziehen auf
to retrieve	zugreifen auf
to store	speichern
to submit	vorlegen
to transmit	senden, übertragen
typesetter	Schriftsetzer
wafer	Scheibe

Fig. 1: Local area network

Fig. 2: Silicon chip

The basic configuration of a mainframe consists of a central system which can process immense amounts of data very quickly. This central system provides data, information and computing facilities to hundreds of terminals which are connected together in a network. Mainframes are used by large companies, factories, and universities.

Mainframes are the most powerful computers and can process vast amounts of data in a very short time.

'Minicomputers' are smaller and less powerful than mainframes. They can also handle multitasking, that is, they can perform more than one task at the same time. Minicomputers are mainly used as file servers for terminals. Typical applications include academic computing, software engineering and other complicated applications in which many users share resources.

Minicomputers are mainly used as file servers and are able to execute several tasks at the same time.

'Microcomputers' are smaller than mainframes and minis, and carry out their processing on a single microchip **(Fig. 1)**. They are used as personal computers in the home or as workstations for group work. There are two classes of personal computers: desktop PCs, which are designed to be placed on your desktop, and portable PCs, which can be as tiny as a notebook. This is why they are also called 'notebooks', 'laptops' and 'palmtops' **(Fig. 2)**. These are the smallest and least powerful computers, but some of the latest models can run as fast as similar desktop computers and can have similar configurations.

Microcomputers are used as personal computers which can be classified into desktop computers and portable PCs.

5.3.3 Computer applications

Computers in science and research

Computers are used by scientists and researchers in many ways to collect, store, manipulate, and analyze data. Running simulations is one of the most important applications. Data representing a real-life system is entered into the computer, and the computer manipulates the data in order to show how the natural system is likely to behave under a variety of conditions. Computer-aided design (CAD) programs enable engineers to design three-dimensional models on a computer screen.

Table: Keywords

English expression	Übersetzung
amount	Menge
application	Anwendung
computer-aided	computerunterstützt
computing facility	Rechenmöglichkeit
drugs	Medikamente
file server	Datei-Diensteinheit, Datenserver
lid	Deckel
portable	tragbar
researcher	Forscher
science	Wissenschaft
slot	Steckplatz
software engineering	Softwareentwicklung
terminal	Endstelle
tiny	winzig
to behave	sich verhalten
to design	konstruieren
variety	Vielfalt
workstation	Arbeitsstation

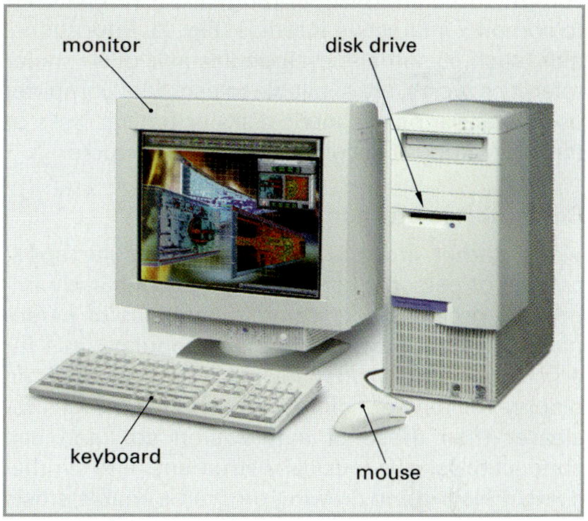

Fig. 1: Personal computer

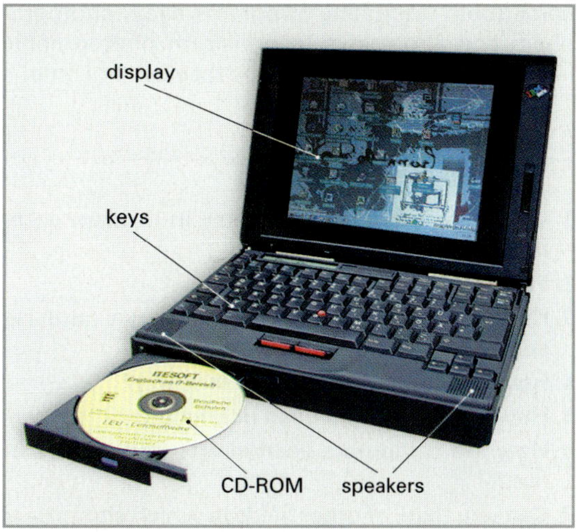

Fig. 2: Laptop

Chemists may use computer simulation to design and test molecular models of new drugs **(Fig. 1)**. Some simulation programs can generate models of weather conditions to help meteorologists make predictions. Flight simulators are valuable training tools for pilots.

Computers in industry

Computers have opened a new era in manufacturing and consumer-product development. In the factory, computer-assisted manufacturing, or CAM, programs help people plan complex production schedules, keep track of inventories and accounts, run automated assembly lines, and control robots.

Computers in education

Computers have become valuable educational tools. Computer-assisted instruction, or CAI, uses computerized lessons that range from simple drills to complex interactive tutorials **(Fig. 2)**. Educational aids, such as some encyclopedias and other major reference works, are available to personal-computer users – either on magnetic disks or optical disks or through various telecommunication networks.

Computers in arts and entertainment

Video games are one of the most popular applications of personal computers. The constantly improving graphics and sound capabilities of personal computers have made them popular tools for artists and musicians. Personal computers can display millions of colors, can produce images far clearer than those of a television set, and can connect to various musical instruments and synthesizers. Painting and drawing programs enable artists to create realistic images and animated displays much more easily than they could with more traditional tools. 'Morphing' programs allow photographers and filmmakers to transform photographic images into any size and shape they can imagine.

Table: Keywords

English expression	Übersetzung
aid	Hilfe
artist	Künstler
assembly line	Montageband
capability	Möglichkeit
drill	Übung
drug	Medikament
encyclopedia	Nachschlagewerk
era	Zeitabschnitt, Ära
lesson	Unterrichtsstunde
musician	Musiker
prediction	Vorhersage
robot	Roboter
schedule	Plan
to generate	erzeugen
to improve	verbessern
to morph	umwandeln
tool	Werkzeug
tutorial	angeleitete Übung
valuable	wertvoll

Fig. 1: Computers in science

Fig. 2: Computers in education

Revision and consolidation

1. **Which role do computers play in modern communications?**
2. **What is a 'computer'?**
3. **How are computers used in science and research?**
4. **How are computers used in industry?**
5. **How are computers used in education?**
6. **How are computers used in arts and entertainment?**
7. **Can you think of other fields in which computers are used?**
8. **How do you use your computer?**
9. **Do you think we depend on computers too much?**
10. **When should young children start to use computers?**

5.4 Networks

A network is a group of two or more computers which are linked together by cables or wires for the purpose of sharing files, programs, and peripherals, such as printers.

A network is a group of two or more computers which are linked by cables or wires.

There are two types of networks: Local Area Networks (LAN) and Wide Area Networks (WAN). A LAN is usually limited to a single office or building.

A LAN is a communication network that connects computers and peripherals within a limited geographical distance.

Several LANs connected together form a WAN, or wide area network **(Fig. 1)**. The computers of a WAN can be on the same block, in the same city, or across the world, and can be connected by satellites or by modems and telephone lines.

A WAN is a geographically dispersed network that links computers for the purpose of communicating with each other.

A LAN includes a file server, which is the central computer that runs the networks operating system and contains the files and programs to share. It can be a dedicated file server, which means that no one uses the computer, it is simply set up to maintain the network, or a non-dedicated file server, which is a computer that is also used by someone as a workstation.

No matter which type of network is used, LAN or WAN, the network needs an operating system. The network operating system runs on top of the regular PC's operating system. It provides the communications link between all the PCs and peripherals on the network. A LAN should have a network administrator who maintains the network and makes sure that everything runs smoothly. A PC (workstation) is connected to the network by a special circuit board called a network interface card. This card is usually inserted into an expansion slot inside the system unit. The card is connected to either a cable (fiber optical cable, or coaxial cable) or an ordinary telephone wire.

5.4.1 Star topology

In the star network, PCs are connected to a central hub, which is connected to the server **(Fig. 2)**. The hub acts as a resource manager and a traffic cop for the network. But if it fails, that part of the network fails. In addition, star networks are expensive because of all the cable that is used.

Table: Keywords

English expression	Übersetzung
administrator	Verwalter
circuit board	Leiterplatte, Platine
dedicated server	Spezial-Diensteinheit
dispersed	verteilt
expansion slot	Steckplatz
file	Datei
hub	Nabe
operating system	Betriebssystem
peripherals	Peripheriegeräte
purpose	Zweck
smoothly	glatt
to contain	enthalten
to fail	versagen
to include	einschließen
to insert	einstecken
to link	verbinden
to maintain	warten
to provide	bereitstellen
to share	teilen
traffic cop	Verkehrspolizist

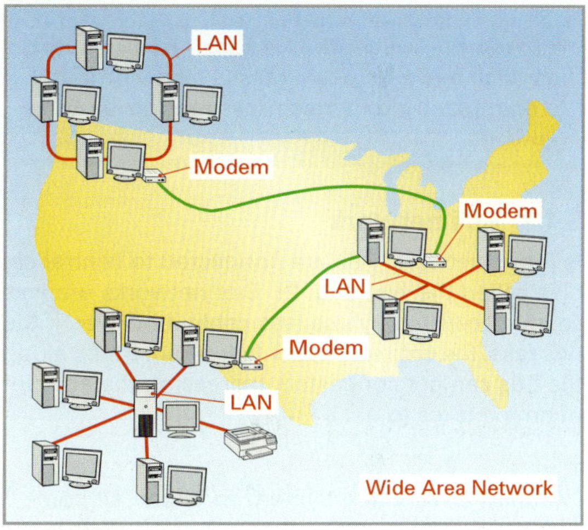

Fig. 1: WAN

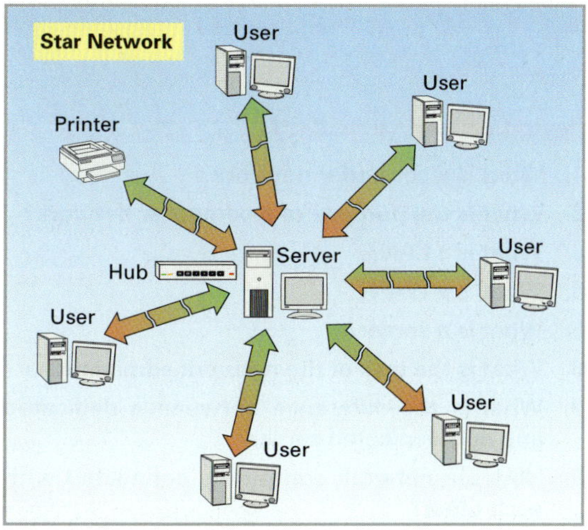

Fig. 2: Star network

> A star network consists of a central controller with a separate communication channel attached to each device that is connected to it.

5.4.2 Token ring topology

In a token ring network, PCs are connected to each other in a kind of ring **(Fig. 1)**. Information is passed from one PC to the next, until it reaches its destination. PCs may send information only when they are in control of the 'token'. The token is a package of data which indicates which device has control. The receiving PC picks up the token, then clears it for another's use once it has received the message. Only one PC may send data at any given moment, and each PC must be working for the network to function. Adding new PCs to the network is difficult, but this topology uses the least amount of cable so it is the least expensive.

> A token-ring network is a local area network in which a single token passes from computer to computer and carries messages around the network.

5.4.3 Bus network

In a bus network, PCs are connected to central cables called the bus **(Fig. 2)**. Bus networks are less costly because they use less cable, however, if the bus fails, the entire network fails. Also, traffic along the bus can get congested, increasing the amount of time it takes to get a file.

> A bus network is a system in which all computers communicate via a common distribution channel or bus.

Table: Keywords

English expression	Übersetzung
costly	teuer
common	gemeinsam
congested	verstopft
destination	Zielpunkt
entire	ganz
kind of	Art von
less	weniger
package	Paket
single	einziger
to add	hinzufügen
to attach to	anschließen an
to function	funktionieren
to indicate	anzeigen
to pick up	auflesen
to reach	erreichen
to receive	erhalten
token	Sendezeichen

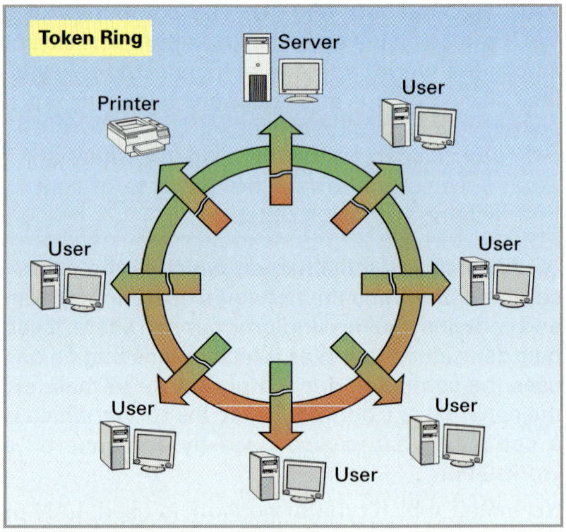

Fig. 1: Token ring

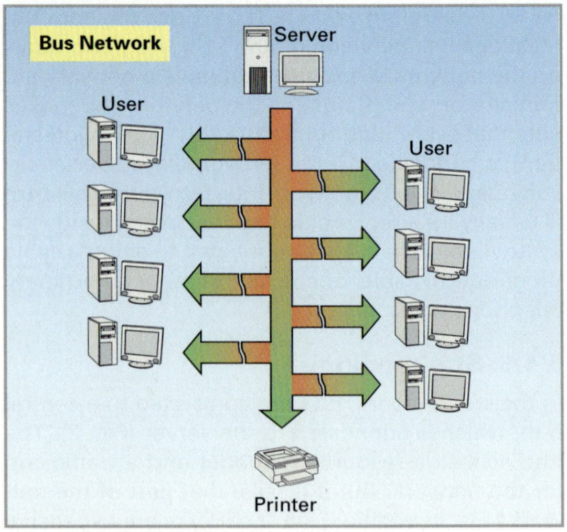

Fig. 2: Bus network

Revision and consolidation

1. **What is a computer network?**
2. **What is the purpose of a computer network?**
3. **What is a LAN?**
4. **What is a WAN?**
5. **What is a server?**
6. **What is the task of the network administrator?**
7. **What is the difference between a dedicated and non-dedicated server?**
8. **How are network computers connected with each other?**
9. **How do the three topologies differ?**

5.5 A computer system

A computer system consists of hardware and software. The term hardware describes the different types of electronic and mechanical parts or devices which make up a computer system **(Fig. 1)**. Software refers to information in the form of data and programs. Hardware comprises 3 components – the central processing unit, the main memory and the peripheral equipment.

A computer system is made up of electronic and mechanical parts, called hardware, and information in the form of data and programs, called software.

The central processing unit, or CPU, is the brain of the computer. Its main function is to execute program instructions and to control the activities of all the other units. The main memory holds the instructions and data which the computer processes.

The central processing unit (CPU) is the brain of the computer.

The third component, peripheral equipment, is used for 3 purposes – firstly to give information to the computer as input; secondly to store information for the future; and thirdly to get information from the computer as output. Peripheral equipment, can be divided into input, storage and output devices. Storage devices, such as floppy, hard and optical disks, provide a permanent storage of data as well as programs. Input devices enable data to go into the computer's memory. The most common input devices are the mouse and the keyboard. The keyboard consists of a typewriter keyboard connected to the system. Output devices enable the user to extract the finished product from the computer system. A printer, for example, prints the results onto paper and the monitor, a visual display unit or VDU, shows the output. On the rear and front sides of the computer there are several ports into which a wide range of peripherals can be plugged – modems, scanners, fax machines and optical drives.

These are the main physical units which make up a computer system, generally known as configuration.

Table: A computer system

English expression	Definition
hardware	physical components which make up a computer system
software	programs that control the functions of a computer system
CPU	processor which executes program instructions and controls the activities of all other units
peripherals	physical units attached to the computer
input devices	devices which enable data to get into the computer's memory
output devices	devices which enable the user to extract the finished product from the system
storage devices	provide permanent storage of data and programs
main memory	holds the instructions and data which are currently being processed by the computer
keyboard	key-switch technology coupled with electronic circuitry which is used to encode input data
monitor	visual display unit
ports	sockets into which peripherals can be plugged

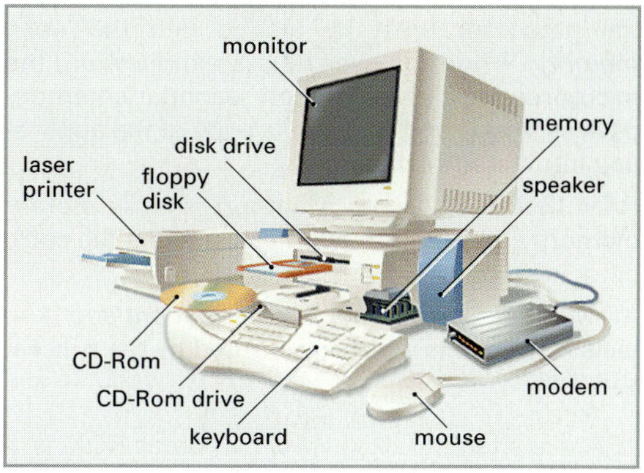

Fig. 1: A computer system

Revision and consolidation

1. **What does a computer system consist of?**
2. **What does the term 'hardware' describe?**
3. **What is software?**
4. **Why is the CPU the most important part of a computer system? What are its main functions?**
5. **What is the main memory for?**
6. **What are peripherals?**
7. **What are they needed for?**
8. **What are the most common input devices?**
9. **What are output devices?**
10. **What are ports?**

5.6 The CPU

5.6.1 Inside a microcomputer

The Central Processing Unit (CPU) is the nerve center of a microcomputer. It is built into a single microprocessor chip which executes program instructions and controls the computer's overall operation **(Fig. 1)**.

The CPU interprets and executes instructions, performs arithmetic and logic operations, and directs the input, storage, and output operations.

The unit consists of three main parts, the Control Unit, the Arithmetic Logic Unit and the Registers.

The *Control Unit* examines the instructions in the user's program, analyses each instruction and activates the circuits and the attached components.

The *Arithmetic Logic Unit* (ALU) performs mathematical calculations (+, – , etc.) and logical operations (and, or, etc.).

The *Registers* are memory units which function as a temporary storage area during program execution.

There is the *Program Counte*r (PC) which keeps track of the next instruction to be performed in the main memory. Another is the *Instruction Register* (IR) which holds the instruction that is being executed at the moment.

The programs and data passing through the central processor must be loaded into the *main memory*. When the user runs an application, the microprocessor looks for it on secondary memory devices (disks) and transfers a copy of the application into the RAM area.

RAM (Random Access Memory) is a temporary memory and its information is lost when the computer is switched off.

ROM (Read Only Memory) is permanent and contains instructions which are needed by the processor.

RAM is a temporary memory whereas ROM is a permanent memory.

Today most computers have internal expansion slots which allow users to install expansion cards or memory modules.

A clock providing pulses at fixed intervals also determines the performance of its microprocessor. The clock speed is measured in MHz (megahertz) and refers to the frequency at which these pulses are emitted. A CPU running at 2000 MHz provides a very fast processing rate.

Table: Keywords

English expression	Übersetzung
ALU	arithmetisch-logische Einheit
amount	Menge
application	Anwendung
circuit	Schaltkreis
control unit	Steuereinheit
CPU	zentrale Recheneinheit
expansion card	Erweiterungskarte
expansion slot	Erweiterungssteckplatz
frequency	Frequenz
instruction register	Befehlsadressregister
main memory	Arbeitsspeicher
memory unit	Speichereinheit
overall operation	Gesamtfunktion
performance	Leistung
processing rate	Verarbeitungs-geschwindigkeit
program counter	Befehlszähler
RAM	Direktzugriffsspeicher
ROM	Festwertspeicher
silicon	Silizium
temporary	vorübergehend
to consist of	bestehen aus
to contain	enthalten
to determine	bestimmen
to emit	aussenden
to examine	überprüfen
to execute	ausführen
to measure	messen
to perform	ausführen
to provide	bereitstellen, liefern
to store	speichern
to transfer	übertragen

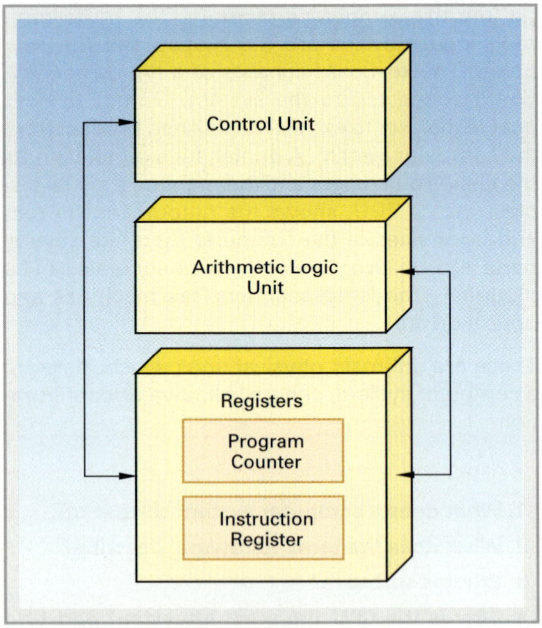

Fig. 1: Central Processing Unit (CPU)

5.6.2 Chip manufacture

The manufacturing process begins with silicon rods with a diameter of up to 300 mm. First these rods are cut into thin slices, also called wafers **(Fig. 1)**.

A wafer is a thin disk of pure silicon on which multiple copies of integrated circuits are fabricated.

Then the faces of the wafers are polished. After that the faces are covered with a sort of plastic called photoresist. This material is sensitive to light. The wafers are covered with photoresist before they enter the photographic part of the process. Here the wafer is exposed to the image from a mask plate – a printed diagram of the circuit. The set-up involves a light source, some lenses and the mask.

Once the image is on the wafer, it is developed photographically – this means the exposed photoresist hardens and the unexposed photoresist is removed. After the unexposed photoresist has been removed, chemicals are applied to process the wafer through the photoresist image. Finally, the photoresist is removed. This process is repeated many times for other images before the wafer is tested.

Table: Keywords

English expression	Übersetzung
circuit	Schaltkreis
diameter	Durchmesser
lens	Linse
mask plate	Maske
photoresist	Fotolack
rod	Stange
silicon	Silizium
slice	Scheibe
to apply	aufbringen
to expose	belichten
to harden	aushärten
to remove	entfernen
to repeat	wiederholen
wafer	Scheibe

Revision and consolidation

1. What are wafers?

2. What is 'photoresist' needed for?

3. What is the purpose of the mask plate?

4. Why is the wafer exposed to light?

5. What are chemicals used for in the process?

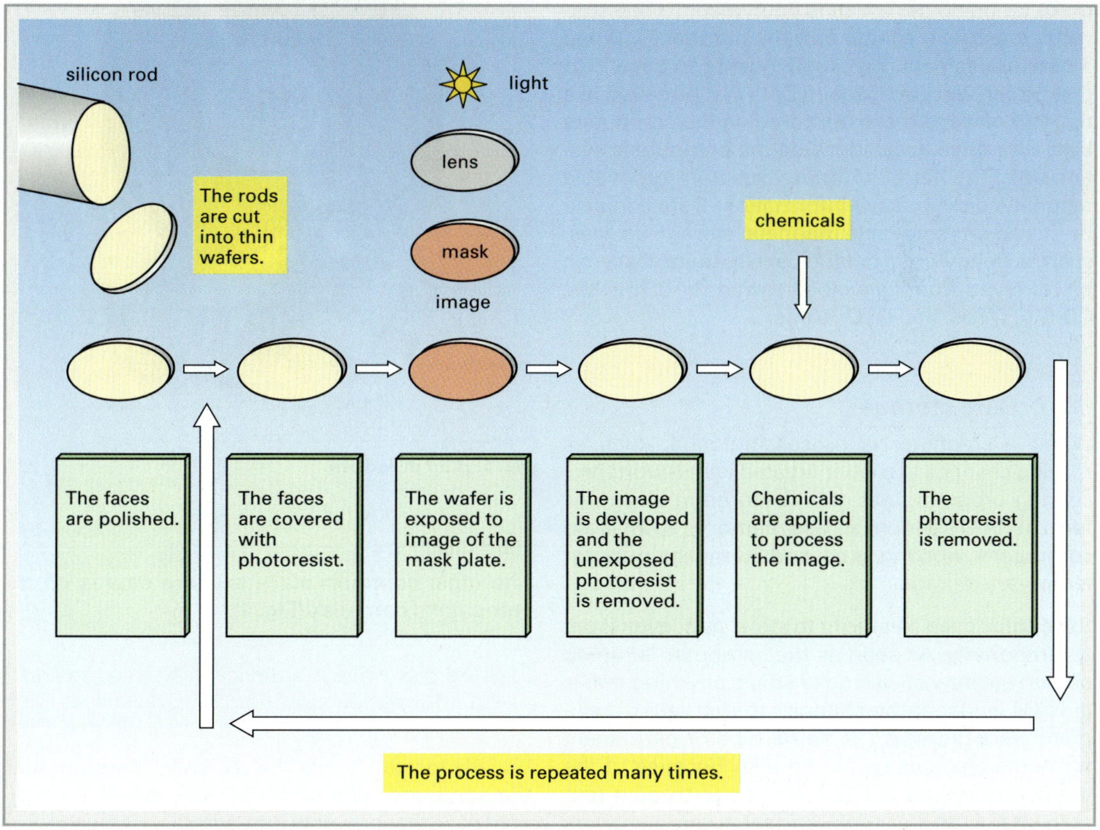

Fig. 1: Chip manufacture

5.7 Data and data storage

5.7.1 Data

Facts and figures entered and stored in the computer are considered data. Data can be words typed into a word processing document, numbers entered into a spreadsheet file, or art created with a drawing program. The words 'data' and 'information' are often used interchangeably.

Data is what is entered into the computer, and information is what the computer outputs.

Data entered into the computer is converted into binary numbers that the computer can understand. A binary numbering system uses only 1's and 0's.

The binary values are represented inside the computer by two electronic states: 1's are ON (high level voltage), and 0's are OFF (low level voltage).

Each binary value is equal to one bit. Eight bits make up one byte, which is equivalent to one character (such as the letter E or the number 7). When a user inputs data, he usually wants to save it so that he can work on it again. Data can be saved in a number of ways. It can be stored on the computers hard disk drive, located inside the computer's system unit. The hard disk drive uses non-removable magnetic disks to save information. Data can also be stored on removable magnetic storage devices, such as floppy disks or tape backup units. Data can be retrieved from as well as stored on CD-ROMs, CD-RW, DVDs, and DVD-RAMs.

5.7.2 Data storage

When a computer is processing data, such as making changes to a letter created with a word processing program, that data is stored in electronic form in RAM (random access memory). RAM is the computer's working area and is meant only for temporary storage.

RAM chips need electricity to store data, even if only temporarily. As soon as the computer is turned off and the flow of electricity stops, anything that is in RAM is lost. If the changes to that letter document were not saved in some type of permanent form, the changes would be lost. Because of the temporary nature of RAM, there has to be a permanent way to save data so that a user can work on it again.

Table: Keywords

English expression	Übersetzung
access	Zugriff
backup	Datensicherung
binary number	binäre Zahl
bit (binary digit)	Bit
byte	Byte
case	Gehäuse
character	Zeichen, Buchstabe
data	Daten
drawing program	Zeichenprogramm
hard disk drive	Festplattenlaufwerk
non-removable	nicht entfernbar
spreadsheet	Tabelle
state	Zustand
storage	Speicherung
storage device	Speichergerät
to convert	umwandeln
to retrieve from	zugreifen auf, abrufen von
value	Wert
word processing	Textverarbeitung

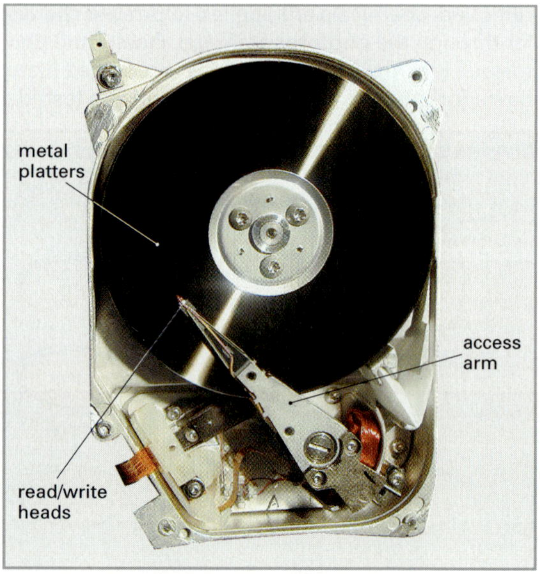

Fig. 1: Hard disk drive

Hard disks

The most common place to store data is on the computer's hard disk **(Fig. 1)**.

A hard disk drive is a device used to write and read information stored on metal platters.

Usually located inside the computer's system unit, the non-removable hard disk is enclosed in an airtight case that prevents damage caused by airborne particles. External hard drives are also encased in airtight boxes, and are connected to the PC by a cable. Removable hard disks are also available.

A hard disk drive is electromechanical, which means that it is a combination of electrical and mechanical parts. Inside the hard disk is a stack of disks called platters that spin on a central hub. In the space above each platter is a read-write head, a device that reads or writes data to the disks **(Fig. 1)**. Reading is the process of retrieving a file for use, and writing is the process of saving a file to disk.

> Measured in bytes, the storage capacity of a hard drive ranges from 2 to 200 gigabytes and beyond.

The speed at which hard disk drives retrieve a piece of data is measured in milliseconds (1/1000 of a second) and is called average access time.

> Access time is the amount of time it takes for information to be read from or written to a disk.

Most hard disk drives have an access time between 8 milliseconds and 20 milliseconds.

Seek time is the time it takes for the read-write heads to move to the correct place on the disk to read or write a particular file.

Compared with floppy disks hard disks are sturdier, more reliable, and hold a lot of data. Hard disks are also much faster at retrieving and storing data than floppy disks are.

Although a hard disk contains several disk platters, it is treated as a single unit and is assigned the drive letter C. (Floppy disk drives are assigned the drive letters A and B). However, hard disk drives can be divided into sections (partitions), which are treated by the operating system as if they were separate disks. These pretend disk drives are called logical drives, and are assigned letters D, E, and so on.

> Before a hard drive can be used, it must be formatted.

It is divided into sections so that data can be stored in a specific area where it will be easily located. Formatting is a process that only needs to be done once, to prepare the disk for use. Data is usually stored on the hard disk in concentric circles, called tracks. Tracks are divided into equal parts, called sectors. Several sectors together form a cluster, which is the smallest storage unit used to save a file **(Fig. 2)**. The so-called File Allocation Table (FAT) keeps track of where data is stored on the hard disk.

Table: Keywords

English expression	Übersetzung
access time	Zugriffszeit
airtight	luftdicht
average	Durchschnitt
connector	Anschlusskabel
development	Entwicklung
file	Datei
flow of data	Datenfluss
hub	Nabe
interface standard	Anschlussstandard
motherboard	Hauptplatine
platter	Teller
read-write head	Lese-Schreib-Kopf
reliable	zuverlässig
seek time	Positionierungszeit
stack	Stapel
storage capacity	Speicherkapazität
sturdy	stabil
to attach	anschließen
to encase	einschließen
to measure	messen
to spin	rotieren

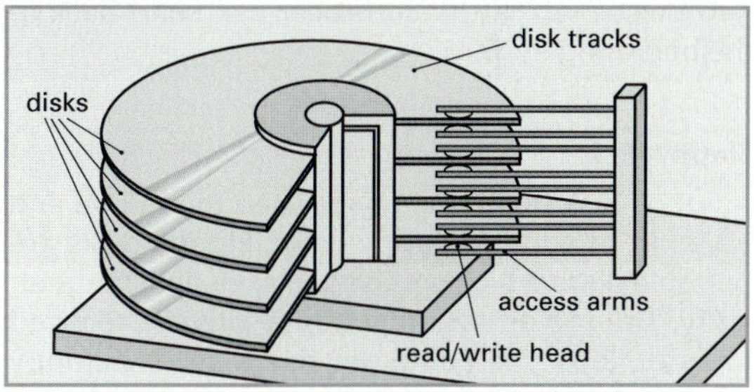

Fig. 1: Hard disk drive

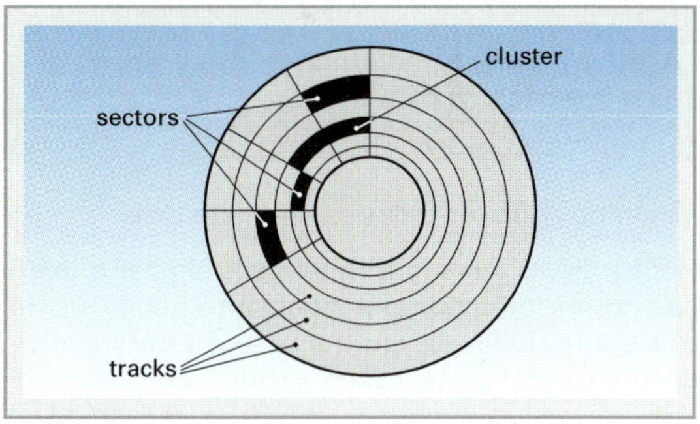

Fig. 2: Disk fragmentation

Revision and consolidation

1. **What is the difference between 'information' and 'data'?**
2. **How does the binary system work?**
3. **What are the advantages and disadvantages of the different drive systems?**
4. **Define 'storage capacity', 'access time', and 'seek time'.**
5. **Explain 'partitioning' and 'formatting'.**

How a hard disk drive works

When the user enters a command to save a file to the computer's hard drive, a message is sent to the disk drive controller. Using the contents of the file allocation table (FAT), the operating system locates available clusters of storage space in which to save the file. The controller sends a message to the head actuator to move the read-write heads to the correct spot. A magnetic pulse realigns the particles on the surface of the magnetic platter to form a pattern which represents the file contents.

The pattern of magnetic particles on the surface of the disk forms the 1's and 0's used to store data in the computer.

When the file is needed again, the read-write heads will scan the platter for the pattern and translate it into pulses which the controller can send back to the operating system.

Floppy disk

A floppy disk drive is a device used to retrieve and save information to floppy disks. Floppy disks are portable disks which are used to save data magnetically. The top or left-most floppy drive is referred to as drive A. If a computer has a second floppy drive, it is referred to as B.

A drive's density determines the amount of data it is capable of storing.

Most floppy drives today are high-density.

Floppy drives work in a way that is similar to hard disk drives. Information is stored on a floppy disk in concentric circles, called tracks. Each track is divided into equal parts, called sectors. Adjacent sectors are called a cluster, which is the smallest space that a file can occupy on the disk.

A floppy disk, also called disk or diskette, is a removable storage disk used to save computer data **(Fig. 1)**. Floppy disks are ideal for transporting data between PCs, such as a PC at work and a PC at home. Floppy disks store their data magnetically on a special coated film.

A floppy disk is a flexible plastic disk coated with a magnetic recording material.

Table: Keywords

English expression	Übersetzung
adjacent	benachbart
capable	fähig
cluster	Speicherbereich
command	Befehl
density	Dichte
file allocation table	Dateizuordnungstabelle
head actuator	Zugriffskopf
map	Karte
message	Nachricht
operating system	Betriebssystem
pattern	Muster
platter	Teller
portable	tragbar
pulse	Puls
read-write head	Lese-Schreib-Kopf
sector	Sektor
storage space	Speicherraum
storage unit	Speichereinheit
surface	Oberfläche
to access	zugreifen
to determine	festlegen
to realign	neu ausrichten
to retrieve	abrufen
to scan	abtasten
to spin	rotieren, drehen
track	Spur

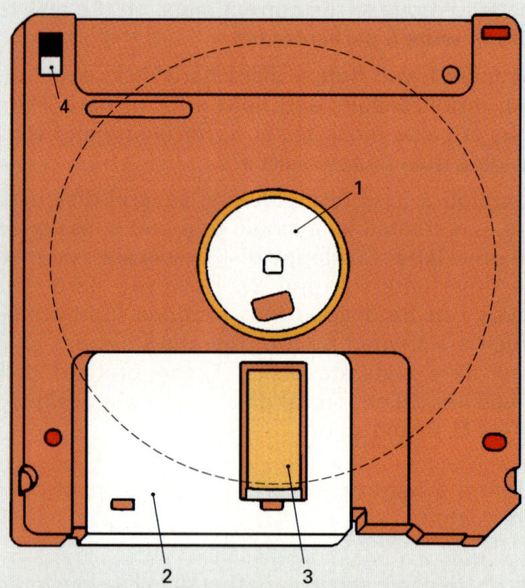

1 **Rotation hole.** The drive shaft fits into this hole and spins the disk.
2 **Sliding shield** (protective metal cover).
3 **Access window.** This allows the recording heads to have access to the disk.
4 **Write-protect notch.**

Fig. 1: Parts of a floppy disk

The amount of data that a floppy disk can hold depends on its size and density. A 3.5-inch high-density floppy disk holds 1.44 megabytes. Before data can be written to a disk, the floppy must be formatted. Formatting a disk establishes sections in which files can be later stored. Floppy disks are inserted into the floppy disk drive located on the front of the computer's system unit.

Each floppy has a write-protect notch or tab that is used to prevent accidental erasure of data. To write-protect a 3.5-inch disk, push the tab up to reveal an open hole. Other safety measures for protecting data on disk include keeping the disk out of extreme heat, keeping it away from dust and moisture, and making sure it is never bent or placed near magnets. It is important to never touch the exposed area / the film of a disk.

In disk drives, the disk is mounted on a flexible spindle and revolves. The read/write head is mounted on an arm and is moved across the surface so that it can be positioned over specific tracks **(Fig. 1)**.

Revision and consolidation

1. **What is the purpose of the 'File Allocation Table'?**
2. **What is 'drive density'?**
3. **How is data stored and retrieved?**
4. **What is the surface of a disk divided into?**
5. **What is a sector?**
6. **What is a cluster?**

Optical storage media

Optical storage devices are another possibility for saving computer data. Instead of storing data magnetically, optical storage media use lasers to record and store data. One such storage device is the CD-ROM **(Fig. 2)**. CD-ROM stands for Compact Disk Read-Only Memory. CD-ROMs measure about 4.5 inches in diameter, and can store vast amounts of computer information, including software programs, entire sets of encyclopedias, sounds, pictures and movie or video clips.

A single CD-ROM can store over 650 megabytes of information.

A CD which is inserted into a CD-ROM drive is spun by a motor at a varying rate. This allows the data to be read at a constant speed, regardless of whether the data is located on the edges of the disk or towards the center. A tiny laser inside the drive focuses on the spinning disc.

Table: Keywords

English expression	Übersetzung
accidental	zufällig
amount	Menge, Betrag
coated	beschichtet
dust	Staub
erasure	Löschung
heat	Hitze
indentation	Einbuchtung
moisture	Feuchtigkeit
pit	Vertiefung
safety measures	Sicherheitsmaßnahmen
shell	Hülle
size	Größe
tab	Schieber
to bend	biegen
to depend on	abhängen von
to insert	einfügen
to remove	entfernen
write-protect notch	Schreibschutznut

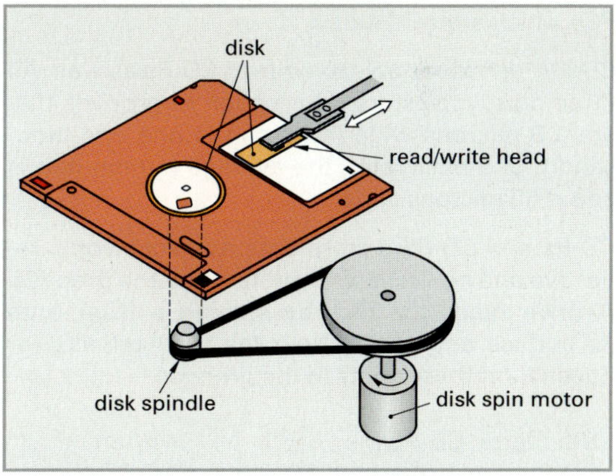

Fig. 1: Floppy disk and spindle motor

Fig. 2: CD-ROMs

The laser beam strikes a reflective aluminum inner surface covered with indentations (called pits) and bumps (called lands).

Light is reflected back to an optical reading head. Light striking a pit reflects less light and is read as 0. Light which strikes a land reflects more light and is read as 1.

These 1's and 0's form the binary data which is universal to all computers. A prism bends the reflected light to a photo-detector, which in turn measures the intensity of the reflected light and converts it into electrical pulses that are sent back to the CPU for processing **(Fig. 1)**.

CD-ROMs, CD-Rs and CD-RWs

CD-Recordable and CD-Rewritable, or CD-R and CD-RW are optical media for storing audio, video, and other types of data.

The versatile, inexpensive, and durable compact disc – in its CD-ROM, CD-Recordable, and CD-Rewritable forms – is standard equipment on most PCs which are sold today.

CD-RW drives are able to write to CD-Rs as well. All three disc types store information in grooves that are 1.6 microns wide (a micron is one one-thousandth of a millimeter; the average human hair is about 50 microns wide).

CD-Rs and CD-RWs store data as microscopic reflective and non-reflective spots along the grooves. A drive reads the disc by shining a laser onto its surface and noting how the light reflects (or doesn't) off these spots in the grooves.

Standard CD-ROMs can't be 'written to', CD-Rs can be written to once, and CD-RWs can be written to hundreds of times.

CD-ROM, CD-R, and CD-RW drives can all read just about any disc type. The exceptions: A few early CD-ROM and some first-generation CD-R drives cannot read rewritable disks.

Revision and consolidation

1. **How do optical media differ with respect to their data storage capacity?**
2. **How often can a CD-RW be written to?**
3. **How is it possible to read CDs at a constant speed?**
4. **How often can a CD-ROM be written to?**
5. **How wide are the grooves?**
6. **How is data stored on a CD?**
7. **What are 'pits' and 'lands'?**
8. **What does the surface of a CD consist of?**

Table: Keywords

English expression	Übersetzung
average	Durchschnitt
bump	Erhöhung
drawer	Schublade
durable	haltbar
edge	Kante, Rand
exception	Ausnahme
groove	Rille
inexpensive	billig
jack	Steckbuchse
media	Medien
non-reflective	nicht reflektierend
prism	Prisma
regardless of	unabhängig von
rewritable	wiederbeschreibbar
spot	Punkt
surface	Oberfläche
to bend	biegen
to convert	umwandeln
to measure	messen
to spin	drehen
to strike	treffen
versatile	vielseitig
wide	breit

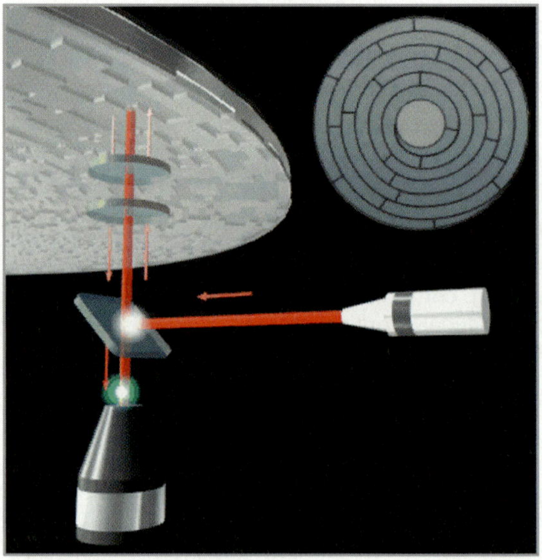

Fig. 1: Reading a CD-ROM

Digital Versatile Disks (DVDs)

Recordable CDs are still dominant, but DVDs have taken their first steps into the recordable drive era.

The easiest way to increase the storage capacity of an optical disk is to increase its diameter. But design engineers did not have this option, because DVD drives must also play traditional compact disks. Therefore, one of the key aims with DVD is to offer CD compatibility. Therefore, DVDs have the same 12-cm diameter and 1.2-mm thickness as a CD. Their greater storage capacity is due to the use of a red laser diode in the DVD player in place of the infrared laser of a CD drive. The shorter wavelength of 650 nm, against 780 nm for the CD, allows the 'pits' that represent bits of data to be packed more densely in the disk tracks, and the tracks squeezed closer together. Greater pit density allows the latest DVDs to hold 4.7 GB, enough for the data contained in seven CD-ROMs **(Fig. 1)**.

Digital Versatile Disks are available in a number of different formats and capacities ranging from 4.7 GB to 17 GB.

In the simplest DVD configuration, called DVD-5, data is pressed as a thin layer of pits just below the surface of the lower substrate in much the same way as a CD is made. This single-sided, single-layer format holds 4.7 GB and has the advantage of simple player design. DVD makers still want to move to higher-capacity formats.

Consequently, the DVD industry has developed a single-sided, dual-layer format, called DVD-9. Its capacity: 8.5 GB. In this construction, the top substrate also has a data layer, which is accessed from below. To switch between the upper and lower data layers, the player refocuses the laser. The same technique is used to read a CD, whose data layer is at a different depth than the DVD (Fig. 1)

Table: Keywords

English expression	Übersetzung
aim	Ziel
beam	Strahl
coating	Beschichtung
densely	dicht
density	Dichte
depth	Tiefe
diameter	Durchmesser
layer	Schicht
lens	Linse
option	Wahl
semi-transparent	halbdurchsichtig
storage capacity	Speicherkapazität
to be due to	herrühren von
to access	zugreifen
track	Spur
versatile	vielseitig
wave-length	Wellenlänge

Two lenses, one for the CD and the other for the DVD, mount horizontally in the laser pickup.

The player automatically identifies which type of disk is playing and switches the appropriate lens into the light path.

In the DVD-9 disk, the lower substrate has a semi-transparent reflection coating to allow the laser to penetrate into the upper layer. Double-sided formats lie on the horizon with capacities of 9.4 GB, 17 GB or one day even 30 GB.

Revision and consolidation

1. **Why do DVDs have a greater storage capacity than CD-ROMs?**
2. **What are the differences between DVD-5 and DVD-9 disks?**
3. **How is it possible to achieve storage capacities of up to 30 GB?**

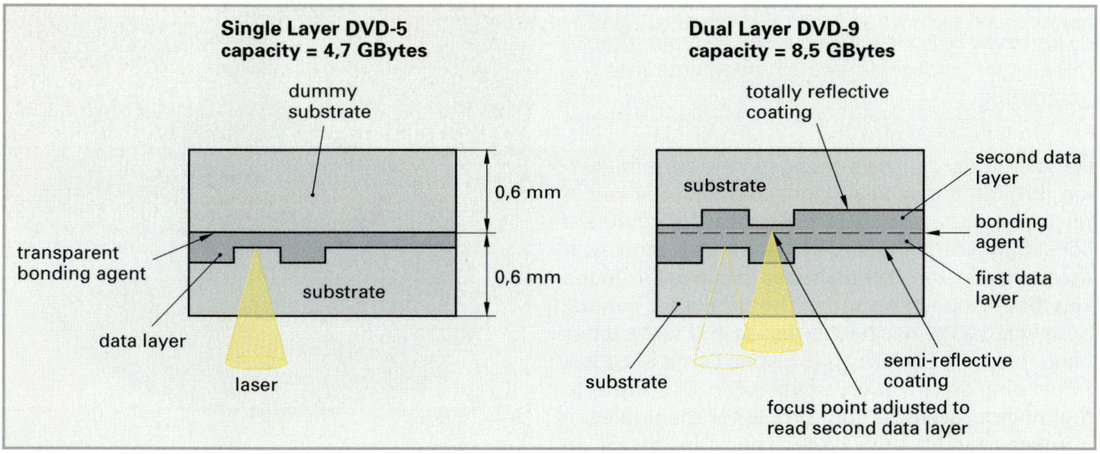

Fig. 1: Single and double layer DVD

5.8 Input and output devices

5.8.1 Input devices

Input devices are the pieces of hardware which allow us to enter information into the computer. The most common input devices are the mouse and the keyboard.

> Any machine that feeds data into a computer is an input device.

Input devices other than the keyboard are sometimes called alternate input devices. Mice, trackballs, and light pens are all alternate input devices.

We can also interact with a computer by using, for example, a scanner, a graphics tablet, a joystick **(Fig. 1)** or a voice recognition device.

The keyboard

You come into direct contact with your PC's keyboard more than you do with any other component, but most people pay much more attention to processor or hard drive than they do to the one part of the computer that determines not how well the computer works but how well they work.

A poorly-designed keyboard negatively influences productivity and can even cause health problems. A well-designed keyboard is one that you never think about; your thoughts seem to flow directly from your mind to the computer's screen. Unfortunately most manufacturers – and too many users – pay little attention to it.

These days some keyboards are equipped with built-in trackballs or some other sort of pointing device. The few radical changes that have appeared – concave keyboards with their keys equidistant from the fingers or keyboards that can be operated with one hand – have not been accepted by the users.

> The keyboard consists of a set of typewriter-like keys that enable you to enter data into a computer.

Pressing a key causes a change in the current flowing through the circuits connected with the key. A microprocessor which is built into the keyboard constantly scans the circuits leading to the key. It detects the increase or decrease in current from the key that has been pressed. The processor can tell both when a key has been pressed and when it has been released. Each key has a specific set of codes. Depending on which key's circuit carries a signal to the microprocessor, the processor generates a number called a scan code. There are two scan codes for each key, one for when the key is pressed

Table: Keywords

English expression	Übersetzung
attention	Aufmerksamkeit
buffer	Puffer
circuit	Stromkreis
component	Bauteil
concave	konkav, ausgehöhlt
current	Strom
decrease	Abnahme
equidistant	mit gleichem Abstand
graphics tablet	Graphiktablett
health	Gesundheit
increase	Zunahme
input device	Eingabegerät
interrupt signal	Unterbrechungssignal
joystick	Steuerknüppel
keyboard	Tastatur
light pen	Lichtstift
output device	Ausgabegerät
pointing device	Zeigegerät
poorly-designed	schlecht konstruiert
to cause	verursachen
to delete	löschen
to demand	verlangen
to determine	festlegen
to generate	erzeugen
to interact	in Verbindung treten
to scan	abtasten
trackball	Rollkugel
voice recognition	Spracherkennung

Fig. 1: Joystick

and the other for when it is released. The processor stores the number in the keyboard's own memory buffer and then loads the number in a port connection where it can be read by the computer's BIOS. Then the processor sends an interrupt signal to tell the central processor that a scan code is waiting for it. An interrupt tells the central processor to stop what it is doing to turn its attention to the service demanded by the interrupt. The BIOS reads the scan code and sends a signal to the keyboard telling it to delete the scan code from its buffer. The BIOS then translates the scan code into an ASCII code, used by the PC, that stands for a character or into a special code for a function key or a cursor movement key. Then the operating system or application software retrieves the ASCII code.

Types of keys

- *Alphanumeric* keys are arranged in the same order as a typewriter **(Fig. 1)**.
- *Function* keys are used by various programs to instruct the PC to perform specific tasks such as SAVE, COPY, CUT, PASTE, HELP, etc.
- The *Numeric* keypad consists of a set of numeric or editing keys. The NUM LOCK key is used to switch from numbers to editing functions.
- *Editing keys* such as cursor and other keys are used within word processing programs to page up and down in a long document or to edit text (using INSERT or DELETE keys).
- *Special keys* are used to issue commands or to produce alternative characters in key combinations, for example, the ALT key.

Exercise:

Which keys from the box below match the following definitions?

SPACE BAR, SHIFT, BACKSPACE, ENTER (RETURN), TAB, CAPS LOCK, ARROW KEYS, ESCAPE, ALT

1. A long key at the bottom of the keyboard. Each time it is pressed it produces a blank space.
2. It moves the cursor to the beginning of a new line. It is also used to confirm new commands.
3. It stops a program without losing the information from the main memory. Sometimes its use depends on the application.
4. It works in combination with other keys to produce special characters or specific actions.
5. It removes the character on the left of the cursor.
6. It moves the cursor horizontally to the right for a fixed number of spaces.
7. It produces UPPER-CASE characters (or the upper-case character of the key).
8. They are used to move the cursor, as an alternative to the mouse.
9. It produces upper-case letters, but it does not affect numbers and symbols.

Solution: 1 space bar / 2 enter / 3 escape / 4 alt / 5 backspace / 6 tab / 7 shift / 8 arrow keys / 9 caps lock

Revision and consolidation

1. **Describe how the keyboard works taking the information presented in the text.**
2. **Look at the picture of a keyboard below and identify the groups of keys described above.**

Fig. 1: German keyboard layout

Mice

A mouse is a device that controls the movement of the cursor or pointer on a display screen. A mouse is a small object you can roll along a hard, flat surface. Its name comes from its shape, which looks like a mouse and its connecting wire that one can imagine to be the mouse's tail. As you move the mouse, the pointer or mouse cursor on the display screen moves in the same direction. Mice contain at least one button and sometimes as many as three, which have different functions depending on what program is running. Some newer mice also include a scroll wheel for scrolling through long documents.

> A mouse is a device that controls the movement of the cursor or pointer on a display screen.

Mice are widely used in graphics applications because they can do things which are difficult, if not impossible, to do with keyboard keys. For example, you move an image with a mouse just by putting the pointer on the object you want to move. Then you press the mouse button and drag the image from one place on the screen to another. When you have the image where you want it, you release the mouse button and the image stays there. In a similar way, the mouse is used to grab one corner of an image, such as a square, and stretch it into another shape, say a rectangle. Both of these actions are much more difficult to perform with a keyboard. The mouse is also useful for drawing pictures by using the mouse like a pen, pencil, or paintbrush.

There are three basic types of mice:

- *mechanical:* Has a rubber or metal ball on its underside that can roll in all directions. Mechanical sensors within the mouse detect the direction the ball is rolling and move the screen pointer accordingly **(Fig. 1)**.
- *optomechanical:* Same as a mechanical mouse, but uses optical sensors to detect motion of the ball.
- *optical:* Uses a laser to detect the mouse's movement. You must move the mouse along a special mat with a grid so that the optical mechanism has a frame of reference. Optical mice have nonmechanical moving parts. They respond more quickly and precisely than mechanical and optomechanical mice.

Mice connect to PCs in one of three ways:

- Serial mice connect directly to a serial port or a PS/2 port. This is the simplest type of connection.
- PS/2 mice connect to a PS/2 port.

Table: Keywords

English expression	Übersetzung
breakthrough	Durchbruch
button	Taste, Knopf
chopper disk	Zahnscheibe
cordless	leitungslos
depending on	abhängend von
drive shaft	Antriebswelle
frame of reference	Bezugsrahmen
grid	Raster, Gitter
keyboard	Tastatur
mat	Matte
mouse, mice	Maus, Mäuse
paintbrush	Farbpinsel
pen	Stift
pencil	Bleistift
pointer	Zeiger
rectangle	Rechteck
scroll wheel	Bildrollrad
shape	Form
square	Quadrat
surface	Oberfläche
tail	Schwanz
to derive from	ableiten von
to drag	ziehen
to grab	packen
to release	freigeben

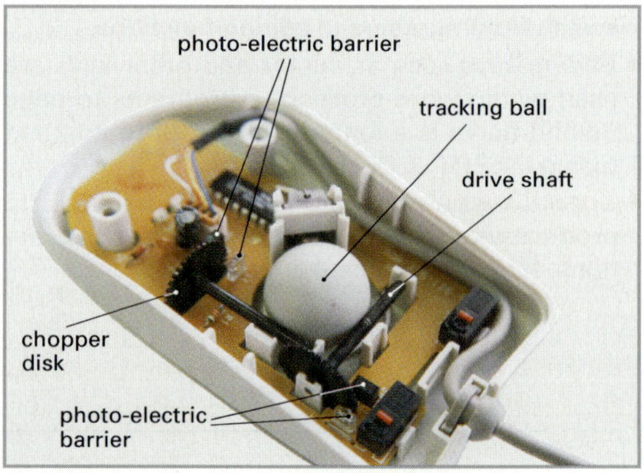

Fig. 1: Open mouse

- Cordless mice are not physically connected at all. Instead they use infrared or radio waves to communicate with the computer. Cordless mice are more expensive than both serial and bus mice.

  Mice connect to Macintosh computers through the ADB (Apple Desktop Bus) port.

Revision and consolidation

1. How are mice used?

2. Which programs can mice best be used with?

3. What types of mice are there?

4. Which ports are mice connected to?

Scanners

A scanner is a device that can read text or illustrations printed on paper and translate the information. Optical scanners do not distinguish text from illustrations; they represent all images as bit maps. Therefore, you cannot directly edit text that has been scanned. To edit text read by an optical scanner, you need an optical character recognition system (OCR) to translate the image into ASCII characters. Most optical scanners which are sold today come with OCR packages.

> A scanner is a device that examines a pattern and converts it into a digital representation suitable for computer processing.

Scanning technology

Most scanners use charge-coupled device (CCD) arrays, which consist of tightly packed rows of light receptors that can detect variations in light intensity and frequency. The quality of the CCD array is probably the most important factor affecting the quality of the scanner. Industry-strength drum scanners use a different technology that relies on a photomultiplier tube (PMT), but this type of scanner is much more expensive than the more common CCD-based scanners.

Resolution

The denser the bit map, the higher the resolution. Typically, scanners support resolutions of from 722 to 2400 dpi. Bit depth: The number of bits used to represent each pixel. The greater the bit depth, the more colors or gray-scales can be represented. For example, a 48-bit color scanner can represent 2 to the 48th power colors. Note, however, that a large color range is useless if the CCD arrays are capable of detecting only a small number of distinct colors.

Exercise:

Calculate the number colors a 48-bit color scanner can represent?

Solution:

2^{48} = 281 billion

Size and shape

Larger scanners include machines into which you can feed sheets of paper. These are called sheet-fed scanners. Sheet-fed scanners are excellent for loose sheets of paper, but they are unable to handle bound documents.

A second type of large scanner, called a flatbed scanner **(Fig. 1)**, is like a photocopy machine. It consists of a board on which you lay books, magazines, and other documents that you want to scan.

Table: Keywords

English expression	Übersetzung
array	Feld, Bereich
bit depth	Bittiefe, Farbtiefe
bound	gebunden
carriage	Wagen
charge-coupled	ladungsgekoppelt
dense	dicht
drum	Trommel
flatbed scanner	Flachbettscanner
image	Bild
loose	lose
OCR (optical character recognition)	optische Zeichenerkennung
overhead	über Kopf
resolution	Auflösung
to affect	beeinflussen
to distinguish	unterscheiden
to edit	editieren, bearbeiten
to feed	einführen
tube	Röhre
2 to the power of 48	2^{48}

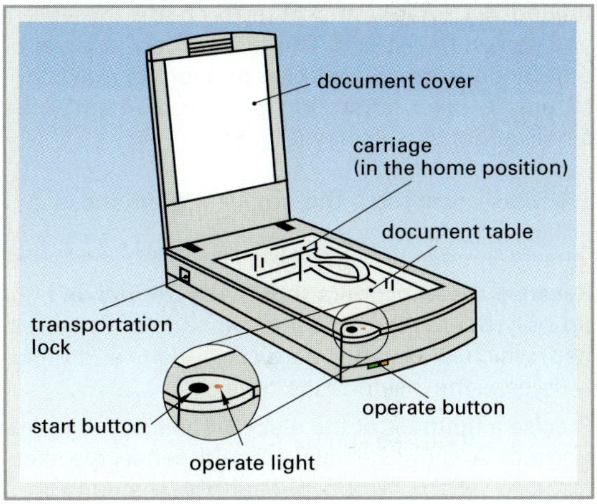

Fig. 1: Scanner parts

Overhead scanners (also called copy-board scanners) look like overhead projectors. You place documents face-up on a scanning bed, and a small overhead tower moves across the page.

Revision and consolidation

1. **What is needed to edit text which has been scanned?**
2. **How do scanners display text and graphics?**
3. **What does the resolution depend on?**
4. **What does the term 'pixel' stand for?**
5. **How do scanners differ from one another?**

5.8.2 Output devices

CRT monitors

A cathode ray tube monitor (CRT) is an analog display that produces images by illuminating phosphors with an electron beam.

> A CRT is a type of screen found in TV sets and computer displays in which an electron beam scans a phosphor-coated surface, leaving light or dark points of light on the inside face of the screen.

The tube itself looks like a bottle turned on its side. Inside the thin end of the tube, three 'guns' emit electrons in a beam that illuminates phosphors which coat the inside of the tube. Following signals sent by your PC's graphics controller, the beam sweeps quickly back and forth across the thick end of the tube.

The phosphors light up when hit with electrons, mixing red, green, and blue to create the colors you see on the screen. The point where one set of adjacent red, green, and blue phosphors meet constitutes a pixel (short for 'picture element'), the smallest dot in a display **(Fig. 1)**.

> A pixel constitutes the smallest element of a display surface.

Because the phosphors that make up a pixel light up only briefly, they need to be constantly refreshed, which is why the beam continually and rapidly sweeps the inside of the tube.

Precise alignment of the electron beam is very important: A slight deviation could cause the electrons to hit the wrong phosphors, resulting in a blurry image. The electrons are aimed in two ways. First, a coil of wire that creates a magnetic field deflects the electrons toward the wide end of the tube, and causes the beam to sweep across and down the screen **(Fig. 2)**. Just before the electrons hit the phosphors, they flow through either a shadow mask or aperture grille located behind the screen, which filters out stray electrons to ensure that only the correct phosphors are hit **(Fig. 3)**. In a shadow mask CRT, a metal sheet riddled with holes directs the electrons to the circular phosphors. An aperture grille CRT directs the beam through slots between thin, vertical wires. In either case, the space between the holes or wires (known as 'dot pitch' in shadow masks and 'grille pitch' in aperture grilles), determines how detailed the image can be: In general, the smaller the pitch, the more precise the alignment of the beam, and thus the crisper the images.

Table: Keywords

English expression	Übersetzung
alignment	Ausrichtung
aperture grille	Streifenmaske
blurry	verschwommen
briefly	kurz
cathode	Kathode
coil	Spule
crisp	scharf, deutlich, klar
deviation	Abweichung
dot	Punkt
ray	Strahl
resolution	Auflösung
shadow mask	Lochmaske
slim	schlank
to coat	beschichten
to deflect	ablenken
to emit	aussenden
to illuminate	beleuchten
to refresh	erneuern
tube	Röhre

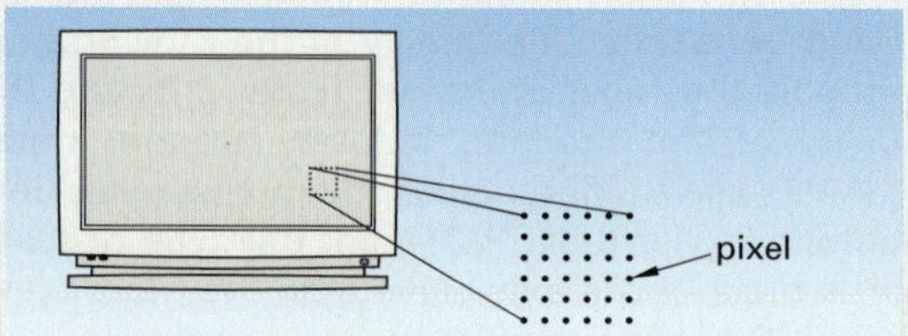

Each dot on the screen is a picture element (pixel)

Fig. 1: Picture element

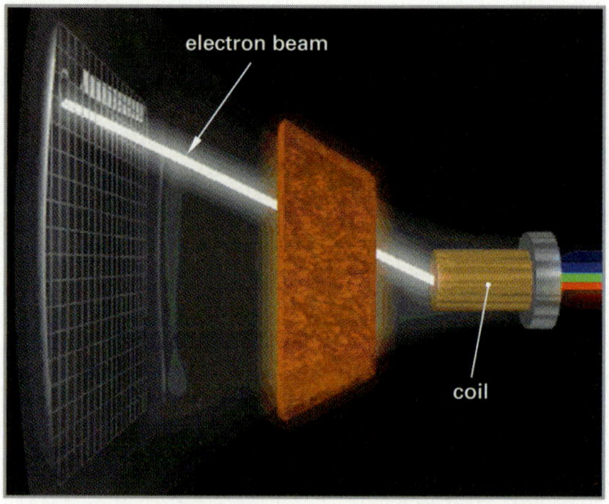

Fig. 2: Beam deflection in CRTs

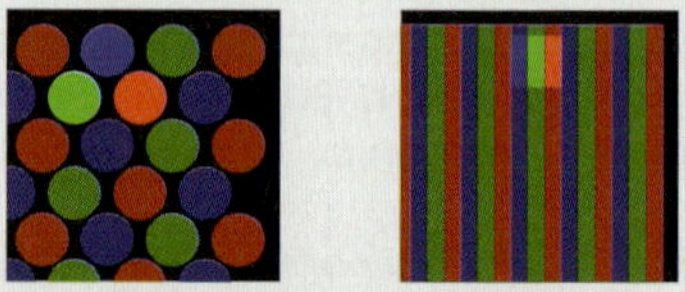

Fig. 3: Shadow mask and aperture grille

The resolution of the monitor comes from the number of pixels and lines **(Fig. 1)**. For example, in a CRT monitor with a 1024-by-768 resolution, the beam lights up 1024 pixels as it passes horizontally from left to right. When it reaches the edge of the screen, it stops and moves down to the next line. The beam repeats this process until it has passed over the 768 lines of pixels on the screen. When the beam reaches the bottom, it returns to the top and begins again. A monitor with a 75Hz refresh rate completes this round-trip 75 times per second. If a CRT refreshes too slowly, you'll see a flicker, which is may lead to eye fatigue.

Revision and consolidation

1. **What is the working principle of a CRT monitor?**
2. **What is a 'pixel'?**
3. **What is the function of the shadow mask or aperture grille?**
4. **What is 'dot-pitch'?**
5. **What do the expressions 'resolution' and 'refresh-rate' refer to?**
6. **Why should a CRT monitor have a high refresh rate?**

Liquid crystal displays (LCDs)

Liquid crystal display technology produces images on a flat surface by shining light through liquid crystals and coloured filters **(Fig. 2)**.

LCDs have many advantages over cathode-ray tube monitors. They offer crisp text and no annoying flicker, which means they can help reduce eye fatigue. Because they're usually less than ten inches thick, desktop LCD monitors take up much less space than CRTs. LCDs have the following disadvantages: The colour quality of LCD displays normally can't compare with that of CRTs, and the price of desktop LCDs is still high.

Liquid crystals are liquid chemicals whose molecules can be aligned precisely when subjected to electrical fields. When properly aligned, the liquid crystals allow light to pass through.

Nearly all modern colour LCDs use a thin-film transistor to activate each cell. TFT LCDs create sharp, bright images. Previous LCD technologies were slower, less efficient, and provided lower contrast. Because LCDs address each pixel individually, they can create sharper text than CRTs, which, when badly focused, blur the pixels that make up the screen image. But the high contrast of LCDs can cause problems when you want to display graphics. CRTs soften the edges of graphics as well as text, and, while this can make it hard to read text at very small resolutions, it also means CRTs can show details in photographs better than LCDs. Also, LCDs have only one 'natural' resolution which is limited by the number of pixels which are built into the display.

Table: Keywords

English expression	Übersetzung
annoying	ärgerlich
bright	hell
cell	Zelle
crisp	deutlich, klar, scharf
crystal	Kristall
disadvantage	Nachteil
eye fatigue	Augenermüdung
flicker	Flimmern
precisely	exakt
surface	Oberfläche
thin	dünn
to align	ausrichten
to focus	scharf stellen
to subject to	aussetzen

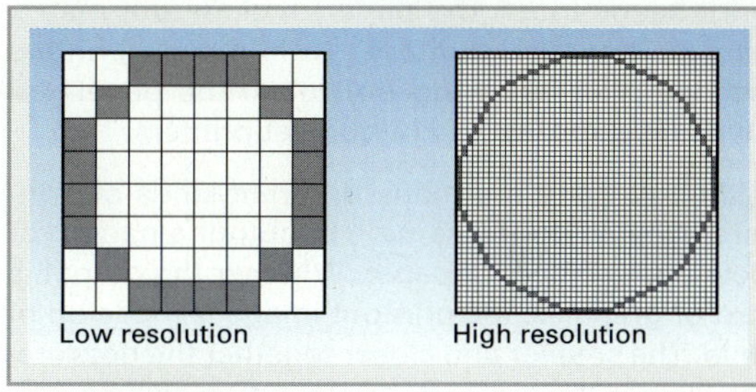

Fig. 1: Resolution

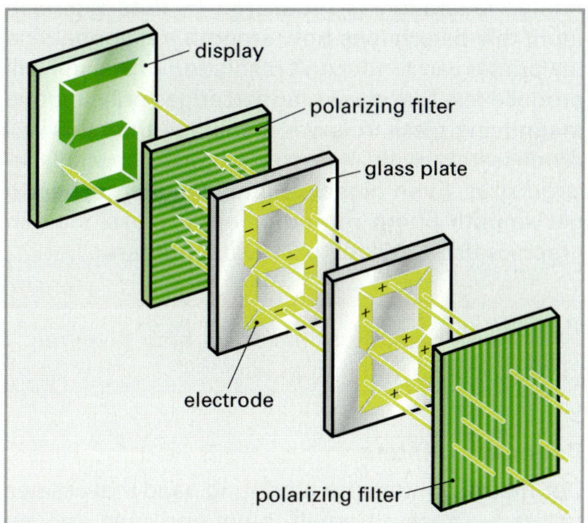

Fig. 2: Liquid crystal technology

Revision and consolidation

1. **How do liquid crystal displays work?**
2. **What advantages do LCDs have over CRTs?**
3. **What are disadvantages of LCDs?**
4. **What are advantages of TFT displays?**

Printers

A printer is an output device that allows the user to see a printout of his work. After a file has been created, a command is entered to send the file to the printer to be printed out. The printer converts the electronic input into a paper printout.

A printer is a device which produces hard-copy output from a computer system by transferring an image onto paper.

There are two types of printers available today: impact and non-impact. Impact printers (whose print-heads touch the paper) include dot-matrix and daisywheel printers. Non-impact printers (whose print-heads do not touch the paper) include laser, inkjet, and bubble-jet printers.

Although there are many different kinds of printers, they all do the same – to output a pattern of dots onto a sheet of paper. Whether the output is text or graphics, the printout image is made up of dots. The smaller and closer together the dots are, the clearer the printout, or resolution, will be.

Printer resolution is measured in dots per inch (dpi); this determines how smooth a diagonal line the printer can produce. A resolution of 300 dpi will produce text that shows jagged edges only under a magnifying glass. A lower resolution than this will produce text with stair-step edges, especially at large sizes. Even higher resolutions are needed to get smooth photo reproduction. Professionals in graphics use 1200 dpi to 2400 dpi printers.

The term 'resolution' indicates how finely an image is resolved into pixels.

Dot-matrix printers

Dot-matrix printers use a printing head that creates letters by pushing small, blunt-end pins into an inked ribbon **(Fig. 1)**. They print text and graphics and some of them are able to print up to 500 characters per second (cps). However, they produce relatively low resolution – 72 or 144 dots per inch. This level of quality is not recommended for reports or books that have a wide audience. They are slower than laser printers but much cheaper.

A dot-matrix printer uses a pattern of dots which are transferred by impact to produce images on paper.

Table: Keywords

English expression	Übersetzung
available	verfügbar
blunt-end	abgerundet
character	Zeichen
common	gebräuchlich
daisywheel printer	Typenraddrucker
dot	Punkt
dot-matrix printer	Rasterdrucker
file	Datei
impact printer	Anschlagdrucker
inkjet printer	Tintenstrahldrucker
jagged	gezackt
magnifying glass	Vergrößerungsglas
pattern	Muster
pin	Stift
print-head	Druckkopf
printout	Ausdruck
resolution	Auflösung
sheet	Blatt
smooth	glatt
to convert	umwandeln
to recommend	empfehlen
to measure	messen

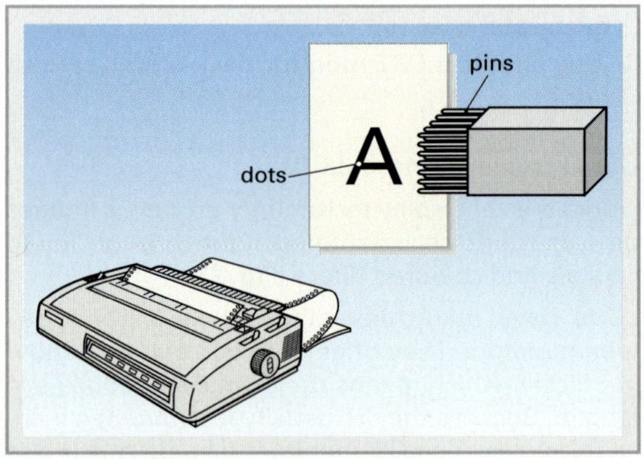

Fig. 1: Dot-matrix print-head and printer

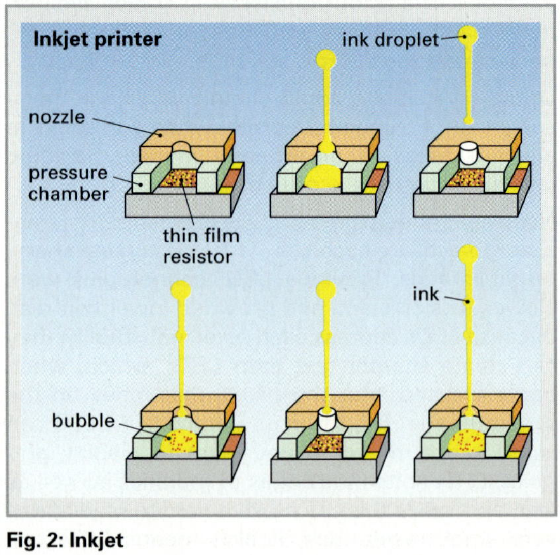

Fig. 2: Inkjet

Ink-jet printers

An ink-jet printer is a non-impact printer. It operates by projecting small ink droplets onto paper to form the required image **(Fig. 2 on previous page)**. This type of printer is quite fast, silent and less expensive than a laser printer. Bubble-jet printers work in a similar way.

Laser printers

A laser printer **(Fig. 1)** uses a laser beam to produce an image on a drum. The light of the laser changes the electrical charge on the drum wherever it hits. The drum is then rolled through a reservoir of toner which is picked up by the charged portions of the drum. Finally, the toner is transferred to the paper through a combination of heat and pressure.

> A laser printer uses a laser to record an impression on a drum which is then transferred to paper.

Because a complete page is transmitted to the drum before the toner is applied, laser printers are sometimes called page printers.

The available resolutions range from 600 dpi at the low end to 2,400 dpi at the high end. Laser printers produce very high-quality print and are capable of printing an almost unlimited variety of fonts. Most laser printers come with a basic set of fonts, called internal or resident fonts, but additional fonts can be added.

All laser printers come with a certain amount of RAM memory and you usually increase the memory by adding memory boards in the printer's expansion slots.

In addition to text, laser printers are very suitable for printing graphics. However, you need a lot of memory in the printer to print high-resolution graphics. Because laser printers are non-impact printers, they are much quieter than dot-matrix printers. They are also relatively fast. Their speed ranges from about 4 to 20 pages of text per minute (ppm) **(Table 2)**.

Other printer types

Thermal printers use heat, a special kind of paper and electro-sensitive methods.

Image setters do not print on regular paper, but on photographic paper or microfilm. They can produce output with a resolution of up to 3,540 dots per inch.

Plotters are a special kind of printer. They use ink and fine pens to draw very detailed designs on paper.

They are used for construction plans, engineering drawings and technical illustrations.

Table 1: Keywords

English expression	Übersetzung
beam	Strahl
charge	Ladung
drum	Trommel
enhancement	Anreicherung
font	Schriftart
heat	Hitze, Wärme
mirror	Spiegel
page	Seite
portion	Teil
pressure	Druck
set	Satz
suitable	geeignet
to achieve	erreichen
to be capable of	fähig sein zu
to range from	reichen von
toner	Toner, Farbpulver

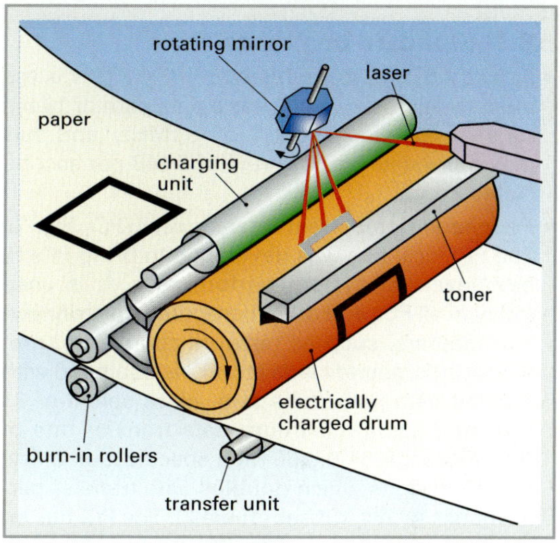

Fig. 1: Laser print technology

Table 2: Abbreviations

Expression	Explanation
cps	characters per second
dpi	dots per inch
ppi	pixels per inch
lpm	lines per minute
ppm	pages per minute
LQ	Letter Quality
NLQ	Near Letter Quality
draft	test print
typeface	set of letters, numbers, and special characters
styles	bold, italic, underlined
size	measured in points: one point = 1/72 of an inch
font	set of letters, etc. in the same typeface, style, and size

5.9 Bus types

A bus can best be defined as a path for transferring data between the central processing unit (CPU) and peripherals.

A bus is an electrical path which is used to transfer information from one point in a computer to another.

The first PCs employed a bus known as ISA (Industry Standard Architecture). These early models ran CGA graphics and DOS applications which were limited to several hundred thousand kilobytes. Today the standard ISA bus has a hard time keeping up with the new generation of video, LAN, storage and Windows applications that require greater bandwidth.

5.9.1 Standard bus types

- *Industry Standard Architecture (ISA)*. This is the most widely-used bus. It has a data path of 16-bit, runs at a clock speed of 8 MHz, and has maximum data transfer rate of 5 MB per second (**Table 2**).
- *Peripheral Component Interconnect (PCI,* **Fig. 1**). The PCI local bus was developed to bring PCs to new levels of system performance. It is used today in all PCs and other computers for connecting adapters, such as network-controllers, graphics cards, sound cards etc. PCI is equipped with a 32-bit data path, runs at a clock speed of 33 MHz and has a maximum data transfer rate of 132 MB/sec. A 64-bit, 66 MHz specification exists for PCI designs which doubles data transfer performance to 264 MB/sec (Table 2). The PCI bus includes support for PCI to PCI bridge chips, allowing for more than three slots. Plug-and-play drivers are configured to determine automatically the level of chip in the system and load the appropriate drivers for you. The bus is processor-independent and can therefore be used with all 32 bit or 64 bit processors. It is also found in other computers than PCs.
- *Accelerated Graphics Port (AGP)*. AGP is a new interface specification developed by Intel Corporation. It is based on PCI, but is designed especially to accelerate graphics performance by providing a dedicated high-speed channel for the movement of large blocks of 3D texture data between the PC's graphics controller and system memory. The AGP interface which is positioned between the PC's chipset and graphics controller significantly increases the bandwidth available to a graphics accelerator **(Fig. 1, on the following page)**.

  AGP lays a foundation for high-performance graphics in future systems, with support for a

Table 1: Keywords

English expression	Übersetzung
application	Anwendung
appropriate	geeignet
bandwidth	Bandbreite
clock speed	Taktfrequenz
data path width	Datenbusbreite
dedicated channel	Spezialkanal
demand	Forderung, Anspruch
path	Pfad, Weg
removable	entfernbar
socket	Steckplatz
to access	zugreifen
texture	Struktur
to require	benötigen
transfer rate	Übertragungsrate

Table 2: Bus architectures

Bus type	ISA	EISA	PCI
Data path width (bit)	16	32	32/64
Transfer rate (MBps)	5	33	132/264
Data bus speed (MHz)	8	8,33	33

Fig. 1: PCI slots

peak bandwidth over 1 GB/s. The AGP channel is 32 bits wide and runs at 66 MHz. This translates into a total bandwidth of 264 MBps. AGP also supports two optional faster modes, with throughputs of 533 MBps and 1.07 GBps. It gets this speed increase by transferring data on both the rising and falling edges of the 66 MHz clock. AGP allows 3-D textures to be stored in main memory rather than video memory.

AGP has some important system requirements: The chipset must support AGP. The motherboard must be equipped with an AGP bus slot or must have an integrated AGP graphics system. The operating system must be Windows 98 or higher.

- *Personal Computer Memory Card International Association* (PCMCIA). This is a special socket in which you can plug removable credit-card size devices. These circuit cards can contain extra memory, hard drives, modems, network adapters, sound cards, etc. PCMCIA cards are mostly used for laptops. The socket uses a 68-pin interface to connect to the motherboard or to the system's expansion bus.

Table: Keywords

English expression	Übersetzung
available	verfügbar
channel	Kanal
edge	Rand, Kante
expansion bus	Erweiterungsbus
foundation	Grundlage
mode	Modus
optional	wahlweise
peak bandwidth	Spitzenbandbreite
removable	herausnehmbar
requirement	Anforderungen
socket	Steckeraufnahme
throughput	Durchsatz
wide	breit

Revision and consolidation

1. **What is a 'bus'?**
2. **What are the main characteristics of the PCI local bus?**
3. **How does the AGP interface increase its speed?**
4. **What are PCMCIA cards and what are they used for?**

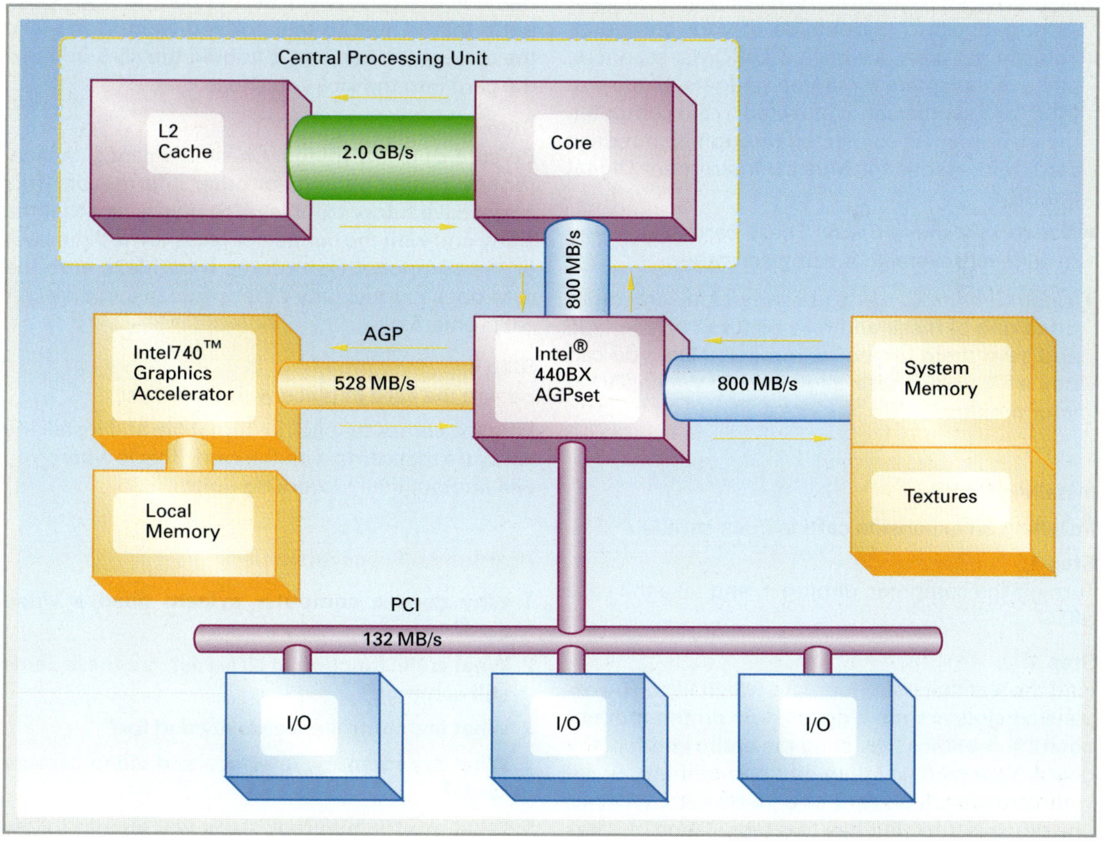

Fig. 1: AGP interface

5.9.2 Card types

The most common cards are:

- *Video Cards:* Everyone has one of these. It allows you to see words on your computer screen. Your monitor plugs into it. Sometimes it is part of the motherboard.
- *IO Cards:* These are the cards that your printer plugs into (probably your mouse too). These cards are being phased out; their components are now usually included on motherboards.
- *Controller Cards:* This is the card that all of your drives are connected to. A lot of flat ribbons sprout off of this card. Like the IO card, this stuff now lives on the motherboard in newer systems.
- *Sound Cards:* These cards let your computer produce sound. In order to hear anything, you need speakers as well. Plug the speakers into the back of sound cards.
- *Modems:* These allow you to connect to other computers via phone lines. These things are what bring the Internet to your screen. Modems are considered difficult to install because they need their own COM port.
- *Interface Cards:* These cards allow you to connect extra gadgets to the outside of your computer. You can get them for mice, CD-ROMs, scanners, and even adapters for laptop gadgets. If you use MIDI for a synthesizer connected to the computer, the instrument is connected through an interface card. Midi stands for **M**usical **I**nstrument **D**igital **I**nterface.
- *Network Interface Cards:* These cards allow you to connect several PCs with each other.
- *Video Capture Cards:* You can hook a camcorder up to one of these and take pictures off the tape and save them to your computer. Also, you can buy a TV card. These allow you to watch TV on your monitor.

Installing Cards

Installing an expansion card is quite simple.

Step 1:
Turn off the computer, unplug it, and take the case off.

Step 2:
Find the slot that your new card will fit into. The expansion slots are the biggest slots on the motherboard; sometimes they span the entire width of the board. Your card will plug into one of them. See if your card is an 8-bit card or a 16-bit card. (If it has one tab, it is 8-bit. If it has two tabs, 16-bit. If it has three, it is probably a VL-Bus Card).

Table: Keywords

English expression	Übersetzung
appropriate	geeignet
common	gebräuchlich
cover	Abdeckung
entire	ganz
gadget	Gerät
ribbon	Band
screw	Schraube
setting	Einstellung
to phase out	auslaufen lassen
to rearrange	neu anordnen
to secure	sichern
to sprout off	herauswachsen
to stick	stecken
VL	VESA Interbus
wall	Wand
width	Breite

Stick it in the appropriate slot. You can usually insert an 8-bit card in a 16-bit slot. You may need to rearrange your cards so that there is room for everything.

Step 3:
Remove the dust cover on the back of your computer that is next to the slot you want. Don't lose the screw; you can use it to hold the card in. Push the card into the slot you chose.

Step 4:
Be sure of a few things. Check the card's manual for any jumper settings or other information. This might save future trouble. Also, make sure that the shiny end with the connector faces toward the back of the computer. Don't force it in. Make sure the card doesn't touch any other cards to avoid electrical problems.

Step 5:
Secure the card in place with the screw.

Plug the computer back in, turn it on, and install the software that came with the card. This is where you will find out if all is working right.

Revision and consolidation

1. **Why does a computer system need a video card?**
2. **What is the function of IO cards? Are these cards still common?**
3. **What are controller cards needed for?**
4. **What are memory, interface and video capture cards?**
5. **What are the different steps you should follow when you install an expansion card?**

5.10 Ports

Ports are the receptacles which are located on the back of the computer's system unit that are used to attach peripherals, such as a printer, monitor, keyboard, mouse, modem, or joystick **(Fig. 1)**. Cables from each peripheral are plugged into these ports allowing the connected devices to send and receive information from the microprocessor.

> Ports are the locations through which the computer exchanges information with external devices.

There are two types of ports: serial and parallel. Serial ports move one bit of data through the cable at a time.

> The term 'serial' refers to the transmission, processing, or storage of data one bit at a time.

Parallel ports can move eight bits of data making them much faster than serial ports.

> The term 'parallel' refers to the transmission, processing, or storage of data in such a way that all parts of a byte are handled simultaneously.

Printers, which require larger amounts of data sent from the computer to the printer, are usually connected to the computer by parallel ports and cables. Modems, mice and serial printers use serial ports. Because a computer may have many parallel devices, each port is given a name to distinguish the device which is connected to it from other devices. Parallel ports are called LPT 1, LPT 2, and so on by the computer in order to identify them. Parallel ports are considered female connectors because they contain holes. On the end of the parallel cable are pins that fit into these holes, completing the connection.
Serial ports are internally addressed as COM 1, COM 2, etc. by the computer in order to identify them. Serial ports are considered male connectors because they contain pins. Most personal computers have at least two serial ports, called RS-232 or COM ports.
Thanks to *Universal Serial Bus* (USB), finding the right connectors is simpler than ever. USB provides a trouble-free way to connect new devices to your system, giving you true 'Plug and Play'. The Universal Serial Bus standard is designed to replace the various types of connectors and ports found in older computers with a single type of port for all devices. This connector lets you hook various peripheral devices to your personal computer without configuring the device or rebooting your machine.

Table: Keywords

English expression	Übersetzung
connector	Stecker
female	weiblich
male	männlich
peripherals	Peripheriegeräte
pin	Stift
port	Anschluss
receptacle	Buchse
to distinguish	unterscheiden
to plug into	einstecken

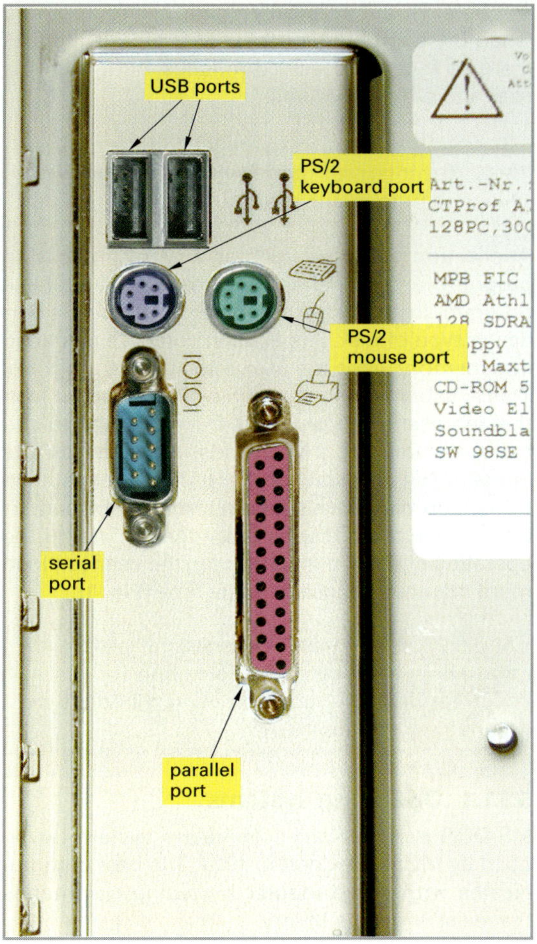

Fig. 1: Ports

Revision and consolidation

1. **What are ports?**
2. **What is the difference between 'serial' and 'parallel' ports?**
3. **Which port is a printer normally connected to and why?**
4. **What is a 'male' connector?**
5. **What are the advantages of USB ports?**

5.11 Software

Software is a set of programmed instructions that tell the computer what to do. A computer cannot do anything on its own; it needs to know how to react to the input it gets from the user. Software provides that instruction.

Basically, there are two kinds of software: operating system software and application software. The operating system software , such as DOS, tells the computer how to interpret commands, manage data, and process input and output. Operating system software is automatically loaded into memory when the computer is booted (started). It remains there so it can process commands from both the user and other programs.

Operating system software tells the computer how to interpret commands and how to manage data it receives.

Application software, such as a word processing program, a spreadsheet program, or a database program, instructs the computer to perform a particular type of task. Application software is loaded into memory when the user activates the program. This is usually done by double-clicking on an icon that represents the program. Once it is loaded into memory, the program sends requests to the operating system software for things it needs, such as files on disk, a calculation to be performed, or information to be displayed on the monitor. If the operating system is multitasking, the user can load more than one program at one time **(Fig. 1)**.

Application software consists of programs that allow the user to perform specific tasks, such as writing a letter, creating a budget, or managing a database.

5.11.1 Operating systems

MS-DOS is a text-based operating system developed by Microsoft Corp. in 1981. The user communicates with the computer by typing commands that exist within its library.

Windows is a bootable operating system. It has a graphical interface and supports multimedia applications. Internet access is also part of the user interface. The system includes Outlook Express for e-mail, NetMeeting conferencing software, a chat program and a Web-page editor.

Unix is a multitasking operating system which is written in C language. It is an operating environment for software development and is available for any type of computer. It is widely used for advanced CAD programs.

Table: Keywords

English expression	Übersetzung
application	Anwendung
database	Datenbank
library	Bibliothek
multitasking	Multitaskbetrieb
operating system	Betriebssystem
reliable	verlässlich
spreadsheet program	Tabellenkalkulation
thread	Faden
to execute	ausführen
to request	auffordern
word processing	Textverarbeitung

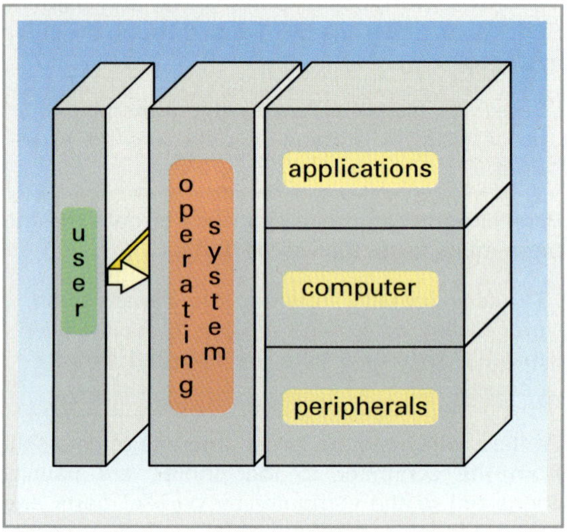

Fig. 1: Function of operating system

Linux is an open-source, cooperatively-developed multitasking operating system which is based on POSIX. It is used as a fully-functional UNIX workstation for applications ranging from Internet servers to reliable work group computing.

OS/2 Warp is a multitasking operating system which allows a program to be divided into 'threads' most of which can be run at the same time. Programs not only run simultaneously but also perform numerous tasks at the same time.

Mac OS is an operating system most of whose code is in the ROM chips. These contain hundreds of routines which perform such tasks as starting up the computer etc. Large parts of the Mac OS are also inside the System file and the Finder. The Finder displays the Macintosh desktop and enables the user to work with disks, programs and files.

JavaOS is an operating program which is designed to execute Java programs on Web-based PCs. It is written in Java, a programming language which Web pages use to display animation, play music etc. Its central component is known as *Java Virtual Machine (JVM)*.

5.11.2 Graphical user interface

A graphical user interface (GUI) is a computer program that enables a person to communicate with a computer through the use of symbols and pointing devices **(Fig. 1)**.

> A graphical user interface (GUI) is a computer program which consists of symbols and pointing devices.

Best-known for its implementation in Apple Computer and Microsoft Corporation's Windows operating system, the GUI has replaced the difficult textual interfaces of earlier computing when the user had to remember a lot of commands if he just wanted to see the content of a disk, to copy files, or to respond to a single prompt. Today the GUI is a relatively intuitive system that has made computer operation much easier.

Macintosh computers provide a user interface that is based on graphics and intuitive tools. Macintosh's user interface is called WIMP (Window, Icon, Mouse and Pointer) and was designed to facilitate interaction with the computer as well as to take full advantage of the features of the software products using this interface.

Macintosh, Microsoft Windows and IBM OS/2 Warp are the most innovative GUIs today. These platforms include similar features: a desktop with icons, windows and folders, menu bars that, with the click of a mouse, lower a list of pull-down options, scroll bars on the sides of the windows, a printer selector, a file finder, a control panel and various desk accessories.

> The desktop of a graphical user interface includes icons, windows, folders, menus and other useful accessories.

Double-clicking a folder opens a window which contains programs, documents or additional folders. By double-clicking you can also start the desired program or document from within a folder.

These interfaces have been so successful because they are very easy to use. GUIs have become the standard interface for personal computers. Their images have even found their way into other media, including print design and television commercials.

Table: Keywords

English expression	Übersetzung
accessories	Hilfsmittel, Zubehör
content	Inhalt
feature	Merkmal
file	Datei
folder	Ordner
graphical user interface	graphische Benutzeroberfläche
icon	Bildsymbol, Ikon
implementation	Einsatz
menu bar	Menüleiste
operating system	Betriebssystem
panel	Bedienungsfeld
option	Wahlmöglichkeit
pleasant	angenehm
pointing device	Zeigegerät
prompt	Hinweis
scroll bar	Bildlaufleiste
textual	textbezogen
to accomplish	bewerkstelligen
to enable	ermöglichen
to facilitate	erleichtern
to replace	ersetzen
to respond	reagieren

Fig. 1: Graphical user interface

Revision and consolidation

1. **Why does a computer need software?**
2. **What is the difference between operating software and application software?**
3. **What are the features of the different operating programs described on the previous page?**
4. **What does the abbreviation GUI stand for?**
5. **What does the acronym 'WIMP' mean?**
6. **What is the difference between a 'textual' interface and a 'graphical' interface?**
7. **Why is the textual interface more difficult to work with?**
8. **What are the advantages of GUIs?**

5.11.3 Office

In today's world we need to accomplish more, faster and better. Microsoft Office provides the tools to do this. Each of its programs – Word, Excel, PowerPoint, Access, Outlook, Publisher, and Internet Explorer – has a special purpose, yet they all work together so you can combine word processing, spreadsheets, presentations, databases, scheduling, publications and Internet communication. The results are professional, dynamic and effective documents for every occasion.

Every Office program uses the same structure of windows, menus, toolbars and dialog boxes. The personalized menus and toolbars display only the commands and toolbar buttons you use most frequently to save space and help efficiency. In addition, you perform your most basic actions the same way in every program. For example, you open, save and close documents with the same buttons or commands in each Office program.

Starting an Office Program

The two quickest ways to start any Office program are from the Start menu on the task bar **(Fig. 1)** and from the Office Shortcut Bar **(Fig. 2)**. By providing different ways to start a program, Office lets you work the way you like and switch from program to program with a click of a button.

Start an Office Program from the Start Menu

1. Click the Start button on the task bar.
2. Point to Programs.
3. Click the Office program you want to open.

Because it saves a few mouse clicks, the Office Shortcut Bar is more convenient.

Start an Office program from the Office Shortcut Bar

1. Click the button on the Office Shortcut Bar for the Office program you want to open.

Revision and consolidation

1. **What programs does Microsoft Office consist of?**
2. **What are the special purposes of the different programs?**
3. **What is the structure of all the programs?**
4. **What are the two possible ways described here to start an Office program?**
5. **How often do you have to click a program icon to start a particular program?**

Table: Keywords

English expression	Übersetzung
button	Knopf, Taste, Schaltfläche
command	Befehl
database	Datenbank
efficiency	Effektivität
menu	Menü
perform	ausführen
publication	Veröffentlichung
purpose	Zweck
scheduling	Terminplanung
shortcut bar	Abkürzungsleiste
space	Platz
spreadsheet program	Tabellenkalkulation
thesaurus	Synonymwörterbuch
to accomplish	bewerkstelligen
to provide	bereitstellen
to spell	buchstabieren
tool	Werkzeug
toolbar	Werkzeugleiste
word processing	Textverarbeitung

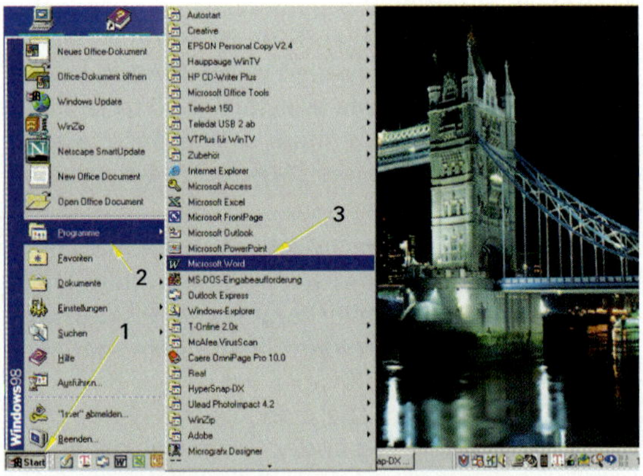

Fig. 1: Starting an Office program from the Start Menu

Fig. 2: Shortcut bar

5.11.3.1 Word

Microsoft Word, a word processing program, is designed especially for working with text, so it is easily possible to create and edit letters, reports, mailing lists, tables, or any other word-based communication. The files you create and save in Word are called *documents*. What makes Word ideal for your documents is its editing capabilities which are combined with its variety of views. Tools such as the *Spelling and Grammar Checker* and *Thesaurus* help you present your thoughts accurately, clearly and effectively. Finally, in the *Print Layout* view you can add formatting elements such as bold type and special fonts to make your documents look professional.

The Word Window consists of the following elements **(Fig. 1)**:

- *Menu Bar:* The nine menus provide access to all Word options. Click a menu to display a list of related commands, and then click the command you want.
- *Title Bar:* The document name and Microsoft Word appear in the title bar. Document # is a temporary name Word uses until you assign a new one.
- *Standard and Formatting toolbars:* These and other toolbars contain buttons that provide quick access to a variety of Word commands and features. If you are not sure what a specific button does, move the mouse pointer over it to display its name.
- *Document:* You enter text and graphics here.
- *Status Bar:* The status bar tells you the location of the insertion point in a document and provides information about current settings and commands.
- *Mouse pointer:* In the document, the mouse pointer appears as an I-beam. The pointer changes shape depending on where you point in the window.

Table: Keywords

English expression	Übersetzung
# (number sign)	Nummer
access	Zugriff
bar	Leiste
feature	Merkmal
insertion point	Einfügungspunkt
option	Wahlmöglichkeit
pointer	Zeiger
related	verwandt
setting	Einstellung
shape	Form
temporary	zeitweilig
to assign	zuweisen
variety	Vielfalt

- *Insertion point:* The blinking insertion point (also called cursor) shows you where the next character will appear.
- *Document View buttons:* Click to see your document in different ways. Normal view is best for typing and editing. Web Layout view shows your document as it will appear on the Internet, Print Layout view shows how your page will look on paper. Outline view is best for creating a document outline.

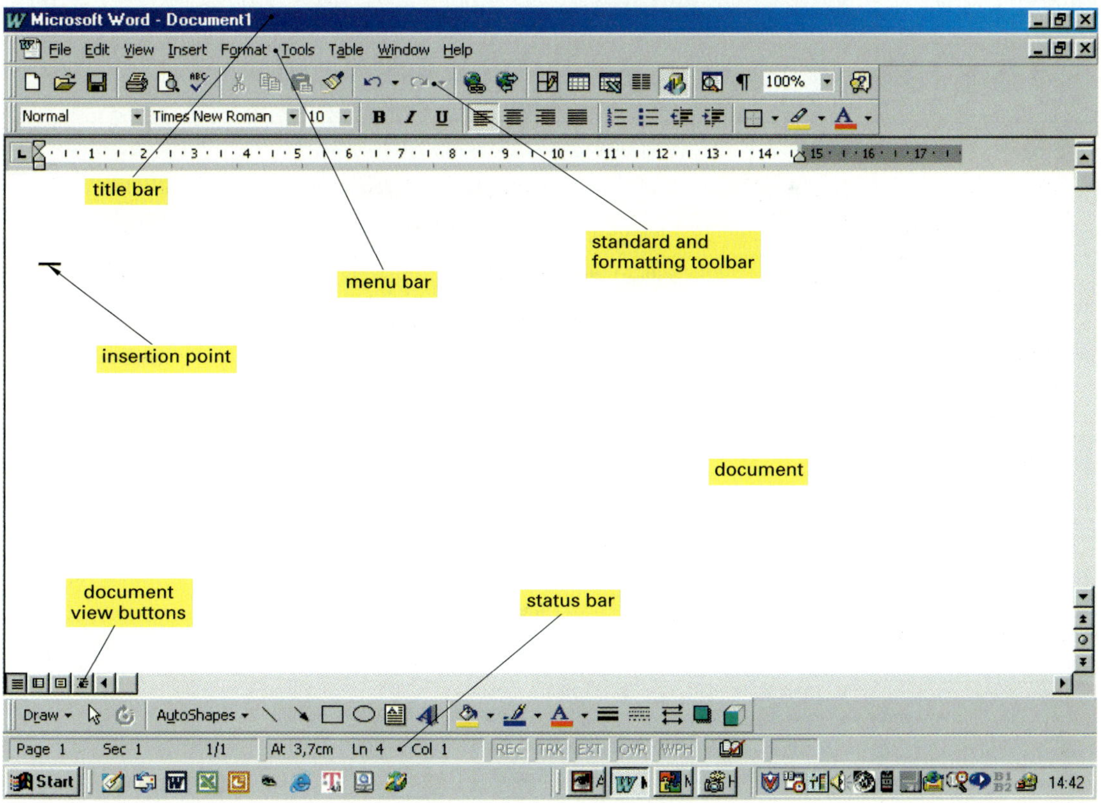

Fig. 1: The Word Window

Producing a Word document

Word processing is the most used computer application. Documents can be revised and corrected before they are ever printed. An existing document can be used as a template, or pattern, for a new one. So the user doesn't have to recreate standard documents each time. The main purpose of word processing is to produce documents. The main advantage is that you can easily change what has been done.

There are four major steps to produce a document:

- Create,
- Edit,
- Format and
- Print.

Note: It is very important to save your document from time to time to prevent the loss of your document due to power failure.

Creating a document involves the following actions:

- *Word wrap* – automatically wrapping the text to the next line so it all fits within the screen's width.
- *Scrolling* – moving document around within window.

Table: Keywords

English expression	Übersetzung
advantage	Vorteil
application	Anwendung
bold	fettgedruckt
italics	kursiv
pattern	Muster
print preview	Seitenansicht
purpose	Zweck
ruler	Lineal
template	Formatvorlage, Schablone
term	Begriff
to align	ausrichten
to center	zentrieren
to edit	editieren
to format	formatieren
to justify	ausrichten
to print	drucken
to process	verarbeiten
to recreate	neu erstellen
to revise	überarbeiten
to save	speichern
to scroll	rollen
to search	suchen
to undo	rückgängig machen
to wrap	umwickeln
width	Breite

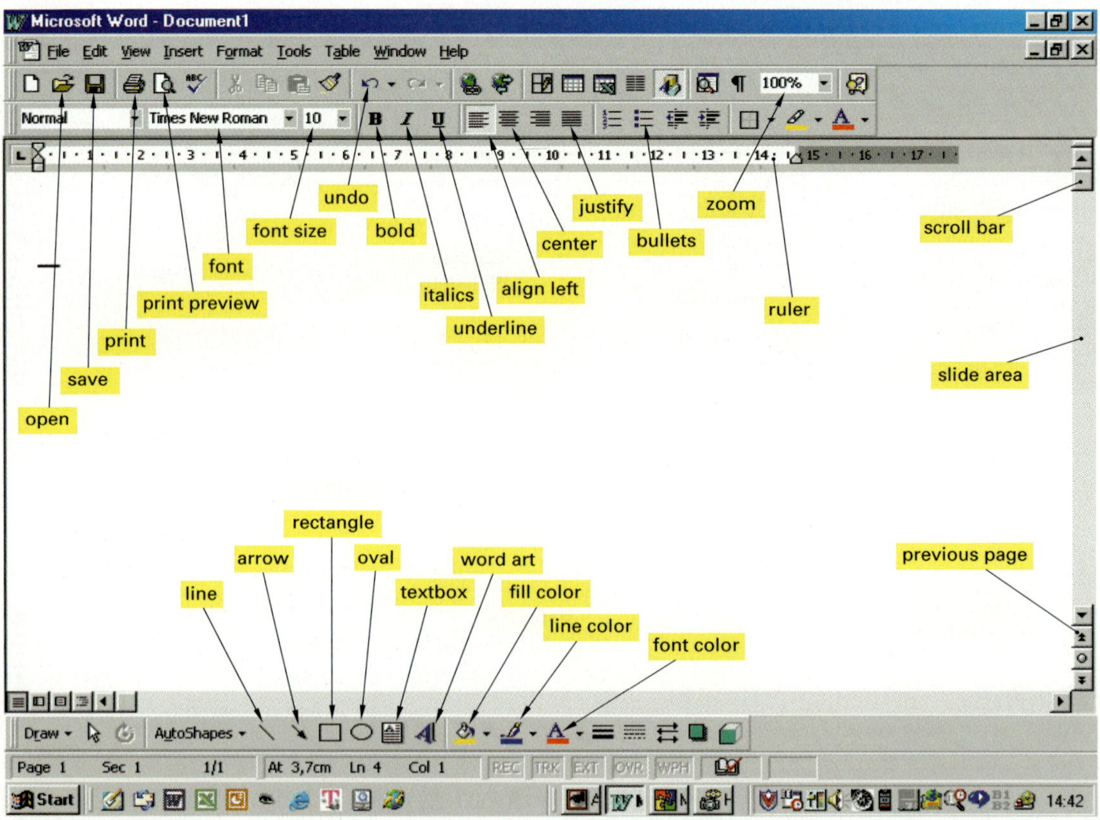

Fig. 1: Word Window

Editing and formatting

- *Cursor* – symbol for where text will appear.
- *Edit* – makes changes.
- *Cut* – removes selection from document and store temporarily on the Clipboard, which is a section of computer memory. The Clipboard can hold only one thing at a time.
- *Copy* – duplicates selection onto Clipboard.
- *Paste* – places Clipboard contents at cursor location.
- *Undo* – reverses whatever change you have just made. Some programs only „undo" the last change.
- *Insert* – adds text without overwriting existing text.
- *Delete* – removes text (not saved anywhere).
- *Search* – looks for specific word(s) or character(s).
- *Replace* – can replace specific word(s) or character(s) with stated text.
- *Template* – a document that serves as a pattern for a new document.
- *Thesaurus* – looks for synonyms for selected word.
- *Spelling check* – looks for spelling errors.
- *Grammar check* – looks for grammar/style errors (of limited help).
- *Typeface* – set of characters of similar design like: Point size – one point = 1/72 of an inch like: 12 pt, 18 pt, 24 pt, 36 pt.
- *Font* – combination of typeface & point size, includes styles such as BOLD, italics, underline.
- *Margins* – space at the page borders.
- *Justification* – left, center, right, full.
- *Spacing* – space between letters, lines.
- *Borders/shading* lines around table/page; background color.
- *Headers/footers* – information to repeat on each page.
- *Style sheets* – saved sets of formats to reuse.
- *Columns* – columns of text side by side, as in a newspaper.
- *Tables* – items listed in rows and columns.
- *Graphics* – pictures and charts.

Printing onto paper:

You choose the number of copies/pages to print as well as their orientation **(Fig. 1)**:

- **Portrait**
- **Landscape**
- **Print Preview** shows you how it will look formatted.

Table: Keywords

English expression	Übersetzung
border	Grenze, Rand
border lines	Randlinien
clipboard	Zwischenablage
column	Spalte
font	Schriftart
footer	Fußzeile
header	Kopfzeile
justification	Ausrichtung
landscape	Querformat
margin	Rand
orientation	Ausrichtung
portrait	Hochformat
shading	Schattierung
spacing	Abstand
spelling check	Rechtschreibprüfung
style sheet	Seitendruckformat-Vorlage
table	Tabelle
to cut	ausschneiden
to delete	löschen
to insert	einfügen
to paste	einfügen
typeface	Schrifttype

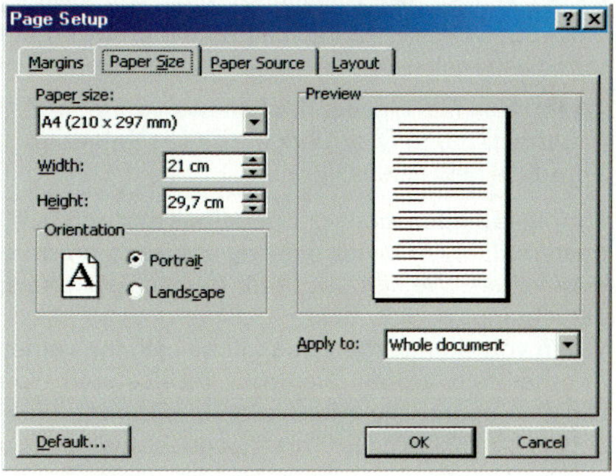

Fig. 1: Page set up and paper size

Revision and consolidation

1. **What are the four steps you have to take to produce a document?**
2. **What is 'word wrap'?**
3. **How do you move around within a window?**
4. **How can you remove a part of a document?**
5. **What is the 'clipboard' for?**
6. **What is a 'template'?**
7. **What is a 'Thesaurus'?**
8. **What is the difference between 'typeface' and 'font'?**
9. **What does 'bold' and 'italics' mean?**
10. **What is a header/footer for?**
11. **What is a 'table' and what is it for?**

5.11.3.2 Excel

Excel is a spreadsheet program which helps you record, analyze and present quantitive information. You can track and analyze sales, organize finances, create budgets and perform a variety of business tasks. A spreadsheet program is normally used in business for financial planning, to analyse budgets or to make specific calculations.

> A spreadsheet program is an application which allows the user to analyze information presented in tabular form, by manipulating rows and columns.

It is like a large piece of paper which is divided into columns and rows. Each column is labelled with a letter and each line is labelled with a number. The point where a column and a line intersect is called a cell. For example, you can have cells A1, B2, C4, etc. A cell can hold three types of information: text, numbers and formulas. For example, in **Fig. 1**, the word 'sales' has been keyed into cell A2 and the values 769, 452 and 163 have been entered into cells B2, B3 and B4 respectively. So when the formula '=B2+B3+B4' is keyed into cell B5 the program automatically calculates and displays the result.

> A formula is a function that allows you to add, subtract, multiply or divide existing values to produce new values.

Formulas are functions or operations that add, subtract, multiply or divide existing values to produce new values. We can use them to calculate totals, percentages or discounts.

When you change the value of one cell, the values in other cells are automatically recalculated. You can also update the information in different worksheets by linking cells. This means that when you make a change in one worksheet the same change is made in the other worksheet. The format menu in a spreadsheet usually includes several commands allowing you to choose the font, number alignment, borders, column width and so on. Most spreadsheet programs can generate documents with graphic representations and some include three-dimensional options. The values of the cells are shown in different ways such as line graphs, columns or pie charts **(Fig. 2)**.

Revision and consolidation

1. **What is a spreadsheet program and what is it used for?**
2. **In a spreadsheet there are 'columns', 'rows' and 'cells'. Give an example of each from Fig.1.**
3. **What type of information can be keyed into a cell?**
4. **What will happen if you change the value of a cell?**

Table: Keywords	
English expression	Übersetzung
alignment	Ausrichtung
border	Rand
budget	Haushalt
cell	Zelle
column	Spalte
column width	Spaltenbreite
database	Datenbank
formula	Formel
graph	Schaubild
to link	verbinden
option	Wahlmöglichkeit
percentage	Prozentsatz
pie chart	Kreisdiagramm
row	Reihe
sales	Verkaufszahlen
spreadsheet	Tabellenkalkulation
to add	addieren
to intersect	schneiden
to key into	eintippen
to label	beschriften
to recalculate	neu berechnen
totals	Endbeträge
value	Wert
worksheet	Tabelle, Arbeitsblatt

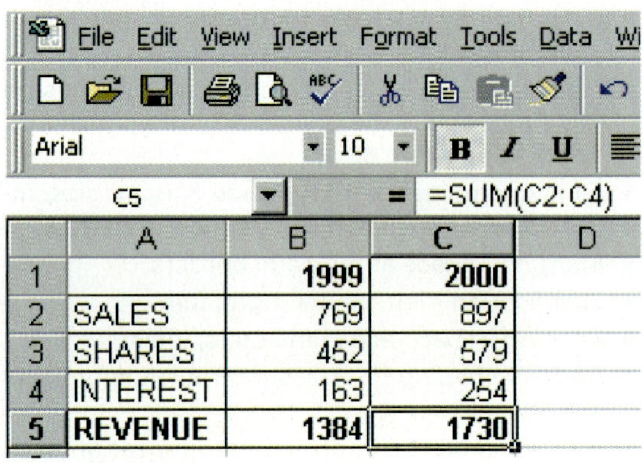

Fig. 1: Spreadsheet cells

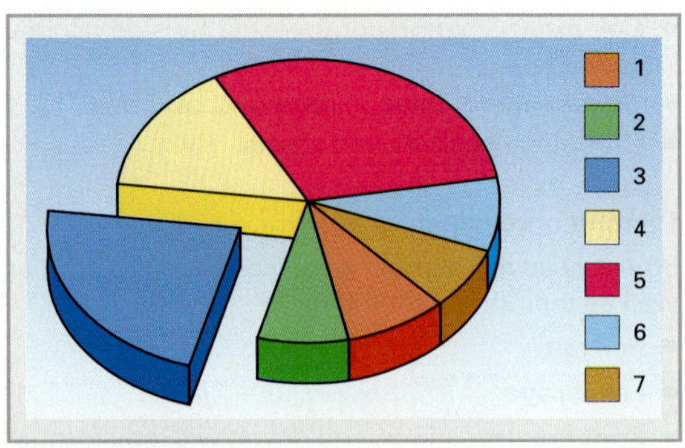

Fig. 2: Pie chart

5.11.3.3 PowerPoint

PowerPoint is a presentation graphics program: software that helps you create a slide show presentation **(Fig. 1)**. A slide show presentation is made up of a series of slides that contain charts, graphs, bulleted lists, eye-catching text, multimedia video and sound clips, and more. PowerPoint makes it easy to generate and organize ideas and it provides tools for creating the parts of an effective slide show presentation.

> PowerPoint is a presentation graphics program that can produce visual images in the form of slides, overhead transparencies and charts for use in presentations and displays.

To help you create a presentation, PowerPoint features two kind of templates. *Design templates* include professionally designed colors, graphics, and other visual elements you can apply to your presentation. *Content templates*, on the other hand, contain both design and content. *Masters*, available for each part of your presentation – slides, handouts, and speaker's notes – contain the formatting information for each slide in your presentation. A presentation's color scheme is a set of eight balanced colors that coordinates your presentation's text, border, fills, backgrounds, and so on.

Table: Keywords

English expression	Übersetzung
background	Hintergrund
border	Rand
bulleted list	Merkpunktliste
chart	Tabelle
content	Inhalt
eye-catching	auffällig
fill	Füllung
graph	Schaubild
notes	Notizen
slide	Dia
template	Formatvorlage, Schablone
to apply	anwenden
to contain	enthalten
to create	erstellen, erzeugen
to feature	darstellen, aufweisen

Revision and consolidation

1. **What is a presentation graphics program?**
2. **What does a slide show presentation consist of?**
3. **Why do you think presentations should contain such features?**
4. **What tools does PowerPoint offer to make effective presentations?**
5. **Translate the German expressions in the menu bar into English.**

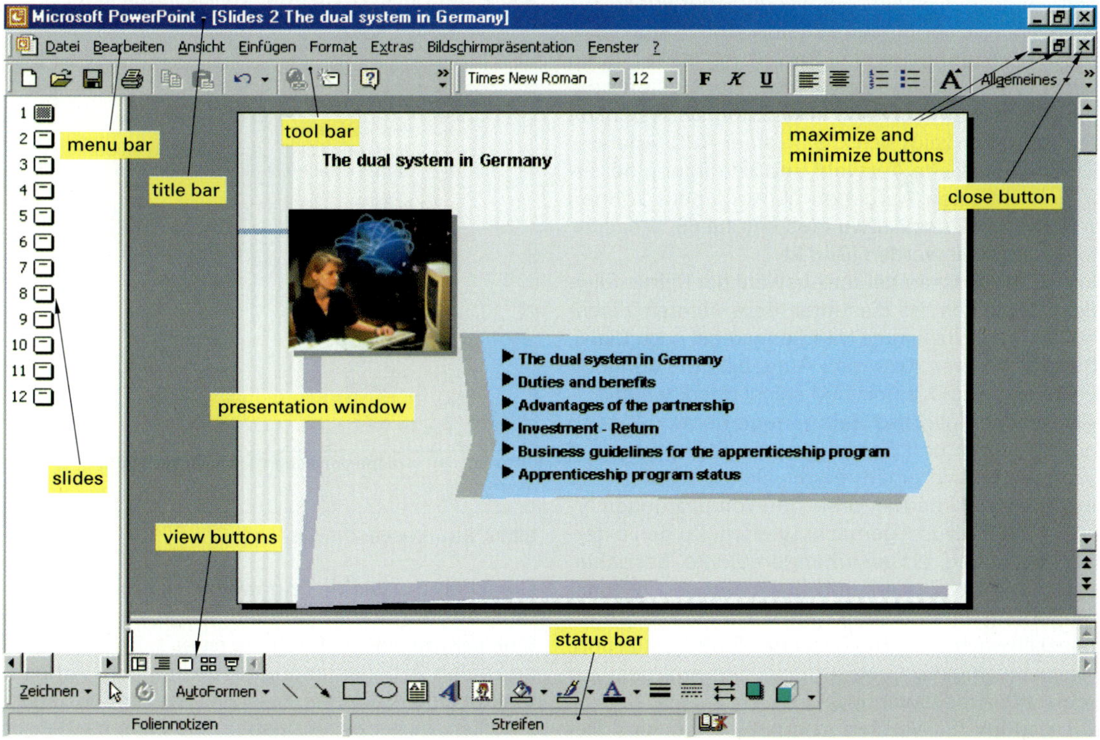

Fig. 1: The PowerPoint Window

6 Entwickeln und Bereitstellen von Anwendungssystemen

6.1 Arbeitsmethoden

Der Arbeitsalltag und unserer Leben wird durch eine Vielzahl von konkurrierenden Zielen bestimmt. So sollen möglichst viele Kundenaufträge schnell und kostengünstig erledigt werden, gleichzeitig soll aber auch optimale Qualität erzeugt werden.
Arbeitsmethodik ist vor allem auch Zeitmanagement. Eine verbreitete Methode zum Zeitmanagement ist die Alpen-Methode **(Bild 1)**.

A gewünschte **A**ktivitäten und Ziele notieren,
L **L**änge, Dauer realistisch schätzen,
P **P**ufferzeiten einplanen (nach Erfahrung),
E **E**ntscheidungen über die Dringlichkeit treffen und
N **n**achkontrollieren und aktualisieren.

Für den Erfolg ist nicht so sehr entscheidend, wie viel man tut, sondern was und wie man es tut.

Der Erfolg von Unternehmen und Mitarbeitern ist durch den Einsatz geeigneter Arbeitsmethoden und Arbeitsstrategien in weiten Teilen planbar.
Die Entscheidung über die Dringlichkeit der einzelnen Tätigkeiten ist ein sehr wesentlicher Punkt. Zur Auswahl der erfolgsentscheidenden Tätigkeiten reicht normalerweise eine Bewertung in die Stufen wichtig, normal und unwichtig. Der Zusammenhang zwischen Aufwand und Erfolgswirksamkeit der Aufgaben zeigt sich z. B. in einer ABC- Analyse: Durch die gezielte Auswahl und Erledigung der erfolgswichtigsten Aufgaben (A-Aufgaben) können z. B. mit 15 % des Aufwandes bereits 65 % des Erfolges erreicht werden **(Bild 2)**.
Ein weiteres Hilfsmittel zur Auswahl der Reihenfolge der Tätigkeiten ist die unter dem Namen Eisenhower-Prinzip bekannte Handlungsregel nach **Bild 3**. Sie gibt z. B. vor, dass man Aufgaben, die dringend und wichtig sind, sofort und selbst erledigen soll.
Als Kerndisziplin des Zeitmanagements gilt auch das Erkennen und Beseitigen von Störungen und „Zeitdieben". In einem ersten Schritt müssen die externen und internen Ursachen von Störungen erkannt und bewusst gemacht werden. Zu den externen Ursachen zählen unangemeldete Besucher, ablenkende Kollegen und Reize in der Arbeitsumgebung. Interne Ursachen sind z. B. Konzentrationsschwäche, unzureichende Zielorientierung, Weitschweifigkeit, Tagträumerei, Scheinarbeit und schlechte Arbeitsplanung.
Oft genügt für Verbesserungen bereits das Bewusstsein um diese Störquellen. Für verbleibende Ursachen muss eine Prioritätenliste erstellt und es müssen Gegenmaßnahmen eingeleitet werden. Eine sehr bewährte Methode ist es z. B., neben der normalen Arbeitsplanung jeden Tag zum Arbeitsbeginn eine Aufgaben- bzw. Zielliste für den Tag zu erstellen, in der die Aufgaben und Ziele nach Prioritäten bewertet sind.

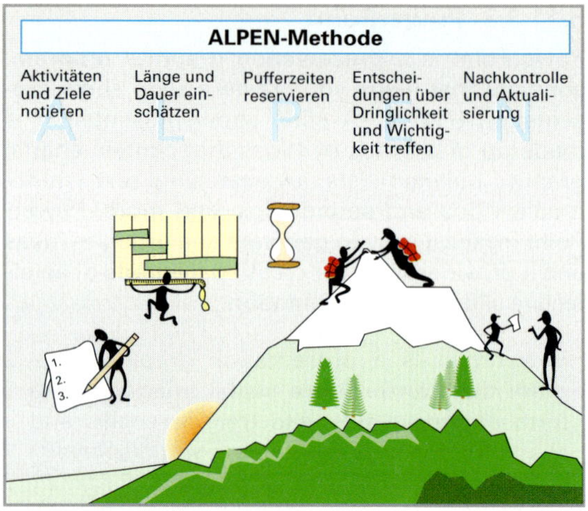

Bild 1: Alpen-Methode

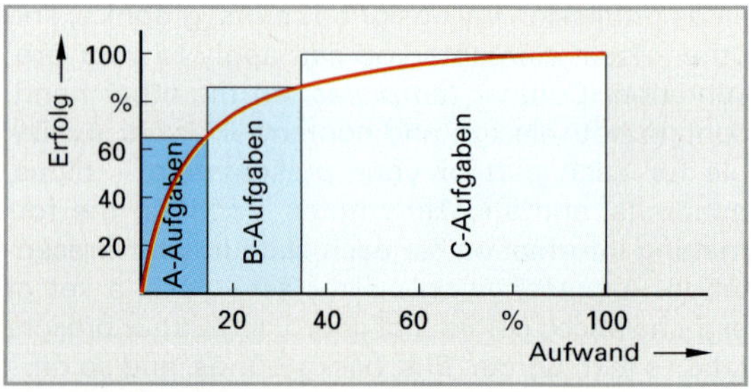

Bild 2: ABC-Analyse zur Erfolgswirksamkeit von Aufgaben

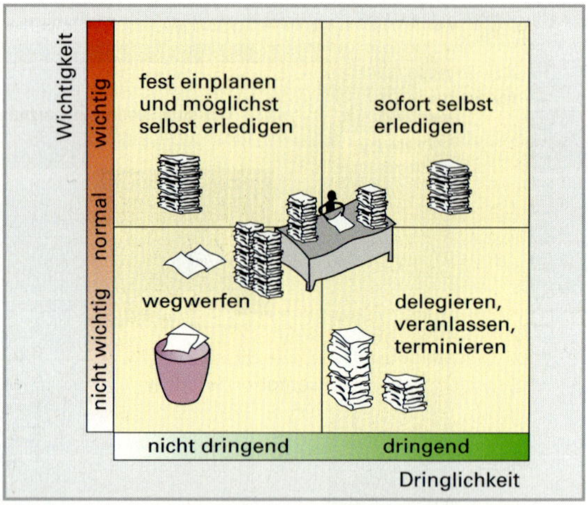

Bild 3: Eisenhower-Prinzip

6.2 Projektmanagement

Zur Erfüllung ihrer unternehmerischen Zielsetzungen haben Firmen eine Aufbau- und eine Ablauforganisation. Im Bereich der Serien- und Massenfertigung haben sich diese, insbesondere auch auf Beständigkeit (viele generelle Regelungen, statischer Organisationsaufbau) angelegten Organisationen, bewährt.

In den meisten anderen Bereichen ist eine optimale Kundenorientierung und die Fähigkeit, in kürzester Zeit flexible Lösungen für oft komplexe Probleme anzubieten, erfolgsentscheidend. Diese Anforderungen versucht man durch ein wirkungsvolles Projektmanagement zu erfüllen. Auftragsabwicklungen, Entwicklungsprojekte, Neuorganisationen, Produkteinführungen und anderes wird heute als Projekt durchgeführt.

Viele durchgeführten Projekte haben eine sehr unbefriedigende Erfolgsquote. Allein die Überwachung der primären Projektziele Qualität, Kosten- und Termintreue ergibt, dass die Mehrheit der Projekte mindestens eines dieser Ziele verfehlt **(Bild 1)**.

Durch die konsequente Anwendung von Projektmanagementmethoden und Projektmanagementwerkzeugen können Zielabweichungen vermieden werden.

Für die Aufbauorganisation eines Unternehmens bedeutet ein hoher Anteil an Projekten, dass zur Konfliktvermeidung zwischen der traditionellen Aufbauorganisation und den Projektbeteiligten die Rollen eindeutig geklärt werden müssen.

Beim *reinen Projektmanagement* liegt die gesamte Verantwortung beim Projektleiter und es gibt im Unternehmen außer der Verwaltung keine Abteilungen im klassischen Sinne **(Bild 2)**.

Beim *Matrixprojektmanagement* ist die Führungsverantwortung zwischen Fachabteilungsleiter und Projektleiter geteilt. Um Unstimmigkeiten zu vermeiden, ist die formalisierte Abstimmung beider Führungsinstanzen sehr wichtig.

Beim *Einflussprojektmanagement* trägt der Abteilungsleiter die Verantwortung und der Projektleiter ist nur Ausführender.

In der Projektorganisation ist die Unternehmensführung verantwortlich für die Projektfinanzierung, die langfristige Ressourcenentwicklung und ein unternehmenszielorientiertes Projektportfolio (= Zusammensetzung der Projekte nach Projektgröße, Projektinhalt, Projektrisiko, **Bild 3**).

Unter Projektportfolio versteht man die Zusammensetzung der Projekte eines Unternehmens nach unternehmenszielorientierten Kriterien.

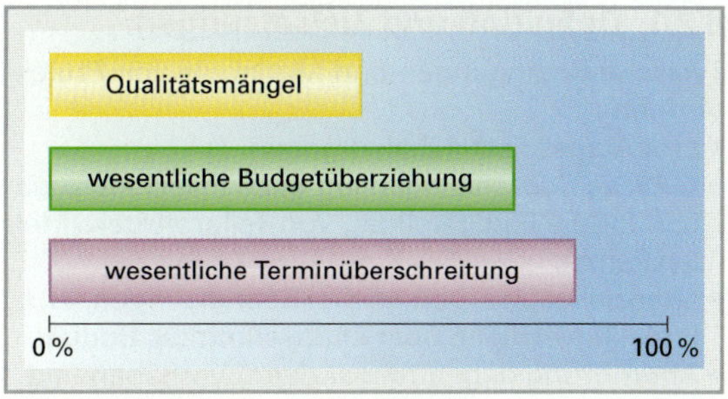

Bild 1: Zielverfehlung von Projekten

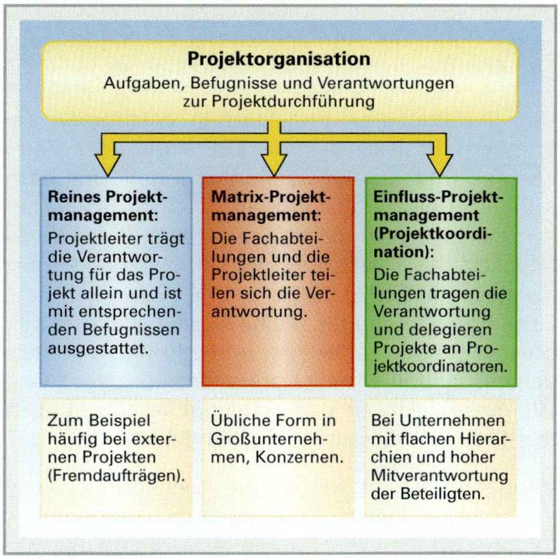

Bild 2: Projektorganisation

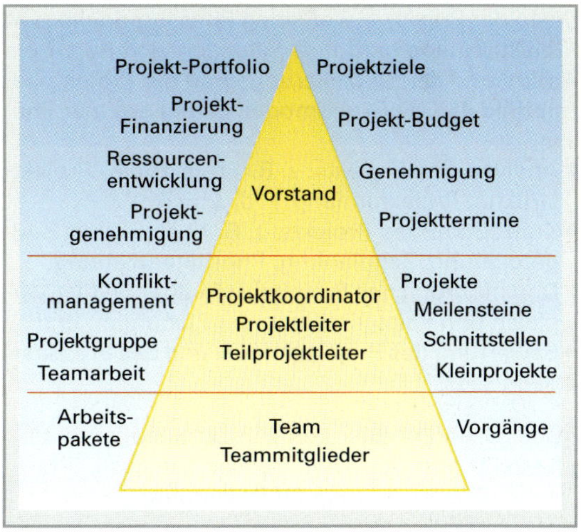

Bild 3: Zuständigkeiten in der Projektorganisation

Projektleiter sind für die Planung, Durchführung und Kontrolle der Projekte verantwortlich. Projektmitglieder führen selbstverantwortlich Teilaufgaben aus.

6.2.1 Definition und Zielsetzungen

Typische Bedingungen und Merkmale von Projekten sind:

- projektspezifische Zielvorgaben,
- zeitliche Begrenzungen, oft auch feste Zeitvorgaben für die Fertigstellung von Teilprojekten (Meilensteine),
- finanzielle und personelle Begrenzungen, d. h. Projekte verfügen über ein bestimmtes Budget,
- Abgrenzung gegenüber anderen Vorhaben und
- projektspezifische Organisationsformen.

Ein Projekt ist ein Vorhaben, das im Wesentlichen durch die Einmaligkeit der Bedingungen in ihrer Gesamtheit gekennzeichnet ist.

Den unmittelbaren Projekterfolg bestimmen die primären Projektziele: die Einhaltung der Zeit-, Kosten- und Qualitätsvereinbarungen mit dem Kunden. Den mittel- und langfristigen Erfolg bestimmen die sekundären Projektziele: die Lebensfähigkeit des Teams und die Lebensfähigkeit des Zielsystems **(Bild 1)**.

Gute Projektmanager zeichnen sich durch fachliches Know-how, effektiven und effizienten Methodeneinsatz und soziale Kompetenz aus. Nur wenn alle diese Faktoren berücksichtigt werden, haben ihre Projekte Aussicht auf Erfolg **(Bild 2)**.

Projektmanagement ist die Gesamtheit der Führungsaufgaben, Führungsorganisation und Führungstechniken für die Abwicklung eines Projekts.

Die in der Praxis verwendeten Phasenmodelle zum Projektmanagement unterscheiden sich durch die Anzahl und den Detaillierungsgrad der Projektphasen **(Bild 3)**. Das Grundmodell beteht aus vier Phasen:

- Analyse des Projekts: z. B. Projektziele, Projektstruktur, Projektumfang, Projektrisiko,
- Konzeption des Projekts: z. B. Kosten- und Budgetplanung, Zeitplanung, Prioritätenplanung,
- Durchführung des Projekts: ständiger Soll-Ist-Vergleich und Fortschreibung der Planungen und
- Bewertung des Projektverlaufs und des Projektergebnisses.

Das Grundmodell der Projektmanagements besteht aus den vier Phasen Analyse, Planung, Durchführung und Bewertung.

Für diese Aufgaben stehen unterstützende Softwareprodukte zur Verfügung. Angefangen von einfachen Werkzeugen zur Darstellung von Projektschritten bis zu komplexen Multiprojekt-Monitoring-Systemen mit Funktions- und Datenschnittstellen.

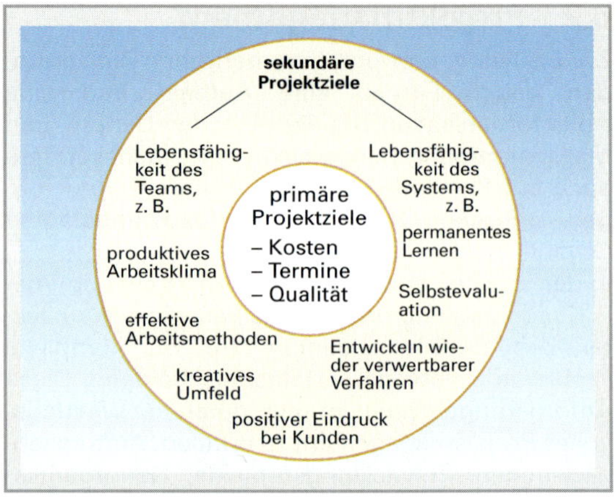

Bild 1: Ziele des Projektmanagements

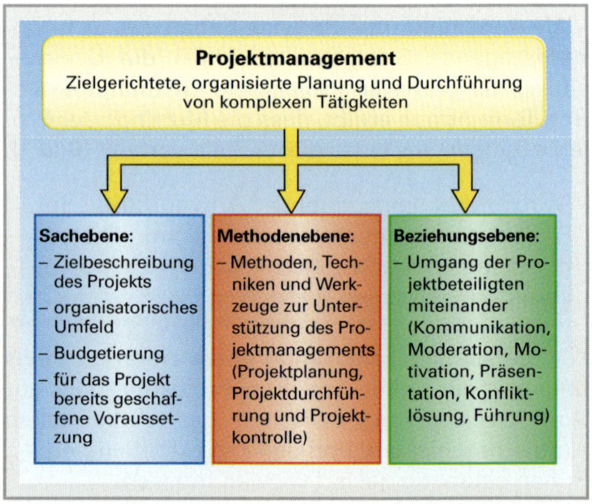

Bild 2: Aufgabenebenen im Projektmanagement

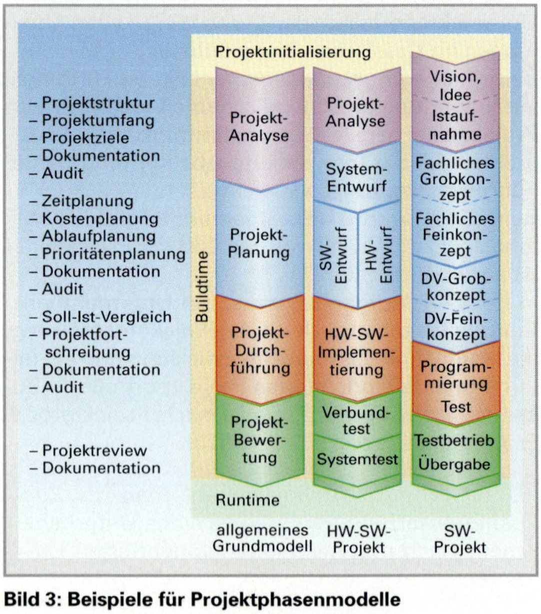

Bild 3: Beispiele für Projektphasenmodelle

6.2.2 Projektphasen

6.2.2.1 Projektstart

Auslöseereignisse

Auslöseereignisse für Projekte sind z. B. Anfragen bzw. Aufträge von Kunden, Visionen der Geschäftsführung zur Geschäftsentwicklung oder das Erkennen von Mängeln und daraus resultierende Verbesserungsvorschläge.

Zieldefinition und Leistungsbeschreibung

Für das Gelingen eines Projekts ist eine klare Definition der Aufgabenstellungen mitentscheidend. Hierzu wird die Projektzieldefinition mit einer detaillierten Leistungsbeschreibung ergänzt. Eine Projektzieldefinition muss folgende Merkmale erfüllen:

- sie müssen erreichbar sein,
- sie müssen messbar (operationalisiert) sein,
- sie sollen keine Lösungsansätze beschreiben und
- sie müssen widerspruchsfrei, vollständig und eindeutig beschrieben sein.

Externe Projektaufträge

Wird die Leistungsbeschreibung von einem externen Auftraggeber erstellt, so spricht man von einem Lastenheft (vgl. DIN 69905, VDI/VDE 3694, **Bild 1**).

> Das Lastenheft beinhaltet die vom Auftraggeber festgelegten Forderungen an die Lieferungen und Leistungen eines Auftragnehmers innerhalb eines Auftrages.

Die Forderungen des Lastenheftes (Requirement specification) sind nach ihrer Bedeutung für den Auftraggeber häufig in Mussziele, Sollziele und Kannziele gestuft. Wenn Mussforderungen nicht erfüllt werden, scheidet man als Anbieter aus (K.-O.-Kriterium).

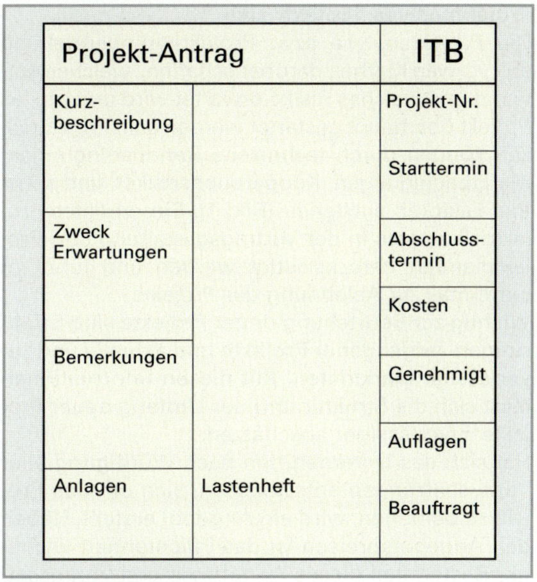

Bild 2: Projektantrag

Da alle Bieter die Mussziele erfüllen müssen, spielt die Ausgestaltung der Sollziele und Kannziele unter Umständen eine wichtige Rolle beim Gewinnen eines Auftrages.

Interne Projekte

Um für eine „Idee" Förderer, Ressourcen und Zeit zu bekommen, muss man Entscheidungsträger und Meinungsbildner des Unternehmens für diese Idee begeistern und die Ziele des Vorhabens verständlich und überzeugend darstellen.
In vielen Unternehmen und Organisationen gibt es zur Unterstützung und Vereinheitlichung dieser Projektphase Projektanträge als unternehmensinterne Formulare **(Bild 2)**.

Lastenheft

1 Projekt-Einführung
1.1 Veranlassung
1.2 Zielsetzung
1.3 Projektumfeld
1.4 Ressourcen
2 Ausgangssituation, Ist-Zustand, Projektumfeld
2.1 Technisches Umfeld
2.2 Anlage, Hardware, Schnittstellen
2.3 Abläufe, Prozesse, Datenmengen, Reaktionszeiten
2.4 Organisatorisches Umfeld
2.5 Dokumentations- und Informationswege
3 Berichtswesen
4 Ablauforganisation
5 Aufgabenstellung
5.1 Kurzbeschreibung, Gliederung
5.2 Ablaufbeschreibung
5.2.1 Normalbetrieb
5.2.2 Einrichtungsbetrieb
5.3 Daten, Datenmengen, Datensicherheitsbeschreibungen
5.3.1 Kommunikation
5.3.2 Informationsdaten
5.3.3 Bedienungsdaten
5.3.4 Dienstdaten
5.3.5 Protokollierungsdaten
5.4 Aufgabenbeschreibungen
5.4.1 Funktionalität
5.4.2 Änderbarkeit
5.4.3 Zuverlässigkeit, Anlagenmanagement
6 Schnittstellen
6.1 Schnittstellenübersicht
6.2 Prozesse-IT-Einrichtungen
6.3 Mensch-IT-Einrichtung
6.4 IT-IT-Einrichtung
7 Anforderungen an die Systemtechnik
7.1 Datenverarbeitung
7.2 Datenhaltung
7.3 Software
7.4 Hardware
7.5 Hardwareumgebung
7.6 Gesamtsystem
8 Anforderungen an das organisatorische Umfeld
8.1 Betriebsablauf
8.2 Personal
8.3 Wartung
9 Qualitätssicherung
9.1 Qualitätsstandards, Qualitätsnachweise
9.2 Softwarequalität
9.3 Hardwarequalität
10 Projektabwicklung
Anhang: Begriffserklärungen, verwendete Abkürzungen

Bild 1: Inhaltsverzeichnis zu einem Software-Hardware-Lastenheft

Projektanalyse, Projektrisiko

Die Projektanalyse bzw. Projektvorabbeurteilung soll vorweg Klarheit darüber schaffen, welcher Aufwand und welches Risiko erwartet wird und ob das Projekt überhaupt gestartet werden soll. Projektrisiken können durch technische Randbedingungen, Marktbedingungen, Kooperationsrisiken und sonstige Faktoren entstehen **(Bild 1)**. Ein erhöhtes Projektrisiko muss in der Vertragsgestaltung und Projektplanung berücksichtigt werden und führt im Extremfall zur Ablehnung des Projekts.

Wichtig zur Beurteilung neuer Projekte sind Erfahrungen vergangener Projekte und aktuelle und zuverlässige Marktdaten. Mit diesen Informationen lässt sich die Struktur und der Umfang neuer Projekte zuverlässiger abschätzen.

Hat sich das Unternehmen nach Würdigung aller Voraussetzungen entschlossen, sich um das Projekt zu bemühen, wird ein Angebot erstellt. Neben den Angebotspreisen ist das Pflichtenheft wichtiger Bestandteil dieses Angebotes und Voraussetzung zur Teilnahme an Ausschreibungen **(Bild 2)**.

Das Pflichtenheft enthält die genaue Beschreibung der Realisierung der Kundenforderungen durch den Auftragnehmer.

Bei interessanten Ausschreibungen werden von einem Bewerberunternehmen eventuell auch mehrere alternative Angebote eingereicht. Ein erstes, die Ausschreibung erfüllendes, sehr günstiges Angebot, damit man im Auswahlverfahren eine gute Chance hat. Ein zweites Angebot, das aus IT-Gesichtspunkten für die Anforderungen des Unternehmens eine optimale Lösung darstellt, dann aber oft das Budget des Auftraggebers überfordert. Und schließlich als drittes Angebot einen optimierten Kompromiss aus Angebot eins und zwei.

In der Praxis entsteht das Pflichtenheft oft in der Zusammenarbeit zwischen Auftraggeber und Auftragnehmer und wird dann als Lasten- und Pflichtenheft bezeichnet. Häufig muss das Pflichtenheft mit fortschreitender Planung und Realisierung ergänzt und korrigiert werden, damit es seine Rolle als Vertragsbestandteil erfüllt.

6.2.2.2 Projektplanung

Allgemeines

Das Projekt-Kickoff-Meeting (kickoff = Anstoß) ist die erste offizielle Sitzung des Projektteams. Ziel dieser Sitzung ist es, alle Projektbeteiligten miteinander bekannt zu machen, das Projektziel zu verdeutlichen und die Teammitglieder mit ihren vorgesehenen Rollen und Aufgaben bekannt zu machen.

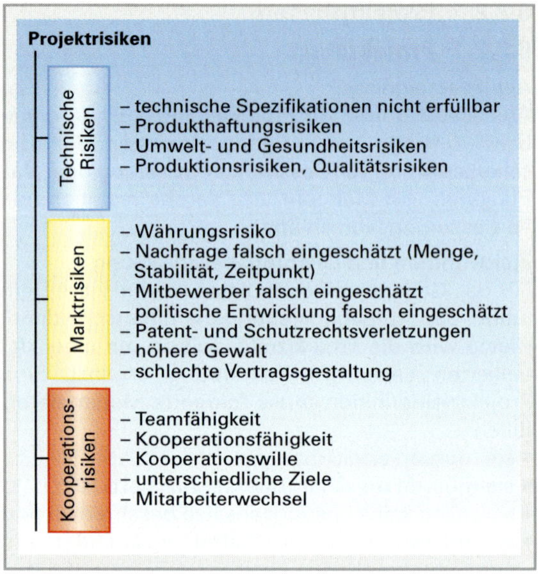

Bild 1: Projektrisiken

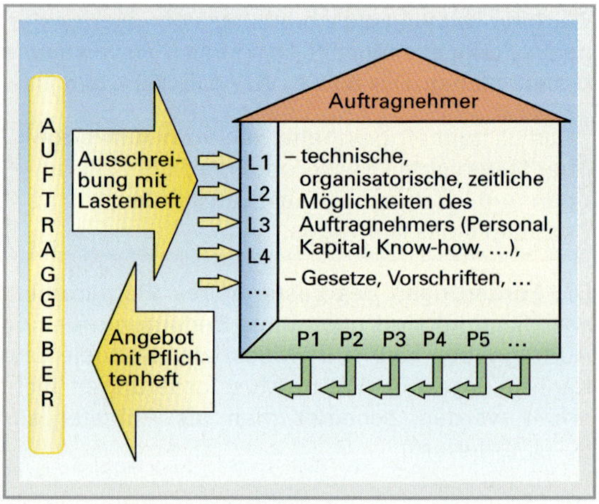

Bild 2: Umsetzung des Lastenhefts in ein Pflichtenheft

Tabelle: Projektplanung

W-Frage	Aufgabe	Teilergebnis
Was ist zur Zielerreichung zu tun?	Projekt in übersichtliche und delegierbare Teile aufgliedern.	Projektstruktur
Wer erledigt die Aufgabenstellungen?	Ressourcen zuteilen.	Teilprojekt- und Arbeitspaketverantwortliche
Wann müssen die Aufgaben erledigt werden?	Ablauf und Reihenfolgen festlegen.	Terminplanungen
Wie hoch ist der Ressourcenaufwand?	Kosten ermitteln.	Kostenplanung
Wo sind die Projektrisiken?	Risiken abschätzen.	Risikoanalyse

Normalerweise wird in dieser ersten Sitzung inhaltlich nicht am Projekt gearbeitet.

In der Projektplanung wird durch systematische Informationsgewinnung und Planung der Ablauf des Projekts möglichst exakt vorausgeplant **(Tabelle, vorhergehende Seite)**. Die Planung orientiert sich an den fünf W-Fragen: Wer?, Was?, Wie?, Wann? und Wo?

Methodisch ist zu beachten, dass Planungen immer mit Unsicherheiten behaftet sind, da sie mit unvollständigen Informationen stattfinden und auf die Zukunft gerichtet sind. Eine ständige Anpassung der Planung an neue Gegebenheiten und Anforderungen ist deshalb die Regel.

Für alle Schritte der Projektplanung ist es sinnvoll, folgende Erarbeitungsphasen sauber zu trennen und ihre Reihenfolge einzuhalten

- Informationsgewinnung aus allen erfolgsversprechenden Quellen, bei Bedarf z. B. auch Einsatz von Kreativitätstechniken,
- Informationsverarbeitung durch Sortieren und Bewerten der Information und
- Informationsausgabe durch zielorientierte, adressatenorientierte und nutzerorientierte Darstellung der Ergebnisse.

Im Projektstrukturplan PSP, im englischen Work-Breakdown-Structure WBS, werden komplexe Projekte hierarchisch in Teilprojekte und Arbeitspakete aufgegliedert und grafisch dargestellt. Durch geeignete qualitative und quantitative Teilzieldefinitionen für die Teilprojekte kann der Projektablauf besser kontrolliert und gesteuert werden.

In der grafischen Darstellung werden die Zusammenhänge und Nahtstellen zwischen den Teilaufgaben deutlich und es ist eine exakte Delegation der Aufgaben und Verantwortungen möglich **(Bild 1)**.

Der Projektstrukturplan PSP soll eine ganzheitliche Übersicht über das Projekt geben.

Die Ausführenden bekommen ihre Arbeitsaufträge in der Form von Arbeitspaketen. Arbeitspakete sind genau abgegrenzte Teilaufgaben mit messbaren Zielen. Sie werden so umfangreich gewählt, dass sie sich verständlich beschreiben lassen und an die Ausführenden selbstverantwortlich delegiert werden können. Damit wird die Eigenverantwortung der Projektbeteiligten gefördert und der Aufwand für das Gesamtprojekt ist genauer kalkulierbar **(Bild 2)**.

Arbeitspakete sind die feinste Gliederung im Projektstrukturplan.

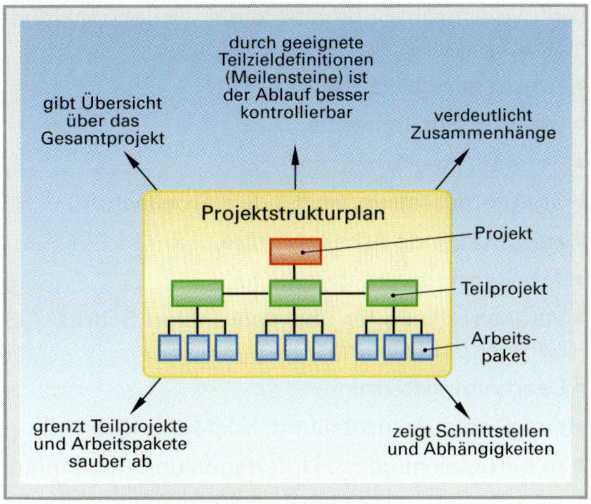

Bild 1: Ziele des Projektstrukturplans

Arbeitspaketbeschreibung	
Projekt	Sanierung Raum 212
Projektnummer	GS-S212-01
Teilprojekt	Ausräumen und Zwischenlagern
Teilprojektnummer	GS-212-01-2
Kostenstelle	Seminarraum 212
Arbeitspaket	Verpackungsmaterial bereitstellen
AP-Verantwortlicher	Schneider, Wolfgang
Starttermin	Mo., 08.01.04
Endtermin	Mi., 10.01.04
Ziel: Verpackungsmaterial nach Auflistung des Teilprojektleiters GS-212-01-2 besorgen und nach Vorgabe bereitstellen	
Voraussetzungen: Auflistung benötigter Verpackungen	
Aktivitäten, Risiken: wiederholte Qualitätsmängel durch Feuchte	
Ressourcen:	
Datum	04.01.04
Ich habe diese Anweisung verstanden	Schneider

Bild 2: Arbeitspaketbeschreibung

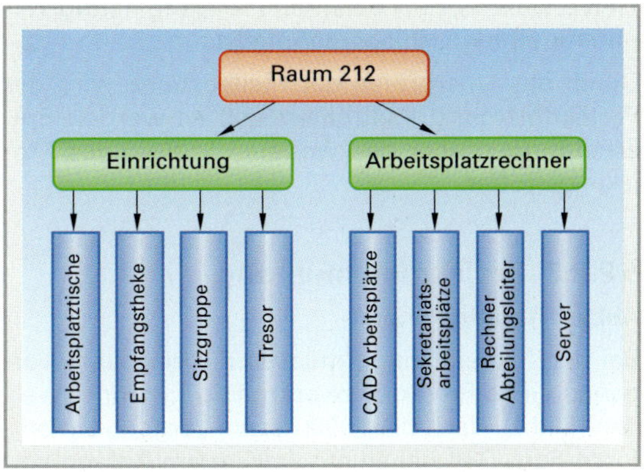

Bild 3: Objektorientierter Projektstrukturplan

Die wesentlichen Inhalte einer Arbeitspaketbeschreibung sind:

- Arbeitspaketbezeichnung,
- Identifikationsnummer,
- Ergebnis des Arbeitspakets,
- Startvoraussetzungen für den Arbeitschritt,
- auszuführende Arbeitsschritte,
- Arbeitsschrittverantwortliche,
- Verantwortliche für übergeordneten Schritt, Abnehmer der Leistung,
- Bearbeitungstermine,
- evtl. Ressourcenzuteilung, Kostenbudget und
- zu berücksichtigende Unterlagen und Richtlinien.

Projektstrukturpläne können prinzipiell objektorientiert **(Bild 3, vorhergehende Seite)** oder funktionsorientiert (z. B. nach Tätigkeiten, nach Phasen, nach Ablauf, **Bild 1**) gegliedert sein. In der Praxis kommen auch gemischt orientierte Projektstrukturpläne vor, bei denen häufig z. B. höhere Ebenen objektorientiert und tiefere Ebenen funktionsorientiert sind **(Bild 2)**. Innerhalb der Ebenen ist dabei die Orientierung strikt einzuhalten.

Die Gliederungstiefe (Anzahl der Hierarchiestufen) und Gliederungsbreite (Anzahl der Teilprojekte bzw. Arbeitspakete) ergibt sich aus der Projektgröße und Projektkomplexität.

Wichtige, für den weiteren Ablauf entscheidende Sachergebnisse werden als Meilensteine definiert.

Für wichtige Ereignisse im Projektablauf werden Meilensteine mit messbaren Zwischenergebnissen und Terminen definiert.

Meilensteine werden in allen weiteren Planungen als wichtige Entscheidungsstellen eingetragen. Bei größeren Projekten wird ein eigener Meilensteinplan erstellt, der bei externen Projekten häufig Termin für eine Abschlagszahlung ist.

Durch das Überprüfen der Meilensteine wird der Projektfortschritt kontrolliert und es werden Entscheidungen über den weiteren Verlauf des Projekts getroffen.

6.2.2.3 Projektdurchführung

Ablauf- Terminplanung

Bei der Ablaufplanung müssen die einzelnen Vorgänge eines Projektes zweckmäßig geordnet werden **(Bild 3)**. Nach DIN 69900 ist ein Vorgang ein zeitforderndes Geschehen mit definiertem Anfang und Ende, also z. B. ein Teilprojekt oder ein Arbeitspaket.

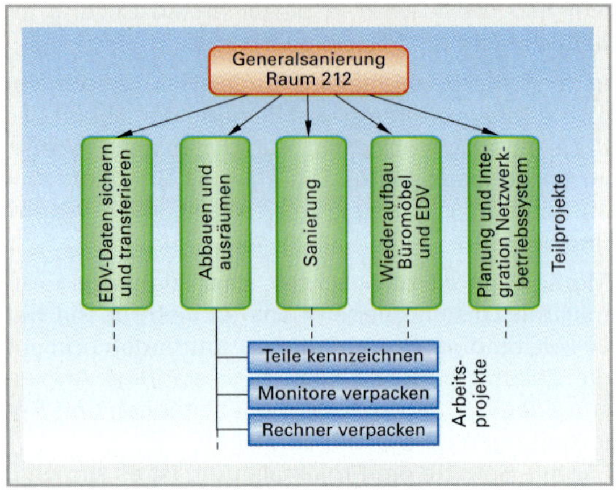

Bild 1: Funktionsorientierter Projektstrukturplan

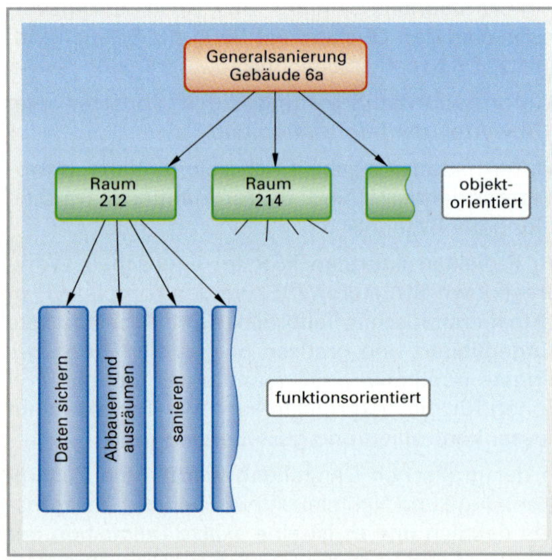

Bild 2: Gemischt orientierter Projektstrukturplan

Vorgangsliste

Teilprojekt-Nr. GS-S212
Teilprojekt Ausräumen und Lagern

Nr.	ID	Vorgang	direkter Vorgänger	Dauer	Anord.	verantwortlich
001	KN8634	Kickoff		1 h	EA0	Waltner
002	KN8635	Verpackungsmaterial besorgen	001	3 T.	EA0	Jäger
003	KN8636	Werkzeuge und Transportfahrzeuge besorgen	001	2 T.	EA0	Jäger

Bild 3: Vorgangsliste

Ziele der Ablaufplanung sind

- die Ermittlung der Dauer von Vorgängen,
- die Ermittlung der Reihenfolge von Vorgängen, z. B. welche Aufgaben müssen erfüllt sein, damit ein bestimmter Vorgang gestartet werden kann?
- die Ermittlung der frühesten Anfangstermine für Vorgänge und
- die Ermittlung der spätesten Anfangstermine. Aus Kostengründen (Kapitalbindung) sollten, insbesondere im produktiven Bereich, Leistungen nicht zu früh erbracht werden.

Das Ergebnis der Ablaufplanung ist eine Vorgangstabelle, die als Mindestinhalt die Identifikationsnummer des Vorganges (Arbeitspaketes), eine Kurzbeschreibung des Vorgangs und die Dauer enthält (Bild 3, vorhergehende Seite).

Die Terminplanung kann progressiv (Starttermin und Dauer sind gegeben, der Endtermin wird berechnet, Vorwärtsrechnung) oder retrograd (Endtermin liegt fest, Rückwärtsrechnung) erfolgen.

Meilensteinplan

Wichtige Zwischenergebnisse werden im Projektablauf als Meilensteine definiert. Wird ein Meilenstein erreicht, findet eine Überprüfung der Ergebnisse statt und es wird in einem Audit (= Anhörung) über den weiteren Verlauf des Projekts entschieden.

Ablaufpläne

Zur Terminplanung, der zeitlichen Regelung und Überwachung von Projekten, werden in der Praxis u. a. folgende Hilfsmittel eingesetzt:

- Industriekalender mit durchnummerierten Arbeitstagen bzw. Wochen im Jahreskalender,
- Kalender-Balkendiagramm (Gantt-Diagramm) und
- Verfahren der Netzplantechnik.

Balkendiagramme

Gantt-Diagramme (Balkendiagramme) zeigen die Dauer von Vorgängen als Balken **(Bild 1)**. Sie haben den Vorteil, dass sie leicht zu verstehen und zu erlernen sind. Die Rasterung des Balkenplanes orientiert sich an der Projektdauer, üblich sind Monats-, Wochen- und Tageeinteilungen. Durch unterschiedliche Farben und Muster zur Balkendarstellung können weitere Informationen, z. B. Pufferzeiten und Soll-Istverläufe, dargestellt werden.

Bei einfachen Balkendiagrammen kann man durch das Einzeichnen von Anordnungsbeziehungen (AOB) die zeitliche Abhängigkeit der Vorgänge darstellen **(Bild 2)**.

Bei komplexen Projekten wird die Balkenplandarstellung schnell unübersichtlich und wird dann nur noch für die Grobplanung, Personal- und Einsatzmittelplanung verwendet.

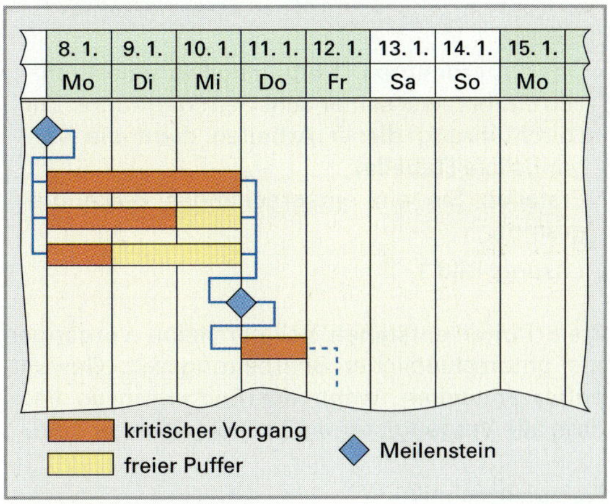

Bild 1: Balkendiagramm

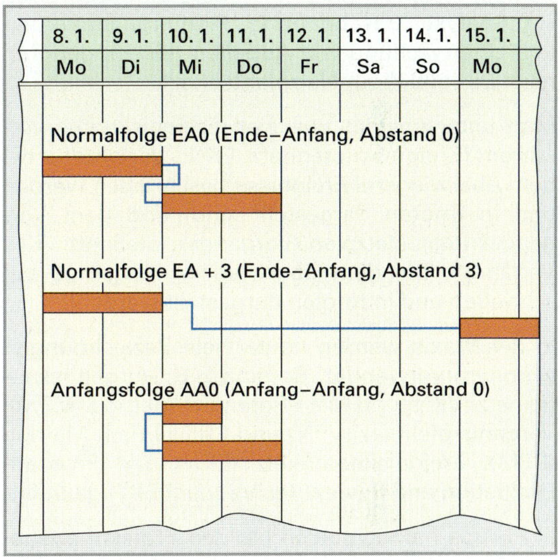

Bild 2: Beispiele für Anordnungsbeziehungen

Kritischer Weg und Puffer

Wird für ein Projekt ein Fertigstellungstermin vorgegeben und gibt es eine Abfolge von Arbeitspaketen, bei denen jede Verzögerung zu einer Verschiebung des Fertigstellungstermins führt, so hat das Projekt einen kritischen Weg (kritischen Pfad).

Alle Abfolgen von Arbeitspaketen, bei denen Verzögerungen nicht zu einer Verschiebung des Fertigstellungstermins führen, haben einen Puffer und werden als nicht kritisch bezeichnet.

Alle Arbeitspakete auf dem kritischen Weg haben keinen Puffer und jede Verzögerung führt zu einer Verschiebung des Fertigstellungstermins.

Beispiel:
Das Unternehmen IT-Education erneuert jährlich ein bis zwei seiner acht Seminarräume. Zur Durchführung dieser Arbeiten dient die Vorgangsliste **(Tabelle)**.
Erstellen Sie ein entsprechendes Balkendiagramm.
Lösung: **Bild 1**

Freie Puffer entstehen bei parallelen Vorgängen mit unterschiedlicher Bearbeitungszeit. Gesamtpuffer entstehen, wenn der Endtermin so liegt, dass alle Vorgänge terminlich verschiebbar sind.

Netzplantechnik

Alle Verfahren, die unter Berücksichtigung von Zeit, Kosten, Einsatzmittel und weitere Einflussgrößen zur Analyse, Beschreibung, Planung, Steuerung und Überwachung von Abläufen dienen, gehören nach DIN 69900 zur Netzplantechnik.

Man unterscheidet zwischen Ereignisknoten-Verfahren (Ereignisknotennetz EKN: Verfahren, bei dem überwiegend Ereignisse beschrieben werden und in Knoten dargestellt sind) und dem Vorgangsknoten-Netzplan (Vorgangsknotennetz VKN: Verfahren, bei dem überwiegend Vorgänge beschrieben und in Knoten dargestellt werden).

In der Praxis werden heute viele Bezeichnungen synonym verwendet. So sind z. B. Vorgangsknotennetz (VKN) und Meta-Potentual-Method (MPM), Vorgangspfeilnetz (VPN) und Critical Path Method (CPM), Ereignisknotennetz (EKN) und Program Evaluation and Review Technique (PERT) geläufig.

In Europa hat sich, auch bei den Projektmanagementsoftwareprodukten, das Vorgangsknotennetz durchgesetzt, **(Bild 1, folgende Seite)**. Vorgangsknotennetze bieten im Vergleich zu anderen Methoden den Vorteil, dass sie

- leichter und schneller zu zeichnen sind,
- die zur Beschreibung des Vorgangs notwendigen Informationen, z. B. Vorgangsbeschreibung, Vorgangsnummer, Kostenstellennummer, Dauer, früheste und späteste Anfangs- und Endzeiten, Puffer lassen sich leichter und sehr flexibel unterbringen und ändern,
- auch die Darstellung sehr komplexer Zusammenhänge zulassen und
- gut mit Methoden der Prozesskostenrechnung harmonieren.

6.2.2.4 Projektende

Das Projekt endet mit der Präsentation und Übergabe des Projektergebnisses an den Auftraggeber.

Tabelle: Vorgangsliste zur Seminarraumerneuerung

V-Nr.	KW	Tätigkeit	Vorgänger	Dauer	AOB	Verantwortlich
0	3	Kickoff-Meeting				
10	3	Fachkonzept erarbeiten	0		EA	
20	4	DV- Konzept erarbeiten	10		EA	
29	4	Fach- und DV-Konzept ist erstellt	20	0t		
30	5	Genehmigung des Lastenheftes und der Ausschreibung	29		E	
40	10	Vergleich der Angebote und Vertragsgespräche	30		EA+5	
50	11	Auftragserteilung	40		EA	
59	11	Auftrag ist erteilt	50	0t		
60	14	Datensicherung, Demontage	59		EA+2	
70	15	Neuinstallation, Inbetriebnahme und Übergabe	60		EA	
79	15	Anlage ist übergeben	70			

AOB Anordnungsbeziehungen, V-Nr. Vorgangsnummer

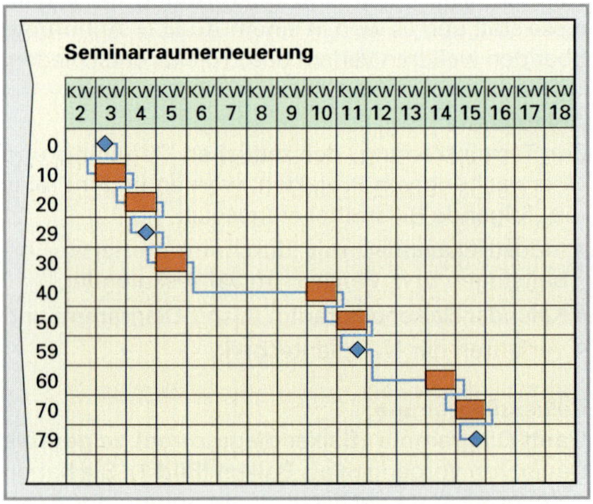

Bild 1: Balkendiagramm zur Seminarraumerneuerung

Sind alle Bedingungen des Pflichtenheftes erfüllt, so wird das Projektteam entlastet und die Restzahlungen sind vertragsgemäß fällig. Bei Bedarf wird eine Mängelliste erstellt.
In einem abschließenden Review (= Überdenken) werden die Projekterfolge gewürdigt und Verbesserungsmöglichkeiten für Folgeprojekte erörtert.
Bei sehr innovativen oder sehr großen Projekten findet zusätzlich eine symbolische Projektübergabe statt. Hierzu werden z. B. Entscheidungsträger, Sponsoren, die Presse und Politikvertreter eingeladen.
Eine wichtige Aufgabe für den Projektleiter ist, dass er sich in der Endphase des Projektes rechtzeitig

darum kümmert, dass die Projektmitglieder angemessene Anschlussaufgaben finden und ihre Leistungen im Projekt von den Fachabteilungen auch berücksichtigt werden.

Beispiel:

Das Vorgangsknotennetz zum Teilprojekt Neuinstallation, Inbetriebnahme und Übergabe ist für folgende Vorgänge zu erstellen:

Vorgang	Dauer
Kickoff	0T
Einarbeitung HW	1T
Einarbeitung SW	1T
Aufbau	3T
Implementierung	0,5T
Einweisung, Übergabe	0,5T

Die Einarbeitungen können parallel zum Aufbau erfolgen. Anfangszeitpunkt ist Montag 6.7.xx, der späteste Übergabetermin ist am 9.7.xx. Im Vorgangsnetz soll die Vorgangsbezeichnung sowie FAZ, FEZ, SAZ, SEZ, FP und GP enthalten sein.

Lösung: **Bild 2**

Kenngrößen im Vorgangsknotennetz

$FEZ = FAZ + Dauer$

$SAZ = SEZ + Dauer$

$FP = FAZ_{Nachfolger} - FEZ_{Vorgänger}$

$GP = SAZ - FAZ = SEZ - FEZ$

FAZ frühester Anfangszeitpunkt
FEZ frühester Endzeitpunkt
FP freier Puffer
GP Gesamtpuffer
SAZ spätester Anfangszeitpunkt
SEZ spätester Endzeitpunkt

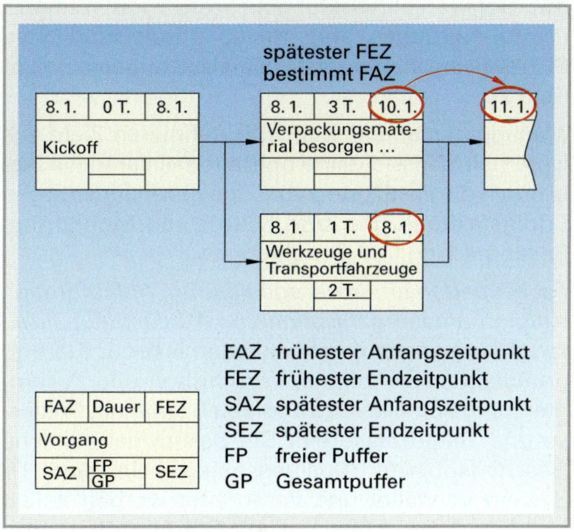

Bild 1: Vorgangsknotennetz

Wiederholung und Vertiefung

1. **Erstellen Sie zur Verdeutlichung der Projektstruktur einen funktionsorientierten Projektstrukturplan zur Vorgangsliste für die Seminarraumerneuerung.**
2. **Nennen Sie 10 Inhalte einer Arbeitspaketbeschreibung.**
3. **Welche Ziele hat eine Ablaufplanung?**
4. **In den Folgejahren wird der Ablaufplan wieder verwendet. Passen Sie das VKN aus Aufgabe 2 an die KW 15 für das aktuelle Jahr an und bestimmen Sie freie Puffer und den Gesamtpuffer.**
5. **Skizzieren Sie das VKN aus Aufgabe 3 als Gantt-Diagramm. Freie Puffer und Gesamtpuffer müssen erkenntlich sein.**
6. **Definieren Sie ein Arbeitspaket zum Teilprojekt Datensicherung und erstellen Sie die Arbeitspaketbeschreibung.**

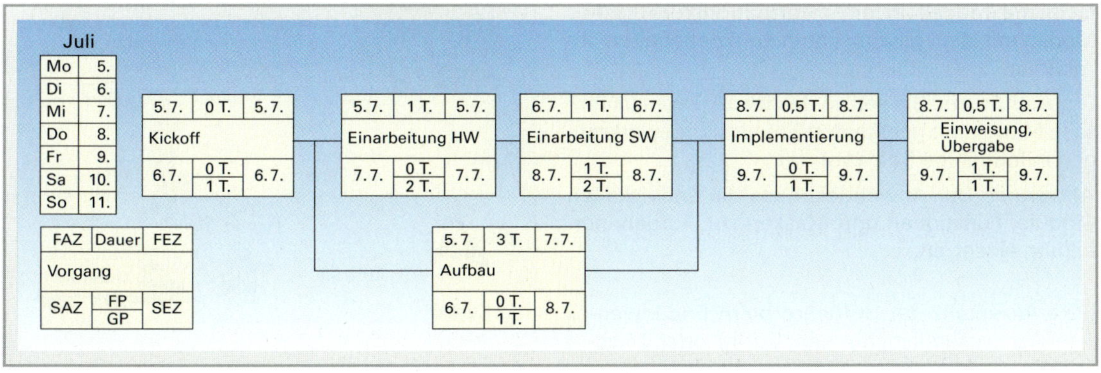

Bild 2: Vorgangsknotennetz zum Teilprojekt Neuinstallation, Inbetriebnahme und Übergabe

6.2.3 Entwicklungsstrategien und Vorgehensweisen der Anwendungsentwicklung

Größere Vorhaben, z. B. komplexe Softwareprojekte, werden in der Praxis in Phasen unterteilt. Durch eine transparente Phaseneinteilung wird erreicht, dass umfangreiche Aufgabenstellungen durch viele Teilaufgaben und einen kontinuierlichen Entscheidungsprozess sauber verteilt werden können und gut beherrschbar sind.

Alle in der Praxis verwendeten Phasenmodelle zur Softwareentwicklung ähneln sich in ihrer Grobstruktur, unterscheiden sich aber in der Anzahl der Phasen und im Detaillierungsgrad **(Bild 1)**.

Am Softwareentwicklungsprozess sind mehrere Personengruppen mit meist unterschiedlichen Sichtweisen, Interessen und Zielsetzungen beteiligt **(Bild 2)**.

Managementebene: Manager definieren Ziele aus Unternehmenssicht und operationalisieren die Ziele durch die Festlegung von Zielwerten für kritische Erfolgsfaktoren. Sie sind Nutzer von Monitoring, Benchmarking und Simulationen.

Fachexperten für Prozessgestaltung, Ablauforganisation, Aufbauorganisation und Arbeitsrationalisierung: Sie bringen ihre Fachkenntnisse zur Klärung grundsätzlicher Abläufe, Vorschriften und Zusammenhänge für alle notwendigen Szenarien, Prozesse und Teilprozesse ein. Sie bestimmen, welche Geschäftsobjekte (Businessobjects) in dem IT-System verwaltet und verarbeitet werden sollen und legen damit fest, welche Objektattribute und Objektmethoden durch das Informationssystem erfasst werden müssen **(Bild 3)**.

Fachexperten sehen die Systeme aus rein fachlicher Sicht und ohne tiefere Kenntnis der IT-technischen Abläufe und Zusammenhänge. Sie nutzen IT-Systeme vorwiegend zur Automatisierung von Vorgängen (Workflow) und zum Prozessmonitoring.

Software-Entwickler: Sie haben die Aufgabe, das fachliche Modell in ein informationstechnisches Modell mit allen gewünschten Funktionalitäten abzubilden.

Programmierer: Sie setzen das informationstechnische Modell mit geeigneten Entwicklungswerkzeugen in lauffähige Software um.

Anwender: Der Anwender muss die entwickelten Module, Funktionen und Masken zur Aufgabenerfüllung einsetzen.

Die Akzeptanz der Software beim Endanwender ist wesentlich für den Erfolg oder Misserfolg.

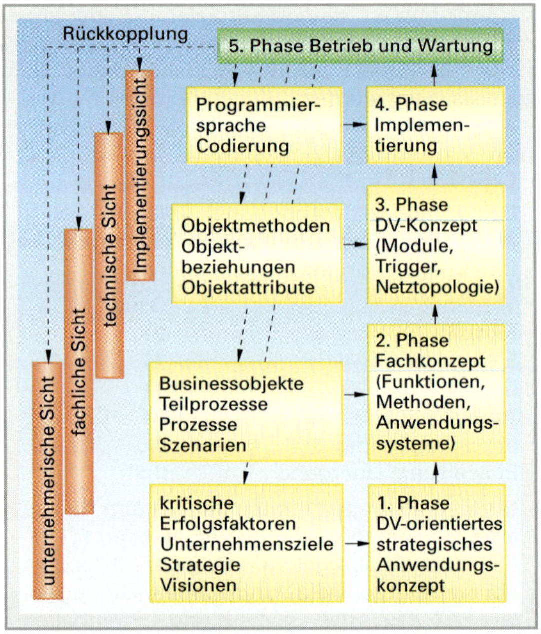

Bild 1: Phasenmodell zur Softwareentwicklung

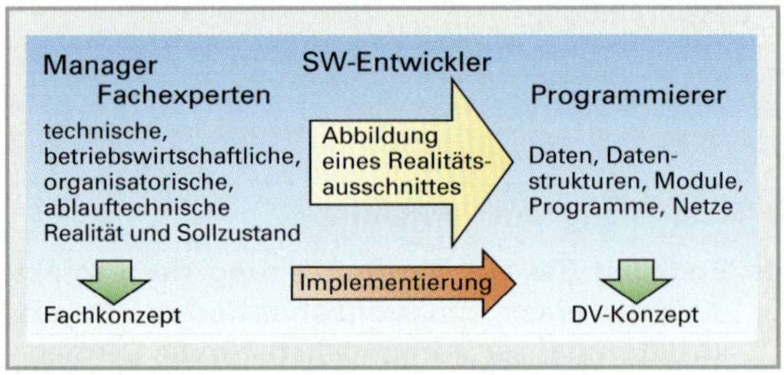

Bild 2: Abbildung der Realität im DV-System

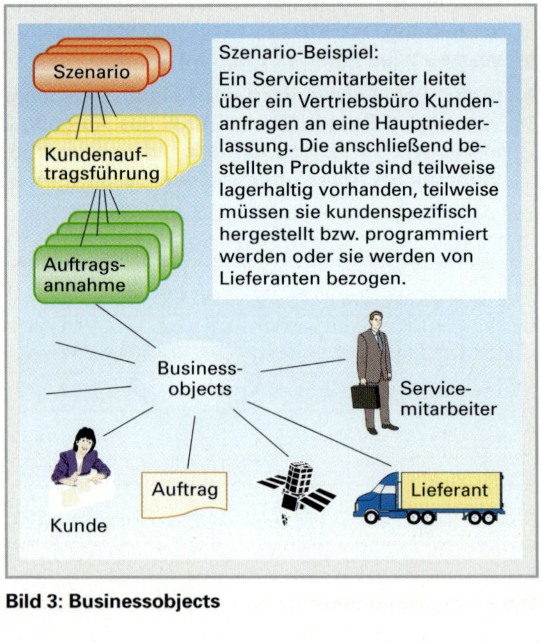

Bild 3: Businessobjects

Die Interessen des Endanwenders sollten aus Akzeptanzgründen bei der Softwareentwicklung auf jeden Fall besonders berücksichtigt werden.

Ziel der Softwareentwicklung ist eine in wesentlichen Merkmalen funktionierende Abbildung eines Realitätsausschnittes in einem Rechnersystem. Mit Rechnerhilfe sollen die vergangenheitsbezogenen, aktuellen und zukünftigen Aufgabenstellungen der Realität besser und schneller zu erledigen sein.

Durch eine schrittweise Verfeinerung der Beschreibung der Aufgaben nähert man sich an die notwendigen Objekte (Businessobjecte), Objektattribute und Objektmethoden an (**Bild 1** und Bild 2, vorhergehende Seite). Die Objekte und Objektattribute werden Inhalt von Datenbanken. Die Objektmethoden müssen durch eine Programmiersprache realisiert werden.

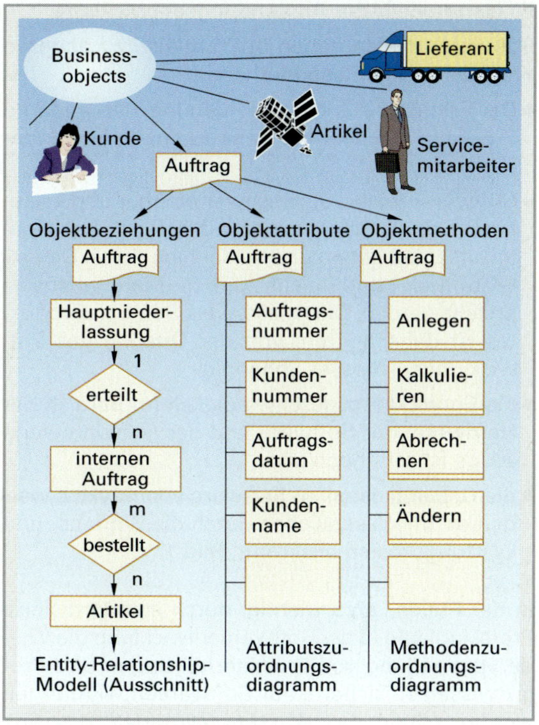

Bild 1: Businessobjects

6.2.3.1 Anwendungsentwicklung

Für die Erarbeitung der Anforderungen an eine Software werden im Software Engineering drei verschiedene Entwurfsprinzipien verwendet: *die Top- Down- Methode, die Bottom-Up-Methode und die evolutionäre Methode.*

Top-Down-Methode

Die Bezeichnung Top-Down-Methode (top-down = oben – unten) drückt aus, dass die Aufgaben der Software vom Groben und Übergeordneten zum Feinen und Untergeordneten hierarchisch definiert, gegliedert und erarbeitet werden **(Bild 2, linke Seite)**.

Bottom-Up-Methode

Die Bezeichnung Bottom-Up-Methode (bottom = Grund, Boden) wird in zweierlei Bedeutung benutzt.

Bei der ersten Bedeutung ist der theoretisch maximale Funktionsumfang der Software durch bestehende Module vorgegeben. Durch Customising (= den individuellen Kundenbedürfnissen anpassen) werden die Anwenderforderungen soweit möglich realisiert **(Bild 2, rechte Seite)**.

In der zweiten Bedeutung versteht man darunter ein Vorgehen, bei dem die Endanwender im Detail ihre Anforderungen definieren und schrittweise das Gesamtsystem erarbeitet wird.

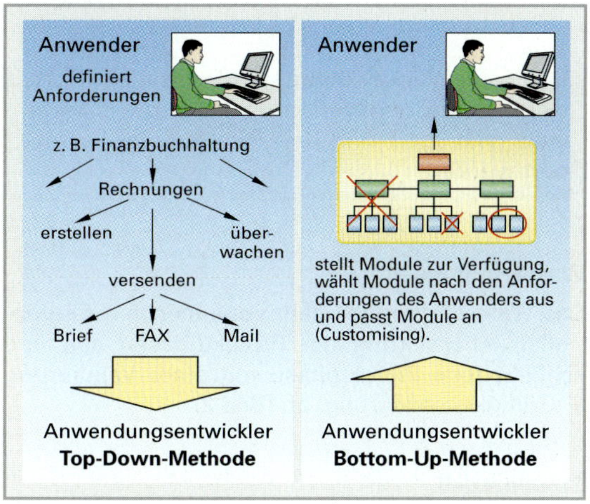

Bild 2: Top-Down-Methode und Bottom-Up-Methode

Evolutionärer Ansatz

Beim evolutionären Ansatz findet in einem zyklischen Prozess eine wiederholte Annäherung an die Bedürfnisse des Anwenders statt **(Bild 3)**. Es eignet sich daher besonders, wenn die endgültige Funktionalität nicht im Vorhinein festgelegt ist oder festgelegt werden kann.

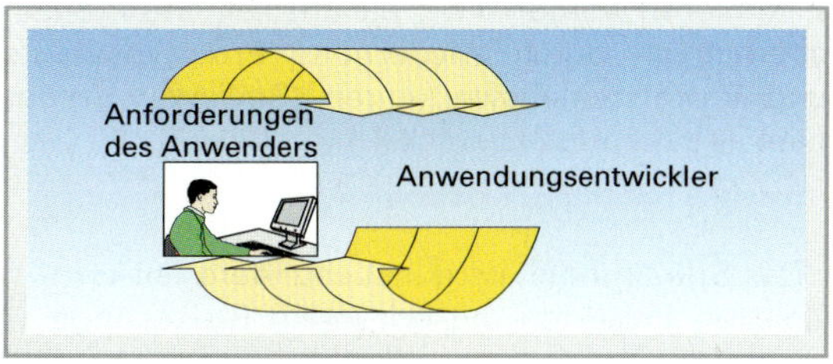

Bild 3: Evolutionärer Ansatz

Phasenmodelle zur Anwendungsentwicklung

Softwareprojekte haben im Vergleich zu anderen Projekten einige Besonderheiten:

- Der Erfolg ist stärker als in den meisten anderen Projekten von der Akzeptanz durch die Anwender abhängig,
- Softwareprojekte sind schwer planbar und kalkulierbar, da sie oft einmalig sind, einen hohen Neuigkeitsanteil haben und wesentlich durch Dienstleistungen und nicht durch Materialeinsatz erstellt werden. Die Qualität des Softwareproduktes ist daher extrem von der Qualität des Entwicklungsprozesses abhängig,
- die Entwicklungsgeschwindigkeit im Bereich der Hardware, der Software und der Softwarewerkzeuge ist sehr hoch und
- die Gesamtkosten im Softwarelebenszyklus werden oft im Wesentlichen durch die Betriebs- und Wartungskosten bestimmt **(Bild 1)**.

In der Praxis ist es wichtig, durch standardisierte Projektabläufe in der Softwareentwicklung die Wiederverwendung von Projekterfahrungen und Projektwissen zu sichern. Für Softwareentwicklungen werden häufig das *Wasser- fallmodell,* das *Spiralmodell* und das *V-Modell* als Grundlage der Phaseneinteilung herangezogen.

Durch die Verwendung standardisierter Softwareentwicklungsverfahren kann die Effektivität gesteigert und das Projektrisiko verringert werden.

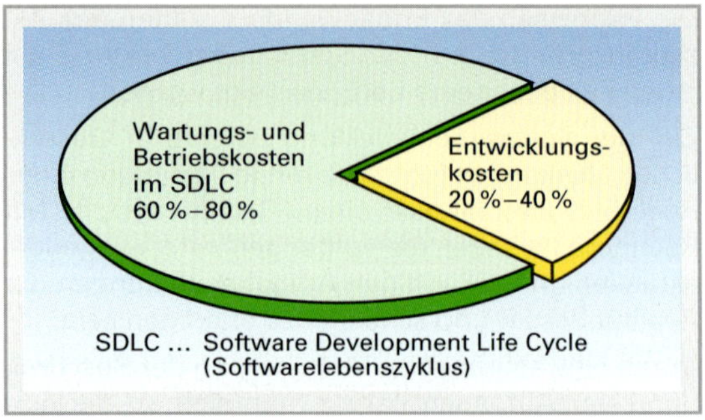

Bild 1: Kostenverteilung im Softwarelebenszyklus

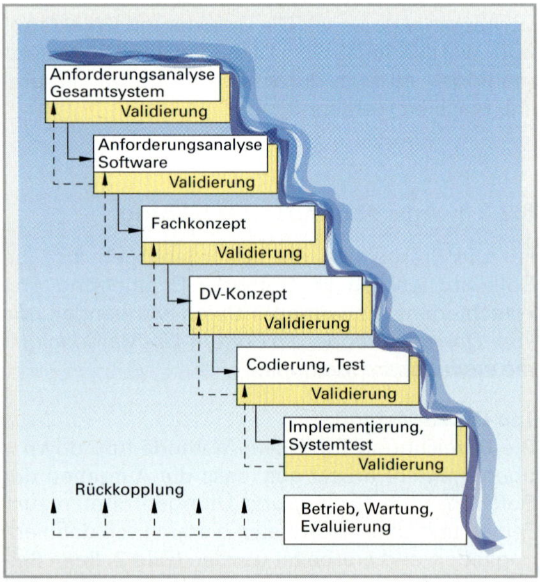

Bild 2: Wasserfallmodell

Wasserfallmodell

Das Wasserfallmodell geht von einer rein sequenziellen Abarbeitung der Projektphasen aus und schließt jede Projektphase mit einer Validierung (= Gültigkeitserklärung) ab **(Bild 2)**.

Spiralmodell

Im Spiralmodell erfolgt die Softwareentwicklung evolutionär, d. h. Stufe für Stufe. Um das Risiko zu minimieren werden die Projektrisiken und Projektalternativen durch wiederholte Prototypentests und Prototypenauswertungen (Reviews) besonders und mehrfach berücksichtigt **(Bild 3)**.

Das Spiralmodell wird insbesondere bei komplexen Projekten mit erhöhtem Risiko angewendet.

Bild 3: Spiralmodell

V-Modell

Das V-Modell (Vorgehens-Modell) wurde vom Fraunhofer-Institut entwickelt. Es ist heute ein allgemeingültiges, weit verbreitetes Phasenmodell zur Entwicklung von Informationssystemen, das auch die Anforderungen der DIN ISO 9000ff erfüllt. Es besteht aus Modulen mit Standards für die Ebenen Vorgehen, Methodeneinsatz und Werkzeuganforderungen **(Bild 1)**. In jedem der vier Submodule gibt es jeweils detaillierte Vorgehensanweisungen für die Bereiche Vorgehen, Methoden und Werkzeuganforderungen **(Bild 2)**.

Die im Submodul Qualitätssicherung vorgegebenen Tätigkeiten dienen dem Nachweis der Erfüllung der im Lastenheft vorgegebenen Anforderungen, erhöhen die Prozessqualität und sind vorbeugende Maßnahmen zum Vermeiden von Mängeln **(Bild 3)**.

Das Submodul Konfigurationsmanagement ist für die ständige Aktualisierung, Anpassung, Identifizierbarkeit und Integrität von Modulen und Versionen während der Entstehung und dem Betrieb verantwortlich.

Durch wiederholte Validierung wird überprüft, ob das richtige Produkt entwickelt wird, d. h. ob die Forderungen des Auftraggebers erfüllt werden. Durch wiederholte Verifizierung (= durch Überprüfen die Richtigkeit bestätigen) wird überprüft, ob die Zwischenergebnisse eine konsistente (übereinstimmende) Lösung ergeben.

> Das V-Modell eignet sich besonders für Projekte mit hohen Qualitätsanforderungen.

Die Auswahl bestimmter Elementarmethoden des V-Modells **(Tabelle 1, folgende Seite)** zur Anpassung an die jeweilige Verwendung nennt man Tailoring (= Maßschneidern).

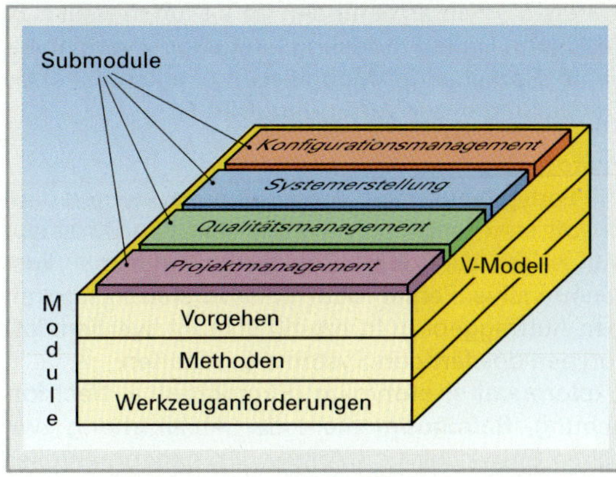

Bild 1: Entwicklungsstandardisierung im V-Modell

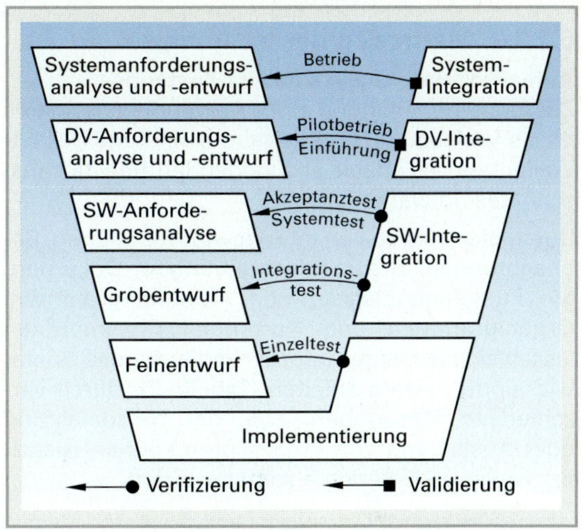

Bild 3: Hauptaktivitäten im Submodul Softwareerstellung

Submodul PM (Projektmanagement)

PM 1: Projektinitialisierung
PM 2: Vergabe/Beschaffung
PM 3: Auftragnehmer/Management
PM 4: Feinplanung
PM 5: Kosten-/Nutzenanalyse
PM 6: Durchführungsentscheidung
PM 7: Risikomanagement
PM 8: Projektkontrolle und -steuerung
PM 9: Informationsdienst/Berichtswesen
PM 10: Schulung/Einarbeitung
PM 11: Bereitstellung der Ressourcen
PM 12: Vergabe von Arbeitsaufträgen
PM 13: Einweisung der Mitarbeiter
PM 14: Projektabschluss

Submodul KM (Konfigurationsmanagement)

KM 1: KM-Planung
KM 2: Produkt- und Konfigurationsverwaltung
KM 3: Änderungsmanagement
KM 4: KM-Dienste

Submodul SE (Systemerstellung)

SE 1: System-Anforderungsanalyse
SE 2: System-Entwurf
SE 3: SW-/HW-Anforderungsanalyse
SE 4: SW-Grobentwurf
SE 5: SW-Feinentwurf
SE 6: SW-Implementierung
SE 7: SW-Integration
SE 8: System-Integration
SE 9: Überleitung in die Nutzung

Submodul QM (Qualitätsmanagement)

QS 1: QS-Initialisierung
QS 2: Prüfungsvorbereitung
QS 3: Prozessprüfung von Aktivitäten
QS 4: Produktprüfung
QS 5: QS-Berichtswesen

Bild 2: Aktivitäten in den Submodulen des V-Modells

Für die Elementarmethoden im V-Modell stellt z. B. UML (von Unfied Modeling Language = vereinheitlichte Sprache für Modellierung) entsprechende Darstellungen zur Verfügung **(Bild 1)**.

Prototyping

Die Fertigstellung von Anwendungssystemen dauert oft sehr lange bzw. ist ein ständiger Kreislauf von neuen Versionen (Releases). Damit man kostenintensive Fehler oder Missverständnisse mit den Auftraggebern frühzeitig erkennt, werden Prototypen des fertigen Systems geschaffen.
Exploratives Prototyping (Exploration = Nachforschung, Befragung) dient der Abstimmung zwischen Entwickler und Anwender, experimentelles Prototyping dient dem Entwickler für eigene Versuche. Evolutorisches Prototyping ist eine Zwischenstufe zum fertigen Produkt.

6.2.3.2 Methoden der Ist-Analyse

Aufnahme und Analyse des Ist-Zustandes

Zur fundierten Planung eines Anwendungssystems ist als Vorleistung eine genaue Aufnahme des Ist-Zustandes des später abzubildenden Realitätsausschnittes notwendig.

Durch die Analyse von Interviews, Fragebögen, Beobachtungen, Selbstaufschreibungen, Dokumenten, Funktionendiagrammen, Ablaufdiagrammen, Organigrammen und Kommunikationsmatrixen lassen sich wichtige Anforderungen für das zu entwickelnde System ableiten **(Tabelle 2)**. Durch verschiedene Messungen, z. B. der Netzbelastung oder Auslastung von Prozessoren können zusätzlich objektive Kriterien ermittelt werden.

Tabelle 2: Methoden der Ist-Aufnahme

Methode	Bemerkungen
Interview	Mit offenen Fragen können auch schwierige Zusammenhänge erfasst werden. Die Auswertung ist jedoch sehr aufwändig.
Fragebogen	Standardisierte Fragebögen liefern kostengünstige Informationen und erleichtern die Ist-Aufnahme.
Beobachtung	Je nach Absicht kann offen oder verdeckt, dauernd oder stichprobenartig, aktiv teilnehmend oder passiv beobachtet werden.
Selbstdokumentation	Die Systemnutzer beschreiben die Aufgaben und Abläufe aus der Anwendersicht, die wichtig für die spätere Akzeptanz sind.
Dokumenten- und Diagrammauswertungen	Insbesondere bei prozessorientierten und zertifizierten Unternehmen liefern Dokumente und Diagramme vielfältige Informationen über den Aufbau und die Abläufe im Unternehmen.

Tabelle 1: Elementarmethoden im V-Modell (Auszug)

AUD	Audit
BALK	Balkenplan
BAUM	Baumdiagramm
BBTE	Black-box-Testfallentwurf
DFM	Datenfluss-Modellierung
DIAL	Dialog Design Modellierung
DVER	Designverifikation
ELH	Entity Life History
ER	E/R-Modellierung
ETAB	Entscheidungstabellentechnik
FMEA	Failure Mode Effect Analysis
FNET	Funktionsnetz-Modellierung
IAM	Interaktionsmodellierung
KFM	Kontrollfluss-Modellierung
KOM	Klassen-/Objektmodellierung
LOGM	Logische DB-Modellierung
MODIAG	Moduldiagramme
NORM	Normalisierung
NPT	Netzplan-Technik
NWA	Nutzwert-Analyse
OBJE	Objektentwurfstechnik
OGG	Organigramm
PCODE	Pseudocode
PRODIAG	Prozessdiagramme
PVER	Programmverifikation
PZIM	Prozessinteraktionsmodellierung
REV	Review
SIMU	Simulationsmodelle
SMOD	Schätzmodelle
SSM	Subsystemmodellierung
STAT	Statische Analyse
STRD	Structured Design
SVM	Systemverhaltensmodelle
T	Testen
TRDA	Trend-Analyse
UCM	Use-Case-Modellierung
WBTE	White-Box-Testfallentwurf

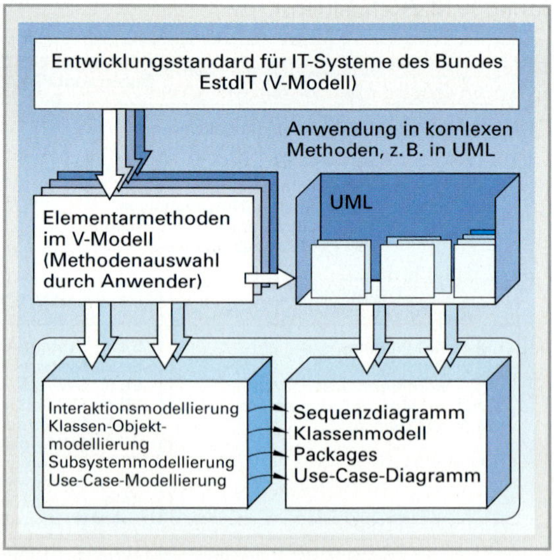

Bild 1: Darstellung von Elementarmethoden

Darstellungstechniken

Sowohl für die Analyse wie auch für die Entwicklung von Anwendungssystemen sind geeignete grafische Darstellungstechniken ein wichtiges Hilfsmittel. Komplexe Strukturen und Abläufe lassen sich mit so genannten Elementarmethoden getrennt nach verschiedenen Sichten, z. B. Prozesssicht, Datensicht, Funktionssicht, Organisationssicht (Abschnitt 2.4.2.2), Informationsflusssicht, Kontrollflusssicht, Aufgabensicht, Arbeitsablaufsicht, Arbeitsplatzsicht und Sicherungssicht auf unterschiedlichen Abstraktionsgraden darstellen und analysieren **(Bild 1** und **Bild 2)**.

So gibt z. B. das V-Modell so genannte Aktivitätstypen (Elementarmethoden) für unterschiedliche Projektgrößen und für jeden Entwicklungsschritt vor. Der Projektleiter kann dann nach Kriterien der Qualitätssicherung, Wirtschaftlichkeit und Anwendbarkeit Elementarmethoden auswählen.

Für die Projektabwicklung werden komplexen Methoden eingesetzt, die eine Auswahl von Elementarmethoden nutzen. Komplexe Methoden sind z. B. UML (Unified Modeling Language), OOAD (objektorientierte Analyse und Design), SA (strukturierte Analyse), SD (strukturiertes Design) und IEM (Information Engineering Method). Durch eine toolgestützte Entwicklung wird sichergestellt, dass alle Elementarmethoden kompatibel sind und zu einem konsistenten (= widerspruchsfreien) Ergebnis führen.

6.2.3.3 Entwurfsmethoden

Strukturierte Analyse

Bei der strukturierten Analyse werden in einem Top-Down-Verfahren Dataflow-Diagramme schrittweise verfeinert und parallel eine Datenbeschreibung im Data-Dictionary erarbeitet. Für alle elementaren (nicht mehr weiter zerlegbaren) Prozesse wird nach dem EVA-Prinzip eine implementierungsunabhängige Prozessspezifikation erstellt **(Bild 3)**.

Die strukturierte Analyse verwendet die Elementarmethoden Data Flow Diagram, Data Dictionary, Prozess- Spezifikation, Entity Relationship Diagram und für zeitkritische Programme zusätzlich das Real Time Modell.

Strukturiertes Design

Mit dem strukturierten Design wird die Modulstruktur von Anwendungssystemen beschrieben. Es dient gleichzeitig der Entwurfsunterstützung und der Dokumentation und wird von vielen CASE-Werkzeugen (Computer-Aided Software Engineering, computerunterstützte Softwareentwicklung) unterstützt. Im strukturierten Design werden zur Darstellung Module, Daten, Verbindungen, Daten- und Kontrollflüsse, dynamische und algorithmische Elemente, Konnektoren und Textdokumente verwendet **(Bild 1, folgende Seite)**. In den Modulspezifikationen werden die Funktionen und Schnittstellen genau beschrieben und in einem Data-Dictionary niedergelegt.

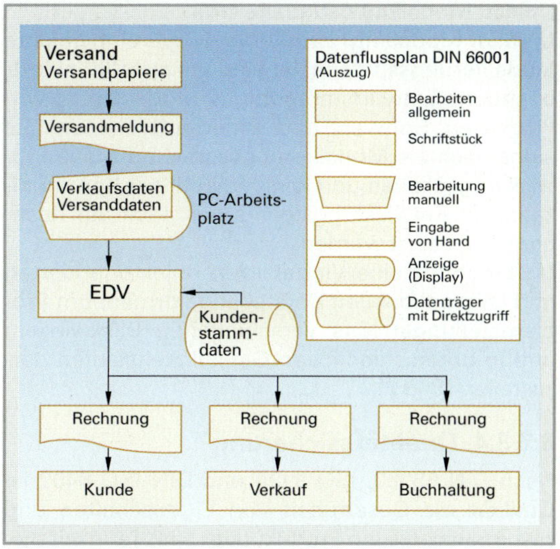

Bild 1: Datenflussplan

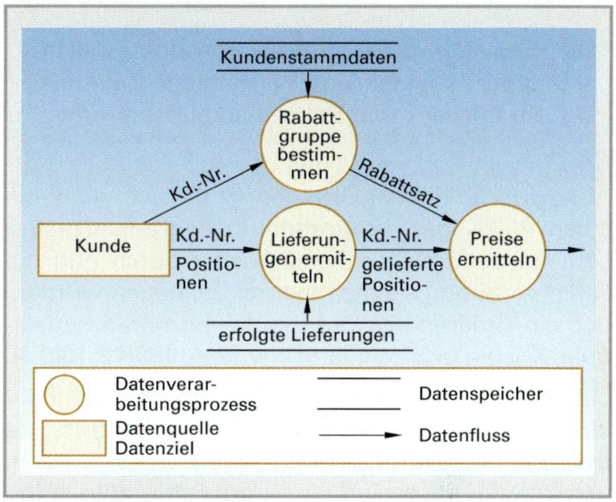

Bild 2: Data-Flow-Diagramm

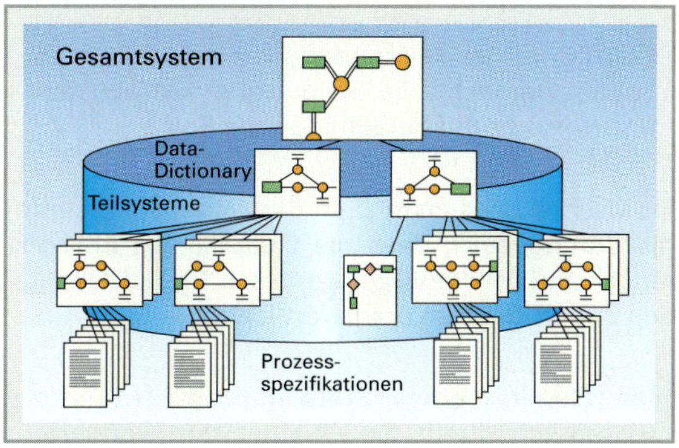

Bild 3: Strukturierte Analyse

Unified Modelling Language UML

Unified Modelling Language (= vereinheitlichte Modellierungssprache) ist eine universelle, objektorientierte Entwurfsmethode zur Modellierung von Prozessen, Software und anderen Systemen. Sie eignet sich als Modellierungssprache für alle Entwicklungsphasen und kann sowohl zur Kommunikation in Entwicklungsteams wie auch auf Rechnern eingesetzt werden.

UML benutzt eine Vielzahl von objektorientierten und konventionellen Darstellungsformen, um Problemstellungen aus verschiedenen Blickwinkeln und in unterschiedlichen Genauigkeitsstufen darzustellen **(Bild 2)**.

6.2.3.4 Qualitätssicherung

Nach DIN 55350, ISO 9126 und DIN ISO 8402 ist Qualität die Gesamtheit von Eigenschaften und Merkmalen, die ein Produkt oder eine Tätigkeit bietet, um gegebene Forderungen zu erfüllen.

> Die Qualität eines Softwareproduktes wird z. B. über Benutzbarkeit, Wartbarkeit, Zuverlässigkeit, Effizienz und Portierbarkeit bestimmt.

Aus wirtschaftlichen Gründen ist es nicht sinnvoll, einen 100%-igen Vollkommenheitsgrad anzustreben, da dadurch die Fehlerkosten durch enorme Fehlerverhütungskosten extrem ansteigen würden, und die anderen konkurrierenden primären Projektziele, Kosten und Zeit, leiden würden **(Bild 3, Bild 4)**.

Ein wesentlicher Faktor für die entstehenden Fehlerkosten ist der Zeitpunkt des Fehlereintritts. Je früher ein Fehler im Entwicklungsprozess gemacht wird, desto höher sind die Folgekosten **(Bild 1, folgende Seite)**.

> Werden in der Anfangsphase eines Projektes Fehler gemacht, so sind hohe Extrakosten und wirtschaftliche Schäden die Folge.

Inzwischen hat sich in allen Bereichen die Erkenntnis durchgesetzt, dass die Qualität des Entwicklungs- und Entstehungsprozesses für die Qualität des Endproduktes verantwortlich ist.

> Die Qualität eines Softwareproduktes wird wesentlich durch die Qualität des Sofwareentwicklungsprozesses bestimmt.

Entsprechend bewertet man den Qualitätsstandard von Softwareunternehmen z. B. nach dem Capability Maturity-Model CMM (= Reifemodell der Fähigkeiten).

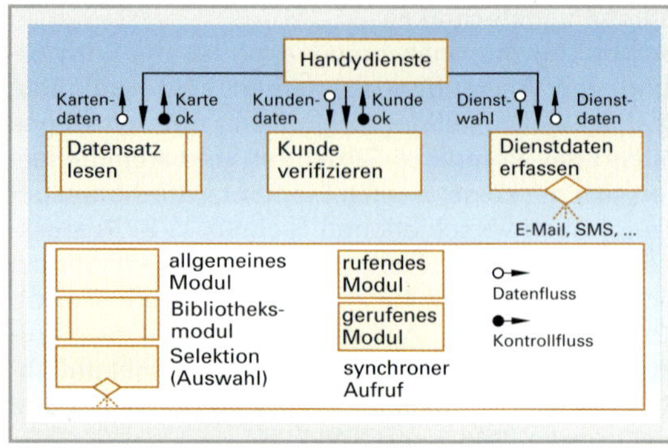

Bild 1: Strukturiertes Design

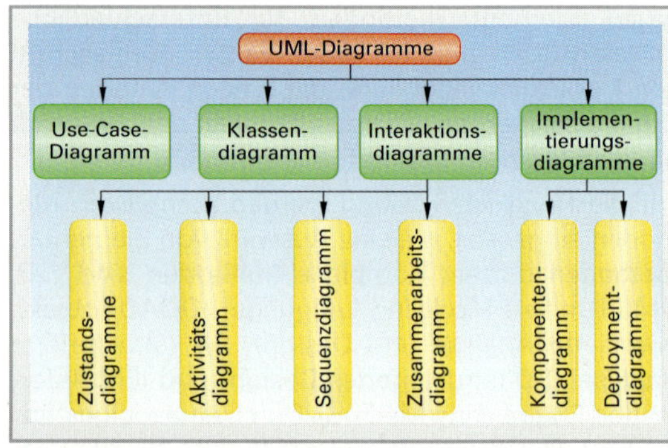

Bild 2: UML-Diagramme

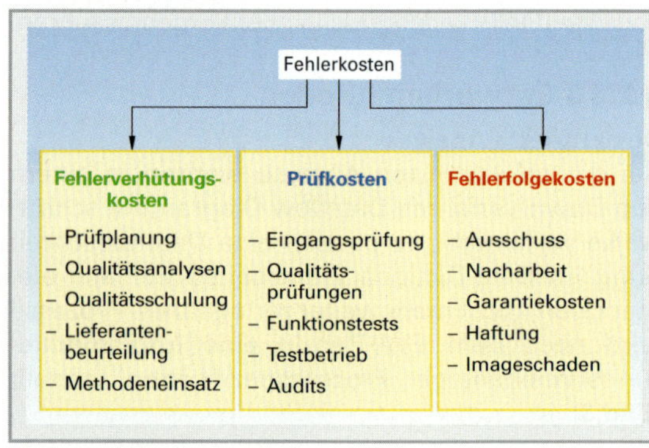

Bild 3: Fehlerkostenarten

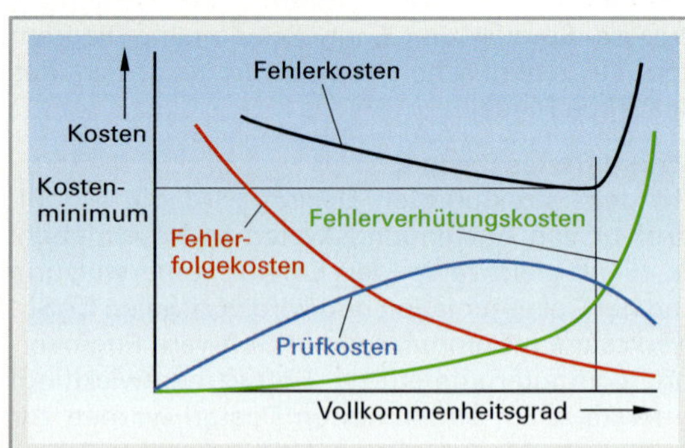

Bild 4: Fehlerkostenverlauf

Das CMM unterscheidet aufgrund der realen Merkmale des Softwareentwicklungsprozesses 5 Reifestufen für die Prozessqualität der Softwareentwicklung **(Bild 2, Tabelle)**.

Zumindest am Ende einzelner Entwicklungsphasen bzw. am Ende des Gesamtprojektes werden analytische Qualitätssicherungsmaßnahmen durchgeführt. Durch statische Prüfungen, z. B. Audits, Reviews, Walkthroughs, Code Inspection und Testläufe (dynamische Prüfungen) werden die Module verifiziert.

In Audits werden durch Teams konkrete Probleme identifiziert und gezielt Lösungs- und Verbesserungsvorschläge erarbeitet. Reviews analysieren und bewerten Projektverläufe und Projektergebnisse und dienen z. B. zur Genehmigung weiterere Projektschritte. Beim Walkthrough wird durch Testläufe die Funktionalität getestet und Code Inspektionen überprüfen die Dokumente und Codierungen.

Für die dynamische Prüfung durch Testläufe werden z. B. die Black-Box-Methode, die White-Box-Methode und die Grey-Box-Methode eingesetzt. Bei der Black-Box-Methode wird die Software als „schwarzer Kasten" angesehen. Der Test überprüft, ob die Black-Box auf entsprechende Eingaben die im Lastenheft und Pflichtenheft festgeschriebenen Funktionen erfüllt. Bei der White-Box-Methode ist der innere Aufbau der Software bekannt und es werden Programmpfade einzeln und gezielt getestet. In der Praxis wird häufig die Grey-Box-Methode angewendet, das ist eine Kombination aus der Black-Box-Methode und der White-Box-Methode.

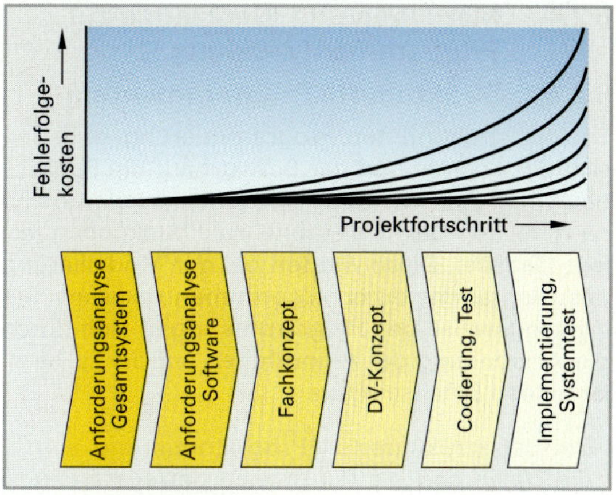

Bild 1: Fehlerfolgekosten

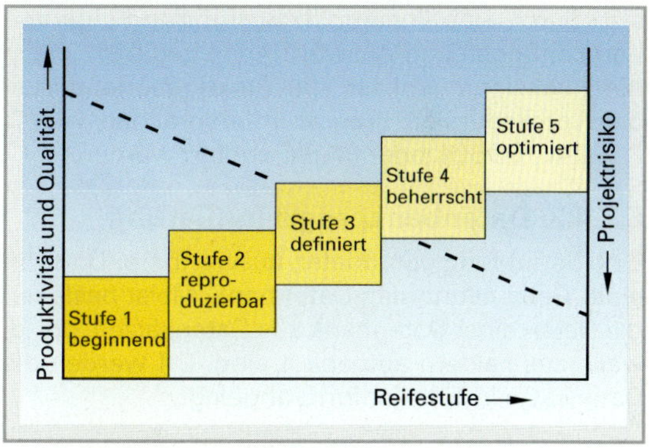

Bild 2: Reifegrade des Softwareentwicklungsprozesses im Capability Maturity Modell

Tabelle: Capability Maturity-Modell

Reifegrad	Merkmal
Stufe 1 beginnend (initial)	Es gibt keine definierten Vorgehensweisen, keine fundierten Kostenkalkulationen, keine aktuellen und zuverlässigen Dokumentationen und kein Projektmanagement für die Entwicklung und Wartung von Software. Entwicklungswerkzeuge werden sporadisch und zufällig eingesetzt.
Stufe 2 reproduzierbar (repeatable)	Entwicklungsverfahren sind vorhanden und unabhängig von Einzelpersonen wiederholbar, meist sind Projekt- und Kostenpläne vorhanden.
Stufe 3 definiert (defined)	Es gibt zusammenhängende, standardisierte Entwicklungsprozesse und ein Krisenmanagement.
Stufe 4 beherrscht (managed)	Es gibt prozessübergreifende, unternehmensweite Kennzahlensysteme und Prozessdatenbanken. Qualitätsvoraussagen und Risikoabschätzungen sind möglich.

Wiederholung und Vertiefung

1. **Für das Businessobjekt Artikel soll eine Datenbank „designed" werden. Beschreiben Sie, in welchen Schritten dies bei**

   a) der Top-Down-Methode und

   b) der Bottom-Up-Methode geschieht.
2. **Nennen Sie die vier Submodule des V-Modells.**
3. **Beschreiben Sie die Elementarmethode FMEA mithilfe von Beispielen aus dem IT-Bereich.**
4. **Mit dem Qualitätssicherungsverfahren House of Quality (HoQ) steht ein Instrument zur Verfügung, die Kundenwünsche systematisch zu erfassen und für das Lasten- oder Pflichtenheft zu operationalisieren.**

   Stellen Sie dieses Verfahren am Beispiel einer Eingabemaske vor.

6.2.4 Methoden und Werkzeuge zur Programmentwicklung

6.2.4.1 Strukturierte Programmierung

Bei der strukturierten Programmierung beziehen sich die Analyse und der Entwurf auf die Funktionen eines Systems. Die Funktionen werden meist nach der Top-Down-Methode in Teilfunktionen zerlegt **(Tabelle)**. Diese werden bei der Modellierung des Programms durch Algorithmen realisiert. Die Wirkungsweise des Programms ergibt sich durch die Anwendung der Algorithmen auf die zu bearbeitenden Datenstrukturen.

> Bei der strukturierten Programmierung sind die Daten und die Funktionen getrennte Programmteile.

Die Wirkungsweise eines solchen Programmes ist also durch eine lineare, vorbestimmte Folge von Berechnungen und Auswertungen gegeben, die in der Realisierungsphase mit funktionsorientierten oder prozeduralen Programmiersprachen wie C, PASCAL, COBOL oder BASIC codiert werden.

6.2.4.2 Datenbankprogrammierung

Eine Sammlung geordneter, auswertbarer Daten in einer Datei nennt man Datenbank. Meist bestehen die Daten einer Datenbank aus Datensätzen, die jeweils aus Feldern aufgebaut sind. Oft werden die Datensätze in Tabellenform abgelegt.

> Bei der Datenbankprogrammierung steht der schnelle und flexible Zugriff auf die Daten im Vordergrund.

Der Anwender kann über eine Applikation auf die Daten zugreifen **(Bild 1)**. Applikationen werden auch datenbankbasierte Anwendungen genannt. Zu einer Datenbank gehören z. B. auch Möglichkeiten zur Datenänderung, Datenabfrage und Datenauswertung. Abfragesprachen wie SQL (von **S**tructured **Q**uery **L**anguage = strukturierte Abfragesprache) stellen z. B. Operationen zum Suchen, Sortieren oder zur Bildung von Teiltabellen zur Verfügung.

6.2.4.3 Objektorientierte Programmierung

Bei der objektorientierten Programmierung (OOP) wird das Programm als Sammlung abgegrenzter Objekte angesehen. Objekte können durch die Art eines Gegenstandes, ihre Zustände, auch Eigenschaften oder Attribute genannt, oder ihr Verhalten beschrieben werden. So ist z. B. ein roter Sportwagen mit Ersatzrad ein Gegenstand, auf den z. B. die Eigenschaften rot, fünf Räder zutreffen und der das Verhalten der Funktion fahrbereit aufweist **(Bild 2)**. Das Verhalten wird durch Funktionen, die bei der OOP *Methoden* genannt werden, beschrieben.

Tabelle: Arten der Programmierung

Datenstruktur	Datenanordnung
Strukturierte Programmierung	
Funktionsgliederung, z. B. Top-Down 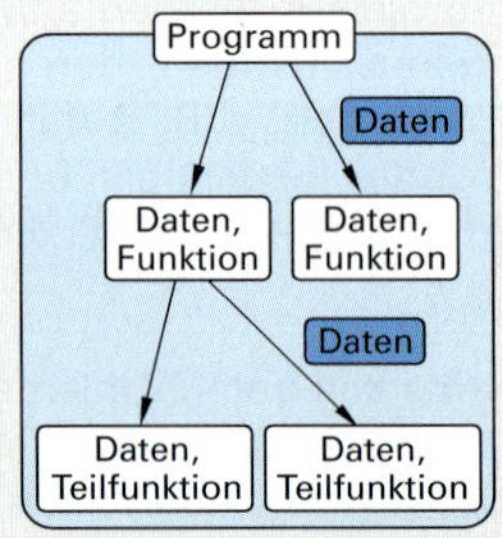	Systeme von Dateien 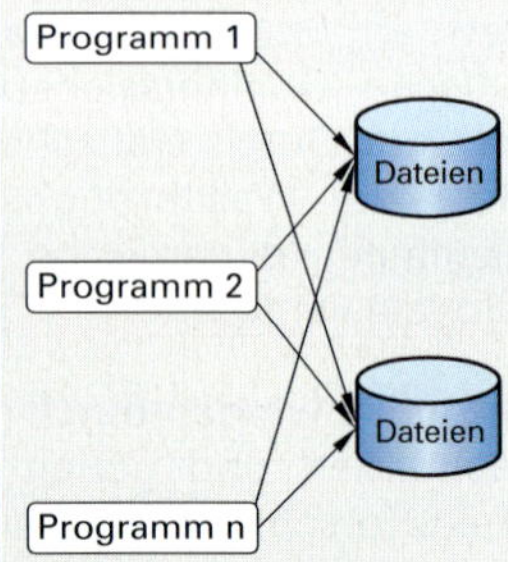
Objektorientierte Programmierung	
Zuordnung von Daten und Funktionen 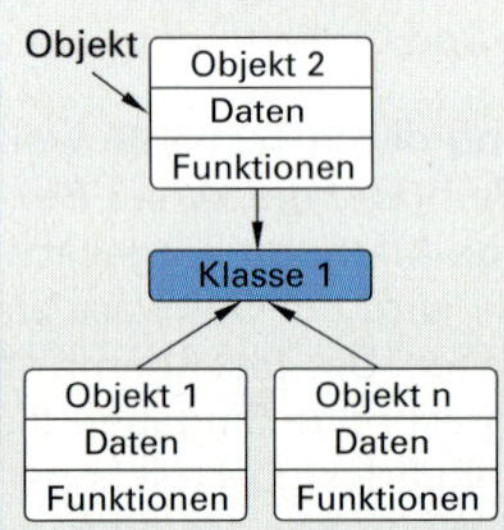	Objektorientierung 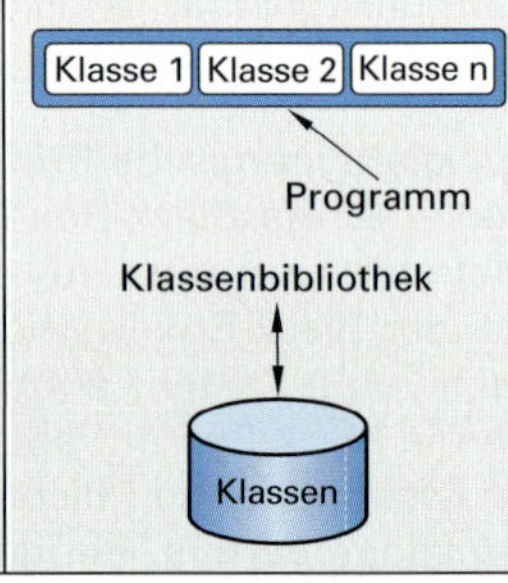

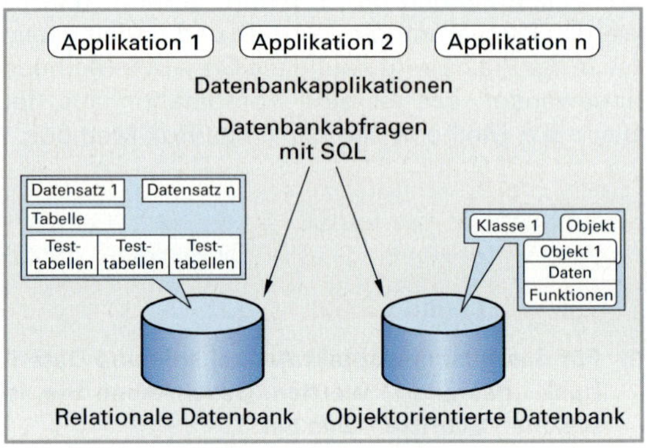

Bild 1: Datenbankarten

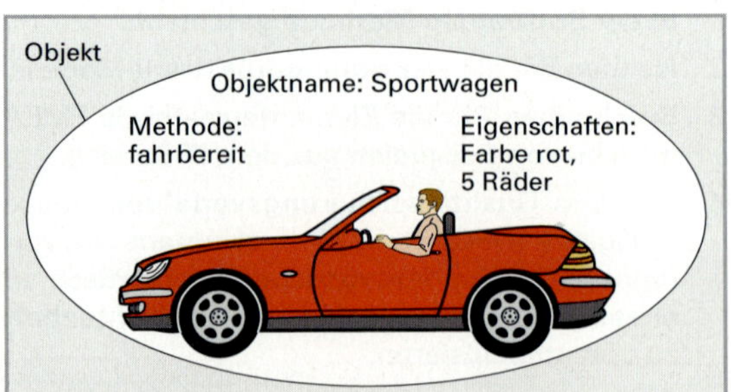

Bild 2: Sportwagen als Objekt

Einem Objekt werden Daten und Methoden zugeordnet.

Objekte können unterschiedliche Ausprägungen haben, z. B. Auto, Rechnung, Kunde, LKW. So ist z. B. ein Fenster (Window) einer objektorientierten Benutzeroberfläche (**G**raphical **U**ser **I**nterface, GUI) auch ein Objekt **(Bild 1)**. Objekte können eine oder auch mehrere Eigenschaften haben. An einem Objekt können unterschiedliche Handlungen durchgeführt werden. Diese Handlungen werden durch die Methoden beschrieben und durch Nachrichten verursacht. Die Nachrichten können von anderen Objekten oder vom Benutzer des Programms ausgelöst werden.

Objekte werden gekennzeichnet durch die Merkmale

- Bezeichnung des Objektes,
- Attribute, also Daten, die das Objekt und seine Eigenschaften beschreiben und
- seine Methoden, die durch Nachrichten ausgelöst werden.

Beispiel:
Stellen Sie die Merkmale des Fensters Bild 1 strukturiert dar.
Lösung: **Bild 2**

Das Fenster `Eingabe` ist ein Objekt mit Eigenschaften wie Abmessungen, Vordergrundfarben, Hintergrundfarben, sieben Feldern, einem Rollbalken und einem Button. Seine Methoden sind die Dateneingabe und das Schließen des Eingabefensters. Die Ausführung der Methoden wird durch Nachrichten veranlasst. Eine Nachricht enthält eine Information für das Objekt, welche Methode ausgeführt werden soll. So kann z. B. nach einem Mausklick auf die Schaltfläche ▶ des Rollbalkens ein neuer Datensatz mit der Nummer 2 eingegeben werden. Durch Mausklick auf den Button `Beenden` wird eine Methode ausgeführt, die zum Schließen des Eingabefensters dient.

Zu einem Objekt gehören Objektname, Eigenschaften und Methoden.

Objekte und Klassen

Programme sind meist aus mehreren Objekten zusammengesetzt. Viele Objekte unterscheiden sich nur durch die Werte ihrer Eigenschaften. So wird aus dem Fenster `Eingabe` durch Änderung z. B. der Eigenschaften Größe, Textfensterrahmen, Buttongröße und Farbe ein neues Objekt `Eingabe 1` **(Bild 3)**. Objekte, die sich nur durch die Ausprägung der Eigenschaften unterscheiden, fasst man in Klassen zusammen.

Bild 1: Benutzeroberfläche des Fensters Eingabe

Bild 2: Fenster als Objekt in UML-Notation

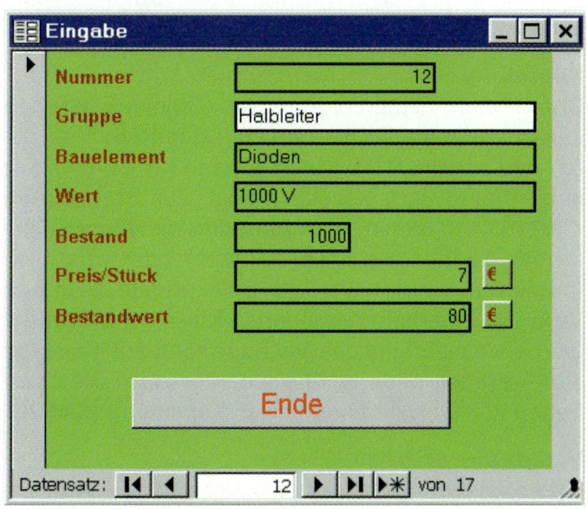

Bild 3: Neues Objekt Eingabe 1 vom Objekt Eingabe Bild 1 abgeleitet

Eine Klasse ist eine Vorlage für Objekte.

Statt Vorlage werden auch die Begriffe Bauform, Schablone, Schema oder Muster verwendet. Eine Klasse enthält eine abstrakte Beschreibung des Aufbaus und der Merkmale des jeweiligen Objekts, also Angaben

- mit der Bezeichnung,
- mit den Eigenschaften und
- mit den Methoden

der Objekte.

Beispiel:
Erstellen Sie eine strukturierte Darstellung der Klasse `Fenster` für die Objekte `Eingabe` und `Eingabe1` der Bilder 1 und 3, vorhergehende Seite.
Lösung: **Bild 1**

Objekte der Klasse Fenster enthalten einen Titel, das Layout des Fensters und entsprechende Funktionen zur Bedienung, die Methoden. In Programmiersprachen wie C++ oder JAVA kennzeichnet man Klassen durch das Schlüsselwort `class`, gefolgt vom Klassennamen. Meist verwendet man beim Programmieren nicht direkt die Klassen, sondern erzeugt Instanzen für benötigte Objekte. Eine Instanz (von instance = Fall, Beispiel) ist eine Kopie eines Objektes einer bestimmten Klasse und gehört immer zu dieser bestimmten Klasse.

Instanzen sind Kopien von Objekten einer bestimmten Klasse.

Beim Programmieren wird für das Instantiieren (von to instantiate = Erzeugen einer Instanz) das Schlüsselwort `new`, gefolgt vom Objektnamen, verwendet.

Kapselung
Durch das Instantiieren eines Objektes werden Instanzvariablen für die zum Objekt gehörenden Daten neu angelegt. Die Daten können für jede Instanz einer Klasse unterschiedlich sein. Zur Bearbeitung dieser Daten dienen die Methoden der Klasse. Methoden können als privat (private) oder öffentlich (public) vereinbart werden. Eine private Methode kann nur innerhalb der eigenen Klasse angewendet werden, eine öffentliche Methode kann auf beliebige Objekte auch anderer Klassen zugreifen. Dies Verhalten von Objekten nennt man Kapselung **(Bild 2)**.

Vererbung
Unter Vererbung (Inheritance) versteht man das Erzeugen neuer Klassen (Subklassen) aus einer übergeordneten Klasse, der Basisklasse. Dabei werden

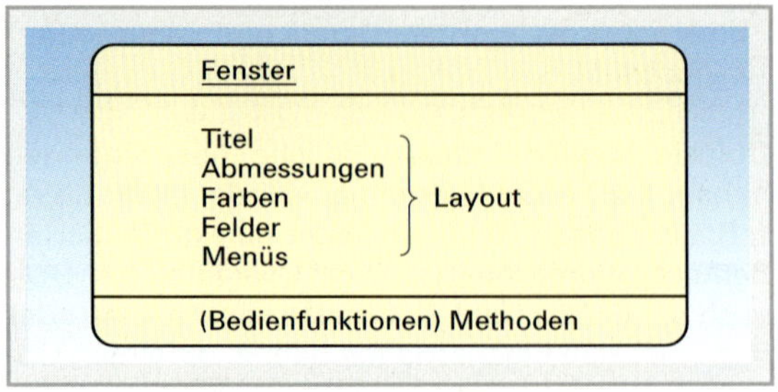

Bild 1: Klasse der Fenster (Basisklasse) in UML-Notation

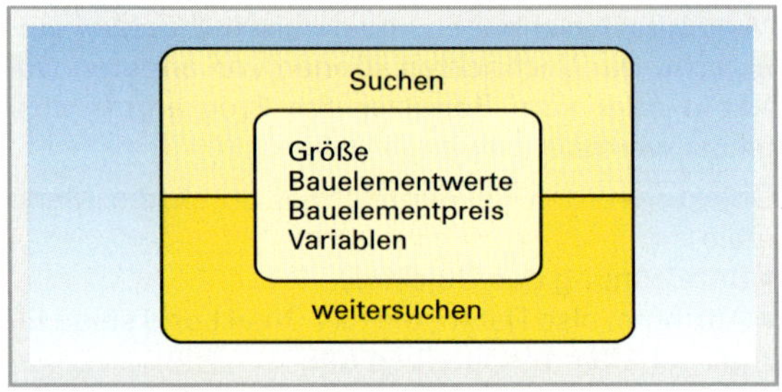

Bild 2: Kapselung

Bild 3: Abgeleitete Klasse Suchen

die Eigenschaften und Methoden der Basisklasse an die abgeleitete Klasse weitergegeben. Das Fenster Suchen ist ein Objekt, das aus der Klasse Fenster abgeleitet wurde **(Bild 3)**. Dies wird z. B. in JAVA mit dem Schlüsselwort extends gekennzeichnet. Eine Sammlung von Klassen nennt man Paket oder package.

Wiederholung und Vertiefung

1. **Welche Aufgabe haben Abfragesprachen bei der Datenbankprogrammierung?**
2. **Was versteht man unter einem Objekt?**
3. **Welche Merkmale kennzeichnen ein Objekt?**
4. **Wer veranlasst die Ausführung von Methoden?**
5. **Welche Angaben enthält eine Klassenvereinbarung?**
6. **Was versteht man unter einer Instanz?**

6.2.4.4 Programmiersysteme

Für Anwendungsprogrammentwicklungen werden meist Programmiersysteme (RAD, Rapid Application Development Systems) verwendet. Bekannte Programmiersysteme gibt es z. B. für die Programmiersprachen C++, Pascal, VisualBasic und Java (siehe Tabellenbuch Informationstechnik). Oft sind diese Programmiersysteme plattformunabhängig, d. h. sie können unter verschiedenen Betriebssystemen wie LINUX, UNIX und WINDOWS installiert werden.

Programmiersysteme sind oft plattformunabhängig und enthalten unter einer menügeführten Benutzungsoberfläche Software-Tools zur Programmentwicklung.

Als Programmierwerkzeuge (Software-Tools) bezeichnet man Programme wie Editoren oder Compiler **(Tabelle)**. Im C++Builder und bei Delphi sind standardmäßig Editor, Compiler, Debugger und Linker verfügbar. Bei VisualBasic und Java sind auch Interpreter vorhanden. Oft kann vom Debugger aus auch ein Assembler aufgerufen werden. Assembler werden zur Programmierung zeitkritischer Programmteile und zur Fehlersuche im Maschinencode verwendet.

Programmiersysteme enthalten meist menügeführte Benutzungsoberflächen mit verschiedenen Fenstern, die Menüleisten, Schaltflächen, Kombinationsfelder und Markierungsfelder enthalten.

Nach dem Programmstart zeigt z. B. der C++Builder in einem Fenster die menügeführte Benutzungsoberfläche, das Editor-Fenster, das Form-Fenster zur Gestaltung eigener Fensteroberflächen und ein Fenster zur Überwachung der Oberflächengestaltung, den Objektinspektor **(Bild 1)**.

Bei der Programmentwicklung werden z. B. Dateien für den Quellcode, den Objektcode, die Programmbeschreibung in HTML und die verwendeten Programmbibliotheken angelegt. Die Zusammenfassung aller zusammengehörenden Dateien wird als Projekt bezeichnet und erhält einen eigenen Projektnamen.

Als Projekt bezeichnet man alle Dateien, die unter einem Projektnamen verwaltet werden.

Mit Programmgeneratoren können z. B. aus Funktionsbeschreibungen wie Struktogrammen, Programmablaufplänen oder Zustandsdiagrammen Programmcode erzeugt werden. Visualisierungen für Projektbeschreibungen werden z. B. mit VISIO erzeugt **(Bild 2)**. Bei der Projekterzeugung helfen oft Tools (Tabelle), die dem Benutzer geeignete Schritte für die Projektentwicklung vorschlagen. Diese Tools werden z. B. als Assistenten oder Wizards bezeichnet.

Tabelle : Programmierwerkzeuge

Programmart	Erklärung
Assembler	To assemble = montieren. Übersetzt maschinenorientierte, symbolische Programmiersprachen in Maschinencode.
Compiler	To compile = übersetzen. Übersetzt ein Quellprogramm in Maschinencode.
Debugger	To debug = entwanzen, fehlerfrei machen. Dient zum Erkennen, Lokalisieren und Korrigieren von Fehlern.
Editor	Editor = Herausgeber. Programm zum Erstellen von Dateien oder zum Ändern bestehender Dateien.
Programm-Generator	Erzeugt aus einer Funktionsbeschreibung, z. B. einem Zustandsdiagramm selbsttätig ein Quellprogramm oder Maschinencode.
Interpreter	To interpret = auswerten. Jede Anweisung eines Quellprogramms wird einzeln in Maschinensprache übersetzt und ausgeführt.
Linker	To link = verbinden. Programm zum Verbinden compilierter Module und Datendateien. Erzeugt ein ausführbares Programm, EXE-File.
Assistent, Wizard	Wizard = Zauberer. Programm, dass schrittweise bei der Programmerstellung hilft.

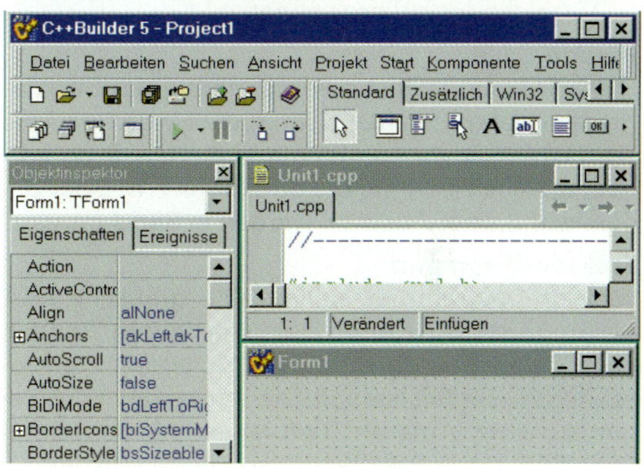

Bild 1: Wichtige Fenster des C++Builder

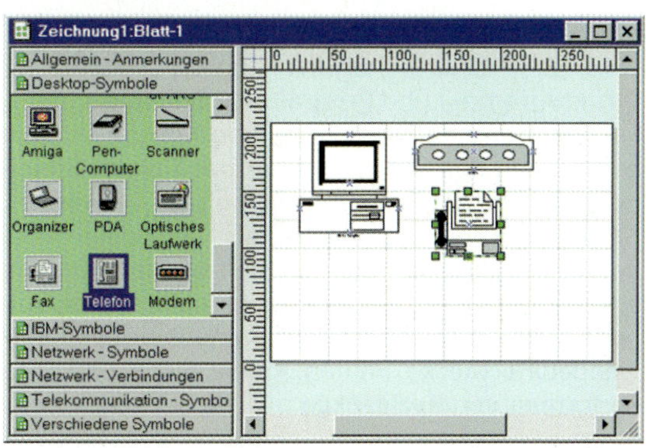

Bild 2: Entwurfsfenster für Projektbeschreibungen

6.2.4.5 Darstellungsformen von Programmabläufen

Programmabläufe werden mit Kontrollstrukturen (Algorithmen) gesteuert. Kontrollstrukturen sollen Problemlösungen in natürlicher, problemangepasster Form beschreiben. Sie sollen leicht lesbar und verständlich formuliert werden.

Problemlösungen werden mit Kontrollstrukturen beschrieben.

Es werden vier Kontrollstrukturen verwendet **(Bild 1)**. Eine Sequenz (von sequence = Folge) zeigt die aufeinanderfolgenden Schritte an. Mit der Struktur Auswahl kann zwischen zwei oder mehreren Möglichkeiten ausgewählt werden.
Für Wiederholungen wird die Struktur Wiederholung verwendet. Eine weitere Struktur dient dem Aufruf anderer Algorithmen, d. h. von Unterprogrammen.

Problemlösungen können mit den Strukturen Sequenz, Auswahl, Wiederholung und Unterprogrammen beschrieben werden.

Für die Umsetzung von Problemlösungen gibt es verschiedene Arten von Kontrollstrukturen **(Tabelle)**. Diese Arten werden als Notationen (= Aufzeichnungen) bezeichnet.

Pseudo-Code
Hier wird eine textliche Beschreibung der Strukturen vorgenommen, die sich an die Syntax und die Wortsymbole von problemorientierten Programmiersprachen anlehnt. Die Strukturen z. B. einer Sequenz und einer Auswahl werden in **Bild 2** gezeigt.

Jackson-Diagramm
Jackson-Diagramme[1] stellen eine grafische Darstellung von Strukturen dar. Von Vorteil ist hier, dass Datenstrukturen und Kontrollstrukturen beschrieben werden können. Die Strukturen einer Sequenz, einer Auswahl und einer Wiederholung zeigt **Bild 3**. Die Bearbeitungsrichtung wird durch eine Zeitachse angegeben. Auswahlstrukturen werden durch einen Kreis gekennzeichnet, Wiederholungsstrukturen (Schleifen) durch einen Stern *.

Struktogramme und Programmablaufpläne
Für die grafische Darstellung von Kontrollstrukturen werden das Struktogramm nach Nassi-Shneiderman[2] und der Programmablaufplan verwendet. Struktogramme verwenden als Grundelemente Rechtecke, die auch geschachtelt werden können, sowie auch Linien, die zur Erzeugung dreieckförmiger Strukturen dienen. Programmablaufpläne verwenden Rechtecke, Rauten, Kreise, Ovale und Sonderformen von Rechtecken.

[1] Jackson, Michael, engl. Erfinder, geb. 1936
[2] Shneiderman, Ben, amerikan. Erfinder, geb. 1947

Tabelle : Darstellungsformen von Programmabläufen

Darstellungsform	Art, Erklärung
Pseudo-Code	Textliche Darstellung, orientiert an problemorientierten Programmiersprachen.
Jackson-Diagramm	Grafische Darstellung von Datenstrukturen und Kontrollstrukturen in Baumform.
Struktogramm (STG)	Grafische Darstellung von Kontrollstrukturen (DIN 66261).
Programmablaufplan (PAP)	Grafische Darstellung durch Symbole, die durch Linien verbunden sind (DIN 66001).

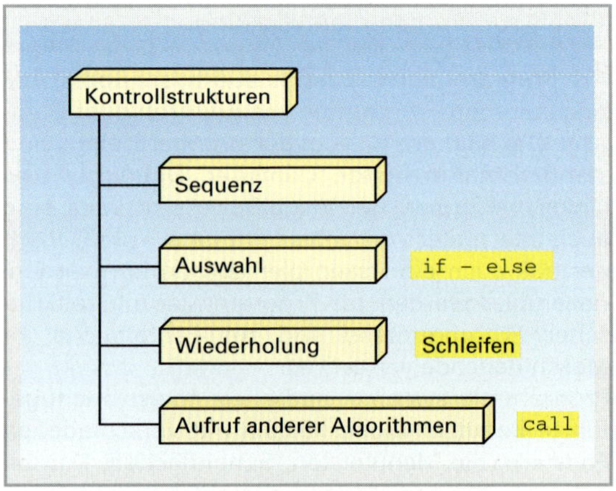

Bild 1: Unterschiedliche Kontrollstrukturen

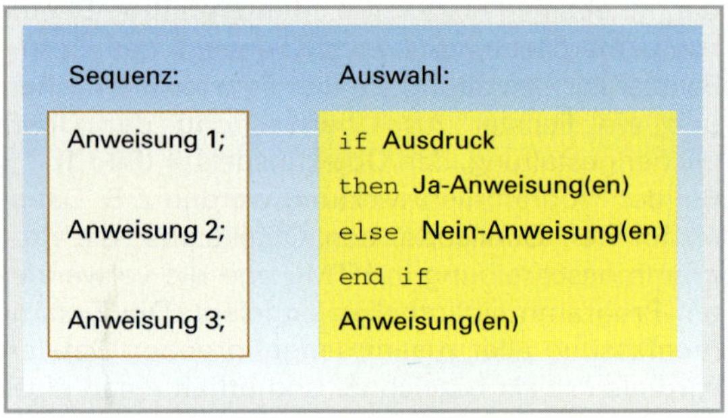

Bild 2: Kontrollstrukturen mit Pseudo-Code

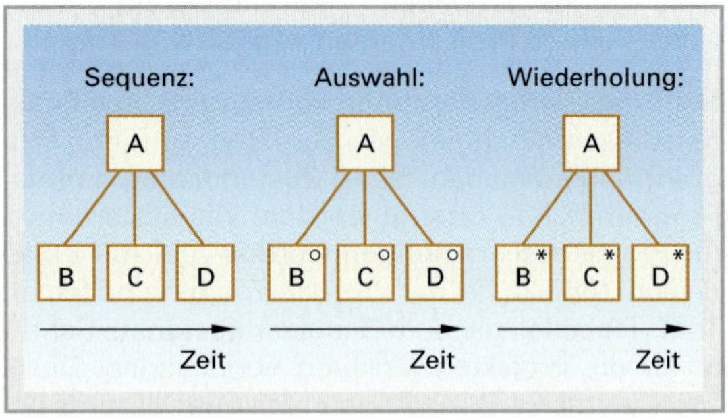

Bild 3: Kontrollstrukturen mit Jackson-Diagrammen

Sequenz
Eine Folgestruktur enthält aufeinanderfolgende Anweisungen. Die Anweisungen werden der Reihe nach ausgeführt. Es handelt sich also um eine lineare Struktur. Jede Anweisung wird einmal ausgeführt. Die Anweisungen werden in Rechtecke geschrieben. Beim Struktogramm folgen diese direkt untereinander, beim Programmablaufplan werden diese durch Ablauflinien verbunden **(Bild 1)**. Ablauflinien erhalten eine Pfeilspitze, wenn die Ablaufrichtung nicht der Leserichtung entspricht. Beim Struktogramm bezeichnet man aufeinanderfolgende Anweisungen auch als Anweisungsblock oder Folgeblock.

Auswahlstrukturen
Bei Auswahlstrukturen können verschiedene Möglichkeiten gewählt werden:
- Einseitige Auswahl,
- zweiseitige Auswahl,
- Mehrfachauswahl und
- Fallabfrage.

Bei der einseitigen Auswahl wird in Abhängigkeit von einer Bedingung eine Anweisung oder ein Folgeblock durchlaufen, wenn z. B. eine Bedingung erfüllt ist. Es wird also der Ja-Zweig durchlaufen. Andernfalls bleibt beim Struktogramm das zweite Rechteck leer oder wird mit einem Strich entwertet. Beim PAP entfällt der Anweisungsblock **(Bild 2)**.
Bei der zweiseitigen Auswahl kann in Abhängigkeit von einer Bedingung eine von zwei Anweisungen oder zwei Anweisungsblöcken gewählt werden. Es wird entweder der Ja-Zweig, d. h. Bedingung ist erfüllt, oder der Nein-Zweig, d. h. Bedingung ist nicht erfüllt, durchlaufen **(Bild 3)**.

Einseitige und zweiseitige Auswahl ermöglichen eine Programmverzweigung in Abhängigkeit von Bedingungen.

Bei der Mehrfachauswahl können die Auswahlstrukturen mehrfach geschachtelt auftreten. So kann bei Nichterfüllung einer Bedingung im Nein-Zweig eine weitere Bedingung folgen, die wiederum einen Ja-Zweig und einen Nein-Zweig hat **(Bild 4)**. Bei mehr als drei geschachtelten Bedingungen sollte man alle möglichen Fälle in einer Tabelle auflisten und auf ihre Auswirkungen hin überprüfen. Eine vereinfachte Form der Mehrfachauswahl ist die Fallabfrage **(Bild 5)**. Die Auswahl einer von mehreren möglichen Bedingungen führt zu jeweils einem Folgeblock. Die Folgeblöcke sind alle in der gleichen Ebene angeordnet. Die Fallabfrage wird oft in der Menütechnik angewendet.

Fallabfragen sind übersichtlicher als Mehrfachauswahlen.

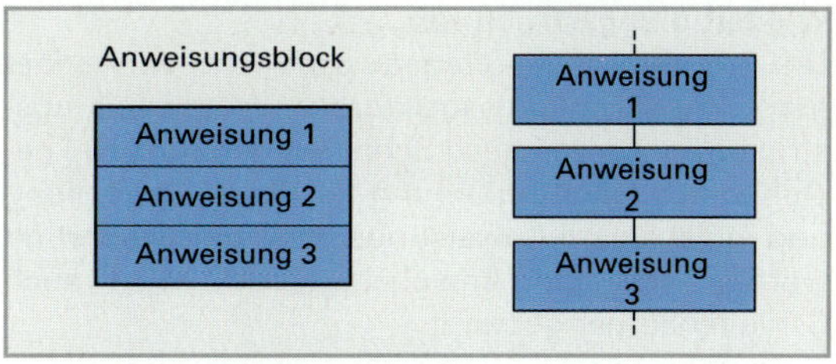

Bild 1: Sequenz als STG und PAP

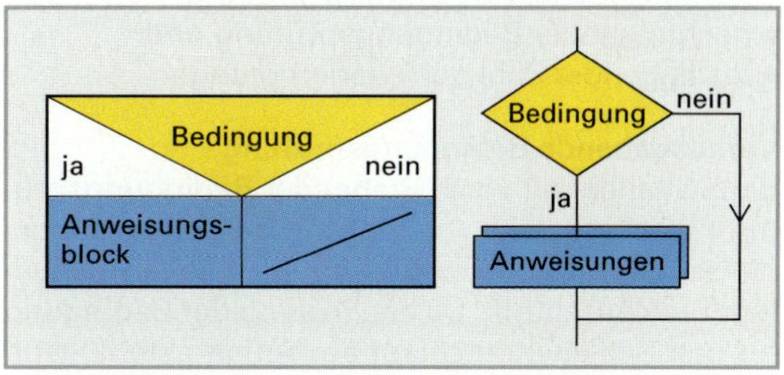

Bild 2: Einseitige Auswahl als STG und PAP

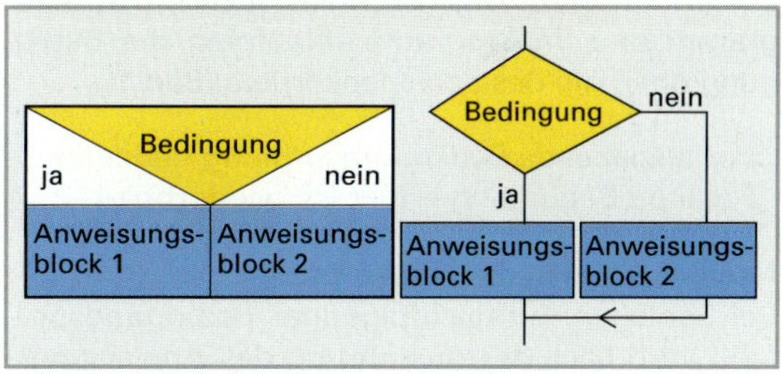

Bild 3: Zweiseitige Auswahl als STG und PAP

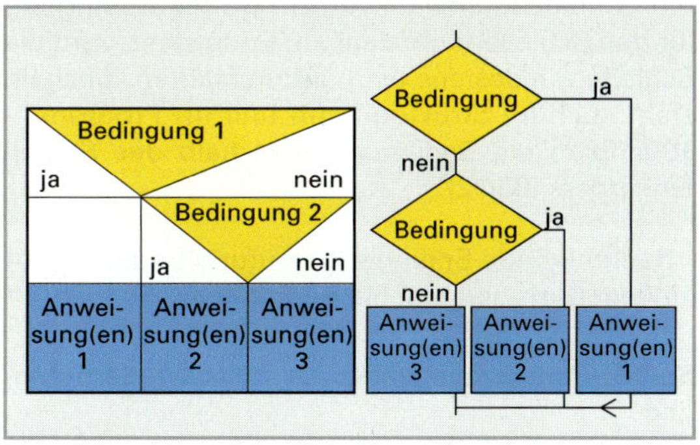

Bild 4: Mehrfachauswahl als STG und PAP

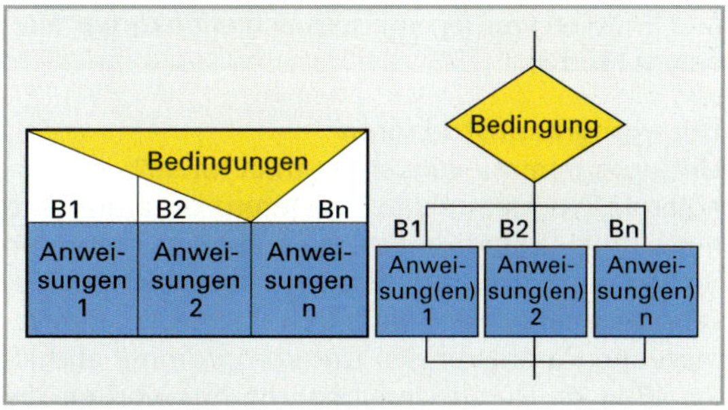

Bild 5: Fallabfrage als STG und PAP

Wiederholungsstrukturen

Um Programmteile öfters auszuführen, verwendet man Wiederholungsstrukturen. Wiederholungsstrukturen werden auch Schleifen genannt. Sie bestehen aus einer Bedingung für die Wiederholung und meist einem Anweisungsblock, der wiederholt werden soll. Ein Anweisungsblock wird auch Schleifenkörper genannt.

Es gibt Wiederholungsstrukturen mit

- vorausgehender Bedingungsprüfung,
- nachfolgender Bedingungsprüfung und
- festliegender Zahl der Wiederholungen.

Vorausgehende Bedingungsprüfung

Bei Schleifen mit vorausgehender Bedingungsprüfung wird vor jeder Ausführung des Anweisungsblocks geprüft, ob die Bedingung für den Schleifendurchlauf zutrifft. Da die Prüfung der Bedingung für den Schleifendurchlauf am Anfang steht, kann es vorkommen, dass der Schleifenkörper gar nicht ausgeführt wird. Deshalb steht auch im Struktogramm und im Programmablaufplan die Bedingung oberhalb des Schleifenkörpers **(Bild 1)**.

Vorausgehende Bedingungsprüfung bedeutet: Solange Bedingung erfüllt ist, wiederhole!

Nachfolgende Bedingungsprüfung

Bei Schleifen mit nachfolgender Bedingungsprüfung wird nach der Ausführung des Anweisungsblocks geprüft, ob die Bedingung für einen weiteren Schleifendurchlauf zutrifft. Da die Bedingung für den Schleifendurchlauf am Ende steht, wird die Schleife mindestens einmal durchlaufen. Deshalb steht auch im Struktogramm und im Programmablaufplan die Bedingung unterhalb des Schleifenkörpers **(Bild 2)**.

Nachfolgende Bedingungsprüfung bedeutet: Wiederhole solange bis Bedingung erfüllt ist!

Schleife mit festliegender Zahl der Wiederholungen

Die Anzahl der Schleifendurchgänge wird durch einen Zähler gesteuert. Anfangswert, Schrittweite und Endwert werden vor dem Schleifenkörper festgelegt **(Bild 3)**.

Unterprogrammstrukturen

Unterprogramme verwendet man für sich wiederholende Programmteile. Ein Unterprogramm wird nur einmal programmiert, kann aber an mehreren Stellen eines Programms aufgerufen werden. Gekennzeichnet werden sie durch Rechtecke, die Namen und Parameter des Unterprogramms enthalten **(Bild 4)**. Durch Unterprogramme werden die Hauptprogramme stukturierter und übersichtlicher.

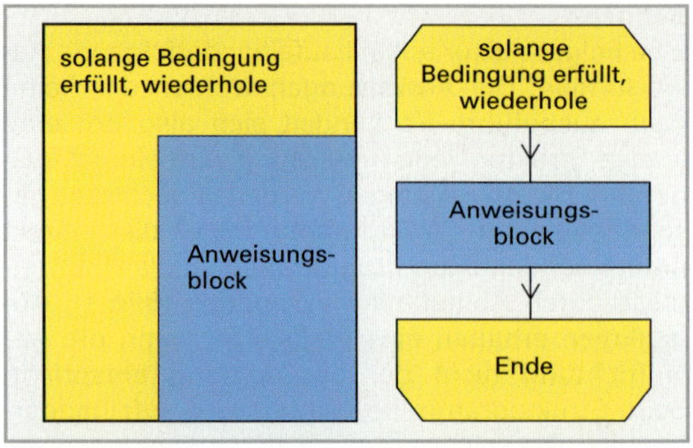

Bild 1: Schleife mit Bedingung am Anfang (STG, PAP)

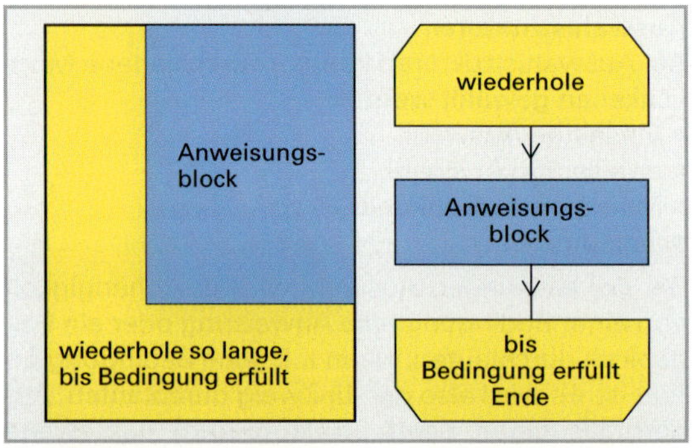

Bild 2: Schleife mit Bedingung am Ende (STG, PAP)

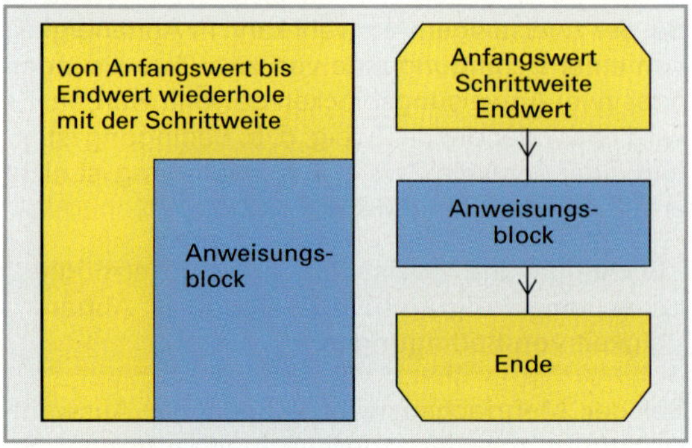

Bild 3: Schleife mit festliegender Anzahl der Schleifendurchgänge (STG, PAP)

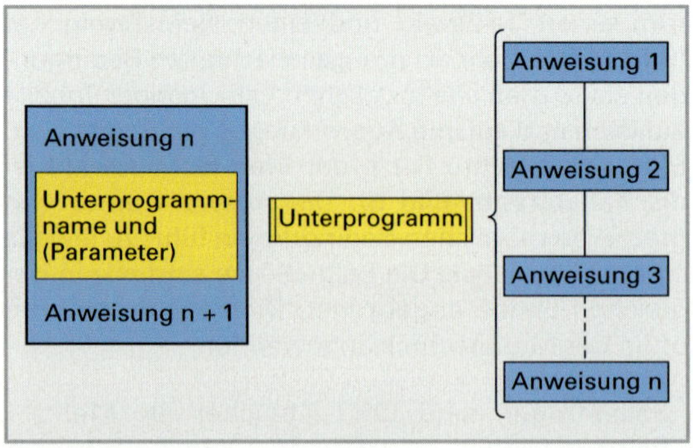

Bild 4: Unterprogrammstrukturen

6.2.5 Methoden und Werkzeuge zur Dokumentation

Dokumente, z. B. Aufträge, Pflichten- und Lastenhefte, Projektberichte, Ablaufpläne, Softwaredokumentationen, Konfigurationsdokumentationen, Rechnungen und Bilanzen erfassen alle wichtigen Geschäftsvorgänge. Sie sind das Gedächtnis der Unternehmen.

> Unter Dokumentation versteht man die Beschreibung von Sachverhalten, Abläufen und Zusammenhängen sowie die bei diesen Tätigkeiten entstehenden Dokumente.

Sie sind zur rechtlichen Sicherheit der Beteiligten, zur Sicherung und Erhöhung der Wertschöpfung und zum Informationsaustausch zwischen Hersteller, Händler, Anwender und Finanzverwaltung notwendig. Das Dokumentenmanagement eines Unternehmens ist dafür verantwortlich, hierfür die am besten geeigneten und wirtschaftlichsten Formen auszuwählen, diese ständig den Gegebenheiten anzupassen und für eine hohe Qualität zu sorgen **(Bild 1)**.

> Im Dokumentenmanagement werden alle wichtigen Geschäftsvorfälle durch geeignete Medien und Methoden dokumentiert und gespeichert.

Die meisten Dokumente werden digital erstellt oder später digitalisiert **(Bild 2)**.

Im betrieblichen Alltag ist es problematisch, dass viele dieser Dokumente nur schwach oder niedrig strukturierte Daten enthalten. Von schwach oder niedrig strukturierten Daten spricht man, wenn z. B. der Zusammenhang der Daten, ihre Bedeutung für ein bestimmtes Problem oder ihr Wahrheitsgehalt und die Eindeutigkeit der Begriffe nicht offensichtlich sind, sondern interpretiert werden müssen **(Bild 3)**. Strukturierte Daten liegen so vor, dass damit Rechenoperationen und logische Operationen (z. B. Datenbankabfragen) ausgeführt werden können, also z. B. als Datenbanken mit Einzeldaten.

Damit das betriebliche Informationsmanagement den betrieblichen Funktionen schnell aktuelle Daten in verschiedenen Kombinationen liefern kann, müssen möglichst viele relevante Daten strukturiert erfasst werden.

> Das Informationsmanagement stellt für die betrieblichen Funktionen einzelne, speziell aufbereitete Informationen zur Verfügung.

Hierzu entwickelt man das Dokumentenmanagement zum Wissensmanagement weiter **(Bild 4)**.

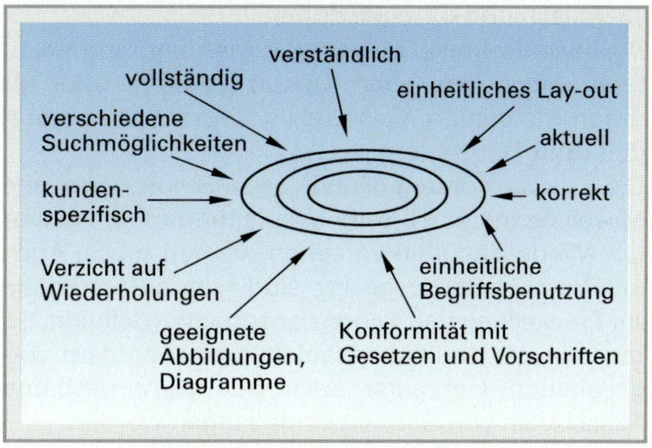

Bild 1: Qualitätskriterien für Dokumentationen

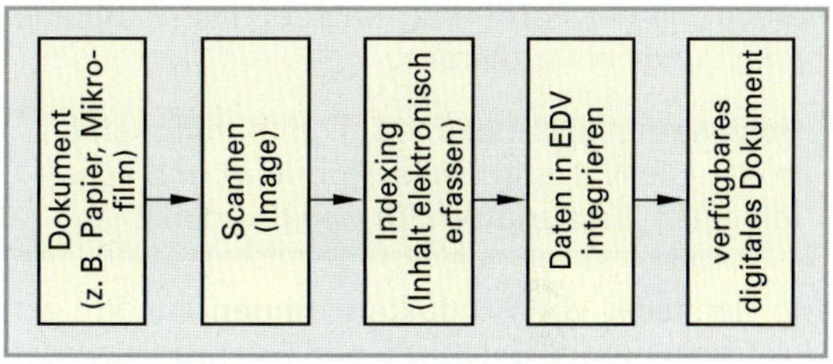

Bild 2: Digitalisierung von Dokumenten

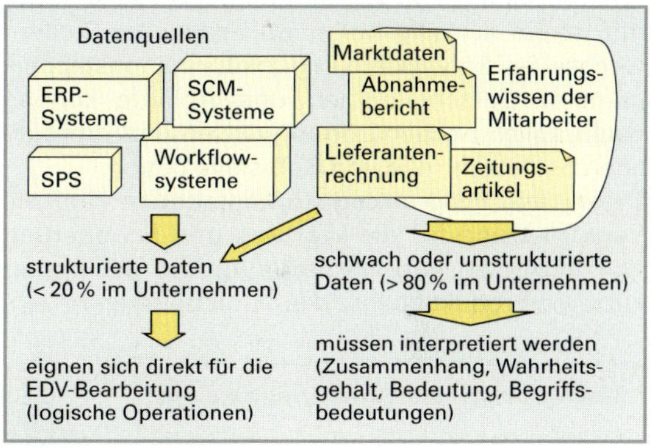

Bild 3: Datenstrukturen

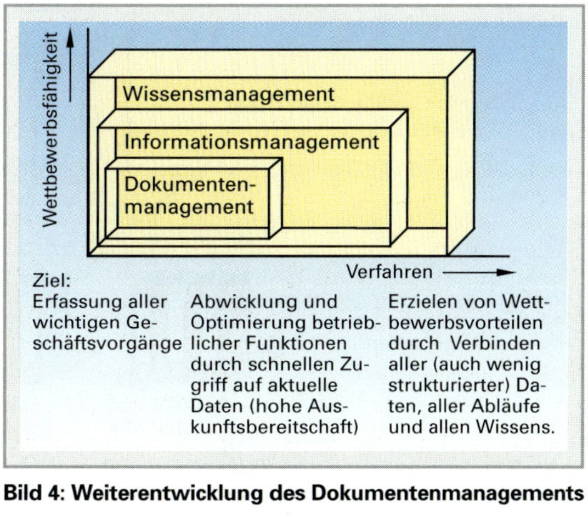

Bild 4: Weiterentwicklung des Dokumentenmanagements

Technische Dokumentationen

Die technischen Dokumentationen sind ein wichtiger Bestandteil der Dokumentation und oft durch Richtlinien, Gesetze und Vorschriften geregelt **(Bild 1)**.

Die EU- Verordnung 89/392 legt z. B. fest, dass jede Maschine mit einer Betriebsanleitung mit bestimmten Mindestinhalten versehen werden muss. Auch im Produkthaftungsgesetz sind strenge Maßstäbe zur Freistellung von Regressansprüchen definiert. So muss in der Bedienungsanleitung neben dem vorgesehenen Gebrauch auch auf vorhersehbaren Missbrauch von Geräten eingegangen werden.

Die immer umfangreicheren Funktionen technischer Geräte und Systeme stehen oft im Widerspruch mit der Forderung nach einfacher Bedienbarkeit und Fehlertoleranz.

> Hochwertige und flexible Dokumentationen erhöhen die Nutzung eines Produktes und schaffen einen Zusatznutzen für den Kunden.

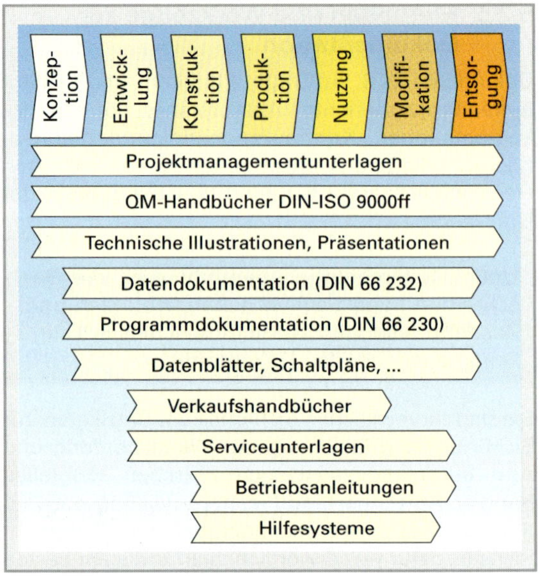

Bild 1: Technische Dokumentation

Die Hersteller von Produkten können aus Projektdokumentationen Entwurfs- und Erfahrungswissen sichern und damit dem braindrain- Effekt (braindrain = Abfluss von Wissen) entgegen wirken. Damit ist ein auffällig hoher und schneller Stellenwechsel bei Entwicklern in der Informationstechnik gemeint. Entscheidungen und Abläufe können nachträglich nachvollzogen werden und ermöglichen Selbstkontrolle und Selbstevaluation.

Daten- und Programmdokumentationen sind die Voraussetzung für die Wartung und Erweiterung von Systemen und werden aufgrund der immer kürzeren Produktlebenszyklen und höheren Anzahl von Versionen (Individualisierung der Märkte) immer wichtiger. Auch die von objektorientierten Konzepten versprochenen Effizienzsteigerungen durch die Wiederverwendung von Modulen sind nur bei entsprechender Dokumentation möglich.

Alle Qualitätsmanagementsysteme (QM-Systeme) und die Zertifizierung nach DIN-ISO 9000ff setzen ebenfalls vorgegebene Dokumentationen voraus **(Bild 2)**.

Durch die vielfältigen Möglichkeiten moderner Medien werden klassische Dokumentationen auf Papier zunehmend verdrängt bzw. ergänzt.

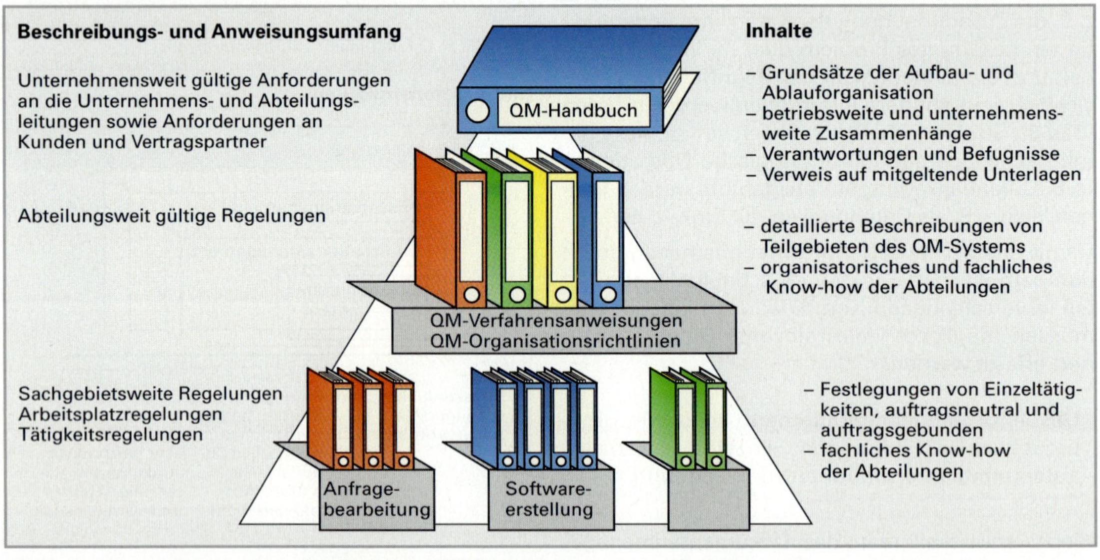

Bild 2: Dokumentation in einem betrieblichen QM-System

Tutorien und Hilfefunktionen

Insbesondere im Bereich von Hilfesystemen und auch Tutorien (begleitende Übungen) haben umfangreiche Untersuchungen gezeigt, dass Menschen mit auf Papier gedruckten Schritt für Schritt Anweisungen zur Fehlerkorrektur und zum Erlernen komplexer Softwaresysteme sehr uneffektiv lernen. Die Experimente haben auch gezeigt, dass Menschen, die ihr Lerntempo und ihre Lernschritte selbstmotiviert bestimmen können, viel erfolgreicher und schneller auch schwierige Problemlösungen bewältigen.

Aufbauend auf diesen Erkenntnissen ist die Minimalistendokumentation entstanden, für deren Gestaltung J. M. Carolls Guidelines (= Richtlinien) erstellt hat **(Bild 1)**.

In der Minimalistendokumentation werden dem Anwender kurze Beschreibungen gegeben, die er zur Lösung seines aktuellen Problems benötigt. Damit sind auch komplexere Probleme lösbar und es ist jederzeit möglich, weitergehende Informationen anzuwählen. Ein ideales Werkzeug zur Unterstützung dieser Methode ist z. B. HTML **(Bild 2)**. Über Verweise (Links) in den jeweiligen Artikeln und über sensitive Grafiken gelangt man zu weiteren so genannten Indexcards oder zu weiteren Grafiken.

Softwareentwicklungswerkzeuge enthalten zum Teil recht komfortable Dokumentationsmöglichkeiten. So enthält z. B. das Development Kit (= Entwicklungswerkzeug) der Firma SUN neben dem Java Compiler und dem Appletviewer das Dokumentationswerkzeug Javadoc, das für alle im Programm enthaltenen public-Klassen automatisch eine HTML- Beschreibung erzeugt.

Guidelines für die Minimalistendokumentation

1. **Training on real tasks**
   Die Motivation des Anwenders ist höher, wenn sich Übungen an der aktuellen Problemstellung orientieren. ☑
2. **Getting started fast**
   Schnell zum Problem kommen, sonst steigt die Wahrscheinlichkeit, dass wichtige Sachverhalte überlesen werden. ☑
3. **Reasoning and impovising**
   Die Beispiele müssen anschaulich und praxisnah sein. ☑
4. **Reading in any order**
   Es sind kurze und präzise Abschnitte zu gestalten, die man selbstmotiviert in jeder beliebigen Reihenfolge lesen kann. ☑
5. **Coordinating System and training**
   Die Interaktion des Anwenders mit dem System sollte möglich sein, damit er nach dem Versuch-und-Irrtum-Prinzip lernen kann. ☑
6. **Supporting error recognition and recovery**
   Fehler des Anwenders sollten leicht korrigierbar und die vorhergegangenen Zustände einfach wiederherzustellen sein. ☑
7. **Exploiting prior knowledge**
   Die verwendeten Begriffe und beschriebenen Zusammenhänge sollten zielgruppengerecht sein. ☑
8. **Using the situation**
   Die Anfangsmotivation des Lesers kann zur Einführung in die Gesamtmaterie genutzt werden. ☑

Bild 1: Minimalistendokumentation

Wiederholung und Vertiefung

1. **Erläutern Sie an Beispielen, welche Folgen eintreten, wenn einzelne Qualitätskriterien von Dokumentationen nicht erfüllt werden.**
2. **Wodurch unterscheidet sich das Dokumentenmanagement vom Informationsmanagement?**
3. **Nennen Sie jeweils 10 Beispiele für schwach bzw. nicht strukturierte Daten und für strukturierte Daten.**
4. **Warum sind strukturierte Daten für den betrieblichen Alltag wertvoller als z. B. nicht strukturierte Daten?**
5. **Analysieren Sie die Hilfesysteme von Programmen, die Sie benutzen, und bewerten Sie die Hilfen aufgrund der Guidelines nach C.M. Caroll.**

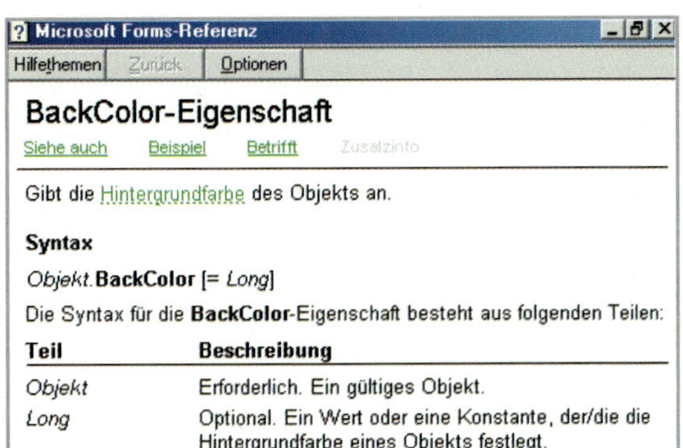
Microsoft Forms-Referenz

Hilfethemen | Zurück | Optionen

BackColor-Eigenschaft

Siehe auch Beispiel Betrifft Zusatzinfo

Gibt die Hintergrundfarbe des Objekts an.

Syntax

Objekt.**BackColor** [= *Long*]

Die Syntax für die **BackColor**-Eigenschaft besteht aus folgenden Teilen:

Teil	Beschreibung
Objekt	Erforderlich. Ein gültiges Objekt.
Long	Optional. Ein Wert oder eine Konstante, der/die die Hintergrundfarbe eines Objekts festlegt.

Bild 2: Hilfefunktion von VBA in Excel

6.3 Grundlagen der Programmierung

Mit RAD-Programmiersystemen wie dem Visual Studio von Microsoft oder dem C++Builder von Borland, den wir hier verwenden, können Programme für die Programmiersprachen C und C++ erstellt werden.

6.3.1 Strukturierte Programmierung mit C++

6.3.1.1 Systemeinstellungen und Programmstart

Der C++Builder arbeitet mit einer IDE (von **I**ntegrated **D**evelopment **E**nvironment = integrierte Entwicklungsumgebung). Programme heißen beim C++Builder Projekte.

Vor dem Programmieren erstellt man auf dem Datenlaufwerk, hier Laufwerk `H:`, ein Verzeichnis z. B., `Lektion1`. In das Verzeichnis schreibt der C++Builder sämtliche Dateien, die erzeugt werden. Diese Pfadangaben übernimmt man in die IDE. Dazu wird mit der rechten Maustaste entweder im geöffneten Explorer-Fenster auf die markierte Datei `bcb.exe` oder auf das Ikon `C++Builder` auf dem Desktop geklickt. Dadurch öffnet sich das Kontextmenü des C++Builders **(Bild 1)**. Durch Mausklick auf die Zeile `Eigenschaften` öffnet sich das Fenster `Eigenschaften von CBuilder` **(Bild 2)**. Hier trägt man auf der Karteikarte `Verknüpfung` in der Zeile nach `Ausführen in:` in das Textfenster den gewünschten Pfad, `H:\Lektion1` ein. Nach Schließen des Kontextmenüs starten wir mit Mausklick auf das Ikon `CBuilder` den C++Builder. Nach kurzer Zeit erscheinen das Hauptfenster **(Bild 3)** sowie ein Unit-Fenster und ein Form-Fenster. Die Fenster `Unit1.cpp` und Form schließen wir durch Anklicken der Schaltfläche ☒.

6.3.1.2 Projekt mit der Projektverwaltung anlegen

Projekte enthalten alle Dateien, die zu einem Pro-

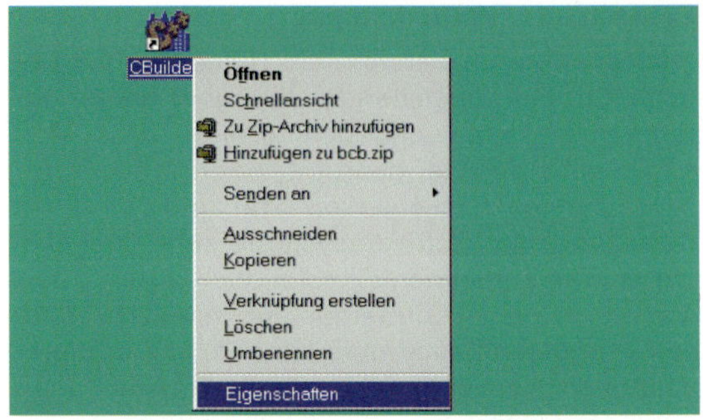

Bild 1: Kontextmenü des Programms C++Builder

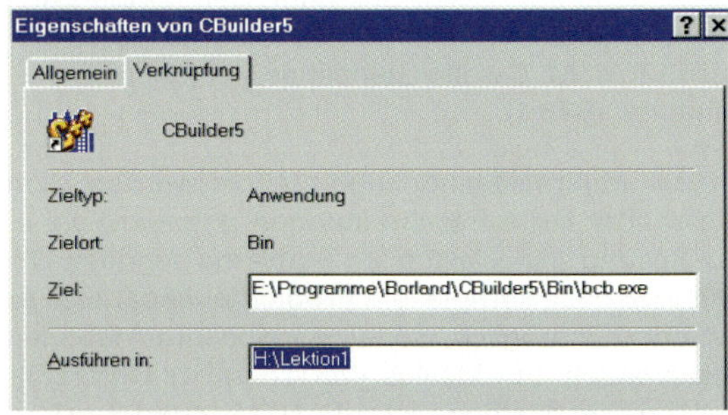

Bild 2: Ausschnitt aus dem Fenster Eigenschaften

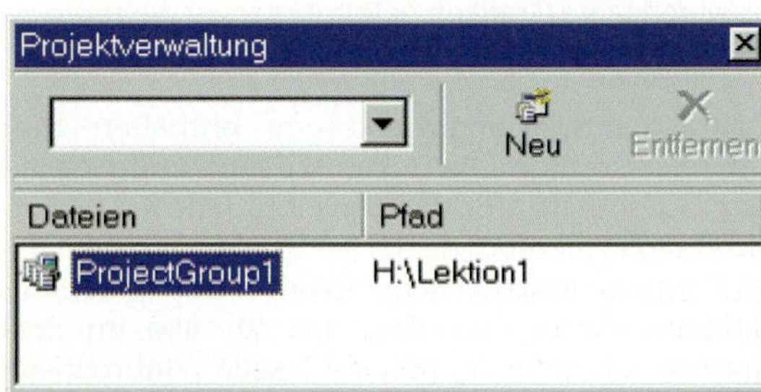

Bild 4: Fenster Projektverwaltung

gramm gehören. Die Projektverwaltung startet man im Menü `Ansicht` durch Anklicken der Zeile `Projektverwaltung Strg+Alt+F11`. Im Fenster `Projektverwaltung` wird `ProjektGroup1` und z. B. der Pfad `H:\Lektion1` angezeigt **(Bild 4)**.

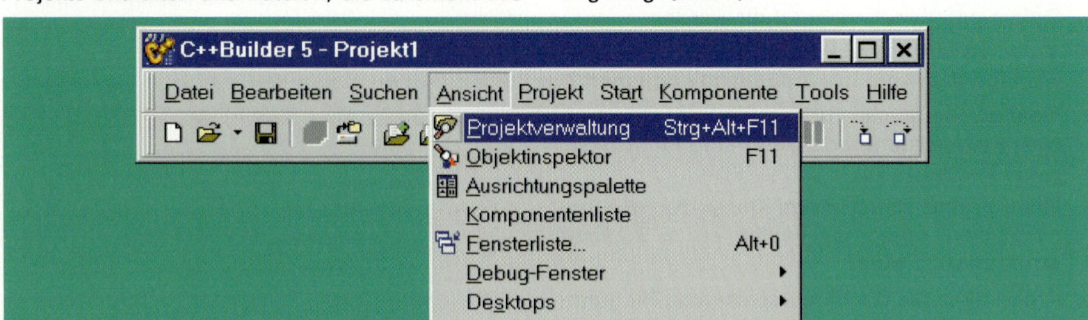

Bild 3: Hauptfenster des Programms C++Builder mit Ausschnitt aus dem Menü Ansicht

Durch Mausklick auf die Schaltfläche Neu im Fenster Projektverwaltung (Bild 4, vorhergehende Seite) gelangt man zum Fenster Objektgalerie des C++Builders **(Bild 1)**. Hier wird auf der Karteikarte Neu der Ikon Konsolen-Experte angeklickt. Es öffnet sich das Fenster Konsolen-Experte **(Bild 2)**. Hier kann die Einstellung für ältere Programme in C oder neuere Programme in C++ gewählt werden. Der C++Builder fügt zur Unterscheidung für den Compiler an die Quelldateien die Extension .c oder .cpp an. Die drei Check-Boxen werden entsprechend Bild 2 eingestellt.

Vor der Quelltexterstellung ist der Ausführungspfad, der Quelltyp C++ und die Programmart Konsolen-Anwendung festzulegen.

Mit Klick auf den OK-Button wird das Fenster geschlossen, die Einstellungen in die IDE übernommen und das Editorfenster zur Erstellung des Quelltextes geöffnet **(Bild 3)**.

Übung:

Schreiben Sie den Quelltext für ein Programm, das den Text Hallo C++-Fans! im DOS-Fenster ausführt.

Lösung: **Bild 3**

6.3.1.3 Aufbau des Quelltextes und Compilieren

C++-Programme beginnen mit einem Kommentarblock, in dem der Programmname, die Programmaufgabe, der Verfasser und die Programmversion enthalten sind. Kommentare über mehrere Zeilen beginnen mit /* und enden mit */ (Bild 3). Einzeilige Kommentare kann man mit // kennzeichnen. Es folgen die Header-Dateien. Diese sind durch Winkelklammern und die Extension .h gekennzeichnet. Im Programm wird die Header-Datei <iostream.h> für die Textausgabe am Bildschirm verwendet. Die Header-Datei <conio.h> erlaubt hier das Schließen des DOS-Fensters auf Tastendruck. Jedes Programm enthält die Funktion main() (main = Haupt), die den Programmanfang für den Compiler kennzeichnet. Zwischen geschweiften Klammern folgen mit Strichpunkt beendete Anweisungen oder Funktionen. Die Funktion cout (von character out = Zeichen aus) gibt den Text zwischen den Hochkommas aus. Die Funktion getch() (von get character = hole Zeichen) wartet auf Eingabe eines Zeichens von der Tastatur. Nach Eingabe eines Zeichens wird die Programmausführung beendet.

Nach Speichern von Quelltextdatei Hallo1 und Projekt1 muss das Programm compiliert werden. Dazu wird im Hauptfenster die Schaltfläche ▷ oder im Menü Start die Zeile Start angeklickt oder die Taste F9 betätigt. Den Compiliervorgang zeigt **(Bild 4)**.

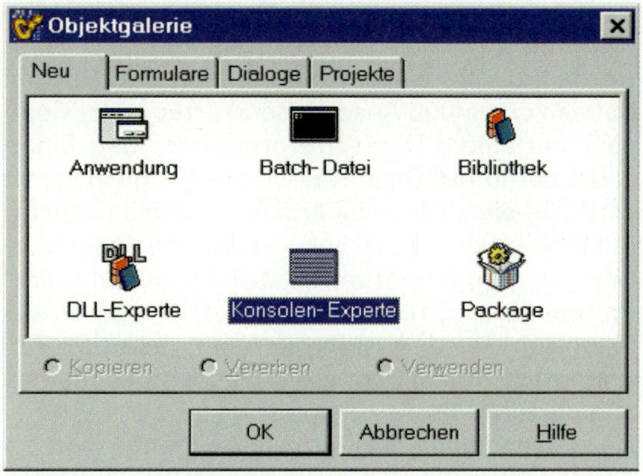

Bild 1: Fenster Objektgalerie

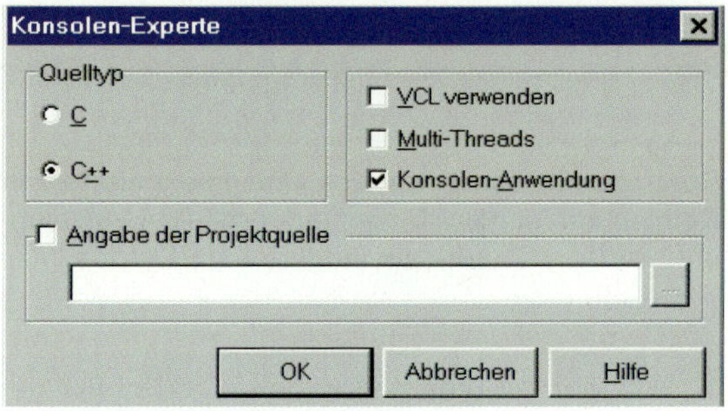

Bild 2: Fenster Konsolen-Experte

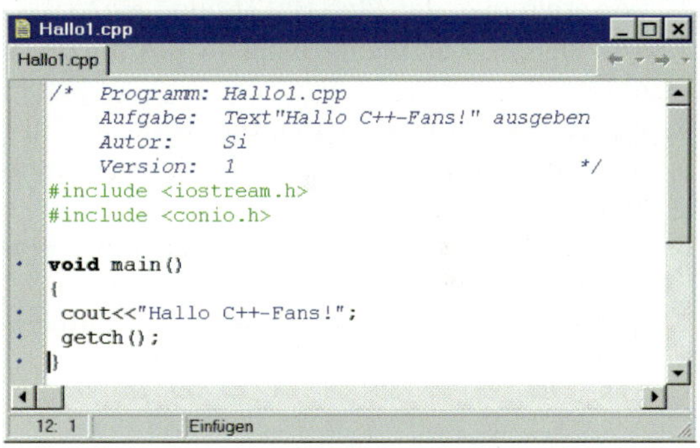

Bild 3: Textdatei Hallo1.cpp im Editorfenster

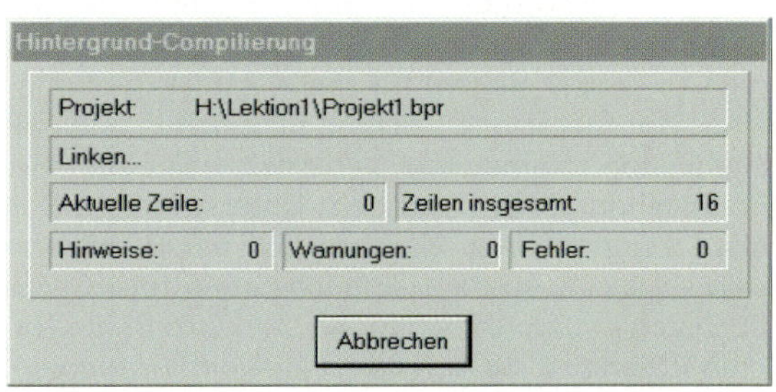

Bild 4: Fenster mit Anzeige des Compiliervorgangs

Der Compiler bearbeitet eine Quelltextdatei schrittweise **(Bild 1)**. In die Quelltextdatei `Hallo1.cpp` werden durch einen Präprozessor die Header-Dateien eingefügt. Anschließend erzeugt der Compiler mit einem Übersetzerprogramm den Binärcode, der in der Datei `Hallo1.obj` gespeichert wird **(Tabelle)**. Diese Binärdatei wird als nächstes mit dem Linker (von to link = verbinden) in ein ausführbares Programm verwandelt. Ein ausführbares Programm `Projekt1.exe` erkennt man an der Extension `.exe`. Ausführbar heißt, dass das Programm z. B. durch Doppelklick auf den Dateinamen abgearbeitet wird.
Nach Beendigung des Compiliervorgangs wird auf dem Desktop ein DOS-Fenster gezeigt. In diesem Fenster wird der Text `Hallo C++-Fans!` ausgegeben **(Bild 2)**.

Bei fehlerfreier Compilierung wird das Programm in einem DOS-Fenster ausgeführt.

Durch den Compiliervorgang sind eine Vielzahl von Dateien entstanden. Diese findet man im Verzeichnis `Lektion1` auf dem Laufwerk `H:` **(Bild 3)**.

Wiederholung und Vertiefung

1. **Wie werden Programme beim C++Builder genannt?**
2. **Wie stellt man den Pfad H:\Lektion1 ein?**
3. **Wie werden Kommentare in C++ gekennzeichnet?**
4. **Woran erkennt man Header-Dateien?**
5. **Nennen Sie drei Arten zum Starten des Compilers.**
6. **Welche Extension hat ein ausführbares Programm?**
7. **Nennen Sie vier Dateiarten, die beim Compilieren erzeugt werden.**

6.3.1.4 Vereinbarungen

Für die Vereinbarung von Variablen gibt es die drei Datentypen int (integer) für ganze Zahlen, float (von to float = gleiten) für reelle Zahlen und char (char von character = Zeichen) für Zeichen und Zeichenketten. Namen für Variablen bestehen aus Buchstaben, Ziffern und dem Unterstrich (_). Das erste Zeichen eines Namens soll ein Buchstabe sein. In C++ werden Kleinbuchstaben und Großbuchstaben unterschieden. So stehen z. B. die Namen `R1` und `r1` für jeweils verschiedene Variablen.

C++ unterscheidet zwischen Kleinbuchstaben und Großbuchstaben.

Variablennamen dürfen keine Umlaute wie ä,ö,ü, keine Sonderzeichen und keine Leerzeichen enthalten.

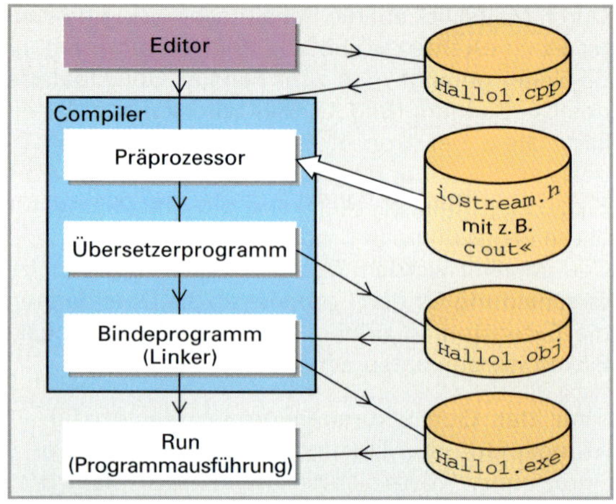

Bild 1: Schritte zur Programmentwicklung

Tabelle: Dateitypen von C++

Extension	Datei-Typ	Art, Erklärung
*.bpr	ASCII	**B**orland **pr**oject. Informationsdatei für das Projekt.
*.bpf	ASCII	**B**orland **p**roject **f**ile. Hilfsdatei des Projektmanagers.
*.cpp	ASCII	**C**plus**p**lus. Quelltextdatei.
*.exe	Binär	**Exe**cute. Ausführbares Programm.
*.h	ASCII	**H**eader. Textdatei, wird am Anfang einer Programmdatei eingefügt.
*.obj	Binär	**Obj**ect. Kompilierte Quelltextdatei.
*.tds	Binär	**T**urbo **d**ebugger **s**ymbols. Symbolliste des Fehlersuchprogramms.

Bild 2: DOS-Fenster

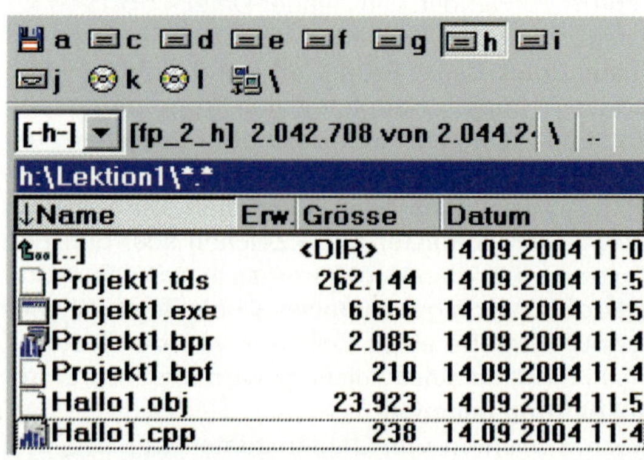

Bild 3: Liste der erzeugten Dateien

Übung:
Ein Programm soll den Kreisumfang *U* und die Kreisfläche *A* für einen gewünschten Radius *r* berechnen. Verwenden Sie den Datentyp `float` und vereinbaren Sie π als Konstante.
Lösung: **Bild 1**

Die Variablen `r`, `A` und `U` werden mit `float` für Fließkommazahlen vereinbart. Konstante Werte können mit `#define` (von to define = vereinbaren) am Programmanfang z. B. nach den Include-Anweisungen (von to include = einschließen), vereinbart werden (Bild 1). Hier wird der Konstanten `pi` der Wert `3.1415` zugewiesen.
Die Ausgabe auf dem Bildschirm erfolgt mit der Funktion `cout <<`.

```
cout << Ausdruck1 << Ausdruck2 <<...<<...
```

Es können z. B. Strings (Zeichenketten), Variablen und wieder Strings in beliebiger Reihenfolge ausgegeben werden.
Zeichen oder Werte von Variablen werden mit der Funktion `cin >>` eingelesen.

```
cin >> Ausdruck1 >> Ausdruck2 >>...>>...
```

Mit `cin >>` wird der Zahlenwert für den Radius `r` eingelesen.
Nach Eingabe eines Wertes berechnet das Programm den Umfang U und die Fläche *A* **(Bild 2)**.
Zeichen oder Zeichenketten werden mit dem Datentyp `char` bearbeitet. Mit `char z ='!';` wird die Variable `z` vereinbart, die mit dem Zeichen ! initialisiert wird **(Bild 3)**. Für Zeichenketten fügt man an den Namen in eckigen Klammern die Anzahl zu reservierender Zeichen +1 an. Mit `wort[14]` werden so 13 Plätze für Zeichen vereinbart (Bild 3).
Funktionen für die Bearbeitung von Zeichenketten werden mit `#include<string.h>` eingebunden. Mit der Funktion `strcpy(wort,"EUROPA");` (von **str**ing **copy** = Zeichenkette kopieren) wird das Wort EUROPA in die Variable `wort` kopiert. Das Anhängen von Zeichen an den Inhalt einer Variablen wird mit `strcat(wort, „-Verlag");` (von **str**ing con**cat**enate = Zeichenkette anfügen) erreicht. Mit der Funktion `strlen(wort);` (**str**ing **len**gth = Zeichenkettenlänge) wird die Anzahl der Zeichen der Zeichenkette `wort` bestimmt **(Bild 4)**. Das Ausrufezeichen wird durch Anfügen der Variablen `z` in der Funktion `cout<< ...<< z` auf dem Bildschirm ausgegeben.

Erweiterungen von Datentypen
Neben den drei Standarddatentypen `int`, `float` und `char` gibt es weitere Datentypen, die den

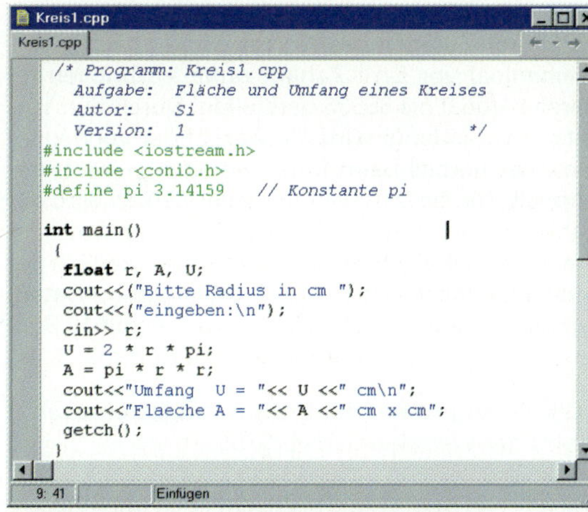

Bild 1: Programm Kreisgrößenberechnung

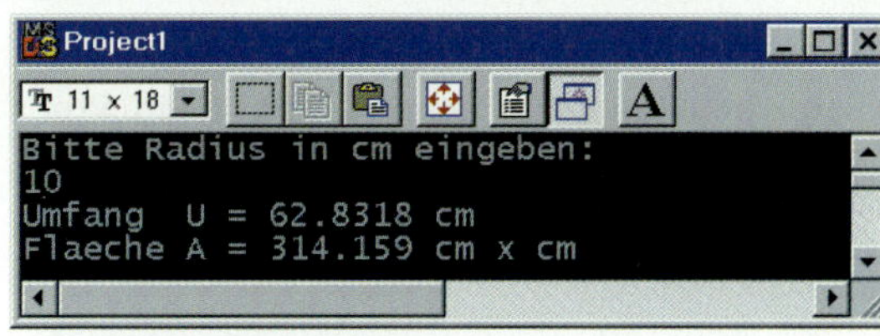

Bild 2: Bildschirmanzeige beim Abarbeiten von Programm Bild 1

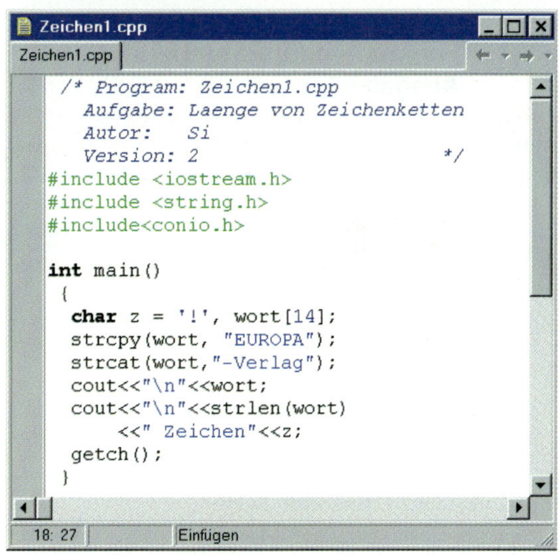

Bild 3: Programm-Zeichenbearbeitung

Bild 4: Bildschirmanzeige beim Abarbeiten von Programm Bild 3

Wertebereich vergrößern **(Tabelle 1)**. So lassen sich durch Zufügen des Wortes `unsigned` (= vorzeichenlos) vor `int` Zahlen ohne Vorzeichen im Bereich von 0 bis 65535 darstellen. Durch den Vorsatz `long` (= lang) wird die Anzahl der verwendeten Speicherbits beim Datentyp `long int` verdoppelt. Für die Darstellung reeller Zahlen wird der Zahlenbereich mit `double` oder `long double` erweitert. Dabei erhöht sich die Genauigkeit bei der Ausgabe reeller Zahlen von 7 Stellen beim Datentyp `float` auf 12 Stellen bei `double` und 19 Stellen bei `long double` hinter dem Komma.

Durch Vergrößern der Bitzahl von Datentypen wird der Wertebereich vergrößert.

Oft schreibt man statt der Bitzahl auch die Bytezahl bei der Angabe der Länge von Datentypen.

Übung 1:
Schreiben Sie entsprechend **Bild 1** ein Programm, das die Datentypenlängen in Bytes ausgibt.
Lösung: **Bild 2**

Die Funktion `sizeof(char)` (von size of = Größe von) gibt die Länge des Datentyps `char` in Byte aus.

6.3.1.5 Funktionen für Eingabe und Ausgabe

Funktionen für die Eingabe und Ausgabe werden mittels Include-Anweisungen als Dateien von der C++-Bibliothek zur Verfügung gestellt **(Tabelle 2)**. Oft werden die Dateien `iostream.h` (iostream = Eingabe-Ausgabe-Strom) und `iomanip.h` (von Iomanipulation = Eingabe-Ausgabe-Handhabung) verwendet.

Zeichen und Zeichenketten

Übung 2:
Schreiben Sie ein Programm, das ein Zeichen von der Tastatur einliest und es auf dem Bildschirm ausgibt.
Lösung: **Bild 1, folgende Seite**

Die Methode `cin.get()` liest jeweils ein Zeichen von der Tastatur ein und übergibt es an die Variable `zeichen` (Bild 1, folgende Seite). Mit Betätigung der Eingabetaste ist die Zeicheneingabe beendet. In der nächsten Zeile wird mit `cout.put()` das eingelesene Zeichen wieder ausgegeben. Es entsteht der Ausdruck **Bild 2, folgende Seite**. Die Variable `zeichen` ist das Argument der Funktion `cout.put()`.
Für das Eingeben von Zeichenketten wird `cin>>` und für die Ausgabe `cout<<` verwendet.

Tabelle 1: Datentypen von C (Auswahl)

Typ	Bitzahl	Wertebereich
int	16	–32768 bis +32767
unsigned int	16	0 bis +65535
long (int)	32	–2147483648 bis +2147483647
unsigned long (int)	32	0 bis +4294967295
float	32	±3.4E-38 bis ±3.4E+38
double	64	±1.7E-308 bis ±1.7E+308
long double	80	±3.4E-4932 bis ±3.4E+4932
char	8	–128 bis +127
unsigned char	8	0 bis +255

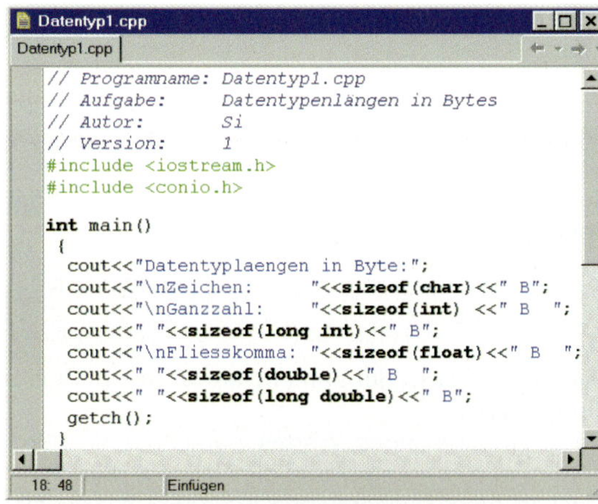


```
// Programname: Datentyp1.cpp
// Aufgabe:     Datentypenlängen in Bytes
// Autor:       Si
// Version:     1
#include <iostream.h>
#include <conio.h>

int main()
 {
  cout<<"Datentyplaengen in Byte:";
  cout<<"\nZeichen:     "<<sizeof(char)<<" B";
  cout<<"\nGanzzahl:    "<<sizeof(int) <<" B  ";
  cout<<" "<<sizeof(long int)<<" B";
  cout<<"\nFliesskomma: "<<sizeof(float)<<" B  ";
  cout<<" "<<sizeof(double)<<" B  ";
  cout<<" "<<sizeof(long double)<<" B";
  getch();
 }
```

Bild 1: Programm zur Ausgabe der Datentyplänge

Bild 2: Bildschirmausdruck zu Programm Bild 1

Tabelle 2: Methoden für Eingabe und Ausgabe

Funktion	Übersetzung, Wirkungsweise
cin.get()	character in = Zeichen ein, to get = holen. Liest ein Zeichen ein.
cin.getline()	line = Zeile. Liest die Zeichen einer Zeile ein.
cout.put()	character out = Zeichen aus, to put = setzen. Gibt ein Zeichen aus.
cout.width(n)	Ausgabe mit *n* Stellen.
cout.precision(n)	Ausgabe von Kommazahlen mit *n* Nachkommastellen.

Übung 1:
Ein Programm soll eine Zeichenkette mit 13 Zeichen von der Tastatur einlesen und auf dem Bildschirm ausgeben.

Lösung: **Bild 3**

Für das Speichern der Zeichenkette wird die Textvariable `text[20]` mit einer Länge von 20 speicherbaren Zeichen vereinbart. Eingelesen wird der Text von der Tastatur mit der Funktion `cin.getline(...,...,...)`, die bis zu drei durch Komma getrennte Parameter enthalten kann. Der erste Parameter ist die einzulesende Textvariable, gefolgt von der Länge des einzugebenden Textes. Der dritte Parameter ist das Eingabeendezeichen. Bei Erreichen von '\n' wird hier die Eingabe beendet und in eine neue Zeile gesprungen. Es kann auch ein anderes Zeichen, z. B. '@' als Eingabeendezeichen benutzt werden, das man dann über die Tastatur eingeben muss. Die Ausgabe erfolgt mit der Funktion `cout<<` **(Bild 4)**.
Mit den Funktionen `cout.width()` und `cout.precision()` werden die Anzahl der Zeichen und die Anzahl der Nachkommastellen festgelegt (Tabelle, vorhergehende Seite).
Für das formatierte Ausgeben von Zeichen und Zahlen stellen die Include-Dateien `iostream.h` und `iomanip.h` Funktionen zur Verfügung, die Manipulatoren genannt werden **(Tabelle)**.

Übung 2:
Schreiben Sie ein Programm, das die Wirkungsweise der Manipulatoren `setw()` und `setprecision()` auf eine Integerzahl und eine Kommazahl entsprechend **Bild 1, folgende Seite**, zeigt.

Lösung: **Bild 2, folgende Seite**

Die Ausgabe mit `cout<<` liefert die in Zeile 1 von Bild 1, folgende Seite gezeigte Darstellung. Mit der Funktion `setw()` kann die Feldbreite z. B. auf 20 Zeichen eingestellt werden. Ist die Zahl kleiner als 20 Zeichen, wird sie rechtsbündig dargestellt. Die Funktion `setprecision(3)` begrenzt dabei die Anzahl der auszugebenden Nachkommastellen.

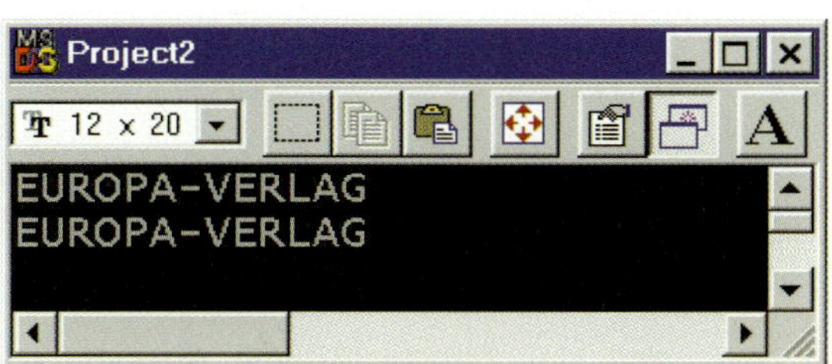

Bild 4: Bildschirmanzeige zum Programm Bild 3

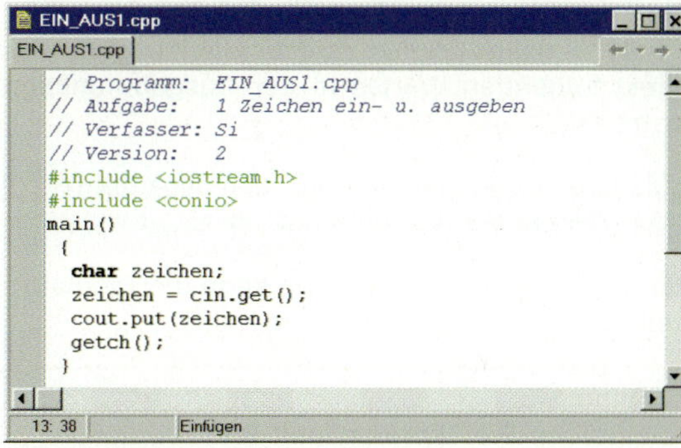


```
// Programm:  EIN_AUS1.cpp
// Aufgabe:   1 Zeichen ein- u. ausgeben
// Verfasser: Si
// Version:   2
#include <iostream.h>
#include <conio>
main()
 {
  char zeichen;
  zeichen = cin.get();
  cout.put(zeichen);
  getch();
 }
```

Bild 1: Programm zum Einlesen und Ausgeben eines Zeichens

Bild 2: Bildschirmanzeige zum Programm Bild 1

Tabelle: Manipulatoren und Steuerfunktionen	
Funktion	**Wirkungsweise**
`\t`	Horizontal-Tabulator.
`endl`	endline = Zeilenende. Zeilenvorschub.
`setw(n)`	to set = setzen, width = Weite. Folgende Ausgabe mit *n* Stellen.
`setprecision(n)`	precision = Genauigkeit. Gibt *n*-Nachkommastellen aus.

```
/* Programm:  Ein_Aus2.cpp
   Aufgabe:   Zeichenketten
              Ein- und Ausgeben
   Verfasser: Si
   Version:   1                 */
#include <iostream.h>
#include <conio.h>
main()
 {
  char text[20];
  cin.getline(text,14,'\n');
  cout<<text;
  getch();
 }
```

Bild 3: Programm zum Einlesen und Ausgeben einer Zeichenkette

Die Funktionen `setw()` und `setprecision()` gelten immer nur für die Ausgabe des direkt folgenden Wertes in der Ausgabefunktion `cout<<`.

Manipulatoren gelten nur für den direkt folgenden Wert in der Ausgabefunktion `cout<<`.

Für Ausgaben in Tabellenform kann die Tabulatorfunktion `\t` verwendet werden.

Übung:
Schreiben Sie entsprechend **Bild 3** unter Verwendung der Tabulatorfunktion ein Programm, das zwei Zahlen einliest und in zwei Spalten die Zahlen dezimal und hexadezimal ausgibt.

Lösung: **Bild 4**

Das Einlesen der Werte für zahl1 und zahl2 erfolgt mit der Funktion `cin>>`. Die Ausgabe der Zahlen erfolgt mit der Funktion `cout<<`. Das Tabulatorzeichen `\t` rückt die Ausgabe um jeweils 8 Zeichenpositionen weiter. Die Zahlen werden jeweils linksbündig ausgegeben. Mit der Funktion `endl` wird die Ausgabe der Zeile beendet.

Tabellenförmige Anordnungen von Zeichen können mit der Tabulatorfunktion verwirklicht werden.

Bild 4: Bildschirmausdruck zu Programm Bild 3

Wiederholung und Vertiefung:

1. **Welche alphanumerischen Zeichen dürfen für Namen in C++ verwendet werden?**
2. **Wie kann man konstante Werte am Programmanfang vereinbaren?**
3. **Woran erkennt man Include-Dateien?**
4. **Welcher Datentyp wird für die Vereinbarung von Zeichen und Zeichenketten verwendet?**
5. **Wie viele Zeichen können in der Variablen wort[12] gespeichert werden?**
6. **Nennen Sie drei Funktionen zur Bearbeitung von Zeichenketten.**
7. **Welche Datentypen gibt es in C++?**
8. **Wie kann man Zeichen rechtsbündig ausgeben?**

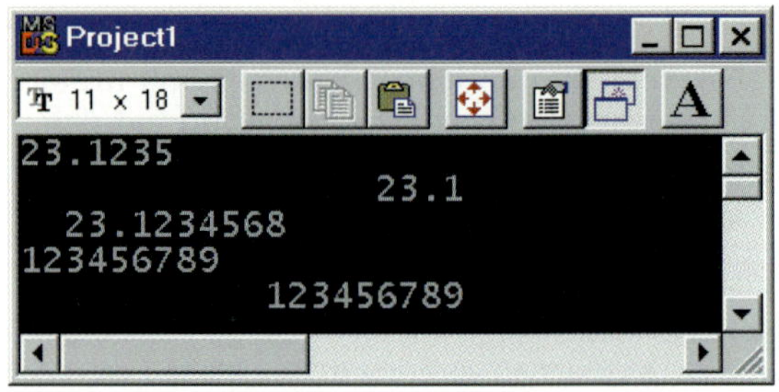

Bild 1: Bildschirmausdruck zu Programm Bild 2

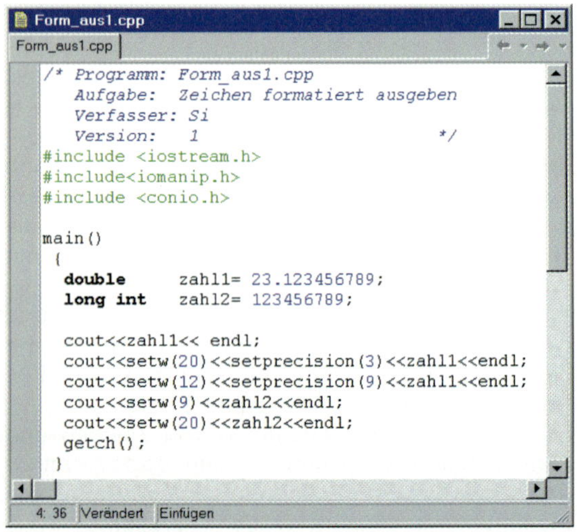

```
/* Programm: Form_aus1.cpp
   Aufgabe:  Zeichen formatiert ausgeben
   Verfasser: Si
   Version:   1                          */
#include <iostream.h>
#include<iomanip.h>
#include <conio.h>

main()
 {
  double     zahl1= 23.123456789;
  long int   zahl2= 123456789;

  cout<<zahl1<< endl;
  cout<<setw(20)<<setprecision(3)<<zahl1<<endl;
  cout<<setw(12)<<setprecision(9)<<zahl1<<endl;
  cout<<setw(9)<<zahl2<<endl;
  cout<<setw(20)<<zahl2<<endl;
  getch();
 }
```

Bild 2: Programm zur formatierten Ausgabe

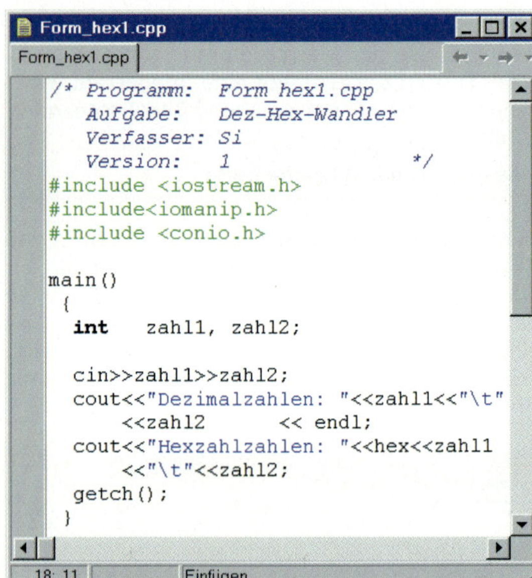

```
/* Programm:  Form_hex1.cpp
   Aufgabe:   Dez-Hex-Wandler
   Verfasser: Si
   Version:   1                    */
#include <iostream.h>
#include<iomanip.h>
#include <conio.h>

main()
 {
  int    zahl1, zahl2;

  cin>>zahl1>>zahl2;
  cout<<"Dezimalzahlen: "<<zahl1<<"\t"
      <<zahl2      << endl;
  cout<<"Hexzahlzahlen: "<<hex<<zahl1
      <<"\t"<<zahl2;
  getch();
 }
```

Bild 3: Programm zur Zahlenwandlung

9. **Wie wird eine tabellenförmige Ausgabe erreicht?**

6.3.1.6 Operatoren und Ausdrücke

In C++ werden die üblichen Rechenzeichen für Addition, Subtraktion, Multiplikation und Division benutzt **(Tabelle 1)**. Die Division wird entsprechend den vereinbarten Datentypen ausgeführt. Verwenden wir den Datentyp float, ist das Ergebnis eine Gleitkommazahl. Sind Dividend und Divisor vom Datentyp int, wird eine Ganzzahldivision ausgeführt. Den Rest einer Ganzzahldivision erhalten wir durch Verwendung des Prozentzeichens % anstelle des Divisionsoperators /.

> Divisionsergebnisse sind in C++ datentypabhängig.

Die Zuweisung einer arithmetischen Operation erfolgt mit dem Gleichheitszeichen **(Tabelle 2)**. Wir können in einer Zeile auch Mehrfachzuweisungen vornehmen, z. B. um allen Variablen einen definierten Anfangswert zuzuweisen. In C++ werden auch zusammengesetzte Zuweisungsoperatoren verwendet. Dabei wird der arithmetische Operator vor das Zuweisungszeichen gesetzt (Tabelle 2).

> In C++ werden auch zusammengesetzte Zuweisungsoperatoren verwendet.

Bei der Verwendung arithmetischer Ausdrücke ist zu beachten, dass diese von rechts nach links abgearbeitet werden.

Beispiel 1:

Ersetzen Sie den zusammengesetzten Zuweisungsoperator in der Anweisung x * = z + 2.

Lösung: **x = x * (z + 2)**

Für Vergleiche werden die Vergleichsoperatoren verwendet **(Tabelle 3)**.

Beispiel 2:

Welchen Wert hat die Variable z in der Anweisungszeile z = (a = = b) && (c != d) für die Werte a = 3, b = 4, c = 2 und d = 5?

Lösung: **z = 0**

Da $3 \neq 4$, ist der erste Term gleich 0, da aber $2 \neq 5$, ist der zweite Ausdruck wahr. Durch die UND-Verknüpfung wird der gesamte Ausdruck rechts vom Zuweisungszeichen 0 und damit auch z = 0.

Tabelle 1: Arithmetische Operatoren

Operator	Wirkung	Beispiel	
+	Addition	a = 4 + 3	a = 7
−	Subtraktion	s = 4 − 3	s = 1
*	Multiplikation	m = 4 * 3	m = 12
/	Division[1]	d = 4.0/3.0	d = 1.33
/	Ganzzahldivision[2]	g = 7 / 3	g = 2
%	Rest	r = 7 % 4	r = 3

[1] mit Datentyp float; [2] mit Datentyp int

Tabelle 2: Arithmetische Zuweisungsarten

Operator	Beispiel	Bedeutung
=	y = 7	y = 7
	x = y = z = 0	x = 0, y = 0 und z = 0
+ =	y + = 7	y = y + 7
− =	y − = 7	y = y − 7
*=	y * = 7	y = y * 7
/=	y / = 7	y = y / 7 (Datentyp int)
/=	y / = 7.0	y = y / 7 (Datentyp float)
% =	y % = 3	y = y % 3

Tabelle 3: Vergleiche und logische Operatoren

Operator	Bedeutung	Beispiel	
<	kleiner	a < b	a kleiner b
< =	kleiner gleich	a < = b	a kleiner b oder a gleich b
>	größer	a > b	a größer b
> =	größer gleich	a > = b	a größer b oder a gleich b
= =	gleich	a = = b	a gleich b
!=	ungleich	a != b	a ungleich b
&&	logisches UND	a && b	a UND b
||	logisches ODER	a || b	a ODER b

Wiederholung und Vertiefung

1. **Welcher Datentyp muss für Dividend und Divisor für eine Ganzzahldivision vereinbart sein?**
2. **Wie erhält man den Rest einer Ganzzahldivision?**
3. **Wie entsteht ein zusammengesetzter Zuweisungsoperator?**
4. **Welche Vergleichsoperatoren unterscheidet C++?**
5. **Nennen Sie drei logische Operatoren.**

6.3.1.7 Bedingte Anweisungen

if-else-Anweisung

Mit der if-else-Anweisung kann in Abhängigkeit von einer Bedingung zwischen zwei Programmzweigen gewählt werden **(Bild 1)**. Nach dem Schlüsselwort `if` steht in Klammern ein logischer Ausdruck. Ist der Ausdruck wahr, d. h. der Zahlenwert ≠ 0, wird der Anweisungsteil hinter dem Ausdruck ausgeführt. Ist der Zahlenwert = 0, dies entspricht dem logischen Wert falsch, wird der Anweisungsteil hinter dem Schlüsselwort `else` ausgeführt.

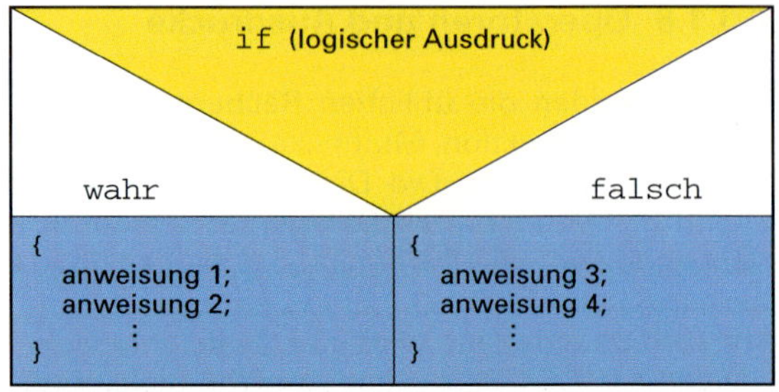

Bild 1: if-else-Anweisung als Struktogramm

> Für Verzweigungsanweisungen werden in C++ die Schlüsselworte `if()` und `else` verwendet.

Die Variablenwerte nach dem Schlüsselwort `if` werden als boolesche Werte aufgefasst. Diese können auf verschiedene Art ausgewertet werden. Die Anweisungsteile `if (zahl)...` und `if (zahl!=0)...` sind gleichwertig und haben deshalb auch die gleiche Wirkung.

Übung 1:
Entwickeln Sie ein Programm, das für Beträge unter 1000 EUR keinen Rabatt und für Beträge über 1000 EUR einen Rabatt von 2 % vom eingegebenen Betrag abzieht und auf dem Bildschirm ausgibt.

Lösung: **Bild 2** und **Bild 3**

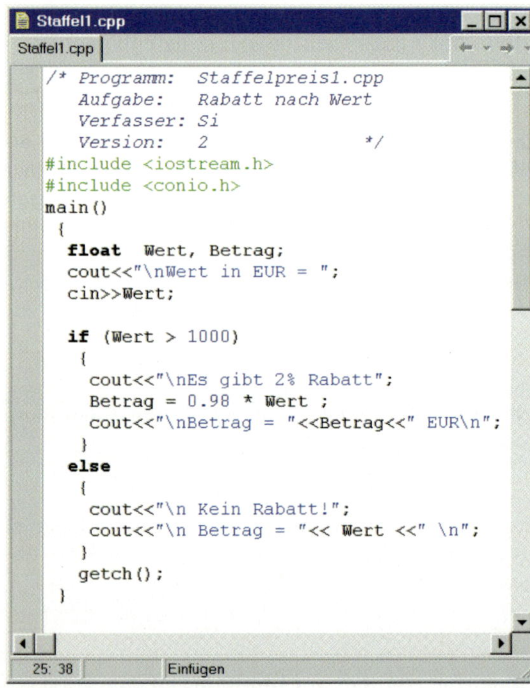

```
/* Programm:  Staffelpreis1.cpp
   Aufgabe:   Rabatt nach Wert
   Verfasser: Si
   Version:   2              */
#include <iostream.h>
#include <conio.h>
main()
 {
  float  Wert, Betrag;
  cout<<"\nWert in EUR = ";
  cin>>Wert;

  if (Wert > 1000)
   {
    cout<<"\nEs gibt 2% Rabatt";
    Betrag = 0.98 * Wert ;
    cout<<"\nBetrag = "<<Betrag<<" EUR\n";
   }
  else
   {
    cout<<"\n Kein Rabatt!";
    cout<<"\n Betrag = "<< Wert <<" \n";
   }
   getch();
 }
```


Bild 2: Programm zur Berechnung von Rabatten für Beträge über 1000 EUR

Bild 3: Bildschirmanzeige beim Abarbeiten von Programm Bild 2

Nach der Eingabe des Betrages wird mit der if-else-Anweisung geprüft, ob der eingegebene Wert größer als 1000 ist. Für `Wert>1000` wird der Anweisungsblock in geschweiften Klammern nach dem Schlüsselwort `if` ausgeführt. Für `Wert <1000` wird der Anweisungsblock in den geschweiften Klammern nach dem Schlüsselwort `else` ausgeführt. Vor dem Schlüsselwort `else` darf kein Strichpunkt stehen, da `else` immer nur in Verbindung mit `if` auftreten kann.

Auf den Programmteil mit `else` kann man verzichten, wenn nur eine Bedingung zu prüfen ist. Die nächste Anweisung nach der Abfrage wird dann immer ausgeführt.

Übung 2:
Ergänzen Sie das Programm von Bild 2 so, dass auch für den Betrag 1000 EUR der Rabatt berechnet wird.

Lösung: Die if-Anweisung wird geändert zu **`if (Wert >= 1000)`**.

Die if-else-Anweisung kann durch wiederholte Anwendung auch zur Mehrfachverzweigung verwendet werden. Bei Mehrfachverzweigungen muss man jeden Programmzweig genau testen, damit keine der Wahlmöglichkeiten übersehen wird.

switch-Anweisung

Mit der switch-Anweisung (switch = Schalter) kann in einem Programm oder einer Funktion eine Auswahl zwischen mehreren Möglichkeiten getroffen werden **(Bild 1)**.

> **Übung:**
> Entwickeln Sie ein Lernprogramm mit der Bildschirmausgabe **Bild 2.** Nach der Eingabe des Zeichens a oder b soll `Falsch!`, nach der Eingabe des Zeichens c soll `Richtig!` und nach der Eingabe eines anderen Zeichens soll `Eingabefehler!` ausgegeben werden.
>
> *Lösung:* **Bild 3**

Nach Ausgabe des Auswahlmenüs werden die Zeichen von der Tastatur zugewiesen. Die Programmverzweigung wird in der Anweisung switch durch `case` vorgenommen. Jede Wahlmöglichkeit beginnt mit dem Schlüsselwort `case` (= Fall). Es folgt eine Konstante vom Typ `int` oder `char`, die mit einem Doppelpunkt abgeschlossen wird.

> Für die Auswahl bei switch-Anweisungen werden meist Konstanten vom Typ char verwendet.

Nach dem Doppelpunkt stehen die auszuführenden Anweisungen. Es können beliebig viele Anweisungen folgen, die nicht zwischen geschweiften Klammern zu stehen brauchen. Es wird nacheinander jeder case-Wert mit dem Wert der switch-Variablen `wahl` verglichen. Stimmt ein case-Wert mit dem Wert von `wahl` überein, so werden alle Anweisungen hinter dieser case-Anweisung bis zum Ende des switch-Blocks ausgeführt. Das gilt auch für die Anweisungen, die nach den folgenden case-Anweisungen stehen. Meist ist dies unerwünscht, deshalb wird mit der Anweisung `break` (= Unterbrechung) zum Ende der switch-Anweisung gesprungen.
Wird für `wahl` weder `a` noch `b` noch `c` eingegeben, wird die default-Anweisung (default = Voreinstellung, eigentlich Fehler) ausgeführt, und mit der Funktion `cout<<` wird das Wort `Eingabefehler!` ausgegeben. Das Programm wird in der nächsten Zeile nach dem switch-Block fortgesetzt, wenn die default-Anweisung fehlt.

Wiederholung und Vertiefung

1. **Welchen logischen Wert muss die Bedingung nach if haben, damit der Zweig nach else ausgeführt wird?**
2. **Wann kann der else-Teil einer if-else-Anweisung weggelassen werden?**
3. **Wie ist die Mehrfachverzweigung in C++ aufgebaut?**

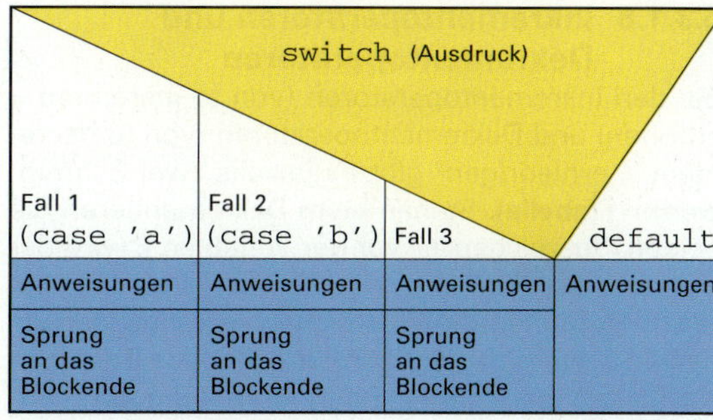

Bild 1: Struktogramm für eine switch-Anweisung

Bild 2: Bildschirmanzeige zur Übung

Lernprog.cpp

```
/* Programname: Lernprog.cpp
   Aufgabe:     Raten
   Verfasser:   Si
   Version:     1           */
   #include <iostream.h>
   #include <conio.h>

main()
 {
  char wahl;
  cout<<"\n  Bedeutet C : ";
  cout<<"\n <A> ein Betriebssystem";
  cout<<"\n <B> eine Automarke";
  cout<<"\n <C> eine Programmier";
  cout<<"sprache ?\n";
  cin>> wahl;
  switch (wahl)
  {
   case 'A' : cout<<"  Falsch ! \n";
              break;
   case 'B' : cout<<"  Falsch ! \n";
              break;
   case 'C' : cout<<"  Richtig ! \n";
              break;
   default  : cout<<" Eingabefehler!";
  }
   getch();
 }
```

1: 1 Einfügen

Bild 3: Auswahlprogramm mit switch-Anweisung

6.3.1.8 Inkrementoperatoren und Dekrementoperatoren

Bei den Inkrementoperatoren (von to increment = erhöhen) und Dekrementoperatoren (von to decrement = erniedrigen) gibt es jeweils zwei Schreibweisen **(Tabelle)**. Stehen beim Dekrementieren die beiden Pluszeichen ++ vor der Variablen i, wird der Operator als *Präfixoperator* (Präfix = Vorsilbe) bezeichnet. Stehen die Pluszeichen ++ hinter der Variablen i, werden sie als *Postfixoperator* (Postfix = Nachsilbe) bezeichnet. Beim Präfixoperator wird erst i = i + 1 gezählt und dann der logische Ausdruck bewertet. Beim Postfixoperator dagegen wird erst bewertet und dann i = i + 1 gezählt. Für das Dekrementieren werden statt der Pluszeichen Minuszeichen verwendet.

Tabelle: Inkrementoperatoren und Dekrementoperatoren

Operator	Beispiel	Benennung	Bedeutung
++	++i i++	Präfixoperator Postfixoperator	i = i + 1 i = i + 1
--	--i i--	Präfixoperator Postfixoperator	i = i – 1 i = i – 1

6.3.1.9 Programmschleifen

In Abhängigkeit von einer Bedingung können mit Schleifen-Anweisungen einzelne Anweisungen oder Anweisungsblöcke (Anweisungen zwischen geschweiften Klammern) mehrmals ausgeführt werden.

for-Anweisung

Mit der for-Anweisung wird eine Schleife von einem Anfangswert mit einer bestimmten Schrittweite bis zu einem Endwert durchlaufen, d.h. die Anzahl der Schleifendurchgänge liegt fest.

Übung:

Erstellen Sie mit for-Anweisungen ein Programm, das die Hexadezimalzahlen in aufsteigender Reihenfolge von 0 bis F und in absteigender Reihenfolge von F bis 0 ausgibt **(Bild 1)**.

Lösung: **Bild 2**

Bild 1: Bildschirmanzeige zum Programm Bild 2

Hex_aus1.cpp

```
/* Programm:  Hex_Aus1.cpp
   Aufgabe:   Hex-Zahlen ausgeben
   Verfasser: Si
   Version:   1                        */
#include <iostream.h>
#include <conio.h>
main()
 {
  int i;
  cout<<"\nHex-Zahlen Auf : \n";
  for ( i = 1; i < 16; i++)
      cout<<hex<<i<<" ";
  cout<<"\nHex-Zahlen Ab  : \n";
  for ( i = 15; i > 0; i--)
      cout<<hex<<i<<" ";
  getch();
 }
```

17: 31 Einfügen

Bild 2: Programm für die Ausgabe von Hexadezimalzahlen

Nach dem Schlüsselwort `for` steht als erstes der Anfangswert i = 1. Dann folgt der Endwert, d.h. die Abbruchbedingung, bis zu der gezählt werden soll. Der dritte Teil enthält die Inkrement-Anweisung i++ für das Aufwährtszählen (Tabelle). Die Ausgabe der Hexadezimalzahlen mit kleinen Zeichen wird durch das Verwenden des Manipulators `hex` erreicht. Als Manipulatoren bezeichnet man Formatierungselemente. Die for-Anweisung und die folgende Anweisung `cout<<` bilden eine Schleife.

Zum Abwärtszählen muss in der zweiten for-Schleife von Bild 2 der Anweisungsteil geändert werden. Ersetzt wird der Anfangswert durch `i = 15` und der Endwert, d.h. die Abbruchbedingung, durch `i > 0`. Da der Anfangswert größer als der Endwert ist, wird jetzt mit i-- abwärts gezählt.

while-Anweisung

Bei der while-Schleife wird zuerst die Wiederholbedingung geprüft. Ist sie erfüllt, wird der zur Schleifenanweisung gehörende Programmteil ausgeführt **(Bild 3)**.

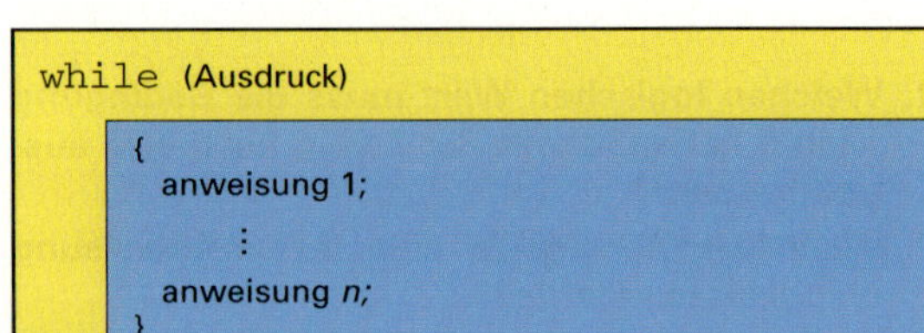

Bild 3: Struktogramm für die while-Anweisung

Übung 1:
Schreiben Sie ein Programm zur Berechnung der jährlichen Verzinsung für Beträge bis 1000 EUR entsprechend Bildschirmausdruck **Bild 1**. Der Zinssatz beträgt 10 %.
Das Programm soll bei Erreichen der Endsumme 1000 EUR beendet werden.
Lösung: **Bild 2**

Beim Abarbeiten der Schleife wird der Wert von `Kapital` bei jedem Schleifendurchlauf um den Wert von `Zinsen` erhöht. Der Anweisungsblock wird bearbeitet, solange `Kapital < 1000` ist. Die Anzahl der Jahre wird mit dem Zähler `Laufzeit = Laufzeit + 1;` ermittelt.
Wird für das Kapital in EUR ein größerer Wert als 1000 eingegeben, so ist der Ausdruck nach `while` von Anfang an nicht erfüllt. Die Schleife wird nicht ausgeführt.

Bei der while-Schleife wird vor dem Abarbeiten der Schleife festgelegt, ob die Schleife erneut durchlaufen wird.

do-while-Anweisung
Bei der do-while-Schleife wird der Anweisungsblock zuerst ausgeführt und dann geprüft, ob die Wiederholungsbedingung noch erfüllt ist **(Bild 3)**.

Übung 2:
Ändern und ergänzen Sie das Programm `Zinsen1.cpp`. Die Berechnung der Verzinsung soll mit der Funktion `zins()` erfolgen. Eine do-while-Anweisung in der Funktion `main()` soll eine Programmwiederholung ermöglichen **(Bild 4)**.
Lösung: **Bild 1, folgende Seite**

Die do-while-Schleife führt die Berechnung der Verzinsung mit der Funktion `zins()` durch und fragt, ob das Programm nochmal ausgeführt werden soll. Bei Eingabe von `n` wird das Programm beendet, da `wdh != "n"` ist.

Bei der do-while-Schleife wird nach dem Abarbeiten der Schleife festgelegt, ob die Schleife erneut durchlaufen wird.

Wiederholung und Vertiefung

1. **Nennen Sie die drei Schleifenarten in C++.**
2. **Welche Eigenschaften hat die for-Schleife?**
3. **Wodurch unterscheiden sich die while-Schleife und die do-while-Schleife ?**
4. **Welcher Unterschied besteht zwischen der for-Schleife und den beiden anderen Schleifen?**

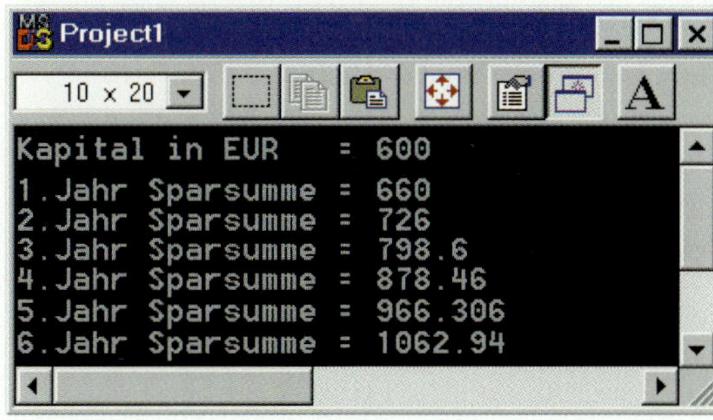

Bild 1: Bildschirmanzeige zum Programm Bild 2

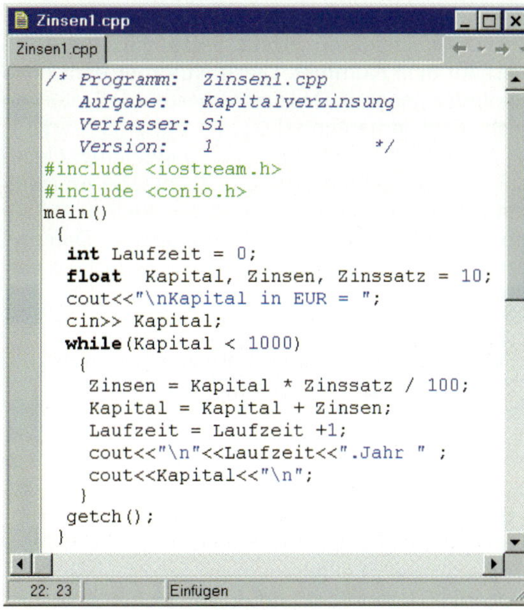


```
/* Programm:  Zinsen1.cpp
   Aufgabe:   Kapitalverzinsung
   Verfasser: Si
   Version:   1              */
#include <iostream.h>
#include <conio.h>
main()
 {
  int Laufzeit = 0;
  float  Kapital, Zinsen, Zinssatz = 10;
  cout<<"\nKapital in EUR = ";
  cin>> Kapital;
  while(Kapital < 1000)
   {
    Zinsen = Kapital * Zinssatz / 100;
    Kapital = Kapital + Zinsen;
    Laufzeit = Laufzeit +1;
    cout<<"\n"<<Laufzeit<<".Jahr " ;
    cout<<Kapital<<"\n";
   }
  getch();
 }
```

Bild 2: Programm Zinsberechnung

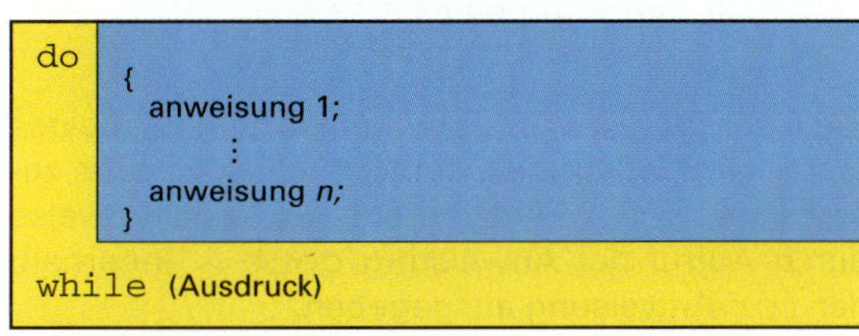

Bild 3: Struktogramm für die do-while-Anweisung

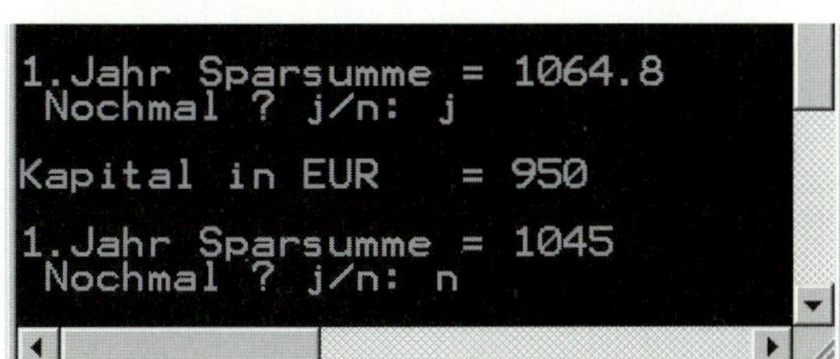

Bild 4: Bildschirmausschnitt zur Wiederholung der Zinsberechnung

6.3.1.10 Felder

Eindimensionale Felder

Bei Feldern (arrays) werden mehrere Feldelemente unter einem Namen als neue Variable zusammengefasst. In der Programmiersprache C++ vereinbart man Felder durch Anfügen eckiger Klammern `[]` an den Variablennamen **(Bild 2)**. Die Feldgröße, d.h. die Anzahl der Feldelemente, wird in diese eckigen Klammern geschrieben.

> Die Zahl innerhalb der rechteckigen Klammern gibt die Anzahl der vereinbarten Feldplätze an.

Zur Unterscheidung erhält jedes einzelne Feldelement eine Nummer. Diese Nummer wird auch Feldindex genannt. Das Feld `w` besteht z. B. aus den sechs Feldelementen `w[0]`, `w[1]`, `w[2]`, `w[3]`, `w[4]` und `w[5]` (Bild 2). Jedem Feldelement kann z. B. ein Zahlenwert oder ein Buchstabe zugewiesen werden. Felder lassen sich für die Datentypen `char`, `int`, `float` und die erweiterten Datentypen `long int`, `double` und `long double` vereinbaren.

> Felder werden zum Speichern von Buchstaben, Zeichen und Zahlen verwendet.

Übung:

Erstellen Sie ein Programm in C++, das die Buchstaben EUROPA dem Feld `wort` vom Typ `char` den Feldelementen `wort[0]` bis `wort[5]` zuordnet und diese Zeichen in einer Zeile auf dem Bildschirm ausgibt.

Lösung: **Bild 3** und **Bild 4**

Nach der Typ- und Größenvereinbarung des Feldes `wort` wird jedem Feldelement ein Buchstabe zugewiesen. Jedes Feldelement wird zeichenweise durch Aufruf der Anweisung `cout<<` innerhalb der `for`-Anweisung ausgegeben.

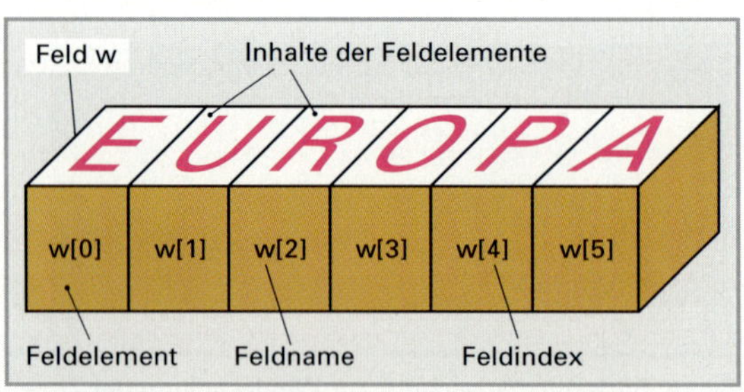

Bild 2: Feldmodell für ein eindimensionales Feld

Zinsen2.cpp

```
/* Programm:  Zinsen2.cpp
   Aufgabe:   Wiederholbare Zinsrechnung
   Verfasser: Si
   Version:   1                */
#include <iostream.h>
#include <conio.h>
char wdh;
int Laufzeit;
float  Kapital, Zinsen, Zinssatz = 10;

zins()
{
  cout<<"\nKapital in EUR   = ";
  cin>> Kapital;
  while(Kapital < 1000)
   {
    Zinsen = Kapital * Zinssatz / 100;
    Kapital = Kapital + Zinsen;
    Laufzeit = Laufzeit + 1;
    cout<<"\n"<<Laufzeit<<".Jahr " ;
    cout<<"Sparsumme = "<<Kapital;
    Laufzeit = 0;
   }
}
main()
{
 do
 {
   zins();
   cout <<"\n Nochmal ? j/n: ";
   cin>> wdh;
 }while (wdh != 'n');
}
```

33: 3 Verändert Einfügen

Bild 1: Programm zur wiederholbaren Zinsberechnung

Feld1.cpp

```
/* Programm:  Feld_1.cpp
   Aufgabe:   Zeichenfeld füllen
   Verfasser: Si
   Version:   2                */

#include <iostream.h>
#include <conio.h>
main()
 {
  int i;
  char wort[6]={'E','U','R','O','P','A'};
  for ( i= 0; i<= 5; ++i)
    cout<< wort[i]<<" ";
  getch();
 }
```

15: 41 Einfügen

Bild 3: Programm für eindimensionales Feld

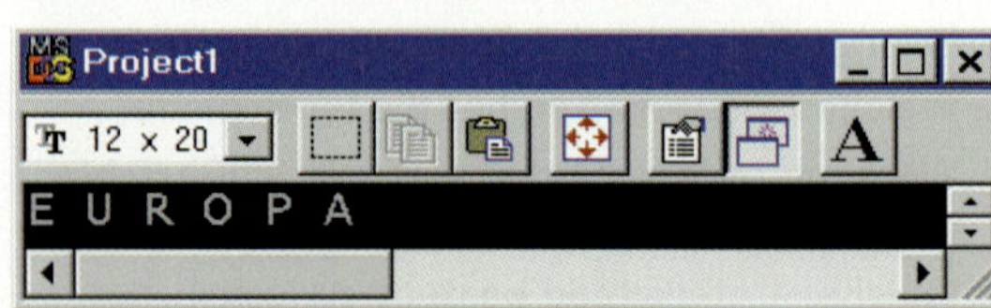

Bild 4: Bildschirmanzeige für Bild 2

Zweidimensionale Felder

Feldvariablen mit zwei Indizes werden zum Erstellen von Tabellen verwendet. Vereinbart wird ein zweidimensionales Feld für den Datentyp `char` mit z. B. 3 Zeilen und 11 Spalten durch `dig[3][11]`. Es werden also 33 Feldelemente vereinbart **(Bild 1)**.

> Die Anzahl der Feldelemente erhält man durch Multiplikation von Zeilenzahl und Spaltenzahl.

Der erste Index gibt die Nummer der Zeile, der zweite die Nummer der Spalte des Feldes an. Mit `dig[2][6]` wird das Feldelement in Zeile 2 und Spalte 6 angewählt.

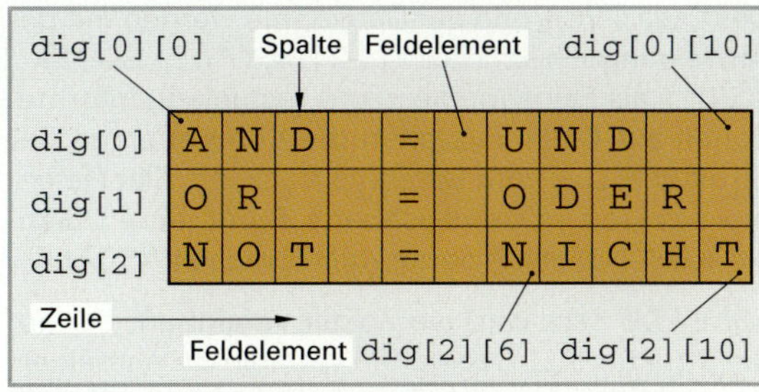

Bild 1: Feldmodell für ein zweidimensionales Feld

Übung 1:

Die Bildschirmanzeige **Bild 2** zeigt den gewünschten Bildschirmausdruck. Erstellen Sie ein passendes Programm in C++ unter Verwendung eines zweidimensionalen Feldes. Die Feldelemente sollen bei der Feldvereinbarung belegt werden.

Lösung: **Bild 3**

Bild 2: Bildschirmanzeige zu Programm Bild 3

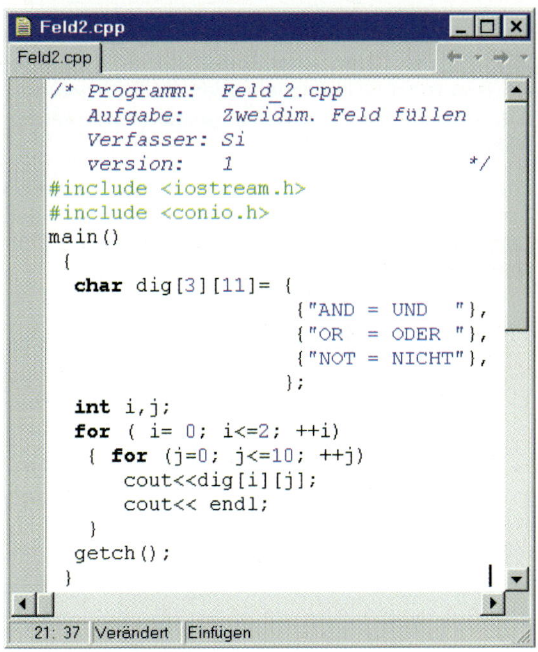


```
/* Programm:  Feld_2.cpp
   Aufgabe:   Zweidim. Feld füllen
   Verfasser: Si
   version:   1                         */
#include <iostream.h>
#include <conio.h>
main()
 {
  char dig[3][11]= {
                    {"AND = UND  "},
                    {"OR  = ODER "},
                    {"NOT = NICHT"},
                   };
  int i,j;
  for ( i= 0; i<=2; ++i)
   { for (j=0; j<=10; ++j)
      cout<<dig[i][j];
      cout<< endl;
   }
  getch();
 }
```

Bild 3: Programm für ein zweidimensionales Feld

In der Feldvereinbarung werden jeweils 11 Zeichen innerhalb der geschweiften Klammern nacheinander den Feldelementen einer Zeile zugewiesen. Anschließend werden mit zwei geschachtelten Schleifen die Feldelemente einzeln nacheinander ausgegeben. Die for-Anweisung mit der Laufvariablen `i` wählt die Zeile, die for-Anweisung mit der Laufvariablen `j` die Spalte aus. Die Anweisung `cout<<` gibt dann den Inhalt des jeweiligen Feldelementes aus.

Übung 2:

Ergänzen Sie das Programm in C++ Bild 3 so, dass das Feld `dig[3][11]` als Datei `LOGIK.TXT` auf eine Diskette im Laufwerk A geschrieben wird.

Lösung: **Bild 1, folgende Seite**

Wiederholung und Vertiefung

1. **Wie wird die Feldgröße festgelegt?**
2. **Wie nennt man die Nummern zur Unterscheidung von Feldelementen?**
3. **Für welche Datentypen lassen sich Felder vereinbaren?**
4. **Wie vereinbart man zweidimensionale Felder?**
5. **Wie viele Zeichen kann man in einem zweidimensionalen Feld F [4] [5] speichern?**
6. **Wodurch unterscheiden sich eindimensionale und zweidimensionale Felder?**

6.3.1.11 Dateien

Daten eines Programms können vom Programm aus als Datei auf Diskette oder Festplatte abgelegt werden. Die Vereinbarung von Dateien erfolgt mit besonderen Anweisungen **(Tabelle 1, folgende Seite)**.

Das Laufwerk A und der Dateiname werden mit der Anweisung `char name[12] = {"A:\LOGIK.TXT"}` als Feldvariable `name` festgelegt. Informationen zur Datei verwalten die Komponenten der Struktur `FILE` vom Datentyp `struct`. Der Datentyp `struct` ist vergleichbar z. B. mit dem Datentyp `RECORD` der Programmiersprache PASCAL.

Mit `FILE *dz` wird ein Zeiger vereinbart, der auf die Struktur `FILE` zeigt. Die Variable `dz` enthält als Wert die Adresse des Zeigers `*dz`. Jeder Zugriff auf die Datei erfolgt über die Adresse der Variablen `dz`. Durch die Anweisung `dz = fopen(name, "w")` wird die Datei `LOGIK.TXT` neu angelegt und zum Schreiben geöffnet. Besteht eine Datei mit diesem Namen schon, wird sie überschrieben. Mit der Anweisung `putc()` werden die Zeichen des Feldes `dig[3][11]` in die Datei geschrieben. Die Funktion `fclose()` schließt die Datei, wenn alle Zeichen geschrieben sind.

> Dateien werden mit den Anweisungen `FILE *...`, `fopen()` und `fclose()` erzeugt.

Die Datei `LOGIK.TXT` steht nun auf der Diskette **(Bild 2)**. Die Daten einer Datei können entweder als Text mit ASCII-Zeichen oder als Binärzeichen, d. h. als Zahlen, byteweise gespeichert werden **(Tabelle 2)**.

Zum Lesen einer Datei wird in der Funktion `fopen()` die Dateibetriebsart `"r"` verwendet. Das Ende der Datei wird mit der Anweisung `EOF` (Tabelle 2) festgestellt.

Wiederholung und Vertiefung

1. **Nennen Sie vier Anweisungen zur Dateibearbeitung.**
2. **Welche verschiedenen Dateibetriebsarten gibt es?**
3. **Wie viele Zeichen wurden vom Programm Bild 1 auf die Diskette geschrieben?**

Tabelle 2: Dateibetriebsarten (Zugriffsrechte)

Betriebsart	Herkunft, Übersetzung	Erklärung
"r" "rb"	read = lesen	Öffnet eine Textdatei zum Lesen.
"w" "wb"	write = schreiben	Öffnet eine Textdatei zum Schreiben.
"a" "ab"	append = anfügen	Öffnet eine Textdatei zum Anfügen von Text.
Für Binärdateien wird ein b angefügt.		

Tabelle 1: Dateianweisungen aus der Datei <stdio.h>

Anweisung	Erklärung	Beispiel
EOF	EOF von End Of File = Dateiende. Meist ist EOF = –1.	zeichen = !EOF
FILE ...	FILE = Datei. *dz ist ein Zeiger auf die Datenstruktur struct FILE.	FILE *dz
fopen()	fopen von file open = Datei öffnen.	dz = fopen (name, "w")
fclose()	fclose von file close = Datei schließen.	fclose(dz)

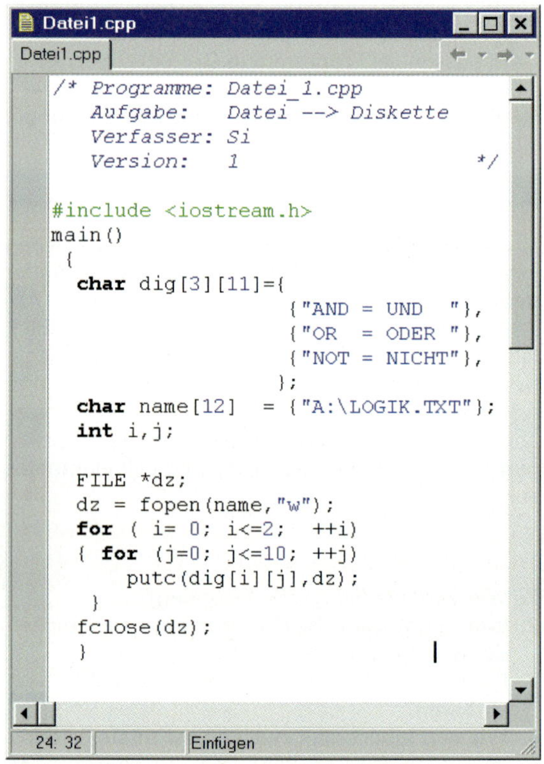

Bild 1: Programm zu Übung 2, vorhergehende Seite

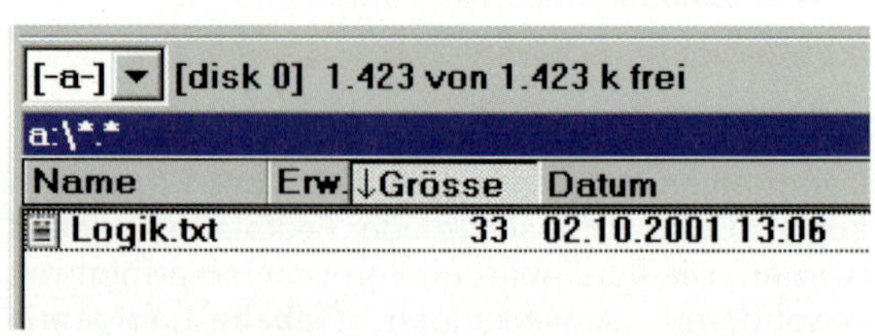

Bild 2: Verzeichnisanzeige der Diskette im Laufwerk A

6.3.1.12 Funktionen

Für jede Teilaufgabe eines Programms schreibt man meist eine eigene Funktion *(Unterprogramm).* Funktionen sind eigenständige Programmteile, die einen eigenen Namen erhalten. Funktionen werden nur einmal innerhalb eines Programms programmiert. Funktionen erkennt man daran, dass dem Namen ein Klammerpaar folgt. Mit dem Funktionsnamen können Funktionen von der Hauptfunktion oder von anderen Funktionen beliebig oft aufgerufen werden **(Bild 1).**

Manche Funktionen benötigen *Eingangsgrößen* **(Bild 2).** Dies sind z. B. Werte, mit denen die Funktion etwas berechnet. In einer Funktion können intern Größen, wie Variablen, vereinbart werden. Diese Größen nennt man *lokale Variablen.* Eine Funktion kann dem übrigen Programm *Ausgangsgrößen,* z. B. Werte, auf verschiedene Weisen zur Verfügung stellen. Die Eingangsgrößen und Ausgangsgrößen nennt man Parameter. *Parameter* können nach dem Funktionsnamen in der Klammer angefügt werden. Dabei ist die Reihenfolge der Parameter wichtig.

> Funktionen erhalten durch Parameter Werte und geben mit Parametern Werte weiter.

Funktionen können auch nur einen Wert an eine Variable im Programm übergeben. Es gibt aber auch Funktionen, die keinen Wert übergeben. Dies wird meist durch das Wort `void` (= leer) vor dem Funktionsnamen kenntlich gemacht.

> Funktionen, die keinen Wert übergeben, wird das Wort `void` vorangestellt.

Fertige Funktionen

Eine große Anzahl fertiger Funktionen findet man in den Dateien mit der Extension `.h` im Verzeichnis INCLUDE von Compilern für C++ **(Tabelle).** Die Datei `math.h` enthält z. B. mathematische Funktionen. Alle Dateien mit der Extension `.h` können mit einem Editorprogramm gelesen und auch verändert werden.

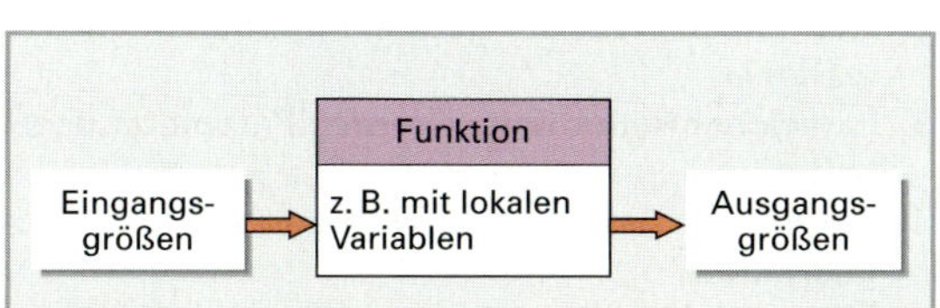

Bild 2: Wirkungsweise einer Funktion

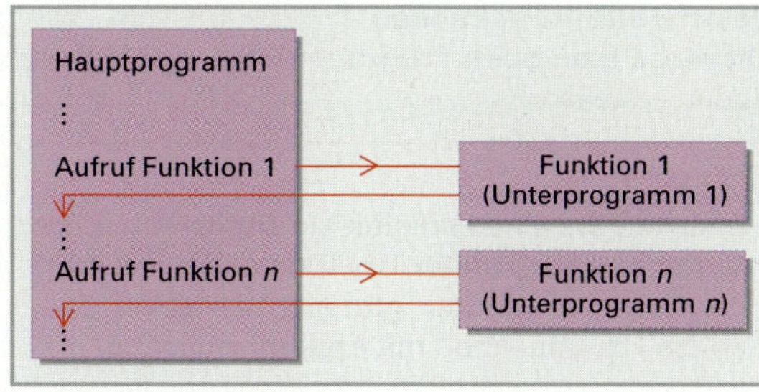

Bild 1: Aufruf von Funktionen in einem C++-Programm

Tabelle: Dateien eines Include-Verzeichnisses

Dateiname	Erklärung, Funktionen der Datei
<stdlib.h>	Standard. Such- und Sortierfunktionen.
<math.h.>	Mathematische Funktionen.
<conio.h>	Console (= Bedienungspult). Funktionen zur Steuerung von Bildschirm und Tastatur.
<string.h>	Stringfunktionen.
<stdio.h>	Standard. Eingabe- und Ausgabefunktionen.
<dos.h>	DOS-Funktionen.
<time.h>	Zeitfunktionen.

Lib von library = Bücherei, io von input-output = Eingang-Ausgang, <...> bedeutet, dass die Datei beim Compilieren übersetzt werden muss.

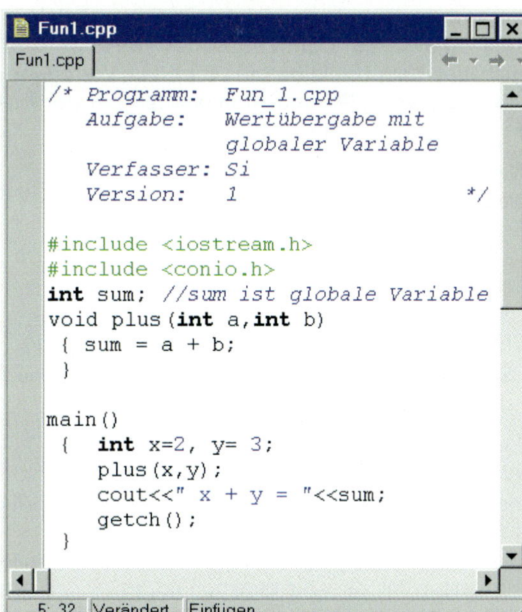


```
/* Programm:   Fun_1.cpp
   Aufgabe:    Wertübergabe mit
               globaler Variable
   Verfasser:  Si
   Version:    1                    */

#include <iostream.h>
#include <conio.h>
int sum; //sum ist globale Variable
void plus(int a,int b)
 { sum = a + b;
 }

main()
 {  int x=2, y= 3;
    plus(x,y);
    cout<<" x + y = "<<sum;
    getch();
 }
```

Bild 3: Programm mit Wertübergabe durch eine globale Variable

Selbsterstellte Funktionen
Oft muss man beim Programmieren selbst Funktionen erstellen.

> **Übung 1:**
> Erstellen Sie eine Funktion zur Berechnung der Summe zweier Zahlen. Übergeben Sie den Wert der Summe mit einer globalen Variablen `sum` an die Hauptfunktion mit Ergebnisausgabe.
>
> *Lösung:* **Bild 3, vorhergehende Seite** und **Bild 1**

Wertübergabe durch eine globale Variable
Vor den Funktionen ist die Variable `sum` vereinbart. Damit ist sie für alle folgenden Funktionen gültig. Sie wird deshalb eine *globale* Variable genannt **(Bild 2)**. In der Funktion `main()` werden den Variablen mit `x = 2` und `y = 3` Anfangswerte zugewiesen. In der nächsten Zeile wird die Funktion `plus(x,y)` aufgerufen. An die Funktion `plus(x,y)` werden damit die Werte 2 und 3 als Eingangsgrößen übergeben.
Die Funktion `plus(x,y)` verwendet als eigene *lokale Variablen* `a` und `b`. Die in der Funktion verwendeten lokalen Variablen `a` und `b` sind unabhängig von den Variablen in anderen Funktionen. Wichtig ist aber die Reihenfolge für die Wertübergabe. Man nennt Variable, die Werte übergeben, *Wertparameter.*

> Parameter werden in der festgelegten Reihenfolge abgearbeitet.

Mit `sum = a + b` wird die Summe der beiden Zahlen `a` und `b` berechnet und der globalen Variablen `sum` zugewiesen. Damit steht der Wert von `sum` auch der Hauptfunktion `main()` zur Verfügung. Die Werte von `x`, `y` und `sum` werden mit der Anweisung `cout<<` ausgegeben.

Wertübergabe mit der Funktion return
Werte können auch mit der Funktion `return()` zugewiesen werden.

> **Übung 2:**
> Ändern Sie das Programm `fun_1.ccp` (Bild 3, vorhergehende Seite) ab. Verwenden Sie zur Wertübergabe der berechneten Summe die Funktion `return()`.
>
> *Lösung:* **Bild 3**

Die Funktion `plus(x,y)` berechnet in der Zeile `sum = a + b` die Summe von `a` und `b` und weist sie der lokalen Variablen `sum` zu. Mit `return(sum)` wird festgelegt, dass die Funktion `plus(x,y)` den Wert von `sum` zurückgibt. In der Hauptfunktion `main()` kann mit dem Aufruf `m = plus(x, y)` der Variablen `m` der Wert von `sum` zugewiesen werden.

Bild 1: Wertübergabe mit Ausgabe

Name	sum
Typangabe	int
Wert	5
Adresse	1A12

Bild 2: Aufbau einer Variablen

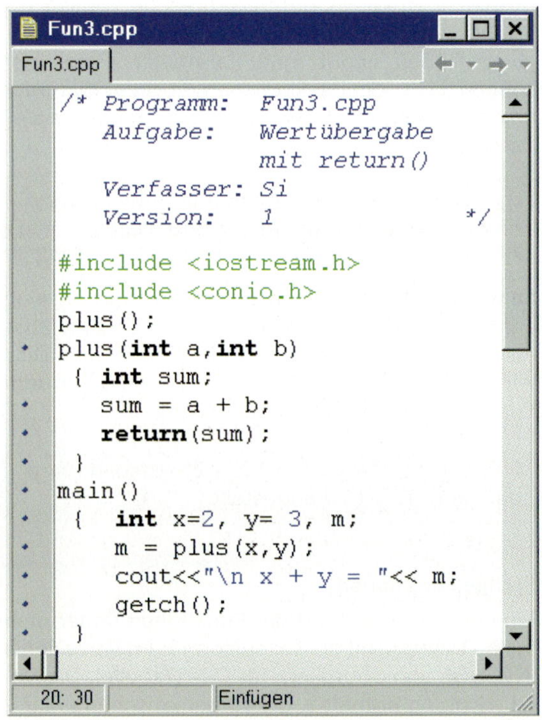

```
/* Programm:   Fun3.cpp
   Aufgabe:    Wertübergabe
               mit return()
   Verfasser:  Si
   Version:    1                  */

#include <iostream.h>
#include <conio.h>
plus();
plus(int a,int b)
 { int sum;
   sum = a + b;
   return(sum);
 }
main()
 {  int x=2, y= 3, m;
    m = plus(x,y);
    cout<<"\n x + y = "<< m;
    getch();
 }
```

Bild 3: Programm mit Wertübergabe und return-Funktion

Wiederholung und Vertiefung

1. **Aus welchen Funktionen bestehen C-Programme?**
2. **Auf welche Weise geben Funktionen Werte weiter?**
3. **In welcher Reihenfolge werden Parameter bearbeitet?**
4. **In welcher Reihenfolge werden Parameter abgearbeitet?**
5. **Mit welcher Funktion werden eingelesene Buchstaben in Kleinbuchstaben gewandelt?**

6.3.2 Objektorientierte Programmierung mit C++

6.3.2.1 Einführung

Mit der *objektorientierten* Programmierung können komplexe Programmieraufgaben in strukturierter Weise bewältigt werden. Es entstehen übersichtliche Programme, die einfach in Stand zu halten und zu erweitern sind. Die Fehleranfälligkeit eines Programms verringert sich.

Diese Vorteile ergeben sich aus dem objektorientierten Ansatz. Den mit dem Programm zu verarbeitenden Daten wird ein großer Stellenwert zuerkannt. Die Folge ist, dass für die objektorientierte Programmierung eine neue Begriffswelt benötigt wird, aber auch ein neuer Denkansatz. Denn bei der objektorientierten Programmierung beschäftigt man sich zuerst mit der Gesamtorganisation eines Programms und nicht mit den Einzelheiten des Programmablaufs.

Objekte

Die Daten, die mit dem Programm verarbeitet werden sollen, stehen im Mittelpunkt. Die Daten werden in der objektorientierten Programmierung auch als Eigenschaften (Attribute) bezeichnet. Bei der Erstellung des Programms stellt sich die Frage, welche Daten benötigt werden und welche Funktionen mit diesen Daten ausgeführt werden sollen. Die Daten und Funktionen werden in einer Einheit, dem *Objekt,* zusammengefasst. Es wird in diesem Zusammenhang von *Datenkapselung* gesprochen. Die eingekapselten Daten sind außerhalb des Objekts nicht sichtbar und damit vor ungewollter Veränderung geschützt **(Bild 1).** Nur die Funktionen eines Objekts, die in der objektorientierten Programmierung *Methoden* genannt werden, können auf die Daten zugreifen. Die Methoden bilden eindeutig definierte Schnittstellen für das Arbeiten mit den Daten eines Objekts.

> Ein Objekt besitzt Eigenschaften und Methoden, wobei oft nur diese Methoden Zugriff auf die im Objekt eingekapselten Daten haben.

Bei der Definition der Objekte sollte die Bedeutungsverwandschaft zwischen der wirklichen Welt und den Objekten im Programm ausgenutzt werden. So können Objekte Fahrzeuge oder Bauelemente, aber auch grafische Fenster oder Buttons (Schaltflächen) darstellen. Die geeignete Wahl der Objekte ist eine zentrale Aufgabe in der objektorientierten Programmierung.

Die Objekte treten dann untereinander über die jeweiligen Methoden in Verbindung **(Bild 2).** Wird z. B. eine Schaltfläche betätigt, kann der Inhalt eines Textfeldes geändert werden.

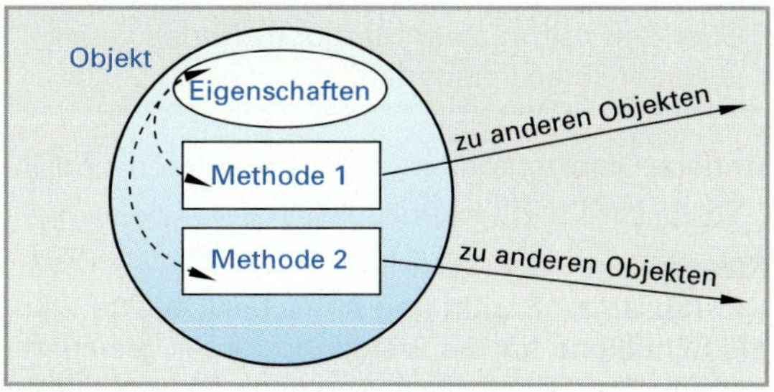

Bild 1: Objekt

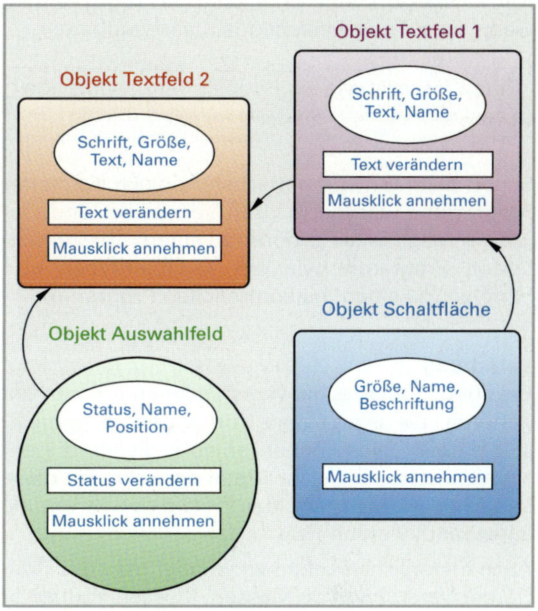

Bild 2: Methoden als Nachrichtenträger

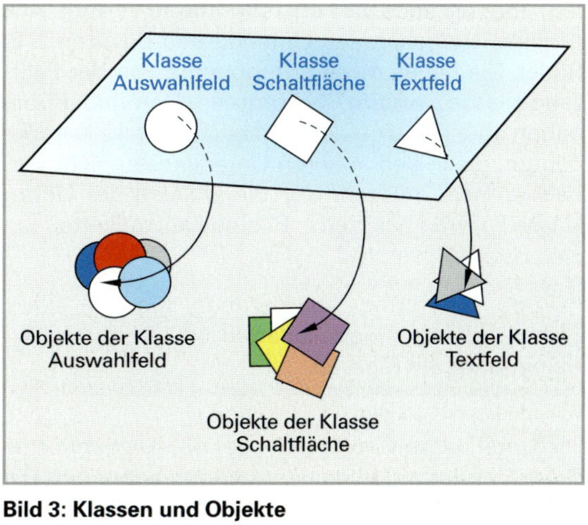

Bild 3: Klassen und Objekte

Über den Aufruf einer Methode können Objekte Nachrichten versenden.

Andere Objekte können darauf reagieren und ihrerseits Nachrichten verschicken.

Klassen

Die *Klasse* als Sammlung ähnlicher Objekte dient als Schablone für die Erstellung neuer, gleichartiger Objekte. Sie legt fest, wie neue Objekte dieser Klasse auszusehen haben, welche Eigenschaften und welche Methoden in jedem Objekt dieser Klasse vorhanden sind **(Bild 3, vorhergehende Seite)**. Neue Objekte können nur dann erzeugt werden, wenn sie auf eine bestehende Klasse aufbauen.

Eine Klasse ist wie ein Bauplan für gleichartige Objekte.

Schon beim Entwurf einfachster objektorientierter Programme werden Klassen verwendet und Objekte erzeugt. Diese gehören zu einem objektorientierten Programm wie die Variablentypen und Variablen zu einem herkömmlichen Programm.

Vererbung

Es gibt oft Objekte, die verschiedenen Klassen angehören, die aber einige Komponenten gemeinsam haben. Dies können sowohl gleiche Eigenschaften als auch gleiche Methoden sein. Für diese ähnlichen Klassen kann das Prinzip der *Vererbung* angewandt werden **(Bild 1)**.

Auch im täglichen Leben verwendet man das Prinzip der Vererbung von Klassen. Klassen können in fein strukturierte Unterklassen gegliedert werden. Die Fahrzeug-Klasse kann in die Unterklassen LKW, PKW, Motorrad, Mofa und Fahrrad unterteilt werden. Dabei besitzen diese Unterklassen Komponenten, über die auch die Fahrzeug-Klasse verfügt. Alle Objekte der genannten Unterklassen besitzen z. B. Räder. Sie haben diese Komponente von der Fahrzeug-Klasse „vererbt" bekommen. Demgegenüber haben aber alle Unterklassen auch weitere Komponenten, die in den anderen Unterklassen nicht vorhanden sein müssen. Nur die Objekte der Unterklasse Fahrrad besitzen z. B. eine Fahrradkette.

Durch Vererbung übernehmen Klassen die Komponenten (Eigenschaften und Methoden) einer anderen Klasse.

Die Unterklassen werden bei der objektorientierten Programmierung *abgeleitete Klassen* genannt. Die Ursprungsklasse wird als *Basisklasse* bezeichnet.

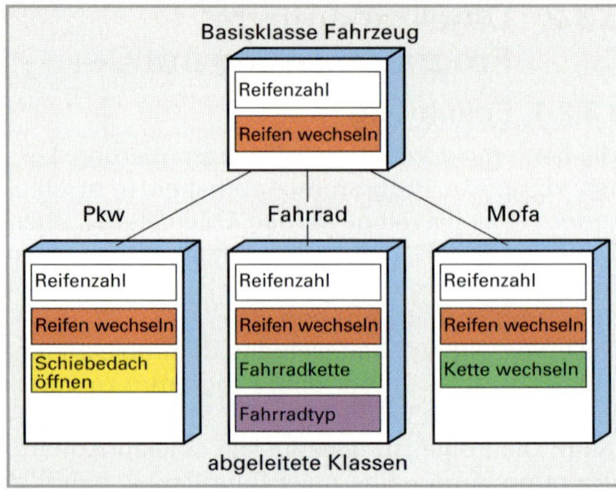

Bild 1: Vererbung

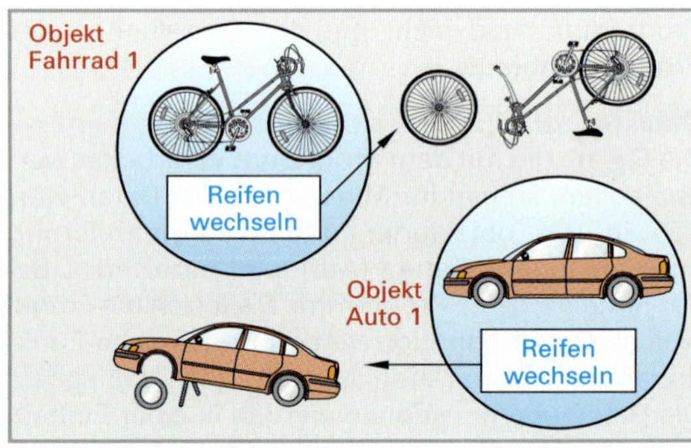

Bild 2: Polymorphie

In der objektorientierten Programmierung ist die Vererbung ein wesentliches Merkmal. Sie wird eingesetzt, um ein Programm zu vereinfachen und zu verkürzen.

Polymorphie

Ein weiteres Merkmal der objektorientierten Programmierung ist die *Polymorphie* (= Vielgestaltigkeit), die häufig in der Vererbung eingesetzt wird. Als Polymorphie bezeichnet man das Arbeiten mit Oberbegriffen. So kann bei den oben genannten abgeleiteten Klassen eine Methode „Reifen wechseln" zu den unterschiedlichsten Handlungen führen **(Bild 2)**.

Führt eine Methode bei Objekten unterschiedlicher Klassen zu den unterschiedlichsten Aktionen, spricht man von Polymorphie.

Objekte, Klassen, Datenkapselung, Vererbung und Polymorphie sind Schlüsselworte der objektorientierten Programmierung.

6.3.2.2 Vereinbaren einer Klasse

Der erste Schritt bei der Erstellung eines objektorientierten Programms ist die Vereinbarung (Deklaration) einer Klasse. Ohne die Vereinbarung einer Klasse kann später kein Objekt erzeugt werden.

Der Festlegungsteil einer Klasse beginnt mit dem Schlüsselwort `class` und dem Namen der Klasse. Der Klassenkörper folgt in geschweiften Klammern und wird mit einem Semikolon abgeschlossen. Innerhalb der Klasse werden die Eigenschaften als erstes aufgeführt. Sie werden wie in einem herkömmlichen Programm definiert. Sind Methoden vorhanden, werden diese anschließend angegeben.

Beispiel:
Erstellen Sie eine Klasse `TZahl` mit zwei Eigenschaften zur Aufnahme von Ganzzahlwerten. Die Klasse soll eine Methode für das Zuweisen der Eigenschaften und eine für das Ausgeben der Eigenschaften bekommen.
Lösung: **Bild 1**

```
//Klassendeklaration
class TZahl
{
// Daten
private:
  int zahl1;
  int zahl2;
// Methoden
public:
  void setzen(int, int);
  void anzeigen();
};
```

Bild 1: Klassendeklaration

Die Methoden sind an dieser Stelle noch nicht implementiert (eingebunden).

Zugriffsschlüsselworte
Das Zugriffsschlüsselwort `private` bewirkt, dass die nachfolgenden Komponenten als privat vereinbart werden (Bild 1). Der Zugriff auf private Eigenschaften und Methoden kann nur innerhalb einer Klasse geschehen, von außerhalb der Klasse sind diese Daten und Funktionen nicht zu erreichen, sie sind verborgen. Die Eigenschaften einer Klasse sind meist privat. Das Schlüsselwort `public` gibt an, dass nachfolgend aufgeführte Eigenschaften und Methoden öffentlich sind und somit auch von außerhalb der Klasse zugänglich sind. Methoden gehören in der Regel zum öffentlichen Teil einer Klasse.

`class`, `public` und `private` sind Schlüsselwörter bei der Vereinbarung einer Klasse.

6.3.2.3 Erzeugen von Objekten

Mit der Deklaration einer Klasse wird das Aussehen ihrer Objekte festgelegt. Die Objekte können anschließend im Hauptprogramm erzeugt werden **(Bild 2)**. `zahl` ist ein Objekt der Klasse `TZahl`. Der Zugriff auf dieses Objekt findet über ihre öffentliche Komponenten statt. Die verwendete Methode ist dabei über den *Punktoperator* (.) mit einem bestimmten Objekt verbunden, wie in `zahl.anzeigen()`. So wird die Methode benutzt, um genau dieses Objekt zu bearbeiten und nicht ein anderes Objekt dieser Klasse. Die Methode `setzen()` wird hier für das Objekt `zahl` aufgerufen. Dabei werden den Eigenschaften `zahl1` und `zahl2` des Objekts `zahl` die Werte 500 bzw. 10 zugewiesen. Der Aufruf `zahl.zahl1` ist hier nicht möglich, da auf private Komponenten eines Objekts von außen nicht zugegriffen werden kann.

```
main()
{
  TZahl zahl;
  zahl.setzen(500,10);
  zahl.anzeigen();
}
```

Bild 2: Erzeugen von Objekten

6.3.2.4 Methoden

Methoden werden meist innerhalb der Klasse nur deklariert (Bild 1). Die Definition der Methoden folgt dann außerhalb der Klasse **(Bild 3)**. Der auflösende Gültigkeitsoperator (::) ordnet dabei der nachfolgenden Methode den Gültigkeitsbereich der vorangestellten Klasse zu. Er besitzt höchste Priorität.

```
void TZahl::setzen(int z1, int z2)
{
  // Eingabewerte übergeben
  zahl1 = z1;
  zahl2 = z2;
}

void TZahl::anzeigen()
{
  // Daten ausgeben
  cout << "Zahl 1: " << zahl1;
  cout << endl;
  cout << "Zahl 2: " << zahl2;
  cout << endl;
}
```

Bild 3: Methoden

Da die Methoden Teil der Klasse sind, müssen ihnen die Eigenschaften der Klasse nicht als Argumente übergeben oder als Rückgabewert ausgegeben werden (Bild 3, vorhergehende Seite). Der Grund dafür ist, dass Methoden nur für Objekte der Klasse eingesetzt werden, für die sie auch erstellt wurden. So sind in den Methoden `setzen()` und `anzeigen()` die Eigenschaften `zahl1` und `zahl2` bekannt. Der Methode `setzen()` werden zwei Argumente übergeben, über die in der Methode den Eigenschaften Werte zugewiesen werden.

Methoden können auch Objekte als Rückgabewert zurückgeben.

Beispiel:
Entwerfen Sie eine Methode `teilen()` der Klasse `TZahl`, die eine Ganzzahldivision durchführt und sowohl das Ergebnis als auch den Rest in ein Objekt der Klasse `TZahl` ausgibt.

Lösung: **Bild 1**

Innerhalb der Methode `teilen()` wird zur Aufnahme des Ergebnisses ein Objekt `neu` der Klasse `TZahl` erzeugt. Die Eigenschaften von `neu` sind der Methode `teilen()` bekannt, da das Objekt `neu` zur selben Klasse gehört wie die Methode selbst. Die Eigenschaften von `neu` werden über den Aufruf `neu.zahl1` und `neu.zahl2` aufgerufen. `zahl1` und `zahl2` dagegen gehören zu dem Objekt, für das später die Methode aufgerufen wird. Das Objekt `neu` wird über die `return`-Anweisung zurückgegeben.

Den Aufruf im Hauptprogramm zeigt **Bild 2**. Dem Objekt `zahl` werden Werte zugewiesen und dann über `ergebnis=zahl.teilen()` für dieses Objekt die Methode `teilen()` aufgerufen. Die Methode liefert als Ergebnis das Objekt `ergebnis` zurück **(Bild 3)**.

Die Methode muss in der Klassendeklaration über `TZahl teilen();` im als `public` ausgewiesenen Teil bekannt gemacht werden.

Methoden können Objekte als Argumente erhalten oder ein Objekt als Rückgabewert zurückgeben.

6.3.2.5 Konstruktoren

Der Konstruktor ist eine besondere Methode und besitzt stets denselben Namen wie seine Klasse. Er wird benutzt, um die Eigenschaften eines Objekts zu initialisieren und wird immer automatisch ausgeführt, wenn ein Objekt definiert wird.

Ein Konstruktor kann Objekte seiner Klasse mit sinnvollen Startwerten versehen.

```
TZahl TZahl::teilen()
{
  TZahl neu;
  // Ganzzahldivision durchführen
  neu.zahl1 = zahl1 / zahl2;
  // Rest ermitteln
  neu.zahl2 = zahl1 - zahl2 * neu.zahl1;

  // Ergebnis zurückgeben
  return neu;
}
```

Bild 1: Methode mit Objekt als Rückgabewert

```
main ()
{
  // Objekte erzeugen
  TZahl zahl, ergebnis;
  // Werte zuweisen
  zahl.setzen(100,3);
  // Teilung durchführen
  ergebnis=zahl.teilen();
  // Ergebnis anzeigen
  ergebnis.anzeigen();
}
```

Bild 2: Hauptprogramm

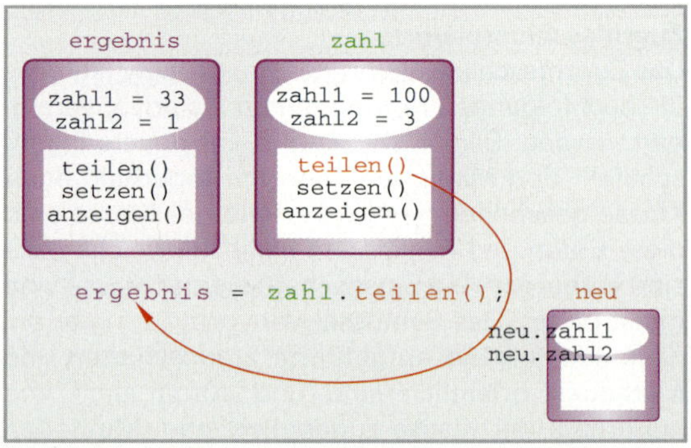

Bild 3: Methode mit einem Objekt als Rückgabewert

Der Konstruktor `TZahl()` initialisiert das Objekt `zahl` über den Aufruf `TZahl zahl;`, indem er der Eigenschaft `zahl1` den Wert 0 und der `zahl2` den Wert 0 zuweist **(Bild 1, folgende Seite)**. Ein Rückgabetyp ist beim Konstruktor nicht vorhanden, da er automatisch aufgerufen wird. Es kann folglich auch kein Objekt geben, an das er einen Wert zurückgeben könnte.

Ein Konstruktor ist eine Methode, die keinen Rückgabetyp besitzt.

Wird innerhalb einer Klasse kein Konstruktor erstellt, so wird der Default-Konstruktor (von in default of = in Ermangelung von, mangels) verwendet. Für die Klasse `TZahl` lautet dieser:

`TZahl(){}`. Da der Default-Konstruktor nur über einen leeren Funktionskörper verfügt, werden den Eigenschaften der Objekte keine sinnvollen Startwerte, sondern beliebige, undefinierte Werte zugewiesen. In Bild 2, vorhergehende Seite, wurde für die Objekte `zahl`, `ergebnis` der Default-Konstruktor aufgerufen. Die Eigenschaften erhielten beliebige Startwerte.

Beispiel 1:
Erstellen Sie einen Konstruktor, der ein Objekt der Klasse `TZahl` auf einen beliebigen Startwert initialisieren kann.
Lösung: **Bild 2**

Ein Konstruktor kann Argumente besitzen. Die Argumente ermöglichen eine Initialisierung der Objekte auf verschiedene Startwerte. So können z. B. mit dem Konstruktor `TZahl(int z1, int z2)` einem Objekt der Klasse `TZahl` Startwerte für `zahl1` und `zahl2` übergeben werden (Bild 2). Der Konstruktor muss im `public`-Teil der Klasse `TZahl` über die Anweisung `TZahl(int, int);` bekannt gemacht werden.

Beispiel 2:
Verwenden Sie bei der Erstellung eines Objektes den Konstruktor `TZahl(int, int)`.
Lösung: **Bild 3**

Bei der Erstellung des Objektes werden die Argumente an den Konstruktor übergeben (Bild 3). Über den Aufruf `TZahl zahl(100,3);` erhalten die Eigenschaften des Objekts `zahl` die Werte 100 bzw. 3.

In der Klasse `TZahl` sind mehrere Konstruktoren vorhanden, man sagt, die Konstruktoren sind überlagert. Welcher dieser Konstruktoren bei der Definition der Objekte ausgeführt wird, hängt von der Anzahl der Argumente ab, die den Objekten bei der Erstellung übergeben werden. Das Objekt `ergebnis` wird über den Konstruktor K1 und das Objekt `zahl` über den Konstruktor K2 initialisiert (Bild 3).

Werden Konstruktoren mit Argumenten gebildet, so ist es zwingend erforderlich, einen Konstruktor ohne Argumente ebenfalls zu bilden, wenn ein Objekt `ergebnis` ohne Argumente erzeugt werden soll (Bild 3). Denn bei Vorhandensein von selbst erstellten Konstruktoren verliert der Default-Konstruktor seine Gültigkeit.

6.3.2.6 Zeiger

Ein Zeiger speichert die Adresse, an der der Wert der Variablen zu finden ist und nicht den Wert

```
//Klassendeklaration
class TZahl
{
  // Daten
  private:
    int zahl1;
    int zahl2;

  // Methoden
  public:
    TZahl();
    void setzen(int, int);
    void anzeigen();
    TZahl teilen();
};

//Konstruktor implementieren
TZahl::TZahl()
{
  zahl1 = 0;
  zahl2 = 0;
}

// und weitere Methoden wie zuvor

main()
{
  // Objekt erzeugen
  TZahl zahl;
  // Werte anzeigen
  zahl.anzeigen();
}
```

Konstruktor K1 (TZahl::TZahl())

erzeugt über Konstruktor K1 (TZahl zahl;)

Bild 1: Klasse mit Konstruktor

```
TZahl::TZahl(int z1, int z2)
{
  zahl1 = z1;
  zahl2 = z2;
}
```

Konstruktor K2

Bild 2: Konstruktor mit Argumenten

```
main()
{
  // Objekte erzeugen
  TZahl zahl(100,3), ergebnis;
  ergebnis=zahl.teilen();
  ergebnis.anzeigen();
}
```

erzeugt über Konstruktor K2 (zahl(100,3))

erzeugt über Konstruktor K1 (ergebnis)

Bild 3: Erzeugen eines Objektes durch einen Konstruktor mit Argumenten

selbst. Einem Zeiger wird bei der Definition ein Stern (*), z. B. `*zahl`, vorangestellt **(Bild 1)**. Weist der Zeiger auf ein Objekt, so werden die einzelnen Komponenten des Objektes über den Operator -> angesprochen. `zahl->anzeigen()` ruft also die Methode `anzeigen()` für das über den Zeiger `*zahl` angesprochene Objekt auf.

> Der Operator -> hat für Zeiger auf Objekte die selbe Wirkung wie der Punktoperator (.) für Objekte.

```
main()
{
  // Zeiger auf Klasse TZahl erzeugen
  TZahl *zahl;
  // Speicherplatz bereitstellen
  zahl = new TZahl(100,3);
  // Zugriff auf Methode
  zahl -> anzeigen();
}
```

Bild 1: Zeiger auf Objekte

Über `new` wird dem über den Zeiger angesprochenen Objekt Speicherplatz zur Verfügung gestellt. Auch hier können vorhandene Konstruktoren verwendet werden, um Startwerte zu vergeben. `zahl = new TZahl(100,3);` fordert Speicherplatz für ein Objekt der Klasse `TZahl` an und weist der Eigenschaft `zahl1` des Objektes den Wert 100 und der Eigenschaft `zahl2` den Wert 3 zu. Gleichzeitig wird der Zeiger `zahl` auf dieses Objekt gesetzt. Der Speicherplatz kann über `delete`, z. B. `delete zahl`, zurückgegeben werden.

> `new` und `delete` sind Operatoren für die dynamische Speicherverwaltung.

6.3.2.7 Vererbung

Vererbung ist ein Vorgang für die Erstellung neuer Klassen aus bereits bestehenden Klassen, wobei die neuen Klassen Eigenschaften der bereits vorhandenen Klassen erben und selbst neue Eigenschaften besitzen können.

Beispiel:
Erstellen Sie eine Klasse `TBruch`, die von der Klasse `TZahl` abgeleitet ist. Die Klasse `TBruch` enthält eine weitere Eigenschaft `ganze` zum Speichern der Ganzen eines Bruches. Ein Konstruktor soll alle Eigenschaften initialisieren.

Lösung: **Bild 2**

```
//Klassendeklaration
class TZahl
{
  protected: // Daten
    int zahl1, zahl2;

  public: // Methoden wie zuvor
  };

class TBruch : public TZahl
{
  protected: // Daten
    int ganze;
  public: // Methoden
    TBruch(int, int);
};

//Konstruktor
TBruch::TBruch(int z1, int z2)
{
  ganze = 0;
  zahl1 = z1;
  zahl2 = z2;
}
```

Bild 2: Vererbung

Der neuen Klasse `TBruch` wird zu Beginn ihrer Definition über einen einfachen Doppelpunkt ihre Basisklasse `TZahl` mitgeteilt, und von dieser Klasse wird sie öffentlich abgeleitet **(Bild 3)**. Die Klasse `TBruch` verfügt nun über alle Leistungsmerkmale ihrer Basisklasse und hat damit auf gewohnte Weise Zugang zu deren Methoden und auch Eigenschaften.

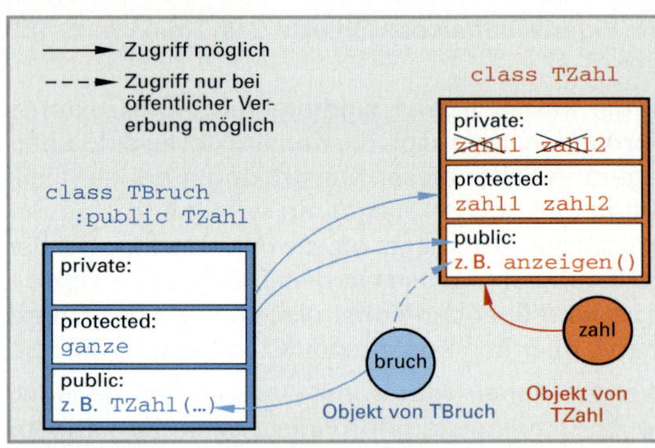

Bild 3: Zugriffsmöglichkeiten

In der Klasse `TZahl` wurde anstelle des Zugriffsschlüsselwortes `private` das Zugriffsschlüsselwort `protected` verwendet, denn mit `private` angegebene Komponenten einer Klasse sind innerhalb einer davon abgeleiteten Klasse nicht sichtbar. Damit wäre in `TBruch(int, int)` z. B. die Eigenschaft `zahl1` nicht bekannt (Bild 2). Sollen aber Komponenten einer Klasse der abgeleiteten Klasse zugänglich gemacht werden und außerhalb der beiden Klassen verborgen sein, so muss das Zugriffsschlüsselwort `protected` verwendet werden.

> Das Zugriffsschlüsselwort `protected` erlaubt abgeleiteten Klassen, auf die nachfolgend aufgeführten verborgenen Komponenten zuzugreifen.

Konstruktoren einer abgeleiteten Klasse
Werden in einer abgeleiteten Klasse komplexe Konstruktoren mit Argumenten verwendet, so müssen diese in der abgeleiteten Klasse definiert werden. Bestehende Konstruktoren der Basisklasse können aber mitbenutzt werden. Dem Konstruktor wird dabei über einen Doppelpunkt zu Beginn der Definition mitgeteilt, auf welchen Konstruktor der Basisklasse er zurückgreift **(Bild 1)**. In `TBruch (int z1, int z2):TZahl(z1, z2)` wird der Konstruktor mit zwei Argumenten aus der Basisklasse aufgerufen. Ihm werden die beiden Argumente `z1` und `z2` übergeben. Innerhalb des Funktionsrumpfes des neuen Konstruktors bietet sich dann die Möglichkeit, weitere Eigenschaften der neuen Klasse zu initialisieren. Auf diese Weise wurde die Implementierung des Konstruktors im Vergleich zu Bild 2, vorhergehende Seite, verkürzt.

Überschreiben von Methoden
Nicht nur die Konstruktoren sondern auch andere schon bestehende Methoden der Basisklasse können für die Zwecke der abgeleiteten Klasse erweitert werden. In der abgeleiteten Klasse `TBruch` ist ebenfalls eine Methode `anzeigen()` vorhanden. Sie bedient sich mithilfe von `TZahl::anzeigen();` der Methode `anzeigen()` aus ihrer Basisklasse und führt diese aus. Der Gültigkeitsoperator (::) legt dabei den Gültigkeitsbereich dieser Methode fest. Zudem wird die Methode `anzeigen()` in `TBruch` noch nach den neuen Bedürfnissen erweitert und weitere Information ausgegeben.

Im Hauptprogramm wird ein Objekt `zahl` der Klasse `TZahl` und ein Objekt `br` der Klasse `TBruch` erzeugt **(Bild 2)**. Anschließend wird über den Aufruf von `zahl.anzeigen();` die Methode `anzeigen ()` der Basisklasse ausgeführt, da `zahl` ein Objekt dieser Klasse ist. Ist dagegen die Methode `anzeigen()` mit dem Objekt `br` der Klasse `TBruch` verknüpft, wird die neue Methode `anzeigen()` der abgeleiteten Klasse aufgerufen. Man sagt, die Methode der abgeleiteten Klasse überschreibt die Methode der Basisklasse.

Öffentliche und private Vererbung
Mit `class TBruch:public TZahl` wird die Vererbung zu Beginn als öffentlich angegeben. Bei einer öffentlichen Vererbung können Objekte der abgeleiteten Klasse tatsächlich auf Methoden der Basisklasse zugreifen. Möglich wäre dann hier auch ein Aufruf von `br.setzen();`, obwohl

```
TBruch::TBruch(int z1,int z2):TZahl(z1,z2)
{
  ganze = 0;
}

void TBruch::ganzefinden()
{
  if (zahl2 != 0)
  {
    ganze = zahl1 / zahl2;
    zahl1 = zahl1 - zahl2 * ganze;
  }
}

void TBruch::anzeigen()
{
  cout << "Ganze: " << ganze << endl;
  TZahl::anzeigen();
}
```

Bild 1: Konstruktoren in der abgeleiteten Klasse und Überschreiben von Methoden

```
main()
{
  TZahl zahl(5,99);
  TBruch br(7,2);

  zahl.anzeigen();
  br.ganzefinden();
  br.anzeigen();
}
```

br.ganze = 3
br.zahl1 = 1
br.zahl2 = 2

Bild 2: Hauptprogramm mit überschriebenen Methoden

diese Methode in der abgeleiteten Klasse gar nicht implementiert ist. Bei der privaten Vererbung, die über `class TBruch:private TZahl` angegeben wird, können sich Objekte der abgeleiteten Klasse nicht mehr der Methoden der Basisklasse bedienen (Bild 3, vorhergehende Seite).

> Mit der öffentlichen oder der privaten Vererbung kann der Zugriff auf die öffentlichen Komponenten der Basisklasse gesteuert werden.

Die private Vererbung wird eingesetzt, wenn Objekte der abgeleiteten Klasse mit Methoden der Basisklasse fehlerhaft arbeiten würden und dieser Fehler durch eine überschriebene Methode in der abgeleiteten Klasse nicht beseitigt werden kann.

Wiederholung und Vertiefung

1. **Erläutern Sie Schlüsselbegriffe der objektorientierten Programmierung.**
2. **Welche Aufgabe haben die Zugriffsschlüsselworte private, public und protected?**
3. **Erklären Sie die Begriffe Klasse, Objekt und Methode.**
4. **Welche Vorteile bietet die Vererbung?**

6.3.2.8 Das Entwicklungssystem C++Builder

Wird das Entwicklungssystem C++Builder gestartet, erscheinen am Bildschirm verschiedene Fenster **(Bild 1)**. Dazu muss die VCL (von Visual Component Library = visuelle Klassenbibliothek) installiert sein. Neben dem Hauptfenster mit Komponentenleiste gehören zum Entwicklungssystem das Formular, der Objektinspektor und der Quelltexteditor. Wird das Hauptfenster geschlossen, wird auch das Entwicklungssystem beendet.

Das Formular

Ein Formular ist ein Objekt, das einem Windows-Fenster entspricht. Es kann nach eigenen Wünschen gestaltet werden, indem in ihm weitere Komponenten platziert werden.

Die Komponentenleiste

In der Komponentenleiste befinden sich als weitere Objekte die Komponenten, die zur Gestaltung des Formulars verwendet werden können (**Tabelle**). Die Komponenten sind auf mehreren Karteikarten zu finden. So beinhaltet die Karteikarte Standard häufig benötigte Objekte. Sie werden durch Anklicken ausgewählt. Ein weiterer Klick auf das Formular erzeugt das Objekt.

Tabelle: Komponenten (Auswahl)

Komponente	Erklärung
Label	Textfeld, zur Ausgabe von Text, der vom Benutzer nicht bearbeitet werden darf.
Edit	Eingabefeld, zur Eingabe von Text durch den Benutzer oder zur Ausgabe von Text durch das Programm.
Button	Schaltfläche, über die der Benutzer eine Aktion auslösen kann.
Checkbox	Kontrollkästchen, über das der Benutzer eine Option wählen kann.
Radiobutton	Radiobutton, über den der Benutzer zwischen sich ausschließenden Optionen wählen kann.
Open-Dialog	Windows-Dialog zum Öffnen einer Datei.
Save-Dialog	Windows-Dialog zum Speichern einer Datei.

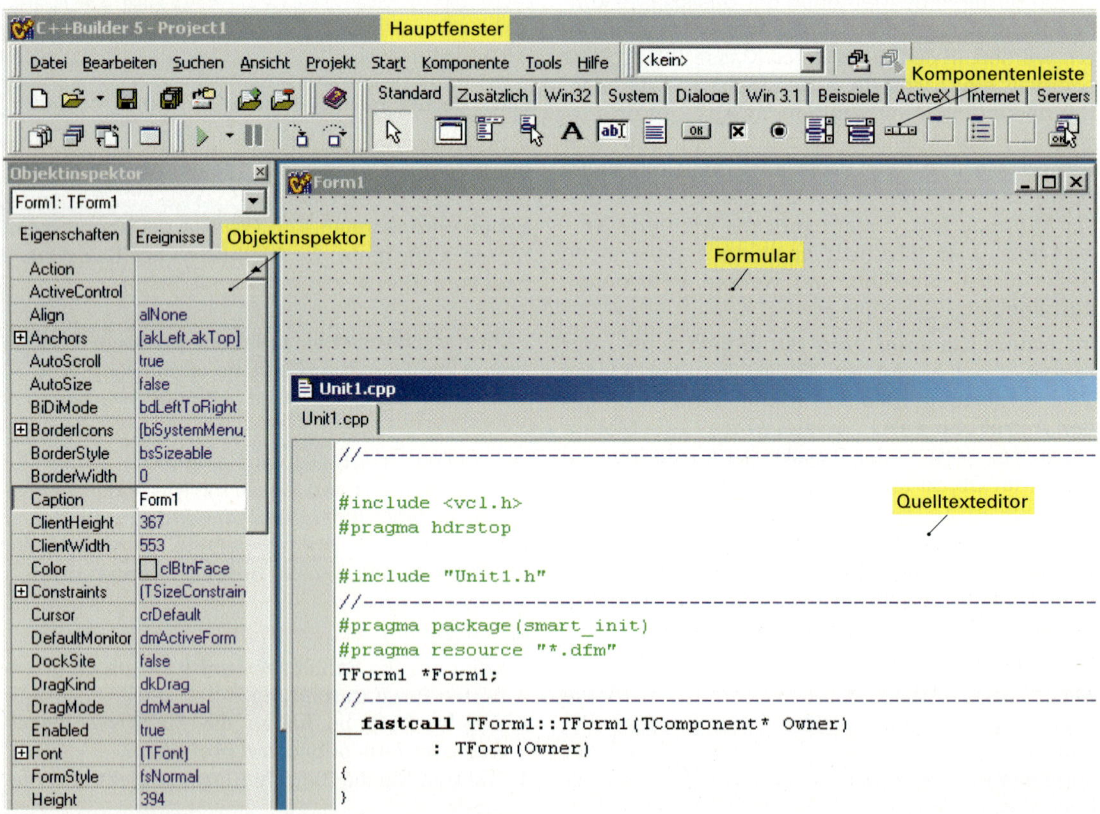

Bild 1: Entwicklungsumgebung des C++Builders

Der Objektinspektor

Über den Objektinspektor kann das Aussehen und das Verhalten der Objekte, die sich auf dem Formular befinden, und auch das Formular selbst beeinflusst werden. Dabei wird das Aussehen über freigegebene Eigenschaften des Objektes in der Karteikarte `Eigenschaften` festgelegt und das Verhalten, d. h. die gewünschten Methoden des Objektes, über die Karteikarte `Ereignisse` eingegeben **(Bild 1)**.

Das Aussehen und die Verhaltensweise eines Objektes wird über den Objektinspektor eingetragen.

Die wichtigste Eigenschaft eines Objektes ist sein Name (`Name`), über den es später angesprochen werden kann **(Tabelle)**. Über die Eigenschaften `Height` und `Width` wird die Größe des Objektes bestimmt. In einem Formular kann alternativ der Client-Bereich (von client = Kunde) eingegeben werden. Der Client-Bereich ist die verfügbare Fläche innerhalb eines Formulars, wobei z. B. die Titelleiste, Menüzeilen und Bildlaufleisten nicht dazugehören. Bei `Constraints` kann die minimale und maximale Höhe bzw. Breite eingestellt werden.

Übung 1:

a) Erzeugen Sie ein Formular und ändern Sie die Eigenschaften wie in **Bild 1** angegeben.

b) Fügen Sie einen Text über die Komponente `Label` in das Formular ein und verändern Sie die Schriftart sowie Schriftgröße.

c) Führen Sie das Programm aus.

Lösung:

a) **Bild 1,**

b) Text über die Eigenschaft `Caption` des Objektes `Label` eingeben, Schrift über die Eigenschaft `Font` verändern.

c) Starten über die Menüzeile durch `Start` –> `Start`, es erscheint **Bild 2.**

Wird im Objektinspektor der neue Name des Objektes Formular bestätigt, ändert sich im Objektauswahlfeld automatisch der Eintrag in `fMain:TfMain` (Bild 1). Dabei ist `fMain` der gewählte Name des Objektes Formular und `TfMain` die dazu gehörende Klasse. Das erzeugte Fenster kann vergrößert, jedoch nicht verkleinert werden. Der im Fenster ausgegebene Text kann durch den Benutzer nicht verändert werden.

Übung 2:

Fügen Sie einen Button auf dem Formular ein. Der Button soll folgende Eigenschaften bekommen: `Name` bPress, `Caption` Drücken.

Lösung: **Bild 1, folgende Seite**

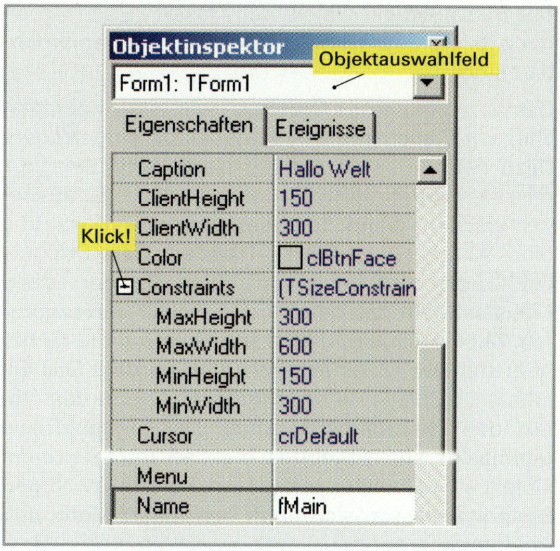

Bild 1: Auszug aus dem Objektinspektor

Tabelle: Eigenschaften (Auswahl)	
Eigenschaft	Erklärung
Caption	Beschriftung einer Komponente (nicht bei Edit-Feld).
ClientHeight	Client-Höhe in Pixel, nur bei Formular.
ClientWidth	Client-Breite in Pixel, nur bei Formular.
Constraints	Größenbeschränkung des Steuerelements in Pixel.
Enabled	Steuersignal, macht Programmkomponente für Benutzer verfügbar. Dabei bedeutet true = verfügbar, false = nicht verfügbar.
Font	Attribute des Textes, z. B. Schriftart, Schriftgröße.
Height	Höhe in Pixel.
Name	Bezeichner des Objektes.
Text	Anzeigbarer Text, z. B. bei Edit-Feld.
Width	Breite in Pixel.

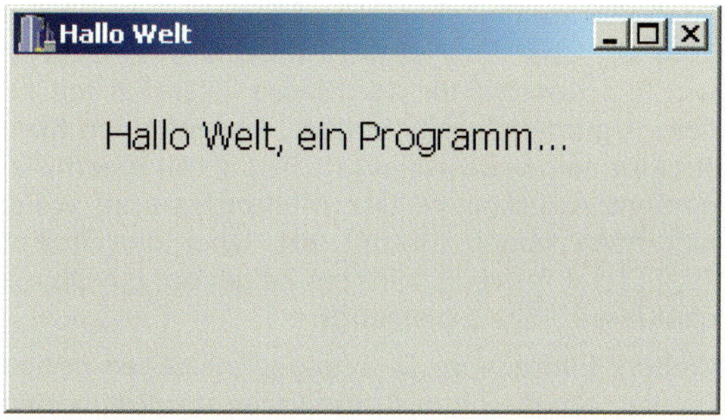

Bild 2: Ausgeführtes Programm

Der Button ist ein Objekt der Klasse `TButton`, in der z. B. die Eigenschaften der Buttons implementiert sind.

Das Verhalten eines Objektes, wie einer Schaltfläche, wird auch im Objektinspektor eingetragen. Dazu befinden sich auf der Karteikarte `Ereignisse` vordefinierte Ereignisse, die z. B. ausgelöst werden, wenn der Benutzer des Programms eine Aktion durchführt **(Tabelle)**. Das Ereignis `OnClick` wird bei einem Klick mit der linken Maustaste auf das betreffende Objekt hervorgerufen. Mit `OnMouseDown` kann auch auf die rechte oder mittlere Maustaste reagiert werden. Das Ereignis `OnEnter` wird aufgerufen, wenn das Objekt den Eingabefokus erhält. Der Eingabefokus gibt das gerade aktivierte Objekt an. Immer nur ein Objekt eines Fensters erhält ihn. Für die jeweiligen Ereignisse lassen sich dann bei Bedarf Methoden implementieren.

Der Quelltexteditor

Um die jeweiligen Methoden mit Programmcode zu belegen, wird der Quelltexteditor genutzt. Das Ereignis wird im Objektinspektor doppelt angeklickt und die dazugehörende Methode erscheint **(Bild 2)**. In den Methodenrumpf können die gewünschten Anweisungen eingetragen werden.

Übung:

Es soll ein Meldungsfenster erscheinen, sobald ein Benutzer den Button `bPress` betätigt. Dazu ist das Ereignis `OnClick` zu verwenden.

a) Wie lautet der Quelltext?

b) Führen Sie das Programm aus.

Lösung: a) **Bild 2**, b) **Bild 3**

Die Methode erhält automatisch den Namen `bPressClick()`, der aus dem Namen des Buttons `bPress` und der gewählten Ereignis `OnClick` zusammengesetzt ist (Bild 2). Sie gehört der Klasse `TfMain` an, da der Mausklick im aktiven Fenster `fMain` ausgeführt werden soll. Über `ShowMessage()` wird ein Meldungsfenster ausgegeben. Dieses wird durch Klicken der Schaltfläche `OK` geschlossen.

Im Quelltexteditor sind weitere Einträge vorhanden (Bild 2). Über `TfMain::TfMain():TForm()` wird ein Konstruktor der Klasse `TfMain` mit einem Argument implementiert, der auf einen Konstruktor seiner Basisklasse `TForm` mit einem Argument zurückgreift. Der Methodenrumpf weist hier noch keinen Eintrag auf. Über den Aufruf `TfMain *fMain;` wird ein Zeiger auf ein Objekt der Klasse `TfMain` erzeugt.

Weitere Einträge im Quelltexteditor geben nötige Dateien an, die beim Compilieren dazugebunden werden müssen.

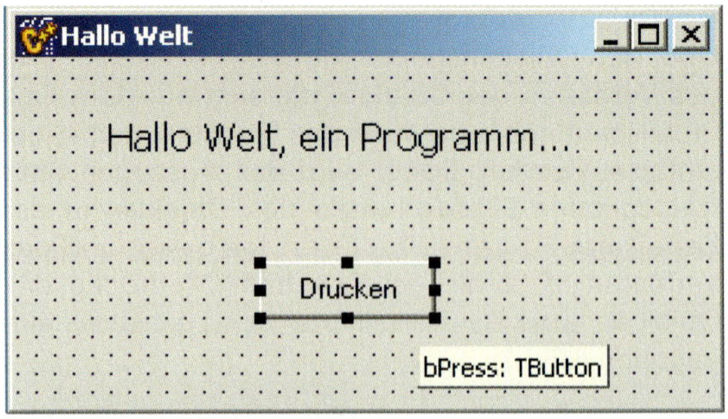

Bild 1: Fenster mit Schaltfläche

Tabelle: Ereignisse (Auswahl)	
Ereignis	Erklärung
OnClick	Die Komponente wurde mit linker Maustaste angeklickt.
OnClose	Das Formular wurde geschlossen.
OnEnter	Das Steuerelement erhält den Eingabefokus.
OnExit	Das Steuerelement verliert den Eingabefokus.
OnKeyDown	Der Benutzer hat eine Taste gedrückt.
OnMouseDown	Der Benutzer hat auf dem Steuerelement eine beliebige Maustaste angeklickt.

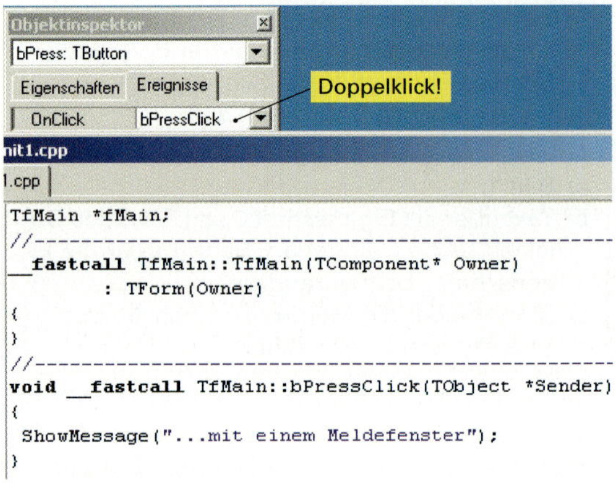

Bild 2: Quelltexteditor

Bild 3: Ausführen einer Methode

Arbeiten in Projekten

Zu einem Programm in C++ gehören eine Reihe von Dateien, die in einem Projekt zusammengefasst sind **(Bild 1)**.

Wenn Sie ein Projekt über `Datei -> Projekt speichern unter...` abspeichern, wird zuerst der Unit-Name, z. B. `unit1`, verlangt. Eine Unit enthält den Quelltext der ausformulierten Methoden des Programms, z. B. `unit1.cpp`. Gleichzeitig wird die dazugehörende Header-Datei unter dem Namen `unit1.h` und die dazugehörende Formulardatei unter dem Namen `unit1.dfm` abgespeichert. Eine Header-Datei enthält alle notwendigen Deklarationen, d. h. Vereinbarungen. Die Formulardatei enthält das Aussehen des Windows-Fensters. In die Header-Datei werden Bibliotheksdateien mit eingebunden, in denen die vordefinierten Klassen, wie `TForm` oder `TButton` vereinbart sind.

Anschließend muss der Projekt-Name, z. B. `project1`, eingegeben werden. Die Projektdatei, z. B. `project1.bpr`, enthält dann die Projekteinstellungen. Des weiteren wird automatisch das Hauptprogramm, z. B. `project1.cpp`, und die Ressourcendatei des Projekts, z. B. unter dem Namen `project1.res`, mit abgespeichert. Das Hauptprogramm startet die Windows-Anwendung und sollte nicht direkt bearbeitet werden.

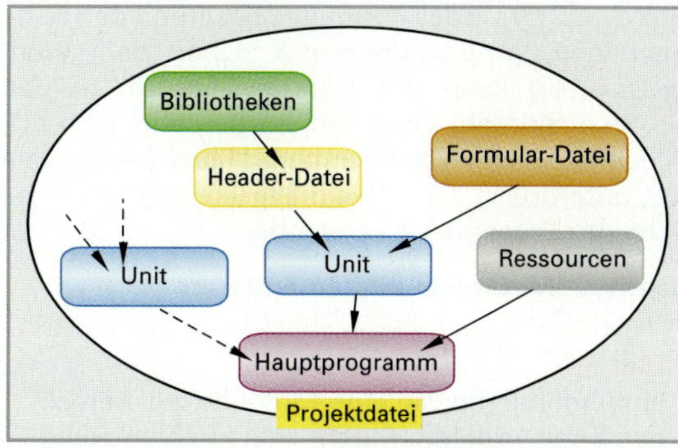

Bild 1: Dateien eines C++Builder-Projektes

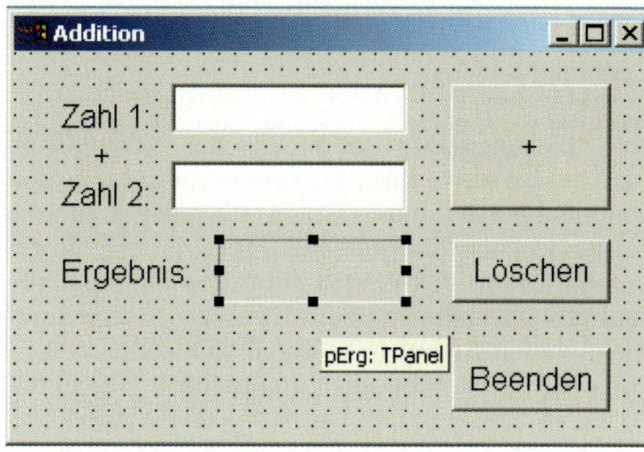

Bild 2: Windows-Fenster entwerfen

6.3.2.9 Projekt Addition zweier Zahlen

Schritt 1: Projekt anlegen

Ein neues Projekt wird im C++Builder über das Menü `Datei` gefolgt von `Neue Anwendung` angelegt.

Schritt 2: Windows-Fenster entwerfen

Übung:

Entwerfen Sie mit dem C++Builder eine Windows-Oberfläche, über die zwei Zahlen addiert werden können. Die Berechnung erfolgt über eine Schaltfläche. Über weitere Schaltflächen sollen die Eingaben und Ausgaben gelöscht und das Programm beendet werden können.

Lösung: **Bild 2, Tabelle,** die Methoden sind noch nicht implementiert.

Auf dem Formular werden die benötigten Objekte nach Bild 2 platziert und über den Eigenschafteninspektor die gewünschten Eigenschaften eingetragen (Tabelle). Dazu ist jeweils das entsprechende Objekt auf dem Formular anzuklicken. Die Objekte, die während der Programmierung der Methoden angesprochen werden müssen, erhalten einen eindeutigen Namen und die Beschriftung aller Objekte wird geändert. Die Eigenschaft

Tabelle: Vorgaben für das Projekt-Fenster

Objekt	Eigenschaft	Wert
Formular	BorderStyle Caption Font.Name Font.Size Name	bsDialog Addition Arial 12 fAdd
Label	Caption	Zahl 1:
Label	Caption	Zahl 2:
Label	Caption	+
Label	Caption	Ergebnis:
Edit	Name Text	eZ1 [leer]
Edit	Name Text	eZ2 [leer]
Button	Caption Name	+ bPlus
Button	Caption Name	Löschen bNeu
Button	Caption Name	Beenden bEnde
Panel	Alignment BevelOuter Caption Font.Color Name	taRightJustify bvLowered [leer] clRed pErg

`BorderStyle` des Formulars bestimmt den Rahmen des Windows-Fensters. Über den Wert `bsDialog` kann das Windows-Fenster in der Größe nicht mehr verändert werden und auch die Schaltflächen für Minimieren und Maximieren werden unterdrückt. Das Objekt `Panel` wird zur Ausgabe des Ergebnisses verwendet.

Schritt 3: Methoden implementieren

Übung 1:
Implementieren Sie eine Methode zur Berechnung der Addition. Sofern keine Zahlen eingegeben wurden, soll ein Meldungsfenster ausgegeben werden. Die Methode soll bei Klicken auf die Schaltfläche ⊞ aufgerufen werden.
Lösung: **Bild 1**

Im Objektinspektor wird für die Schaltfläche `bPlus` die Karteikarte Ereignisse aufgerufen und doppelt auf das Ereignis `OnClick` geklickt, um die dazugehörende Methode `bPlusClick()` zu erzeugen. Die in das Eingabefeld `eZ1` eingegebene Zahl kann in Textform über `eZ1->Text` angesprochen werden. Stehen in beiden Eingabefeldern Werte, wird die Berechnung durchgeführt. Über `eZ1 -> Text.ToDouble()` wird der Text in eine Kommazahl vom Format `double` gewandelt. `pErg-> Caption=erg;` gibt das Ergebnis in das Panel aus. Wurde in eines der Eingabefelder keine Zahl eingegeben, wird ein Meldungsfenster ausgegeben und über die Methode `SetFocus();` der Eingabefokus zurück auf das Eingabefeld gesetzt.

Übung 2:
Implementieren Sie die Methode zum Löschen der Eingaben und Ausgaben. Diese Methode soll bei Klicken auf die Schaltfläche `Löschen` aufgerufen werden.
Lösung: **Bild 2**

Im Objektinspektor für die Schaltfläche `bNeu` wird das Ereignis `OnClick` doppelgeklickt und so die Methode `bNeuClick()` erzeugt, in der die Texte der Eingabefelder und des Panels gelöscht werden. Anschließend wird der Eingabefokus über `eZ1-> SetFocus();` auf das Eingabefeld `eZ1` gesetzt (Bild 2).

Übung 3:
Implementieren Sie die Methode zum Schließen der Anwendung. Dafür soll die Schaltfläche `Beenden` verwendet werden.
Lösung: **Bild 3**

```
void __fastcall TfAdd::bPlusClick(TObject *Sender)
{
  double erg;
  if ((eZ1->Text != "") && (eZ2->Text != ""))
  {
    erg=eZ1->Text.ToDouble()+eZ2->Text.ToDouble();
    pErg -> Caption = erg;
  }
  else
  if (eZ1->Text =="")
  {
  ShowMessage("Bitte geben Sie Zahl 1 ein.");
  eZ1 -> SetFocus();
  }
  else
  {
  ShowMessage("Bitte geben Sie Zahl 2 ein.");
  eZ2 -> SetFocus();
  }
}
```

Bild 1: Listing der Methode `bPlusClick()`

```
void __fastcall TfAdd::bNeuClick(TObject *Sender)
{
  eZ1 -> Text = "";
  eZ2 -> Text = "";
  pErg -> Caption = "";
  eZ1 -> SetFocus();
}
```

Bild 2: Listing der Methode `bNeuClick()`

```
void __fastcall TfAdd::bEndeClick(TObject *Sender)
{
  fAdd -> Close();
}
```

Bild 3: Listing der Methode `bEndeClick()`

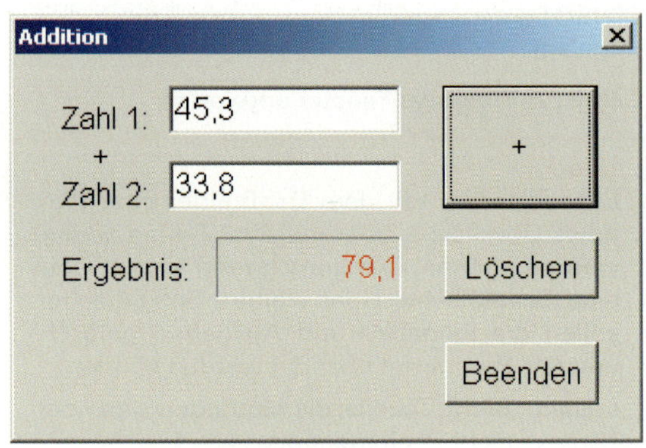

Bild 4: Ausführen des Programms

Über das Ereignis `OnClick` der Schaltfläche `bEnde` wird die Methode `bEndeClick()` aufgerufen (Bild 3). Das Fenster wird über das Objekt `fAdd` angesprochen und über die Methode `Close()` geschlossen.

Schritt 4: Programm ausführen
Das erstellte Programm wird im Menü `Start` durch Klicken auf `Start` ausgeführt **(Bild 4)**. Wird

eine Zahl nicht eingegeben, erscheint das Meldefenster. Eingaben von Text werden nicht abgefangen.

Schritt 5: Projekt abspeichern
Speichern Sie die Unit, z. B. `add.cpp`, und das Projekt, z. B. `pradd.bpr`, ab.

Schritt 6: Projekt erweitern

Menüzeile entwerfen. Das Fenster Addition soll nun über die Menüzeile eines weiteren Fensters gestartet werden.

> **Übung 1:**
> Erstellen Sie ein neues Formular `fMain` mit der Beschriftung Taschenrechner und einem Hauptmenü mit Namen `mMain`.
>
> *Lösung:* **Bild 1**

Das Menü wird mithilfe eines Menü-Designers erstellt, der über das Kontextmenü des Objektes `mMain` aufgerufen wird.

> **Übung 2:**
> Erstellen Sie ein Hauptmenü mit den Einträgen `Berechnen` und `Beenden`. Das Menü `Berechnen` besitzt die Einträge `Addition` und `Multiplikation`. Benutzen Sie die Vorgaben der **Tabelle**.
>
> *Lösung:* **Tabelle, Bild 2**

Im Menü-Designer wird die gewünschte Stelle für den Menüeintrag angeklickt und über den Objektinspektor sowohl der dazugehörende Name sowie die Beschriftung eingetragen (Bild 2). Der Menü-Designer kann z. B. über das Systemmenü geschlossen werden.

Unit einbinden. Um nun das Fenster für die Addition einbinden zu können, muss dieses dem neuen Projekt bekannt gemacht werden. Dazu muss im Menü `Ansicht` die Projektverwaltung geöffnet werden **(Bild 3)**. Im Kontextmenü des implementierten Programms, z. B. `project2.exe`, wird der Menüpunkt `Hinzufügen...` gewählt und die Unit gesucht, die zuvor angelegt wurde, z. B. `add.cpp`. Das Formular `fAdd` wird automatisch mit eingebunden (Bild 3).

In der Unit, die zum Fenster `fMain` gehört, muss das Fenster `fAdd` mit seiner dazugehörenden Klasse `TfAdd` bekannt gemacht werden. Dazu wird im Quelltexteditor die Zeile `#include "add.h"` eingetragen und so die Header-Datei `add.h` zu dieser Unit dazugebunden **(Bild 1, folgende Seite)**.

Methoden implementieren. Im Formular `fMain` wird der jeweilige Menüpunkt aufgerufen und die dazugehörende Methode erscheint im Quelltexteditor der Unit, z. B. `unit1.cpp`.

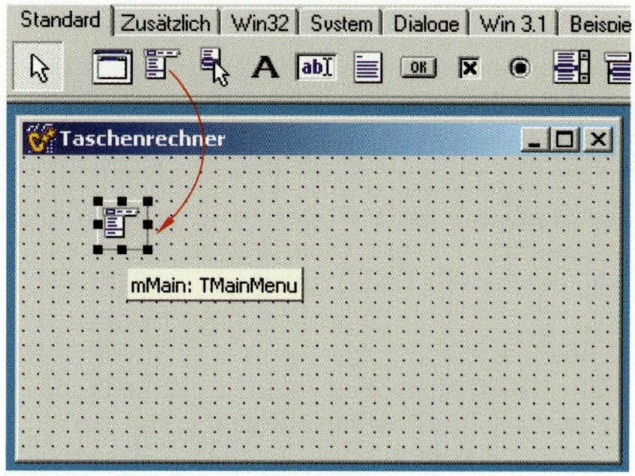

Bild 1: Einfügen des Hauptmenüs

Tabelle: Vorgaben für Hauptfenster

Objekt	Eigenschaft	Wert
Formular	Caption	Taschenrechner
	Name	fMain
Hauptmenü	Name	mMain
Menüeintrag	Caption	Addition
	Name	mAdd
Menüeintrag	Caption	Multiplikation
	Name	mMal
Menüeintrag	Caption	Beenden
	Name	mEnd2

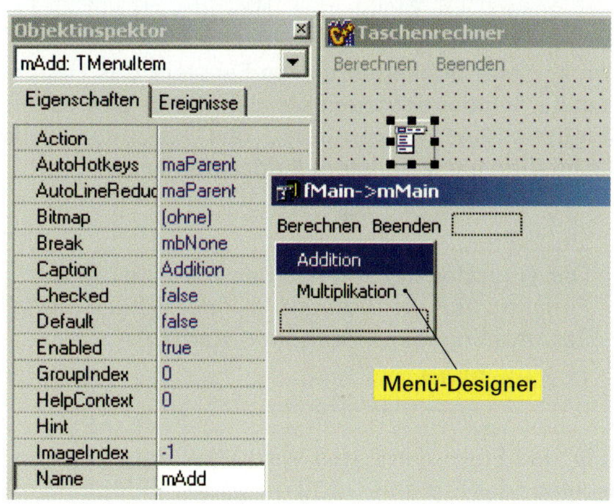

Bild 2: Menü-Designer

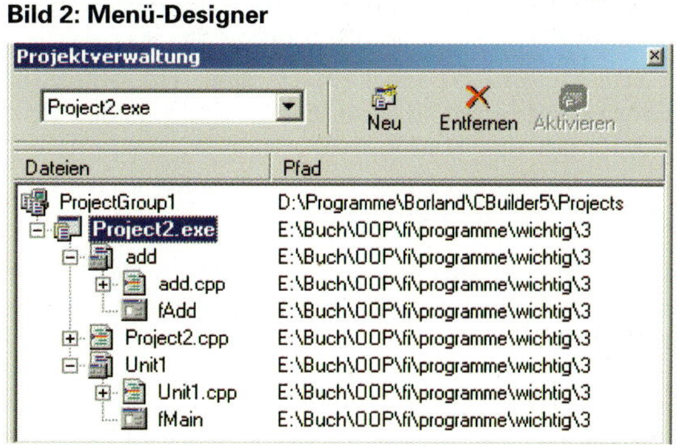

Bild 3: Fenster Projektverwaltung

Übung 1:
Durch Anklicken des Menüpunkts `Beenden` soll das Programm geschlossen werden.
Lösung: **Bild 2**

Die Methode `mEnd2Click()` wird durch Klick auf `Beenden` erstellt. Über `fMain->Close();` wird das Fenster `fMain` geschlossen (Bild 2).

Übung 2:
Über den Menüpunkt `Addition` soll das Fenster für die Addition aufgerufen werden.
Lösung: **Bild 3**

Die Methode `mAddClick()` wird durch Klick auf Addition erstellt. Über die Anweisung `fMain->Enabled=false;` wird das Hauptfenster `fMain` in den Hintergrund gesetzt und gesperrt. Anschließend wird über die Anweisung `fAdd->Show();` das Fenster `fAdd` für die Addition angezeigt (Bild 3).

Wird nun das Programm an dieser Stelle ausgeführt und über den Menüpunkt `Addition` das Fenster für die Addition aufgerufen und wieder geschlossen, so bleibt das Hauptfenster `fMain` weiter im gesperrten Zustand. Um dies zu ändern, muss beim Schließen dieses Fensters das Hauptfenster wieder entriegelt werden. Dafür gibt es ein Ereignis `OnCloseQuery`, das kurz vor dem Schließen eines Fensters aufgerufen wird.

Übung 3:
Das Hauptfenster soll nach dem Schließen des Fensters für die Addition wieder Maus- und Tastatureingaben verarbeiten können.
Lösung: **Bild 4**

Für das Formular `fAdd` wird über den Objektinspektor das Ereignis `OnCloseQuery` doppelt angeklickt und so die Methode `FormCloseQuery()` erzeugt. Hier wird über die Anweisung `fMain->Enabled=true;` das Hauptfenster wieder entriegelt (Bild 4). Damit auch in der Unit `add.cpp` das Hauptfenster `fMain` bekannt ist, muss die Header-Datei `unit1.h` über `#include "unit1.h"` dazugebunden werden.

Programm ausführen: Das Programm wird über den Menüpunkt `Start` im Menü `Start` ausgeführt **(Bild 5)**.

Die ausführbare Datei, z. B. `project2.exe`, ist im selben Verzeichnis wie der Quellcode des Programms zu finden.

Unit1.cpp

Unit1.cpp | add.cpp

```
#include "Unit1.h"
#include "add.h"
//---------------------------------------------
#pragma package(smart_init)
#pragma resource "*.dfm"
TfMain *fMain;
//---------------------------------------------
__fastcall TfMain::TfMain(TComponent* Owner)
        : TForm(Owner)
{
}
```

Bild 1: Quelltexteditor

```
void __fastcall TfMain::mEnd2Click(TObject *Sender)
{
  fMain -> Close();
}
```

Bild 2: Listing der Methode mEnd2Click()

```
void __fastcall TfMain::mAddClick(TObject *Sender)
{
  fMain -> Enabled = false;
  fAdd -> Show();
}
```

Bild 3: Listing der Methode mAddClick()

```
void __fastcall TfAdd::FormCloseQuery(TObject *Sender)
{
  fMain -> Enabled = true;
}
```

Bild 4: Listing der Methode FormCloseQuery()

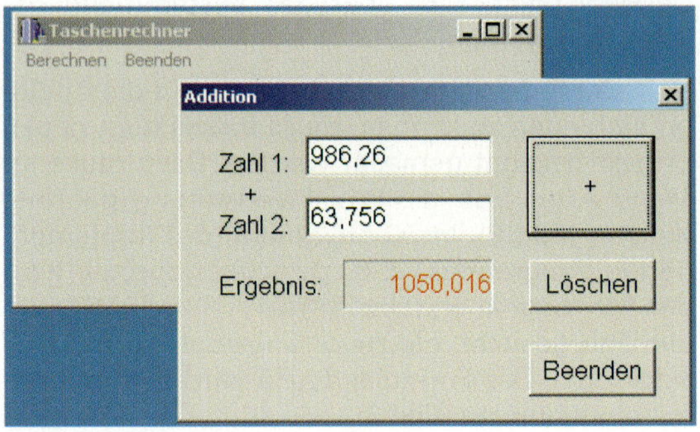

Bild 5: Ausführen des Programms

Wiederholung und Vertiefung

1. **Nennen Sie Eigenschaften von Fenster-Objekten und ihre Bedeutung.**
2. **Welche Ereignisse können bei Formularen bzw. Schaltflächen eintreten?**
3. **Welche Dateien gehören zu einem C++Builder-Projekt?**

6.4 Software-Entwicklungs-umgebungen

6.4.1 Übersicht

Für spezielle Anwendungsentwicklungen gibt es eine Vielzahl von Programmiersprachen. Meist sind die Programmiersprachen zur einfachen Bedienung mit Software-Umgebungen versehen, die auch ein Programmieren im Team erlauben. Andererseits gibt es auch Programmiersprachen, mit denen auf Betriebssystemebene programmiert werden kann. Dies wird oft auch als Konsolenprogrammierung bezeichnet.

C++Builder und Visual C++
Der C++Builder und Visual C++ sind Entwicklungssysteme für die prozedurale und objektorientierte Programmentwicklung **(Tabelle)**. Mit beiden Programmen ist eine Konsolenprogrammierung möglich.

Delphi und Kylix
Delphi (Ort in Griechenland) und Kylix (griechisches Trinkgefäß) sind Entwicklungssysteme, die von der Programmiersprache Pascal abgeleitet sind. Delphi arbeitet mit dem Betriebssystem Windows. Kylix ist die Variante von Delphi, die mit dem Betriebssystem Linux arbeitet. In Delphi geschriebene Programme laufen nach Anpassung der Klassenbibliotheken ohne große Änderungen in Kylix und umgekehrt auch in Delphi.

JBuilder und Visual J++
JBuilder und Visual J++ sind Entwicklungssysteme, die Java als Programmiersprache verwenden. Visual J++ arbeitet mit Windows, während der JBuilder mit den Betriebssystemen Windows, Linux und Solaris arbeitet.

Mit beiden Programmen kann man ausführbare Anwendungen (Applications) und Applets (von little application = kleine Anwendung) programmieren, die mit Browsern ausgeführt werden.

C#
C# (# sprich: sharp) wird zur Programmierung von Internetanwendungen verwendet. C# ist auch für das Arbeiten mit Web-Servern vorgesehen.

HTML und JavaScript
Mit HTML-Programmen werden Seiten erstellt, die z. B. vom Internet heruntergeladen mit einem Browser angezeigt werden können. Für komplexere Anwendungen, wie Darstellung dynamischer Web-Seiten, verwendet man als Ergänzung zu HTML *JavaScript* (Abschnitt 6.4.7). *HTML* und JavaScript sind Interpretersprachen.

Tabelle: Sprachen und Entwicklungssysteme

Name	Betriebs-system	Verwendete Programmier-sprachen, Anwendung
C++Builder	Windows	C, C++. Prozedurale und objektorientierte Programme.
Delphi	Windows	Pascal. Prozedurale und objektorientierte Programme.
HTML	Windows	Seitenbeschreibungs-sprache.
JavaScript	Windows	Scriptsprache. Erweiterung der Seitenbeschreibungs-sprache HTML für die Web-Programmierung.
JBuilder	Windows, Linux, Solaris	Java. Web-Programmierung, z. B. mit Applets.
Kylix	Linux	Pascal. Prozedurale und objektorientierte Programme.
PHP	Windows, Linux	Scriptsprache. Erfordert ein Web-Serverprogramm.
Python	Windows, Linux	Interpretersprache.
Visual J++	Windows	Java. Web-Programmierung, z. B. mit Applets.
Visual Studio.NET	Windows	C#. Web-Programmierung. Visual C++. Prozedurale und objektorientierte Programme. Visual Basic. Benutzeroberflächenprogrammierung.

PHP
Ist wie Javascript eine Scriptsprache, die in HTML eingebettet werden kann. PHP wird auf dem Server ausgeführt. Der Client erhält das Ergebnis des PHP-Programmablaufs als HTML-Datei, die keinen PHP-Quellcode enthält.

Python
Python eignet sich für die Verarbeitung von ASCII-Dateien, zur Systemadministration und zur WEB-Programmierung. Python unterstützt sowohl die prozedurale als auch die objektorientierte Programmierung.

Visual Basic
Visual Basic ist ein objektorientiertes Programmiersystem, das insbesondere zur Erstellung von Benutzeroberflächen, für die Programmierung von Client-Server-Anwendungen und auch für die Web-Programmierung verwendet wird.

Wiederholung und Vertiefung

1. **Mit welchen Programmiersprachen kann man prozedural und objektorientiert programmieren?**
2. **Welcher Unterschied besteht zwischen Javascript und PHP?**
3. **Welche Programme erlauben eine Applet-Programmierung?**

6.4.2 Programmieren in Java

Plattformabhängige Programmierung

Übliche Programmiersprachen, wie z. B. C++ oder Pascal, übersetzen Quelltexte mit Compilern, die für eine bestimmte Hardware (Maschine) entwickelt wurden **(Bild 1)**. Für jede Hardware und jede Programmiersprache ist ein eigener Compiler zur Erzeugung ausführbarer Dateien notwendig. Diese Art der Programmierung nennt man deshalb plattformabhängige Programmierung. So erzeugte Programme sind nicht ohne Eingriff portierbar (von portable = tragbar, hier übertragbar).

> Übliche Programmiersprachen erzeugen ausführbare Dateien, die nicht portierbar sind.

Ein Quelltext, der z. B. auf einem PC mit einem Pentium-Prozessor zu der ausführbaren Datei `hallo1.exe` compiliert wurde, muss für eine Workstation entsprechend zu einer ausführbaren Datei `hallo3.exe` neu compiliert werden.

Für die weltweite Übertragung von Daten, z. B. im Internet, benötigt man deshalb ein plattformunabhängiges Datenformat.

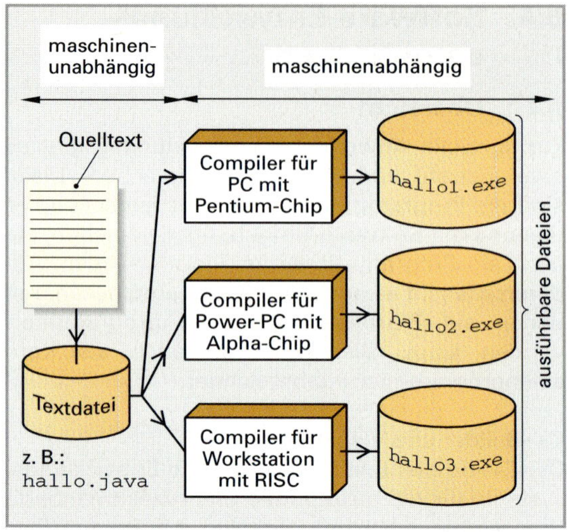

Bild 1: Programmentwicklung mit den Programmiersprachen PASCAL, C, Delphi

Java-Programmierung

Quelltexte für die Programmiersprache Java (amerikan. Java = Kaffee, sprich: tschawa) werden für das verwendete Computersystem im entsprechenden Java-Compiler in portierbaren *Java-Bytecode* übersetzt **(Bild 2)**.

> Java-Compiler erzeugen portierbaren Java-Bytecode.

Dieser Java-Bytecode wird über das Internet an den Empfänger gesendet. Auf der Empfangsseite muss der Java-Bytecode an das verwendete Computersystem angepasst werden. Dazu verwendet man Interpreter (Interpreterprogramme), die den Java-Bytecode stückweise ausführen. Diese Interpreter sind in den Browsern (von to browse = schmökern) enthalten. Browser sind z. B. der Internet-Explorer oder der Netscape-Communicator.

> Browser führen Programme im Java-Bytecode aus.

Interpreter arbeiten langsamer als Compiler, da sie Programme stückweise ausführen.

Java-Programme können mit einem Editorprogramm und dem JDK (von Java Development Kit = Java-Entwicklungswerkzeug) der Firma Sun erzeugt werden. Der JDK enthält z. B. den Java-Compiler, einen Debugger und einen Browser. Meist

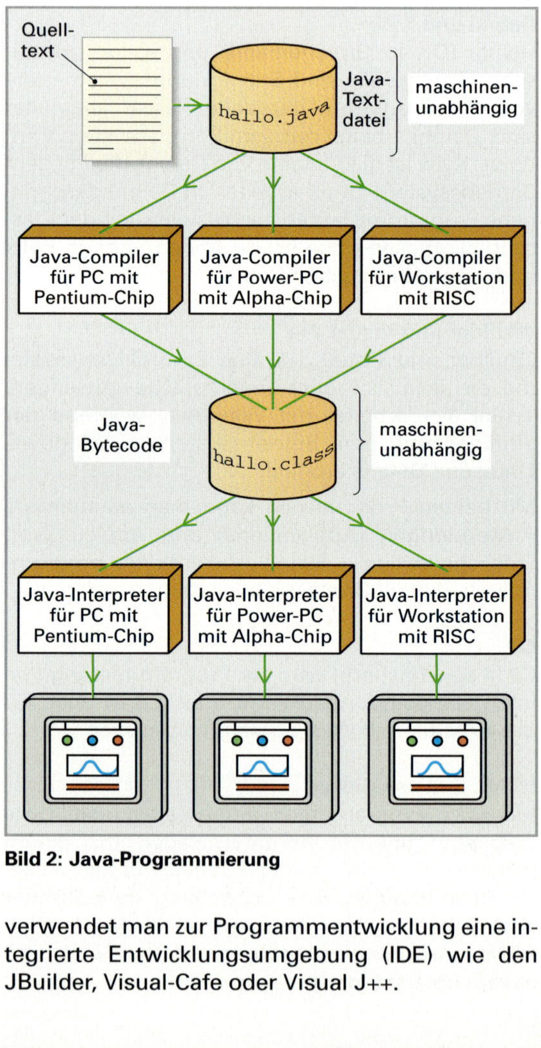

Bild 2: Java-Programmierung

verwendet man zur Programmentwicklung eine integrierte Entwicklungsumgebung (IDE) wie den JBuilder, Visual-Cafe oder Visual J++.

Programmerstellung mit dem JDK

Java Application. Eine Application (Anwendung) ist ein ausführbares Programm, das im DOS-Fenster von Windows durch Eingabe von Kommandos gestartet wird **(Tabelle)**. Anwendungen erstellt man schrittweise.

Übung 1:

Schreiben Sie mit einem Texteditor z. B. WordPad den Quelltext für die Anwendung mit dem Namen `HalloJava` zur Ausgabe des Textes „Hallo Java-Freunde!“.

Lösung: **Bild 1**

Der Quelltext beginnt mit der Zeile `class HalloJava` (Bild 1). Der Klassenname und der Dateiname müssen gleich sein. Dabei ist die Schreibweise der Zeichen zu beachten.

Bei Java-Programmen werden Großbuchstaben und Kleinbuchstaben unterschieden.

Es folgt ein Anweisungsblock, der durch geschweifte Klammern { ... } begrenzt wird. Zeile drei enthält den Aufruf der Methode `main()` (Tabelle). Der Anweisungsblock nach der Methode `main()` enthält die Methode `System.out.println()` (von out = aus und print line = drucke Zeile) mit dem auszugebenden Text. Dann speichert man den Quelltext als Datei `HalloJava.java` im Textformat ab **(Bild 2)**.

Im nächsten Schritt wird die Datei compiliert. Dazu ruft man vom DOS-Fenster aus den Java-Compiler mit `javac HalloJava.java` auf.

Übung 2:

Compilieren Sie die Quelldatei `HalloJava.java`.

Lösung:

Eingabe von `javac HalloJava.java`.

Durch das Compilieren wird die ausführbare Datei `HalloJava.class` erzeugt (Bild 2).

Zum Ausführen des Programms ruft man vom DOS-Fenster aus den Java-Interpreter auf.

Übung 3:

Führen Sie das Programm `HalloJava.class` aus.

Lösung: **Eingabe von `java HalloJava`, Bild 3.**

Es wird auf dem Bildschirm der Text `Hallo Java-Freunde!` ausgegeben.

Tabelle: Begriffe beim Programmieren in Java	
Begriff	**Erklärung**
`class`	Class = Klasse. Klassen bestehen aus einem Vereinbarungsteil und einem Anweisungsblock mit Variablen und Methoden.
`main()`	main = Haupt. Programmausführung beginnt durch Aufruf der Methode main().
`public`	public = öffentlich. Diese Klasse kann von jedem Objekt aufgerufen werden.
`static`	static = statisch. Bedeutet, main() ist eine Methode in einer Klasse.
`void`	void = leer. Bedeutet, die Methode main() liefert keinen Rückgabewert.
`args[ ]`	Zeichenkettenfeld. Zur Übergabe von Zeichenketten an die Methode main().

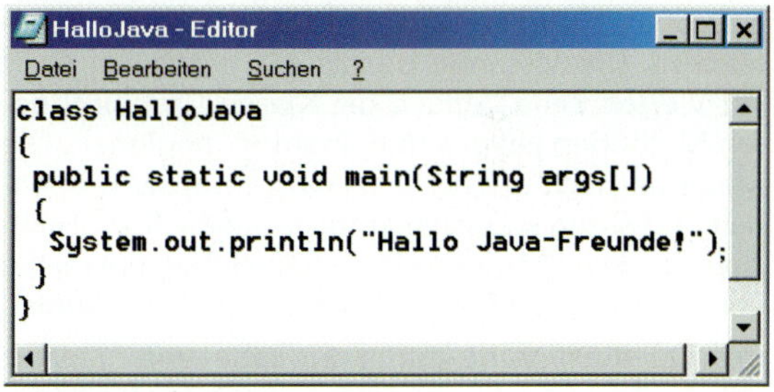

Bild 1: Quelltextdatei HalloJava

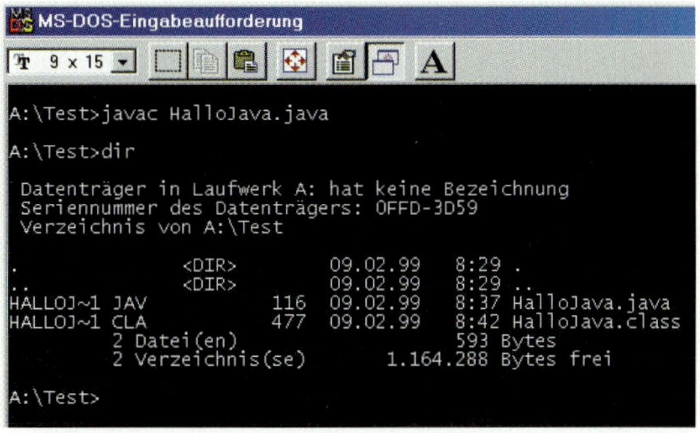

Bild 2: Anzeige der erzeugten Dateien

Bild 3. Ergebnisanzeige HalloJava.class

Java-Applet. Ein Applet ist kein eigenständiges Programm **(Tabelle)**. Zu ihrer Ausführung werden Applets mit ihrem Namen von HTML-Dateien aus aufgerufen.

Der Text `Hallo Java-Freunde!` soll nun mit einem Applet dargestellt werden.

Übung 1:

Schreiben Sie mit einem Texteditor den Quelltext für das Applet und speichern Sie die Quelltext-Datei als `HalloJavaApplet.java` ab.

Lösung: **Bild 1**

In der ersten Zeile wird mit `java.awt.Graphics` die Java-Klasse Graphik eingebunden. Der Zusatz `extends java.applet.Applet` in der zweiten Zeile besagt, dass die Klasse `HalloJavaApplet` von der Basisklasse `applet` abgeleitet wird. Die Methode `paint(Graphics g)` in der vierten Zeile benutzt die Klasse Graphics, deren Methoden jeweils mit einem `g.` beginnen. Die Methode `g.drawString` (von to draw = zeichnen und string = Zeichenkette) gibt den Text „Hallo Java-Freunde!" aus. Der Buchstabe H beginnt rechts oberhalb von den Pixelkoordinaten 50,50 im Applet.

Der Quelltext wird durch Eingabe von `javac HalloJavaApplet.java` zur Datei `HalloJavaApplet.class` compiliert.

Übung 2:

Schreiben Sie eine HTML-Datei mit dem Namen `HalloJavaApplet.html` zum Ausführen des compilierten Applets.

Lösung: **Bild 2**

Die HTML-Datei wird mit einem Texteditor erzeugt.

Die Zeile `<applet code = "HalloJavaApplet.class" width=300 height=100>` enthält den Aufruf zum Einfügen des Applets HalloJava sowie die Größenvorgabe für die Breite (`width`) und die Höhe (`height`) der Darstellung des Textfeldes in Pixel.

Applets kann man mit dem *Appletviewer* durch Eingabe von `appletviewer HalloJavaApplet.html` im DOS-Fenster oder mit einem Browser anschauen. Nach dem Start z. B. des Browsers `Netscape` wird durch Aufruf der Datei `HalloJavaApplet.html` das Applet ausgeführt **(Bild 3)**.

Bei der Erzeugung von Applets entstehen die Dateien mit den Extensionen `*.java`, `*.class` und `*.html`.

Tabelle: Begriffe bei der Erstellung von Applets

Begriff	Erklärung
Applet	von little application = kleine Anwendung. Programmteil, der in ein HTML-Programm eingebunden wird.
Appletviewer	Appletviewer = Applet-Betrachter. Applets ohne Browser direkt anschaubar.
awt	von Abstract Windows Toolkit = Abstrakter Fenster Bausatz. Sammlung (package) von Klassen für die Grafikprogrammierung.
GUI	von **G**raphical **U**ser **I**nterface = grafische Benutzer-Schnittstelle.
HTML	Von Hypertext Markup Language = Sprache zum Beschreiben strukturierter Dokumente.
import	Fügt Klassen oder Packages ein.
paint()	to paint = malen. Methode zum Darstellen des Appletzeichenfeldes.

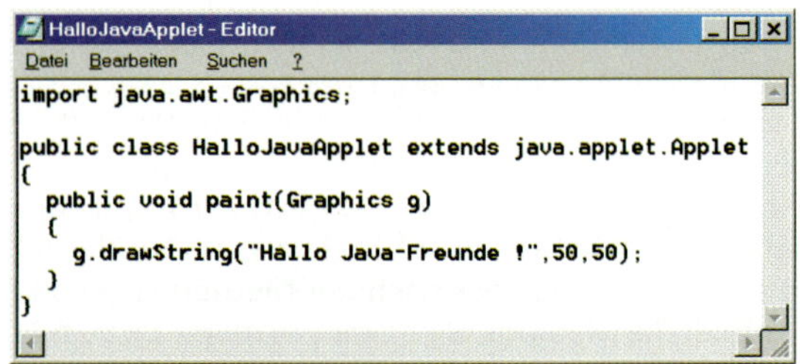

```
import java.awt.Graphics;

public class HalloJavaApplet extends java.applet.Applet
{
  public void paint(Graphics g)
  {
    g.drawString("Hallo Java-Freunde !",50,50);
  }
}
```

Bild 1: Quelltextdatei für ein Applet

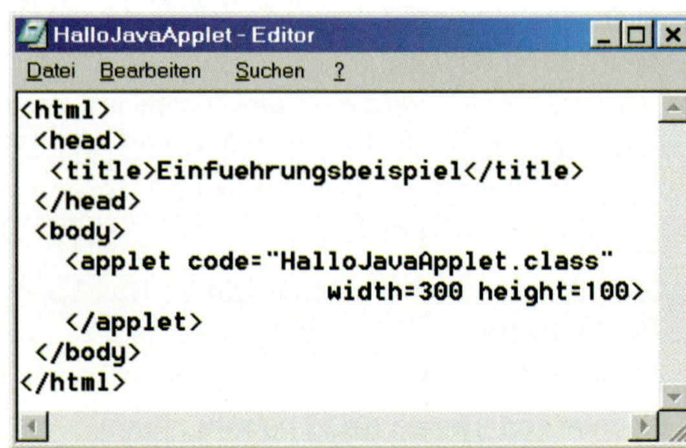

```
<html>
 <head>
  <title>Einfuehrungsbeispiel</title>
 </head>
 <body>
   <applet code="HalloJavaApplet.class"
                 width=300 height=100>
   </applet>
 </body>
</html>
```

Bild 2: HTML-Datei zum Aufruf eines Applets

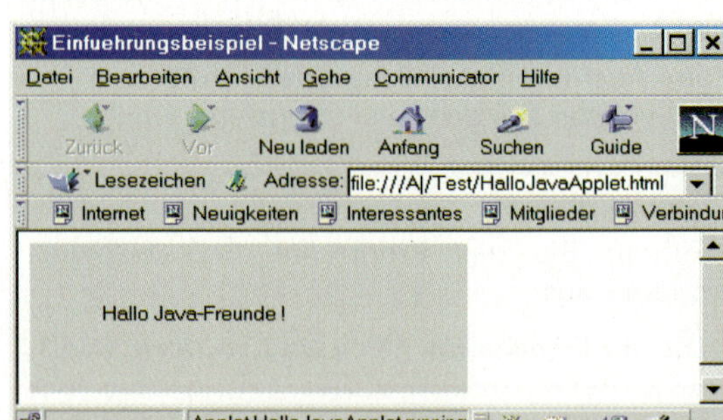

Bild 3: Bildschirmanzeige des Applets

Programmerstellung mit JBuilder

Der JBuilder ist ein Programmiersystem für objektorientierte Programmierung in Java. In JBuilder nennt man Programme *Projekte.*

Erstellen einer Konsolenanwendung mit dem JBuilder

Die Erstellung des Projektes erfolgt schrittweise. Nach dem Start des Programms `JBuilder` erscheint die integrierte Entwicklungsumgebung mit ihrem Hauptmenü **(Bild 1)**.

Es soll das Projekt `Hallo1.jpr` zur Ausgabe des Textes „Hallo Java-Freunde!" in einem DOS-Fenster oder im Fenster `Ausführungsprotokoll` des JBuilders erstellt werden. Die Lösung erfolgt schrittweise.

Schritt 1: Projekt-Experten aufrufen

Nach Anklicken des Menüpunktes `Neu` im Menü `Datei` des Hauptmenüs öffnet sich ein Fenster mit dem Namen `Projekt-Experte:` **(Bild 2)**.

Übung:

Ändern Sie die Vorgaben im Fenster `Projekt-Experte:` für das Projekt `Hallo1.jpr` ab.

Lösung: **Bild 2**

Nach Anklicken der Schaltfläche `Fertigstellen` schließt das Fenster `Projekt-Experte:`. Der Projektexperte legt nun das Dokument `Hallo1.html` an und öffnet das Fenster `Projekt Hallo1.jpr` zur Bearbeitung **(Bild 3)**. Im Editorfenster kann die Datei `Hallo1.html` bearbeitet werden. Da diese Datei bei einer Anwendung nicht benötigt wird, kann sie auch durch Markieren und Anklicken des Buttons 🗀 entfernt werden.

Schritt 2: Quelltextdatei erstellen

Nun soll die Datei `HalloWelt.class` für den Quelltext erzeugt werden. Nach Anklicken des Menüpunktes `Neu` im Menü `Datei` des Hauptmenüs öffnet sich das Fenster `Neu...` **(Bild 4)**. Um eine neue Klasse anzulegen, klickt man das Ikon `Klasse` an.

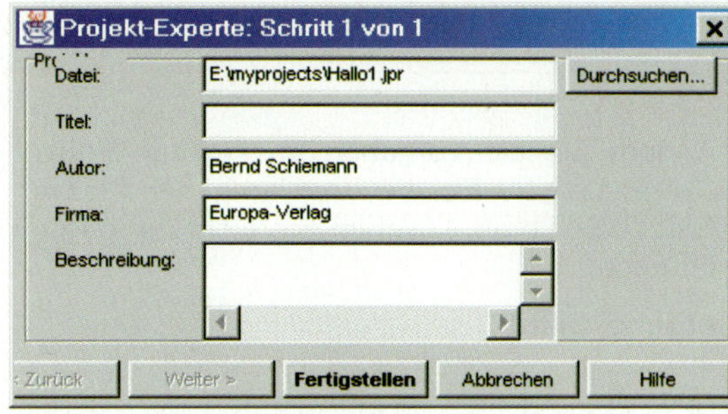

Bild 2: Fenster Projekt-Experte, Schritt 1

Bild 3: Fenster Hallo1.jpr

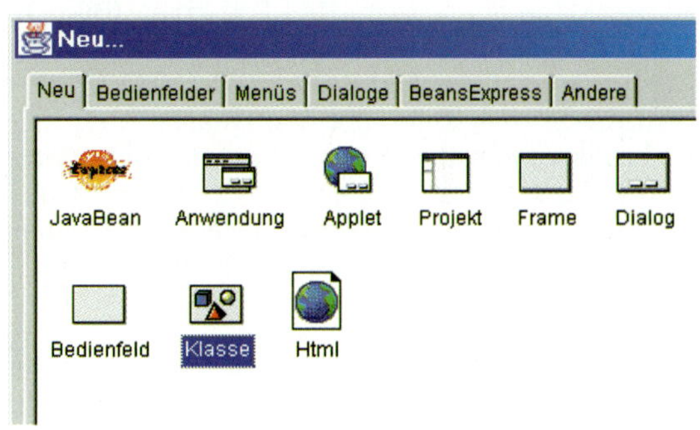

Bild 4: Ausschnitt aus dem Fenster Neu...

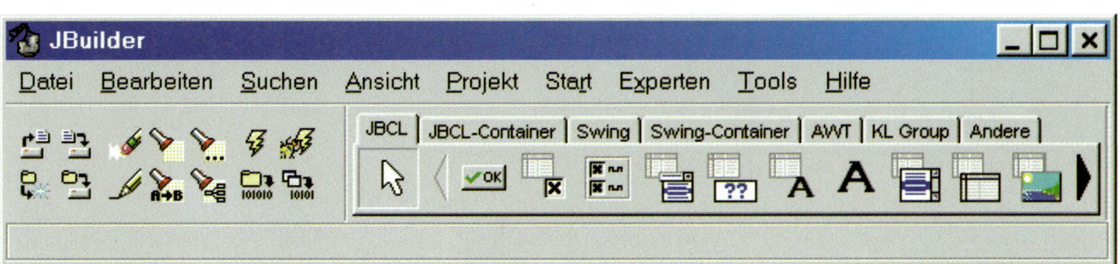

Bild 1: Hauptmenü des Programmiersystems JBuilder

Es öffnet sich das Fenster `Neue Java-Datei`.

Übung 1:

Ändern Sie die Vorgaben im Fenster `Neue Java-Datei` für die Erstellung der Klasse `HalloWelt` ab. Löschen Sie nicht benötigte Einträge.

Lösung: **Bild 1**

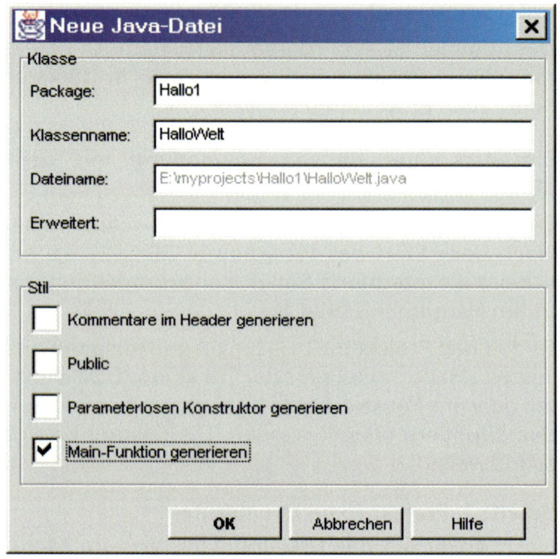

Bild 1: Fenster Neue Java-Datei

Schritt 3: Quelltext erstellen

Nach Anklicken der Schaltfläche `OK` erscheint das Fenster `Projekt Hallo1.jpr` mit Verzeichnisbaum und dem Editor für den Quelltext der Datei `HalloWelt.java`. Im Editorfenster muss nun der vorgegebene Text abgeändert werden.

Übung 2:

Ändern Sie den Text der Klasse `HalloWelt.java` so ab, dass die gewünschte Textausgabe möglich wird.

Lösung: **Bild 2**

Schritt 4: Projekteigenschaften einstellen

Durch Klicken mit der rechten Maustaste auf das Icon der Datei `Hallo Welt.java` im Verzeichnisbaum (Bild 2, linke Seite) öffnet sich das Fenster `Eigenschaften von Hallo1.jpr` **(Bild 3)**. Nach Anklicken der Karteikarte `Start/Debug` wählt man im Listenfeld `Startfähige Vorgabedatei:` die Zeile mit der Klasse `HalloWelt.java` aus. Zusätzlich stellt man den Schalter `Konsolen-I/O` auf `Ausgabe zum Ausführungsprotokoll senden`. Nach Schließen des Fensters kann das Projekt nun compiliert werden.

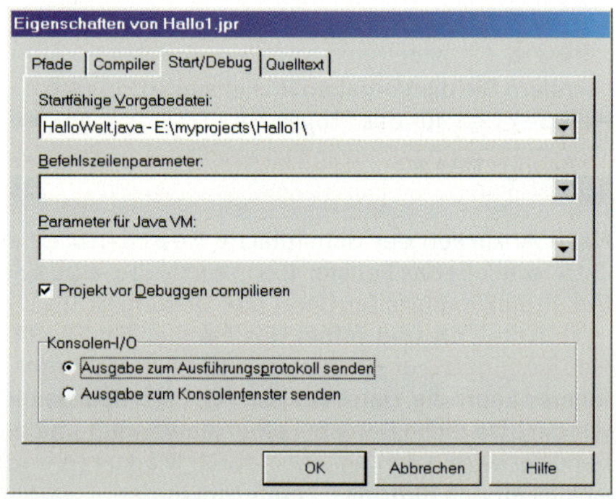

Bild 3: Ausschnitt aus dem Fenster Eigenschaften

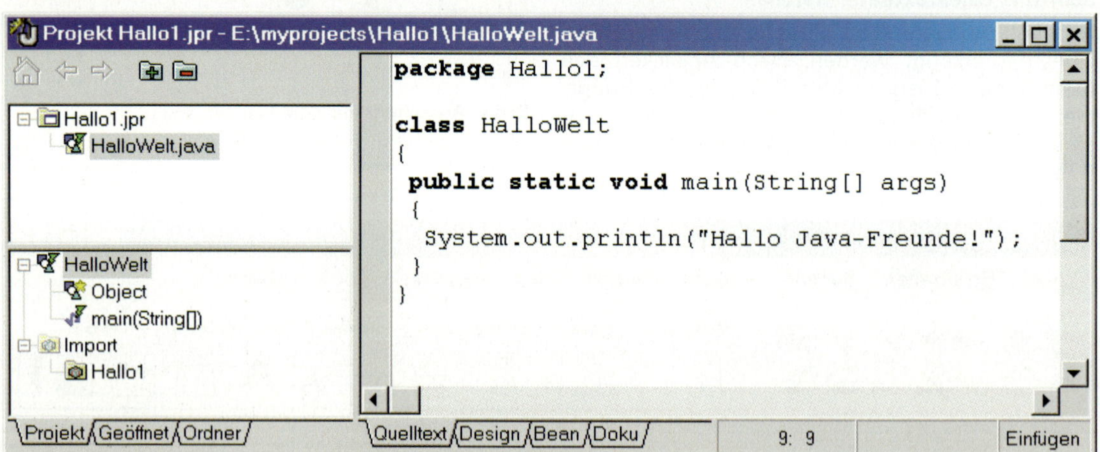

Bild 2: Verzeichnisbaum und Editor für das Projekt Hallo1.jpr

Schritt 5: Projekt Hallo1.jpr compilieren

Durch Anklicken des Menüpunktes `Projekt` im Hauptmenü klappt das Projektmenü auf **(Bild 1)**. Hier klickt man die Zeile `Projekt "Hallo1.jpr" neu erstellen` an. Das Programm compiliert nun das Projekt und erzeugt die Datei `HalloWelt.class`. Im Hauptmenü zeigt in der Statuszeile die Meldung `Compiler: Erfolgreich, keine Fehler aufgetreten` die fehlerfreie Compilierung an.

Schritt 6: Programm ausführen

Klickt man den Menüpunkt `Start` im Hauptmenü an, öffnet sich das Startmenü **(Bild 2)**. Hier klickt man die Zeile `Start"HalloWelt" F9` an. Damit läuft das Programm, aber man sieht kein Ergebnis. Dazu muss das Ausführungsprotokollfenster aktiviert werden.

Schritt 7: Ausführungsprotokollfenster einschalten

Dies geschieht durch Anklicken der Zeile `Ausführungsprotokoll` im Menüpunkt `Ansicht` des Hauptmenüs.

Das Ausführungsprotokoll enthält in den ersten Zeilen Angaben zur Compilierung **(Bild 3)**. Erst am Schluss wird der Text `Hallo Java-Freunde` ausgegeben.

Die vom JBuilder erzeugten Dateien des Projektes `Hallo1` findet man in den Verzeichnissen `myprojects` und `myclasses` **(Bild 4)**. Diese befinden sich meist im gleichen Verzeichnis wie das Programm JBuilder.

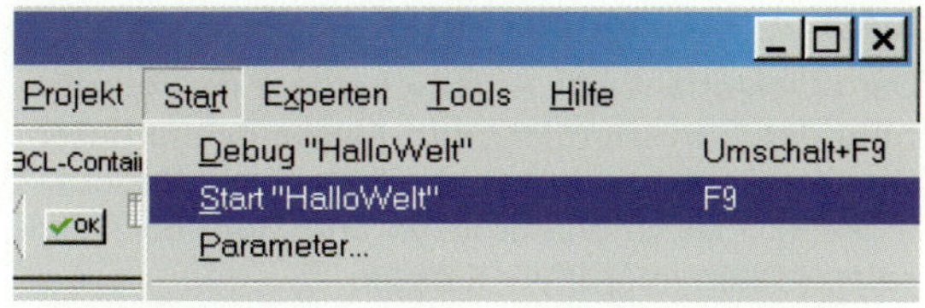

Bild 2: Ausschnitt aus dem Hauptmenü mit aktiviertem Startmenü

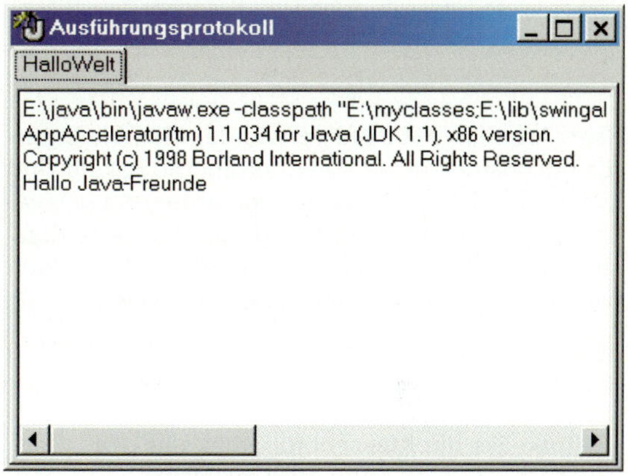

Bild 3: Fenster Ausführungsprotokoll mit Textausgabe

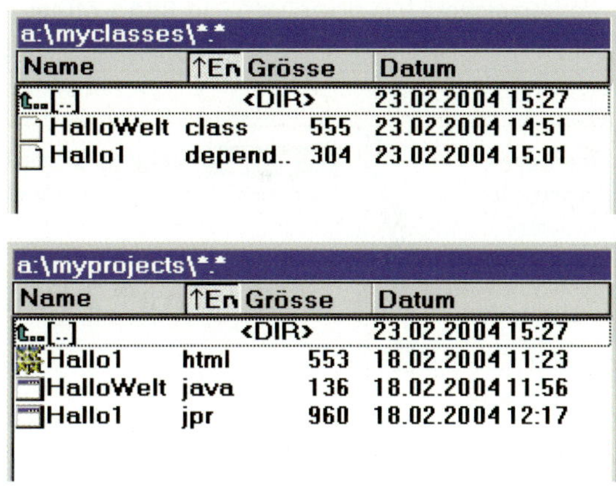

Bild 4: Dateien des Projekts Hallo1.jpr

Wiederholung und Vertiefung

1. **Wie nennt man Interpreter zur Ausführung von Byte-Code?**
2. **Was ist eine Application?**
3. **Nennen Sie die Schritte zur Programmierung einer Java-Application mit dem JDK.**
4. **Was versteht man unter einem Applet?**

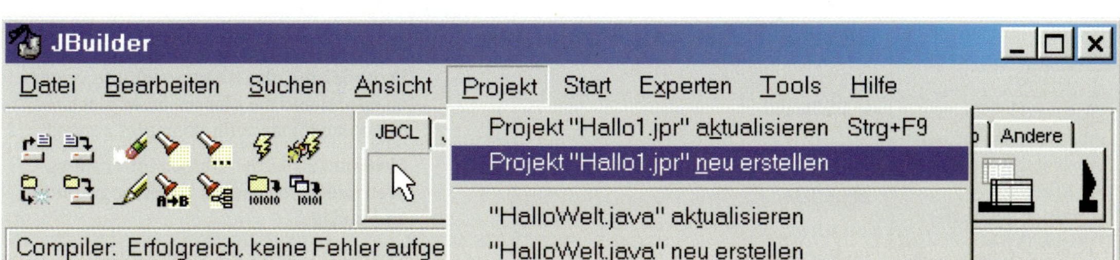

Bild 1: Hauptmenü nach der Compilierung des Projektes Hallo1.jpr

6.4.3 Klassenbibliotheken für Java

Der objektorientierte Aufbau bedingt die Auslagerung des Sprachumfangs in Klassenbibliotheken. Die Klassenbibliotheken heißen auch Packages (Pakete). Klassenbibliotheken enthalten nach Einsatzgebieten geordnete Klassen.

> Klassenbibliotheken sind nach Einsatzgebieten geordnete Sammlungen von Klassen.

Beim Arbeiten mit Java verwendet man die unterschiedlichsten Pakete von Klassen. Die Pakete sind in Java im JDK (von Java Development Kit = Java-Entwicklungs-Baukasten) dokumentiert. Alle Klassen sind auf HTML-Seiten beschrieben. Zum Lesen wird ein Browser wie Netscape verwendet.

Übung:
Öffnen Sie die Klassenbibliothek des JDK. Der JDK ist z. B. auf Laufwerk H installiert.

Lösung:
Nach Doppelklick auf die Datei `index.html` im Verzeichnis `H:\docs\api` in **Bild 1** öffnet sich das Fenster API-Specification **Bild 2**.

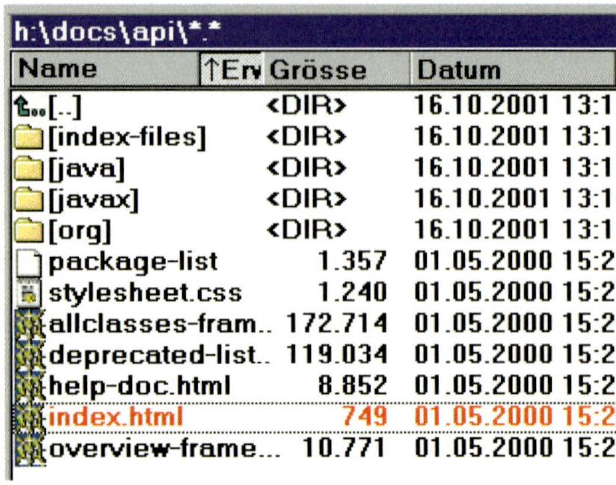

Bild 1: API-Verzeichnis

6.4.3.1 Anwendungs-Programmierschnittstelle API

Als API bezeichnet man das Application Programming Interface (= Anwendungs-Programmierschnittstelle), d. h. die Programmierschnittstelle einer Klasse, eines Paketes oder einer ganzen Bibliothek. Hier findet man Auskunft zu allen vorhandenen Paketen, Klassen, Methoden und Variablen. Im linken oberen Fenster findet man eine Liste aller Pakete des JDK. Ein Klick auf eines der Pakete zeigt die Liste aller zugehörigen Klassen im unteren Fenster.

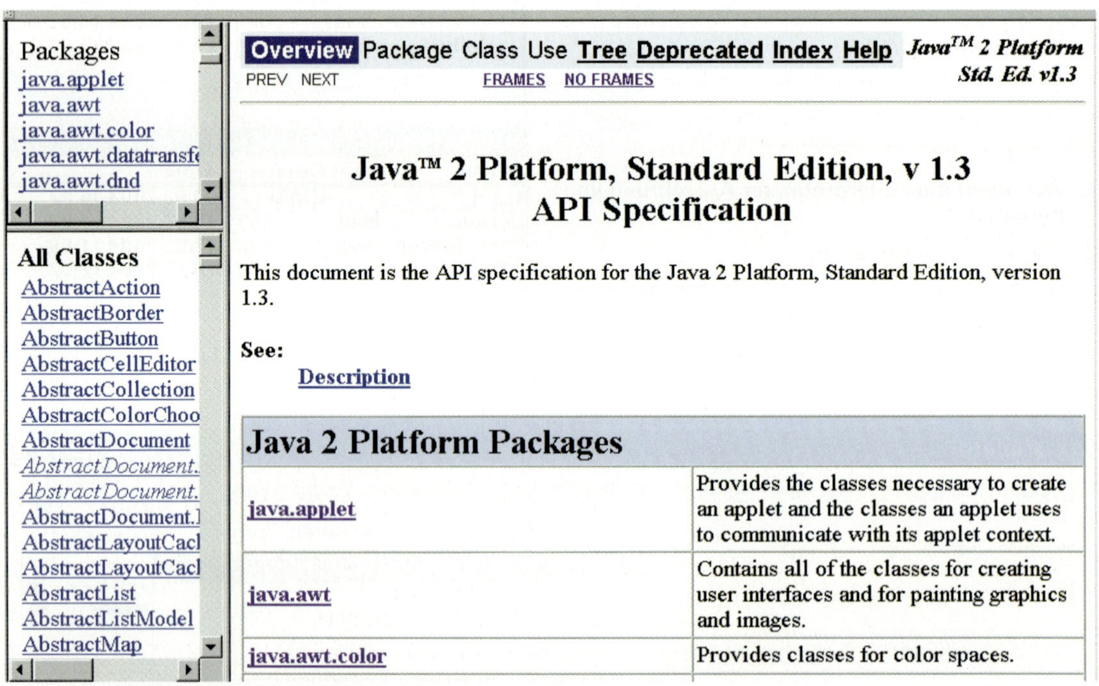

Bild 2: Startseite der Java-Klassendokumentation

6.4.3.2 Verzeichnisstruktur der Java-Klassenbibliotheken

Alle Pakete und damit auch alle Klassen befinden sich in der `package java` und damit im Verzeichnis `java`. Paketname und Verzeichnisname müssen gleich sein. Paketnamen werden beim Programmieren klein geschrieben. Klassennamen beginnen mit einem Großbuchstaben. Klassen in einem Paket werden entsprechend der Verzeichnisstruktur angesprochen. Statt dem Backslash-Zeichen \ wird aber ein Punkt verwendet.

Beispiel:
Wie wird die Klasse `GridLayout` in **Bild 1** angesprochen?
Lösung:
`java.awt.LayoutManager.GridLayout`

Die `package java` ist in der Datei `rt.jar` in gepackter Form enthalten. Beim Compilieren werden die benötigten Pakete und Klassen entpackt und in das Programm eingebunden. Deshalb dauert der Compiliervorgang meist länger als erwartet und der PC sollte einen möglichst großen Arbeitsspeicher haben.

6.4.3.3 Verwendung von Paketen

Jede Klasse ist in Java Bestandteil eines Paketes. Der vollständige Name einer Klasse besteht aus dem Namen des Paketes, gefolgt von einem Punkt, an den sich der Klassenname anschließt. Der Name des Paketes selbst kann ebenfalls einen oder mehrere Punkte enthalten.

Damit eine Klasse verwendet werden kann, muss man angeben, aus welchem Paket sie „importiert" werden soll. Dazu wird das Schlüsselwort `import` verwendet.

Es gibt hierzu zwei Möglichkeiten:
- Eine Klasse wird mit ihrem vollen Namen angesprochen, oder
- es werden alle Klassen eines Paketes angegeben.

Übung 1:
Importieren Sie im Projekt `pakete` die Klasse `Applet`.
Lösung: **Bild 2**

Nachteilig ist hier, dass man den kompletten Namen angeben muss.

Übung 2:
Importieren Sie alle Klassen des Paketes `applet` in das Projekt `pakete`.
Lösung: **Bild 3**

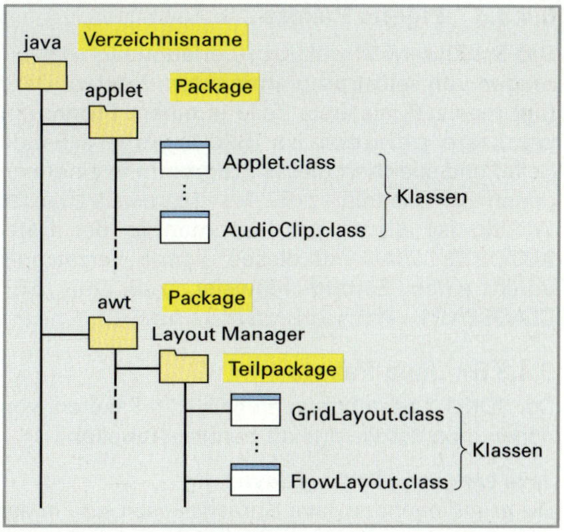

Bild 1: Verzeichnisaufbau der Java-Klassenbibliothek

```
//  Einbinden von Packages

package pakete;

import java.applet.Applet;

public class Test
{
}
```

Bild 2: Programmausschnitt zum Importieren einer Java-Klasse

```
//Einbinden von Packages

package pakete;

import java.applet.*;

public class Test
{
}
```

Bild 3: Programmausschnitt zum Importieren der Klassen des Paketes `applet`

Hier werden durch die Angabe `java.applet.*` alle Klassen auf einmal angesprochen. Der Compiler sucht beim Compilieren dann nur die benötigten Klassen aus und bindet sie in das Programm ein. Dies nennt man auch *import on demand* (= auf Verlangen importieren). Eine Sonderrolle hat das Paket `java.lang.*`. Dieses Paket wird bei jedem Compilerlauf automatisch importiert, da es in jedem Programm benutzt wird.

6.4.3.4 Eigene Pakete

Das Schlüsselwort `package` erlaubt auch das Erzeugen von selbst programmierten Paketen. Dazu fügt man z. B. als erste Zeile in einem Programm `package pakete;` ein (Bild 2, vorhergehende Seite) und speichert dieses Programm in einem eigenen Verzeichnis, z. B. `H:\java\myclass`. Wichtig ist allerdings, dass man in der Datei `AUTOEXEC.BAT` auf dieses eigene Verzeichnis durch einen Eintrag hinweist, z. B. mit SET CLASSPATH = `H:\java\myclass`.

6.4.3.5 Java-Pakete

Der JDK 1.3 besteht aus mehr als 70 Paketen, von denen man nur wenige oft benutzt **(Tabelle)**.

Java Language Package java.lang
Die grundlegenden Java-Sprachklassen sind in der Java Language Package `java.lang` enthalten. Dieses Paket wird durch den Java-Compiler automatisch geladen und muss nicht erst importiert werden.

Applet Package java.applet
Die wichtigste Klasse für Internetanwendungen ist die Klasse `Applet`. Sie enthält die Methoden zum Erzeugen eines Applet-Objektes, Initialisieren, Starten, Zeichnen, Stoppen und Vernichten eines Applets-Objektes.

Java I/O Package java.io
Das Paket enthält die Klassen zum Eingeben und Ausgeben von Daten. Die Standardeingabe ist die Tastatur, die Standardausgabe ist der Bildschirm. Außerdem enthält das Paket alle Klassen, die zum Erzeugen und Bearbeiten von Dateien nötig sind.

Java Networking Package java.net
In diesem Paket sind die Klassen für die Netzwerk-Protokolle enthalten. Damit können Java-Programme Daten über das Internet austauschen.

Java Math Package java.math
Enthält die Klassen mit den Methoden für mathematische Berechnungen. Beim Einsatz der Methoden müssen der Typ des Rückgabewertes und die Typen der Parameter berücksichtigt werden.

Java Utility Package java.util
Mit der Klasse `BitSet` können z. B. Bits von Datenwörtern bearbeitet werden. Die Klasse `Date` dient zur Bearbeitung von Datumswerten. Mit der Klasse `Random` werden Zufallszahlen erzeugt.

Abstract Window Toolkit Package java.awt
Das Paket enthält Klassen zum Aufbau einer grafischen Benutzerschnittstelle (GUI, von Graphical User Interface). Die Klasse `Component` kennzeichnet einen zeichenbaren Bereich definierter Größe **(Bild 1)**. In ihm kann man z. B. Fenster ohne und mit Rahmen, sowie Panels, d. h. Flächen für grafische Darstellungen darstellen. Zur Programmbedienung sind Dialogfenster, Schaltflächen, Listen, Rollbalken, Textfelder und Texteingabefelder vorhanden.

Tabelle: Wichtige Java-Packages

Name	Klassennamen, Beispiele
`java.applet`	Appletklassen, zum Schreiben eines Applets.
`java.awt`	Klassen zur Grafikprogrammierung, wie Window, Frame, Button, Label, Scrollbar, TextArea.
`java.io`	Klassen für Lese- und Schreibzugriff auf Strings und Dateien.
`java.lang`	Grundlegende Java-Klassen, wie die Klassen Objekt, System, Integer, und float.
`java.math`	Mathematische Klassen, wie Sinus, Quadratwurzel, Exponent, Potenz.
`java.net`	Klassen für Netzwerkprotokolle, wie FTP, Telnet, Sockets und WWW.
`java.util`	Klasse BitSet für and, or, xor und Klasse Date für Datumswerte

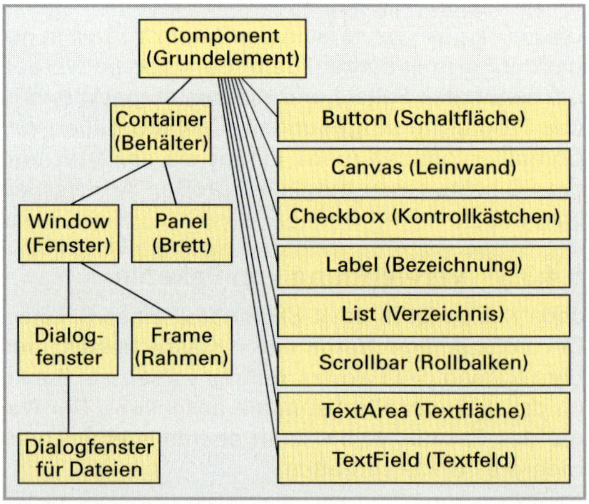

Bild 1: Klassenhierarchie wichtiger Klassen des Paketes `awt`

Wiederholung und Vertiefung

1. **In welchem Verzeichnis findet man die Klassenbeschreibungen?**
2. **Was wird als API bezeichnet?**
3. **Wie werden Paketnamen geschrieben?**
4. **Welche Möglichkeiten gibt es Klassen zu importieren?**
5. **Was bedeutet „import on demand"?**
6. **Nennen Sie sechs wichtige Pakete der Java-Entwicklungsumgebung.**
7. **Wie nennt man die grafische Benutzerschnittstelle?**
8. **Wozu verwendet man Panel?**

6.4.4 HTML

Die Darstellungssprache HTML (von Hypertext Markup Language) ist die Seitenbeschreibungssprache im World Wide Web des Internets. Mit HTML können z. B. Grafiken, Videos und Audio-Dateien in ein Dokument eingebettet werden oder auch Texte verschieden formatiert werden. Über spezielle Codes lassen sich Hyperlinks erstellen. Diese Hyperlinks sind Verweise auf andere Dokumente oder Anbieter, die durch Mausklick angesteuert werden können **(Bild 1)**. Mit seinen verschiedenen Erweiterungen und Dialekten basiert HTML auf der standardisierten Beschreibungssprache SGML (Standard Generalized Markup Language).

HTML-Dateien enthalten die Struktur der Webseiten und Befehle zu ihrer Formatierung.

Um den HTML-Code zu interpretieren, ist ein Browser notwendig. Dieser liest die HTML-Datei, interpretiert die Befehle und baut aus diesen Informationen die Seiten auf (siehe Abschnitt 9.6.5). Die Hypertext Markup Language kann von jedem Browser interpretiert werden, z. B. vom Microsoft Internet Explorer oder dem Netscape Communicator. Allerdings kann es vorkommen, dass bestimmte Befehle von den einzelnen Programmen nicht erkannt werden, da sowohl Microsoft als auch Netscape versuchen, Anweisungen in ihre Browser zu integrieren, die der Mitbewerber nicht darstellen kann.

HTML-Editoren und Autorensysteme

Jeder Text-Editor, der standardmäßig mit einem Betriebssystem ausgeliefert wird, z. B. Notepad.exe bei Windows, reicht aus, um HTML-Dokumente zu erstellen. Die professionelle Erstellung von Webseiten gestaltet sich mit Standardeditoren jedoch recht mühsam.

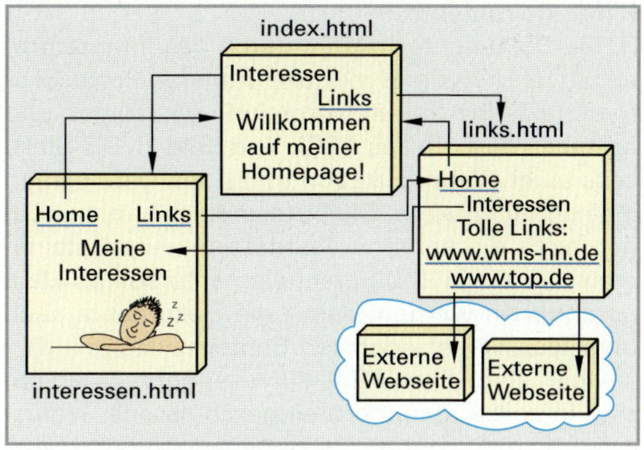

Bild 1: Hyperlinks in HTML-Dokumenten

HTML-Editoren bieten Hilfe bei der Erzeugung der Grundkonstrukte zahlreicher HTML-Elemente. Außerdem markieren sie den HTML-Code durch verschiedene farbliche Hervorhebungen und überprüfen direkt nach der Eingabe die Sprachkonstrukte und weisen auf Fehler hin **(Bild 2)**.

HTML-Editoren unterstützen den Anwender bei der Erstellung von Webseiten.

Autorensysteme arbeiten nach dem WYSIWYG-Prinzip (von What you see is what you get = du siehst, was du bekommst). Sie betonen den Aspekt der Gestaltung einer Seite am Bildschirm. Der Anwender benutzt eine Art Baukasten von Elementen und stellt sich seine Seite zusammen, ohne mit HTML in Berührung zu kommen. Um genau das gewünschte Ergebnis zu erzielen, sind oft umfangreiche Nachbesserungen in HTML notwendig, was hinterher nicht leicht zu bewerkstelligen ist.

Autorensysteme bieten oft nur schablonenhaft wirkende Webseiten.

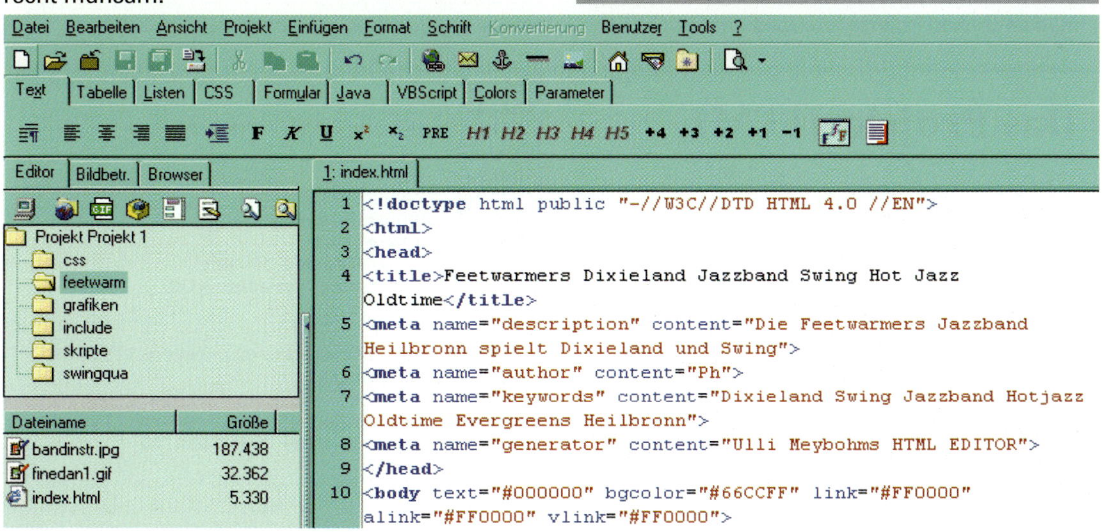

Bild 2: Fensterausschnitt des HTML-Editors Phase 5

HTML-Dokumente

HTML-Dokumente werden durch das Internetprotokoll HTTP (von Hypertext Transfer Protocol = Hypertext-Übertragungsprotokoll) übertragen und bestehen deshalb aus ASCII-Text **(Bild 1)**. Die Startseite einer Webpublikation muss den Dateinamen index.html erhalten. Die Dateiendung html benötigen auch die anderen Textdateien. Alle Dateinamen und die HTML-Sprachelemente sollten klein geschrieben werden, damit die Dokumente auch unter den verschiedensten Betriebssystemen darstellbar sind. Die HTML-Anweisungen (Marken) sind in spitze Klammern eingeschlossene Schlüsselwörter und werden `Tags` genannt (von to tag = anheften). Sie bestehen überwiegend aus einer öffnenden Markierung (<Marke>) und einer schließenden Markierung mit Schrägstrich (</Marke>), die wie mathematische Klammern ineinander geschachtelt werden können.

Die gesamte Seite wird als HTML-Dokument markiert **(Bild 2)** und gliedert sich in den Kopfteil (head) und den Rumpfteil (body).

Bild 1 zeigt den Quellcode und das Browserbild eines HTML-Dokumentes nebeneinander:

- Angaben im title-Element machen die Webseite im Internet identifizierbar,
- Überschriften können in sechs Größen (h1 bis h6) gewählt werden **(Bild 3)**,
- Bild- und Grafikdateien (Dateiformate JPEG und GIF) sollten möglichst klein sein, um die Ladezeiten zu verkürzen,
- Sonderzeichen, z. B. deutsche Umlaute, werden durch besondere Zeichenketten ersetzt **(Bild 4)**,
- Querverweise (Hyperlinks) verweisen auf eine www-Adresse. Sprungziele können alle Internetdienste, Dokumente im eigenen Verzeichnis, aber auch Textmarken (Anker) im eigenen Dokument sein.

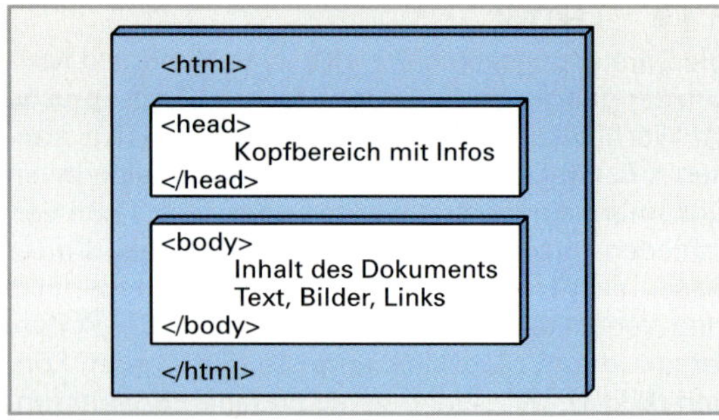

Bild 2: Aufbau eines HTML-Dokuments

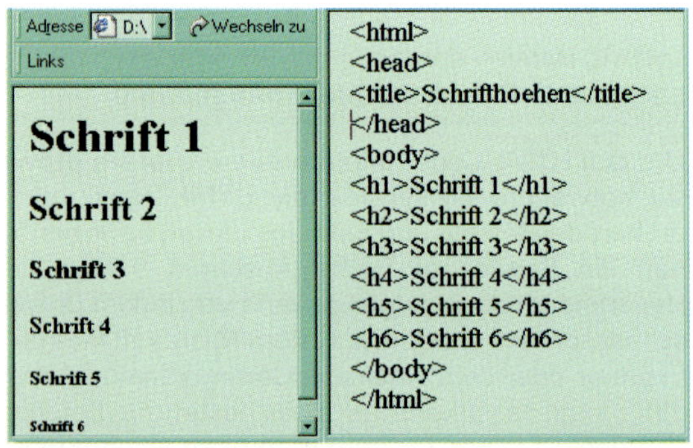

Bild 3: Größe von Überschriften

Zeichen	HTML-Code	Zeichen	HTML-Code
ä	ä	"	&#034
Ä	Ä	&	&#038
ö	ö	<	&#060
Ö	Ö	>	&#062
ü	ü	§	&#167
Ü	Ü	ß	ß

Bild 4: Sonderzeichen im HTML-Code

```
<html>
<head>
<title>Anweisungen in HTML</title>
</head>
<body/>
<h1>Das Projekt HTML</h1>
<img src="puzzle.gif")
<h2>Willkommen</h2>
Eine erste Einführung in die
Seitenbeschreibungssprache HTML
<br>
<hr>
<a href="http.//www.europa-lehrmittel.de">
Unsere Homepage</a>
<br>
<a href="mailto:info@europa-lehrmittel.de">
Schicken Sie uns eine e-Mail!</a>
</body></html>
```

Bild 1: Browserbild und Quellcode eines HTML-Dokuments

Texte werden von den Browsern als Fließtext dargestellt und automatisch, je nach Fensterbreite, umgebrochen. Von den zahlreichen Tags zur Textgliederung bedeuten z. B.:

-
 (von break = Bruch) erzwingt an der Stelle, an der es im Text vorkommt, einen Zeilenwechsel (siehe Bild 1, vorhergehende Seite). Ein Schlusstag ist nicht erforderlich.
- <p> Textabschnitt </p> stellt den Text zwischen den Marken mit einem sichtbaren Abstand zum Folgetext dar.
- <hr> (von horizontal rule = waagerechtes Lineal) fügt statt einer Leerzeile einen waagerechten Strich ein (Bild 1, vorhergehende Seite).

Um Informationen oder Argumente aufzuzählen, bietet HTML die Möglichkeit der Listendarstellung. <ol> (von ordered list = nummerierte Liste) und <ul> (von unnumbered list = unnummerierte Liste) bilden dabei jeweils die Klammer um die Listenzeilen einer nummerierten oder unnummerierten Liste **(Bild 1)**.

Tabellen erfüllen eine wichtige Aufgabe bei der Gestaltung einer HTML-Seite. Das Tabellenmodell von HTML kennt keine Spalten, sondern nur Tabellenzeilen mit Zellen **(Bild 2)**. Die Elemente zur Strukturierung einer Tabelle **(Bild 3)** umschließen die Zelleninhalte schalenartig. Durch die Verwendung von Tabellen ohne Rand ist auch bei HTML-Dokumenten ein mehrspaltiger Text möglich. (Weitere HTML-Anweisungen im Tabellenbuch Informationstechnik).

Übung:
Erstellen sie eine Computerpreisliste mit drei Zeilen und jeweils drei Zellen in HTML.

Lösung: **Bild 4**

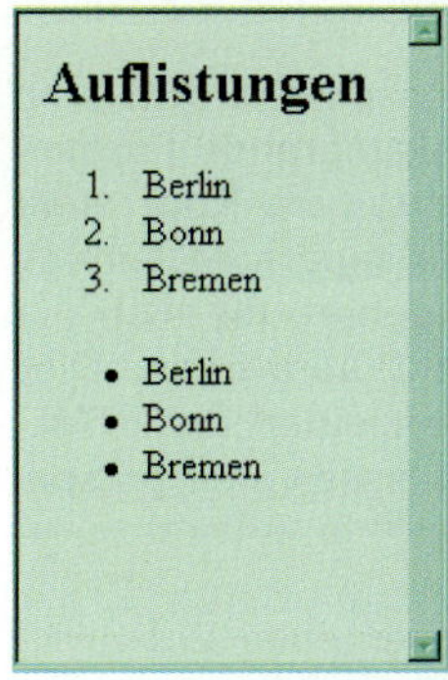


```
<body>
<h2>Auflistungen</h2>
<ol>
        <li>Berlin
        <li>Bonn
        <li>Bremen
</ol>
<ul>
        <li>Berlin
        <li>Bonn
        <li>Bremen
</ul>
</body>
```

Bild 1: Listenaufbau bei HTML

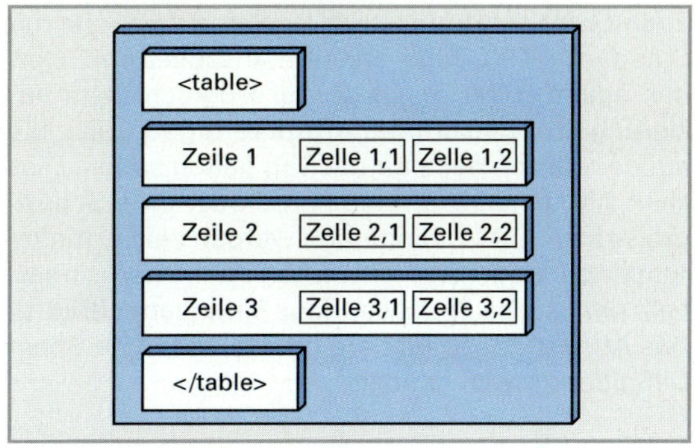

Bild 2: Tabellenaufbau bei HTML

HTML-Tabellenelemente	
Element	Beschreibung
<table> … </table>	Legt eine HTML-Tabelle fest. Der Zusatz border bewirkt einen Rand.
<caption> … </caption>	Überschrift zu einer Tabelle.
<tr> … </tr>	Legt eine Tabellenzeile fest.
<th> … </th>	Enthält den Text einer Zelle in fetter Schrift.
<td> … </td>	Enthält den Inhalt einer Tabellenzelle.

Bild 3: Tabellenelemente bei HTML

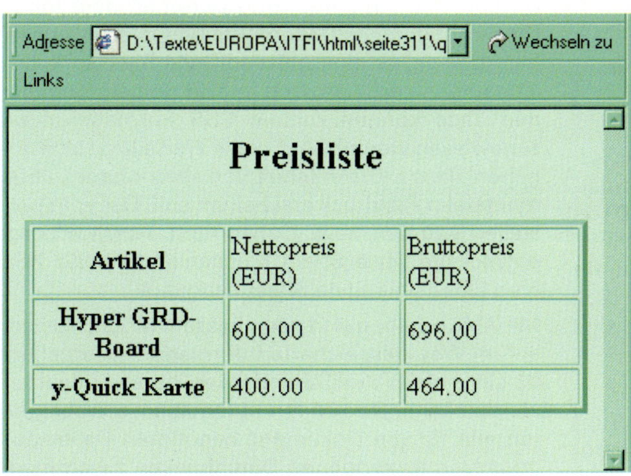


```
<html>
<head>
<title>Tabellentest</title>
</head>
<body>
<table border="3">
<caption><h2>Preisliste</h2></caption>
<tr>      <th>Artikel</th>
          <td>Nettopreis (EUR)</td>
          <td>Bruttopreis (EUR)</td></tr>

<tr>      <th>Hyper GRD-Board</th>
          <td>600.00</td>
          <td>696.00 </td></tr>
<tr>
          <th> y-Quick Karte</th>
          <td>400.00</td>
          <td>464.00</td></tr></table>
</body></html>
```

Bild 4: Browserbild und Quellcode einer HTML-Tabelle

6.4.5 CSS

Mit der Style Sheet Definitionssprache CSS (von Cascading Style Sheets = kaskadierende Formatvorlagen) lassen sich z. B. schon im Kopf einer HTML-Datei oder aber auch in separaten Verwaltungsdateien Definitionen angeben, die sich auf das gesamte HTML-Dokument auswirken. Dies spart Codierungsarbeit und verkleinert die HTML-Dateien. Spätere Änderungen lassen sich zeitsparend durchführen.

CSS vereinfacht den professionellen Entwurf einheitlicher Projekt-Layouts in HTML.

Zuerst wird auf normalem Wege eine Webseite mit Standard-HTML-Tags erstellt. Anschließend werden einem HTML-Tag, z. B. der Überschriftenmarkierung <h2> bestimmte Attribute zugewiesen, die auf der ganzen Seite für das Tag gelten sollen. Dies kann z. B. eine bestimmte Farbe oder eine Schriftgröße sein. CSS-Definitionen werden als Formatierungsoptionen in geschweiften Klammern innerhalb der <style> ... </style> Tags eingebettet **(Bild 1)**. Das Attribut `type` gibt an, um welche Style Sheet Definition es sich handelt.

```
<html>
<head>
<title>CSS Beispiel</title>
<style type="text/css">
<!--
h2{color: red}
p{font-family: arial; color: blue}
-->
</style>
</head>
<body>
<h2> Schrift in rot </h2>
<p> Text in blau </p>
</body>
</html>
```

Bild 1: Beispiel eines CSS-Dokumentes

6.4.6 XML

Die erweiterbare Auszeichnungssprache XML (von Extensible Markup Language) wird verwendet, um komplexe Datenstrukturen wie z. B. Warenkorbsysteme oder mathematische Formeln abbilden zu können. So ist jedes Dokument und jedes in diesem Dokument enthaltene Element ein Objekt. Bei einem Zeitschriftenartikel lassen sich z. B. die Strukturen Artikel, Titelzeile, Unterzeile, Autorenzeile, Vorlauftext und Haupttext bilden **(Bild 2)**. Man kann bei diesen Tags von semantischen Tags (von griech. sem = eines von mehreren Merkmalen, im Sinne von Bedeutungselementen) sprechen.

Mit XML werden strukturierte semantische Informationen abgebildet.

Viele Dokumententypen, z. B. Bücher oder Fachartikel, lassen sich unter einer gemeinsamen Formatvorlage zusammenfassen. Dazu können in DTDs (von Document Type Definitions = Definitionsmuster von Dokumenten) grammatische Regeln für den Einsatz von XML-Tags definiert werden. Soll auf XML-Dokumente zugegriffen werden, sind Skripts oder Programme notwendig.

XML ist keine Programmiersprache, sondern ein plattformunabhängiges Austauschformat für Informationen.

```
<artikel>

<titelzeile>Eine neue Websprache?</titelzeile>

<unterzeile>HTML auf dem Rückzug</unterzeile>

<autor>Peter Panter</autor>

<vorlauf>Eine Revolution im Web wird
angekündigt. XML ist das Schlagwort, das …
</vorlauf>

<haupttext>Die erweiterbare
Auszeichnungssprache XML wird verwendet, um
komplexe Datenstrukturen.......</haupttext>

</artikel>
```

Bild 2: Beispiel einer XML-Formatierung

Da bei XML eine Trennung zwischen dem Inhalt (Bedeutung) eines Dokuments und dessen Aussehen (Design) erfolgt, müssen Style Sheets die Designaufgabe erfüllen. Den in XML selbstgeschaffenen Tags können mittels CSS Formatierungen zugewiesen werden. Auf diese Weise lässt sich angeben, dass z. B. der Inhalt von allen <autor> – Elementen im Fettdruck erscheinen soll. Der vom herstellerneutralen W3C-Consortium (www.w3.org) entwickelte Style Sheet Mechanismus heißt XSL (von Extensible Style Sheet Language).

Mit XML ergeben sich noch bessere Möglichkeiten, auf im Web gespeicherte Information zuzugreifen, da sie einfach aus Datenbanken heraus generiert werden kann. So können automatische Webagenten alle für ein Dokument benötigten Daten aus mehreren heterogenen Datenbanken zusammensammeln.

6.4.7 Skriptsprachen

Skriptsprachen (von lat. scriptum = Schriftstück) sind Programmiersprachen, die nicht wie JAVA-Programme oder C-Programme compiliert werden. Bei Programmen, die in einer Skriptsprache geschrieben sind, werden die Anweisungen des Quelltextes während der Programmausführung, also mit jedem Programmstart, Zeile für Zeile interpretiert und ausgeführt. Dies ist vergleichbar mit Batchdateien unter DOS bzw. Shellscripts bei UNIX.

Der Programmentwickler erstellt den Quelltext, unabhängig von der Rechnerarchitektur oder dem Betriebssystem des PCs, mit einem Editor. Der Anwender eines Skriptprogrammes benötigt neben dem Quelltext noch eine Interpreter-Software, wie sie im Netscape Navigator oder im Microsoft Internet Explorer enthalten ist.

> Programme, die in Skriptsprachen geschrieben sind, benötigen zur Programmausführung eine Interpreter-Software.

6.4.7.1 JavaScript

JavaScript (JS) wird innerhalb von HTML-Dokumenten verwendet. Dadurch wird die HTML-Funktionalität erweitert und es können z. B. dynamische und interaktive Web-Seiten erzeugt werden. Um JavaScript Programme zu erstellen, genügt ein einfacher Texteditor. Besser ist jedoch ein HTML-Editor, wie `Uli Meybohm's HTML EDITOR - Phase 5`. Zum Betrachten der Skriptseiten wird ein Internetbrowser benötigt. Dabei ist darauf zu achten, dass bei den Browsereinstellungen JavaScript aktiviert ist **(Bild 1)**. Wenn Seiten mit JS-Code ins Internet gestellt werden, sollten diese mit mehreren Browsern getestet werden, da die JS-Interpreter der verschiedenen Browser in ihrer Interpretationsfähigkeit sehr unterschiedlich sind. Wird ein Befehl nicht erkannt, kann eine Fehlermeldung des JS-Interpreters am Bildschirm, ein Programmabsturz des WWW-Browsers oder gar ein Systemabsturz des PCs die Folge sein.

JavaScript-Anweisungen in einer HTML-Datei

Mit `<script language="JavaScript">` wird der Bereich für JavaScript innerhalb einer HTML-Datei eingeleitet (**Bild 2**). Dahinter folgen die Zeichen `<!--` Kommentaranfang. Dadurch wird erreicht, dass ältere WWW-Browser, die JavaScript nicht kennen, den JavaScript-Code `document.write` ignorieren und nicht irrtümlich als Text innerhalb der HTML-Seite mit anzeigen.

Im Beispiel Bild 2 wird in Zeile 6 mithilfe von JavaScript der Text `Hallo Welt.` am Bildschirm ausgegeben. Am Ende eines JS-Bereichs wird mit `//-->` der Kommentar und mit `</script>` der Bereich für den Programmcode geschlossen. Kommentare, die zwischen den Zeichen `<!--` und `//-->` stehen, werden bei JS ausgeführt. Hinter dem Tag `<noscript>` kann ein Text angegeben werden, der dann vom Browser nur bei deaktiviertem JavaScript auf der HTML-Seite angezeigt wird.

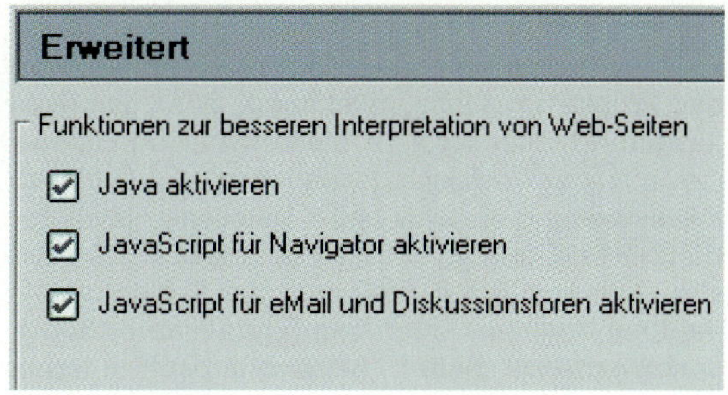

Bild 1: Einstellungen beim Netscape Browser

```
1  <html>
2  <head>
3   <title>1. Testdatei</title>
4   <script language="JavaScript">
5     <!--
6     document.write("Hallo Welt.");
7     //-->
8   </script>
9   <noscript></noscript>
10 </head>
11 <body bgcolor="white">
12 </body>
13 </html>
```

Bild 2: Erstes JavaScript Programm

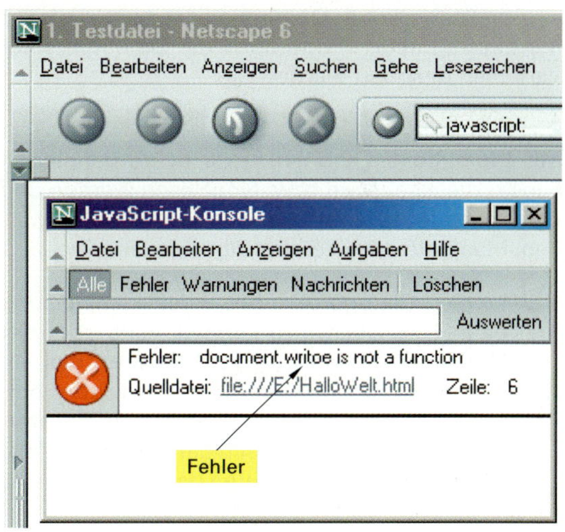

Bild 3: Fehlerkonsole

Fehlersuche

Falls der Programmcode einen Fehler enthält, wird das Programm nicht vollständig, oder gar nicht ausgeführt. Hier ist z. B. die Anweisung `document.writoe` falsch geschrieben. Um Fehler zu lokalisieren, kann z. B. beim Netscape Navigator durch die Eingabe von `javascript:` in das URL-Adressfeld des Browsers die Fehlerkonsole geöffnet und der Fehler angezeigt werden **(Bild 3, vorhergehende Seite)**. Beim Microsoft Internet Explorer aktiviert man die Skriptfehleranzeige in den Browsereinstellungen.

Verwenden von Variablen und Operatoren

Bevor eine Variable verwendet werden kann, muss sie vereinbart werden. Dies bedeutet, dass für die Variable nach dem Schlüsselwort `var` ein geeigneter Name eingeführt wird **(Bild 1)**.

> JavaScript berücksichtigt bei Variablennamen die Groß- und Kleinschreibung.

Anschließend wird der Variablen ein Wert zugewiesen, dies nennt man Initialisierung. Bei den meisten Programmiersprachen muss bei der Deklaration der Variablen ein Datentyp zugewiesen werden. In JavaScript ist dies nicht nötig, da die Zuordnung einer Variablen zu einem Datentyp automatisch erfolgt. Dadurch kann auch während der Laufzeit eines Programms der Datentyp einer Variablen geändert werden.

Dialogboxen

Mit Dialogboxen können Texte in vordefinierten Fenstern ausgegeben bzw. eingelesen werden und der Anwender zu einer Interaktion aufgefordert werden. Man unterscheidet drei verschiedene Typen.

- **Einfache Dialogbox.** Mit der Anweisung `alert()` (= wachsam) können Texte oder der Inhalt von Variablen in einem Fenster, das ein Ausrufezeichensymbol und den OK-Button enthält, ausgegeben werden **(Bild 2)**. Die Fensterbreite passt sich automatisch der Länge des Ausgabetextes an. Zum Schließen des Fensters muss der Anwender den OK-Button anklicken.

- **Dialogbox mit zwei Schaltflächen.** Die Anweisung `confirm()` (= bestätigen) öffnet ein Dialogfenster mit Ausgabetext, einem Fragezeichensymbol und zwei Buttons **(Bild 3)**. Dieses Dialogfenster wird für eine Entscheidung verwendet, die im weiteren Programmablauf verarbeitet wird. Wenn der OK-Button gedrückt wird, wird der Wert true (entspricht 1) zurückgegeben. Beim Anklicken des Abbruch-Buttons wird false zurückgegeben.

```
<script language="JavaScript">
  <!--
  var t1;
  ver p;
  var n=1.6;
  t1="Hallo";
  p=n*2;
  document.write(t1);
  document.write(n);
  document.write(p);
  //-->
</script>
```

Bild 1: Verwendung von Variablen

```
alert("Sie verlassen meine Homepage.");
```

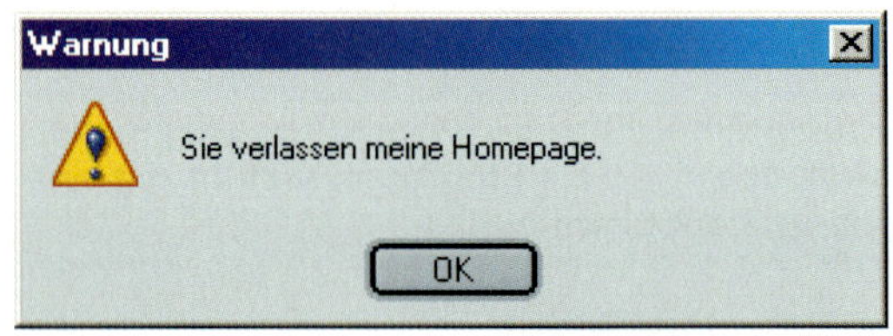

Bild 2: Quellcode und Ansicht des alert-Meldefenster

```
var Eingabe;
Eingabe = confirm ("Button drücken");
if (Eingabe == 1)
  document.write("OK-Button gedrückt");
else
  document.write("'Abbrechen' gedrückt");
```

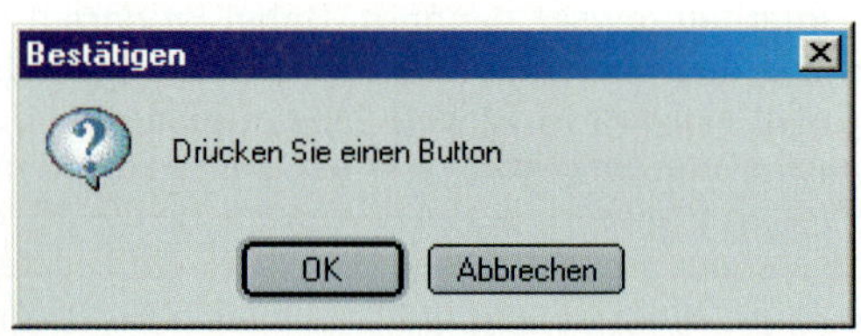

Bild 3: Quellcode und Ansicht der confirm-Dialogbox

```
var Name;
Name=prompt ("Geben Sie Ihren Namen ein.", "");
if (!Name)
  document.write("Sie wollen anonym bleiben");
else
  document.write("Hallo "+ Name);
```

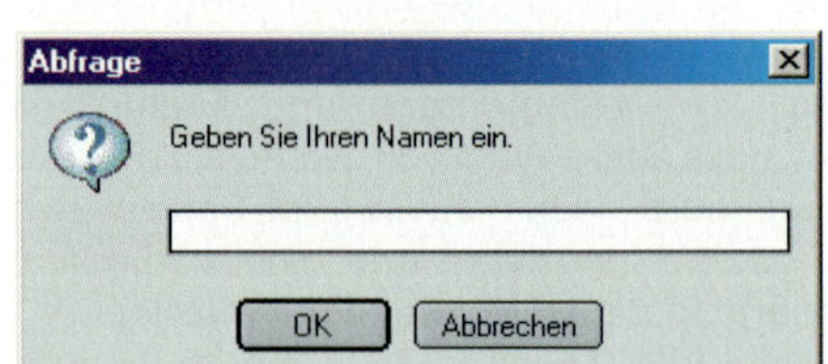

Bild 4: Quellcode und Ansicht der prompt-Dialogbox

- **Dialogbox mit Eingabefeld.** Die Anweisung `prompt()` (= eingeben) öffnet ein Dialogfenster mit Eingabefeld, einem OK-Button und einem Abbruch-Button **(Bild 3, vorhergehende Seite)**. Der Anwender kann in das Eingabefeld einen Text eingeben, der beim Drücken des OK-Buttons zurückgegeben wird. Der Abbruch-Button liefert den Wert false zurück.

Funktionen

Eine Funktion ist ein eigenständiger Programmteil mit eigenem Namen und einem Block von Befehlen. Eine Funktion kann mit ihrem Namen beliebig oft aufgerufen werden. Dabei können beim Aufruf Parameter übergeben werden und die Funktion kann beim Beenden einen Rückgabewert erzeugen. Eine Funktion wird mit dem Schlüsselwort `function` vereinbart.

> Die Syntax einer Funktion lautet:
> function funktionsname (Parameter) {
>   Befehlsblock;
> }

Damit sichergestellt ist, dass sämtliche Funktionen geladen werden, bevor sie vom Anwender ausgeführt werden, sollte man diese möglichst immer im Head-Bereich der HTML-Datei definieren.

Übung:
In einer HTML-Seite soll die Mehrwertsteuer berechnet werden. Erstellen Sie diese HTML-Seite mit einem JavaScript-Programm, das die Berechnung in einer Funktion durchführt. Als Parameter werden der Nettobetrag und der Mehrwertsteuersatz an die Funktion übergeben.
Lösung: **Bild 1**

Bei dem Programm in Bild 1 ist im Head-Bereich in den Zeilen 6 bis 11 die Funktion zur Mehrwertsteuerberechnung definiert. Diese Funktion liefert durch die `return`-Anweisung den Bruttobetrag zurück.

Im Body-Bereich werden zuerst die Rechenwerte mithilfe von Dialogfenstern eingelesen. Da die `prompt`-Anweisung nur Texte einliest, müssen diese Texte noch in Zahlenwerte umgewandelt werden (Zeile 21 und Zeile 23). Der Funktionsaufruf erfolgt in der Zeile 26 mit dem Funktionsnamen und der Übergabe der Parameterliste.

> Lokale Variablen, die innerhalb einer Funktion vereinbart sind, stehen in den anderen Programmteilen nicht zur Verfügung.

```
1  <html>
2  <head>
3   <title>JavaScript MwSt</title>
4   <script language="JavaScript">
5   <!--
6    function mwst(netto,steuer) {
7     var brutto;
8     brutto = (netto*steuer/100+netto);
9     return brutto;
10   }
11  //-->
12  </script>
13 </head>
14 <body>
15  <h1>Mehrwertsteuerberechnung</h1>
16  <script>
17  <!--
18   var n_betrag;
19   var st_satz;
20   n_betrag =prompt("Nettobetrag eingeben!","");
21   n_betrag =parseFloat(n_betrag);
22   st_satz =prompt("MwSt-Satz eingeben!", "16");
23   st_satz =parseFloat(st_satz);
24   document.write("Nettobetrag: ",
                 n_betrag, " DM<br>");
25   document.write("MwSt-Satz: ",
                 st_satz, " %<br><br>");
26   document.write("Bruttobetrag: ",
                 mwst(n_betrag,st_satz), " DM");
27   //-->
28  </script>
29 </body>
30 </html>
```

Funktion

Bild 1: JS-Programm mit Funktion

```
function mwst(netto,steuer) {
  var brutto;
  brutto = (netto*steuer/100+netto);
  return brutto;
}
```

Bild 2: Eigene Datei mwst_br.js

```
<html>
<head>
 <title>JavaScript MwSt</title>
 <script language="JavaScript"
        src="mwst_br.js" type="text/javascript">
 </script>
</head>
<body>
 <h1>Mehrwertsteuerberechnung</h1>
 <script>
 <!--
  var n_betrag;
  var st_satz;
  n_betrag = prompt("Nettobetrag eingeben!","");
  n_betrag = parseFloat(n_betrag);
  st_satz = prompt("MwSt-Satz eingeben!", "16");
  st_satz = parseFloat(st_satz);
  document.write("Nettobetrag: ",
               n_betrag, " DM<br>");
  document.write("MwSt-Satz: ",
               st_satz, " %<br><br>");
  document.write("Bruttobetrag: ",
               mwst(n_betrag,st_satz), " DM");
  //-->
 </script>
</body>
</html>
```

Bild 3: Einbinden der Datei mwst_br.js in eine HTML-Datei

Wenn die gleichen JavaScript-Funktionen in mehreren HTML-Dateien verwendet werden sollen, so können diese Funktionen in einer eigenen Datei definiert werden. Die Datei mit den Funktions-Quellcodes muss eine reine ASCII-Datei sein und sollte die Dateinamenerweiterung `.js` erhalten, z. B. mwst_br.js **(Bild 2, vorhergehende Seite)**.

In der HTML-Datei muss dann nur diese Datei angegeben werden. Dies erfolgt im <script>-Tag durch die Angabe src (src von source = Quelle) und dahinter der Name der separaten Datei **(Bild 3, vorhergehende Seite)**.

Event-Handler

Ein Event-Handler (Event = Ereignis, to handle = behandeln) ist ein Befehl, z. B. `onClick`, der durch eine Anwenderaktion, z. B. einen Mausklick freigegeben wird **(Tabelle)**. Event-Handler werden als HTML-Attribute in bestimmte HTML-Tags eingefügt und sind daran zu erkennen, dass solche HTML-Attribute immer mit `on` beginnen. Hinter dem Namen des Event-Handlers folgt ein Gleichheitszeichen und dahinter in Anführungszeichen eine oder mehrere JavaScript-Anweisungen.

> Für jeden der möglichen Event-Handler ist festgelegt, in welchen HTML-Tags er vorkommen darf.

Übung:
Erstellen Sie eine HTML-Datei, die versucht ein Bild auf einer Web-Seite darzustellen. Fügen Sie in die HTML-Datei einen geeigneten Event-Handler-Befehl ein, der dann aktiv wird, wenn die Grafikdatei nicht existiert oder nicht angezeigt werden kann. In diesem Fehlerfall soll dann ein entsprechendes Meldungsfenster ausgegeben werden.

Lösung: **Bild 1**

Mit dem Objekt `event` können Einzelinformationen zu Anwenderereignissen wie Mausklicks oder Tasteneingaben ermittelt und weiter verarbeitet werden. So kann man bei einem Mausklick beispielsweise die genaue Position ermitteln, wo der Mausklick erfolgte, oder bei einem Tastendruck die gedrückte Taste abfragen.

Die Interpretation des Objekts `event` ist beim MS Internet Explorer und beim Netscape Navigator völlig unterschiedlich. Daher sollte über das Objekt `navigator` ermittelt werden, welchen WWW-Browser der Anwender verwendet. Mit dieser Information ist es dann möglich zu der JS-Syntax zu verzweigen, die für diesen Browser geeignet ist.

Tabelle: Event-Handler-Befehle

Event-Handler	Event (Auslöser)	Vorkommen in den HTML-Tags
onAbort	Anwender hat im Browser den Stopp-Button gedrückt.	<img>
onBlur	Tritt beim Verlassen eines Objektes auf.	<body> <frameset> <input> <layer> <select> <textarea>
onChange	Der Wert eines Eingabefeldes wurde geändert.	<a> <area> <textarea>
onClick	Ein Objekt wurde angeklickt.	<a> <area> <input> <textarea>
onError	Ein Fehler ist beim Laden einer HTML-Seite aufgetreten.	<img>
onLoad	Nach dem Laden einer HTML-Datei. Z. B.: <body ... onload="..."> startet eine Funktion beim Laden der Seite.	<frameset> <body>
onMouseOver	Ein Objekt wurde mit der Maus überfahren.	<a> <area>
onReset	Tritt ein, wenn der Anwender Eingaben in einem Formular verwerfen will.	<form>
onSelect	Ein Text wurde markiert.	<input> <textarea>

```
<html>
 <head>
  <title>Event-Handler: onError</title>
</head>
 <body>
    <h1 align="center">Homepage</h1>
    <p></p>
    HTML-Seite mit Bild
    <p></p>
    <img src="gibtsnicht.gif"
          onError="alert('Grafik fehlt!')">
 </body>
</html>
```

Bild 1: JS-Datei mit Event-Handler

Arbeiten mit Formularfeldern

In einer HTML-Seite mit einem Formular, bestehend aus Textfeldern und Schaltern (Buttons), können Daten direkt eingegeben werden. Ein JavaScript-Programm kann diese Textfelder auslesen oder beschreiben. Dazu müssen die Namen der Textfelder bekannt sein und ein Ereignis (Event-Handler) festgelegt sein, um das JavaScript-Programm zu starten.

> **Übung:**
> Eine HTML-Seite soll ein Formular enthalten, das eine Euro-Dollar-Umrechnung durchführt. Erstellen Sie diese HTML-Seite mit einem JavaScript-Programm. Der Betrag in Euro und der Umrechnungsfaktor sollen in Textfeldern eingegeben werden und die Umrechnungsfunktion soll per Klick auf den Formularbutton ausgeführt werden.
>
> *Lösung:* **Bild 1**

Die Funktion `rechnen()` in Bild 1 gibt den ermittelten Dollar-Betrag direkt im Textfeld des Formulars aus.

```
<html>
<head>
 <title>Formular</title>
 <script language="JavaScript">
 <!--
  function rechnen() {
   var euro, dollar, kurs;
   euro = document.devisen.e.value;
   kurs = document.devisen.k.value;
   dollar = euro*kurs;
   document.devisen.d.value=dollar;
  }
 //-->
 </script>
</head>
<body>
 <form name="devisen">
  Euro Betrag: <input type="Text" name="e"><p>
  Dollarkurs:  <input type="Text" name="k"><p>
  <input type="button" value="Umrechnen"
                       onClick="rechnen()"><p>
  Dollar Betrag: <input type="Text" name="d"><br>
 </form>
</body>
</html>
```

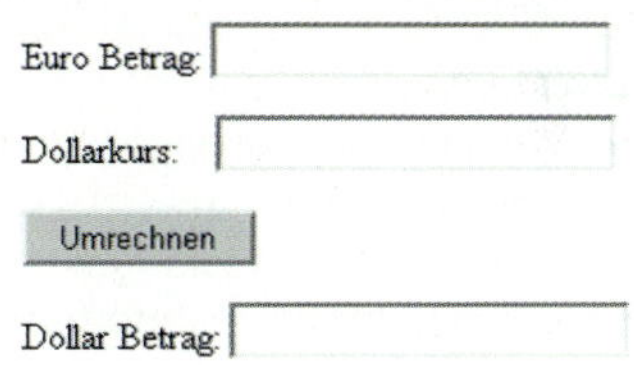

Bild 1: JS-Datei mit Formularbearbeitung

Cookies

Cookies (Cookie = Keks) sind kleine Informationsmengen, die beim Laden von manchen Internetseiten zunächst im Arbeitsspeicher des lokalen Computers gespeichert werden. Der Inhalt eines Cookie kann aus einem Namen, einem Informationswert und einer URL-Adresse bestehen. Zudem besitzt ein Cookie eine Lebensdauer. Wenn der Browser geschlossen wird, werden alle Cookies, deren Lebensdauer noch nicht abgelaufen ist, in einer Datei auf der Festplatte gespeichert. Mithilfe von JavaScript Programmen können Cookies gesetzt, gelesen oder gelöscht werden **(Bild 2)**.

Eine Cookie-Anwendung ist z. B. bei einem Online-Shop das Ablegen von Kundendaten, wie Name und Anschrift auf dem PC des Anwenders als Cookie. Bei jedem Besuch des Online-Shops kann nun das Cookie ausgelesen werden, um z. B. bei einem Bestellformular die eingelesenen Kundendaten automatisch einzutragen. Ein „Ausspionieren" von fremden Cookies auf anderen Anwenderfestplatten ist nicht möglich, da nur diejenigen Cookies ausgelesen werden können, die man selbst gesetzt hat.

```
function AusLesen() {
 var Wert = "";
 if(document.cookie)
 {
  Wertstart = document.cookie.indexOf("=") + 1;
  Wertende = document.cookie.indexOf(";");
  if(Wertende == -1) Wertende = document.cookie.length;
  Wert = document.cookie.substring(Wertstart,Wertende);
 }
 return Wert;
}
```

Bild 2: Funktion zum Auslesen eines Cookies

Wiederholung und Vertiefung

1. **Welche Vorteile bieten Skriptsprachen im Vergleich zu Compilersprachen wie C++?**
2. **Warum werden JS-Anweisungen in einer HTML-Datei zwischen Kommentarzeichen geschrieben?**
3. **Welche Vorteile bieten die Verwendung von JavaScript innerhalb einer Web-Seite?**
4. **Erklären Sie, wie die Fehlersuche bei einer JS-Datei vereinfacht werden kann.**
5. **Wie lautet die Anweisung, um einen Text in einer Dialogbox auszugeben?**
6. **Welche Aufgabe haben Event-Handler?**
7. **Nennen Sie ein Anwendungsbeispiel für die Verwendung eines Cookies.**

6.4.8 Programmiersystem Delphi

Delphi ist ein Programmiersystem für objektorientierte Programmierung, das auf der Programmiersprache PASCAL aufbaut. Durch Vorgabe von Programm-Modulen, wie einem Formular zur Gestaltung der Benutzeroberfläche, verkürzt sich die Programmierzeit. In Delphi nennt man Programme *Projekte*. Projekte werden aus Modulen zusammengesetzt, die Delphi liefert (**Bild 1**). Andere Module verändert der Anwender oder programmiert sie selbst. Module für die Projektausführung, z. B. Setzen von Anfangswerten der Anwendung, erzeugt Delphi automatisch.

Module einbinden:

Forms	Enthält Vereinbarungen für Formulare.
Unit1	Enthält Formulardaten und die Ereignissteuerung.
NeueKlassen	Berechnet die Division.

Projekt ausführen:

Setzen (Initialisieren) von Anfangswerten der Anwendung.
Anwenden des Formulars.
Starten der Anwendung.

Bild 1: Struktur des Projekts Zahlenrechnung

Projekt: Ganzzahldivision mit Ausgabe des Restes

Die Eingabe der Zahlen erfolgt in Eingabefeldern, die Ausgabe des Ergebnisses in einem Textfeld **(Tabelle)**. Der Berechnungsvorgang wird durch Klicken auf eine Schaltfläche gestartet. Über den Eingabefeldern soll der Text `1.Operand:` und `2.Operand:` stehen.

Schritt 1: Delphi starten

Delphi wird z.B. durch Doppelklick auf die Zeile `Delphi` im Untermenü `Borland Delphi` des Menüs `Programme` in Windows gestartet. Auf dem Bildschirm erscheint die IDE (Integrated Development Environment = Integrierte Entwicklungsumgebung). Diese besteht aus den Fenstern Hauptmenü, Objektinspektor, Formular und Quelltexteditor **(Bild 2)**.

Tabelle: Formularelemente

Element, Bild	Beispiel	Erklärung
Label (A)	Label1	Textfeld. Ausgabe von Text.
Edit (abI)	Edit1	Eingabefeld. Eingabe von Text mit der Tastatur.
Button (OK)	Button1	Schaltfläche. Startet die Ereignisausführung, z. B. nach einem Maus-Klick.

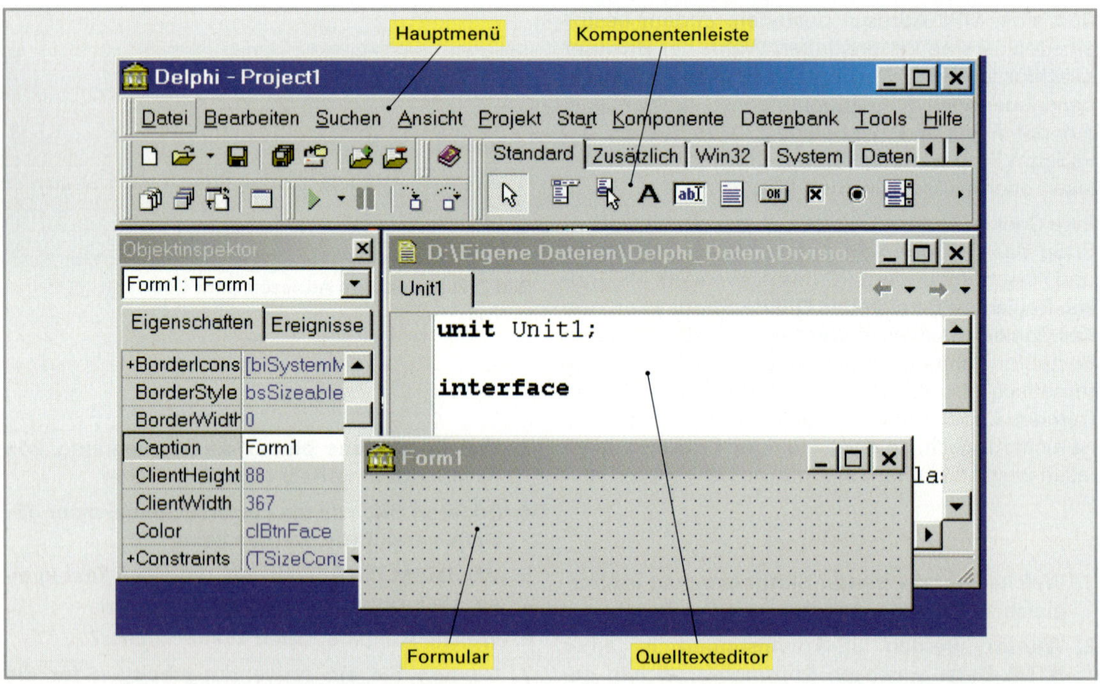

Bild 2: Startbild des Programmiersystems Delphi

Schritt 2: Entwerfen eines Formulars

Ein Formular ist das Fenster, das nach dem Start des Projektes auf dem Bildschirm erscheint **(Bild 1)**. Die Elemente des Formulars stellt die Komponentenleiste im Hauptmenü zur Verfügung.

Um Textfelder zu erstellen, klickt man mit der linken Maustaste in der Komponentenleiste das Ikon mit dem `A` an. Klickt man nun im Formularfenster auf die linke Maustaste, erscheint ein umrahmtes Feld mit z. B. dem Text `Label2`. Nun zieht man das Feld an die gewünschte Stelle und stellt die Feldgröße ein. Im Fenster `Objektinspektor` wird in der Zeile `Caption` (= Überschrift, Titel) der Text `1.Operand:` eingegeben **(Bild 2)**.

Entsprechend erzeugt man das Textfeld `Label3` mit dem Text `2.Operand:`. Im Textfeld `Label1` löscht man den Text in der Zeile `Caption`, da hier nur das Ergebnis angezeigt werden soll.

Für Eingabefelder klickt man in der Komponentenleiste das Icon `abI` an. Für jedes Feld löscht man im Fenster `Objektinspektor` in der Zeile `Text` die vorgegebenen Einträge `Edit1` und `Edit2`.

Die Schaltfläche wird über den Button `OK` der Komponentenleiste erstellt. Im `Objektinspektor` wird in der Zeile `Caption` der Text `Button1` durch den Text `Berechne` ersetzt.

Das Projekt wird durch Anklicken der Zeile `Alles speichern` im Menü `Datei` gespeichert. Delphi speichert die Variablen des Formulars in der Unit (= Einheit) mit dem Namen Unit1 **(Bild 3)**.

Mit dem Formular wird das Aussehen der graphischen Oberfläche festgelegt.

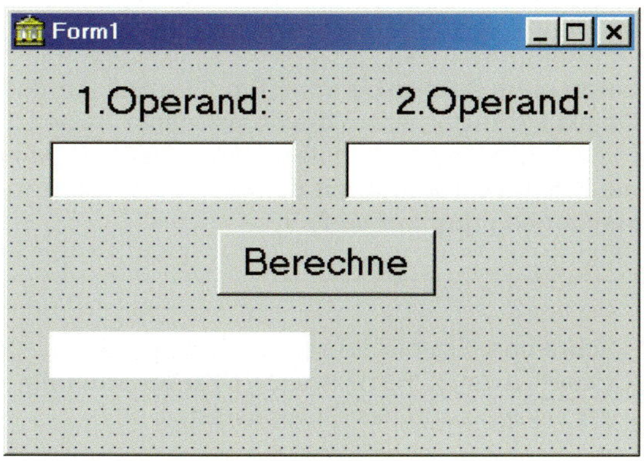

Bild 1: Ansicht des Formulars Form1

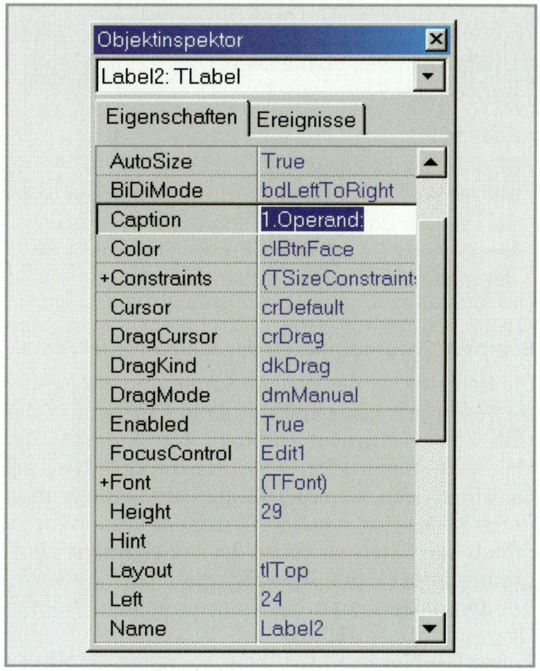

Bild 2: Fenster Objektinspektor mit Angaben zum Textfeld Label2

```
unit Unit1;
interface
uses
 Windows, Messages, SysUtils, Classes,
 Graphics, Controls, Forms, Dialogs,
 StdCtrls;
type
 TForm1 = class(TForm)
  Label2: TLabel;
  Label3: TLabel;
  Edit1: TEdit;
  Edit2: TEdit;
  Button1: TButton;
  Label1: TLabel;
  procedure Button1Click(Sender: TObject);
 private
   { Private-Deklarationen }
 public
   { Public-Deklarationen }
 end;

var
 Form1: TForm1;

implementation
 {$R *.DFM}
uses NeueKlassen;

procedure TForm1.Button1Click(Sender:TObject);
var
 Instanz: TKlasseA;
 operand1, operand2, code: Integer;
begin
 Val(Edit1.text,operand1,code);
 Val(Edit2.text,operand2,code);
 Instanz := TKlasseA.Create(Label1);
 Instanz.Ergebnis(operand1,operand2);
end;
end.
```

Bild 3: Listing der Unit Unit1

Übung 1:

Überprüfen Sie, ob die Datei `Unit1` die Eintragungen des Formulars `Form1` enthält.

Lösung:

Klicken Sie die Zeile `Units` im Menü `Ansicht` an. Im Auswahlfenster wird durch Klicken auf `Unit1` die Datei `Unit1` angezeigt (Bild 3, vorhergehende Seite). Die Einträge für `Form1` findet man nach dem Schlüsselwort `type`.

Schritt 3: Programmieren der Klasse NeueKlassen

Die Berechnung der Divisionsarten und die Ausgabe des Ergebnisses soll mit einer Prozedur in der Unit `NeueKlassen` erfolgen. Zum Erstellen der Unit klickt man im Menü `Datei` die Zeile `Neu` an. Es öffnet sich ein Auswahlfenster, indem man durch Klicken auf das Ikon `Unit` das Editierfenster öffnet. Hier fügt man nun in das vorgegebene „Programmgerüst" die Anweisungen ein. Anschließend speichert man die Unit unter dem Namen `NeueKlassen` **(Bild 1).**

Zuerst wird im Interface-Teil (Vereinbarungsteil der verwendeten Datentypen und Prozeduren) die Anweisung `uses StdCtrls;` eingefügt. Diese Unit enthält z. B. die Klasse mit den Definitionen der Steuerelemente für Formulare. Anschließend werden zwischen den Schlüsselworten `type` und `end;` die Vereinbarungen eingetragen.

Übung 2:

Ergänzen Sie im Interface-Teil die Datentypenvereinbarungen mit den Zeilen

`TKlasseA = class;`

`FAusgabe: TLabel;`

`constructor Create(Ausgabe: TLabel);,`

`procedure Ergebnis(a,b: Integer);`

Lösung: **Bild 2**

Es wird ein Datentyp, also die Klasse `TKlasseA` vereinbart. Die Variable `FAusgabe` wird als Datentyp `Textfeld TLabel` vereinbart. Die Variable `FAusgabe` wird zur Ausgabe des Ergebnisses verwendet. An den nächsten Zeilen erkennt der Compiler, dass im Programmteil `implementation` (= Ausführung) zwei Methoden (Funktionen) folgen werden. Die Behandlung von Ausnahmen, z. B. von Divisionen durch die Zahl Null, wird mit `uses SysUtils;` (von System-Utilities = System-Programme) durchgeführt. Dann wird der Konstruktor der Klasse `TKlasse` mit `TKlasse.Create(Ausgabe: TLabel)` vereinbart und initialisiert. Es folgt die Zuweisung des Methodenparameters `Ausgabe` vom Typ `TLabel` an das Objekt `FAusgabe`, um die Komponente `Label1` mit `FAusgabe` zu benutzen. Anschließend wird die Ergebnisprozedur mit dem vorgestellten Klassennamen programmiert.

[-d-] [daten] 937.332 von 1.026.136 k \ ..

d:\Eigene Dateien\Delphi_Daten*.*

Name	Erw	↓Grösse	Datum
[..]		<DIR>	14.10.2004 07:57
Project1	exe	299.520	14.10.2004 12:30
Unit1	dcu	3.752	14.10.2004 11:56
NeueKla..	dcu	2.058	14.10.2004 08:38
Project1	dof	993	14.10.2004 12:45
Unit1	dfm	880	14.10.2004 12:29
Project1	res	876	12.10.2004 16:44
Unit1	pas	775	14.10.2004 12:32
NeueKla..	pas	654	14.10.2004 12:39
Project1	cfg	319	14.10.2004 12:45
Project1	dpr	219	14.10.2004 12:41

cfg	Configuration	dfm	Delphi Form
dcu	Delphi Compiled Unit	dpr	Delphi Project
dof	Delphi Options File	res	Resources

Bild 1: Dateien des Projektes 1

```
unit NeueKlassen;
interface
uses StdCtrls;
type
 TKlasseA = class
 FAusgabe: TLabel;
 constructor Create(Ausgabe: TLabel);
 procedure Ergebnis(a,b: Integer);
end;
implementation
uses SysUtils;
constructor TKlasseA.Create(Ausgabe: TLabel);
 begin
  FAusgabe := Ausgabe;
 end;

procedure TKlasseA.ergebnis (a,b: Integer);
const
 endl = #13+#10;
var
 s: String;
begin
 try
  str(a DIV b,s);
  FAusgabe.Caption:='Ergebnis der Division: '+s;
  str(a MOD b,s);
  FAusgabe.Caption := FAusgabe.Caption + endl +
  'Unteilbarer Rest: '+s;
 except
  on E: EDivByZero do
   FAusgabe.Caption := E.Message;
  end;
 end;
end.
```

Bild 2: Listing der Unit NeueKlassen

Übung 3:

Schreiben Sie die Prozedur `TKlasseA.Ergebnis(a,b : Integer);` zur Berechnung der Division und des Divisionsrestes.

Lösung: Bild 2

Die Prozedur rechnet mit den von den Parametern `a` und `b` übergebenen Werten. Nach dem Schlüsselwort `try` (= versuchen) kommen die auszuführenden Anweisungen. Die Prozedur `Str()` (von string = Zeichenkette) wird verwendet, um das Ergebnis der Ganzzahldivision `a DIV b` und der Modulodivision `a MOD b` jeweils dem String `s` zuzuweisen. Die Ausgabe erfolgt im Textfeld `Label1` durch Zuweisung der Zeichenkette `'Ausgabetext' + s` mit `FAusgabe.Caption`. Tritt ein Fehler auf, z. B. die Division durch die Zahl Null, wird der Programmteil nach dem Schlüsselwort `except` (= ausnehmen) ausgeführt.

Schritt 4: Programmsteuerung mit einem Ereignis

Die Berechnung soll durch Klicken mit der linken Maustaste auf die Schaltfläche `Berechne` im Formular gestartet werden (Event-Steuerung).

Übung:

Schreiben Sie die Ereignisprozedur für die Schaltfläche `Berechne`. Übernehmen Sie die Texte der Eingabefelder `Edit1` und `Edit2` in die Variablen `operand1` und `operand2` und wandeln Sie diese mit der `Val`-Funktion in Zahlenwerte um. Weisen Sie dann dem Datentyp `Instanz` das Objekt `TKlasseA:Create (Label1)` zu und lassen Sie die Methode `Ergebnis` die Divisionsergebnisse ausgeben.

Lösung: **Bild 3**, Seite 319.

Durch Doppelklick auf die Schaltfläche `Berechne` wird der Quelltext von `Unit1` in das Editorfenster geladen. Delphi trägt dabei selbstständig in der `type`-Vereinbarung `procedure Button1-Click(Sender:Tobject);` ein und setzt im Fenster `Objektinspektor` im Karteireiter `Ereignisse` in der Zeile `Onclick Button1Click` ein **(Bild 1)**. Außerdem wird der Prozedurkopf `procedure TForm1.Button1 Click(Sender:Tobjekt);` nach dem Schlüsselwort `implementation` eingetragen. Hier ergänzt man nun die fehlenden Zeilen zwischen den Schlüsselworten `var` und `end`. Die Variable `code` dient in der `Val`-Funktion zur Aufnahme des Fehlercodes bei Eingabefehlern.

Durch Anklicken der Zeile `Alles speichern` im Menü `Datei` beendet man die Programmerstellung. In der Datei `program Project1` befindet sich das Hauptprogramm, das die erzeugte Anwendung initialisiert, das Formular aufruft und die Anwendung ausführt, wenn sie gestartet wird **(Bild 2)**.

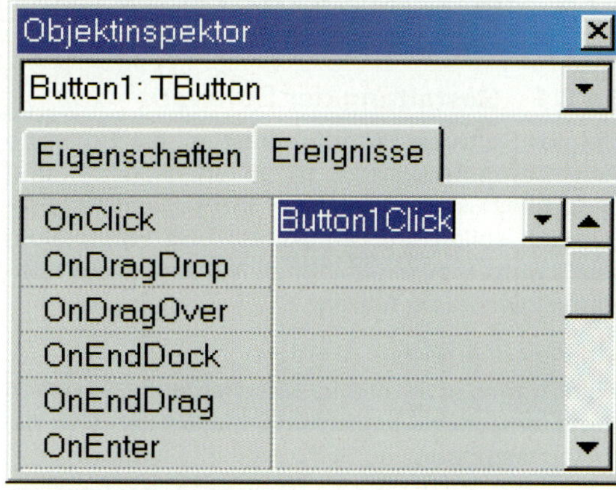

Bild 1: Fenster Objektinspektor mit Angabe zur Ereignissteuerung

```
program Project1;
uses
 Forms,
 Unit1 in 'Unit1.pas' {Form1},
 NeueKlassen in 'NeueKlassen.pas';
{$R *.RES}
begin
  Application.Initialize;
  Application.CreateForm(TForm1, Form1);
  Application.Run;
end.
```

Bild 2: Listing des Hauptprogramms für Projekt1

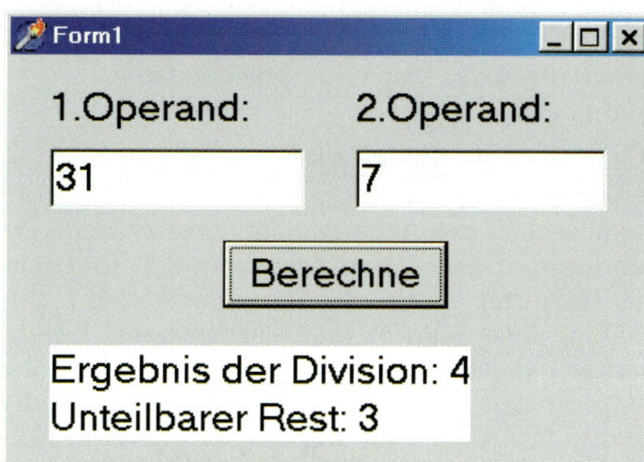

Bild 3: Fenster beim Abarbeiten des Programms Projekt1

Schritt 5: Programm starten

Durch Anklicken der Zeile `Start` im Menü `Start` wird das Programm ausgeführt. Es erscheint das erstellte Formular `Form1` **(Bild 3)**.

Wiederholung und Vertiefung

1. **Nennen Sie drei wichtige Formularelemente.**
2. **Nennen Sie die fünf Schritte der Projektentwicklung mit Delphi.**

6.4.9 Ergonomische Gestaltung der Software

6.4.9.1 Gestaltung der Software

Ziel der Software-Ergonomie ist es, die Software eines Computersystems an die Eigenschaften und Bedürfnisse seiner Benutzer anzupassen **(Bild 1)**. Dadurch sollen die Fähigkeiten und Fertigkeiten des Benutzers zu einem hohen Nutzen bei der Software-Anwendung führen.

Um dies zu erreichen, werden

- die Aufgabenverteilung zwischen den Menschen und zwischen Mensch und Maschine, d. h. die Arbeitsstruktur,
- die elektronische Arbeitsfläche, d. h. der Desktop,
- die Interaktion zwischen den Anwendungen,
- die Funktionen der Anwendungsprogramme,
- die Zahl der Bedienungsschritte und Bedienungsabläufe, d.h. der Dialog sowie
- die Eingabegeräte und die Ausgabegeräte mit den auf ihnen dargestellten Informationen

menschengerecht und aufgabengerecht gestaltet.

6.4.9.2 Benutzermodell

Jeder Benutzer zeigt ein individuelles Verhalten beim Benutzen einer Software. Zufrieden ist ein Benutzer, wenn die Software seinen individuellen Wünschen entgegenkommt oder von ihm entsprechend beeinflussbar ist. Für diese Systeme werden deshalb die Benutzerarten in Benutzermodellen zusammengefasst. Man unterscheidet dabei

- Anfänger,
- Gelegenheitsbenutzer und
- Experten.

Kennzeichen des Anfängers ist, dass er keine Erfahrung mit dem Computersystem hat. Gelegenheitsbenutzer nutzen das Computersystem regelmäßig, teils jedoch mit wechselnden Zeitabständen. Gelegenheitsbenutzer sind die größte Benutzergruppe. Gelegenheitsbenutzer haben oft die größte fachliche Erfahrung bei der täglichen Nutzung einzelner Anwendungsprogramme.

Gelegenheitsbenutzer sind oft Anwendungsexperten.

Experten haben meist mehrjährige Erfahrung mit verschiedenen Computersystemen. Dadurch machen sie weniger syntaktische Fehler, weniger Ausführungsfehler und erledigen gestellte Aufgaben schneller als andere Benutzergruppen, verstehen aber oft nicht die Probleme der anderen Benutzer. Experten stellen die kleinste Benutzergruppe dar.

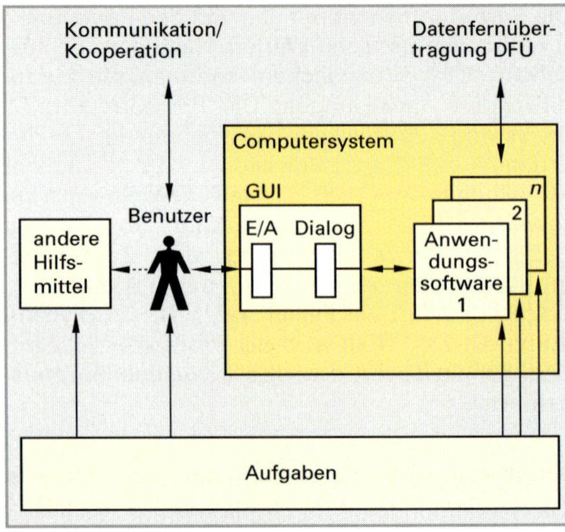

Bild 1: Arbeitsplatzumgebung

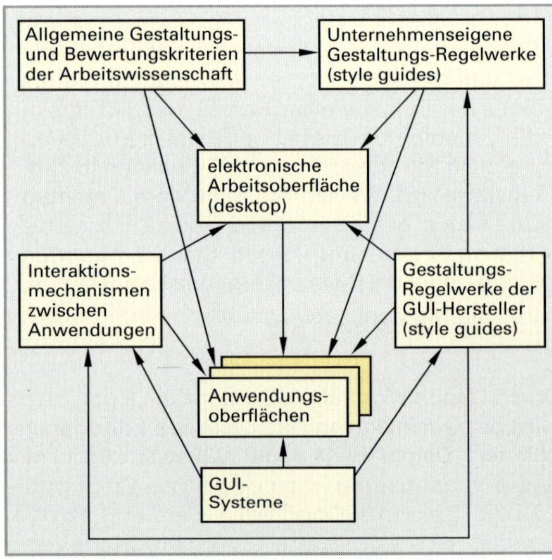

Bild 2: Einflussfaktoren auf Anwendungsoberflächen

6.4.9.3 Arbeitsoberfläche

Es gibt eine Reihe von Einflussfaktoren für die Gestaltung der Arbeits- und Anwendungsoberflächen **(Bild 2)**. Eine vertraute Bedienungsumgebung, bekannte Symbole, Funktionen und Bedienungsweisen erleichtern die Anwendung der Software. So werden oft Abbildungen von Geräten, wie CD-Player oder Video-Player als Benutzungsoberfläche verwendet. Auch nachgebildete Terminkalender und Formulare, z. B. für Banküberweisungsaufträge, machen Anwendungsprogramme benutzerfreundlicher.

Man bildet physikalische Arbeitsoberflächen, Arbeitsumgebungen und Arbeitsweisen auf der Bildschirmoberfläche eines Arbeitsplatzrechners realistisch nach. Auf dem Desktop sind häufig Objekte, Hilfsmittel, Geräte und Anwendungen in Form von Ikons (Piktogrammen) dargestellt. Ein Piktogramm ist eine kleine vereinfachte grafische Darstellung von Objekten, Geräten, Funktionen, Anwendungen oder Prozessen auf dem Bildschirm. Der Benutzer kann auf dem Desktop z. B. das durch ein Piktogramm dargestellte Objekt `Ergo_1.doc` durch Mausklick aktivieren **(Bild 1)**. Die Anwendung öffnet dann ein Anwendungsfenster, hier das Word-Fenster, auf der Arbeitsoberfläche. Ein Fenster entspricht damit einem Ausschnitt aus der Arbeitsumgebung des Benutzers. Der Benutzer kann auch mehrere Anwendungen aktivieren, sodass mehrere Anwendungsfenster mit ihren Benutzungsoberflächen auf der Arbeitsoberfläche sichtbar sind. Ein Anwendungsfenster kann auch aus mehreren Fenstern bestehen, dabei ist aber immer nur ein Fenster aktiv.

Nur eines der geöffneten Fenster ist aktiv.

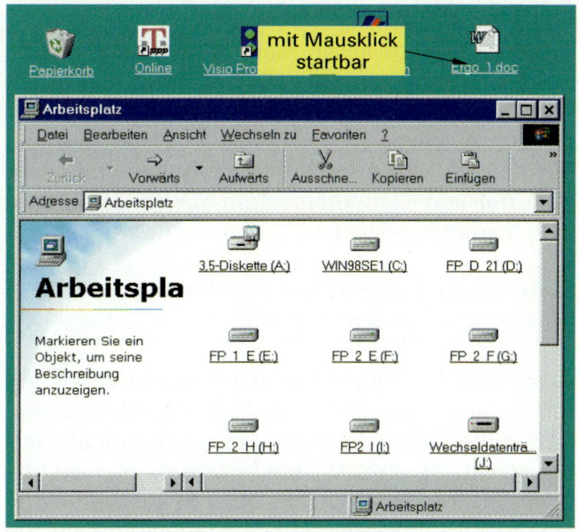

Bild 1: Arbeitsplatzfenster von Windows

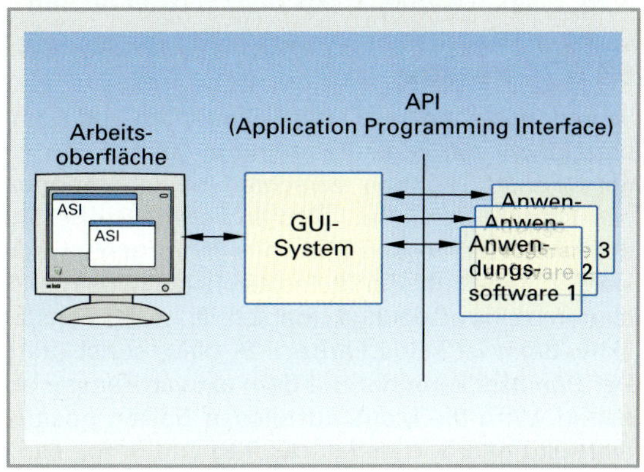

Bild 2: Prinzip eines GUI

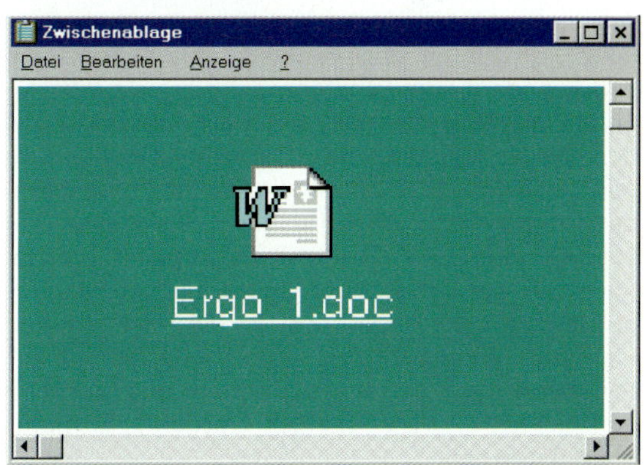

Bild 3: Inhalt der Zwischenablage zum Datenaustausch

Die Verwaltung der Arbeitsoberfläche so wie die Koordination der verschiedenen Anwendungen wird durch ein GUI-System gesteuert.

6.4.9.4 GUI-System

GUI-Systeme (GUI von Graphical User Interface = Grafische Benutzerschnittstelle) verbinden Arbeitsoberflächen über eine API (Application Programming Interface) mit den einzelnen Anwendungen **(Bild 2)**. Für GUI-Systeme gibt es Richtlinien (style guides = Stilführer), die bei der Gestaltung der Anwendungen zu beachten sind. Damit soll das „look and feel" (= schau und fühle) für verschiedene Anwendungen gleich sein.

6.4.9.5 Programmbedienung

Bei der *funktionsorientierten Bedienung* wählt der Benutzer z. B. im Menü `Programme` eine Anwendung, z. B. Word, aus und startet sie mit Mausklick. Anschließend kann z. B. im Menü Datei das Objekt Ergo_1.doc zur Öffnung und Bearbeitung angeklickt werden. Bei der *objektorientierten Bedienung* wird das Icon Ergo_1.doc auf der Arbeitsfläche angeklickt. Das Programm Word öffnet sich dann automatisch zur Bearbeitung der Datei. Oft setzt man mehrere Anwendungen kombiniert ein. Ein Datenaustausch zwischen den Anwendungen kann dann z. B. über die Zwischenablage (Clipboard) erfolgen. Es können Texte, Tabellen oder Bilder ausgetauscht werden **(Bild 3)**. Sollen Anwendungen eng gekoppelt werden, verwendet man den dynamischen Datenaustausch (dynamic data exchange, DDE). Das Verbinden verschiedener Objekte oder die Einbettung von Objekten in andere Objekte erfolgt mit OLE (von object linking and embedding = Objekt verbinden und einbinden).

6.4.9.6 Dialoge

Arbeitsaufträge werden meist schrittweise ausgeführt. Der Benutzer gibt z. B. Daten ein und erhält vom Programm eine Rückmeldung über deren Verarbeitung, bevor er die nächsten Daten eingibt. Ein solches abwechselndes Vorgehen, bei dem Benutzer und Computersystem abwechselnd handeln, nennt man Dialog.

> Dialoge sind abwechselnde Aktionen von Benutzer und Computersystem.

Arbeitsschritte, die direkt zur Aufgabenerfüllung führen, nennt man Primärdialoge. Ein Primärdialog ist beendet, wenn die zu bearbeitende Aufgabe fertiggestellt ist. Zusätzliche Informationen zu Arbeitsschritten werden z. B. über Sekundärdialoge eingegeben. Sekundärdialoge sind oft optional. Sie sind beendet, wenn der Primärdialog fortgesetzt wird. Dialoge werden meist über Fenster geführt.

6.4.9.7 Fenster

Fenster bestehen aus Fensterelementen und Kombinationen von Fensterelementen **(Bild 1)**. An einem Fenster können verschiedene Operationen wie Öffnen, Schließen, Positionieren, Größe ändern, Minimieren und Maximieren vorgenommen werden **(Tabelle 1)**. Ein Titelbalken benennt das Fenster durch eine eindeutige Überschrift. Ist das Fenster aktiv, dann ist seine Farbe z. B. blau, sonst grau. Der Benutzer kann nur mit dem aktiven Fenster arbeiten. Wird die Maus auf diesen Balken positioniert und gedrückt gehalten (drag and drop), kann man das Fenster auf der Arbeitsfläche bewegen. Der Anwendungsmenüknopf stellt Funktionen zur Anwendungssteuerung, wie Fenster schließen, oder Funktionen zur Fenstermanipulation, wie Größe ändern oder Fenster maximieren, zur Verfügung **(Tabelle 2)**. Befindet sich der Mauszeiger auf dem Fensterrahmen, ändert er sein Aussehen und zeigt, in welche Richtungen die Fenstergröße geändert werden kann. Zweidimensionale Änderungen können über das Größenänderungsfeld vorgenommen werden. Bei der Änderung der Fenstergröße wird keine Anpassung der darin enthaltenen Elemente vorgenommen. Informationen im Arbeitsbereich werden abgeschnitten, die Titel werden gekürzt und Menübalken werden z. B. mehrzeilig dargestellt.

Der Menübalken enthält die Funktionen, die für die Anwendung wichtig sind, z. B. die Menüs `Datei`, `Bearbeiten`, `Suchen` und `?` (Bild 1). Die Rollbalken zeigen an, dass nicht alle Informationen des Arbeitsbereichs sichtbar im Fenster sind. Mit den Rollrichtungspfeilen und dem Schieberegler kann der sichtbare Bereich verschoben werden.

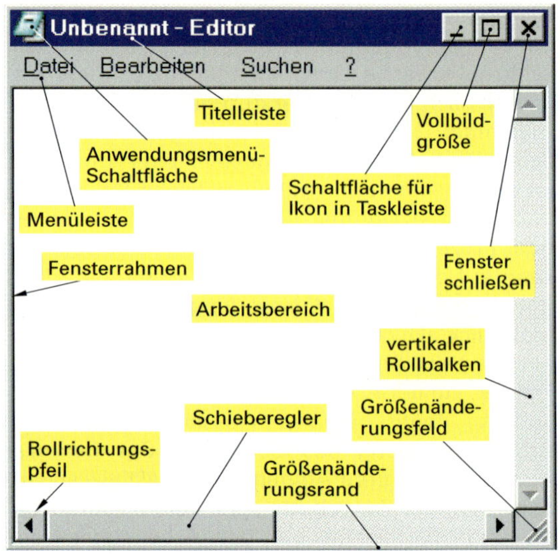

Bild 1: Fensterelemente

Tabelle 1: Operationen an Fenstern

Operation	Ausführung
Öffnen	Doppelklick auf Ikon.
Schließen	Doppelklick auf Schaltfläche ☒
Positionieren	In die Titelleiste klicken und Fenster an Position ziehen.
Größe	In das Größenänderungsfeld klicken und Größe ändern.
Schließen zum Icon	Doppelklick auf Schaltfläche ▁.
Vollbildgröße	Doppelklick auf Schaltfläche ▭.

Tabelle 2: Fensterelemente

Element	Übersetzung	Aufgabe im Fenster
Anwendungsmenükopf	title bar icon	Anwendungssteuerung, Fenstermanipulation.
Arbeitsbereich	workspace	Dateneingabe, Datenausgabe.
Fensterrahmen	window frame	Begrenzt ein Fenster.
Größenänderungsrand	sizing border	Fenstergröße in einer Richtung ändern.
Größenänderungsfeld	size grip	Fenstergröße in zwei Richtungen ändern.
Menübalken	menu bar	Enthält vorhandene Menüs.
Rollbalken	scrollbar	Sichtbaren Fensterbereich verschieben.
Rollrichtungspfeil	scroll arrow	In einer Richtung rollen.
Titelleiste	title bar	Enthält Fensternamen. Leiste ist farbig, wenn das Fenster aktiv ist.

6.4.9.8 Fenstertypen

Unterschiedliche Anwendungen und die Gliederung in Primärdialoge und Sekundärdialoge bedingen verschiedene Fenstertypen:

- Anwendungsfenster,
- Unterfenster,
- Dialogfenster und
- Mitteilungsfenster.

Anwendungsfenster

Jede Anwendung, z. B. das Editorprogramm, besitzt mindestens ein Anwendungsfenster **(Bild 1)**. Es erscheint nach dem Aufruf der Anwendung, dem Doppelklick auf sein Icon oder durch Doppelklick auf ein Objekt, mit dem es durch eine Verknüpfung verbunden ist. Vom Anwendungsfenster aus können weitere Fenster geöffnet werden.

Unterfenster

Aufgabe des Unterfensters ist es, den Primärdialog des Benutzers mit der Anwendung zu unterstützen.

> **Übung:**
> Öffnen Sie das Composer-Fenster des Internet-Browsers Netscape.
> *Lösung:* **Bild 2**

Alle Unterfenster sind bewegbar und können ein Erscheinungsbild wie das zugehörige Anwendungsfenster haben. Meist ist ein Verschieben über den Fensterrahmen des aufrufenden Anwendungsfensters hinaus nicht möglich. Ein Unterfenster öffnet oft einen Verarbeitungsvorgang, der selbstständig von den anderen Fenstern durchgeführt aber auch unvollständig beendet werden kann.

Dialogfenster

Dialogfenster setzt man ein, wenn vom Benutzer im Anwendungsfenster zusätzliche Dateneingaben benötigt werden. Im Dialogfenster werden Sekundärdialoge abgewickelt. Deshalb besitzen sie auch keinen Menübalken **(Bild 3)**. Der Sekundärdialog beschränkt sich auf die Dateneingabe über Interaktionselemente, wie Textfelder, Checkboxen oder Auswahlfelder. Manche Fenstereigenschaften, wie die Größenänderung, fehlen. Im aufrufenden Anwendungsfenster kann man erst nach dem Schließen des Dialogfensters `Drucken` weiterarbeiten. Man nennt dies auch einen seriellen Dialog.

Mitteilungsfenster

Mitteilungsfenster sind spezielle Dialogfenster, die zur Information des Benutzers dienen **(Bild 4)**. Der Benutzer kann mit einer Aktion, z. B. Klick auf die Laufwerksauswahl, auf die Mitteilung `Laufwerk nicht gefunden!` reagieren oder das Fenster mit `Abbrechen` verlassen.

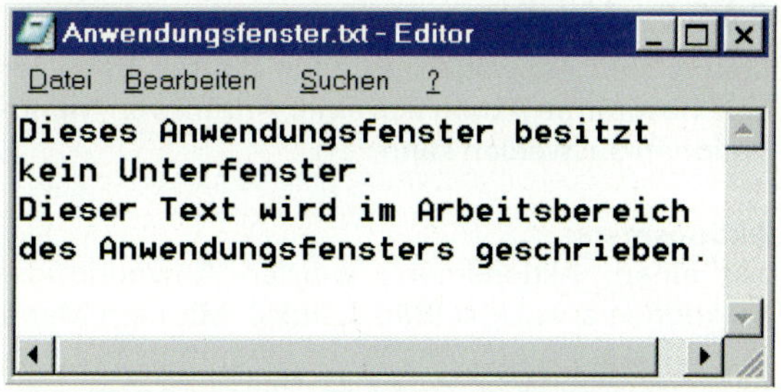

Bild 1: Anwendungsfenster mit Editorprogramm

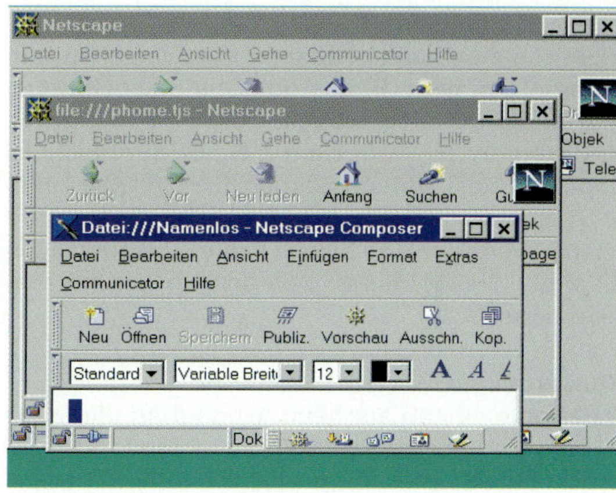

Bild 2: Unterfenster des Programms Netscape

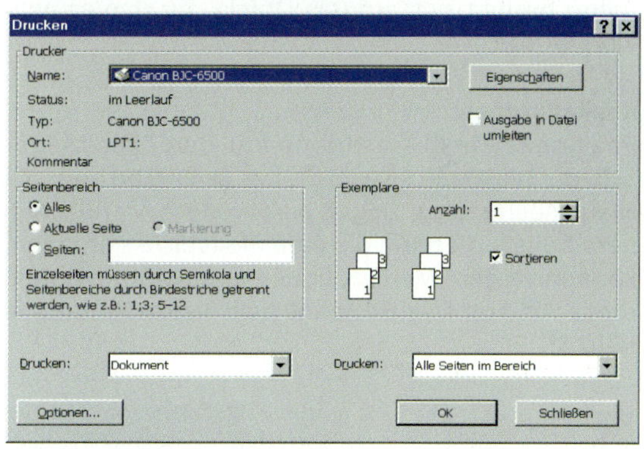

Bild 3: Dialogfenster für Drucken mit Windows

Bild 4: Mitteilungsfenster des Programms WinCommander

6.4.9.9 Menüarten

Menüs sind Auswahllisten, über die der Benutzer eine bestimmte Aktion aus einer Anzahl von Menüoptionen auswählen kann.

Aktionsmenü

Mit einem Aktionsmenü werden Anwendungsfunktionen ausgelöst **(Bild 1, links)**. Mit dem Menü `Datei` des Programms Word kann man z. B. Dateien `Neu` anlegen, `Öffnen`, `Speichern` oder zu weiteren Menüs verzweigen.

Eigenschaftenmenü

Eigenschaftenmenüs erlauben das Einstellen von Parametern, die z. B. das optische Erscheinungsbild ändern **(Bild 1, rechts)**. Im Menü `Ansicht` des Programms Word kann z. B. die Symbolleiste angezeigt oder entfernt werden. Eine eingeschaltete Symbolleiste wird in der Menüzeile mit dem Zeichen ☑ versehen. Die Menüs in Bild 1 werden auch als Pull-down-Menüs (to pull down = herunterziehen) bezeichnet.

Kontextmenü

Das Kontextmenü erscheint, wenn man die Maus auf ein Icon positioniert und die rechte Maustaste drückt **(Bild 2)**. Wegen des plötzlichen Auftauchens des Menüs, bezeichnet man es als Pop-up-Menü (to pop up = plötzlich auftauchen). Das Kontextmenü bezieht sich auf das Objekt, für das es aktiviert wurde.

Kaskadenmenü

Positioniert man im Startmenü den Mauszeiger z. B. auf die Menüzeile `Office` ▶ und bewegt die Maus nach rechts, zeigen sich weitere Menüoptionen. Bei allen Zeilen, die eine Pfeilspitze enthalten, können weitere Menüoptionen angewählt werden. Diese Art von Menüs nennt man Kaskadenmenüs **(Bild 3)**.

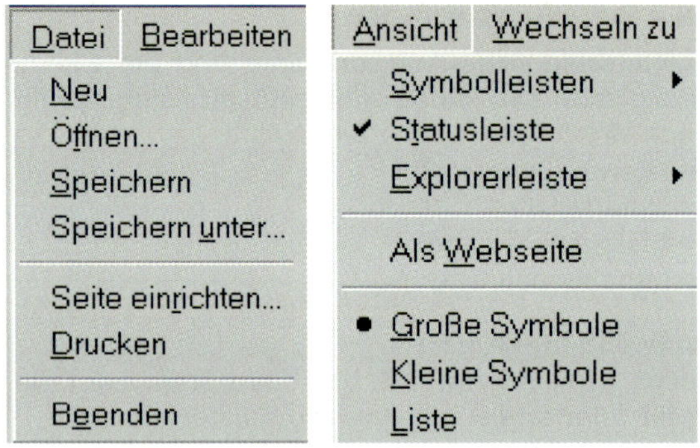

Bild 1: Aktionsmenü und Eigenschaftenmenü

Bild 2: Pop-up-Menü

Wiederholung und Vertiefung

1. **Was versteht man unter einem GUI-System?**
2. **Welche zwei Arten der Programmbedienung gibt es?**
3. **Was ist ein Primärdialog?**
4. **Nennen Sie die vier Fenstertypen.**
5. **Nennen Sie vier Menüarten.**

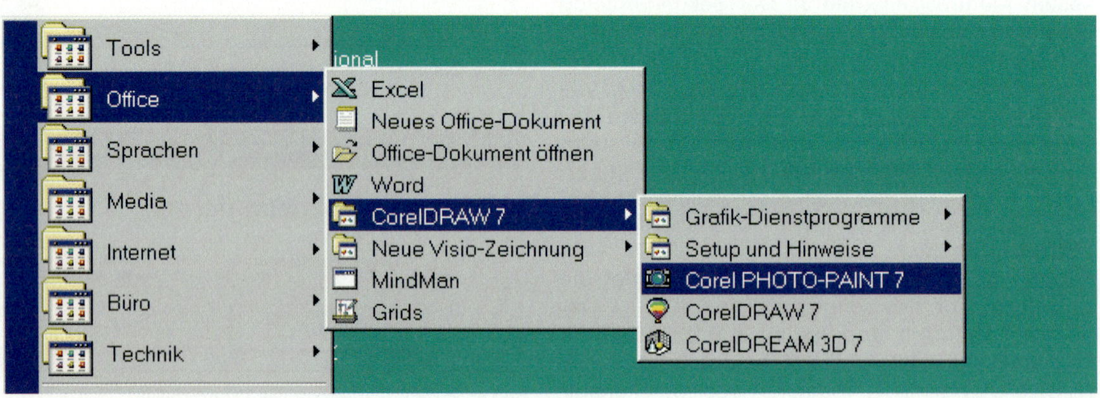

Bild 3: Kaskadenmenü von Windows

6.5 Datenbanktechnik

Eine Datenbank ist eine systematische Sammlung von Daten. Damit der Anwender diese Daten übersichtlich und einfach verwalten kann, benötigt er ein Datenbankverwaltungssystem, abgekürzt DBMS (database management system, **Bild 1**).

> Ein Datenbanksystem besteht aus der Datenbank und einem Datenbankverwaltungssystem.

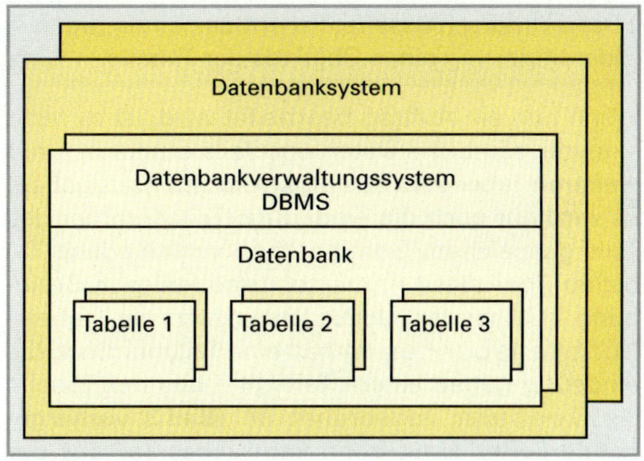

Bild 1: Komponenten eines Datenbanksystems

6.5.1 Relationale Datenbanksysteme

Die Daten einer Datenbank, z. B. Kunden- oder Produktdaten, werden in Form von zueinander in Bezug stehenden Tabellen (Relationen) verwaltet. Jede Zeile einer Tabelle enthält einen Datensatz, z. B. die Daten genau eines Kunden, allgemein, einer Entität (entity = Einheit).

> Relationale Datenbanksysteme verwalten Daten in voneinander abhängigen Tabellen.

Die Spalten dieser Tabellen enthalten untereinander vergleichbare Daten der einzelnen Datensätze, z. B. den Preis **(Bild 2)**. Die Felder einer Spalte sind jeweils in einem festzulegenden Felddatentyp, dem Format, zu speichern. Datenbanksysteme verfügen über verschiedene Datentypen **(Tabelle)**.

Tabelle: Datentypen

Datentyp	Inhalt
Boolean	Ja/Nein-Wert
Char(*n*)	Alphanumerische Daten mit n Stellen
Date	Datum/Zeit
Currency	Währung
Integer	Ganzzahl
Single/ Double	Gleitkommazahl mit einfacher/doppelter Genauigkeit

Schlüssel und Beziehungen

Die einzelnen Zeilen einer Tabelle entsprechen jeweils einer Person, einem Gegenstand oder Ereignis, also einer Entität. Diese Entität könnte mit einer zweiten innerhalb der Tabelle verwechselt werden, in der Tabelle `Teilestamm` z. B. mit einem anderen Sattel (Bild 2). Um dies auszuschließen, werden für jeden Datensatz eindeutige Felder festgelegt. Diese Felder werden als Primärschlüssel bezeichnet. In der Tabelle `Teilestamm` ist das Primärschlüsselfeld die Teilenummer `Teilnr`, z. B. 500002 für den Sattel (Bild 2).

Auftragsposten : Tabelle

PosNr	AuftrNr	TeilNr	Anzahl	Gesamtpreis
11	10	500002	2	220,00 €
21	2	100002	3	3.750,00 €
22	2	200001	1	700,00 €
31	3	100001	1	1.350,00 €
32	3	500002	2	220,00 €
41	4	100001	1	1.350,00 €
42	4	500001	4	50,00 €
43	4	500002	1	110,00 €
51	5	500010	1	75,00 €

Bild 3: Tabelle Auftragsposten

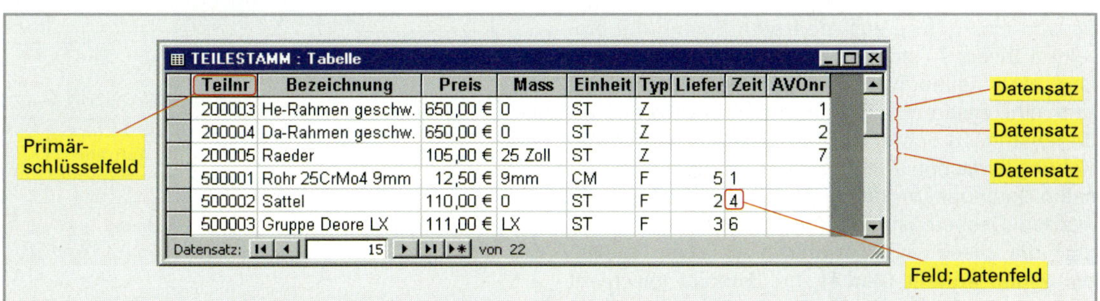
TEILESTAMM : Tabelle

Teilnr	Bezeichnung	Preis	Mass	Einheit	Typ	Liefer	Zeit	AVOnr
200003	He-Rahmen geschw.	650,00 €	0	ST	Z			1
200004	Da-Rahmen geschw.	650,00 €	0	ST	Z			2
200005	Raeder	105,00 €	25 Zoll	ST	Z			7
500001	Rohr 25CrMo4 9mm	12,50 €	9mm	CM	F	5	1	
500002	Sattel	110,00 €	0	ST	F	2	4	
500003	Gruppe Deore LX	111,00 €	LX	ST	F	3	6	

Datensatz: 15 von 22

Bild 2: Beispiel für eine Tabelle

Das Primärschlüsselfeld dient zur eindeutigen Identifizierung eines Objektes der Tabelle.

Wenn nun ein Auftrag bearbeitet wird, ist es nicht sinnvoll, sämtliche Daten des Teils erneut in einer weiteren Tabelle `Auftragsposten` einzugeben. Es wird nur noch die eindeutige Teilenummer des Teils gespeichert. Somit stehen verschiedene Tabellen über diese Primärschlüsselfelder in Beziehung zueinander. Jeder Datensatz der Tabelle `Auftragsposten` enthält eine Teilenummer, die eindeutig genau einem Teil („1") aus der Tabelle `Teilestamm` zugeordnet ist **(Bild 3, vorhergehende Seite)**. Umgekehrt kann jedes Teil aus der Tabelle `Teilestamm` in mehreren („m") Zeilen der Tabelle `Auftragsposten` angesprochen werden. Die Tabellen `Teilestamm` und `Auftragsposten` besitzen somit eine 1:m-Beziehung **(Bild 1)**. Die Teile, die in der Tabelle `Teilestamm` durch den Primärschlüssel `Teilnr` eindeutig bezeichnet werden, werden auch in der Tabelle `Auftragsposten` durch diese `Teilnr` festgelegt. Dieses Feld `Teilnr` verweist auf das entsprechende Feld der Tabelle `Teilestamm` und wird deshalb als Bezugsschlüssel oder *Fremdschlüssel* bezeichnet **(Bild 2)**.

Ein Fremdschlüssel ist ein Feld, welches auf ein Primärschlüsselfeld einer anderen Tabelle verweist und so eine Beziehung zwischen diesen Tabellen herstellt.

Aus einer Personaltabelle können verschiedene Daten, z. B. das Gehalt, ausgelagert werden, die nicht jedem Benutzer zur Einsicht offen sein sollen. Dazu wird eine neue Tabelle `Personal diskret` angelegt. Da auch hier die Datensätze über den Primärschlüssel `Persnr` gefunden werden, steht einem Datensatz der ersten Tabelle genau ein Datensatz der zweiten Tabelle gegenüber. Eine solche Beziehung wird 1:1-Beziehung genannt **(Bild 3)**. Die beiden Tabellen dieser Beziehung könnten ohne Informationsverlust oder Redundanzen (Mehrfachspeicherungen) wieder in einer einzigen Tabelle zusammengeführt werden.

Besteht ein Auftrag aus mehreren Posten mit einzelnen Teilen, so steht einem Auftrag nicht nur genau eine Teilenummer gegenüber. Umgekehrt kann eine bestimmte Teilnummer in mehreren Aufträgen angesprochen werden. Eine solche m:n-Beziehung zwischen Tabellen kann in einem relationalen Datenbankmodell nicht eindeutig dargestellt werden. Deshalb ist eine Zwischentabelle notwendig, die diese m:n-Beziehung in zwei 1:n-Beziehungen aufteilt **(Bild 4)**. Im Beispiel geschieht dies durch die Tabelle `Auftragsposten`. Ein Teil, das in einem Auftragsposten genannt wird,

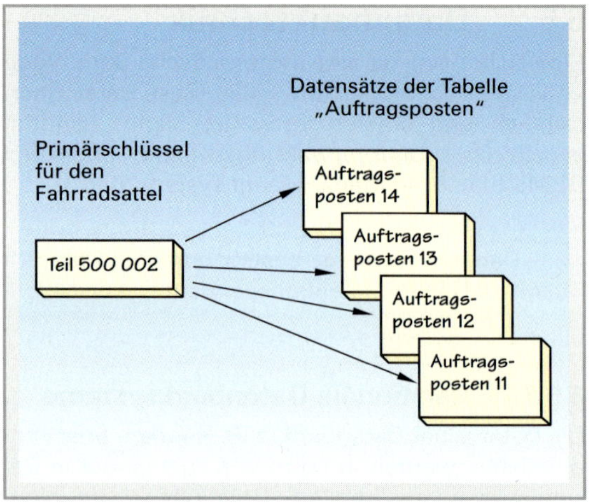

Bild 1: 1:m-Beziehung beim Fahrradsattel 500 002

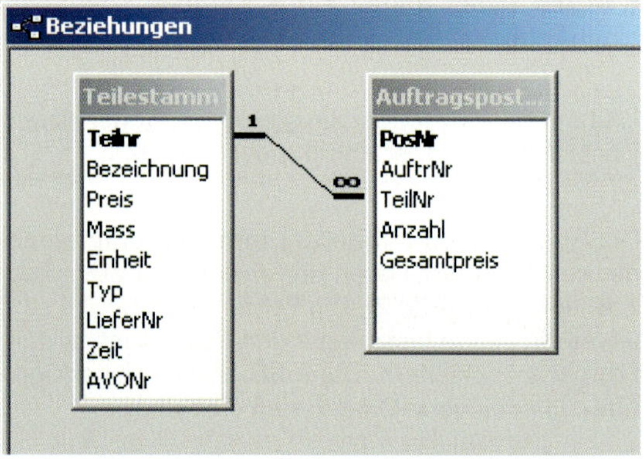

Bild 2: Primär- und Fremdschlüssel

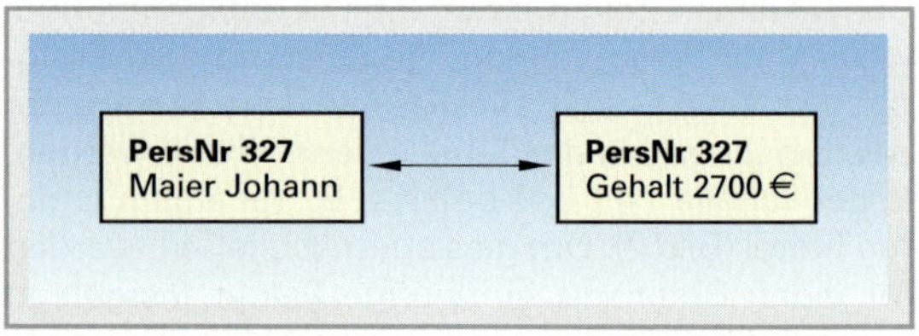

Bild 3: 1:1-Beziehung

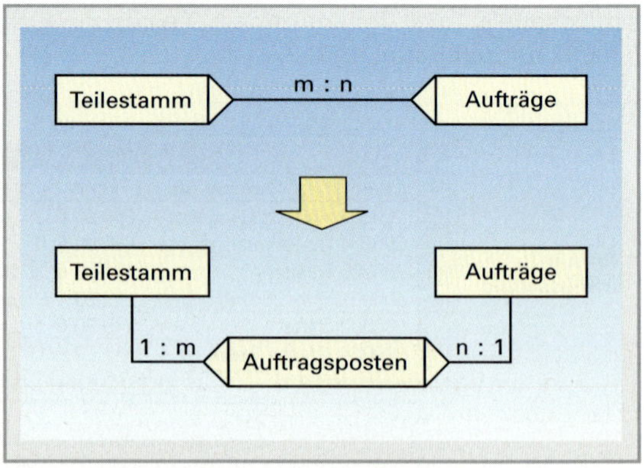

Bild 4: Auflösung einer m:n-Beziehung

kann eindeutig in der Tabelle `Teilestamm` identifiziert werden. Umgekehrt kann ein Bauteil in mehreren Auftragsposten angesprochen werden. Somit liegt zwischen den Tabellen `Teilestamm` und `Auftragsposten` eine 1:n-Beziehung vor. Auch die Tabellen `Auftragsposten` und `Aufträge` sind über eine 1:n-Beziehung verbunden, da ein Auftrag zwar aus mehreren Posten bestehen kann, aber jeder Posten genau einem Auftrag zuzuordnen ist.

Eine m:n-Beziehung muss in einer relationalen Datenbankumgebung in je eine 1:m-Beziehung und eine n:1-Beziehung über eine geeignete Zwischentabelle aufgelöst werden.

Beispiel:
In einem Unternehmen ist für jeden Auftrag jeweils ein Mitarbeiter oder eine Mitarbeiterin zuständig.
a) Entwerfen Sie Tabellen für die Entitäten Kunde, Auftrag und Personal mit geeigneten Attributen.
b) Legen Sie geeignete Primärschlüsselfelder fest.
c) Bestimmen Sie die Beziehungen zwischen diesen Tabellen.

Lösung: a), b) und c) **Bild 1**

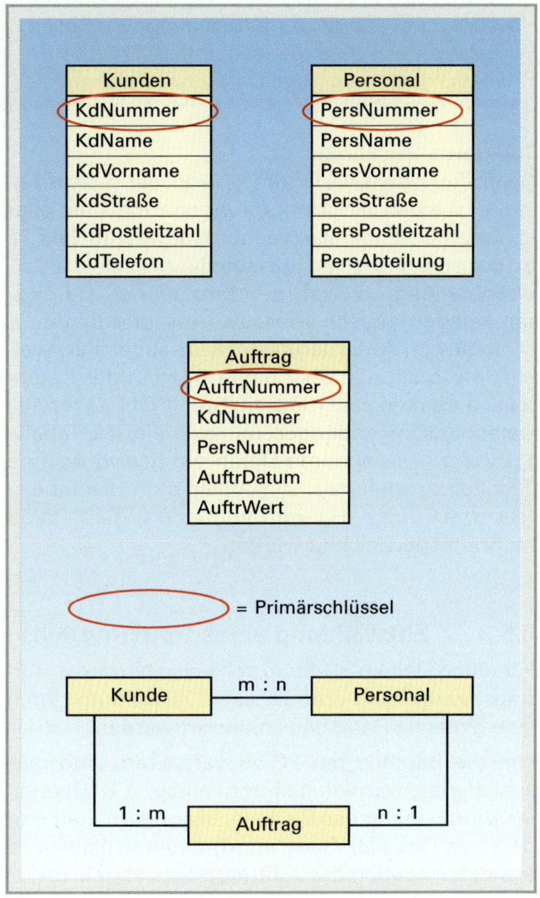

Bild 1: Felder und Beziehungen von Tabellen

6.5.2 Verfahren zur Datenbankentwicklung

Der Entwicklungsprozess einer Datenbank vollzieht sich in mehreren Schritten:

- **Festlegen der Informationsstruktur.**
  Hier wird untersucht, welche Informationen der Anwender vom Datenbanksystem erwartet.
- **Festlegen der Datenstruktur.**
  Beantwortet wird die Frage, welche Beziehungen die Daten und Tabellen untereinander besitzen.
- **Festlegen der Aufnahmestruktur.**
  Nun werden die Tabellen und die einzelnen Datenfelder mit ihren Datentypen festgelegt.
  Die Informationsstruktur der Datenbank kann durch zwei verschiedene Verfahren ermittelt werden: Bottom-up-Verfahren oder Top-down-Verfahren.

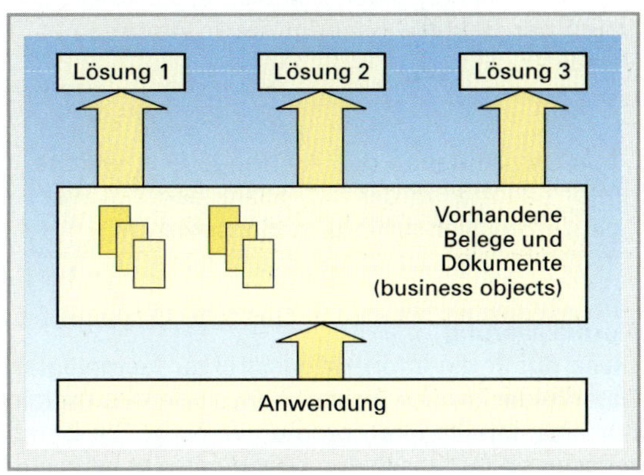

Bild 2: Bottom-up-Verfahren

Bottom-up-Verfahren

Der Ausgangspunkt für das Bottom-up-Verfahren (bottom up = von Grund auf) ist eine spezielle Aufgabenstellung **(Bild 2)**. Sämtliche dazu im Unternehmen vorhandenen Belege und Daten werden untersucht, um die Informationen abzuleiten, die das Datenbanksystem liefern soll. Allerdings kann diese Entwurfsmethode zu einer Vielzahl unterschiedlicher Lösungen führen. Es besteht dann die Gefahr, dass sich die Lösungen überschneiden und somit Daten doppelt in verschiedenen Tabellen gespeichert werden. Solche Redundanzen müssen unbedingt vermieden werden, da bei der Änderung, z. B. einer Adresse, die Bearbeitung eines einzigen Datensatzes in der Datenbank genügen muss.

Mehrfach gespeicherte Informationen müssen in relationalen Datenbanken unbedingt vermieden werden, um gültige Daten zu erreichen.

Top-down-Verfahren

Beim Top-down-Verfahren (= von der Spitze abwärts) werden die Anforderungen möglichst aller späteren Datenbankanwender festgestellt **(Bild 1)**. So geben z. B. die Verkaufsabteilung sowie die Serviceabteilung an, welche Informationen sie über die Kunden wissen müssen. Aus diesen unterschiedlichen Anforderungen wird abgeleitet, welche Informationen über die Kunden in der Datenbank enthalten sein müssen. Somit gibt es für alle Datenbankanwendungen nur eine einzige Tabelle `Kunden`. Alle anderen Daten werden in weitere Tabellen ausgelagert, zum Beispiel in die Tabelle `Reparaturen`. So wird verhindert, dass Daten mehrfach gespeichert werden.

6.5.3 Entwicklung eines Datenmodells

Für einen kleinen PC-Shop soll beispielhaft die Auftragsbearbeitung und die Lagerverwaltung durch eine einfache Datenbank realisiert werden.

Um die Bauteile der PC zu verwalten, sind verschiedene Informationen notwendig, z. B. Hersteller, Bezeichnung des Bauteils, Besonderheiten und der Preis **(Tabelle)**. Diese Informationsstruktur wird aus den Angaben des Auftraggebers abgeleitet.

Bestellt ein Kunde einen PC, so werden außer seinen persönlichen Daten wie Name, Adresse auch Daten der Bauteile benötigt sowie Angaben zum Verkäufer.

Aus den Angaben des Auftraggebers, welche Informationen in der Datenbank benötigt werden, ergibt sich die Informationsstruktur.

Normalisierung

Diese durch die Informationsstruktur festgelegten Datenfelder können nicht ohne weitere Vorarbeit in nur eine Tabelle übernommen werden. Die Daten müssen systematisch und schrittweise in verschiedene Tabellen gegliedert werden, die untereinander in Beziehung stehen. Diesen Vorgang bezeichnet man als *Normalisieren* **(Bild 2)**.

Durch Normalisierung werden Datenfelder in mehreren Schritten und logisch richtig auf verschiedene Tabellen verteilt.

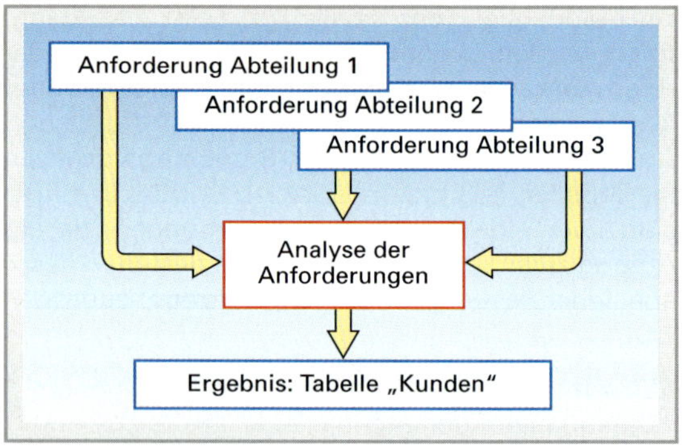

Bild 1: Top-down-Verfahren

Tabelle: Informationsstruktur einer Datenbank

Datenfeld	Bedeutung
Bauteilnummer	Eindeutige Identifikation des Bauteils
Bezeichnung	genauere Beschreibung
Hersteller	Name, Anschrift
Lieferant	Großhändler, Alternativhändler
Besonderheiten	Normabweichungen
Gewicht	in g oder kg
Preis	Bezugspreis
Verkaufspreis	kalkuliert, ohne Steuer
Kundennummer	Eindeutige Identifikation
Kundenname	Name des Kunden
Vorname	Vorname des Kunden
Adresse	Straße, Postleitzahl, Wohnort
Bezugs-bedingungen	Sonderbedingungen, Rabatte

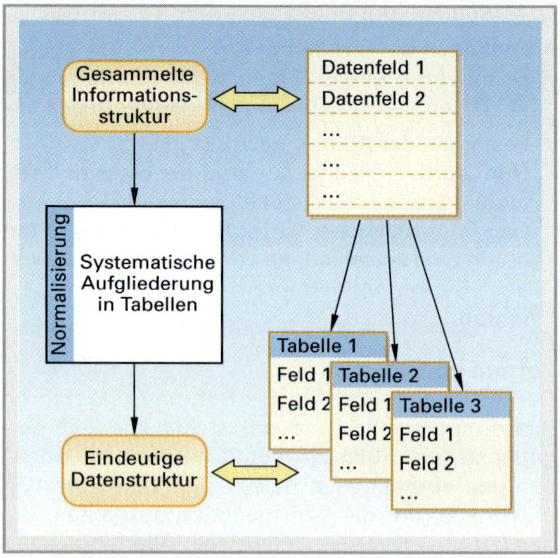

Bild 2: Normalisierung einer Datenbank

Werden z. B. in einem Feld `Wohnort` sowohl die Postleitzahl als auch der Name des Ortes gespeichert, so ergeben sich mehrere Unzulänglichkeiten. Zum einen sind größeren Orten wie zum Beispiel Frankfurt mehrere Postleitzahlen zugeordnet, zum anderen ist es dadurch schwierig, nach den Ortsnamen zu sortieren und zu suchen. Ebenso ist es in einer Tabelle Lieferanten nicht möglich, nach den Waren zu sortieren, wenn alle lieferbaren Waren in einem einzigen Feld aufgelistet werden **(Tabelle 1)**. Zunächst werden zusammengesetzte Informationen in verschiedenen Feldern als einfache, so genannte atomare, nicht mehr aufteilbare Werte gespeichert.

Eine Tabelle befindet sich dann in der ersten Normalform, wenn alle Datenfelder nur nicht mehr aufteilbare Werte enthalten.

Beispiel:
Bringen Sie die Daten der Tabelle 1 in die erste Normalform.
Lösung: **Tabelle 2**

Tabelle 1: Lieferanten	
Lieferant-Nummer	34194
Firmenbezeichnung	TK-Inform GmbH
Straße	Auweg 12-14
Postleitzahl, Ort	89073 Lehr
Waren	Handy Lm346, ISDN-Karte ID57, ISDN-Karte TD12
Ansprechpartner	Frau Hölzel, Herr Fricke
Telefon-Nummern	0174-352956, -365941

Tabelle 2: Erste Normalform (1. NF)	
Lieferant-Nummer	34194
Firmenbezeichnung	TK-Inform GmbH
Straße	Auweg 12-14
Postleitzahl	89073
Ort	Lehr
Ware 1	Handy Lm346
Ware 2	ISDN-Karte ID57
Ware 3	ISDN-Karte TD12
Ansprechpartner 1	Frau Hölzel
Ansprechpartner 2	Herr Fricke
Telefon-Nr. 1	0174-352956
Telefon-Nr. 2	0174-365941

Kunden, Teile, Bestellungen, andere Objekte und Vorgänge sind über die Angabe des Primärschlüsselfeldes eindeutig festlegbar. Sucht man nach einer Kundennummer, erhält man den entsprechenden Namen und die Adresse des Kunden. Von der Kundennummer sind die Attribute Name, Vorname, Ort usw. funktional abhängig.

Der Primärschlüssel einer Tabelle kann auch aus mehreren Feldern zusammengesetzt sein **(Bild 1)**. So enthält die Tabelle Auftragsposten (Abschnitt 6.5.1) sowohl die Nummer des Auftrages als auch die Nummer des Teiles. Die Kombination dieser beiden Nummern kann hier als Primärschlüssel vereinbart werden.

Weitere Angaben zum Bauteil selbst sind nun nicht mehr nötig.

Würden auch die Abmessungen und der Hersteller mit Adresse in die Tabelle Auftragsposten aufgenommen, so müssten bei einem Umzug des Herstellers die Adresse sowohl in der Tabelle Hersteller als auch in der Tabelle Auftragsposten geändert werden. Vergisst man eine Tabelle zu ändern, führt das zu unlogischen Aussagen oder dazu, dass im Beispiel nicht mehr feststellbar ist, welche Adresse wirklich gültig ist.

Auch Angaben zum Auftrag selbst gehören in eine andere Tabelle, da sie nicht vom Auftragsposten abhängen.

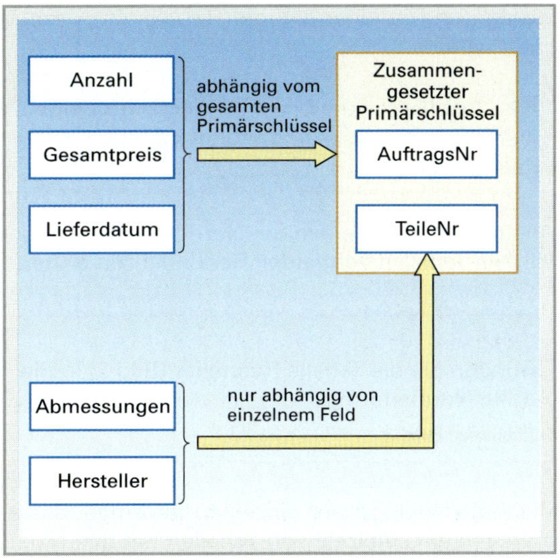

Bild 1: Abhängigkeiten von Feldern in der Tabelle Auftragsposten

Die Aufteilung in mehrere Tabellen ist speziell bei Tabellen mit zusammengesetzten Primärschlüsseln wichtig ist. Das Ergebnis der Aufteilung wird als *zweite Normalform* bezeichnet.

Eine Tabelle befindet sich in der zweiten Normalform, wenn jedes Feld dieser Tabelle vom gesamten Primärschlüssel und nicht nur von einem Teil des Primärschlüssels abhängt.

Beispiel 1:
Bringen Sie die Tabelle Bestellposition **(Bild 1, links)** in die zweite Normalform, indem Sie Felder in eine weitere Tabelle auslagern.
Lösung: **Bild 1, rechte Hälfte**

Bild 1: Erzeugen der zweiten Normalform durch Tabellenaufteilung

Eine weitere Stufe der Normalisierung bezieht sich auf Tabellen mit einfachem Primärschlüssel. Datenfelder, die von anderen Nichtschlüsselfeldern abhängen, werden in eigene Tabellen ausgegliedert. Diese Normalisierung wird als dritte Normalform bezeichnet.

Dies ist bei der Tabelle Kunden durchführbar. Dort scheint die Postleitzahl abhängig vom Ort zu sein **(Bild 2)**. Für kleinere Orte ist dies richtig, bei größeren Orten wie Ulm oder Stuttgart gilt dies jedoch nicht. Dort hängt die Postleitzahl auch von der Straße oder dem Postfach des Kunden ab.

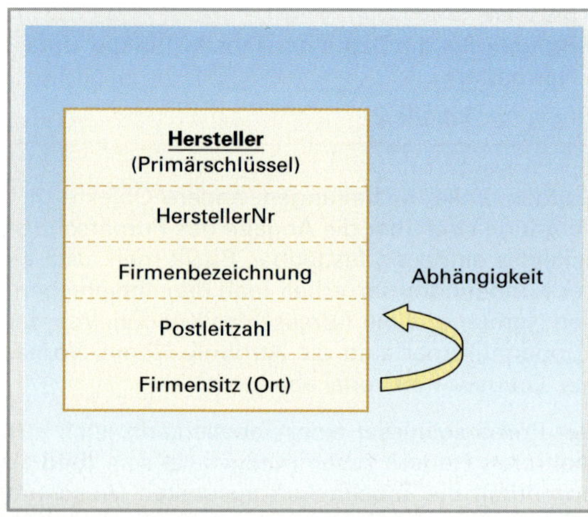

Bild 2: Nicht erfüllte dritte Normalform

Es gilt jedoch eine umgekehrte Abhängigkeit: der Ort ist abhängig von der Postleitzahl, jeder Postleitzahl ist genau ein Ortsname zugeordnet. Somit kann das Feld Ort aus dieser Tabelle ausgegliedert werden und in einer eigenen Tabelle Ort gespeichert werden.

Eine Tabelle ist dann in der dritten Normalform, wenn Nichtschlüsselfelder voneinander unabhängig sind.

Alle nach diesen Regeln der Normalisierung abgeleiteten Tabellen vermeiden Redundanzen sicher.

Beispiel 2:
Bringen Sie die Tabelle Hersteller (Bild 2) in die dritte Normalform.
Lösung: **Bild 3**

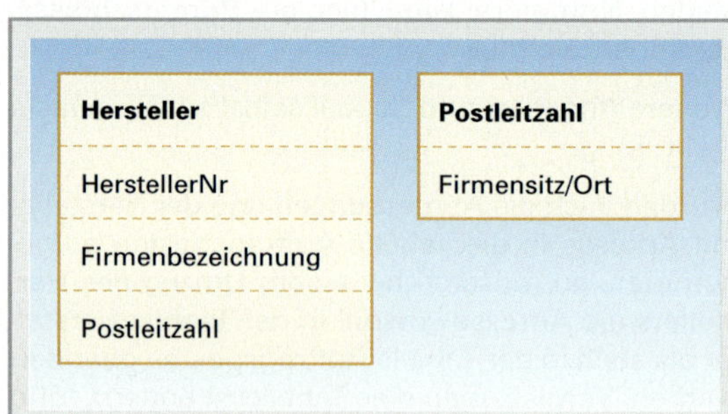

Bild 3: Dritte Normalform

Die Aufgliederung der einzelnen Informationselemente in eine Vielzahl von Tabellen hat den Nachteil, dass der Rechner bei Suchvorgängen viel Zeit benötigt. Deshalb werden bestimmte Ausgliederungen wieder zurückgenommen, um die Leistungsfähigkeit (Performance) des Datenbanksystems zu erhöhen. Diesen Vorgang bezeichnet man als *Denormalisierung*.

Festlegen der Datentypen

Um ein lauffähiges Datenbanksystem zu erhalten, müssen die Datentypen für die einzelnen Tabellenfelder festgelegt werden **(Tabelle)**. Zu beachten ist, welche Datentypen vom jeweiligen DBMS unterstützt werden. Gewählte Datentypen müssen einen entsprechenden Wertebereich aufweisen. Werden z. B. für eine laufende Nummer LfNr mehr als 256 Möglichkeiten unterschieden, kann nicht der Datentyp Byte gewählt werden, sondern es muss z. B. der Datentyp Integer eingestellt werden (Tabelle). Umgekehrt wird Speicherplatz verschwendet, wenn z. B. Textfelder mit unnötig vielen Stellen vereinbart werden oder bei Fließkommazahlen anstelle des Datentyps Single der Typ Double verwendet wird. Bei einer großen Datenmenge wirkt sich dies auf die Geschwindigkeit der Datenbearbeitung aus.

Beispiel:

In einer Tabelle sind 100 000 Datensätze gespeichert. Jeder Datensatz enthält je ein Datenfeld des Typs LongInteger, Double, Währung und fünf Felder des Typs Text mit je 50 Stellen (= 50 Byte) gespeichert. Wie viel Speicherplatz in MB wird mindestens belegt?

Lösung:

$M = 100\,000 \cdot (4\,\mathrm{B} + 8\,\mathrm{B} + 4\,\mathrm{B} + 5 \cdot 50\,\mathrm{B}) = \mathbf{26{,}6\ MB}$

$$M = n \cdot (d_1 + d_2 + \ldots d_n$$

M Speicherplatz; n Zahl der Datensätze
d_1, d_2, d_n Datenfeldbreite in B

Tabelle: Speicherbedarf einzelner Datentypen

Datentyp	Wertebereich	Dezimalstellen	Byte-Zahl
Byte	0 bis 255	keine	1
Integer	–32.767 bis +32.767	keine	2
Long-Integer	–2.147.483.648 bis +2.147.863.647	keine	4
Single	–3,4 · 10E38 bis +3,4 · 10E38	7 Stellen	4
Double	–1.797 · 10E308 bis +1.797 · 10E308	15 Stellen	8
Währung	92.233.337.203.685.477.5808 bis +92.233.337.203.685.477.5808	4 Stellen	4
Text	bis 256 Zeichen	_	variabel
Memo	bis 64000 Zeichen	_	variabel

Wiederholung und Vertiefung:

1. **Worin besteht der Unterschied zwischen einem Datenbanksystem und einer Datenbank?**
2. **Beschreiben Sie den grundsätzlichen Aufbau einer relationalen Datenbank.**
3. **Wozu sind Primärschlüssel notwendig?**
4. **Welche Arten von Beziehungen zwischen Tabellen kennen Sie?**

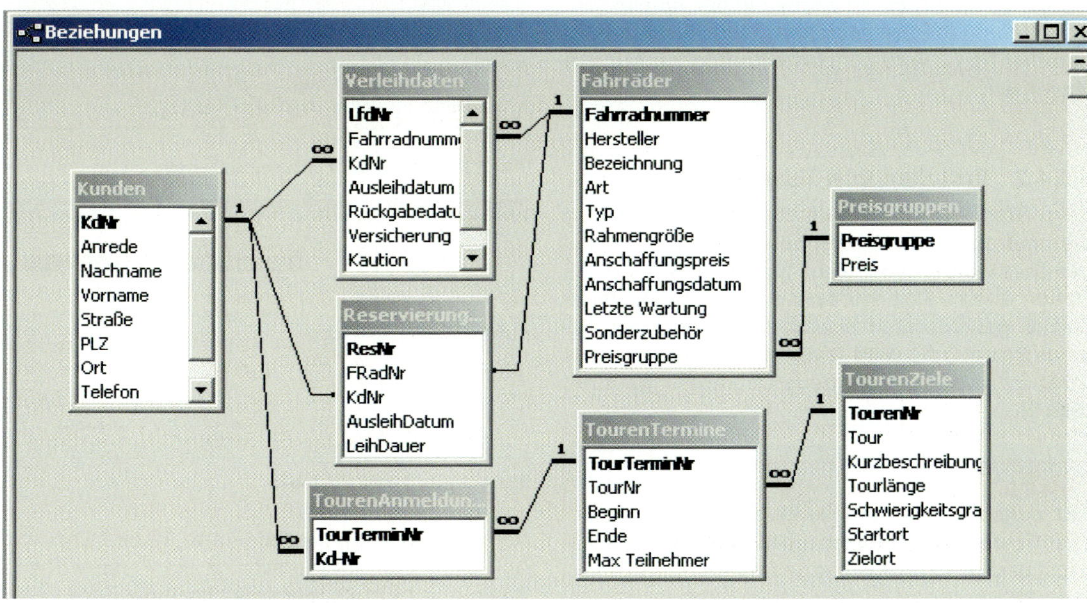

Bild 1: Struktur der Datenbank Faradiso

6.5.4 Entwicklung einer Datenbank mit Access

6.5.4.1 Datenbankstruktur

Mit dem Datenbanksystem Access soll schrittweise eine Datenbank für die Verwaltung des Fahrradverleihs Faradiso aufgebaut werden. Dabei sind sowohl Verleihvorgänge als auch Reservierungen aufzunehmen. Auch werden geplante Fahrradreisen durchgeführt, wofür die Anmeldungen zu verwalten sind.

Die Analyse der Informationen nach dem oben beschriebenen Verfahren führt zur Datenstruktur nach **Bild 1, vorhergehende Seite**. Jedem Verleih- oder Reservierungsvorgang ist genau ein Kunde zugeordnet, dargestellt durch die 1:n-Beziehung (in Access: 1:∞). Ebenso ist jedem Datensatz in der Tabelle Verleihdaten und Reservierungen jeweils ein Fahrrad zugeordnet, festgelegt durch die Fahrradnummer.

Um Preise schnell ändern zu können, werden zuweilen Preisgruppen vergeben, die in der Regel konstant zugeordnet werden. Der €-Betrag, der den einzelnen Preisgruppen entspricht, wird in einer eigenen Tabelle festgelegt, die übersichtlich und dadurch leicht zu ändern ist. Dies wird in der Datenbank Faradiso für den täglichen Verleihpreis der Fahrräder durchgeführt.

Für Touren werden im Unternehmen Faradiso verschiedene Ziele angeboten. Wann Fahrten zu diesen Zielen angeboten werden, wird in einer eigenen Tabelle TourenTermine hinterlegt. Die Anmeldungen der Kunden werden in der Tabelle TourenAnmeldungen gespeichert. Über die Kundennummer Kd-Nr wird auf den betreffenden Kunden verwiesen.

6.5.4.2 Erstellen von Tabellen

Beim Start von Access öffnet sich ein Fenster, in dem gefragt wird, ob eine bestehende Datenbank geöffnet werden soll. Zum Neuanlegen wird die Option `Leere Datenbank` gewählt. Nach Eingabe des gewünschten Speicherortes und des Namens `Faradiso` **(Bild 1)** wird durch Anklicken des Ikons `Erstellen` die neue Datenbank geöffnet **(Bild 2)**.

> **Übung:**
> Erzeugen Sie eine Tabelle `Fahrräder`. Legen Sie Felder und Felddatentypen für diese Tabelle fest und geben Sie wichtige Erläuterungen an.
> *Lösung:* **Bild 3.**

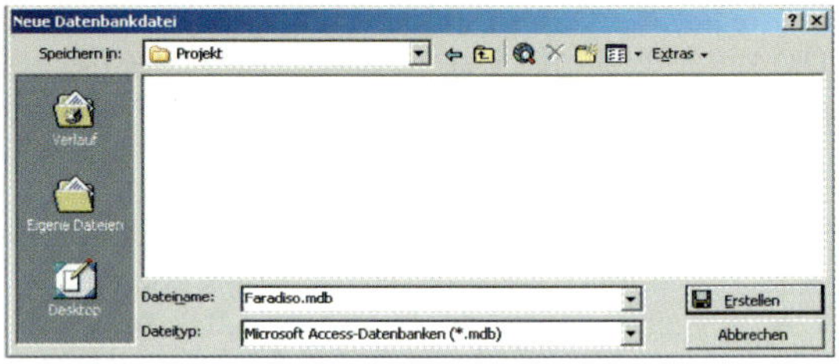

Bild 1: Anlegen einer neuen Datenbank

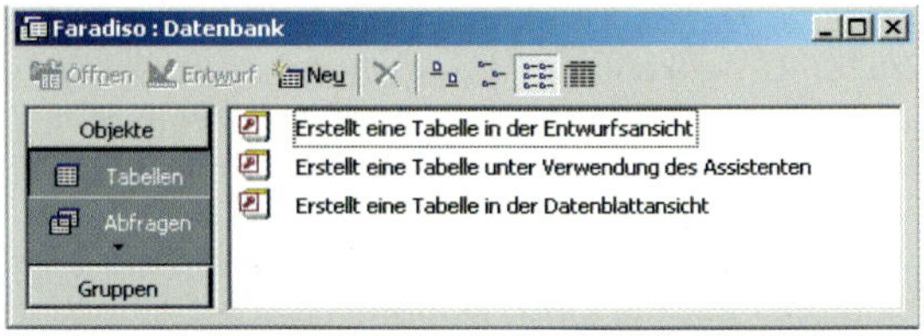

Bild 2: Datenbankfenster

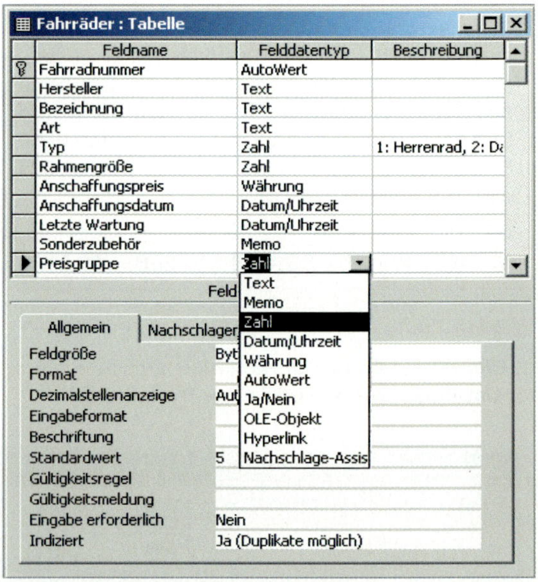

Bild 3: Festlegen der Felder einer Tabelle

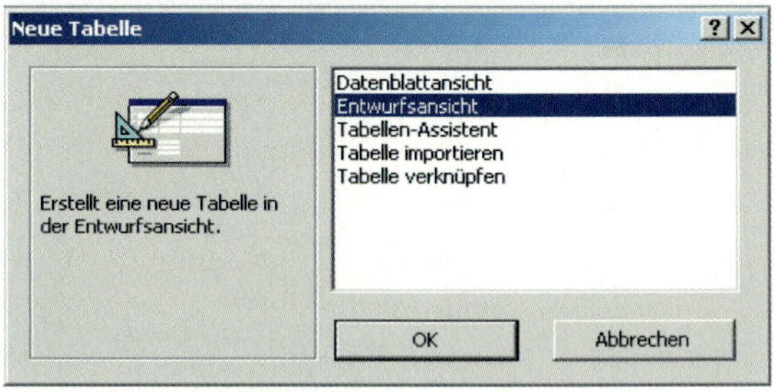

Bild 4: Neue Tabelle anlegen

Nach Auswahl der Registerkarte `Tabellen` und Anklicken von `Neu` erscheint ein Fenster `Neue Tabelle` **(Bild 4)**. Hier wählt man die Zeile `Entwurfsansicht` und bestätigt mit `OK`. Im folgenden Fenster `Tabelle1:Tabelle` wird nun die Struktur der Felder dieser Tabelle festgelegt (Bild 3, vorhergehende Seite). Dazu gibt man der Reihe nach die Feldnamen in der Spalte `Feldname` ein und legt in der Spalte `Felddatentyp` die Formate der Felder und deren Datentyp fest.Es ist sehr sinnvoll in der rechten Spalte eine Beschreibung des Feldes anzugeben, um spätere Administrationsarbeiten an der Datenbank zu erleichtern.

Sorgfältige Dokumentationen und Beschreibungen erleichtern die spätere Administration.

Für das Feld `Fahrradnummer` kann in Access der Datentyp `Autowert` gewählt werden. Dadurch wird die Datensatznummer bei der Eingabe von Datensätzen automatisch um eins erhöht. Für die Felder `Hersteller`, `Bezeichnung` und `Art` wird der Datentyp `Text` gewählt und eine Feldgröße von z. B. 20 Zeichen festgelegt. Für den Inhalt der Felder `Typ`, `Rahmengröße` und `Preisgruppe` wird der Datentyp `Zahl` und als Feldgröße Byte (ganze Zahl zwischen 0 und 255) gewählt. Im Feld `Anschaffungspreis` wird als Datentyp `Währung` und als Währung € eingestellt. Den Feldern `Anschaffungsdatum` und `LetzteWartung` wird der Datentyp `Datum/Uhrzeit` zugewiesen. Für das Datenfeld `Sonderzubehör` wird der Datentyp `Memo` eingestellt, um auch längere Beschreibungen aufnehmen zu können.

Um sicherzustellen, dass bei einem Zahlenfeld keine Fehleingaben möglich sind, können Gültigkeitsregeln festgelegt werden. Sie werden bei jeder Neueingabe eines Feldinhaltes überprüft. Entspricht der eingegebene Wert nicht der festgelegten Regel, so wird der in der Zeile `Gültigkeitsmeldung` festgelegte Text am Bildschirm ausgegeben.

Übung:
Legen Sie für das Feld `Rahmengröße` eine Gültigkeitsmeldung für den Gültigkeitsbereich 12 Zoll bis 28 Zoll fest.

Lösung: **Bild 1**

Um im Feld `Rahmengröße` den Zahlenwert durch das Symbol " für die Einheit Zoll zu ergänzen, legt man ein Eingabeformat fest. Nach den zwei Ziffern, die im Beispiel eingegeben werden müssen („00"), werden anzuzeigende Zeichen zwischen Anführungszeichen geschrieben (Bild 1).

Der Standardwert legt fest, welcher Wert in einem neuen Datensatz in diesem Feld eingetragen wird.

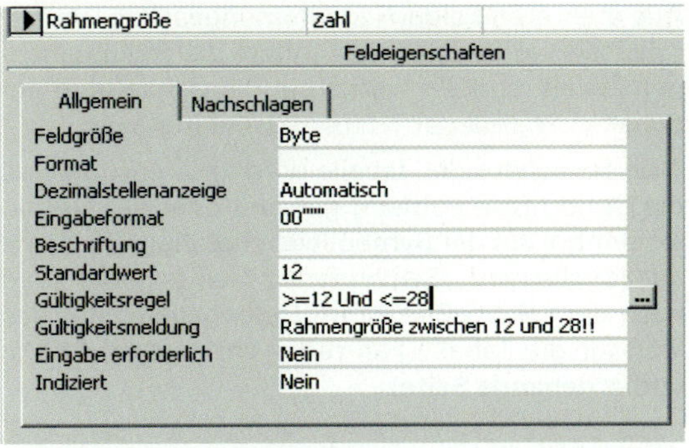

Bild 1: Festlegen von Gültigkeitsbereich und Eingabeformat

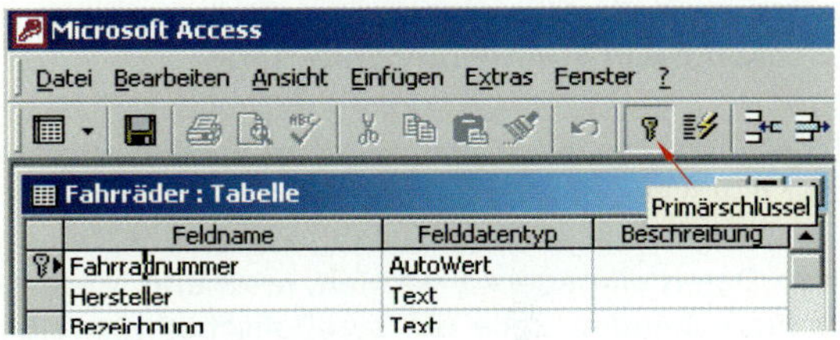

Bild 2: Festlegen des Primärschlüssels

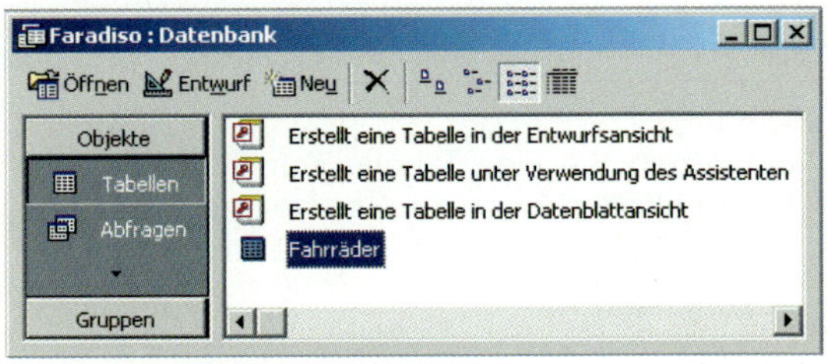

Bild 3: Datenbankfenster mit Ikon für Tabelle `Fahrräder`

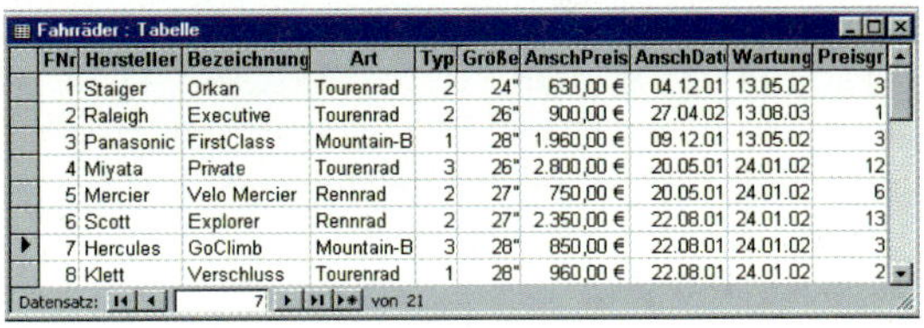
Fahrräder : Tabelle

FNr	Hersteller	Bezeichnung	Art	Typ	Größe	AnschPreis	AnschDat	Wartung	Preisgr
1	Staiger	Orkan	Tourenrad	2	24"	630,00 €	04.12.01	13.05.02	3
2	Raleigh	Executive	Tourenrad	2	26"	900,00 €	27.04.02	13.08.03	1
3	Panasonic	FirstClass	Mountain-B	1	28"	1.960,00 €	09.12.01	13.05.02	3
4	Miyata	Private	Tourenrad	3	26"	2.800,00 €	20.05.01	24.01.02	12
5	Mercier	Velo Mercier	Rennrad	2	27"	750,00 €	20.05.01	24.01.02	6
6	Scott	Explorer	Rennrad	2	27"	2.350,00 €	22.08.01	24.01.02	13
7	Hercules	GoClimb	Mountain-B	3	28"	850,00 €	22.08.01	24.01.02	3
8	Klett	Verschluss	Tourenrad	1	28"	960,00 €	22.08.01	24.01.02	2

Datensatz: 7 von 21

Bild 4: Datenblattansicht einer Tabelle

Auf diese Weise kann bei häufig benötigten Werten die Eingabe erleichtert werden.

Sind alle Felder festgelegt, wird ein geeigneter Primärschlüssel festgelegt. Das Feld `Fahrradnummer` erfüllt die Eigenschaften eines Primärschlüsselfeldes, da sich der Feldinhalt in jedem Datensatz unterscheidet und dieses Feld sich zur Identifizierung der einzelnen Fahrräder eignet. Nach Klicken in die Zeile `Fahrradnummer` wird in der Symbolleiste die Schaltfläche mit dem Schlüssel angeklickt **(Bild 2)**. Vor dem Feldnamen erscheint nun ein Schlüsselsymbol.

Aus mehreren Feldern zusammengesetzte Primärschlüssel werden definiert, indem die entsprechenden Zeilen markiert werden und anschließend der Schalter `Primärschlüssel` betätigt wird.

Zum Speichern der Tabelle wird im Menü `Datei` die Option `Speichern` gewählt oder das Diskettensymbol auf der Symbolleiste betätigt. Als Name der Tabelle wird „`Fahrräder`" eingegeben, und nach dem Schließen ist im Datenbankfenster das Icon für die Tabelle Fahrräder vorhanden **(Bild 3, vorhergehende Seite)**.

> **Übung 1:**
> Geben Sie acht Datensätze in die Tabelle `Fahrräder` ein.
> *Lösung:* **Bild 4, vorhergehende Seite**

Zum Eingeben von Daten wird die Tabelle entweder durch Doppelklick auf den Tabellennamen oder über `Öffnen` geöffnet. Solange in einem Datensatz Daten eingegeben werden, erscheint vor der entsprechenden Zeile ein symbolischer Schreibstift. Beim Verlassen des Datensatzes verschwindet dieser Stift und der Datensatz wird automatisch gespeichert.

> **Übung 2:**
> Entwerfen Sie eine Tabelle `Kunden` mit den Feldern `KdNr`, `Anrede`, `Nachname`, `Vorname`, `Straße`, `PLZ`, `Ort` und `Telefon`.
> *Lösung:* **Bild 1**

> **Übung 3:**
> Entwerfen Sie eine Tabelle `Reservierungen` mit den Feldern `ResNr`, `FRadNr`, `KdNr`, `AusleihDatum` und `LeihDauer`. Legen Sie das Feld `ResNr` als Primärschlüssel fest und geben Sie sinnvolle Daten ein.
> *Lösung:* **Bild 2**

6.5.4.3 Festlegen von Beziehungen und von referenzieller Integrität

Um dem Datenbanksystem mitzuteilen, dass die Kundennummern in der Tabelle `Reservierungen` sich auf die Kundennummern der Tabelle `Kunden` beziehen, werden in Access Beziehungen auf grafische Weise festgelegt. Dazu wählt man in der Menüleiste unter dem Punkt `Extras` die Option `Beziehungen` oder klickt den entsprechenden Button an **(Bild 3)**. Es öffnet sich nun ein Fenster zum Festlegen der Beziehungen **(Bild 4)**. Hier werden nun alle drei angezeigten Tabellen ausgewählt und `Hinzufügen` betätigt. Anschließend

Kunden : Tabelle

Feldname	Felddatentyp
KdNr	AutoWert
Anrede	Text
Nachname	Text
Vorname	Text
Straße	Text
PLZ	Text
Ort	Text
Telefon	Text
email	Text

Bild 1: Ausschnitt aus der Tabelle Kunden – Entwurfsansicht

Reservierungen : Tabelle

ResNr	FRadNr	KdNr	AusleihDatum	LeihDauer
3	1	1	07.10.2003	10
14	14	14	12.12.2003	5
8	14	17	01.01.2004	9
15	21	10	01.01.2004	12

Datensatz: 15 von 22

Bild 2: Ausschnitt aus der Tabelle Reservierungen – Datenblattansicht

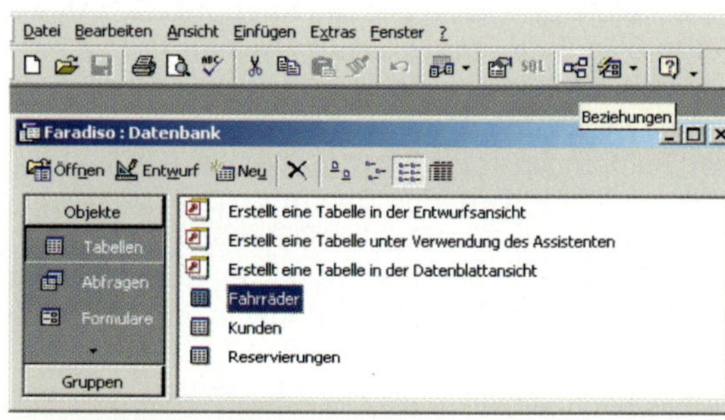

Bild 3: Befehlsschaltfläche Beziehungen

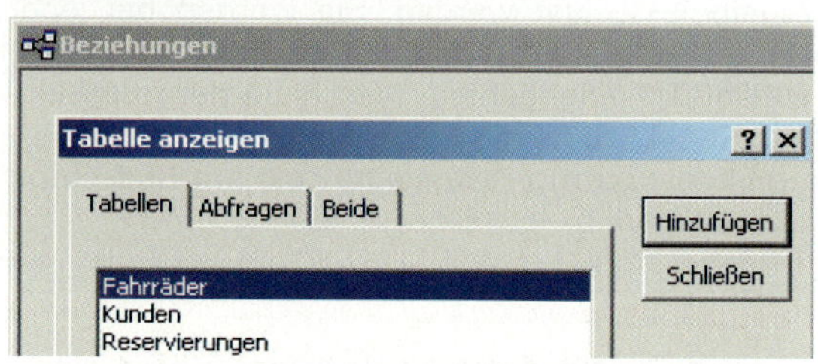

Bild 4: Ausschnitt des Fensters Beziehungen

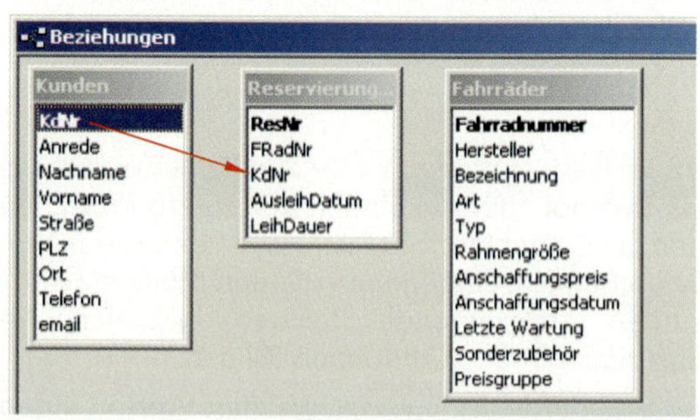

Bild 5: Herstellen einer Beziehung

kann das Fenster Tabelle anzeigen wieder geschlossen werden. In der nun dargestellten Tabelle Kunden wird der Eintrag KdNr angeklickt und mit gedrückter Maustaste auf den Eintrag KdNr in der Tabelle Reservierungen gezogen **(Bild 5, vorhergehende Seite)**. Es öffnet sich ein Fenster zur Bearbeitung der Beziehungseigenschaften **(Bild 1)**.

Die Option Mit referenzieller Integrität (referenziell = verweisend, sich beziehend auf) veranlasst das Datenbanksystem, die logischen Zusammenhänge zwischen den Datensätzen zu überprüfen. Dadurch kann z. B. ein Kunde, der noch nicht in die Tabelle Kunden aufgenommen ist, nicht in die Tabelle Reservierungen eingetragen werden. Umgekehrt kann ein Kundendatensatz, auf den sich Dateneinträge einer anderen Tabelle beziehen, nicht gelöscht werden, ohne dass auch die zugehörigen Datensätze, z. B. in der Tabelle Reservierungen, gelöscht werden. Diese Option ist wichtig, um in großen Datenbeständen keine beziehungslosen („verwaisten") Datensätze entstehen zu lassen.

Die referenzielle Integrität stellt sicher, dass die Beziehungen zwischen den Tabellen immer logisch richtig sind und keine verwaisten Datenbestände auftreten können.

Um dennoch die Daten z. B. der ausgeschiedenen Kunden aus der Datenbank löschen zu können, wird der Schalter Löschweitergabe an Detaildatensatz aktiviert (Bild 1). Wird nun ein Datensatz aus einer Tabelle gelöscht, dessen Primärschlüsselfeld, z. B. die Kundennummer, auf einen anderen Datensatz verweist, so werden auch alle Datensätze in anderen Tabellen gelöscht, die z. B. die gleiche Kundennummer enthalten.

Die Option Aktualisierungsweitergabe an Detailfeld (Bild 1) bewirkt, dass beim Ändern des Bezugsfeldes, z. B. der Kundennummer, auch die Inhalte der anderen Tabellenfelder mit Bezug zu diesem Feld geändert werden.

Wird nun der Button Erstellen betätigt, so wird im Beziehungsfenster die 1:n-Beziehung zwischen den beiden Tabellen mit einer Linie und den Symbolen 1 und ∞ dargestellt.

Übung:

Erzeugen Sie eine Beziehung zwischen der Fahrradnummer in der Tabelle Fahrräder und der Fahrradnummer in der Tabelle Reservierungen. Legen Sie sowohl die Prüfung auf referenzielle Integrität als auch die Möglichkeit der Löschweitergabe und der Aktualisierungsweitergabe fest.

Lösung: **Bild 2**

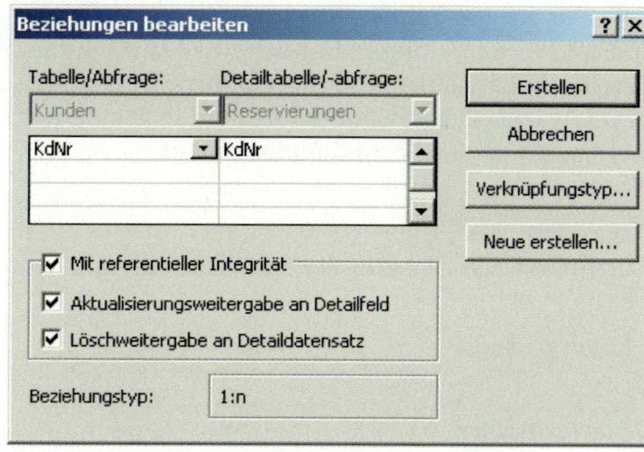

Bild 1: Festlegen der Beziehungseigenschaften

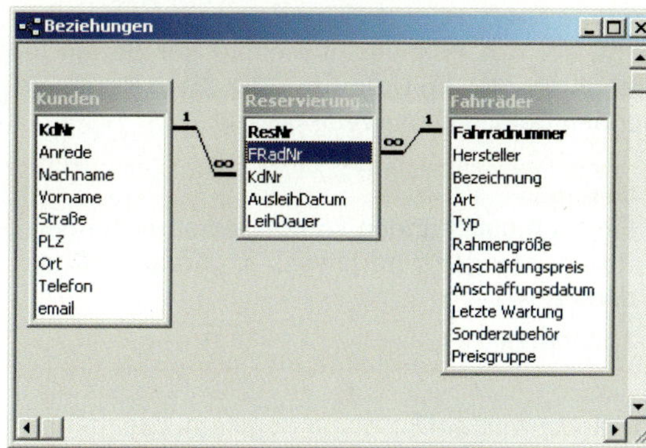

Bild 2: Beziehungen zwischen den Tabellen

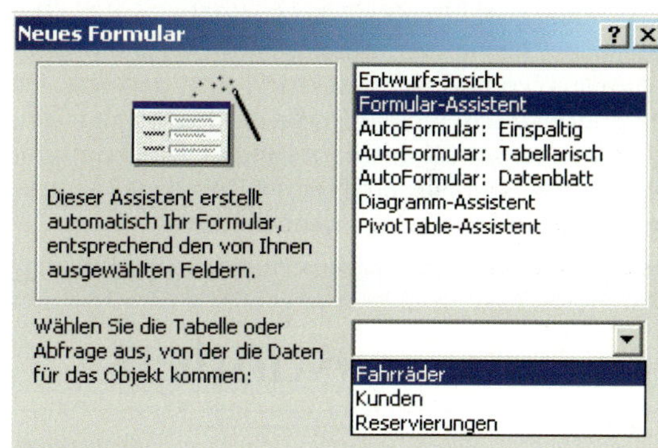

Bild 3: Anlegen eines neuen Formulars

6.5.4.4 Formulare

Zur Eingabe von Daten sind Formulare besser geeignet als die Datenblattansicht einer Tabelle.

Formulare dienen sowohl zur Dateneingabe, Datenansicht und Bearbeitung als auch zur Navigation innerhalb der Datenbank.

Zum Anlegen eines neuen Formulars wird im Datenbankfenster die Registerkarte Formulare und der Button Neu gewählt **(Bild 3)**. Da ein Eingabeformular für die Tabelle `Fahrräder` erstellt werden soll, wird im unteren Bereich des Fensters diese Tabelle und anschließend die Option `Formular-Assistent` ausgewählt. Im folgenden Dialog wird das Aussehen des Formulars festgelegt.

Übung 1:
Erzeugen Sie ein Eingabeformular für die Tabelle `Fahrräder`.
Lösung: **Bild 1**

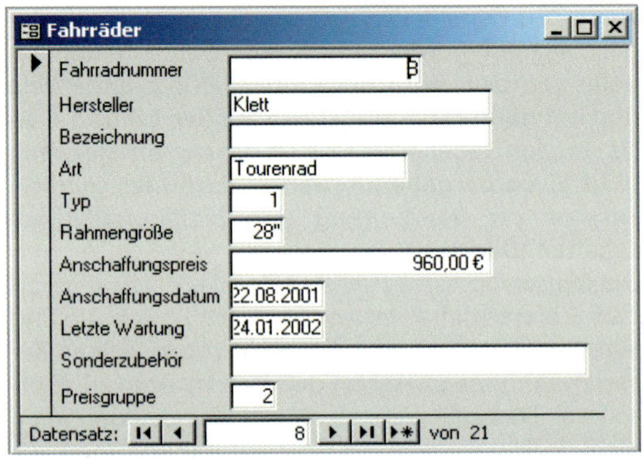

Bild 1: Formular Fahrräder

Unterformulare
Unterformulare sind Hilfsmittel, um 1:n-Beziehungen von Tabellen in Formularen abzubilden. Während das Hauptformular den Datensatz anzeigt, der das Primärschlüsselfeld der Beziehung enthält, werden im Unterformular die in Bezug stehenden Detaildatensätze angezeigt.

Übung 2:
Ein Formular Kunden soll die entsprechenden Reservierungen zum jeweils angezeigten Kunden zeigen.
Lösung: **Bild 2**

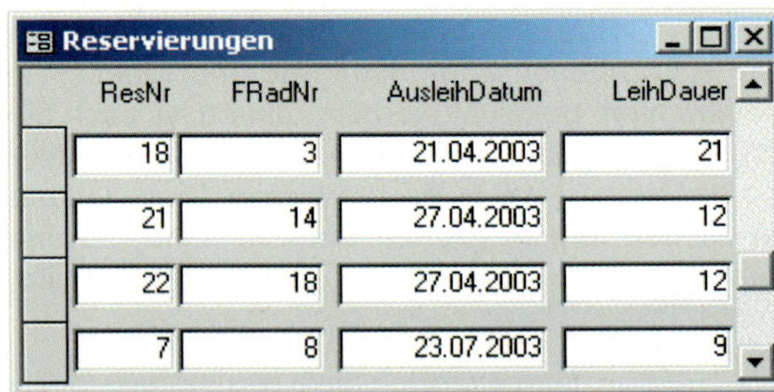

Bild 3: Unterformular Reservierungen

Zunächst wird ein Formular angelegt, das mehrere Reservierungsdatensätze gleichzeitig anzeigen kann **(Bild 3)**. Dazu wird im Datenbankfenster das Auswahlregister `Formulare` gewählt und die Befehlsschaltfläche `Neu` betätigt. Nun wird die Option `Autoformular:Datenblatt` gewählt, als Datenquelle die Tabelle `Reservierungen` eingestellt und mit `OK` bestätigt **(Bild 4)**. Das Formular wird nun z. B. unter dem Namen `Reservierungen Unterformular` gespeichert.

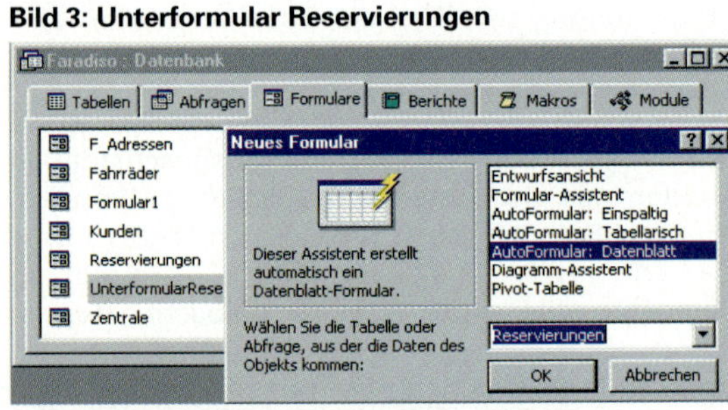

Bild 4: Erzeugen eines neuen Unterformulars Reservierungen

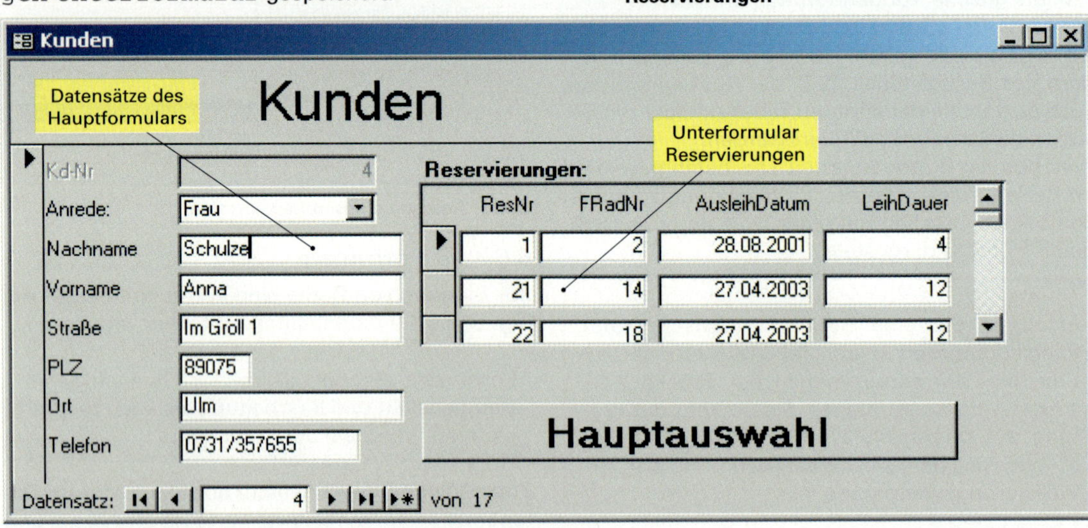

Bild 2: Formular Kunden mit Unterformular Reservierungen

Nun wird ein einspaltiges Formular `Kunden` mit dem Formularassistenten erstellt **(Bild 1)**. Um für das Unterformular genügend Platz zu finden, muss der Detailbereich des Formulars entsprechend vergrößert werden. Dies geschieht, indem in der Entwurfsansicht der rechte Rand des Detailbereiches angeklickt wird und mit der Maus nach rechts gezogen wird. Auf der Toolbox wird die Schaltfläche `Unterformular` gewählt **(Bild 2)**. Auf dem freien Raum des Formulars wird ein geeignet großes Rechteck gezogen. Es startet ein Assistent, der die Wahl des gewünschten Unterformulars ermöglicht **(Bild 3)**. Nach dem Speichern des fertigen Formulars wird jeweils ein Kunde mit den dazu gehörenden Reservierungen angezeigt. Wie bei allen Objekten innerhalb von Formularen können auch die Eigenschaften des Unterformulars bearbeitet und verändert werden. Dazu wird in der Entwurfsansicht des Unterformulars doppelt auf die Schaltfläche `Eigenschaften` geklickt **(Bild 4)**. Hier ist eine individuelle Einstellung des Objektes möglich.

Übung:
Stellen Sie das Unterformular `Reservierungen` als Endlosformular dar. Zwischen den Datensätzen sollen keine Trennlinien vorhanden sein.
Lösung: Bild 2, vorhergehende Seite

Dastenbanksteuerung mit Formularen

Formulare dienen auch zur Steuerung der Datenbank beim Anwender. Über sie kann er in verschiedene Arbeitsbereiche verzweigen.

Der Anwender einer Datenbank kann über Formulare und deren Schaltflächen die verschiedenen Arbeitsbereiche innerhalb der Datenbank wählen.

Im Folgenden soll ein Formular entworfen werden, das über Befehlsschaltflächen die Bearbeitung verschiedener Tabellen steuert. Zunächst wird ein neues Formular erzeugt, welches nicht mit einer bestimmten Tabelle verbunden ist. Für das Erstellen der Überschrift wird in der Toolbox (= Werkzeugkasten) das Bezeichnungsfeldsymbol `Aa` angeklickt, dann mit der Maus der Rahmen im Detailbereich des Formulars gezogen und die Beschriftung eingegeben **(Bild 1, folgende Seite)**. Falls innerhalb der Beschriftung ein Zeilenumbruch gewünscht wird, kann er durch gleichzeitiges Drücken der Umschalttaste und der Zeilenumbruchtaste erzeugt werden.

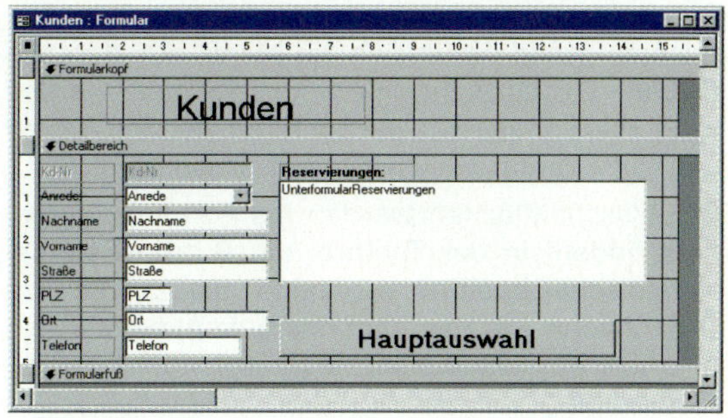

Bild 1: Entwurfsansicht des Formulars Kunden

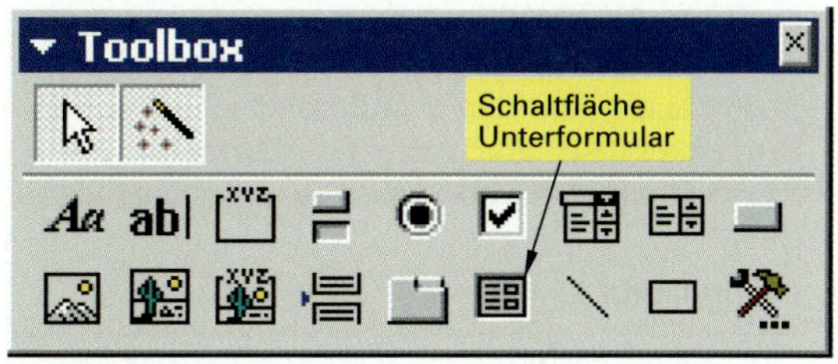

Bild 2: Die Toolbox mit der Schaltfläche Unterformular

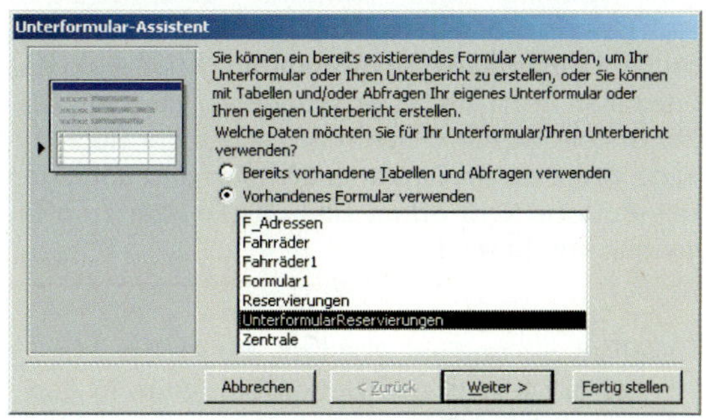

Bild 3: Assistent zur Erzeugung von Unterformularen

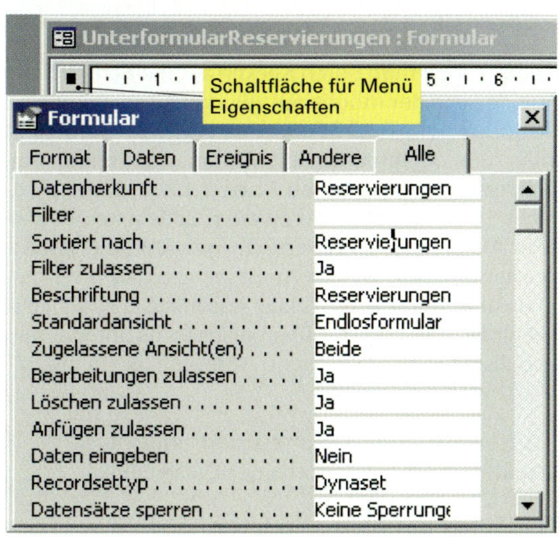

Bild 4: Fenster zum Einstellen der Objekteigenschaften

Durch Klick mit der rechten Maustaste auf das Bezeichnungsfeld öffnet sich ein Menü, aus dem die Option `Eigenschaften` ausgewählt werden kann. Hier können z. B. die Schriftart, der Schriftgrad oder die Schriftbreite bestimmt werden (Bild 1).

Befehlsschaltflächen werden ins Formular eingebaut, indem in der Toolbox der Button Befehlsschaltfläche betätigt wird und die Größe der Schaltfläche im Formular festgelegt wird. Auch hier können verschiedene Eigenschaften bearbeitet werden.

Übung 1:
Erstellen Sie ein Formular `Zentrale` mit einem Beschriftungsfeld `Fahrradverleih Faradiso` und den drei Befehlsschaltflächen `Bearbeiten Fahrräder`, `Bearbeiten Kunden` und `Bearbeiten Reservierungen`.

Lösung: **Bild 2**

6.5.4.5 Erstellen von Makros

Um mithilfe des Buttons `Bearbeiten Fahrräder` des Formulars `Zentrale` das Formular `Fahrräder` zu öffnen und gleichzeitig das Formular `Zentrale` zu schließen, kann ein Makro erstellt werden. Durch Anklicken der Registerkarte `Makros` im Datenbankfenster und Betätigen des Buttons `Neu` öffnet sich das Fenster zum Erzeugen von Makros.

Übung 2:
Wählen Sie im Feld `Aktion` die Aktion `ÖffnenFormular` aus. Geben Sie unten in den Zeilen den Formularnamen `Fahrräder` und die Ansicht `Formular` ein.

Lösung: **Bild 3**

Zuerst öffnet man durch Klicken auf die Schaltfläche ▼ eine Liste der möglichen Aktionen und wählt eine Aktion aus, z. B. `ÖffnenFormular`. Dann gibt man die entsprechenden Aktionsargumente ein, z. B. den Formularnamen `Fahrräder` und die Ansicht `Formular`. In der zweiten Zeile wird als weitere Aktion z. B. `Schließen` gewählt und als Argument für den Objekttyp `Formular` und für den Objektnamen `Zentrale`. Anschließend schließt man das Makrofenster und speichert es unter einem möglichst aussagekräftigen Namen, z. B. `ÖffnenFahrräder` (Bild 3).

Aussagekräftige Objektnamen erleichtern die spätere Administration einer Datenbank.

Nun muss das Makro `ÖffnenFahrräder` noch mit dem entsprechenden Button im Formular

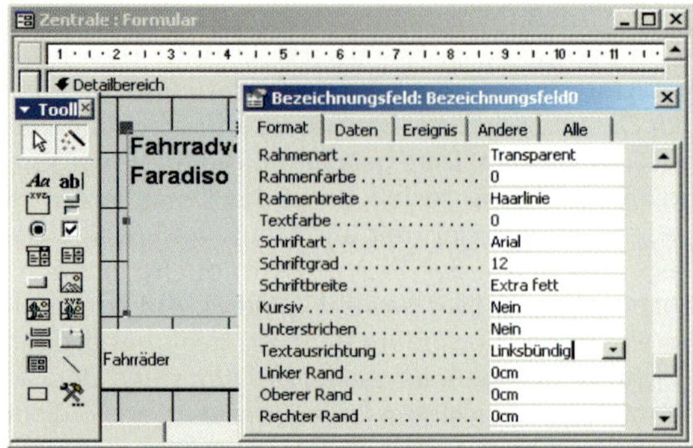

Bild 1: Entwurf des Formulars Zentrale

Bild 2: Formular Zentrale

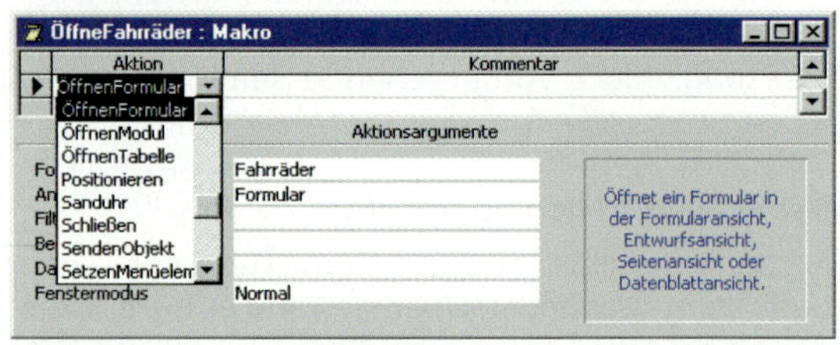

Bild 3: Entwurf eines Makros

`Zentrale` verknüpft werden. Dazu öffnet man das Formular `Zentrale` in der Entwurfsansicht, durch Doppelklick auf die Befehlsschaltläche `Bearbeiten Fahrräder` das Eigenschaftenfenster. Unter der Registerkarte `Ereignis` wird für das Ereignis `Beim Klicken` das Makro `ÖffnenFahrräder` eingestellt. Klickt man nun im Formular `Zentrale` auf diese Befehlsschaltfläche, so wird das Makro und damit die in ihm festgelegten Aktionen ausgeführt.

Übung 3:
Ergänzen Sie das Formular `Fahrräder` mit einer Befehlsschaltfläche und einem hinterlegten Makro, welches zu dem Formular `Zentrale` zurückführt.

Lösung: **Bild 1, folgende Seite**

Dazu erstellt man zunächst das Makro `ÖffnenZentrale` auf dem gleichen Weg wie das Makro `ÖffnenFahrräder`. Als erste auszuführende

Aktion wird Schließen ohne zusätzliches Argument gewählt, um damit das aktuelle Objekt zu schließen. Als zweite Aktion wird ÖffnenFormular eingestellt mit den Aktionsargumenten Zentrale und Formular (Bild 1, rechts).
Die Befehlsschaltfläche wird in der Entwurfsansicht des Formulars Fahrräder positioniert und nach Doppelklick mit den geeigneten Eigenschaften versehen. Anstatt einer Beschriftung kann in der Eigenschaft Bild z. B. ein aussagekräftiges Bitmap eingetragen werden. In der Eigenschaft Beim Klicken wird das Makro ÖffnenZentrale festgelegt (Bild 1, links).
Weitere Makros für verschiedene Formularbuttons und die dazugehörigen Aktionen entnimmt man der **Tabelle**.

Tabelle: Makros der Datenbank Faradiso

Makroname	Aktionen	Wirkungsweise
ÖffnenFahrräder, ÖffnenKunden, ÖffnenReservierungen	ÖffnenFormular, Schließen	Öffnet das gesamte Formular und schließt das Formular Zentrale.
ÖffnenZentrale	ÖffnenFormular, Schließen	Öffnet das Formular Zentrale und schließt das vorhergehende Formular.
Verlassen	Verlassen	Schließt die Datenbank und Access.
BerichtReservierungen	ÖffnenBericht	Öffnet den Bericht Reservierungen zum Ausdruck.

6.5.4.6 Erstellen eines Berichtes

Berichte sind geeignet, Daten für die Druckausgabe aufzubereiten.
Über das Formular Reservierungen ist es möglich, einen Bericht über die Reservierungsvorgänge auszugeben. Zum Erstellen eines Berichtes wird im Datenbankfenster die Registerkarte Berichte und die Schaltfläche Neu angeklickt. Im Auswahlfenster wird nun die Zeile Berichts-Assistent ausgewählt. Nach Anwahl der Tabelle Reservierungen bestätigt man mit OK und wird im nächsten Fenster nach den in den Bericht zu übernehmenden Feldern gefragt **(Bild 2)**.
Hier werden alle Felder in die rechte Bildhälfte übernommen mit Ausnahme des Feldes KdNr. Es soll zusätzlich der Name und der Vorname des Kunden übernommen werden, indem Tabelle:Kunden gewählt wird und dann die beiden Felder in die rechte Bildhälfte bewegt werden (Bild 2). Entsprechend werden noch aus der Tabelle Fahrräder die Felder Hersteller und Bezeichnung übernommen und dann auf die Schaltfläche Weiter geklickt. Nach Betätigung von Fertigstellen erscheint die Bildschirmvorschau des Berichtes Reservierungen **(Bild 3)**.

Bild 2: Auswahl der Felder für einen Berichtsentwurf

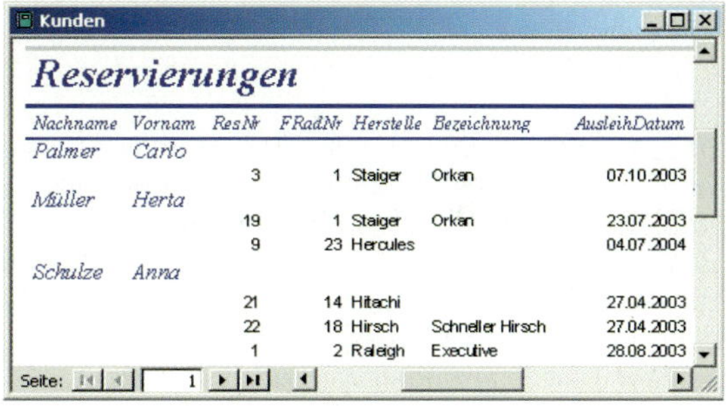

Bild 3: Bericht Reservierungen

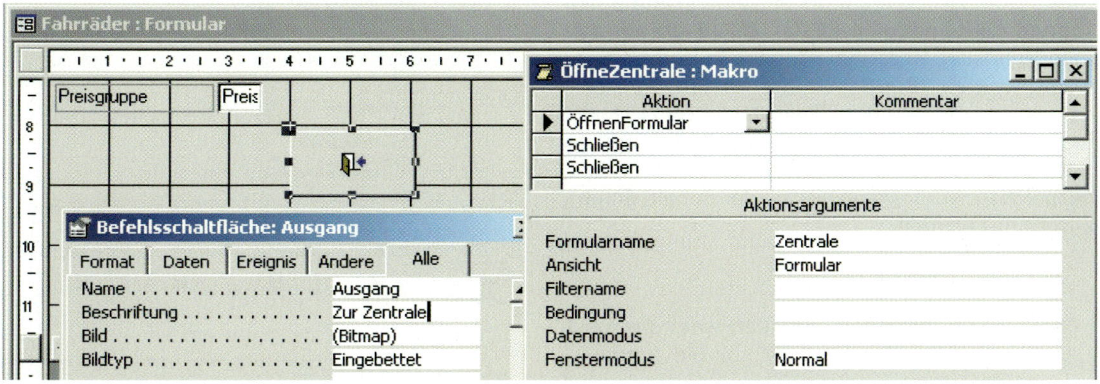

Bild 1: Ausschnitt aus dem Entwurfsfenster der Befehlsschaltfläche Ausgang und des Makros ÖffnenZentrale

Übung 1:
Erstellen Sie ein Makro, um den Bericht Reservierungen über eine Befehlsschaltfläche des Formulars Reservierungen als Vorschau am Bildschirm auszugeben.
Lösung: **Bild 1**

Zunächst legt man ein neues Makro an mit der Aktion ÖffnenBericht und den Argumenten Reservierungen und Ausdruck. Nachdem dieses Makro z. B. unter dem Namen BerichtReservierungen gespeichert wurde, wird auf dem Formular `Reservierungen` eine neue Befehlsschaltfläche mit der Eigenschaft `Beim Klicken-Bericht Reservierungen` erzeugt.

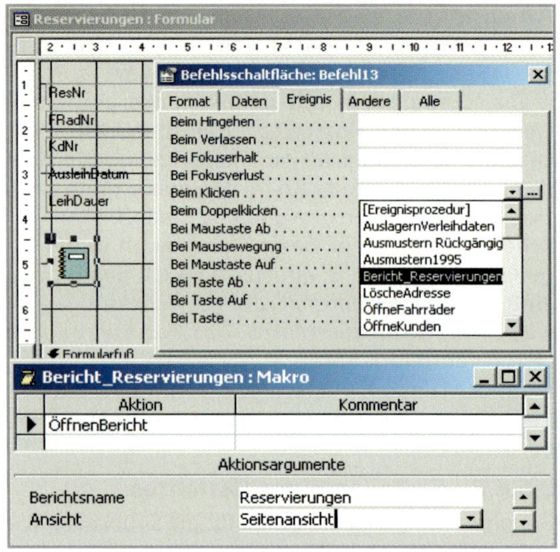

Bild 1: Erzeugen einer Befehlsschaltfläche zum Starten des Berichts `Reservierungen`

6.5.4.7 Erstellen von Datenbankabfragen

Abfragen dienen zur Auswertung und Bearbeitung der Datenbestände.

Übung 2:
Es soll eine Abfrage entworfen werden, die alle Fahrräder mit einer Preisgruppe kleiner als 5 auswählt.
Lösung: **Bild 2**

Dazu wählt man im Datenbankfenster die Karteikarte Abfragen und bestätigt mit der Schaltfläche Neu. In der Option Entwurfsansicht wird ein Fenster geöffnet, in welchem die vorhandenen Tabellen zur Auswahl stehen. Durch Doppelklick auf die Tabelle Fahrräder wird diese hinzugefügt, und das Fenster Tabelle anzeigen wird geschlossen.

Durch Doppelklicken auf die einzelnen Feldnamen können die benötigten Felder, z. B. Fahrradnummer, Hersteller, Bezeichnung und Preisgruppe gewählt werden **(Bild 3)**. In der Spalte `Preisgruppe` wird in der Zeile `Kriterien` die Bedingung <5 eingetragen. Nachdem die Abfrage z. B. unter dem Namen `BilligeFahrräder` gespeichert wurde, kann sie mit der Schaltfläche [!] ausgeführt werden.

Gespeicherte Abfragen enthalten nicht das Ergebnis der Abfrage, sondern nur die Anweisung selbst.

BilligeFahrräder : Auswahlabfrage

Fahrr	Hersteller	Bezeichnung	Preisgruppe
1	Staiger	Orkan	3
2	Raleigh	Executive	1
3	Panasonic	FirstClass	3
7	Hercules	GoClimb	3
8	Klett		2
15	Technobike		4
16	Hitachi	Superrenner	3
23	Hercules		3

Datensatz: 3 von 8

Bild 2: Ergebnis der Abfrage `BilligeFahrräder`

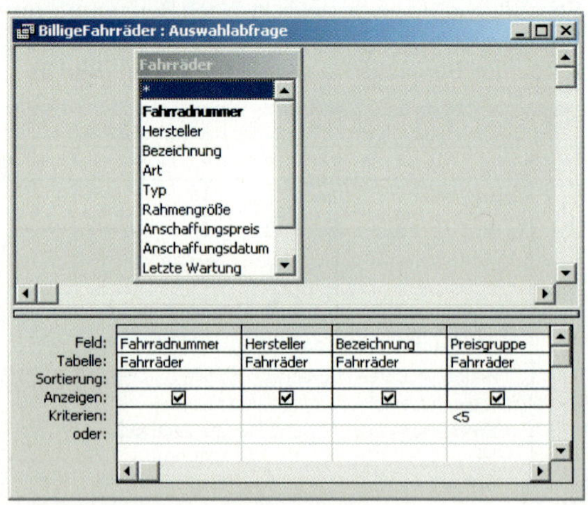

Bild 3: Entwurfsansicht einer Abfrage

6.5.5 Die Datenbanksprache SQL

6.5.5.1 SQL-Standards

SQL (von Structured Query Language = strukturierte Abfragesprache) war zunächst eine Sprache für den Endbenutzer von relationalen Datenbanksystemen. Hier wurde sie jedoch durch die inzwischen weitverbreiteten grafischen Oberflächen ersetzt. Da SQL aber mächtiger ist als viele Systeme für grafische Datenzugriffe ist sie insbesondere für Datenbankentwickler ein wichtiges Softwarewerkzeug. Auch als Schnittstellensprache und als Zugriffssprache auf andere Datenbanken hat sie große Bedeutung, da sie nahezu unabhängig von Betriebssystem, Betriebsart und Oberfläche ist.

SQL ist die bedeutendste Sprache für relationale Datenbanksysteme.

Man unterscheidet verschiedene Normen für SQL **(Tabelle 1)**. Gegenwärtig ist in den Datenbanksystemen vor allem der SQL-1 Standard verwirklicht, während der Standard SQL-2 im Wesentlichen nur im Entry-Level (von entry = Einstieg) realisiert ist.

Die Sprache SQL besteht aus verhältnismäßig wenig Befehlen, die jedoch vielfältig eingesetzt werden können. Sie dient unter anderem sowohl zur Tabellen- und Felddefinition als auch zur Abfrage und Veränderung von Daten **(Tabelle 2)**.

Tabelle 1: SQL-Standards

Jahr	Norm	Standard
1986	ISO 9075	SQL-1-Standard
1989	ISO 9075	SQL-1 mit Integritätserweiterungen
1992	ISO 9075 – Entry-Level – Intermediate-Level – Full-Level	SQL-2-Standard in drei Stufen
Mai 1992	ISO working draft Database Language SQL3	Arbeitspapier zu SQL-3

Tabelle 2: Bereiche von SQL

Bereich	Aufgabe
DQL (Data Query Language)	Formulierung von Suchabfragen
DDL (Data Description Language)	Festlegen von Tabellen, Feldern und Schlüsseln sowie deren Eigenschaften
DML (Data Manipulation Language)	Speichern, Lesen, Ändern und Löschen von Daten
DCL (Data Control Language)	Steuerung der Datensicherheit und Festlegen der Zugriffsberechtigungen

6.5.5.2 Auswahlabfragen mit SELECT

Für Auswahlabfragen steht in SQL der Befehl `SELECT` (= Auswählen) zur Verfügung. Dieser Befehl besitzt eine sehr umfangreiche Syntax und bietet dadurch vielfältige Möglichkeiten.

Übung:
Entwerfen Sie eine SQL-Abfrage, die alle Fahrräder mit einer Preisgruppe kleiner als 5 ausgibt.
Lösung: **Bild 1**

Bild 1: SQL-Syntax einer einfachen Abfrage

Sonderzeichen und Leerzeichen verursachen in Tabellennamen und Feldnamen Fehler.

Nach dem Schlüsselwort `SELECT` werden die anzuzeigenden Spalten, durch Kommas getrennt, festgelegt, z. B. Fahrradnummer, Hersteller, Bezeichnung, Preisgruppe. Die Ausgabe erfolgt dabei in der Reihenfolge, in der die Spaltennamen hinter SELECT angeordnet sind. Zu beachten ist die gleiche Schreibweise der Feldnamen wie in den Tabellen, da sie sonst nicht als Felder erkannt werden können. Auch werden bestimmte Sonderzeichen wie der Bindestrich „–" als Rechenanweisung minus interpretiert. Dies sollte bereits bei der Vergabe von Tabellen- und Feldnamen berücksichtigt werden.

Das Zeichen * kann als Platzhalter für sämtliche Felder einer Tabelle eingesetzt werden.

Die Tabelle oder Tabellenliste, mit der gearbeitet werden soll, z. B. `Fahrräder`, wird nach dem Schlüsselwort `FROM` (= von, aus) angegeben. Werden mehrere Tabellen verwendet, so werden sie mit Kommas getrennt.

Nach dem reservierten Wort WHERE (= wo) steht eine Bedingung, mit der die Auswahl der angezeigten Datensätze eingegrenzt werden kann. Diese Bedingung muss logisch als wahr (true) oder falsch (false) erkannt werden können. Sie besteht in der

Regel aus einem Spaltennamen, gefolgt von einem Vergleichsoperator und einem Vergleichswert **(Tabelle 1)**. In der Übung wird die Bedingung `Preisgruppe < 5` eingesetzt. Das Datenbanksystem prüft nun bei jedem Datensatz der Tabelle Fahrräder, ob für ihn diese Bedingung „true" oder „false" ist. Als Ergebnis der Abfrage werden die Datensätze, für die Preisgruppe < 5 wahr ist, am Bildschirm ausgegeben.

> WHERE-Bedingungen müssen immer aus einem logischen Vergleich bestehen, der mit „wahr" oder „falsch" beantwortet werden kann.

Das Schlüsselwort DISTINCT unterdrückt in der Abfrage doppelte Datensätze. Sollen z. B. nur die Namen der Hersteller ausgegeben werden, von denen Fahrräder bezogen wurden, so wird mit `SELECT DISTINCT Hersteller FROM Fahrräder;` jeder betroffene Hersteller nur einmal angezeigt.

Darstellung von Feldinhalten in WHERE-Bedingungen

Inhalte von Zahlenfeldern, auch Währungsfelder, werden ohne weitere Kennzeichnung verwendet, z. B. Preis = 150.

Inhalte von Textfeldern werden innerhalb der WHERE-Bedingung in Hochkommas eingeschlossen, z. B. `Wohnort = 'Stuttgart'`. Textfelder können auch hinsichtlich Textmustern durchsucht werden. Dabei können als Platzhalter in Access das Fragezeichen ? für ein beliebiges Zeichen oder der Stern * für ein oder mehrere Zeichen verwendet werden **(Tabelle 2)**. Beim Vergleich eines Textfeldes mit einem Textmuster darf nicht der Operator = verwendet werden. Eine Abfrage mit der Bedingung `WHERE Ort = 'U*'` würde zu einem leeren Ergebnis führen, da nach einem Ort namens 'U*' gesucht werden würde. Erst der Operator `LIKE` stellt klar, dass mit einem Textmuster verglichen werden soll und somit im Beispiel alle Orte mit dem Anfangsbuchstaben U ausgegeben werden sollen.

Beispiel:
Alle Kunden sollen ausgegeben werden, deren Wohnort mit dem Buchstaben U beginnt.

Lösung:
```
SELECT Nachname, Vorname,
Straße, PLZ, Ort, Telefon
FROM Kunden
WHERE Ort LIKE 'U*';
```

Tabelle 1: Vergleichs- und logische Operatoren

Operator	Beispiel	Bedeutung, Wirkung
=	KNr = 24	gleich
<	Preisgruppe < 5	kleiner als
>		größer als
<>		ungleich
<=		kleiner gleich
>=		größer gleich
LIKE	Ort LIKE „U*"	Vergleicht das Feld Ort mit dem Textmuster; es werden alle Orte berücksichtigt, die mit U beginnen.
AND	PLZ = 89077 AND Ort = „Ulm"	Datensatz wird nur berücksichtigt, wenn Bedingung 1 UND Bedingung 2 erfüllt ist.
OR	Nr > 200 OR Nr < 100	Datensatz wird berücksichtigt, wenn Bedingung 1 ODER Bedingung 2 erfüllt ist
NOT	NOT (PLZ = 89077)	Datensatz wird berücksichtigt, wenn die Bedingung nicht erfüllt ist.

Tabelle 2: Platzhalter in Textmustern

Beispiel	Ergebnis
'M??er'	'Meier', 'Maier', 'Mayer', 'Meyer'; es werden genau zwei Zeichen ersetzt.
'M*er'	Maier, Mittersberger, Müller ... ; alle Felder, deren Inhalt mit 'M' beginnt und mit 'er' endet.

Inhalte von Datumsfeldern werden in verschiedenen Datenbanksystemen unterschiedlich gehandhabt. Während Oracle, Informix und DB2 Hochkommas wie bei Textfeldern akzeptiert, verlangt Access den Einschluss des Datumswertes in Doppelkreuze: `GebDat = #1955/04/27#`. Obwohl es meist Möglichkeiten gibt, zwischen deutscher und amerikanischer Schreibweise umzuwandeln, sollte die amerikanische Schreibweise (Jahr/Monat/Tag), d. h. #2003/06/21# bevorzugt werden, da sich dieser Standard im internationalen Gebrauch eindeutig durchgesetzt hat.

Der Operator BETWEEN

Der Operator `BETWEEN` (= zwischen) wird zur Formulierung von Bereichsabfragen eingesetzt. Er kann bei Textfeldern, Datumsfeldern und bei numerischen Feldern eingesetzt werden. `BETWEEN` wählt die Daten aus, die sich zwischen einem unteren und einem oberen Grenzwert befinden. Die Grenzwerte sind in der Auswahl mit enthalten.

Übung 1:
Entwerfen Sie eine Abfrage in Access, die alle Fahrräder anzeigt, welche im Jahr 2000 angeschafft wurden.
Lösung: **Bild 1**

Der Operator IN

Der Operator `IN` dient zum Vergleich eines Feldinhaltes mit einer Liste von möglichen Inhalten. Um alle Kunden aus dem Großraum Stuttgart zu erfassen, kann z. B. die folgende Bedingung verwendet werden:

```
... WHERE Wohnort IN ('Stuttgart',
'Esslingen', 'Sindelfingen', 'Waib-
lingen').
```

Übung 2:
Suchen Sie mithilfe einer Abfrage alle Kunden aus den Hauptstädten der baden-württembergischen Regierungsbezirke.
Lösung: **Bild 2**

`IN` kann auf Text-, Datums- und numerische Felder angewendet werden.

Umgang mit NULL-Werten

Spalten, in denen keine Werte eingegeben worden sind, haben den Wert NULL. Dem Wert NULL entspricht weder die Zahl 0 noch eine Zeichenfolge mit Leerzeichen. NULL bedeutet vielmehr, dass kein Eintrag vorliegt. Rechenoperationen mit einem Feld, das einen NULL-Wert enthält, ergeben als Ergebnis den Wert `NULL`. Es wird also weiterhin kein Eintrag erfolgen.

Übung 3:
Wählen Sie mit einer Abfrage alle Kunden mit einer Email-Adresse aus.
Lösung: **Bild 3**

Wenn ein Feld einer Tabelle keinen NULL-Wert enthalten darf, also nicht leer sein darf, so ist dies bereits beim Entwurf der Tabelle vorzusehen. Primärschlüsselfelder dürfen z. B. nicht leer sein. Auch für andere Felder, z. B. für Nachname oder Postleitzahl, kann es zweckmäßig sein, NULL-Werte nicht zuzulassen.

Bild 1: Verwendung von BETWEEN

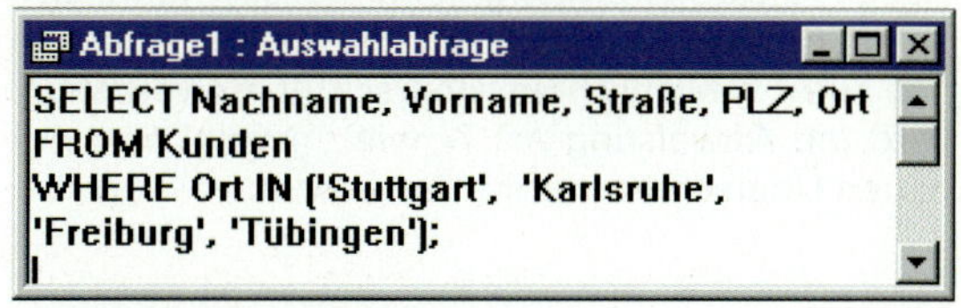

Bild 2: Abfrage mit dem Operator IN

Bild 3: Suche nach nicht leeren Feldern

Tabelle: Aggregatfunktionen in Access	
Funktion	**Ergebnis**
MIN(Spaltenname)	Minimalwert
MAX(Spaltenname)	Maximalwert
COUNT(Spaltenname)	Anzahl der vorhandenen Einträge in einer Spalte
COUNT(*)	Anzahl aller Datensätze
SUM(Spaltenname)	Summe
AVG(Spaltenname)	Arithmetischer Mittelwert

Bild 4: Anwendung der Summenfunktion

6.5.5.3 Funktionen in SELECT-Abfragen

Aggregatfunktionen

Aggregatfunktionen (Gruppenfunktionen) dienen dazu, die Werte einer oder mehrerer Spalten einer Tabelle nach bestimmten Kriterien auszuwerten und das Ergebnis, z. B. die Summe einer Spalte, in einem Feld auszugeben **(Tabelle)**.

Übung:
Berechnen Sie die Summe der Anschaffungspreise aller Fahrräder.
Lösung: **Bild 4, vorhergehende Seite**

Das Summenfeld in diesem Beispiel hat bei der Ausgabe standardmäßig keine Bezeichnung. Um beliebige Spalten einer Abfrage bei der Ausgabe mit einer gewünschten Überschrift zu versehen, wird die Anweisung `AS` (= wie), gefolgt von der neuen Überschrift `Summe` verwendet.

Eine Abfrage mit einer Aggregatfunktion liefert als Ergebnis in der Regel ein einziges Feld.

Deshalb ist es nicht sinnvoll, mit dem gleichen Befehl die Inhalte einer weiteren Spalte, z. B. die Fahrradnummern, ausgeben zu wollen. Dies führt zu einer Fehlermeldung.

In einer einfachen SELECT-Anweisung mit Aggregatfunktion können in der Regel keine weiteren Spaltenwerte angezeigt werden.

Die Funktion `COUNT(Spaltenname)` zählt die Anzahl der Felder in der Spalte, die nicht leer sind. Die Anweisung `SELECT COUNT (email) FROM Kunden` ermittelt die Anzahl der Kunden mit Email-Adresse. Durch die Anweisung `SELECT COUNT(*) FROM Kunden` werden alle Datensätze der Tabelle Kunden gezählt.

Die Funktionen `SUM()` und `AVG()` können nur bei numerischen Spalteninhalten angewendet werden. Die Funktionen `MIN()` und `MAX()` können allerdings auch bei Text- und Datumsfeldern verwendet werden, wobei Textfelder nach dem ASCII-Code behandelt werden: A ist „kleiner" als Z und Kleinbuchstaben sind „größer" als Großbuchstaben, allerdings „kleiner" als Sonderzeichen. Ein späteres Datum ist „größer" als ein früheres.

Beispiel 1:
Ermitteln Sie das Anschaffungsdatum des neuesten Fahrrades des Verleihs „Faradiso".
Lösung:

```
SELECT MAX(AnschaffungsDatum)
FROM Fahrräder;
```

Tabelle: Datumsfunktionen

Funktion	Ergebnis
DATE()	Aktuelles Datum
DAY(datum)	Tag vom Feldinhalt 'datum' als Zahl zwischen 1 und 31
MONTH(datum)	Monat als Zahl zwischen 1 und 12
YEAR(datum)	Jahr als vierstellige Zahl
WEEKDAY(datum)	Wochentag als Zahl zwischen 0 und 6: 0 = Sonntag
ISDATE(datum)	Prüft, ob Datumsangabe korrekt ist
FORMAT(ausdruck, 'format')	Formatiert das Datum in Ausdruck nach Vorgabe: D, DD: Tageszahl, DDD, DDDD: Wochentag, M, MM: Monatszahl, MMM, MMMM: Monatsname YY, YYYY: Jahreszahl

Rechenoperationen

Mit den Werten aus numerischen Spalten können Rechenoperationen wie Addition, Subtraktion, Multiplikation und Division durchgeführt werden **(Tabelle)**. Dies gilt auch für Datumswerte, da diese als Integerzahlen abgelegt sind.

Beispiel 2:
Es sollen alle Fahrräder ausgegeben werden, deren Wartungsdatum länger als 100 Tage zurückliegt.
Lösung:

```
SELECT FahrradNr, Bezeichnung,
WartungsDatum
FROM Fahrräder
WHERE WartungsDatum <DATE()-100;
```

Datumsfunktionen

Die Funktion `DATE()` liefert das aktuelle Datum. Nachdem von diesem Wert die Zahl 100 subtrahiert ist, wird das Ergebnis jeweils mit dem Inhalt des Feldes `WartungsDatum` verglichen. Alle Datensätze mit einem kleineren Wert, bei denen die Bedingung also „wahr" ist, werden ausgegeben.

Datumsfunktionen gehören nicht zum SQL-Standard, sind jedoch in nahezu allen Datenbanksystemen vorhanden. Sie unterscheiden sich jedoch zum Teil erheblich. In Access gibt es neben der Funktion `DATE()`, die das aktuelle Datum liefert, weitere Datumsfunktionen **(Tabelle)**. Mit der Anweisung `FORMAT`(ausdruck,'format') können Datumswerte formatiert ausgegeben werden.

Übung 1:
Es soll das Rechnungsdatum der Felder der Tabelle `Verleihdaten` in der Form „Samstag, 27. April 2002"ausgegeben werden.
Lösung: **Bild 1**

Zeichenkettenfunktionen

Die verschiedenen Datenbanksysteme stellen unterschiedliche Funktionen für die Bearbeitung und Umwandlung von Zeichenketten zur Verfügung **(Tabelle)**. Die Auswirkungen der entsprechenden Funktionen sind jedoch sehr ähnlich. So liefert in Oracle die Funktion ASCII(n) die Codenummer eines ASCII-Zeichens, während in Access die Funktion ASC(n) lautet und das Gleiche bewirkt.

Übung 2:
Geben Sie unabhängig von der gespeicherten Schreibweise die Nachnamen der Kunden so aus, dass der erste Buchstabe als Großbuchstabe erscheint, die folgenden Buchstaben jedoch in Kleinschrift.
Lösung: **Bild 2**

Umwandlungsfunktionen

Mit Umwandlungsfunktionen werden z. B. Zeichenketten in Zahlen und umgekehrt gewandelt **(Tabelle 1, folgende Seite)**. So wandelt die Funktion `CDATE('datum')` eine aus Zahlen bestehende Zeichenkette oder eine Ganzzahl in ein Datum um.

Die Funktion `CDATE(37347)` liefert z. B. das Datum 01.04.2002, `CDATE(1)` gibt das Datum 31.12.1899 zurück.

Beispiel:
Der Verleihpreis der einzelnen Fahrräder in der Tabelle `Preisgruppen` soll um 5 % erhöht angezeigt werden. Dabei soll auf volle €-Beträge gerundet werden.
Lösung:

```
SELECT CINT(Preis*1.05) FROM
Preisgruppen.
```

CINT() rundet auf den nächsthöheren Ganzzahlwert auf und gibt diesen Wert als Ergebnis zurück.

Die Funktion `VAL('70463')` wandelt den Zahlenstring in die Zahl 70463 um. Damit können Rechenoperationen ausgeführt werden, z. B. VAL('35 EUR') + VAL('22 EUR') ergibt den Wert 57.

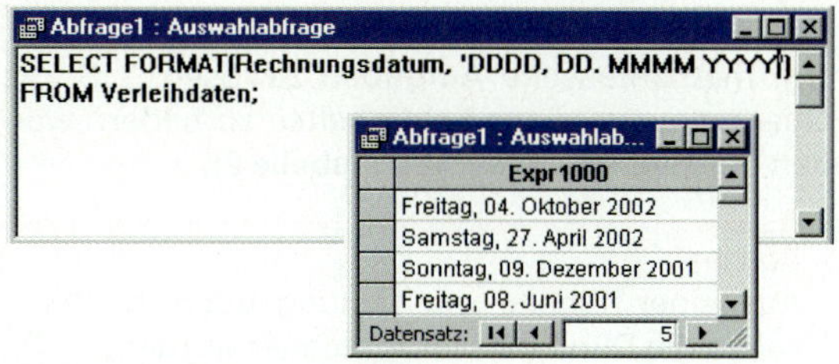

Bild 1: Formatierte Ausgabe

Tabelle: Zeichenkettenfunktionen in Access

Funktion	Wirkung, Beispiel
ASC(string)	Liefert ASCII-Codenummer des 1. Zeichens, ASC('Max') → 77.
CHR(nummer)	Wandelt Codenummer in entsprechendes ASCII-Zeichen um, HR(77) → 'Max'.
CSTR(ausdruck)	Wandelt Ausdruck in String um CSTR(#1955/04/27#) → '27.04.55'.
INSTR(string, suchz)	Gibt die Position eines Zeichens im String, INSTR('Bernhard','a') → 5.
LCASE(string)	Wandelt um in Kleinbuchstaben, LCASE('Müller') → 'müller'.
LEFT(string, länge)	Gibt linksbündige Teilzeichenkette aus, LEFT('Müller',2) → 'Mü'.
LEN(string)	Gibt die Zeichenanzahl aus, LEN('Müller') → 6.
LTRIM(string)	Schneidet vorlaufende Leerzeichen ab, LTRIM('Müller') → 'Müller'.
RIGHT(string, länge)	Gibt rechtsbündige Teilzeichenkette aus, siehe LEFT().
SPACE(anzahl)	Gibt Leerzeichen aus.
STRING(anzahl, zeichen)	Gibt eine bestimmte Anzahl des Zeichens aus.
UCASE(string)	Wandelt in Großbuchstaben um.
&	Operator zur Verkettung 'Hans' & 'Müller' → 'Hans Müller'

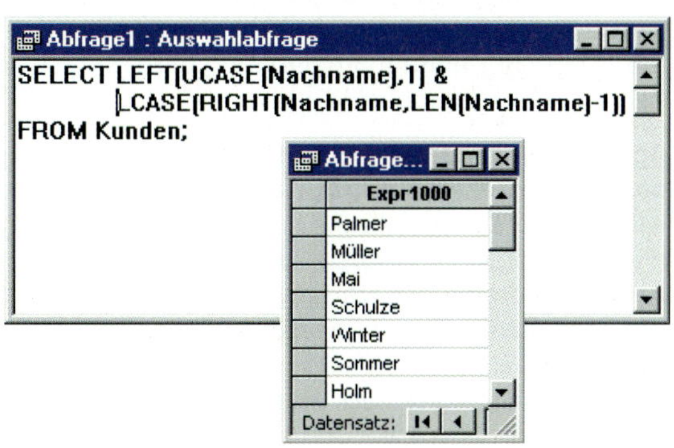

Bild 2: Kontrollieren der Groß-/Kleinschreibung

Mathematische und logische Funktionen

Um mathematische Aufgaben zu lösen, z. B. die Quadratwurzel eines Feldinhaltes zu bilden, werden Funktionen angeboten **(Tabelle 2)**.

Beispiel:
Aus einer Tabelle mit Leitungsquerschnitten sollen die Durchmesser errechnet werden.
Lösung:
```
SELECT Fläche, 2*SQR(Fläche/
(3.1415*2)) FROM Leitung;
```

Die Funktion `RND()` erzeugt eine Zufallszahl als Gleitkommazahl >0 und <1.

Die Funktion `ISNULL(ausdruck)` prüft, ob der Ausdruck, z. B. ein Feldinhalt leer ist. Trifft dies zu, so liefert die Funktion den Wert 1 ('wahr'), sonst den Wert 0 ('falsch').

Tabelle 1: Umwandlungsfunktionen

Funktion	Wirkung
CDATE('datums-string')	Zeichenkette, Zahl in Datumstyp DATE CDATE('12.03.02')→ 12.03.02
STR(zahl)	Zahl in Zeichenkette, STR(89077) → '89077'
VAL(string)	Umwandlung in Zahl, VAL('34') → 34
INT(zahl)	Wandelt um in Datentyp INTEGER und entfernt dabei die Dezimal stellen, INT(45,8) → 45 INT(-67,4) → -68
CINT(zahl)	Wandelt um in INTEGER, rundet auf CINT(45,8) → 46 CINT(-67,4) → -67

Tabelle 2: Mathematische und logische Funktionen

Funktion	Ergebnis
ABS(zahl)	Absoluter Wert (ohne negatives Vorzeichen)
SQR(zahl)	Wurzel einer Zahl SQR(16) → 4
RND()	Zufallszahl zwischen 0 und 1
SIN(bogenmaß)	Sinus für Winkel im Bogenmaß
COS(bogenmaß)	Kosinus für Winkel im Bogenmaß
LOG(zahl)	Berechnet den natürlichen Logarithmus der Zahl, LOG(2,7182818) → 1
EXP(zahl)	Umkehrfunktion zu LOG(zahl), EXP(1) → 2,7182818
ISNULL (Aus-)druck)	Wert = 1, wenn z. B. Feldinhalt leer ist, Wert = 0, wenn der Feldinhalt nicht leer ist.

6.5.5.4 Zusammenfassung von Daten

Gruppieren bedeutet, die Daten nach Feldern mit gleichen Feldinhalten zusammenzufassen. Dies geschieht mit dem SQL-Ausdruck `GROUP BY` (= zusammenfassen aufgrund ...) gefolgt von einem Feldnamen.

Übung:
Stellen Sie das Einzugsgebiet des Unternehmens „Faradiso" fest, indem der Wohnort und die Anzahl der Kunden aus den einzelnen Orten ausgegeben wird.
Lösung: **Bild 1**

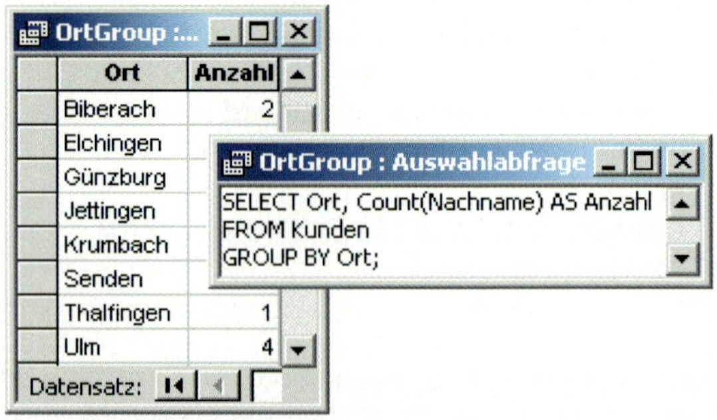

Bild 1: Gruppierung von Datensätzen

Da durch die Gruppierung die unterschiedlichen Inhalte des Gruppierungsfeldes nur jeweils einmal ausgegeben werden, kann nach dem Schlüsselwort `SELECT` außer dem Gruppierungsfeld kein weiteres Feld angegeben werden. Wird z. B. neben dem Ort auch das Feld `Nachname` aufgelistet, kommt es zu einer Fehlermeldung, da der Ortsname „Ulm" nur einmal ausgegeben wird, aber vier Personen aus Ulm in der Tabelle gespeichert sind.

Aggregatfunktionen wie `COUNT()` bewirken, dass das angegebene Feld gruppenweise ausgewertet wird. `COUNT(Nachname)` bewirkt somit, dass die innerhalb einer Gruppe vorhandenen Datensätze anhand des Feldes `Nachname` gezählt werden. Die Anzeige der einzelnen Gruppen kann durch die Anweisung `HAVING Bedingung` zusätzlich von Bedingungen abhängig gemacht werden. Die Anweisung `HAVING COUNT(Nachname) >3` (Bild 1) bewirkt, dass nur die Gruppen, die aus mehr als drei Datensätzen zusammengefasst wurden, ausgegeben werden.

6.5.5.5 Abfragen mit mehreren Tabellen

Equi-Joins

Für Abfragen die mehrere Tabellen betreffen, werden Verknüpfungen auf Gleichheit, Equi-Joins (equi = gleich, to join = verknüpfen) verwendet. Um z. B. alle `Verleihdaten` mit den dazugehörigen Kundennamen auszugeben, müssen Felder beider Tabellen angezeigt werden. Die Abfrage

```
SELECT Verleihdaten.KdNr, Nachname, Vorname, AusleihDatum,
       Rückgabedatum
FROM Kunden, VerleihDaten
```

führt jedoch zu keinem zufriedenstellenden Ergebnis, da jeder Datensatz der Tabelle `Kunden` mit jedem Datensatz der Tabelle `VerleihDaten` verknüpft wird. Dieses so genannte kartesische Produkt entsteht deshalb, weil keine eindeutige Verknüpfungsvorschrift im SQL-Befehl definiert ist. Damit dürfen nur die Kunden berücksichtigt werden, deren Kundennummer auch in der Tabelle `VerleihDaten` aufgeführt ist. Dies geschieht durch die Bedingung `WHERE Kunden.KdNr = VerleihDaten.KdNr` **(Bild 1)**.

Um gleichnamige Felder in den verschiedenen Tabellen zu unterscheiden, muss der Tabellenname, gefolgt von einem Punkt, dem Spaltennamen vorangestellt werden. Da diese Verknüpfung sich auf die Gleichheit der Felder KdNr in den beiden Tabellen bezieht, wird sie als Equi-Join (equi = gleich, to join = verknüpfen) bezeichnet.

Die Verknüpfungsbedingungen (Joins) mehrerer Tabellen werden in einer SQL-Abfrage in Form einer `WHERE`-Bedingung beschrieben.

Übung:
a) Geben Sie alle Reservierungen mit den Kundendaten (Kundennummer, Nachname, Vorname, Wohnort) und den Fahrraddaten (Fahrradnummer, Hersteller, Bezeichnung) aus.
b) Berechnen Sie in einem zusätzlichen Feld den GesamtLeihpreis mit Leihdauer * Preis.
Lösung: a) und b) **Bild 2**

Da die Tabelle Reservierungen über einen Equi-Join mit der Tabelle Kunden verbunden ist, muss dies ebenso als WHERE-Bedingung angegeben werden wie die Beziehungen der Tabellen Reservierungen, Fahrräder, Preisgruppen. Deshalb muss beim Entwurf einer komplexen SQL-Abfrage über mehrere Tabellen hinweg die Art der Beziehungen bekannt sein.

Bild 1: Abfrage von zwei Tabellen

Bild 2: Abfrage von mehreren Tabellen

Wird eine Abfrage über mehrere Tabellen gebildet, so bilden die Joins dieser Abfrage die im Datenbankentwurf festgelegten Beziehungen nach.

Ähnlich der Möglichkeit, innerhalb einer Abfrage anzuzeigende Felder mit dem Schlüsselwort `AS` umzubenennen, ist dies auch bei Tabellennamen möglich. Dies eignet sich zur Vereinfachung der SQL-Syntax, indem innerhalb der nach `FROM` folgenden Aufzählung dem Tabellennamen ein neuer (temporärer) Name zugewiesen wird, am einfachsten ein kennzeichnender Buchstabe, z. B. K, P... (Bild 2, oben). Die Tabelle ist dann in der Abfrage allein durch diesen Buchstaben bestimmt.

Left Join

Sollen in die Abfrage der Reservierungen auch die Kunden mit aufgenommen werden, die bisher noch kein Fahrrad reserviert haben, so muss die Verknüpfungsbedingung geändert werden. Während der Equi-Join der Schnittmenge der beiden Bereiche Kunden und Reservierungen entspricht, muss nun der linke Bereich der beiden Mengen mit eingeschlossen werden **(Bild 1, folgende Seite)**. Ein solcher Left Join kann in Access mit der Syntax `tab1 LEFT JOIN tab2 ON tab1.feld = tab2.feld` definiert werden.

Übung 1:
Es sollen die Reservierungsdaten und die entsprechenden Kundendaten ausgegeben werden. Zusätzlich sollen auch die Kunden aufgelistet sein, die noch kein Fahrrad reserviert haben.

Lösung: **Bild 2**

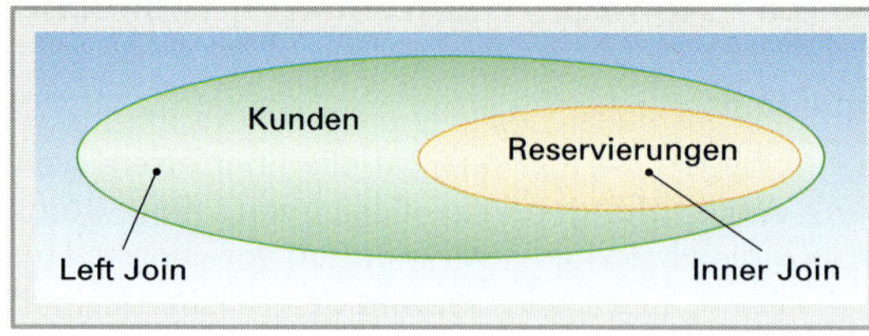

Bild 1: Mengenbereiche von Left Join und Equi Join

LeftJoin : Auswahlabfrage

```
SELECT K.KdNr, K.Nachname, K.Vorname, K.Ort,
       R.AusleihDatum AS LeihDat,
       R.LeihDauer AS LDauer
FROM Kunden AS K LEFT JOIN
       Reservierungen AS R
       ON K.KdNr = R.KdNr;
```

LeftJoin : Auswahlabfrage

KdNr	Nachname	Vorname	Ort	LeihDat	LDauer
1	Palmer	Carlo	Jettingen	07.10.2003	10
2	Müller	Herta	Krumbach	04.07.2004	9
2	Müller	Herta	Krumbach	23.07.2004	31
3	Mai	Hans	Ulm		
4	Schulze	Anna	Ulm	28.08.2003	4
4	Schulze	Anna	Ulm	27.04.2004	12
4	Schulze	Anna	Ulm	27.04.2004	12

Datensatz: 10 von 26

Bild 2: Auswahlabfrage mit Left Join

Während der Equi Join festgelegt werden kann, indem in der `WHERE`-Bedingung Felder gleichgesetzt werden, wird die Ausgabe aller Kunden, auch derjenigen, die keine Fahrräder geliehen haben, erreicht, indem bereits in der FROM-Klausel die Beziehung definiert wird. Dazu wird die Tabelle `Kunden` über den Schlüsselbegriff `Left Join` mit der Tabelle `Reservierungen` verbunden. Als Kriterium für die Beziehung dieser beiden Tabellen werden nach dem Schlüsselwort `ON` die Inhalte der Kundennummern gleichgesetzt. Dadurch erkennt das Datenbanksystem die Art der Beziehung.

6.5.5.6 Unterabfragen

Eine Unterabfrage (= Subquery) ist eine in Klammern eingeschlossene `SELECT`-Anweisung innerhalb der `WHERE`-Bedingung einer anderen `SELECT`-Anweisung. Man benötigt sie, wenn die Suchbedingung vom Ergebnis einer anderen Abfrage abhängig ist.

Übung 2:
Der Name des Kunden, die Fahrradnummer und die Bezeichnung des reservierten Fahrrades sollen angezeigt werden, dessen Reservierung als nächstes fällig ist.

Lösung: **Bild 3**

SQL NächsteAusleihe : Auswahlabfrage

```
SELECT F.Fahrradnummer, F.Bezeichnung,
       Nachname, AusleihDatum
FROM Fahrräder F, Reservierungen R, Kunden K
WHERE K.KdNr = R.KdNr
    AND F.Fahrradnummer = R.FRadNr
    AND Ausleihdatum = (
        SELECT  min(AusleihDatum)
        FROM    Reservierungen
WHERE AusleihDatum >= DATE());
```

SQL NächsteAusleihe : Auswahlabfrage

Fahrr	Bezeichnung	Nachname	AusleihDatum
23	Everglades	Müller	04.07.03

Datensatz: 1 von 1

Bild 3: Abfrage mit Unterabfrage

Zweckmäßig ist es, zunächst eine Abfrage zu bilden, die das nächste Reservierungsdatum liefert. Die Funktion `MIN(Ausleihdatum)` gibt das früheste Datum zurück, die `WHERE`-Bedingung `AusleihDatum>=DATE()` schränkt dann auf das kleinste Datum ab heute ein.

Nun muss der Datensatz in der Tabelle `Reservierungen` gesucht werden durch die Bedingung `WHERE AusleihDatum = (Subquery)`. Über die notwendigen Equi-Joins mit den beiden Tabellen `Kunden` und `Fahrräder` verbunden, kann nun der richtige Kunde angezeigt werden.

Eine Subquery ist Bestandteil einer Bedingung innerhalb eines `WHERE`-Abschnittes. Deshalb muss das Ergebnis der Subquery vom Datentyp her mit dem Vergleichsfeld verträglich sein. Auch darf eine Subquery nur dann mehrere Ergebnisse liefern, wenn sie Bestandteil einer Bedingung mit dem `IN`-Operator ist und somit einer Feldliste entspricht.

Subqueries dürfen nur solche Daten liefern, die innerhalb des WHERE-Abschnittes zu einer logisch beantwortbaren Bedingung führen, sonst erfolgt eine Fehlermeldung.

6.5.5.7 Datenbearbeitung mit SQL

Einfügen und Löschen von Datensätzen

Neben der Auswahl von Daten bietet SQL Möglichkeiten zur Bearbeitung und Änderung bestehender Daten. Zusammen mit der bisher behandelten `SELECT`-Anweisung können damit nahezu alle notwendigen Vorgänge in einer Datenbank realisiert werden.

Übung 1:
Fahrräder, die vor 1996 angeschafft wurden, sollen ausgemustert werden. Dazu sollen die Fahrraddaten
a) in eine Tabelle `FahrräderAlt` geschrieben werden.
b) Gleichzeitig sollen diese Fahrräder aus der Tabelle `Fahrräder` gelöscht werden.

Lösung: a) **Bild 1**, b) **Bild 2**

Zunächst muss dazu eine Tabelle `FahrräderAlt` erstellt werden, die die gleiche Struktur besitzt wie die Tabelle `Fahrräder`. Zu diesem Zweck kopiert man die bestehende Tabelle `Fahrräder`, indem man im Menü der rechten Maustaste `Kopieren` und dann `Einfügen` wählt. Dort wird die Option `Nur Struktur` gewählt **(Bild 3)**.

Die SQL-Anweisung `INSERT INTO...` bietet die Möglichkeit, Daten in eine bestehende Tabelle einzufügen (Bild 1). Sie kann mit einer `SELECT`-Anweisung kombiniert werden und damit vielfältige Aufgaben erfüllen. In der Übung werden über die SELECT-Anweisung alle Datensätze der Fahrräder gesucht, die vor 1996 angeschafft wurden, und anschließend in die neue Tabelle gespeichert. Die allgemeine Syntax des `INSERT`-Befehls lautet:

```
INSERT INTO Tabelle (Feld1,Feld2...)
  SELECT Feld1, Feld2,...
  FROM Tabelle[n]
  WHERE... ;
```

Das Löschen der nun ausgelagerten Datensätze geschieht mit dem SQL-Befehl `DELETE` ... (Bild 2). Dabei kann wiederum der `INSERT`-Befehl integriert werden, um die gleichen Datensätze auszuwählen wie beim Einfügevorgang mit `INSERT`. Die allgemeine Syntax lautet:

```
DELETE FROM Tabelle
WHERE Bedingung;
```

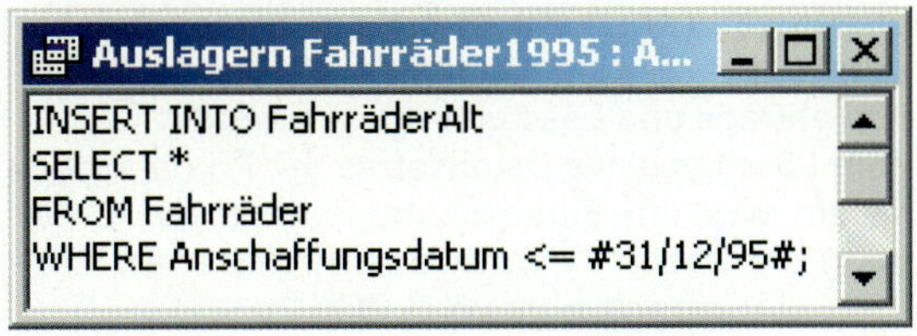

Bild 1: Einfügen von Datensätzen in Tabellen

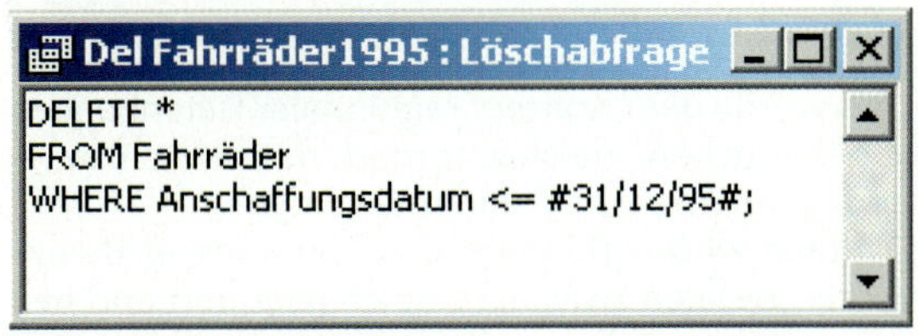

Bild 2: Löschen von Datensätzen aus einer Tabelle

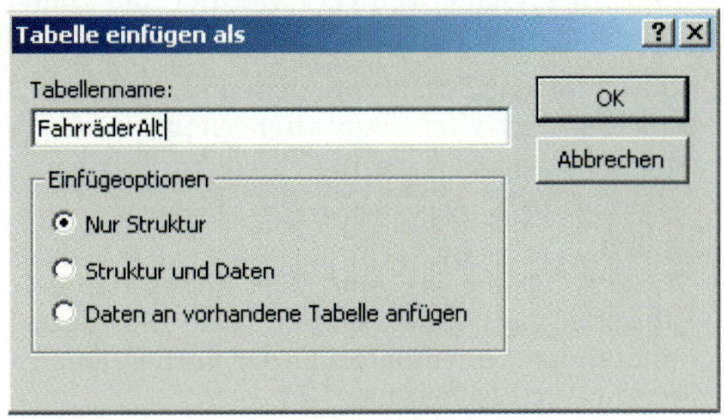

Bild 3: Kopieren einer Tabellenstruktur

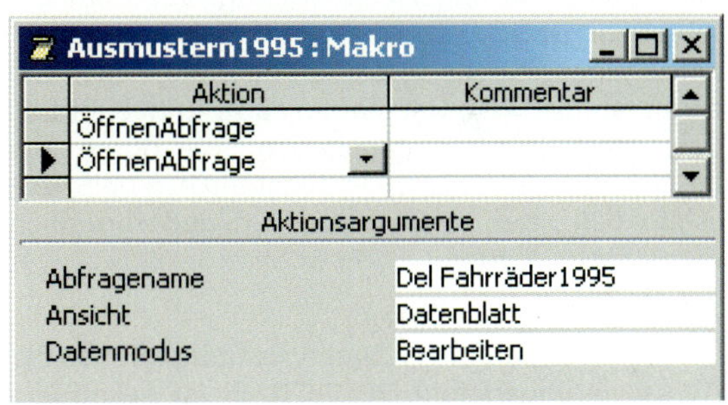

Bild 4: Makro zur Ausmusterung alter Fahrräder

Übung 2:
Das Ausmustern der Fahrräder soll mittels Makro automatisiert werden.

Lösung: **Bild 4**

Dazu werden im Makro beide vorher beschriebenen Abfragen zum Öffnen festgelegt. Um das Makro ausführen zu können, wird z. B. auf dem Formular `Zentrale` eine Befehlsschaltfläche

erstellt **(Bild 1)**. Durch Betätigen dieser Befehlsschaltfläche werden das Makro und damit die Einfügeabfrage und Löschabfrage ausgeführt.
Zum Löschen eines Datensatzes mit Primärschlüsselfeld wird im Eigenschaftenfenster der Beziehung die Option `Löschweitergabe an Detaildatensatz` gewählt **(Bild 2)**.

> Das Löschen von Datensätzen und Tabellen kann in Datenbanken nicht mehr rückgängig gemacht werden.

Dies würde dem Konzept relationaler Datenbanken widersprechen, welches fordert, dass Daten zu jedem Zeitpunkt gültig sein müssen.
Dadurch wird verhindert, dass ein anderer Benutzer diese Daten zwischenzeitlich geändert und neu gespeichert hat. Dieser Schreibvorgang würde mit einem in der Textverarbeitung üblichen Rückgängig-Befehl zunichte gemacht werden, die Daten wären nicht mehr konsistent (= beständig).

> Konsistenz der Datenbank bedeutet, dass der Datenbestand frei von logischen Widersprüchen ist.

Übung:
Mustern Sie die im Jahr 1996 angeschafften Fahrräder aus und sichern Sie die dazu gehörenden Verleihdaten in der vorhandenen Tabelle `VerleihdatenAlt`.
Lösung: **Bild 3**

Zur Datensicherung ist es wichtig, vor dem Löschen von Datensätzen nicht nur diese Daten in einer eigenen Tabelle zu sichern, sondern auch die davon abhängigen Detaildatensätze (Bild 3, oben). Dies muss vorher geschehen, da durch die Löschweitergabe diese Detaildatensätze beim Löschen des Stammdatensatzes unwiederbringlich mitgelöscht werden.

Aktualisierung von Daten
Ein weiterer Befehl zur Datenmanipulation ist der Aktualisierungsbefehl `UPDATE`. Er ist besonders zweckmäßig, wenn viele Datensätze gleichsinnig verändert werden sollen.

Beispiel:
Der Verleihpreis der Fahrräder, die vor 1998 angeschafft wurden, soll um eine Preisgruppe vermindert werden. Speichern Sie die Änderungen in den betroffenen Datensätzen.
Lösung:
```
UPDATE Fahrräder
  SET Preisgruppe = Preisgruppe - 1
  WHERE YEAR(AnschaffungsDatum)
  <1998
```

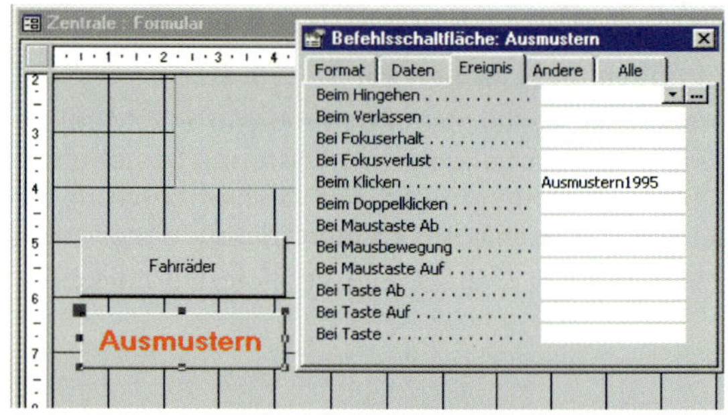

Bild 1: Befehlsschaltfläche `Ausmustern`

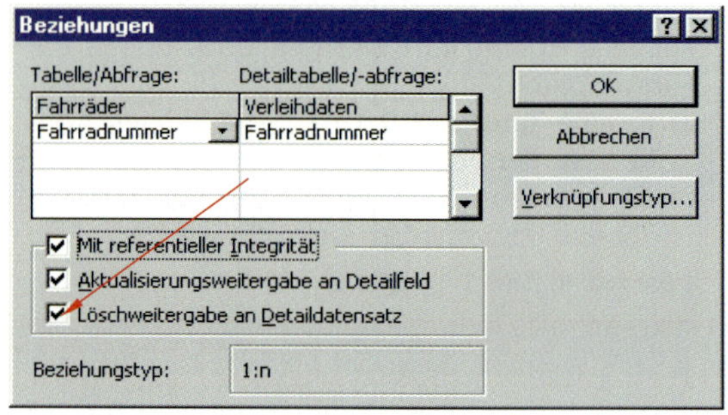

Bild 2: Fenster zum Einschalten der Option Löschweitergabe

Bild 3: Abfragen und Makro zum Auslagern von Primärdaten und Detaildaten

6.5.6 Transaktionen

Datenbanken müssen zu jedem Zeitpunkt, auch nach einem Hardware- oder Softwarefehler, konsistent sein. Soll z. B. eine Überweisung zwischen Konten zweier Banken gültig stattfinden, so darf die Überweisung nur dann als ausgeführt gelten, wenn das Konto A um den Betrag vermindert worden ist und dem Konto B dieser Betrag zugute geschrieben worden ist **(Bild 1)**. Erfolgt nach der Buchung 1 ein Stromausfall, so wären die Kontostände nicht mehr konsistent (= übereinstimmend), da der Kontostand A bereits um 250 € vermindert wurde, der Kontostand B aber noch nicht erhöht wurde.

Unter einer Transaktion versteht man eine Folge von SQL-Anweisungen, die logisch zusammengehören und die Datenbank konsistent erhalten.

Um sicher zugehen, dass die Überweisung vollständig durchgeführt wird, werden die beiden Buchungen in Form einer Transaktion ausgeführt.

Beim Ausführen einer Transaktion muss sicher gestellt werden, dass die Transaktion entweder komplett ausgeführt wird oder im Fehlerfall völlig rückgängig gemacht wird.

Um Datenbestände immer gültig zu erhalten, wird in einzelnen Schritten vorgegangen **(Tabelle)**.

Zunächst werden die Daten z. B. eines Kunden aus der Datenbank 1 gelesen, also der Kontostand A mit 1300 € **(Bild 2)**. Die noch nicht geänderten Daten werden nun als so genanntes Before-Image (= Abbild vor der Änderung) zur Sicherung in die Logdatei geschrieben. Dies ist eine nicht flüchtige Datei innerhalb des Datenbanksystems. Jetzt werden die Änderungen der Daten im Arbeitsspeicher mit den notwendigen Befehlen (Update, Delete, Insert) durchgeführt (Metadaten = Zwischendaten) und für andere Benutzer gesperrt. Der Kontostand A wird also mit Update um 250 € auf 1050 € vermindert. Dieser geänderte Kontostand wird innerhalb der Logdatei als After-Image (= Abbild nach der Änderung) gesichert. Die entsprechenden Vorgänge

Buchung 1: Konto A	
alter Kontostand:	1300,00 €
Soll:	250,00 €
neuer Kontostand:	1050,00 €

Buchung 2: Konto B	
alter Kontostand:	4320,00 €
Haben:	250,00 €
neuer Kontostand:	4570,00 €

Bild 1: Buchungen einer Überweisung

Tabelle: Ausführen einer Transaktion

Schritt	Aufgabe
Lesen der Daten	Die Daten werden von Platte eingelesen.
Merken der bisherigen Daten	Die zu ändernden Daten werden in die Logdatei geschrieben (Before-Image).
Ändern der Daten	Ändern der Daten im Arbeitsspeicher, Sperren dieser Einträge für andere Benutzer.
Merken der geänderten Daten	Die geänderten Daten werden in die Logdatei geschrieben (After-Image).
...	Beliebige Wiederholung dieser Schritte.
Transaktionsende mit COMMIT (= Bestätigung)	Schreiben aller noch nicht geschriebener Images und Metadaten in die Logdatei. Transaktionsende in der Logdatei vermerken. Sperren freigeben.
Transaktionsende mit ROLLBACK (= zurückdrehen)	Rücksetzen der Metadaten der Transaktion. Geänderte Daten, die bereits in die Datenbank geschrieben wurden, werden für ungültig erklärt. Sperren freigeben.
Änderungen speichern	Die geänderten Daten werden in die Datenbank geschrieben.

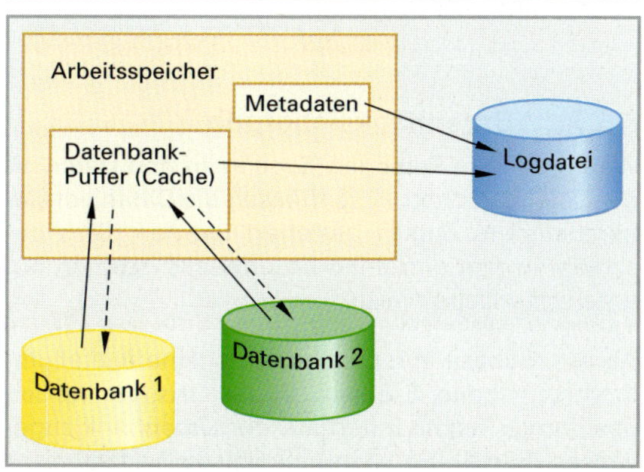

Bild 2: Funktionen der Logdatei und des Datenbankpuffers

müssen nun mit dem Kontostand B, z. B. des Zahlungsempfängers in der Datenbank 2, durchgeführt werden. Die neuen Daten stehen somit als After-Images in der Logdatei zur Verfügung. Ist bisher kein Fehler aufgetreten, so wird mit dem Befehl COMMIT das Ende der Transaktion in der Logdatei vermerkt. Sperren werden freigegeben.

Anschließend werden die geänderten Daten, die man Metadaten nennt, in die Datenbank geschrieben.

Ist jedoch vor dem COMMIT-Befehl ein Fehler aufgetreten, so wird mit der Anweisung ROLLBACK die gesamte Transaktion mit allen Zwischendaten (Metadaten) zurückgesetzt. Die bisherigen Daten sind noch in den Before-Images innerhalb der Logdatei gesichert. Da bei einem Ende einer Transaktion ein Vermerk in die Logdatei geschrieben wird, kann bei einem Systemabsturz jederzeit erkannt werden, welche Änderungen zu einer bereits beendeten Transaktion gehören.

Wird die Logdatei nicht auf demselben Medium angelegt, auf dem sich auch die Datenbank befindet, so ist es sehr unwahrscheinlich, dass beide Datenbestände, Logdatei und Datenbank, gleichzeitig zerstört werden. Deshalb kann mithilfe der letzten Sicherung und der inzwischen weitergeführten Logdatei der Datenbestand jederzeit wieder hergestellt werden, um wieder einen konsistenten Datenbestand zu erhalten.

Durch transaktionsorientierte Verarbeitung von Daten kann ein Datenverlust weitgehend ausgeschlossen werden.

Die transaktionsorienterte Verarbeitung von Daten ist auch bei Vorgängen möglich, die sich auf mehrere Datenbanken beziehen. Dies ist z. B. dann der Fall, wenn die Konten A und B bei verschiedenen Banken unterhalten werden.

6.5.7 Datenbanksicherung

Wenn mehrere Personen Zugang zu den Daten einer Datenbank haben, so müssen die Daten vor unberechtigtem Zugriff gesichert werden. Dies geschieht in den einzelnen Datenbanksystemen auf unterschiedliche Weise.

Access, Sybase und Oracle bieten eine Aufteilung in verschiedene Gruppen. Jeder Gruppe werden bestimmte Rechte innerhalb der Datenbank zugewiesen **(Bild 1)**. So kann beispielsweise festgelegt werden, dass die Gruppe `Benutzer` den Entwurf der Tabelle Kunden nicht ändern oder Daten daraus löschen darf **(Bild 2)**. Alle Rechte stehen üblicherweise nur der Gruppe der `Administratoren` zu.

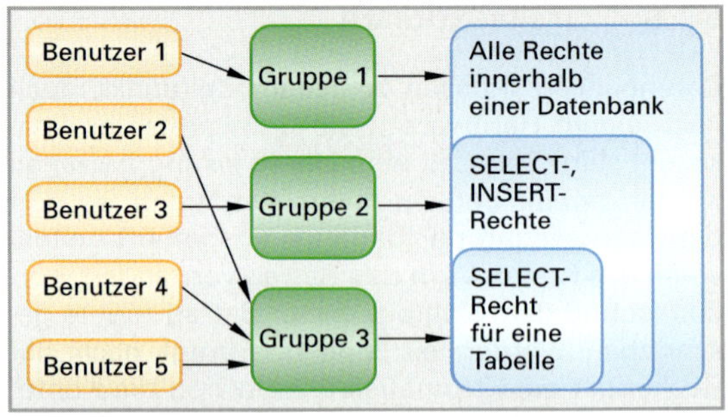

Bild 1: Zuordnung von Gruppen und Rechten

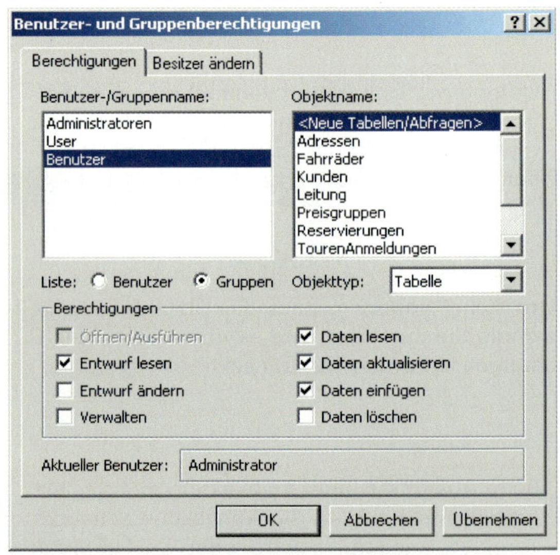

Bild 2: Vergabe von Gruppenberechtigungen

Jeder Benutzer der Datenbank wird einer Gruppe zugeordnet und erhält damit gleichzeitig die der Gruppe zustehenden Rechte. Er muss sich durch einen Namen und ein Passwort bei der Anmeldung identifizieren. Ist z. B. der Benutzer Si der Gruppe `Benutzer` zugeordnet, so kann er nur die Rechte ausüben, die dieser Gruppe auch zustehen. Er kann somit die Tabelle `Kunden` nicht verändern oder Datensätze löschen.

In Access ist es nicht möglich, über SQL-Befehle Berechtigungen festzulegen. In anderen Datenbanksystemen stehen hierzu die Befehle `GRANT` und `REVOKE` zur Verfügung.

Beispiel 1:
Den Benutzern Daniel und Mirjam soll das Lesen und Einfügen neuer Datensätze in die Tabelle `Adressen` ermöglicht werden. Außerdem soll es ihnen erlaubt sein, ihre Rechte auch an Dritte weiterzugeben.

Lösung:
```
GRANT Select, Insert
      ON Adressen
      TO Daniel, Mirjam
      WITH GRANT OPTION.
```

Beispiel 2:
Entziehen Sie dem Benutzer Xaver alle Rechte auf die Tabelle Verleihdaten.

Lösung:
```
REVOKE ALL PRIVILEGES ON Ver-
leihdaten FROM Xaver.
```

Mit GRANT werden einzelnen Benutzern oder Gruppen Zugriffsrechte für einzelne Tabellen, Abfragen oder Bereiche erteilt **(Tabelle)**. Der Zusatz ALL PRIVILEGES vergibt an den Benutzer alle Rechte an einer Tabelle oder einem Bereich. Die Option WITH GRANT OPTION ermöglicht dem Anwender, der diese Rechte erhält, diese Rechte auch an Dritte weiterzugeben.

Übung:
Fügen Sie in einer Access-Datenbank zu den Standard-Benutzergruppen `Administratoren` und `Benutzer` die Benutzergruppe `Abteilungsleiter` mit der vorläufigen ID-Kennung `Abteilungsleiter` hinzu.

Lösung: **Bild 1**

Rechte können für eine gesamte Gruppe vergeben werden, aber auch für einzelne Benutzer. Werden sie jedoch für die einzelnen Personen individuell festgelegt, so erschwert dies die Übersicht über bestehende Rechte.

Rechte sollten möglichst nicht für die einzelnen Benutzer vergeben werden, sondern für jeweils eine Gruppe.

Die einzelnen Benutzergruppen sollten möglichst genau festgelegt werden. Z. B. kann jede Abteilung eine eigene Gruppe darstellen. Auch innerhalb einer Abteilung kann noch differenziert werden, um z. B. den Vertrieb in Außendienst und Innendienst zu gliedern.

Tabelle: Zugriffrechte in SQL

Befehl	Zugriffsrecht
SELECT	Lesender Zugriff auf die angegebene Relation
UPDATE	Ändern von Inhalten der angegebenen Relation
UPDATE (x)	Ändern des Attributswertes x der angegebenen Relation
DELETE	Löschen von Datensätzen
INSERT	Einfügen neuer Datensätze

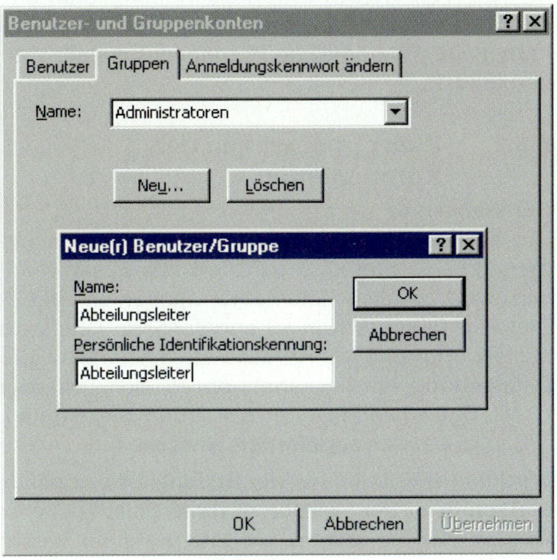

Bild 1: Einrichten einer neuen Benutzergruppe in Access

Wiederholung und Vertiefung

1. **Beschreiben Sie die Bedeutung eines Primärschlüssels einer Tabelle.**
2. **Erläutern Sie die wesentlichen Beziehungen innerhalb einer Datenbank anhand von Beispielen.**
3. **Erläutern Sie ein gebräuchliches Verfahren zur Entwicklung einer Datenbank.**
4. **Welche Ziele werden durch die Normalisierung einer Datenbank erfüllt?**
5. **Welche Bedeutung hat die Forderung nach referenzieller Integrität?**
6. **Welche verschiedenen Arten von Abfragen gibt es?**
7. **Welche Bedeutung haben Transaktionen?**
8. **Wie macht man eine fehlgeschlagene Transaktion rückgängig?**
9. **Erklären Sie das Rechte-System einer Datenbank.**
10. **Wie können mit SQL Rechte von Gruppen vergeben oder entzogen werden?**

6.6 Datenbanken im Internet

Um mit Datenbanken im Internet zu arbeiten, werden geeignete Komponenten benötigt:

- ein Webserver zur Steuerung der Datenflüsse im Internet,
- ein Datenbanksystem, das internetfähig ist, und
- eine Programmiersprache, die im Internet einfach anwendbar ist.

Im folgenden Beispiel soll eine auch für lokale Entwicklungsumgebungen geeignete Konfiguration mit dem Webserver Xitami, dem Datenbanksystem MySQL (von My Structured Query Language) und der Programmiersprache PHP (von Personal homepage = persönliche Homepage) erstellt werden **(Bild 1)**.

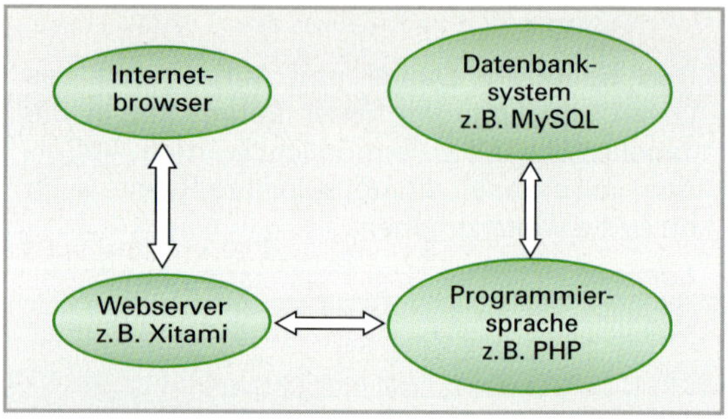

Bild 1: Notwendige Komponenten für eine Internet-Datenbank

6.6.1 Zusammenwirken der Komponenten

Der Webserver

Der Webserver, z. B. Xitami (Palindrom des Firmennamens Imatix), organisiert das Zusammenwirken der einzelnen Internet-Komponenten **(Bild 2)**. Die vom Client (= Kunde) angeforderte URL wird ausgewertet und als Adresse identifiziert. An der Dateiendung wird erkannt, ob es sich um eine HTML-Datei handelt oder ob andere Dateitypen, z. B. php-Dateien angefordert werden.

Wird nun eine Datei mit der Endung .php angefordert, so leitet der Webserver diese Seite zunächst an das PHP-Programm zur Interpretation weiter (Bild 2). Dort werden alle PHP-Code-Anteile erkannt und interpretiert. Sind z. B. Anfragen an eine Datenbank enthalten, so werden diese vom PHP-Interpreter an das Datenbanksystem weitergegeben. Die vom Datenbankserver zurückgelieferten Ergebnisse z. B. einer SQL-Abfrage werden in HTML-Code umgewandelt und an den Webserver zurückgeleitet. Von dort erhält der Client nun ein reines HTML-Dokument, das mit einem üblichen Browser, z. B. Netscape, am Bildschirm dargestellt wird.

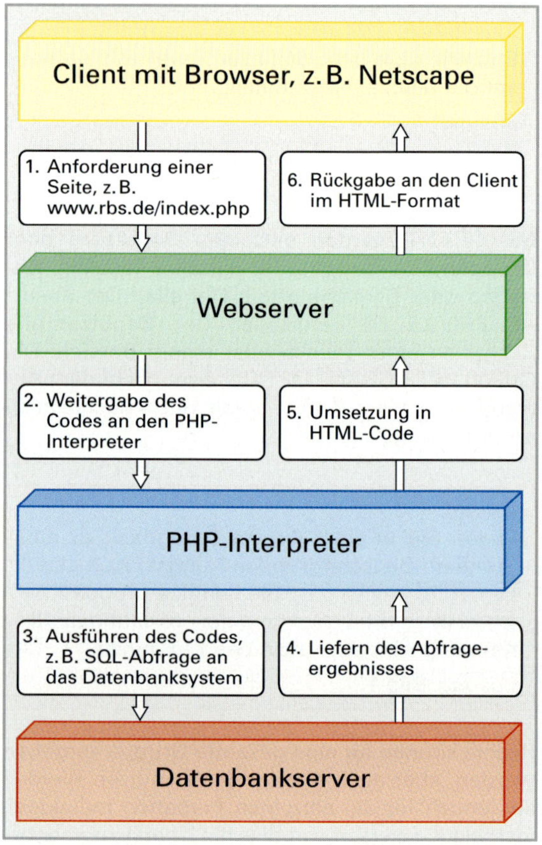

Bild 2: Zusammenwirken der Internet-Komponenten

Webserver, Interpreter-Programme und Datenbankserver müssen nicht zwingend auf dem gleichen Rechner, also lokal verfügbar sein, sondern können bei entsprechender Initialisierung auf verschiedenen Servern im Internet weltweit verteilt sein.

Installation des Webservers Xitami

Die Installation des Webservers geschieht, indem man die Dateien und Unterverzeichnisse in ein eigenes Verzeichnis, z. B. D:\xitami\, kopiert und die Konfigurationsdatei xitami.cfg anpasst, um PHP-Dateien zur Interpretation umzuleiten. Zum Beispiel sollen alle mit `.php` oder mit `.php4` endenden Dateien an das Interpreter-Programm `php.exe` weitergegeben werden. Dazu müssen in der Rubrik `[Filter]` die entsprechenden Zeilen mit einem Texteditor ergänzt werden **(Bild 3)**.

```
[Filter]
  .php=php.exe          #Aktivierung der Php-
  .php3=php.exe         #Unterstützung
  .php4=php.exe
  .phtm=php.exe
```

Bild 3: Bearbeitung der Datei xitami.cfg

Um lokal mit dem Webserver arbeiten zu können, muss die Datei `hosts` im Windows-System-Verzeichnis, die vom Webserver ähnlich einem Telefonbuch verwendet wird, ergänzt werden **(Bild 1)**. Durch den Eintrag `127.0.0.1 localhost` werden Internet-Anforderungen auf den lokalen Rechner umgeleitet, da die IP-Adresse `127.0.0.1` für lokale Rechnersysteme reserviert ist.

Übung 1:
Ergänzen Sie die Datei `hosts` so, dass die URL `www.simon.de` auf dem eigenen Rechner gesucht wird.
Lösung: **Bild 1, vierte Zeile**

Der Webserver wird durch die Datei D:\xitami\xiwin32.exe gestartet. Durch Doppelklick auf das auf der Taskleiste links neben der Uhr entstehende Ikon X öffnet sich der Eigenschaften-Bildschirm des Webservers **(Bild 2)**. Mit Anklicken von `Setup` wird der Administrationsbildschirm gestartet, über den weitere Anpassungen erfolgen können.

6.6.2 Die Internetsprache PHP

6.6.2.1 Einführung und Installation

PHP ist eine Skriptsprache (von scriptum = Schriftstück, im deutschen Skript), die in HTML-Code eingebettet werden kann. Eine Skriptsprache wird nicht compiliert, sondern das Skript wird direkt interpretiert und ausgeführt. Im Unterschied zu JavaScript wird dieser Code jedoch nicht zum Client übertragen, sondern auf der Serverseite ausgeführt. Der Client erhält das Ergebnis des Programmlaufes als HTML-Datei, die keinen PHP-Quellcode mehr enthält.

PHP verhindert den Diebstahl von Know-how, indem der Quellcode (das Skript) nicht zum Client übertragen wird, sondern auf dem Server interpretiert wird.

Während zum Verarbeiten von Seiten mit JavaCode der HTML-Browser des Clients dafür geeignet und eingestellt sein muss, stellt PHP keine Anforderungen an den Browser.

Installation von PHP

Zur Installation von PHP genügt es, die Installationsdatei php-win32.zip z. B. in das Verzeichnis D:\php zu entpacken. Die Datei php.ini-dist muss in das Windows-Verzeichnis, z. B. C:\win, unter dem Namen php.ini gespeichert werden.

```
212.63.159.200      www.europa-lehrmittel.de
212.75.33.2         www.rbs.schule.ulm.de
127.0.0.1           localhost
127.0.0.1           www.simon.de
```

Bild 1: Mögliche Erweiterungen der Datei hosts

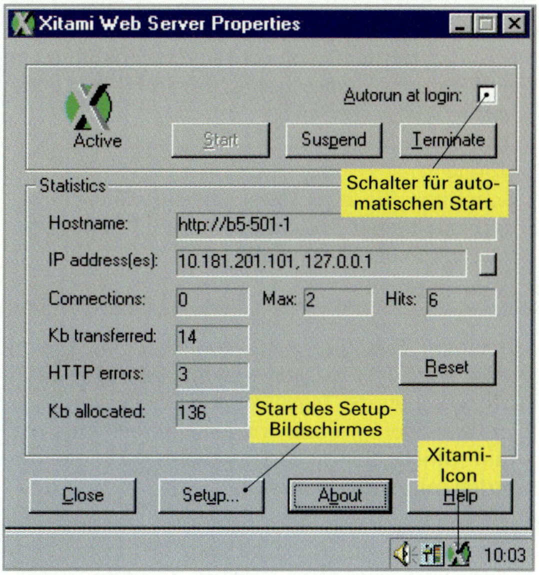

Bild 2: Einrichten des Webservers Xitami

```
;;;;;;;;;;;;;;;;;;;;;;;;;
; Paths and Directories ;
;;;;;;;;;;;;;;;;;;;;;;;;;

include_path = ;Windows:"\path1;\path2"
doc_root = d:\xitami\webpages ;the root
        of the phg pages, used only if
        nonempty
user_dir = ;the directory under
        which php opens the script
        using/~username, used only if
        nonempty
upload_max_filesize=2097152 ;2 Meg
        default limit on file uploads
extension_dir = d:\php4 ;directory
             in which the loadable extensions
             (modules) reside
```

Bild 3: Einträge in die Datei php.ini

Übung 2:
Passen Sie mit einem Texteditor die Datei php.ini an, indem Sie im Abschnitt `Paths and Directories` die Pfadangaben der aktuellen Installation eintragen.
Lösung: **Bild 3 , markierte Angaben**

Diese Einträge sind in der Datei php.ini erforderlich:

- `doc_root` zeigt auf das Veröffentlichungsverzeichnis des Webservers, z. B. `D:\xitami\webpages` und
- `extension_dir` zeigt auf den Pfad für das PHP-Installationsverzeichnis, z. B. `D:\php4`.

6.6.2.2 Sprachelemente von PHP

Die Sprachelemente von PHP sind weitgehend von den Programmiersprachen C, Java und Perl abgeleitet.

Übung 1:
Schreiben Sie eine Datei, die am Bildschirm den Inhalt einer Textvariablen, z. B. "Hallo, Datenbank-Experte!", ausgibt.
Lösung: **Bild 1**

Mit einem Texteditor wird zunächst das Grundgerüst einer HTML-Datei erstellt. Das PHP-Script wird zwischen die Tags `<?` und `?>` in den Body-Bereich eingefügt. Jede Anweisungszeile muss mit einem Strichpunkt beendet werden. Kommentare werden mit // begonnen.

Variablen werden in PHP durch ein vorangestelltes $-Zeichen benannt, z. B. `$Daten`. Sie müssen nicht ausdrücklich vereinbart werden, sondern werden durch die Wertzuweisung in das geeignete Datenformat gebracht. Die Ausgabe der Variablen `$Daten` am Bildschirm erfolgt durch die Anweisung `print($Daten)` oder `echo($Daten)`.

Die Datei mit dem PHP-Skript muss nun mit der Erweiterung .php4, z. B. mit dem Namen `Prog1.php4`, im Veröffentlichungsverzeichnis, z. B. d:\xitami\webpages, des Webservers gespeichert werden. Der Aufruf erfolgt im Browser nicht offline über das Öffnen der Datei im Pfad D:\Xitami..., sondern im Online-Modus, z. B. über die Adresse `http://www.simon.de/Prog1.php4` **(Bild 2)**.

Damit PHP-Skripte als HTML-Daten interpretiert werden, müssen die Dateien z. B. mit der Dateierweiterung .php4 gespeichert werden und im Online-Modus ausgeführt werden.

Arrays

Ein Array (= Feld) besteht aus einer bestimmten Anzahl von Feldelementen, die nicht vom gleichen Datentyp sein müssen. PHP-Arrays sind für die Bearbeitung von Datensätzen in Datenbanken besonders geeignet.

Arrays können aus Feldelementen, mit unterschiedlichen Datentypen bestehen.

```
<html>
  <head>
    <title>Beispiel 1</title>
  </head>
  <body>
    <?
  $Daten = "Hallo, Datenbank-Experten!";
    //Deklaration der Variablen
  print($Daten); //Ausgabe der Variablen
    ?>
  </body>
</html>
```

PHP-Script

Bild 1: Datei zur Ausgabe einer Textvariablen

Bild 2: Ausgabe einer Textvariablen mit PHP

```
<?
$kunden[0]= 1;
$kunden[1]= "Huber";
$kunden[2]= "Wilhelm";
$kunden[3]= "Hauptstr. 345";
$kunden[4]= "D";
$kunden[5]= "76567";
$kunden[6]= "Oberberg";
$kunden[7]= "07654-3210";
$kunden[8]= "07654-3211";
$kunden[9]= "Wilhelm.Huber@mail.com";
?>
```

Bild 3: Numerisches Array

Ein Array besitzt, wie andere Variablen auch, einen Namen, z. B. `$kunden` **(Bild 3)**. Die einzelnen Feldelemente werden bei numerischen Arrays durch ein fortlaufender Index unterschieden, z. B. $kunden[1] = „Huber". Der Index beginnt bei PHP standardmäßig bei [0].

Übung 2:
Legen Sie in einem Skript ein numerisches Array für den Kunden Huber an mit den folgenden Daten:
Nr: 1; Name: Huber; Vorname: Wilhelm;
Strasse: Hauptstr. 345; Land: D;
PLZ: 76567; Ort: Oberberg;
Tel: 07654-3210; Fax: 07654-3211;
EMail: Wilhelm.Huber@mail.com;
Lösung: **Bild 3**

Assoziative Arrays

Assoziative Arrays werden festgelegt, indem als Index nicht eine Zahl, sondern eine Zeichenfolge oder ein Wort angegeben wird, ein Key. Die Arrayelemente erhalten die Bezeichnung $kunden[Nr] und $kunden[Name]. Durch Indizierung mit den Keys Nr oder Name, wird die Bedeutung des einzelnen Elementes einfacher vermittelt.

Übung:
Entwerfen Sie ein PHP-Skript, mit dem die Daten des Kunden Huber in einem assoziativen Array gespeichert und ausgegeben werden.

Lösung: **Bild 1**

Die Ausgabe der Feldinhalte erfolgt z. B. durch eine foreach-Schleife. Die allgemeine Syntax dieser Schleife (bei assoziativem Array) lautet:

```
foreach($arrayname as $keyname
       => $elementname)
       Anweisung;
```

Bei numerischen Arrays entfällt die Angabe des Schlüssels. Die Syntax der Schleife lautet somit:

```
foreach($arrayname as $elementna-
       me)
       {Anweisung 1;
        Anweisung 2;
        Anweisung 3;
       }
```

Anstelle einer einzelnen Anweisung können, wie in anderen Scriptkonstrukten auch, mehrere mit geschweiften Klammern umschlossene Anweisungen zu einem so genannten Anweisungsblock zusammengefasst werden.

Zur Vereinbarung assoziativer Arrays gibt es eine weitere Möglichkeit. Dabei wird der Arrayname vorangestellt und das Schlüsselwort `array` verwendet. Die Keys der einzelnen Elemente werden zwischen Doppelhochkomma genannt, z. B. "Name", und nach dem Zuweisungsoperator => mit Werten gefüllt:

```
$kunden=array(
       "Nr"=>1,
       "Name"=>"Huber",
       "Vorname"=>"Wilhelm",
       ...
       "E-Mail"=>"Wilhelm.Huber
       @mail.com");
```

Diese Art der Vereinbarung benötigt man, um mehrdimensionale Arrays zu bearbeiten.

```
<?
$kunden[Nr]= 1;
$kunden[Name]= "Huber";
$kunden[Vorname]= "Wilhelm";
$kunden[Strasse]= "Hauptstr. 345";
$kunden[Land]= "D";
$kunden[PLZ]= "76567";
$kunden[Ort]= "Oberberg";
$kunden[Tel]= "07654-3210";
$kunden[Fax]= "07654-3211";
$kunden[E-Mail]= "Wilhelm.Huber@mail.com";

foreach($kunden as $key=> $element)
   echo$key,': ',$element,'<br>';
?>
```

Bild 1: PHP-Skript zur Array-Verarbeitung

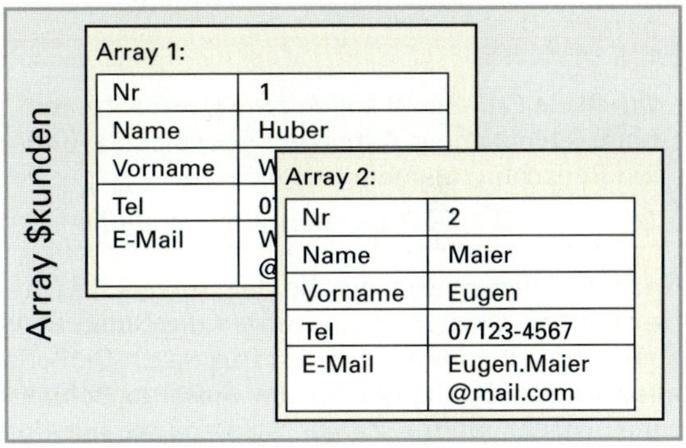

Bild 2: Prinzip eines mehrdimensionalen Arrays

```
<html><head>
   <title>Mehrdimensionales Array</title>
</head>
<body text=#000000 bgcolor=#00FFFF
<?
$kunden[1]= array(
  "Nr"=> 1,
  "Name"=> "Huber",
  "Vorname"=> "Wilhelm",
  "Tel"=> "07654-3210",
  "E-Mail"=> "Wilhelm.Huber@mail.com"
  );
$kunden[2]= array(
  "Nr"=> 2,
  "Name"=> "Maier",
  "Vorname"=> "Eugen",
  "Tel"=> "07123-4567",
  "E-Mail"=> "Eugen.Maier@mail.com"
  );
foreach($kunden as $zaehler=> $datensatz) {
  echo 'Datensatz',$zaehler,':','<br>';
    foreach($datensatz as $index=> $feldinhalt) {
      echo $index,': ', $feldinhalt,'<br>';
        }
  echo'<br>';}
?>
</body>
</html>
```

Bild 3: Skript zur Verarbeitung eines mehrdimensionalen Arrays

Mehrdimensionale Arrays

Einfache numerische oder assoziative Arrays können beliebig erweitert werden. Um jedoch bei mehreren Kunden die Übersicht zu bewahren, empfiehlt es sich, für jeden Kunden ein neues Array anzulegen. Die Arrays der einzelnen Kunden (entsprechend der Datensätze einer Datenbank) werden dann zu einem übergeordneten Array zusammengefasst **(Bild 2, vorhergehende Seite)**.

> Mehrdimensionale Arrays fassen einzelne gleich strukturierte Arrays zu einem übergeordneten Array zusammen.

Solche mehrdimensionalen Arrays sind ihres Aufbaus wegen geeignet, den Inhalt einer Tabelle einer relationaler Datenbank aufzunehmen.

> **Übung:**
> Durch ein PHP-Skript sollen zwei Datensätze mit unterschiedlichen Adressen gespeichert und am Bildschirm ausgegeben werden.
>
> *Lösung:* **Bild 3, vorhergehende Seite, Bild 1**

Nach der Festlegung der beiden Arrays `$kunde[1]` und `$kunde[2]` werden die Daten über eine doppelt geschachtelte `foreach`-Schleife ausgegeben. Dabei wird in der äußeren Schleife zunächst der interne Zähler `$zaehler` auf das erste Element gesetzt. Dieses erste Sub-Array `$kunde[1]` wird nun der Variablen `$datensatz` übergeben. Nach der Ausgabe von `"Datensatz 1:"` wird die innere Schleife begonnen. Hier wird der Zähler `$index` gestartet und das erste Element des aktiven Arrays `$datensatz` der Variablen `$feldinhalt` übergeben. Mit `echo ...` werden der Index und der Feldinhalt am Bildschirm angezeigt.

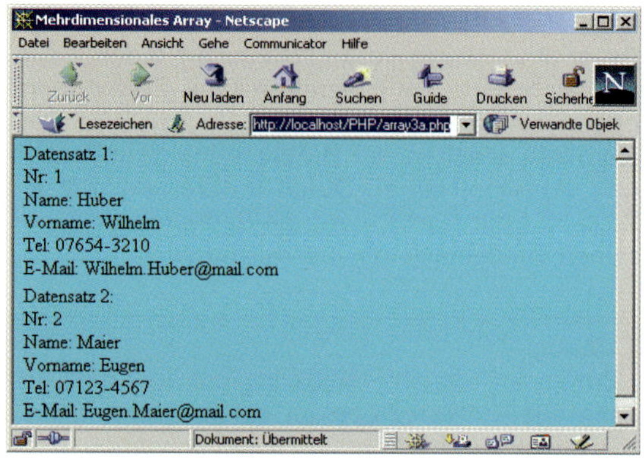

Bild 1: Ausgabe der beiden Datensätze

Wenn der Zähler `$index` die gesamten Array-Elemente durchlaufen hat, wird der Zähler der übergeordneten Schleife `$zaehler` um 1 erhöht und der Vorgang wiederholt sich mit dem nächsten Sub-Array `$kunde[2]` (Bild 1).

Verarbeitung von Arrays

PHP bietet für die Verarbeitung von Arrays spezielle Funktionen **(Tabelle)**.

Tabelle: Array-Funktionen von PHP

Funktion	Beispiel	Wirkung
Funktionen für Zugriff und Navigation		
array_walk	$ergebnis = ; array_walk($zahlen, 'quadrat')	Verändert die Elemente des Arrays, indem eine benutzerdefinierte Funktion (z. B. ‚quadrat') auf die einzelnen Elemente angewendet wird.
count	$anzahl = count($array);	Ermittelt die Anzahl der Elemente des Arrays.
each	$kunde1 = each($kunde);	Gibt das nächste Schlüssel-/Wertepaar eines assoziativen Arrays zurück.
end	$EMail = end($kunde);	Setzt den internen Zeiger auf das letzte Element.
key	$schluessel = key($array);	Gibt den Schlüssel der aktuellen Position des Array-Zeigers zurück.
Sortierfunktionen		
asort	$sortiert = asort($array);	Sortiert ein assoziatives Array unter Beibehaltung der Schlüsselzuordnung.
arsort	$sortiert = arsort($array);	Sortiert ein assoziatives Array absteigend.
ksort	$sortiert = ksort($array);	Sortiert ein assoziatives Array aufsteigend nach Schlüsseln.
krsort	$sortiert = krsort($array);	Sortiert ein assoziatives Array absteigend nach Schlüsseln.
Sonstige Funktionen		
array_pop	$element=array_pop($kunden);	Entfernt das letzte Element eines Arrays.
array_push	$arr1=array_push($kunden, $elem);	Fügt $elem als weiteres Element an ein Array an.
array_splice	$ersetzt=array_splice($kunden, $pos,,$anzahl,$arr_neu);	Ersetzt eine bestimmte Anzahl von Elementen ab einer bestimmten Position durch Elemente, die in $arr_neu stehen. Die ersetzten Elemente werden in $ersetzt gespeichert.

Übung 1:
Speichern Sie die 11 Zahlen von 10 bis 20 in einem Array. Quadrieren Sie die Elemente dieses Arrays mithilfe einer selbstdefinierten Funktion und geben Sie die Ergebnisse am Bildschirm aus.

Lösung: **Bild 1**

```
<?
function quadrat (&$x) {
  $x=$x*$x;}
$zahlen=array(10,11,12,13,14,15,16,17,18,19,20);
$ergebnis = array_walk($zahlen,'quadrat');
foreach($zahlen as $element) {
  echo $element,'';
}
?>
```

Bild 1: Anwendungsbeispiel einer Array-Funktion

Funktionen zum Bearbeiten von Zeichenketten

Um z. B. die Groß- und Kleinschreibung in Datenbanken zu steuern, stellt PHP verschiedene Funktionen zur Bearbeitung von Zeichenketten zur Verfügung **(Tabelle)**.

Übung 2:
Unabhängig von der Groß- und Kleinschreibung sollen die Daten des Kunden Huber in einem Array gespeichert werden. Bei der Ausgabe soll der erste Buchstabe von Textelementen groß geschrieben werden, alle anderen Buchstaben klein.

Lösung: **Bild 2**

```
<?
$kunden = array(
  "Nr"=> 1,
  "Name"=> "HubEr",
  "Vorname"=> "WilHelm",
  "Strasse"=> "hauptstr. 345",
  "Land"=> "d",
  "PLZ"=> "76567",
  "Ort"=> "OberBerg",
  "Tel"=> "07654-3210",
  "Fax"=> "07654-3211",
  "E-Mail"=> "Wilhelm.Huber@mail.com"
  );
foreach($kunden as $zaehler=> $feldinhalt) {
  $feldinhalt = strtolower($feldinhalt);
  $feldinhalt = ucfirst($feldinhalt);
  echo $zaehler,': ',$feldinhalt,'<br>';
}
?>
```

Bild 2: Skript zur Bearbeitung von Textelementen

Innerhalb der foreach-Schleife wandelt die Funktion `strtolower($feldinhalt)` den Inhalt der Variablen in Kleinbuchstaben um und speichert ihn wieder unter gleichem Namen. Zahlenvariablen werden nicht bearbeitet.
Mit der Funktion `ucfirst()` wird der erste Buchstabe in einen Großbuchstaben umgewandelt und anschließend der Feldinhalt am Bildschirm ausgegeben.

Eingabefehler durch Groß- und Kleinschreibung werden mit den Funktionen strtolower() und ucfirst() abgefangen, um Konsistenzfehler zu vermeiden.

Dateioperationen mit PHP

Für Dateioperationen stehen verschiedene Funktionen zur Verfügung **(Tabelle1, folgende Seite)**.

Tabelle: Funktionen zur Bearbeitung von Zeichenketten

Funktion	Beispiel	Beschreibung
strtolower()	$name = strtolower($name);	Wandelt in Kleinbuchstaben um.
strtoupper()	$name = strtoupper($name);	Wandelt in Großbuchstaben um.
ucfirst()	$name = ucfirst($name);	Wandelt das erste Zeichen in Großbuchstaben um.
ucwords()	$str1 = strtolower($str);	Wandelt das erste Zeichen eines jeden Wortes in Großbuchstaben um.
ord()	$wert = ord("A")	Gibt den ASCII-Wert eines Zeichens zurück.
explode($tz,$str)	$kunden = explode(' ', $adrs)	Teilt die Zeichenkette $str am Trennzeichen $tz.. Das Ergebnis wird in ein Array geschrieben.
implode($tz,$arr)	$str = implode($tz,$arr)	Wandelt die Elemente des Arrays $arr in einen String um unter Verwendung des Trennzeichens $tz.
strcmp ($str1, $str2)	$erg = strcmp ($str1,$str2)	Vergleicht Zeichenketten: wenn $str1 im Alphabet vor $str2 steht, wird –1, wenn $str1 nach $str2 steht, +1 zurückgegeben, bei Gleichheit 0.
strcasecmp()	$erg=strcasecmp ($str1,$str2)	Wie strcmp(), aber „case-insensitiv“, also unabhängig von der Groß- oder Kleinschreibung.

Übung:
Um die Besucher einer Homepage zu zählen, soll ein Zähler programmiert werden, der den Zählerstand in einer eigenen Textdatei `counter.txt` speichert.

Lösung: **Bild 1**

```
<html><head>
      <title>PHP-Zähler</title>
     </head>
<body bgcolor="#87ceff">
<?
$zaehldatei="counter.txt";
   if(!file_exists($zaehldatei)) {
        $fp=fopen($zaehldatei,"w+");
        fwrite($fp,"0");
        fclose($fp);
        }
$fp=fopen($zaehldatei,"r+");
$zaehler=(int)fgets($fp,12);
$zaehler++;
rewind($fp);
fwrite($fp,$zaehler);
fclose($fp);
?>
<div align="Center">
  <font size="+2">Sie sind der
        <? require($zaehldatei);?>
              .Besucher!!</font></div>
</body></html>
```

Bild 1: PHP-Skript eines Zählers

In der Datei `counter.txt` wird nur der Zählerstand als Ganzzahl abgelegt. Der Name dieser Datei wird in einer Variablen festgelegt.

Wenn diese Datei (noch) nicht existiert, wird die `if`-Anweisung durchlaufen. Es wird diese Datei erzeugt und im Modus `w+` geöffnet. Diese Betriebsart der Datei legt fest, dass sie zum Lesen und Schreiben geöffnet wird und, falls sie nicht existiert, erstellt wird **(Tabelle 2)**. Mit der Funktion `fwrite()` wird die Zahl `0` in die Datei geschrieben. `fclose()` schließt die Datei wieder.

Die Funktion `fopen()` öffnet eine Datei im Modus `r+` zum Lesen und Schreiben. Mit `fgets()` wird die maximal 12 Zeichen lange Zahl als String ausgelesen und mit `int()` in eine Ganzzahl umgewandelt. Sie wird in der Variablen `$zaehler` zwischengespeichert und mit `$zaehler++` um Eins erhöht. Die Funktion `rewind()` setzt den internen Zeiger auf den Anfang der Datei. Dorthin wird nun die um Eins erhöhte Zahl mit `fwrite()` geschrieben und die Datei wieder geschlossen.

Die Ausgabe erfolgt im HTML-Format, wobei der Zählerstand durch Einbinden der Datei mittels der Funktion `require($zaehlerstand)` angezeigt wird **(Bild 2)**.

Bild 2: PHP-Zähler

Tabelle 2: Betriebsarten für Dateioperationen	
Betriebsart	**Erläuterung**
"r"	Öffnet eine Datei nur zum Lesen.
"r+"	Öffnet eine Datei zum Lesen und zum Schreiben.
"w"	Öffnet eine Datei nur zum Schreiben.
"w+"	Öffnet eine Datei zum Lesen und Schreiben. Der Inhalt wir zunächst gelöscht. Falls die Datei nicht existiert, wird sie erstellt.
"a"	Öffnet die Datei nur zum Schreiben und setzt den Dateizeiger auf das Ende der Datei. Falls die Datei nicht existiert, wird sie erstellt.
"a+"	Öffnet die Datei zum Lesen und Schreiben und setzt den Dateizeiger auf das Ende der Datei. Falls die Datei nicht existiert, wird sie erstellt.

Tabelle 1: Funktionen für Dateioperationen		
Funktion	**Beispiel**	**Bedeutung**
fopen()	$fp =$fopen('filename', $mode);	Öffnet eine Datei in einer bestimmten Zugriffsart.
fclose()	fclose($fp);	Schließt eine geöffnete Datei.
fgets()	fgets($fp,12);	Liest eine Zeile mit maximaler Länge 12 aus einer Datei.
fgetc()	fgetc($fp);	Liest ein einzelnes Zeichen einer Datei.
fwrite()	fwrite($fp,$zaehler);	Schreibt eine Zeichenkette $str in eine Datei.
file_exists()	if(!file_exists($zaehldatei) ...;	Prüft, ob eine Datei existiert.
rewind	rewind($fp);	Setzt den Dateizeiger auf den Anfang einer Datei.
unlink()	unlink('filename');	Löscht eine Datei.
require	require($zaehldatei);	Fügt eine Datei in das PHP-Script ein.

Dateien können in verschiedenen weiteren Modi geöffnet werden. Die Betriebsart `a` öffnet die Datei und setzt den internen Dateizeiger auf das Ende der Datei. Dort sind jedoch nur Schreibvorgänge zugelassen. Im Modus `a+` ist diese Einschränkung nicht vorhanden, es kann auch gelesen werden. In beiden Betriebsarten wird die gewählte Datei erstellt, falls sie noch nicht existiert.

Zugriffsrechte auf Dateien

Eine wichtige Information bei der Arbeit mit Dateien, speziell bei Datenbanken, ist das Zugriffsrecht. PHP bietet dazu geeignete Funktionen an **(Tabelle 1)**.

Übung 1:
Schreiben Sie ein PHP-Skript, mit dem die Zugriffsberechtigungen und der Dateityp z. B. für die Datei `C:\xitami\webpages\php-test\array.php3` ermittelt werden.
Lösung: **Bild 1** und **Bild 2**

Nach der Festlegung des Pfades der Datei in einer Variablen ermittelt die Funktion `fileperms()` die Zugriffsrechte auf diese Datei. Da das Ergebnis in dezimaler Schreibweise vorliegt, aber erst in oktaler Schreibweise richtig interpretiert werden kann, muss es mithilfe der Funktion `decoct()` umgewandelt werden. Die ersten drei Ziffern informieren über den Dateityp, hier 100 entsprechend `file`, was durch die Funktion `filetype()` ausgegeben wird. Die Ziffernfolge 666 informiert über die Rechte des Besitzers, der Gruppe und der Anderen **(Tabelle 2)**. Dabei bedeutet die erste Ziffer 6, dass der Besitzer die Datei lesen (4) und schreiben (2), aber nicht ausführen darf. Die zweite Ziffer 6 informiert über die – hier gleichen – Rechte der Gruppe und die letzte Ziffer über die aller anderen Benutzer.

Beispiel:
Für eine Datei wird als Schlüssel für die Zugriffsrechte die Zahl `755` geliefert. Ermitteln Sie die einzelnen Berechtigungen.

Lösung:
- 7 = Besitzer: **lesen (4) + schreiben (2) + ausführen (1)**
- 5 = Gruppe: **lesen (4) + ausführen (1)**
- 5 = Andere: **lesen (4) + ausführen (1)**

Übung 2:
Entwerfen Sie ein HTML-Formular nach **Bild 1, folgende Seite** zur Eingabe einer Adresse mit Name, Vorname, Straße, PLZ, Ort. Über eine Befehlsschaltfläche sollen die Daten an ein PHP-Skript gesendet werden und von diesem angezeigt werden.
Lösung: **Bild 2** und **Bild 3, beide folgende Seite**

Tabelle 1: Funktionen für die Verwaltung von Dateien und Zugriffsrechten

Funktion	Beschreibung
filegroup();	Gibt die Gruppe des Dateibesitzers zurück.
fileowner();	Ermittelt den Besitzer der Datei.
fileperms();	Ermittelt die Zugriffsrechte der Datei.
filesize();	Ermittelt die Größe der Datei.
filetype();	Gibt den Datei-Typ zurück.
is_file();	Prüft, ob der Name auf eine Datei verweist.
is_writeable();	Prüft, ob eine Datei zum Schreiben geöffnet werden kann.

```
<?
$datei=
"c:/xitami/webpages/phptest/array.php3";
$erg=fileperms($datei);
echo"Zugriffsrechte der
     Datei $datei:",decoct($erg),"<br>";
echo"Dateityp: ",filetype($datei);
?>
```

Bild 1: Skript zum Bestimmen der Zugriffsrechte einer Datei

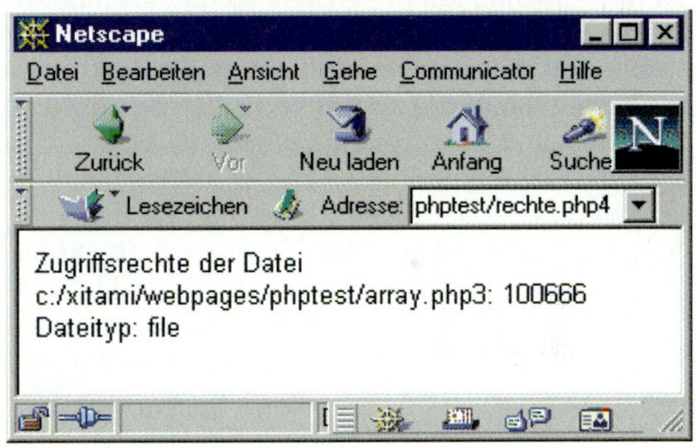

Bild 2: Ausgabe der Zugriffsrechte auf eine Datei

Tabelle 2: Zugriffsrechte auf Dateien

Besitzer			Gruppe			Andere		
r	w	x	r	w	x	r	w	x
4	2	1	4	2	1	4	2	1
r von read = lesen, w von write = schreiben, x von execute = ausführen								

Arbeiten mit Formularen

Mit PHP können Daten aus HTML-Formularen mittels Scripten verarbeitet werden.

Zunächst wird ein Formular im HTML-Code erstellt (Bild 2, folgende Seite). Dort wird festgelegt, dass z. B. durch die Methode `post` die Formulardaten an ein PHP-Script, z. B. `formular1.php4` gesendet werden. Dies geschieht durch die HTML-Anweisung `<form action="formular1.php4" method="post">`. Durch Betätigen der Schaltfläche `abschicken` werden die Daten gesendet. Innerhalb des PHP-Skripts sind die Daten als Variablen mit dem gleichen Namen wie die Felder im HTML-Skript verfügbar. Mithilfe des Befehls `echo...` können sie angezeigt werden.

> Gesendete Daten eines HTML-Formularfeldes können in einem PHP-Skript als Variablen mit dem Namen des Feldes weiterverarbeitet werden.

Übung:
Die Daten der Übung 2, vorhergehende Seite, sollen im PHP-Skript in einem Array gespeichert und verarbeitet werden.
Lösung: **Bild 4**

Die Datenübertragung zwischen dem HTML-Skript und dem PHP-Skript erfolgt standardmäßig in der globalen Servervariablen `$HTTP_POST_VARS`, die hier den Datentyp `array` annimmt.
Aus dieser Variablen können die Daten zunächst in die Array-Variable `$adresse` übertragen werden. Da der Absendebefehl `submit` selbst als eigenes Element der Array-Variablen angehängt wurde, ist es sinnvoll, mit der Funktion `array_pop()` dieses letzte Element des Arrays zu entfernen (Bild 4). Zur Anzeige des Arrays eignet sich die `foreach`-Schleife. Der Elementindex dieses assoziativen Arrays wird in der Variablen `$k` geführt. Da dieser Index im HTML-Script als Feldname in Kleinschreibweise (z. B. „ort“) festgelegt wurde, empfiehlt es sich durch die Funktion `ucfirst()` den ersten Buchstaben in einen Großbuchstaben umzuwandeln. Zum Test des Scripts muss im HTML-Formular die Zieldatei noch in `formular2.php4` geändert werden.

Wiederholung und Vertiefung

1. **Erläutern Sie die Aufgaben eines Webservers.**
2. **Welchem Zweck dient die Datei hosts im Systemverzeichnis?**
3. **Welchen Vorteil bietet die Verwendung von PHP gegenüber Java und JavaScript?**
4. **Welche gemeinsamen Kennzeichen besitzen Arrays?**
5. **Worin unterscheiden sich numerische und assoziative Arrays?**
6. **Nennen Sie ein Beispiel für die Verwendung mehrdimensionaler Arrays.**
7. **Warum ist es wichtig, die Groß- und Kleinschreibung bei der Eingabe in Datenbanken durch die Software zu überwachen und zu steuern?**

Bild 1: HTML-Formular und PHP-Ausgabe

```
<html><head>
  <title>Adress-Formular</title></head>
<body text="#000000" bgcolor="#00E0FF">
<h4>Bitte geben Sie Ihre Adresse ein:</h4>
<form action="formular1.php4" method="post">
Name:<br><input type="Text" name="name"
    size="35"><br>
Vorname:<br><input type="Text"
    name="vorname" size="35"><br>
Straße:<br><input type="Text" name="strasse"
    size="35"><br>
PLZ:Ort:<br><input type="Text" name="plz"
    size="5"><input type="Text" name="ort"
    size="28"><br><br>
<input type="Submit" name="submit"
    value="abschicken">
<input type="reset" name=loeschen
    value=löschen>
</form>
</body>
</html>
```

Bild 2: Quelltext eines HTML-Formulars zur Adresseingabe

```
<html><head>
  <title>Formular1.php4</title></head>
<body text="#000000" bgcolor="#00E0FF">
<?
echo "<br>Name: ", $name;
echo "<br>Vorname: ", $vorname;
echo "<br>Straße: ", $strasse;
echo "<br>PLZ: ", $plz;
echo "<br>Ort: ", $ort;
?>
</body>
</html>
```

Bild 3: PHP-Skript zum Anzeigen der Formulardaten

```
<html><head><title>Formular2.PHP4</title></head>
<?
$adresse = $HTTP_POST_VARS;
$elem=array_pop($adresse);
  foreach ($adresse as $k=>$elem) {
    echo ucfirst($k),": $elem<br>";
    }
?> </body></html>
```

Bild 4: Datenverarbeitung mit einem Array

6.6.3 Das Datenbanksystem MySQL

6.6.3.1 Installation und Konfigurierung von Server und Client

Installation des MySQL-Servers

Das gepackte Archiv `mysql-3.23-win.zip`, das z. B. über das Internet bezogen werden kann, muss zunächst in einem geeigneten Verzeichnis, z. B. `D:\MySQL\` entpackt werden. Durch Start der Datei `setup.exe` läuft die Installation benutzergeführt ab.
Das nun angelegte Unterverzeichnis `..\bin` enthält die notwendigen ausführbaren Dateien des Datenbankservers. Dort muss zur weiteren Konfiguration der Datenbankserver durch die Datei `winmysqladmin.exe` gestartet werden. Über das daraufhin entstehende Ampelsymbol in der Taskleiste und Wahl der Option `Show me` gelangt man zum Administrationsbildschirm **(Bild 1)**. Im Registerfeld `my.ini Setup` wird unter dem Punkt `basedir` das Installationsverzeichnis von MySQL angegeben, z. B. `D:/MySQL`. Die Änderung der Zeile z. B. `language = D:/MySQL/share/german` bewirkt die Verwendung der Sprache Deutsch.

Einrichten des Clients phpMyAdmin

Standardmäßig bietet MySQL den zeilenorientierten Client `mysql` an. Mehr Komfort bietet der Client `phpMyAdmin`, der über das Internet bezogen werden kann.
Die Datei `phpMyAdmin.zip` wird im Veröffentlichungsverzeichnis des Webservers, z. B. `D:\xitami\webpages\phpMyAdmin` entpackt. In der Datei `config.inc.php` wird der Hostname des Datenbankservers, z. B. `localhost`, eingetragen **(Bild 2)**. Als Standardbenutzer ist `"root"` angegeben. Durch Ändern des Eintrags `require("english.inc. php");` in `require ("german.inc.php");` wird die deutsche Sprachausgabe festgelegt.

Starten des MySQL-Servers und -Clients

Nach dem Start des Webservers `Xitami.exe` wird der MySQL-Server z. B. über die Datei `D:\mysql\bin\winmysqladmin.exe` gestartet. Mit einem Browser, z. B. `Netscape Communicator`, wird nun die Startseite des Clients `phpMyAdmin` gewählt, z. B. `localhost/phpMyAdmin/index.php`. Hier werden die verfügbaren MySQL-Datenbanken angezeigt **(Bild 3)**. Durch Klicken auf den Namen einer Datenbank, z. B. `mysql`, wird der Benutzer mit dieser verbunden und es öffnet sich ein neues Fenster mit den Tabellen dieser Datenbank.

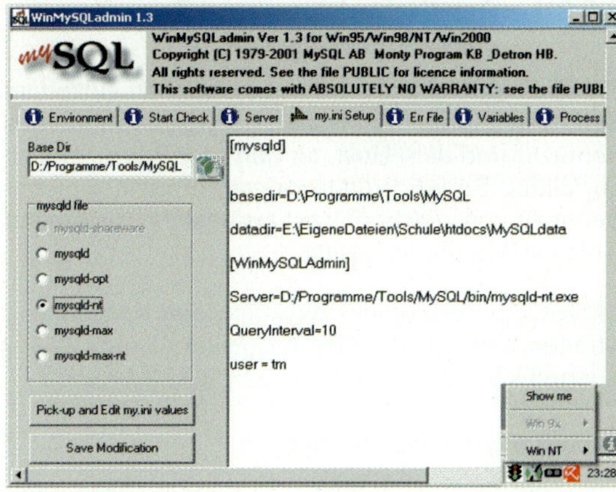

Bild 1: Administration von MySQL

```
* phpMyAdmin Configuration File
* All directives are explained in Documentation.html
*/

//The $cfgServers array starts with $cfgServers[1].
   Do not use $cfgServers[0].
//You can disable a server config entry by
   setting host to".
$cfgServers[1]['host']='localhost';
     //MySQL hostname
$cfgServers[1]['port']=";
     //MySQL port-leave blank for default port
$cfgServers[1]['adv_auth']=false;
     //Use advanced authentication?
$cfgServers[1]['stduser']='root';
     //MySQL standard user
     (only needed with advanced auth)
$cfgServers[1]['stdpass']=";
     //MySQL standard password
     (only needed with advanced auth)

require("german.inc.php3");
```

Bild 2: Ausschnitt aus der Datei config.inc.php

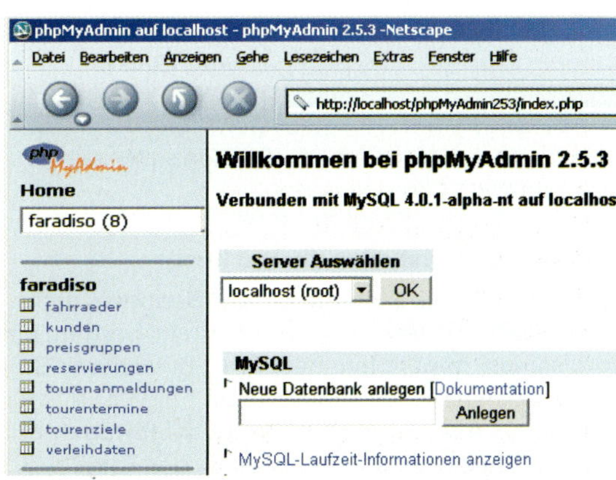

Bild 3: Startbildschirm des Client phpMyAdmin

6.6.3.2 Das Sicherheits- und Zugriffssystem von MySQL

MySQL unterscheidet nicht nur zwischen einzelnen Benutzern, sondern zwischen der Kombination aus Benutzer und dem Host, an dem der Benutzer sich anmeldet. So wird differenziert geregelt, welcher Benutzer von welchem Host aus welche Rechte auf welcher Datenbank besitzt.

> MySQL unterscheidet zwischen den Kombinationen aus den Benutzern und den Hosts, auf denen sie sich anmelden.

Bedeutung der Tabelle user

Die Zugriffsberechtigungen sind in der Systemdatenbank mysql festgelegt. Die Tabelle `user` enthält alle Host/User-Kombinationen, die auf den Datenbankserver zugreifen dürfen **(Bild 1)**. Alle Rechte, die ein Benutzer in dieser Tabelle erhält, gelten zunächst grundsätzlich für alle vorhandenen Datenbanken.

> **Übung:**
> Legen Sie fest, dass der Benutzer „Simon" mit dem Passwort „Albert9" vom Host mit der IP-Adresse `189.36.136.11` nur das SELECT-Recht erhält.
>
> *Lösung:* **Bild 2**

Im Startfenster des `phpMyAdmin` (Bild 3, vorhergehende Seite) wird die Datenbank `mysql` gewählt. Über den Browser-Link `Einfügen` **(Bild 3)** in der Zeile `user` gelangt man zum Eingabefenster für einen neuen Datensatz (Bild 2). In Zeile `Select_priv` wird `Y` als Wert eingestellt. Nach dem Speichern der Berechtigungsdaten muss der Datenbankserver neu gestartet werden, um die Rechte wirksam zu machen. Dies geschieht, indem auf das Ampelsymbol in der Taskleiste geklickt wird und die Optionen `Win9x` und `Shutdown the Server` gewählt werden **(Bild 4)**. Anschließend wird der Server über die Optionen `Win9x` und `Start the Server` neu gestartet **(Bild 5)**.

> Änderungen im Rechtesystem werden erst nach einem Neustart des Datenbankservers wirksam.

Bedeutung der Tabellen db und host

In der Tabelle db können für die Benutzer datenbankspezifische Berechtigungen erteilt werden, die von seinen generellen Rechten abweichen. Soll z. B. ein Benutzer in der Datenbank `faradiso` nur Rechte zur Ausführung von Auswahlabfragen mit `SELECT` besitzen, so wird dies in der Tabelle `db` festgelegt.

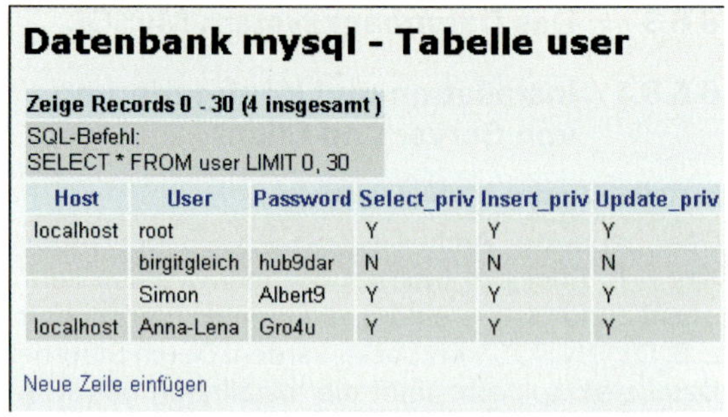
Datenbank mysql - Tabelle user

Zeige Records 0 - 30 (4 insgesamt)

SQL-Befehl:
SELECT * FROM user LIMIT 0, 30

Host	User	Password	Select_priv	Insert_priv	Update_priv
localhost	root		Y	Y	Y
	birgitgleich	hub9dar	N	N	N
	Simon	Albert9	Y	Y	Y
localhost	Anna-Lena	Gro4u	Y	Y	Y

Neue Zeile einfügen

Bild 1: Ausschnitt aus der Tabelle user der Datenbank mysql

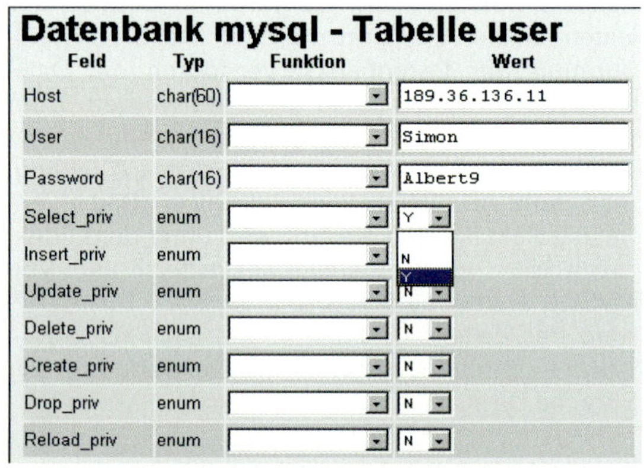

Bild 2: Eintragen eines neuen Benutzers

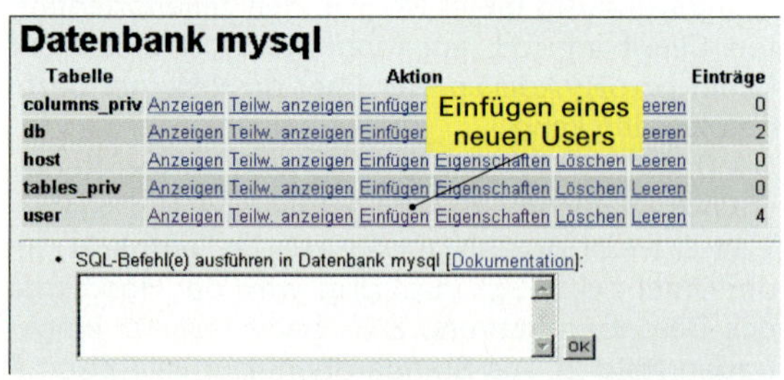

Bild 3: Vorbereitung zum Einfügen eines neuen Benutzers

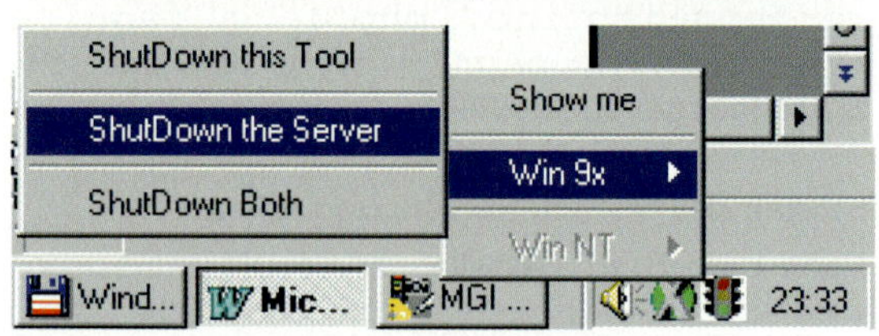

Bild 4: Anhalten des Datenbankservers

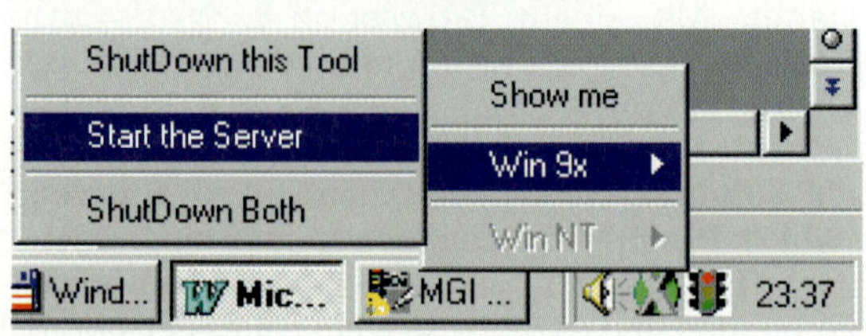

Bild 5: Starten des Datenbankservers

Übung 1:
Erstellen Sie einen SQL-Befehl, der dem Benutzer „Simon" vom Rechner `189.36.136.11` aus für die Datenbank `faradiso` die Rechte `SELECT`, `INSERT`, `UPDATE` und `DELETE` erteilt.

Lösung: **Bild 1**

```
INSERT INTO db (host, db, user, select_priv,
   insert_priv, update_priv, delete_priv)
VALUES
('189.36.136.11','faradiso','Simon',
'Y','Y','Y','Y');
```

Bild 1: SQL-Befehl zur Vergabe von Berechtigungen

Im Datenbankfenster des Browsers wird zunächst die Datenbank `mysql` angewählt. Im sich nun öffnenden Fenster wird der SQL-Befehl eingegeben und mit der Schaltfläche `OK` ausgeführt **(Bild 2)**. Nach einem Reload (von to reload = wieder laden) des Datenbankservers sind die Rechte für den Benutzer aktiviert.

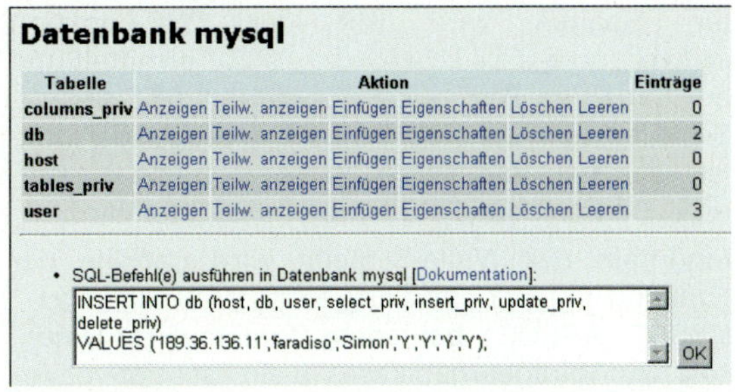

Bild 2: Ausführen eines SQL-Befehls zur Rechtezuweisung

Bei der Anmeldung wird zunächst die Tabelle `user` ausgewertet und mit den Einträgen in der Tabelle `db` verglichen. Ist im Feld `host` der Tabelle `db` kein Eintrag vorhanden, so werden die Rechte der Tabelle `user` mit den Rechten der Tabelle `db` logisch UND-verknüpft. Das bedeutet, dass für die einzelne Datenbank nur diejenigen Rechte zugeteilt werden, für die in beiden Tabellen „Y" eingetragen ist. Für den Benutzer Simon z. B. sind dies in der Datenbank `faradiso` die Rechte `SELECT`, `INSERT`, `UPDATE` und `DELETE`.

Ist in der Tabelle `db` ein Eintrag im Feld `host` vorhanden, z. B. „189.36.136.11", so gelten diese Rechte nur dann, wenn sich der Benutzer an diesem Host anmeldet.

Über die Tabellen `tables_priv` und `columns_priv` können den Benutzern auf gleiche Weise individuelle Rechte für einzelne Tabellen einer Datenbank oder einzelne Spalten innerhalb von Tabellen erteilt oder entzogen werden **(Bild 3)**.

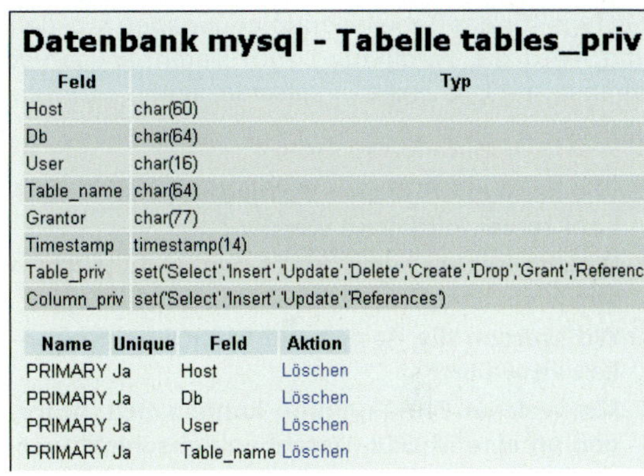

Bild 3: Aufbau einer Tabelle table_priv

6.6.3.3 Bearbeiten einer MySQL-Datenbank mit PHP

PHP stellt verschiedene Funktionen zur Arbeit mit MySQL zur Verfügung **(Tabelle, folgende Seite)**.

Übung 2:
Schreiben Sie ein PHP-Skript, das folgende Aufgaben erfüllt:
Eine Verbindung zum Datenbankserver soll unter dem Benutzernamen `root` (ohne Passwort) hergestellt und eine Abfrage abgeschickt werden, die alle Datensätzen der Tabelle `Kunden` aus der Datenbank `faradiso` auswählt. Anschließend soll die Anzahl der gefundenen Datensätze ausgegeben werden.

Lösung: **Bild 1, folgende Seite**

Um mit einer Datenbank arbeiten zu können, muss zunächst der Benutzer am Datenbankserver angemeldet werden. Dies geschieht mit der Funktion `mysql_connect($host, $user, $passwd)`, wobei ein für die Datenbank zugelassener Benutzer angegeben werden muss. Eine SQL-Abfrage kann anschließend über die Funktion `mysql_db_query ($db,$sql)` abgeschickt werden, wobei die SQL-Abfrage als Textvariable an Stelle des Variablennamens `$sql` angegeben werden kann (Bild 1, folgende Seite).

Die Anzahl der gefundenen Datensätze wird mit der Funktion `mysql_num_rows($erg_sql)` festgestellt und in der Variablen `$anz` gespeichert. Die Verbindung zum Datenbankserver wird mit der Funktion `mysql_close()` getrennt.

Übung:

Entwerfen Sie ein PHP-Skript, welches die Tabelle `Kunden` der Datenbank `faradiso` am Bildschirm als HTML-Tabelle ausgibt.

Lösung: **Bild 2**

Nach dem Aufbau der Verbindung und dem Abschicken der SQL-Anweisung wird die Tabelle im HTML-Code festgelegt. Die Anzahl der benötigten Spalten wird mit der PHP-Funktion `mysql_num_fields($erg_sql)` ermittelt und der Variablen `$anzahl` übergeben. Mit der for-Schleife wird der Tabellenkopf erzeugt, der mittels der Funktion `mysql_field_name($erg_sql,$i)` mit den Feldnamen beschriftet wird.

Innerhalb der While-Schleife wird mithilfe der Funktion `mysql_fetch_array $erg_sql, MYSQL_ASSOC)` bei jedem Durchlauf ein Datensatz des Abfrageergebnisses in ein assoziatives Array `$zeile` eingelesen. Die Foreach-Schleife ermöglicht für jeden einzelnen Datensatz den Zugriff auf die einzelnen Felder des Datensatzes und die Ausgabe innerhalb der HTML-Tabelle. Nachdem die Tags für das Tabellenende angegeben worden sind, wird die Verbindung zum Datenbankserver durch `mysql_close()` geschlossen.

Wiederholung und Vertiefung

1. **Wie kann mit PHP eine Verbindung zum Datenbankserver aufgebaut werden?**
2. **Welche Besonderheit weist das Rechtesystem von MySQL auf?**
3. **Wo werden die Rechte auf MySQL-Datenbanken verwaltet?**
4. **Mit welcher PHP-Funktion können SQL-Abfragen an eine MySQL-Datenbank geschickt werden?**

```
<?
$db = mysql_connect('localhost','root',");
$erg_sql = mysql_db_query('faradiso','select*
   from kunden');
$anz = mysql_num_rows($erg_sql);
echo $anz;
mysql_close();
?>
```

Bild 1: Feststellung der Datensatzanzahl

```
<?
$db = mysql_connect('localhost','root',");
$erg_sql = mysql_db_query('faradiso','select*
   from kunden'); ?>
<table width=80% border=1>
<tr bgcolor='#CFCFCF'>
<? $anzahl=mysql_num_fields($erg_sql);
for($i=0;$i<$anzahl;$i++) {
   ?> <th> <?
   echo mysql_field_name($erg_sql,$i);
   ?> </th> <? } ?>
</tr>
<tr> <?
while ($zeile = mysql_fetch_array($erg_sql,
   MYSQL_ASSOC)) {
  foreach($zeile as $elem) {
   echo"<td bgcolor='#EFEFEF'><font size='-1'>
     $elem</font></td>";
   }
  ?></tr><?
} ?> </table> <?
mysql_close();
?>
```

Bild 2: PHP-Skript zur Ausgabe einer Tabelle

Tabelle: PHP-Funktionen zur Bearbeitung von Datenbanken

PHP-Funktion	Beispiel	Beschreibung
mysql_connect()	$erg=mysql_connect ($host, $user, $password);	Stellt eine Verbindung zum Datenbankserver her.
mysql_create_db()	$erg=mysql_create_db ($dbName);	Erzeugt eine neue Datenbank.
mysql_db_query()	$erg=mysql_db_query („faradiso","Select * from kunden");	Schickt eine SQL-Abfrage an den Datenbankserver.
mysql_fetch_array()	$arr= mysql_fetch_ array($erg, $type);	Liefert eine Datensatz als Array zurück.
mysql_num_rows()	$anzahl= mysql_ num_rows($erg);	Liefert die Anzahl der Datensätze einer Abfrage zurück.
mysql_num_fields()	$anzahl= mysql_num_ fields($erg);	Liefert die Anzahl der Felder eines Datensatzes der Abfrage.
mysql_close()	mysql_close();	Schließt eine Verbindung zum Datenbankserver.
mysql_fetch_array()	$liste=mysql_fetch_array ($ergebnis, $typ)	Liefert einen Datensatz als Array. $typ legt den Typ des Array fest: MYSQL_ASSOC: assoziativ, MYSQL_NUM: numerisch

6.6.3.4 Datenaustausch über ODBC-Schnittstellen

Der Austausch von Daten aus Datenbanken verschiedenen Formates ist in der Regel nicht möglich. Deshalb wurde ein ODBC-Standard (von Open Database Connectivity = offene Datenbankverbindung) geschaffen, der über spezielle ODBC-Treiber den Austausch ermöglicht **(Bild 1)**. Dabei übergibt das Datenbanksystem die Daten an den ODBC-Treiber, der sie dann in das Format des zweiten Datenbanksystems umsetzt.

> Um mit einem für das Datenbanksystem fremden Datenformat arbeiten zu können, muss ein passender ODBC-Treiber installiert sein.

Für den Informationsaustausch zwischen Access und MySQL stehen im Internet passende Treiber für Linux und für Windows kostenlos zur Verfügung, z. B. als gepackte Datei myodbc-2.50.36-win.zip.

Installation des MyODBC-Treibers

Nach Entpacken dieser zip-Datei wird das Programm `setup.exe` gestartet. Der Begrüßungsbildschirm wird mit `continue` bestätigt. Anschließend wird zur Auswahl der gewünschten Treiber aufgefordert **(Bild 2)**. Durch Betätigen der Schaltfläche `Advanced...` gelangt man zu einem Auswahlbildschirm mit erweiterten Installationsmöglichkeiten **(Bild 3)**. Wurde bei der Installation von Access bereits ein ODBC-Treiber-Manager installiert, so kann es bei der Installation des MyODBC-Treibers zu Schwierigkeiten kommen. In diesem Fall ist die Option `Do not install Drive Manager` zu wählen. Im Normalfall können jedoch die Einstellungen von Bild 3 gewählt werden. Nach Bestätigung mit `OK` wird die Installation des Treibers durchgeführt.

Bearbeitung einer MySQL-Datenbank mit Access

Nach dem Start von Access und dem Anlegen einer neuen Datenbank kann über die ODBC-Schnittstelle auf die Tabellen einer bestehenden MySQL-Datenbank zugegriffen werden.

Übung:
Die Tabelle `Kunden` der MySQL-Datenbank `faradiso` soll mit dem Datenbanksystem Access bearbeitet werden.

Lösung: **Bild 4, Bild 5 und Bild 1, Bild 2, beide folgende Seite**

Dazu wählt man im Menü `Datei` die Option `Externe Daten` und dann `Tabellen verknüpfen...` **(Bild 4)**.

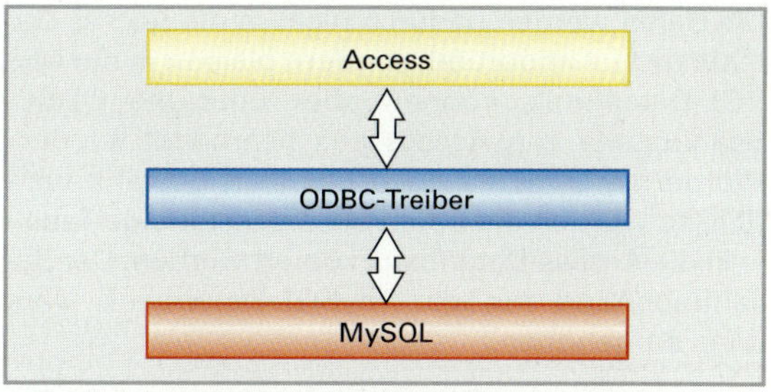

Bild 1: Datenaustausch über ODBC-Schnittstelle

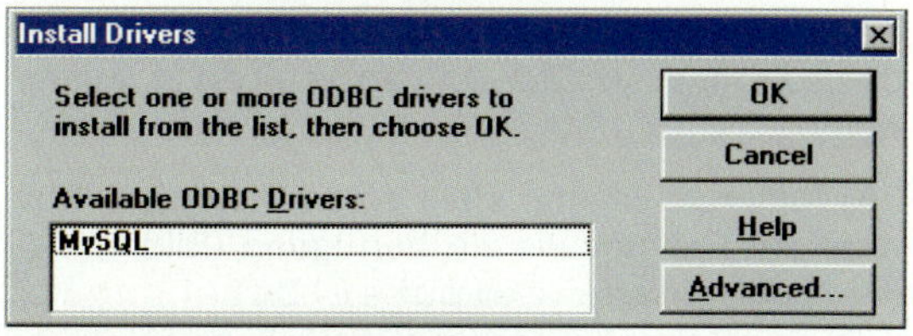

Bild 2: Auswahl des ODBC-Treibers

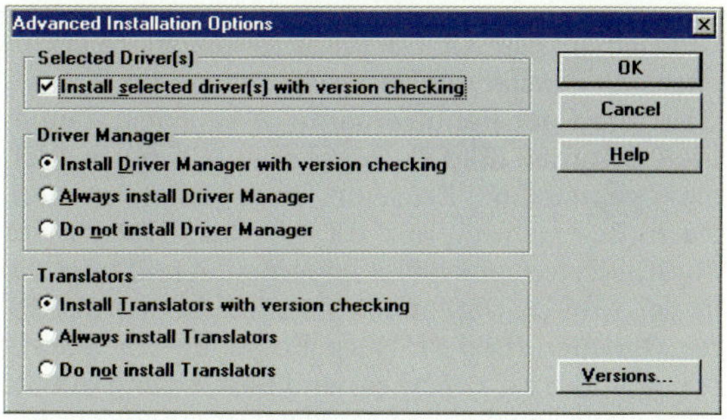

Bild 3: Erweiterte Einstellungen der ODBC-Schnittstelle

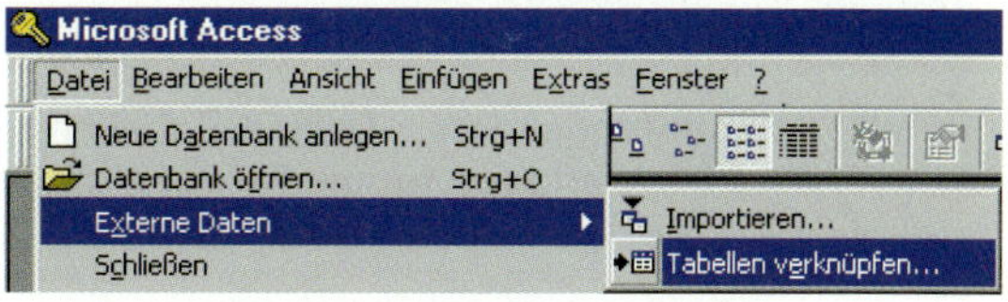

Bild 4: Ausschnitt zur Wahl externer Daten

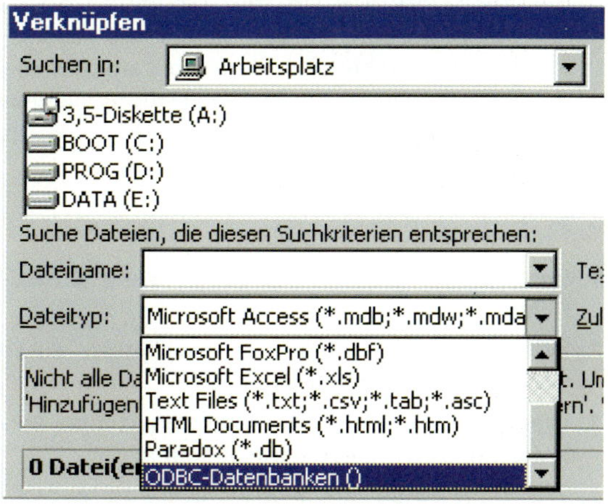

Bild 5: Ausschnitt zur Wahl einer externen Tabelle

Die Daten werden dadurch nicht in die Access-Datenbank fest importiert, sondern bleiben in der MySQL-Datenbank, können aber über die ODBC-Schnittstelle von Access aus bearbeitet werden. Würde die Option `Importieren` gewählt werden, so würden die Daten als eigenständige Tabelle in die Access-Datenbank kopiert werden. Der Zusammenhang mit der MySQL-Datenbank wäre dann aufgehoben.

Im nun folgenden Bildschirmfenster kann die Datenquelle und der Datentyp ausgewählt werden (Bild 5, vorhergehende Seite). Hier wird die Option `Dateityp: -ODBC-Datenbanken()` ausgewählt.

Das folgende Fenster stellt einen Dialog zur Auswahl der Datenquelle zur Verfügung (Bild 1). Auf der Registerkarte `Computer-Datenquelle` wird der Dateiquellenname `MySQL` gewählt und mit `OK` bestätigt.

Um sich am MySQL-Server anzumelden, muss im nächsten Fenster der Name der Datenbank `faradiso` und der Benutzername, z. B. `root`, eingetragen werden (Bild 2). Gegebenenfalls muss noch ein eingestelltes Passwort angegeben werden. Nach Bestätigung mit `OK` ist das System am MySQL-Datenbankserver angemeldet und zeigt die in der MySQL-Datenbank `faradiso` vorhandenen Tabellen **(Bild 3)**. Nach Betätigen der Schaltfläche `Alle auswählen` und Bestätigung mit `OK` stehen alle Tabellen der MySQL-Datenbank zur Bearbeitung zur Verfügung **(Bild 4)**.

Durch Verknüpfungen mit MySQL-Tabellen kann Access als Werkzeug für die Bearbeitung von MySQL-Datenbanken eingesetzt werden.

Änderungen, die z. B. in der Tabelle `Kunden` durchgeführt werden, werden nicht in der Access-Datenbank gespeichert, sondern werden über die ODBC-Schnittstelle an die MySQL-Datenbank weitergegeben und dort gespeichert.

Wiederholung und Vertiefung

1. **Beschreiben Sie die Aufgaben einer ODBC-Schnittstelle.**
2. **Welche Schritte sind zur Installation eines ODBC-Treibers notwendig?**
3. **Worin besteht der Unterschied zwischen verknüpften und importierten Tabellen?**
4. **Wie kann Access zur Bearbeitung von MySQL-Datenbanken eingesetzt werden?**

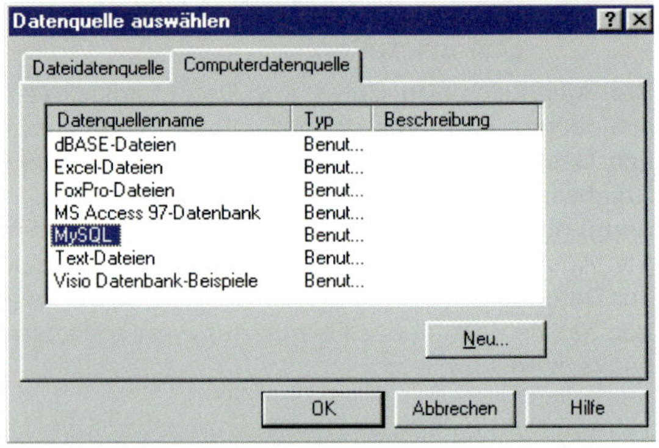

Bild 1: Wahl der ODBC-Datenquelle

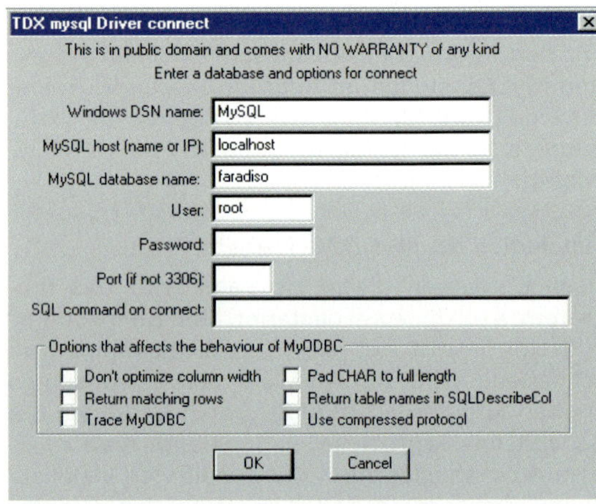

Bild 2: Anmeldedialog am MySQL-Server

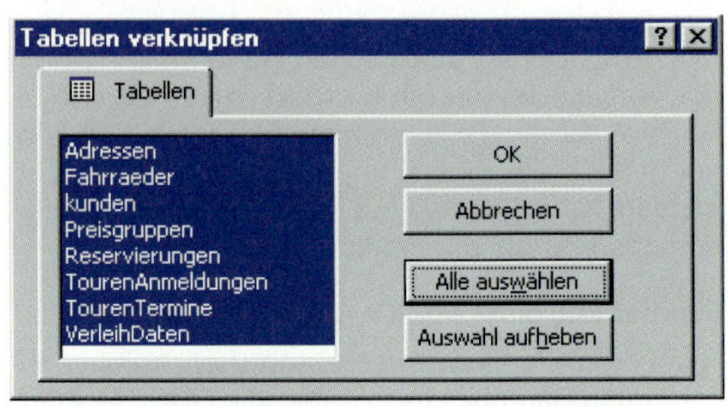

Bild 3: Auswahl der Tabellen der MySQL-Datendank

Bild 4: Verknüpfungen zu den MySQL-Tabellen

7 Vernetzte IT-Systeme

7.1 Netze und Netzverwaltung

Ganz allgemein ist ein Netzwerk eine Gruppe von Komponenten, die miteinander verbunden sind und untereinander kommunizieren können. In vielen Unternehmen sind Netzwerke das Rückgrat der Informationsstruktur.

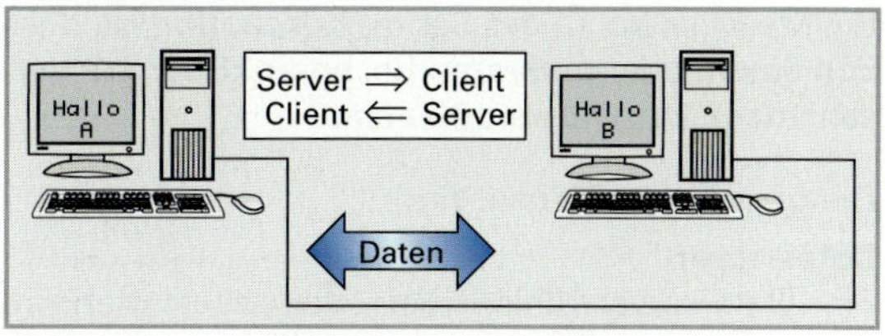

Bild 1: Computernetzwerk mit zwei PCs

7.1.1 Netzwerkgrundlagen

7.1.1.1 Konfigurationen

Das einfachste Computernetzwerk besteht aus zwei Computern, die über ein gemeinsames Übertragungsmedium Informationen austauschen **(Bild 1)**. Generell können vernetzte Rechner in zwei Kategorien eingeteilt werden:

- **Server (= Dienste-Anbieter):** Server sind Rechner, die Dienste und Ressourcen, z. B. Speicherplatz, für andere Rechner zur Verfügung stellen.
- **Client (= Kunde):** Clients sind Rechner, die die Ressourcen und Dienste eines Servers für eigene Zwecke benutzen.

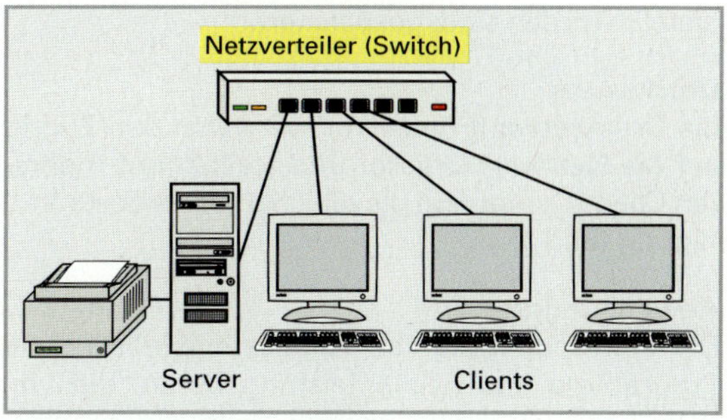

Bild 2: Client-Server-Netzwerk

Man unterscheidet zwei Netzwerkarten:

Peer-to-Peer-Netzwerk
Im Peer-to-Peer Netzwerk (von peer = gleichrangig) arbeiten PCs gleichberechtigt miteinander und bilden zusammen eine Arbeitsgruppe. Jeder Benutzer legt für seinen Rechner fest, ob und in welcher Form er eigene Ressourcen im Netz zur Verfügung stellt. Somit ist jeder Benutzer auch für die Zugriffsfreigabe seines Rechners verantwortlich.

Bei einem Peer-to-Peer Netzwerk kann ein angeschlossener Rechner sowohl Client als auch Server sein.

Serverbasiertes Netzwerk
In einem serverbasierten Netzwerk befinden sich die Ressourcen auf einem Server oder einer Gruppe von Servern **(Bild 2)**. Diese Server werden von berechtigten Personen, den Administratoren (von administration = Verwaltung), gewartet. Serverbasierte Netzwerke werden verwendet, wenn viele PC verbunden werden sollen, die zum Teil noch räumlich weit entfernt stehen **(Tabelle)**.

Tabelle: Vergleich der Netzwerkarten

Merkmale	Peer-to-Peer-Netzwerk	Serverbasiertes Netzwerk
Computeranzahl	Für bis zu 10 Computer geeignet.	Ist durch die Server- und Netzhardware begrenzt.
Administration	Jeder Benutzer ist selbst für die Verwaltung seines Computers verantwortlich.	Administrator für das gesamte Netzwerk, oft auch Fernwartung.
Datensicherheit	Die Datensicherheit wird durch die Benutzer der einzelnen Computer selbst eingerichtet.	Hohe Ressourcen- und Benutzersicherheit.
Freigegebene Ressourcen (z. B. Drucker, Daten)	Die Zugriffsfreigaben der Ressourcen werden lokal verwaltet.	Die freigegebenen Ressourcen werden auf den zentralen Servern verwaltet.
Investitionskosten je Arbeitsplatz	gering	hoch
Administrationskosten je Arbeitsplatz	gering	Mit zunehmender Netzgröße werden die Kosten geringer.
Verwendung	Kleine Unternehmen, die Benutzer sind räumlich relativ nah beieinander.	Große Unternehmen mit großer Mitarbeiterzahl und Unternehmen mit starkem Wachstum.

Ein Merkmal der Client-Server-Konzeption ist, dass von einem oder mehreren Rechnern (Servern) verschiedene Dienste abrufbar sind.

Die gängigsten Dienste sind:

Dateiserver
Ein Dateiserver (Fileserver) verwaltet mehrere große, schnelle Festplatten. Auf diesen werden alle Programme und Daten, die von den Benutzern erstellt worden sind, gespeichert.

Druckserver
Ein Druckserver (Printserver) verwaltet den Zugriff auf die Netzwerk-Drucker und stellt somit mehreren Client-Computern die gleichen Drucker zur Verfügung **(Bild 1)**.

Anwendungsserver
Der Anwendungsserver (Applicationserver) stellt Programme und Rechenleistung bereit, die von den Clients verwendet werden. Sucht ein Benutzer eines Clients z. B. einen bestimmten Datensatz aus einer großen Datenbank, so wird vom Server die entsprechende Datenbank durchsucht und dem Client nur der gefundene Datensatz übermittelt **(Bild 2)**. Im Gegensatz zum Dateiserver wird beim Anwendungsserver das Netzwerk weniger belastet, da nur benötigte Datensätze übermittelt werden und nicht die gesamte Datenbank.

Proxyserver
Der Proxyserver (proxy = Stellvertreter) ist ein Rechner, der allen angeschlossenen Rechnern einen Zugang zum Internet anbietet.

Der Begriff Server wird sowohl für Dienste, als auch für Rechner verwendet, die Dienste bereitstellen.

Auf einem als Server dienenden Computer können mehrere Dienste, z. B. Fileserver, Printserver und Proxyserver gleichzeitig installiert sein.

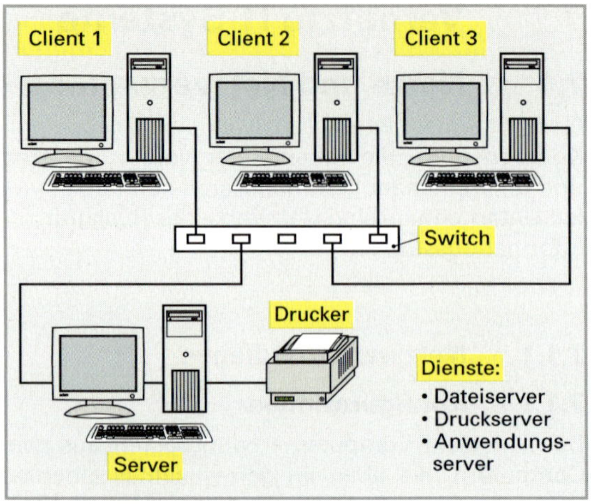

Bild 1: Netzwerk mit Server

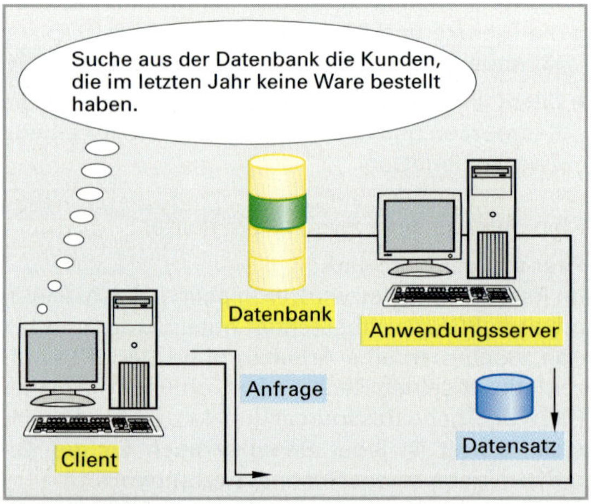

Bild 2: Anwendungsserver für Client Applikation

7.1.1.2 Netzwerkgrößen

LAN
Kommunikationssysteme, die sich in ihrer geografischen Ausdehnung auf ein Firmengelände oder einen Privathaushalt begrenzen, werden als LAN (von Local Area Network = lokales Netz) bezeichnet. Im Normalfall werden keine Leitungen öffentlicher Anbieter genutzt.

Ein lokales Netzwerk ist auf das Gelände des Benutzers begrenzt und befindet sich vollständig in seinem rechtlichen Entscheidungsbereich.

Die einzelnen Rechner sind durch Leitungen miteinander verbunden und die Datenübertragung erfolgt meist bitseriell im Basisband. Werden lokale Netzwerke nur vorübergehend benötigt, z. B. bei einer Messeveranstaltung, oder wenn das Verlegen von Leitungen nicht möglich oder zu aufwändig ist, werden die Rechner durch Funknetze verbunden.

MAN
Ein MAN (von Metropolitan Area Network = großstädtisches Netz) stellt die Datenkommunikation innerhalb eines Stadtgebietes sicher. MAN werden in Deutschland für computergestützte Verkehrsleitsysteme oder bei Stadtverwaltungen verwendet. Ein Merkmal ist dabei die Mehrdienstfähigkeit, d. h. gleichzeitige Übertragung von Daten und Sprache.

WAN

Das WAN (von Wide Area Network = weitflächiges Netzwerk) erstreckt sich über größere Entfernungen und die Verbindungsleitungen sind meist über öffentliche Flächen und Wege geführt. Der Datenverkehr dieser Netze erfolgt häufig über Fernmeldenetze. Für die Datenübertragung wird die Breitbandtechnologie verwendet. Dadurch können zu einem Zeitpunkt mehrere unterschiedliche Übertragungen über ein und dieselbe Leitung erfolgen **(Tabelle)**.

GAN

Das GAN (von Global Area Network = weltumspannendes Netzwerk) ist ein Kontinente übergreifendes Netzwerk, wie das Internet **(Bild 1)**.

Mit WAN und GAN erfolgt der weltweite Datenaustausch.

7.1.1.3 Vorteile von Netzwerken

Der Einsatz von Computernetzwerken bietet viele Vorteile **(Bild 2)**. Ein Benutzer muss meistens einen Benutzernamen und ein Passwort eingeben, um Zugang zu einem Netzwerk zu erhalten. Durch diesen Login-Prozess erhalten nur berechtige Personen Zugang zum System (Useridentität). Durch weitere Zugriffsrechte können z. B. der Zugriff auf bestimmte Dateien, Drucker oder der Zugang zum Internet an bestimmte Personen oder Personengruppen gekoppelt sein.

Tabelle: Technische Parameter von Netzwerkarten

Netzwerkarten		Merkmale: Geschwindigkeit	Merkmale: Anwendungen
Private Netze	LAN	10 Mbit/s bis 100 Mbit/s	Daten, Bilder
		1 Gbit/s	Daten, Multimediaanwendungen
	MAN	155 Mbit/s bis 622 Mbit/s	Daten, Sprache
Öffentl. Netze	WAN	bis 64 kbit/s	Daten, Bilder
		bis 2,5 Gbit/s	Daten, Sprache, Video
	GAN	64 kbit/s bis 2,5 Gbit/s	Sprache, Daten, Bilder

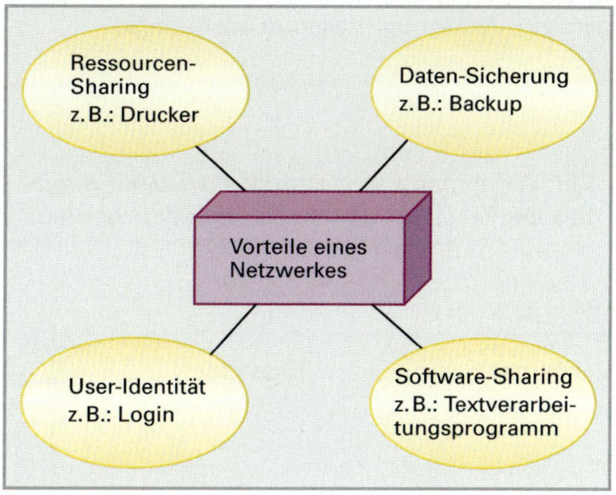

Bild 2: Vorteile eines Computernetzwerkes

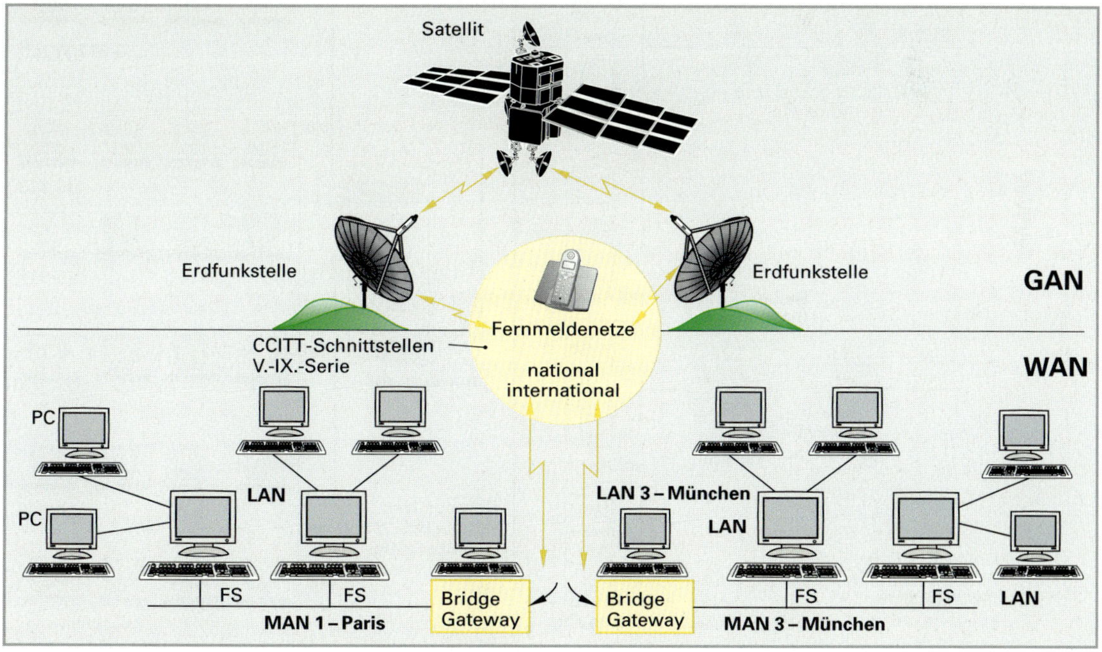

Bild 1: Zusammenschluss von verschiedenen Netzwerken

Durch die zentrale Speicherung von Daten stehen Änderungen und Aktualisierungen der Daten sofort für alle Anwender zur Verfügung. Die Datenintegrität ist gewährleistet, da nicht mehrere Versionen einer Datei existieren können. Der Administrator kann auf einfache Weise regelmäßige Backups (von to back up = sichern) der Daten durchführen (Datensicherung). Aufgrund der Ablage von Daten auf zentralen Servern muss nur noch dieser mit einer großen Speicherkapazität ausgestattet sein.

Der Internetanschluss kann von allen berechtigten Anwendern des LANs genutzt werden **(Bild 1)**. Weiterhin können Geräte wie Laserdrucker, Fax oder CDROM-Laufwerke in das Netzwerk integriert werden und stehen somit allen berechtigten Anwendern zur Verfügung (Ressourcensharing).

Mit zunehmender Netzgröße können durch Ressourcensharing Kosten vermieden werden.

Anwendungsprogramme werden auf dem Server installiert und sind von allen Anwendern nutzbar (Softwaresharing). Auf diese Weise ist es nicht mehr notwendig, jeden einzelnen Arbeitsplatz aufzusuchen, um dort eine Installation, Wartung und Aktualisierung der Programme auszuführen.

Wiederholung und Vertiefung

1. **Für welche Anwendungen werden Peer-to-Peer-Netzwerke eingesetzt?**
2. **Nennen Sie Vorteile eines serverbasierten Netzwerkes.**
3. **Nennen Sie verschiedene Serverarten.**
4. **Erklären Sie die Aufgabe eines Proxyservers.**
5. **Warum wird bei einem Datenbankserver das Netz mit weniger Datenverkehr belastet?**
6. **Wofür dienen WANs und wofür dienen LANs?**
7. **Warum wird in einem WAN die Datenübertragung in Breitbandtechnologie durchgeführt?**
8. **Welche Vorteile bietet ein Computernetzwerk?**
9. **Erklären Sie den Begriff Ressourcen-Sharing.**

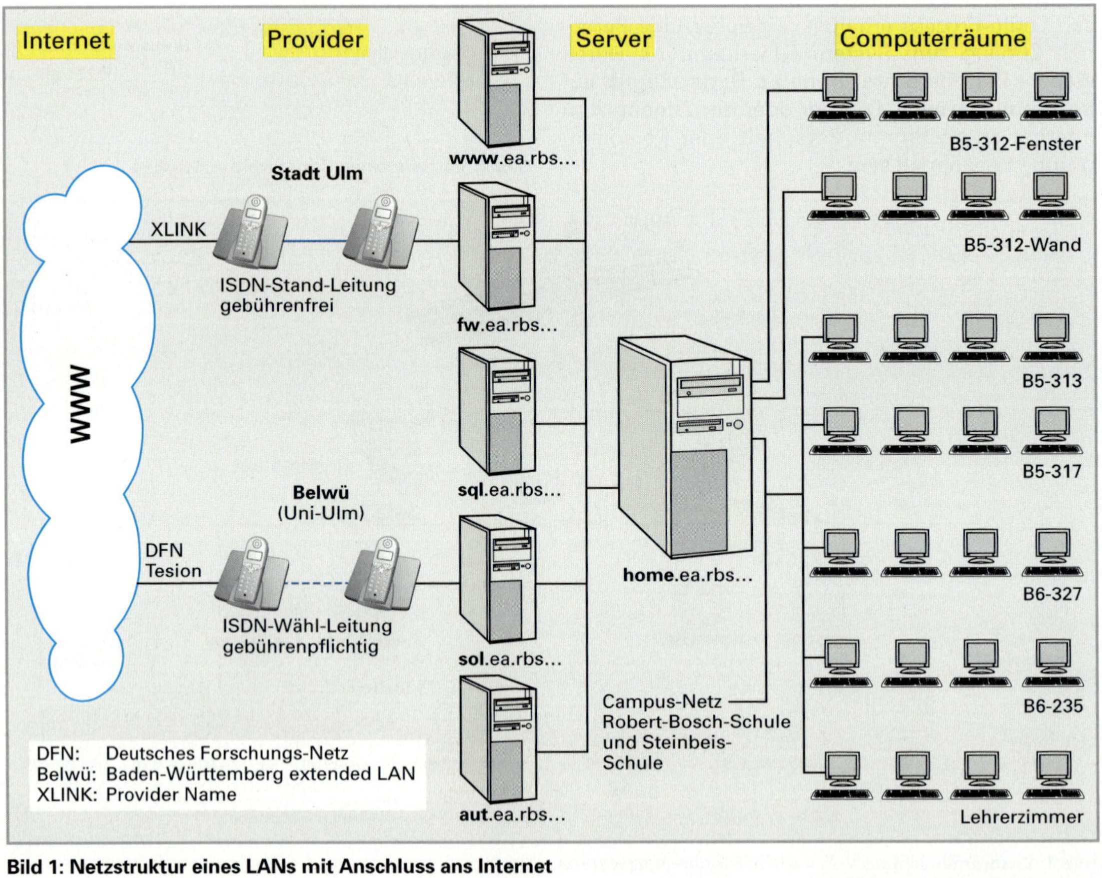

Bild 1: Netzstruktur eines LANs mit Anschluss ans Internet

7.1.2 Übertragungsmedien

7.1.2.1 ISO-OSI-Referenzmodell

Um eine Kommunikation zwischen unterschiedlichen Netzen oder Daten-Endeinrichtungen zu ermöglichen, müssen Vereinbarungen (Protokolle) über z. B. Leitungscodes, Übertragungsgeschwindigkeit, Sendeerlaubnis, Fehlerbehandlung oder Wegbestimmung getroffen werden.

Protokolle sind Vorschriften, die das Verhalten zwischen Kommunikationspartnern regeln.

Das ISO-OSI-Refernzmodell (ISO: International Standards Organization = Internationale Organisation für Standardisierung, OSI: Open Systems Interconnectivity = Offenes System des Nachrichtenaustauschs) teilt den Kommunikationsablauf in sieben aufeinander folgende Schichten ein **(Bild 1)**.

Anwendungsschicht (Schicht 7)

Die Anwendungsschicht (application layer) enthält Protokolle, die die einzelnen Anwender-Programme zur Durchführung ihrer Dienste benötigen, z. B. FTP (File Transfer Protocol), Telnet, Email usw.

Darstellungsschicht (Schicht 6)

Die Darstellungsschicht (presentation layer) wandelt die unterschiedlichen Zeichensätze und Codes in ein einheitliches Format um. Zusätzlich enthält die Schicht Funktionen, um Daten zu komprimieren oder zu verschlüsseln.

Sitzungsschicht (Schicht 5)

Die Sitzungsschicht (session layer) regelt die Synchronisation, den Verbindungsaufbau, den Dialogablauf und den Verbindungsabbau (z. B. Passwortkontrolle, Wiederanlauf im Fehlerfall), zwischen den Teilnehmern.

Transportschicht (Schicht 4)

Die Transportschicht (transport layer) teilt die Daten in einzelne Pakete auf und nummeriert und ordnet sie. Der Empfang von fehlerfreien Paketen wird bestätigt und fehlerhafte Pakete werden erneut angefordert.

Vermittlungs- oder Netzwerkschicht (Schicht 3)

Die Netzwerkschicht (network layer) adressiert die Datenpakete und wählt den Verbindungsweg vom Quellrechner zum Zielrechner. Dieses Verfahren wird als Routing bezeichnet und sucht einen günstigen Weg nach unterschiedlichen Kriterien.

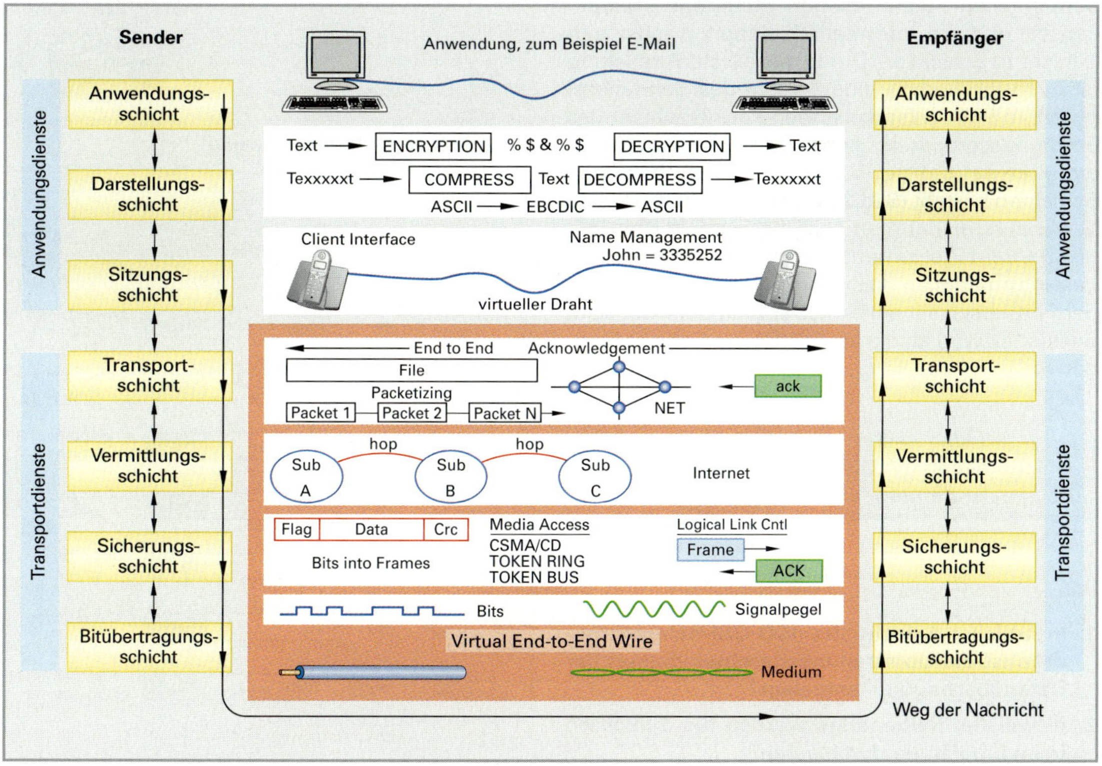

Bild 1: Kommunikationsablauf über das ISO-OSI-Referenzmodell

Sicherungsschicht (Schicht 2)

Die Sicherungsschicht (data link layer) gruppiert die zu übertragenden Daten in logische Einheiten. Je nach verwendeter Netztechnologie entstehen Rahmen oder Frames unterschiedlichen Inhalts und Größe. Bei einer Datenübertragung über ein Netzwerk ist die Sicherungsschicht in den Logical Link Control (LLC) und den Media Access Control (MAC) unterteilt **(Bild 1)**.

Bitübertragungsschicht (Schicht 1)

In der Bitübertragungsschicht (physical layer) sind die elektrischen, mechanischen und funktionalen Parameter, (z. B. Spannungspegel, Art der Steckverbindung oder logische 1 ≙ 5 V), für die Übertragung definiert.

Das Übertragungsmedium ist nicht im ISO-OSI-Referenzmodell festgelegt.

Die Schichten des OSI-Modells kommunizieren mit der nächst höheren Schicht und mit der nächstniedrigeren Schicht. Jede Schicht des sendenden Computers fügt den eigentlichen Daten spezielle Steuerdaten, z. B. Header (= Kopf) und Trailer (= Anhänger) hinzu **(Bild 2)**. Dadurch werden die ursprünglichen Daten von den Steuerdaten eingekapselt und die Informationseinheit wächst von Schicht zu Schicht an. Durch diese Datenkapselung ist es möglich, dass eine Schicht des Sendecomputers mit der entsprechenden Partnerschicht des Empfangscomputers kommunizieren kann, obwohl keine direkte Verbindung zwischen den Schichten besteht **(Bild 3)**. Diese scheinbare direkte Verbindung nennt man auch horizontale Kommunikation. Im Zielcomputer werden die empfangenen Informationen analysiert und die Steuerdaten der Partnerschicht entfernt. Der Rest der Informationseinheit wird an die nächst höhere Schicht übergeben.

Jede Schicht bietet der darüberliegenden Schicht definierte Dienste an und nutzt die Dienste der darunter liegenden Schicht.

Wiederholung und Vertiefung

1. **In welcher Schicht des ISO-OSI-Referenzmodells ist die Übertragungsgeschwindigkeit der Datenübertragung festgelegt?**
2. **In welcher Reihenfolge werden die Schichten beim Empfänger durchlaufen?**
3. **Welche Aufgabe hat die Transportschicht?**

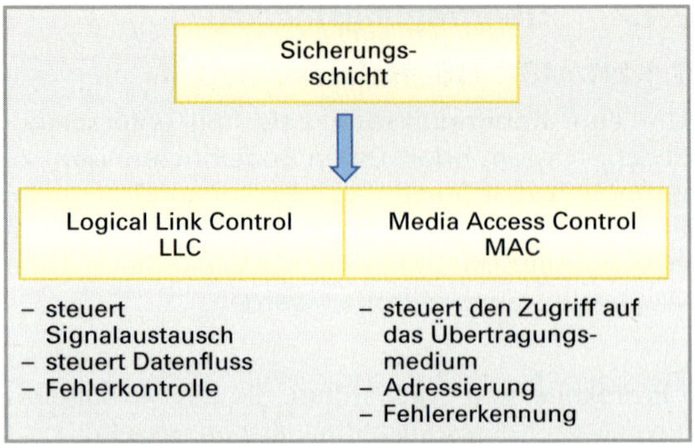

Bild 1: Aufteilung der Sicherungsschicht

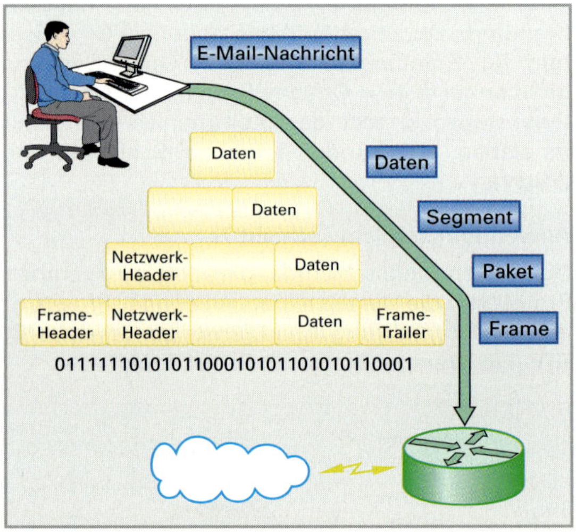

Bild 2: Beispiel für Datenkapselung

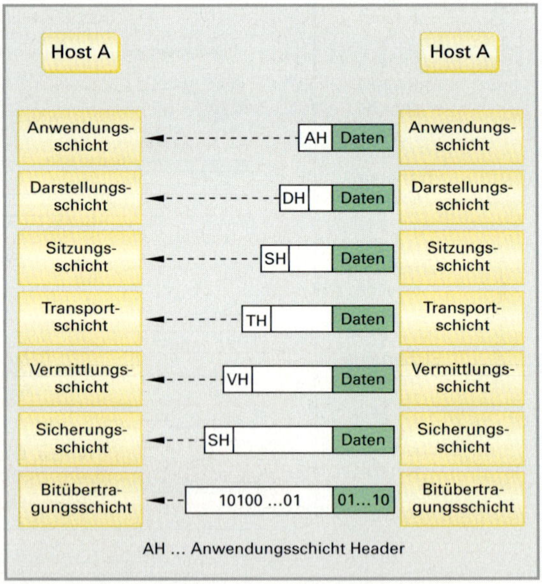

Bild 3: Horizontale Kommunikation der Schichten

7.1.2.2 Leitungskenngrößen

Aufbau von Übertragungsleitungen

Die Übertragung von elektrischen Signalen erfolgt über einen geschlossenen Stromkreis mit Hinleiter und Rückleiter **(Bild 1)**. Der Stromfluss und die Spannung erzeugen dabei ein magnetisches bzw. elektrisches Feld.

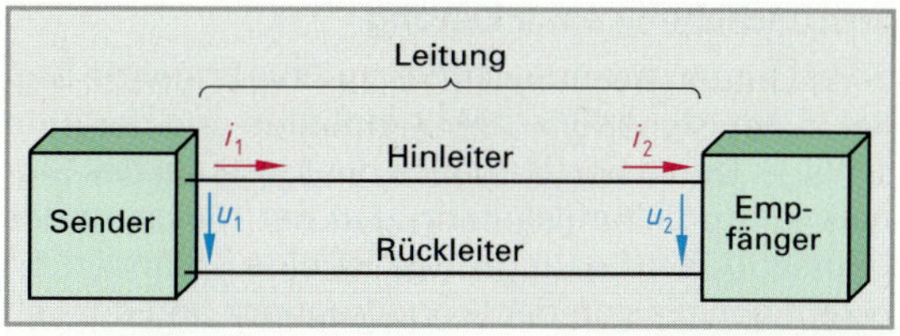

Bild 1: Übertragungsleitung im geschlossenen Stromkreis

Dämpfung

Die Amplitude eines Signals am Leitungsende ist immer kleiner als die Amplitude des am Leitungsanfang eingespeisten Signals. Dies wird als Dämpfung bezeichnet.

> Die Abnahme der Spannungs-, Strom- und Leistungswerte bei einer Übertragung bezeichnet man als Dämpfung.

$$D_P = \frac{P_1}{P_2} \qquad D_U = \frac{U_1}{U_2} \qquad D_I = \frac{I_1}{I_2}$$

D_P Leistungsdämpfungsfaktor;
P_1 Eingangsleistung;
P_2 Ausgangsleistung;
D_U Spannungsdämpfungsfaktor;
U_1 Eingangsspannung;
U_2 Ausgangsspannung
D_I Stromdämpfungsfaktor
I_1 Eingangsstrom
I_2 Ausgangsstrom

Der Grund liegt in den stets vorhandenen Leitungsverlusten. Hinzu kommt, dass bei Wechselstrom die Stromdichte zur Leitermitte hin abnimmt. Die Stromverdrängung nimmt mit der Frequenz des Wechselstromes und mit dem Durchmesser des Leiters zu. Die Verluste des Leiters werden durch die Stromverdrängung stark vergrößert.

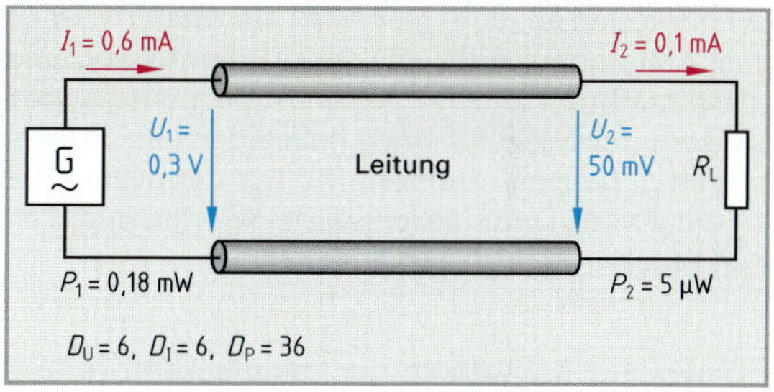

Bild 2: Dämpfungsfaktor bei einer Übertragungsleitung

Dämpfungsfaktor und Dämpfungsmaß

Ein Maß für die Dämpfung ist der Dämpfungsfaktor D **(Bild 2)**. Meist verwendet man statt des Dämpfungsfaktors D das Dämpfungsmaß A in Bel[1] (B) bzw. in Dezibel (dB) **(Tabelle)**.

> Der Dämpfungswert einer Leitung wird in dB/100 m oder dB/km angegeben, da die Dämpfung mit der Leitungslänge zunimmt.

$$A = 10 \cdot \lg \frac{P_1}{P_2} \qquad A = 10 \cdot \lg \frac{U_1^2 \cdot R_2}{U_2^2 \cdot R_1}$$

für $R_1 = R_2$ (Leitungsanpassung)

$$A = 20 \cdot \lg \frac{U_1}{U_2} \qquad A = A_1 + A_2 + \ldots$$

A Dämpfungsmaß in dB;
P_1 Eingangsleistung;
P_2 Ausgangsleistung;
U_1 Eingangsspannung;
U_2 Ausgangsspannung
R_1, R_2 Widerstand
A_1, A_2, ... Einzeldämpfungsmaße

Beispiel:

Auf einer angepassten Übertragungsleitung beträgt die Eingangsspannung 10 V, die Ausgangsspannung beträgt 200 mV. Wie groß ist das Dämpfungsmaß?

Lösung:

$$A = 20 \cdot \lg \frac{U_1}{U_2} = 20 \cdot \lg \frac{10\text{ V}}{200\text{ mV}} = \mathbf{34\ dB}$$

Die Verwendung des logarithmischen Maßes bietet den Vorteil, sehr große Zahlenverhältnisse in überschaubaren Bereichen darzustellen.

> Das Gesamtdämpfungsmaß ist die Summe aller Einzeldämpfungsmaße.

Tabelle: Dämpfungsmaß und Dämpfungsfaktor

Dämpfungsmaß in dB	0	1	3	6	10	20	26	30	40
Spannungsdämpfungsfaktor	1	1,12	1,41	2	3,16	10	20	31,6	100
Leistungsdämpfungsfaktor	1	1,25	2	4	10	100	400	1 000	10 000

[1] Bel ist abgeleitet von Bell, amerikanischer Wissenschaftler, 1847 bis 1922

Ersatzschaltung einer Leitung

Jede Leitung beeinflusst das zu übertragende Signal in der Signalform, der Amplitude und der Phasenlage. Durch den Vergleich der Messung des Signals u_1 am Leitungsanfang und der Messung des Signals u_2 am Leitungsende ist eine Veränderung erkennbar, die von der Signalfrequenz und der Leitungslänge abhängig ist **(Bild 1)**.

Um die Signalübertragung auch mathematisch erfassen zu können verwendet man die Ersatzschaltung **Bild 2**. In Längsrichtung der Leitung kann der Leiterwiderstand R und die Leitungsinduktivität L gemessen werden, während zwischen dem Leiterpaar eine Kapazität C und der Isolationsleitwert G feststellbar sind. Der Isolationsleitwert ergibt sich durch den geringen Strom, der durch die Isolation von einer Ader der Leitung zur anderen fließt. Nimmt man nun die Leitung auf der ganzen Länge als homogen an, d. h. gleiches Leitermaterial, gleicher Leiterquerschnitt, gleicher Leiterabstand und gleichmäßige Isolation, können die gemessenen Leiterkenngrößen auf einen beliebigen Leitungsabschnitt Δl bezogen werden. Die Formelzeichen der so erhaltenen Leitungskennwerte werden durch einen Strich gekennzeichnet **(Tabelle)**.

> Eine Leitung ist durch die Leitungskennwerte R', L', C' und G' eindeutig charakterisiert.

Die Leitungskennwerte eines Kabels sind von den verwendeten Materialien und den geometrischen Abmessungen der Leitung abhängig. Bei einem Mehrleiterkabel beeinflusst auch die angewendete Verseilart die Werte der Leitungskennwerte. Die Leitungskennwerte sind frequenzabhängig. Mit zunehmender Frequenz steigen die Leitungsverluste an. Das bedeutet, dass die hohen Frequenzanteile eines Signals am Leitungsende nur noch mit geringer Amplitude vorhanden sind.

> Eine Leitung wirkt durch ihren physikalischen Aufbau als Tiefpass.

Nichtsinusförmige Signale bestehen aus einer Überlagerung zahlreicher Sinusschwingungen unterschiedlichster Frequenz. Durch die Leitung werden die höherfrequenten Teilschwingungen stärker gedämpft als die Grundschwingung. Dadurch ändert sich die Signalform, z. B. nimmt bei einem Rechteck die Flankensteilheit ab. Ist die Übertragungsleitung genügend lang, erhält man am Leitungsende ein Signal, das im Wesentlichen nur noch aus der Grundschwingung besteht.

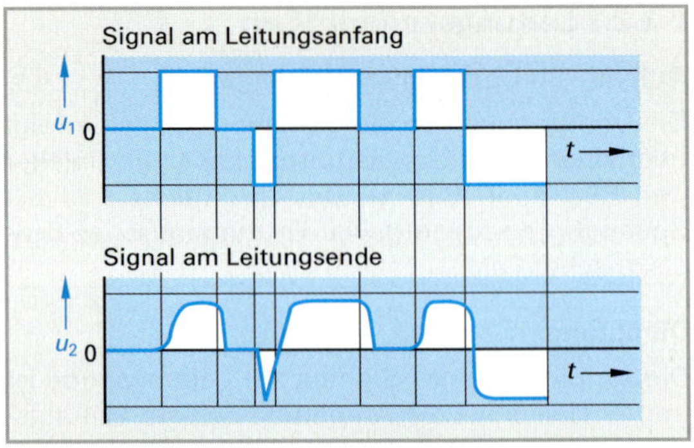

Bild 1: Signalbeeinflussung durch eine Leitung

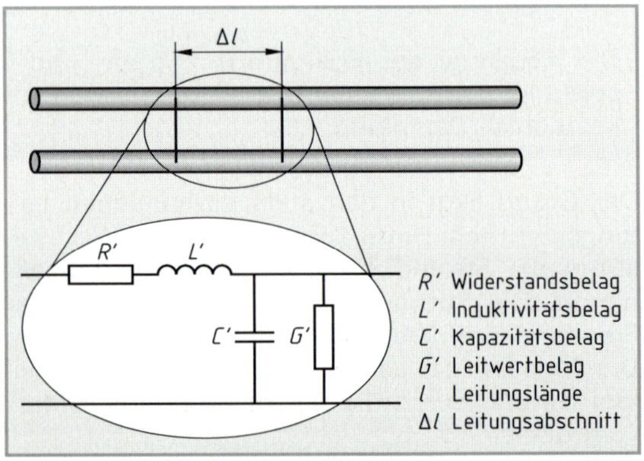

Bild 2: Ersatzschaltung einer Leitung

Tabelle: Leitungskennwerte

Art	Formel	Einheit	In der Praxis verwendete Einheit
Widerstandskennwert	$R' = \frac{R}{l}$	$\frac{\Omega}{m}$	$\frac{\Omega}{km}$
Induktivitätskennwert	$L' = \frac{L}{l}$	$\frac{H}{m}$	$\frac{mH}{km}$
Kapazitätskennwert	$C' = \frac{C}{l}$	$\frac{F}{m}$	$\frac{nF}{km}$
Ableitungskennwet	$G' = \frac{G}{l}$	$\frac{S}{m}$	$\frac{\mu S}{km}$

Beispiel:

Bei einem zweiadrigen Kabel mit einer Länge von $l = 7{,}8$ km werden die folgenden Kenngrößen gemessen: $R = 1287\ \Omega$, $L = 5{,}85$ mH, $C = 327{,}6$ nF, $G = 0{,}95\ \mu S$.

Wie groß sind die Leitungskennwerte des Kabels?

Lösung:

$R' = \frac{R}{l} = \frac{1287\ \Omega}{7{,}8\ km} = \mathbf{165\ \Omega/km}$, $L' = \mathbf{0{,}75\ mH/km}$

$C' = \mathbf{42\ nF/km}$, $G' = \mathbf{0{,}12\ \mu S/km}$

Wellenwiderstand

Aus der Signalfrequenz *f* und der Lichtgeschwindigkeit *c* kann die Wellenlänge λ = c/f berechnet werden. Mit zunehmender Frequenz wird die Wellenlänge kleiner, sodass es bei HF-Signalen (Hochfrequenzsignalen) vorkommen kann, dass die Wellenlänge kleiner ist als die mechanische Länge der verwendeten Übertragungsleitung. Um nun die am Leitungsanfang eingespeiste Sendeenergie maximal über die Leitung übertragen zu können, muss das Leitungsende mit einem bestimmten Widerstandswert abgeschlossen sein. Dieser Widerstandswert wird als Wellenwiderstand Z_w bezeichnet und stellt eine weitere Kenngröße einer Leitung dar. Der Wellenwiderstand einer Leitung gibt an, mit welchem Widerstand das Leitungsende abgeschlossen werden muss, damit keine Reflexionen von Wellen auf der Übertragungsleitung auftreten, z. B. mit 100 Ω bei Twisted-Pair-Leitungen.

> Der Wellenwiderstand einer Leitung ist unabhängig von der Leitungslänge.

Bei richtigem Abschluss verhält sich eine verlustfreie Leitung so, als ob der Abschlusswiderstand direkt am Spannungserzeuger wäre **(Bild 1)**.

> Der Abschlusswiderstand einer Übertragungsleitung ist ein Wirkwiderstand von der Größe ihres Wellenwiderstands.

Der Wellenwiderstand von Übertragungsleitungen ist stark von dem Aufbau der Leitung abhängig. Bei Koaxialleitungen liegt der Wellenwiderstand zwischen 50 Ω und 100 Ω, bei symmetrischen Leitungen für den Netzwerkbereich beträgt der Wellenwiderstand 100 Ω **(Tabelle)**.

Fehlanpassung und Reflexionen

Die Stromverteilung und die Spannungsverteilung entlang der Leitung hängen vom Abschlusswiderstand der Leitung ab. Für eine störungsfreie Signalübertragung muss am Ende der Leitung ein Widerstand angeschlossen sein, der dem Wellenwiderstand entspricht. Wird die Übertragungsleitung nicht mit Widerstandsanpassung betrieben, so wird ein Teil der Signalspannung am Leitungsende reflektiert **(Bild 2)**. Es tritt neben der fortschreitenden Welle noch eine zum Leitungsanfang rücklaufende Welle auf. Die rücklaufende Welle überlagert sich der fortlaufenden Welle und stört die Signalübertragung. Man spricht bei dieser Art des Leitungsabschlusses von Fehlanpassung.

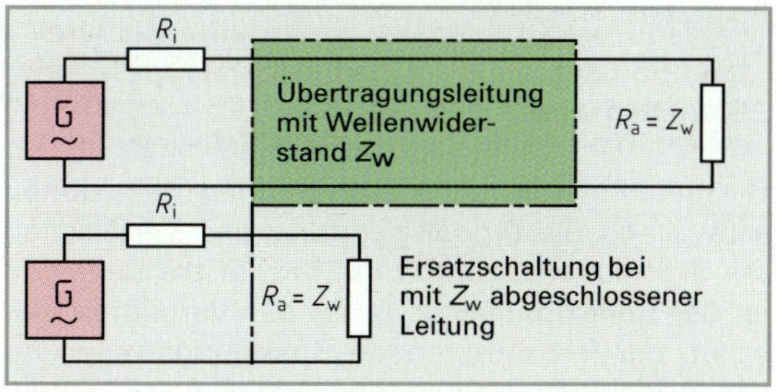

Bild 1: Leitung bei Abschluss mit Wellenwiderstand

Bei $f > 10$ kHz: $Z_W = \sqrt{\frac{L'}{C'}}$

f Frequenz; *L'* Induktivitätskennwert
Z_W Wellenwiderstand; *C'* Kapazitätskennwert

Für eine Koaxialleitung gilt: $Z_W = \frac{60\,\Omega}{\sqrt{\varepsilon_r}} \ln \frac{D}{d}$

Z_W Wellenwiderstand
D Innendurchmesser des Außenleiters
d Außendurchmesser des Innenleiters
ε_r Dielektrizitätszahl des Isolators

Tabelle: Daten von Koaxialleitungen

Kabeltyp	*D*	*d*	Z_W
RG – 58 C/U	3,5 mm	0,9 mm	50 Ω
RG – 59 B/U	4,5 mm	0,6 mm	75 Ω
RG – 62 /U	5,2 mm	0,65 mm	93 Ω
RG – 218 /U	17,6 mm	5,0 mm	50 Ω

Beispiel:

Wie groß ist der Wellenwiderstand einer Leitung, die einen Kapazitätskennwert von 28 pF/m und einen Induktivitätskennwert von 1,6 μH/m hat?

Lösung:

$$Z_W = \sqrt{\frac{L'}{C'}} = \sqrt{\frac{1{,}6\ \mu\text{H/m}}{28\ \text{pF/m}}} = \mathbf{239\ \Omega}$$

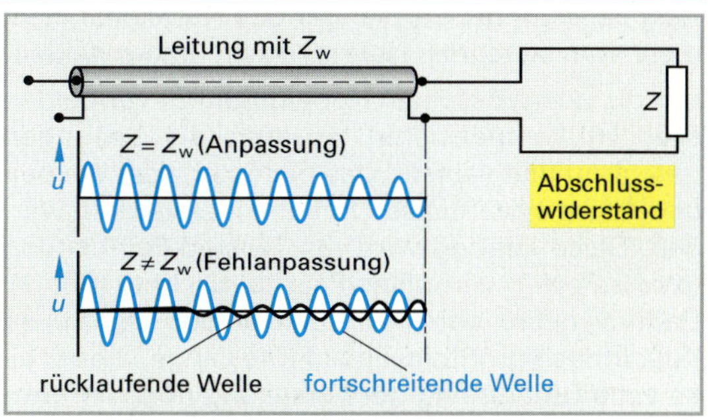

Bild 2: Augenblickswerte der Signalspannung bei Anpassung und bei Fehlanpassung

Fehlanpassung liegt vor, wenn eine Hochfrequenzleitung nicht mit Widerstandsanpassung betrieben wird.

Die bei Fehlanpassung auftretenden Reflexionen schwächen die Signalspannung und verfälschen die Signalübertragung. Ein Maß für die Reflexion ist der Reflexionsfaktor *r*, der das Verhältnis zwischen der fortschreitenden Spannungswelle und der rücklaufenden Spannungswelle angibt.

Der Extremfehlanpassungen liegen vor, wenn am Leitungsende ein Kurzschluss oder Leerlauf auftritt. Dies bedeutet, dass der Reflexionsfaktor *r* den Wert –1 (Kurzschluss) bzw. +1 (Leerlauf) annimmt und somit die Amplitude der rücklaufenden Welle gleich groß ist wie die Amplitude der fortschreitenden Welle.

$$r = \frac{R_a - Z_W}{R_a + Z_W}$$

$$U_r = r \cdot U_h$$

r	Reflexionsfaktor
R_a	Abschlusswiderstand
Z_W	Wellenwiderstand der Leitung
U_r	Spannungsamplitude der rücklaufenden Welle
U_h	Spannungsamplitude der hinlaufenden Welle
r	Reflexionsfaktor

Nebensprechen

Zwischen zwei benachbarten Leitungen, die über eine längere Strecke parallel verlaufen, kann es zu einer induktiven oder kapazitiven Beeinflussung kommen. Diese Kopplung führt dazu, dass eine Störung bei der Signalübertragung auftritt, die als Nebensprechen bezeichnet wird. Die Kopplungsbeiträge summieren sich über die gesamte Leitungslänge auf. Das Störsignal, das auf der Leitung 2 am nahen Ende (x = 0) eintrifft, wird als *Nahnebensprechen NEXT* (von Near end crosstalk) und das Signal am fernen Ende (x = l) als *Fernnebensprechen FEXT* (von Far end crosstalk)bezeichnet **(Bild 1)**. Das Nebensprechen sollte möglichst klein sein.

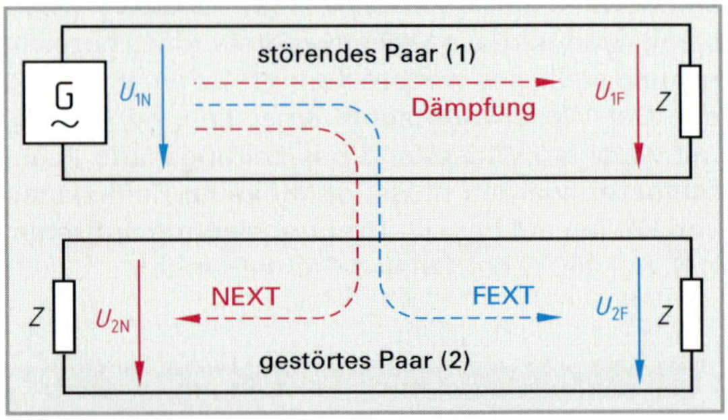

Bild 1: Einstreuung auf ein zweites Aderpaar

$$\text{NEXT} = 20 \cdot \log \frac{U_{Nutz}}{U_{Stör}}$$

NEXT	Nahnebensprechdämpfung in dB
U_{Nutz}	Nutz-Eingangsspannung auf Leitung 1
$U_{Stör}$	Eingekoppelte Störspannung auf Leitung 2

Gute Übertragungsleitungen weisen hohe Nebensprechdämpfungswerte auf.

Ein weiterer Kennwert ist das Attenuation to Crosstalk Ratio ACR (Dämpfung-Übersprech-Verhältnis). Der ACR-Wert ist die Differenz von Nahnebensprechen und Dämpfung. Wenn die Dämpfung des Nutzsignals gleich oder größer der Nebensprechdämpfung ist, kann der Empfänger das Nutzsignal nicht mehr vom störenden Übersprechen unterscheiden.

$$\text{ACR} = \text{NEXT} - \text{A}$$

ACR	Attenuation to Crosstalk Ratio in dB
NEXT	Nahnebensprechdämpfung in dB
A	Durchgangsdämpfungsmaß in dB

Um die unerwünschten Kopplungen zu vermeiden bzw. zu kompensieren, werden die Leitungen geschirmt und verseilt. Das bedeutet, dass die beiden Adern systematisch miteinander verdrillt werden. Diese Leitung wird als Twisted-Pair-Leitung (twisted pair = verdrilltes Paar) bezeichnet **(Bild 2)**. Dadurch heben sich die induktiven und kapazitiven Kopplungen größtenteils auf. Die Länge, die für eine volle Umdrehung der Verseilung nötig ist, wird als *Schlaglänge* bezeichnet und stellt ein Maß für die Verseilung dar.

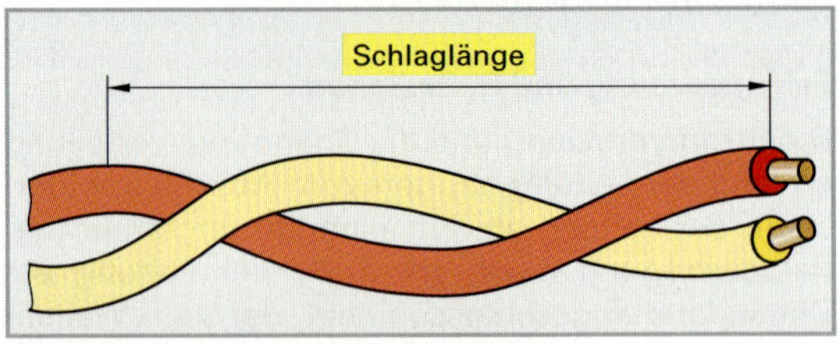

Bild 2: Verseilen eines Leiterpaares

Wiederholung und Vertiefung

1. **Weshalb soll bei einer Übertragungsleitung am Leitungsende ein Abschlusswiderstand angeschlossen sein?**
2. **Wodurch kann das Nebensprechen verringert werden?**

7.1.3 Netztopologien

Die räumliche Anordnung und Platzierung der an einem Netzwerk angeschlossenen Computer und ihre Verkabelung wird als Topologie (Topos = Ort) bezeichnet. Wichtige Netztopologien sind Bus, Ring und Stern.

Bus

Die Bus-Topologie verwendet eine gemeinsame, zentrale Leitung, die als Bus bezeichnet wird. An diese Busleitung werden alle Geräte mit einer eigenen Anschlussleitung über ein T-Stück angeschlossen **(Bild 1)**. Bei der Datenübertragung werden Nachrichten an alle Endgeräte gesendet. Es treten daher Kollisionen auf, wenn zwei Rechner gleichzeitig senden.

Die Enden der Busleitung müssen mit Widerständen abgeschlossen werden, um Signalreflektionen zu verhindern.

Eine Erweiterung des Netzwerks durch zusätzliche Rechner ist möglich. Dabei darf die zulässige Busleitungslänge nicht überschritten werden. Der Ausfall einer Station führt zu keiner Störung des übrigen Netzes. Wenn die Busleitung unterbrochen wird, fällt das gesamte Netzwerk aus, da an der Unterbrechungsstelle kein Abschlusswiderstand vorhanden ist.

Ring

Beim Ring besitzt jede Station genau einen linken und einen rechten Nachbarn **(Bild 2)**. Der Datenverkehr ist gerichtet. Er durchläuft den Ring in einem vorbestimmten Umlaufsinn. Die Daten werden von einem Teilnehmer aufgenommen und dieser prüft, ob die Daten für ihn bestimmt sind. Wenn nicht, gibt der Teilnehmer die Daten an seinen Nachbarn weiter, bis der Zielteilnehmer erreicht ist. Jeder Rechner regeneriert und verstärkt die Datensignale und ermöglicht so eine große Netzausdehnung.

Beim Ausfall einer Station oder eines Leitungsteils funktioniert das gesamte Ringnetz nicht mehr.

Abhilfe schaffen ein Überbrückungsrelais und eine Ersatzleitung (Backup-Ring).

Das Anschalten an den Ring und das Abtrennen eines Teilnehmers erfolgt durch ein Relais mit Öffner **(Bild 3)**. Damit bleibt der Ring immer geschlossen. In der Praxis werden die Rechner jedoch selten als physikalischer Ring angeordnet. Die Ringtopologie wird fast immer als logische Stern-Topologie mit einem zentralen Ringverteiler realisiert **(Bild 4)**.

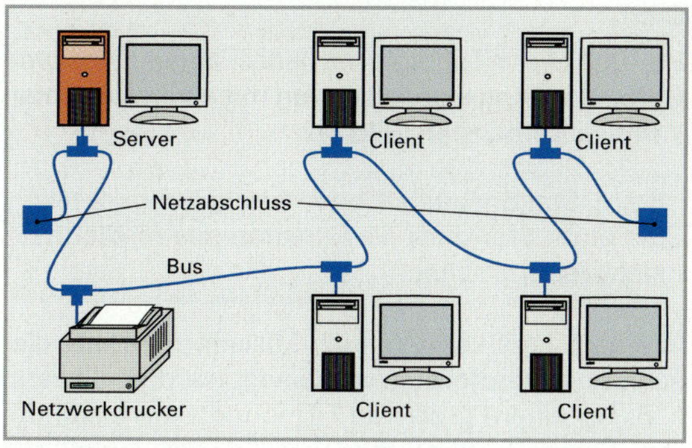

Bild 1: Bus-Stuktur

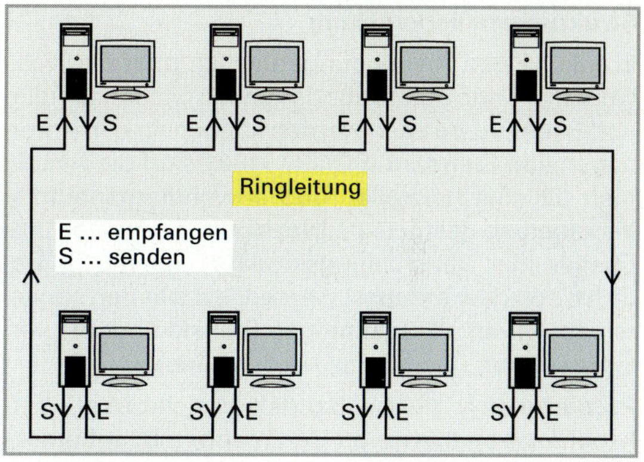

Bild 2: Ringstruktur

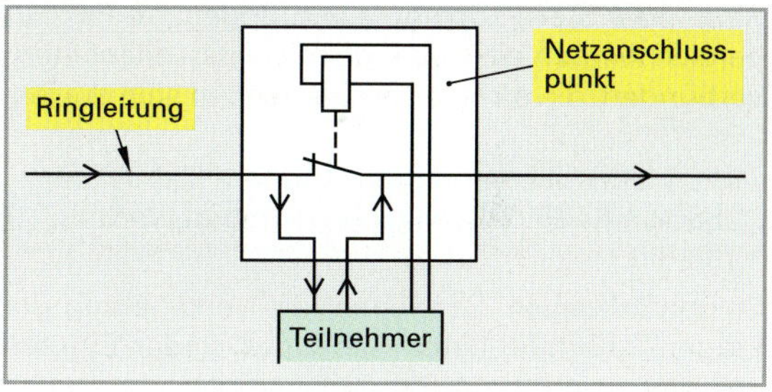

Bild 3: Anschlusspunkt bei einer Ringstruktur

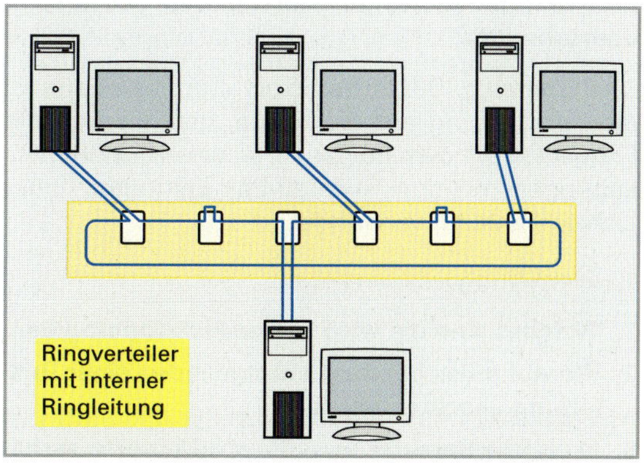

Bild 4: Logischer Ring in Sternform angeordnet

Stern

Bei der Stern-Topolgie ist jedes angeschlossene Gerät über eine eigene Leitung mit einem zentralen Verteiler verbunden **(Bild 1)**.

Beim Stationsausfall oder bei Leitungsdefekt bleibt im Sternnetz die Funktion des restlichen Netzwerks erhalten.

In einem LAN können auch Mischformen aus diesen drei Grundformen verwendet werden. So kann z. B. bei einem größeren Firmennetz die besonderen Eigenschaften und Vorteile der jeweiligen Grundform ausgenutzt werden **(Tabelle 1)**.

Strukturierte Verkabelung

In zukünftigen Anwendungen sollen über ein Netzwerk nicht nur Daten, sondern auch Sprache, Video und Bilder übertragen werden können. In dem internationalen Standard ISO/IEC 11801 sind die Richtlinien für eine hersteller- und anwendungsneutrale Verkabelung festgelegt. Die Norm beinhaltet drei Ebenen der Verkabelungsstruktur **(Tabelle 2)**. Dadurch soll gewährleistet werden, dass in den nächsten 10 Jahren alle zukünftigen Dienste über die verlegte Leitung übertragen werden können.

Primärbereich. Hierbei handelt es sich um die Verkabelung von mehreren Gebäuden, z. B. auf einem Firmengelände. Die einzelnen Gebäude sind über die Gebäudeverteiler mit dem Standortverteiler in Ring- oder Stern-Topologie verbunden. Im Primärbereich werden die Gebäude mit Lichtwellenleitern verbunden, die nicht länger als 1500 m sein dürfen.

Mit Lichtwellenleitungen können Datenraten über große Entfernungen übertragen werden.

Sekundärbereich. Bezeichnet die Verkabelung der Etagen innerhalb eines Gebäudes. Jeder Etagenverteiler ist mit dem Gebäudeverteiler über einen Lichtwellenleiter oder eine Kupferleitung verbunden **(Bild 2)**. Die maximale Länge sollte 500 m nicht überschreiten.

Tertiärbereich. Die letzte Strukturierungsebene ist die Verkabelung auf der Etage, hier werden die Endgeräte mit dem Etagenverteiler verbunden. Als Leitungen werden Twisted-Pair-Leitungen oder Lichtwellenleiter verwendet.

Wiederholung und Vertiefung

1. **Welches sind die wichtigsten Netztopologien?**
2. **Worauf muss bei den Leitungsenden einer Busleitung geachtet werden?**
3. **In welche Bereiche wird die strukturierte Verkabelung eingeteilt?**

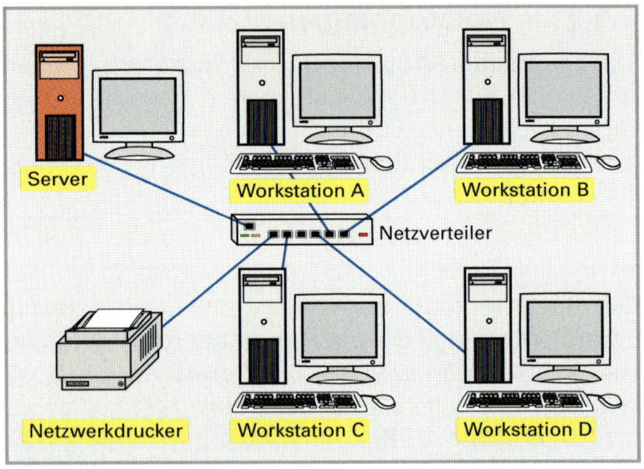

Bild 1: Sternstruktur

Tabelle 1: Topologievergleich

	Bus	Ring	Stern
Erweiterbarkeit	gut	sehr gut	sehr gut
Verkabelungsaufwand	sehr gering	gering	groß
Verhalten bei Ausfall einer Station	Netzwerk funktioniert weiter	Nur die Station fällt aus	Netzwerk funktioniert weiter
Verhalten bei einer Leitungsunterbrechung	Netz fällt aus	Netz fällt aus	Netz funktioniert weiter

Tabelle 2: Bereiche der strukturierten Verkabelung

Ebene	Verkabelungsbereich	Deutsche Bezeichnung	Amerikanische Bezeichnung
1	Zwischen den Gebäuden	Primärbereich	Campus
2	Zwischen den Etagen	Sekundärbereich	Riser (Building Backbone)
3	In der Etage, im Arbeitsplatzbereich	Tertiärbereich	Horizontal

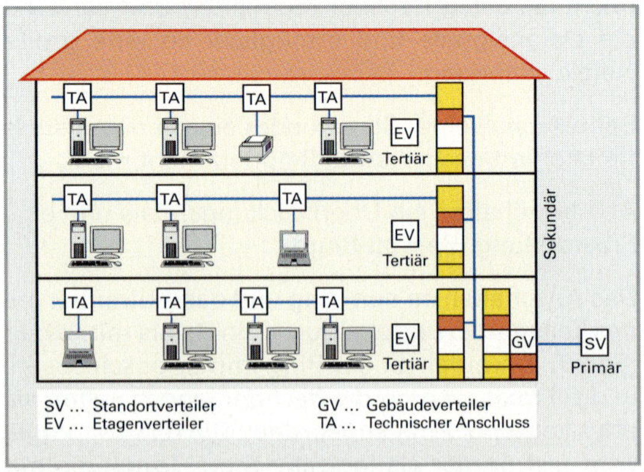

Bild 2: Prinzip der strukturierten Verkabelung

7.1.4 Lokale Netze und ihre Zugriffsverfahren

Die Datennetze unterscheiden sich unter anderem in der Art, wie sie auf den Datenkanal zugreifen. Durch Vereinbarungen (Protokolle) ist festgelegt, wann und wie lange ein Netzteilnehmer den Datenkanal benutzen darf. Alle am Netz angeschlossenen Stationen können Nachrichten über den Datenkanal senden. Wenn gleichzeitig mehrere Teilnehmer Daten senden, kommt es auf dem Datenkanal zu einer Kollision und die zu übertragende Information wird zerstört.

Zugriffsverfahren regeln den Datenaustausch zwischen den Teilnehmern im Computernetz.

7.1.4.1 Ethernet

Ethernet (von ether = Himmel und net = Netz) ist eine Firmenbezeichnung. Die Übertragungsrate beträgt 10 Mbit/s, 100 Mbit/s oder 1 Gbit/s. Für die Zukunft ist eine Bitrate von 10 Gbit/s geplant.

Das Ethernet verwendet das Zugriffsverfahren CSMA/CD (von Carrier Sense Multiple Access with Collision Detect) **(Bild 1)**. Das Verfahren CSMA/CD arbeitet wie folgt:

- **Überwachen der Leitungsaktivität:** Ein sendewilliger Teilnehmer hört in das Datennetz hinein, ob gerade eine andere Station sendet, also das Netz belegt ist (carrier sense = Trägerabfrage).
- **Sendevorgang:** Ist das Netz frei, so sendet die Station. Anschließend hört sie die Datenleitung ab, ob nicht eine andere Station gleichzeitig gesendet hat. Alle Stationen empfangen die Nachricht. Jedoch nur die adressierte Station, z. B. 5, nimmt die Nachricht auf, da sie an sie adressiert ist **(Bild 2)**.
- **Kanalbelegung:** Ist das Netz belegt, so wird abgewartet und ständig mitgehört, bis das Netz frei wird und dann gesendet. Da dies auch andere Stationen tun, ist die Wahrscheinlichkeit groß, dass mehrere Stationen gleichzeitig mit Senden beginnen, also dass mehrere auf das Netz zugreifen (multiple access = Mehrfachzugriff).
- **Kollisionserkennung:** Greifen mehrere Stationen gleichzeitig auf das Netz zu, dann führt dies zu einer Kollision **(Bild 3)**. Die Station, die die Kollision zuerst erkannt hat (collision detect = Kollision erkannt), sendet ein 32-Bit-JAM-Signal (jam = Verklemmung). Jede Station stoppt das Senden und beginnt mit einem erneuten Sendeversuch nach Ablauf einer von einem Zufallsgenerator bestimmten Zeit.

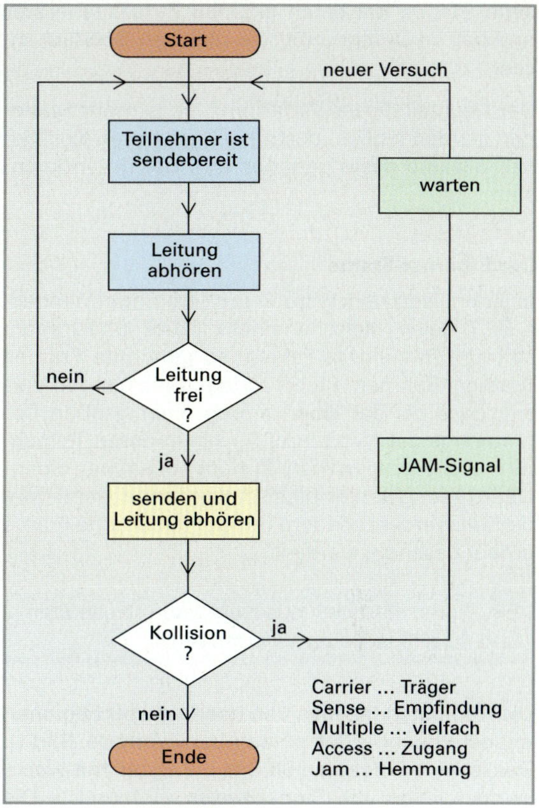

Bild 1: CSMA/CD-Ablaufplan

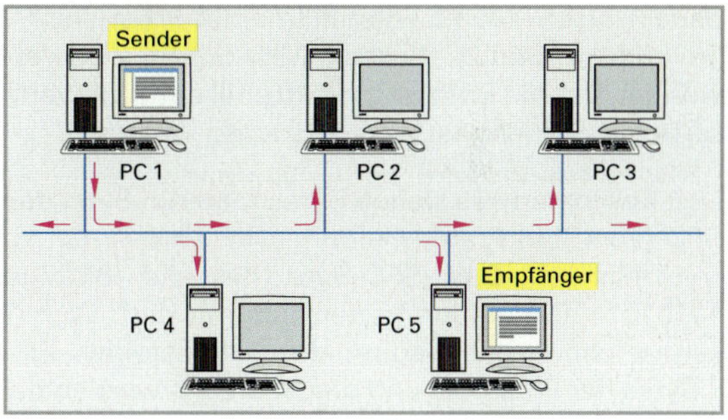

Bild 2: Senden bei freier Leitung

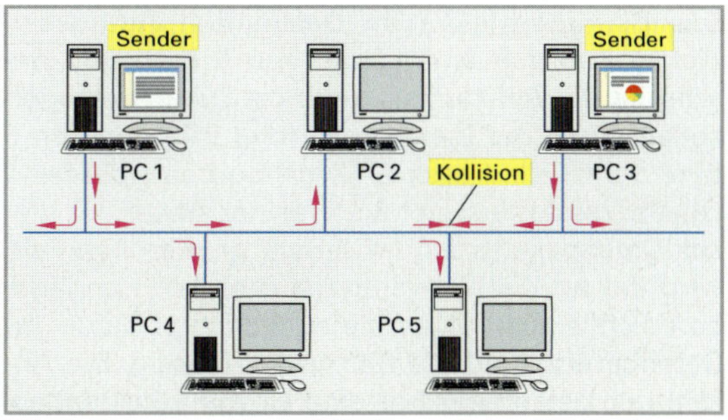

Bild 3: Kollision, wenn mehrere Stationen senden

Jede Station hat einen eigenen Zufallsgenerator und hat im Durchschnitt die gleichen Sendechancen.

Der Nachteil dieses Verfahrens ist, je mehr Stationen senden wollen, desto häufiger treten Kollisionen auf und desto geringer wird der Datendurchsatz.

Der Ethernet-Frame

In jedem Netzwerk werden größere Datenmengen, z. B. Dateien nicht in einem Stück übertragen, sondern in kleinere Pakete, so genannte Frames (frame = Rahmen, Block) zerlegt. Dies hat den Vorteil, dass bei der Übertragung einer großen Datenmenge der Netzzugriff für die anderen Teilnehmer nicht gesperrt ist. Zudem muss bei einem Übertragungsfehler nicht die gesamte Datei wiederholt werden, sondern nur der fehlerhafte Frame erneut gesendet werden.

Ein Frame setzt sich aus Kopfdaten, Nutzdaten und Abschlussdaten zusammen.

Die Kopfdaten (header, von head = Kopf) beginnen mit der Präambel (lat. praeambel = Vorrede, **Bild 1**). Das ist eine Folge von 56 Bits = 7 Bytes mit wechselnder Folge von Signalwerten in 1 und 0. Die Signalfolge wird im Manchestercode mit einer Periodendauer von 200 ns gesendet. Eine Periodendauer von t = 200 ns entspricht einer Frequenz f = 1/t = 5 MHz **(Bild 2)**. Dieses 5 MHz-Signal wird verwendet, um die Empfangselektronik der Netzwerkkarte auf den 100-ns-Takt zu synchronisieren.

Den Kopfdaten aus sieben Bytes folgt ein Byte, das SFD (von Start Frame Delimiter = Frame-Anfangskennzeichen). Das SFD-Byte hat die Bitfolge 10101011. Die beiden letzten Bits mit dem Wert 1 kennzeichnen den Beginn des Adressfeldes. Die 7 Bytes der Präambel und das SFD-Byte werden bei den Größenangaben eines Rahmens nicht mit berechnet.

Das DA-Adressfeld (von Destination Address = Zieladresse) hat eine Länge von 6 Byte und beschreibt die Zielstation, zu der die Daten gelangen sollen. Nach der Zieladresse folgt mit weiteren 6 Byte die Quelladresse SA (von Source Address = Quelladresse). Sie gibt an, wer der Absender dieses Datenpaketes ist. Im 2-Byte großen Typ-Feld wird die Art des verwendeten Protokolls angegeben. Schließlich folgen die eigentlichen Daten. Im Datenbereich sind alle Bitmuster zulässig. Die Anzahl der Datenbytes hat eine Größe von mindestens 46 Bytes und maximal 1500 Bytes.

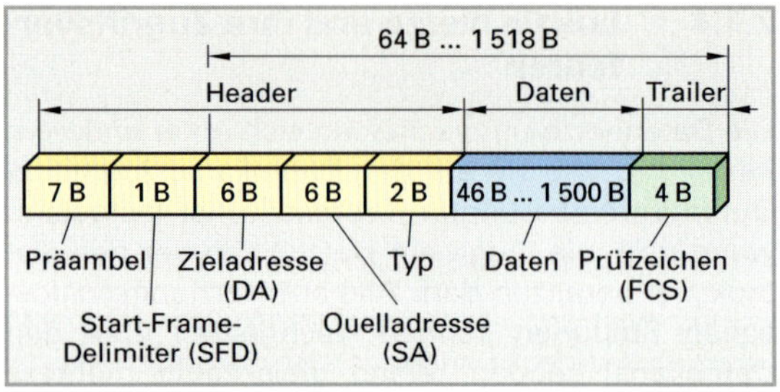

Bild 1: Ethernet II-Frame

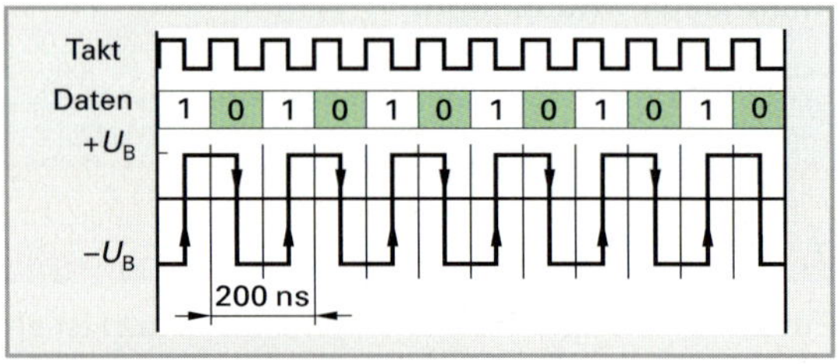

Bild 2: Präambel in Manchester-Codierung bei einer Bitrate von 10 Mbit/s

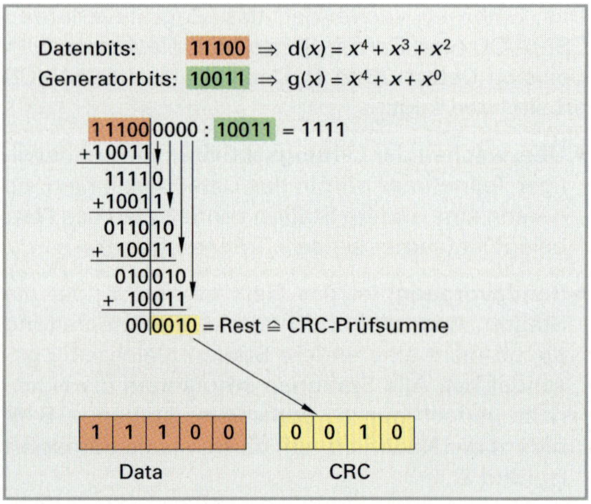

Bild 3: Beispiel einer Prüfsummenberechnung

An das Datenfeld schließt sich das Prüfzeichenfeld FCS (von frame check sequence field) an. Dieses Feld enthält 4 Byte mit Prüfbits, die nach dem CRC-Verfahren (von Cyclic Redundancy Check = zyklische Blockprüfung) berechnet werden **(Bild 3)**. Das Verfahren beruht auf einer Polynomdivision mit XOR-Regeln (bei der Addition wird kein Übertrag berücksichtigt). Stimmen die gesendeten und berechneten Prüfzeichen nicht überein, so wird die Nachricht verworfen und der Empfänger fordert das Datenpaket erneut an.

Die Größe des Ethernet-Frames liegt zwischen 64 Bytes und 1518 Bytes.

Ehernet-LANs können mit verschiedenen Leitungsarten ausgeführt werden. Verwendet werden die folgenden Varianten:

10 Base2

Dieses Ethernet-Netzwerk ist als Bus realisiert. Der 10Base2-Standard ist die einfachste und kostengünstigste Variante eines Ethernet. Die PC werden über die Netzwerkkarten mit einem BNC-T-Stück an die Busleitung angeschlossen **(Bild 1)**. Dabei muss ein Mindestabstand von 0,5 m eingehalten werden. Die Signallaufzeit für ein Datenpaket ist damit ausreichend lang, so dass nach dem Senden der PC überprüfen kann, ob eine Kollision aufgetreten ist.

Um eine Kollision sicher zu erkennen, muss eine Mindestleitungslänge eingehalten werden.

Die Übertragungsgeschwindigkeit beträgt 10 Mbit/s **(Tabelle)**. Aufgrund der Signaldämpfung darf die Busleitung eine Länge von 185 m nicht überschreiten. Wenn größere Entfernungen zu überbrücken sind, kommen Repeater (von to repeat = wiederholen) zur Signalregeneration zum Einsatz. Da sich die Signallaufzeiten mit jedem Segment aufaddieren, ist die Anzahl der hintereinanderschaltbaren Repeater begrenzt **(Bild 2)**. Die maximale Anzahl ist durch die 5-4-3-Regel festgeschrieben.

Bei einem Netzwerk dürfen maximal 5 Segmente mit maximal 4 Repeatern aneinandergekoppelt werden, wobei nur an 3 Segmente Rechner angeschlossen werden dürfen.

10 BaseT

Die Abkürzung beschreibt ein Netzwerk das Twisted-Pair-Leitungen verwendet, die als Stern verlegt sind **(Bild 3)**.

10 BaseF

Bei diesem Standard wird als Übertragungsmedium Lichtwellenleiter eingesetzt. Dies verursacht

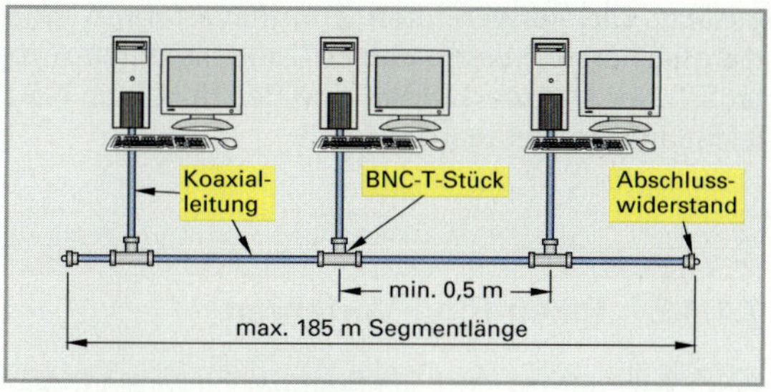

Bild 1: 10 Base2-Konfiguration

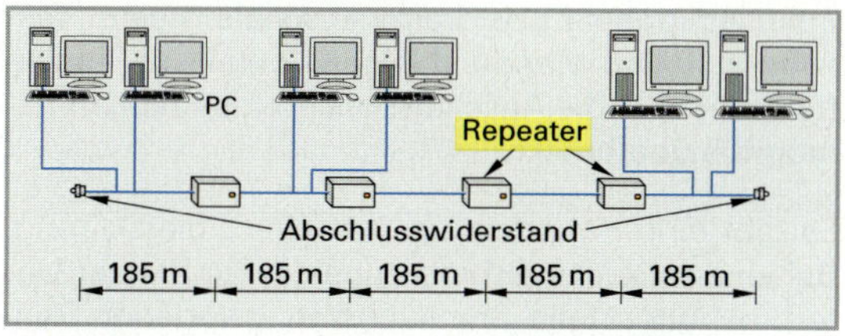

Bild 2: Maximale Ausdehnung eines Netzwerkes

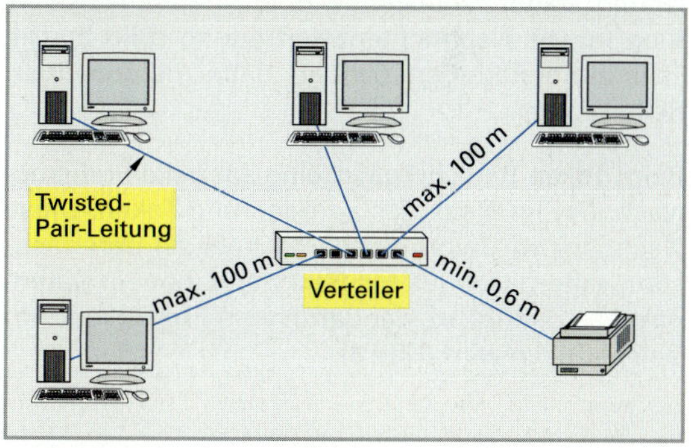

Bild 3: 10 BaseT-Konfiguration

zwar höhere Kosten, ermöglicht aber eine deutlich größere Reichweite.

100 BaseTX und 100 BaseFX (Fast Ethernet)

Die Übertragungsgeschwindigkeit ist um den Faktor 10 höher als bei den bisherigen Standards. Zur Übertragung werden beim 100BaseTX Twisted-Pair-Leitungen der Kategorie 5 (siehe Abschnitt 7.1.5.2) und beim 100BaseFX Lichtwellenleiter ein-

Tabelle: Merkmale der verschiedenen 10 Base-Ethernet-Varianten

Eigenschaft	10 Base2	10 BaseT	100 BaseTX	1000 BaseFX
Leitungstyp	Koaxialleitung	Twisted-Pair-Leitung	Twisted-Pair-Leitung	Lichtwellenleiter
Topoplogie	Bus	Stern	Stern	Stern
max. Segmentlänge	185 m	100 m zwischen Station und Netzverteiler	100 m zwischen Station und Netzverteiler	3000 m zwischen Station und Netzverteiler
max. Stationenzahl	30	1024	1024	1024
Mindestabstand zwischen den Stationen	0,5 m	0,6 m	0,6 m	
max. Anzahl an Koppelelementen	5 Segmente über 4 Repeater	5 Segmente über 4 Hubs oder Switches	beliebig	
Steckerverbindung	BNC	8-poliger RJ45	8-poliger RJ45	ST

gesetzt. Die verwendeten Zugriffsverfahren sind die gleichen wie beim 10BaseT, sodass durch Austausch der Netzwerkkarten und der Hubs das Netz leicht aufgerüstet werden kann.

7.1.4.2 Token-Ring-Verfahren

Beim Token-Ring sind alle Rechner hintereinandergeschaltet und somit ringförmig verbunden **(Bild 1)**. Beim Abkoppeln bzw. beim Abschalten einer Teilnehmerstation wird durch einen Kontakt im Ringleitungsverteiler die Anschlussbuchse des Teilnehmerabgriffs überbrückt.

Es gibt eine Hauptleitung und eine Ersatzleitung. Bei einem Defekt verbinden beidseitig die der Unterbrechungsstelle am nächsten gelegenen Teilnehmerstationen die Hauptleitung mit der Ersatzleitung. Dadurch entsteht wieder ein geschlossener Ring für die Nachrichtenübertragung **(Bild 2)**. Die Teilnehmerstationen bleiben dabei in derselben Reihenfolge.

Beim Token-Ring zirkuliert eine spezielle Freigabe-Nachricht im Netz, das so genannte Token. Diese Nachricht wird von einem Rechner an den nächsten weitergesendet. Ein Rechner hängt ein Datenpaket an das Token, der damit vom Frei-Token zum Belegt-Token wird **(Bild 3)**.

> Nur der Rechner, der im Besitz des Frei-Token ist, kann eine Nachricht versenden.

Dieser Datenblock wird von Station zu Station weitergereicht (Bild 3, ②), bis er beim Empfänger angekommen ist.

> Die Datenübertragung ist beim Token-Ring in vorgegebenem Umlaufsinn gerichtet.

Der Empfänger kopiert die Nachricht und hängt seine Bestätigungsmeldung an das Token. Der Absender empfängt diese Bestätigungsmitteilung und schickt nun wieder den Frei-Token ins Netz (Bild 3, ④).

Als Datenleitungen werden Twisted-Pair-Leitungen verwendet. Die Daten werden mit 4 Mbit/s bzw. 16 Mbit/s übertragen. Die maximale Entfernung der Ringleitungsverteiler beträgt 200 m. Mit Zwischenverstärkern können bis zu 750 m überbrückt werden. Ein Ring umfasst maximal 260 Teilnehmerstationen.

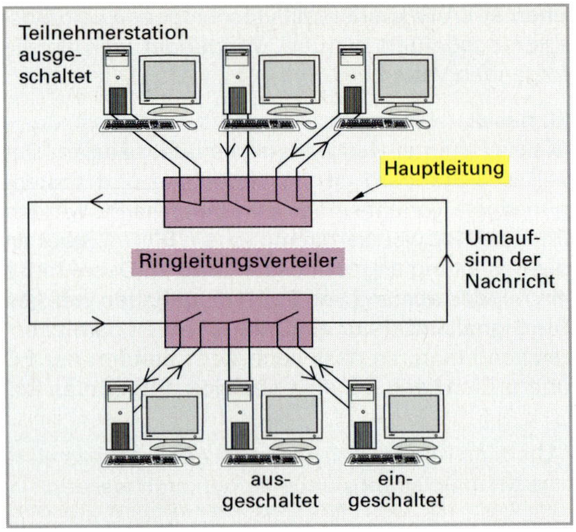

Bild 1: Aufbau eines Token-Rings

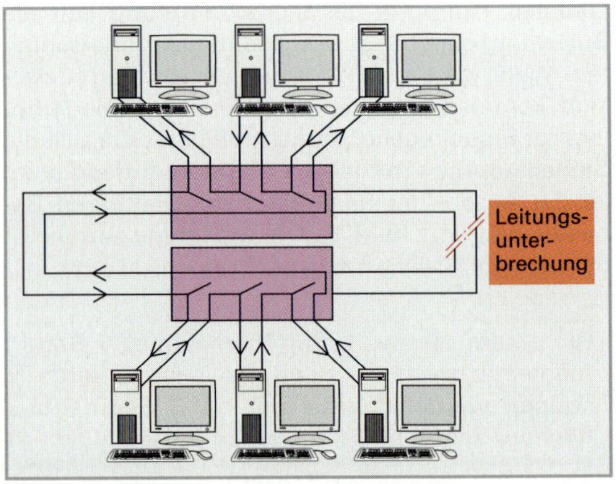

Bild 2: Hauptleitung und Ersatzleitung

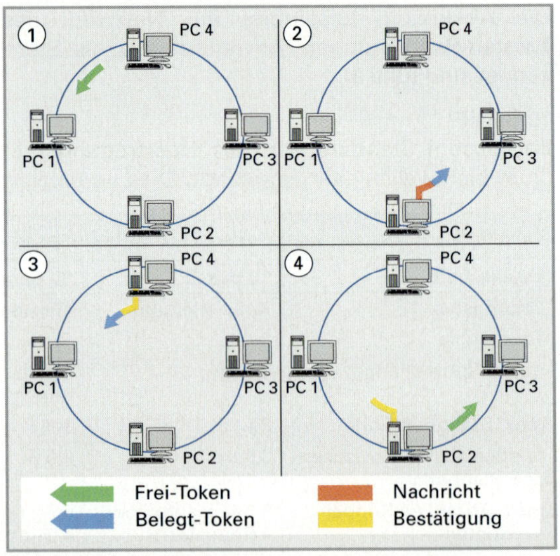

Bild 3: Nachrichtenübertragung von PC2 zu PC4

7.1.4.3 FDDI-Verfahren

FDDI (von Fiber Distributed Data Interface = verteilte Glasfaserdatenschnittstelle) ist ein Token-Bus-Datennetz von besonders hoher Leistungsfähigkeit. Die Datenpakete werden mit hoher Geschwindigkeit (100 Mbit/s) über weite Entfernungen, bis 200 km, mittels Lichtwellenleiter übertragen. Der Ring ist doppelt ausgeführt und besteht aus dem Primärring für den Normalbetrieb und dem Sekundärring für den Ersatzbetrieb bei Leitungsunterbrechung. In diesem Fall verbinden optische Schalter an den Teilnehmerstationen beidseitig von der Trennstelle den Primärring mit dem Sekundärring und stellen so wieder einen geschlossenen Ring dar **(Bild 1)**.

Bei den Stationen gibt es A-Stationen mit Anschluss an den Doppel-Ring und B-Stationen, die sternförmig an einen Verteiler angeschlossen sind.

Der Netzzugriff wird mit einem Token gesteuert. Derjenige Teilnehmer, der im Besitz des Tokens ist, darf Nachrichten senden. Nach Beendigung des Sendens wird der Token an die nächstfolgende Station übertragen.

Der Netzzugang wird bei FDDI mit einem Token gesteuert.

Im Unterschied zum Token-Ring-Verfahren ist der Token nicht Bestandteil des Nachrichtenrahmens. Die Codierung erfolgt mit dem 4B/5B-Code. Dabei wird nach 4 Bits ein fünftes Bit so eingeschoben, dass innerhalb von 3 Bitzeiten ein Zeichenwechsel erfolgt.

FDDI eignet sich aufgrund der hohen Bitrate und großen Übertragungsweite auch als Backbone-Netz (backbone = Rückgrat) zur Vernetzung weit entfernter Computerzentren und von Subnetzen, z. B. von Ethernet-LAN und Token-Ring-LAN **(Bild 2)**. Zu jedem Netz gehört ein Fileserver (Netzwerkdienstcomputer) zur Programmverwaltung und Dateienverwaltung.

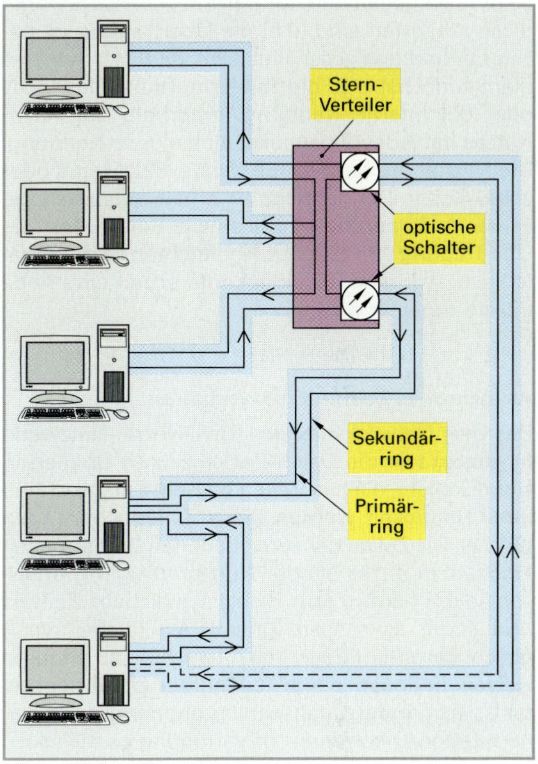

Bild 1: FDDI-Netz

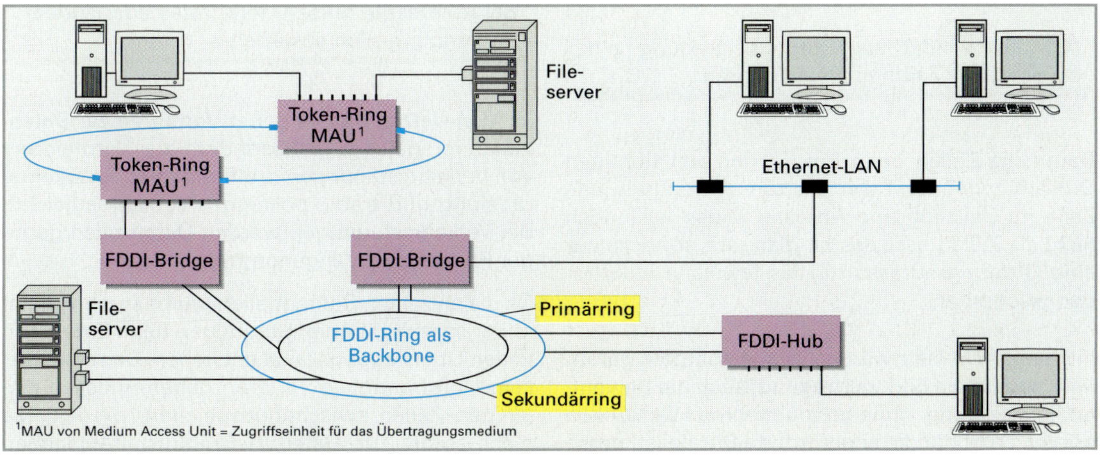

Bild 2: FDDI-Ring als Backbone-Netz

7.1.4.4 ATM-Netze

ATM-Netze (von Asynchron Transfer Mode Network = Asynchron Transfer Mode Netzwerk) ermöglichen die gleichzeitige Übertragung von Daten, digitalisierter Tonsignale und digitalisierter Videosignale von unterschiedlichen Datenquellen zu unterschiedlichen Datensenken **(Bild 1)**. Die Daten werden in kleine Pakete (ATM-Zellen) mit 53 Byte eingeteilt und nur dorthin gesendet, wohin diese adressiert sind, d.h. die Übertragung ist paketorientiert und geschaltet (switched). Als Adresse dient zunächst z. B. die Telefonnummer des ISDN oder die Internet-Kennung. Innerhalb des ATM-Netzes hat jedes Datenpaket eine eigene Kennung. Die Netzbitrate beträgt 155 Mbit/s, 622 Mbit/s oder 2,488 Gbit/s. Der Teilnehmer erhält entsprechend seiner Anforderung eine kleinere Bitrate. Für die Übertragung von z. B. Fax-Nachrichten ist die Bitrate klein, während für Videokonferenzen eine hohe Bitrate zugeteilt wird.

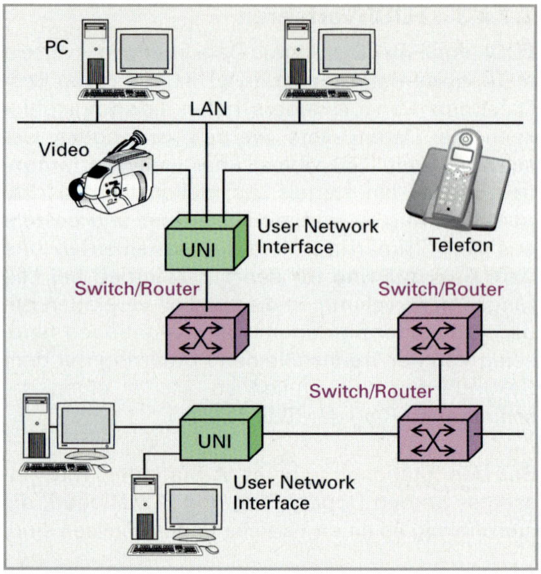

Bild 1: ATM-Netz

Asynchrones Zeitmultiplexverfahren

Das User Network Interface (UNI, Nutzer/Netzwerk-Interface) teilt die Daten der einzelnen Quellen in kleine Pakete, die hier Zellen heißen. Entsprechend ihrer Häufigkeit werden diese Zellen übertragen **(Bild 2)**. Die Zellen der verschiedenen Datenquellen erscheinen daher bei der Netzübertragung unterschiedlich häufig, also nicht in gleichem Zeittakt und somit asynchron (griech. a = nicht, syn = gleich, chronos = Zeit). Im Unterschied zu anderen Netzen, in denen jedem Teilnehmer ein angepasster Übertragungszeitabschnitt unabhängig von seinem Datenaufkommen zur Verfügung gestellt wird (Zeitmultiplex-Verfahren), wird in ATM-Netzen nur dann eine ATM-Zelle gebildet, wenn dafür Daten vorliegen.

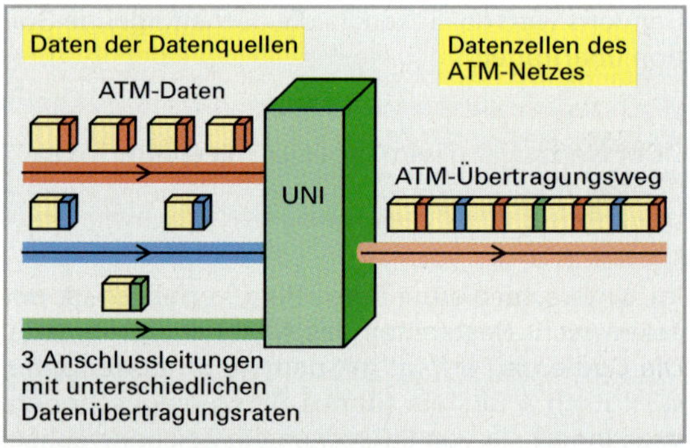

Bild 2: Asynchrones Zeitmultiplexverfahren

> ATM verwendet zur Datenübertragung ein asynchrones Zeitmultiplexverfahren.

Damit die Zellen beim Empfänger den richtigen Quellen zugeordnet werden können, enthält jede Zelle im Zellkopf eine Adresse. Diese ist jedoch nicht die Zieladresse des Empfängers, sondern nur eine Ordnungsadresse für das jeweilige Übertragungssegment.

In einem ATM-Netz werden Mindestbitraten garantiert, sodass die Bildübertragung, auch die Bewegtbildübertragung, ohne unangenehme Wartezeiten erfolgt. Je höher die angeforderte Bitrate ist, umso teurer ist allerdings die Übertragung.

> Bei ATM ist die Teilnehmerbitrate bedarfsorientiert und preislich gestaffelt.

In ATM-Netzen gibt es daher Verfahren zur Datenverkehrsregelung, insbesondere zur Vermeidung von Verkehrsstauungen (traffic shaping = Verkehrsregelung und traffic policing = Verkehrsaufsicht). Bei Verkehrsstauungen werden Datenzellen geringer Priorität nicht angenommen.

Da die einzelnen Datenquellen unabhängig voneinander senden, können Stauungen beim Einordnen in den Übertragungskanal entstehen. Damit hierbei keine Informationen verloren gehen, müssen diejenigen Zellen zwischengespeichert werden, die nicht sofort zur Datenübertragung freigegeben werden.

Aufbau der ATM-Zelle

Eine ATM-Zelle besteht immer aus 53 Bytes (**Bild 1**). Davon werden 5 Bytes als Header (von Head = Kopf) zur Adressierung und Steuerung der ATM-Zelle verwendet **(Tabelle)**. Sind die Nachrichten länger als 48 Bytes, werden entsprechend mehrere Zellen gebildet. Nicht volle Zellen werden mit Füllzeichen auf 48 Bytes aufgefüllt.

ATM-Zellen bestehen aus 53 Byte.

ATM-Switch

Der ATM-Switch erfasst den aktuellen Datenverkehr der einzelnen Datenquellen und vergleicht diesen mit den vereinbarten und zu bezahlenden Bitraten **(Bild 2)**. Der Switch schaltet die ATM-Zellen entsprechend deren Adresse zum jeweils nächsten Switch durch und adressiert innerhalb des Netzabschnitts die ATM-Zellen neu.

Verbindungsaufbau bei einem ATM-Netz

ATM arbeitet verbindungsorientiert, d. h. vor der Übertragung muss eine Verbindung zuerst geschaltet werden. In **Bild 3** soll eine ATM-Verbindung von PC1 zu PC 3 aufgebaut werden. Dazu wird der virtuelle Kanal VCI=a geschaltet. Dieser Kanal besteht hier aus den vier virtuellen Pfaden VPI=1, VPI=I, VPI=II, VPI=III und VPI=3.

Ein virtueller Pfad wird immer nur zwischen zwei Komponenten geschaltet und existiert nur für die kurze Zeit der Verbindung. Der virtuelle Kanal besteht aus mehreren virtuellen Pfaden und ist auch nur während der Verbindungsdauer geschaltet.

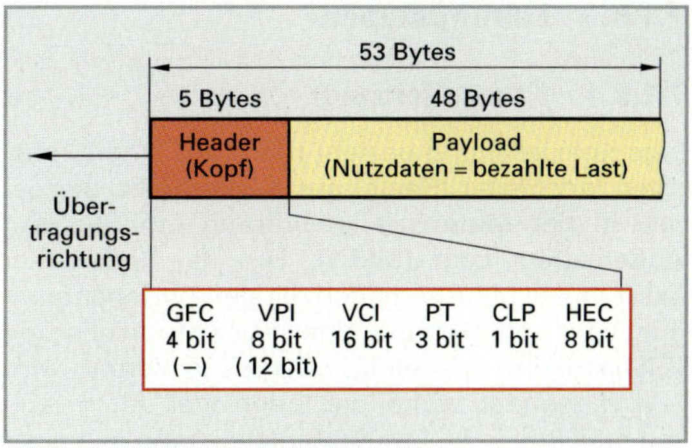

Bild 1: Aufbau einer ATM-Zelle

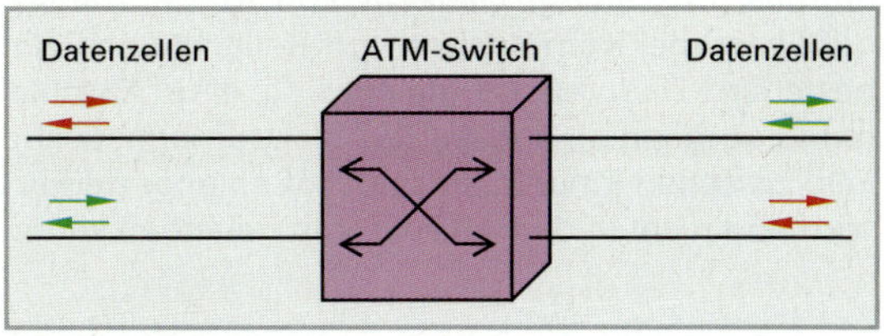

Bild 2: ATM-Switch

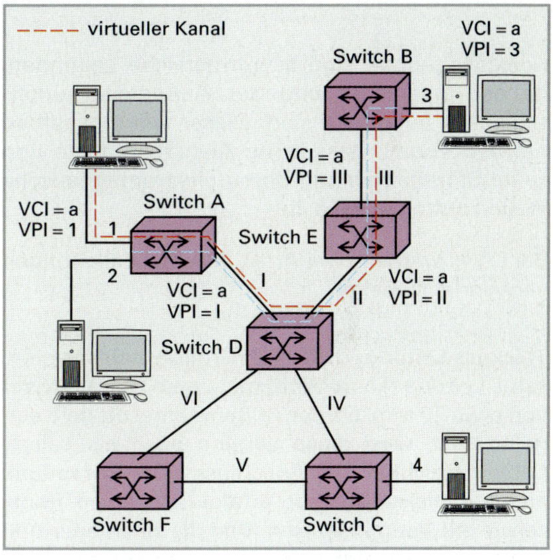

Bild 3: ATM-Verbindung von PC 1 zu PC 3

Wiederholung und Vertiefung

1. **Welche Bitraten sind beim Ethernet möglich?**
2. **Erklären Sie das Zugriffsverfahren CSMA/CD.**
3. **Wie erfolgt die Bussteuerung beim Token-Ring?**
4. **Weshalb gibt es beim Token-Ring eine Hauptleitung und eine Ersatzleitung?**
5. **Wie wird der Netzzugriff bei FDDI realisiert?**

Tabelle: Komponenten des Header einer ATM-Zelle

Abkürzung	Name, Übersetzung	Bits	Funktion
GFC	Generic Flow Control = Erzeugerflusssteuerung	4	Steuert mehrere Endgeräte auf einer Leitung.
VPI	Virtual Path Identifier = virtuelle Pfadkennzeichnung	8	Kennzeichnet einen Pfad im Netz.
VCI	Virtual Channel Identifier = virtuelle Kanalkennzeichnung	16	Kennzeichnet einen Kanal im Netz.
PT	Payload Type = Kostentyp	3	Dient zur Kostenkennzeichnung.
CLP	Congestion Loss Priority = Vorrang bei Stauverlusten	1	Dient zur Prioritätssteuerung.
HEC	Header Error Control = Kopfdatenfehlersteuerung	8	Dient zur Fehlererkennung.

7.1.5 Leitungstypen

7.1.5.1 Koaxialleitung

Eine Koaxialleitung besteht meist aus einem massiven Innenleiter (Seele) aus Kupferdraht, der genau in der Mitte des kreisförmig umhüllenden Außenleiters liegt **(Bild 1)**. Um den Innenleiter exakt in der Mitte zu halten, ist der Zwischenraum entweder komplett mit einer Kunststoffisolierung (Dielektrikum) ausgefüllt, oder als Isolierung wird Luft verwendet, wobei der Innenleiter durch Stützen gehalten wird. Der Außenleiter kann aus einer massiven Kupferhülse, einer Kupfer- oder Aluminiumfolie, aus einem Geflecht von Kupferdrähten oder aus einer Kombination von Geflecht und Folie bestehen. Dadurch ist gleichzeitig eine Abschirmung vorhanden, sodass das elektromagnetische Feld zwischen Innenleiter und Außenleiter geführt wird und nicht in den Außenraum gelangen kann.

Ein Koaxialkabel hat geringe Verluste und ist selbstabschirmend.

Koaxialleitungen sind asymmetrische Leitungen, da der Innenleiter und der Außenleiter unterschiedlich aufgebaut sind. Dieser Leitungsaufbau hat den Vorteil, dass keine Abstrahlverluste und keine Störeinstrahlung durch elektromagnetische Wellen auftreten **(Bild 2)**.

Bei LANs werden zwei Arten von Koaxialleitungen verwendet **(Tabelle)**.

Thicknet-Leitung: Dies ist eine dicke, schwer biegsame Leitung (Thick-Wire) mit einem Durchmesser von etwa 10 mm. Da der Außenmantel oft gelb eingefärbt ist, wird diese Leitung auch als Yellow Cable bezeichnet. Der Anschluss eines Computers an eine Thicknet-Leitung erfolgt über einen Transceiver mit Vampirklemme **(Bild 3)**. Innenleiter und Schirm werden dabei durch zwei unterschiedlich lange Metallspitzen kontaktiert. Thicknet-Leitungen werden bei Neuinstallationen nicht mehr verwendet.

Thinnet-Leitung: Diese Koaxialleitung hat oft einen litzenförmigen Innenleiter und einen Außendurchmesser von etwa 5 mm. Die Leitung ist biegsam, leicht zu verlegen und kostengünstig. Sie wird daher auch als Cheapernet (billigeres Netz) bezeichnet. Da die Dämpfung höher als bei der Thicknet-Leitung ist, sind nur Leitungslängen bis 185 m zulässig. Der Anschluss an den Computer erfolgt über BNC-Stecker **(Bild 4)**.

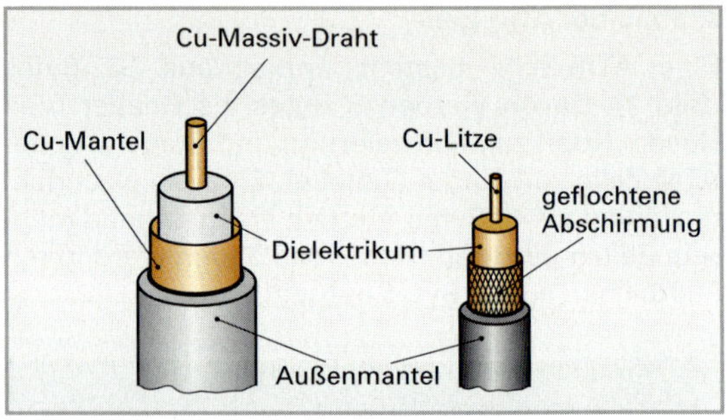

Bild 1: Aufbau von Koaxialleitungen

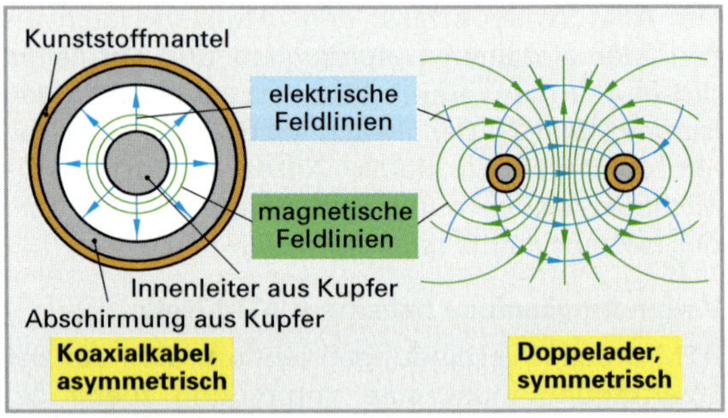

Bild 2: Abstrahlverhalten von Leitungen

Tabelle: Koaxialleitungen im Netzwerkeinsatz

Leitungstyp	Übertragungsrate	max. Leitungslänge	Verwendung (Netzwerk)
Thick Wire	10 Mbit/s	500 m	10-Base-5
Thin Wire	10 Mbit/s	185 m	10-Base-2

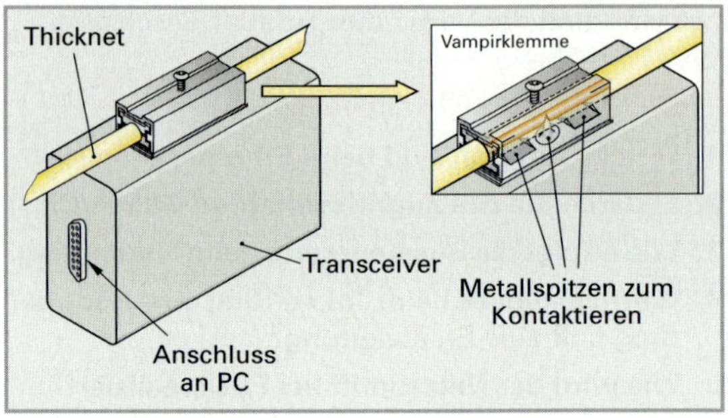

Bild 3: Anschluss von Thicknet-Leitungen

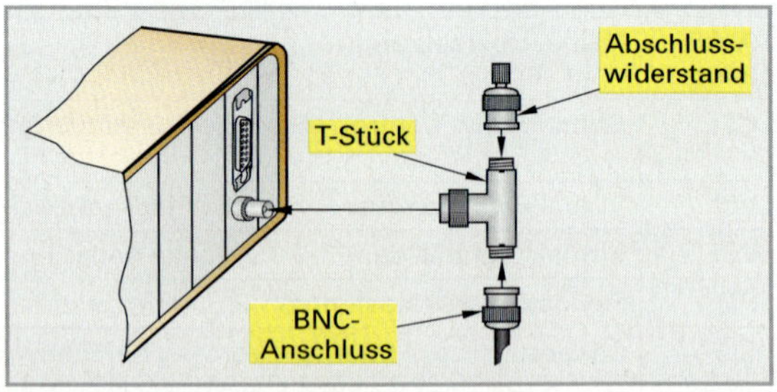

Bild 4: Anschluss von Thinnet-Leitungen

7.1.5.2 Twisted-Pair-Leitung

Diese Leitungen bestehen meist aus zwei oder mehreren isolierten Adern, die immer paarweise miteinander verdrillt (Twisted Pair) sind. Bei den im Netzwerkbereich verwendeten Twisted-Pair-Leitungen gibt es unterschiedliche Leitungsvarianten **(Bild 1)**. Sende- und Empfangskreise sind getrennt.

Bei mehradrigen Twisted-Pair-Leitungen wird eine Doppelader zum Senden und eine Doppelader zum Empfangen der Daten verwendet.

UTP-Leitungen (von unshielded twisted pair = ungeschirmtes verdrilltes Paar) haben nur verdrillte Doppeladern ohne Abschirmung. *S/UTP-Leitungen* (von screened/unshielded twisted pair = geschirmtes/ungeschirmtes verdrilltes Paar) haben einen Gesamtschirm aus einem Kupfergeflecht zur Reduktion der äußeren Störeinflüsse. *FTP-Leitungen* (von foilshielded twisted pair) besitzen zur Abschirmung einen Gesamtschirm aus alukaschierter Kunststoff-Folie. *S/FTP-Leitungen* (von screened/foilshielded twisted pair) haben einen Gesamtschirm aus alukaschierter Polyesterfolie und ein darüber liegendes Kupfergeflecht. Bei *STP-Leitungen* (von shielded twisted pair) ist jedes Aderpaar für sich abgeschirmt. *S/STP-Leitungen* (screened/shielded twisted pair) besitzen eine Abschirmung für jedes Aderpaar sowie eine Gesamtschirmung.

Die maximale Leitungslänge variiert mit der Dämpfung und ist abhängig davon, ob die Drähte abgeschirmt sind oder nicht. Twisted-Pair-Leitungen haben einen Wellenwiderstand von 100 Ω und eignen sich für verschiedene Netzwerktypen wie Token-Ring und Ethernet.

Bei einer Datenrate von 10 Mbit/s bis 100 Mbit/s kann eine Twisted-Pair-Leitung bis zu 100 m lang sein.

Leitungskategorien

Twisted-Pair-Leitungen sind entsprechend der Leitungskennwerte in die Kategorien *Cat 1* bis *Cat 7* eingeteilt **(Tabelle)**. In den einzelnen Kategorien ist vorgeschrieben, wie groß die Dämpfung in dB/100m und das Nahnebensprechen (NEXT) bei unterschiedlichen Übertragungsgeschwindigkeiten sein darf **(Bild 2)**.

Für den Anschluss von Twisted-Pair-Leitungen an Netzwerkverteiler bzw. an die Netzwerkkarte im PC werden so genannte RJ-45-Stecker verwendet **(Bild 3)**. Beim Anschließen der Leitung ist darauf zu

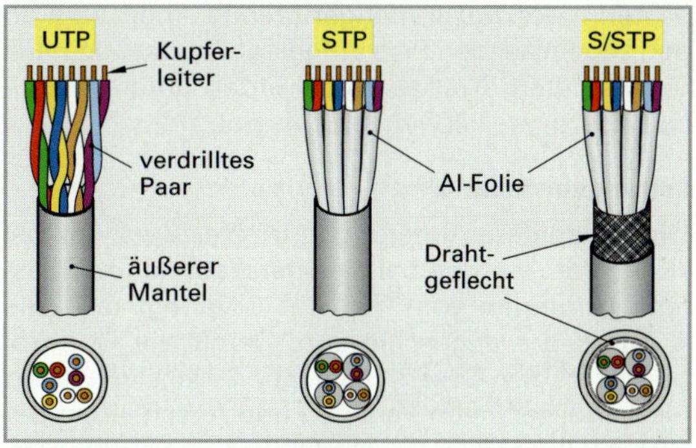

Bild 1: Aufbau von Twisted-Pair-Leitungen

Tabelle: Leitungskategorien

Kategorie	max. Übertragungsfrequenz	Anwendungsbereich
Cat 1	0,1 MHz	Für Alarmsysteme und analoge Sprachübertragung.
Cat 2	4 MHz	Für Sprache, für RS232-Schnittstellen und für ISDN.
Cat 3	16 MHz	Datenübertragung bis 16 Mbit/s, z. B. 10BaseT.
Cat 4	20 MHz	Datenübertragung bis 20 Mbit/s, z. B. IBM Token-Ring.
Cat 5	100 MHz	Datenübertragung bis 100 Mbit/s z. B. 100BaseT.
Cat 6	250 MHz	Datenübertragung bis 250 Mbit/s z. B. 155 Mbit ATM.
Cat 7	600 MHz	Datenübertragung bis 600 Mbit/s z. B. 622 Mbit ATM, 1000BaseT.

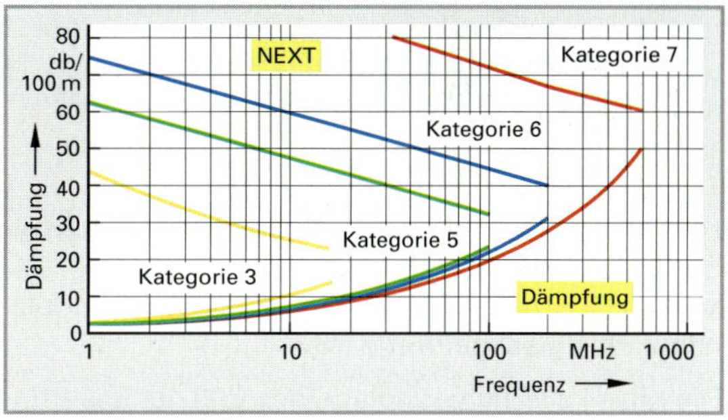

Bild 2: Grenzwertkurven für Leitungen

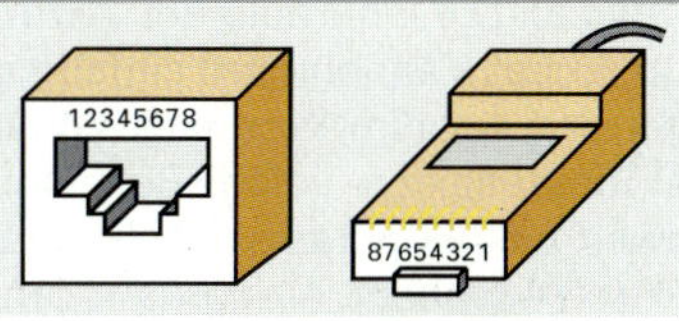

Steckerbelegung			
Aderpaar	Pins	Aderpaar	Pins
1	1, 2	3	4, 5
2	3, 6	4	7, 8

Bild 3: RJ-45-Buchse und RJ-45-Stecker

achten, dass zusammengehörende Aderpaare an den zugehörenden Pins aufgelegt werden. Je nach verwendetem Netzwerktyp werden unterschiedliche Aderpaare verwendet **(Tabelle)**.

Leitungsinstallation

Um für spätere Änderungen im Netzwerk flexibel zu bleiben, werden bei Neuinstallationen mindestens Leitungen vom Typ Cat 5 verlegt und alle 4 Aderpaare angeschlossen. Damit die Übertragungsrate der Gesamtinstallation nicht verringert wird, müssen beim Verlegen und Anschließen der Leitung die folgenden Punkte berücksichtigt werden:

- Leitung nicht zu stark dehnen,
- Leitung nicht quetschen,
- Leitung nicht knicken (Biegeradius beachten),
- beim Anschließen die Abschirmung nicht zu weit auftrennen,
- beim Anschließen die Verdrillung der Aderpaare nicht zu weit öffnen.

Fertig installierte Verkabelungsstrukturen sind zu prüfen und die Qualität der Arbeit ist in einem Messprotokoll nachzuweisen. So muss jeder Link (= Bindeglied) bzw. Übertragungskanal mit den darin enthaltenen Leitungen, Steckern und Anschlussbuchsen in einem Messprotokoll enthalten sein **(Bild 1)**. Dem Kunden wird eine Funktionsgarantie für die geforderte Leistungsklasse übergeben **(Bild 2)**.

Netzwerkklassen beziehen sich auf das Leistungsvermögen der Gesamtinstallation, während sich die Einstufung in Kategorien nur auf Einzelkomponenten bezieht.

7.1.5.3 Lichtwellenleiter LWL

Lichtwellenleiter verwenden zur Signalübertragung Licht oder Infrarotstrahlung, die in einer Faser aus Quarzglas oder Acrylglas (PMMA, Handelsname Plexiglas) geführt wird.

Die physikalische Grundlage des LWL ist das Prinzip von Brechung und Reflexion. Zur Signalübertragung wird Licht bzw. IR-Stahlung auf den Kern gerichtet **(Bild 3)**. Die innerhalb des Akzeptanzwinkels (von to accept = annehmen) einfallende Strahlung I (Intensity) wird im Kern weitergeleitet, weil am Mantel Totalreflexion (völlige Reflexion) eintritt. Der Sinuswert des Akzeptanzwinkels wird *numerische Apertur NA* (von lat. numerus = Zahl, apertura = Öffnung) genannt und für die LWL angegeben. Die NA liegt bei LWL im Bereich zwischen 0,1 und 0,25. Strahlen, die den selben Reflexionswinkel γ haben, werden als Mode (= Erscheinungsform) bezeichnet.

Tabelle: Belegung der Leitungsadern

Netzwerktyp	Verwendete Aderpaare
Token-Ring	1 und 3
10 BaseT	2 und 3
100 BaseT	2 und 3
1000 BaseT	1, 2, 3, und 4

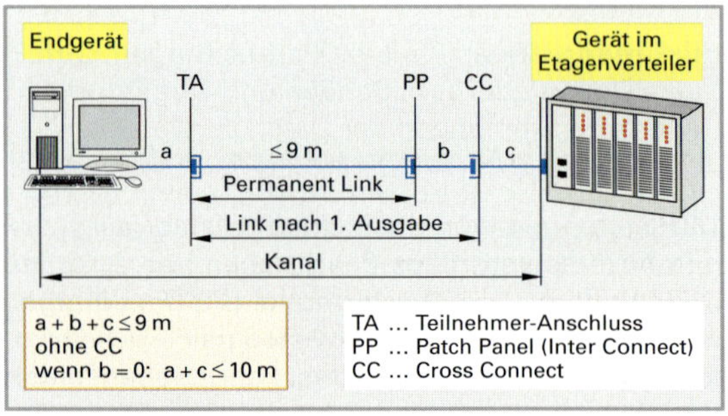

Bild 1: Übertragungskanal

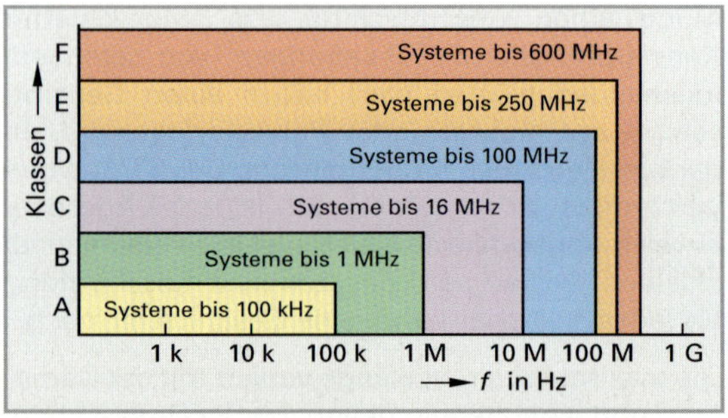

Bild 2: Leistungsklassen für Netzwerkinstallationen

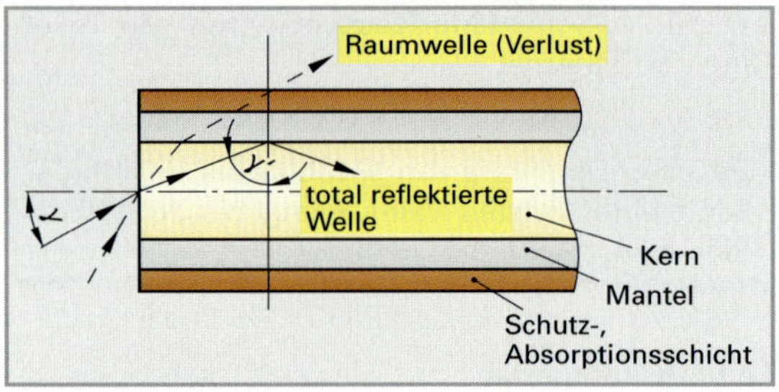

Bild 3: Akzeptanzwinkel γ

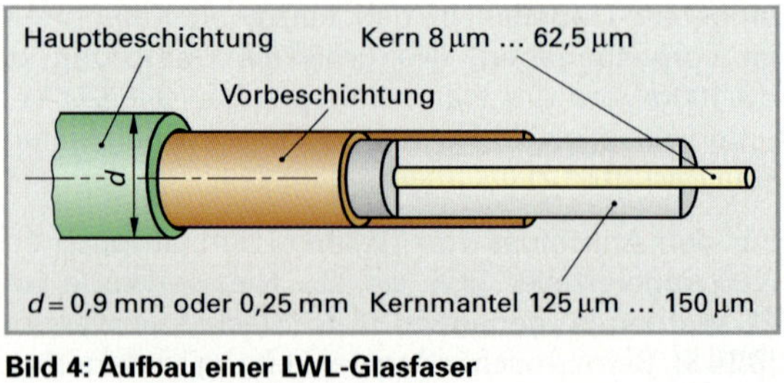

Bild 4: Aufbau einer LWL-Glasfaser

Aufbau eines LWL

Der Kern (Core) einer Glasfaser ist von dem Kernmantel (Cladding), der eine geringere optische Brechzahl besitzt, umgeben. Zum Schutz vor mechanischen Beschädigungen ist die Vorbeschichtung (Primary Coating) aufgebracht **(Bild 4, vorhergehende Seite)**. Mehrere so aufgebaute Fasern werden dann zu Bündeln zusammengefasst und mit weiteren Kunststoffummantelungen zu einem LWL-Kabel verarbeitet **(Bild 1)**.

> Die Signalübertragung in einer Glasfaser erfolgt nur in eine Richtung, daher besteht ein LWL-Kabel meist aus mehreren Fasern in getrennten Hüllen.

LWL-Adern gibt es in verschiedenen Formen **(Bild 2)**. Je nach Ausführung weisen die Adern dann bessere Druckbeständigkeit, Flexibilität oder Unempfindlichkeit gegenüber Temperaturschwankungen auf.
Bei den LWL entstehen wegen ihrer Zusammensetzung Bereiche mit hoher Dämpfung und Bereiche mit kleiner Dämpfung **(Bild 3)**. Letztere werden als Fenster bezeichnet. Bei Acrylfasern liegen die Fenster im sichtbaren Bereich, bei Quarzglasfasern liegen alle drei Fenster im IR-Bereich.

> Bei LWL aus Quarzglasfasern werden alle Signale durch IR-Strahlen übertragen.

Die eigentlichen Fasern (Kern und Mantel) können beim gleichen Werkstoff verschieden ausgeführt sein **(Tabelle)**. Je nach Kennlinie der Brechzahl von

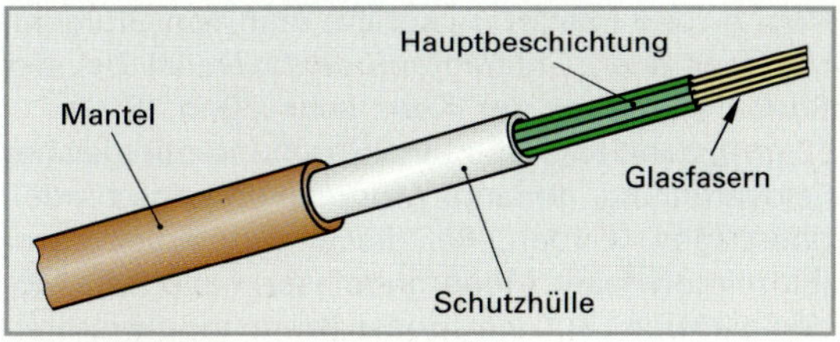

Bild 1: Aufbau eines LWL-Kabels

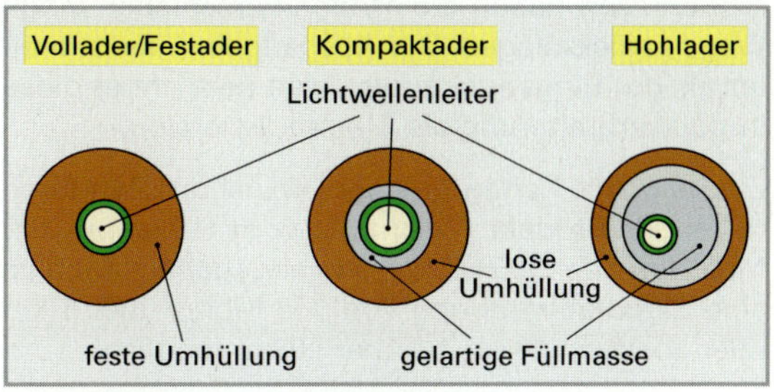

Bild 2: Aderarten von LWL-Kabeln

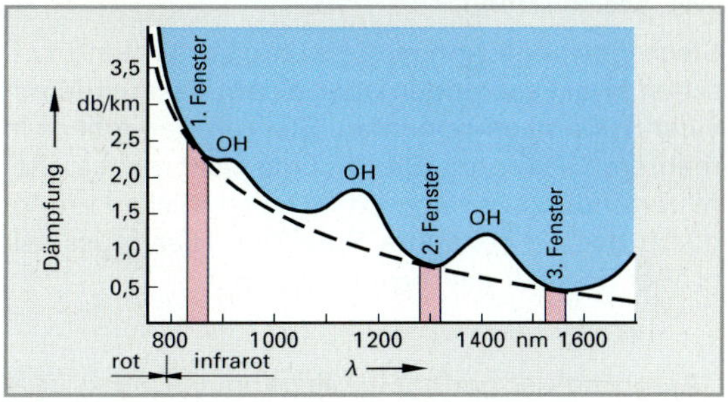

Bild 3: Dämpfung einer LWL-Quarzglasfaser

Tabelle: Mode-Arten von Glasfaserleitern

Faser	Wellenausbreitung, Impulsverbreitung	Brechzahlverlauf	Bemerkungen
Stufenindex, Singlemode	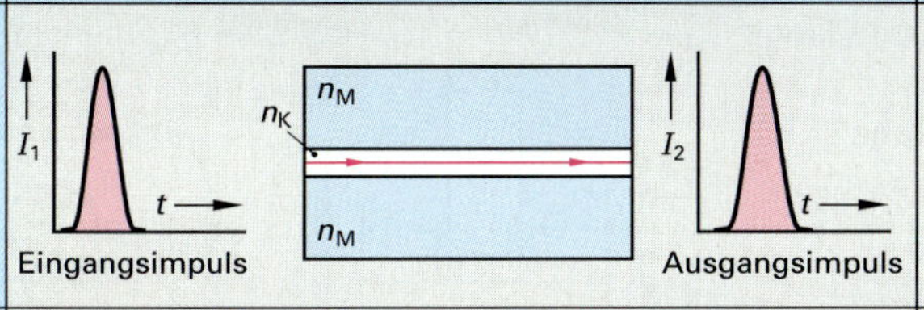	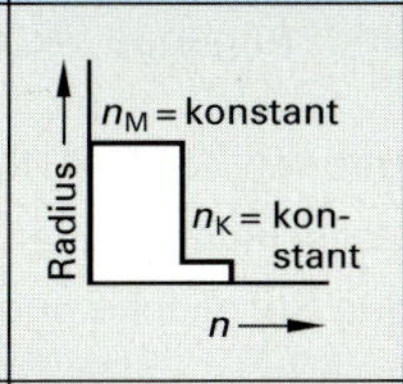	Für lange Strecken, kleine Dämpfung (< 1 dB/km), keine Impulsverbreiterung, Bandbreite-Länge-Produkt > 10 Gbit/s · km
Stufenindex, Multimode	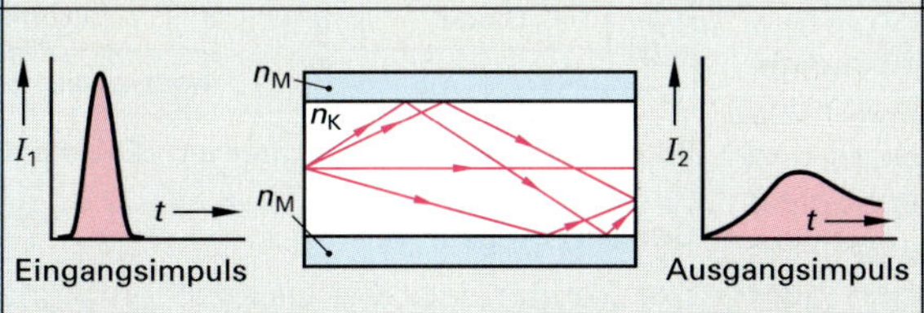	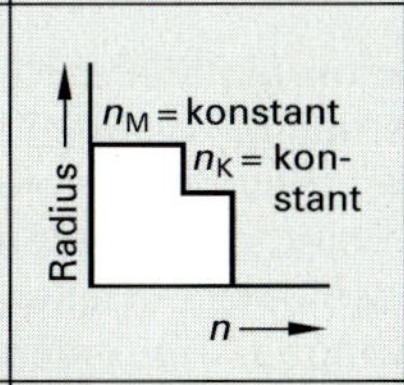	Für Strecken bis etwa 500 m, mittlere Dämpfung, große Impulsverbreiterung Bandbreite-Länge-Produkt < 100 Mbit/s · km
Gradientenindex, Multimode	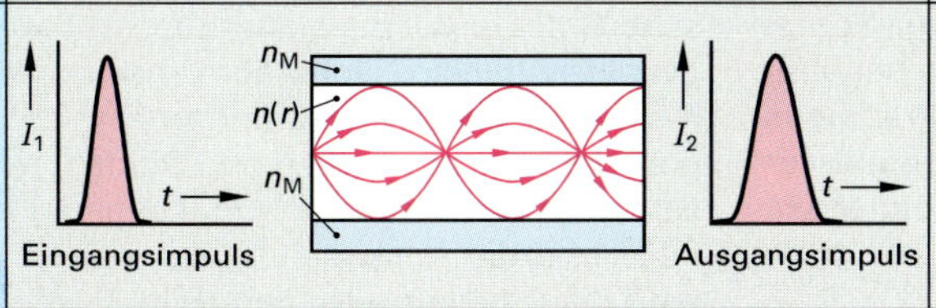	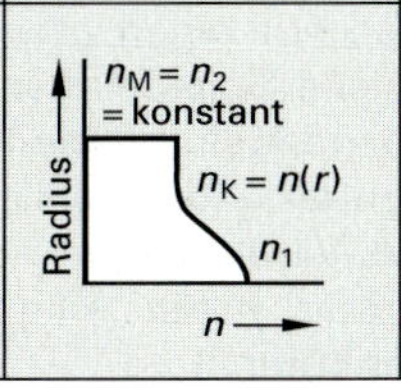	Für Strecken von 500 m bis 10 km, kleine Dämpfung, kleine Impulsverbreiterung, Bandbreite-Länge-Produkt < 1 Gbit/s · km

Kern n_K und Mantel n_M spricht man von *Stufenindexfaser* oder *Gradientenindexfaser*. Ist bei der Stufenindexfaser der Kern sehr dünn (5 µm ... 10 µm), dann kann nur eine Strahlung mit gleicher Feldverteilung, genannt *Modus* (von engl. mode), übertragen werden. Bei dieser *Singlemodefaser* (Einzelmodefaser, Monomodefaser) haben alle Moden dieselbe Laufzeit, sodass keine Impulsverbreiterung auftritt. Bei der *Multimodefaser* (Vielmodenfaser) haben die Moden verschieden lange Wege zurückzulegen. Der Ausgangsimpuls ist breiter als der Eingangsimpuls. Man bezeichnet diese Impulsverbreiterung als *Modendispersion*.

Eine wichtige Kenngröße der LWL ist das Bandbreite-Längen-Produkt. Wird z. B. vom Hersteller 100 MHz · km oder 100 Mbit/s · km angegeben, dann ist eine Signalübertragung von 100 Mbit/s über 1 km oder aber von 10 Mbit/s über 10 km möglich.

LWL-Steckverbinder

Stecker ermöglichen eine lösbare Verbindung zwischen zwei Faserenden oder einem Faserende mit einer Systemkomponenten. Steckerarten gibt es in mehreren Varianten **(Bild 1)**. Eine nicht mehr lösbare Verbindung zwischen zwei Leiterstücken erfolgt durch das so genannte Spleißen. Hier muss mit großer Sorgfalt gearbeitet werden.

> Aufgrund der geringen Faserabmessungen ist beim Spleißen eine optische Vergrößerungseinrichtung wie Lupe oder Mikroskop erforderlich.

Vor dem Spleißen sind folgende Arbeitsgänge durchzuführen:

- Abmanteln und Auftrennen des LWL-Kabels,
- Entfernen der Primärbeschichtung der Faser,
- Herstellen einer planen Stirnfläche und
- Reinigen der Fasern.

Das Spleißen selbst kann als Klebespleiß ausgeführt werden. Dazu werden die beiden Faserenden in einem eng tolerierten Glasröhrchen justiert und mit Kleber verklebt. Beim *geschweißten Spleiß* werden die beiden Enden in einer Halterung fixiert und mit einem Lichtbogen, Plasmabogen oder CO_2-Laser verschweißt. Für einen *mechanischen Spleiß* wird eine spezielle Spleißeinheit benötigt, bei der die beiden Faserenden in eine Präzisionshalterung gesteckt werden und anschließend verpresst werden. Bei LWL-Verbindungen können viele Fehler auftreten, die meist eine zu hohe Dämpfung verursachen **(Bild 2)**.

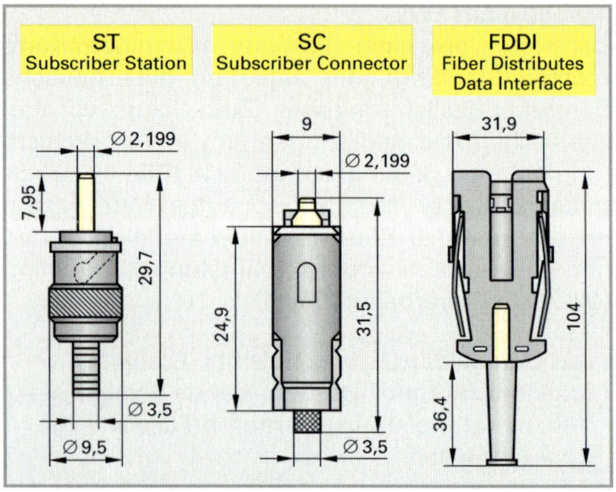

Bild 1: LWL-Steckverbinder

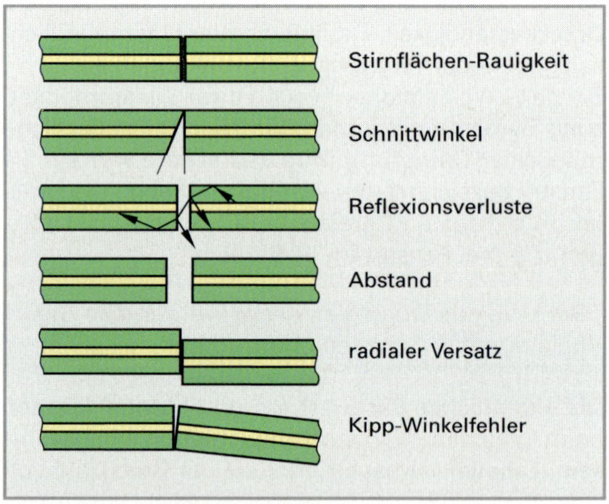

Bild 2: Fehlerquellen bei LWL-Verbindungen

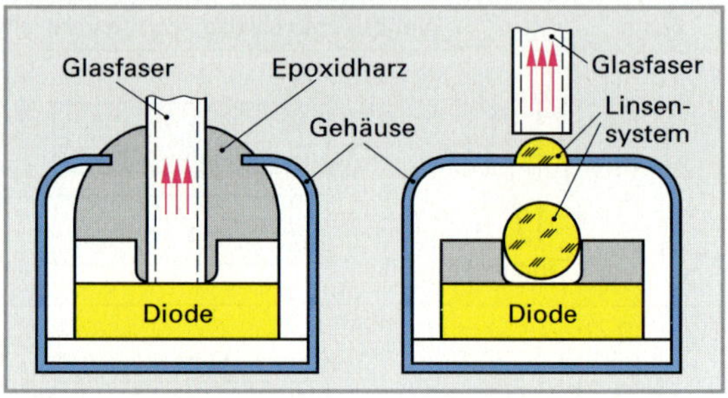

Bild 3: Auskoppeln der Signale am EO-Umsetzer

Sender, Empfänger

Der Sender setzt die elektrischen Signale in optische Signale (Lichtsignale) um und wird als *EO-Umsetzer* (Elektro-Optischer-Umsetzer) bezeichnet. Als Sender werden IRED (Infrarot emittierende Dioden), LED (Licht emittierende Dioden) oder LD (Laserdioden) verwendet. Die Einkopplung in die Glasfaser und die Auskopplung kann direkt oder über ein Linsensystem erfolgen **(Bild 3)**. Meist hat der

EO-Umsetzer eine angebaute Steckerkupplung, oder besitzt ein kurzes Kabelstück. An diese Pigtail (von pig = Ferkel und tail = Schwanz) wird dann der längere LWL durch Spleißen angeschlossen.

Als Empfänger werden PIN-Fotodioden mit der Schichtfolge (P-Leiter, Eigenleiter, N-Leiter) verwendet. Der Übergang von der Glasfaser auf diesen OE-Umsetzer (Opto-Elektrischer-Umsetzer) erfolgt entsprechend wie bei den Sende-Dioden.

Obwohl die Dämpfung der LWL klein ist, sind bei größeren Entfernungen Verstärker erforderlich. Das kann durch OE-Umsetzung, elektrische Verstärkung und abschließende OE-Umsetzung erfolgen oder durch spezielle optische Verstärker.

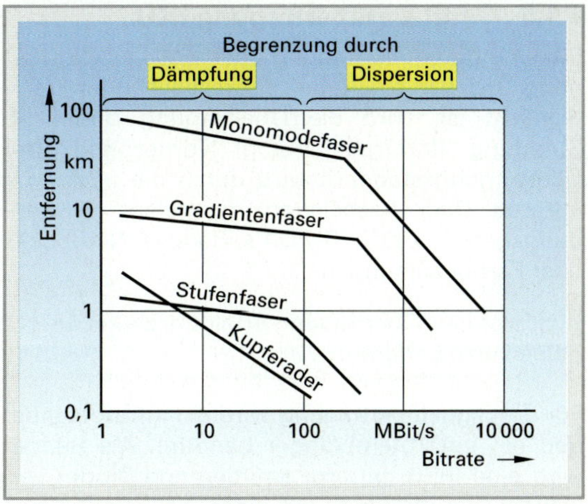

Bild 2: Verwendungsbereich von Kupferleitungen und LWL

Übertragungsstrecke

Bei der Übertragung werden die Signale in der Signalaufbereitung meist in Binärsignale mit Amplitudenumtastung aufbereitet, und zwar so, dass eine Folge von schwachen und von starken Signalen aus Licht bzw. IR-Strahlung einander folgen **(Bild 1)**.

Diese Intensitätsmodulation wird angewendet, weil IRED bzw. LED für andere Modulationsarten nicht geeignet sind und LD nur mit großem Aufwand.

> Die Signalübertragung über LWL erfolgt mit Intensitätsmodulation (Amplitudenumtastung).

Vom EO-Umsetzer gelangen die Signale über Steckverbinder, Pigtail und Spleiß zum eigentlichen Glasfaserleiter. Am anderen Ende des LWL erfolgt in umgekehrter Reihenfolge die Umsetzung. Für den Duplexbetrieb werden meist zwei LWL verwendet (Bild 1).

Ein einziger LWL kann auch in beiden Richtungen arbeiten, z. B. bei verschiedenen Wellenlängen (Wellenlängenmultiplex) oder durch Zeitmultiplex. Davon wird wegen der niedrigen Kosten der LWL selten Gebrauch gemacht.

Die Übertragungsstrecken unterscheiden sich je nach erforderlicher Länge durch die verwendeten Sendedioden und die LWL. Für Strecken bis 100 m wird mit rotem Licht und Acrylglasfasern gearbeitet. Darüber wird mit IR-Strahlung und Multimode-Quarzglasfasern und bei Strecken über 20 km mit IR-Strahlung und Singlemode-Quarzglasfasern gearbeitet.

Tabelle: Vergleich von Leitungen

Art	LWL	Kupferleitungen
Vorteile	• höhere Bandbreiten • höhere Reichweiten • keine EMV-Probleme • keine Erdung notwendig • geringer Kabelumfang • weniger Kabelmasse	• höhere mechanische Festigkeit • leichtere Verarbeitung • Sprachsignale sofort integrierbar • strukturierte Verkabelung mit universeller Technik

Vergleich mit Kupferleitungen

LWL zeichnen sich durch hohe Übertragungsgeschwindigkeit und geringe Dämpfung aus **(Bild 2)**. Im Gegensatz zu Kupferleitungen muss bei LWL ein größerer Biegeradius beim Verlegen eingehalten werden und das Anbringen von Steckern und Spleißen ist aufwändig. So gibt es immer noch Einsatzbereiche, in denen die Vorteile der Kupferleitungen überwiegen **(Tabelle)**.

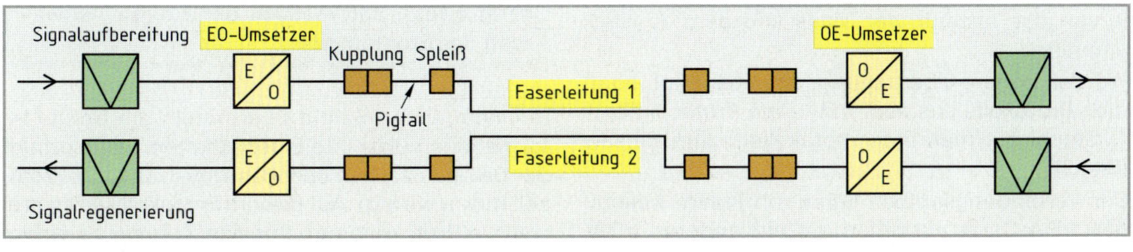

Bild 1: Kanal für Duplexbetrieb in LWL-Technik

7.1.6 Infrarotübertragung IrDA

Für eine Datenübertragung über eine kurze Entfernung, bei der ein Kabel unpraktisch oder unerwünscht ist, wird die Übertragung durch IR-Strahlung (Infrarotstrahlung) vorgezogen. Der Übertragungsstandard wird durch die IrDA (von Infrared Data Association) festgelegt. Anwendungsgebiete sind z. B. PDA's, Handys, Notebooks oder Fernbedienungen.

Infrarotdatenübertragung erfolgt drahtlos über eine kurze Entfernung.

Für die Signalübertragung wird ein Infrarotsender und ein Infrarotempfänger benötigt. Als Sender wird eine IRED (Infrarot emittierende Diode) verwendet, die Strahlung mit einer Wellenlänge zwischen 850 nm und 900 nm abstrahlt. Der Abstrahlbereich ist keulenförmig und hat einen Winkel von etwa 30° **(Bild 1)**. Als IR-Empfänger werden PIN-Fotodioden oder Fototransistoren eingesetzt.

Die Datenübertragung kann im Normalfall über eine Entfernung von 1 m erfolgen. Manche batteriebetriebene Geräte verwenden spezielle Niederstromvarianten, die ca. ein zehntel weniger Strom verbrauchen, damit aber nur eine Übertragung über 20 bis 30 cm ermöglichen. Wenn Entfernungen über 1 m zu überbrücken sind, werden in dem IR-Sender mehrere IRED in Reihe geschaltet. Durch gebündelte Infrarotstrahlung mit einer Linse im IR-Sender kann die Übertragungsentfernung weiter vergrößert werden.

Bei der IR-Datenübertragung stören die Infrarotanteile von fremden Strahlungsquellen wie Sonnenlicht oder Glühlampen **(Bild 2)**. Um diese Störungen zu verringern, wird vor die Fotodiode ein optisches Filter gebaut. Da dieses Filter sichtbares Licht vollständig absorbiert und daher schwarz aussieht, wird es auch als Schwarzfilter bezeichnet (Bild 2).

Die Übertragungsgeschwindigkeit ist abhängig vom verwendeten Übertragungsstandard **(Tabelle)**. Bei Geräten wie Tastatur oder Fernbedienung, die nur geringe Übertragungsgeschwindigkeiten benötigen, werden die *IrDA Control Protokolle* verwendet. Diese ermöglichen es, dass ein Host mit bis zu acht Client-Geräten gleichzeitig kommuniziert, z. B. mit einem IR-Empfänger am PC, der die Signale von der Tastatur, der Maus und dem Joystick empfängt.

Werden höhere Übertragungsraten benötigt, kommen Protokolle aus dem *IrDA Data Protocol Stack* (= Stapel mit mehreren Protokollen) zum Einsatz **(Bild 3)**.

Der Verbindungsaufbau kann von jedem beliebigen IrDA-Gerät ausgehen. Ist ein anderes IrDA-Gerät in der Nähe, kommt es zu einer Verbindung.

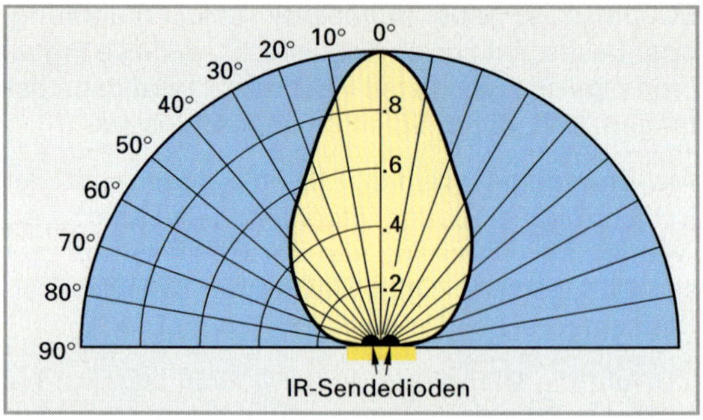

Bild 1: Abstrahlbereiche eines IR-Senders

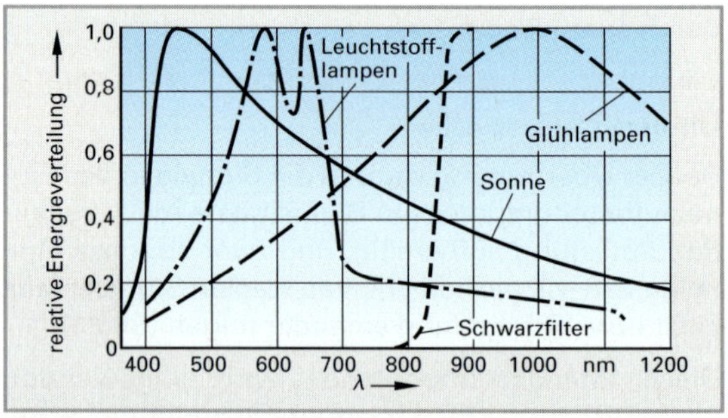

Bild 2: Spektrale Energieverteilungskurven

Tabelle: Übertragungsgeschwindigkeiten bei IR

Standard	Bitrate
SIR Standard-IR-Schnittstelle	115,2 kbit/s
FIR Fast Infrared Standard	4 Mbit/s
VFIR Very Fast Infrared Standard	16 Mbit/s

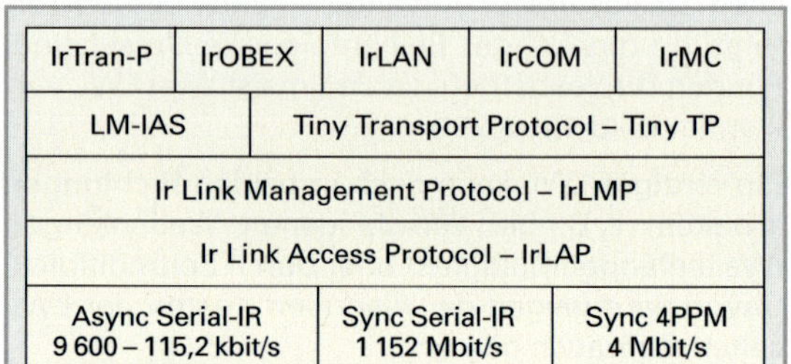

Bild 3: IrDA-Data-Protocol-Stacks

Der Verbindungsaufbau zu einem Empfangsgerät erfolgt automatisch ohne extra Aktivierung des Empfängers.

In einem ersten Schritt übermitteln die Geräte Informationen über ihre Eigenschaften. Dann erfolgt der Datenaustausch über das Tiny-Transport-Protokoll (tiny = winzig). Auf diesem Protokoll setzen drei weitere Protokolle auf. Für den Zugang zu einem lokalen Netzwerk wird das IrLAN verwendet.

7.1.7 Netzwerkkomponenten

Netzwerkkarte NIC

Der Anschluss eines PC an ein LAN erfolgt meist über eine Netzwerkkarte (NIC = Network Interface Card). Je nach Netzwerkverkabelung schließt man diese Karte über einen RJ45-Stecker oder einen BNC-Stecker oder einen 15-poligen Sub-D-Stecker an das Netz an **(Bild 1)**.

> Jede Netzwerkkarte ist durch ihre MAC-Adresse eindeutig gekennzeichnet.

Diese MAC-Adresse (von Media Access Control = Zutrittskontrolle zum Medium) ist 48 bit lang. Die ersten 24 bit sind an die Netzwerkkartenhersteller vergeben worden, die zweiten 24 bit sind eine Seriennummer des Herstellers.

> Jeder an ein LAN angeschlossener PC hat eine Netzwerkkarte mit einer weltweit einmaligen MAC-Adresse.

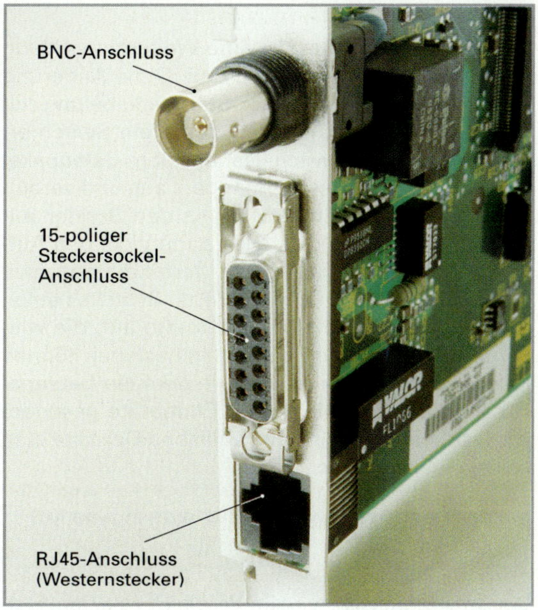

Bild 1: Ethernet-Netzwerkkarte

Repeater und Hub

Ein Repeater (von to repeat = wiederholen) empfängt Signale, verstärkt sie und gibt sie weiter. In einem LAN dient er dazu, die Reichweite eines Signals zu erhöhen.

Ein Hub (= Nabe) ist ein Verteiler, bei dem alle Anschlüsse intern miteinander verbunden sind **(Bild 2)**. Die empfangenen Signale werden daher an alle angeschlossenen Stationen verteilt. Ein aktiver Hub führt zusätzlich noch eine Signalverstärkung durch. Die Durchsatzraten in einem solchen Netzwerk sinken, je mehr PC den Datenverkehr aufnehmen.

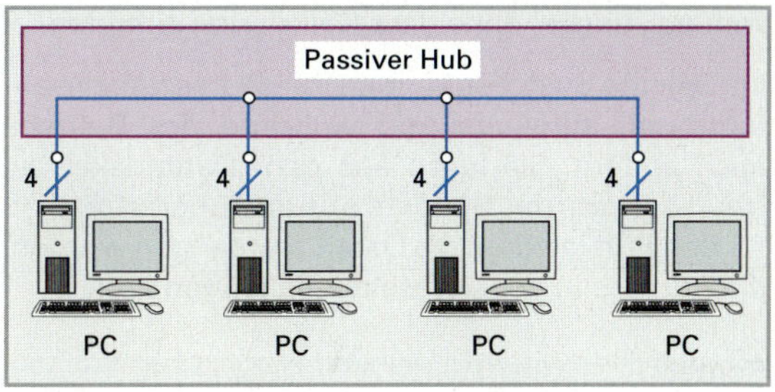

Bild 2: Interne Verbindungen in einem Hub

Mit einem Hub oder Repeater können Netzwerke vergrößert, bzw. gekoppelt werden. Ein solches Netzwerk bildet weiterhin noch eine Kollisions-Dömäne, d. h. wenn in diesem Netzbereich mehrere Stationen gleichzeitig senden, tritt eine Kollision auf. Beim Verbinden von Netzwerken ist darauf zu achten, dass die zulässige Anzahl der gekoppelten Segmente und die maximale Stationenzahl nicht überschritten wird **(Bild 3)**.

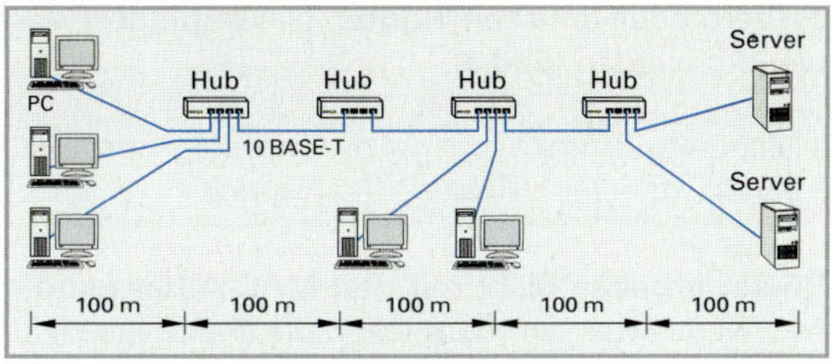

Bild 3: Verwendung von Hubs bei einem 10 BaseT-Netzwerk

> Netzwerke mit unterschiedlichen Zugriffsverfahren können nicht mit einem Repeater oder Hub zusammengeschaltet werden.

Bridge

Eine Bridge (= Brücke) leitet die Datenpakete nicht an alle anderen Netzsegmente weiter, sondern filtert den Datenverkehr. In den Adresstabellen einer Bridge sind die MAC-Adressen der angeschlossenen Stationen eingetragen. Dadurch ist es der Bridge möglich, die Daten nur in das Netzsegment weiterzuleiten, in dem sich der Zielrechner befindet **(Bild 1, folgende Seite)**. Dies trägt zur Entlastung des Gesamtnetzes bei. Eine Bridge kann Netzwerke, die das gleiche Protokoll, z. B. TCP/IP, verwenden, aber unterschiedliche Medien benutzen, verbinden. So kann eine Bridge z. B. ein Token-Ring-Netzwerk mit einem Ethernet Netzwerk verbinden.

Switch

Ein Switch (= Schalter) ist eine Weiterentwicklung einer Bridge mit mehreren Ports. Ohne Änderung am Netzwerk kann bei einer Sternverkabelung mit Twisted-Pair-Kabeln ein Hub durch ein Switch ersetzt werden. Der Switch liest aus dem Datenpaket die MAC-Adresse des Empfängers aus und verbindet über die Schaltmatrix direkt den Sender mit dem Empfänger **(Bild 2)**. Dies ermöglicht den Aufbau mehrerer unabhängiger Verbindungen zwischen den einzelnen Switch-Ports. Switches teilen somit das Netz in mehrere Teilnetze auf, die wiederum aus mehreren Segmenten bestehen können **(Bild 3)**. Ein Netzwerkbereich, in dem ein Datenpaket an alle angeschlossenen Endgeräte gesendet wird, bezeichnet man als Kollisons-Domäne (lat. collisio = Zusammenstoß).

> Jeder Port eines Switch bildet eine eigene Kollisions-Domäne.

Der Datendurchsatz wird im Vergleich zu einem Hub deutlich erhöht, da in den einzelnen Teilnetzen unterschiedliche Datenpakete gleichzeitig transportiert werden können, ohne dass Kollisionen auftreten.

Intelligente Switches können ihre Adresstabelle automatisch aufbauen und während des Betriebs auch ändern. Sie lesen aus dem Datenpaket die MAC-Adresse des Senders aus und überprüfen, ob für den Port, an dem die Daten empfangen wurden, die Adresse in der Adresstabelle eingetragen ist.

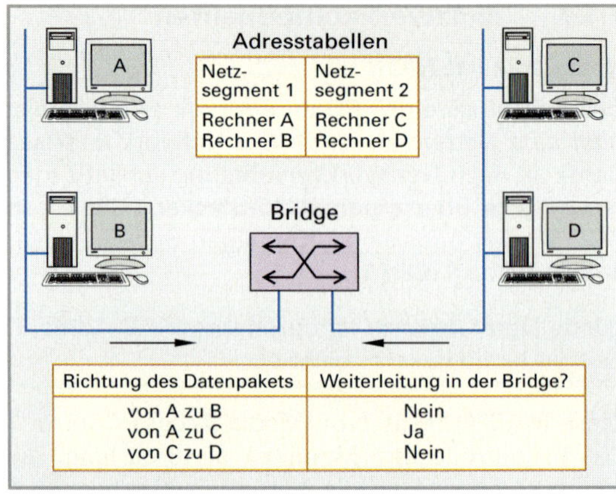

Bild 1: Einfache Brückenkonfiguration

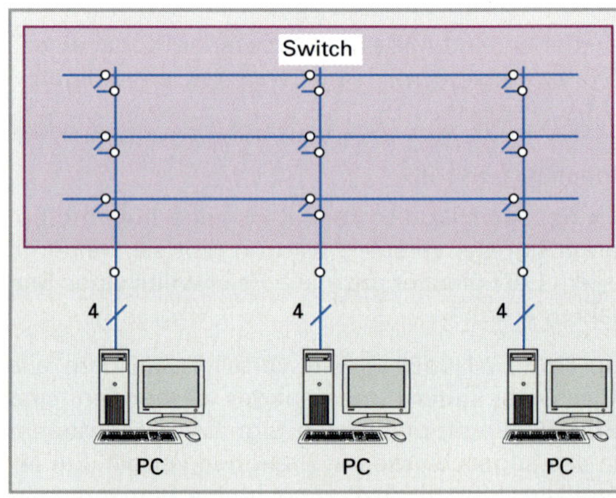

Bild 2: Schaltmatrix eines Switch

Router

Um unterschiedliche Netztypen und Netzprotokolle, wie Firmennetze und das Internet, miteinander zu verbinden müssen Router (= Wegfinder) verwendet werden **(Bild 3)**.

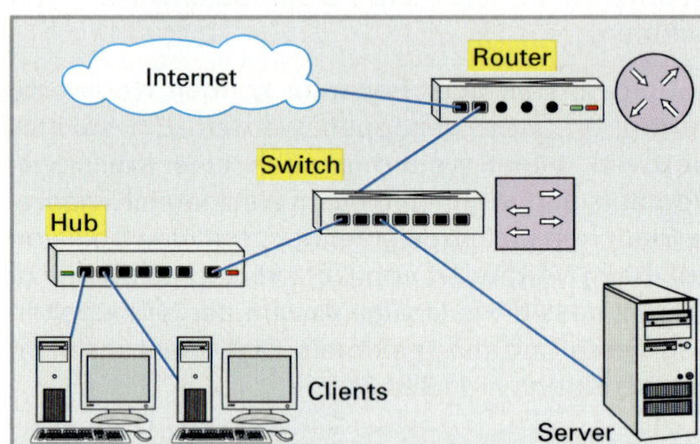

Bild 3: Anbindung eines Firmennetzes an das Internet über einen Router

> Nicht alle Protokolle sind routingfähig und arbeiten mit einem Router zusammen.

Router arbeiten nicht mit den MAC-Adressen der Netzwerkkarten, sondern lesen die IP-Adresse (Abschnitt 7.1.8) aus dem Datenpaket aus. Dieser Vorgang benötigt Zeit, und so sind Router langsamer als Switches oder Bridges. Dafür sind Router in der Lage an Hand ihrer Routing-Tabelle mit IP-Adressen den kürzesten Weg zu dem Zielrechner zu ermitteln. Bei Störungen oder Ausfällen können selbstständig alternative Wege um defekte Router gebildet werden.

Router können an den Informationen, die sie aus einem Datenpaket lesen, erkennen, ob das Paket fehlerhaft ist. Ist dies der Fall, wird das Paket verworfen und beim Absender noch einmal angefordert. Zudem können Router einfach zu Firewalls (= Brandmauer) konfiguriert werden, indem nur Datenpakete von bestimmten IP-Adressen weiter geroutet werden. Das bedeutet, dass nur berechtigte Nutzer von außen auf das Netz zugreifen können.

7.1.8 IP-Adressen

Um einen Rechner in einem Netzwerk zu adressieren, ist die weltweit einmalige MAC-Adresse der Netzwerkkarte nicht praktikabel. So müsste bei einem Austausch einer defekten Netzwerkkarte die Adressänderung sofort im gesamten Netz bekannt gegeben werden. Sinnvoll ist daher die Einführung logischer Adressen, die zwischen der Netzwerk-Hardware und der Netzwerk-Software vermitteln. Um Computer im Internet oder in einem Intranet unterscheiden zu können, werden ihnen IP-Adressen (IP von Internet Protokoll) zugeteilt. Die IP-Adresse besteht aus 32 Bit und ist in zwei Teile unterteilt **(Bild 1)**. Der erste Teil adressiert das Netzwerk, in dem sich der Computer befindet, der zweite Teil adressiert den Computer selbst. Den ersten Teil bezeichnet man als Net-ID oder als Netzwerkadresse. Der zweite Teil heißt Host-ID, Hostadresse oder Computeradresse. Dies ist vergleichbar mit einer Telefonnummer, bestehend aus der Vorwahl für das Ortsnetz und der eigentlichen Rufnummer für den Teilnehmer.

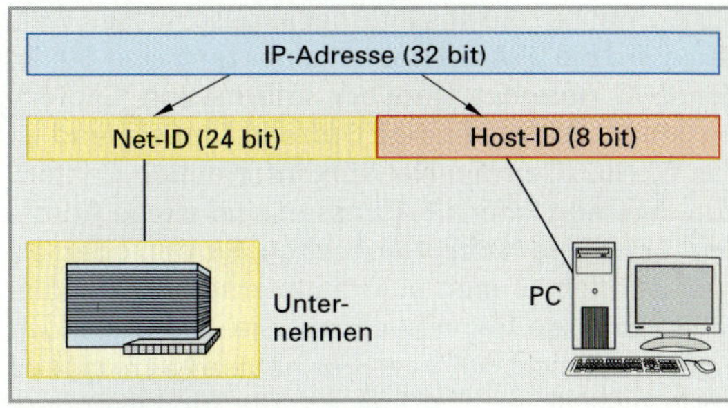

Bild 1: Aufteilung der IP-Adresse

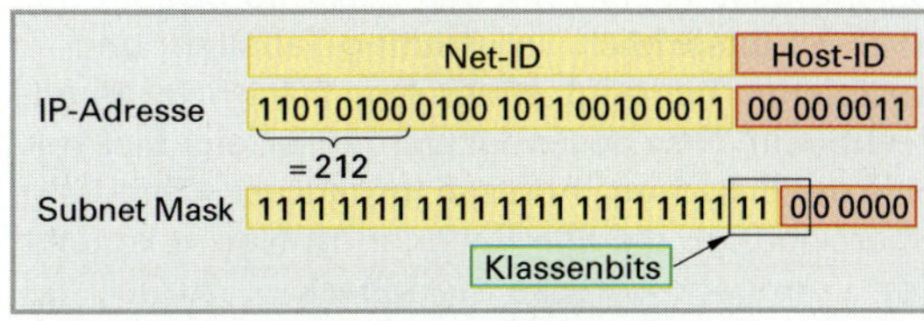

Bild 2: Subnet Mask teilt die IP-Adresse

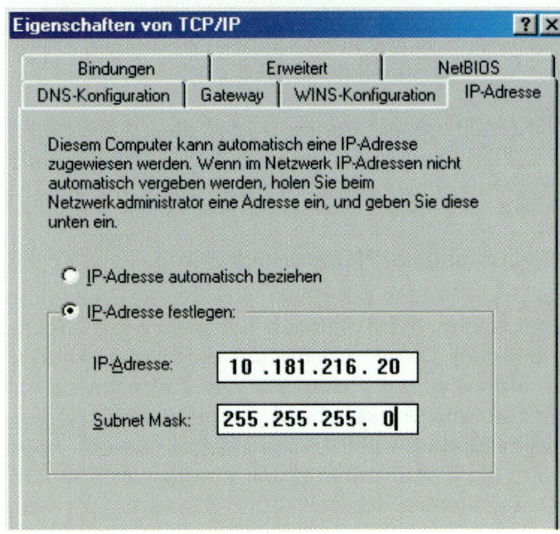

Bild 3: Dialogfeld zur Eingabe von IP-Adresse und Subnet Mask von Windows

7.1.8.1 Subnetze

Da die Anzahl der IP-Adressen begrenzt ist und sehr große Computernetze schwierig zu verwalten sind, werden diese Netze in kleinere Netze, so genannte Subnetze unterteilt. Um bei einer IP-Adresse festzulegen wie groß der Net-ID-Anteil bzw. der Host-ID-Anteil ist, muss als zusätzliche Information die Subnet Mask (= Subnetz-Maske) bekannt sein.

Die Subnet Mask legt fest, welche Bits der IP-Adresse für die Net-ID und welche für die Host-ID gültig sind.

Für jedes Bit, das zur Net-ID gehört, ist die Subnet Mask mit 1 maskiert. Für die Bits, die zur Host-ID gehören, sind die Bits in der Subnet Mask auf 0 gesetzt **(Bild 2)**. IP-Adressen und Subnet Masken werden, z. B. in Eingabefeldern von Betriebssystemen, nicht in der Binärschreibweise angegeben, sondern in Dezimalschreibweise (DDN von Dotted Decimal Notation) **(Bild 3)**. Dabei werden immer 8 Binärstellen in eine maximal 3-stellige Dezimalziffer umgewandelt. Es entstehen immer 4 Dezimalzahlen, die durch Punkte getrennt sind. Eine übersichtliche Schreibweise für die IP-Adresse mit Subnet Mask ist die CIDR-Maske (sprich Cidder; von Classless Internet Domain Routing) oder Slash-Maske. Diese Schreibweise wird bei einigen neuen Betriebssystemen und bei der Konfiguration von Routern verwendet.

Bei der CIDR-Maske $X.X.X.X/_Y$ gibt X die IP-Adresse in Dezimalschreibweise an und Y die Anzahl der Bits der IP-Adresse, die zur Net-ID gehören.

Beispiel:
Wie lautet a) die IP-Adresse, b) die Subnet Mask aus Bild 2 in Dezimalschreibweise, c) die dazugehörende CIDR-Maske?

Lösung:

a) IP-Adresse: **212.75.35.3**
b) Subnet Mask: **255.255.255.192**
c) CIDR-Maske: **$212.75.35.3/_{26}$**

Für Computer, die ans Internet angeschlossen werden, wird die IP-Adresse von einer zentralen Stelle, der INIC (Internet Network Information Center), vergeben. Die zuständige Stelle in Deutschland ist das GENIC (German Network Information Center). Von den möglichen IP-Adressen sind einige Adressen für private Netze vorgesehen. Firmen oder Organisationen können in ihren internen Netzen diese IP-Adressen frei verwenden. Sie werden jedoch im Internet nicht geroutet. Für private Netze gibt es noch zusätzliche IP-Adressen, die für besondere Verwendungen reserviert sind **(Bild 1)**. Die Netzwerkadresse bezeichnet das gesamte Subnet und wird hauptsächlich in Routing-Tabellen und in Netzplänen benötigt. Muss eine Nachricht an alle Rechner im Netz gesendet werden, erfolgt dies mithilfe der Broadcast-Adresse (broadcast = Sendung, Übertragung), die alle Rechner im Netz anspricht. Die Loopback-Adresse (loopback = zurück geschleift) ist nur innerhalb eines Rechners gültig und funktioniert auch, wenn der Rechner nicht an einem Netz angeschlossen ist. Datenpakete, die an diese Adresse gesendet werden, werden wieder in den Rechner zurückgeschickt.

Innerhalb eines Subnets dürfen die 2 Adressen für den Broadcast und die Netzwerkadresse nicht für einzelne Rechner verwendet werden.

Bestimmung der Netzwerkadresse

Ein Router muss erkennen, ob sich die Zielstation einer Nachricht im gleichen Netzwerk wie die Quelle befindet. Dazu berechnet er die Netzwerkadresse, indem er die IP-Adresse des Zielrechners mit der Subnetz-Maske bitweise logisch UND (∧) verknüpft **(Bild 2)**. Die Broadcast-Adresse erhält man, wenn die IP-Adresse mit der invertierten Subnetz-Maske bitweise logisch ODER (∨) verknüpft wird (Bild 2).

Projektierung von Subnetzen

Eine wichtige Aufgabe des Systemverwalters ist die Aufteilung eines großen Firmennetzes in mehrere Subnetze. Von einer zugeteilten IP-Adresse ist der erste Teil, die Net-ID, festgelegt und daher unveränderlich. Von dem zweiten Teil können die Subnetze gebildet werden.

Wiederholung und Vertiefung

1. **Erklären Sie den Begriff Kollisions-Domäne.**
2. **Welchen Vorteil bietet ein Switch im Vergleich zu einem Hub?**
3. **Wofür wird eine Subnetz-Maske benötigt?**
4. **Wie viele Bits benötigt man zum Adressieren von 3 Subnetzen?**

IP-Adressen für private Netze
10.0.0.0 bis 10.255.255.255.255
172.16.0.0 bis 172.31.255.255.255
192.168.0.0 bis 192.168.255.255

Netzwerkadressen	Net-ID	alle 0
Broadcast-Adressen	Net-ID	alle 1
Loopback-Adressen	127	beliebig, oft 1

Bild 1: IP-Adressen für besondere Verwendung

IP-Adresse ∧ Subnet Mask Netzwerkadresse	IP-Adresse ∨ Subnet Mask Broadcast-Adresse

Bild 2: Berechnungsvorschriften

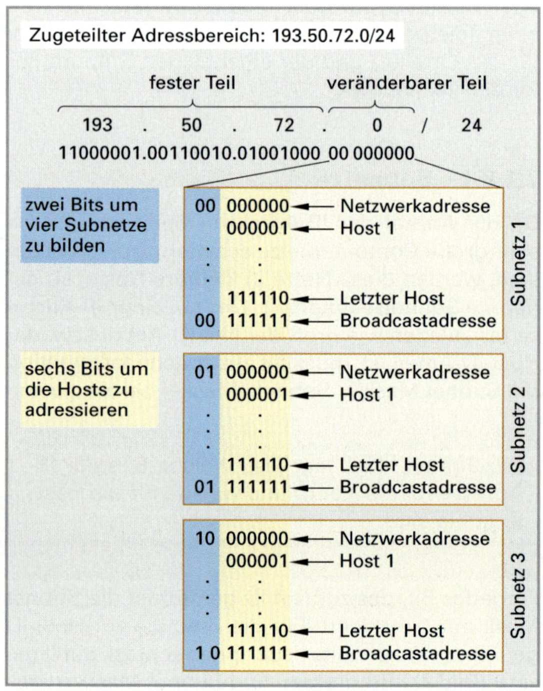

Bild 3: Aufteilung eines IP-Adressbereiches in 3 Subnetze

Beispiel:
Ihnen wird die IP-Adresse 193.50.72.0/24. zugewiesen. Teilen Sie diesen Adressbereich in 3 Subnetze auf, wobei an jedes Subnetz 20 PCs angeschlossen werden.

Lösung:
Es sind 2 Bits ($2^2 = 4$) nötig um 3 Subnetze zu bilden, dabei bleibt, z. B. ein Subnetz für eine Netzwerkvergrößerung in Reserve. Weiterer Lösungsweg: **Bild 3**

7.2 Netzwerkbetriebssystem Novell

7.2.1 Arbeiten mit dem Netzwerkbetriebssystem

Ein Netzwerk besteht aus Computern, die meist über Hubs oder Switches miteinander verbunden sind. Ist ein Computer der Mittelpunkt, auf den von allen anderen Computern zugegriffen werden kann, wird er als *Server* (von to serve = dienen) bezeichnet. Auf dem Server sind Daten abgelegt, auf welche die Benutzer des Netzwerkes zugreifen können. Zusätzlich bietet der Server *Dienste* an, wie das Speichern von Daten auf seiner Festplatte, sodass sie von allen Computern im Netzwerk abgerufen werden können, oder das Ausdrucken von Dokumenten auf einem entfernten Drucker.

Ein Server stellt Daten und Dienste in einem Netzwerk bereit.

Die an den Server angeschlossenen Computer werden als *Clients* (von client = Kunde) bezeichnet.

Ein Client ist eine Arbeitsstation, mit der Daten und Dienste vom Server abgerufen werden.

Verfügt ein Netzwerk über einen Server und angeschlossene Clients, wird es als *serverbasiertes* Netzwerk bezeichnet. In solchen Netzen findet der Datenaustausch zwischen den Clients nur über den Server statt.
Der Server benötigt ein Netzwerkbetriebssystem, wie Novell NetWare oder Windows. Novell NetWare wird dabei auf dem Server installiert, die Clients können über ihr eigenes Betriebssystem, z. B. Windows, verfügen.

7.2.1.1 Anmelden an das Netzwerk

Wird ein an ein Netzwerk angeschlossener Client gestartet, erscheint nach dem Hochfahren des Computers ein Anmeldefenster **(Bild 1)**. Dort muss der Benutzer sich durch Eingabe seines Anmeldenamens und seines persönlichen Passwortes ausweisen. Dabei wird nicht zwischen Groß- und Kleinbuchstaben unterschieden, denn Novell ist nicht keysensitiv. Erst nach erfolgter Anmeldung stehen dem Benutzer die Dienste des Servers zur Verfügung, falls für ihn eine entsprechende Zugriffsberechtigung eingetragen ist. Dass der Benutzer an einem Netzwerk angemeldet ist, wird z. B. im Windows-Explorer sichtbar **(Bild 2)**. Unter dem Punkt `Netzwerkumgebung` ist das `Gesamte Netzwerk` aufgelistet. Im Ordner `NetWare Directory-Services` wird auf die Benutzerstruktur, d. h. die Verwaltung der Benutzer verwiesen. Der Ordner `NetWare-Server` zeigt alle verfügbaren Server an, unterhalb denen ihre *Volumes* (von volume = Volumen, Inhalt) angegeben sind.

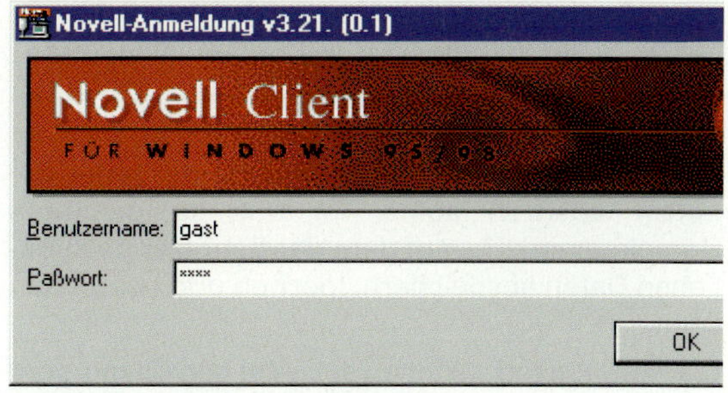

Bild 1: Anmelden an das Netz

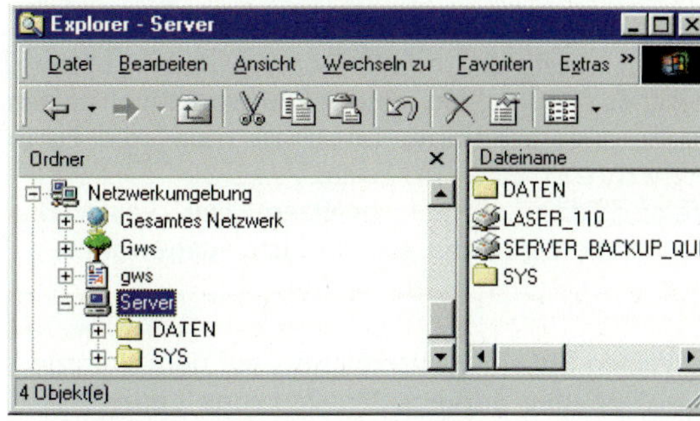

Bild 2: Netzwerkumgebung im Explorer

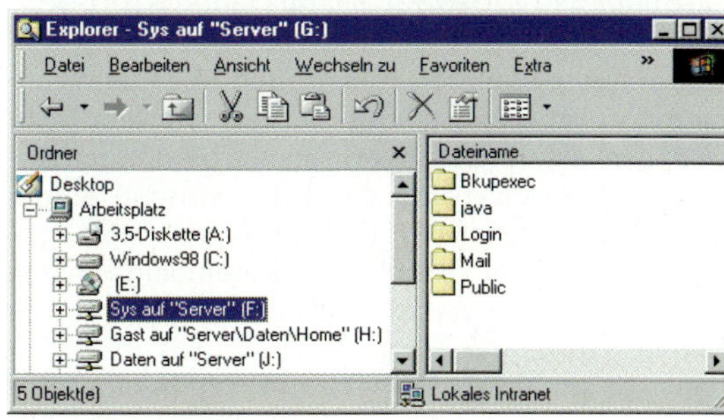

Bild 3: Netzlaufwerke im Explorer

Volumes sind Speicherbereiche auf Festplatten oder einer CD-ROM.

Ein Volume kann sich dabei über mehrere Festplatten oder nur über einen Teil einer Festplatte erstrecken. Jeder NetWare-Server weist ein Volume `SYS` auf. Auf diesem Volume `SYS` sollten nach Möglichkeit nur Daten von Novell abgespeichert sein. Weitere Volumes können z. B. Benutzerdaten, Programme und Datensicherungen enthalten.

7.2.1.2 Netzlaufwerke

Im Explorer ist zu erkennen, dass weitere Laufwerke vorhanden sind **(Bild 3)**. Diese werden als Netzlaufwerke bezeichnet. Das erste Netzlaufwerk ist meist das Laufwerk `F:`. Mit dem Laufwerk `F:` wird auf das erste Volume `SYS` des Servers verwiesen.

Die anderen Laufwerke können Teilbereiche dieses Volumes **(Bild 1)** oder weitere Volumes abdecken. Ein weiteres Netzlaufwerk, das jeder Benutzer besitzen sollte, ist das so genannte Homelaufwerk `H:`, auf dem der Benutzer nach Belieben Daten abspeichern, löschen und bearbeiten kann.

Die Netzlaufwerke können auch auf den Clients vom Benutzer zugeordnet werden. Dazu wird im Windows-Explorer das Menü `Extras` aufgerufen, gefolgt von dem Eintrag `Netzlaufwerkverbinden...` **(Bild 2)**. Im Feld `Pfad` wird eingegeben, welches Verzeichnis einen Laufwerksbuchstaben zugeordnet bekommt. Der Pfad muss die Form `\\servername\volume\verzeichnis1\verzeichnis2...` besitzen. Der Laufwerksbuchstabe wird dann aus der Liste ausgewählt.

Übung:
Weisen Sie einem Verzeichnis auf dem Volume `DATEN` des Servers `Server` den Laufwerksbuchstaben `M` zu.

Lösung: **Bild 2**. Das Verzeichnis lautet `share`.

Netzlaufwerke können meist auch über das Kontextmenü im Explorer zugewiesen werden. Dazu wird das als Netzlaufwerk zu verbindende Verzeichnis angeklickt und das Kontextmenü aufgerufen **(Bild 3)**. Über den Eintrag `Novell Netzlaufwerk zuordnen...` erscheint ein Fenster, in dem der Netzwerkpfad schon eingetragen ist **(Bild 4)**. Wurde der Punkt `Ordner auf oberster Ebene anzeigen` angeklickt, beginnt das Netzlaufwerk beim gewünschten Verzeichnis. Ansonsten wird das gesamte Volume als Netzlaufwerk verbunden, auf dem sich das gewünschte Verzeichnis befindet.

7.2.1.3 Zugriff auf Daten im Netzwerk

Nicht jeder Benutzer darf die gesamten Daten auf einem Server einsehen und verändern. Vertrauliche Daten müssen geheim gehalten, Programme und Einstellungen sollten nur durch bestimmte Personen verändert werden. Aus diesem Grund ist der Zugriff auf die Daten eines Servers variabel zu gestalten. Für Dateien bzw. Verzeichnisse können verschiedene Benutzer unterschiedliche Rechte erhalten **(Tabelle, folgende Seite)**.

Der Zugriff auf Daten im Netzwerk wird über Rechtevergabe gesteuert.

Die Rechte reichen vom ausschließlich Lesen (Read) einer Datei oder eines Verzeichnisses über

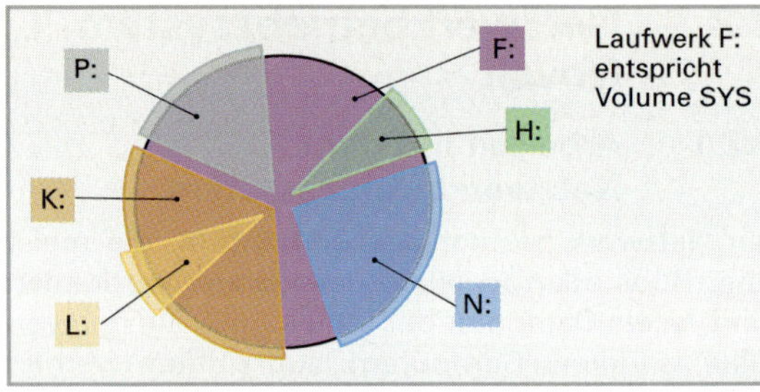

Bild 1: Zuordnung der Netzlaufwerke

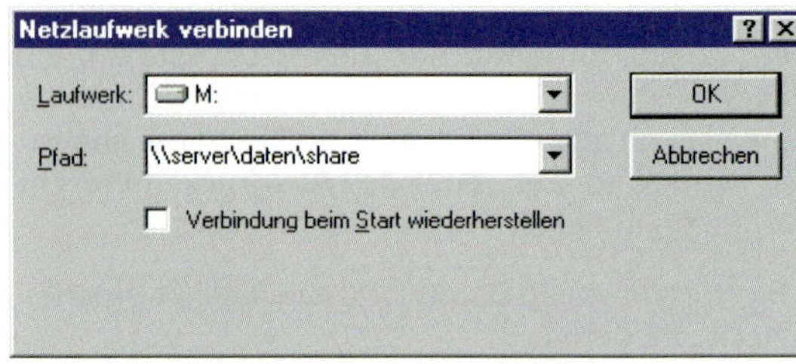

Bild 2: Netzlaufwerk verbinden (Menüzeile)

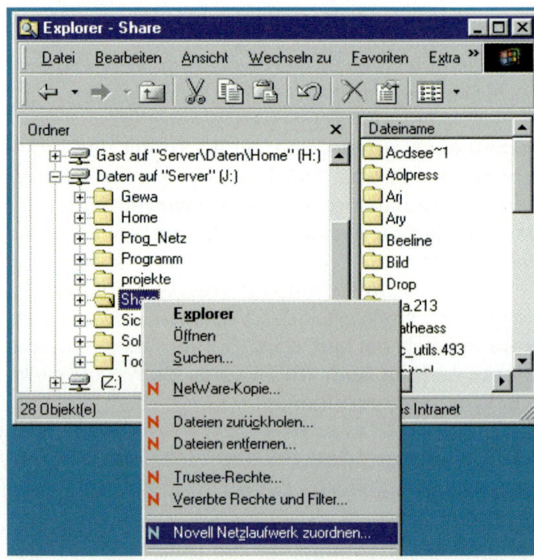

Bild 3: Netzlaufwerk verbinden (Kontextmenü)

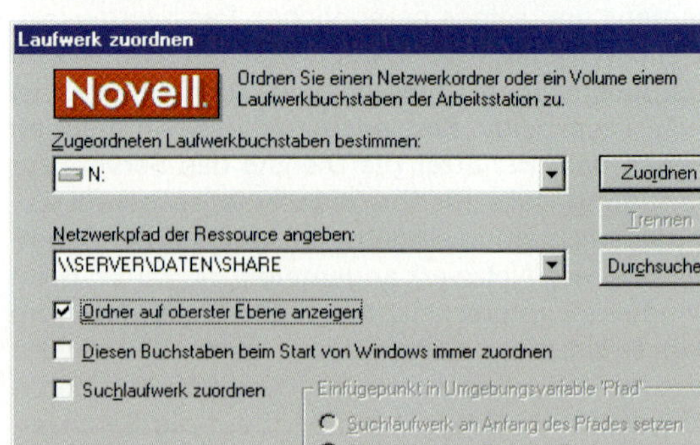

Bild 4: Fenster Netzlaufwerk zuordnen

Verändern (Modify) zu dem mächtigsten Recht, dem Supervisor-Recht (von supervisor = Aufseher). Mit dem Supervisor-Recht werden dem Benutzer auf das betreffende Verzeichnis oder die Datei alle nur möglichen Rechte vergeben. Für sein Homelaufwerk reichen einem Benutzer die Rechte Lesen, Schreiben, Erstellen, Löschen, Verändern und Dateiabfrage. Das Supervisor-Recht sollte nur vergeben werden, wenn ein Verändern der voreingestellten Rechte erwünscht ist.
Die Zugriffsrechte auf eine Datei, die auf dem Server gespeichert wurde, können z. B. über den Explorer angezeigt werden. Dazu muss über das Kontextmenü (rechte Maustaste) einer Datei oder eines Verzeichnisses das Eigenschaften-Fenster aufgerufen werden. Die Karteikarte `NetWare-Rechte` gibt Aufschluss über die erhaltenen Rechte **(Bild 1)**.

Tabelle: Dateirechte

Dateirechte	Bedeutung
R Read	Lesen (Datei lesen)
W Write	Schreiben (vorhandene Datei verändern)
C Create	Erstellen (gelöschte Datei erstellen)
E Erase	Löschen (Datei löschen)
M Modify	Modifizieren (Datei umbenennen)
F File Scan	Dateiabfrage (Suchen und Auflisten der Datei, z. B. mit dem Explorer möglich)
A Access Control	Zugriffssteuerung (kann Rechte an dieser Datei an andere weitergeben)
S Supervisor	Alle Rechte vorhanden

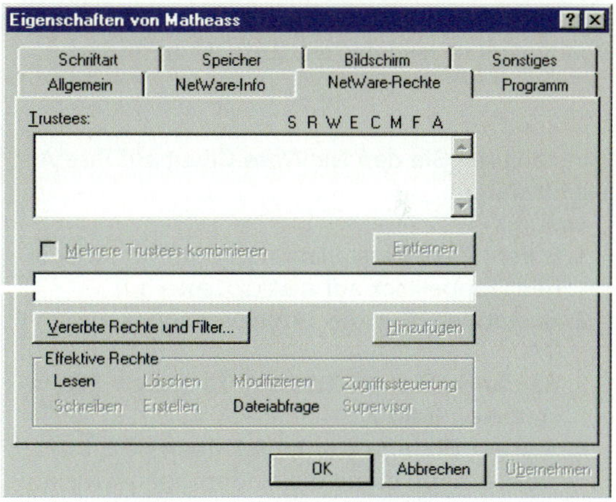

Bild 1: Anzeigen der Rechte auf eine Datei

7.2.1.4 Drucken im Netzwerk

Um Ressourcen in einem Netzwerk zu sparen, wird als weiterer Dienst eines Netzwerkbetriebssystems ein Drucker für viele Benutzer bereitgestellt. Hat der Benutzer das Recht, an dem Drucker Dokumente auszudrucken, so ist die Vorgehensweise entsprechend wie bei einem lokalen Drucker.
Zum Drucken über den Server sind drei Komponenten nötig: der Drucker, der Druckserver und die Druckerwarteschlange. Wird ein Druckauftrag an einer Arbeitsstation (Client) abgeschickt, gelangt er über das Netzwerkbetriebssystem zur Druckerwarteschlange. Die Druckerwarteschlange ist ein Unterverzeichnis des Verzeichnisses `QUEUES` auf dem Server. In der Druckerwarteschlange werden Druckaufträge solange gespeichert, bis der gewünschte Drucker als „bereit" erkannt wird. Dann leitet der Druckserver, der als Programm sowohl die Druckerwarteschlange als auch den Drucker überwacht, den Druckauftrag an den Drucker weiter. Der Druckserver kann auf dem Server installiert sein.

Drucker, Druckerwarteschlange und Druckserver werden zum Drucken im Netzwerk benötigt.

7.2.1.5 Kommunikation mit anderen Benutzern

Unter den am Server angemeldeten Benutzern können über das Netzwerk Nachrichten als weiterer Dienst ausgetauscht werden. Dazu wird an einer Arbeitsstation die Netzwerkumgebung (über den Desktop oder über den Explorer) aufgerufen. Über das Kontextmenü des Server-Symbols wird der Eintrag `Nachricht senden` und `An Benutzer...` gewählt **(Bild 2)**. Im erscheinenden Fenster sind die gerade angemeldeten Benutzer aufgelistet, die durch einen Klick ausgewählt werden **(Bild 1, folgende Seite)**.

Bild 2: Kontextmenü des Server-Symbols

Übung 1:
Senden Sie einem angemeldeten Benutzer eine Nachricht.
Lösung: **Bild 1**

Im Feld `Nachrichtentext eingeben:` wird die Mitteilung eingetragen und über die Schaltfläche `Senden` die Nachricht abgeschickt.

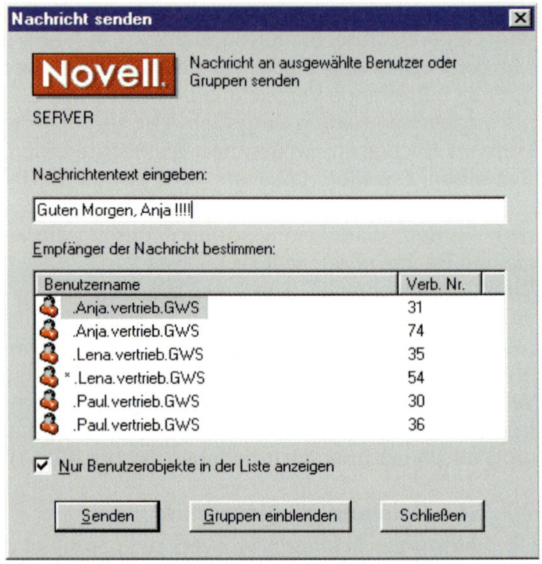

Bild 1: Nachrichten an andere Benutzer versenden

7.2.2 Installieren eines NetWare-Client

Soll über einen Client der Server konfiguriert oder ein Benutzer eingerichtet werden, muss unter Novell NetWare auf dem Client eine spezielle Software, der `NetWare Client 32`, installiert sein. Der Client ist meist auf einer im Programmpaket von Novell mitgelieferten CD-ROM zu finden.

Übung 2:
Installieren Sie den NetWare-Client auf Ihre Arbeitsstation.
Lösung:
1. Rufen Sie das Installationsprogramm über einen Doppelklick auf `setup.exe` auf.
2. Bestätigen Sie die Lizenzvereinbarung mit `JA`.
3. Beginnen Sie mit `Installieren>` die Installation **(Bild 2)**.
4. Starten Sie den Computer über `Neu booten` erneut, damit die Änderungen wirksam werden.

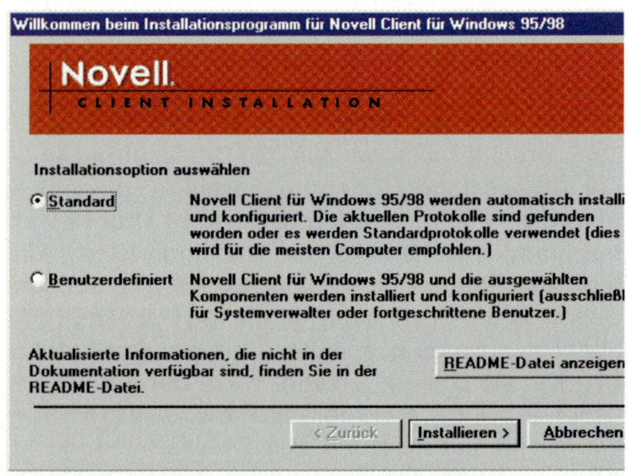

Bild 2: Installationsroutine des NetWare Clients

7.2.3 Verwalten von Benutzern

Um Benutzer einzurichten oder die Rechte für Benutzer auf vorhandene Ressourcen, z. B. die zugewiesene Speicherkapazität, zu verändern, muss die angemeldete Person dazu die Rechte haben. Der Benutzer, der seit der Installation alle Rechte besitzt, wird *Administrator* (= Verwalter) genannt und besitzt den Anmeldenamen `admin`. Der Administrator kann aber auch weiteren Benutzern das Recht zur Einrichtung neuer Benutzer und zur Veränderung der Einstellungen geben.

Der Administrator hat das Recht, das Netzwerk einzurichten und Konfigurationen zu verändern.

7.2.3.1 NetWare Directory Services NDS

Die Verwaltung von Benutzern und Ressourcen wird bei Novell NetWare seit der Version 4.0 in den NetWare Directory Services (von directory = Verzeichnis, service = Dienst), der so genannten NDS, vorgenommen. Die NDS wird über das Verwaltungsprogramm NetWare-Administrator `nwadmn95.exe` an einer Arbeitsstation angezeigt **(Bild 3)**. Dieses Programm befindet sich im

Bild 3: Verwaltungsprogramm NetWare-Administrator

Verzeichnis `public\win32` auf dem Volume `SYS`.

Bei der NDS handelt es sich um eine Datenbank, in der alle Einstellungen des Netzwerkes abgespeichert sind und über die alle Zugangsberechtigungen zu den einzelnen Ressourcen geregelt werden. Die NDS ist hierarchisch aufgebaut und in Form einer Baumstruktur angeordnet (Bild 3, vorhergehende Seite).

> Die NDS ist die Grundlage zur Verwaltung von Benutzern und Ressourcen.

Die Einträge in der NDS, wie Benutzer, Server, Volumes und Drucker, werden als Objekte bezeichnet **(Tabelle)**. Es wird dabei zwischen Behälterobjekten, die zur Ordnung der Objekte dienen und andere Objekte enthalten können, und Blattobjekten, den eigentlichen Objekten, unterschieden. Blattobjekte können keine weiteren Objekte enthalten. Das oberste Objekt im NDS-Baum ist das Wurzelobjekt, die so genannte `Root` (= Wurzel). Dieses Objekt erhält ebenso wie das Behälterobjekt `Organisation` bei der Installation des Netzwerkbetriebssystems seinen Namen.

7.2.3.2 Einrichten und Löschen von Benutzern

Über den NetWare-Administrator können neue Benutzer (User) eingerichtet werden. Um einen Benutzer direkt unterhalb der Organisation einzurichten, muss dieses Objekt mit der rechten Maustaste angeklickt und der Menüeintrag `Create...` (Erstellen) ausgewählt werden. Im erscheinenden Fenster wird durch Anklicken das zu erstellende Objekt ausgewählt und mit `OK` bestätigt **(Bild 1)**.
Im nächsten Fenster wird neben dem Anmeldenamen (Login Name) der vollständige Nachname (Last Name) eingetragen **(Bild 2)**. Der Anmeldename darf keine Umlaute enthalten.
Soll der neue Benutzer in der Lage sein, Dateien in ein eigenes Verzeichnis auf dem Server abzulegen, so kann dieses hier erstellt werden. Das Verzeichnis wird als *Stammverzeichnis* bezeichnet, und der Name des Stammverzeichnisses ist mit dem Anmeldenamen des Benutzers identisch. Das Kontrollkästchen `Create Home Directory:` (Stammverzeichnis erstellen) muss dazu angeklickt werden. Anschließend wird über die Schaltfläche „Durchsuchen" der Speicherort für das Stammverzeichnis eingegeben. Es erscheint ein Fenster, in dem der Speicherort des Stammverzeichnisses ausgewählt wird **(Bild 1, folgende Seite)**. Das rechte Feld dient zum Durchsuchen der Verzeichnisse. Das dem Stammverzeichnis übergeordnete Verzeichnis wird dann in dem linken Feld bestätigt,

Tabelle: Objekte einer NDS

Symbol	Bedeutung	Erklärung
	Root	Wurzelobjekt des NDS-Baums, nicht veränderbar.
	Organisation	Behälter, der weitere Objekte enthalten kann, wird bei der Installation erstellt.
	Organisatorische Einheit	Behälter, der weitere Objekte enthalten kann.
	Benutzer	Blattobjekt, das Benutzer des Netzwerkes charakterisiert.
	Server	Blattobjekt, das Einstellungen des Servers repräsentiert.
	Volume	Blattobjekt, das Volume wiedergibt.
	Drucker	Blattobjekt für Hardwarekomponente Drucker.
	Druckserver	Blattobjekt für Steuerungsprogramm Druckserver.
	Druckerwarteschlange	Blattobjekt für die Druckerwarteschlange.

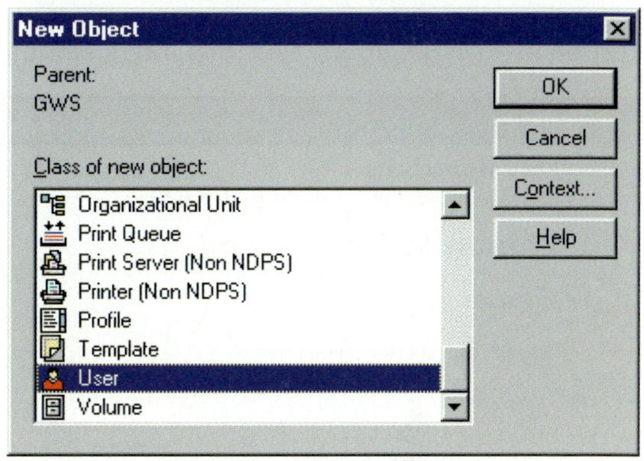

Bild 1: Neues Objekt erstellen

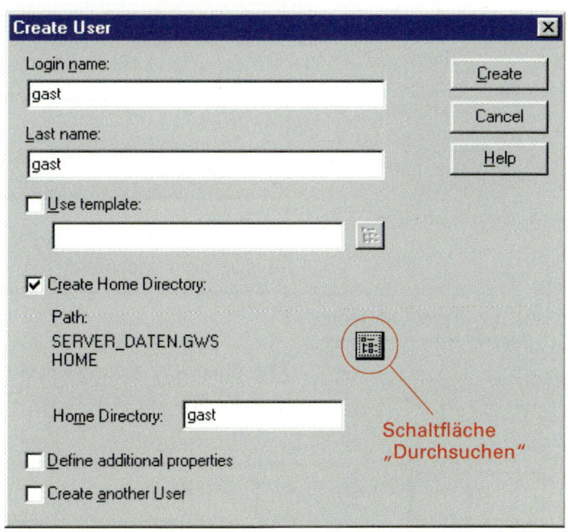

Bild 2: Erstellen eines neuen Benutzers

z. B. wäre \DATEN\home denkbar. Die Einstellungen werden mit OK und Betätigen der Schaltfläche Create abgeschlossen.

Übung:
Erstellen Sie einen Benutzer gast in der Organisation GWS mit eigenem Stammverzeichnis.

Lösung: **Bild 1, vorhergehende Seite** sowie **Bild 2, vorhergehende Seite**.

Um einen Benutzer zu löschen, muss das Kontextmenü für dieses Objekt aufgerufen werden. Über den Menüeintrag Delete wird das gewählte Objekt entfernt. Dieser Vorgang beseitigt allerdings nicht das für den Benutzer eingerichtete Stammverzeichnis. Das Stammverzeichnis des gelöschten Benutzers muss nachträglich, z. B. im Explorer, entfernt werden.

7.2.3.3 Einstellungen am Benutzer vornehmen

Einstellungen am Benutzer werden über das Kontextmenü des Benutzers und den Menüeintrag

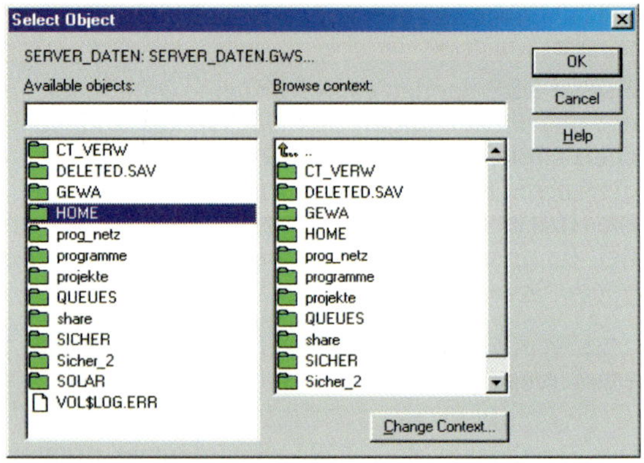

Bild 1: Auswahl des Verzeichnisses

Details... vorgenommen **(Bild 2)**. Über die Schaltfläche Password Restrictions (Passwortbeschränkungen) werden Beschränkungen für das Passwort festgelegt. Um ein Passwort zu erzwingen, wird das entsprechende Kontrollkästchen Require a password angeklickt. Zu kurze Passwörter werden über die Mindestlänge mit

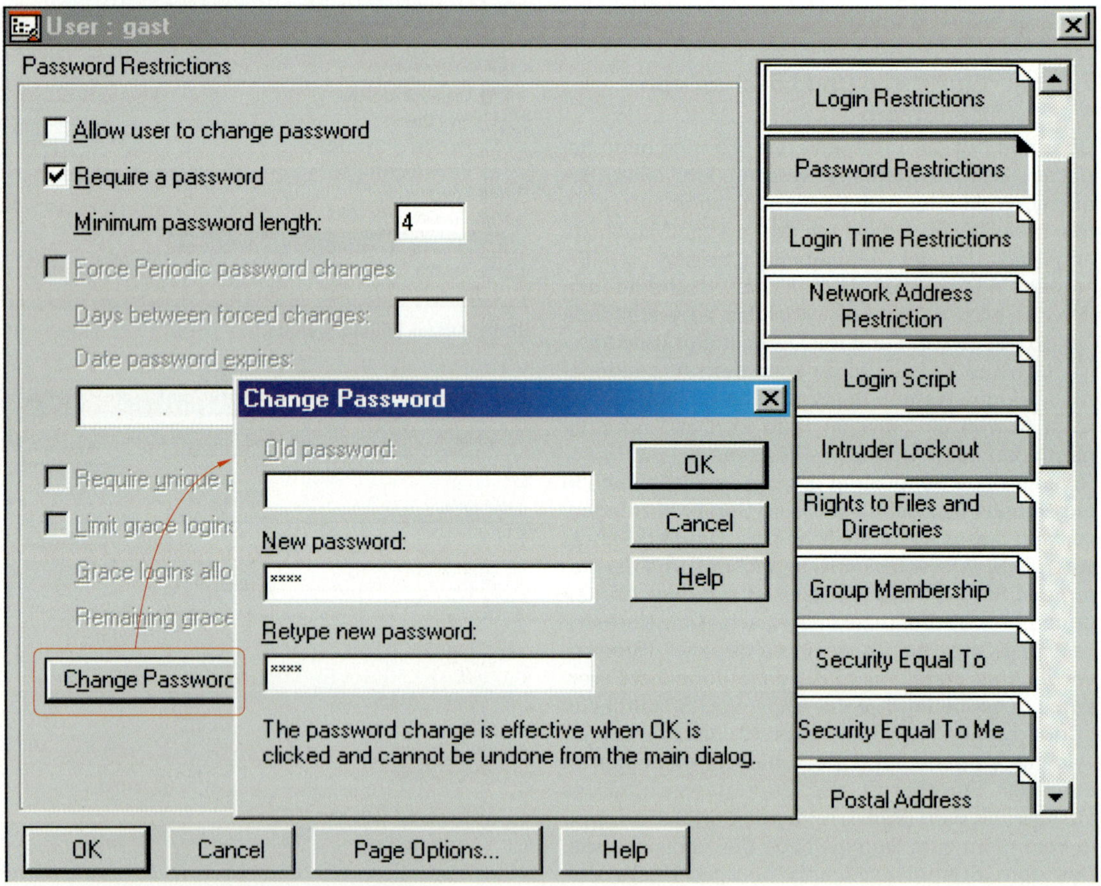

Bild 2: Eigenschaften-Fenster eines Benutzers

Minimum password length ausgeschlossen. Über Allow user to change password wird dem Benutzer ermöglicht, sein Passwort z. B. über die MS-DOS-Eingabeaufforderung durch Eingabe des Befehls SETPASS zu ändern.

Übung 1:
Der Benutzer gast soll das nicht änderbare Passwort gast erhalten.
Lösung: **Bild 2, vorhergehende Seite**

Über die Schaltfläche Login Restrictions werden weitere Sicherheitseinstellungen für die Anmeldung an das Netzwerk vorgenommen (Bild 2, vorhergehende Seite). Ist Limit concurrent connections aktiviert, kann über das Editierfeld bei Maximum connections: die maximale Anzahl an Verbindungen angegeben werden, die ein Benutzer gleichzeitig nutzen darf **(Bild 1)**. Durch das Anklicken von Account has expiration date kann bei Expiration date and time: ein Datum festgelegt werden, ab dem der betreffende Benutzer keinen Zugang zum Netzwerk mehr erhält.

Übung 2:
Der Benutzer gast soll maximal 5 Verbindungen gleichzeitig nutzen können.
Lösung: **Bild 1**

Die Anmeldezeit wird über die Schaltfläche Login Time Restrictions begrenzt (Bild 2, vorhergehende Seite). So können für jeden Tag Zeitbereiche angegeben werden, in denen sich der Benutzer anmelden bzw. nicht anmelden darf **(Bild 2)**.

Übung 3:
Der Benutzer gast soll werktags von 7:00 bis 20:00 Uhr Zugang zum Netzwerk erhalten.
Lösung: **Bild 2**

7.2.3.4 Organisatorische Einheit

Benutzer mit gleichen Eigenschaften werden oft in einer organisatorischen Einheit zusammengefasst. Eine organisatorische Einheit (Organizational Unit) wird über das Menü Object durch Auswahl von Create... erzeugt **(Bild 3)**. Der Name muss eingetragen werden.

Übung 4:
Erstellen Sie die organisatorische Einheit vertrieb unterhalb der Organisation GWS und die Benutzer Anja, Emil, Lena und Paul als Mitglieder von vertrieb.
Lösung: **Bild 3**, **Bild 4**

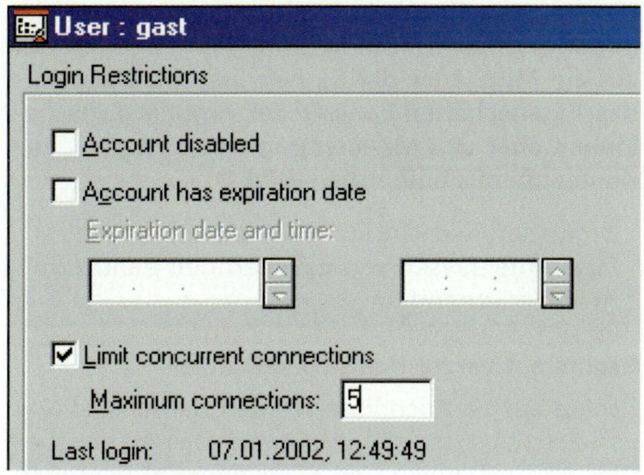

Bild 1: Anmeldebeschränkungen

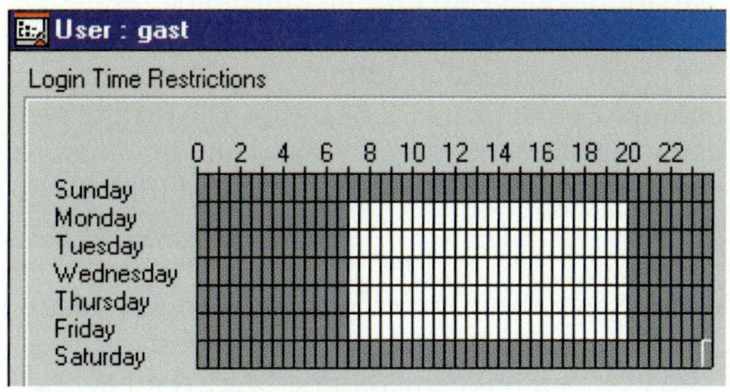

Bild 2: Anmeldezeitbeschränkungen

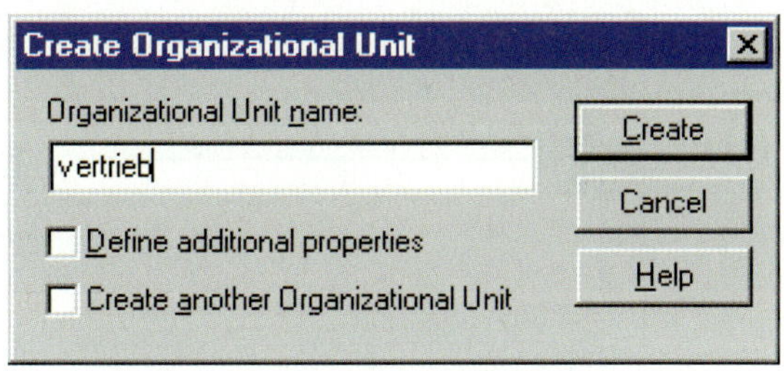

Bild 3: Organisatorische Einheit erstellen

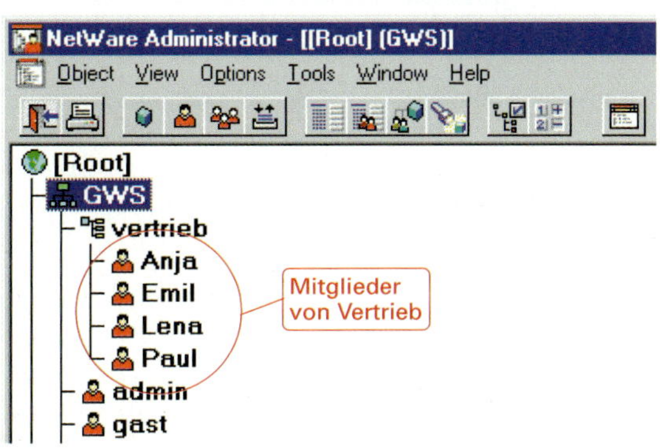

Bild 4: Benutzer in einer organisatorischen Einheit

Die gleichen Eigenschaften aller Benutzer werden in der organisatorischen Einheit eingetragen und auf die Mitglieder der Einheit vererbt. Dazu wird das Eigenschaften-Fenster der organisatorischen Einheit über den Menüeintrag `Details...` des Kontextmenüs aufgerufen **(Bild 1)**.

> Organisatorische Einheiten eignen sich zum Zusammenfassen von gleichartigen Benutzern zu einer Gruppe.

Rechte auf Verzeichnisse und Dateien

Rechte auf Verzeichnisse werden durch Anklicken von `Rights to Files and Directories` (Rechte für Dateien und Verzeichnisse) vergeben. Über `Add...` (Hinzufügen) wird die Auswahl vorgenommen (Bild 1). Im Fenster `Select Object` wird im rechten Feld die entsprechende Datei bzw. das Verzeichnis gesucht und im linken Feld durch Anklicken ausgewählt **(Bild 2)**. Die Auswahl wird über die Schaltfläche `OK` bestätigt. Die Rechte werden anschließend durch Anklicken der entsprechenden Kontrollkästchen hinzugefügt (Bild 1).

Übung:
Alle Benutzer in `vertrieb` sollen ein Leserecht und File-Scan-Recht auf das Verzeichnis `vertrieb` auf dem Volume `DATEN` erhalten.

Lösung: **Bild 1** und **Bild 2**

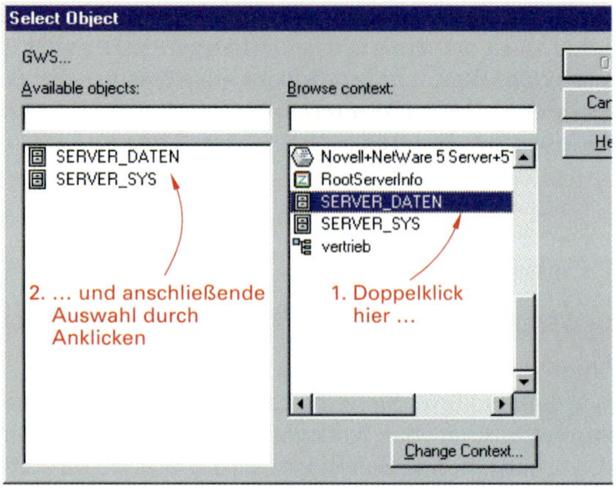

Bild 2: Verzeichnis für Dateirecht auswählen

Ein Klick auf `OK` bestätigt die Einstellungen.

Bereits vergebene Verzeichnisrechte und Dateirechte werden über die Schaltfläche `Show...` angezeigt. Im erscheinenden Fenster wird dazu das gewünschte Volume ausgewählt und mit `OK` bestätigt (Bild 2). Die Verzeichnisse und Dateien, für die Rechte vergeben wurden, erscheinen im Feld `Files and Directories:`. Nach Anklicken eines Eintrags können über die Kontrollkästchen die Rechte geändert werden (Bild 1).

Rechte auf Dateien und Verzeichnisse können auch für einzelne Benutzer vergeben werden.

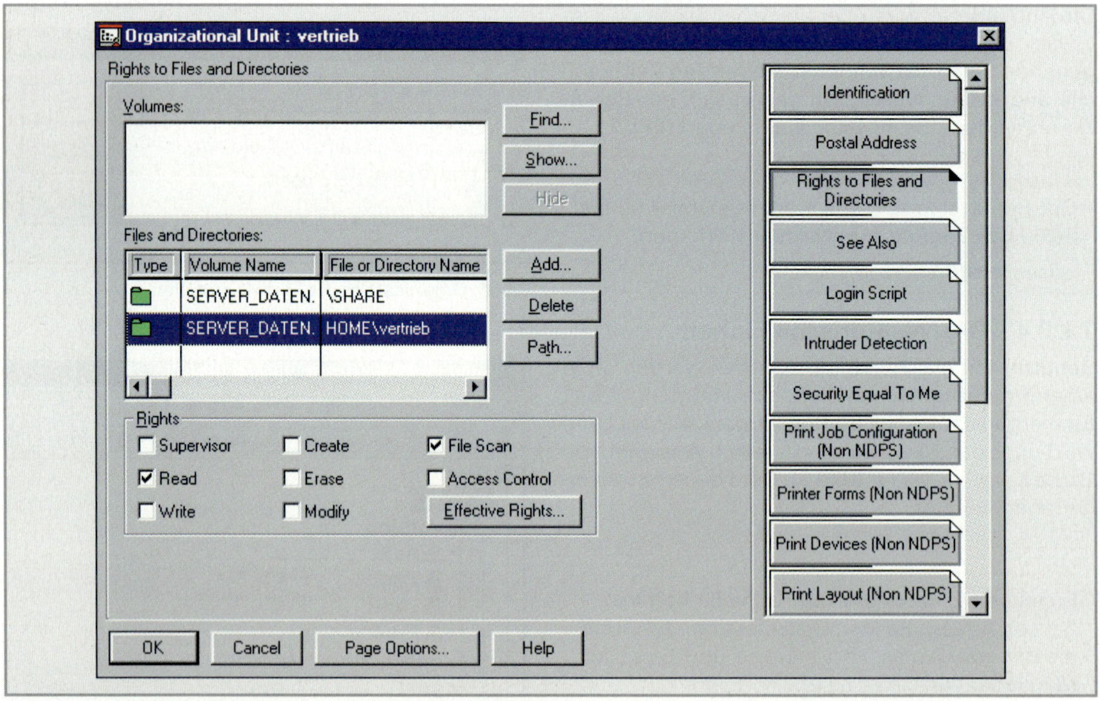

Bild 1: Dateirechte auf Verzeichnisse oder Dateien vergeben

Kontext
Der Kontext gibt die Position eines Objekts im NDS-Baum an. So ist z. B. der Kontext des Benutzers Emil: `vertrieb.GWS`.
Bei der Anmeldung ans Netzwerk muss der Kontext mit angegeben werden, um den Benutzer in der NDS zu lokalisieren. So meldet sich z. B. der Benutzer Emil nun über `.Emil.vertrieb.GWS` und Angabe des Passwortes an. Oft ist die Organisation im Client voreingestellt und es reicht bei der Anmeldung ins Netzwerk die Angabe des Benutzernamens und der organisatorischen Einheit, z. B. `Emil.vertrieb`.

7.2.3.5 Template

Manche Vorgaben wie Sicherheitseinstellungen bei der Anmeldung oder Einstellungen zum Stammverzeichnis können nicht in der organisatorischen Einheit zugewiesen und auf deren Mitglieder vererbt werden. Diese Einstellungen müssten für jeden neuen Benutzer separat vorgenommen werden. Sollen mehrere gleichartige Benutzer erstellt werden, eignet sich die Benutzung von Templates (von template = Schablone). In einem Template können dann die Einstellungen vorgenommen werden, die für alle damit zu erzeugenden Benutzer gelten sollen und die z. B. nicht in der übergeordneten organisatorischen Einheit eingetragen werden können.

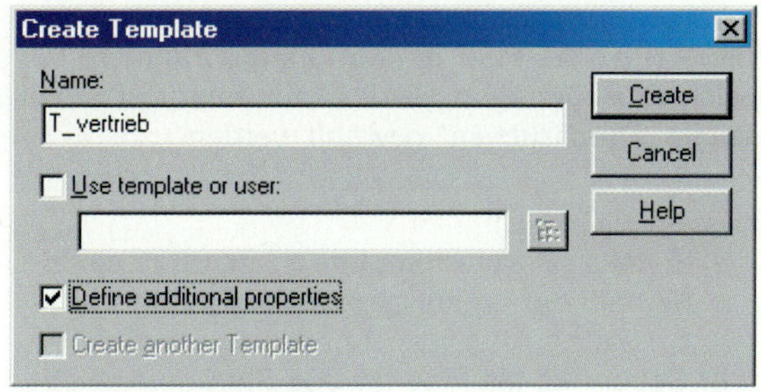

Bild 1: Template erstellen

Ein Template ist eine Schablone, die sich für die Erstellung gleichartiger Benutzer eignet.

Ein Template wird über das Menü `Object` durch Auswahl von `Create...` erzeugt **(Bild 1)**. Wird `Define additional properties` angeklickt, erscheint nach Klicken auf die Schaltfläche `Create...` das Eigenschaften-Fenster des erzeugten Templates **(Bild 2)**.
Die Umgebung der zu erzeugenden Benutzer sowie deren Stammverzeichnis wird über die Schaltfläche `Environment` eingestellt (Bild 2). Bei `Volume:`

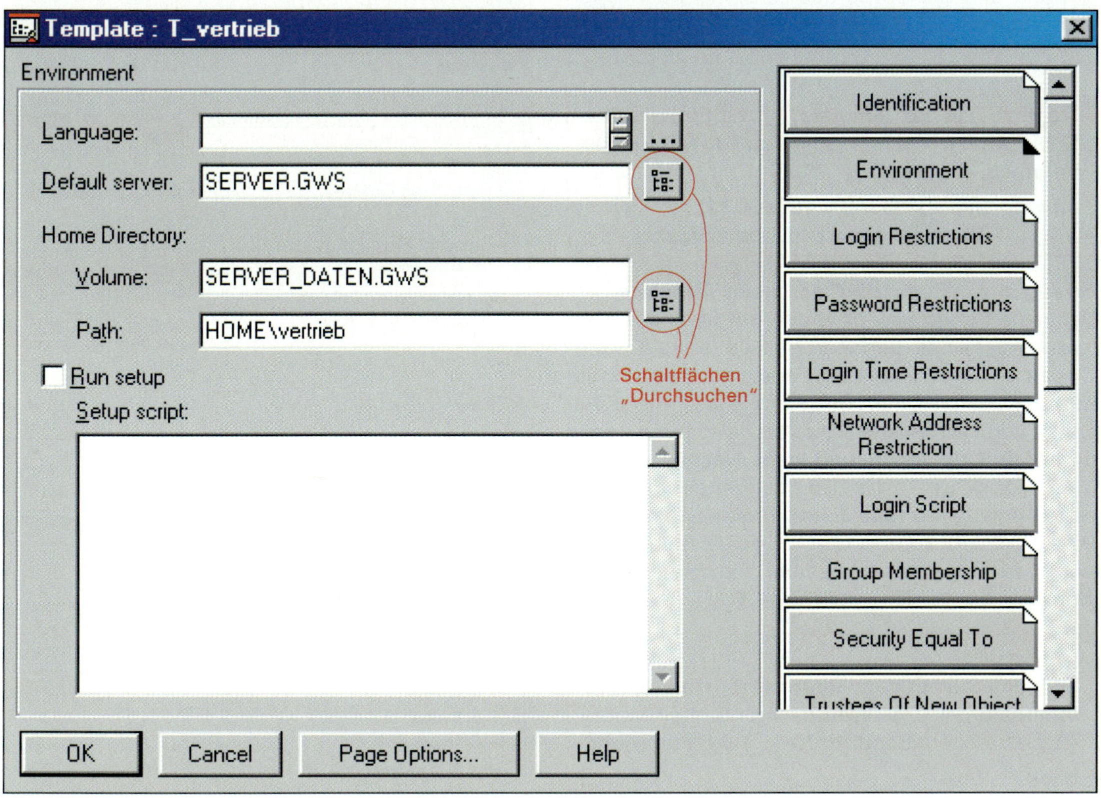

Bild 2: Eigenschaften-Fenster eines Templates

wird der Speicherort des Stammverzeichnisses und bei `Path`: der Pfad zu dem übergeordnetem Verzeichnis eingetragen. Beides kann über die Schaltfläche „Durchsuchen" gewählt werden.

> **Übung 1:**
> a) Erstellen Sie ein Template `T_vertrieb` innerhalb der organisatorischen Einheit `vertrieb`.
> b) Geben Sie als Pfad für das Stammverzeichnis `home\vertrieb` und als Volume `DATEN` an.
>
> *Lösung:* a) **Bild 1**, vorhergehende Seite
> b) **Bild 2**, vorhergehende Seite
> Einstellungen mit `OK` bestätigen.

Die benötigten Sicherheitseinstellungen bei der Anmeldung werden über die Schaltflächen `Login, Restrictions`, `Password Restrictions`, `Login Time Restrictions` durchgeführt (Bild 2, vorhergehende Seite).
Über das Template kann auch für die neu zu erstellenden Benutzer eine Speicherplatzbeschränkung durchgeführt werden. Dazu ist `Volume Space Restrictions` zu wählen (Bild 2, vorhergehende Seite, **Bild 1**). Über `Add...` wird das Volume gewählt und die Größe des zu belegenden Speicherplatzes in KB eingegeben (Bild 1).

> **Übung 2:**
> Tragen Sie in das Template `T_vertrieb` eine Speicherplatzbeschränkung von 100 MB für das Volume `DATEN` ein.
>
> *Lösung:* **Bild 1**, 100 MB = 100 000 KB,
> Einstellungen mit `OK` bestätigen.

Erzeugen von Benutzern mit einem Template
Der neue Benutzer wird wiederum über das Kontextmenü seines Behälterobjektes erstellt. Über `Create...` erscheint ein Fenster, in dem der Benutzer als neues Objekt ausgewählt und mit `OK` bestätigt wird. Im Fenster `Create User` wird neben dem Anmeldenamen und dem Nachnamen bei `Use template` das zu verwendende Template eingetragen **(Bild 2)**. Ist `Create another User` aktiviert, können über `Create` mehrere Benutzer in Folge mit demselben Template erstellt werden.

> **Übung 3:**
> Erstellen Sie mit dem Template `T_vertrieb` innerhalb der organisatorischen Einheit `vertrieb` weitere Benutzer `Max`, `Ida`, `Emma` und `Lukas`.
>
> *Lösung:* **Bild 2, Bild 3**

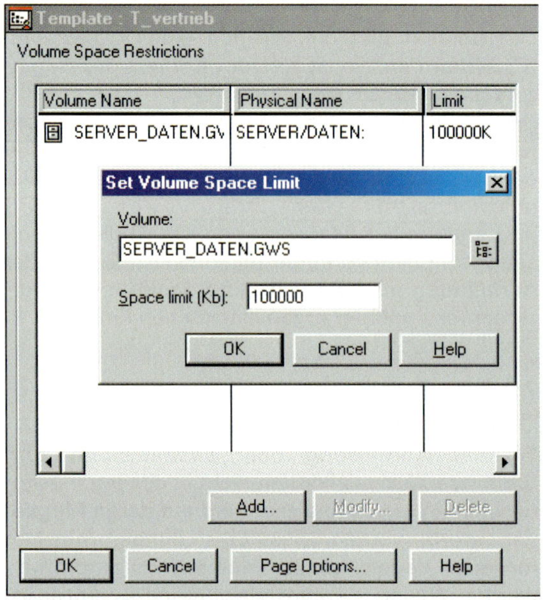

Bild 1: Speicherplatzbeschränkung

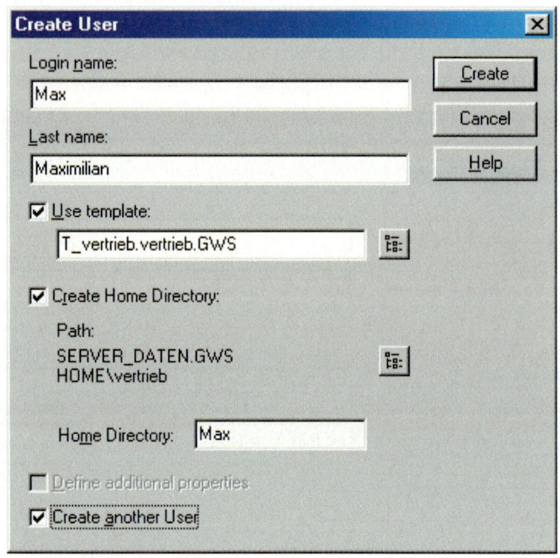

Bild 2: Verwenden einer Schablone

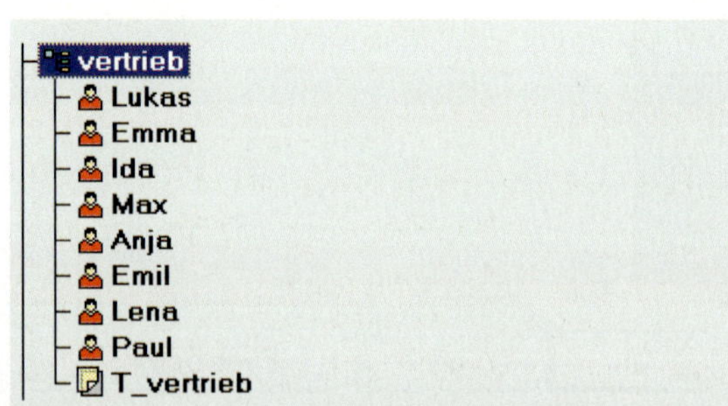

Bild 3: Mitglieder einer organisatorischen Einheit

Von den nun 8 Mitgliedern der organisatorischen Einheit `vertrieb` haben nur `Max`, `Ida`, `Emma` und `Lukas` eine Speicherplatzbeschränkung.

> Alle Einstellungen innerhalb eines Templates gelten nur für die damit erzeugten Benutzer.

7.2.4 Anmeldeskript

Bei der Anmeldung des Benutzers an ein Netzwerk kann ein Anmeldeskript abgearbeitet werden, um z. B. Netzlaufwerke zuzuordnen. Das Anmeldeskript wird für einzelne Benutzer aber auch für alle Benutzer in organisatorischen Einheiten im Eigenschaften-Fenster durch Auswahl von `Login Script` (Anmeldeskript) erstellt **(Bild 1)**.

Im Anmeldeskript kommen Befehle **(Tabelle 1)** und Variablen **(Tabelle 2)** zum Einsatz. Den Variablen wird bei der Ausgabe stets ein Prozentzeichen `%` vorangestellt. Über `%SERVER_NAME` wird der Name des Servers angesprochen, `%LAST_NAME` gibt den Nachnamen des Benutzers an. Mit dem Befehl `WRITE` wird ein in Anführungszeichen stehender Text auf dem Bildschirm ausgegeben, z. B. ist `WRITE „Hallo!"` möglich.

Übung 1:
Geben Sie für alle Mitglieder von `vertrieb` über das Anmeldeskript Begrüßungszeilen für den sich anmeldenden Benutzer aus. Der Nachname des Benutzers und der Servername sollen darin erscheinen.

Lösung: **Bild 1**, Zeile 2 und Zeile 3

Das Anmeldeskript kann auch über bedingte Anweisungen verfügen (Tabelle 1). Z. B. wird mit `IF LOGIN_NAME = GAST THEN...` abgefragt, ob der sich anmeldende Benutzer der Gast ist und nur dann sich daran anschließende Bedingungen ausgeführt. Bedingte Anweisungen werden mit `END` abgeschlossen.

Übung 2:
Geben Sie zu Wochenbeginn eine weitere Begrüßungszeile aus.

Lösung: **Bild 1**, Zeile 4 bis Zeile 7

Mit dem Befehl `MAP` (to map = Karte anlegen) können Netzwerklaufwerke zugewiesen werden. `MAP ROOT J:=DATEN` weist das gesamte Volume `DATEN` dem Laufwerk J: zu (Bild 1). Der Befehl `MAP ROOT H:=DATEN:home\vertrieb\%LOGIN_NAME` im Anmeldeskript einer organisatorischen Einheit weist allen darin enthaltenen Benutzern ein Homelaufwerk auf dem Volume `DATEN` zu. Der Laufwerksbuchstabe ist H, und der

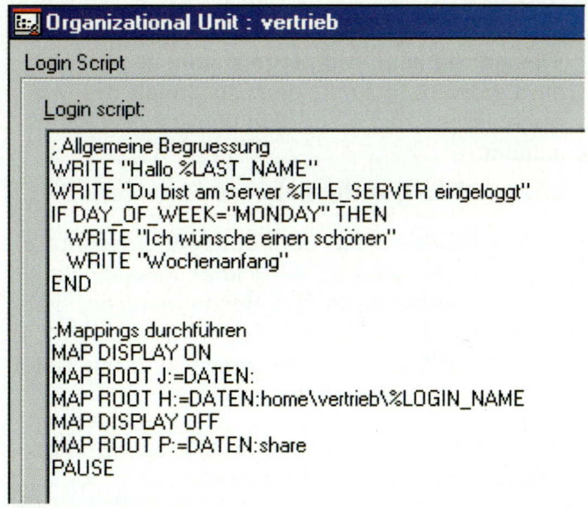

Bild 1: Anmeldeskript

Tabelle 1: Befehle im Anmeldeskript

Befehl	Bedeutung
;	Leitet einen Kommentar ein.
WRITE	Gibt den in Anführungszeichen stehenden Text auf dem Bildschirm aus.
MAP	Legt auszuführende Mappings fest.
PAUSE	Unterbricht die Abarbeitung des Anmeldeskripts bis zu einem beliebigen Tastendruck.
IF...THEN... [ELSE]...END	Bedingte Anweisung

Tabelle 2: Variablen im Anmeldeskript

Variable	Bedeutung
LOGIN_NAME	Anmeldenamen des Benutzers
LAST_NAME	Nachname des Benutzers
FILE_SERVER	Name des Servers
DAY_OF_WEEK	Wochentag (in englischer Sprache)

Pfad auf dem Volume `DATEN` zum Stammverzeichnis ist `home\vertrieb`. `%LOGIN_NAME` ist eine Variable, die für jeden in der organisatorischen Einheit vorhandenen Benutzer individuell den Anmeldenamen als weiteres Unterverzeichnis verwendet und so dem Homelaufwerk das Stammverzeichnis eines jeden Benutzers zuweist.

Bei Verwendung von `MAP DISPLAY OFF` werden die nachfolgenden Mappings nicht angezeigt, wenn das Anmeldeskript ausgeführt wird. `MAP DISPLAY ON` erzwingt die Ausgabe auf den Bildschirm.

Übung 1:
Weisen Sie allen Mitgliedern von `vertrieb` ein Laufwerk P: zu, in dem der Inhalt des Verzeichnisses `share` auf dem Volume `DATEN` erscheint.

Lösung: **Bild 1, vorhergehende Seite**, Zeile 14

Dem Netzlaufwerk, das über das Anmeldeskript zugewiesen werden soll, wird aber tatsächlich nur dann ein Laufwerksbuchstabe zugewiesen, wenn der betreffende Benutzer auf dem Verzeichnis, z. B. `share`, mindestens das Leserecht und das Dateiabfragerecht erhalten hat.

Anmeldeskripte sorgen für die notwendige Arbeitsumgebung der Benutzer.

Beim Abarbeiten des Anmeldeskripts während der Anmeldung des Benutzers wird ein Ergebnisfenster ausgegeben **(Bild 1)**.

Bild 1: Abarbeiten des Anmeldeskripte

7.2.5 Drucker in der NDS

Auch für den Druckserver kann im Kontextmenü über den Eintrag `Details` ein Eigenschaften-Fenster aufgerufen werden. Im Eigenschaften-Fenster des Druckservers wird der Zusammenhang von Drucker, Druckerwarteschlange und Druckserver sichtbar **(Bild 2)**. Das Ausrufezeichen neben dem Druckserver gibt an, dass beim Druckserver ein Problem existiert und z. B. dieser nicht geladen ist.

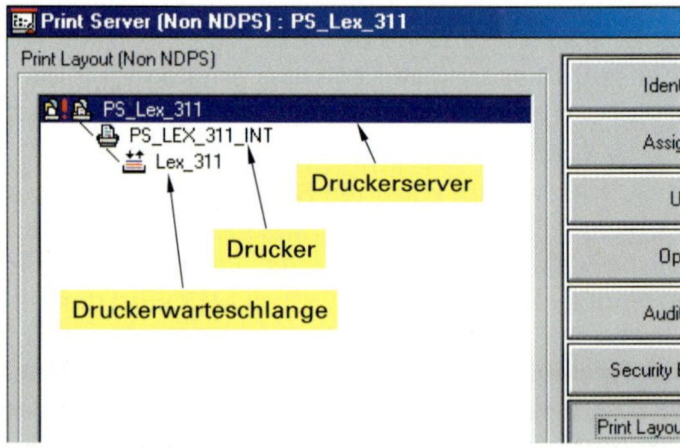

Bild 2: Druckserver

Im Eigenschaften-Fenster der Druckerwarteschlange können die Benutzer des Druckers über die Schaltfläche `Users` und die für den Drucker zuständigen Personen über die Schaltfläche `Operator` eingetragen werden **(Bild 3)**. Über die Schaltfläche `Job List` werden die noch nicht abgearbeiteten Druckaufträge angezeigt.

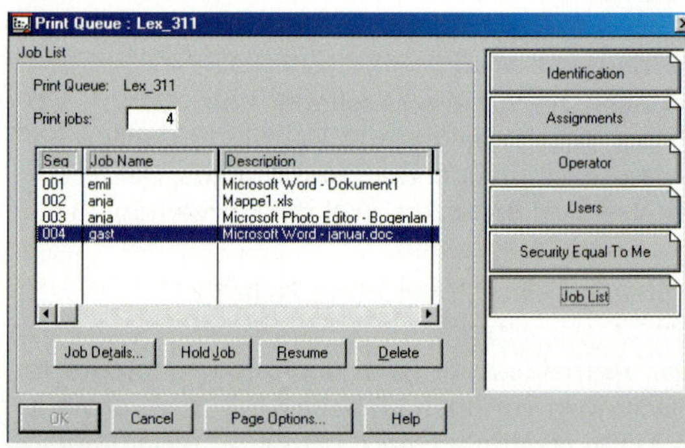

Bild 3: Druckerwarteschlange

Übung 2:
Lassen Sie sich alle vorhandenen Druckaufträge anzeigen.

Lösung: **Bild 3**

Wird ein Druckauftrag markiert, kann er von einem dazu berechtigten Benutzer z. B. über die Schaltfläche `Delete` gelöscht werden. Dazu berechtigt ist jeder, der als Operator eingetragen ist. Über die Schaltfläche `Job Details...` können für die einzelnen Druckaufträge weitere Optionen eingesehen und auch verändert werden **(Bild 4)**. So wird z. B. bei `File size:` die Größe des Druckauftrages angezeigt, die Druckreihenfolge über `Service sequence:` beeinflusst und über die Aktivierung von `Notify when job is printed` der Benutzer benachrichtigt, der den Druckauftrag versandt hat.

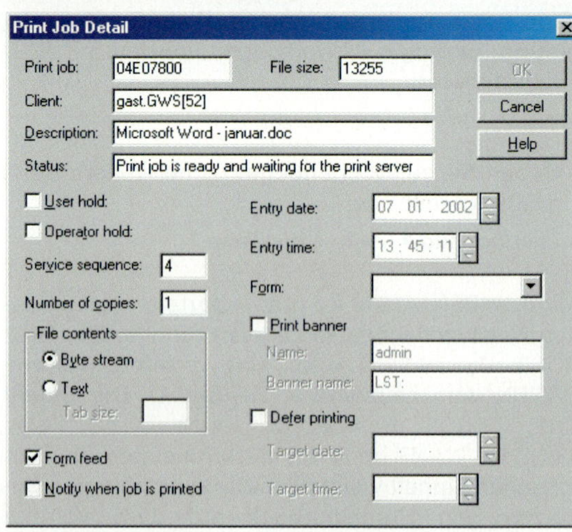

Bild 4: Eigenschaften des Druckauftrags

7.2.6 Arbeiten am Server

7.2.6.1 Hochfahren des Servers

Der Novell NetWare Server ist auf MS-DOS aufgesetzt und wird über den Aufruf von `SERVER` im Verzeichnis `nwserver` gestartet. Die Datei `server.exe` bildet dabei das Kernstück des Servers, zu dem weitere Module hinzugeladen werden können.

NetWare Loadable Modules

Diese Module bzw. Treiber für benötigte Hardwarekomponenten liegen auf einem NetWare Server in Form von *NetWare Loadable Modules* (von to load = laden, module = Komponente), den so genannten NLMs, vor.

> NetWare Loadable Modules (NLMs) sind Dienstprogramme und Treiber für Hardwarekomponenten.

Startdateien des Servers

Zu den Dateien, die während des Hochfahrens des Servers abgearbeitet werden, gehören die `startup.ncf` und die `autoexec.ncf`. In der `startup.ncf` sind die Festplattentreiber angegeben **(Bild 1)**. Die `autoexec.ncf` enthält Befehle für den weiteren Boot-Vorgang (**Bild 2**). Hier werden benötigte NLMs automatisch geladen, der Servername zugewiesen und Volumes gemountet (von to mount = verbinden), d. h. verfügbar gemacht.

> Zu den Startdateien des Servers gehören die Dateien `startup.ncf` und `autoexec.ncf`.

Volumes

Volumes können am Server je nach Bedarf gemountet werden. So können selten genutzte Volumes wie diverse CD-ROMs erst bei Bedarf dazugebunden und so das System bis dahin entlastet werden.

7.2.6.2 Server-Konsole

Der Server selber besitzt eine befehlsorientierte Oberfläche **(Bild 3)**. Um Aktionen zu starten, müssen Kommandos eingegeben werden **(Tabelle)**. Nachrichten an alle angemeldeten Benutzer werden mit dem Befehl `BROADCAST` versandt. Alle gerade verfügbaren Volumes werden mit dem Befehl `VOLUMES` aufgelistet (Bild 3) weitere vorhandene Volumes mit dem Befehl `MOUNT` dazugebunden.

NLMs können auch auf der Server-Konsole über den Befehl `LOAD` geladen werden.

Zwischen den geladenen Modulen eines Servers, die jeweils in einen neuen Bildschirm geladen werden, wird mit der Tastenkombination `ALT` und

```
Load Keyb Germany
Load Charset CP850
LOAD IDECD.CDM
LOAD SCSIHD.CDM
LOAD IDEATA.HAM PORT=1F0 INT=E
LOAD IDEATA.HAM PORT=170 INT=F
LOAD ADPT160M.HAM SLOT=2
```

Bild 1: Datei startup.ncf

```
SET BINDERY CONTEXT = O=GWS
SET TIME ZONE = ECT-1ECTD
SET DAYLIGHT SAVINGS TIME OFFSET = 1:00:00
SET START OF DAYLIGHT SAVINGS TIME  = (APRIL SUNDAY
SET END OF DAYLIGHT SAVINGS TIME = (OCTOBER SUNDAY

# Hinweis: Die oben genannten Zeitzoneninformatione
# sollten dem Servernamen immer vorangestellt sein.
# ACHTUNG!!

FILE SERVER NAME SERVER
# ACHTUNG!!
```

Bild 2: Datei autoexec.ncf

```
SERVER:broadcast "Es werden Arbeiten am Server durch
SERVER:broadcast "Bitte Abmelden"
SERVER:load monitor
Loading module MONITOR.NLM
  NetWare Console Monitor
  Version 5.22     11 April 2000
  Copyright 1989-1998  Novell, Inc.   All rights rese
SERVER:load nwconfig
Loading module NWCONFIG.NLM
  NetWare Configuration Utility
  Version 3.32      1 September 2000
  Copyright 2000 Novell, Inc.  All rights reserved.
SERVER:
```

Bild 3: Server-Konsole

Tabelle: Server-Befehle für Novell NetWare

Befehl	Bedeutung und Anwendung
BROADCAST	(to broadcast = senden, übertragen) Meldungen an angeschlossene Arbeitsstationen versenden, max. 55 Zeichen, z. B. broadcast „Server faehrt herunter".
ADD NAME SPACE	Zur Unterstützung anderer Namenskonventionen, z. B. add name space long to sys für lange Dateinamen unter Windows 98.
LOAD	Laden von Modulen (NLMs), z. B. load monitor.
DOWN	Herunterfahren des Servers.
EXIT	Verlassen des Netzwerkbetriebssystems.
RESTART SERVER	Neu Starten des Servers.
MOUNT	(to mount = montieren) Mounten von Volumes.
DISMOUNT	Zum Aufheben des Mount-Befehls, z. B. dismount cdrom.
VOLUMES	Anzeigen gemounteter Volumes.

ESCAPE umgeschaltet. Alle geladenen Module werden über die Tastenkombination STRG und ESCAPE in einem Auswahlbildschirm aufgelistet und können über entsprechende Ziffern ausgewählt werden **(Bild 1)**.

7.2.6.3 Herunterfahren des Servers

Um einen Server abzuschalten, muss dieser zuvor heruntergefahren werden. Dazu dient der Befehl DOWN, der auf der Server-Konsole eingegeben wird. Alle Benutzer werden abgemeldet und schließlich alle geladenen Module des Netzwerkbetriebssystems geschlossen. Danach wird mit EXIT das Netzwerkbetriebssystem verlassen und der Server kann ausgeschaltet werden.

Der Server muss vor dem Abschalten heruntergefahren werden.

7.2.6.4 Überwachung und Konfiguration des Servers

Überwachung

Als wichtigstes Überwachungswerkzeug steht ein Monitor zur Verfügung, der über load monitor auf der Server-Konsole geladen wird **(Bild 2)**. Neben allgemeinen Informationen, die sofort beim Start angezeigt werden, können detaillierte Auskünfte abgerufen werden. Über den Punkt Speichergeräte werden z. B. die in den Server eingebauten Festplatten aufgelistet. Über Verbindungen können die gerade angemeldeten Benutzer eingesehen werden. Der Punkt Volumes gibt die gemounteten Volumes sowie deren Kapazität und Auslastung an **(Bild 3)**.

Zur Überwachung wird das Monitorprogramm benötigt.

Konfiguration

Die Konfiguration erfolgt über das Dienstprogramm nwconfig.nlm, das über load nwconfig auf der Server-Konsole geladen wird **(Bild 4)**. Über dieses Dienstprogramm können Volumes erstellt und gemountet werden, werden LAN und Festplattentreiber konfiguriert und die Startdateien startup.ncf und autoexec.ncf editiert.

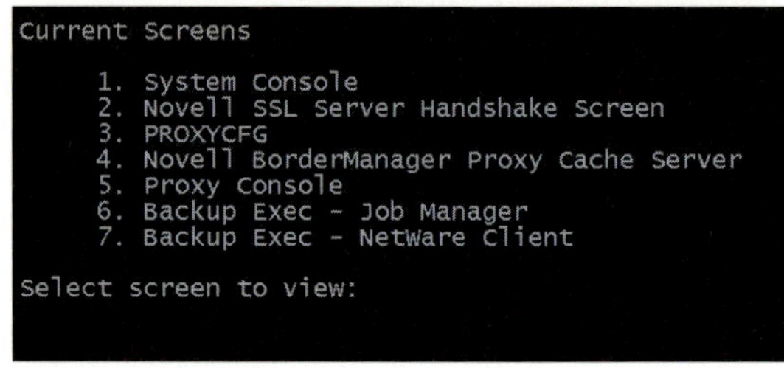

Bild 1: Auswahlbildschirm

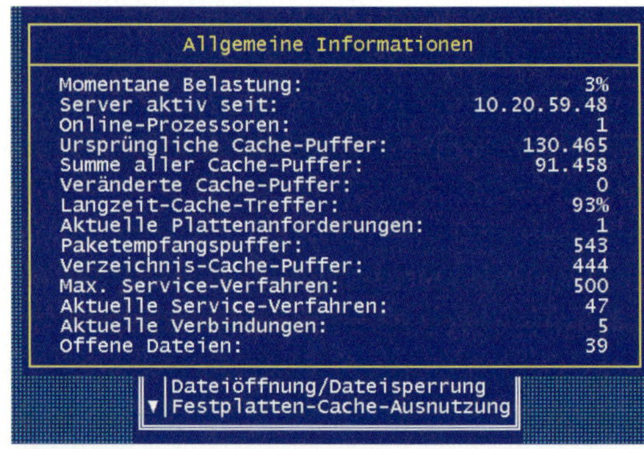

Bild 2: Monitorprogramm auf dem Server

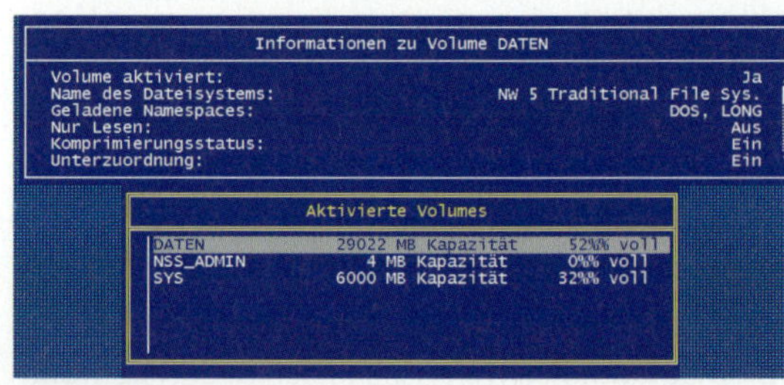

Bild 3: Anzeige zu den gemounteten Volumes

Bild 4: Programm zur Konfiguration am Server

Wiederholung und Vertiefung

1. **Welche Dienste können in einem Netzwerk angeboten werden?**
2. **Erklären Sie die Begriffe Netzlaufwerk, Stammverzeichnis und Volume.**
3. **Geben Sie den Aufbau einer NDS an.**
4. **Welche Rechte können auf Netzwerkverzeichnisse und Dateien vergeben werden?**
5. **Auf welche Weise können Benutzer und Benutzergruppen eingerichtet werden?**
6. **Wozu werden NLMs verwendet?**
7. **Welche Komponenten sind für den Aufbau eines Netzwerkdruckers notwendig?**
8. **Wozu werden Anmeldeskripte benötigt?**

7.3 LINUX-Samba Server

7.3.1 Das Programm-Paket Samba

Unter LINUX steht mit dem Programmpaket Samba ein leistungsfähiger File- und Printserver zur Verfügung. Entwickelt wurde das Programm Samba von Andrew Tridgell. Das Programm wird jetzt von der Samba Group gepflegt und weiter entwickelt. Samba stellt sich in einem Windows-Netz wie ein normaler NT-Server dar, obwohl Samba auf dem Betriebssystem LINUX läuft.

Samba ist ein Paket von Programmen, das es Betriebssystemen wie LINUX möglich macht Dienste über das SMB-Netzwerk-Protokoll (SMB = Server Message Block) anzubieten.

Solche Dienste können Intranetfunktionen, z. B. Mailserver, Webbrowser oder ein mit Benutzerrechten gesteuerter Zugriff auf Festplatten und Drucker sein.

Datenübertragung

Um Dienste zur Verfügung zu stellen, müssen die Rechner im Netz miteinander kommunizieren **(Bild 1)**.

Das Betriebssystem sorgt dafür, dass die Daten verarbeitet und für den Versand vorbereitet werden. Dabei wird z. B. die Software-Schnittstelle NetBIOS (NetBIOS = Network Basic Input/Output System) verwendet. NetBIOS regelt den Eingangs- und Ausgangsdatenverkehr.

Die Datenübertragung wird mit Datenübertragungsprotokollen durchgeführt, z. B. mit dem SMB-Protokoll. NetBIOS basiert auf dem SMB-Protokoll.

Samba benutzt das SMB-Protokoll der Firma Microsoft. Dabei setzt Samba mit dem SMB-Protokoll auf das TCP/IP-Protokoll (TCP/IP = Transmission Control Protocol/Internet Protocol) auf. Mit diesen Protokollen wird der Datentransport geregelt (Bild 1).

Server – Client

Werden Rechner vernetzt, so unterscheidet man den Server-Rechner und Client-Rechner. Der Server stellt Dienste zur Verfügung, ein Client fordert Dienste an. Solche Dienste werden in LINUX Daemon (von dead at monitor = Programm läuft im Hintergrund) genannt.

Im **Bild 2** wird ein Peer-to-Peer Netz (peer = gleichgestellt) von zwei Rechnern dargestellt.

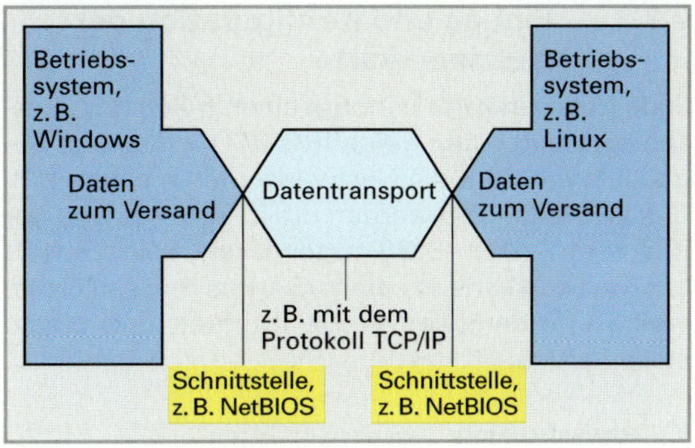

Bild 1: Daten- und Transportschicht

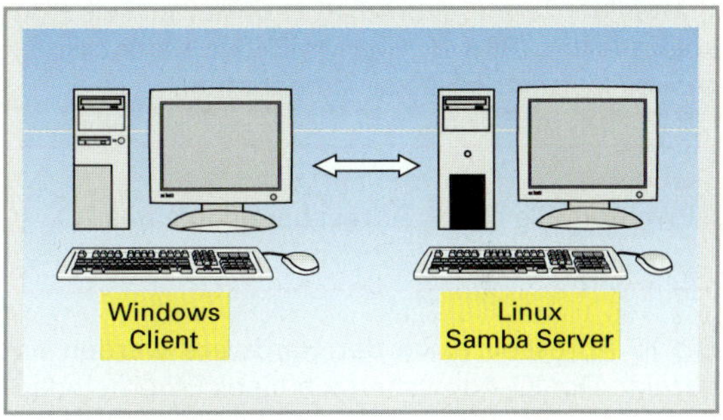

Bild 2: Peer-to-Peer Netz

Tabelle: Einrichten Samba Server/Windows Client

Schritt	Beschreibung
1	Netzwerkkarten installieren und konfigurieren.
2	Netzwerk unter LINUX konfigurieren.
3	Funktionalität des Netzwerks feststellen.
4	Benutzer (User) und Gruppe (group) einrichten.
5	Samba-Programm installieren.
6	Samba-Server konfigurieren.
7	Windows-Client einrichten und konfigurieren.
8	Netzwerkkarten verbinden.

Soll ein LINUX-Rechner als Server, welcher unter Samba läuft, und ein Windows-Client-Rechner eingerichtet werden, sind die in der **Tabelle** beschriebenen Schritte notwendig.

Wiederholung und Vertiefung

1. **Welche Dienste bietet ein Samba Server an?**
2. **Welche Protokolle verwendet man zum Datentransport?**
3. **Erklären Sie den Begriff Server und Client.**

7.3.2 Einbau und Konfiguration der Netzwerkkarte

Jede Netzwerkkarte benötigt einen freien IO-Adressbereich und einen freien IRQ (IRQ = Interrupt Request Line). Wird die Netzwerkkarte an einem PCI-Bus verwendet, so werden die IO-Adresse und der IRQ vom System-BIOS zugewiesen. Beim Einsatz der Netzwerkkarte in einem ISA-Bus müssen die jeweilig erforderlichen Werte ermittelt und eingestellt werden.

IO-Adressbereich

Im KDE-Fenster von Linux findet man eine Schaltfläche zum Starten der Terminal-Emulation. Durch Starten der Terminal-Emulation öffnet sich ein Konsolenfenster **(Bild 1)**. Hier wird der Befehl `cat/proc/ioports|more` eingegeben.

> **Übung 1:**
> Ermitteln Sie die IO-Adressbereiche eines PC.
> *Lösung:* **Bild 2**

Die IO-Adressbereiche der Hardware werden angezeigt. Der IO-Adressbereich eines Ethernetadapters ist 16 Byte lang und wird hexadezimal dargestellt.

Für die Netzwerkkarte wird ein IO-Adressbereich auswählt, welcher diese unterstützt und sich mit keinem anderen IO-Adressbereich überlappt, z. B. der Bereich 0300-030f.

Interrupt Request Line IRQ

Durch Eingabe des Befehls `cat/proc/interrupts` im Konsolenfenster werden die im System verwendeten Interrupts angezeigt. Für die Netzwerkkarte wählt man einen freien IRQ, z. B. IRQ6 aus.

> **Übung 2:**
> Ermitteln Sie die IRQs für den PC von Übung 1.
> *Lösung:* **Bild 3**

Netzwerkkarte einbauen

Nach Ermittlung der erforderlichen IO-Adresse und des IRQs muss die Netzwerkkarte auf diese Werte eingestellt werden. Dies geschieht entweder durch Steckbrücken (Jumper) auf der Platine oder mit dem Konfigurationsprogramm der Netzwerkkarte.

> Eine Netzwerkkarte benötigt einen IO-Adressbereich und einen IRQ.

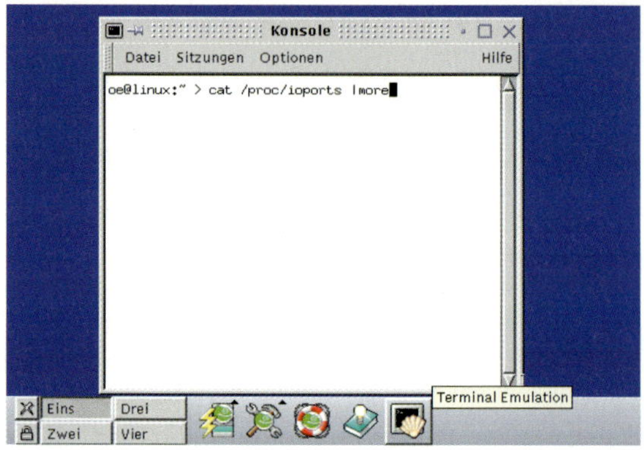

Bild 1: Start der Terminal-Emulation

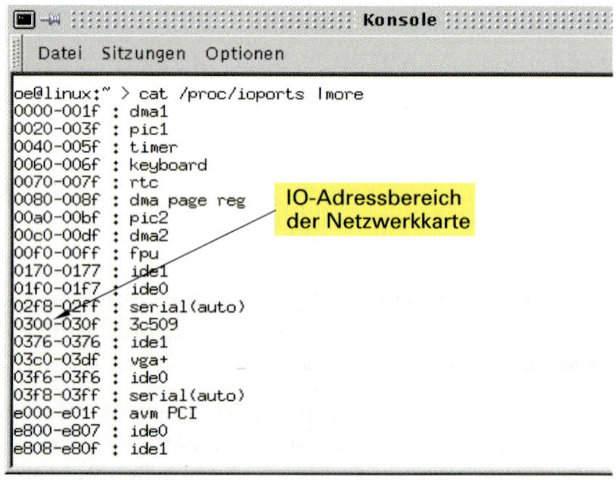


```
oe@linux:~ > cat /proc/ioports |more
0000-001f : dma1
0020-003f : pic1
0040-005f : timer
0060-006f : keyboard
0070-007f : rtc
0080-008f : dma page reg
00a0-00bf : pic2
00c0-00df : dma2
00f0-00ff : fpu
0170-0177 : ide1
01f0-01f7 : ide0
02f8-02ff : serial(auto)
0300-030f : 3c509
0376-0376 : ide1
03c0-03df : vga+
03f6-03f6 : ide0
03f8-03ff : serial(auto)
e000-e01f : avm PCI
e800-e807 : ide0
e808-e80f : ide1
```

Bild 2: Adressbereiche der verwendeten Hardware

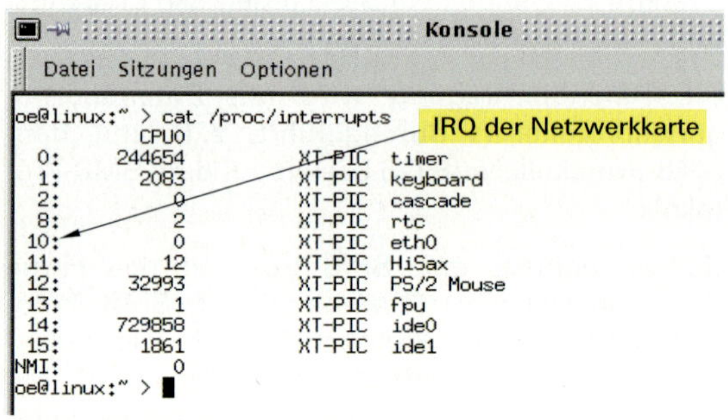


```
oe@linux:~ > cat /proc/interrupts
           CPU0
  0:     244654    XT-PIC  timer
  1:       2083    XT-PIC  keyboard
  2:          0    XT-PIC  cascade
  8:          2    XT-PIC  rtc
 10:          0    XT-PIC  eth0
 11:         12    XT-PIC  HiSax
 12:      32993    XT-PIC  PS/2 Mouse
 13:          1    XT-PIC  fpu
 14:     729858    XT-PIC  ide0
 15:       1861    XT-PIC  ide1
NMI:          0
oe@linux:~ >
```

Bild 3: IRQ-Liste

Wiederholung und Vertiefung

1. **Mit welchem Befehl können die vom System verwendeten IRQs ermittelt werden?**
2. **Wie werden der erforderliche I/O-Adressbereich und der IRQ der Netzwerkkarte eingestellt?**
3. **Warum notiert man sich vor dem Einbau einer Netzwerkkarte deren genaue Modellbezeichnung?**
4. **Welche Daten benötigt eine Netzwerkkarte, damit sie vom PC angesprochen werden kann?**

Damit später die Netzwerkkarte mit dem Installationsprogramm YaST1 richtig ausgewählt werden kann, notiert man sich vor dem Einbau die genaue Modellbezeichnung, z. B. 3Com3c509.

Netzwerkkarte im System anmelden

Nach dem Einbau der Netzwerkkarte wird der Rechner gestartet. Dabei versucht LINUX die eingebaute Netzwerkkarte automatisch zu erkennen. Durch Eingabe des Befehls `dmesg` im Konsolenfenster kann kontrolliert werden, ob die Netzwerkkarte erkannt wurde **(Bild 1)**.

Ist dies nicht der Fall, so muss die Netzwerkkarte mit dem Installationsprogramm `YaST1` im System angemeldet werden. Dazu startet man das Programm `YaST1` **(Bild 2)**.

Im Hauptmenü von `YaST1` wählt man nacheinander `Administration des Systems`, `Hardware in System integrieren`, `Netzwerkkarte konfigurieren` **(Bild 3)**.

Es öffnet sich das Fenster `Auswahl Netzwerk-Karte`. Nun wird der `Typ des Netzwerks`, z. B. `eth0` und die `Art der Netzwerk-Karte`, z. B. `3Com3c509/3c579`, ausgewählt **(Bild 4)**.

Über `Weiter` und Betätigen der Eingabe-Taste gelangt man in das Auswahlmenü zurück (Bild 3).

Nach einem Neustart ist die Netzwerkkarte in das System eingefügt.

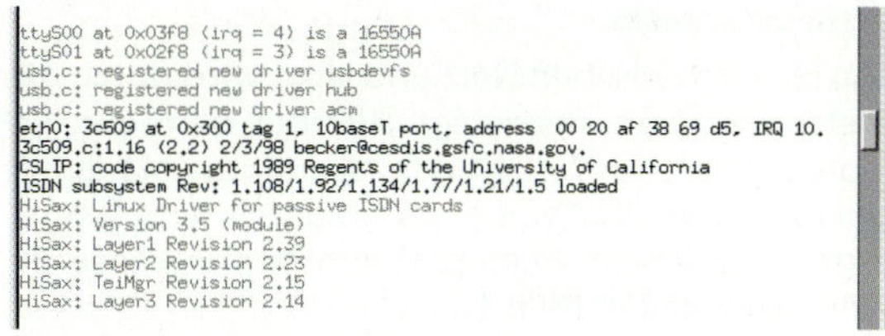

Bild 1: Anwendung des Befehls dmesg

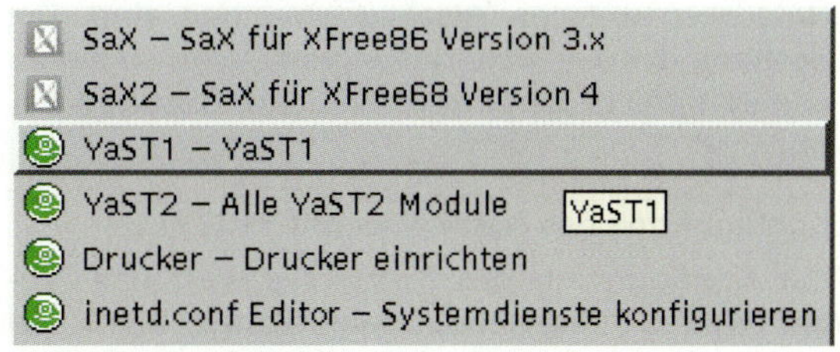

Bild 2: YaST1 starten

Bild 3: Netzwerkkarte konfigurieren

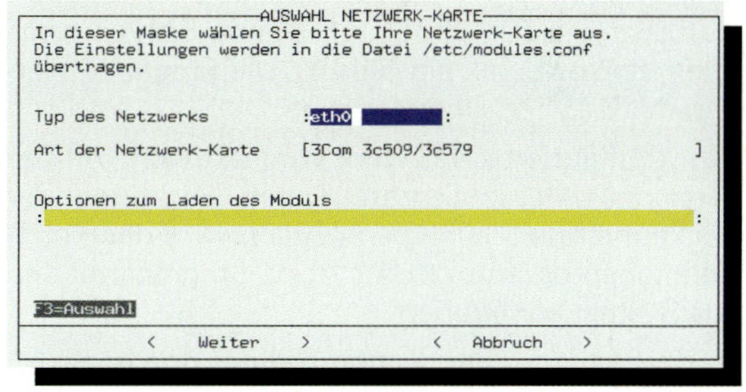

Bild 4: Auswahl der Netzwerkkarte

Wiederholung und Vertiefung

1. **Mit welchem Befehl kann geprüft werden, ob die Netzwerkkarte erkannt wird?**
2. **Wie meldet man eine Netzwerkkarte im System an?**

7.3.3 Netzwerk unter LINUX konfigurieren

Für die korrekte Übertragung der Datenpakete in Netzen ist die richtige Konfiguration des TCP/IP-Protokolls erforderlich. Dies betrifft die Festlegung der IP-Adressen des Hosts, die Netzwerkmaske und das Routing.

IP-Adresse und Host

Damit die einzelnen Rechner in einem Netzwerk Verbindung untereinander aufnehmen können, wird jedem eine IP-Adresse zugeordnet, z. B. 10.191.216.10

So wie eine Telefonnummer in Vorwahl und Rufnummer aufgeteilt ist, so wird die IP-Adresse in einen Netzanteil und einen Hostanteil gegliedert **(Bild 5)**.

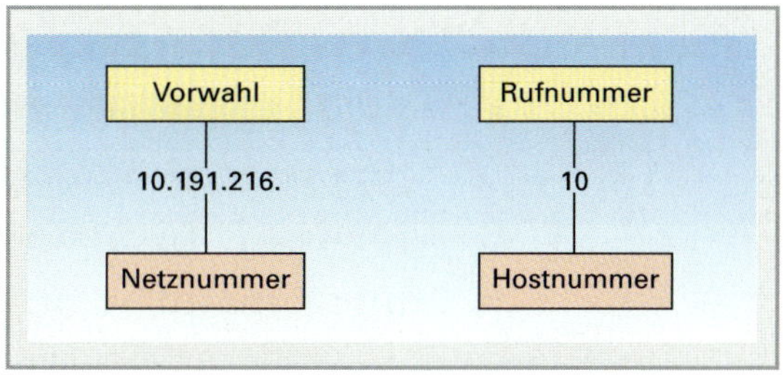

Bild 5: Netzanteil und Hostanteil der IP-Adresse

Netzwerkmaske

Die Grenze zwischen Netz und Host wird durch die Netzwerkmaske festgelegt. Hierbei wird die IP-Adresse mit der Netzwerkmaske (netmask) durch ein logisches UND verknüpft. Dadurch wird festgelegt, in welchem Teilnetz (Subnet) sich diese IP-Adresse befindet **(Bild 1)**.

Routing

Das Routing beschreibt, welche Ziele im TCP/IP-Netz über welchen Weg zu erreichen sind. Ein Rechner, der das Weiterleiten von Daten zu einem anderen Netz übernimmt, wird als Gateway bezeichnet.

Konfiguration des Netzwerks mit YaST1

Zur Konfiguration des Netzwerks wird das Programm YaST1 verwendet. Man startet YaST1 und wählt `Administration des Systems`, `Netzwerk konfigurieren`, `Netzwerk Grundkonfiguration` **(Bild 2)**.

Durch Betätigen der Eingabe-Taste wird das Fenster `Auswahl des Netzwerks` geöffnet **(Bild 3)**. Hier wird eine freie Nummer, z. B. `1`, gewählt. Durch Drücken der Funktionstaste `F5=Device` wählt man z. B. `Ethernet` aus. Über `Weiter` und durch Betätigen der Eingabe-Taste wird die Auswahl bestätigt. Nun wird die Funktionstaste `F6=IP-Adressen` betätigt. In der Maske `Eingabe der Netzwerk-Adressen` gibt man die `IP-Adresse des Rechners`, z. B. 10.181.216.10, die `Netmask`, z. B. 255.255.255.0, und die `Adresse des default-Gateway`, z. B. 192.168.0.1 (Name-Server eines Internet Providers), ein **(Bild 4)**. Die Eingaben werden mit `Weiter` übernommen.

Das konfigurierte Netzwerk wird aktiviert mit der Taste `F4=Aktivieren`. Durch Betätigen der Funktionstaste `F10=Speichern` wird das Konfigurationsprogramm `SuSE config` gestartet und das System konfiguriert.

Nach Beenden der Konfiguration durch `SuSE config` betätigt man die Taste `Weiter` und gelangt dadurch wieder zur Auswahlmaske (Bild 2).

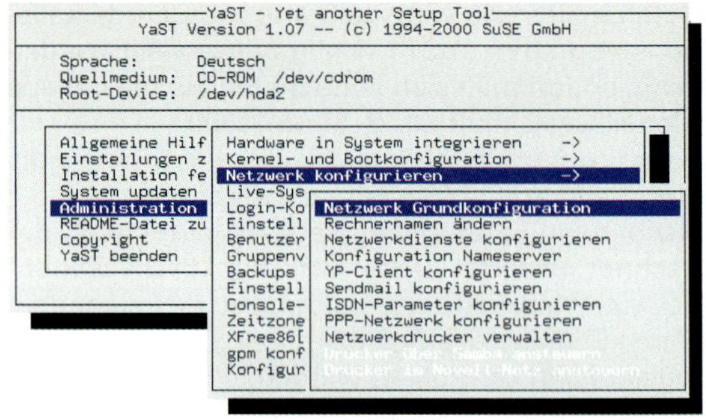

Bild 2: Netzwerk Grundkonfiguration von YaST1 aus aufrufen

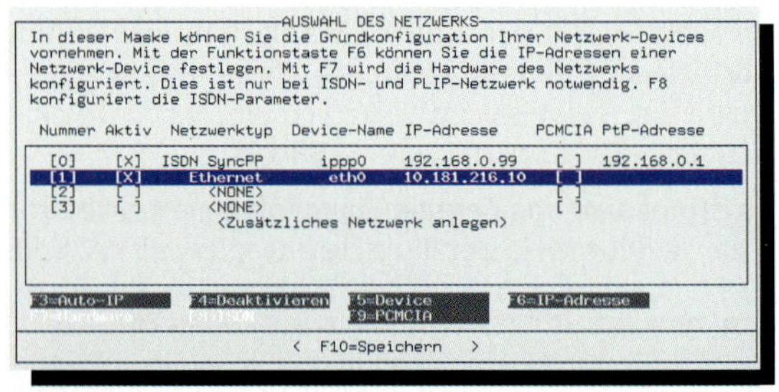

Bild 3: Auswahl des Netzwerks

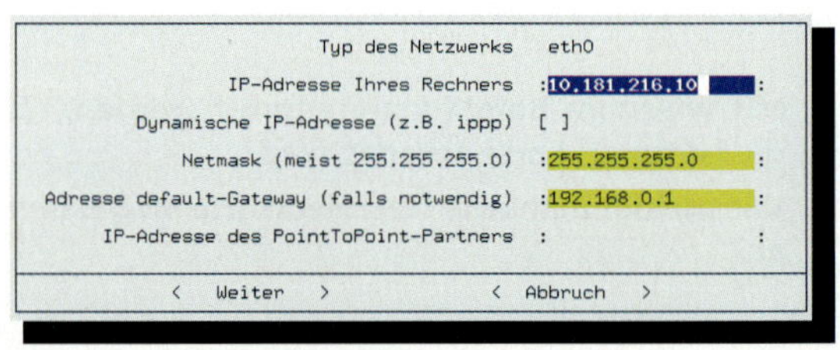

Bild 4: Adresse für das Netzwerk eingeben

Die Netzwerkmaske legt die Grenze zwischen Netzanteil und Hostanteil fest.

Grenze	Netz	Host	Hex	Subnetzmaske(dezimal)
/8	1111 1111	0000 0000 0000 0000 0000 0000	FF.00.00.00	255.0.0.0
/16	1111 1111 1111 1111	0000 0000 0000 0000	FF.FF.00.00	255.255.0.0
/24	1111 1111 1111 1111 1111 1111	0000 0000	FF.FF.FF.00	255.255.255.**0**
/28	1111 1111 1111 1111 1111 1111 1111	0000	FF.FF.FF.F0	255.255.255.240

Bild 1: Subnetzmaske für IP-Adressen

Damit die Rechner im Netz identifizierbar sind, benötigen diese einen Rechnernamen (Hostnamen) und einen Domainnamen.

Hostnamen und Domainnamen vergeben

Hostnamen

Der gewählte Hostname, z. B. `linux`, darf in einem lokalen Netz nur einmal vorkommen und dient zur Identifizierung des Rechners in einem Netz.

Domainname

Damit große Netze in einzelne Teile (Domains) aufgeteilt werden können, wird der Domainname benötigt.

> In einem Netz benötigt jeder Rechner einen Host- und Domainnamen.

Unter YaST1 wählt man `Administration des Systems`, `Netzwerk konfigurieren`, `Rechnername ändern` **(Bild 1)**. Als `Rechnername` gibt man z. B. `linux` und unter Domainname z. B. `local` ein. Die Eingaben werden mit `Weiter` und durch Betätigen der Eingabetaste übernommen.

Durch Betätigen der `Esc-Taste` gelangt man wieder in das Hauptmenü von YaST1. Durch Anwahl von `YaST beenden` wird das System durch `SuSE config` konfiguriert und anschließend wird YaST1 beendet.

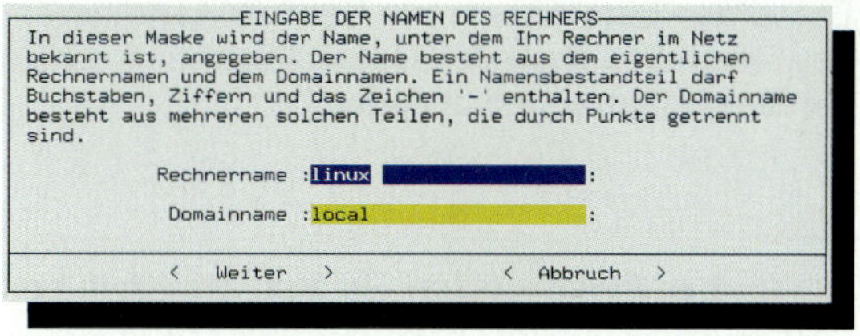

Bild 1: Eingabefenster für den Rechner- und Domainnamen

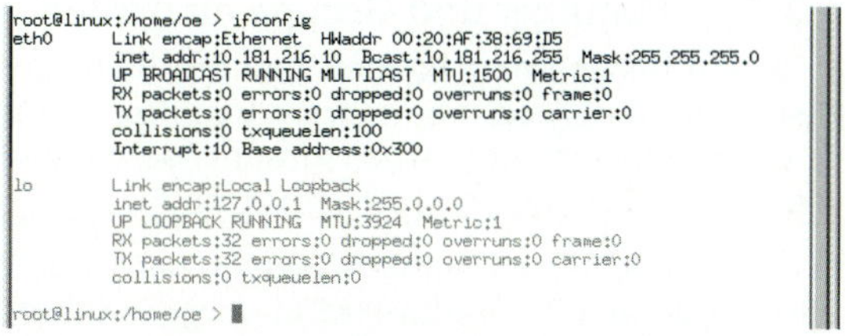

Bild 2: Ausgabefenster des Befehls ifconfig

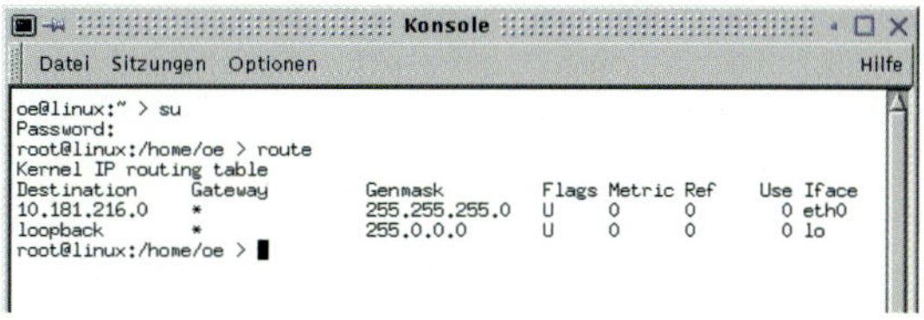

Bild 3: Ausgabe der Daten des Befehls route

Wiederholung und Vertiefung

1. **Wozu wird die IP-Adresse und der Hostnamen verwendet?**
2. **Wie wird die Grenze zwischen Netzanteil und Hostanteil festgelegt?**
3. **Wie groß ist der Netzanteil, wenn die Subnetmask mit 255.255.255.0 angegeben ist?**

Übung 1:
Ermitteln Sie die Parameter des Ethernet-Netzes.
Lösung: **Bild 2**

7.3.4 Funktion des Netzwerks feststellen

Nach Abschluss der Konfiguration wird die Funktion der Netzwerkkonfiguration und die Netzwerkkarte getestet. Für das Testen gibt es z. B. die Befehle `ifconfig`, `route` und `ping`.

Man öffnet ein Konsolenfenster und gibt die entsprechenden Befehle, z. B. `ifconfig`, `route` oder `ping`, ein. Mit dem Befehl `ifconfig` werden im Konsolenfenster alle Parameter des Netzes ausgegeben.

Durch Eingabe des Befehls `route` im Konsolenfenster wird das Routing dargestellt **(Bild 3)**. Dieser Befehl liefert eine Liste aller Informationen über das Routen und wie diese erreichbar sind.

Mit dem Befehl `ping` und der IP-Adresse der Netzwerkkarte kann diese angesprochen werden.

Übung 2:
Überprüfen Sie, ob die Netzwerkkarte ihres Rechners angesprochen werden kann.
Lösung: **Bild 1, folgende Seite**

Es werden Datenpakete zur Netzwerkkarte gesendet. Durch Betätigen der Tasten Strg und C wird die Datenübertragung beendet.

Wiederholung und Vertiefung

1. **Welchen Befehl setzen Sie zum Ermitteln von IP-Adresse und IRQ einer Netzwerkkarte ein?**
2. **Welche Möglichkeit besteht, um eine Netzwerkkarte zu testen?**

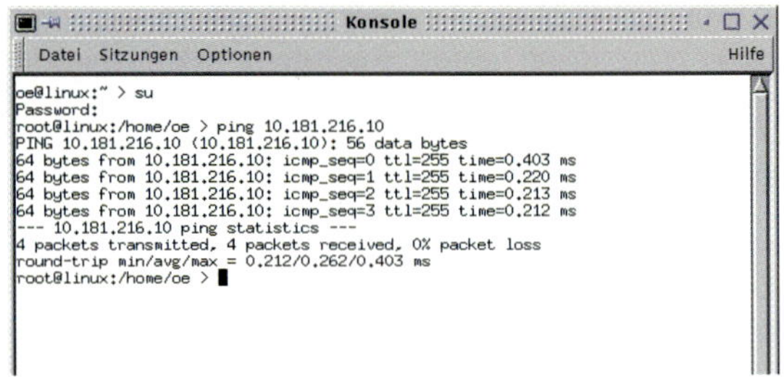

Bild 1: Ausgabe des Befehls ping

7.3.5 Benutzer und Gruppe einrichten

In einem Rechnernetz können mehrere Benutzer (user) arbeiten. Arbeiten mehrere Benutzer (user) in einer gemeinsamen Arbeitsgruppe, so werden diese einer Gruppe (group) zugeordnet.

Das Einrichten einer User-Gruppe wird bei S.u.S.E. LINUX mit dem Programm YaST1 vorgenommen. Nach dem Start von YaST1 gelangt man über das Hauptmenü und `Administration des Systems` zur `Benutzerverwaltung` bzw. `Gruppenverwaltung`. Durch Anwahl der entsprechenden Option wird das Fenster (Maske) `Benutzerverwaltung` oder `Gruppenverwaltung` geöffnet.

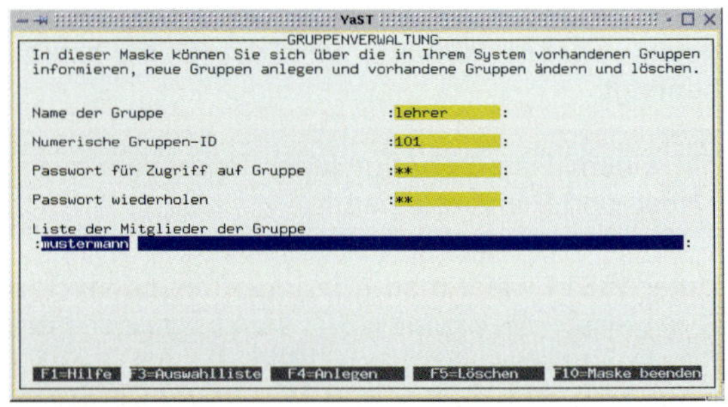

Bild 2: Gruppe anlegen

> **Übung 1:**
> Legen Sie eine Gruppe mit dem Namen `lehrer` mit der Gruppen-ID Nummer 101 an.
>
> *Lösung:* **Bild 2**

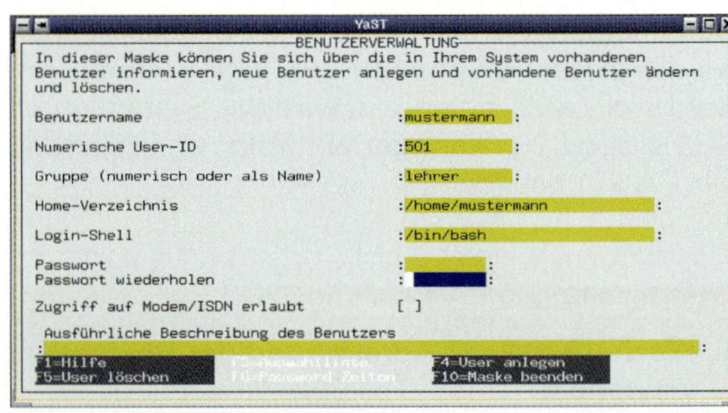

Bild 3: Anlegen eines Benutzers

ID-Nummern bis 100 sind vom System reserviert. Nach Anlegen einer Gruppe werden die Benutzer in der Benutzerverwaltung angelegt **(Bild 3)**.

> **Übung 2:**
> Legen Sie einen Benutzer Mustermann in der Arbeitsgruppe Lehrer mit dem Heimatverzeichnis /home/mustermann an.
>
> *Lösung:* Bild 3

Mit der Taste `F4=User anlegen` wird ein neuer Benutzer angelegt. Unter Benutzernamen gibt man den Benutzernamen (Login-Namen), z. B. mustermann, ein.

Jeder Benutzer ist dem System durch die User-ID, bekannt. Unter `Numerische User-ID` gibt man z. B. 501 ein. User-IDs kleiner als 500 sind vom System reserviert. In dem Eingabefeld `Gruppe` gibt man die Gruppe, z. B. `lehrer`, an. Im Eingabefeld `Home-Verzeichnis` kann das Heimatverzeichnis des Benutzers eingegeben werden. Normalerweise ist das Heimatverzeichnis `/home/<login-name>`, z. B. /home/mu. Unter `Login-Shell` kann man den Kommandointerpreter für den Benutzer festlegen. Bei `Passwort` wird das Passwort des Benutzers festgelegt. Um eine Falscheingabe zu vermeiden, muss das Passwort wiederholt werden.

Wiederholung und Vertiefung

1. **Wie lautet die Pfadangabe des Heimatverzeichnisses?**
2. **Warum müssen in einem Rechnernetz Benutzer und Gruppen eingerichtet werden?**

7.3.6 Programm Samba installieren

Software kann bei S.u.S.E. LINUX mit dem Programm YaST1 oder YaST2 installiert werden. Zur Installation von Samba mit YaST1 verfährt man wie folgt:

Die LINUX CD Nummer 1 wird in das CD-ROM-Laufwerk gelegt und YaST1 gestartet. Über `Installation festlegen/starten` und `Konfiguration ändern/erstellen` gelangt man zur `Serienauswahl`. **(Bild 1)**. Hier wird die `Serie n Netzwerk-Support (TCP/IP, UUCP, Mail, News)` ausgewählt.

Es öffnet sich das Fenster `Paket-Auswahl` **(Bild 2)**. Hier wird `samba Fileserver für Unix, ähnlich LanManager` gewählt. Mit der Leertaste wird der Status der Software auf `x` gesetzt. Mit der Taste `F10=OK` wird die Aktion bestätigt und man gelangt wieder zu dem Fenster `Serien-Auswahl`. Hier wird die Taste `F10=Esc=Verlassen` betätigt. In dem sich öffnenden Optionsfenster wählt man `Installation starten`. Es werden die Dateien von der CD-ROM auf die Festplatte kopiert.

> Mit YaST1 kann Software professionell installiert werden.

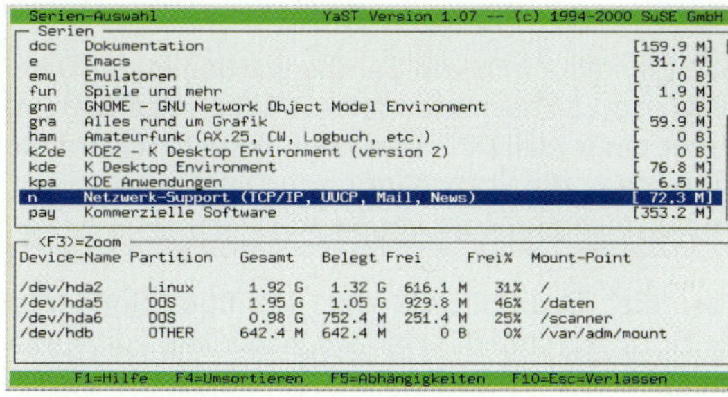

Bild 1: Serien-Auswahl

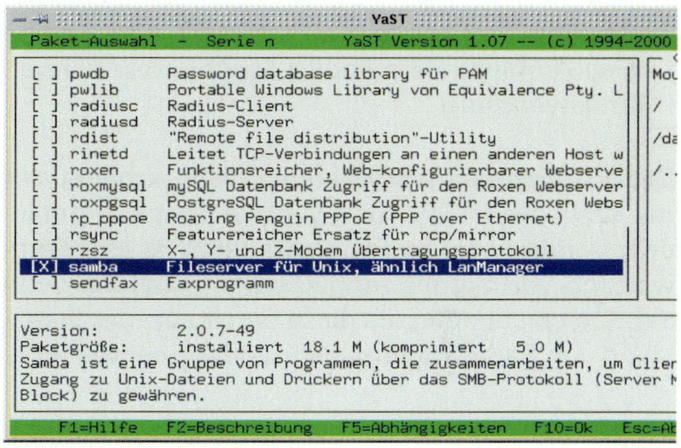

Bild 2: Paket-Auswahl

Als nächstes muss noch die Variable `START_SMB` in der Konfigurationsdatei auf `yes` gesetzt werden. Dazu wird aus dem Hauptmenü `Administration des Systems, Konfigurationsdatei verändern` gewählt. In der Maske `System konfigurieren` wählt man die Variable `START_SMB` **(Bild 3)**.

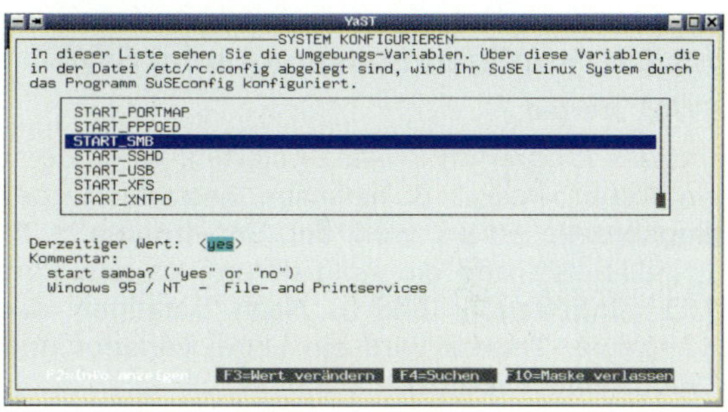

Bild 3: Konfigurationsdatei verändern

Mit `F3=Wert verändern` kann man in der Eingabemaske den Wert `no` auf `yes` ändern. Durch Betätigen der Taste `Weiter` wird die Eingabe übernommen.

Mit der Taste `F10=Maske verlassen` wird das Konfigurationsprogramm `SuSE config` gestartet und das System wird konfiguriert. Nach Abschluss der Konfiguration wird YaST1 durch Betätigen der `Esc-Taste` beendet.

> Mit YaST1 können Konfigurationen von Samba benutzergesteuert vorgenommen werden.

Bei neuen S.u.S.E-Distributionen kann die Konfiguration automatisch mit YaST2 durchgeführt werden.

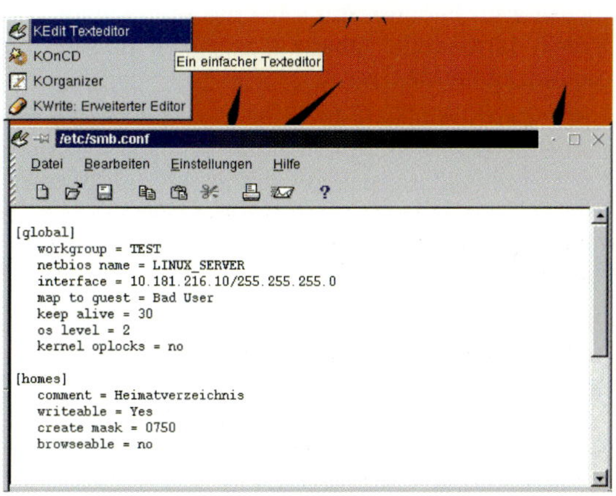

Bild 4: Texteditorfenster mit Samba-Konfigurationsdatei

7.3.7 Samba verwalten

Alle Einstellungen von Samba werden in der Datei `smb.conf` zusammengefasst. Wenn das Samba-Paket einer LINUX Distribution installiert wird, so wird meist die vorkonfigurierte Datei `smb.conf` im Verzeichnis `/etc` angelegt.

Für die Bearbeitung der Konfigurationsdatei `smb.conf` stehen zwei Möglichkeiten zur Verfügung:

1. Mit einem Texteditor z. B. `KEdit` **(Bild 4, vorhergehende Seite)**.
2. Mit dem Programm `SWAT` (SWAT von Samba Web Adminstration Tool = Samba-Netz-Verwaltungswerkzeug).

Das Konfigurationsprogramm `SWAT` arbeitet auf der Basis des HTTP-Protokolls und lässt sich mit jedem Webbrowser bedienen. Dadurch ist eine Fernwartung von Samba möglich. Die Installation von `SWAT` ist nicht nötig, da diese bereits bei der Installation von Samba automatisch vorgenommen wird.

> Mit SWAT ist eine Fernwartung von Samba-Servern möglich.

7.3.7.1 Konfigurationsprogramm SWAT

SWAT starten

Um das Programm `SWAT` zu starten, wird zuerst ein Webbrowser, z. B. Netscape, gestartet. In der Eingabezeile `Pfad` wird der Servername, z. B. `localhost` und die Anforderung an den Port `901` eingetragen **(Bild 1)**. Nach Betätigen der `Eingabe-Taste` wird ein Login verlangt und `SWAT` geladen **(Bild 2)**.

Die SWAT Oberfläche

Am oberen Fensterrand wird die Menüleiste von SWAT dargestellt. **Tabelle 1** zeigt die Bedeutung der einzelnen Menüs.

Unter der Menüleiste befindet sich die Maske mit den Einstellungsmöglichkeiten. Welche Aktionen nach einem Mausklick auf die jeweiligen Buttons in der Eingabemaske ausgeführt werden, ist in **Tabelle 2** aufgeführt.

Wiederholung und Vertiefung

1. **In welchen Dateien werden die Einstellungen von Samba zusammengefasst?**
2. **Mit welchen Programmen kann die Konfigurationsdatei von Samba bearbeitet werden?**
3. **Welchen Vorteil bietet das Programm SWAT?**

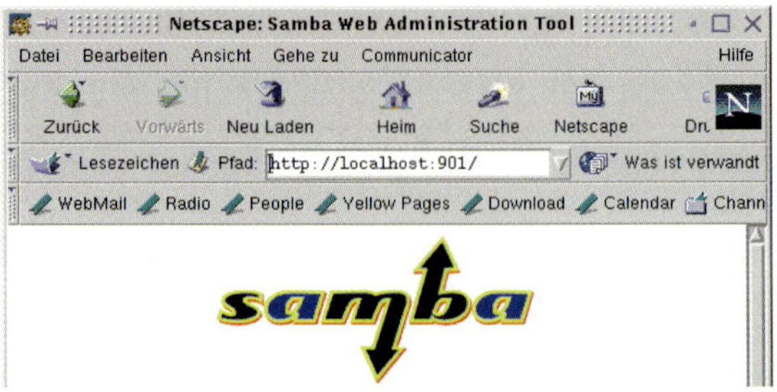

Bild 1: Programm SWAT starten

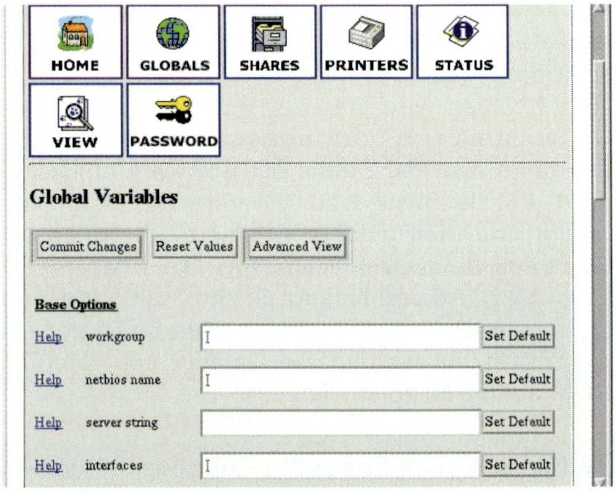

Bild 2: Konfigurationsoberfläche von SWAT

Tabelle 1: Bedeutung der SWAT-Menüs	
Menü	**Inhalt der HTML-Seite**
HOME	Links zu Hilfetexten.
GLOBALS	Konfiguration des Servers
SHARES	Einstellung von verwendeten Verzeichnissen.
PRINTERS	Einstellung von Samba-Druckern
STATUS	Steuerung und Überwachung des Samba-Servers.
VIEW	Inhalt der Konfigurationsdatei smb.conf
PASSWORD	Passwortverwaltung von Samba.

Tabelle 2: Aktionen in der Einstellungsmaske	
Button	**Ausgeführter Befehl**
Commit Changes	Die Datei smb.conf wird aktualisiert.
Reset Values	Die Eintragungen werden auf die Werte der aktuellen smb.conf Datei gesetzt.
Advanced View	Alle Eintragungen der Datei smb.conf werden angezeigt.
Set Default	Setzt den Inhalt des jeweiligen Eingabefeldes auf die Anfangseinstellung.

7.3.7.2 Samba-Server einstellen

Im Menü GLOBALS werden alle Einstellungen für die Daemons smbd und nmbd vorgenommen. Der Daemon smbd ist für Dateifreigaben (shares) und Dienste an den nachfragenden Client zuständig, während der Daemon nmbd den Datentransport regelt.

Auf dem Windows Client-Rechner wird durch Klick mit der Maus auf Netzwerkumgebung das Netzwerk angezeigt. Durch Rechtsklick mit der Maus auf das Icon Linux-Server werden die Eigenschaften des Samba-Servers angezeigt. Samba soll schrittweise so konfiguriert werden, dass die im **Bild 1** dargestellten Eigenschaften angezeigt werden.

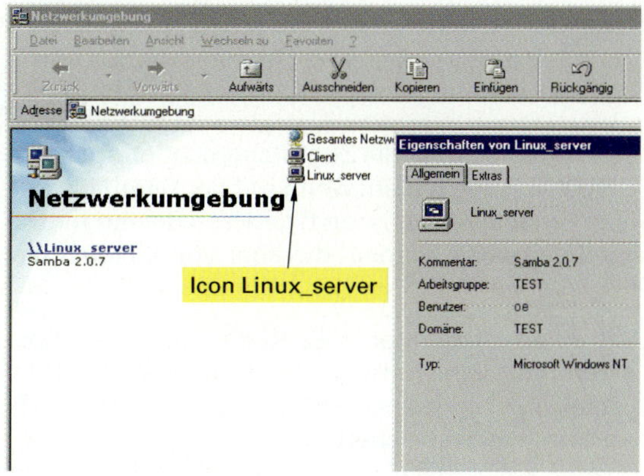

Bild 1: Anzeige der Eigenschaften eines Samba-Servers

Schritt 1: SWAT starten
Man startet das Programm Netscape auf dem LINUX-Rechner und gibt die Adresse http://localhost:901 ein. Dann loggt man sich als Administrator in das Programm SWAT ein.

Schritt 2: Menü GLOBALS aufrufen und die geforderten Einstellungen vornehmen
Durch einen Mausklick auf das Menü GLOBALS wird die entsprechende Eingabemaske dargestellt. Hier werden die geforderten Einstellungen eingegeben **(Bild 2)**. Die IP-Adresse, z. B. 10.181.216.10, und die Netmask, z. B. 255.255.255.0, entsprechen den Eingaben beim Einrichten des Netzwerkes. Damit die Eingaben in der Datei smb.conf gespeichert werden, muss mit der Maus die Schaltfläche Commit Changes (Änderungen übernehmen) angeklickt werden.

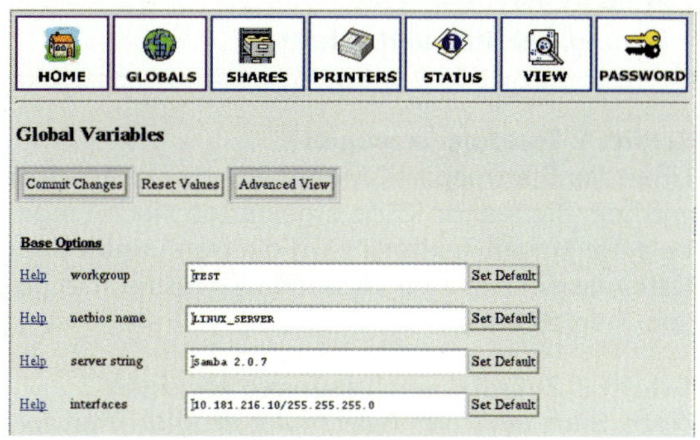

Bild 2: Konfiguration des Samba-Servers

Schritt 3: Eingaben an Samba übergeben
Samba muss die konfigurierte Datei smb.conf neu einlesen. Dazu müssen die Daemons smbd und nmbd neu gestartet werden. Man klickt mit der Maus auf das Menü STATUS und anschließend auf die Buttons Restart smdb und Restart nmbd **(Bild 3)**.

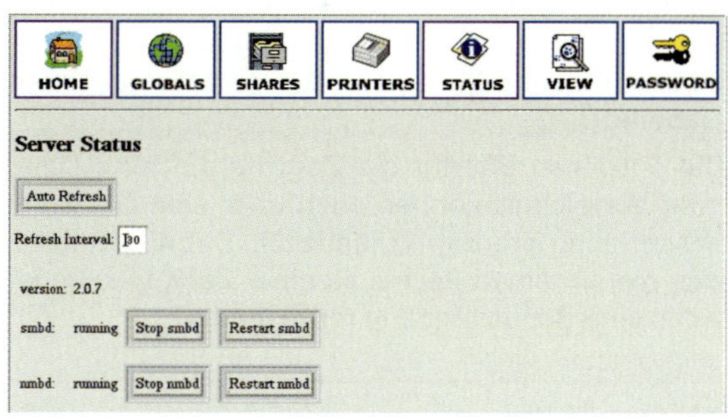

Bild 3: Samba starten

Schritt 4: Einstellungen überprüfen
Nach dem Login am Windows Client-Rechner klickt man mit der Maus auf das Ikon Netzwerkumgebung. Anschließend lässt man sich wieder die Eigenschaften des Linux-Servers anzeigen (Bild 1).

7.3.7.3 Dateifreigaben

Ein Server verfügt im Allgemeinen über mehr Festplattenspeicher als ein Client. Werden Dateiverzeichnisse auf dem Server für Clients zur Verfügung gestellt, spricht man von Austauschverzeichnissen (shares).

Für jede Datei bzw. Verzeichnis speichert LINUX die Zugriffsrechte. Dabei werden die Rechte lesen (r = read), schreiben (w = write), ausführen (x = execute) oder kein Recht von allen unterschieden. Diese Zugriffsberechtigungen werden an drei verschiedene Benutzerebenen, Besitzer (user), Gruppe (group) und andere (others) verteilt.

Die Zugriffsberechtigungen werden vom Betriebssystem LINUX und vom Samba-Server vergeben.

Rechte, die unter LINUX vergeben wurden, haben Vorrang vor Rechten, die unter Samba vergeben wurden.

Das bedeutet, dass die Zugriffsberechtigungen von LINUX Vorrang haben, wenn mit der Samba-Konfigurationsdatei `smb.conf` gewisse Rechte für Dateien vergeben werden, die aber von LINUX nicht freigegeben sind.

Mit einem Texteditor, z. B. Kedit, wird eine Textdatei mit dem Namen `Test` erzeugt und im Verzeichnis `/home/BENUTZERNAMEN`, z. B. `/home/oe` gespeichert.

Übung 1:
Zeigen Sie die Zugriffsberechtigungen der erzeugten Datei `Test` an.

Lösung: **Schritt 1 und Schritt 2**

Schritt 1: Testdatei erzeugen
Über das Startmenü (K-Menü) in `Anwendungen` wird der Texteditor `KEdit` gestartet. Nach Eingabe einer kurzen Textzeile wird die Datei unter dem Dateinamen `Test` im Verzeichnis `/home/oe` gespeichert **(Bild 1)**.

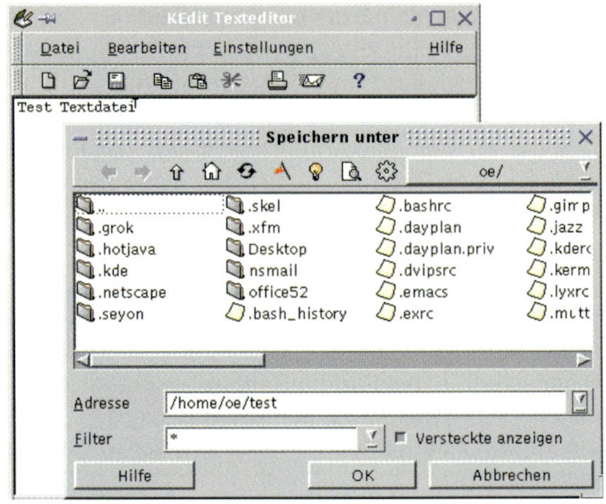

Bild 1: Textdatei Test speichern

Schritt 2: Zugriffsberechtigungen anzeigen
Nach Start der Terminal-Emulation gibt man folgenden Befehl ein: `ls -l/home/oe`. Dadurch werden die Zugriffsberechtigungen der Datei `Test` angezeigt **Bild 2**. Der Typ von `Test` ist Datei. Der Eigentümer dieser Datei darf diese lesen und in sie schreiben, während Mitglieder der Gruppe und andere Benutzer nur das Recht lesen haben **(Tabelle 1)**.

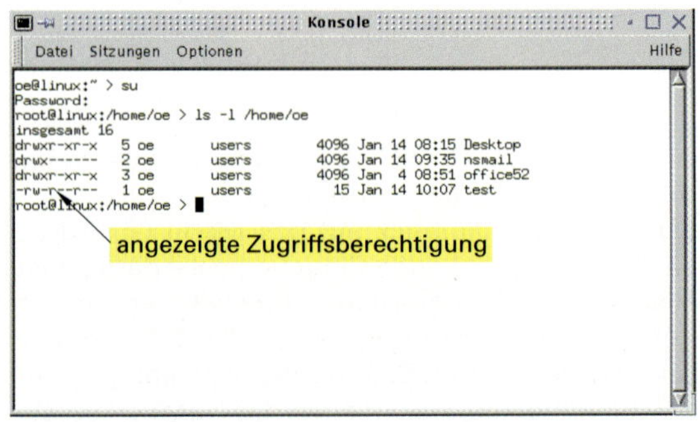

Bild 2: Zugriffsberechtigung der Datei Test

Tabelle 1: Zugriffsberechtigung der Datei Test

Typ	Eigentümer			Gruppe			Andere		
–	r	w	–	r	–	–	r	–	–

Hinweis: – in der Spalte Typ bedeutet Datei
d in der Spalte Typ bedeutet Verzeichnis

Die einzelnen Bits für die Zugriffe auf eine Datei oder Verzeichnis können auch über eine Oktalzahl beschrieben werden **(Tabelle 2)**. Dabei addieren sich die einzelnen Rechte zu einer Zahl, welche jeweils eine Benutzerebene repräsentiert.

Tabelle 2: Zugriffsrechte über Oktalzahlen darstellen

Oktalzahl	Bedeutung
0	Nichts
1	Ausführen
2	Schreiben
4	Lesen

Übung 2:
Die Zugriffsberechtigung für die Datei `Test` soll wie folgt geändert:

Typ	Eigentümer			Gruppe			Andere		
–	r	w	x	r	w	–	r	–	–

Lösung: **Schritt 1 bis Schritt 3**

Schritt 1: Oktalzahl für die Zugriffsberechtigung festlegen
Typ = 0, Eigentümer 4 + 2 + 1 = 7, Gruppe 4 + 2 = 6, Andere 4. Somit ergibt sich folgende Oktalzahl: 0764.

Schritt 2: Mit LINUX die Dateirechte der Datei Test verändern
In der Terminal Emulation gibt man folgenden Befehl ein: `chmod 0764 /home/oe/test` (chmod von change mode = verändere Modus).

Schritt 3: Änderungen überprüfen
Der Befehl `ls-l/home/oe/test` zeigt die Zugriffsberechtigungen der Datei `Test` an.

Übung:
Ein Verzeichnis `projekt` soll im Netz unter Samba freigegeben werden. Der Eigentümer und die Mitglieder einer Gruppe erhalten Leserechte, Schreibrechte und Ausführungsrechte. Andere sind nur befugt zu lesen.

Lösung: **Schritt 1 bis Schritt 4**

Schritt 1: Verzeichnis unter LINUX anlegen
In der Terminal-Emulation gibt man den Befehl `su` für `super user` ein. Darauf erfolgt die Passwortabfrage für den Systemadministrator. Nach Eingabe des Passwortes kann das Verzeichnis mit dem Befehl `mkdir/projekt` erstellt werden.

Schritt 2: Zugriffsrechte des Verzeichniss feststellen und anpassen
Mit dem Befehl `ls -l/` erhält man eine Liste aller Verzeichnisse im Pfad `/`. Hier sucht man nach dem Verzeichnis `projekt` **(Bild 1)**. Es ist zu sehen, dass der Eigentümer alle Rechte besitzt, während die Mitglieder einer Gruppe nur Leserechte und Ausführungsrechte besitzen und andere nur Lesen dürfen. Mit dem Befehl `chmod 0774` werden die Zugriffsrechte angepasst.

Schritt 3: SWAT starten und ein Austauschverzeichnis mit dem Namen projekt anlegen
Nach dem Starten von `SWAT` klickt man mit der Maus auf `SHARE`. In dem Eingabefeld von `Create Share` wird der Sharename, z. B. `projekt`, eingegeben **(Bild 2)**. Nach einem Mausklick auf `Create Share` wird das Austauschverzeichnis projekt erzeugt. Nun muss es angepasst werden.

Schritt 4: Datei smb.conf neu einlesen
Nach einem Mausklick auf das Menü `STATUS` und die Buttons `Restart smbd` und `Restart nmdb` wird die Konfigurationsdatei neu eingelesen.

Nun steht das Austauschverzeichnis `projekt` in der Netzwerkumgebung von Samba zur Verfügung. CDROM-Laufwerke oder Zip-Laufwerke werden wie Dateien freigegeben.

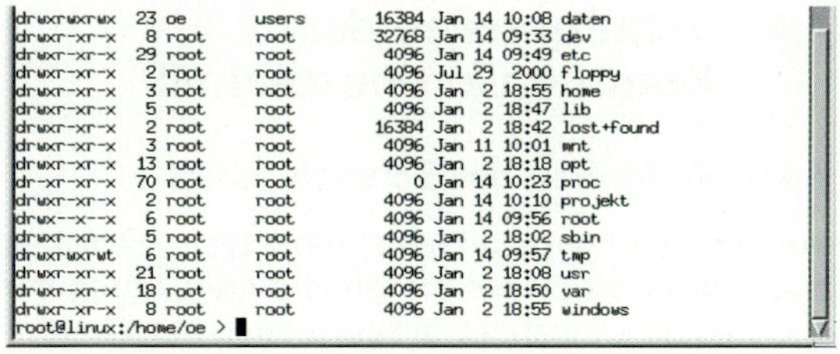

Bild 1: Zugriffsrechte des Verzeichnisses projekt

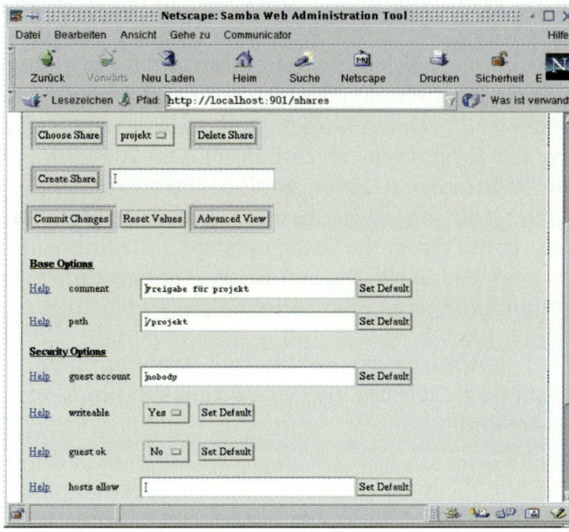

Bild 2: Eingaben für die Share projekt

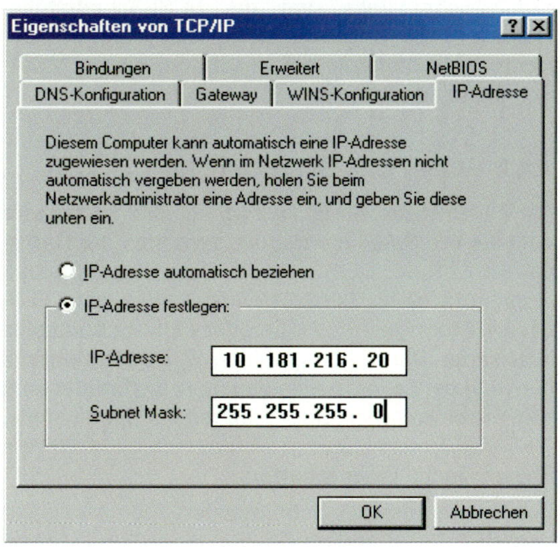

Bild 3: Konfiguration TCP/IP-Protokoll

7.3.7.4 Windows Client einrichten

Nach Einbau der Netzwerkkarte und Installation des Treibers wird über das Fenster `Systemsteuerung` das Icon Netzwerk mit der Maus angeklickt und das TCP/IP-Protokoll auf dem Windows Client installiert. Im Fenster `Eigenschaften von TCP/IP` wird die IP-Adresse und Subnetmask eingetragen **(Bild 3)**.

Im Fenster `Netzwerk` wählt man `Client für Microsoft Netzwerke` und gibt hier den Computernamen und die Arbeitsgruppe ein. Anschließend werden die Dateien für andere Benutzer freigegeben, indem man den Button `Datei- und Druckerfreigabe` mit der Maus anklickt.

Nun kann das Verzeichnis `projekt` verwendet werden.

7.4 Schnittstellen der Kommunikationstechnik

7.4.1 Aufgaben der Schnittstellen

Durch eine Punkt-zu-Punkt-Verbindung zwischen zwei Computern oder zwischen einem Computer und einem Peripheriegerät kann man Daten übertragen, elektronische Post (Email) versenden und auf Software anderer Rechner zugreifen. Um eine sichere Datenübertragung zu ermöglichen, müssen die Datensignale hinsichtlich ihrer physikalischen Eigenschaften so gewählt werden, dass sie der jeweilige Empfänger aufnehmen kann. Die zu übertragenden Daten sind in einem festgelegten Code verschlüsselt, die der Empfänger entschlüsselt. Die Reihenfolge der übertragenen Daten, zumindest wenn es Steuerdaten sind, muss mit dem Empfänger vereinbart sein, damit dieser die Daten versteht und folgerichtig reagiert (Protokoll). Die Einrichtung für eine derartige Verbindung nennt man Schnittstelle.

Für den Anschluss peripherer Geräte an einen Computer ist eine passende Steckverbindung notwendig.

Die am PC meist üblichen Schnittstellen sind die V.24/V.28-Schnittstelle, benannt nach der Schnittstellenempfehlung der ITU-T[1], die USB-Schnittstelle[2], die nach einem Druckerhersteller benannte Centronics-Schnittstelle und die SCSI-Schnittstelle[3] **(Tabelle 1)**. Bei tragbaren Computersystemen (Laptop oder Notebook) ist zusätzlich die PCMCIA-Schnittstelle[4] zu finden.

Tabelle 1: Schnittstellen

Benennung	Bitrate	Anwendung
V.24/V.28 (RS 232C)	110 bit/s bis 19,2 kbit/s	Plotter, Maus, Modem, Werkzeugmaschinen.
USB-Schnittstelle	bis zu 480 Mbit/s	Tastatur, Maus, Modem, Scanner, Kamera.
Centronics-Schnittstelle	bis etwa 180 kB/s	Drucker, Scanner, ZIP-Laufwerk, Plotter.
SCSI-Schnittstelle	4 MB/s bis 40 MB/s	Scanner, CD-ROM-Laufwerk, Plattenspeicher.
Firewire	bis zu 800 Mbit/s	Videokamera, schnelle Massenspeicher

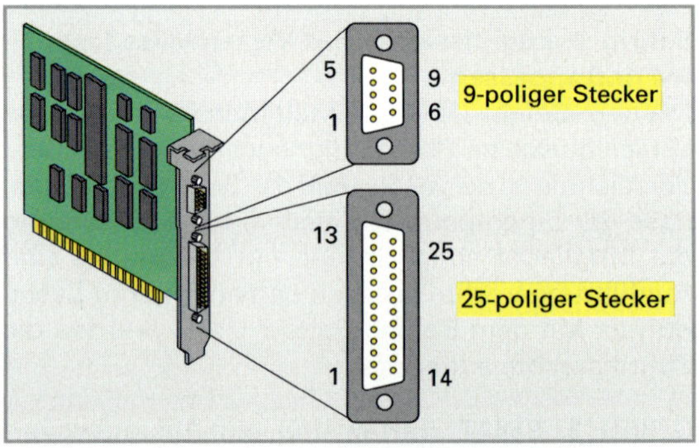

Bild 1: 25-poliger und 9-poliger V.24/V.28-Anschluss

7.4.2 V.24-/V.28-Schnittstelle

Die V.24-Schnittstelle ist eine serielle Schnittstelle für die bitweise Datenübertragung zwischen der Datenendeinrichtung (DEE) und der Datenübertragungseinrichtung (DÜE). Diese Schnittstelle wird auch nach der US-Norm als RS-232C- oder COM-Schnittstelle bezeichnet. Die ITU-Empfehlung V.24 beschreibt die Funktion der Schnittstellenleitungen, die Empfehlung V.28 die elektrischen Eigenschaften der Schnittstelle.

Tabelle 2: Belegung und Signale der 25-Pin-Stecker und der 9-Pin-Stecker

25-Pin	9-Pin	DIN-Bezeichnung		EIA-Bezeichnung	
1	–	E1	Schutzerde	-	Protective Ground
2	3	D1	Sendedaten	TD	Transmit Data
3	2	D2	Empfangsdaten	RD	Receive Data
4	7	S2	Sendeteil einschalten	RTS	Request to Send
5	8	M2	Sendebereitschaft	CTS	Clear to Send
6	6	M1	Betriebsbereitschaft	DSR	Data Set Ready
7	5	E1	Betriebserde	SG	Signal Ground
8	1	M5	Empfangssignalpegel	DCD	Data Carrier Detect
20	4	S1.2	Endgerät betriebsbereit	DTR	Data Terminal Ready
22	9	M3	Ankommender Ruf	RI	Ring Indicator

Physikalische Eigenschaften

Zur Verbindung der Schnittstellenleiter wird nach dem RS-232C-Standard ein 25-poliger Sub-D-Steckverbinder (Bezeichnung durch die dem Buchstaben „D" ähnliche Form und Sub von Subminiatur) verwendet **(Bild 1)**. Dabei befindet sich am PC (DEE) ein Steckverbinder mit Stiften, an der DÜE (z. B. Modem) eine Buchse.

Von den 25 Leitern ist ein Großteil für eine synchrone Datenübertragung reserviert **(Tabelle 2)**. Beim PC erfolgt der Datenaustausch asynchron. Dazu sind nur 9 Leiter notwendig. Es wird daher beim PC neben dem 25-poligen Sub-D-Steckver-

[1] ITU-T von International Telecommunication Union, Telecommunication Standardization Sector, eine UNO-Kommission für internationale Fernmeldeangelegenheiten mit Sitz in Genf,

[2] USB von Universal Serial Bus = universeller serieller Bus,

[3] SCSI von Small Computer System Interface = Schnittstelle für Kleinrechnersysteme,

[4] PCMCIA von Personal Computer Memory Card International Association

binder häufig ein 9-poliger Sub-D-Steckverbinder verwendet. Die DIN-Norm verwendet die Kurzzeichen D = Datenleitung, M = Meldeleitung, S = Steuerleitung und E = Erde.

Die Anschlüsse 2 und 3 bei der RS-232C-Schnittstelle übertragen die Datensignale, die restlichen Anschlüsse die Steuersignale.

Die V.24/V.28-Schnittstelle arbeitet mit positiven und negativen Signalpegeln **(Bild 1)**. Der Widerstand des Spannungserzeugers muss so bemessen sein, dass bei einem Lastwiderstand von 3 kΩ bis 7 kΩ die Spannung an der Schnittstelle ±5 V bis ±15 V beträgt. Die Flankensteilheit der Signale ist auf 30 V/μs begrenzt. Die Übertragungsgeschwindigkeit ist meist einstellbar auf Bitraten zwischen 110 bit/s und 19,2 kbit/s. Mit der größten Übertragungsgeschwindigkeit ist die Leitungslänge auf 30 m eingeschränkt. Bei der kleinsten Übertragungsgeschwindigkeit können Entfernungen bis zu 150 m überbrückt werden.

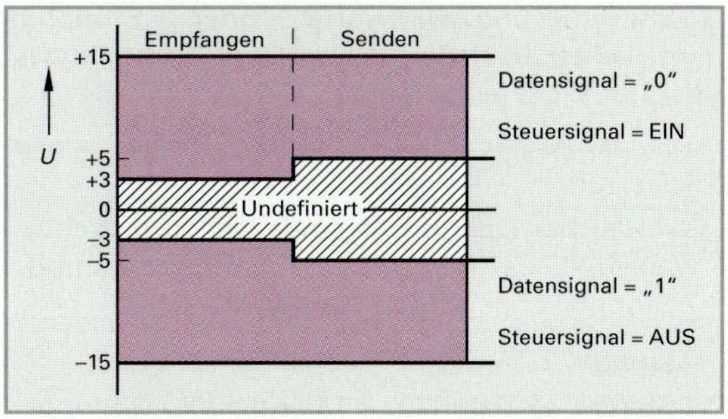

Bild 1: Signalpegel der V.24-Schnittstelle nach V.28

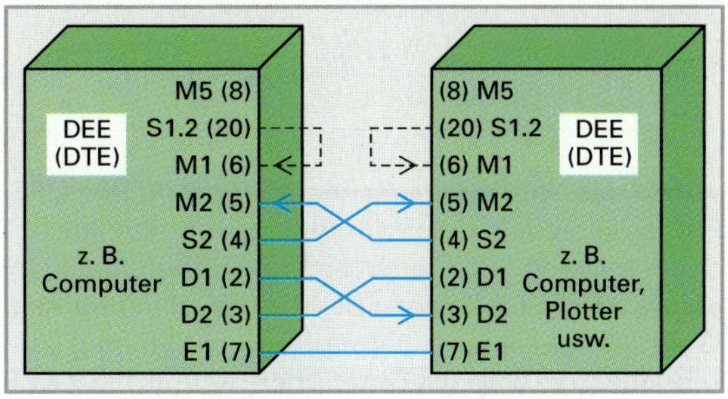

Bild 2: Zwei-Draht-Handshake (DEE-DEE) Nullmodem

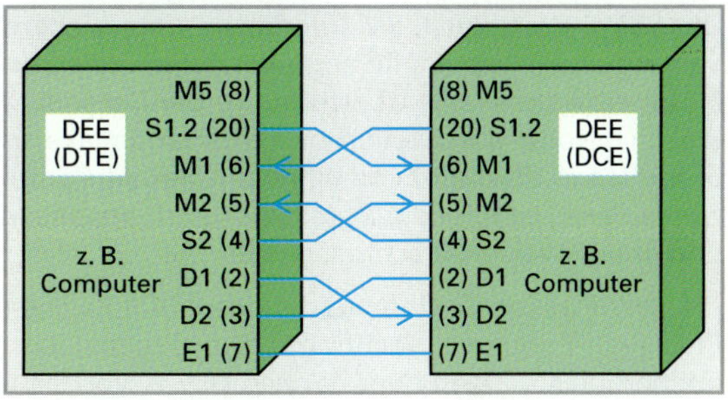

Bild 3: Mehr-Draht-Handshake (DEE-DEE)

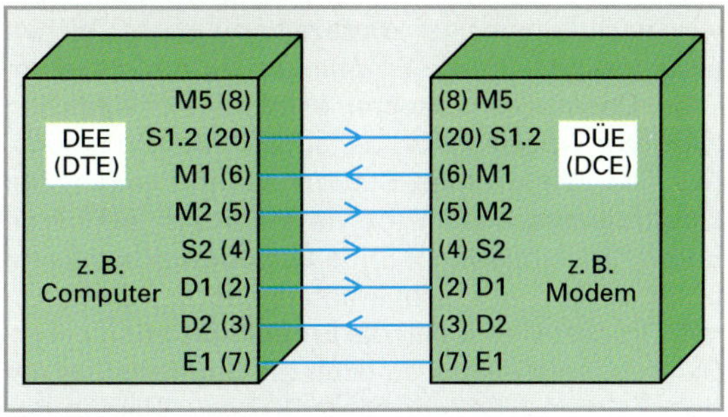

Bild 4: Mehr-Draht-Handshake (DEE-DÜE)

Schnittstellensignale

Sendedaten. Die binären Datensignale werden über den Leiter D1 übertragen, wenn auf den Schnittstellenleitern S1.2, S2, M1 und M2 der Zustand EIN herrscht. Bei Übertragungspausen wird D1 im Zustand 1 (–15V) d. h. AUS gehalten.

Empfangsdaten. Empfangen werden die binären Datensignale am Leiter D2. Dieser wird meist im Zustand 1 (–15 V) gehalten, solange der Leiter M5 im AUS-Zustand ist.

Mit den Signalen für Betriebsbereitschaft, Sendebereitschaft, und Betriebsbereit kann man die Datenübertragung steuern. Man spricht von Hardware-Handshake (to shake hands = Hände schütteln), da hierbei besondere Signalleitungen benützt werden **(Bild 2 bis Bild 4)**.

Sendebereitschaft. Der EIN-Zustand an M2 bedeutet, dass der Empfänger bereit ist, Daten über D1 an die DEE zu senden. Wird auch der Leiter S2 verwendet, dann ist der EIN-Zustand auf dem Leiter M2 eine Folge von dem EIN-Zustand des Leiters S2.

Betriebsbereit: Der EIN-Zustand an S1.2 bedeutet, dass der Sender betriebsbereit ist, Daten zu senden. Die DÜE wird über dieses Signal eingeschaltet. Der Leiter S1.2 bleibt während der ganzen Betriebszeit der DEE im EIN-Zustand.

Sendeteil einschalten. Mit dem Leiter S2 steuert man die Empfänger. Der EIN-Zustand des Leiters S2 schaltet den Sendeteil der Sender ein.

Empfangssignalpegel. Signale auf dem Leiter M5 melden Abweichungen der Datensignale vom Normpegel.

Die V.24-Schnittstelle wird meist mit nur drei, fünf oder sieben Signalleitern betrieben.

Datendarstellung. Für Datensignale benutzt man im Allgemeinen das NRZ-Binärsignal (von No Return to Zero = keine Rückkehr zu Null). Die Datenübertragung erfolgt meist mit dem ASCII-Code oder mit dem erweiterten ASCII-Code bei zeichenweiser Übertragung. Ein Zeichen wird dabei durch 1 Startbit, 7 oder 8 Datenbits, 1 Paritätsbit für die

Quersumme und wahlweise 1 oder 2 Stoppbits dargestellt **(Bild 1)**. Bei blockweiser Übertragung ist der Code nicht festgelegt.

Beispiel:

Mit welcher Übertragungszeit *t* ist zu rechnen, wenn 1000 Zeichen zu 8 bit mit 19,2 kbit/s und 2 Stoppbits übertragen werden?

Lösung:

1 Startbit + 8 Datenbits + 1 Paritätsbit + 2 Stoppbits = 12 bits.

1000 · 12 bit = 12 000 bit

$$t = \frac{12\,000\ \text{bit}}{19{,}2\ \text{kbit/s}} = \frac{12\,000\ \text{bit}}{19\,200\ \text{bit/s}} = \mathbf{0{,}63\ s}$$

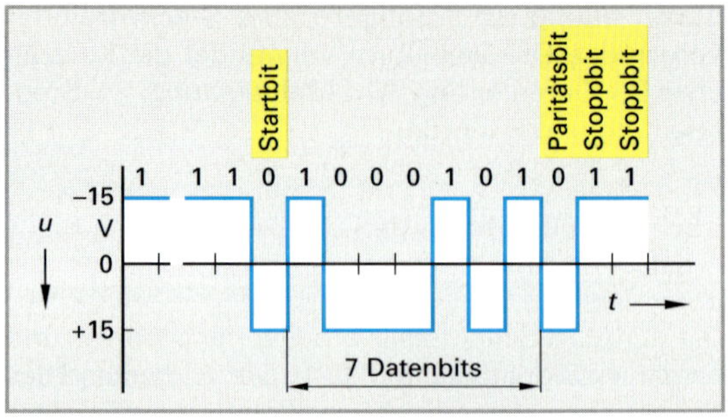

Bild 1: Übertragungssignal für das Zeichen E

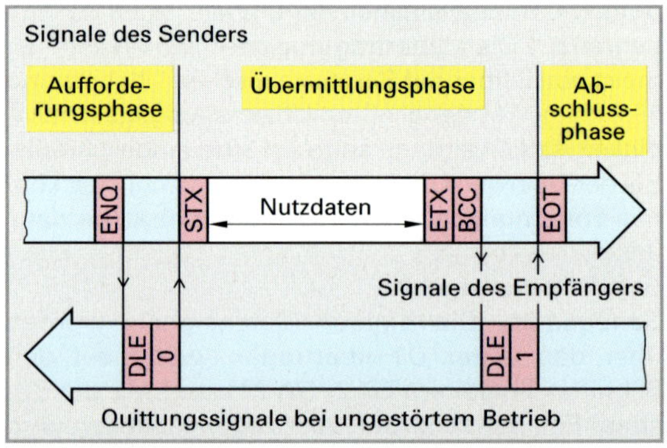

Bild 2: Datenaustausch bei ungestörtem Betrieb

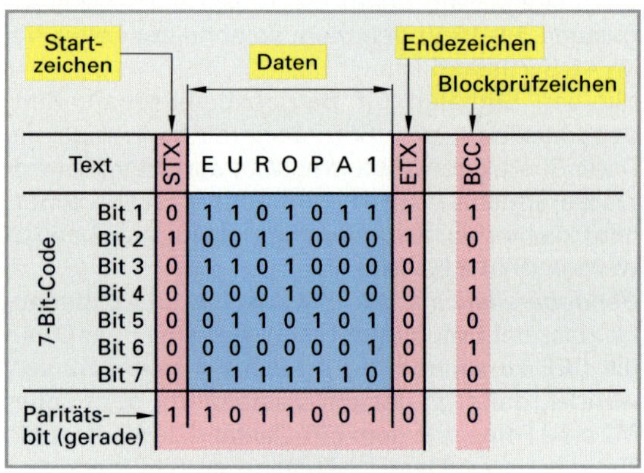

Bild 3: Übertragung des Textes „EUROPA 1" mit Paritätsbit und Blockprüfung

Ablauf des Datenaustausches. Mit dem XON/XOFF-Protokoll steuert die Empfangsstation das Absenden der Daten. Als Steuerzeichen werden nur XON und XOFF (ASCII-Zeichen DC1 und DC3) verwendet. Wenn der Empfangsdatenpuffer vollständig beschrieben ist, wird die Datenübertragung mit XOFF angehalten und danach wieder mit XON gestartet.

Die LSV-2-Prozedur (LSV = langsame störsichere Verbindung) ist ein häufig angewendetes Verfahren für eine zeichenweise Übertragung. Der Datenaustausch erfolgt durch ein Software-Handshake in drei Phasen **(Bild 2)**. Er beginnt mit der *Aufforderungsphase*, es folgt die *Datenübermittlungsphase* und endet mit der Abschlussphase.

Die sendewillige Station sendet das ASCII-Zeichen ENQ (von Enquiry = Nachfrage). Die Gegenstation quittiert dies mit den zwei Zeichen DLE 0 (von Data Link Escape = Datenverbindung flüchtig). Kommt dieses Quittungssignal nicht oder gestört an, dann wird nach Ablauf einer Wartezeit erneut das Zeichen ENQ gesendet. Ist die Empfangsstation nicht in der Lage, Daten zu empfangen, sendet sie das Zeichen NAK (von Negative Acknowledge = Annahme negativ). Die sendewillige Station beendet dann den Übertragungsversuch mit dem Zeichen EOT (von End Of Transmission = Ende der Übertragung) und bringt dadurch die nicht empfangsbereite Station in den Grundzustand. War die Empfangsstation bereit, Daten zu empfangen, so leitet die Sendestation mit dem Zeichen STX (von Start Of Text = Beginn des Textes) die Übertragungsphase ein.

Das Ende des Textes wird mit dem Zeichen ETX (von End of Text) der Empfangsstation übermittelt. Danach erfolgt die Übertragung eines Blockprüfzeichens (BCC von Block Check Character = Blockprüfzeichen). Dies wird beim Sender und Empfänger auf gleiche Weise errechnet, z. B. durch Längsparität über alle Bits einer Stelle **(Bild 3)**.

Stimmt das von der Sendestation übertragene Blockprüfzeichen mit dem vom Empfänger errechneten Zeichen überein, dann quittiert der Empfänger mit den Zeichen DLE und 1. Danach zeigt die Sendestation die Abschlussphase mit dem Zeichen EOT an. Im Falle einer fehlerhaften Übertragung sendet der Empfänger das Zeichen NAK.

Der Datenaustausch erfolgt in der Reihenfolge Aufforderung, Übertragung und Abschluss.

7.4.3 Weitere V-Schnittstellen und X-Schnittstellen

Die ITU-T hat Standards für Datenübertragungsprotokolle festgelegt. Die V-Serie beinhaltet Empfehlungen der Schnittstelle für die analoge Datenübertragung, z. B. über das Telefonnetz. Für Datenübertragungen in Datennetzen sind die ITU-T-Empfehlungen der X-Serie herausgegeben worden **(Tabelle)**.

Eine Datenübertragung ist als *Halbduplexverbindung* oder als *Vollduplexverbindung* möglich. Bei der Halbduplexverbindung wird nur eine Datenleitung verwendet, die abwechselnd von der DEE und der DÜE benützt wird. Der Wechsel zwischen Senden und Empfangen erfolgt mit den Handshake-Steuersignalen RTS und CTS. Bei der Vollduplexverbindung können Daten gleichzeitig in beide Richtungen übertragen werden. DEE und DÜE sind gleichzeitig Sender und Empfänger, keiner muss auf die Sendefreigabe durch den Partner warten. Das Steuersignal RTS wird im Allgemeinen nicht benutzt oder ist wie CTS stets aktiv.

20-mA-Linienstromschnittstelle

Diese Schnittstelle ist eine Abwandlung der V.24-Schnittstelle. Für die synchrone Datenübertragung in Datennetzen wird nur von einer Seite, meist dem Computer, Strom von einer Konstantstromquelle eingespeist **(Bild 1)**. Das Binärzeichen 1 wird durch einen Strom von 20 mA dargestellt, das Binärzeichen 0 durch 0 mA. Man nennt diese Schnittstelle auch TTY-Schnittstelle (von Teletype = Fernschreiber). Sie eignet sich auch für höhere Übertragungsgeschwindigkeiten. Die maximale Leitungslänge für eine gesicherte Datenübertragung beträgt mit 1100 m wesentlich mehr als bei der V.24-Schnittstelle.

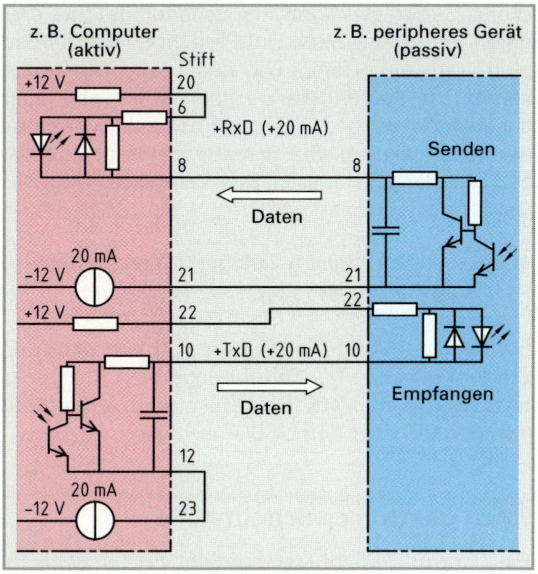

Bild 1: 20-mA-Linienstromschnittstelle

7.4.4 USB-Schnittstelle

Die USB-Schnittstelle (von Universal Serial Bus = universeller serieller Bus) führt zu einem seriellen Bus für eine bidirektionale Datenübertragung (Übertragung in beide Richtungen) mit einer maximalen Übertragungsrate von 480 Mbit/s. An eine USB-Schnittstelle können gleichzeitig bis zu 127 Peripheriegeräte mit USB-Anschluss, z. B. Tastatur, Maus, Monitor, Scanner, Modem, digitale Kamera oder Hub-Verteiler angeschlossen werden. Der vierpolige USB-Anschluss ist durch ein Symbol gekennzeichnet **(Bild 1, folgende Seite)**. Auf der Hauptplatine sind alle Leitungen zum USB-An-

Tabelle: Wichtige serielle Schnittstellen

Bezeichnung	**Schnittstellenarten**		
ITU-T-Empfehlung DIN-Norm US-Norm	V.24/V.28 66020 EIA RS 232C	V.10/X.26 66259-2 EIA RS 423	V.11/X.27 66259-3 EIA RS 422
Elektrische Eigenschaften			
Bitrate Leitungslänge Stiftzahl/ Steckerpolzahl Betriebsart	≤ 20 kbit/s ca. 150 m bei 110 bit/s ca. 30 m bei 20 kbit/s 25 (9) unsymmetrisch	≤ 100 kbit/s ca. 50 m bei 20 kbit/s ca. 10 m bei 100 kbit/s 15 in Datennetzen 37 in Fernsprechnetzen unsymmetrisch	≤ 10 Mbit/s ca. 1000 m bei 100 kbit/s ca. 10 m bei 10 Mbit/s 15 in Datennetzen 37 in Fernsprechnetzen symmetrisch
Bemerkungen	Kompatibel zu X.21	Anwendung bei Peer-to-Peer-Verbindungen (von peer = gleichrangig)	Verwendung für Feld-Bus-systeme und kleinere LANs. Abschluss mit einem Wellenwiderstand von 100 Ω

schluss über elektronische Schalter geführt. Dadurch ist der Anschluss Hot-Plug (hot = heiß und to plug = stöpseln) fähig. Das bedeutet, USB-Geräte können bei laufendem Rechnerbetrieb ein- oder ausgesteckt werden. Während des Steckvorgangs wird der elektronische Schalter geöffnet und danach wieder geschlossen. Dies veranlasst, dass das Gerät neu initialisiert wird.

USB-Geräte können bei eingeschaltetem Rechner eingesteckt oder ausgesteckt werden.

Ein weiterer Vorteil ist der Wegfall von externen Steckernetzteilen bei Peripheriegeräten mit geringer Stromaufnahme. Die Spannungsversorgung erfolgt dann über den USB-Anschluss.

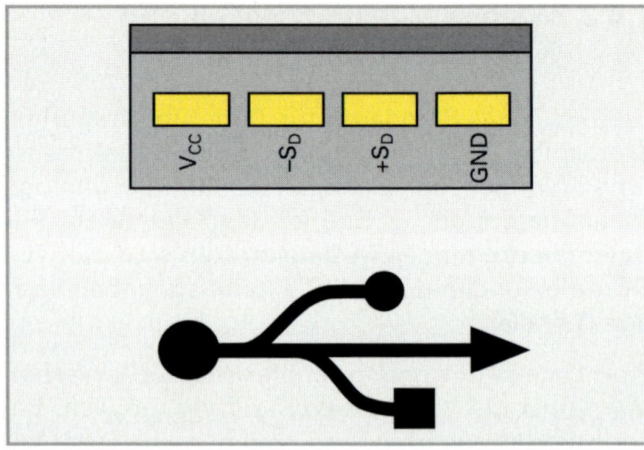

Bild 1: Pinbelegung und Symbol des USB-Anschlusses

7.4.5 Centronics-Schnittstelle

Die Centronics-Schnittstelle dient zur byteweisen, bitparallelen Übertragung von Daten an Drucker oder andere Peripheriegeräte z. B. Streamer. Die Schnittstelle wird auch als LPT-Port (LPT von Line Printer = Zeilendrucker) bezeichnet. Verwendet wird am PC ein 25-poliger Sub-D-Stecker (IBM-Format) am Drucker ein zweireihiger Stecker mit 36 Anschlussstiften. Die Signalübertragung erfolgt mit TTL-Pegel (+5 V) für die Datensignale und Steuersignale über je zwei verdrillte Adern. Je eine davon ist auf der Druckerseite auf Masse (GND von ground = Erde) gelegt **(Tabelle).** Die Länge des Kabels darf 5 m nicht überschreiten, da sonst Datenübertragungsfehler auftreten können.

Die Centronics-Leitung verwendet verdrillte Aderpaare um Schutz vor Signalübersprechen zu gewährleisten.

Betriebsart Normal-Modus

Die Centronics-Schnittstelle arbeitet in der Betriebsart "NORMAL" unidirektional mit einer Datenübertragung von maximal 300 kB/s. Die Datenleiter sind

Tabelle: Kontaktbelegung und Anschlussbezeichnungen der Centronics-Schnittstelle

Stift-Nr.	Bezeichnung	Erläuterung
1, 19	$\overline{\text{STROBE}}$ (= Blitz)	Daten sind gültig bei niedrigem Pegel (Low).
2, 20	DATA1	Datensignal an DATA1 ist 1 bei hohem Pegel.
3, 21	DATA2	Datensignal an DATA2 ist 1 bei hohem Pegel.
⋮	⋮	⋮
9, 27	DATA8	Datensignal an DATA8 ist 1 bei hohem Pegel.
10, 28	$\overline{\text{ACKNLG}}$ (= Bestätigung)	Quittungssignal (acknowledge). Niedriger Pegel Low bestätigt den Empfang.
11, 29	BUSY (= beschäftigt)	Pegel High besagt, dass der Drucker Daten nicht empfangen kann.
12, 30	PE (paper empty)	Papier ist zu Ende. (PE = 1)
13	SLCT (select)	Signal für "Drucker angewählt" (select).

Stift-Nr.	Bezeichnung	Erläuterung
14	$\overline{\text{AUTO FEED}}$ (= autom. Vorschub)	Bei Pegel Low erfolgt automatischer Zeilenvorschub nach dem Drucken.
15	NC	Nicht belegt (Not connected).
16	0 V	Anschluss 0 V
17	CHASSIS-GND	Gehäuse-Masse
18	NC	Nicht belegt (Not connected).
31	$\overline{\text{INIT}}$ (Initialisierung)	Drucker wird mit Low an $\overline{\text{INIT}}$ in Anfangszustand gebracht.
32	$\overline{\text{ERROR}}$ (= Fehler)	Low an $\overline{\text{ERROR}}$ zeigt Fehler an (niederer Pegel).
33	GND (ground)	Masse, wie Stift 19 bis 30.
34	NC	Nicht belegt (Not connected).
35	5 V	Anschluss führt + 5 V
36	$\overline{\text{SLCT IN}}$ (select input)	Nur bei Pegel Low kann der Drucker betrieben werden.

bezeichnet mit DATA1 bis DATA8. Der Steuerleiter für "Daten gültig" ist mit STROBE (strobe = Blitz) bezeichnet. Das Signal an STROBE nimmt, während die Daten übernommen werden, den Pegel Low (≙ Wert 1, da das STROBE-Signal lowaktiv ist) an. Das Quittungssignal heißt ACKNLG (von acknowledge = Bestätigung) und bestätigt den Datenempfang durch den Pegel Low. Die Datensignale müssen mindestens 5 µs vor und 0,5 µs nach dem STROBE-Impuls anstehen **(Bild 1)**. Das Signal an BUSY (busy = tätig) wird nach der fallenden STROBE-Flanke vom Drucker abgegeben. Während dieser Zeit darf der PC keine neuen Daten senden. Nach der fallenden BUSY-Flanke sendet der Drucker den ACKNLG-Impuls und bestätigt somit den Empfang der Daten. Neben den Datensignalen und Steuersignalen gibt es eine Reihe weiterer Signale zur Einstellung und Zustandsmeldung des Druckers (Tabelle, vorhergehende Seite).

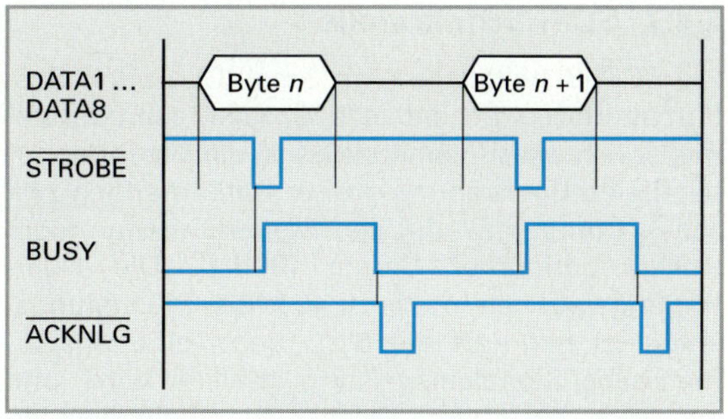

Bild 1: Signalfolge bei der Centronics-Schnittstelle

Betriebsart EPP-Modus

Im Betriebsmodus EPP (von Enhanced Parallel Port = erweiterte Parallelschnittstelle) arbeitet die Schnittstelle bidirektional mit einer Datenübertragungsrate bis zu 2 MB/s. Dies ermöglicht den Einsatz von Scannern, externen Speicherlaufwerken oder modernen Hochleistungsdruckern. Um die Centronics-Schnittstelle im EPP-Modus zu betreiben, muss im BIOS die Funktion Parallel Port Mode von Normal auf EPP umgestellt werden **(Bild 2)**.

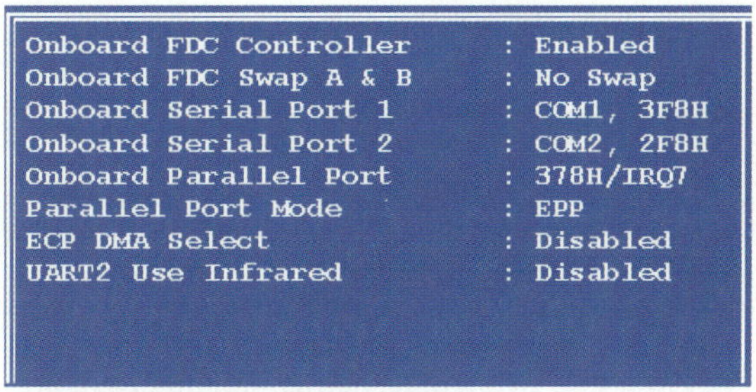

Bild 2: Ausschnitt des Menüpunktes CHIPSET FEATURES SETUP im BIOS

7.4.6 PCMCIA-Schnittstelle

Die PCMCIA-Schnittstelle (von Personal Computer Memory Card International Association = Internationale Vereinigung für PC-Speicherkarten) ist eine sehr kompakte Schnittstelle. Im Normalfall werden an die Schnittstelle direkt scheckkartengroße Speichererweiterungskarten, Modemkarten oder Karten für Netzwerke angeschlossen. Die Schnittstelle arbeitet mit TTL-Pegel und kann Daten auf einem Bus mit einer Breite von 16 bit parallel übertragen.

Die 26 Adressanschlüsse dienen zur Adressierung von insgesamt 64 MB Speicher auf der eingesetzten PCMCIA-Karte. Es gibt verschiedene PCMCIA-Standards. Häufig wird der PCMCIA 2.0 verwendet **(Bild 3)**.

Wiederholung und Vertiefung

1. **Nennen Sie typische Anwendungen für die V.24-Schnittstelle.**
2. **In welchem Bereich liegen die Übertragungsraten bei der V.24-Schnittstelle?**
3. **Wie viele Signalleiter sind bei der V.24-Schnittstelle mindestens erforderlich?**

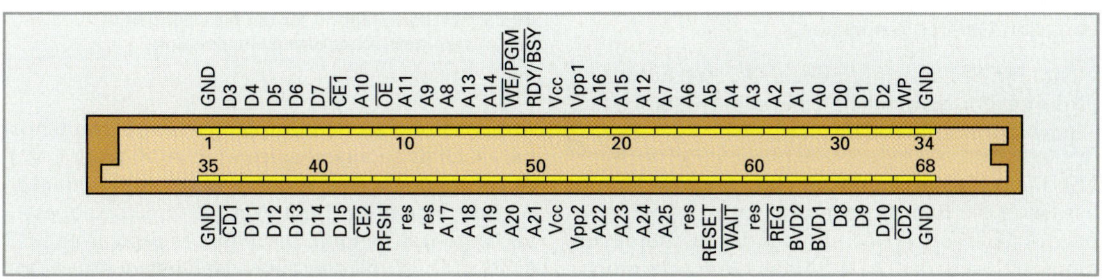

Bild 3: Steckerbelegung nach PCMCIA 2.0

7.4.7 SCSI-Schnittstelle

Die SCSI-Schnittstelle (von Small Computer System Interface = Schnittstelle für Kleinrechnersysteme, sprich: skasi-Schnittstelle) ist ein Datenbus zur parallelen Übertragung großer Datenmengen zwischen Computern und den Steuereinheiten (controller) peripherer Geräte **(Bild 1)**. Die Übertragungsrate beträgt bis zu 40 MB/s. Die Leitungslänge ist begrenzt auf 6 m, wenn eine unsymmetrische Signaleinspeisung gewählt wird, und auf 25 m bei symmetrischer Signaleinspeisung **(Bild 2)**. Bei symmetrischer Signaleinspeisung wird zu jedem Signal (+) auch ein invertiertes Signal (–) übertragen.

Maximal können acht Busteilnehmer (SCSI-Geräte) an einen SCSI-Bus angeschlossen werden.

Die Buszuteilung erfolgt nach dem Daisy-Chain-Verfahren (daisy-chain = Gänseblümchenkette). Die Zuteilungsberechtigung läuft mit aufsteigender Geräteadresse von einem SCSI-Gerät zum nächsten. Fordern mehrere SCSI-Geräte die Kontrolle über den Bus an, so entscheidet die höchste Gerätenummer. Hierfür belegt jedes Gerät jeweils einen der acht Datenleiter DB0 ... DB7 **(Bild 3)**. Für die Parallelübertragung von Worten mit der Breite 8 bit verwendet man eine Leitung mit 50-poligem Stecker (A-Leitung). Durch Hinzufügen einer weiteren Leitung (B-Leitung) mit 68-poligem Stecker wird die SCSI-Schnittstelle auf eine 32-Bit-Parallelübertragung (4-Byte-Parallelübertragung) zur *Wide-SCSI-Schnittstelle* erweitert.

Die Datenübertragung setzt voraus, dass der Bus frei ist. Der Bus ist frei, wenn die Signale an SEL (von selection = Auswahl) und BSY (von busy = beschäftigt) den Wert 0 haben. Nach Ablauf einer kurzen Verzögerungszeit kann der Buszugriff des sendewilligen SCSI-Gerätes beginnen. Dieser setzt das BSY-Signal auf 1 und setzt entsprechend seiner Adresse gleichzeitig ein Datensignal auf den Wert 1. DB0 entspricht dabei der Geräteadresse 0 und hat die niederste Priorität. DB7 entspricht der Geräteadresse 7 und hat die höchste Priorität. Dies wird von allen Geräten respektiert.

Liegt ein Sendewunsch eines Gerätes höherer Priorität vor, dann bricht jedes andere Gerät das Buszugriffsverfahren ab.

Nach Ablauf einer Zugriffsverzögerungszeit hat nur ein Gerät die Buskontrolle und setzt das SEL-Signal auf den Wert 1. Nach Ablauf der Busbereitstellungszeit wird das ATN-Signal (von Attention = Achtung) auf den Wert 1 gesetzt. Danach folgt die

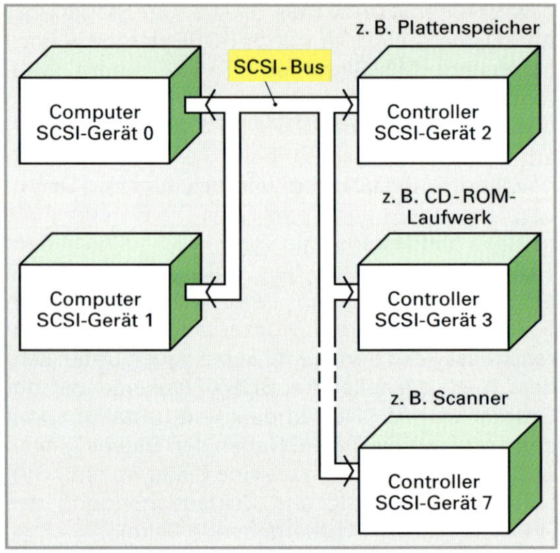

Bild 1: SCSI-Bus

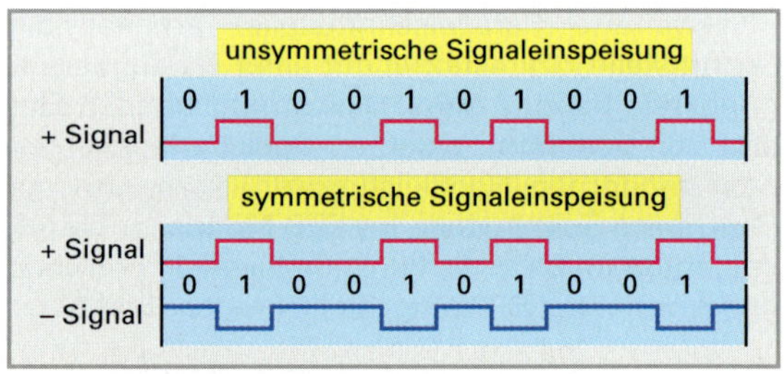

Bild 2: Unsymmetrische und symmetrische Signaleinspeisung

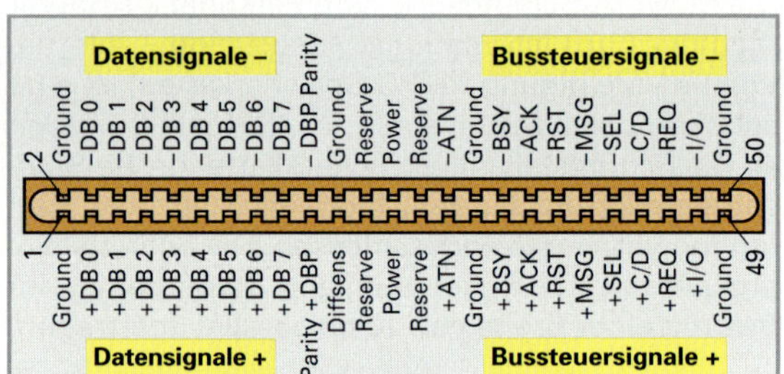

Bild 3: Steckerbelegung für die A-Leitung bei symmetrischer Signaleinspeisung

Aufforderung an den Empfänger seine Empfangsbereitschaft zu signalisieren (an ACK Wert 1, von Acknowledge = Bestätigung) oder ein Datenanforderungssignal (an REQ Wert 1, von to request = verlangen) zu senden. Die weiteren Signale an RST, MSG, C/D, I/O dienen auch der Bussteuerung und werden für besondere Buszustände benötigt.

8 Marktbeziehungen und Kundenbeziehungen

Unternehmen können ihre Ziele in einem Käufermarkt langfristig nur erreichen, wenn sie die Wünsche und Meinungen der Kunden, der Geschäftspartner und des Marktes (der Anspruchsgruppen) mit den eigenen Zielen weitgehend in Einklang bringen **(Bild 1)**. Für die Umsetzung dieses Anspruchs ist das Marketing zuständig und verantwortlich **(Bild 2)**.

Die Aufgabe des Marketing ist es, die Wünsche der Anspruchsgruppen mit den Unternehmenszielen in einem Regelkreis abzustimmen.

Da in der Praxis jede Handlung im Zusammenhang mit einem Außenstehenden dessen Meinung zum Unternehmen positiv oder negativ beeinflussen kann, besteht ein Anspruch der Marketingabteilung, auf alle Abteilungen und Abläufe des Unternehmens Einfluss auszuüben.

Gleichzeitig besteht auch ein Anspruch der Controllingabteilung, zur Optimierung des internen Aufbaues und der internen Abläufe des Unternehmens, ebenfalls in alle Abteilungen und Abläufe einzugreifen.

Auch der Standardsoftwarebereich, der bisher mit ERP-Programmen insbesondere interne Bereiche erfasst und damit hauptsächlich das Controlling unterstützt, erfasst zunehmend firmenübergreifende Bereiche. CRM (Customer Relationship Management = Kundenbeziehungsmanagement), SCM (Supply Chain Management = Wertschöpfungskettenmanagement), ERM (Enterprise Relationship Management = Unternehmungsbeziehungsmanagement) und e-Commerce-Lösungen sind Werkzeuge, die sowohl Controlling wie auch Marketing unterstützen.

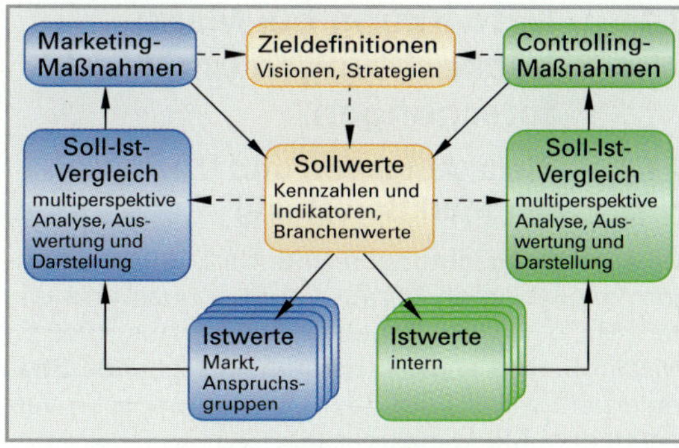

Bild 1: Marketing, Controlling und Unternehmenszielwerte

Welcher Funktion im Unternehmen die größere Bedeutung beigemessen wird, oder ob es ein gleichberechtigtes Nebeneinander beider Unternehmensführungsinstrumente gibt, wird im obersten Unternehmensmanagement bestimmt.

In der Vergangenheit bedeutete Marketing vor allem Produktmarketing für den Verkauf. Begriffe wie Beziehungsmarketing, Beschaffungsmarketing und Dienstleistungsmarketing zeigen aber, dass Marketing im Käufermarkt wichtige neue Ziele verfolgt.

Marketing analysiert den Wahrnehmungsprozess, Einstellungsbildungsprozess und Verhaltensprozess der Marktteilnehmer und leitet daraus Konsequenzen für das unternehmerische Handeln ab.

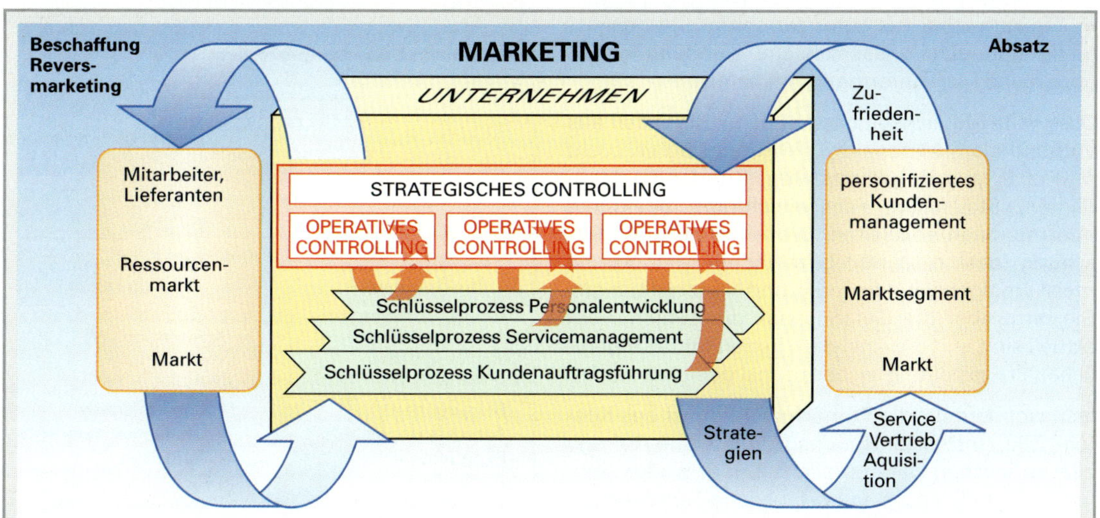

Bild 2: Marketingregelungskreise

8.1 Mitwirkung bei Marktbeobachtungen und Marktforschungen

8.1.1 Ziele, Aufgaben und Methoden der Marktforschung

Mit Marktbeobachtungen und Marktuntersuchungen versucht man herauszufinden, was und wie der Markt etwas haben möchte. Aus diesem Wissen heraus werden dann entsprechende Strategien entwickelt, um das unternehmerische Verhalten dem Markt anzupassen.

Typische Kaufprozesse für komplexe Güter kann man für Untersuchungen z. B. in 5 Phasen einteilen **(Bild 1)**.

Die Marktforschung untersucht jede Phase dieser Kaufprozesse und deren Rahmenbedingungen nach dem Einfluss objektiver Merkmale, z. B. Preise, Anbieterstruktur, Nachfragerstruktur, Marktanteil, und subjektiver Merkmale, z. B. Motive, Verwendungsverhalten, Markentreue und Produktbeurteilung, um daraus Marktstrategien abzuleiten **(Bild 2)**.

Zur Informationsgewinnung über dieses Käuferverhalten stehen grundsätzlich zwei Wege offen **(Bild 3)**. Die erste Möglichkeit besteht darin, dass man im zu untersuchenden Marktsegment Daten unmittelbar und neu ermittelt. Es werden z. B. Befragungen, Beobachtungen, Interviews und Experimente durchgeführt. Werden die Untersuchungen mehrfach durchgeführt, um Entwicklungen herauszufinden, so spricht man von Verbraucherpanel oder Anwenderpanel.

Diese als Primärforschung (field research) bezeichnete Methode ist meistens zeitaufwändig und teuer. Sie kann aber bei guter Durchführung hochaktuelle und sehr zielspezifische Kundeninformationen und Marktinformationen liefern.

Die zweite Möglichkeit besteht darin, die Daten aus vorhandenem Material zu gewinnen. So versucht man z. B. aus Kundenkarteien, Kundendienstberichten, Statistiken, Fachzeitschriften geeignete Informationen abzuleiten. Diese als Sekundärforschung (desk research) bezeichnete Methode ist meist weniger zeitaufwändig und kostengünstiger. Sie birgt aber die Gefahr, dass die Zahlen nicht aktuell sind und die Analysekriterien für die eigentlichen Fragestellung nicht optimal geeignet sind.

Insbesondere für die Primärforschung ist aus Kosten-, Zeit- und Organisationsgründen eine Abfrage aller möglichen Daten (Vollerhebung) weder sinnvoll noch notwendig. Für die übliche Teilerhebung ist es sehr wichtig, eine repräsentative Auswahl zu treffen.

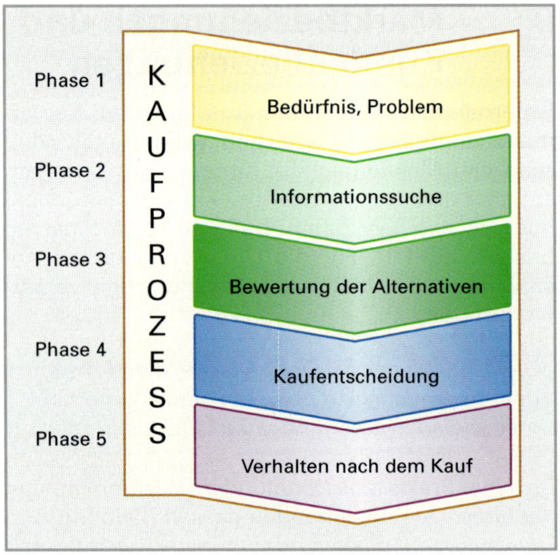

Bild 1: Phasenmodell eines Kaufprozesses

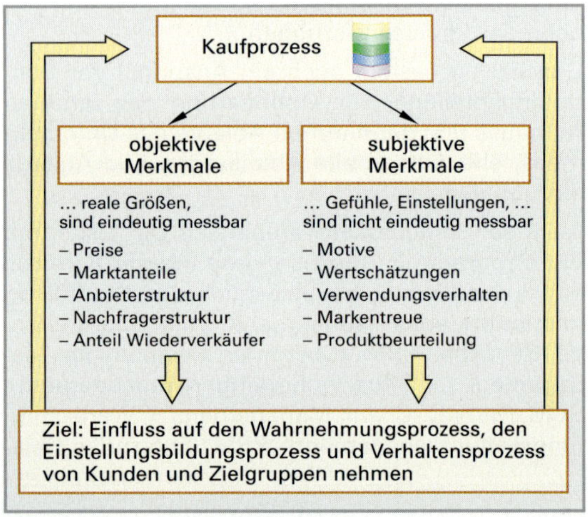

Bild 2: Analyse des Kaufprozesses

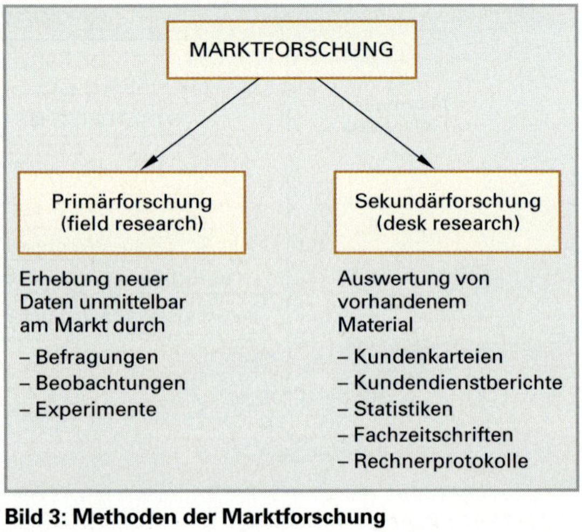

Bild 3: Methoden der Marktforschung

Wird aufgrund vorhandener Marktuntersuchungen die zukünftige Entwicklung abgeschätzt oder vorausberechnet, so spricht man von Marktprognosen.

8.1.2 Grundnutzen und Zusatznutzen

Über den Kauf oder Nichtkauf eines Produktes oder einer Leistung entscheidet der Kunde nicht über den eigentlichen Grundnutzen, z. B. bei einem Handy die Sprachverbindung von A nach B, denn den bieten alle entsprechenden Produkte. Entscheidend ist vielmehr, dass der Kunde sich einen Zusatznutzen, z. B. soziale Anerkennung, Neid, Sicherheit oder Gesundheit aus dem Besitz verspricht.

Bei der „Means-End-Theorie" (Means-End = emotionale Zielwerte, Grundwerte) geht man z. B. davon aus, dass der Kunde ein Produkt stets als ein Bündel von Eigenschaften und Attributen wahrnimmt und die Zielwerte (Mean-Ends) die Handlung bestimmen **(Bild 1)**. Wichtige Means End-Chains sind Sicherheit, soziale Akzeptanz, Erfolg, Selbstwertgefühl, langes Leben, Gesundheit, Glück, Lebensfreude und Selbstverwirklichung.

Über den Kauf oder Nichtkauf einer Leistung entscheidet ein Bündel von erwarteten Zusatznutzen.

Für den Erfolg eines Unternehmens ist es entscheidend, dass das Marketing diese kaufentscheidenden Zusatznutzen frühzeitig erkennt und seine Marketingmaßnahmen darauf ausrichtet.

8.1.3 Marktsegmente

Da die Einschätzung von Zusatznutzen und die Gewichtung der einzelnen Phasen eines Kaufprozesses bei verschiedenen Kunden recht unterschiedlich ist, versucht man, die Marketingmaßnahmen auf verschiedene Kundengruppen (Marktsegmente) und Kunden abzustimmen.

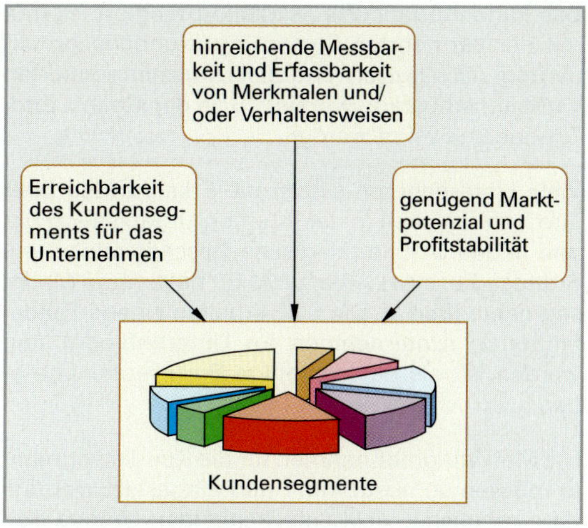

Bild 2: Voraussetzungen für eine erfolgreiche Marktsegmentierung

Durch Marktsegmentierung kann das Marketing und die Positionierung von Produkten und Leistungen zielgerichteter an die Kundenwünsche angepasst werden.

Marktsegmentierung bedeutet, dass der Gesamtmarkt in möglichst homogene Teilmärkte, z. B. mit gleichartigen Ansprüchen und Wünschen, aufgeteilt wird. Traditionell üblich sind Marktsegmentierungen nach geografischen, soziodemografischen Merkmalen, z. B. Beruf, Alter, Geschlecht, Bildung, Kaufkraft und psychografischen Merkmalen, z. B. Persönlichkeitsstruktur, soziale Schicht, Lebensstil **(Bild 2)**. Das Beispiel des Sportwagenfahrers, der beim Billigdiscounter einkauft zeigt aber, dass das reale Verhalten der Verbraucher zunehmend nicht mehr in diese Muster passt (die Verbraucher verhalten sich bipolar).

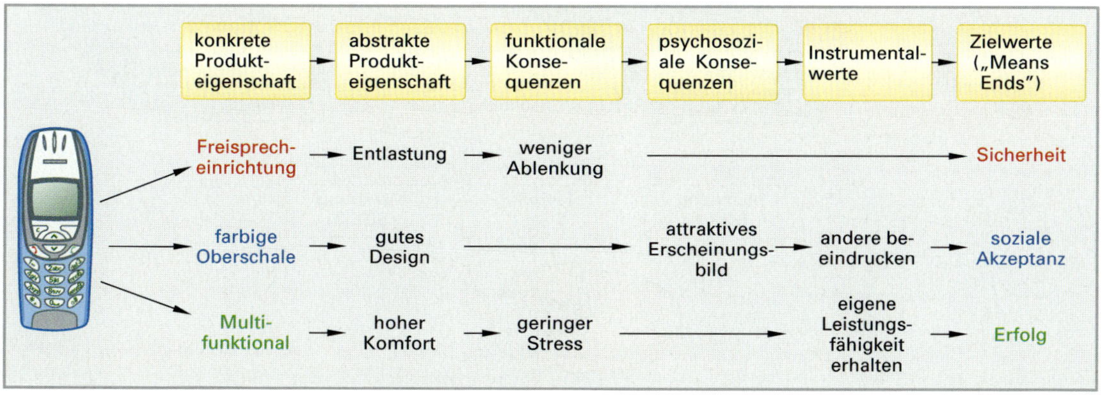

Bild 1: Ableitung der Zielwerte aus konkreten Produkteigenschaften

Das kundenorientierte Marketing reagiert hierauf mit der vermehrten Clusterung (Kundensegmentierung) nach nutzen- und zusatznutzenorientierten Verhaltensmustern, wie sie z. B. in der Means- End-Theorie analysiert werden.

Viele Unternehmen setzen die Erkenntnisse über ihre Kunden auch in der internen Organisation um und bilden SGE (strategische Geschäftseinheiten, Strategy Business Area, SBA) für bestimmte Marktsegmente **(Bild 1)**. Die SGE erhalten eigene Zieldefinitionen (Unternehmen im Unternehmen) und werden oft als eigenständige Profitcenter betrieben.

Die Marketingmaßnahmen für die Kundensegmente müssen so ausgewählt und eingesetzt werden, dass möglichst viele entscheidenden Unique Selling Positions im Marktsegment besetzt werden können.

Wiederholung und Vertiefung

1. **Erläutern Sie die Phasen eines Kaufprozesses für die private Anschaffung a) eines Handys und b) eines PC.**
2. **Stellen Sie den Grundnutzen und mögliche Zusatznutzen eines Notebooks dar.**
   a) **Nutzen Sie zur Ideensammlung und Strukturierung für den Zusatznutzen eine Kreativitätstechnik wie Mindmap oder Lotusblütentechnik.**
   b) **Zeigen Sie anhand ausgewählter Zusatznutzenmerkmale, welche Zielwerte damit vom Käufer erhofft werden.**
3. **Wozu werden Marktsegmente gebildet?**

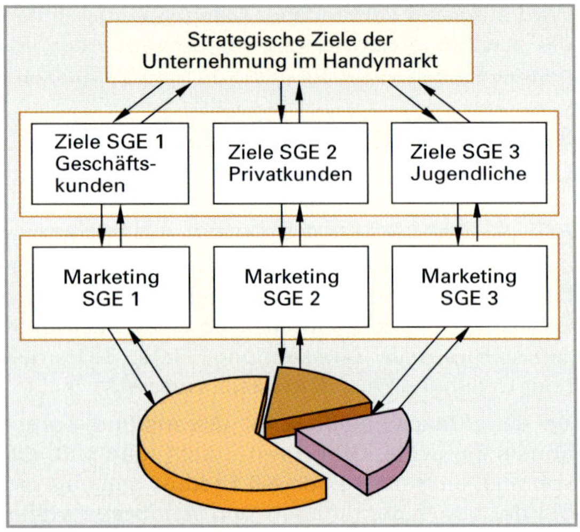

Bild 1: Marktsegment

8.2 Mitwirkung bei Marketing und Verkaufsfördermaßnahmen

Zumindest folgende Fragen sollten geklärt sein, bevor über weitere Strategien und Maßnahmen entschieden wird:

- Wer sind unsere Kunden?
- Welche Probleme sollen/können wir für unsere Kunden lösen, wo liegen unsere Kompetenzen?
- Welche Ziele hat unser Unternehmen und wie soll die weitere Entwicklung unseres Unternehmens sein?
- Welches CI wollen wir vermitteln?

8.2.1 Marketinginstrumente

Üblicherweise unterteilt man die Marketinginstrumente in vier Hauptgruppen (4 P's, **Bild 2**):

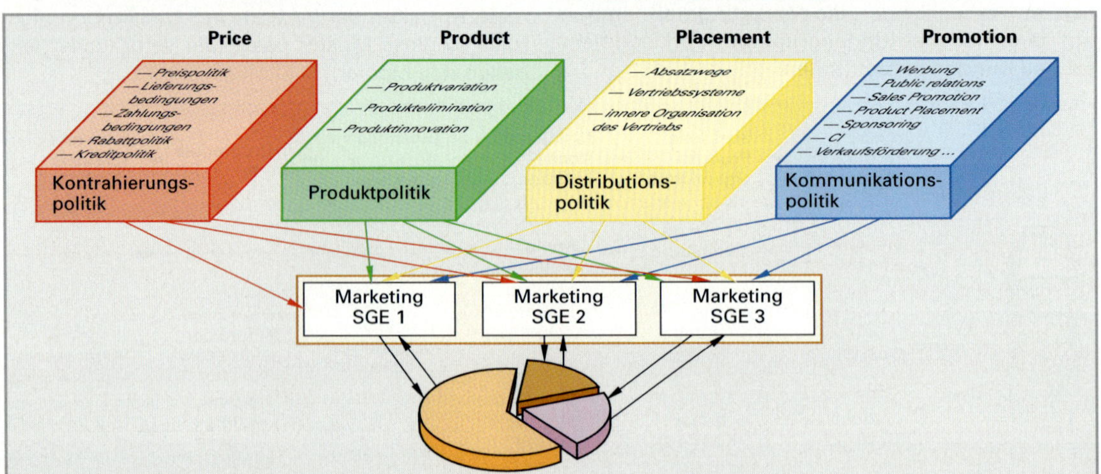

Bild 2: Marketingmix für verschiedene Kundensegmente

- Price (Preispolitik, Kontrahierungspolitik),
- Product (Produktpolitik),
- Placement (Distribution),
- Promotion (Kommunikationspolitik).

In der Marketingstrategie wird entschieden, durch welche Kombination von Marketinginstrumenten (Marketingmix) der Kunde erreicht werden soll.

Wesentliche Entscheidungskriterien für die Marketingstrategie bilden neben den Erkenntnissen der Marktforschung die Zieldefinition des Unternehmens. Z. B. erfordern aggressive Ziele zum Erobern neuer Marktanteile und Verdrängen von Mitwettbewerbern andere Marketingstrategien als defensive Ziele wie Halten von Kunden, Halten von Marktanteilen, Einführen von Produkten bei Stammkunden. Ebenso müssen unternehmensspezifische Werte wie Image, Produktangebot, Unternehmensgröße und das Verhalten der Mitbewerber und die Wettbewerbssituation insgesamt berücksichtigt werden.

8.2.1.1 Kontrahierungspolitik

Zur Kontrahierungspolitik (Kontrakt = Abmachung, Vereinbarung) zählen alle Vereinbarungen mit dem Kunden über die Lieferungs- und Zahlungsmodalitäten **(Bild 1)**.

Preispolitik. Grundsätzlich geht man für den Regelfall davon aus, dass zwischen der Nachfrage der Kunden und dem Preis eines Produktes/einer Leistung eine direkte Beziehung besteht. Im Normalfall gilt: bei steigenden Preisen sinkt die Nachfrage **(Bild 2)**.

Eine wichtige Größe bei diesem Zusammenhang ist auch die Preiselastizität der Nachfrage.

Sie gibt an, wie stark die Nachfrager auf eine Preisänderung reagieren. Eine elastische Nachfrage ($E>1$) bedeutet z. B., dass bei einer Preiserhöhung von p_1 auf p_2 der Gesamtumsatz fällt, weil die Nachfrage prozentual stärker nachlässt als der Preis steigt.

Beispiel:

Durch eine Preiserhöhung bei den Speicherchips der Firma A um 5 % verringert sich der Umsatz um 10 %. Wie hoch ist die Elastizität der Nachfrage?

Lösung:

$$E = \frac{|\Delta m|}{|\Delta p|} = \frac{|10\,\%|}{|-5\,\%|} = \mathbf{2}$$

Dies ist z. B. der Fall, wenn der Kunde aufgrund der Wettbewerbssituation leicht auf andere Anbieter ausweichen kann und es dem Anbieter nicht gelungen ist, beim Kunden kaufentscheidende USPs einzunehmen. Das Unternehmen muss sich dann erst einmal am Branchenpreis orientieren.

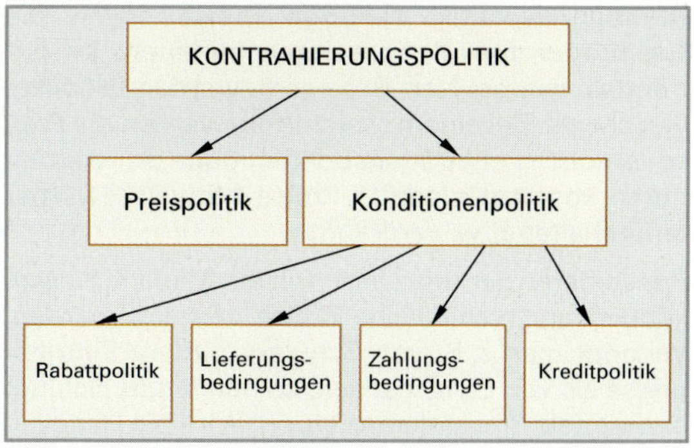

Bild 1: Kontrahierungspolitik

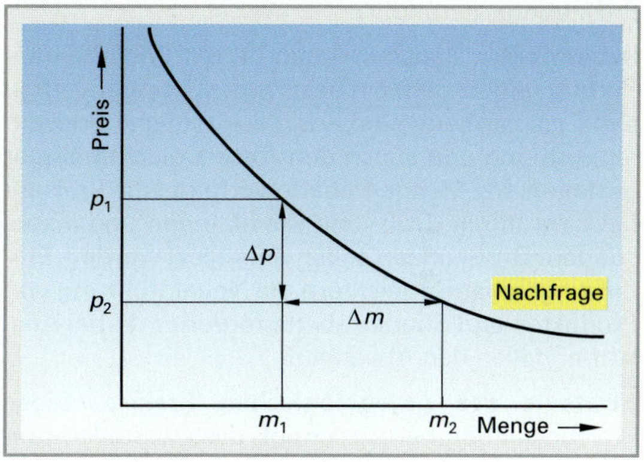

Bild 2: Preisabhängigkeit der Nachfrage

$$E = \frac{|\Delta m|}{|\Delta p|}$$

Δm: Mengenänderung in %; Δp: Preisänderung in %; E Preiselastizität der Nachfrage

Selbstverständlich darf man bei der mitbewerberorientierten Preisgestaltung die Kostensituation in einem Unternehmen nicht unbeachtet lassen. Über geeignete Kostenrechnungsverfahren (siehe Abschnitt 11) muss der Spielraum für preispolitische Entscheidungen ermittelt werden. Durch Kombination der Preispolitik mit anderen Marketinginstrumenten können z. B. folgende Strategien gefahren werden:

Hochpreispolitik (Premiumstrategien). Durch ein besonderes Markenimage oder exclusive Distribution werden zuerst Opinionleader (Meinungsführer) mit sehr hohen Preisen angesprochen (Skimming-Preisstrategie). Diese Strategie wird z. B. im Handy-Markt angewendet.

Niedrigpreispolitik. Niedrige Preise sollen die Nachfrager zum Ausprobieren verleiten. Im Extremfall, wie bei Netz-Browsern, werden Produkte verschenkt. Bei einem Markterfolg werden die Preise erhöht (Penetrationspolitik) oder es werden durch konstant niedrige Preise Mitwettbewerber ferngehalten bzw. verdrängt.

Preisdifferenzierung. Lässt sich ein Markt aufteilen, können unterschiedliche Preise verlangt werden. Verlangt man z. B. von Schülern andere Eintrittspreise als von Erwachsenen, so handelt es sich um eine soziale Preisdifferenzierung. Wird ein Handy in Stuttgart zu einem anderen Preis angeboten als in Hamburg, so handelt es sich um eine räumliche Preisdifferenzierung.

Rabattpolitik. Rabatte dienen oft der Preisdifferenzierung und fördern ein bestimmtes Kundenverhalten. Saisonrabatte sind z. B. eine zeitliche Preisdifferenzierung und sollen den Absatz gleichmäßiger gestalten. Mit Mengenrabatten erfolgt eine Preisdifferenzierung in Groß- und Kleinkunden und insbesondere Großkunden sollen angelockt werden. Einführungsrabatte erleichtern die Neueinführung von Produkten und Sonderrabatte fördern z. B. bei Auslaufmodellen den Abverkauf.

Strategie des psychologischen Preises. Diese Preisgestaltung berücksichtigt, dass viele Verbraucher beim Überschreiten sogenannter Schwellenpreise, z. B. 9,99 € ihre Kaufentscheidung ändern.

Lieferungsbedingungen. Die Verpflichtung des Lieferers zur Zahlung einer Konventionalstrafe bei unpünktlicher Lieferung, die Möglichkeit der kurzfristigen Lieferung 7 Tage die Woche, 24 h am Tag, die Übernahme des Transportrisikos usw. kann bei wettbewerbsgleichen Produkten deutliche Vorteile bei der Einnahme der USP bringen.

Zahlungsbedingungen. Wesentliche Zahlungsbedingungen sind neben den Zahlungsfristen die Möglichkeiten der Zahlungsarten z. B. Barzahlung, Überweisung, Lastschrift, Scheck- und Kreditkartenzahlungen, Online-Zahlungen, Ratenzahlungen.

Kreditpolitik. Damit ein Kunde ein Produkt früher bzw. überhaupt kauft, kann es notwendig sein, die Kaufsumme oder Teile davon als Kredit vorzufinanzieren **(Bild 1)**.

Beim **Lieferantenkredit** wird das Zahlungsziel durch einen entsprechenden Vertragsinhalt, meistens in zwei Stufen, verlängert **(Bild 2)**. Für die Inanspruchnahme des Lieferantenkredits sind keine Zinsen zu zahlen.

Durch den Verzicht auf das im Verkaufspreis einkalkulierte Skonto entsteht jedoch ein Kostenfaktor, der meistens wesentlich höher liegt, als ein Finanzkredit.

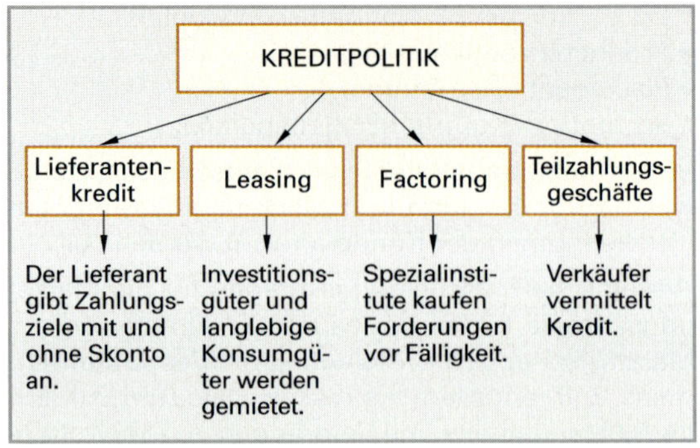

Bild 1: Kreditpolitik

	Summe	4 520,00 €
	+ 16 % MwSt.	723,20 €
	Zahlbetrag	5 243,20 €
Zahlungsziel 30 Tage netto. Bei Zahlung innerhalb 10 Tage gewähren wir 2 % Skonto.	Summe	4 520,00 €
	2 % Skonto	90,40 €
		4 429,60 €
	+ 16 % MwSt.	708,74 €
	Zahlbetrag	5 138,34 €

Bild 2: Zahlungsbedingungen

$$Z = \frac{k \cdot t \cdot p}{100 \cdot 360}$$

k Kapital in €
t Zeit in Tagen
p Zinssatz in %
Z Zinsen in €

Beispiel:

Berechnen Sie für die Rechnung Bild 2
a) das Skonto und b) die Zinsen bei einer Bankfinanzierung. c) Was ist günstiger?

a) Skonto = 5.243,20 € – 5.138,34 € = **104,86 €**

b) Eine Bankfinanzierung bei 12 % Sollzinsen für 20 Tage kostet

$$z = \frac{k \cdot t \cdot p}{100 \cdot 360} \Rightarrow z = \frac{5.138{,}34 \cdot 20 \cdot 12}{100 \cdot 360} \text{ €} = \mathbf{34{,}26} \text{ €}$$

c) Ersparnis ist 104,86 € – 34,26 € = **70,60 €**, mit Skonto ist es günstiger.

Zur Verminderung des Kreditrisikos erfolgt die Lieferung i.R. mit Eigentumsvorbehalt bis zur vollständigen Bezahlung.

Zunehmend an Bedeutung gewinnen die verschiedenen Leasingverträge **(Bild 1, folgende Seite)**. Grundsätzlich ist Leasing die mittel- oder langfristige Nutzungsüberlassung von beweglichen oder unbeweglichen Investitionsgütern und langlebigen Konsumgütern gegen Zahlung eines Mietzinses (Leasingrate).

Beim **Operate Leasing** handelt es sich um einen Mietvertrag nach §§ 535 ff. BGB. Damit trägt der Leasing-Geber das Risiko für Neuvermietung, die Aufwendungen für Versicherung , Wartung und Reparatur. Diese Vertragsform wird normalerweise für universell einsetzbare Güter mit großem Kundenkreis gewählt. Steuerlich bleibt das Leasing-Objekt Eigentum des Leasing-Gebers.

Für nicht marktgängige Güter wählt man oft das **Financial Leasing**. Beim Financial Leasing (Finanzierungsleasing) handelt es sich um längerfristige Leasingverträge mit oft fester Laufzeit und ohne Kündigungsmöglichkeit. Der Leasingnehmer trägt z. B. die Kosten für Reparatur und Versicherung und ist steuerlich i.R. Eigentümer des Gutes.

Die Vorteile des Leasing sind u. a., dass die Liquidität und das Eigenkapital geschont wird, Beleihungsgrenzen nicht beachtet werden müssen und insbesondere beim Operate Leasing eine sichere Kalkulationsbasis vorhanden ist.

Neben den hier kurz beschriebenen grundsätzlichen Leasingformen haben sich am Markt viele individuelle, teilweise „kritische" Vertragsgestaltungen verbreitet.

Im Endkundenbereich hat auch das **Teilzahlungsgeschäft** in verschiedenen Ausprägungen noch seinen festen Platz **(Bild 2)**.

Beim **Factoring** sind drei Beteiligte notwendig **(Bild 3)**. Neben der Finanzierungsfunktion (= vorzeitiger Ausgleich der Lieferantenforderungen) übernimmt der Factor je nach Vertragsgestaltung oft auch weitere Funktionen z. B. Buchführung, Beratung, Inkasso und Forderungsausfallrisiko).

8.2.1.2 Produktpolitik

Die meisten Produkte lassen sich nur für einen sehr begrenzten Zeitraum erfolgreich absetzen. Gemessen wird der Erfolg des Produktes häufig mit dem Cash Flow.

Der Cash Flow vergleicht alle einem Produkt zurechenbaren Einnahmen und Ausgaben.

Sobald Mitbewerber mit neuen Produkten am Markt sind oder sich der Kundenwille geändert hat, wird der Erfolg eines Produktes geringer. Die Unternehmen versuchen dann mit Methoden der Produktpolitik ihre Marktposition zurückzugewinnen bzw. zu verbessern **(Bild 4** und **Bild 1, folgende Seite)**.

Die Produktpolitik ist für die marktgerechte Gestaltung und Ausführung der Produkte verantwortlich.

Bei der **Produktdiversifikation** werden neue Produkte oder Leistungen zur Ergänzung des bisherigen Angebots ins Programm aufgenommen.

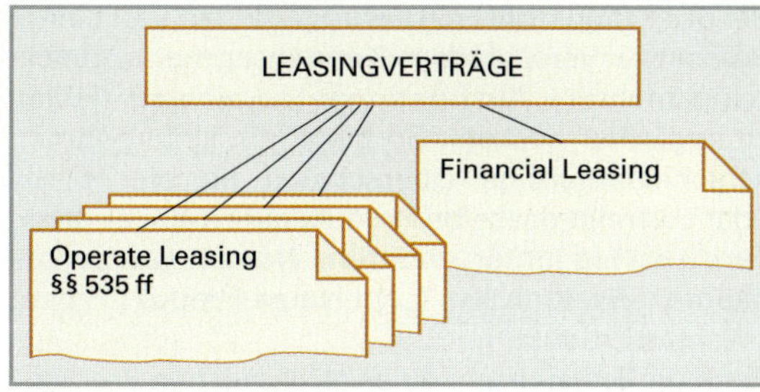

Bild 1: Leasingverträge

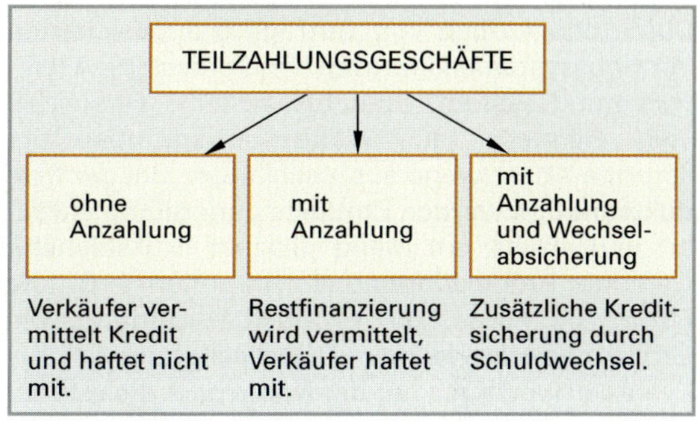

Bild 2: Teilzahlungsgeschäfte

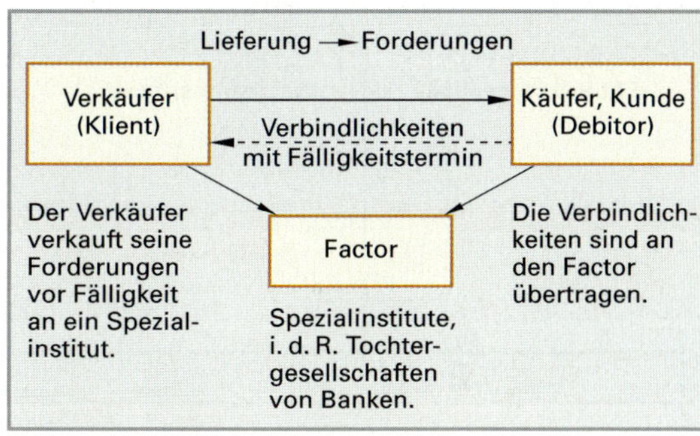

Bild 3: Factoring

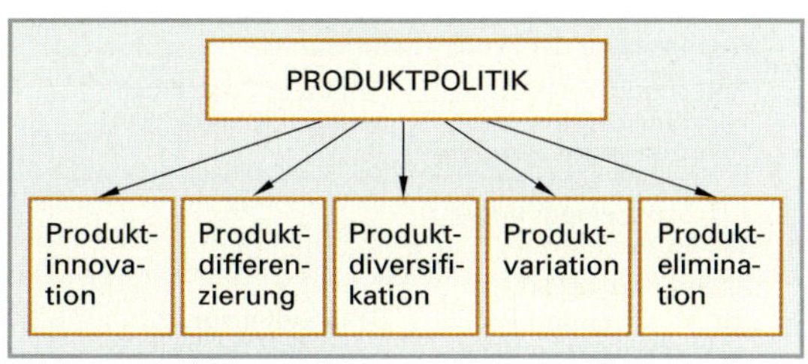

Bild 4: Produktpolitik

Bei der horizontalen Diversifikation werden Produkte der gleichen Wirtschaftsstufe angeboten, z. B. bietet ein PC-Händler zusätzlich PC-Drucker an. Bei der vertikalen Diversifikation werden nachfolgende oder vorgelagerte Leistungen zusätzlich angeboten, z. B. werden PC-Komponenten selbst hergestellt.

Bei der **Produktdifferenzierung** werden von einem Produkt für verschiedene Kundensegmente gleichzeitig mehrere Ausführungen angeboten (Füllen strategischer Lücken). So bietet ein Unternehmen verschiedenfarbige Oberschalen für ein Handy oder vertreibt dasselbe Produkt auf einem anderen Vertriebsweg unter anderem Namen als so genannte Zweitmarke („No-Name-Produkt" bzw. „Weißes Produkt").

Auch die Erweiterung eines erfolgreichen Produkts auf ganze Produktbereiche zählt als Produktdifferenzierung.

Durch den Aufbau von vertraglich abgesicherten Vertriebssystemen (Vertragshändlersystem, Alleinvertretungssystem, Franchisesystem) versuchen viele Hersteller aus Wettbewerbsgründen bestimmte Absatzwege auszuschließen. Bei der **Produktvariation** werden Produkte geringfügig erneuert und erneut am Markt platziert (= Relaunch). Gängige Produktvariationen betreffen z. B. die Form, die Farbe, die Produktbezeichnung, die Größe, das Material oder Zusatzleistungen.

Eventuell wird auch nur der Name oder die Aufmachung (Verpackung) des Produktes geändert und damit die Lebensdauer des Produkts verlängert.

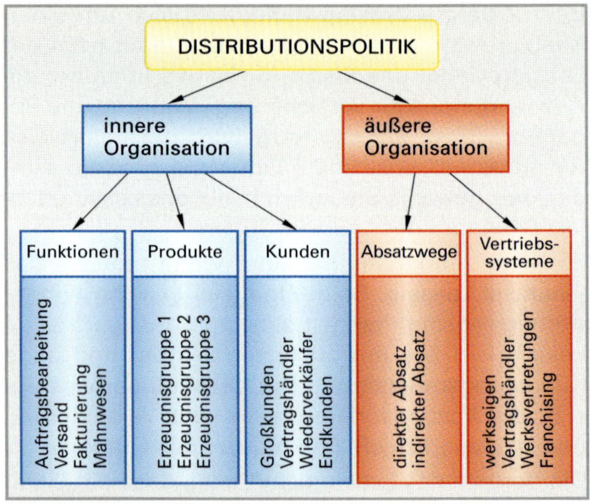

Bild 2: Distributionspolitik

Bei der Produktelimination werden Produkte aus dem Programm genommen. Gründe für die Elimination können z. B. sein, dass die Produkte keinen Deckungsbeitrag mehr liefern (siehe Kapitel 11), das Image der Firma gefährden oder gesetzlichen Bestimmungen nicht mehr genügen.

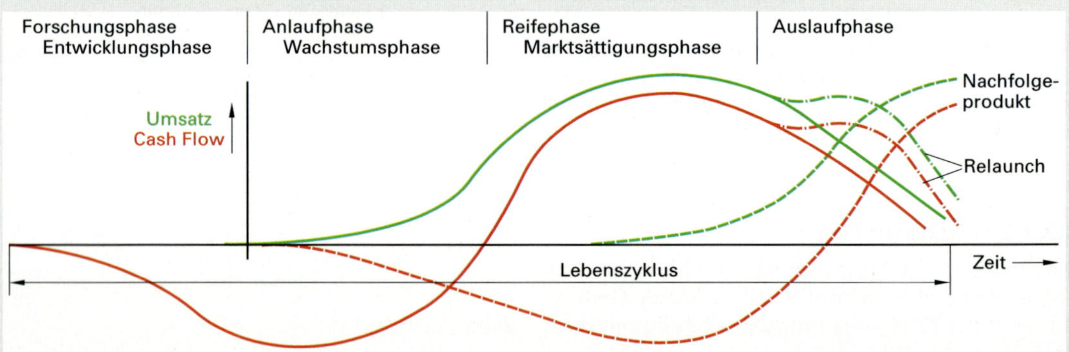

Kennzeichen der Produktlebensphase

Forschungs- und Entwicklungskosten, Vorfinanzierungen von Produktionsanlagen etc. führen zu einem negativen Cash Flow.	negativer Cash Flow, geringer Marktanteil.	Anfangs hohes, dann abschwächendes Wachstum, hoher Marktanteil, Cash Flow wird positiv.	Sinkender Umsatz, sinkender Marktanteil, Cash Flow wird geringer.
Marketingaufgabe			
Entwicklung und Produktion marktgerechter Produkte initiieren, Distribution aufbauen, Erstkäufer gewinnen.	Bekanntheitsgrad erhöhen, Distribution anpassen.	Kunden erhalten, Wiederholungskäufer gewinnen.	Käuferrückgang, z. B. Preispolitik und Relaunch bremsen.
Produktstrategie			
Innovative, kundengerechte Produkte und Problemlösungen als Erster an den Markt bringen.	Einführungspreise nicht zu hoch wählen, sonst kommen wegen der hohen Gewinnerwartung schnell weitere Wettbewerber.	Produkte optimieren.	Ausstieg vorbereiten, Ablöseprodukte zum richtigen Zeitpunkt anbieten.

Bild 1: Produktlebensphasen

8.2.1.3 Distributionspolitik

Unter Distribution (= Verteilung, Zerstreuung, Aufteilung) sind alle Entscheidungen und Maßnahmen zu verstehen, die den Weg eines Produktes zum Käufer betreffen **(Bild 2, vorhergehende Seite)**. Die Art und Weise der Distribution ist z. B. abhängig vom Produktpreis, vom Image, der Haltbarkeit, der Erklärungsbedürftigkeit, der räumlichen Konzentration und Entfernung der Empfänger, der Betriebsgröße, den Vertriebskosten, von gesetzlichen Bestimmungen und absatzpolitischen Entscheidungen.

8.2.1.4 Kommunikationspolitik

Zielgruppen der Kommunikationspolitik sind

- die Käufer z. B. Endverbraucher, Handel, Weiterverarbeiter,
- die Nichtkäufer mit Einfluss auf die Kaufentscheidung z. B. Berater, Kinder, Fachabteilungen, Fachzeitschriften, Journalisten, Stars und
- Personen aus Abteilungen, die den Kauf verhindern könnten (Finanzabteilung, Controlling).

Je nach Zielsetzung, Zielgruppe und Budget werden hierzu spezifische Kommunikationsinstrumente eingesetzt **(Bild 1)**.

Für eine erfolgreiche Kommunikation sollte man über Einfallsreichstum, Kreativität, Stilgefühl, klare Zielabsichten, möglichst vollständige Zielgruppenkenntnisse und ein gutes Image verfügen.

Durch ein immer größer werdendes Angebot von Waren und Dienstleistungen, die alle den Grundnutzen erfüllen, wird es immer wichtiger, sich durch Zusatznutzen für den Kunden von den Mitbewerbern abzuheben. Mit der Kommunikationspolitik versucht man alle Entscheidungsträger und Entscheidungsbeeinflusser mit entsprechenden Botschaften zu erreichen.

> Inhalt der Kommunikation können Gefühle, Informationen, Ideen und Anweisungen sein.

Werbung

Unabhängig davon wo Menschen sich aufhalten und bewegen, überall versucht die Werbung sie mit absatzsteigernden und meinungsbildenden Informationen zu beeinflussen.

> Ziel der Werbung ist die gezielte Beeinflussung von „anonymen" Menschen.

Voraussetzung für eine erfolgreiche Werbung ist eine gute Planung mit der Beantwortung der **5 M's (Bild 2)**:

(1) **M ission:** Ziel der Werbekampagne. Werbeziele sind z. B. Absatzsteigerungen bestimmter Produkte

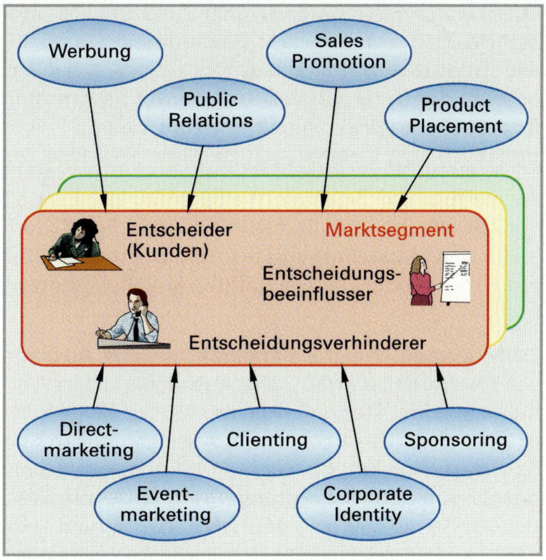

Bild 1: Kommunikationsinstrumente

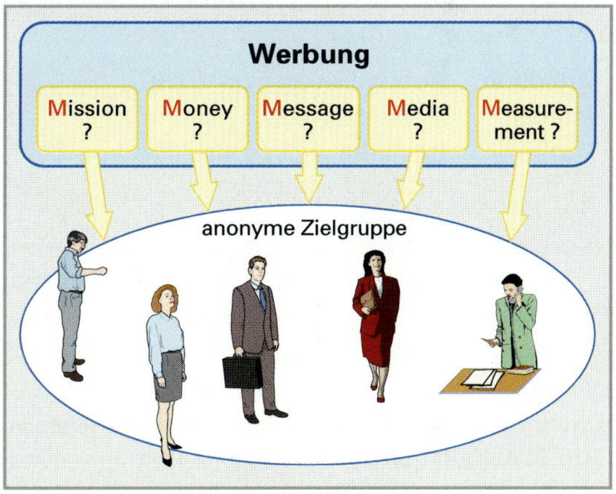

Bild 2: Die 5 M's erfolgreicher Werbung

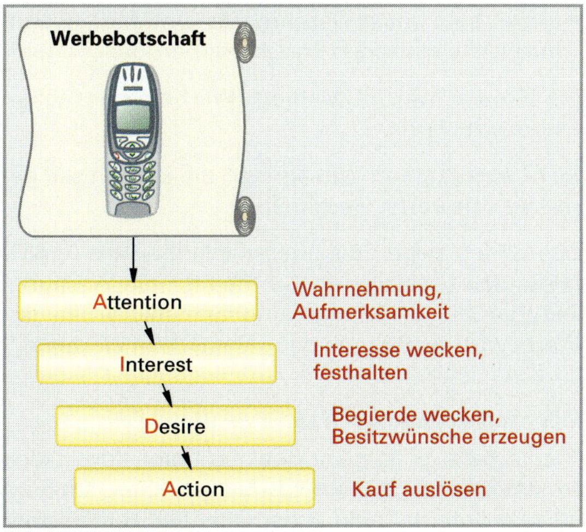

Bild 3: AIDA-Formel

oder Leistungen innerhalb einer Zeit t um x% (monetäres Ziel), Erhöhen des Bekanntheitsgrades eines Produktes im Marktsegment auf x% oder Verbessern des Unternehmensimages auf bestimmten Bewertungskriterien (nichtmonetäre Ziele).

(2) **M oney**: Wieviel Geld ist notwendig bzw. steht zur Verfügung? Normalerweise sollte der Etat an der Zielsetzung orientiert sein. Fragwürdige Kriterien für das Marketingbudget sind z. B. Prozentanteil am Umsatz oder die Nachahmung von Mitbewerbern.

(3) **M essage**: Welche Botschaft, welche Aussage soll übermittelt werden? Die Aussagen, die in Werbebotschaften stecken, müssen für den Angesprochenen einen Zusatznutzen in Aussicht stellen und das Werbesubjekt/-objekt rational oder emotional positiv von den Mitwettbewerbern abheben. Werbebotschaften sollten glaubhaft und prägnant sein.

Eines der bekanntesten Werbewirksamkeitsmodelle ist die AIDA-Formel: Werbung kann erfogreich, wenn sie

Attention:	Aufmerksamkeit erreicht,
Interest:	Interesse weckt,
Desire:	Begierde weckt, das Produkt besitzen zu wollen und
Action:	Aktionen, d. h. den Kauf, auslöst.

Aus der AIDA-Formel **(Bild 3, vorhergehende Seite)** lassen sich z. B. folgende Forderungen an eine erfolgreiche Werbung ableiten :

Werbung muss

- zielgruppengerecht sein (ansprechen, begeistern, die Erfüllung geheimer Wünsche und Sehnsüchte in Aussicht stellen),
- orginell sein (von Mitbewerbern abheben) und
- aktuell sein (muss Geschmacks- und Modewandlungen, technischen Fortschritt berücksichtigen).

(4) **M edia**: Welche Medien (Werbeträger) sollen eingesetzt werden?

(5) **M easurement:** Wie können die Ergebnisse gemessen, bewertet werden?

Das Gesetz gegen unlauteren Wettbewerb (UWG) bildet den gesetzlichen Rahmen für die Werbung. Darüber hinaus erfolgt eine Selbstkontrolle der Werbewirtschaft durch den „Deutschen Werberat".

Öffentlichkeitsarbeit (Public relations PR)

Public Relation ist nicht direkt auf eine kurzfristige Absatzerhöhung für ein Produkt gerichtet, sondern soll ein Unternehmen in der Öffentlichkeit bekannt machen und für ein positives Image sorgen.

Tabelle: Objekte der Verkaufsförderung

Aus dem Printbereich:	**Zur Demonstration:**
• Kataloge, Prospekte • Produktbeschreibungen • Handbücher • Wirtschaftlichkeitsberechnungen • Wirtschaftlichkeitsvergleiche • Diagramme, Ablaufbeschreibungen • Zeichnungen • Veröffentlichungen • Testberichte • Referenzlisten • Musterbriefe • Kundenzeitschriften • Informationsdienste • redaktionelle Unterstützung	• Messestände • Hausmessen • Hausausstellungen • Produktvorführungen • Proben • Muster • Modelle • Multimedia • Pressekonferenzen • Werksführungen **Für Verkäufer:** • Verkaufsseminare • Warenkunde • Rhetorikkurse • Rollenspiele • Falldiskussionen • Übungen • Verkaufswettbewerbe

Maßnahmen des PR sind u. a.

- Pflege der Kontakte zur Presse,
- Vorträge,
- Tag der offenen Tür,
- Kundenzeitschriften,
- Förderung des Gemeinwohls,
- Geschäftsberichte sowie
- Spenden und Förderungen.

Verkaufsförderung (Sales Promotion)

Unter *Promotion* versteht man eine zeitlich begrenzte Aktion mit zusätzlichen Kaufanreizen. Die Händlerpromotion (dealer promotion) richtet sich mit Schulungen (Rhetorik, Waren-, Verkaufskunde, Verkaufspsychologie, ...) Hausmessen, Händlertreffen, Verkaufsseminaren (Sales meetings), Händlerwettbewerben, Verkaufsraumberatung oder -ausstattung (Prospekte, Videos, CD's, ...), Unterlagen (Kataloge, Dattenblätter, ...), Incentives (Verkaufsanreize, z. B. Provisionen) an den Verkäufer **(Tabelle)**.

Ziel der Konsumentenpromotion (consumer promotion) ist der Endverbraucher. Wendet sich der Produzent/Großhändler eines Produktes z. B. durch Preisausschreiben, Gutscheinaktionen, Vorteilpackungen ohne Beteiligung des Handels an den Enverbraucher, so spricht man von sales promotion (direkte Verkaufsförderung). Finden Verkaufsfördermaßnahmen wie Vorführungen, Fragestunden, Kostprobenverteilung am Verkaufsort (Point of Sale, POS) statt, so spricht man von merchandising (indirekte Verkaufsförderung).

Produktplacement

Beim Produktplacement werden Produkte werbewirksam in Filmen und in TV-Sendungen„eingebaut".

Sponsoring

Sponsoring unterstützt Sport-, Kultur- und Sozialprojekte. Risiko und Wirkung der Maßnahmen sind beim Sponsoring besonders schwierig zu kontrollieren. Oft ist Sponsoring die einzige Möglichkeit das Werbeverbot in öffentlich rechtlichen TV- Sendern zu umgehen.

Corporate Identity

Das Selbstverständnis des Unternehmens wird den Interessensgruppen und Zielgruppen über das CI kommuniziert und ist deshalb ein wichtiger Marketingfaktor **(Bild 1)**.

Clienting

Für die Unternehmen wird es zunehmend schwieriger, mit den Kunden eine langfristige Beziehung aufzubauen. Im Clienting (Beziehungsmarketing) wird durch

- materielle Anerkennungen (Stammkundenrabatt, Gegengeschäfte cross sellings), Events, bevorzugte Belieferung,
- soziale Anerkennung (emotionale Beziehung der Unternehmensvertreter zum Kunden z. B. durch gemeinsame Erlebnisse und
- produktbegleitende Dienstleistungen wie günstige, z. T. kostenlose Beigaben wie Treiber und Beratung versucht, diese Lieferanten-Kundenbeziehung entstehen zu lassen.

Speziell für diesen Bereich ausgebildet sind Key Account Manager, die wichtige Kunden betreuen.

Eventmarketing

Bei besonderen Ereignissen mit hoher Publikumswirksamkeit wird (oft in Kombination mit anderen Kommunikationsmitteln) z. B. die Leistungsfähigkeit der Produkte demonstriert.

Direktmarketing

Insbesondere durch immer kleinere und speziellere Marktsegmente ist es oft unwirtschaftlich mit traditionellen Marketingmaßnahmen mit geringer Zielgenauigkeit zu arbeiten. Durch Direct-Mailings, Telefon-Marketing, Electronic-Mails, dialogfähige Werbung im Internet usw. können potenzielle Kunden direkt angesprochen werden.

Zunehmend bieten große Unternehmen auch Kundenclubs, Kundenkarten und Kundenveranstaltungen, die für die notwendigen Bindungsbeziehungen sorgen sollen.

Ein weiterer Trend des Direktmarketing sind Werksverkäufe, Hausmessen mit Verkauf, Parks mit Einkaufsmöglichkeiten und Erlebnismöglichkeiten.

Bild 1: CI als Marketinginstrument

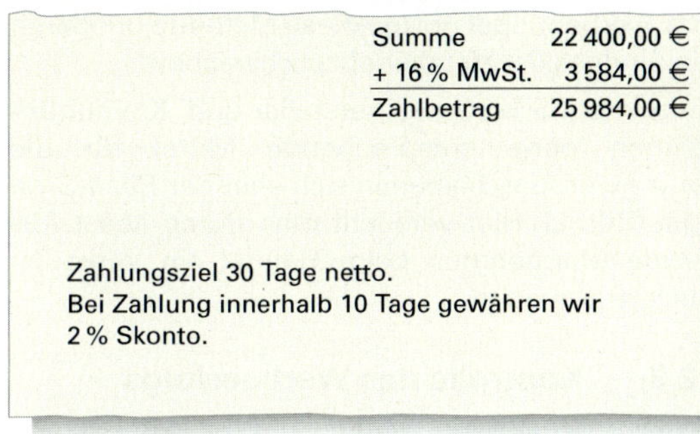

Summe	22 400,00 €
+ 16 % MwSt.	3 584,00 €
Zahlbetrag	25 984,00 €

Zahlungsziel 30 Tage netto.
Bei Zahlung innerhalb 10 Tage gewähren wir 2 % Skonto.

Bild 2: Lieferantenrechnung

Wiederholung und Vertiefung

1. Durch eine Preiserhöhung bei Speicherbaugruppen von 56,00 € auf 67,20 € je Stück geht der monatliche Umsatz im Marktsegment 1 von 400 Stück auf 280 Stück und im Marktsegment 2 von 2200 auf 2000 zurück.

a) Bestimmen Sie jeweils die Preiselastizität der Nachfrage und suchen Sie nach möglichen Ursachen für die unterschiedlichen Nachfrageelastizitäten.

b) Wie wirkt sich die Preiserhöhung jeweils auf den Umsatz und den Gewinn in den Marktsegmenten aus?

2. Eine Lieferantenrechnung (Bild 2) ist innerhalb 30 Tage rein netto, oder innerhalb 10 Tage mit zwei Prozent Skonto zu begleichen.

a) Welcher Betrag ist bei Inanspruchnahme des Skontoabzuges zu überweisen?

b) Zu welchem Jahreszinssatz bietet der Lieferant seinen Lieferantenkredit?

3. Ihr Unternehmen bietet dieselben PC-Komponenten in der Orginalverpackung eines bekannten Markenherstellers und gleichzeitig als No-name-Produkt.

a) Wie nennt man diese Marketingmaßnahme und welches Ziel soll damit erreicht werden?

b) Geben Sie an und begründen Sie, an welches Kundensegment sich die Angebote jeweils richten.

8.2.2 Strategien

Für die Großhändler und Hersteller stellt sich auch die Frage, an welcher Stelle des Verkaufsweges wirksameres Marketing möglich ist.

Bei der *Pull-Strategie* (to pull = ziehen) versucht man durch entsprechende Maßnahmen beim Endnutzer einen Nachfragesog zu erzeugen **(Bild 1)**.

Überspringt der Werbende dabei den Handel, indem er z. B. direkt mit Massenmedien beim Endnutzer wirbt, so spricht man von *Sprungwerbung*①. Markenartikelhersteller mit entsprechendem Werbebudget nutzen diese Methode um damit den Einfluss der Händler abzuschwächen.

Anonyme Markenartikelhersteller und Kleinunternehmen ohne entsprechende Mittel für die Sprungwerbung bedienen sich eher der *Push-Strategie* **(Bild 2)**. Hier versucht man durch absatzfördernde Maßnahmen beim Handel ein Verkaufsdruck zu erzeugen.

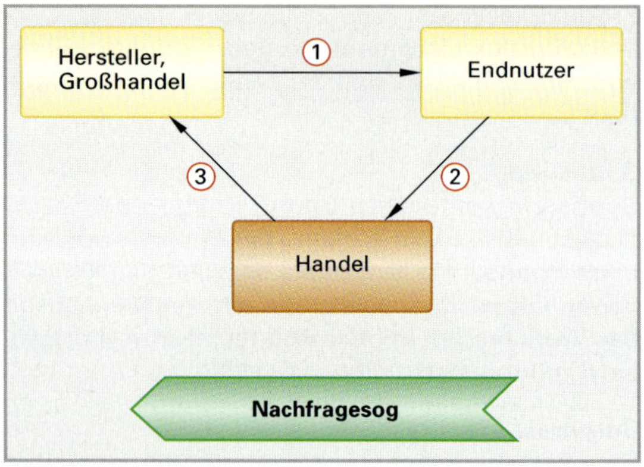

Bild 1: Pull-Strategie

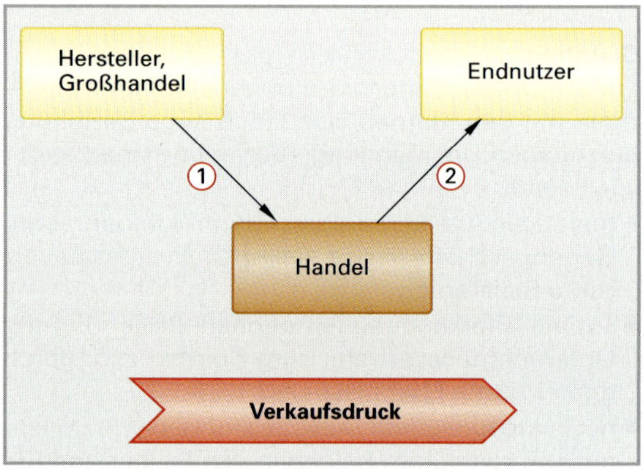

Bild 2: Push-Strategie

8.2.3 Kontrolle des Werbeerfolgs

Die Kontrolle des Marketingerfolgs ist sehr wichtig, aber auch sehr schwierig und mit vielen Unsicherheitsfaktoren verbunden.

Es ist in vielen Fällen kaum nachweisbar, in welchem Maße Umsatzzahlen oder Marktanteile von einer gerade laufenden Marketingaktion, einer allgemeinen Wirtschaftsentwicklung, dem Verhalten der Mitbewerber oder sonstigen Einflüssen bestimmt wird.

Zur besseren Messung des Marketingerfolgs benutzt man gerne so genannte Testmärkte. Hierzu werden zuerst Teilmärkte mit möglichst übereinstimmenden Merkmalen erfasst und dann die Wirkung unterschiedlicher Marketing-Aktivitäten erfasst und ausgewertet.

Als Messzahl für den ökonomischen Erfolg einer Produktwerbung benutzt man z. B. das Verhältnis von Umsatzzuwachs zu Werbeaufwand.

$$\text{Wirtschaftlichkeit der Werbung} = \frac{\text{Umsatzzuwachs}}{\text{Werbeaufwand}}$$

oder vergleicht das Umsatzwachstum des beworbenen Produkts mit dem der Mitbewerberprodukte.

Besser und genauer lassen sich nichtökonomische Erfolge von Marketingmaßnahmen messen. Durch Blickbewegungsregistrierung und Befragung von Kunden in Verkaufsräumen und beim Lesen von Zeitschriften, durch das Analysieren von Mausbewegungen auf Internetseiten und das Erfassen von Aufenthaltsdauern und Klickraten von Werbebannern, kann man die Wirksamkeit von Werbemaßnahmen z. B. mit an die AIDA-Formel angelehnten Messzahlen, erfassen:

$$\text{Attention} = \frac{\text{erreichte Adressaten}}{\text{Gesamtzahl der Adressaten}}$$

$$\text{Interest} = \frac{\text{interessierte Adressaten}}{\text{Gesamtzahl der Adressaten}}$$

$$\text{Desire} = \frac{\text{überzeugte Adressaten}}{\text{Gesamtzahl der Adressaten}}$$

$$\text{Action} = \frac{\text{neue Käufer}}{\text{Gesamtzahl der Adressaten}}$$

8.3 Kundenberatung, Angebotsgestaltung und Vertragsgestaltung

8.3.1 Anfrage und Angebot

8.3.1.1 Anfrage

Mit allgemeinen Anfragen wird der Kontakt zwischen möglichen zukünftigen Geschäftspartnern hergestellt. Häufig bittet man bei allgemeinen Anfragen z. B. um die Zusendung von Katalogen, Preislisten, Allgemeinen Geschäftsbedingungen (AGB), Lieferbedingungen, Referenzen oder um eine Kontaktaufnahme.

Bei speziellen Anfragen werden Informationen zu konkreten Produkten oder Leistungen erfragt und es sind oft bereits Mengenangaben und Terminangaben enthalten **(Tabelle 1)**.

Ein wichtiger rechtlicher Aspekt der Anfrage ist, dass aus Anfragen keine Pflichten und Rechte abgeleitet werden können.

Anfragen sind rechtlich unverbindlich.

8.3.1.2 Angebot

Im Gegensatz zur Anfrage führen Angebote (Anträge) zu rechtlichen Pflichten und sollten entsprechend sorgfältig ausgearbeitet werden **(Tabelle 2)**. Der Anbieter bleibt so lange an das Angebot gebunden, wie unter verkehrsüblichen Umständen eine Antwort eingehen kann. Konkret bedeutet dies, dass ein mündlich abgegebenes Angebot sofort nach dem Gespräch seine Gültigkeit verloren hat und ein per Direktmailing oder FAX abgegebenes Angebot eine Gültigkeit von wenigen Arbeitstagen hat. Um Unsicherheiten über die Gültigkeitsdauer auszuschließen, wird bei vielen Angeboten eine Gültigkeitsdauer angegeben.

Da sich manche Preise, z. B. für Speicherchips, täglich ändern und auch die Marktversorgung sich schnell ändern kann, hat der Gesetzgeber für den Anbieter die Möglichkeit geschaffen, seine Angebotsverpflichtungen mit sogenannten Freizeichnungsklauseln einzuschränken **(Bild 1)**.

Angebote an die Allgemeinheit sind eine Aufforderung zur Abgabe einer Bestellung (Anpreisungen) und keine rechtskräftigen Willenserklärungen. So sind z. B. Schaufensterauslagen, Kataloge, Prospekte und Zeitungsbeilagen rechtlich nicht bindend. D. h., es besteht kein Anspruch, diese Ware zu dem angegeben Preis auch zu erhalten.

Angebote sind rechtsverbindlich, wenn sie direkt an eine Person oder eine Firma gerichtet sind und nicht durch besondere Klauseln eingeschränkt werden.

Tabelle 1: Anfrage

Mindestinhalte	Formulierungsbeispiel
Grund der Anfrage	... Ihre Produkte wurden von ... empfohlen ...wir haben den Testbericht über Ihr ... in der ... gelesen
Gewünschter Artikel, Leistung	... bitte schicken Sie uns unverbindlich ein Angebot über ... ... unser Interesse gilt ...
Mengenangaben, Lieferfristen, Häufigkeit	... benötigen ... Stk. je Monat ... ... benötigen bis zum 14.05. ... ... regelmäßig ...
Qualitätsansprüche	... sind ein zertifiziertes Unter nehmen ... ... zu unseren Kunden zählen nur die ...
Fragen nach Preisen, Zahlungs-, Lieferungsbedingungen, ...	... können Sie innerhalb ... Tagen 2000 Stück auf Europaletten frei Haus liefern ...
Terminhinweise	... Vorauswahl für unsere Modellreihe ab 2004 ... ... innerhalb 6 Stunden...

Tabelle 2: Angebot (Antrag)

Mindestinhalte	Formulierungsbeispiel
Die Anfrage, den Bezug angeben	Entsprechend Ihrer Anfrage vom ... bieten wir ... an Entsprechend Ihrer bisherigen Bestellungen ...
Art, Preis, Menge und Qualität der Ware angeben	40 CD-ROM-Laufwerke Artikel-Nr. yxyxxxxx zum Preis von ...
Liefertermin- und Lieferungsbedingungen nennen, Zahlungsbedingungen	Bis zum 22.10. ... frei Haus, ... Einschränkungen, Vorbehalte nennen, Gerichtsstand
Freundliche Grüße und Hoffnung auf Geschäftsbeziehungen zum Ausdruck bringen	Wir freuen uns auf Ihre Bestellung ... Gerne stehen wir für weitere Fragen zur Verfügung ...

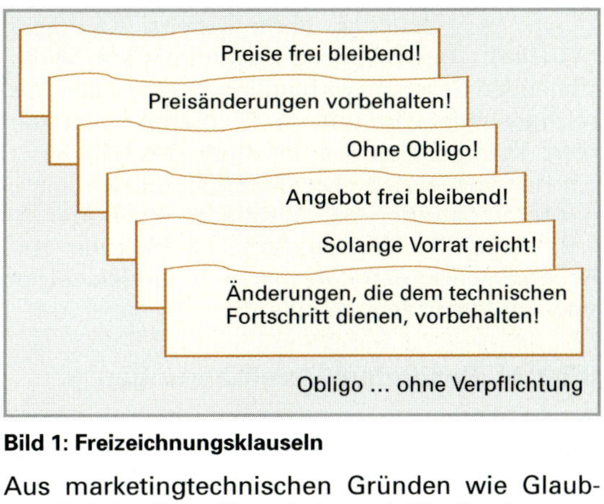

Bild 1: Freizeichnungsklauseln

Aus marketingtechnischen Gründen wie Glaubwürdigkeit, Zuverlässigkeit und Distributionsverfahren halten sich Anbieter aber ungeachtet der

Rechtslage im Normalfall an die Angebote. Sobald der Angebotsempfänger dem Angebot zustimmt, ist ein Vertrag entstanden **(Bild 1** und **Bild 2)**.

Ein Kaufvertrag entsteht durch zwei übereinstimmende Willenserklärungen.

Bei allen Willenserklärungen kommt es nicht auf den Buchstaben an, sondern auf den Sinn und Willen der Willenserklärung (§§ 157, 242 BGB).

Beispiel:
Der Verkäufer sagt zum Kunden: „Wollen Sie nicht auch noch eine Ersatztintenkartusche mitnehmen?" Der Kunde antwortet: „Nein". Trotz der doppelten Verneinung ist kein Vertrag entstanden.

8.3.1.3 Bestellung und Lieferung

Die Zustimmung zu einem Angebot (Antrag) kann durch Worte, Handlungen oder auch teilweise Nichthandlung (Stillschweigen) abgegeben werden.

Ist der Kunde im Besitz eines gültigen Angebotes, so gilt seine Zustimmung als Annahme des Vertrages. Wird das Angebot in seinem Inhalt abgeändert oder hat der Kunde kein Angebot, so kommt der Vertrag durch die Zustimmung des Verkäufers zum Antrag des Kunden zustande.

Auch wenn ein Kunde z. B. eine Ware aus dem Verkaufsregal nimmt, stimmt er damit dem Angebot (Antrag) des Handelsgeschäfts zu, die angebotene Ware zu den Bedingungen des Handelsgeschäftes zu kaufen. Er muss in der vereinbarten Art und Weise den Kaufpreis bezahlen und die Allgemeinen Geschäftsbedingungen (AGB) anerkennen, solange diese gesetzlichen Vorschriften genügen. Der Händler muss im Gegenzug den Kaufpreis annehmen und die Ware übereignen.

Durch Nichthandlung kommt beim Kaufmann (Händler) z. B. ein Vertrag zustande, wenn bei bestehenden Geschäftsverbindungen unbestellte Ware zugesendet wird und der Empfänger nicht reagiert. Kaufmann ist, wer im Sinne des HGB §1 (1) ein Handelsgewerbe betreibt, d. h. im Handelsregister eingetragen ist. Mitglieder freier Berufe, z. B. Ärzte, Architekten, Wirtschaftsprüfer und Rechtsanwälte betreiben keinen Handelsbetrieb und sind damit keine Kaufleute.

8.3.1.4 Besondere Vereinbarungen

Kauf auf Probe

Dies ist ein Kauf mit Rückgaberecht innerhalb einer bestimmten Frist. Der Verkäufer überlässt die Ware für einen fest vereinbarten Zeitraum „zur Probe" bzw. zur Ansicht. Lehnt der Käufer den Kauf nicht

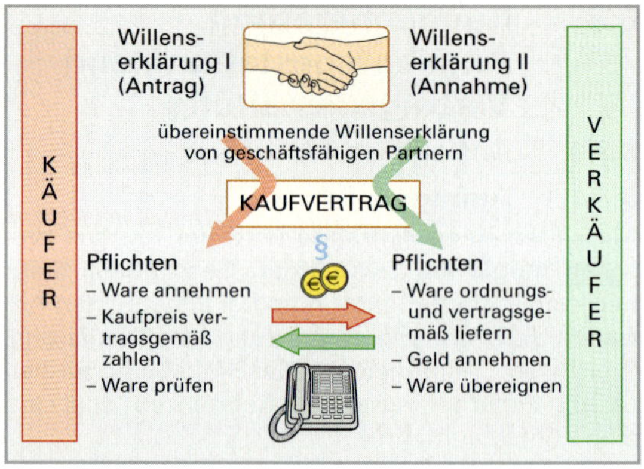

Bild 1: Vertragsabschluss

§ 145	Bindung an den Antrag
§ 146	Erlöschen des Antrags
§ 147	Annahmefrist
§ 148	Bestimmung einer Annahmefrist
§ 149	Verspätet zugegangene Annahmefrist
§ 150	Verspätete und abändernde Annahme
§ 151	Annahme ohne Erklärung gegenüber dem Antragenden
§§ 433 ff	Kaufrecht
§ 453	Rechtskauf (gilt z. B. für Software)
§ 651	Anwendung des Kaufrechts

Bild 2: Wichtige Paragraphen zum Vertragsabschluss

innerhalb der Frist ausdrücklich ab, so stimmt er dem Vertrag durch Stillschweigen zu.

Spezifikationskauf (Bestimmungskauf)

Der Käufer vereinbart mit dem Verkäufer die Lieferung einer bestimmten Menge einer Gattungsware. Der Käufer hat das Recht, innerhalb festgelegter Fristen die zu liefernde Ware festzulegen. Z. B. vereinbaren ein Druckerproduzent und ein Druckertintenvertreiber, die Lieferung von 30 000 Stück Tintenpatronen für die folgenden 6 Monate. Der Druckerhersteller kann zwischen 10 verschiedenen Druckerpatronen auswählen.

Ramschkauf

Beim Ramschkauf ersteht der Käufer eine bestimmte Menge von Waren, ohne dass im Einzelnen bestimmte Qualitätsmerkmale zugesichert sind.

Faq-Kauf

Wird eine Warelieferung ohne ausdrückliche Spezifizierung der Qualität vereinbart, so ist von durchschnittlicher Qualität auszugehen. Im Außenhandel nennt man solche Verträge faq-Kauf (faq = fair average quality).

8.3.1.5 Angebotsverfolgung

In der Praxis führt nur ein Bruchteil der Angebote auch zu Aufträgen. Durch systematische Aufzeichnungen und Auswertungen z. B. des Zeitaufwandes für Angebotserstellungen, das Verhältnis von erstellten Angeboten zu erhaltenen Aufträgen, die mittlere Auftragsgröße usw., kann man wichtige Erkenntnisse für spätere Marketingmaßnahmen, Kostenrechnungen und Verfahren der Geschäftsabwicklung gewinnen.

Bei erteilten Aufträgen muss gegenüber dem Kunden eine hohe Auskunftbereitschaft sichergestellt werden. Er sollte sich jederzeit über den Fortschritt seines Auftrages informieren können und auch bei Ablaufstörungen rechtzeitig über mögliche Fertigstellungsterminänderungen informiert werden.

8.3.2 Kaufrecht und Werkvertragsrecht

8.3.2.1 Kaufrecht

Das Kaufrecht (§§ 433ff BGB) gilt grundsätzlich für alle Kaufverträge zwischen Verbraucher und Verbraucher, Unternehmer und Unternehmer und Unternehmer und Verbraucher. Es gilt für bewegliche und unbewegliche Sachen und sonstige Gegenstände, z. B. herzustellende oder zu erzeugende Sachen, Knowhow, Software, Ideen und Energie **(Bild 1** und **Bild 2)**.

Erfüllungsort

Mit dem Erfüllungsort wird festgelegt, wo z. B. bei einem Kaufvertrag der jeweilige Schuldner seine Leistungen zu erbringen hat.

§ 269 BGB bestimmt, dass der Erfüllungsort für die Warenschuld (der Leistungsort) der Wohnsitz bzw. Firmensitz des Warenschuldners ist. Soll die Ware dem Käufer geliefert werden, so muss er die Risiken und Kosten der Warenlieferung tragen **(Bild 3)**.

Warenschulden sind Holschulden.

Für die Geldschuld legt § 270 BGB fest, dass der Zahlungsort der Wohnsitz des Gläubigers (hier des Verkäufers) ist. Der Käufer trägt damit ebenfalls das Risiko und die Kosten der Geldübergabe.

Geldschulden sind Bringschulden.

Der Erfüllungsort ist entscheidend für den Gerichtsstand bei Streitigkeiten. Bei Klagen wegen unerfüllter Geldverpflichtungen ist also der Wohnort des Käufers entscheidend, bei Klagen bzgl. der Warenschulden der Geschäftssitz des Lieferanten. Der Erfüllungsort und der Gerichtsstand kann nur zwischen Kaufleuten vertraglich geregelt werden.

§ 433 Abs. 1 BGB Vertragstypische Pflichten beim Kaufvertrag

[I] Durch den Kaufvertrag wird der Verkäufer einer Sache verpflichtet, dem Käufer die Sache zu übergeben und das Eigentum an der Sache zu verschaffen. Der Verkäufer hat dem Käufer die Sache frei von Sach- und Rechtsmängeln zu verschaffen.

§ 453 Abs. 1 BGB Rechtskauf

Die Vorschriften über den Kauf von Sachen finden auf den Kauf von Rechten und sonstigen Gegenständen entsprechende Anwendung.

Bild 1: Kaufrecht

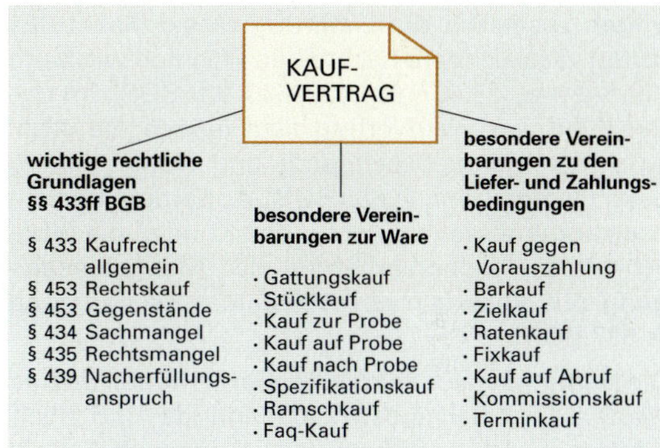

Bild 2: Merkmale eines Kaufvertrages

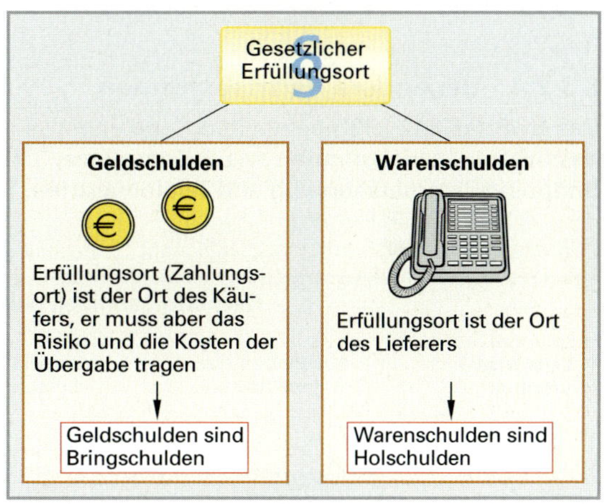

Bild 3: Gesetzlicher Erfüllungsort

Gegenüber Nichtkaufleuten (Privatkunden) sind solche vertraglichen Änderungen ungültig, auch wenn der Kunde z. B. über die Allgemeinen Geschäftsbedingungen einer Änderung zustimmt.

8.3.2.2 Verbrauchsgüterkauf

Beim Endverkauf an den Verbraucher, dem Verbrauchsgüterkauf, gelten wenige Sondervorschriften (§§ 474ff). Gegenüber dem Verbraucher muss der Händler auf Neuwaren eine Gewährleistung von 2 Jahren garantieren und in den ersten sechs Monaten gilt eine Beweislastumkehr **(Bild 1)**. Der Händler muss bei Beanstandungen durch den Käufer also nachweisen, dass die gelieferte Sache mängelfrei war.

8.3.2.3 Werkvertragsrecht

Kaufverträge treten häufig in Verbindung mit Werkverträgen bzw. Werklieferungsverträgen auf. In Werkverträgen wird die Herstellung oder Veränderung einer Sache geregelt, in Werklieferungsverträgen zusätzlich die Lieferung dieser Sache. Es gelten vergleichbare Rechte und Pflichten wie beim Kaufvertrag (§§ 437, 631,632, 633, 634 BGB). Im Unterschied zum Kaufvertrag liegt jedoch die Wahl zwischen Mängelbeseitigung und Neuerstellung beim Unternehmer (§ 635 BGB). Außerdem besteht nach angemessener Frist für den Kunden die Möglichkeit zur Selbstvornahme der Mängelbeseitigung mit Anspruch auf Aufwandsentschädigung (§ 637 BGB).

Die Haftungsdauer beim Verändern, Herstellen und Warten einer Sache bzw. bei Planungs- und Überwachungsleistungen beträgt zwei Jahre ab Abnahme der Leistung.

8.3.2.4 Besondere Vertriebsformen

Das BGB (§§ 312-312f) beinhalten Regelungen für besondere Vertriebsformen wie E-Commerce, TV-Shopping, Internetshopping und Telefonvertrieb.

Sie bestimmen, dass der Unternehmer verpflichtet ist, den Verbraucher rechtzeitig vor Abschluss eines Fernabsatzvertrags in einer dem eingesetzten Fernkommunikationsmittel entsprechenden Weise klar und verständlich zu informieren.

Zu den wesentlichen Informationspflichten gehört eine unmissverständliche Beschreibung aller wesentlichen Eigenschaften der Ware, die Identität des Liefernden und die Angabe aller entstehenden Kosten. Erfüllt der Anbieter diese Forderungen nicht, so hat der Verbraucher ein viermonatiges Widerrufsrecht.

Käufer haben bei Fernabsatzverträgen ein Widerrufsrecht und Rückgaberecht (§§ 312d, §§ 355, §§ 356 BGB).

Das Widerrufs- und Rückgaberecht gilt z. B. nicht, wenn es sich um Software, Audioaufnahmen, Videoaufnahmen, nach Kundenspezifikation angefertigte Waren, eindeutig auf persönliche Bedürfnisse zugeschnittene Waren oder die Lieferung von Zeitschriften und Zeitungen handelt.

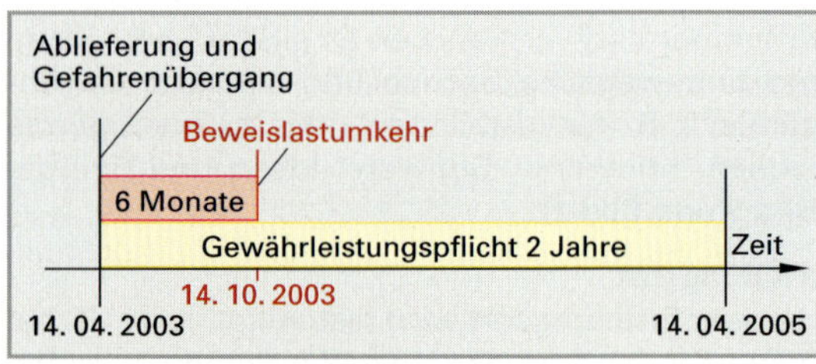

Bild 1: Gewährleistungspflicht

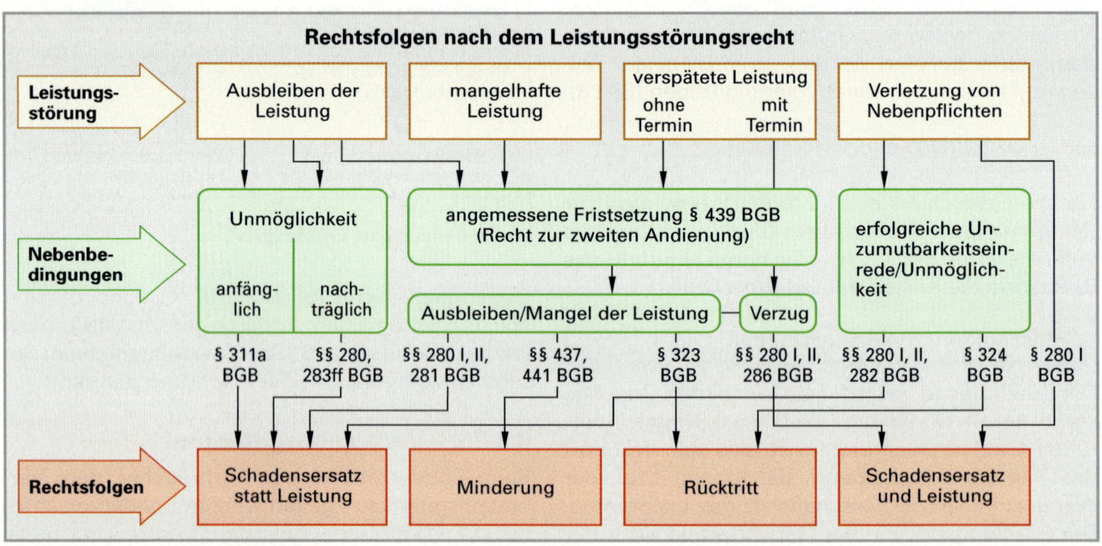

Bild 2: Leistungsstörungsrecht

Das Fernabsatzwiderrufsrecht gilt nicht für Audioaufzeichnungen, Videoaufzeichnungen und Software.

8.3.3 Leistungsstörungsrecht

Pflichtverletzung liegen vor, wenn objektiv die Pflichten aus dem Vertrag schuldhaft nicht, oder nicht vollständig erfüllt werden. Z. B. können zugesagte Waren nicht oder nur mit zeitlicher Verzögerung geliefert werden, die gelieferte Ware ist mangelhaft oder wird auf dem Transport wegen mangelhafter Verpackung (leistungsbezogene Nebenpflicht) beschädigt. Es zählt auch als Pflichtverletzung, wenn Eigenschaften fehlen, die aufgrund öffentlicher Äußerungen, z. B. in Werbematerialien, erwartet werden können oder fehlerhafte Zusammenbauanleitungen und Bedienungsanleitungen vorliegen. Als primärer Rechtsbehelf steht dem Käufer dann z. B. bei Sachmängeln nach seiner Wahl Ersatzlieferung oder Mängelbeseitigung innerhalb einer angemessenen Frist zu **(Bild 2, vorhergehende Seite)**. Aus Verkäufersicht spricht man hier vom Recht der zweiten Andienung. Diese Wahlmöglichkeit kann allerdings bei Unverhältnismäßigkeit oder Unzumutbarkeit, z. B. wenn die Mängelbeseitigung wesentlich teuerer ist als eine Ersatzlieferung, durch den Verkäufer eingeschränkt werden.

Liegt Unzumutbarkeit vor, ist die Mängelbeseitigung fehlgeschlagen, verweigert der Verkäufer die Nacherfüllung oder liegt Unmöglichkeit vor, bzw. tritt Unmöglichkeit ein, so werden die sekundären Rechtsbehelfe ohne Fristsetzung wirksam.

Der Käufer kann dann vom Vertrag zurücktreten und Schadensersatz oder Ersatz seiner Aufwendungen verlangen, einer Minderung zustimmen oder Schadensersatz statt Leistung verlangen. Der Verkäufer seinerseits kann bei seinem Lieferanten ohne Fristsetzung den Ausgleich seiner Aufwendungen beanspruchen.

Beispiel:

K kauft beim PC-Händler einen neuen Komplett-PC. Nach einem Monat stellt er fest, dass der CD-Brenner nicht ordnungsgemäß funktioniert. Welche Rechte hat er ?

Lösung:

1. Da weder Unverhältnismäßigkeiteinrede noch Unmöglichkeit für den Verkäufer vorliegt hat K nach §§ 434, 437 Nr. 1, 439 BGB Anspruch auf Nacherfüllung, dabei kann er grundsätzlich zwischen **Nachbesserung** und **Neulieferung** wählen **(Bild 1)**.
2. Liegt nach einer angemessenen Nachfrist immer noch ein Mangel vor, so kann K nach §§ 323, 434, 437 Nr. 2 BGB entweder sein **Rücktrittsrecht** in Anspruch nehmen oder nach §§ 434, 437 Nr. 2 und 441 **Minderung** verlangen.

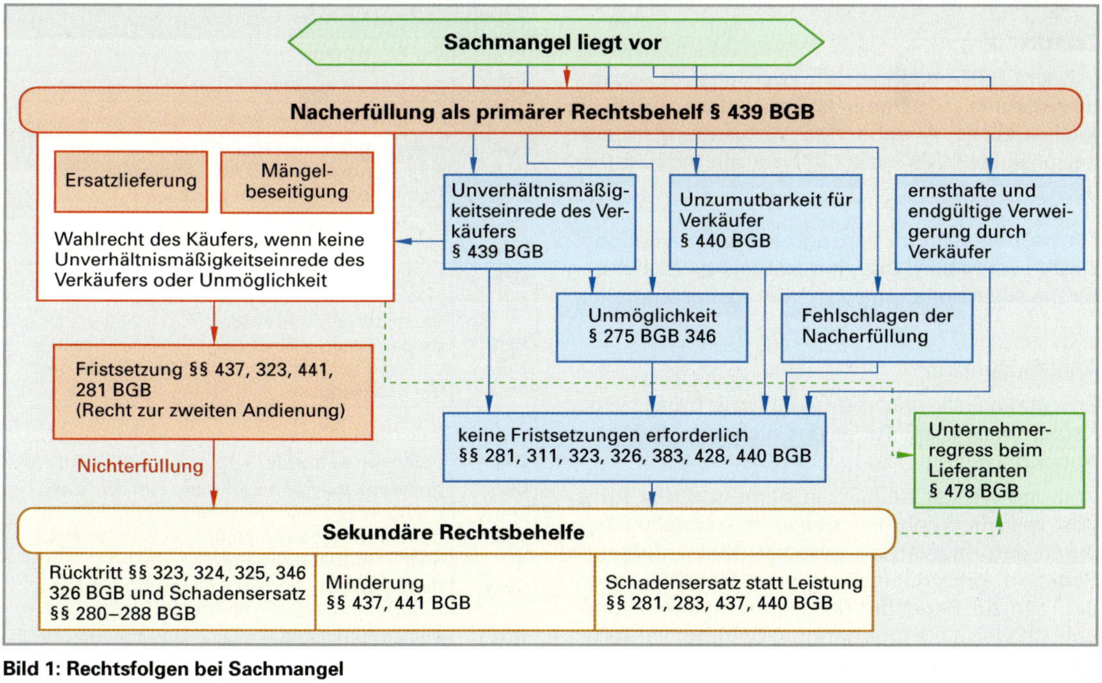

Bild 1: Rechtsfolgen bei Sachmangel

Fälligkeit

Wenn eine Fälligkeit (Bild ?) kalendermäßig nicht festgelegt ist (z. B. ... Lieferung ab Februar 20xx.., oder ... frühstens 14 KW 20xx..) oder aus dem Vertragsinhalt bestimmbar ist, so gerät der Lieferant nur dann in Lieferverzug, wenn ein kalendermäßig genau festgelegter angemessener Nachtermin mit Leistungsaufforderung und Ablehnungsandrohung erfolgt (Mahnung, **Bild 2**). Außerdem gerät er nur in Verzug, wenn er für die Gründe der Nichtleistung schuldhaft verantwortlich ist.

In vielen Fällen ist man auf eine zuverlässige und zeitgenaue Lieferung angewiesen und gestaltet die Bestellung bereits als sogenannten Fixkauf, Terminkauf bzw. Zweckkauf. Bei diesen Vertragsarten gerät der Lieferant automatisch mit Ablauf des Liefertermins in Verzug.

Fixkauf

Die Lieferung hat vertraglich an oder bis zu einem genau festgelegten Termin zu erfolgen. Die Vertragsklauseln lautet z.B. „ ... Lieferung bis 16. Februar 2001 fix ...".

Terminkauf

Die Lieferung hat zu einem späteren Termin oder innerhalb einer vereinbarten Frist zu erfolgen. Der Vertragstext lautet z. B. „ ... Lieferung innerhalb 10 Arbeitstage nach Auftragseingang ...".

Zweckkauf

„ ... zur CEBIT benötigen wir zwei Tage vor Ausstellungsbeginn ...". Damit ist im Vertrag durch die ausdrückliche Angabe des Verwendungszwecks der bestellten Ware der Liefertermin indirekt festgelegt.

Oft werden auch im Vertrag bereits Konventionalstrafen vereinbart. Das sind festgelegte Zahlungen für die Nichteinhaltung von Vertragsbestandteilen.

Annahmeverzug

Erfolgt die Lieferung vertragsgemäß, muss sie der Käufer annehmen. Tut er das nicht, so gerät er in Annahmeverzug.

Wie und wo der Käufer die Ware und das Transportrisiko übernehmen muss, ist gesetzlich bzw. durch den Kaufvertrag geregelt (**Bild 1, folgende Seite**). Im grenzüberschreitenden Handel verwendet man zur Regelung der Lieferungsmodalitäten üblicherweise die International Commercial Terms (INCOTERMS, **Tabelle**).

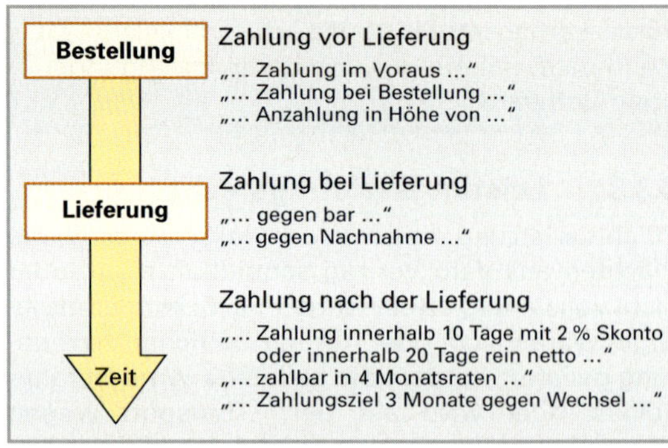

Bild 1: Zahlungsbedingungen

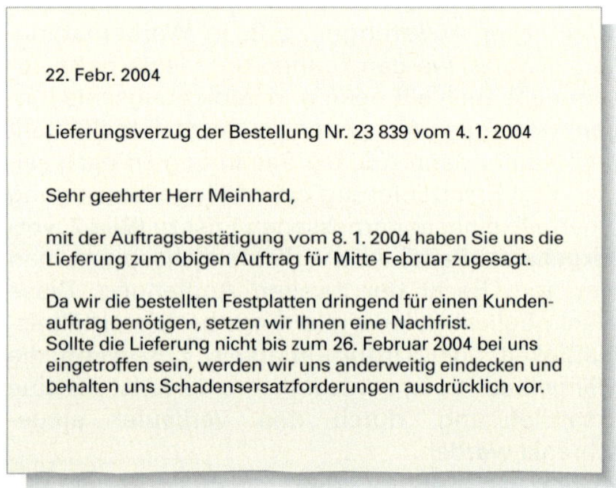

22. Febr. 2004

Lieferungsverzug der Bestellung Nr. 23 839 vom 4. 1. 2004

Sehr geehrter Herr Meinhard,

mit der Auftragsbestätigung vom 8. 1. 2004 haben Sie uns die Lieferung zum obigen Auftrag für Mitte Februar zugesagt.

Da wir die bestellten Festplatten dringend für einen Kundenauftrag benötigen, setzen wir Ihnen eine Nachfrist.
Sollte die Lieferung nicht bis zum 26. Februar 2004 bei uns eingetroffen sein, werden wir uns anderweitig eindecken und behalten uns Schadensersatzforderungen ausdrücklich vor.

Bild 2: Lieferungsverzug

Tabelle: INCOTERMS	
E- Klauseln: Abholklausel	
EXW	ex works = ab Werk
F-Klauseln: Haupttransport vom Verkäufer bezahlt	
FCA	free carrier = frei Frachtführer
FAS	free alongside ship = frei Längsseite Schiff
FOB	free on board = frei an Bord
C- Klauseln: Haupttransport vom Verkäufer bezahlt (ohne Risko für Verlust und Beschädigung)	
CFR	cost and freight = Kosten und Fracht
CIF	cost, insurance and freight = Kosten, Versicherung und Fracht.
CPT	carriage paid = Fracht
CIP	carriage and insurance paid to = Fracht und Versicherung.
D- Klauseln: Ankunftsklauseln	
DAF	delivered at frontier = Lieferung an Grenze
DES	delivered ex ship = Lieferung zum Bestimmungshafen inkl. Dokumente und Meldung.
DEQ	delivered ex quay = Lieferung bis zum Kai, inkl. Einfuhrabfertigung.
DDU	delivered duty unpaid = Lieferung bis zum Einfuhrland, ohne Einfuhrabfertigung, Zoll.
DDP	delivered duty paid = Lieferung mit Einfuhrabfertigung.

Die Akzeptanz der Incoterms ist weltweit sehr hoch, weil durch Bezug auf eine der 13 Incoterms-Klauseln auf sehr einfache Art und Weise die Bedingungen und Regeln für die Durchführung des Transportes geregelt werden.

Die INCOTERMS regeln verbindlich, welche Pflichten und Kosten der Exporteur übernehmen muss und wer für die Geschäftsabwicklungen (Zollerklärungen etc.) verantwortlich ist

Fragen der Zahlungsabwicklung, des Gerichtsstandes, der Eigentumsübertragung usw. sind nicht Inhalt der INCOTERMS. Sie müssen vertraglich zusätzlich geregelt werden.

Zahlungsverzug

Mit den Zahlungsbedingungen wird zum einen festgelegt, in welcher Art und Weise die Zahlung zu erfolgen hat (bar, bargeldlos, in einem Betrag, in Raten, ...) und zum anderen, zu welchem Zeitpunkt die Zahlung zu erfolgen hat (**Bild 1** und **Bild 2, folgende Seite**).

Bei unsicheren Kunden und wenn große Summen vorfinanziert werden müssen, verlangt man oft Vorauszahlung. Die Zahlung bei Lieferung ist vor allem noch im Einzelhandel üblich.

Formel zur Zinsberechnung

$$z = \frac{k \cdot t \cdot p}{100 \cdot 360}$$

z Zinsen in €
k Kapital (Rechnungsbetrag) in €
t Zeit (Fristüberschreitung) in Tagen
p Zinssatz in %

Die Bezahlung nach der Lieferung ist heute bei vielen unbaren Zahlungen üblich. Sie setzt die Kreditwürdigkeit des Kunden und die Finanzierungsfähigkeit des Verkäufers voraus. Oft werden solche Lieferungen mit einem Eigentumsvorbehalt („ ... bleibt bis zur vollständigen Bezahlung unser Eigentum ...") geliefert.

Bei Zahlungsverzug kann der Gläubiger neben einem sonstigen Schaden auch Verzugszinsen geltend machen. Die Höhe der maximalen Verzugszinsen wird nach § 288 BGB. über den Basiszinssatz der EU-Zentralbank bestimmt. Er liegt für Verträge mit Endverbrauchern 5% über dem Basiszinssatz und für alle anderen Fälle 8 % über dem Basiszinssatz.

Banken und Kaufleute gehen für Zinsrechnungen immer von 30 Zinstagen im Monat bzw. 360 Zinstagen im Jahr aus.

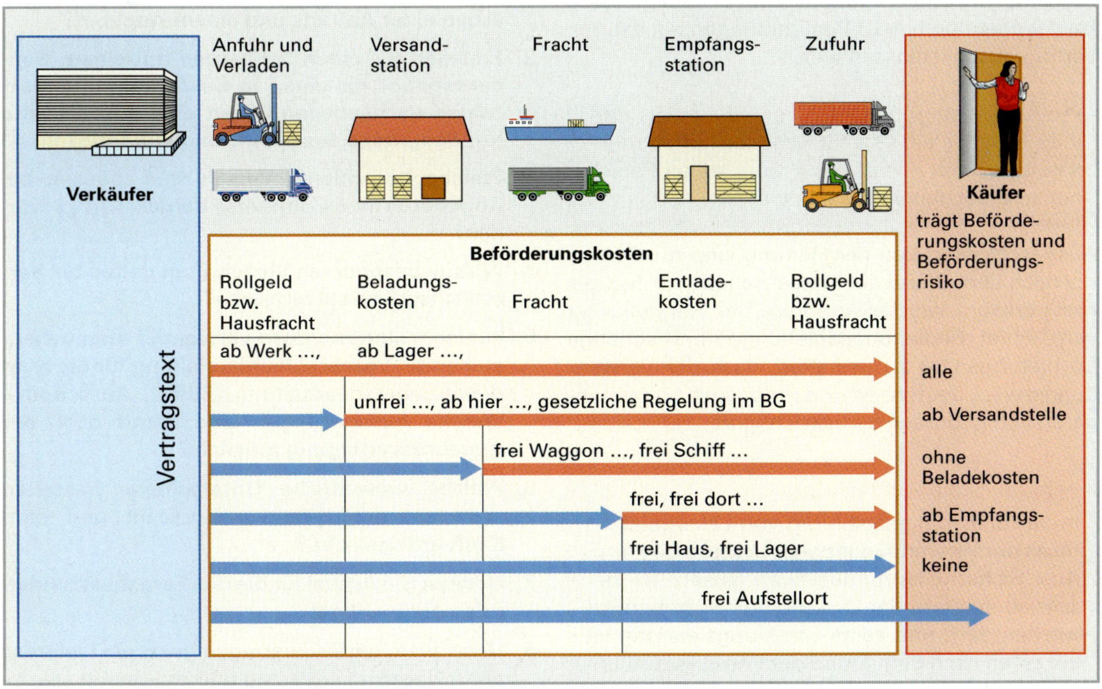

Bild 1: Beförderungskosten

Beispiel:

Versehentlich wurde eine Rechnung der Firma Netguard über 12.400 € mit Fälligkeit 10. Februar nicht vertragsgemäß bezahlt.

Am 12. April erhält e-education eine Mahnung, die außer dem Rechnungsbetrag Verzugszinsen in Höhe von 21,36 € enthält. In den AGB von netguard werden die Verzugszinsen mit 6 % festgelegt. Sind die Verzugszinsen berechtigt?

Lösung:

Zeitberechnung

Februar: 10. Febr. bis Monatsende	20 Tage
März:	30 Tage
April: 1. Apr.-12. Apr.	12 Tage
	62 Tage

Zinsberechnung

$$z = \frac{k \cdot t \cdot p}{100 \cdot 360} € = \frac{12.400 € \cdot 62 \cdot 6}{100 \cdot 360} € = \mathbf{21{,}36\ €}$$

Die Verzugszinsen sind berechtigt.

8.3.4 Produkthaftung

Mit dem Produkthaftungsgesetz (ProdHaftG) werden Hersteller auch für Schäden haftbar gemacht, die durch Fehler des Produktes an Personen und Sachen verursacht werden.

Neben dem eigentlichen Hersteller haften auch alle, die das Produkt in den Verkehr bringen, wenn sie nicht innerhalb von vier Wochen den wirklichen Hersteller nennen können. Die Produkthaftung kann weder durch AGB-Bestimmungen noch durch Vertrag ausgeschlossen werden.

Produkthaftung bedeutet für Hersteller und u. U. Händler, dass sie für Schäden haften müssen, die durch Fehler des Produktes an Personen und Sachen verursacht werden.

Ausgeschlossen von der Haftung sind nur Fehler, die nach dem Stand der Wissenschaft und Technik nicht erkannt werden konnten. Der Hersteller ist verpflichtet, Bedienungsanleitungen und sonstige Darbietungen so zu gestalten, dass der Verwendungszweck deutlich ist und muss auch vorhersehbaren Fehlgebrauch berücksichtigen.

Beispiel zur Produkthaftung:

In der Bedienungsanleitung von Laserpointern muss der Verwendungszweck beschrieben sein. Aus Sicherheitsgründen wird zusätzlich beschrieben, wozu der Laserpointer nicht benutzt werden darf, und seine Strahlungsleistung ist auf einen nach dem Stand der Wissenschaft ungefährlichen Wert von < 1mW beschränkt.

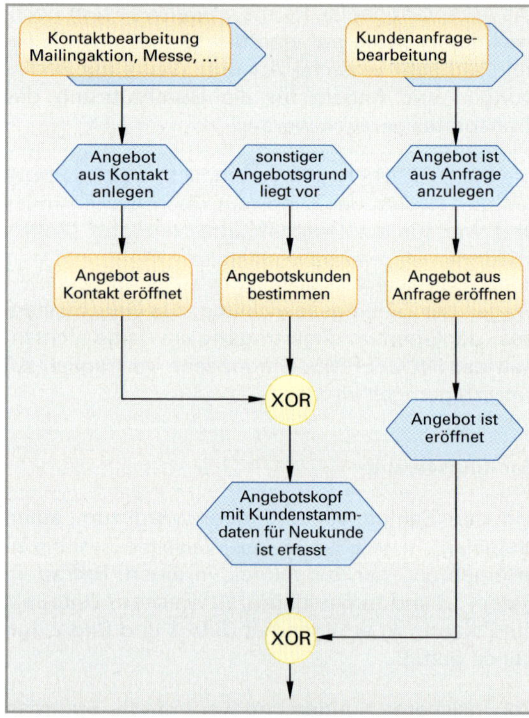

Bild 1: EPK Kundenangebotsbearbeitung (Ausschnitt)

Wiederholung und Vertiefung

1. **Welche wichtigen Unterschiede gibt es zwischen einer Anfrage und einem Angebot?**
2. **Erstellen Sie einen Serienbrief mit einem Sonderangebot für einen in beschränkten Stückzahlen vorhandenen PC an eine ausgewählte Kundengruppe aus einer Kundendatenbank.**
3. **Welche besonderen Vorschriften müssen bei Angeboten im e-Commerce berücksichtigt werden?**
4. **Welche besonderen Vorschriften gelten bei Verbrauchsgüterkaufverträgen?**
5. **In einem Unternehmen verwendet man nebenstehende Prozessablaufdarstellung für die Kundenangebotsbearbeitung (Bild 1, Ausschnitt). Welche Auswertungen sind damit bzgl. der Angebotsverfolgung möglich ?**
6. **Welche wesentliche Unterschiede bestehen zwischen dem Werkvertragsrecht und dem Kaufvertragsrecht ?**
7. **Nennen Sie Artikel für die das Fernabsatzwiderrufsrecht nicht gilt.**
8. **Unter welchen Bedingungen gerät ein Lieferant ohne Nachfrist in Verzug und es können sekundäre Rechtsbehelfe angewendet werden?**

8.4 Beschaffung von Fremdleistungen

8.4.1 Einordnung der Beschaffung in die betriebliche Wertschöpfung

Die Beschaffung ist der erste Teilprozess betrieblicher Wertschöpfung **(Bild 1)**. Ziel der Beschaffung ist die Bereitstellung von Mitteln, die der Betrieb zur Realisierung seiner Ziele benötigt.

Arbeitskräfte, Betriebsmittel (z. B. Maschinen, Anlagen, Werkzeuge, Rohstoffe, Halbfertigwaren), Dienstleistungen (z. B. Beratungen, Patente, Versicherungen) und Kapital sind Voraussetzung betrieblicher Wertschöpfung. Sie müssen

- zur richtigen Zeit,
- in der richtigen Menge,
- am richtigen Ort,
- in der richtigen Art, Qualität und Weise sowie
- zu richtigen Kosten bereitgestellt werden **(Bild 2)**.

> Ziel der Beschaffung ist die optimierte Sicherstellung der Produktionsfähigkeit und Lieferfähigkeit.

Die Beschaffung wird im Folgenden am Beispiel der Materialbeschaffung genauer analysiert.

Die Materialwirtschaft lässt sich in die vier Teilbereiche Disposition, Einkauf, Lagerwesen und Logistik einteilen (Bild 1). Software, die diese Bereiche abdeckt, nennt man Warenwirtschaftssysteme.

Als strategische Grundsatzentscheidung muss im Unternehmen entschieden werden, welche Vor- und Nachteile der Lagerhaltung Vorrang bekommen **(Tabelle)**. Viele Unternehmen im Produktionsbereich und im Handel arbeiten heute bei kostenintensiven Teilen z. B. nach dem „Just in Time"-Prinzip. Sie minimieren ihr Lagerrisiko und ihre Lagerkosten durch weitgehenden Verzicht auf eigene Lagerhaltung und versuchen, durch entsprechende Vertragsgestaltung und Lieferantenauswahl, das entstehende Produktions- und Lieferrisiko klein zu halten.

8.4.2 Beschaffung

8.4.2.1 Mengenplanung

Die Bedarfsermittlung kann grundsätzlich verbrauchsorientiert oder produktions-absatzorientiert erfolgen.

Die verbrauchsorientierte Bedarfsplanung ermittelt den zukünftigen Bedarf nach bisherigen Erfahrungswerten. Sie wird z. B. angewendet, wenn der Zeitpunkt des Bedarfs nicht genau vorherbestimmbar ist, wie bei z. B. Ladengeschäften und Reparaturteilen, oder es sich um Waren mit geringem Wert handelt.

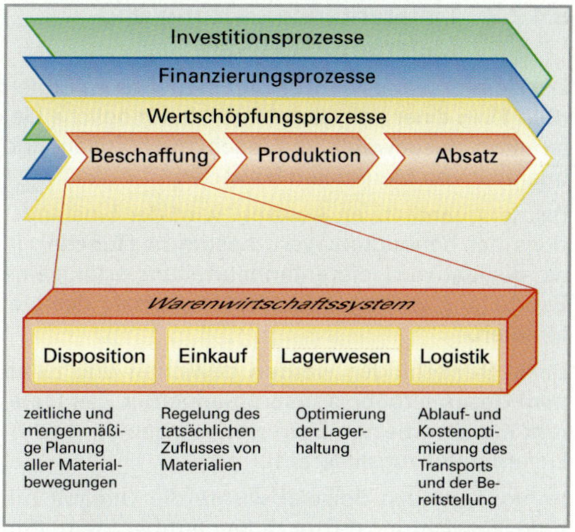

Bild 1: Einordnung der Beschaffung in die betrieblichen Prozesse

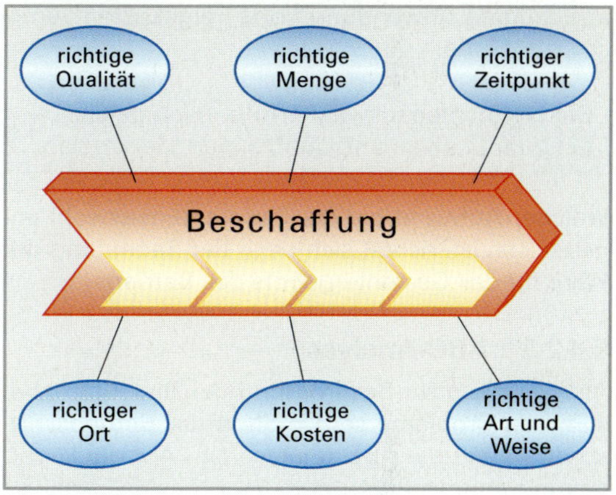

Bild 2: Ziele der Materialbeschaffung

Tabelle: Vor- und Nachteile der Lagerhaltung

Vorteil großer Lager(-bestände)	Vorteil kleiner (keiner) Lager(-bestände)
• Lieferschwierigkeiten, Fehllieferungen, unerwartete Nachfrageschübe etc., können leicht ausgeglichen werden, • störungsfreier Betriebsablauf, Lieferbereitschaft, • spekulative Ausnutzung von Preis- und Wechselkursschwankungen.	• Keine bzw. niedrige Kapitalbindung, • kein Lagerrisiko (durch techn. Fortschritt, Mode-, Modelländerung, Preisschwankungen, Mengenrisiko) • geringere Kosten für Lagereinrichtungen, Lagerverwaltung und Lagervorräte.

Bei der produktions- und absatzorientierten Bedarfsermittlung liegen bereits Aufträge vor. Der konkrete Bedarf wird dann z. B. anhand von Stücklisten und Konstruktionszeichnungen ermittelt.

8.4.2.2 Lieferantenbewertung und Lieferantenauswahl

Die Lieferantenauswahl erfolgt in mehreren Stufen **(Bild 1)**. In einer Vorauswahl werden mögliche Lieferanten ausgewählt und nach qualitativen und quantitativen Merkmalen bewertet.

Bei der quantitativen Auswahl wird der Einstandspreis der benötigten Ware bestimmt **(Tabelle)**. In der qualitativen Lieferantenbeurteilung erfolgt eine Beurteilung wichtiger Qualitätsmerkmale des Lieferanten.

Beide Bewertungen werden gewichtet und zu einem Gesamtergebnis zusammengefügt. Der Lieferant mit dem besten Bewertungsergebnis wird A-Lieferant (Vorzugslieferant).

Im vorliegenden Beispiel wurde die Qualität mit dem Gewichtungsfaktor 5 gegenüber dem Einstandspreis sehr stark gewichtet, da der Ausfall und der Austausch der Speichermodule in der beabsichtigten Anwendung hohe Folgekosten verursachen würde.

> Die Lieferantenauswahl erfolgt nach gewichteten quantitativen und qualitativen Merkmalen.

Welcher Aufwand bei der Lieferantenauswahl angemessen ist, richtet sich nach der Bedeutung der Ware für das Gesamtergebnis des Betriebs.

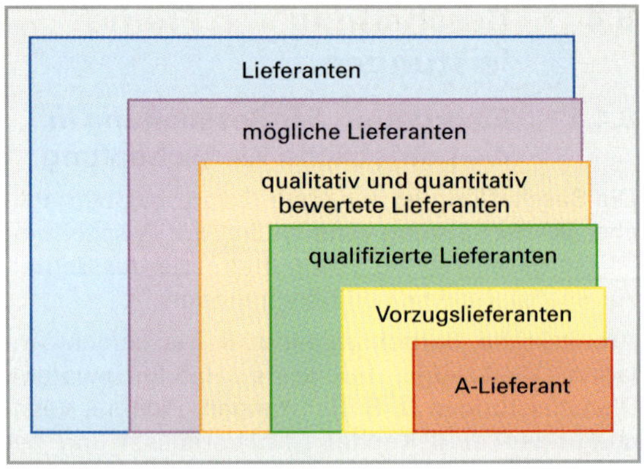

Bild 1: Lieferantenauswahl

Tabelle 1: Angebotsvergleich

Artikel: Speichermodule	**Artikel-Nr.** 242306	**Datum:** 16.03.	**Bearbeiter:** Rippler	
Quantitativ				
Lieferer	ABC Trad.	PC-Spezi	Huber GbR	Alfred EDV
Angebot vom:	12.03.	12.03.	14.03.	15.03.
Anfragemenge:	100	100	100	100
Listenverkaufspreis:	121,00 €	112,00 €	90,00 €	150,00 €
./. Rabatt	0 %	12 %	0 %	5 %
Zieleinkaufspreis	121,00 €	98,56 €	90,00 €	142,50 €
./. Liefererskonto	2 %	4 %	0 %	3 %
Bareinkaufspreis	118,56 €	94,62 €	90,00 €	138,23 €
+Verpackungskosten	10,00 €	15,00 €	34,00 €	12,00 €
+Transport	7,00 €	7,00 €	12,00 €	5,00 €
Einstandspreis	135,58 €	116,62 €	136,00 €	155,23 €
Rangfolge	2	1	3	4
Qualitativ keine Mängel = 1	extreme Mängel = 10			
Liefertreue	2	2	3	2
Qualität	1	2	1	2
Termintreue	1	3	2	2
Reklamations-handling	2	3	2	2
Sondermengen	2	3	2	1
Kompetenz	1	2	1	2
Support	1	2	2	2
Abrechnung	2	2	2	2
Schnitt:	1,50	2,38	1,88	1,88
Rang Preis (1x)	2	1	3	4
Qualität: (5x)	7,50	11,88	9,38	9,38
Gesamturteil:	**3,38**	3,72	4,59	5,34

8.4.2.3 ABC-Analyse

Als Werkzeug zur Bestimmung der Bedeutung bestimmter Probleme setzt man in der Betriebswirtschaft häufig die ABC-Analyse ein. Auf die Lagerhaltung angewendet untersucht die ABC-Analyse z. B. den Zusammenhang zwischen Umsatzmengenanteil und Umsatzwertanteil einer Ware am Gesamtumsatz.

> Die ABC- Analyse ist ein Werkzeug der Betriebswirtschaft um Rangfolgen zur Bedeutung bestimmter Probleme zu ermitteln.

Es ist für die meisten Betriebe typisch, dass eine geringe Anzahl von Warenarten einen Großteil des wertmäßigen Warenumsatzes ausmachen. Diese so genannten A-Artikel rechtfertigen einen großen Aufwand bei der Beschaffung: z. B. regelmäßige Beschaffungsanalysen, genaue Lagerbestandskontrollen und Entnahmeüberwachungen und Sichern der Verfügbarkeit durch langfristige Lieferverträge.

C-Artikel haben nur unbedeutende Wertanteile am Umsatz, sind für die Produktion aber nötig oder müssen aus Marktgründen im Sortiment sein. Man versucht daher, den Beschaffungsaufwand und den Lagerhaltungsaufwand möglichst gering zu halten. Da aber auch fehlende C-Artikel eine Produktion verhindern können, muss auch hier der Bestand überwacht werden. B-Artikel bilden den fließenden Übergang zwischen den Artikelgruppen. Die Grenzen für A-, B- und C-Artikel werden betriebsspezifisch festgelegt **(Tabelle und Bild 1, folgende Seite)**, üblicherweise haben A-Artikel einen Wertanteil zwischen 70 % und 90 %.

8.4.2.4 XYZ-Analyse

Es gibt auch Artikel im Sortiment, bei denen eine ABC-Analyse für verschiedene Zeiträume durch stark schwankende Absatzzahlen zu völlig unterschiedlichen Ergebnissen führen würde. Aus diesem Grund ist es sinnvoll, auch die Veränderungen des Absatzes bestimmter Güter in Abhängigkeit von der Zeit zu untersuchen. Diese Analyse nennt man XYZ-Analyse **(Bild 2)**.

X-Artikel:
Der Absatz unterliegt nur geringen Schwankungen im Jahresdurchschnitt und der Bedarf ist gut kalkulierbar.

Y-Artikel:
Diese Artikel haben starke Schwankungen in den Absatzmengen.

Z-Artikel:
Z-Artikel unterliegen extremen Schwankungen. Soweit offensichtliche Gründe für die Schwankungen vorliegen, z. B. bei Saisonware, kann das Bestellverfahren angepasst werden, ansonsten ist der Bedarf sehr schwierig einzuschätzen.

8.4.2.5 Bestellverfahren

Übliche Bestellverfahren sind das Bestellpunktverfahren und das Bestellrhythmusverfahren.

Beim Bestellpunktverfahren wird beim Erreichen des Meldebestandes bestellt **(Bild 1, folgende Seite)**.

Der Meldebestand ist so gewählt, dass bei normalen Verbrauchsmengen das Lager bis zum regulären Lieferzeitpunkt bis auf den eisernen Bestand abnimmt.

Der Meldebestand bestimmt beim Bestellpunktverfahren den Bestellzeitpunkt.

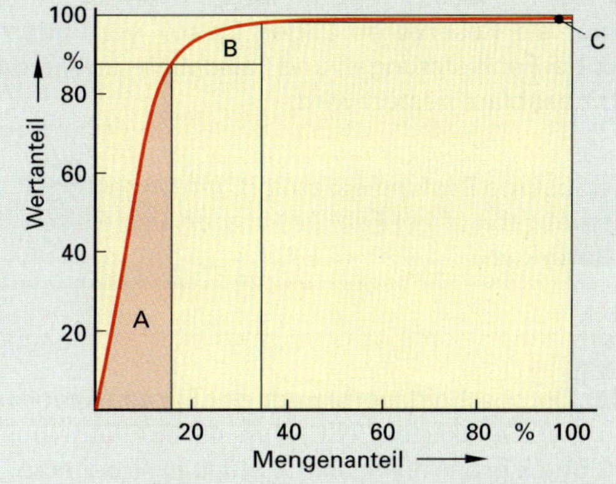

A-Artikel: 15,38 % der Artikel bringen 87,48 % Umsatz
C-Artikel: obwohl 65,36 % der Artikel C-Artikel sind, bringen sie nur 1,1 % des Umsatzes

Bild 1: ABC-Analyse

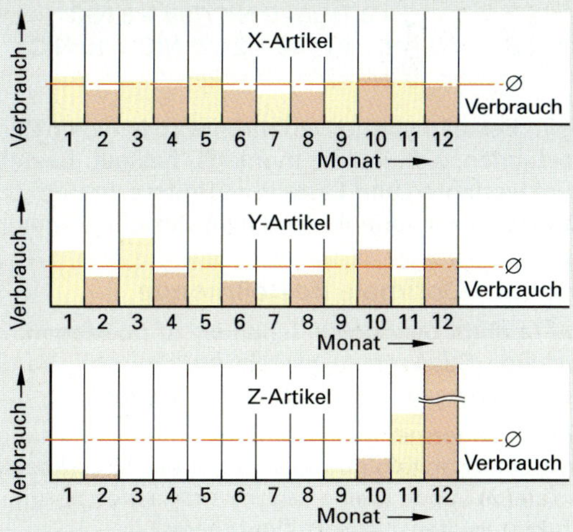

Bild 2: XYZ-Analyse

Tabelle: ABC-Analyse

Material	Verbrauchsmenge	Verbrauchsmengenanteil in %	EK-Preis in €	Verbrauchswert in €	Verbrauchswert in %	Σ Verbrauchswert in %	ABC-Klasse
Prozessoren	750	6,42	320,00	240 000	57,65	57,65	A
Motherboard	500	4,28	162,00	81 000	19,46	77,10	A
Speicherbaugruppen	600	5,13	72,00	43 200	10,38	87,48	A
Netzwerkkarte	900	7,70	30,00	27 000	6,49	93,96	B
Gehäuse	500	4,28	25,00	12 500	3,00	96,96	B
PC-Maus	800	6,84	10,00	8 000	1,92	98,89	C
CD-R	4000	34,22	0,80	3 200	0,77	99,65	C
Druckerkabel	100	0,86	6,00	600	0,14	99,80	C
3,5" Disk	2500	21,39	0,20	500	0,12	99,92	C
Wechselrahmen	40	0,34	8,00	320	0,08	100,00	C
Schrauben	1000	8,55	0.02	20	0,00	100,00	C
Summe	11690			416 340			

Der eiserne Bestand verbleibt im Normalbetrieb immer als Reserve im Lager. Er soll verhindern, dass bei Fehllieferungen und Falschlieferungen der Betriebsablauf gestört wird.

Der eiserne Bestand garantiert den ungestörten Betriebsablauf bei Fehllieferungen und Falschlieferungen.

Beispiel:
Der Durchschnittsverbrauch der Firma Netcom an Netzwerkkarten (NIC) Typ 45 654 liegt bei 10 Stück pro Woche, also 2 Stück je Arbeitstag. Im Rahmenliefervertrag ist eine Lieferzeit von 2 Tagen vertraglich vereinbart. Der eiserne Bestand soll für 3 Arbeitstage ausreichen.
a) Der eiserne Bestand ist zu bestimmen
b) Der Meldebestand ist zu bestimmen.
Lösung:
a) $LB_e = t_e \cdot V_\Phi$ = 3 Tage · 2 NIC/Tag = **6 NIC**
b) $LB_M = LB_e + t_L \cdot V_\Phi$ = (6 + 2 · 2) NIC = **10 NIC**

Beim Bestellrhythmusverfahren wird in festen Zeitabständen, z. B. immer montags, bestellt. Bestellpunktverfahren und Bestellrhythmusverfahren gibt es jeweils mit variabler und fixer Bestellmenge.

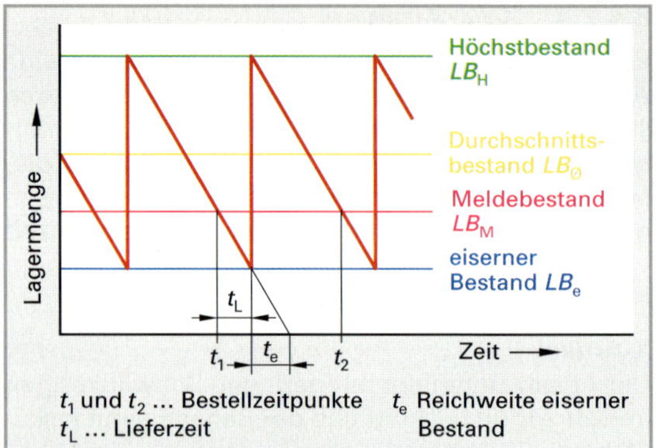

t_1 und t_2 ... Bestellzeitpunkte t_e Reichweite eiserner Bestand
t_L ... Lieferzeit

Bild 1: Bestellpunktverfahren

$LB_e = t_e \cdot V_\Phi$ | $LB_M = LB_e + t_L \cdot V_\Phi$ | $K_{LG} = K_B + K_L$

LB_e eiserner Lagerbestand in Stück
LB_M Lager-Meldestand in Stück
LB_H Lager-Höchstbestand in Stück
V_Φ Durchschnittsverbrauch in Stück pro Tag
t_e Reichweite des eisernen Bestandes in Tagen
t_L Lieferzeit in Tagen
K_{LG} Gesamtkosten Lager
K_B Bestellkosten
K_L Lagerkosten

8.4.2.6 Optimale Bestellmenge

Bei laufend benötigten Teilen ist zu überlegen, in welchen Stückzahlen bestellt werden soll, damit die Lagergesamtkosten minimiert werden.

Große Lagermengen bedeuten höhere und langfristigere Kapitalbindung und höhere Lagerkosten als kleine Lager. Kleine Lager verursachen häufige, oft kostenintensive Bestellvorgänge.

Beispiel:
Die Firma Netcom hat einen Gesamtjahresbedarf an Netzwerkkarten Typ 45 654 von 520 Stück mit einem Einstandsspreis von 87 €, die Bestellkosten je Bestellung mit Rahmenliefervertrag betragen 20 €, der durchschnittlicher Lagerbestand ist 50 % der Bestellmenge, als Lagerkosten werden 12 % des Lagerwertes angenommen. Die optimale Bestellmenge ist zu bestimmen.
Lösung: **Tabelle und Bild 2**

Aus dem Diagramm ist auch zu erkennen, dass sich die Gesamtkosten bei Bestellmengen zwischen ca. 30 und 70 Stück nur unwesentlich ändern. Da bei Netzwerkkarten eher mit sinkenden Preisen zu rechnen ist, wird man sich vorzugsweise an der unteren Bestellmenge orientieren.

Tabelle: Optimale Bestellmenge

Anzahl der Bestellungen	Bestellmenge	Einstandspreis in €	Bestellkosten K_B in €	Durchschnittl. Lagerbestand	Lagerwert in €	Lagerkosten K_L in €	Gesamtkosten K_{LG} in €
52	10	87	1040	5	435	52,2	1092
26	20	87	520	10	870	104	624,4
13	40	87	260	20	1740	209	**468,8**
10	52	87	200	26	2262	271	471,4
5	104	87	100	52	4524	543	642,9
2	260	87	40	130	11310	1357	1397
1	520	87	20	260	22620	2714	2734

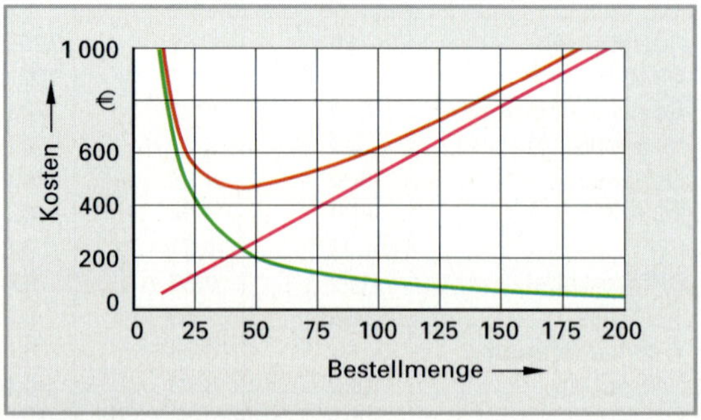

Bild 2: Optimale Bestellmenge

8.4.2.7 Eigenfertigung oder Fremdbezug (Make or buy)

Unter Berücksichtigung aller Faktoren des Beschaffungsvorgangs wie Preis, Qualität, Flexibilität) und betriebsinterner Bedingungsfaktoren wie Kernkompetenzen und Beschäftigungsgrad wird entschieden, ob Produkte und Leistungen eingekauft werden oder ob man selbst produziert.

Beispiel:
Ein Unternehmen benötigt jährlich 40 000 vorkonfektionierte Anschlussleitungen für Schaltnetzteile. Eine Preisanhebung des bisherigen A-Lieferanten veranlasst das Unternehmen, nach neuen Lieferanten zu suchen und gleichzeitig intern eine Eigenproduktion zu überprüfen.
Ein bewerteter Lieferant bietet die Anschlussleitungen schließlich zu einem Einstandspreis von 1,67 €/Stk an. Betriebsintern wurden für eine Eigenproduktion Fixkosten (feste Kosten) von 25.000 € pro Jahr und variable Kosten (mengenabhängige Kosten) von 0,95 €/Stk ermittelt. Untersuchen Sie die Kostensituation.

Lösung: **Tabelle** und **Bild 1**

Tabelle: Make or buy

Stückzahl	Kosten für Fremdbezug in €		Kosten für Eigenfertigung in €			
	je Stk.	gesamt	Fixkosten	var. Kosten	Gesamtkosten	Stückkosten
5000	1,67	8350	25000	0,95	29750	5,95
10000	1,67	16700	25000	0,95	34500	3,45
15000	1,67	25050	25000	0,95	39250	2,62
20000	1,67	33400	25000	0,95	44000	2,20
25000	1,67	41750	25000	0,95	48750	1,95
30000	1,67	50100	25000	0,95	53500	1,78
35000	1,67	58450	25000	0,95	58250	**1,66**
40000	1,67	66800	25000	0,95	63000	1,58
45000	1,67	75150	25000	0,95	67750	1,51

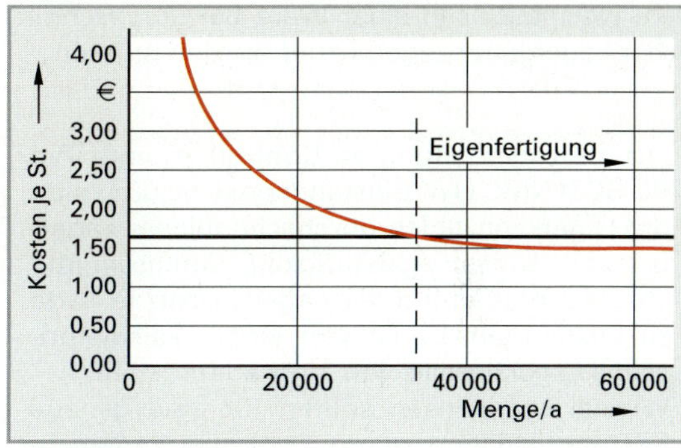

Bild 1: Kostenvergleich

$$EP \cdot m_k = K_f + m_k \cdot k_v \qquad m_k = \frac{K_f}{EP - k_v}$$

EP Stückkosten; K_f gesamte Fixkosten
m_k kritische Menge; k_v variable Kosten je Stück

8.4.2.8 Ökologische Gesichtspunkte der Beschaffung

Die Bestimmung der optimalen Bestellmenge und make-or-buy-Entscheidungen sind rein betriebswirtschaftliche Kennzahlen. Sie berücksichtigen also nur Kosten, die der Betrieb zu tragen hat.

Wenn z. B. durch die Just-in-time-Zulieferung die eigene Lagerhaltung optimiert und das Lager auf die Straße verlegt wird, stimmen zwar die kurzfristigen betriebswirtschaftlichen Kennzahlen, ökologisch gesehen entstehen jedoch nicht kalkulierte Kosten und Probleme. Die durch vermehrte Straßenstaus, Straßenabnutzung und Transportkilometer hervorgerufenen Umweltschäden werden nicht direkt den Verursachern aufgerechnet, sondern nach verschiedenen Gesetzen und Methoden im Wesentlichen der Allgemeinheit aufgebürdet.

Auch die Verpackungen der transportierten Waren werden zunehmend ein Kosten- und Umweltproblem. Deshalb verwenden Unternehmen zunehmend recyclingfähige Verpackungsmaterialien und Mehrwegverpackungen **(Bild 2)**.

Durch die Kennzeichnung und Sortierung der verwendeten Werkstoffe können Unternehmen neben ökologischen Verdiensten echte Kosteneinsparungen und Marketingerfolge erzielen.

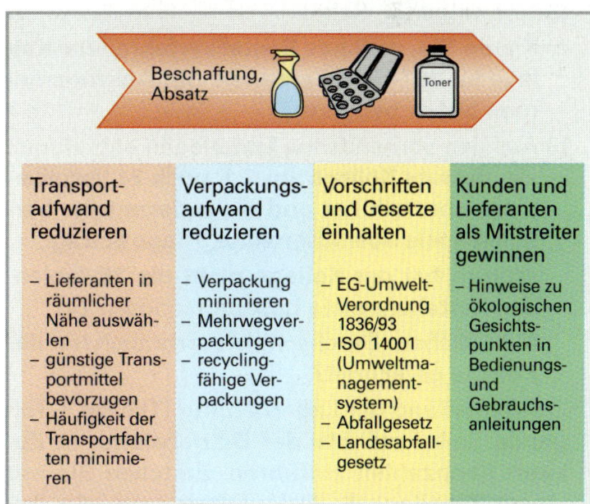

Bild 2: Ökologische Gesichtspunkte der Beschaffung

Bei der Beschaffung müssen auch ökologische Gesichtspunkte berücksichtigt werden.

8.4.2.9 Lagerkennziffern

Zur Beurteilung der Lagerhaltung gibt es eine Vielzahl von Lagerkennziffern. Durch den Vergleich der Lagerkennziffern mit vergleichbaren Unternehmen bekommt man Ansatzpunkte für eine optimierte Lagerhaltung und gewinnt wichtige Erkenntnisse für eine genauere Kalkulation.

Wichtige und gängige Lagerkennziffern sind z. B. der durchschnittliche Lagerbestand, die Umschlagshäufigkeit und die durchschnittliche Lagerdauer.

Aus diesen Lagerkennzahlen können dann weitere Größen für die Kalkulation abgeleitet werden.

Mit dem Lagerzinssatz kann z. B. berechnet werden, welche Zinsen einer Ware bei durchschnittlicher Lagerdauer zugerechnet werden müssen.

Beispiel:

Für die Lagerhaltung an Controllern vom Typ PC-SCSI NMC UW, Einstandspreis 52,00 €, sind die Lagerkennzahlen durchschnittlicher Lagerbestand, Umschlagshäufigkeit, durchschnittliche Lagerdauer und der Lagerzinssatz je Karte zu bestimmen. Es ist von einem kalkulatorischen Lagerzinssatz von 10 % auszugehen. Wieviel Lagerzinsen sollten für eine genaue Kostenkalkulation jedem Controller zugerechnet werden?

Lösung: **Tabelle**

$$LB_{\Phi} = \frac{LB_A + \sum_{i=1}^{n} LB_{Ei}}{n+1}$$

bei jährlicher Erfassung (n=1)

$$LB_{\Phi} = \frac{LB_A + LB_E}{2}$$

$$LUH = \frac{GV}{LB_{\Phi}}$$

$$LD_{\Phi} = \frac{360}{LUH}$$

$$Z_L = \frac{Z_k \cdot LD_{\Phi}}{360} = \frac{Z_k}{LUH}$$

$$LZ = LB_{\Phi} \cdot EP \cdot Z_L$$

EP	Einstandspreis in €
GV	Gesamtverbrauch pro Jahr
K_B	Bestellkosten
K_L	Lagerhaltungskosten
KL_g	Lagergesamtkosten
LB_{Φ}	durchschnittlicher Lagerbestand
LB_A	Anfangsbestand
LB_e	eiserner Bestand
LB_{Ei}	Endbestand, z. B. am Monatsende
LD_{Φ}	durchschnittliche Lagerdauer in Tagen
LUH	Lagerumschlagshäufigkeit
LZ	Lagerzinsen in €
Z_k	kalkulatorischer Lagerzinssatz
Z_L	Lagerzinsen je Karte in %
$\sum_{i=1}^{n} LB_{Ei}$	Summe der Lagerendbestände, bei monatlichen Lagerbestandserfassungen $n = 12$

Tabelle: Auszug aus der elektronischen Lagerkarte

Artikel-Nr.	12 873 45	*PC-Elektronik GbR*
Bezeichnung:	Controller	NM UW
Lieferant:	Sandok GmbH	

Datum	Einstandspreis in €	Zugang (Stück)	Abgang (Stück)	Monatsendbestand (Stück)
Anfangsbestand	52,00			**12**
31. Jan	52,00	28	20	**20**
28. Feb	52,00	20	10	**30**
31. Mrz	52,00	10	0	**40**
30. Apr	52,00	0	40	**0**
31. Mai	52,00	35	0	**35**
30. Jun	52,00	0	24	**11**
31. Jul	52,00	24	20	**15**
31. Aug	52,00	20	15	**20**
30. Sep	52,00	15	15	**20**
31. Okt	52,00	15	0	**35**
30. Nov	52,00	0	15	**20**
31. Dez	52,00	15	15	**20**
		182	**174**	
Durchschnittlicher Lagerbestand in Stk.				**21,4**
Umschlagshäufigkeit in 1 Jahr				**8,1**
Durchschnittliche Lagerdauer in Tagen				**44,2**
Lagerzinssatz in %				**1,2**
Lagerzinsen pro Netzwerkkarte in €				**0,64**

Wiederholung und Vertiefung

1. **Sie müssen kurzfristig für einen Kollegen die Lagerhaltung übernehmen und sollen dazu die vorhanden Unterlagen und Daten analysieren (Bild 1, folgende Seite).**
   a) **Klären Sie, welches Bestellverfahren Ihr Kollege für 19"-Verteilerpanele mit Auszugsrahmen bisher benutzte.**
   b) **Aus den vorhandenen Unterlagen entnehmen sie, dass ihr Kollege am 7.1. noch 24 Verteilerpanele bestellt hat und die Lieferzeit der Verteilerpanele überlicherweise 3 Tage beträgt.**
   Warum hat der Kollege nicht die 15 fehlenden Verteilerpanele bestellt, sondern 24?
   Mit welchem Durchschnittsverbrauch hat der Kollege gerechnet?
2. **Zur Beuteilung der Lagerhaltung (Tabelle 1, folgende Seite) möchte der Betriebsleiter in Zukunft Kennzahlen einführen. Erstellen Sie mit einem Tabellenkalkulationsprogramm ein Anwendung zur Berechnung folgender Kennzahlen: durchschnittlicher Umschlagshäufigkeit, durchschnittliche Lagerdauer, Lagerzinssatz (kalkulatorischer Marktzins 8 %) und Lagerzinsen je Stück.**

8.4.3 Wertschöpfungsketten-management

Im Bereich der Materialwirtschaft sind Zielkonflikte besonders häufig anzutreffen. Beispielsweise bedeutet hohe Verfügbarkeit hohe Lagerkosten und hohe Kapitalbindung.

Versucht man die hohen Lagerkosten durch häufiges Bestellen kleinerer Mengen zu umgehen, so steigen die Bestellkosten und Mengenrabatte gehen verloren.

Durch die weiter sinkende Fertigungstiefe der Unternehmen werden Lieferanten-Kundenbeziehungen immer häufiger und wichtiger.

Die Entwicklungen der modernen Informationstechnologie eröffnen interessante Möglichkeiten zur Optimierung dieses unternehmensübergreifenden, verteilten Wertschöpfungskettenmanagements (Supply Change Management = SCM). Nur mit EDV-Hilfe ist die komplexe Aufgabe realisierbar, gleichzeitig Produkte, Finanzmittel, Informationen und Prozessabläufe zu überwachen und zu optimieren **(Bild 1)**.

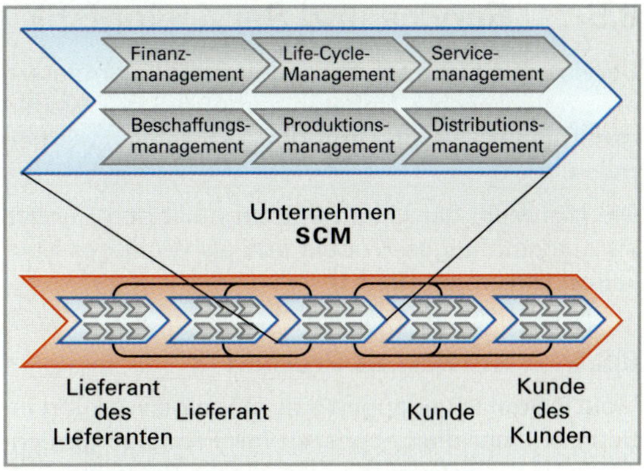

Bild 1: Wertschöpfungskettenmanagement

> Im Wertschöpfungskettenmanagement integrieren Unternehmen alle an der Wertschöpfung Beteiligten in einen Regelkreis.

Als Erfolgsrezept für diese Zusammenarbeit entlang der Wertschöpfungskette gilt die Auswahl kompetenter Partner, eine optimierte IT-Unterstützung und ständige Weiterentwicklung der Lieferantenbeziehung. Dies nennt man Reversmarketing (= Rückwärtsabsatzpolitik, **Bild 2**).

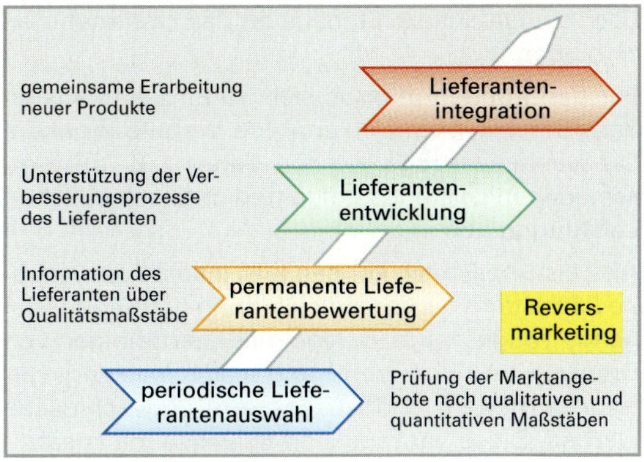

Bild 2: Reversmarketing

Wesentliche Einsparungen bzgl. Kosten und Geschwindigkeit der Beschaffung erwartet man sich auch aus der Weiterentwicklung im Bereich elektronischer Märkte (e-commerce) und elektronischer Geschäftsabwicklungen (e-business). Insbesondere in b2b-Märkte (business to business Märkte) wird aufgrund der hohen Erwartungen viel Geld investiert **(Tabelle 2)**.

Alle bedeutenden Anbieter betriebswirtschaftlicher Standardsoftware (ERP-Systeme) bieten heute als Ergänzung Module für eine durchgängige Planung, Steuerung und Kontrolle der gesamten Wertschöpfung an.

Tabelle 1: Daten zur Aufgabe

Datum	Einstandspreis in €	Monatsendbestand	Datum	Einstandspreis in €	Monatsendbestand
Anfangsbestand: 14					
31.01.	54,00	16	31.07.	57,50	28
31.01.	54,00	16	31.07.	57,50	28
28.02.	54,00	22	31.08	57,50	14
31.03.	54,00	18	30.09.	57,50	18
30.04.	58,50	28	31.10.	57,50	22
31.05.	58,50	24	30.11.	57,50	12
30.06.	58,50	26	31.12.	57,50	16

Tabelle 2: Marktformen elektronischer Märkte

Vertragspartner	administration	business	consumer
administration	a2a	b2a	c2a
business	a2b	b2b	c2b
consumer	a2c	b2c	c2c
employee	a2e	b2e	c2e

8.5 Service und Servicelogistik

Service gilt nur noch bei wenigen Billiganbietern als unerwünschte Nebenleistung, die nur wegen gesetzlicher Verpflichtungen erbracht werden muss.

Die Mehrzahl der Unternehmen nutzt den Service als eigenständiges Produkt und als wichtiges Marketinginstrument **(Bild 1)**.

8.5.1 Service als Produkt

Viele Produkte verlangen eine ständige Wartung im Betrieb. Über die Lebenszeit der Produkte gerechnet sind die Ertragschancen dieser Betreuung oft höher als die Erträge aus dem Verkauf des eigentlichen Produktes. Viele Hersteller versuchen durch Serviceverträge und Servicebetreuung den Nutzer über die Garantiezeit hinaus an das Unternehmen zu binden.

Für den Kunden müssen sich im Einzelfall aus einem Servicevertrag erkennbare Vorteile ergeben. Die Serviceverträge werden daher z. B. mit verschiedenen Leistungsstufen und unterschiedlichen Leistungszeiten angeboten.

Als Leistungsstufen können z. B. Inspektionsverträge (Istzustand feststellen), Wartungsverträge (pflegende Tätigkeiten, z. B. regelmäßiges Reinigen von Druckern und Kopierern) und Instandsetzungsverträge (Erneuern und Ausbessern) abgeschlossen werden. Diese Verträge sind teilweise mit zusätzlichen Versicherungen kombinierbar. Beispielsweise kann ein Wartungsvertrag mit einer Ausfallsicherung kombiniert werden. Die Ausfallsicherung übernimmt dann Reparaturkosten und eventuelle Ausfallkosten der Anlage, wenn sie trotz fachgerechter und regelmäßiger Wartung ausfällt.

Bei den Leistungszeiten für Serviceverträge sind Regelungen von „...innerhalb 14 Arbeitstage ..." bis „... innerhalb von 4 Stunden, 365 Tage im Jahr ..." üblich.

8.5.2 Service als Marketinginstrument

Servicemitarbeiter sind vor Ort beim Kunden und erhalten zahlreiche wichtige Informationen über den Kunden bzw. können Informationen zum Kunden bringen **(Bild 2)**. Durch ihre Fach-, Sozial- und Kommunikationskompetenz bestimmen sie wesentlich das Image und den Erfolg des Unternehmens **(Bild 3)**.

After-Sales Service

Durch die Inspektion und Wartung soll der Gebrauchswert der Anlagen und Geräte für den Kunden gewährleistet werden. Dies nennt man After-Sales-Service (= Betreuung nach dem Kauf).

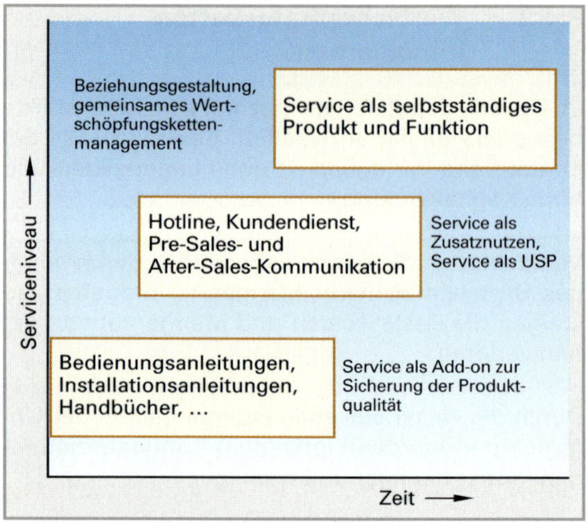

Bild 1: Serviceniveau

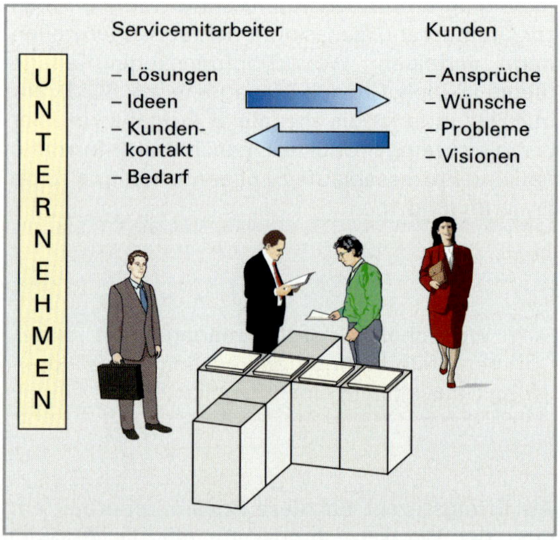

Bild 2: Servicemitarbeiter als Bindeglied zwischen Kunden und Unternehmen

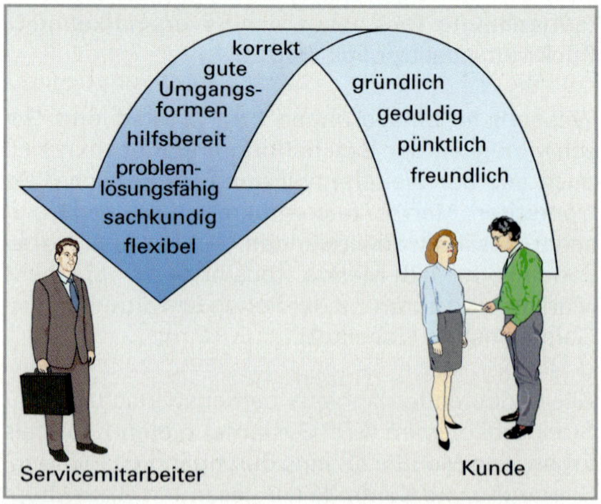

Bild 3: Kundenansprüche an den Servicemitarbeiter

Fällt eine Anlage oder ein Gerät trotzdem aus, reagiert der Kunde in der Regel sehr sensibel. Der Service ist zu diesem wichtigen Zeitpunkt der entscheidende technische und psychologische Beistand. Durch eine schnelle, sachkundige und freundliche Reaktion kann er das Image der Firma und des Produktes nachhaltig beeinflussen.

Für die Optimierung des Service im Sinne der Wartung und Instandsetzung gibt es grundsätzliche Lösungsansätze. Ein Teil der Unternehmen versucht z. B. die Optimierung der Serviceeinsätze. Andere Unternehmen versuchen die Anzahl der Serviceeinsätze zu minimieren, indem z. B. Kunden möglichst gut geschult werden **(Bild 1)**.

Oft kann mit IT-Unterstützung die Qualität des Service durch den Einsatz innovativer Servicemethoden gesteigert werden. Durch rechtzeitiges und regelmäßiges Systemmonitoring lassen sich viele Fehler und notwendige Wartungsarbeiten so rechtzeitig erledigen, dass Betriebsstörungen erst gar nicht auftreten. Computerunterstützte Ferndiagnosen lokalisieren Fehler und können diese Fehler beseitigen oder bieten Möglichkeiten, die Fehlerquelle zu umgehen bzw. zu korrigieren.

Ist der Kunde mit der Qualität dieser Serviceleistungen zufrieden, bildet sich im Laufe der Zeit ein Vertrauensverhältnis mit partnerschaftlichen Beziehungen zwischen Lieferant (Servicemitarbeiter) und Kunde **(Bild 2)**.

Guter Service führt zu erhöhter Produkttreue und Firmentreue.

Pre-Sales-Service

Durch gezielte Informationssammlung kann der Servicemitarbeiter frühzeitig die Bedürfnisse und Probleme des Kunden erkennen und eventuell leiten. Dies nennt man Pre-Sales-Service (= Betreuung vor dem Kauf).

Je nach Organisation des Unternehmens kann er selbst unaufgefordert Informationen und Lösungsvorschläge bereitstellen oder den Vertrieb entsprechend einbeziehen. Damit wird das Unternehmen Mitbewerbern zuvorkommen und kann durch bessere Kenntnis der Bedingungen frühzeitig Präferenzen (= Bevorzugungen) erzeugen.

Bei Bedarf können auch frühzeitige Kundenschulungen und Finanzierungsangebote die Entscheidungsphase des Kunden begünstigen.

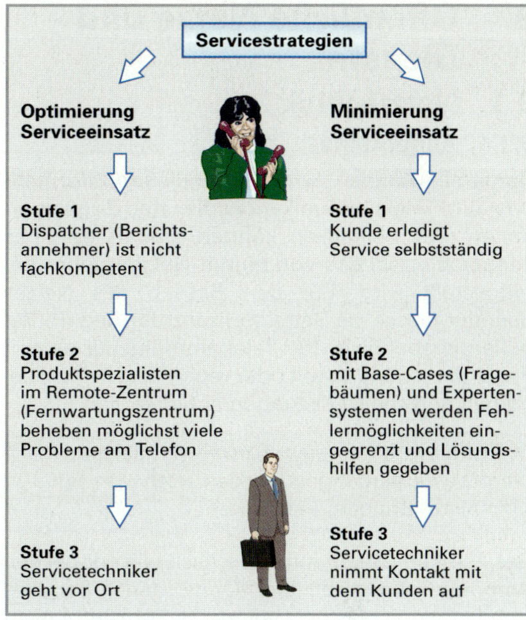

Bild 1: Beispiele für Servicestrategien

Erfolgskritische Kennzahlen für den Servicebereich

- Kundenzufriedenheit (Notenskala)
- Antwortzeiten bei Anfragen
- Antwortzeiten bei Reklamationen
- Wartezeiten bei der Hotline
- Anteil nicht angenommener Anrufe bei der Hotline
- Fehlerquote bei Anfragebeantwortungen
- Durchlaufzeit von Ersatzteilaufträgen
- Anteil erfolgreicher Instandsetzungen/ Störungsbeseitigungen beim Erstversuch
- Termintreue

Bild 2: Erfolgskritische Kennzahlen für den Servicebereich

Wiederholung und Vertiefung

1. **Analysieren Sie die Serviceverträge ihres Unternehmens und von Zulieferern. Welche Serviceklassen werden jeweils angeboten?**
2. **Entwerfen Sie eine Balanced-Scorecard für den Servicebereich.**
3. **Im IT-Service werden sowohl Dienstverträge als auch Werkverträge geschlossen. Informieren Sie sich über den Unterschied beider Vertragsarten und stellen Sie den Unterschied in einem Kurzreferat dar.**
4. **Erläutern Sie die Aussage „Service-Garantien für den Kunden sind bei Dienstleistungen besonders wichtig ...“.**

9 Öffentliche Netze und Dienste

9.1 Netztechnik

9.1.1 Allgemeines

Damit alle Kunden zu den öffentlichen Informations- und Telekommunikationsdiensten Zugang erhalten und sie nutzen können, bedarf es eines Leitungsnetzes, das von einem Netzbetreiber bereitgestellt wird. Für den Betrieb des Netzes benötigt dieser die Betreiberlizenz der RegTP (Regulierungsbehörde für Telekommunikation), mit der er dann bundesweit oder regional sein Netz betreiben und seine Leistungen anbieten darf.

Leitungsverbindungen, Funkverbindungen und Internetverbindungen werden auch von privaten Netzbetreibern angeboten.

Das *Fernsprechnetz* dominiert nach wie vor bei den Kommunikationsdiensten. Ohne den Übergang zum Fernsprechfestnetz wären die Funknetze nicht so schnell gewachsen. Nur durch die Nutzung der vorhandenen 2-Draht-Kupfer-Doppeladern lassen sich auch neue Entwicklungen breitbandiger Dienste einführen.

Die *Funknetze* weisen mit der Mobiltelefonie ein überdurchschnittliches Wachstum auf. Zusätzliche Dienste, wie Datenübertragung, Faxübertragung und Internetzugang, erhöhen hier die Attraktivität auch in Zukunft weiter.

Das *Internet* wurde zum drittwichtigsten Netz und hat weltweit zunehmende Teilnehmerzahlen.

9.1.2 Fernsprechnetz

Das Fernsprechnetz ist mit weltweit 800 Mio. Teilnehmern und einem jährlichen Zuwachs von 4 % bis 7 % das bestausgebaute und größte Kommunikationsnetz. Es bietet in analoger oder digitaler Technik die Dienste Telefonie, Faksimile, Datenübertragung, Übergänge zu Funknetzen, Zugang zum Internet und zu weiteren Diensteanbietern (Service Provider) an.

Das Fernsprechnetz stellt analoge und digitale Anschlüsse bereit.

Das internationale Fernsprechnetz besteht vereinfacht aus drei Ebenen **(Bild 1)**. Im deutschen Fernsprechnetz wird unterteilt in den Fernnetzbereich und den Ortsnetzbereich **(Bild 2)**. Der Fernnetzbereich selbst besteht aus den zwei Ebenen der Haupt- und Knotenvermittlungsstellen.

Die Rufnummernstruktur richtet sich nach dem Aufbau des Fernsprechnetzes **(Bild 3)**. Als Verkehrsausscheidungsziffern werden in Deutschland den Rufnummern Nullen vorangestellt. In der ITU-Empfehlung E.164 wurde festgelegt, dass eine internationale Rufnummer aus maximal 15 Ziffern bestehen darf **(Bild 4)**. Wenn die nationale Rufnummer einen Netzübergang adressiert, z. B. in eine Telefonanlage, kann zusätzlich eine bis zu 40 Ziffern lange ISDN-Subadresse angehängt werden.

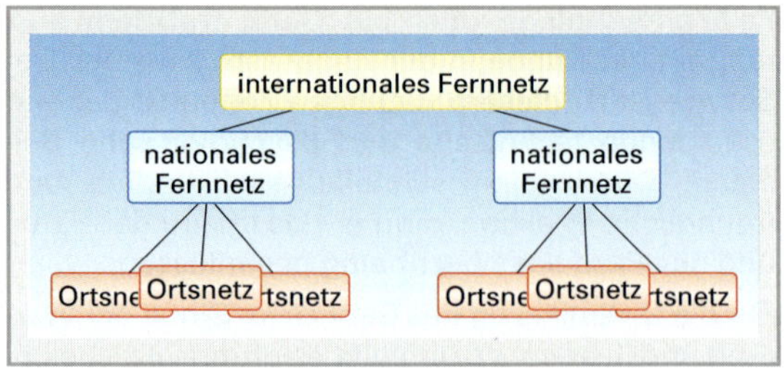

Bild 1: Internationales Fernsprechnetz

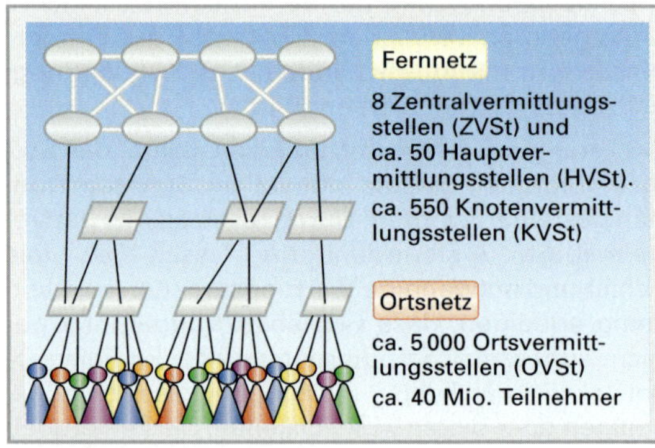

Bild 2: Fernsprechnetzstruktur der Telekom

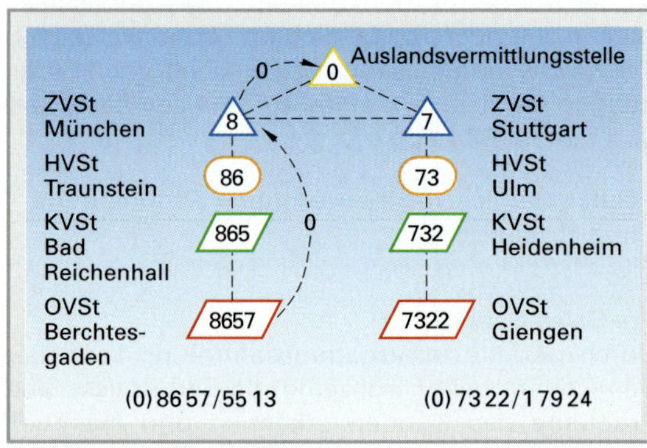

Bild 3: Rufnummernstruktur

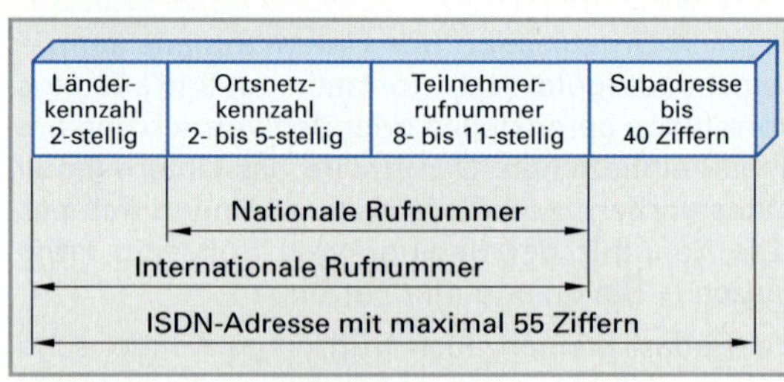

Bild 4: Rufnummernaufbau

9.1.3 Analoges Telefon

Das Telefonnetz hat weltweit eine Zweidrahtstruktur. Von jeder Vermittlungsstelle aus sind sternförmig je zwei verdrillte Leitungen zu den im Ortsnetzbereich liegenden Endgeräten verlegt. Die Vermittlungseinrichtungen versorgen die Telefone mit einer Gleichspannung von 60 V.

Moderne Telefone enthalten oft nur ein IC und wenige zusätzliche Bauelemente. Die Leistungsmerkmale moderner Endgeräte im Telefondienst werden immer umfangreicher und spezieller **(Bild 1)**.

Beim Abheben des Hörers schließt ein Kontakt, der so genannte Gabelumschalter, den Stromkreis und es fließt ein Gleichstrom von 40 mA bis 60 mA. Der Stromfluss wird von einem Indikator, z. B. einem Relais, in der Vermittlungseinrichtung erkannt. Damit ist der Verbindungswunsch signalisiert und es wird von der Vermittlungsstelle ein Wählton an das Telefon übertragen. Dies ist eine der Gleichspannung überlagerte Wechselspannung.

> Bei abgehobenem Hörer sinkt die Spannung am Telefon von 60 V auf ungefähr 20 V.

Zum Hören und Sprechen sind elektroakustische Wandler eingesetzt. Sie wandeln akustische Signale in analoge elektrische Signale um und umgekehrt. Die Sprachsignale sind dem Gleichstrom überlagert. Eine Trennung von Sendekreis (Mikrofon) und Empfangskreis (Hörer) übernimmt die in der Nachrichtentechnik häufig verwendete Gabelschaltung.

Wahlverfahren

Alle großen Vermittlungsstellen arbeiten heute mit digitaler Technik. Die Sprach- und Wahlinformationen zu diesen Netzknoten erfolgen bei einem herkömmlichen Telefonanschluss jedoch weiterhin analog **(Bild 2)**. Das Fernsprechnetz arbeitet nach dem Prinzip der Leitungsvermittlung. Dabei bleibt der Nutzkanal während der ganzen Gesprächsdauer durchgeschaltet. Die Teilnehmer steuern durch ihre Ziffernwahl den Verbindungsaufbau. So wird bei älteren Telefonen über das Impulswahlverfahren (IWV) die Wahlinformation durch kurze Stromunterbrechungen übertragen.

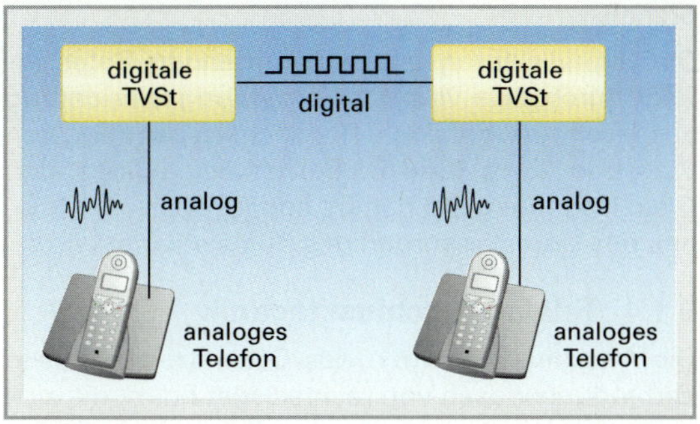

Bild 2: Analoge Telefon an digitalen Vermittlungsstellen (VSt)

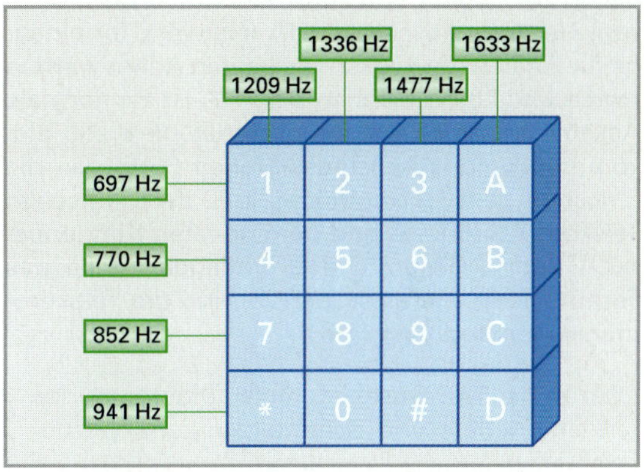

Bild 3: Frequenzzuordnung beim Mehrfrequenzwahlverfahren

Beim schnelleren Mehrfrequenzwahlverfahren (MFV) werden durch Tastendruck jeweils zwei unterschiedliche Signalfrequenzen erzeugt, die innerhalb des Sprachfrequenzbandes liegen (Tonwahl). Die Frequenzzuordnung nach der ITU-Empfehlung Q.23 vermeidet die in Sprache und Musik vorkommenden geradzahligen Vielfachen der Frequenzen **(Bild 3)**.

Innerhalb des analogen Fernsprechnetzes wird das MFV auch zu Informationsübertragung von Endstelle zu Endstelle verwendet, z. B. zur codierten Fernabfrage von Anrufbeantwortern.

> Das Mehrfrequenzwahlverfahren ist durch seine Frequenzzuordnung sehr störsicher.

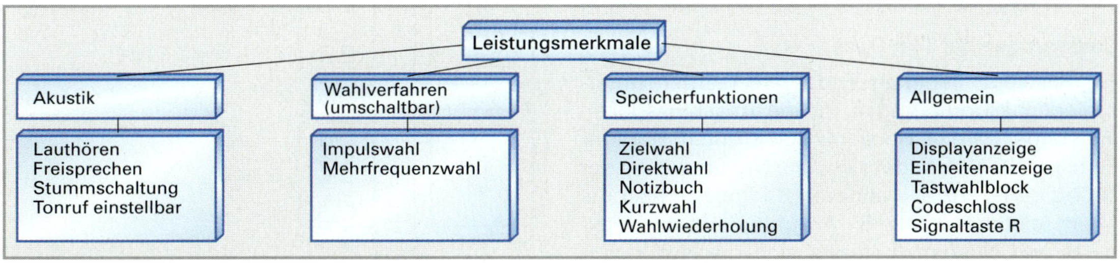

Bild 1: Leistungsmerkmale analoger Telefone

Signalisierung

Die Signalisierung des ankommenden Rufes erfolgt durch eine von der Vermittlungseinrichtung ausgesendete, getaktete Rufwechselspannung von 65 V und 25 Hz **(Bild 1)**. Sie ist der anliegenden Gleichspannung überlagert, sodass auch ein Abheben des Hörers während des Rufes erkannt wird.

9.1.4 Telefonanschlusstechnik

Die Anschlussleitungen des Ortsnetzes enden in Verbindungsdosen von rechteckiger Form, die sich normalerweise im Keller der Gebäude befinden **(Bild 2)**. Sie heißen Abschlusspunkte des Liniennetzes (APL). Von dort führt ein vieradriges Kabel zum Netztrennabschluss NTA (Network Termination für Analogabschluss). Die beiden Adern werden mit La und Lb bezeichnet. Der NTA ist als normale Anschlussdose ausgeführt und stellt die erste Telekommunikations-Anschluss-Einheit (TAE) dar, die zwischen dem Netzbetreiber, z. B. der Deutschen Telekom AG (DTAG) und dem privaten Kundenbereich trennt. Gesetzliche Grundlagen bilden das Fernmeldeanlagengesetz (FAG) und die Telekommunikationsordnung (TKO).

Die erste TAE-Dose ist meist Eigentum des Netzbetreibers und Schnittstelle zum Netzbetreiber.

Sie enthält für Prüfzwecke zwischen den Klemmen 1 und 2 den passiven Prüfabschluss (PPA) bestehend aus der Reihenschaltung einer Diode in Sperr-Richtung und einem Widerstand **(Bild 3)**. An der La-Ader (meist weiß oder hellere Farbe) liegt der Minuspol der Fernspeisung. Die Lb-Ader (meist braun oder die dunklere Farbe) besitzt Erdpotenzial. Zum Prüfen durch Umpolen der Versorgungsspannung in der Vermittlungsstelle im Prüffall ergibt sich über die dann in Durchlassrichtung gepolte Diode eine niederohmige Netzschleife. Bei einer Leitungsunterbrechung lässt sich somit feststellen, ob die Störung im Bereich der DTAG oder des Teilnehmers liegt.

Der passive Prüfabschluss dient der Leitungsüberprüfung.

Codierungen bei TAE-Dosen

Für die verschiedenen Endgeräte werden unterschiedliche Codierungen für die Anschlussdosen verwendet **(Bild 4)**. Bei der F-Codierung (F steht für Fernsprechen) befindet sich eine Nut unten. Bei der N-Codierung für alle anderen Endgeräte, also die Nicht-Telefone wie z. B. Anrufbeantworter, Faxgerät und Modem, befindet sich die Nut in der Mitte. Die Stecker sind entsprechend geformt.

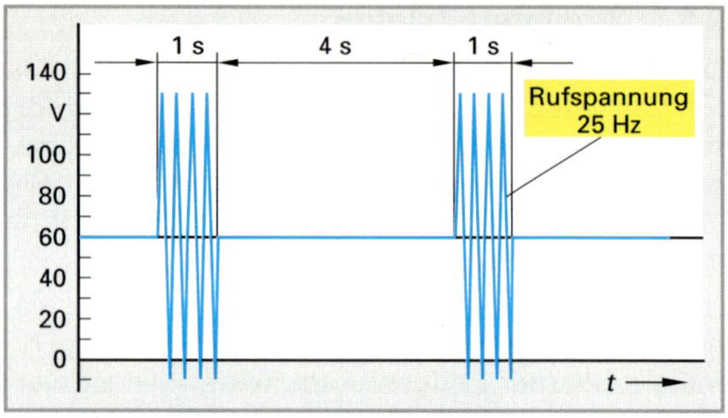

Bild 1: Rufwechselspannung mit 25 Hz

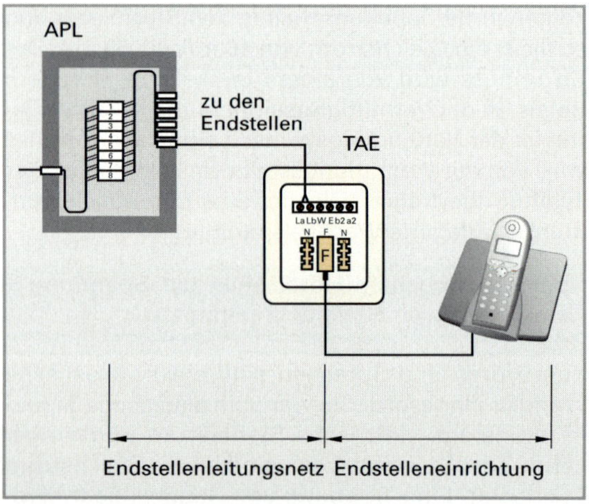

Bild 2: Abschlusspunkte im Liniennetz

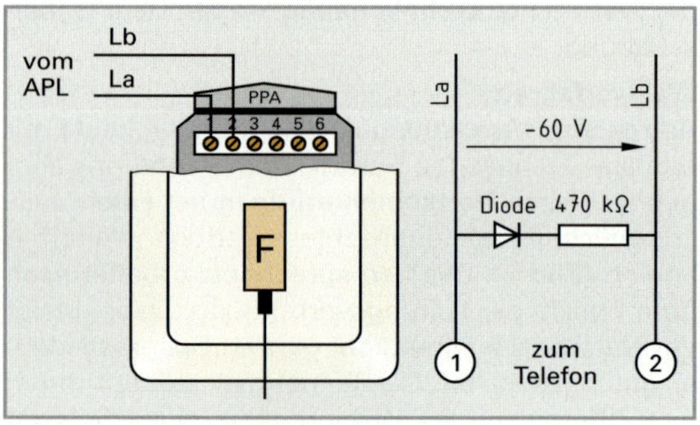

Bild 3: Passiver Prüfabschluss (PPA)

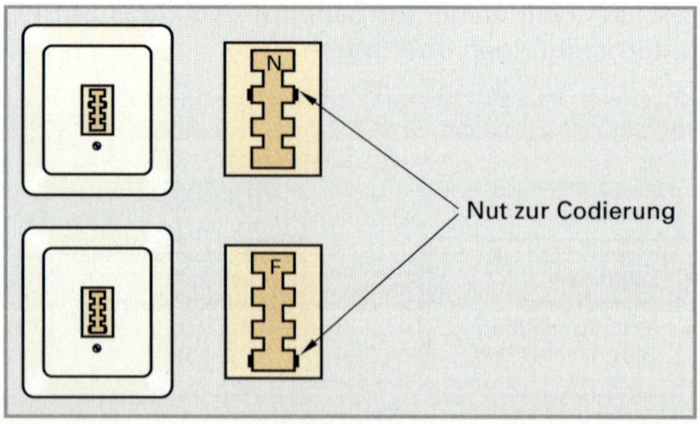

Bild 4: TAE-Dosen mit Vergrößerung der Anschlussbuchsen

Installation von TAE-Dosen

Die Doseninnenbeschaltung zeigt, dass N-codierte Geräte dem F-Anschluss vorgeschaltet sind **(Bild 1)**. Alle gesteckten N-codierten Endgeräte müssen deshalb die Leitungen La und Lb wieder zur TAE-Dose zurückführen, damit das Telefon noch funktionsfähig ist **(Bild 2)**.

Zusätzliche TAE-Dosen werden zu schon installierten Dosen in Reihe geschaltet **(Bild 3)**. Hierzu werden die Klemmen 5 und 6 der ersten Dose mit den Klemmen 1 und 2 der folgenden Dose verbunden. Es ist sinnvoll vieradrige Telefonkabel zu verwenden, da oft ein Leitungspaar zur nächsten TAE-Dose über eine Verteilerdose geführt werden muss **(Bild 3)**. Auf Strich- oder Farbcodierung der Leitungen muss geachtet werden. Die Verdrillung der Adern verhindert Störungen. Die Leitungscodierung der einzelnen Hersteller unterscheidet sich **(Tabelle)**.

Anschluss von mehreren Endgeräten

Es können beliebig viele N-codierte Endgeräte an einem Fernsprechanschluss betrieben werden. Werden mehrere Telefone an installierten Dosen angesteckt, darf immer nur ein Telefon am Netz sein, um das Fernmeldegeheimnis zu wahren. Die Endgeräte nach dem ersten Telefon sind deshalb bei bestimmungsgemäßer Anschlusstechnik abgeschaltet.

Das Fernmeldegeheimnis muss auch beim Anschluss mehrerer Endgeräte gewahrt werden.

Bei automatischen Mehrfachschaltern (AMS) können bis zu vier sternförmig angeschlossene Telefone betrieben werden. Der Apparat, bei dem bei einem Anruf zuerst der Hörer abgenommen wird, bekommt das Gespräch. Ein automatischer Faxumschalter (AMS-Faxumschalter) nimmt Anrufe von Faxgeräten an, leitet aber normale Telefonanrufe an das angeschlossene Telefon oder den Anrufbeantworter weiter. Kleine Telekommunikationsanlagen (Nebenstellenanlagen) erlauben auch internes Telefonieren und bieten weitere Leistungsmerkmale wie z. B. Internkonferenzen, Rückfrage intern, Weiterverbinden, Pick up (von to pick up = im Sinne von Gesprächsübernahme), verschiedene Amtsberechtigungsarten und Kommunikation mit der Türsprechstelle **(Bild 4)**.

Tabelle: Leitungscodierung bei Telefonleitungen			
Signal	**Klemme**	**Telekomleitung**	**Siemensleitung**
La	1	ohne Ring	rot
Lb	2	ein Ring	schwarz
a2	6	zwei Ringe, weit	weiß
b2	5	zwei Ringe, eng	gelb

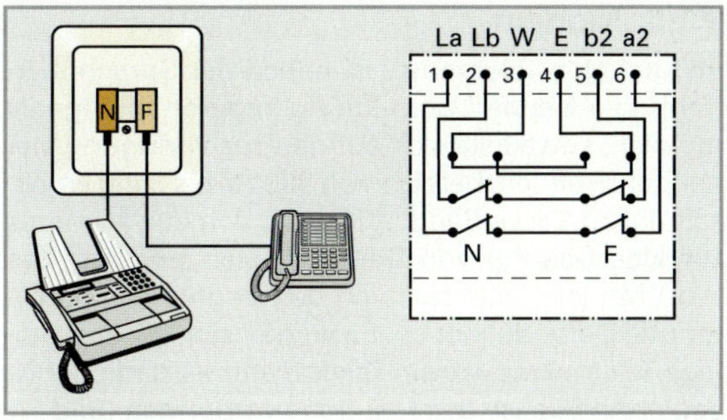

Bild 1: TAE-NF-Dose

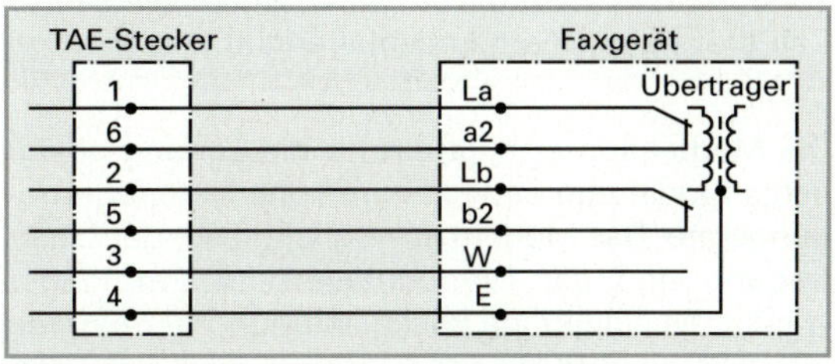

Bild 2: Anschluss eines Fax-Gerätes

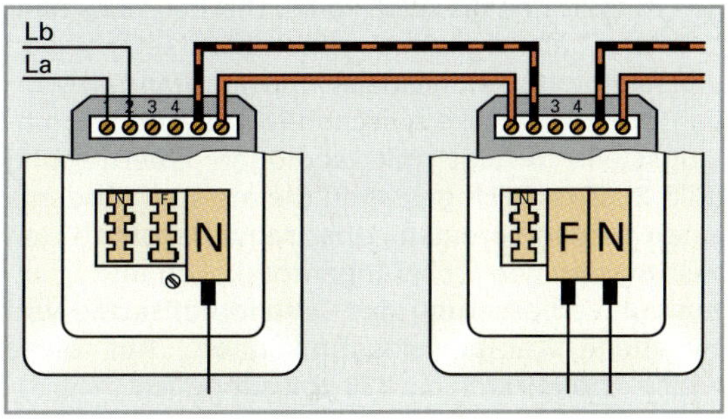

Bild 3: Hintereinanderschaltung von TAE-Dosen

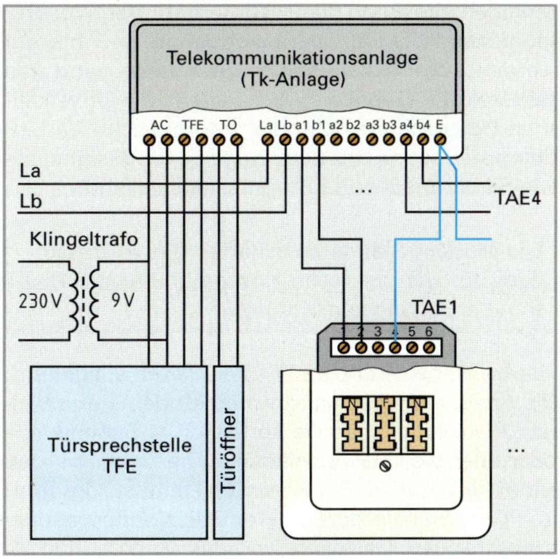

Bild 4: Anschlüsse an einer Tk-Anlage

9.1.5 Modem

Im analogen Telefonnetz ist neben der Sprachübertragung auch die Übermittlung anderer NF-Signale möglich, soweit sie sich auf den zur Verfügung stehenden Frequenzbereich von 300 Hz bis 3400 Hz beschränken. Diese Bandbreite wird von den Modems zur Übertragung von Datensignalen genutzt. Das Wort Modem leitet sich von den Begriffen Modulator und Demodulator ab. Es verhält sich für das analoge Telefonnetz wie ein Telefon und wird mit der N-codierten Buchse der TAE-Dose verbunden **(Bild 1)**.

Das Modem passt die binären Signale eines PC an die analoge Fernsprechleitung an.

Die Modulation erzeugt ein für die Leitung geeignetes Signal und bewirkt eine hohe Datenübertragungsrate. Das Modem ermöglicht nach der Übertragung und der Demodulation im Empfänger wieder die eindeutige Rückgewinnung der binären Information **(Bild 2)**.

Moderne Modems unterstützen Duplexübertragungen mit Bitraten bis zu 56 kbit/s. Hierbei muss aber z. B. das Datensignal vom Internetanbieter digital ins Telefonnetz eingespeist und empfangen werden. Nur die Strecke zwischen Nutzer und Vermittlungsstelle erfolgt mit analoger Übertragung (Bild 2). Zusätzlich gestatten die meisten Modems einen fehlertoleranten Übertragungsbetrieb mit leistungsfähigen Sicherungsprotokollen und besitzen zur Verbesserung des Datendurchsatzes verschiedene Kompressionsfunktionen. Auf diese Weise sind Bitraten bis 336 kbit/s möglich.

Die historische Entwicklung der Modems hat sich in einer Reihe von Protokoll-Standards niedergeschlagen, die durch die ITU (International Telecommunications Union) herausgegeben und betreut werden. Die bekanntesten Standards sind die V-Protokolle **(Tabelle 1)**. Sie regeln die physikalische Datenschnittstelle, die automatische Verbindungssteuerung, das netzseitige Leitungssignal sowie Sicherungs- und Kompressionsverfahren.

Die Modem-Standards schaffen die Voraussetzung für die weltweite Kompatibilität der Datenübertragungseinrichtungen.

Interne Modems sind als PC-Steckkarten ausgeführt. Die Ansteuerung eines externen Modems durch einen PC erfolgt über die serielle V.24-Schnittstelle oder über die USB-Schnittstelle. Die Daten werden seriell übertragen. Ein Kommunikationsprogramm im PC (Terminalprogramm) enthält Konfigurationsmöglichkeiten. Gesteuert wird das Modem über eine allen modernen Modems gemeinsame Modem-

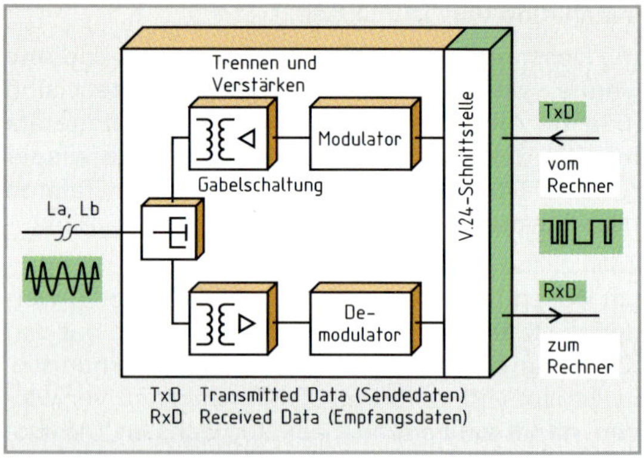

Bild 1: Prinzip eines Modems

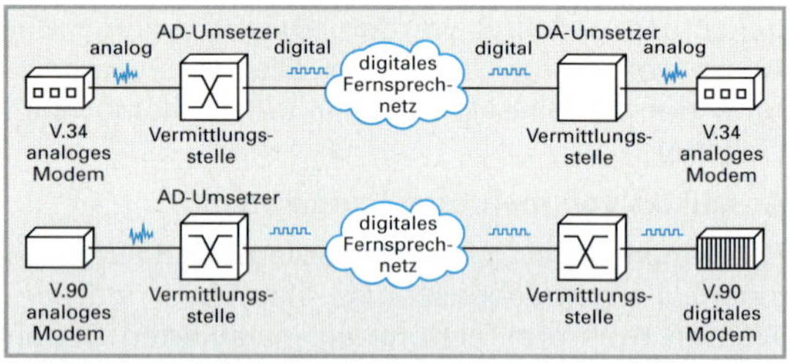

Bild 2: Datenübertragung mit Modem

Tabelle 1: ITU-T-Empfehlungen der V-Serie

Bezeichnung	Erklärung
V.24	Definition für Schnittstellenleitungen, vergleichbar mit RS-232C der EIA.
V.28	Signalpegel auf der V.28-Schnittstelle.
V.32	Vollduplexdatenübertragung mit 9 600 bit/s oder 4 800 bit/s.
V.32 bis	Erweiterung des V.32-Standards auf 7 200 bit/s, 12 000 bit/s und 14 400 bit/s.
V.34	Übertragungsstandard mit 28 800 bit/s.
V.42	Fehlerkorrekturprotokoll
V.42 bis	Datenkomprimierungsverfahren
V.90	Übertragungsstandard für 56 000 bit/s bei Empfang und 33 600 bit/s bei Sendung.

Tabelle 2: AT-Befehle

Befehl	Bedeutung
AT	Wird jedem Befehl vorangestellt.
A/	Wiederholung der letzten Befehlsfolge.
D	Wählen.
DP	Wählen im Impulswahlverfahren (IWV).
DT	Wählen im Mehrfrequenzverfahren (MFV).
H*n*	Modem legt auf (H0), Modem hebt ab (H1).
,	Pause (Warten auf Wählton).
X0	Wählen, ohne auf Wählton zu warten.
&F	Werkseitige Voreinstellung.
+++	Umschalten vom Datenmodus in den Befehlsmodus.

Befehlssprache, den AT-Befehlssatz. Alle Befehle dieser Steuersprache beginnen mit der Zeichenfolge AT (von attention = Achtung). Unmittelbar danach folgen die eigentlichen Modem-Kommandos **(Tabelle 2, vorhergehende Seite)**.

9.1.6 Digital Subscriber Line DSL

Die DSL-Protokolle der ITU beschreiben technische Konzepte für breitbandige, digitale Datenübertragung über das vorhandene Kupferkabel-Anschlussnetz. Damit lassen sich Daten mit einer Bitrate von 10 bit/s je Hertz Bandbreite über die vorhandenen Leitungen übertragen. DSL benutzt die flexible Multiträger-Modulation DMT (von Discrete Multitone Technique). DMT teilt den Übertragungsbereich in einzelne Kanäle mit je 4 kHz Bandbreite ein **(Bild 1)**. Jeder Kanal kann mit 10 bit bis 15 bit langen Datenworten moduliert werden. Vor der Übertragung werden gestaffelte Prüftöne in die Leitung eingespeist und die Informationsbits auf die Kanäle mit dem größten Nutz-Rauschsignal-Verhältnis verteilt.

Je kürzer die Kupferleitung zum Teilnehmer ist, desto größer ist die erzielbare Bitrate.

Die inzwischen installierten und in der Entwicklung befindlichen Systeme werden als xDSL **(Tabelle)** bezeichnet und sind durch folgende Merkmale charakterisiert:

- Große Bandbreite und hohe Datenraten,
- unidirektional, nur in Richtung Teilnehmer (downstream) oder bidirektional verlaufende Datenströme (downstream und upstream),
- Anzahl der benötigten Doppeladern,
- Modulationsverfahren,
- Reichweitenbeschränkung,
- Anwendungsgebiete, z. B. Internetanwendungen und Video-on-demand.

Beim ADSL-Verfahren (ADSL von Asymmetric Digital Subscriber Line) der DTAG (T-DSL) sind die Datenraten richtungsabhängig. Der Downstream besitzt mit bis zu 768 kbit/s eine 12-fache ISDN-Geschwindigkeit, der Upstream (Rückkanal) bietet 128 kbit/s.

Das ADSL-Verfahren eignet sich besonders zur Internetnutzung.

Ein so genannter Splitter oder BBAE (Breitband-Anschlusseinheit) trennt den klassischen Telefonverkehr (POTS von Plain Old Telephone Service) bzw. den ISDN-Anschluss vom ADSL-Signal **(Bild 2)**. Der Anschluss eines oder mehrerer PCs an das DSL-Modem erfolgt über Ethernet oder ATM.

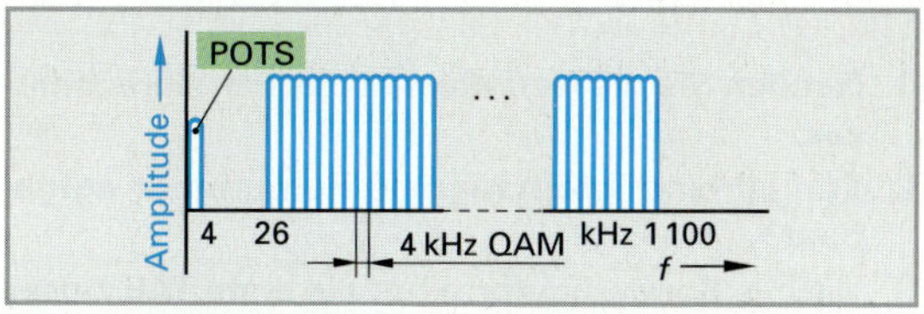

Bild 1: Kanalaufteilung beim digitalen Teilnehmeranschluss DSL

Tabelle: DSL-Systeme

Bezeichnung	Bitrate in kbit/s	Anwendungen
Digital Subscriber Line (DSL)	160	ISDN-Anwendungen Sprache und Datenkommunikation
High Data Rate Digital Subscriber Line (HDSL)	2048	T1/E1-Dienste Zubringernetze, WANs, LAN-Zugriff, Server-Zugriff
Single Line Digital Subscriber Line (SDSL)	2048	wie bei HDSL, zusätzlich bevorzugter Zugriff für symmetrische Dienste
Asymmetric Digital Subscriber Line (ADSL)	bis 9000 vorwärts, bis 640 rückwärts	INTERNET-Zugriff, Video on Demand, Simplex-Video, LAN-Zugriff, interaktives Multimedia
Very High Data Rate Digital Subscriber Line (VDSL)	bis 52 000 vorwärts, bis 2300 rückwärts	wie bei ASDL, zusätzlich HDTV
Very High Bitrate Digital Subscriber Line (VHDSL)	155 000	High Definition Multimedia (noch in Entwicklung)

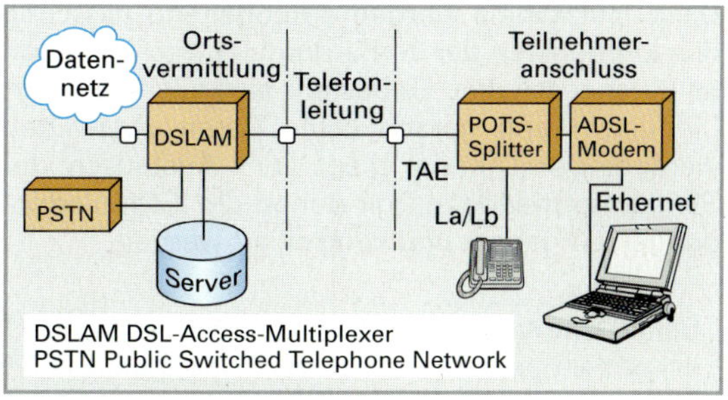

Bild 2: ADSL-Netzaufbau

Wiederholung und Vertiefung

1. **Nennen Sie die Netzebenen des Fernsprechnetzes.**
2. **Wie ist eine internationale Rufnummer aufgebaut?**
3. **Welche Sonderbauform hat die erste TAE-Dose?**
4. **Wie werden mehrere TAE-Dosen zusammengeschaltet?**
5. **Welche Aufgaben hat ein Modem?**
6. **Nennen Sie die Merkmale der DSL-Technik.**

9.1.7 Aufbau und Stuktur von ISDN

Das diensteintegrierende digitale Nachrichtennetz ISDN (Integrated Services Digital Network) vereinigt die Übertragung aller Dienste wie Sprache, Texte, Daten und bewegte Bilder in einem System. Gegenüber der analogen Technik verbessert die Digitaltechnik die Übertragungsqualität und erhöht darüber hinaus die Übertragungsgeschwindigkeit. Durch ISDN sind viele Leistungsmerkmale möglich geworden, die zuvor undenkbar waren **(Tabelle)**.

Netzkonzept

Das bereits aus der analogen Übertragungstechnik vorhandene Kabelnetz wird bei ISDN weiterverwendet. Der Datentransfer zwischen der digitalen Vermittlungsstelle und den Teilnehmern erfolgt mit digitalen Signalen. Beim Teilnehmer werden die analogen Fernsprechsignale 8000 mal pro Sekunde abgetastet und jeder Abtastwert mit einem 8 bit langen Datenwort quantisiert. Die Datenworte werden dann mit einer Bitrate von b_r = 8 bit/s · 8000 = 64 000 bit/s im Zeitduplex-Betrieb übertragen. Jeder ISDN-Basisanschluss verfügt über zwei 64 kbit/s-Transportkanäle, die als B-Kanäle bezeichnet werden und einen 16 kbit/s Signalisierungskanal, den D-Kanal **(Bild 1)**. Für Synchronisation sind weitere 16 kbit/s vorgesehen.

Über die B-Kanäle können zwei unabhängige Verbindungen zu unterschiedlichen Zielen aufgebaut werden.

Diese Nutzkanäle werden durchgehend zwischen den Endpunkten der Verbindung (end-to-end) digital durchgeschaltet. Es besteht also auch eine Verbindung, wenn gerade keine Daten übermittelt werden. Der D-Kanal dient zum Austausch der Steuerinformationen, mit denen die ISDN-Verbindungen aufgebaut und kontrolliert werden.

Bei ISDN erfolgt im Gegensatz zum herkömmlichen Fernsprechnetz der Verbindungsaufbau über einen getrennten Steuerkanal.

Tabelle: Leistungsmerkmale von ISDN

Bezeichnung	Abkürzung	engl. Begriff
Anklopfen	CW	Call Waiting
Anrufweiterschaltung	CF	Call Forwarding
Dreierkonferenz	3PTY	Three Party Service
Durchwahl	DDI	Direct Dialling In
Mehrfachnummer	MSN	Multi Subscriber Number
Rückruf bei Besetzt	CCBS	Completion of Calls to Busy Subscriber
Übermitteln der Rufnummer	CLIP	Calling Line Identification Presentation
Umstecken am Bus	TP	Terminal Potability
Gebührenanzeige	OC	Advice of Charge
Feststellen böswilliger Anrufer	MCID	Malicious Call Identification

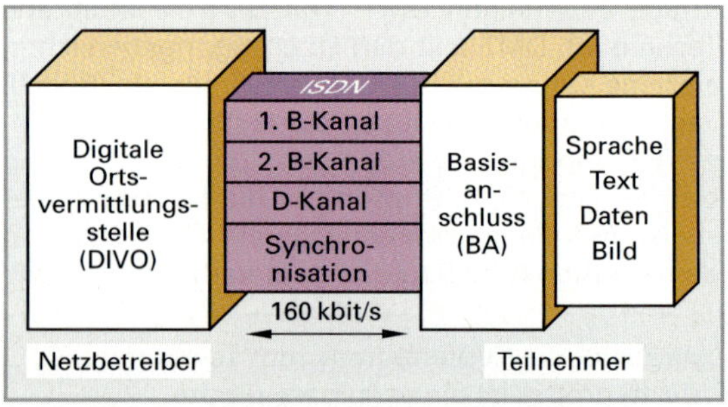

Bild 1: Struktur des ISDN-Basisanschlusses

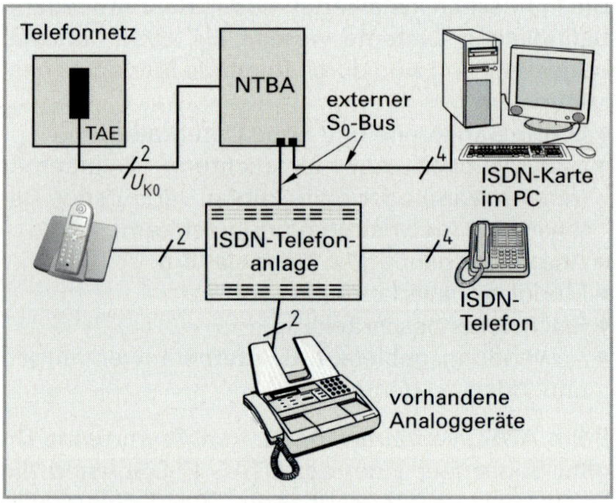

Bild 2: Beispielkonfiguration für ISDN

Dienste im ISDN

Das Leistungsangebot, das dem Teilnehmer in einem Nachrichtennetz zur Verfügung steht, wird als *Dienst* bezeichnet. Dieser wiederum ist durch seine Leistungsmerkmale gekennzeichnet. Zu diesen Diensten zählen beispielsweise das Fernsprechen oder der Faxdienst. Somit lassen sich die unterschiedlichsten Datenübertragungsgeräte mittels entsprechender Endgeräteanpassungen an der Standardschnittstelle des ISDN betreiben **(Bild 2)**.

Schnittstellen im ISDN

Beim Teilnehmer wird ein Netzabschlussgerät NT (Network Termination) installiert. Für den Basisanschluss ist dies der NTBA (Network Termination Basic Access), für den Primärmultiplexanschluss der NTPM (Network Termination Primary Multiplex). Der Anschlusspunkt der Kupferadern wird nach ITU beim NTBA als U_{K0}-Schnittstelle bezeichnet und entspricht der a/b-Schnittstelle des analogen Netzes **(Bild 1)**. Zur Übertragung der Daten zum Teilnehmer existieren verschiedene Leitungscodes, da die Schnittstelle mit ihrer Bruttobitrate von 160 kbit/s nicht international standardisiert ist. Ankommende Daten werden elektrisch durch Übertrager (Gabelschaltung) und softwaremäßig (Echokompensation) voneinander getrennt.

Im NT erfolgt eine Richtungstrennung durch Gabelschaltung und Echokompensation.

Die Schnittstelle zum Teilnehmer hin heißt S_0-Schnittstelle. Diese international genormte Schnittstelle ist sowohl für den Anschluss einer TK-Anlage (Anlagenanschluss), als auch zum Anschluss von bis zu acht ISDN-Endgeräten, (Mehrgeräteanschluss) vorgesehen.

Netzabschluss NTBA

Der Netzabschluss NTBA stellt zwei Steckmöglichkeiten (RJ-45-Ports) und die Speisung für bis zu vier ISDN-fähige Endgeräte zur Verfügung (Bild 2, vorhergehende Seite). Weisen alle am S_0-Bus installierten Endgeräte ausnahmslos eine eigene Stromversorgung auf, so kann der 230-V-Anschluss des NT entfallen. Vorhandene analoge Endgeräte können weiterhin über so genannte Terminaladaptoren TA an der S_0-Schnittstelle betrieben werden.

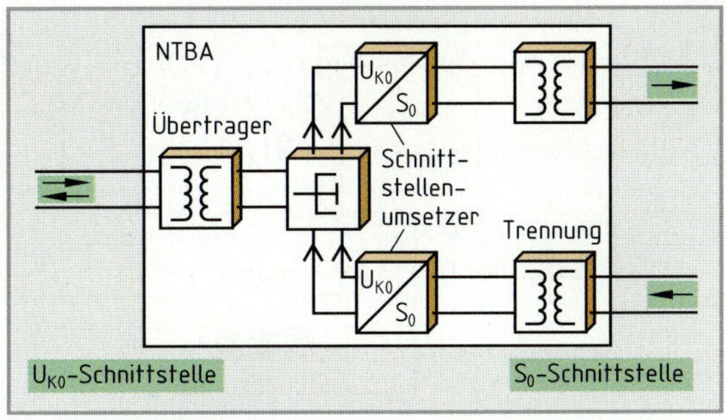

Bild 1: Blockschaltung des ISDN-Netzabschlussgeräts NTBA (vereinfacht)

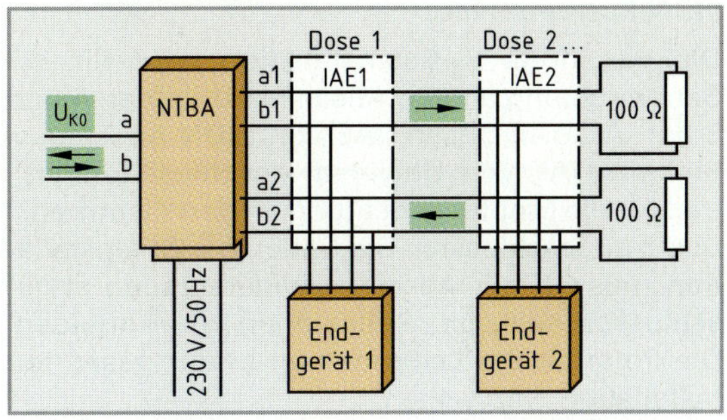

Bild 2: Vierdrahtübertragung an der S_0-Schnittstelle

ISDN-S_0-Bus

Die S_0-Schnittstelle des NTBA ist durch einen S_0-Bus erweiterbar **(Bild 2)**. Als Leitungscode wird ein veränderter AMI-Code (Alternate Mark Inversion Code) verwendet. Der logische Wert 0 wird hier alternierend durch +750 mV und –750 mV, der logische Wert 1 durch 0 V dargestellt. Die einzelnen Kanäle des Basisanschlusses werden an der S_0-Schnittstelle in einer festen Rahmenstruktur (Frame) übertragen **(Bild 3)**. Ein S_0-Rahmen besteht aus 48 bit und enthält neben den beiden Basiskanälen zu je acht Bit vier Bit des D-Kanals, sowie zwölf Bit mit Meldeinformationen und Synchronisierungsaufgaben.

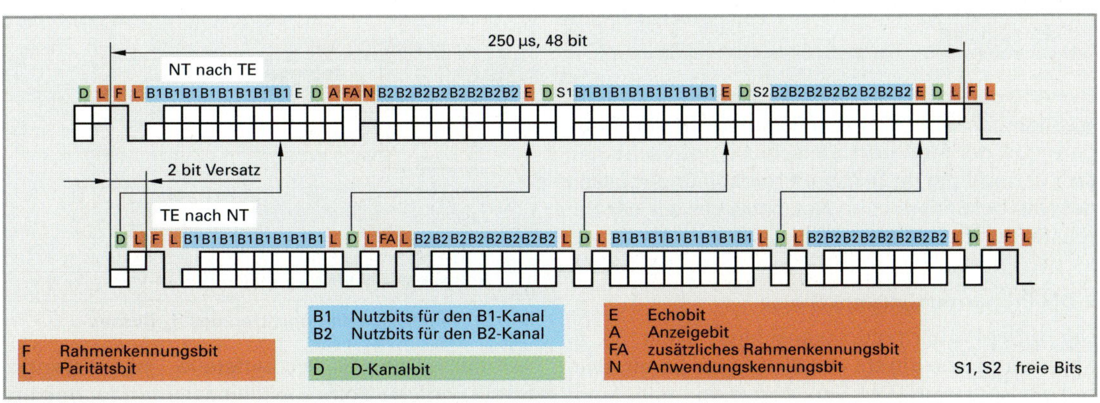

Bild 3: S_0-Rahmenstruktur für beide Übertragungsrichtungen

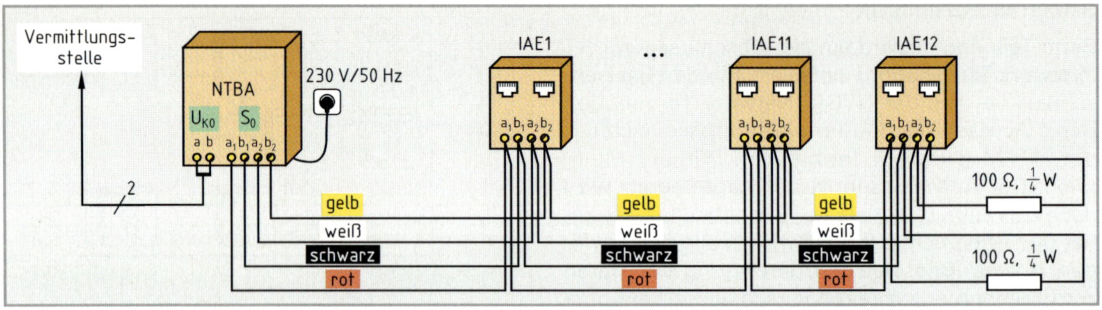

Bild 1: S_0-Busverschaltung als Mehrgeräteanschluss mit NTBA an einem Ende des S_0-Busses

ISDN-Basisanschluss

Die vieradrige S_0-Businstallation wird für die Senderichtung an den Anschlussklemmen 4 und 5 der IAE/UAE-Dosen (IAE von ISDN-Anschluss-Einheit, UAE von Universal-Anschluss-Einheit), und für die Empfangsrichtung an den Klemmen 3 und 6 angeschlossen. Die Enden der Businstallation müssen mit Abschlusswiderständen abgeschlossen sein, um Reflexionen zu vermeiden. Die Polarität der Leitungen ist in der gesamten Installation einzuhalten.

> Die Anschlussleitung der Endgeräte darf 10 m nicht überschreiten.

An einen ISDN-Basisanschluss, der als *Mehrgeräteanschluss* geschaltet ist, können bis zu 12 ISDN-Anschlussdosen installiert werden **(Bild 1)**. An diesen Anschlussdosen dürfen bis zu acht verschiedene Endgeräte TE (von Terminal Equipment) angesteckt werden, wovon aber nur zwei gleichzeitig betrieben werden können. Jedem angeschlossenen Endgerät lassen sich eine oder mehrere Mehrfachrufnummern (MSN = Multiple Subscriber Number) zuordnen. Ein ISDN-Basisanschluss kann installationstechnisch verschiedenartig ausgeführt werden **(Bild 2)**.

> Eine sternartige Buskonfiguration ist bei ISDN nicht zulässig.

Der *Anlagenanschluss* dient der Anbindung durchwahlfähiger ISDN-Kommunikationsanlagen. Anlagen- und der Mehrgeräteanschluss unterscheiden sich geringfügig im D-Kanal-Protokoll und müssen deshalb besonders beim Netzbetreiber vor der Bereitstellung bestellt werden.

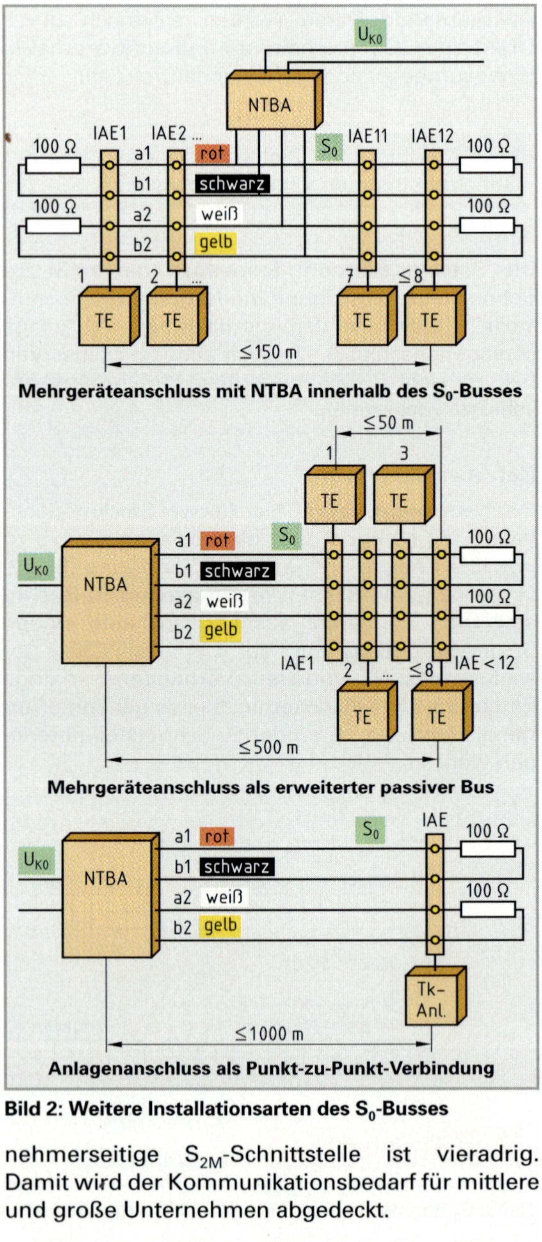

Bild 2: Weitere Installationsarten des S_0-Busses

ISDN-Primärmultiplexanschluss

Der ISDN-Primärmultiplexanschluss stellt 30 B-Kanäle und eine Bitrate von 2048 kbit/s bereit. Sein Netzabschluss NTPM ist netzseitig mit einer vieradrigen U_{k2M}-Schnittstelle ausgerüstet. Die teilnehmerseitige S_{2M}-Schnittstelle ist vieradrig. Damit wird der Kommunikationsbedarf für mittlere und große Unternehmen abgedeckt.

9.1.8 Asynchroner Transfer Modus ATM

Der Asynchrone Transfer Modus (ATM von Asynchronous Transfer Mode) bildet die Basis für ein universelles Breitband-Telekommunikationsnetz. Mit ATM soll ein Netz geschaffen werden, das alle derzeitigen und alle zukünftigen Anwendungen unabhängig vom Bandbreitenbedarf abdeckt. ATM führt zum Breitband-ISDN **(Bild 1)**. Im Gegensatz zur Sprachübertragung mit konstantem Zeitbezug ist die Kommunikation zwischen Computern von Verkehrsspitzen (Burst) geprägt. Durch seine Anpassungsmöglichkeiten vereinigt ATM reine Datennetze und Telefonnetze.

ATM integriert verschiedene Anwendungen wie Sprache, Daten, Bilder, Audio und Video über ein einheitliches Netz.

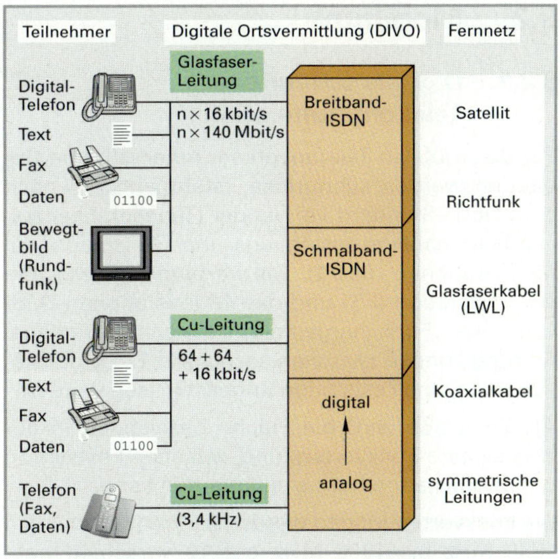

Bild 1: Zusammenwirken analoger und digitaler Schmalbandnetze im Breitband-ISDN

Aufbau von ATM

ATM verwendet zur Übertragung von Nutz- und Signalisierungsinformationen Zellen mit einer festgelegten Länge von 53 Byte **(Bild 2)**. Davon werden 5 Byte als Header (Kopf) zur Adressierung und Steuerung der ATM-Zelle verwendet. ATM unterscheidet sich damit von den paketvermittelten Systemen wie X.25 oder Frame Relay, in denen Datenpakete mit unterschiedlichen Längen zur Anwendung kommen. Die Zellen der verschiedenen Datenquellen werden mit unterschiedlicher Bitrate übertragen. Sie erscheinen bei der Netzübertragung unterschiedlich häufig, also nicht im gleichen Zeittakt und somit asynchron (griech. a = nicht, syn = gleich, chronos = Zeit). Die zeitlich aneinandergehängten Zellen bilden bei ATM den kontinuierlichen Datenstrom mit Bitraten bis 2,5 Gbit/s. Der Bandbreitenbedarf der Quellen wird durch die Benutzung einer entsprechenden Anzahl von Zellen pro Zeiteinheit gedeckt **(Bild 3)**.

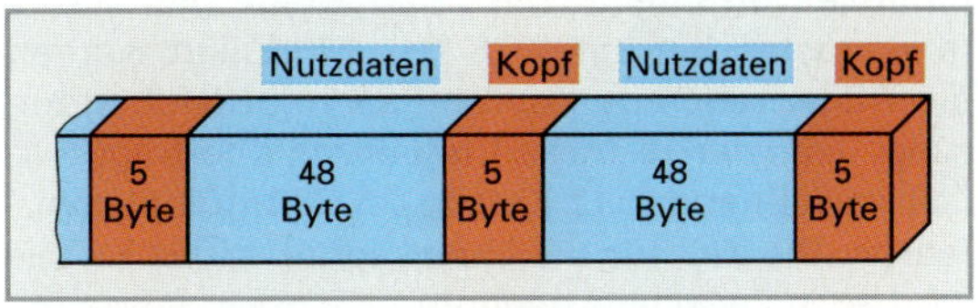

Bild 2: ATM-Zellstruktur und Datenstrom

ATM ist ein verbindungsorientiertes, zellenvermitteltes, asynchrones Zeitmultiplexverfahren.

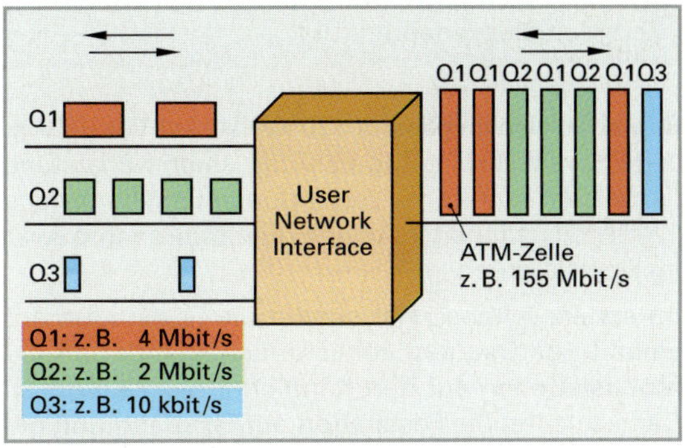

Bild 3: Asynchrones Zeitmultiplex bei ATM

Die Schnittstelle zwischen der Vermittlungsstelle und den Endeinrichtungen wird als UNI (Network Node Interface) bezeichnet. Die dort verwendeten Protokolle sind durch das ATM-Forum und die ITU festgelegt.

Wiederholung und Vertiefung

1. **Welche Vorteile bringt ATM gegenüber ISDN?**
2. **Mit welcher Paketlänge werden die Daten bei ATM übertragen?**
3. **Wie wird der unterschiedliche Bandbreitenbedarf der Datenquellen durch ATM gedeckt?**
4. **Nennen Sie die Bitraten eines ISDN-Basisanschlusses.**
5. **Welche Installationsarten gibt es bei ISDN?**
6. **Welche Aufgaben hat ein NTBA?**
7. **Nennen Sie fünf Leistungsmerkmale des ISDN.**
8. **Welche Buskonfiguration ist bei ISDN nicht zulässig?**

9.2 Mobilfunk

9.2.1 Digitale schnurlose Telekommunikation

Für den mobilen Telefonverkehr innerhalb von Gebäuden werden schnurlose Telefonanlagen nach dem DECT-Standard verwendet **(Tabelle)**. Eine solche Telefonanlage besteht aus einer Feststation und Mobilstationen **(Bild 1)**. Die Verbindung zwischen der Feststation (FS) und den Mobilstationen (MS) wird über Funk hergestellt. Je nach Geräteausführung können zwischen sechs und 120 Mobilstationen an eine Feststation angeschlossen werden.

Als Zellgröße wird die Fläche bezeichnet, in der eine sichere Funkverbindung zwischen Feststation und Mobilstation hergestellt werden kann.

Die Funkverbindungen werden im Frequenzbereich 1880 MHz bis 1900 MHz auf 10 verschiedenen, gleichzeitig benutzbaren Trägerfrequenzen durchgeführt **(Bild 2)**. Die gleichzeitige Verwendung verschiedener Trägerfrequenzen nennt man Frequenzmultiplexverfahren. Die Bandbreite je Kanal (Kanalraster) beträgt 1278 kHz. Moduliert werden die Trägerfrequenzen durch PSK mit Bandbegrenzung. Jede der 10 Trägerfrequenzen überträgt zeitlich nacheinander 12 Kanäle im Zeitmultiplexverfahren. Die Zeit für die Übertragung eines Kanals wird auch Zeitschlitz genannt.

Schnurlose Telefonanlagen nach dem DECT-Standard verwenden ein kombiniertes Frequenz-Zeit-Multiplexverfahren.

Es stehen also insgesamt 120 Kanäle zur Verfügung. Jede Sprechverbindung benötigt einen Kanal. Eine Feststation kann somit Verbindungen mit höchstens 120 Mobilstationen je Anlage durchführen und zwar im Duplexbetrieb.

Im ersten Zeitabschnitt sendet die Feststation auf einer Trägerfrequenz zeitlich nacheinander an die Mobilstationen auf den Kanälen 1 bis 12 (Bild 2). Dann schaltet die Feststation auf Empfang und die Mobilstationen senden an die Feststation.

Beim Duplexbetrieb wird auf den Kanälen 1 bis 12 gesendet und auf den Kanälen 13 bis 24 empfangen.

Die Zeit für das Senden und Empfangen der 24 Kanäle wird Rahmenzeit genannt. Die Rahmenzeit beträgt 10 ms. In dieser Zeit werden in jedem Kanal 320 Bits an Informationen, z. B. Sprache, und 100 Bits an Steuerdaten übertragen **(Bild 3)**.

Tabelle: DECT-Standard

Begriff	Daten, Erklärung
DECT	Digital European Cordless Telecommunication = digitale europäische schnurlose Telekommunikation
Frequenzbereich	1880 MHz bis 1900 MHz
Kanalzahl	120 Duplexkanäle
Modulation	PSK mit Bandbegrenzung (von Phase Shift Keying = Phasenumtastung)
Trägerfrequenzen	10
Sprachcodierung	32 kbit/s
Sendeleistung	≤ 250 mW, meist 10 mW je Station
Zellgröße (Radius)	r_{max} ≤ 300 m

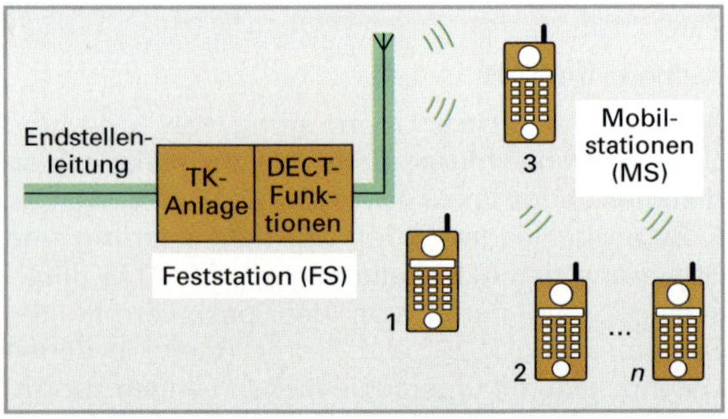

Bild 1: Telefonanlage mit Schnurlostelefonen

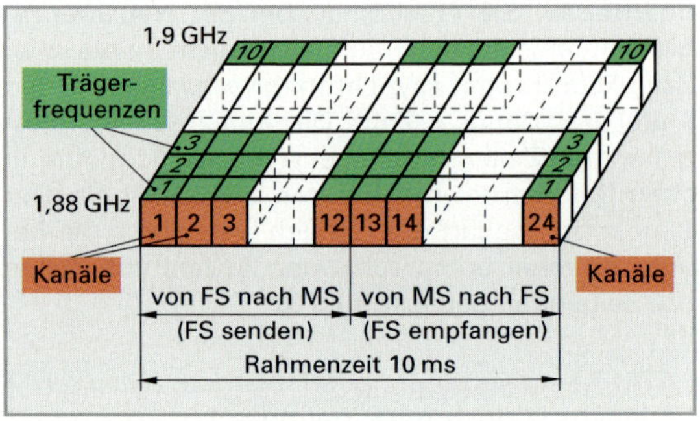

Bild 2: Frequenzmultiplex und Zeitmultiplex nach DECT

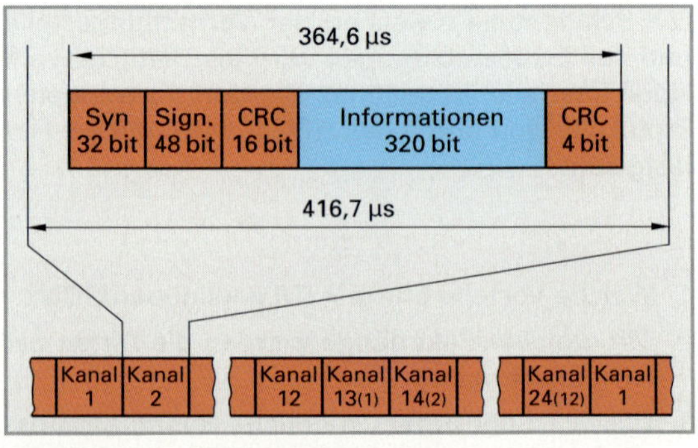

Bild 3: Aufbau des Zeitmultiplexsignals

9.2.2 Mobilfunknetze

Funknetze, bei denen die Teilnehmer über bewegliche Stationen miteinander telefonieren oder Daten übertragen können, heißen Mobilfunknetze.

Funknetze D1 und D2

D1 ist das digitale Funknetz von DeTeMobil (Telekom AG) und D2 das digitale Funknetz von Vodafone. Beide Funknetze werden im Frequenzbereich 890 MHz bis 960 MHz betrieben **(Tabelle)**. Dieser Bereich ist in ein Oberband und ein Unterband eingeteilt. Im Oberband findet die Übertragung von der Sender-Empfängerstation BTS (von BTS = Base Transceiver Station = Basis Sende-Empfänger-Station) zur Mobilstation (MS) statt. Der Bereich, den eine BTS räumlich abdeckt, wird Funkzelle genannt. Im Unterband wird von der Mobilstation zur BTS übertragen. Bei dem verwendeten Kanalraster stehen 124 Trägerfrequenzen zur Verfügung. Das Netz D1 verwendet die Trägerfrequenzen 13 bis 49 und 81 bis 103, das Netz D2 die Trägerfrequenzen 1 bis 12, 50 bis 80 und 104 bis 119. Die Trägerfrequenz 1 verwendet also im Unterband die Frequenz 890 MHz und im Oberband die Frequenz 935 MHz.

Die Funknetze D1 und D2 benutzen den Frequenzbereich von 890 MHz bis 960 MHz gemeinsam.

Jede Funkzelle eines bestimmten Bereiches wird von einer BSC-Station (BSC von Basic Station Control = Basis-Station-Steuerung) gesteuert. Mehrere solcher Stationen sind mit einer MSC (MSC von Mobile Services Switching Center = Mobile Dienste Schaltzentrale) verbunden. Die MSC sind über Richtfunk oder über das Leitungsnetz der Telekom miteinander verbunden. Jeder Träger wird durch PSK mit Bandbegrenzung moduliert. Mithilfe des Zeit-Multiplexverfahrens werden die Trägerfrequenzen mehrfach genutzt **(Bild 1)**.

Funknetz E-Plus

E-Plus verwendet den Frequenzbereich von 1710 MHz bis 1880 MHz. Da der Frequenzbereich größer ist, gibt es mehr Trägerfrequenzen als im D-Netz. Die Kanalzahl ist deshalb auch größer (Tabelle). Da Signale mit höheren Frequenzen stärker gedämpft werden, ist die Reichweite kleiner als 10 km.

Wichtige Eigenschaften von Mobilfunknetzen sind:

- Handover (von to hand over = übergeben). Dies bedeutet, dass beim Autofahren während eines Gesprächs die Funkzelle ohne Gesprächsunterbrechung gewechselt werden kann **(Bild 2)**.
- Roaming (von to roam = herumstreifen). Dies bedeutet, dass jede Mobilstation anhand ihrer Nummer in einer Funkzelle lokalisiert werden kann. Damit ist der Teilnehmer ortsunabhängig im gesamten Funknetz erreichbar.

Tabelle: Mobilfunk mit D-Netzen und E-Netz

Netz	D1 und D2	E-Plus
Unterband	890 MHz bis 915 MHz	1710 MHz bis 1785 MHz
Oberband	935 MHz bis 960 MHz	1805 MHz bis 1880 MHz
Kanalzahl	1984	2976
Kanalraster	200 kHz	
Modulation	PSK mit Bandbegrenzung	
Sendeleistung der Feststation	15 W bis 50 W Sendeleistung	
Sendeleistung Mobilstation	0,8 W bis 8 W	bis 2 W
Zellgröße (Radius)	von $r_{min} \geq 250$ m bis $r_{max} \leq 35$ km	

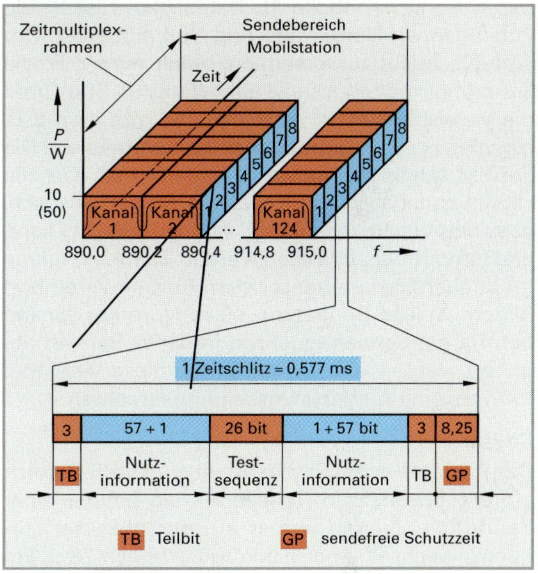

Bild 1: Frequenzmultiplex, Zeitmultiplex und Aufbau eines Zeitschlitzes

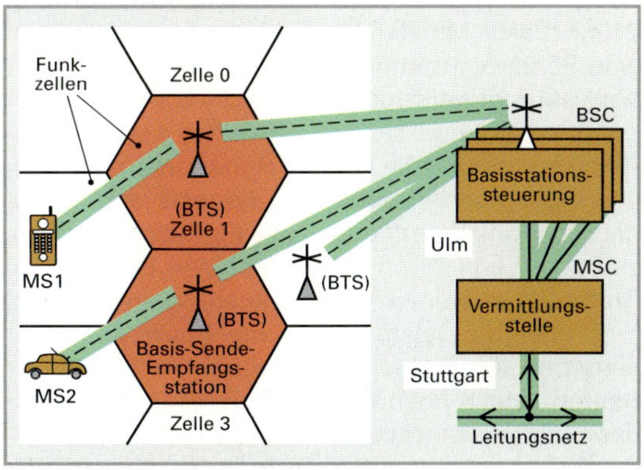

Bild 2: Aufbau von Mobilfunknetzen

9.2.3 Funkrufsysteme

Funkrufsysteme übermitteln Nachrichten, die über das Telefonnetz und Funksender weitergeleitet werden. Der zu rufende Teilnehmer muss ein entsprechendes Empfangsgerät (Pager, von to page = ausrufen) bei sich tragen.

Eurosignal

Das Funkrufsystem Eurosignal benutzt Frequenzen im UKW-Bereich **(Bild 1)**. Der Kanalabstand beträgt 25 kHz. Jeder Teilnehmer erhält vier Rufnummern. Die Rufnummern sind sechsstellig. Jede Ziffer wird 100 ms lang gesendet. Vor und nach jeder Rufnummer werden Pausenzeichen übertragen. Die Codierung der Zeichen erfolgt durch Frequenzen im hörbaren Bereich **(Tabelle 1)**. Deutschland ist in die Funkrufzonen Nord, Mitte und Süd eingeteilt. Um eine Nachricht zu versenden, wählt man z. B. die Funkrufvermittlungsstelle Süd (FuRVSt Süd) über die Vorwahl 0709 an. Anschließend gibt man z. B. eine der vier Rufnummern des Teilnehmers ein. Die FuRVSt sendet das entsprechende Signal über die UKW-Sender aus. Der Empfänger meldet akustisch, dass eine Nachricht vorliegt. Auf dem Display kann die Rufnummer abgelesen werden. Der Angerufene muss allerdings vorher mit dem Anrufer vereinbart haben, welche Bedeutung diese Nummer für ihn hat. Da die Sendefrequenzen im UKW-Bereich abgehört werden können, kann man diese Vereinbarung als eine Art Verschlüsselung betrachten.

Cityruf

Das Funkrufsystem Cityruf arbeitet im UHF-Bereich auf drei Frequenzen **(Tabelle 2)**. Alle Sender einer Sendezone senden immer auf der gleichen Frequenz, wechseln aber die Frequenz nach 28 s. Ein Teilnehmer im Frankfurter Raum will z. B. eine Rückrufadresse an einen Teilnehmer im Stuttgarter Raum übermitteln. Dazu wählt er die Rufnummer 0168712345. Mit der Vorwahlnummer 0168 wird eine Sondervermittlung angewählt **(Bild 2)**. Bei der Vorwahlnummer 0168 bedeutet die 8 eine Übertragung von Numerikzeichen. Die Ziffer 4 würde Tonruf bedeuten und die Zahl 91 alphanumerische Zeichen. Die Sondervermittlung koppelt sich an die nächste Funkvermittlungsstelle FuRVSt 6 an. Diese stellt die Verbindung zur zuständigen FuRVSt 7 in Stuttgart her. Nun kann der Teilnehmer in Frankfurt z. B. über die Telefontasten die Rückrufnummer eingeben. Die Eingabe wird durch Betätigen der Rautentaste # beendet. Die FuRVSt 7 veranlasst dann das Aussenden des Funkrufs mit der gewählten Rufnummer. Auf dem Display des Teilnehmers mit der Rufnummer 712345 erscheint dann z. B. die Rückrufnummer 061371390. Bei Eingabe der Daten mit dem PC können Nachrichten mit einer Länge bis 80 Zeichen übertragen werden.

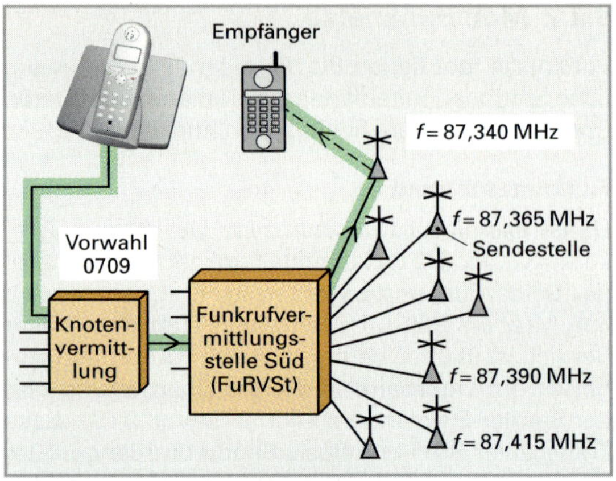

Bild 1: Netzaufbau von Eurosignal

Tabelle 1: Eurosignal-Codierung

Ziffer	Frequenz	Ziffer	Frequenz	Ziffer/ Zeichen	Frequenz
0	978,8 Hz	4	707,4 Hz	8	510,7 Hz
1	903,1 Hz	5	652,0 Hz	9	470,8 Hz
2	832,5 Hz	6	601,0 Hz	Pause	1153,1 Hz
3	767,4 Hz	7	554,0 Hz	Wiederhole	1062,9 Hz

Tabelle 2: Daten von Cityruf

Bezeichnung	Erklärung
Rufnummern	2 000 000
Sendefrequenzen und Bitraten	f_1 = 465,970 MHz, r_{b1} = 512 bit/s f_2 = 466,075 MHz, r_{b2} = 1200 bit/s f_3 = 466,230 MHz, r_{b3} = 1200 bit/s
Sendeleistung	100 W je Sender
Modulationsart	Frequenzumtastung (FSK)
Frequenzhub	Δf = 4 kHz
Zeitschlitzdauer	28 s für jede Frequenz
Zykluszeit	84 s (3 Zeitschlitze)

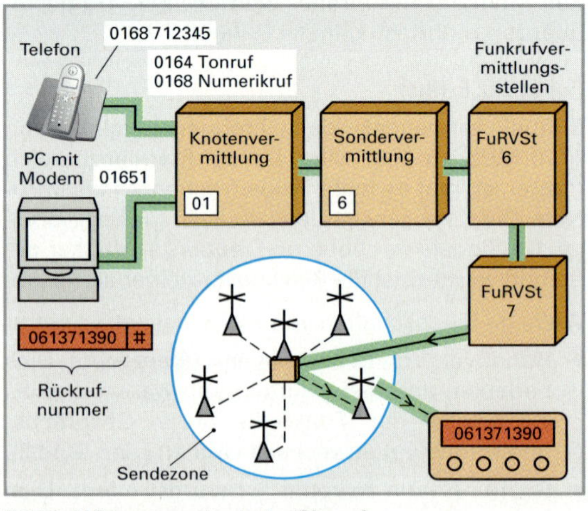

Bild 2: Wirkungsweise beim Cityruf

Ein weiterer Dienst ist z. B. der Inforuf, der bei der Telekom Skyper heißt. Hier werden z. B. Börsenkurse, Wirtschaftsnachrichten aber auch private Nachrichten übermittelt. Das Cityrufnetz wird von verschiedenen, auch privaten Anbietern genutzt.

9.2.4 Betriebsfunk und Bündelfunk

Betriebsfunk

Beim Betriebsfunk errichtet der Anwender, z. B. eine Taxizentrale, ein eigenes Funknetz. Dies besteht aus einer Feststation und einer meist größeren Anzahl von Mobilstationen **(Bild 1)**. Der Anwender erhält für den Betrieb seines Funknetzes eine feste Funkfrequenz zugeteilt. Diese Frequenz wird auch als Kanal oder Funkkanal bezeichnet. Es ist nur eine begrenzte Anzahl von Kanälen vorhanden.

> Beim Betriebsfunk müssen verschiedene Anwender die gleichen Kanäle benutzen.

Würden auf einer Frequenz verschiedene Anwender gleichzeitig senden, würde das zu Störungen führen. Die Anwender müssen also zeitlich nacheinander den Kanal benutzen. Die Reichweite für diese Funkverbindungen beträgt deshalb nur 15 km. Nachteilig ist auch, dass alle Teilnehmer den Gesprächen zuhören können.

Bündelfunk

Mehrere Anwendergruppen teilen sich eine bestimmte Anzahl zugeteilter Kanäle, d.h. ein Kanalbündel **(Bild 2)**. Ein Organisationskanal steuert und überwacht den Funkverkehr der Verkehrskanäle. Die Gespräche der Teilnehmer finden über die Verkehrskanäle statt. Beim Aufbau eines Funkgesprächs fordert ein Teilnehmergerät über den Organisationskanal einen Kanal aus dem Kanalbündel an. Dieser Kanal wird dann einem Teilnehmer für eine bestimmte Dauer, z. B. 60 s, fest zugewiesen.

> Beim Bündelfunk erhält der Anwender eine Frequenz für eine bestimmte Zeit allein zugewiesen.

Dadurch ist ein Mithören Dritter ausgeschlossen. Gesprochen wird im Duplexbetrieb. Andererseits können mit einem Gruppenruf auch alle Teilnehmer eines Anwenders erreicht werden. Beim Gruppenruf wird unterschieden zwischen Gruppenruf mit Mitsprechen, d.h. alle Teilnehmer können antworten, und Gruppenruf ohne Mitsprechen.

Bündelfunknetze bestehen aus der Zentralen Netzsteuerung (MSC von Main System Controller = Hauptsytem-Steuerung), den Funkzellensteuerungen (TSC von Trunk System Controller = Zweigsystem-Steuerung), den Funkfeststationen und den Mobilstationen. Der Frequenzbereich für den Bündelfunk liegt zwischen 410 MHz und 430 MHz. Die Mobilstationen senden im Unterband 410 MHz bis 420 MHz, die Feststationen im Oberband 420 MHz bis 430 MHz. Der Abstand zwischen Sendefrequenz und Empfangsfrequenz in einem Kanal beträgt 10 MHz, der Kanalabstand 12,5 kHz. Die Sendeleistung ist auf jeweils 6 W begrenzt. Ein Netzbetreiber kann über bis zu 84 Kanäle verfügen. Für Bündelfunknetze gibt es verschiedene Anbieter. Ein Anbieter ist z. B. die Telekom, deren Bündelfunknetz Chekker heißt.

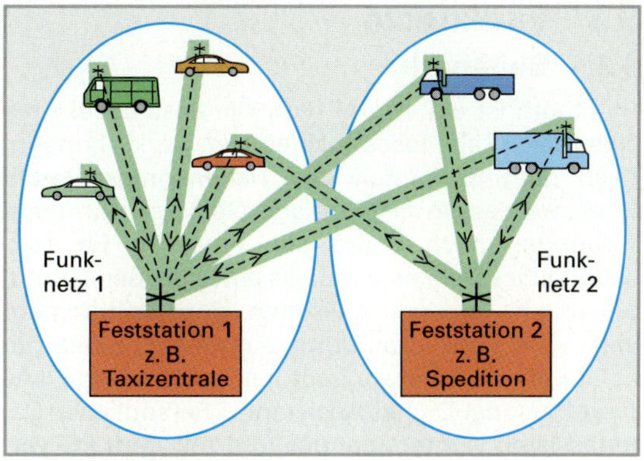

Bild 1: Betriebsfunknetze

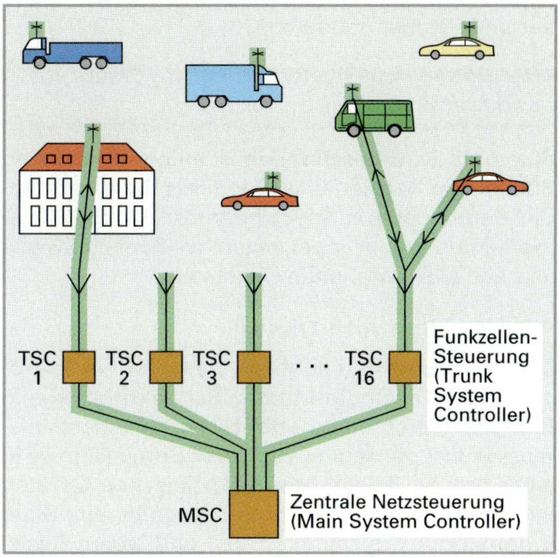

Bild 2: Bündelfunknetz

Wiederholung und Vertiefung

1. **Welcher Frequenzbereich wird für schnurlose Telefone verwendet?**
2. **Welche Multiplexverfahren werden in Mobilfunknetzen verwendet?**
3. **Nennen Sie zwei Funkrufsysteme.**
4. **Welche Vorteile hat das Bündelfunknetz?**

9.3 Funknetze

9.3.1 Bluetooth

Bluetooth ist ein WLAN (von Wireless Local Area Network = kabelloses lokales Netzwerk), benannt nach dem Rufnamen des Dänenkönigs Harald Blatland, dessen erfolgreiche Gebietszusammenführungen noch heute als Synonym für fortschrittliches Denken auf Basis eines großen Grundgedankens stehen. Zwischen den Teilnehmern wird eine Funkverbindung aufgebaut. Bluetooth soll mobile Geräte wie Laptops, Handys und PDAs (von Personal Digital Assistant = Persönlicher Datenassistent) untereinander und mit dem PC verbinden **(Bild 1)**. Weitere Anwendungen sind die Verbindung von PC-Peripherie wie Drucker, Scanner und Beamer mit dem PC.

> Der Vorteil von Bluetooth liegt im Ersatz von Kabelverbindungen.

Bluetooth wird beschrieben in einem lizenzfreien Bündel von Normen und Standards der Bluetooth-SIG (von Bluetooth Special Interest Group = Bluetooth-Interessengruppe), einem weltweiten Zweckverband aller namhaften IT-Hersteller.

9.3.1.1 Bluetooth-Modul

Die Basis eines Bluetooth-Systems ist ein Mikrochip, das Bluetooth-Modul. Es benötigt wenig Energie, bietet integrierte Sicherheitsmechanismen und ist günstig herzustellen. Somit kann es in einer breiten Palette von elektronischen Geräten eingesetzt werden. Prinzipiell besteht ein Bluetooth-Modul aus einem HF-Teil und einem Basisband-Controller, der das Interface zum Hostsystem, z. B. dem PC, Laptop oder Handy darstellt **(Bild 2)**. In der Norm sind drei Sendeleistungsklassen mit 1 mW (0 dBm), 2,4 mW (4 dBm) und 10 mW (20 dBm) definiert, die Reichweiten von 10 m bis 100 m zulassen. Die Stromaufnahme ist gering und liegt im Stand-by-Betrieb bei 0,3 mA und erreicht maximal 300 mA. Die Empfangsteile besitzen eine Empfindlichkeit von bis zu –70 dBm und arbeiten mit einer Zwischenfrequenz von 1 MHz.

9.3.1.2 Systemarchitektur

Der Bluetooth-Frequenzbereich liegt im weltweit lizenzfreien ISM-Band (von Industrial-, Scientific-, Medical-Band = Industrie-, Wissenschafts- und Medizinband) zwischen 2,402 GHz und 2,480 GHz **(Bild 3)**. Dies ist auch der Bereich für Mikrowellengeräte und Garagentorsteuerungen. Am unteren und oberen Ende gibt es jeweils ein Frequenzband als Sicherheitsabstand (Guard Band) zu benachbarten Frequenzbereichen. Dazwischen stehen 79 Kanäle mit je 1 MHz Bandbreite zur Verfügung.

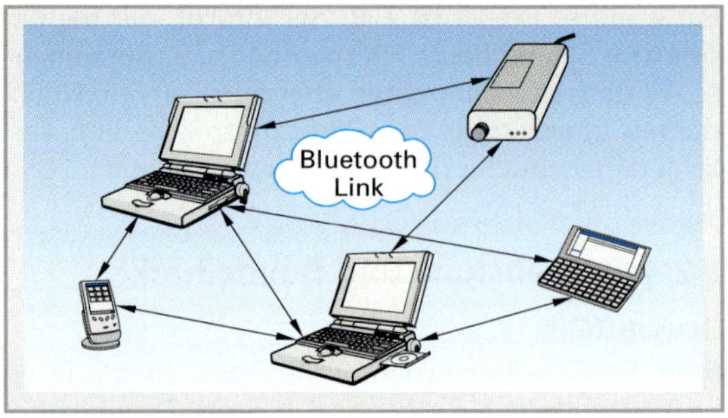

Bild 1: Bluetooth-Netzwerk

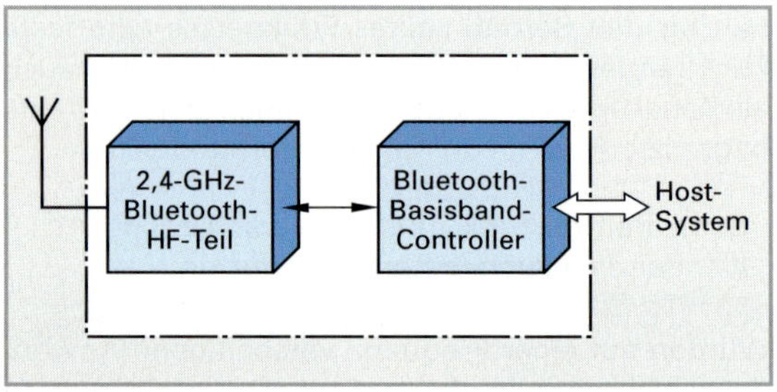

Bild 2: Bluetooth-Modul

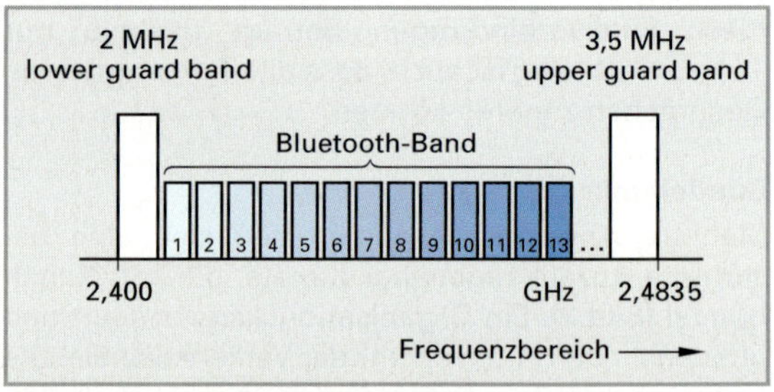

Bild 3: Bluetooth-Frequenzbereich

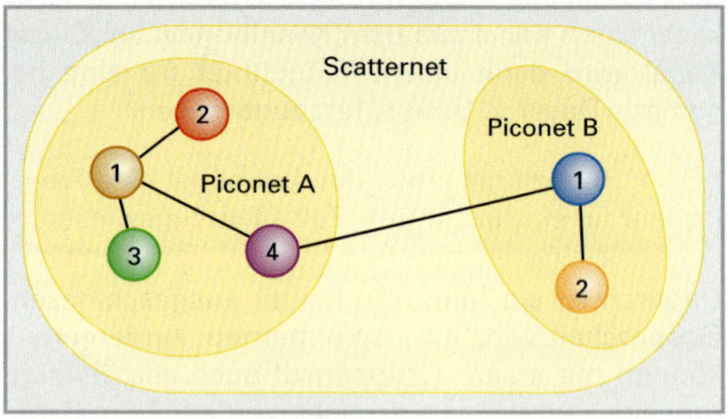

Bild 4: Piconet und Scatternet

Mehrere Bluetooth-Geräte bilden ein Piconet. Es kann bis zu 260 Teilnehmer umfassen, hiervon können 7 Geräte gleichzeitig aktiv sein **(Bild 4)**. Bis zu zehn Piconetze bilden ein Scatternet (von to scatter = ausstreuen), wobei die Teilnehmer untereinander in Kontakt treten können.

Bluetooth-Sender arbeiten mit einem TDD-Verfahren (von Time Division Duplex = Zeitmultiplexverfahren). Das bedeutet, dass Sender und Empfänger abwechselnd eine Sendeberechtigung haben. Zur Datenübertragung dient die Modulationsart FSK (von Frequency Shift Keying = Frequenzumtastung). Hierbei werden binär Informationen auf eine Frequenzlage aufmoduliert. Eine negative Frequenzabweichung von 115 kHz bedeutet eine binäre 0, eine positive Frequenzabweichung von 115 kHz repräsentiert eine 1.

Durch ein Frequenzsprungverfahren (Frequency Hopping) werden Störungen minimiert, die durch andere im gleichen Frequenzband betriebene Geräte, z. B. Mikrowellengeräte, entstehen. Beim Frequency-Hopping wird 1600 mal je Sekunde zwischen 79 Frequenzstufen im 1 MHz-Abstand hin- und hergesprungen **(Bild 1)**. Alle Geräte eines Piconet sind mit derselben Hopping-Sequenz synchronisiert und gleichberechtigt.

In einem Piconet sind alle Geräte gleichberechtigt.

Das Gerät, das als erstes aktiv wird, arbeitet als Master und synchronisiert alle anderen Teilnehmer (Slaves) im selben Piconet. Bluetooth-Geräte können mehreren Piconets angehören, wobei dann ein Scatternet gebildet wird. Hierbei wird jedes Piconet durch eine unterschiedliche Frequency-Hopping-Folge identifiziert **(Bild 2)**.

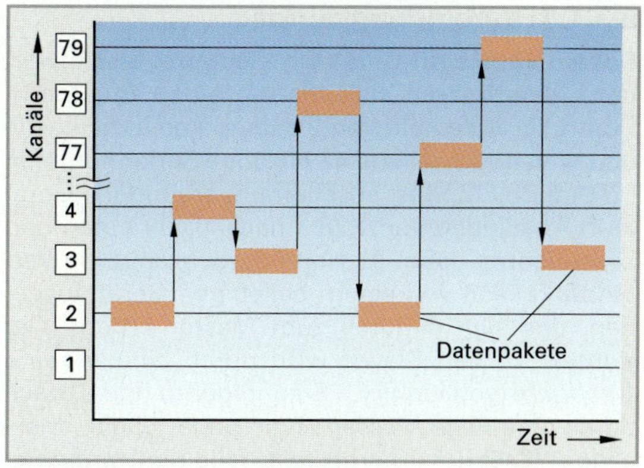

Bild 1: Frequenzsprungverfahren

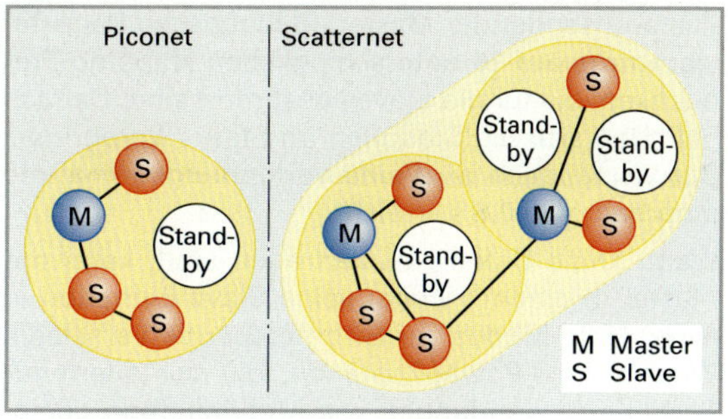

Bild 2: Master und Slave bei Bluetooth

9.3.1.3 Bluetooth-Basisband

Es werden zwei unterschiedliche physikalische Datenkanäle zur Verfügung gestellt. Einmal bis zu drei Datenkanäle z. B. für Sprache mit einer festen Datenrate von 64 kbit/s, also mit definierter Bandbreite wie bei ISDN **(Tabelle)**. Dieses Verfahren heißt leitungsvermittelte oder synchrone Verbindung. Die andere Übertragungsform ist die Paketvermittlung oder asynchrone Verbindung, die ein speicherndes Verhalten der Übertragungsgeräte voraussetzt, wie bei der Internet-Technik. Das Bluetooth-Protokoll unterstützt einen asymmetrischen Datenkanal mit Datenraten von maximal 732,2 kbit/s in eine Richtung und 57,6 kbit/s in die Gegenrichtung, oder eine symmetrische Datenverbindung mit 433,9 kbit/s in zwei Richtungen.

Werden gerade keine synchronen Datenpakete versandt, kann Bluetooth die asynchrone Übertragung anbieten. Hierüber werden alle Dienste, sowohl das Versenden von Nutzdatenpaketen, als auch die Übermittlung von Steuerinformationen, zwischen zwei Bluetooth-Stationen abgewickelt.

Bluetooth-Datenpakete bestehen aus einem 72-Bit-Zugriffscode, einem 54-Bit-Header sowie einem variablen Nutzdatenfeld von 0 bit bis 2745 bit Länge.

Tabelle: Bluetoothkommunikation

Betriebsarten		Erklärung
Sprache	64 kbit/s (↔) 64 kbit/s (↔) 64 kbit/s (↔)	Synchrone Kommunikation (leitungsvermittelt)
Daten asymmetrisch	732,2 kbit/s (→) 57,6 kbit/s (←)	Asynchrone Kommunikation (paketvermittelt)
Daten symmetrisch	433,9 kbit/s (→) 433,9 kbit/s (←)	

Bei Bluetooth werden alle Steuerinformationen über die asynchronen Datenkanäle abgewickelt.

9.3.1.4 Verbindungsaufbau

Sobald Bluetooth-Geräte in Betrieb gesetzt werden, identifizieren sich die einzelnen Bluetooth-Controller innerhalb von 2 s über eine individuelle und unverwechselbare 48 bit lange Seriennummer. Im Standby-Modus lauschen unverbundene Geräte in Abständen von 1,28 s nach Nachrichten und kontrollieren dabei 32 Hop-Frequenzen. Eine Verbindung kann von einem beliebigen Gerät ausgehen, das sich dadurch zum Master erhebt. Der Kontakt zu den Slaves wird durch eine *Inquiry-Nachricht* (von inquiry = Erkundigung) und danach durch eine *Page-Message* (von page = Seite, message = Nachricht) hergestellt, falls die Hardware-Adresse der Geräte unbekannt ist. Bei bekannter Adresse fällt der erste Schritt weg **(Bild 1)**. Im Page-Zustand sendet der Master 16 identische Page-Telegramme auf 16 unterschiedlichen Hopping-Frequenzen, die für die Slaves bestimmt sind. Danach befinden sich die Stationen im Status *Verbunden*. Durchschnittlich wird eine Verbindungsaufnahme innerhalb von 0,6 s erreicht.

Wenn keine Daten zu übertragen sind, kann der Master in einem Piconet seine Slave-Einheiten in einen Hold-Modus zur Stromersparnis versetzen. Weitere Low-Power-Zustände, die vor allem für Portable-Anwendungen wie Mobiltelefone geeignet sind, sind der SNIFF- und PARK-Modus. Im SNIFF-Modus (von to sniff = schnüffeln) arbeitet ein Slave in einem reduzierten Zyklus, während im PARK-Modus ein Gerät weiterhin synchronisiert bleibt, aber nicht am Verkehr teilnimmt.

SNIFF und PARK sind Energiespar-Betriebsarten.

9.3.1.5 Sicherheitskonzept

Sicherheitsmechanismen wie Beglaubigung und Verschlüsselung sind bei Bluetooth bereits in der Hardware festgelegt. Die Geräte-Identifizierung erfolgt über ein geheimes Passwort. Zur Sicherung des Datenverkehrs wird ein Verschlüsselungscode von bis zu 64 Bit angeboten.

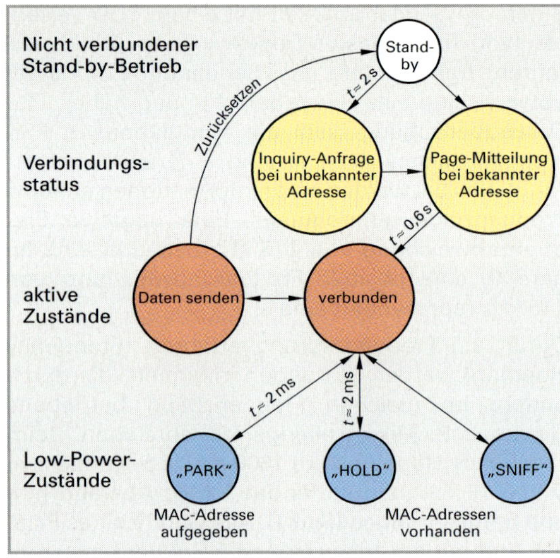

Bild 1: Betriebszustände

9.3.1.6 Vergleich mit weiteren drahtlosen Übertragungsprinzipien

Die Infrarotübertragung mit *IrDA* ist bereits weltweiter Standard. Bei IrDA (von Infrared Data Association = Infrarot-Datenvereinigung) werden die Daten mit bis zu 16 Mbit/s in einem schmalen Winkel von 30° zwischen zwei Geräten übertragen **(Tabelle)**. Bei *AIR* (von Area Infra Red = Bereichs-Infrarotübertragung) wird der Abstrahlwinkel auf 120° erhöht, um die Point-to-Point-Kommunikation zu beseitigen. Die Reichweite wird auf 8 m erhöht.

HomeRF ist wie Bluetooth ein offener Standard für WLANs aus den USA und kann etwas breitbandiger als Bluetooth die Daten- und Sprachübertragung bis etwa 50 m realisieren. Eine weitere Alternative als WLAN ist der Standard *IEEE 802.11B* des amerikanisch dominierten IEEE (von Institute of Electrical and Electronic Engineers). Diese Norm erlaubt die 1 Mbit/s schnelle Übermittlung von Daten im lizenzfreien 2,4 GHz-Band auf den Prinzipien von Ethernet mit CSMA/CA-Verfahren über 100 m Entfernung.

Tabelle: Vergleich der WLAN-Techniken

Standard	IrDA	Bluetooth	IEE 802.11B
Verbindungsart	Point-to-Point (PtP)	Point-to-Point, Point-to-Multipoint (PtM)	Point-to-Point, Point-to-Multipoint
Frequenzband	infrarot, (850 nm - 950 nm)	2,4 GHz	2,4 GHz
Datenrate	16 Mbit/s	1 Mbit/s	1 Mbit/s
Anzahl unterstützter Geräte	2 Geräte	8 Geräte pro Piconet	64 000 Clients
Reichweite	1 m Sichtkontakt im 30° Winkel	10 m bei 1 mW	100 m bei 100 mW
Sprachübertragung	keine	3 Sprachkanäle	Über TCP/IP

9.4 Internet über Stromkabel

Im Zuge der Liberalisierung des Telekommunikationsmarktes sind Verfahren zur Übertragung von Sprache und Daten über Stromleitungen interessant geworden, da sie als Alternative zum Netz der anderen Telekommunikationsanbieter dienen.

Schon früher nutzten die Energieversorgungsunternehmen die PLC-Technik (von Powerline Communications = Datenaustausch über Starkstromleitungen) auf analoger Basis zum unidirektionalen Datentransport, z. B. von Kontrollsignalen. Moderne Digitaltechniken erschließen das Stromnetz aber auch als Datenübertragungsmedium für die bidirektionale Kommunikation zwischen Rechnern oder zwischen PC und Internet.

9.4.1 Powerline-Technik

In Europa regelt die Norm EN 50065-1 die Signalübertragung auf elektrischen Niederspannungsnetzen im Frequenzbereich von 3 kHz bis 148,5 kHz. Dies ist das CENELEC-Band (von Comité Européen de Normalisation Electronique = europäischer Ausschuss zur Normung der Elektrotechnik). Zum Schutz von Störungen und zur Gewährleistung der elektromagnetischen Verträglichkeit (EMV) beschreibt die CENELEC-Norm vier Frequenzbereiche **(Tabelle)**. Das A-Band nutzen Energieversorgungsunternehmen, das B-Band dient Anwendungen ohne Zugriffsprotokoll, das C-Band teilen sich z. B. alle Hausnetzwerke, die das vorgeschriebene Zugriffsprotokoll CSMA/CA (von Carrier Sense Multiple Access/Collision Avoidance = Vielfachzugriff mit Leitungsabfrage und Kollisionserkennung) verwenden. Das D-Band dient Alarm- und Sicherheitssystemen ohne Zugriffsprotokoll. Außerdem legt die Norm maximale Ausgangspegel für die Signalübertragung fest, z. B. 116 dB(µV) für das C-Band.

Das CENELEC-Band definiert vier Frequenzbereiche zur Datenkommunikation auf Niederspannungsnetzen.

Tabelle: Informationsübertragung auf Niederspannungsnetzen

CENELEC-Band	Frequenzbereich	Nutzer
A	9 kHz - 95 kHz	Energieversorger
B	95 kHz - 125 kHz	Kundenanlagen
C	125 kHz - 140 kHz	Kundenanlagen mit CSMA
D	140 kHz - 148,5 kHz	Kundenanlagen

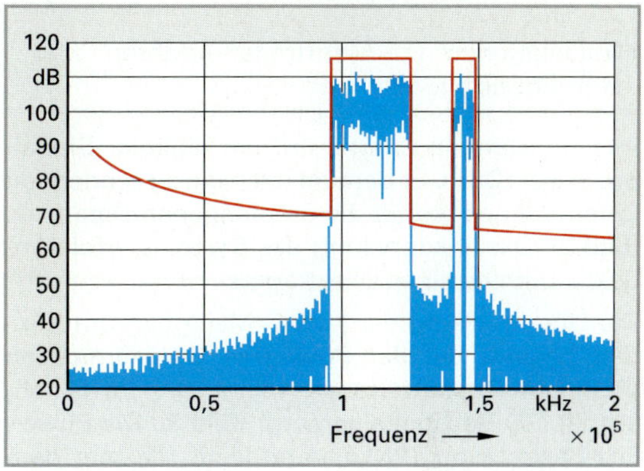

Bild 2: Frequenzspektrum im CENELEC B- und D-Band

Für Anwendungen, die eine höhere Bandbreite erfordern, ist der Frequenzbereich 150 kHz bis 30 MHz vorgesehen, der aber bereits mit anderen Diensten belegt ist, z. B. Lang-, Mittel- und Kurzwellensendern **(Bild 1)**.

Bei allen Powerline-Technologien werden zusätzlich zur festen Stromfrequenz von 50 Hz weitere Frequenzen auf die Stromleitung aufmoduliert. Verwendung finden Modulationsverfahren mit DMT (von Discrete Multitone = Mehrträgerverfahren). Die Nutzinformation wird hierbei auf viele verschiedene Trägerfrequenzen verteilt **(Bild 2)**. Jede Trägerfrequenz kann mit Informationen belegt werden.

Bei Powerline werden die Informationen auf viele Trägerfrequenzen aufmoduliert.

Die Informationsaufbringung erfolgt durch eine QAM-Modulation (von Quadratur-Amplitudenmodulation). In **Bild 1, folgende Seite** sind das Sende-,

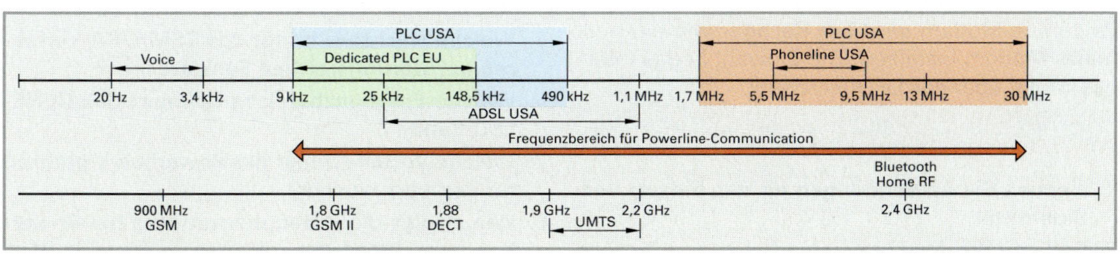

Bild 1: Frequenzbereiche der Powerline-Technik

Empfangs- und Rauschspektrum einer Datenübertragung über ein Stromnetz von 50 m Länge dargestellt, wie sie in einer Büroumgebung üblich ist. Frequenzselektive Störungen, z. B. von Schaltnetzteilen oder Computer-Monitoren, haben keine störenden Auswirkungen auf PLC, weil das DMT-Verfahren Möglichkeiten bietet, gestörte Trägerfrequenzen aus der Datenübertragung herauszunehmen und deren Nutzsignale auf benachbarte Trägerfrequenzen aufzuteilen.

Modulationen im Mehrträgerverfahren sind störungssicher.

Alle Regelungen übernimmt ein digitaler Signalprozessor (DSP). Er bereitet auch die zu sendenden Daten auf und wertet die empfangenen Daten aus **(Bild 2)**. Die Ankoppelung des Systems erfolgt induktiv mithilfe eines Übertragers.

Die Überbrückung der letzten Meile bis zum Kunden beginnt bei der Powerline Communication (PLC) am Ortsnetz-Transformator, der im Durchschnitt 100 Haushalte versorgt **(Bild 3)**. Die Powerline-Basisstation (PNU) verarbeitet die aus dem breitbandigen Telekommunikationsnetz kommenden Datensignale und überträgt sie durch Modulation in das Niederspannungsnetz.

Ein im Niederspannungsnetz integrierter Signalverstärker PNR (von Powernet-Repeater) sorgt dafür, dass die Daten jeden Kunden mit dem erforderlichen Signalpegel erreichen. Mit der Powerline Home Connection (PHC), einer kleinen Box im Hausanschlusskasten, wird das hausinterne Strom- und Kommunikationsnetz (Inhouse-Net) vom Zugangsnetz (Access-Net) entkoppelt. Am Hausanschlusskasten endet das öffentliche Stromnetz und das private Hausnetz beginnt.

Powerline-Communication unterscheidet den Powerlinezugang, der am Hausanschlusskasten endet und die hausinterne Powerline-Kommunikation.

An jeder Steckdose lässt sich nun ein Modem (PNT) anschließen, das die über das hausinterne Stromnetz kommenden Signale über seine serielle Schnittstelle dem PC zur Verfügung stellt. Ein Powerline-Modem wird am Rechner wie ein normales Modem installiert. Die Einwahl in das Internet erfolgt über das DFÜ-Netzwerk.

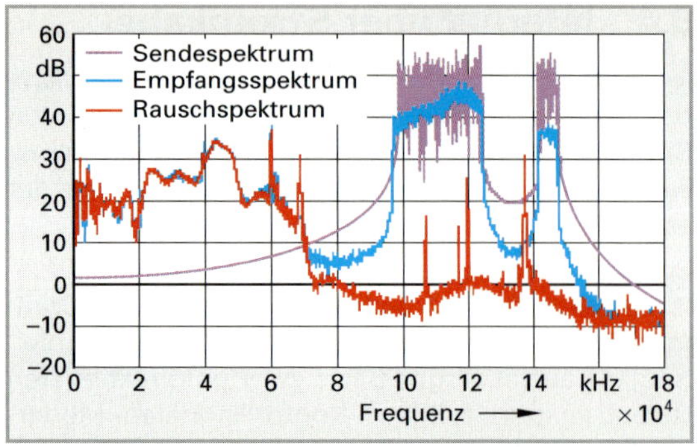

Bild 1: Sende-, Empfangs- und Rauschspektrum

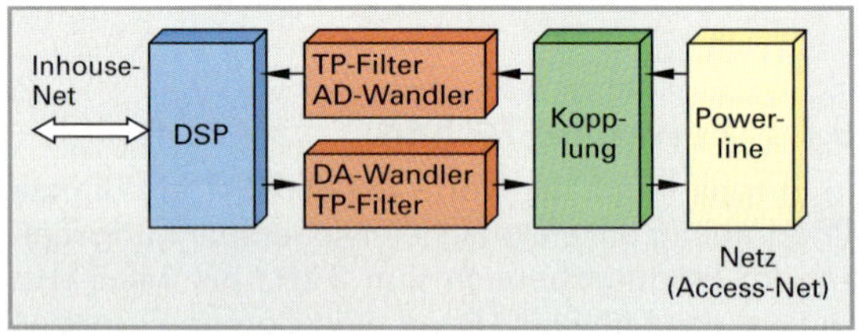

Bild 2: Powerline-Modem

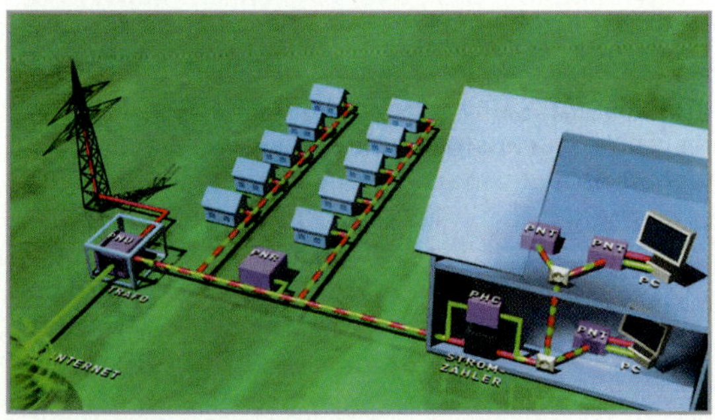

Bild 3: Powerline-Hauszugang

Wiederholung und Vertiefung

1. **Nennen Sie Anwendungen für den Einsatz von Bluetooth.**
2. **Erklären Sie den Unterschied zwischen Piconet und Scatternet bei Bluetooth.**
3. **Welche Datenübertragungsraten sind bei Bluetooth möglich?**
4. **Nennen Sie die verschiedenen Betriebszustände eines Bluetooth-Gerätes.**
5. **Welche Nachteile bringt das CSMA/CA-Verfahren bei störungsreichen Funkstrecken?**
6. **Welche Frequenzbereiche definiert das CENELEC-Band?**
7. **Welche Vorteile bringt das Powerline-Verfahren für den Verbraucher?**
8. **Wie erfolgt die Datenübermittlung bei Powerline vom Ortsnetztransformator bis zum Verbraucher?**

9.5 Internet

Das Internet stellt allen Teilnehmern eine nahezu grenzenlose Informationsvielfalt und eine stark wachsende Kommunikationsstruktur zur Verfügung. Es wird von der ICANN (von Internet Corporation for Assigned Names and Numbers) verwaltet.

9.5.1 Aufbau des Internet

Das Internet (von International Network) ist in seiner grundsätzlichen Struktur ein dezentrales Netzwerk **(Bild 1)**. Es gibt jedoch auch hierarchische und zentrale Netzwerke, die an das Internet angeschlossen sind. Das Rückgrat des Internets sind die so genannten Backbones (Rückgrat), die den Großteil des Datenverkehrs über weite Strecken übertragen und interkontinental meist nationale Netzwerke verbinden. Dazu gibt es spezielle Anbieter, so genannte Carrier (= Träger, im Sinne von Betreiber von Telekommunikationsdiensten), die ein eigenes Netzwerk betreiben und kleineren Providern (= Lieferanten von Internetdiensten) einen Anschluss an dieses Netzwerk ermöglichen. Die Provider bezahlen ihren erzeugten Datenverkehr und stellen dem Carrier Räume zur Verfügung, in die der Carrier seine Technik für die Anbindung aufstellen und installieren kann.

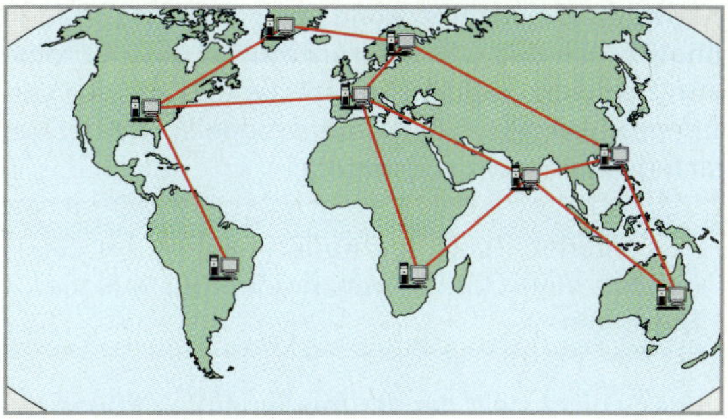

Bild 1: Dezentrales Internet

> Das Internet besteht aus eigenständigen Netzwerken, die über Backbones miteinander verbunden sind.

In **Bild 2** ist schematisch das Backbone eines Carriers mit zwei angeschlossenen Providern dargestellt. Provider A betreibt einen PoP (Point of Presence = Einwahlknoten) z. B. mit vier angeschlossenen Computern. Er selbst ist über ein Backbone des Carriers an das Internet angebunden. Für diesen Zweck beherbergt Provider A einen Schaltschrank des Carriers, der als Gegenstelle für die Backbone-Verbindung zum Provider B dient. Provider B betreibt einen PoP mit drei angeschlossenen Rechnern.

Der Carrier betreibt hier ebenfalls einen Schaltschrank, der die Verbindungen zu A und zum Internet gewährleistet. Der Anschluss an das Internet erfolgt über eine Verbindung zu einem so genannten CIX (von Commercial Internet Exchange = kommerzieller Internet-Austauschpunkt), das eine neutrale Austauschstelle (Peering-Point) als Übergang zu anderen Carrier-Netzwerken darstellt. Der bedeutendste, neutrale Austauschpunkt in Deutschland ist das DECIX **(http://www.de-cix.net)** in Frankfurt am Main.

Logische Internetarchitektur

Durch seinen Aufbau muss das Internet in der Lage sein, eine Vielzahl von Netzen miteinander zu verbinden, unabhängig von der zugrunde liegenden Hardwaretechnologie. Da nicht jedes Netzwerk mit jedem verbunden werden kann, muss die Kommunikation auch indirekt über unbeteiligte dritte Netzwerke möglich sein. Alle Teilnehmer des Internets müssen eine gemeinsame, einheitliche Adressenstruktur benutzen, die eine rasche und eindeutige Identifizierung von Sender und Empfänger ermöglicht. Mit den Kommunikationsprotokollen des Internet können alle drei Forderungen erfüllt werden.

9.5.2 Kommunikationsprotokolle im Internet

Protokolle sind Konventionen und Regeln über den Austausch von Informationen zwischen Computern mit dem Ziel, eine vollständige, fehlerfreie und effektive Datenübertragung zu gewährleisten. Die

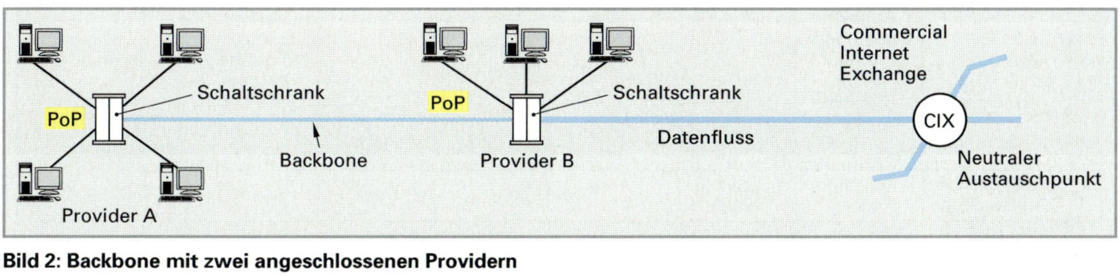

Bild 2: Backbone mit zwei angeschlossenen Providern

Kommunikationsprotokolle des Internet bilden ähnlich wie das OSI-Referenzmodell eine Abfolge von Schichten **(Bild 1)**. Sie entstanden vor der Veröffentlichung des OSI-Referenzmodells und decken sich deshalb nicht vollständig.

> Das Internet-Schichtenmodell besteht im Gegensatz zum OSI-Referenzmodell nur aus vier Schichten.

Jede Schicht stellt der darüberliegenden Ebene definierte Funktionen zur Verfügung **(Tabelle)**. Die beiden grundlegenden Protokolle TCP (Transport Control Protocol) und IP (Internet Protocol) haben der TCP/IP-Internet Protocol Suite den Namen gegeben. Die Protokollspezifikationen sind in so genannten RFC-Dokumenten (RFC von Request for Comment = Bitte um Kommentare) festgehalten. Aufgrund ihrer weltweiten Anwendung stellen die hier veröffentlichten Regeln Quasi-Standards dar.

Die Internet-Standards werden weiter entwickelt von den IAB (Internet Activities Boards = informelle Organisationen) mit Unterorganisationen wie IETF (Internet Engineering Task Force = Funktionsüberwachung) und IRTF (Internet Research Task Force = Weiterentwicklung).

TCP/IP-Daten werden normalerweise immer über ein vorhandenes Trägernetz, z. B. vom Typ Ethernet oder TokenRing, übertragen. Die Aufgabe des TCP/IP-Programmstapels ist es, die Verbindung zwischen unterschiedlichen Netzwerken zu ermöglichen.

Tabelle: Internet-Protokollschichten

Bezeichnung	Aufgaben	Daten
Anwendungsschicht	Enthält Anwendungen und Prozesse, die auf das Netzwerk zugreifen.	Stream
Transportschicht	Stellt Ende-zu-Ende-Datendienste zur Verfügung.	Segment
Internetschicht	Definiert den Aufbau von Datagrammen und routet Daten.	Datagramm
Netzwerkschicht	Enthält Routinen für den Zugriff auf physikalische Netze.	Frame

> TCP/IP ist ein Softwarebündel, das unabhängig von der zugrunde liegenden Hardware der Netze arbeitet.

9.5.2.1 Die Netzwerkschicht

Für eine Ethernetkarte bestehen die ankommenden Daten des Datenrahmens (Frame) aus dem Ethernet-Header (von header = Kopfteil) und einem Datenteil (siehe Abschnitt 7.1). Dieser Datenteil wird vom Kartentreiber an die nächst höhere Schicht weitergereicht. Die Internetadressen werden auf die physikalischen Adressen abgebildet. Jeder Netzwerkstandard braucht sein eigenes Protokoll.

Internet-Protokolle								
OSI-Schicht		Internet-Protokoll-Suite						Internet-Schicht
7	Anwendung	File Transfer	Electronic Mail	Terminal Emulation	Usenet News	Domain Name Service	World Wide Web	Art der Kommunikation
6	Darstellung	File Transfer Protocol (FTP) RFC 959	Simple Mail Transfer Protocol (SMTP) RFC 821	Telnet Protocol (Telnet) RFC 854	Usenet News Transfer Protocol (NNTP) RFC 977	Domain Name Service (DNS) RFC 1034	World Wide Web (WWW) RFC	Anwendung Applikation
5	Sitzung							
4	Transport	Transmission Control Protocol (TCP) RFC 793					User Datagram Protocol (UDP) RFC 768	Transport Host to Host Kommunikation
3	Netzwerk	Address Resolution Protocol (ARP) RFC 826	Internet Protocol (IP) RFC 791				Internet Control Message Protocol RFC 792	Internet
2	Sicherung	Ethernet		Token Ring	DQDB	FDDI	ATM	lokales Netzwerk
1	physikalische Übertragung	Twisted Pair	Lichtwellenleiter	Coaxkabel		Funk	Laser	Netzzugriff

Bild 1: Kommunikationsprotokolle im Internet

9.5.2.2 Die Internetschicht

Das Internet Protokoll (IP) ist das Standardprotokoll für Rechnerkommunikation und als erste Abstraktionsschicht über dem konkreten Netzwerk angesiedelt. IP dient als Träger der Transportprotokolle TCP (von Transmission Control Protocol) und UDP (von User Datagram Protocol). Diese Aufgabe verrichtet IP in einer verbindungslosen Arbeitsweise und nicht garantiert **(Bild 1)**. Verbindungslos bedeutet, dass zwischen Absender und Empfänger keine Vereinbarung hinsichtlich der Steuerung des Kommunikationsverlaufs getroffen wird. Nicht garantiert bedeutet, dass auf dieser Protokollschicht keine Kontrolle vorgesehen ist, die für eine wiederholte Übertragung von verlorenen Paketen sorgt (Quittierungsmechanismus).

Das Internet-Protokoll (IP) überträgt die Daten verbindungslos und nicht garantiert.

Die zu übertragenden Informationen werden paketiert, d. h. zerlegt und wie in einem Umschlag mit Ziel- und Absenderadresse versehen. Da dies verbindungslos erfolgt, heißen IP-Pakete Datagramme. Die einzelnen IP-Pakete werden voneinander unabhängig abgeschickt. Sie können über unterschiedliche Trägernetze gehen und infolgedessen am Ziel in einer anderen Reihenfolge ankommen. Einzelne Datagramme können außerdem aufgrund von Hard- und Softwarefehlern oder bei sehr hohem Datenaufkommen im Netz verlorengehen. Daher ist das IP kein zuverlässiges Protokoll mit Empfangsgarantie.

Für die Einordnung der empfangenen IP-Pakete in ihre korrekte Reihenfolge und deren Zusammensetzung zu einer Nachricht sind die Protokolle TCP bzw. UDP verantwortlich.

Das Internet-Protokoll überträgt die Daten paketorientiert.

Das Protokoll IP fügt den zu übertragenden Daten einen Protokollkopf (Header) hinzu **(Bild 2)**. Er enthält als wesentliche Information die logischen IP-Adressen des Quell- und des Zielrechners. Damit wird das eigenständige Versenden der Pakete möglich. Hinzu kommen einige weitere Steuerungsinformationen. Die Integrität des IP-Headers wird durch Hinzufügen einer Prüfsumme sichergestellt.

Die Funktionen des Protokolls IP sind im Header der IP-Pakete festgelegt.

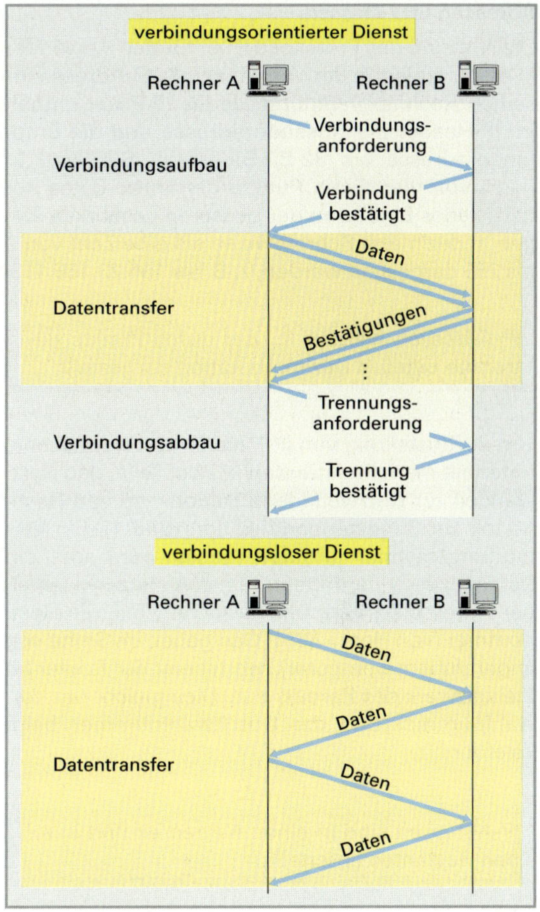

Bild 1: Kommunikationsphasen für verbindungsorientierte Dienste und verbindungslose Dienste

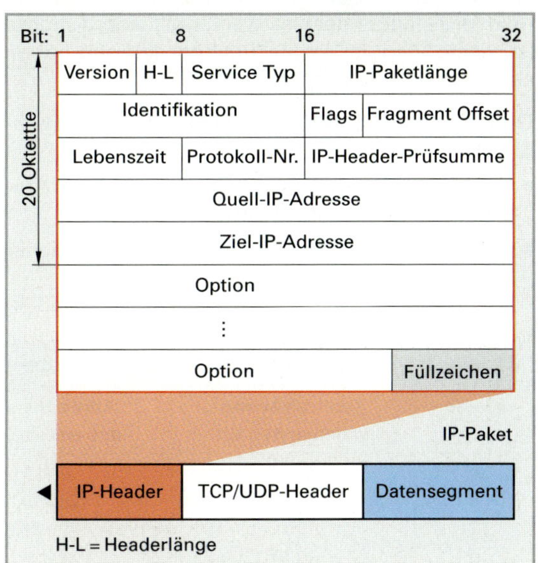

Bild 2: Aufbau des IP-Headers

Adressen und Klassen

Die Nutzung des Protokolls IP ist für den Anwender in erster Linie mit der Vergabe einer IP-Adresse für seinen Rechner verknüpft. Jedes IP-Paket enthält im IP-Header die Absenderadresse und die Empfängeradresse als 32-Bit-Binärzahl. Sie wird in Form von vier durch Punkte getrennte Bytes notiert. Jedes Byte kann der besseren Lesbarkeit wegen in dezimaler Schreibweise als eine Zahl von 0 bis 255 dargestellt werden, z. B. als 196.23.155.113.

> IP-Adressen werden in vier durch Punkte getrennte Bytes in Dezimalnotation dargestellt.

Um die Zustellung von IP-Paketen zu vereinfachen, unterteilt man die Adressen in zwei Teile, den Netzwerkteil zur Netzwerkidentifikation und den Rechnerteil zur Benutzeridentifikation **(Bild 1)**. Ein Vermittlungsrechner (Router) muss nun, um ein Datenpaket zu vermitteln, nur den Netzwerkteil einer Adresse kennen. Den restlichen Teil, die Hostnummer (von Host = Wirt, Gastgeber, im Sinne von angerufenem Computer), wertet erst der Router im Zielnetzwerk des Paketes aus. Dies gleicht der Vorwahlnummer und der Durchwahlnummer beim Telefonnetz.

> IP-Adressen sind in einen Netzanteil und in einen Hostanteil unterteilt.

Insgesamt gibt es fünf verschiedene Netzwerkklassen, von denen jedoch nur drei benutzt werden (Bild 1). Je länger der Netzwerkanteil einer Adresse ist, desto weniger lokale Rechner können adressiert werden **(Tabelle 1)**.

Grundsätzlich gilt für die Zustellung von IP-Paketen:

- Alle Rechner mit der gleichen Netzadresse gehören zu einem Netz und
- zur Koppelung von Netzen unterschiedlicher Netzadressen wird ein Router benötigt.

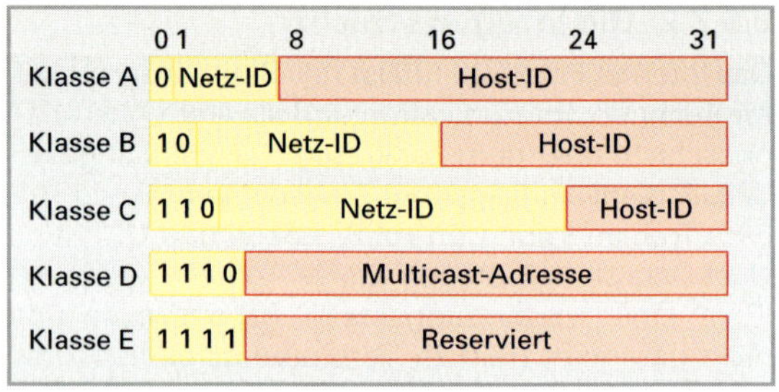

Bild 1: Klassen von IP-Adressen

Tabelle 2: Adressen ohne Internetanbindung

Klasse	Adressbereiche	Anzahl der Netze
A	10.0.0.0 – 10.255.255.255	1
B	172.16.0.0 – 172.31.255.255	16
C	192.168.0.0 – 192.168.255.255	255

IPv6

Durch das starke Wachstum des Internets wird das gegenwärtige Adressierungssystem des IPv4 (Internet Protocol Version 4) in naher Zukunft überlastet sein. Die jetzt schon vorhandene Norm IPv6 (Internet Protocol Version 6, RFC 2460) benutzt 128-Bit-Adressen, aufgeteilt in acht Viererblöcke mit Hexadezimalnotation, getrennt durch Doppelpunkte.

Öffentliche und private Adressen

Für die Verwaltung von IP-Adressen ist IANA (Internet Assigned Numbers Authority) allgemein zuständig, für Europa heißt diese Organisation RIPE (Réseaux IP Européens). In der Praxis erfolgt die Reservierung der Adressen immer über einen Internet-Provider.

Damit man nun lokale Netze ohne Internetanbindung betreiben kann, ohne IP-Nummern beantragen zu müssen und um auch einzelne Rechnerverbindungen testen zu können, sind drei Adressbereiche in den Netzwerkklassen A, B und C reserviert **(Tabelle 2)**. Diese „privaten" Adressen sind im RFC 1597 festgelegt.

Tabelle 1: Merkmale der Adressklassen im Internet

Klasse	Kennzeichnung in den ersten Bit	Adressbereich des ersten Byte	Anzahl der Netzwerkadressen	Anzahl der Rechneradressen
A	0	0–127	126	16 387 064
B	10	128–191	16 384	64 516
C	110	192–223	2 097 152	254
D	1110	224–...	nicht verfügbar	reserviert
E	1111			reserviert

Lokale IP-Verbindungen

Die IP-Pakete werden in den Nutzdatenbereich der Ethernet-Pakete eingebettet **(Bild 1)**. Die Umsetzung der IP-Adresse in eine physikalische Adresse erfolgt durch Tabellen über das ARP (von Address Resolution Protocol = Adressen-Auflösungs-Protokoll).

> Die Vermittlung von Datenpaketen erfolgt auf der Netzwerkschicht durch das ARP-Protokoll.

Eine Ethernetadresse, auch MAC-Adresse (von Media Access Control = Medienzugriffskontrolle) genannt, ist ein 6-Byte-Wort, das vom Hersteller in die Netzwerkkarte fest „eingebrannt" wurde. Es wird üblicherweise in hexadezimaler Schreibweise angegeben.

> Jede Ethernet-Adresse ist weltweit einmalig.

Möchte z. B. die Station A über Ethernet Daten an eine Station B mit der Internetadresse 172.16.231.64 senden, deren MAC-Adresse sie noch nicht kennt, so sendet sie zuerst einen ARP-Request (Anfrage) an alle Stationen im lokalen Netzwerk **(Bild 2)**. Dazu gibt der IP-Treiber als Ethernet-Empfangsadresse FF FF FF FF FF FF an. Dieser Rundruf (Broadcast) enthält die eigene MAC-Adresse und die IP-Adresse der gesuchten Station B. Alle Stationen erhalten und überprüfen den ARP-Request. Station B erkennt die eigene IP-Adresse und antwortet, indem sie einen ARP-Reply (Antwort) mit ihrer eigenen Ethernet-Adresse an die Station A sendet **(Bild 3)**. Der IP-Treiber von Station A ordnet nun die dem ARP-Reply entnommene Ethernetadresse der IP-Adresse von Station B zu und trägt sie in seine ARP-Tabelle ein. Daten können nun direkt ausgetauscht werden und künftige Datenübertragungswünsche werden schneller erfüllt.

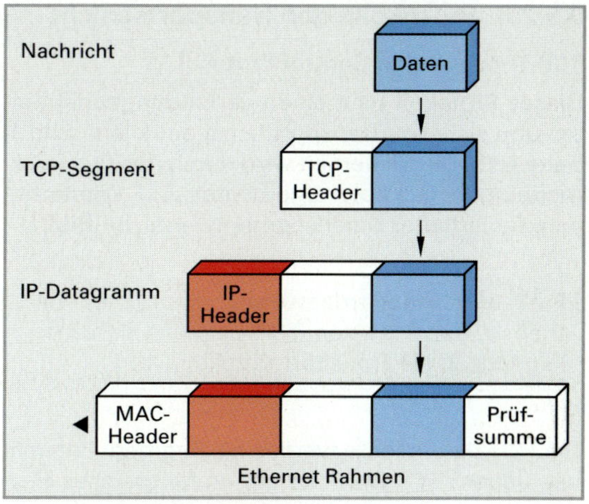

Bild 1: Einkapselung der Daten

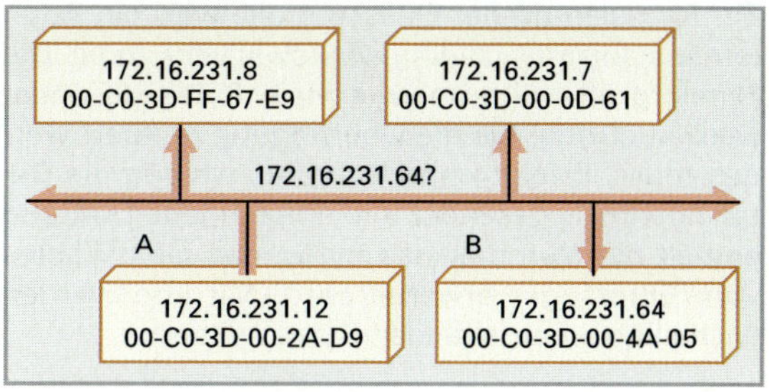

Bild 2: ARP-Anfrage (Request)

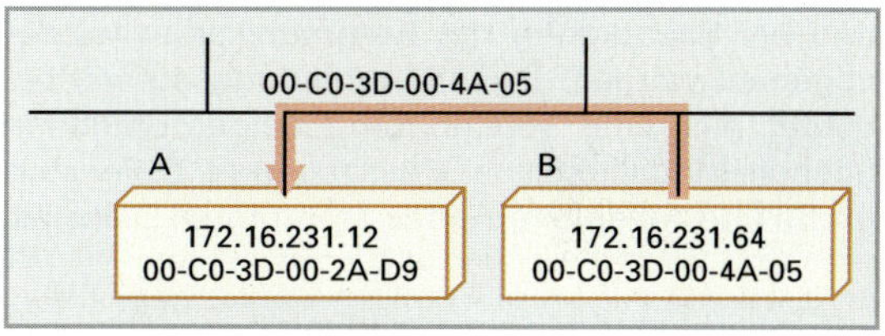

Bild 3: ARP-Antwort (Reply)

Netzübergreifende TCP/IP-Verbindungen

Der Absender eines IP-Datenpaketes kennt lediglich die Zieladresse, nicht aber die Verbindungen über die anderen Netze dorthin. Vermittlungsrechner (Router) treffen Entscheidungen über die Wahl des weiteren Weges.

Zunächst sucht ein Router, wenn das erhaltene Datenpaket nicht für das eigene Netz bestimmt ist, nach einem Eintrag in seiner Routing-Tabelle, ob die Zieladresse schon vorhanden ist. Trifft dies zu, wird das Paket an den entsprechenden nächsten Router zur direkten Übermittlung übergeben.

> Ein Router ist ein Vermittlungsrechner mit mindestens zwei Netzwerkverbindungen.

Ist die Zieladresse nicht vorhanden, wird lediglich nach der Netzwerk-Adresse gesucht. Gelingt auch dies nicht, wird der Standard-Router (Default-Router) gesucht und das Paket an diesen übergeben. Schlägt auch dieser Schritt fehl, ist das Paket nicht zustellbar.

Treten Fehler bei der Übertragung auf, wird das ICMP (von Internet Control Message Protocol = Protokoll für Kontrollfunktionen) eingesetzt. Auf diese Weise erhält eine anfragende Station die Nachricht, dass z. B. eine bestimmte Zielstation derzeit nicht erreichbar ist. Das Hilfsprogramm Ping (von Packet InterNet Gropher = wörtl. Internet Paket Grapscher) verwendet das Protokoll ICPM für Fehler- und Statusmeldungen.

9.5.2.3 Protokolle der Transportschicht

TCP-Transmission Control Protocol

Dieses Protokoll baut einen verbindungsorientierten und sicheren Transportdienst auf (siehe Bild 1, Seite 482). Die Sicherheit wird durch positive Rückmeldungen (acknowledgements) und Wiederholung fehlerhafter Datensegmente erreicht **(Bild 1)**.

Fast alle Standardanwendungen vieler Betriebssysteme nutzen TCP und das darunterliegende IP als Transportprotokoll.

Die TCP-Datenblöcke werden als Segment bezeichnet. Jedem TCP-Block ist ein umfangreicher Header vorangestellt **(Bild 2)**.

Zur Realisierung der Flusskontrolle wird ein Fenstermechanismus (sliding windows) verwendet. Die Fenstergröße gibt an, wie viele Bytes gesendet werden dürfen, bis die Übertragung quittiert werden muss. Erfolgt keine Quittung, werden die Daten nochmals gesendet. Die empfangene Quittung enthält die Nummer des Bytes, das als nächstes vom Empfänger erwartet wird. Mit ihm werden auch alle vorhergehenden Bytes quittiert.

Wie bei allen verbindungsorientierten Diensten muss zunächst eine virtuelle Verbindung aufgebaut und bei Beendigung der Kommunikation wieder abgebaut werden (Bild 1). Verbindungsaufbau bedeutet hier eine Vereinbarung beider Stationen über die Modalitäten der Übertragung z. B. Fenstergröße und Akzeptieren eines bestimmten Dienstes.

TCP-Verbindungen sind vollduplex.

Ausgangs- und Endpunkte einer virtuellen Verbindung werden durch Port-Nummern identifiziert. Allgemein verfügbare Dienste werden über *well-known-Ports* (= feste zugeordnete Portnummern) erreichbar. Andere Portnummern werden beim Verbindungsaufbau vereinbart.

Beim Öffnen einer TCP-Verbindung tauschen beide Kommunikationspartner Kontrollinformationen aus. Dazu schickt der Client (Kunde) ein Segment mit der Aufforderung, die Folgenummern auf die Anfangsnummern zu synchronisieren (Bild 1). Der Empfänger (Server) bestätigt und legt seinerseits eine Folgenummer für Übertragungen in die Gegenrichtung fest. Auch beim Abbau einer Verbindung wird auf diese Weise festgestellt, dass beide Seiten alle Daten vollständig empfangen haben.

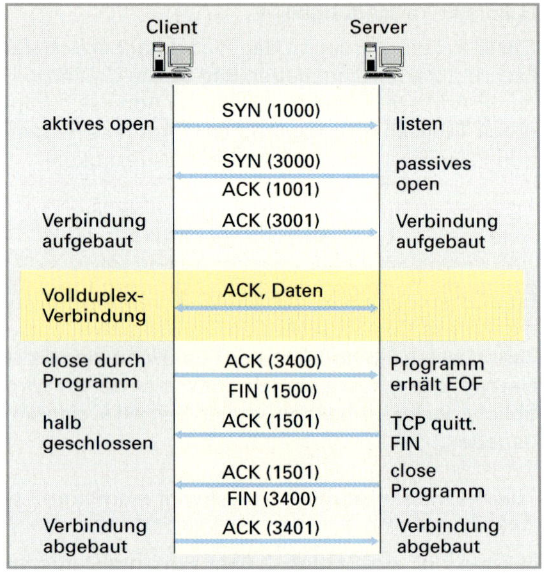

Bild 1: Ablauf einer TCP-Kommunikation

Bits 0	4	10	16	24	31
Sendeport			Empfangsport		
Sequenz-Nummer					
Bestätigungsnummer (Acknowledgement-Number)					
Header-länge	Reserviert	Codebits	Fenster		
Prüfsumme			Prioritätszeiger		
TCP-Optionen				Füllbits	
... Daten ...					
... Daten ...					

Bild 2: Format des TCP-Headers

Bits 0	4	10	16	24	31
Sendeport			Empfangsport		
Paketlänge			Prüfsumme		
... Daten ...					
... Daten ...					

Bild 3: Format des UDP-Headers

UDP-User Datagram Protocol

UDP stellt als einfaches Protokoll einen nicht zuverlässigen, verbindungslosen Transportdienst ohne Flusskontolle zur Verfügung. Der UDP-Header ist nur 8 Byte lang. Dadurch werden die Daten schneller übertragen **(Bild 3)**.

Die Bedeutung von UDP liegt in seinem schnellen Transportdienst für Internetanwendungen.

9.6 Dienste im Internet

Internetdienste sind Standardanwendungen, die auf den TCP/IP-Protokollen basieren und unter den allgemein bekannten und weltweit eindeutigen Portnummern in den Zielrechnern erreichbar sind **(Bild 1)**. Um mehr als eine Anwendung mit den TCP/IP-Protokollen benützen zu können, werden Sockets (von Fassung, Muffe) als Programmierschnittstelle festgelegt. Sie enthalten die IP-Adresse und die Portnummer des Senders bzw. Empfängers für die Zeitdauer der Verbindung.

Ein Socket enthält die IP-Adresse und die Portnummer von Sender und Empfänger.

9.6.1 TELNET

Das TELNET-Protokoll (RFC 854) arbeitet auf der Grundlage von TCP und erlaubt das Einloggen (Verbindung aufnehmen) und das zeichenorientierte, interaktive Arbeiten auf einem entfernten, über TCP/IP erreichbaren Zielsystem **(Bild 2)**.

Der TELNET-Client als Initiator nimmt die Verbindung zum TELNET-Server auf. Dies ist in der Regel ein Mehrplatzsystem. Der Server ist unter dem TCP-Port 23 zu erreichen (Bild 1). TELNET unterstützt das Einloggen auf einem entfernten System durch die Übermittlung einer Benutzerkennung, der Übertragung eines unverschlüsselten Kennwortes sowie einer Account-Kennung (Berechtigung).

Das TELNET-Protokoll arbeitet halbduplex.

Der Client gibt Kommandos ab, auf die der Server im Gegenzug mit zeilenweisen Änderungen der virtuellen Bildschirminhalte reagiert. Anschließend werden diese vom Server an den Client übertragen und auf dem realen Bildschirm angezeigt.

9.6.2 FTP

FTP (von File Transfer-Protocol = Dateien-Übertragungsprotokoll) ist ein Dateien-Übertragungsprotokoll (RFC 959). Es setzt auf dem verlässlichen, verbindungsorientierten Protokoll TCP auf und ist so aufgebaut, dass es auch bei schlechten Übertragungsstrecken und unterschiedlichen Rechnerbetriebssystemen eine sichere Dateienübertragung gewährleistet. Die Arbeitsweise von FTP zeigt **Bild 3**. FTP nutzt jeweils getrennte TCP-Verbindungen für die Kommandoverbindung (Port 21) und die Datenübertragung (Port 20).

FTP-Verbindungen arbeiten vollduplex.

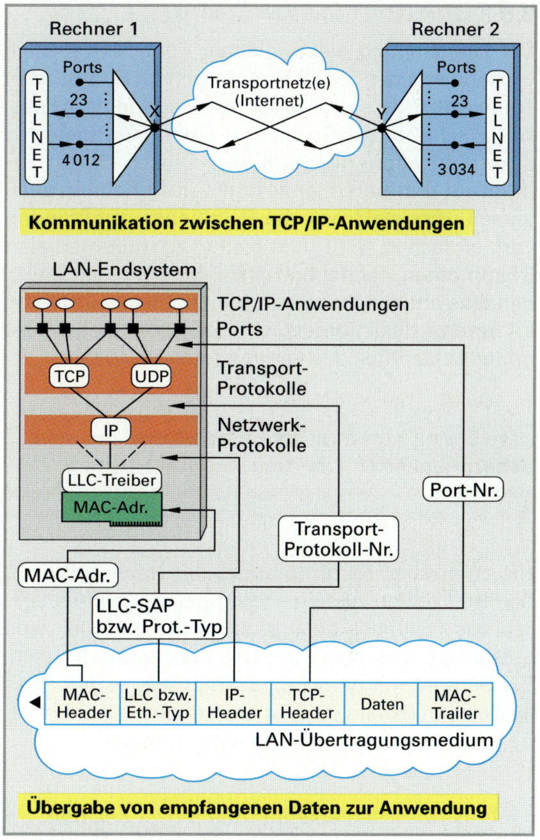

Bild 1: Adressierung von TCP/IP-Anwendungen

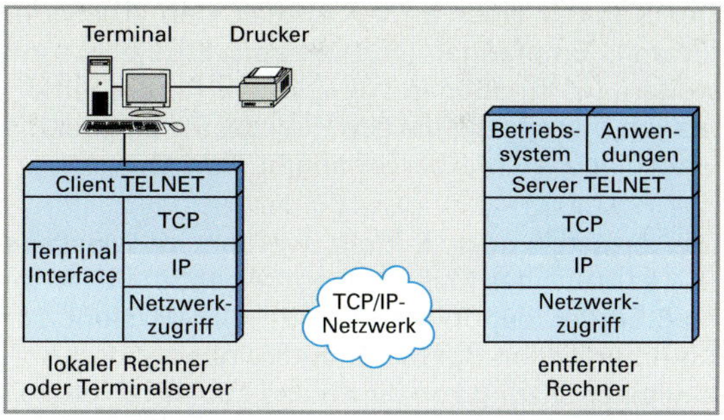

Bild 2: Arbeiten mit Telnet auf einem entfernten Rechner

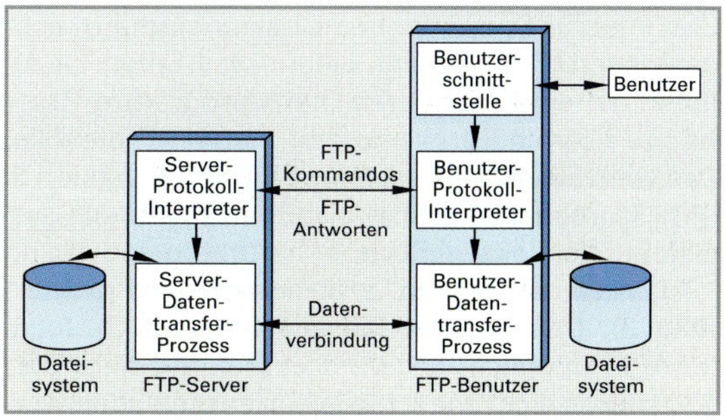

Bild 3: Arbeitsweise von FTP

9.6.3 SMTP

Der Übertragung elektronischer Post, also E-Mail, wird mithilfe des SMTP-Protokolls (von Simple Mail Transport Protocol = einfaches Nachrichtenprotokoll, RFC 821) auf Grundlage einer TCP-basierten Kommunikation durchgeführt. Dieser Dienst ermöglicht den personenbezogenen Mitteilungsaustausch über elektronische Postfächer, angefangen vom einfachen ASCII-Text bis hin zu multimedialen Dokumenten. Teilnehmer am E-Mail-Dienst benötigen eine entsprechend kompatible Client-Software. Im Bereich des Internets ist diese in der Regel integraler Bestandteil des verwendeten Browsers.

Die E-Mail-Kommunikation beruht auf der speicherorientierten Übertragung von Postfach zu Postfach.

Hierzu braucht der Empfänger der Nachricht nicht dauernd online zu sein. Durch gelegentliches Leeren des Postfachs gelangt er an seine Mails. Jede E-Mail-Adresse muss auf der Welt einmalig sein. Sie beginnt mit dem Benutzernamen, es folgt das @-Zeichen (sprich engl. at) und endet mit der Hostbezeichnung: info@europa-lehrmittel.de

E-Mail-Adressen erkennt man am @-Zeichen.

Der Kopfteil einer E-Mail enthält den Absender (From:), Empfänger (To:), Betreff (Subject:) und weitere Informationen wie z. B. die Routing-Information (Received:), die den Weg der Email über die verschiedenen Mailserver angibt **(Bild 1)**.

Die zuzustellenden E-Mails werden im Message Store (MS) eines Mail Transport Agenten (MTA) im Mail-Server deponiert **(Bild 2)**. SMTP sieht zur Kommunikation der MTAs untereinander den Aufbau einer Sitzung vor, die an das TELNET-Protokoll angelehnt ist.

SMTP ist für Systeme ohne Direktanbindung nicht geeignet. Um E-Mail von einem Mail-Server abzuholen, ist ein besonderes Dienstprogramm (User Agent) notwendig. Hierzu gibt es zwei Protokolle. Das weitverbreitete Post Office Protocol, Version 3, (POP3) arbeitet lokal, d. h. alle Emails werden komplett auf den lokalen Rechner heruntergeladen und lokal weiterverarbeitet, z. B. sortiert und gefiltert **(Bild 3)**. Das Internet Message Access Protocol (IMAP) ermöglicht das Vorsortieren auf dem Server, sodass nicht alle E-Mails heruntergeladen werden müssen.

Thema: Vielen Dank für Ihre Bestellung
Datum: 08. 03. 04 14:24:42 (MEZ) Mitteleuropäische Zeit
From: Service@europa.de
To: maybaum@aol.com

Liebe Kundin, lieber Kunde,

vielen Dank für Ihre Bestellung.
Wir bestätigen Ihnen dazu folgende Angaben:
Auftragsnummer: 31421263
Versandart: Deutschland-Standard

Ihre Bestellung wird so schnell wie möglich
von uns bearbeitet.

Mit freundlichen Grüßen,
Ihr Europa-Team

-------------------------------- **Headers** --------------------------------
Return-Path: <Service@europa.de>
Received: from rly-zd05.mx.aol.com
[172.31.33.229] by air-zd03.mail.aol.com with ESMTP;
Fr, 08 Mar 2004 08:24:42 -0500
Received: ....
From: Service@europa.de
Message-Id:
<2001024.OAA24340@debmu229.europa.de>
To: maybaum@aol.com
Subject: Vielen Dank für Ihre Bestellung
Date: Fr, 8 Mar 2004 14:24:19 +0100

Bild 1: Beispiel einer E-Mail-Nachricht

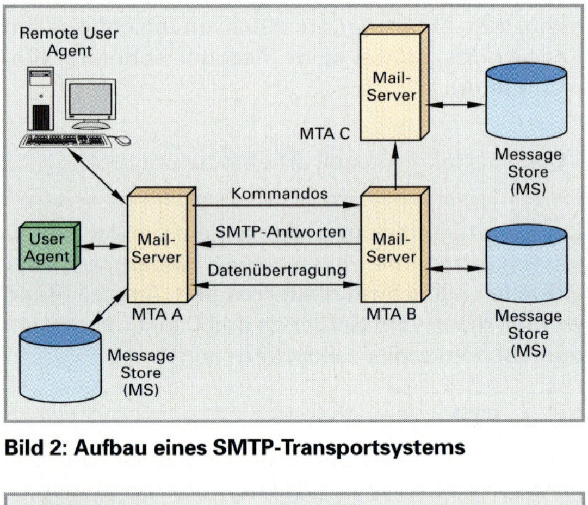

Bild 2: Aufbau eines SMTP-Transportsystems

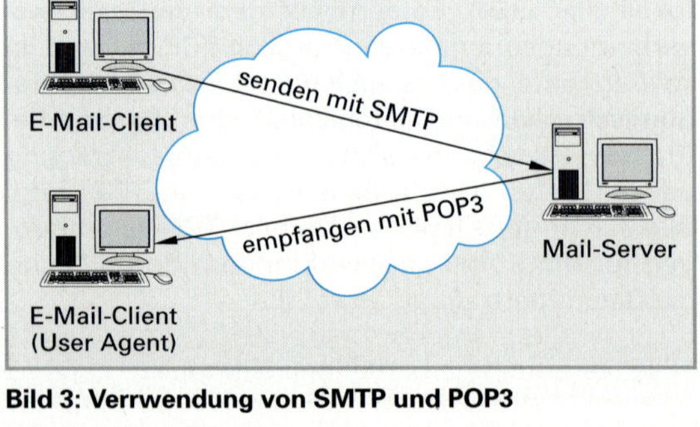

Bild 3: Verwendung von SMTP und POP3

9.6.4 DNS

Das DNS (von Domain Name System = Gebietsnamensystem) setzt die Adressierungsparameter (IP-Adressen) der weltweit vernetzten Rechner in eine mnemotechnisch günstigere Form um. Damit kann z. B. ein Webserver statt mit der numerischen Adresse 149.219.195.51 mit dem Namen **www.wdr.de** angesprochen werden.

> Das Domain Name Service Protokoll ersetzt die numerischen Internet-Adressen durch logische Namen.

Der Namensraum des DNS verfügt über eine Baumstruktur mit hierarchischen Ebenen **(Bild 1)**. Die Knoten im Namensraum, die auf der höchsten Hierarchieebene liegen, werden Top Level Domains (TLD) genannt. Hierzu gehört auch der Country Code TLD als Kürzel aus zwei Buchstaben, die von nationalen Vergabestellen (Registries) verwaltet werden, wie .de (Deutschland) und .fr (Frankreich). Die eigentlichen Datenhaltungs- und Auskunftsysteme im DNS sind die Domain Name Server, die jeweils Informationen für einen Zweig des Netzes bereithalten.

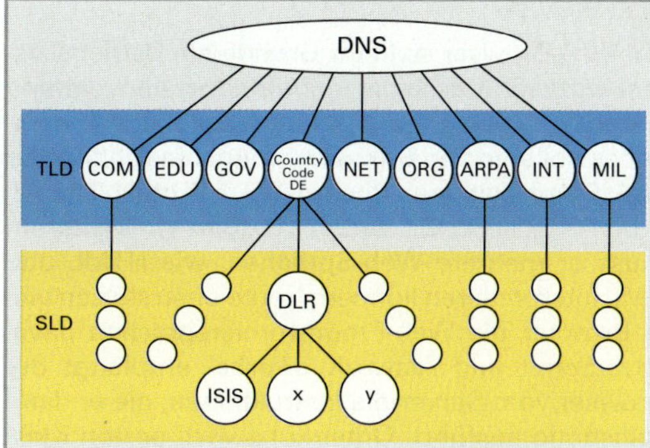

ARPA ... Advanced Research Projects Agency
COM ... Commercial
DE ... Deutschland
EDU ... Education
DLR ... Deutsches Zentrum für Luft- und Raumfahrt
DNS ... Domain Name System
GOV ... Government
INT ... International
ISIS ... Intelligent Satellite Data Information System
MIL ... Military
NET ... Network Provider
ORG ... Organization
SLD ... Second Level Domain
TLD ... Top Level Domain

Bild 1: Organigramm des DNS

9.6.5 HTTP

Das Protokoll HTTP (von Hypertext Transfer Protocol = Protokoll zum Austausch von Multimediadaten, RFC 1945 und RFC 2068) ist der entscheidende Übertragungsmechanismus, der es ermöglicht, im Internet durch einfache Interaktion mit Texten und Bildern im Browser zu anderen Informationen zu gelangen. Seine Hauptaufgabe auf Serverseite besteht darin, über Hyperlinks verknüpfte Dokumente für den Abruf durch HTTP-Clients zur Verfügung zu stellen.

> Das Protokoll HTTP ermöglicht heute die zentralen Anwendungen im Internet durchzuführen und wird von vielen Nutzern mit dem Internet gleichgesetzt.

Als zentrales Konzept verwendet der HTTP-Standard die einheitliche Adressierung von Dokumenten auf Servern mittels einer einheitlichen Adressierungsform, der URL-Adresse (Uniform Resource Locator = einheitliche Quellenadresse). In der URL-Adresse sind die Übertragungsart, der Rechner, der die Information beinhaltet und der Pfad zu den Informationen auf dem Rechner angegeben **(Bild 2)**.

> Eine URL-Adresse adressiert weltweit eindeutig Informationsressourcen im Internet.

Aufbau: Protokoll://Domain:Port/Pfad

Beispiel:	http://www.wms-hn.de:9876/schule/index.html
Protokoll:	Übertragungsprotokoll (http = Hypertext Transfer Protokoll)
//Domain	Bezeichnung des Servercomputers im Internet
:Port	Kommunikationsport des Servers, i. d. R. nicht erforderlich, da Standardwert = 80
/Pfad	Ortsangabe im Dateisystem des Servers, bestehend aus Verzeichnispfad und Dateiname

Die Zeichen //, :, / sind syntaktische Kennzeichnungen für die verschiedenen Elemente der URL-Adresse.

Bild 2: Aufbau einer URL-Adresse

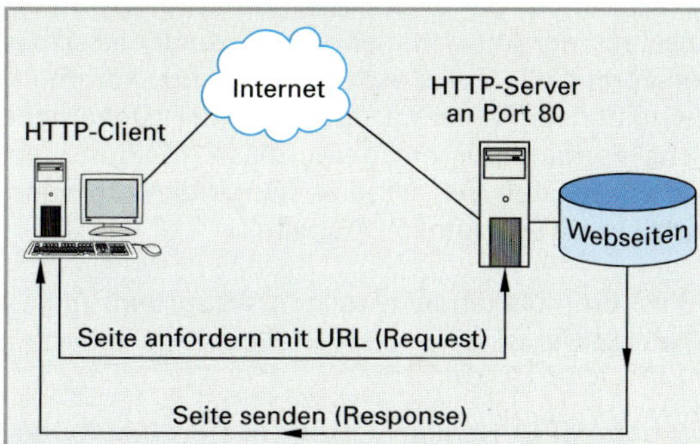

Bild 3: Ablauf einer vereinfachten HTTP-Sitzung

HTTP funktioniert nur zwischen einem HTTP-Client und einem HTTP-Server. Programme, die als Client arbeiten, werden Browser (von to browse = stöbern) genannt, die Server heißen Webserver (von Web = Netz). HTTP-Clients fordern Dokumente an, die der Webserver sendet **(Bild 3)**.

Web-Browser

Ein Web-Browser stellt im Grunde ein Betriebssystem (Virtuelle Maschine) im Betriebssystem dar und sollte durch geeignete Mechanismen beide voneinander isolieren. Ein Browser verfügt hinsichtlich der TCP/IP-Applikationen über mehrere Protokollstapel, z. B. HTTP, TELNET und FTP **(Bild 1)**. Weiterhin muss er mehrere Web-Sprachen, wie HTML und XML interpretieren können. Heute unterstützen viele Browser die Web-Programmiersprachen Java, Java-Script und Active-X. Hierbei empfängt der Browser vom Server die Instruktionen, die er dann selbsttätig ausführt. Unterstützt wird er von Klassenbibliotheken, die die Regeln für die Interpretation der Instruktionen beinhalten. Die Verwendung einer graphischen Benutzeroberfläche erfordert die Unterstützung von Web-Grafikformaten wie JPEG und GIF, um sie dann der grafischen Benutzerschnittstelle (GUI) des Betriebssystems anbieten zu können. Die grafische Aufbereitung der Bilder, Schriften und Animationen wird als Rendering bezeichnet (von to render = übersetzen).

Abwicklung der Client-Server-Interaktionen

HTTP-Kommandos werden in Textdateien transportiert, die zwischen Client und Server ausgetauscht werden. Jeder Informationsaustausch besteht aus bis zu drei Teilen:

- Anforderungszeile,
- Header-Teil und
- Body-Abschnitt.

In der Anforderungszeile teilt der Client z. B. mit dem GET-Befehl dem Server mit, welche Datei gewünscht wird, welche HTTP-Version er verwendet und welche Datenformate akzeptiert werden. Der Server sendet die entsprechende Datei im Body-Abschnitt der Antwort, der er eine Header-Information voranstellt. Sollte es zu einem Fehler kommen, der häufigste Fehler ist der Error 404 (Dokument nicht vorhanden), erscheint diese Meldung im Browserfenster. Sie ist eine Originalinformation aus dem HTTP-Protokoll **(Tabelle)**.

Die Kommunikation zwischen Web-Client und Web-Server wird durch HTTP-Befehle gesteuert.

Mit dem HTTP-Header verfügt das Protokoll über einen umfangreichen Signalisierungsmechanismus, mit dem die Eigenschaften der zu übertragenden Nachrichten den beteiligten Kommunikationspartnern mitgeteilt werden.

HTTP ist ein stark asymmetrisches Protokoll, da die Anfragen (Request) nur wenige hundert Bytes und die Antworten (Response) in der Regel mehrere Kilobytes umfassen.

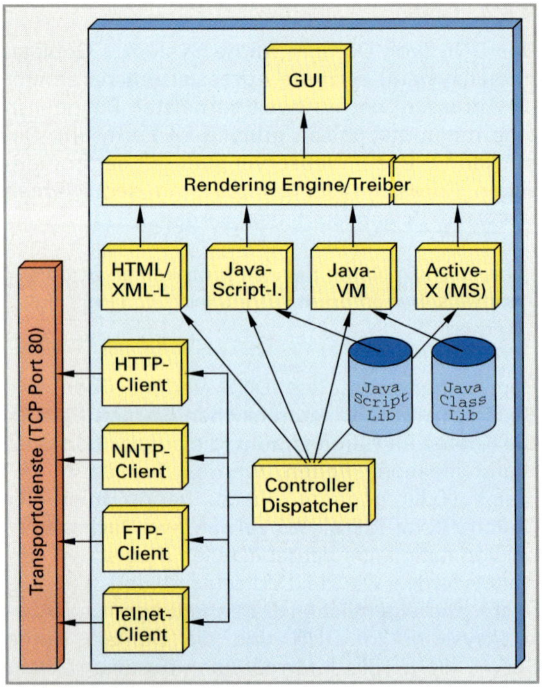

Bild 1: Aufbau eines Web-Browsers unter dem Betriebssystem Windows

Tabelle: Fehlermeldungen im HTTP-Protokoll

Fehlercodes	Bedeutung
100 - 199	Information
200 - 299	Client-Anfrage erfolgreich
300 - 399	Client-Anfrage umgeleitet
400 - 499	Fehlen des Dokuments
500 - 599	Serverfehler

Das HTTP-Protokoll unterstützt großzügig die Anpassung der Datenformate. Diese Toleranz ist für das Internet von besonderer Wichtigkeit, da hier verschiedene Zeichensätze und natürliche Sprachen, Hardware- und Softwareprodukte miteinander arbeiten sollen.

Wiederholung und Vertiefung

1. **Welche Aufgaben haben die TCP/IP-Protokolle?**
2. **Warum ist 125.256.123.1 keine gültige IP-Adresse?**
3. **Welchen Dienst bietet TELNET?**
4. **Welcher Unterschied besteht zwischen einer Email-Adresse und einer URL-Adresse?**
5. **Erklären Sie das FTP-Funktionsmodell.**
6. **Wie ist ein Web-Browser aufgebaut?**

9.7 Multimedia-Technik

Multimedia-Technik (von lat. multus = viel und medium = Vermittler) ist die Anwendung von Text, Grafik, Ton und Video zur Vermittlung von Informationen mit einem Gerät. Die Videotechnik mit künstlich erzeugter Grafik, z. B. in einem Trickfilm, wird als *Animation* (Animation = Belebung, hier Bewegung von Figuren) bezeichnet. In der Multimedia-Technik hat der Benutzer die Möglichkeit, durch eigenes Eingreifen die Informationen zu beeinflussen, d.h. aktiv zu werden. Der Benutzer führt also einen *interaktiven Dialog* mit dem Multimedia-Gerät, z. B. dem Computer.

Zwischen Benutzer und Computer wird in der Multimedia-Technik ein interaktiver Dialog geführt.

Für die Übertragung der Daten der Multimedia-Technik werden Netze mit hohen Bitraten benötigt. Multimediale Komponenten lassen sich mehrfach miteinander verbinden **(Bild 1)**.

9.7.1 Multimedia-PC

9.7.1.1 Baugruppen eines Multimedia-PC

Mit einem Multimedia-PC kann man Musik hören oder sogar selbst komponieren, Bilder und Videos ansehen und bearbeiten, Lernprogramme von einer CD durcharbeiten oder auch einfach nur spielen.

Ein Multimedia-PC hat deshalb eine Soundkarte, zwei Lautsprecher, ein CD-RW-Laufwerk, ein DVD-Laufwerk und eine Festplatte mit z. B. 80 GB Speicherkapazität. Da große Datenmengen bewegt werden, müssen die CPU des PC und die Grafikkarte sehr leistungsfähig und die Festplatte sehr schnell sein.

Für die *Tonverarbeitung* (Soundbearbeitung) benötigt man Lautsprecherboxen **(Bild 2)**. Meist werden zwei *Aktivboxen* mit eingebautem Netzteil verwendet. Die Tonbearbeitung wird mittels Soundkarte und Sequenzer (= Programmgeber) vorgenommen. Die Soundkarte wird mit einer Datenleitung, z. B. Flachbandleitung mit 32 Leitern und einer abgeschirmten dreiadrigen NF-Leitung, mit dem CD-ROM-Laufwerk verbunden. Bei einer eingebauten Karte sind die Anschlüsse für Mikrofon und eine weitere Tonquelle sowie die Anschlüsse für die Lautsprecher meist auf der Rückseite des PC zugänglich. Zusätzlich sind Geräte mit *Midi-Schnittstelle* oder ein *Joystick* anschließbar (siehe Tabellenbuch Informationstechnik). Die Video-Verarbeitung wird mittels Videokarte vorgenommen. Die Videokarte setzt digitalisierte Videosignale in das RGB-Format um. Das so gewandelte Videosignal kann dann von der Grafikkarte weiterbearbeitet werden.

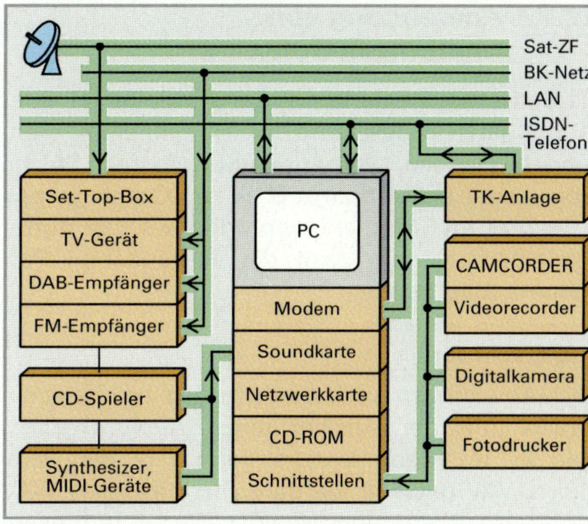

Bild 1: Komponenten der Multimedia-Technik

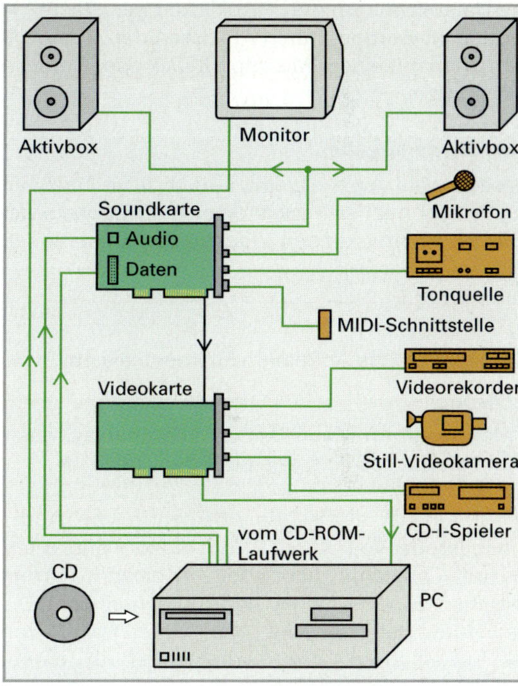

Bild 2: Baugruppen eines Multimedia-PC

Tabelle: Programme für Multimedia-Anwendungen

Art	Anwendung, Erklärung
Mischpult	Einstellen der NF-Quellen.
Audiorekorder	Aufnehmen und Abspielen von NF.
DVD-, CD-Wiedergabe	Abspielen von Audio-CD.
Medienwiedergabe	Abspielen digitaler Videos, sowie von NF und DVD-, CD.
Synthesizer	Erzeugen von Tönen und Melodien.

9.7.1.2 Anwendung von Multimedia-Software

Die Betriebssysteme Windows, Windows NT oder XP enthalten Programme für Multimedia-Anwendungen **(Tabelle, vorhergehende Seite)**. Solche Programme findet man z. B. in der Ordnergruppe `Zubehör` im Startmenü von Windows. Der Aufruf von `Multimedia` zeigt die vorhandenen Programme **(Bild 1)**.

Bild 1: Multimedia-Programme im Startmenü

Audiorecorder

Nach Anwahl von `Audiorecorder` erscheint ein Fenster mit der Ansicht eines *Audiorekorders* **(Bild 2)**. Im Menü `Datei` kann z. B. die Datei Chord.WAV gewählt werden. Die Extension WAV ist die Abkürzung von Wave (= Welle). In diesem Format werden digitalisierte Klänge gespeichert. Die Datei kann nun durch Anklicken der „Taste" ▶ abgespielt werden. Durch Anklicken der „Taste" ● kann man mit einem Mikrofon Musik oder Sprache aufnehmen.

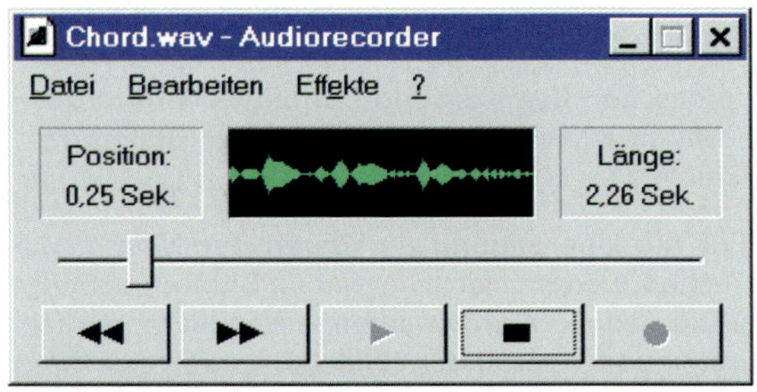

Bild 2: Fenster Audiorekorder

Medienwiedergabe

Nach Anwahl von `Medienwiedergabe` erscheint ein Fenster mit der Ansicht einer Art *Videorekorder* **(Bild 3)**. Hiermit können Videos oder Animationen abgespielt werden.

Bild 3: Fenster Medienwiedergabe

> **Übung:**
>
> Spielen Sie die Animation Filemove.avi ab.
>
> *Lösung:*
>
> Man wählt im Menü `Datei` Filemove.avi aus und startet das Abspielen mit der „Taste" ▶.

Die Extension avi ist die Abkürzung von Audio Video Interleaved (Audio = Ton, Video = Bild, Interleaved = verzahnt, überlappt). In diesem Format speichert Windows Video und Ton gemeinsam. Die gewählte Datei enthält z. B. eine Folge von 34 Einzelbildern, die nacheinander in einem Fenster gezeigt werden, z. B. das Einzelbild 12 **(Bild 4)**.

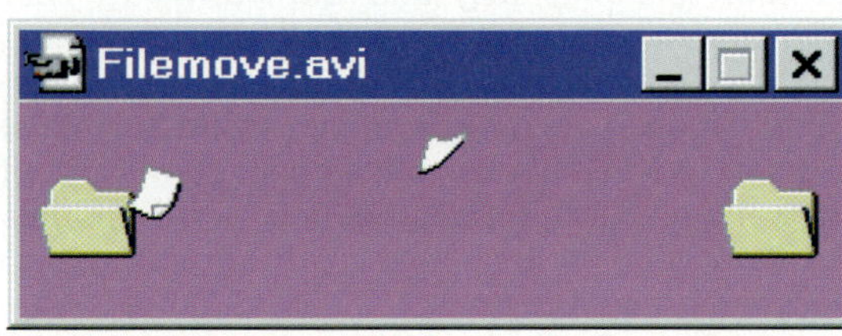

Bild 4: Einzelbild 12 der Bildfolge von 34 Einzelbildern

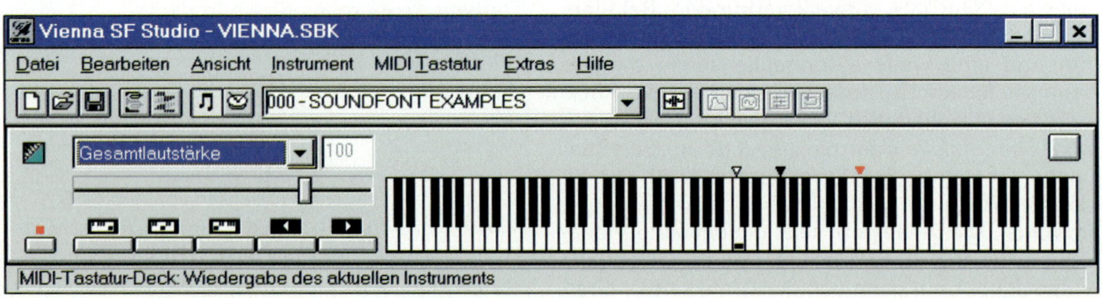

Bild 5: Fenster mit Synthesizer

Midi-Synthesizer

Soundkarten enthalten meist Programme, die Midi-Synthesizer (Midi von Musical Instrument Digital Interface = Musikinstrument Digital-Schnittstelle, Synthesizer = Gerät zur Erzeugung elektronischer Klänge) nachbilden **(Bild 5, vorhergehende Seite)**. Durch Betätigen der *Klaviertasten* mit der Maus können *Tonfolgen* aufgenommen werden. Diese können mit einer anderen *Klangfolge*, z. B. mit einem Rhythmus, unterlegt werden. Abgespielt werden kann die Datei dann mit dem Programm Medienwiedergabe (Bild 3, vorhergehende Seite). Ist der PC mit einem *Synthesizergerät* über ein Midi-Kabel verbunden, kann dieses Gerät die am PC erzeugte Musik abspielen.

9.7.2 Multimedia-Endgerät

Ein *Multimedia-Endgerät* **(Bild 1)** besteht z. B. aus den Baugruppen:

- Fernsehgerät mit 100-Hz-Vertikalablenkung,
- *DVB-Empfänger* (Digital Video Broadcasting) mit *MPEG2 Decoder* (Motion Picture Experts Group) und einem
- PC mit verschiedenen Schnittstellen.

Das Fernsehgerät arbeitet mit digitaler Signalverarbeitung. Über den *Kabeltuner* können analoge *terrestrische* Kanäle und die *Kabelkanäle* empfangen werden **(Bild 2)**. Das Satellitenempfangssignal wird im DVB-Empfänger ausgewertet und mit dem *Satelliten-Tuner* verbunden. Der DVB-Empfänger liefert Videosignale und Audiosignale. Diese Signale werden über eine *Euro-AV-Buchse* (S-Video) dem Fernsehgerät zugeführt (Bild 2). Die zweite Euro-AV-Buchse verbindet den PC mit dem Fernsehgerät. Über sie kann das Fernsehbild mit dem Video-Signal des PC überlagert werden. Gesteuert wird das Fernsehgerät von der CCU (Central Control Unit = Zentrale Steuerungseinheit). Die Datenübertragung zwischen Fernsehgerät, DVB-Empfänger und dem PC erfolgt über serielle Schnittstellen.

Das Multimedia-Endgerät muss zwei voneinander unabhängige Tonquellen, nämlich Fernsehton und PC-Ton steuern. Diese Aufgabe übernimmt die Soundkarte im PC. Die Verbindung erfolgt über die Euro-AV-Buchse. Für die Ansteuerung des Bildschirms wird eine eigene Grafikkarte verwendet. Die Grafikkarte wird vom Fernsehgerät mit Impulsen für die *horizontale* und *vertikale Synchronisation* versorgt. Dadurch ist es möglich, dem Fernsehbild das PC-Bild zu überlagern. Die Steuerung des PCs erfolgt z. B. über eine Tastatur mit Trackball. Die Verbindung zwischen Multimedia-Endgerät und Tastatur erfolgt Infrarot-gesteuert.

Bild 1: Multimedia-Endgerät

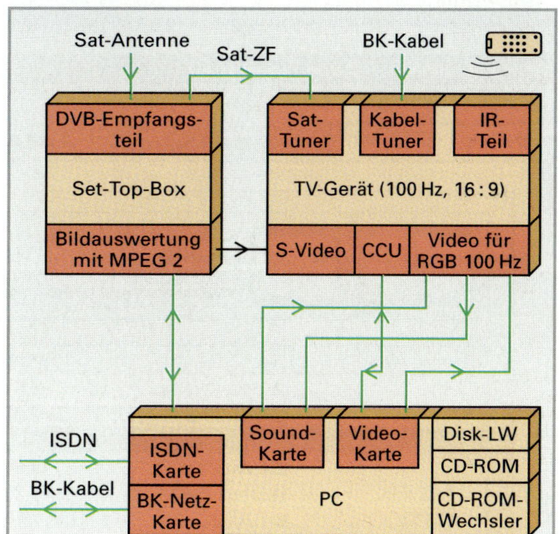

Bild 2: Baugruppen eines Multimedia-Endgerätes

Wiederholung und Vertiefung

1. **Was versteht man unter Multimedia-Technik?**
2. **Welche Komponenten gehören zu einem Multimedia-PC?**
3. **Nennen Sie drei Steuerungsprogramme für Multimedia-Anwendungen.**
4. **Aus welchen Baugruppen besteht ein Multimedia-Endgerät?**

10 Betreuung von IT-Systemen

10.1 Technische Betreuung

10.1.1 Partitionieren einer Festplatte

Vorbereitung und Start

Um z. B. verschiedene Betriebssysteme auf einer Festplatte einzurichten oder Programme von den Daten zu trennen, ist es sinnvoll, die Festplatte zu partitionieren (partition = Aufteilung). Ein geeignetes Programm ist z. B. PartitionMagic.

Beim Start des Programms wird die Festplatte untersucht und die Struktur angezeigt **(Bild 1)**.

Um bei einem Systemabsturz das Betriebssystem wieder starten zu können, empfiehlt sich das Erstellen von Notfalldisketten. Dies geschieht über das Menü `Extras - Notfalldiskette erstellen`.

> Vor Änderungen an der Festplattenstruktur sind die Daten unbedingt zu sichern, um einem Datenverlust vorzubeugen.

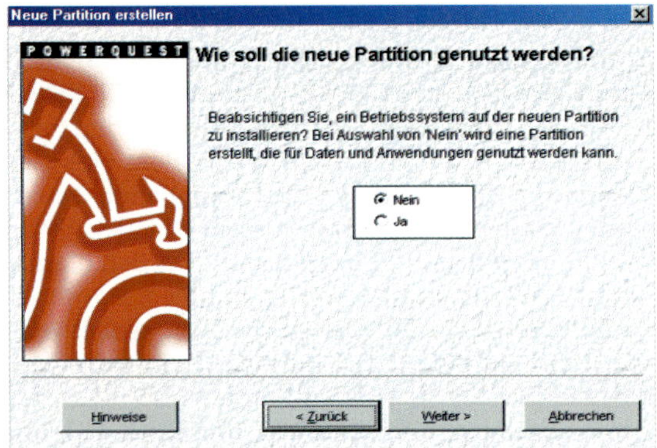

Bild 2: Einrichten einer neuen Partition

Neue Partition erstellen

Über den Menüeintrag `Assistenten-Neue Partition erstellen...` wird ein Assistenten-Programm gestartet **(Bild 2)**. Nach Hinweisen zur Änderung der Laufwerksbuchstaben ist zu entscheiden, ob auf der neuen Partition ein Betriebssystem installiert werden soll.
Anschließend ist der Dateisystemtyp auszuwählen **(Bild 1, folgende Seite)**. Zu beachten ist, dass nicht jedes Betriebssystem auf die einzelnen Dateisyste-

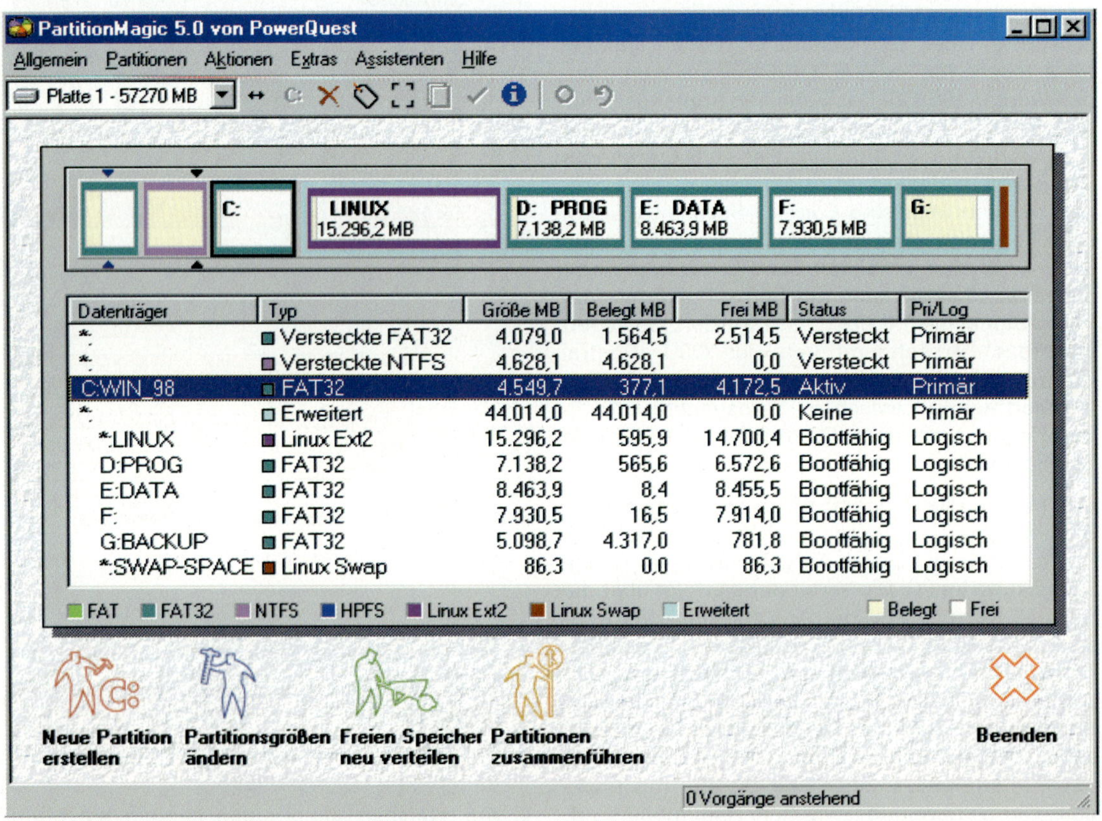

Bild 1: Fenster mit der Struktur einer Festplatte

me zugreifen kann. So sind Partitionen, die im FAT32-System erzeugt sind, für DOS, Win95A und WinNT nicht lesbar. WIN XP kann auf die meisten Systeme zugreifen.
Nach Bestätigen mit `Weiter` wird der Partitionstyp, `primär` oder `logisch`, ausgewählt. Insgesamt kann eine Festplatte vier primäre Partitionen enthalten. Sollen weitere Partitionen eingerichtet werden, so wird die vierte Partition in logische Laufwerke unterteilt, z. B. die Laufwerke `LINUX` bis `SWAP-SPACE` (Bild 1, vorhergehende Seite).

Nur primäre Partitionen können bootfähige Betriebssysteme enthalten (Ausnahme: Linux).

Zuletzt wird der logische Platz für die neue Partition festgelegt. Empfohlen wird vom Programm der Bereich nach der letzten bestehenden Partition. Wird ein Platz vor einer anderen Partition festgelegt, so werden alle folgenden Partitionen entsprechend verschoben, was zu sehr aufwändigen Kopiervorgängen führen kann.

Partitionsgröße ändern
Im Kontextmenü (Öffnen durch Klick auf die rechte Maustaste) des zu ändernden Laufwerkes wird die Option `Größe ändern/Verschieben...` gewählt. Im nun folgenden Fenster wird entweder durch Verschieben der Balkenbegrenzungen oder durch Eingabe anderer Werte die Größe der Partition geändert **(Bild 2)**. Verkleinern einer Partition hat freien Plattenbereich zur Folge, während Vergrößern nur möglich ist, wenn ein freier Bereich zur Verfügung steht.

Partitionen zusammenführen
Zum Zusammenführen zweier nebeneinander liegender Partitionen steht ein Assistent zur Verfügung. Nach dessen Start über `Partitionen zusammenführen...` wird die erste Partition, z. B. `F:` ausgewählt **(Bild 3)**. In einem weiteren Fenster wird eine der benachbarten Partitionen gewählt. Nach dem Festlegen des Dateisystems, z. B. NTFS, ist einzutragen, in welchem Ordner der Inhalt der zweiten Partition gespeichert werden soll. Anschließend wird die neue Struktur der Festplatte im Vergleich zur bisherigen Struktur angezeigt. Mit der Schaltfläche `Bestätigen` wird der Vorgang der Zusammenführung gestartet.

Bezeichnung festlegen
Eine Partition kann bereits beim Partitionieren mit einer Bezeichnung versehen werden. Dazu wird im Kontextmenü des Laufwerks die Option `Bezeichnung...` gewählt und in das Feld ein Name für die Partition eingetragen.

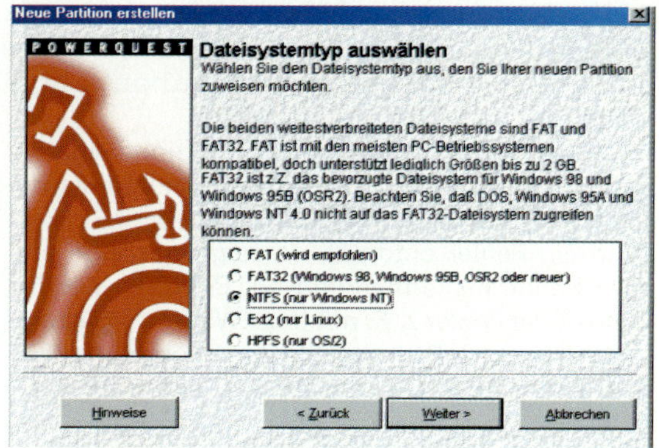

Bild 1: Zuordnung des Dateisystemtyps

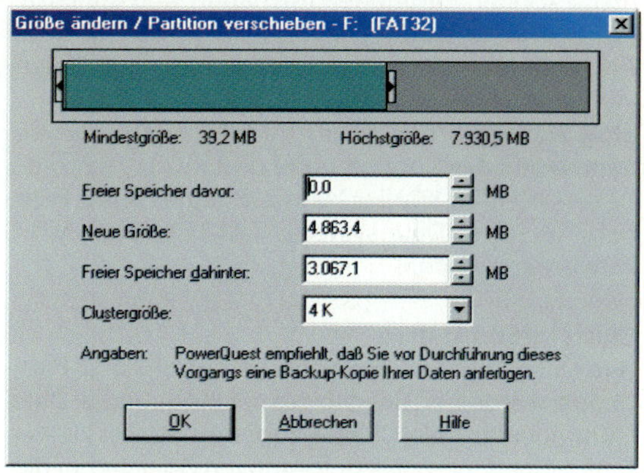

Bild 2: Ändern der Partitionsgröße

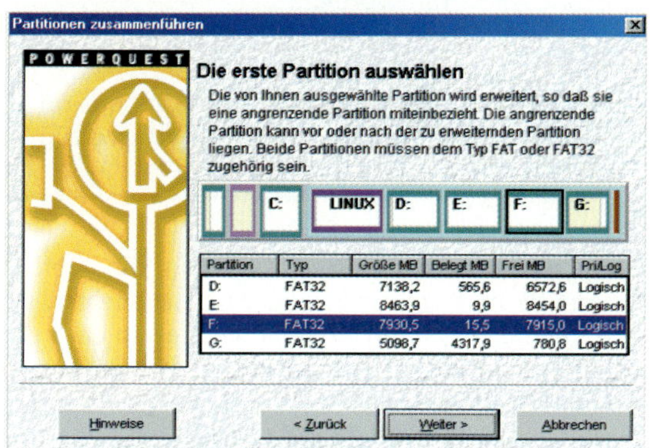

Bild 3: Zusammenführen von Partitionen

Löschen einer Partition
Um eine Partition zu löschen, wird im Kontextmenü des Laufwerkes die Option `Löschen...` gewählt. Um unbeabsichtigtem Löschen vorzubeugen, muss das Wort `OK` eingetragen und bestätigt werden.

Daten einer gelöschten Partition sind unwiederbringlich verloren.

Eigenschaften und Prüfung einer Partition

Um genauere Informationen über eine Partition zu erhalten, wird im Kontextmenü `Angaben...` gewählt.

Nachdem sich das Fenster Partitionsangaben geöffnet hat, wird automatisch eine Integritätsprüfung der Partition durchgeführt **(Bild 1)**.

Wird ein Fehler entdeckt, so zeigt dies eine entsprechende Fehlermeldung an. Behoben werden können die Fehler z. B. mit dem Windows-Systemprogramm ScanDisk, welches auch über das Kontextmenü mit `MS ScanDisk...` aufrufbar ist.

Formatieren und Ändern einer Partition

Mit der Option `Formatieren...` im Kontextmenü können Partitionen formatiert und gleichzeitig ihr Dateisystemtyp geändert werden **(Bild 2)**. Auch hier muss um einem versehentlichen Datenverlust vorzubeugen mit `OK` bestätigt werden.

Eine weitere Möglichkeit, Partitionsdaten zu ändern, bietet das Kontextmenü unter `Konvertieren...` **(Bild 3)**. Hier kann z. B. eine FAT16-Partition in das Dateisystem FAT32 oder NTFS konvertiert werden.

Clustergröße ändern

Alle Dateien in FAT16-Partitionen und FAT32-Partitionen werden in Cluster gespeichert. Jeder Datei ist mindestens ein Cluster zugeordnet. Bei kleinen Dateien bedeutet dies ungenutzten Speicher in den Clustern. Die Größe einer Partition ist für die Clustergröße mit verantwortlich.

> Das Verkleinern der Clustergrößen macht ungenutzten Speicher auf der Festplatte verfügbar.

Über das Kontextmenü wählt man die Option `Speziell - Clustergröße ändern...` und gelangt zu einem Auswahlfenster, in dem die belegten und ungenutzen Bereiche der Partition in Abhängigkeit der eingestellten Clustergröße angezeigt werden **(Bild 1, folgende Seite)**.

Alle festgelegten Änderungen stehen vor dem Schließen des Programms als durchzuführende Vorgänge an. Erst nach einer weiteren Bestätigung werden sie auf der Festplatte ausgeführt.

10.1.2 Arbeiten mit Images

Abbilder (Images) von Partitionen von Festplatten oder ganzen Festplatten dienen der Datensicherung und der schnellen Wiederherstellung eines früheren Zustandes von Festplatteninhalten.

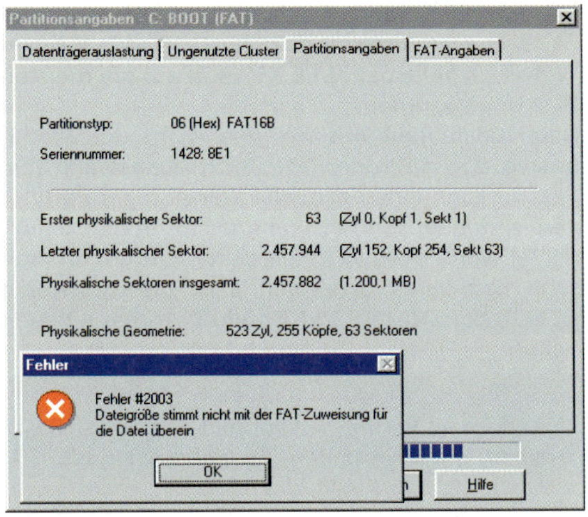

Bild 1: Fehlermeldung bei einer Integritätsprüfung

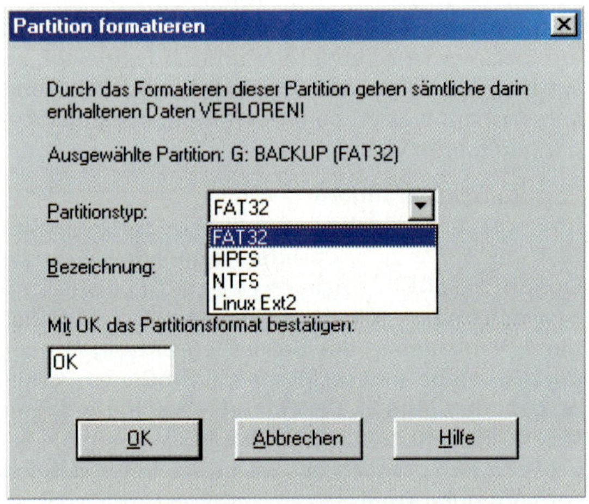

Bild 2: Formatieren einer Partition

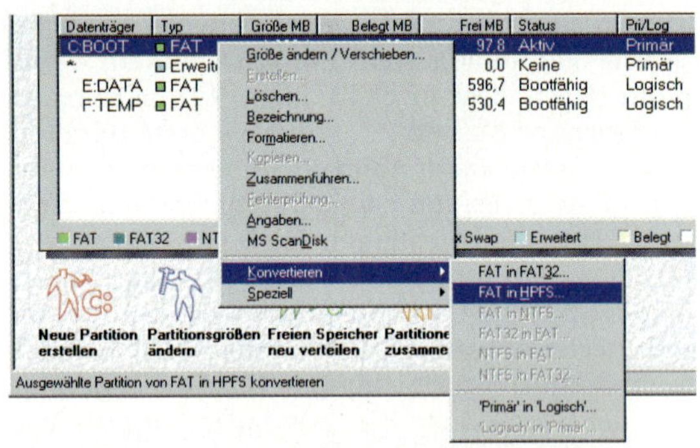

Bild 3: Konvertieren von Partitionseigenschaften

> **Übung:**
> Erstellen Sie ein Image von Laufwerk `C:` als Sicherheitskopie auf dem Laufwerk `F:`.
> *Lösung:* **Bild 2, folgende Seite**

Nach dem Start des Programms Ghost der Firma Symantec werden die Menüpunkte `Lokal - Partition - Auf Abbild` gewählt (Bild 2). Nach Bestätigung der entsprechenden Festplatte wird die Quellpartition `C:` ausgewählt. In einem weiteren Fenster wird die Zieldatei z. B. im Laufwerk `F:` festgelegt. Sie wird mit der Dateierweiterung `.gho` gespeichert.

Das Zurückspielen des Abbildes geschieht wie folgt. Man wählt die Menüpunkte `Lokal - Partition - Vom Abbild` und wählt die Datei, welche das Image enthält. Anschließend wird die Partition angegeben, die mit dem Image überschrieben werden soll.

Über verschiedene Schalter kann dieses Vorgehen automatisiert werden.

Dazu steht im Eingangsmenü von Ghost der Punkt `Optionen` mit der Registerkarte `Weitere Optionen` zur Verfügung **(Bild 3)**.

Wiederholung und Vertiefung

1. **Welche Aufgaben erfüllt ein Partitionierungsprogramm?**
2. **Was ist beim Partitionieren einer Festplatte hinsichtlich der Dateisysteme zu beachten?**
3. **Wozu dienen Images von Partitionen?**

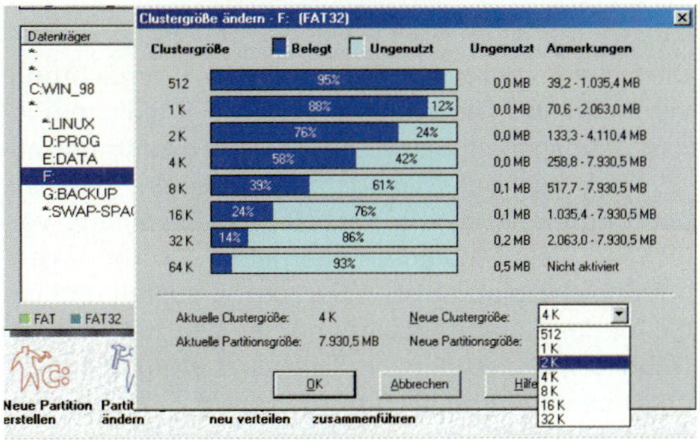

Bild 1: Ändern der Clustergröße

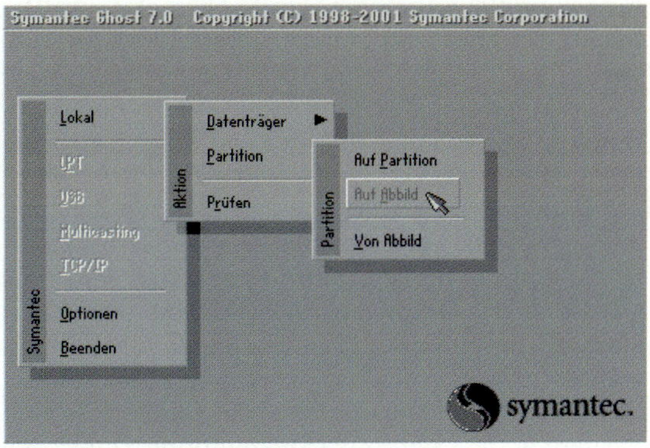

Bild 2: Erstellen eines Abbildes

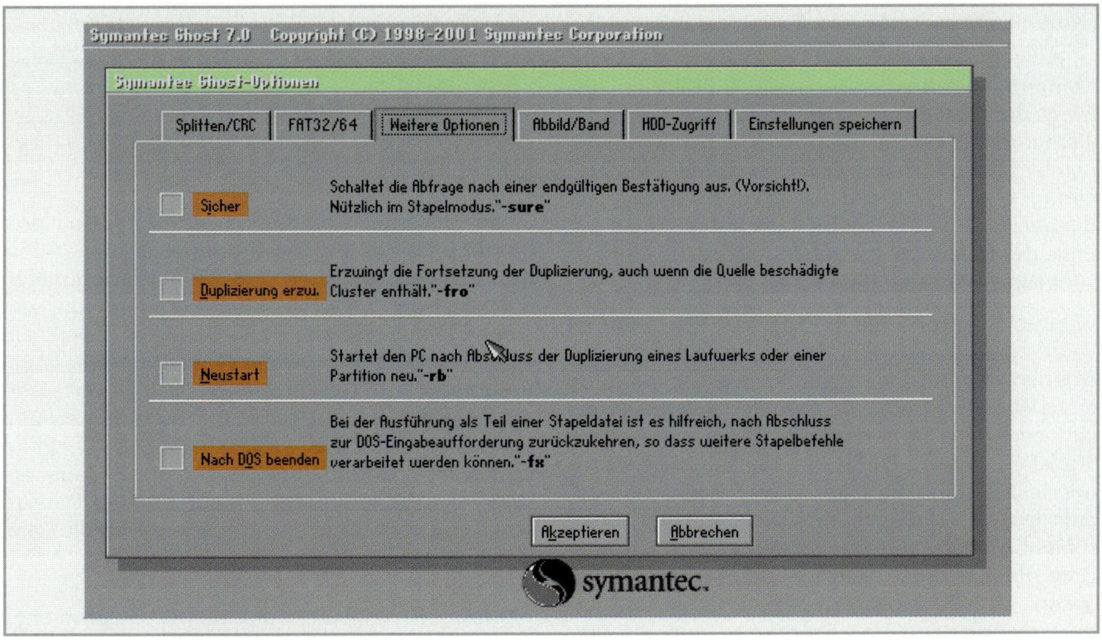

Bild 3: Optionen des Programms Ghost

10.1.3 Datenkomprimierung

Die Datenkompression (compression = Verdichtung) verringert das Dateivolumen bei meist gleichem Informationsgehalt. Sie wird in der Datenkommunikation, in Datenbank-Managementsystemen, bei Faxübertragungen und in der CD-ROM-Erstellung verwendet. Viele Dateien im Internet sind komprimiert, um Speicherplatz auf den Servern zu sparen und um die für den Datentransfer benötigte Zeit zu verkürzen **(Tabelle 1)**. Abhängig vom Dateityp beträgt die Kompressionsrate zehn bis fünfzig Prozent.

Dateikomprimierung im Internet

Kompressionsprogramme verwenden Algorithmen (komplexe mathematische Formeln), um Dateien in ihrer Größe zu reduzieren. Zuerst durchsucht der Algorithmus die Datei nach sich wiederholenden Zeichenfolgen. Findet der Algorithmus solche Zeichenfolgen, so ersetzt er diese durch kleinere Token (von token = Zeichen). Bei einer Datei mit vielen sich wiederholenden Zeichenfolgen werden viele Bestandteile durch Token ersetzt, sodass die komprimierte Datei sehr viel kleiner als das Original wird. Ein Header (Kennsatz) kann zu einer komprimierten Datei hinzugefügt werden. Dieser enthält Informationen über die Datei wie z. B. den Dateinamen, die Dateigröße und die verwendete Kompressionsmethode. Durch diese Header-Informationen kann die Datei wieder dekomprimiert werden.

Kompressionsverfahren verringern das Datenvolumen meist ohne Informationsverlust.

Komprimierungssoftware, wie z. B. PKZIP für den PC, ist darüber hinaus in der Lage, Dateien zu archivieren, d.h. mehrere komprimierte Dateien miteinander zu kombinieren. Das Unix-Kommando TAR verfügt ebenfalls über diese Möglichkeit. Dateiendungen, d.h. die Buchstaben nach dem Punkt am Ende des Dateinamens, geben Aufschluss über die verwendete Komprimierungssoftware (Tabelle 1).

Wenn eine komprimierte Datei aus dem Internet verwendet werden soll, muss sie zuerst auf den eigenen PC übertragen werden. Bei Verwendung eines Web-Browsers wird dazu der entsprechende Link angeklickt. Anschließend überträgt das File-Transfer-Protokoll (FTP) automatisch die komprimierte Datei. Um die Datei zu entpacken, ruft man auf dem PC die entsprechende Dekomprimierungs-Software auf. Die Software überprüft den Datei-Header und die in der Datei verwendeten Token. Mithilfe eines Dekompressions-Algorithmus rekonstruiert das Programm nun die Originaldatei.

Tabelle 1: Kompressionsprogramme im Internet

Betriebssystem	Programmname	Dateikennung
DOS, WIN NX, WIN NT, WIN XP	PKZIP ARJ LHA PAK ZOO	.zip .arj .lzh .pak .zoo
UNIX, LINUX	gzip unicompress	.gz .z
MACINTOSH	BinHex MacB SelfExtract Stuffit	.hqx .bin .sea .sit

Tabelle 2: PKZIP-Dateien

Dateinamen	Funktion
PKZIP.EXE	Komprimiert mehrere Dateien und auch Verzeichnisse unter einem Dateinamen (Archiv).
PKUNZIP	Entpackt ein Archiv.
ZIP2EXE.EXE	Macht ein Archiv selbstentpackend.
PKZIPFIX.EXE	Repariert ein beschädigtes Archiv.

Tabelle 3: Anweisungen von Komprimierungsprogrammen

Komprimierung	komprimierte Datei	Entkomprimierung
PKZIP Datei	Datei.zip	PKUNZIP Datei.zip
ARJ A Datei	Datei.arj	ARJ E Datei.arj
LHA A Datei	Datei.lzh	LHA E Datei.lzh
A von archiv, E von extract = herausziehen		

Komprimierungsprogramme

Eines der meistverbreiteten Kompressionsprogramme ist PKZIP (PK vom Verfassernamen Phil Katz, ZIP von Reißverschluss). Zum Komprimieren (Packen) und zum Dekomprimieren (Entpacken) einer Datei verwendet diese Software jeweils ein eigenes Programm **(Tabelle 2)**. Das Kompressionsprogramm ARJ (A von Archiv, RJ von Verfassernamen Robert Jung) verwendet zum Packen und Entpacken die Datei ARJ.EXE **(Tabelle 3)**. Beim Kompressionsprogramm LHA des Japaners Haruyasu Yoshizaki enden die gepackten Dateien mit LZH. Zum Packen und Entpacken wird die Datei LHA.EXE verwendet.

Komprimierungsprogramme und komprimierte Dateien sind an ihren Namen erkennbar.

10.1.4 RAID Level

Um die Geschwindigkeit und die Datensicherheit eines Rechnersystems zu erhöhen, wird oft mit mehreren Festplatten gleichzeitig gearbeitet. Die dabei verwendeten Konfigurationen nennt man RAID (von Redundant Array of Independent Disks = überflüssige Anordnung von unabhängigen Laufwerken). Die verschiedenen Verfahren nennt man RAID Level (von level = Stufe).

RAID Level 0

Beim RAID Level 0 verwaltet ein RAID-Controller zwei oder mehrere Festplatten **(Bild 1)**. Der Controller teilt vor dem Abspeichern logisch zusammenhängende Daten in einzelne Datenblöcke auf. Diese werden auf physikalisch getrennte Laufwerke verteilt. Das Verfahren nennt man auch Data Striping (= Datenzerlegung).

Der Einsatz von RAID Level 0 erhöht die Bitrate beim Speichern und beim Lesen von Daten.

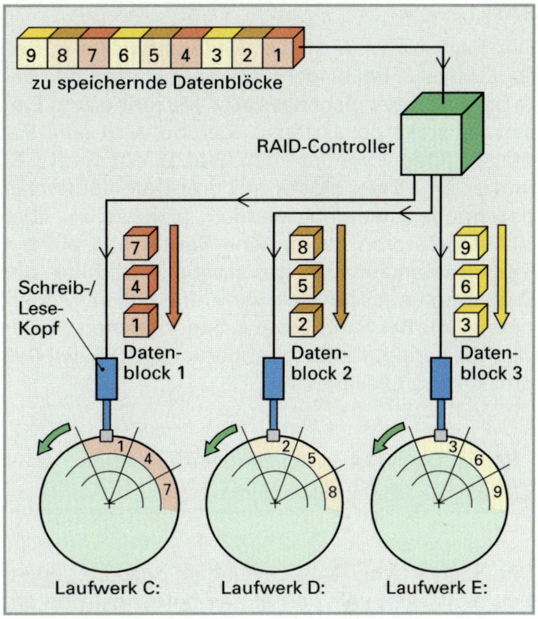

Bild 1: RAID Level 0

Allerdings führt RAID Level 0 zu keiner erhöhten Datensicherheit, da beim Ausfall einer Platte, die zerteilten Datenblöcke nicht mehr zusammengefügt werden können.

RAID Level 1

Beim RAID Level 1 wird kein Data Striping angewendet. Die Daten werden von einem RAID-Controller immer auf Plattenpaaren doppelt verwaltet **(Bild 2)**. Es existiert damit zu jeder Festplatte ein Spiegellaufwerk. Dieses Verfahren nennt man Data Mirroring (= Datenspiegelung). Man benötigt immer eine geradzahlige Anzahl von Festplatten.

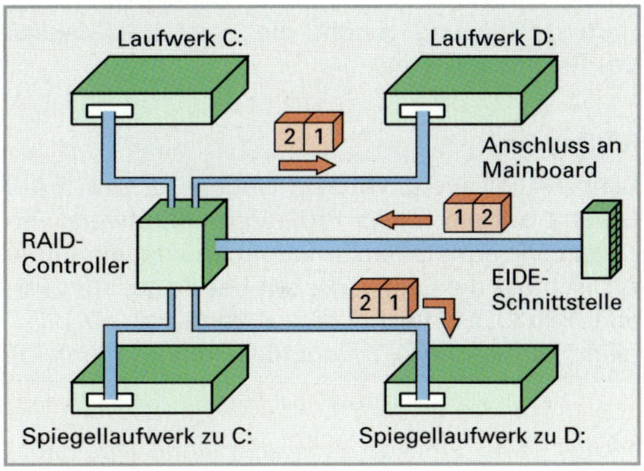

Bild 2: RAID Level 1

Der Einsatz von RAID Level 1 erhöht die Datensicherheit.

Arbeitet man beim RAID Level 1 mit mehreren RAID-Controllern, spricht man vom Data Duplexing (= Datenverdoppelung) anstelle von Data Mirroring.

RAID Level 0+1

Der RAID Level 0+1 wird oft RAID Level 10 genannt. Bei ihm kommt sowohl Data Striping als auch Data Mirroring zum Einsatz **(Bild 3)**. Dadurch erreicht man höhere Datensicherheit bei höherer Bitrate. Man benötigt mindestens vier Festplatten.

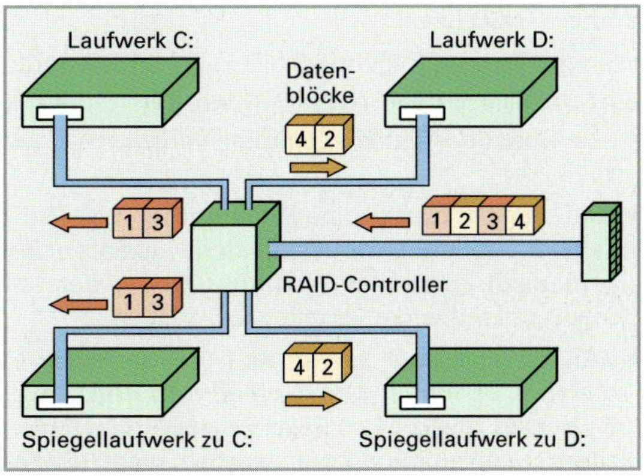

Bild 3: RAID Level 0+1

RAID Level 4

Der RAID Level 4 ist die Weiterentwicklung des RAID Level 3. Bei beiden Verfahren kommt das Data Striping, aber nicht das DATA Mirroring zum Einsatz. Anstelle der Datenspiegelung wird eine Paritätsprüfung vorgenommen **(Bild 1)**. Während z. B. immer drei Datenblöcke auf drei Datenlaufwerke geschrieben werden, werden gleichzeitig über XOR-Operatoren gewonnene Paritätsbits auf ein Prüfsummenlaufwerk geschrieben. Mithilfe der Prüfsummen lassen sich verlorene Daten wiederherstellen. Bei RAID Level 4 benötigt man in der Minimalkonfiguration gegenüber RAID Level 0+1 drei statt vier Festplatten.

Bei RAID Level 4 ist der Hardware-Aufwand geringer als bei RAID Level 0+1.

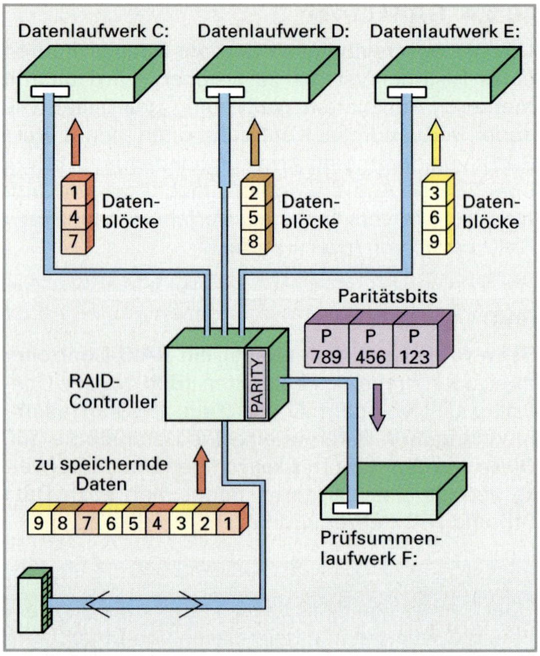

Bild 1: RAID-Level 4

Der Nachteil von RAID Level 4 ist, dass bei jedem Schreibvorgang die Parität neu berechnet und auf die Prüfsummenplatte geschrieben werden muss, was Zeit kostet. Die Paritätsermittlung kann dabei durch Hardware oder durch Software erfolgen. Die Hardware-Lösung erhöht die Leistungsfähigkeit des Rechnersystems.

RAID Level 5

Beim RAID Level 5 wird im Gegensatz zum RAID Level 4 auf ein reines Prüfsummenlaufwerk verzichtet. Die ermittelten Prüfsummen werden immer zyklisch auf die Laufwerke mit den Nutzdaten verteilt **(Bild 2)**. Man nennt dieses Verfahren auch Rotating Parity Array (= rotierendes Prüfsummenfeld).

RAID Level 5 besitzt eine sehr hohe Datensicherheit und wird am häufigsten eingesetzt.

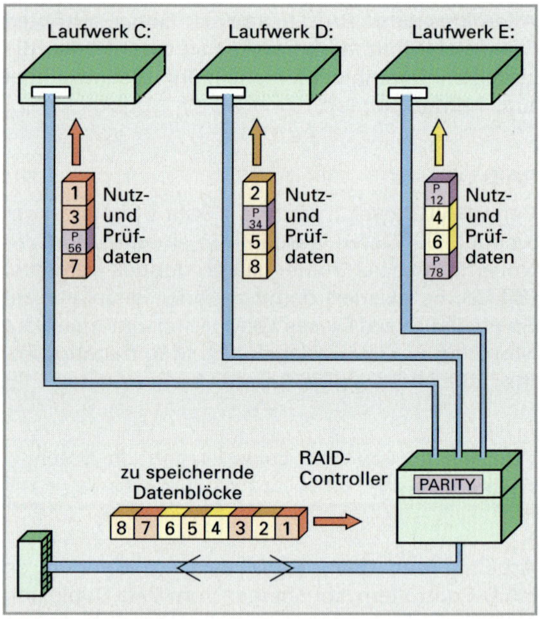

Bild 2: RAID Level 5

Weitere RAID Level

Weniger werden folgende RAID Level angewandt:

- RAID Level 3 führt Data Striping auf Bit-Ebene aus. Sonst besteht kein Unterschied zu RAID Level 4.
- RAID Level 2 bildet keine Prüfsummen wie RAID Level 3, sondern ermittelt aus den Nutzdaten den Fehler korrigierenden Hamming-Code, der auf mehrere Laufwerke verteilt wird.
- RAID Level 6, auch hot spare (= heiße Reserve) genannt, verfügt im Unterschied zum RAID Level 5 über ein zusätzliches Reservelaufwerk, auf welchem Daten aufgenommen werden, wenn ein anderes Laufwerk im System ausfällt.

Alle RAID Level sind letzten Endes ein Kompromiss zwischen Datensicherheit durch Redundanz, Zugriffsgeschwindigkeit auf die Daten und finanziell vertretbarem Hardwareeinsatz. Eine vollkommene Absicherung gegen Festplattenausfälle gibt es nicht.

10.2 Computerviren und Systemsicherheit

10.2.1 Computerviren

Computerviren sind Programmcodes, welche über den Austausch von Dateien mit Datenträgern oder über ein Netzwerk einen Computer infizieren **(Bild 1)**.

In den meisten Fällen finden Virusinfektionen durch den Austausch von Emails statt.

Oft wird der Computervirus nicht gleich nach der Infektion aktiv, sondern erst einige Zeit später. Die Aktivität des Computervirus kann dann z. B. durch ein bestimmtes Systemdatum ausgelöst werden, wie dem Jahreswechsel oder einem Geburtsdatum. Die Schäden, die ein aktivierter Computervirus verursacht, variieren vom harmlosen Überschreiben des Bildschirms bis zum totalen Datenverlust auf den Datenträgern. Abhängig von der Art der Verbreitung und der Art der Aktivität werden verschiedene Computerviren unterschieden **(Bild 2)**.

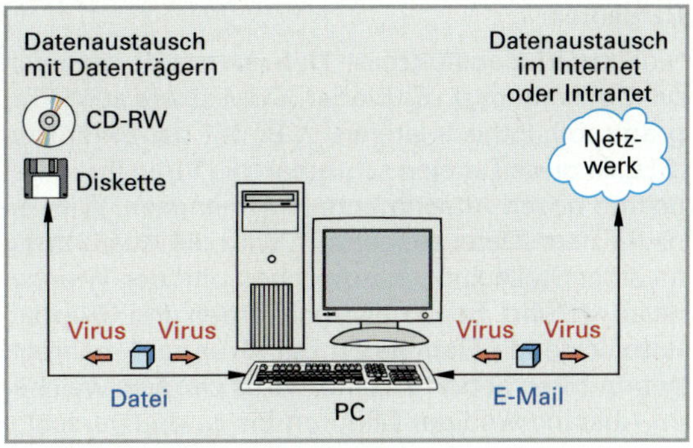

Bild 1: Verbreitung von Computerviren

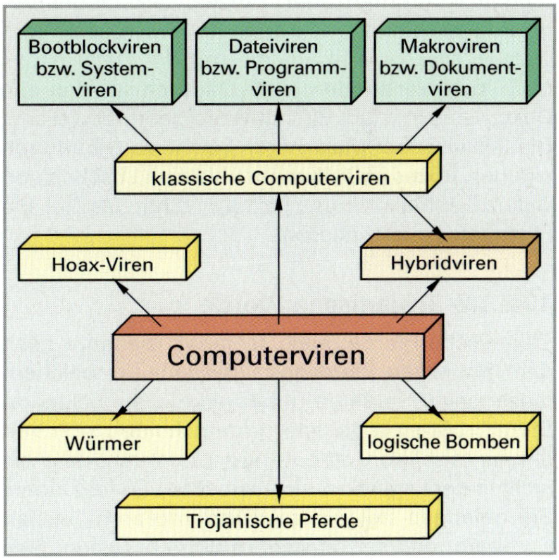

Bild 2: Arten von Computerviren

10.2.1.1 Klassische Computerviren

Die klassischen Computerviren benötigen eine Wirtsdatei, über welche sie in den Computer gelangen. Dort vermehren sie sich selbstständig. Sie bestehen meist aus vier Programmmodulen **(Tabelle)**.

Man kann die klassischen Computerviren in drei Hauptgruppen unterteilen, das sind die Bootblockviren, die Dateiviren und die Makroviren (Bild 2). Hybridviren bestehen aus einer Mischung von mindestens zwei der drei Virenarten aus den drei Hauptgruppen.

Bootblockviren

Sie gelangen meist über infizierte Disketten in den PC. Beim Zugriff auf eine infizierte Diskette gelangt der Bootblockvirus in den Arbeitsspeicher des Rechners. Von dort aus schreibt er sich in den Boot-Sektor (Master Boot Record) der Festplatte, wo er speicherresident verbleibt. Um sich zu verbreiten, infiziert er zunächst alle Disketten, auf die zugegriffen wird. Erst nach einiger Zeit wird er aktiv. Der Bootblockvirus Michelangelo z. B. löscht am Geburtstag Michelangelos, dem 6. März, alle infizierten Festplatten.

Bootblockviren infizieren keine Dateien und können sich nicht in Netzwerken ausbreiten.

Tabelle: Module eines Virenprogrammes

Modul	Eigenschaft
Kennungsmodul	Enthält eine Bitfolge, an welcher sich der Virus selbst erkennt.
Infektionsmodul	Es sucht nach noch nicht infizierten Dateien, unterbricht den vom Anwender ausgelösten Programmablauf und infiziert die ausgekundschafteten Dateien mit dem Viruscode.
Schadensmodul	Enthält eine den Computer schädigende Aktivität und führt diese aus.
Rücksprungmodul	Setzt den durch den Anwender ausgelösten Programmablauf fort, nachdem Dateien infiziert worden sind und sich der Virus somit selbst vermehrt hat.

Dateiviren

Sie infizieren ausführbare Dateien mit der Extension (Dateiendung), .EXE oder .COM sowie auch Programmbibliotheksdateien, z. B. mit der Extension .DLL. In diese Dateien schreiben die Viren ihren Code und bilden Attachments (= Anhängsel). Wird eine infizierte Datei ausgeführt, wird die Ausführung an einer Stelle kurz unterbrochen und der Virencode ausgeführt. Bei Dateiviren werden drei Gruppen unterschieden **(Tabelle 1)**. Zur Gruppe der Direct-Action-Viren gehört z. B. der Virus Oropax, welcher im Abstand weniger Minuten bis zu drei verschiedene Musiktitel abspielt.

Makroviren

Sie infizieren Dokumente, die mit Textverarbeitungsprogrammen oder Tabellenkalkulationsprogrammen erstellt wurden. In Microsoft-Word werden Makros infiziert, die mit der Datei `normal.dot` verbunden sind. Dadurch werden alle Dokumente infiziert, die mit Word geöffnet werden. Die Aktivität bei Makroviren reicht vom Einfügen eigenen Textes in Dokumente bis zum Löschen von Daten. Der Makrovirus `format.c` hat das Ziel, die Festplatte zu formatieren.

10.2.1.2 Trojanische Pferde

Trojanische Pferde, auch Trojaner, (benannt nach dem hölzernen Pferd des Odysseus, in welchem dieser seine Soldaten unbemerkt in die belagerte Stadt Troja einschleuste) unterscheiden sich von den klassischen Computerviren dadurch, dass sie nicht in der Lage sind, sich selbst zu vervielfältigen. Sie gelangen mit einem Wirtsprogramm in den Computer und setzen sich im Betriebssystem fest. Dort verbleiben sie, auch wenn das Wirtsprogramm inzwischen deinstalliert wurde. Die meisten Trojaner spähen Zugangsberechtigungen oder Passwörter eines Programmbenutzers aus, welche sie an den Schadensverursacher, den Hacker, zurücksenden. Bei Trojanern werden drei Gruppen unterschieden **(Tabelle 2)**. Bei Backdoor-Trojanern (von backdoor = Hintertür) übernimmt das Trojanische Pferd die Funktion eines Servers, der befallene PC ist sein Client **(Bild 1)**. Somit erhält der Hacker die Kontrolle über den fremden Rechner.

Mit einem Backdoor-Trojaner kann gezielte Datenmanipulation an einem fremden Rechner durchgeführt werden.

Der Trojaner Palm.Liberty.A gelangte sogar auf Kleincomputer, z. B. Palmtops, wo er Aktualisierungen, z. B. des Terminkalenders, löschte.

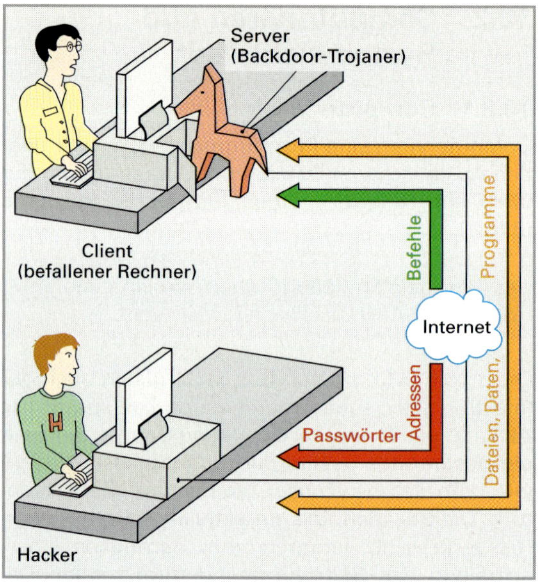

Bild 1: Arbeitsweise eines Backdoor-Trojaners

Tabelle 1: Arten von Dateiviren

Art	Merkmale
Speicher-residente Dateiviren	Setzen sich resident im Speicher fest und sind ständig aktiv. Dadurch infizieren die Viren alle ausführbaren Dateien.
Direct-Action-Dateiviren (direkte Aktion)	Führen sofort ihren Code aus, nachdem sie in den Arbeitsspeicher gelangt sind und infizieren dadurch andere Dateien. Anschließend verlassen sie den Arbeitsspeicher wieder.
Companion-Dateiviren	Erzeugen zu einer Datei vom Dateityp .EXE, z. B. Outlook.exe, eine gleichnamige Datei vom Dateityp .COM, z. B. Outlook.com, welche den Virencode enthält. Wird Outlook geöffnet, wird zuerst die Datei Outlook.com mit dem Viruscode ausgeführt und anschließend die Datei Outlook.exe

Tabelle 2: Arten von Trojanern

Art	Merkmale
Nicht ständig aktive Trojaner	Sie werden erst bei bestimmten Ereignissen aktiv, z. B. wenn sich der PC-Benutzer in einen Online-Dienst, wie FTP-Mail, einwählt.
Ständig aktive Trojaner	Sie werden bei jedem Systemstart mit gestartet und laufen ständig im Hintergrund mit. Manche zeichnen so sämtliche Tastatureingaben des PC-Benutzers mit.
Backdoor-Trojaner	Sind Serverprogramme. Befallene Rechner werden deren Clients. Der Hacker hat vollen Zugriff auf den befallenen Rechner, wenn dieser online mit dem Internet verbunden ist.

10.2.1.3 Würmer

Würmer (worms) befallen keine Dateien. Sie nutzen private und öffentliche Email-Verzeichnisse im Internet, um sich automatisch an diese Adressen zu versenden. Dabei vermehren sie sich **(Bild 1)**. Oft hängen sich Würmer auch an Internetseiten an, z. B. an HTML-Seiten.

Würmer vermehren sich selbstständig über Netzwerkverbindungen.

Dringen Würmer in ein Firmennetz ein, befallen sie möglichst viele Computer, in welchen sie ihre Schadensroutine aktivieren. Ziel vieler Würmer sind die Server des Netzwerks bzw. die Schädigung der Netzwerkseinstellungen. Der Wurm `Nimda` z. B. gibt Laufwerke im Netzwerk frei, d. h. der Passwortschutz wird umgangen. Außerdem erhält der Gast-Account (von account = Rechenschaftsbericht) alle Zugriffsrechte, der Gast wird zur Gruppe der Administratoren hinzugefügt.

10.2.1.4 Hoaxes

Hoaxes (von hoax = Streich) sind Viren ohne eigentliche Schadensroutine. Sie gelangen über Emails in Netze, wo sie Virenalarm auslösen. Außerdem fordern sie auf, die Meldung weiterzuleiten, wodurch ein elektronischer Kettenbrief ausgelöst wird. Ihr eigentlicher Schaden besteht darin, dass Administratoren unnötig der Falschmeldung nachgehen.

10.2.1.5 Hybridviren

Ein Hybridvirus ist eine Kombination aus unterschiedlichen Virenarten. Durch ihn kann der entstehende Schaden vergrößert werden. Der Virus Explore-Zip ist z. B. eine Kombination aus Trojanischem Pferd und Wurm.

10.2.1.6 Merkmale von Computerviren

Neben der Einteilung der Viren aufgrund des Verbreitungsmechanismus unterscheidet man Viren auch nach besonderen Merkmalen **(Tabelle)**.

Besonders gefährlich sind Retro-Viren (von lat. retro = zurück), die nach dem Befall zunächst das eingesetzte Antivirenprogramm außer Kraft setzen, z. B. durch

- Änderung von Einträgen zum Antivirenprogramm in der Registry,
- Löschen von Vergleichsmustern des Virencodes im Antivirenprogramm oder
- Ändern der Dateiarten, nach welchen das Antivirenprogramm sucht, z. B. von EXE nach EXX.

Bild 1: Vermehrung eines Wurmes

Tabelle: Vireneinteilung nach Merkmalen	
Virus	**Erklärung**
Residente Viren	lat. resido = bleiben. Die Viren verbleiben nach der Infektion im Speicher des befallenen Rechners.
Polymorphe Viren	Von griech. polymorph = vielgestaltig. Sie werden auch mit amorph (gestaltlos) oder mit mutierend (sich verändernd) bezeichnet. Die Viren verändern mit jeder Neuinfektion ihren eigenen Code. Sie sind somit von Antivirenprogrammen an festen Strukturen nicht erkennbar.
Stealth-Viren	Von stealth = verstohlen. Sie werden auch Tarnkappen-Viren genannt. Sie täuschen mittels Algorithmen den Virenscannern die originalen Dateilängen beim Lesezugriff auf befallene Dateien vor. Dies geschieht, indem sie den Lesezugriff auf zuvor im RAM gespeicherte Werte umleiten oder indem sie beim Lesezugriff ihre eigene Codelänge von der tatsächlichen Dateilänge subtrahieren.
Multipartite-Viren	Von multi... = mehrfach und party = Beteiligter. Andere Bezeichnung für Hybridvirus.
Destruktive Viren	Von lat. destruere = zerstören. Zielen auf die Zerstörung von Daten und Systemen ab.
Direkte Viren	Aktivieren unmittelbar nach der Infektion den Schadenscode.

10.2.2 Systemsicherheit

Zum Schutz der Dateien und des ganzen Rechnersystems eines Netzwerkes vor fremden Attacken gehört nicht nur das Entfernen von Viren bei einem Virenbefall, sondern ein Paket von Schutzmaßnahmen, z. B. der Schutz vor ungewolltem Eindringen in das Netzwerk oder das Erstellen regelmäßiger Datensicherungen **(Bild 1)**.

10.2.2.1 Schutzmaßnahmen im Intranet

Ein Antivirenprogramm sollte nicht nur auf Servern installiert sein, die Dateien aus dem Internet prüfen. Denn wird ein Client durch eine Diskette infiziert, kann sich der Virus von Client zu Client über Emails, z. B. mit Outlook, im Netz ausbreiten.

Auf jedem Client eines Netzwerkes muss eine Antivirensoftware installiert sein.

Emails mit Dateianhängen (Attachments) vieler Dateiformate, z. B. exe, com, doc, vbs, scr oder html, enthalten oft Viren. Deshalb sind diese Emails vor dem Öffnen auf Viren zu prüfen. Da die Dateiendungen von Windows in der Standardeinstellung nicht angezeigt werden, ist im `Explorer` im Menü `Ansicht` unter `Ordneroptionen...` in der Registerkarte `Ansicht` der Haken vor `Dateinamenerweiterung bei bekannten Dateitypen ausblenden` zu entfernen **(Bild 2)**. Der Einsatz eines Mail-Sniffers (von to sniff = schnüffeln) ermöglicht es, zunächst nur die Kopfdaten einer Email vom Mail-Server zu laden. Bei zweifelhaftem Absender kann die Email sofort gelöscht werden.

Trojanische Pferde bedienen sich z. B. häufig JavaScripte oder ActiveX-Steuerelementen auf Webseiten, um Rechner zu befallen. Durch die Einstellung einer hohen Sicherheitsstufe im Internet-Browser lassen sich entsprechende Internetseiten unterdrücken **(Bild 3)**. Damit werden aber auch harmlose Seite mit multimedialen Inhalten ganz oder teilweise unterdrückt.

Durch die Wahl einer hohen Sicherheitsstufe im Browser wird beim Surfen die Qualität multimedialer Internetseiten beschnitten.

Werden in einem Intranet Visual-Basic-Scripts deaktiviert, laufen alle mit Visual-Basic erstellten Viren, z. B. der Virus Iloveyou.vbs, ins Leere.

Bild 1: Wichtige Schutzmaßnahmen

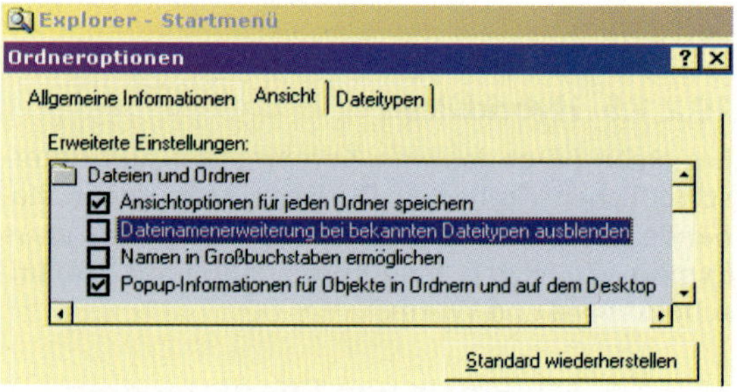

Bild 2: Fenster Ordneroptionen

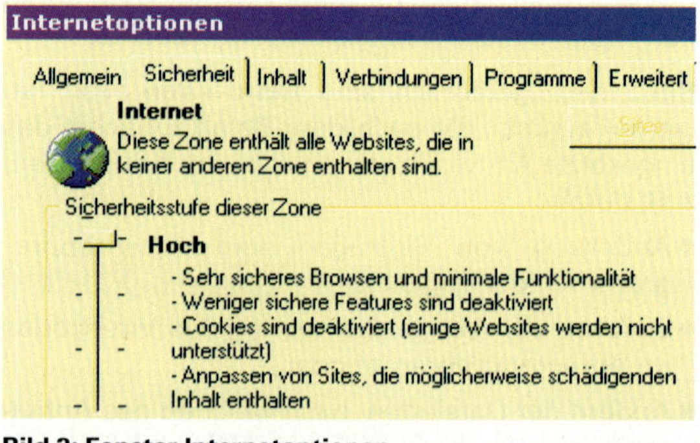

Bild 3: Fenster Internetoptionen

Da viele Antivirenprogramme Probleme haben, zuverlässig z. B. Backdoor-Trojaner zu erkennen, werden oft zusätzliche Schutzprogramme angeboten, z. B. Netzwerk-Sniffer **(Tabelle)**. Die von einem Netzwerk-Sniffer ermittelte IP-Adresse eines Hackers kann auch vom Hacker vorgetäuscht sein (IP-Spoofing, von spoof = verspottende Nachahmung). Ein Netzwerk-Sniffer kann auch von einem Hacker zum Ausspionieren von Adressen missbraucht werden.

Äußerst wichtig für die Sicherheit in einem Netzwerk ist die Vergabe von Rechten, die an Passwörter gekoppelt sind. Vor allem das Schreibrecht sollte für Mitarbeiter nur in einem eng begrenzten Rahmen möglich sein.

Ein Mitarbeiter sollte nur die für seine Arbeit erforderlichen Rechte im Netzwerk erhalten.

Die Mitarbeiter selbst können ihre Dateien schützen, indem sie keine Freigabe auf diese zulassen. Dazu muss sichergestellt werden, dass in der Windows-Systemsteuerung die Datei- und Druckerfreigabe nicht aktiviert ist. Man klickt in der `Systemsteuerung` auf das Icon `Netzwerk` und anschließend in der Registerkarte `Konfiguration` auf `Datei- und Druckerfreigabe` **(Bild 1)**. Die Kästchen im Fenster dürfen keine Haken enthalten.

Reparieren Antivirenprogramme infizierte Dateien, löschen sie in der Regel nur Teile des Virencodes. Oft werden Dateien von einem Virus auch irreparabel zerstört oder ganz vom Datenträger entfernt. Deshalb müssen alle unverzichtbaren Daten in regelmäßigen Abständen auf einem für einen Virus nicht erreichbaren Backup-System gespeichert werden. Je sensibler die Daten sind, desto häufiger muss der Datenbackup erfolgen, z. B. täglich.

Das beste Antivirenkonzept ersetzt nicht den regelmäßigen Backup des Datenbestandes.

Bei einer Attacke von einem völlig neuen Virus auf ein Firmennetz ist es wichtig, so schnell wie möglich ein neu erstelltes Update der Antivirensoftware zu erhalten. Mit deren Anbietern kann ein entsprechender Servicevertrag abgeschlossen werden. Z. B. legt bei Virenbefall der Firewallrechner der Firma verdächtige Dateien, z. B. Emails, in einen isolierten Quarantänebereich **(Bild 2)**. Gleichzeitig wird der Mail-Server heruntergefahren. Die infizierte Datei wird an das Programmierzentrum des Antivirenprogrammherstellers per HTTP (Hypertext Transfer Protocol) gesendet. Dort wird eine Virenerkennung erstellt, z. B. innerhalb einer Stunde. Diese wird an den IT-Administrator der Firma gesendet, der die neue Software zunächst im Quarantänebereich testet und später auf dem Mail-Server im Netz installiert.

Tabelle: Zusätzliche Antivirenprogramme

Art	Merkmale
Anti-Trojaner	Durch Überwachen der Portadressen und der Registry-Einträge sind sie spezialisiert Trojanische Pferde zu lokalisieren und zu beseitigen.
Network-Sniffer	Netzwerkschnüffler. Sie arbeiten ähnlich wie Antitrojaner und sind darüber hinaus spezialisiert bei einer Trojanerattacke die IP-Adresse des Hackers zu erschnüffeln. Mit dieser kann der Hacker identifiziert werden.
Web-crawler	Netzkrabbler, z. B. Seeker (= Sucher). Spüren potenzielle Virenherde in Netzen auf. Hat der Webcrawler eine Webadresse ins Visier genommen, überprüft er alle Dateien der Adresse sowie alle über Links erreichbare Seiten.

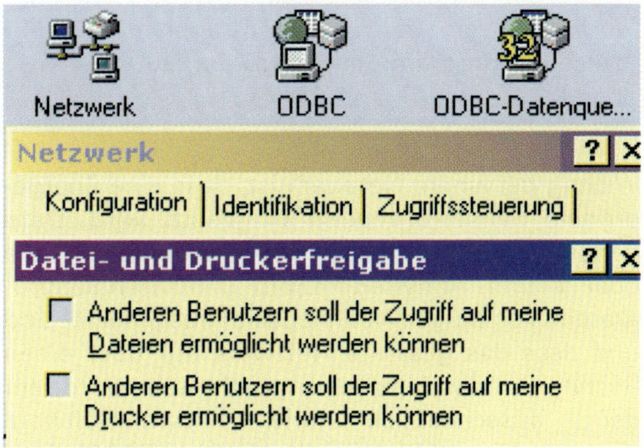

Bild 1: Fenster Datei- und Druckerfreigabe

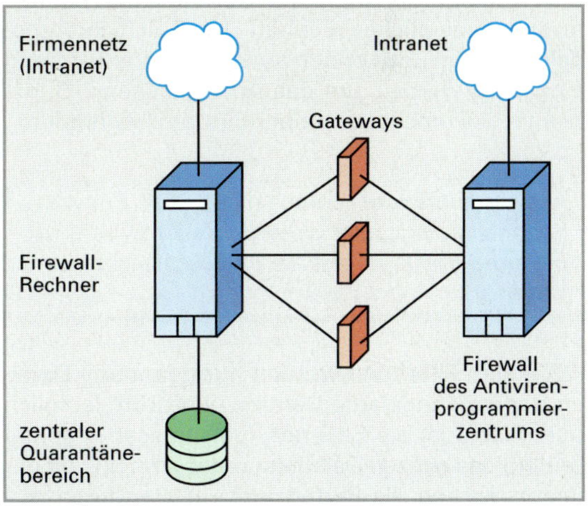

Bild 2: Konfiguration für Antiviren-Update

Werden Datenträger, wie Disketten, Zip-Disketten oder CDs, in Laufwerken von Clients vergessen, kann das dazu führen, dass beim Booten eines Clients, Bootviren den Rechner befallen oder dass Rechnereinstellungen durch Fremdsoftware verändert werden. Im schlimmsten Fall muss dann ein Image (Abbild) der Festplatte vom Server auf den Client zurückgespielt werden. Um dies zu vermeiden, wird die Boot-Reihenfolge im BIOS geändert. Um das BIOS zu öffnen, wird nach dem Einschalten des PCs je nach PC-Typ eine spezielle Taste, z. B. F2, gedrückt. Im BIOS wird dann entweder die Bootreihenfolge `C,A` oder besser noch `C only` (nur von Festplatte) eingestellt. Viele Antivirenprogramme fordern darüber hinaus beim Herunterfahren des Rechners auf, vergessene Datenträger aus dem Laufwerk zu nehmen **(Bild 1)**.

In Intranetzen sind nur Datenträger mit zugelassenen Programmen und Daten zu verwenden.

Bild 1: Meldung beim Herunterfahren

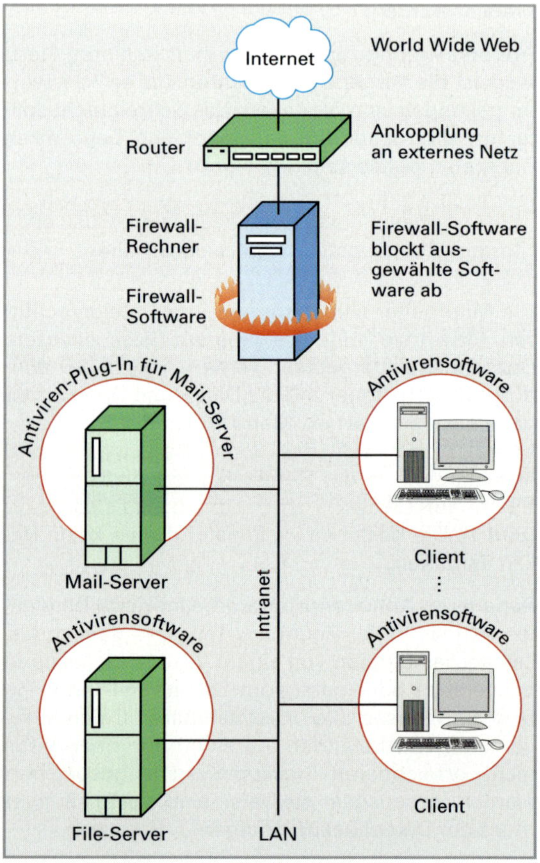

Bild 2: Antivirensoftware im Intranet

Wichtig bei einem Netzwerk ist, dass eine übergeordnete Schutzkonzeption eingesetzt wird. Dazu gehört, dass Server mit spezieller Antivirensoftware oder einem Antiviren-Plug-In (Antivirenhilfsprogramm, von plug in = einstöpseln) ausgestattet sind und dass das gesamte Netzwerk nur über einen Rechner an das Internet angeschlossen wird, auf dem ausschließlich eine Firewall-Software (firewall = Brandmauer) installiert ist **(Bild 2)**. Firewalls blocken unerwünschte Software ab und verhindern deren Eindringen. Firewallrechner können in unterschiedlichen Ebenen des 7-Schichtenmodells arbeiten und können auch in anderer Richtung eingesetzt werden, um das Ausschleusen z. B. geheimer Dokumente aus einer Firma zu verhindern.

Antivirensoftware sollte nicht auf Firewall-Rechnern eingesetzt werden, da Antivirenprogramme im Dauereinsatz zu Abstürzen führen können.

Auf einem Fileserver werden nur geänderte Dateien und neu angelegte Dateien überprüft, lediglich über Nacht ist ein Scannen (von to scan = genau prüfen) des ganzen Dateibestandes sinnvoll, da der Scannvorgang die Performance (Datendurchsatz) des Systems reduziert.

Mit speziellen Plug-Ins für Mail-Server werden Emails mit Attachments gescannt oder auf einen zentralen Helpdesk (Hilfs-PC) weitergeleitet, wo sie in isolierter Umgebung geöffnet und getestet werden.

Diese Art der Virenbekämpfung ist sehr wirkungsvoll, jedoch muss dazu die elektronische Post geöffnet werden, d. h. die zentrale Kontrolle von Emails bedeutet ein Eindringen in die Privatsphäre. Diesem kann man sich entziehen, indem man die Emails vor dem Absenden mit einem Kryptografie-Programm (von griech. krypto = geheim) verschlüsselt. Gängige Komprimierungs- und Verschlüsselungsroutinen stellen dabei aber keinen sicheren Schutz dar.

In kryptografisch gesicherten Dateien können mitverschlüsselte Viren unbemerkt in Netze vordringen.

10.2.2.2 Antivirensoftware

Bei Antivirenprogrammen unterscheidet man die Betriebsart On Demand (= auf Anfrage) von der Betriebsart On Access (= auf Zugriff).

Die Betriebsart On Demand ist die gezielte Prüfung von Datenträgern, Verzeichnissen oder Dateien. Nach dem Öffnen des Antivirenprogramms, z. B. Norton AnitVirus, wird im Ordner `Prüfung` auf `Computer prüfen` geklickt **(Bild 1)**. Im nebenstehenden Fenster können wie beim Windows Explorer alle angeschlossenen Laufwerke und deren Inhalt aufgelistet werden. Sollen alle Dateien von `Outlook` geprüft werden, wird das Kästchen vor dem Ordner `Outlook` angeklickt. Die zu überprüfenden Dateien werden mit einem Haken markiert. Durch Klick auf die Schaltfläche `Prüfung` wird der Scannvorgang gestartet. Entdeckt das Antivirenprogramm einen Virus, wird dieser automatisch entfernt.

Bei der Betriebsart On Access spricht man auch von einem Echtzeitschutz, da das Antivirenprogramm bei gestartetem PC ständig im Hintergrund mitläuft. Wird auf eine infizierte Datei oder auf den infizierten Bootsektor eines Datenträgers zugegriffen, reagiert das Antivirenprogramm sofort. Dieser Echtzeitschutz wird z. B. für Emails im Antivirenprogramm individuell eingestellt, indem man im Ordner `Konfigurieren` auf `Microsoft Exchange Echtzeitschutz` klickt **(Bild 2)**. Im nebenstehenden Fenster kann z. B. eingestellt werden, wohin eine Datei isoliert wird, wenn der Virus aus ihr nicht entfernt werden konnte.

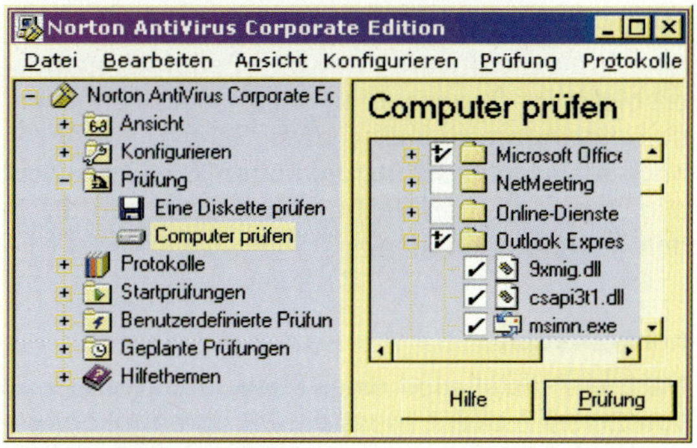

Bild 1: Computer prüfen

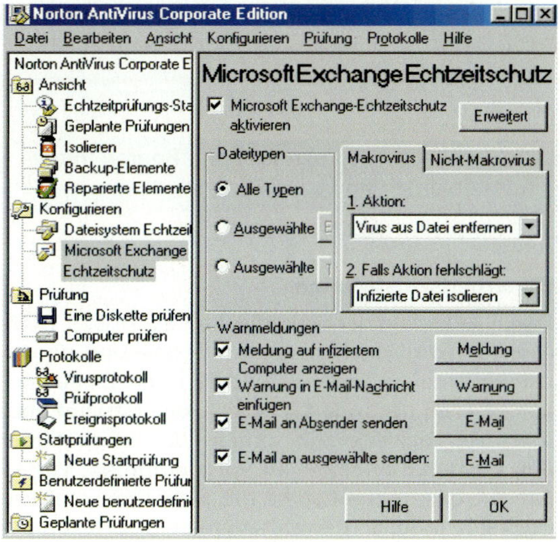

Bild 2: Echtzeitschutzeinstellungen

> Ein Echtzeitschutz vor Viren verringert zwar die Rechnergeschwindigkeit geringfügig, ist aber zum Schutz der Daten unentbehrlich.

Antivirenprogramme enthalten Datenbanken, in welchen die Signaturen, das sind kurze charakteristische Zeichenketten des Viruscodes, enthalten sind. Wie beim Gentest bei Menschen sucht die Scanning-Engine (= Abtastmaschine) des Antivirenprogramms nach diesen Fingerabdrücken. Da polymorphe Viren ihren Code immer wieder neu verschlüsseln, haben die meisten Antivirenprogramme eine Decryption-Engine (= Entschlüsselungsmaschine), welcher das Verschlüsselungsverfahren des Virus ermittelt.

Wird ein Virus in gepackter Form entdeckt, isoliert ihn das Antivirenprogramm zunächst in einem sicheren Speicherbereich. Der Virencode wird dort entpackt. Während das Antivirenprogramm eine CPU mit den wichtigsten Betriebssystemfunktionen emuliert, zeichnet die Scanning-Engine die Aktivitäten des Virencodes auf. Werden Signaturen ausfindig gemacht, welche auch in der Datenbank des Antivirenprogramms enthalten sind, ist der Virus erkannt.

Eine besondere Herausforderung für Antivirenprogramme ist das Erkennen von völlig neuen Viren. Dazu setzen moderne Antivirenprogramme heuristische Verfahren ein (von griech. Heuristik = Lehre der Methoden zum Entdecken neuer Verfahren). Dabei versuchen die Antivirenprogramme die neuen Viren anhand von ähnlichen Verhaltensmustern der ihnen bekannten Viren zu erkennen. Reagiert ein Antivirenprogramm auf eine nur geringe Ähnlichkeit, liegt oft nur ein Fehlalarm des Programms vor.

> Gute Heuristikverfahren weisen eine hohe Erkennungsrate bei geringer Fehlalarmquote auf.

10.2.2.3 Firewallsoftware

Eine Firewallsoftware (firewall = Feuerschutzmauer) bietet im Gegensatz zu einem klassischen Antivirenprogramm außer dem Schutz vor Viren noch zusätzliche Schutzfunktionen. Sie überwacht alle Daten, die den Rechner verlassen und die in den Rechner gelangen.

Konfiguration

Nach der Installation einer Firewallsoftware, z. B. von `Zone Alarm`, muss eine Programmkonfiguration vorgenommen werden. Zunächst wird in der Menüleiste auf die Schaltfläche `CONFIGURE` geklickt **(Bild 1)**. Im sich unter dem Menü öffnendem Fenster wird die Option `Load ZoneAlarm at Startup` (= Lade ZoneAlarm beim Hochfahren) aktiviert.

> Die Firewallsoftware muss beim Booten mitgestartet werden und ständig aktiviert sein.

Sicherheitseinstellungen

Durch Anklicken der Schaltfläche `SECURITY` (= Sicherheit) wird das Fenster zur Einstellung der Sicherheitsstufen geöffnet **(Bild 2)**. Diese Einstellungen werden gesondert für das lokale Intranet über den linken Schieberegler und für das Internet über den rechten Schieberegler vorgenommen. Vor allem für das Internet sollte die Sicherheitsstufe so hoch wie möglich gewählt werden. Der Haken unter dem Text `MailSafe e-mail protection` (Mailsicherheit Email-Schutz) bewirkt, dass VBS-Attachments (mit Visual Basic Script erstellte Dateianhängsel) von Emails unbrauchbar gemacht werden. Dazu ändert `Zone Alarm` die Dateiendung, z. B. in ZL2 (ZL von Zone Alarm) um und speichert die Datei ab. Später kann die Datei auf Viren untersucht werden.

Programmrechte

Oberhalb der Schaltfläche `PROGRAMS` befinden sich die Icons der Programme, die aktuell Kontakt zum Internet besitzen. Durch Klicken auf die Schaltfläche öffnet sich das Fenster zur Einstellung der Programmrechte **(Bild 3)**. Der Zugang zum Internet sowie auch der Zugang zum lokalen Intranet kann unter `Allow connect` (= gestatte Verbindung) durch das Einfügen eines grünen Hakens immer freigegeben werden. Das Einfügen eines roten Kreuzes sperrt den Zugang zu den Netzen grundsätzlich, während beim Fragezeichen der Zugang auf Anfrage freigegeben wird.

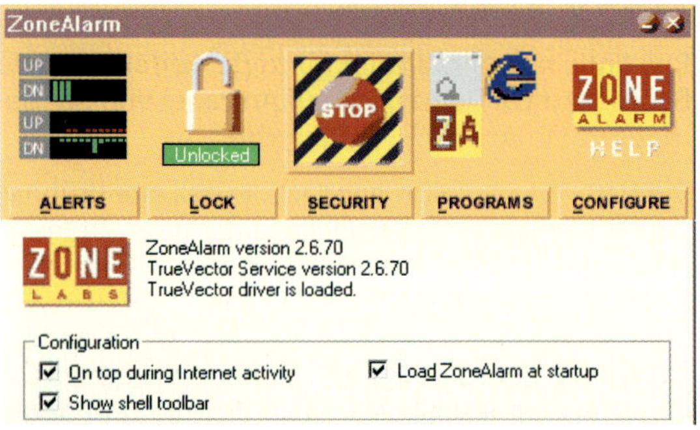

Bild 1: Konfiguration

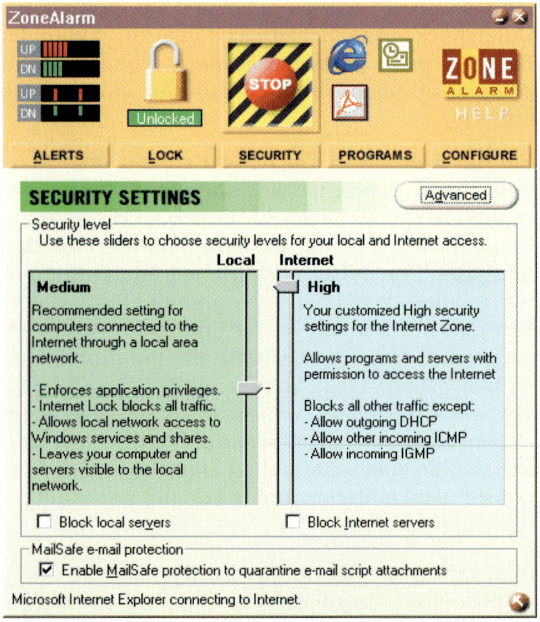

Bild 2: Fenster Sicherheitseinstellungen

Bild 3: Fenster Programmrechte

Alarmsignale und Warnmeldungen

Oberhalb der Schaltfläche ALERTS (= Alarmsignale) befinden sich Balken mit den Beschriftungen UP (von up = hinauf) und DN (von down = herunter, **Bild 1**). In den beiden Balken UP wird mit roten Symbolen die Menge und der zeitliche Ablauf von ausgesendeten Daten visualisiert. Die Visualisierung der Daten, die vom Internet auf den PC geladen werden, erfolgt durch grüne Signale in den Balken DN. Durch Klicken auf die Schaltfläche ALERTS öffnet sich ein Fenster, in dessen oberen Teil die gesendete und empfangene Datenmenge angezeigt wird. Darunter werden die aktuellen Alarmsignale und Warnmeldungen ausgegeben, z. B. The firewall has blocked Internet access to server ... (= Die Feuerschutzwand hat den Internetzugriff zum Server ... abgeblockt). Durch Klicken auf die Schaltfläche More Info (= weitere Informationen) werden die Meldungen genauer beschrieben.

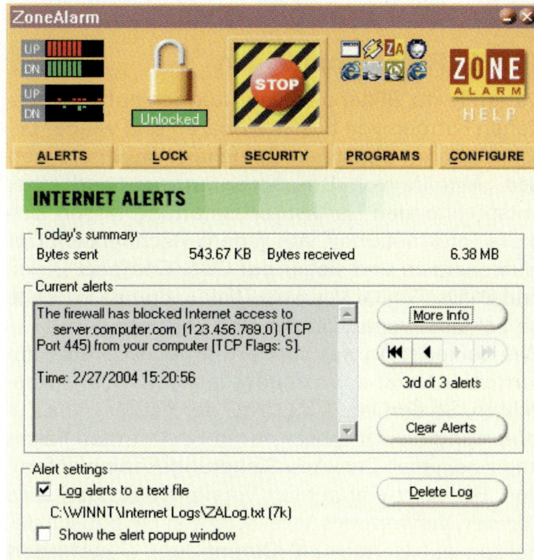

Bild 1: Fenster Alarmsignale

> Durch Klicken auf den Schalter STOP oberhalb der Schaltfläche SECURITY wird der Datentransfer mit dem Internet sofort abgebrochen.

Bild 2: Sicherheitsschloss

Sicherheitsschloss

Oberhalb der Schaltfläche LOCK (= Schloss) wird angezeigt, ob der Zugang zum Internet freigegeben ist oder nicht. Das Sicherheitsschloss ist entweder offen oder zu **(Bild 2)**. Durch Setzen eines Punktes vor Enable (= Freigabe) kann eine von vier Betriebsarten für das Sicherheitsschloss gewählt werden **(Bild 3)**. Die erste Betriebsart schließt das Sicherheitsschloss nach einer voreingestellten Zeit, die zweite, wenn der Bildschirmschoner aktiv wird. Die dritte Betriebsart wird gewählt, wenn trotz allgemein eingestellter Blockierung ein ausgewähltes Programm aktiv sein soll und die vierte Betriebsart sperrt den Internetzugang völlig.

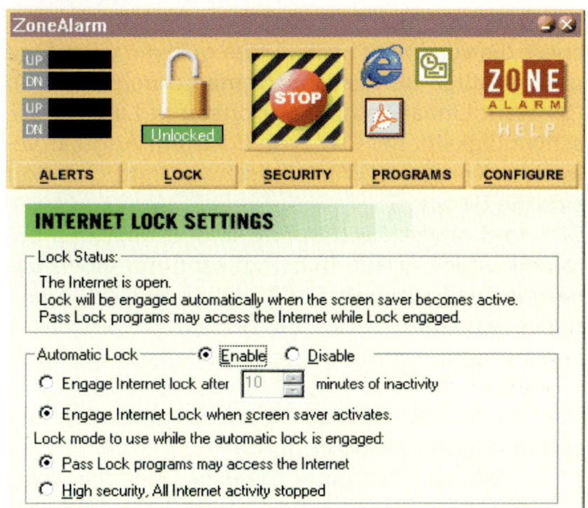

Bild 3: Fenster Sicherheitsschloss

Ist Zone Alarm auf einem Client installiert, kann es sein, dass trotz niedrig gewählter Sicherheitsstufe die Einwahl in das Intranet von Zone Alarm blockiert wird. In einem solchen Fall ist in der Taskleiste des Rechners auf das Icon des Programmes Zone Alarm zu klicken. In dem sich öffnenden Fenster wird auf Shutdown (= stilllegen) geklickt. Das Programm wird deaktiviert.

> Eine Firewallsoftware kann auf einem Client die Einwahl in ein Intranet erschweren oder blockieren.

Wiederholung und Vertiefung

1. **Welche Arten von Computerviren werden unterschieden?**
2. **Beschreiben Sie fünf Schutzmaßnahmen für die Sicherheit in einem Firmennetz.**
3. **Worin unterscheiden die Betriebsarten On Demand und On Access bei einem Antivirenprogramm?**

10.3 Brennprogramme

10.3.1 Rechtsgrundlagen

Daten, Texte, Bilder und Töne können auf verschiedenen Formen von beschreibbaren und wieder beschreibbaren optischen Speichern gesichert werden. Mithilfe von Brennprogrammen und einer entsprechenden Hardwareausstattung lassen sich diese Informationen von jedem Rechnerbenutzer wirtschaftlich und sicher auf CDs (Compact Disks) und DVDs (Digital Versatile Disk = digitale vielseitige Scheibe) vervielfältigen und verteilen.

Wie bei jeder Art der Verwertung von fremden Informationen ist das Urhebergesetz (UrhG) zu beachten. So darf laut § 53 UrhG der Käufer ohne Zustimmung des Urhebers nur in bestimmten Fällen und zu eigenen Zwecken Sicherungskopien anfertigen. Für solche erlaubten Vervielfältigungen wird von den Verwertungsgesellschaften ein pauschaler Beitrag auf Geräte und Datenträger eingefordert **(Bild 1)**. Für die wirtschaftliche Nutzung von fremdem geistigem Eigentum muss vorher eine Genehmigung eingeholt werden.

Beim Vervielfältigen von Datenträgern müssen die Urheberrechte beachtet werden.

10.3.2 CD-Formate

Die Daten werden in Form einer Spirale gespeichert, die von innen nach außen gelesen wird. Eine gleichmäßige Bitrate erreicht man durch CLV (von Constant Linear Velocity = Konstante Lineare Geschwindigkeit). Bei CAV (von Constant Angular Velocity = Konstante Winkelgeschwindigkeit) ändert sich die Bitrate.

CDs sind physikalisch in Tracks und Sessions unterteilt. Jede Session (Sitzung) kann nur einen Datentrack, jedoch mehrere Audiotracks und Videotracks enthalten.

Brennprogramme und Rekorder lassen in unterschiedlichem Maße Eingriffe in den Brennvorgang und die Formatierungen bzw. Organisation auf dem Medium zu **(Bild 2)**.

Im einfachsten Fall einer CD-R beginnt das Disk-Layout mit einer Power Calibration Area (PCA) zur optimalen Einstellung des Brennlasers, der PMA (von Program Memory Area = Bereich zur Zwischenspeicherung des Inhaltsverzeichnisses bei bestimmten Brennverfahren), dem Lead-In (= Einführung) mit dem TOC (von Table of Content = Inhaltsverzeichnis), dem Nutzendatenteil und einem Lead-Out als Merkmal für das Ende der CD bzw. der Session (= Sitzung, **Bild 3**).

Bei der *Disc-at-Once*-Methode *(DAO)* wird die CD in einer Session beschrieben und sofort abgeschlossen. Da das Inhaltsverzeichnis zu Beginn der

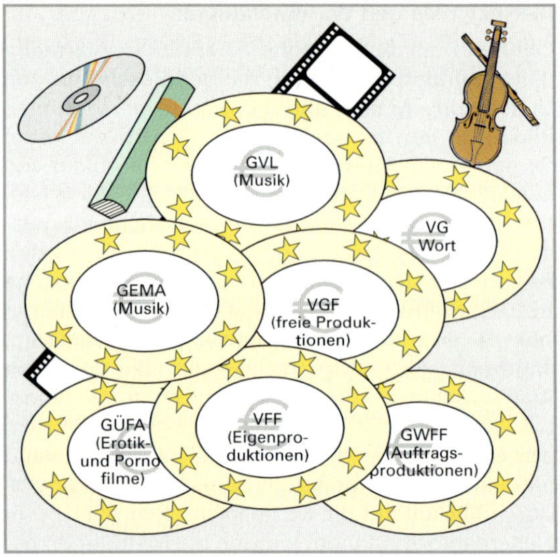

Bild 1: Verwertungsgesellschaften für Schutzrechte

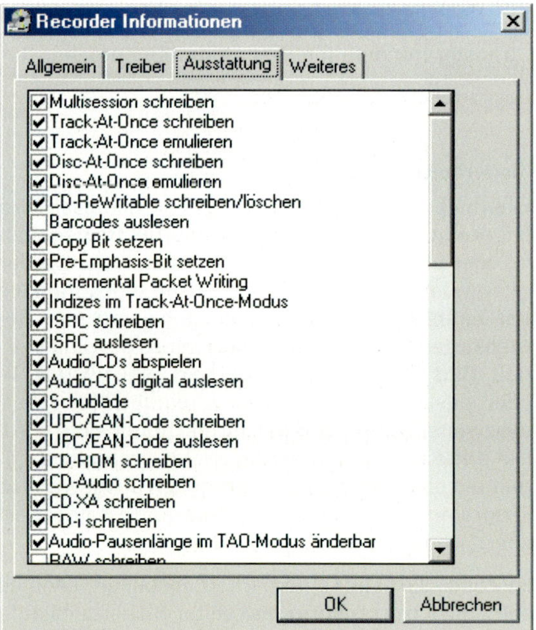

Bild 2: Rekorderinformationen

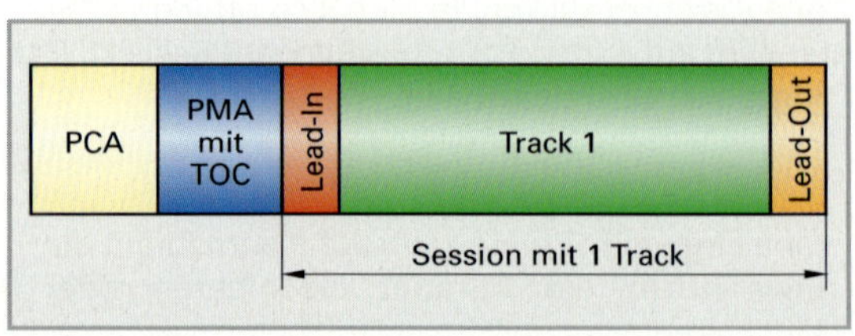

Bild 3: Disk-Layout einer einfachen Single-Session-CD

Session geschrieben wird, kann es sein, dass der spätere Inhalt gewollt oder ungewollt nicht genau mit dem Inhaltsverzeichnis übereinstimmt. Die Methode DAO ist günstig für Subkanaleintragungen, dies sind z. B. Copyrightinformationen, freie Pausengestaltung, Kopierschutzflags und ISRC-Eintragungen (Ländercode, Eigentümer, Herstellungsjahr und Seriennummer). DAO wird grundsätzlich verwendet, wenn die CD später gepresst werden soll.

Bei der Methode *Track-at-Once (TAO)* wird der Schreiblaser nach jedem Track abgeschaltet, um das TOC im Lead-In zu aktualisieren **(Bild 1)**. TAO benötigt zwischen den Tracks grundsätzlich eine Pause von 2 Sekunden (Track-Gap = Track-Pausen). Nur wenn der Recorder „TAO/Zero Gap" unterstützt, können die Tracks direkt aufeinander folgen. Die Subkanäle können mit diesem Verfahren nicht verändert werden.

Die Methode *Session at Once (SAO)* ist wichtig für Audio-CD-Spieler. Da die meisten Audio-CD-Player nur die erste Session erkennen, werden bei Audio-CDs die Tracks, durch Track-Gaps getrennt, in einer Session auf die CD gebrannt (Singlesession).

Multisession-CDs werden in mehreren Sitzungen beschrieben. Jede Session wird durch ein Lead-In und ein Lead-Out abgegrenzt **(Bild 2)**. Dadurch gehen jeweils etwa 15 MB Nutzspeicherplatz verloren (Overhead). Multisession-CDs können, solange sie nicht abgeschlossen sind, nur auf dem System gelesen und ergänzt werden, auf dem sie gebrannt wurden.

Audio-Tracks und Daten-Tracks

Die Datenblöcke auf einer CD sind in Sektoren gleicher Länge (3234 Byte) organisiert. Bei Audio-CDs nutzt man 2352 Byte je Sektor für Nutzdaten. Bei Daten-CDs ist der Datenverwaltungsaufwand und die Anzahl zulässiger Bitfehler wesentlich geringer, was einen deutlich größeren Aufwand an Kontrollbytes für Fehlerkorrekturen und Organisation erforderlich macht. Deshalb bleiben z. B. bei Daten-CDs (im Mode 1) nur 2048 Bytes je Sektor für Nutzdaten übrig **(Bild 3)**.

Die Kontrollbytes stehen in den so genannten Subkanälen. Jedem Bit eines Kontrollbytes ist einer der Subkanäle P bis W zugeordnet. Der P-Kanal beinhaltet z. B. das Flag (Markierung) für den Beginn eines Tracks (Spur), der Q-Subkanal im Lead-in-Bereich das Inhaltsverzeichnis der CD. Die Kontrollbits R bis W sind im R Trough W-Channel zusammengefasst und dienen bei Audio-CDs der Synchronisation und Fehlerkorrektur.

Möchte man in die innere Organisation einer CD eingreifen, so muss die Software und die verwendete Hardware in der Lage sein, die entsprechen-

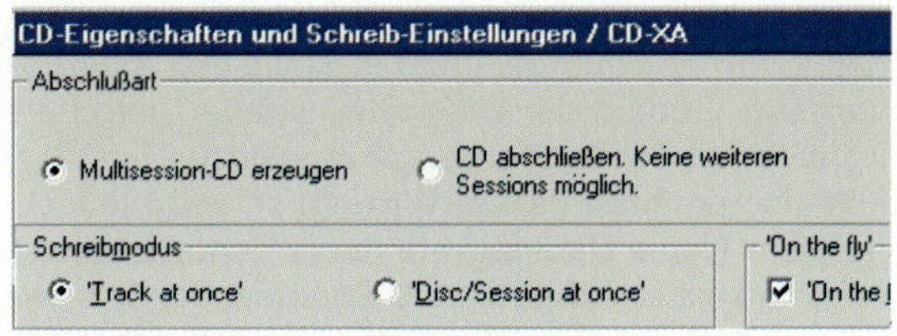

Bild 1: Einstellung der Schreibmethode

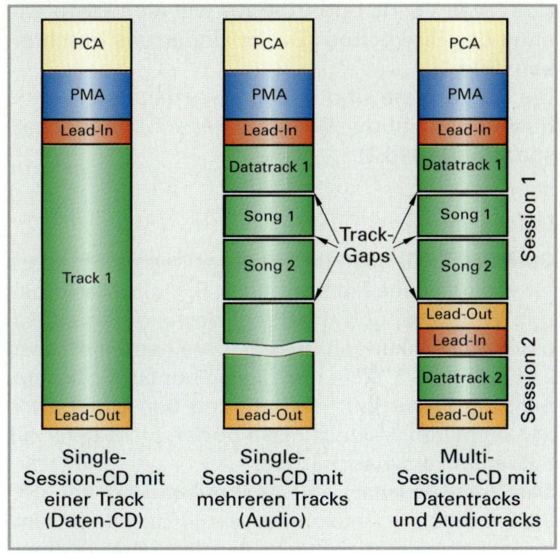

Bild 2: CD-Formate

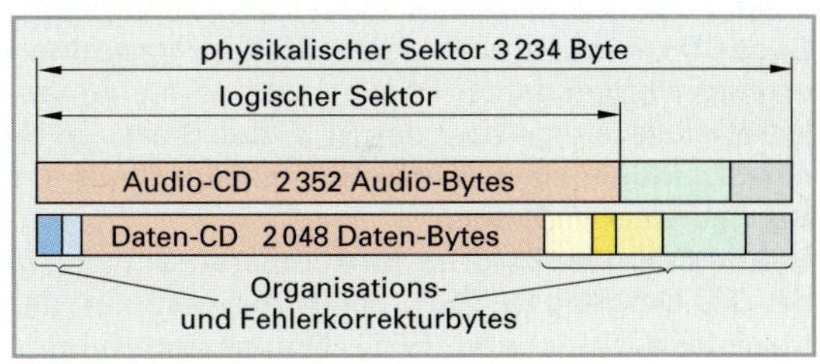

Bild 3: Nutzdatenanteil in den Sektoren einer CD

den Subkanäle zu lesen und zu beschreiben (Bild 2, vorhergehende Seite).

Buffer Underrun

Beim Brennen muss ein großer Datenstrom kontinuierlich an den Brenner übergeben werden. Werden die Daten aus der Quelle zu langsam ausgelesen oder zu langsam konvertiert und bereitgestellt, so besteht die Gefahr, dass der Schreibpuffer des Brenners leer läuft (Buffer Underrun). Der Brennvorgang wird dann abgebrochen. In der Praxis gibt es verschiedene Methoden, solche Buffer Underruns zu vermeiden.

Burn-Proof ist ein Verfahren, das mit einer Kombination aus Hard- und Softwarelösung dieses Problem vermeiden soll. Die Software überwacht kontinuierlich den (die) Schreibpuffer und unterbricht bei Bedarf an einer geeigneten Stelle den Schreibvorgang. Sobald der Datenfluss wieder gesichert ist, wird der Schreibvorgang fortgesetzt.

IPW (Incremental Packet Writing) schreibt jeweils nur sehr kleine Datenpakete (incremental packets) in vorformatierte Sektoren. Unterstützt der Brenner IPW und ist auf dem Rechner ein entsprechender Treiber installiert, z. B. PacketCD von CeQuadrat, so kann man CD-Rs und CD-RWs wie eine Festplatte ohne das Risiko eines Buffer Underruns beschreiben **(Bild 1)**.

Die CD-Formate sind in den so genannten bunten Büchern (Rainbow Books = Regenbogenbücher) spezifiziert **(Bild 2)**.

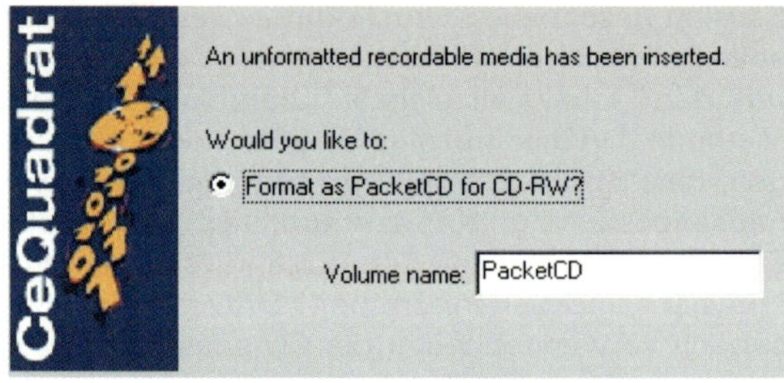

Bild 1: IPW-Treiber

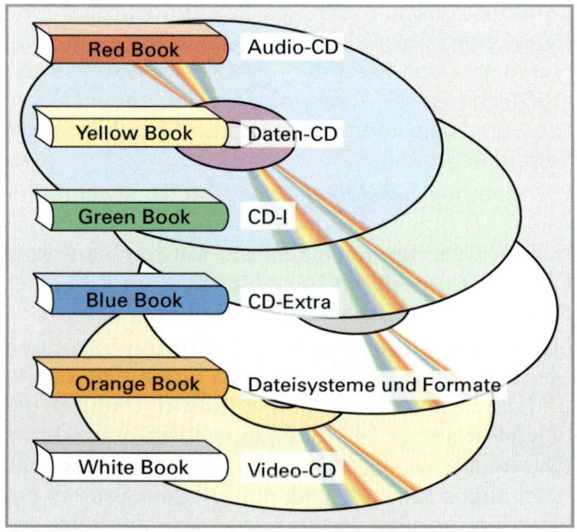

Bild 2: CD-Spezifikationen

Dateisysteme

CD-ROM (ISO) 9660 ist der gemeinsame Standard für verschiedene Plattformen, z. B. Unix, Macintosh und Windows, und unterliegt deshalb den stärksten Einschränkungen **(Bild 3)**. Dateinamen müssen im Format „8.3" sein und dürfen nur Großbuchstaben, die Ziffern „0" bis „9" und den Unterstrich „_" enthalten. Verzeichnisse dürfen nicht tiefer als 8 Ebenen verschachtelt sein.

Das **Joliet-Format** ist eine Erweiterung der ISO 9660. Es erlaubt Dateinamen bis 64 Zeichen im Unicode. Da Joliet nicht von allen Betriebssystemen unterstützt wird, befindet sich auf jeder CD im Joliet-Format zusätzlich ein ISO 9660 Dateisystem.

Boot-CDs können von vielen Brennprogrammen erzeugt werden. In der Praxis verhindern aber viele Betreibssysteme bzw. das BIOS den Start von einer CD, indem sie z. B. den Schreibzugriff auf das Bootlaufwerk verlangen.

Hybrid-CDs (Janus-CDs) funktionieren sowohl in der PC-Umgebung (ISO 9660) als auch in der Macintosh-Umgebung (HFS). Non-shared-Hybrids (Non-shared = ungeteilt) enthalten die gesamten Daten doppelt in zwei voneinander unabhängigen Partitionen. Shared-Hybrids haben einen gemeinsamen Datenbereich für beide Betriebssysteme und getrennte Bereiche für den betriebssystemspezifischen Inhalt der CD.

Die **CD-I** ist eine interaktive, meist multimediale CD, die für Spielekonsolen und Lernprogramme verwendet wird.

Die VIP-Card (von Very Important Person = sehr wichtige Persönlichkeit) ist ein Produkt, das im Marketingbereich eingesetzt wird. Hierbei handelt es sich um Visitenkarten im Format 80 mm x 55 mm, die in jedem CD-Laufwerk gelesen bzw. beschrieben werden können, wenn dieses Single-CDs unterstützt. Je nach Kompression können z. B. 12 MB bis 50 MB Text, Fotos, Musik und Videos auf solche VIP-Cards aufgespielt sein.

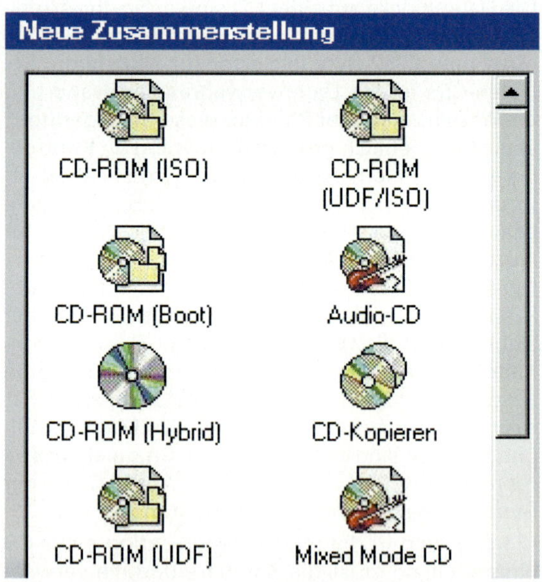

Bild 3: CD-Dateisystemauswahl einer Brennersoftware

UDF-CDs verwenden das von der OSTA (Optical Storage Technology Association) entwickelte Plattform übergreifende Universal Disk Format (UDF). Damit lassen sich CDs wie Festplatten verwalten.
Bei wiederbeschreibbaren Speichermedien wie CD-RW oder DVD ± RW lassen sich die gespeicherten Daten blockweise löschen oder umbenennen. Damit sind sie wie „langsame" Wechsel-Festplatten verwendbar.

CD-A bzw. **Audio-CD** sind Musik-CDs.

Mixed Mode Disks beinhalten sowohl Audiotracks wie auch Datentracks. Für Audio-CD-Player ist wichtig, dass die Audiotracks als erste Session kommen (CD-Extra), da die meisten Audiogeräte nur auf diese zugreifen.

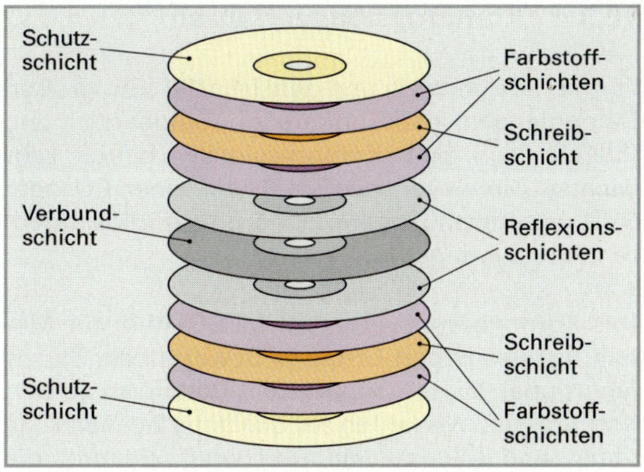

Bild 1: Aufbau einer Double Sided, Single Layer Disk

10.3.3 DVD

Die DVD verdrängt als DVD-Video für Filme, DVD-ROM für Daten und DVD-Audio für Ton zunehmend die verschiedenen Arten von CDs und Videokassetten.
Zur Standardisierung der verschiedenen DVD-Typen und Schreib- bzw. Leseverfahren haben sich die führenden Hersteller im DVD-Forum zusammengeschlossen **(Tabelle 1)**. Bei gleichen äußeren Abmessungen haben DVDs einen deutlich komplizierteren Aufbau **(Bild 1)**. Durch eine gegenüber der CD bedeutend höhere Spurdichte und teilweise mehrere Schreibschichten erreicht man wesentlich höhere Kapazitäten **(Bild 2, Tabelle 2)**.
Der Lesezugriff zwischen den verschiedenen Verfahren und DVD-Typen ist weitgehend möglich. Das Beschreiben der Medien ist aber oft auf spezielle Typen beschränkt, da unterschiedliche Laserwellenlängen und unterschiedliche Verfahren angewendet werden (Tabelle 1).

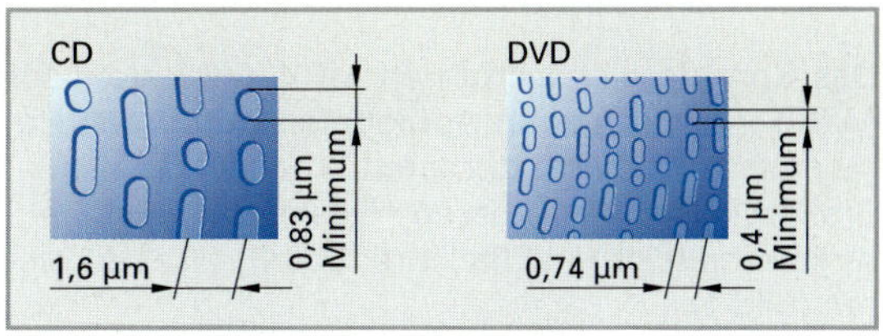

Bild 2: Spurdichte von CD und DVD

Tabelle 1: DVD-Schreibverfahren

Merkmal	DVD-RAM (nur im Cartridge beschreibbar)	DVD-R (recordable)	DVD-RW rewriteable)	DVD+RW rewriteable)
Rewrites	100 000	0	1000	1000
Schreiblaser	650 nm	635 nm 650 nm	650 nm	650 nm
Leselaser	650 nm			
Reflexionsgrad	15 % - 35 %	45 % - 85 %	18 % - 30 %	10 % - 20 %
Speichermethode	wobbled[1] land and groove[2]	wobbled groove	wobbled groove	high frequency wobbled groove

[1] von to wobble = wackeln, schwanken;
[2] groove = Furche, Rinne

Tabelle 2: DVD-Varianten

Variante	Aufbau	Kapazität
Single-Sided Single-Layer	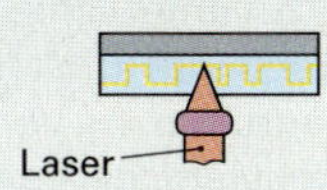	bis 4,7 GByte
Single-Sided Dual-Layer	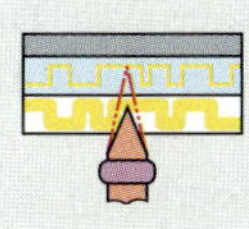	bis 8,5 GByte
Double-Sided Single-Layer	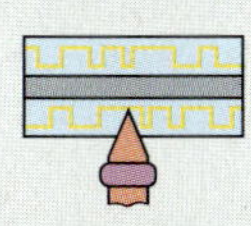	bis 9,4 GByte
Double-Sided Dual-Layer	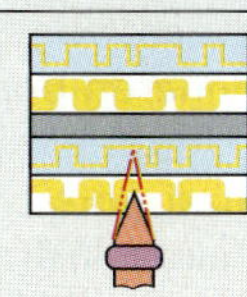	bis 17 GByte

10.3.4 Kompressionsverfahren

Für die Speicherung und den Transfer von großen Datenmengen, insbesondere im Audiobereich und Videobereich, sind Kompressionsverfahren sehr wichtig. Sie ermöglichen z. B. auf einer CD oder DVD wesentlich längere Filme und Audiosequenzen unterzubringen.

Das Kompressionsverfahren MPEG steht für Motion Pictures Expert Group (= Bewegtbilder-Expertengruppe). Diese Gruppe stellt Dateiformate und Kompressionsverfahren für qualitativ hochwertige Video und Multimediadaten bereit. Es gibt die Standards MPEG1, MPEG2, MPEG3 und MPEG4. MPEG4 ist wichtig für Videokonferenzen und zur Unterstützung künstlicher Intelligenz (AI, artificial intelligence), da es auch interaktive Medieninhalte komprimieren und unterstützen kann.

Das Kompressionsverfahren MP3 (MP3 steht für MPEG-1 Layer3) kann Audiodaten durch das Herausfiltern von nicht hörbaren Frequenzbereichen, praktisch ohne hörbaren Qualitätsverlust, auf durchschnittlich ein Elftel ihrer Dateigröße reduzieren **(Bild 1)**.

MP4 reduziert Audiodateien sogar auf durchschnittlich ein Sechzehntel der Orginalgröße (Bild 1).

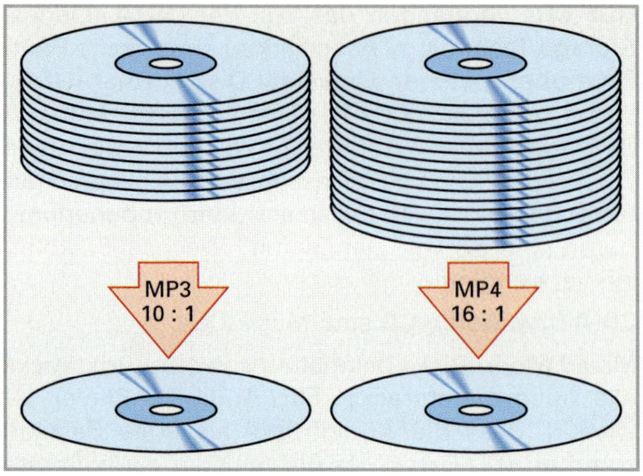

Bild 1: Kompressionsverfahren

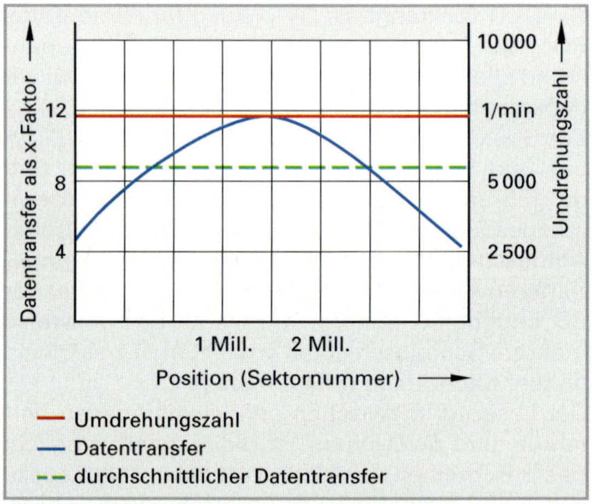

Bild 2: Datentransfer eines DVD-Laufwerkes

10.3.5 Leseverfahren

Konstante Umdrehungszahlen bei CD- und DVD-Laufwerken führen zu unterschiedlichem Datentransfer **(Bild 2)**. Wenn die Geschwindigkeit des Lasers über der Pregroove (= Vorrinne), wie bei Audio-CD-Playern konstant geregelt wird, spricht man von CLV (Constant Linear Velocity = konstante Lineargeschwindigkeit). Die Datentransferrate ist dann über die gesamte Zeit konstant.

Dreht sich das Laufwerk mit konstanter Winkelgeschwindigkeit, so nimmt die Datentransferrate von innen nach außen zu. Diese Technik nennt man CAV (Constant Angular Velocity = konstante Winkelgeschwindigkeit).

Bei schnellen Laufwerken werden beide Techniken gemischt und man spricht von PCAV (Partial CAV = teilweises CAV). Im inneren Bereich des Mediums wird mit konstanter Umdrehungsgeschwindigkeit gearbeitet, im äußeren Bereich wird die Winkelgeschwindigkeit auf einen Wert geregelt, der noch fehlerfreies Arbeiten ermöglicht.

Wiederholung und Vertiefung

1. **Welche gesetzlichen Einschränkungen sind beim Vervielfältigen von Daten zu berücksichtigen?**
2. **Warum beinhalten CD mit verschiedenen Dateisystemen unterschiedliche Nutzdatenmengen?**
3. **Beschreiben Sie zwei Verfahren zur Vermeidung von Buffer Underruns.**
4. **Audio-CD arbeiten nach dem CLV-Verfahren. Welcher Sachverhalt wird damit beschrieben?**
5. **Wodurch unterscheidet sich eine DVD von einer CD?**
6. **Warum kann nicht jeder DVD-Brenner jede Art von DVD beschreiben?**

10.4 Service-Verträge

Supportprozesse wie Finanzwesen, Rechnungswesen, Personal- und Rechtswesen sowie die Informations- und Kommunikations-Services erfordern einen enormen Aufwand an Know How und Organisation. Im Zuge einer Besinnung auf die Kernkompetenzen und einer Erhöhung der Effizienz der Wertschöpfungsprozesse werden diese unterstützenden Funktionen häufig an Profitcenter oder Fremdunternehmen ausgegliedert.

Insbesondere der kontinuierliche Ausbau und die Weiterentwicklung der Informations- und Kommunikationsprozesse in nahezu allen Prozessen hat wesentlichen Anteil an der Wettbewerbsfähigkeit eines Unternehmens. Unter diesem Gesichtspunkt spielen IT-Serviceverträge und Service-Management-Prozesse eine wichtige Rolle in der Partnerschaft zwischen Kunde und IT-Dienstleister.

Service ist die Kundenbetreuung durch ein Unternehmen.

10.4.1 Vertragsgestaltung

Serviceverträge im IT-Bereich beinhalten meistens Bestimmungen zur fortlaufenden Erbringung einer IT-Leistung bzw. einer IT-gestützten Leistung, z. B. Help-Desk, Konfigurationsmanagement, Update-Service, Datenbankmanagement, Bereitstellung von Rechenzeiten, Bereitstellung von Leitungskapazitäten, Erstellen und Pflegen von Webauftritten **(Bild 1)**.

Diese Verträge unterliegen im Wesentlichen dem Werkvertragsrecht (BGB §§ 631 ff), Dienstvertragsrecht (BGB §§ 611 ff) und dem Mietvertragsrecht (BGB §§ 535 ff).

Werkvertrag, Werklieferungsvertrag, Dienstvertrag und Mietvertrag sind gesetzliche Grundlage vieler Serviceverträge.

Werkverträge

Die Erfüllung von Werkverträgen ist an einen Erfolg gebunden **(Bild 2)**.

Bei einem Servicevertrag für eine IT-Anlage steht die Erfolgsbezogenheit im Vordergrund, die Anlage soll funktionsfähig und aktuell erhalten werden.

Bei einem Web-Hosting-Vertrag steht die Erreichbarkeit des Kunden als Erfolg im Vordergrund.

Beim Erstellen von Individualsoftware oder dem Customising von Standardsoftware besteht der Erfolg in der Erfüllung individueller Ansprüche des Kunden.

Service-Level-Agreement: User Help Desk

1.1 Leistungsbeschreibung

Annahme und Qualifizierung telefonischer, schriftlicher oder elektronisch übermittelter Anfragen, Probleme, Anforderungen und Anliegen (Calls) des Anwenders bzw. systemgenerierter Meldungen.

Telefonische Sofortunterstützung im Umgang mit PC-Hardware und Peripherie-Komponenten, PC-Software und Netzbetriebssystem.

Vorbeugende Maßnahmen bei bekannten Fehlern vorschlagen und durchführen.

Betroffene Anwender über Störungen informieren. Bei telefonisch nicht im Zeitlimit zu lösenden Problemen und Anliegen die nächste Serviceebene einschalten und den Bearbeitungsstatus verfolgen.

Aufbereitung, Klassifizierung, Kategorisierung und Dokumentation der Calls zur Weiterverarbeitung.

Bild 1: Beispiel für eine Servicevereinbarung

§ 631 BGB Vertragstypische Pflichten beim Werkvertrag

I Durch den Werkvertrag wird der Unternehmer zur Herstellung des versprochenen Werkes, der Besteller zur Entrichtung der versprochenen Vergütung verpflichtet.

II Gegenstand des Werkvertrages kann sowohl die Herstellung oder Veränderung einer Sache als ein anderer durch Arbeit oder Dienstleistung herbeizuführender Erfolg sein.

Bild 2: Wesen des Werkvertrages

§ 535 BGB Inhalt und Hauptpflicht des Mietvertrages

I Durch den Mietvertrag wird der Vermieter verpflichtet, dem Mieter den Gebrauch der vermieteten Sache während der Mietzeit zu gewähren.

II Der Mieter ist verpflichtet, dem Vermieter den vereinbarten Mietzins zu entrichten.

Bild 3: Wesen des Mietvertrages

Mietvertrag

Wird Hard- oder Software gegen regelmäßige Zahlung zum Nutzen überlassen, so handelt es sich um einen Mietvertrag **(Bild 3)**. Das Mietrecht gilt auch, wenn im Rahmen eines Web-Hosting-Vertrages Plattenkapazität eines Web-Servers zur Verfügung gestellt wird.

Nach dem Mietrecht muss der Vermieter gewährleisten, dass die Mietsache alle vertraglich zugesicherten und marktüblichen Eigenschaften aufweist. Der Mieter muss die Mietsache in brauchbarem Zustand erhalten. Erfüllt die Mietsache die zugesicherten Eigenschaften nicht, so kann der Mietzins vermindert werden (§ 537 BGB) und bei Verschulden des Vermieters Schadensersatz gefordert werden.

Dienstvertrag

Dienstverträge verpflichten den Auftragnehmer zum Tätigwerden **(Bild 1)**. Im Unterschied zum Werkvertrag wird also nicht zwangsweise ein Erfolg geschuldet.

Bietet zum Beispiel ein Provider auch das Einrichten eines Email-Dienstes an, so ist das Einrichten Werkvertragsbestandteil, das Übermitteln der Mails über das Internet Dienstvertrag. Diese Regelung ist sinnvoll, da die Übertragung im Internet nicht in seiner Verfügungsgewalt liegt.

Obwohl Dienstverträge keinen Erfolg garantieren, können Haftungsansprüche entstehen. Immer wenn gesetzlich bei Leistungsstörungen keine Gewährleistungsansprüche geregelt sind, sieht die Rechtssprechung den Tatbestand der positiven Vertragsverletzung (pVV) vor. Die pVV ist im Gesetz nicht geregelt, sondern ist gewohnheitsrechtlich anerkannt.

Die positive Vertragsverletzung ist die schuldhafte Störung der Leistung durch den Schuldner.

Hieraus entsteht kein Anspruch auf Gewährleistung, sondern auf Ersatz des Schadens. Wenn z. B. bei dienstvertraglichen Arbeiten an einem Computersystem vom Auftragnehmer Viren eingeschleppt werden, macht er sich nach pVV schadensersatzpflichtig.

Serviceverträge

Nach § 243 BGB (Gattungsschuld, **Bild 2**) sind beim Fehlen spezieller Vertragsregelungen stets Waren und Dienstleistungen mittlerer Art und Güte zu liefern. Da weder klar ist, was im IT-Bereich unter „mittlerer Art und Güte" zu verstehen ist, noch ob dieser Anspruch der jeweiligen Situation gerecht wird, muss darauf geachtet werden, dass alle wichtigen Servicebedingungen in einem Service-Level-Agreement (Stufenvereinbarung, SLA) eindeutig vertraglich geregelt werden. **Bild 3** zeigt ein Beispiel für ein solches Service-Level-Agreement.

Wichtige Inhalte eines Service-Level-Agreements werden meistens nicht technisch, sondern auf Geschäftsprozessebene des Auftraggebers definiert:

§ 611 BGB Vertragstypische Pflichten beim Dienstvertrag

[I]Durch den Dienstvertrag wird derjenige, welcher Dienste zusagt, zur Leistung der versprochenen Dienste, der andere Teil zur Gewährung der vereinbarten Vergütung verpflichtet.

[II]Gegenstand des Dienstvertrages können Dienste jeder Art sein.

Bild 1: Wesen des Dienstvertrages

§ 243 BGB Gattungsschuld

[I]Wer eine nur der Gattung nach bestimmte Sache schuldet, hat eine Sache von mittlerer Art und Güte zu leisten.

[II]Hat der Schuldner das zur Leistung einer solchen Sache seinerseits Erforderliche getan, so beschränkt sich das Schuldverhältnis auf diese Sache.

Bild 2: Gattungsschuld

3. Leistungskenngrößen, Service-Levels

Service-Level	SL 1	SL 2
Servicezeiten	Mo – Fr 8 – 16 Uhr	Mo – Fr 0 – 24 Uhr
telefonische Erreichbarkeit während der Servicezeiten	durchschnittlich innerhalb 3 min, max. 2 % über 15 min	
Entgegennahme von E-Mails während der Servicezeiten	durchschnittlich innerhalb 3 min, max. 2 % über 30 min	
Direktlösungsrate	> 80 %	
Reaktionszeit und Weiterleitung	98 % innerhalb 5 min Weiterleitungsquote an 2nd Level < 3 %	

Bild 3: Servicelevel-Vereinbarungen

Verfügbarkeit des Systems bzw. von Funktionen, Antwortzeiten, Reaktionszeiten und Bearbeitungszeiten.

Die technische Sicht, also wie diese Bedingungen hard- und softwaretechnisch erfüllt werden können, ist meistens in der Verantwortung des Auftragnehmers. Wie folgende Beispiele zeigen, ist für alle vertraglichen Inhalte eine genaue Begriffsbestimmung und die Messbarkeit der Kriterien sehr wichtig.

Verfügbarkeit: Bei der Verfügbarkeit sollte festgelegt sein, wie der Begriff verstanden wird. Gilt ein System als verfügbar, wenn es während einer aufwendigen Prozedur keine Reaktionen auf Eingaben zeigt? Welcher Messzeitraum wird zur Bestimmung der Verfügbarkeit herangezogen?

Eine Verfügbarkeit von 99,5 % pro Arbeitstag mit 10 Stunden bedeutet, dass ein Ausfall von 3 Minuten je Arbeitstag zulässig ist. Dieselbe Verfügbarkeit von 99,5 % bei einem Messzeitraum von einem Monat bedeutet, dass das System einmalig 90 Minuten an einem Arbeitstag ausfallen darf.

Antwortzeiten des IT-Systems: Oft wird, insbesondere bei Host-basierten und bei Client-Server-basierten Netzwerken, zur Sicherung der Leistungsfähigkeit des Systems vom Auftraggeber eine Antwortzeit für bestimmte Vorgänge vertraglich vereinbart. Es ist dann wichtig, festzulegen, wie häufig, zu welchen Zeiten (Nebenzeiten, Hauptzeiten) und mit welchen Messverfahren diese Zeiten gemessen werden. Der Vertrag sollte auch regeln, wie weit die Verantwortung des Auftragnehmers reicht, also wer z. B. für WAN-Zeiten verantwortlich ist.

Bei allen Vertragspunkten ist auch zu klären und z. B. mit einer Zuständigkeitsmatrix darzulegen, welche Mitwirkungsrechte und Mitwirkungspflichten Auftraggeber und Auftragnehmer haben **(Bild 1,** und **Tabelle)**. Welche Informationen muss er wann bereitstellen? Welche Beistellleistungen, z. B. Klimatisierung eines Serverraumes und USV, muss er erbringen?

Bei Serviceverträgen ist auf genaue Begriffsdefinitionen, Zuständigkeiten und messbare Zielvereinbarungen zu achten.

4. Zuständigkeitsmatrix

Leistung	AN	AG	Externe Dienstleister
Problemaufnahme	D/E	I	
Problemlösungen Stufe 1	D/E	I	
Problemlösungen Stufe 2	D/E	I	
Problemlösungen Stufe 3	B	I	
Weiterleitung an Externe	B	E	D
Pflege Fehlerdatenbank	D	I	
Klimatisierung	B	E	D

AN ... Auftragnehmer
AG ... Auftraggeber
D ... Durchführung
E ... Entscheidung
B ... Beratung/Projektmanagementleistung
I ... Information

Bild 1: Zuständigkeitsmatrix

Tabelle: Eskalationsstufen und Informationen

Eskalationsstufe	Information AN	Information AG
1	sofort	sofort
2	5 min	10 min
3	1 h	2 h

Eskalationsstufen

Klasse 1: Gesamtausfall des Systems
Klasse 2: Ausfall wesentlicher Funktionen
Klasse 3: Ausfall einzelner Arbeitsplätze oder Ausfall unwesentlicher Teilfunktionen

AN: Auftragnehmer, AG: Auftraggeber

Vertragsstrafen, Schadensersatz

Bei schuldhaft mangelhaft erbrachten Dienstleistungen kann Schadensersatz gefordert werden. Der Nachweis der Schuld und des Schadens ist aber gerade im IT- Bereich sehr schwierig. In den meisten Verträgen wird deshalb eine Vertragsstrafe für den Fall der Nichterfüllung von Vertragsbestandteilen festgelegt **(Bild 2)**. Bei diesen vertraglich vereinbarten Vertragsstrafen (Konventionalstrafen) muss der Schaden im Einzelfall nicht nachgewiesen werden, es genügt, dass der Tatbestand erfüllt ist, also z. B. ein zugesagter Fertigstellungstermin nicht eingehalten wurde. Übersteigt der Schaden die Vertragsstrafe, so können höhere Schäden mit konkretem Nachweis geltend gemacht werden **(Bild 3)**.

Bei Vertragsstrafen muss der Schaden durch den Auftraggeber nicht nachgewiesen werden.

§ 339 BGB Verwirkung der Vertragsstrafe

Verspricht der Schuldner dem Gläubiger für den Fall, dass er seine Verbindlichkeiten nicht oder nicht in gehöriger Weise erfüllt, die Zahlung einer Geldsumme als Strafe, so ist die Strafe verwirkt, wenn er in Verzug kommt. Besteht die geschuldete Leistung in einem Unterlassen, so tritt die Verwirkung mit der Zuwiderhandlung ein.

Bild 2: Verwirkung der Vertragsstrafe

§ 340 BGB Strafversprechen bei Nichterfüllung

I Hat der Schuldner die Strafe für den Fall versprochen, dass er seine Verbindlichkeiten nicht erfüllt, so kann der Gläubiger die verwirkte Strafe statt der Erfüllung verlangen. Erklärt der Gläubiger dem Schuldner, dass er die Strafe verlange, so ist der Anspruch auf Erfüllung ausgeschlossen.

II Steht dem Gläubiger ein Anspruch auf Schadensersatz wegen Nichterfüllung zu, so kann er die verwirkte Strafe als Mindestbetrag des Schadens verlangen. Die Geltendmachung eines weiteren Schadens ist nicht ausgeschlossen.

Bild 3: Strafversprechen bei Nichterfüllung

Schadensersatzpauschalen sind oft bereits in den AGBs (Allgemeinen Geschäftsbedingungen) enthalten. Sie dürfen allerdings nicht beliebig hoch sein (§138 BGB, Sittenwidrigkeit), sondern müssen sich an typischen Schadenshöhen orientieren.

Flexibilität

Trotz der Bedeutung eindeutiger und vollständiger Vertragsinhalte sollten Serviceverträge flexibel sein. Wenn sich wesentliche Randbedingungen ändern, z. B. die Anzahl der Rechner in einem Netz unerwartet stark steigt, die Auslastung eines Netzes oder einer Funktion sich wesentlich verändert, sollte es zur gegenseitigen Zufriedenheit möglich sein, den Vertrag entsprechend anzupassen.

Qualitätsmessung des Serviceprozesses

Wie für alle anderen betrieblichen Leistungen ist es auch im Servicebereich wichtig, aussagekräftige Kennwerte zur Bewertung der Leistung und als Ansatzpunkt für Verbesserungsmaßnahmen zu definieren. Sinnvollerweise sollten diese Kennwerte verschiedene Perspektiven enthalten, wie sie z. B. in Balanced Scorecards (siehe Abschnitt 11.3) vorgesehen sind **(Bild 1)**.

10.4.2 Preisgestaltung bei Serviceverträgen

Bei Serviceverträgen muss der Auftraggeber für Leistungen bezahlen, die er in nicht genau vorhersehbarem Umfang in Anspruch nehmen wird. Der Auftraggeber ist gezwungen, entsprechende Leistungsfähigkeit und Leistungsbereitschaft vorzuhalten und übernimmt teilweise Risiken für den Auftraggeber, z. B. das Risiko der Systemverfügbarkeit in einem Hochverfügbarkeitsnetz, das 99,99 % Betriebssicherheit bieten soll.

Aus diesen und anderen Gründen ist eine Kalkulation der Kosten zur Preisbestimmung sehr problematisch. In der Praxis versucht man dieses Problem z. B. mit Conjoint Measurement (= Verbundmessung) zu lösen. Das ist eine Methode, mit der man die Zahlungsbereitschaft der Kunden für bestimmte Merkmale einer Leistung, z. B. des Servicevertrages, ermittelt **(Bild 2)**.

Das Instrument Conjoint Measurement ist eine geeignete Methode, um für Produkte und Dienstleistungen die Konzeption zu bestimmen oder bei bestehenden Produkten kundenorientierte Anpassungen vorzunehmen. Es hilft, die Fragen zu beantworten, mit welchen Merkmalsausprägungen und zu welchem Preis die Leistung positioniert werden muss, um maximale Erfolge zu erbringen.

Damit ist es auch möglich, kundenspezifisch zugeschnittene Serviceverträge anzubieten und die Preise nach Merkmalsausprägungen festzulegen.

Servicemerkmal	Kundenbewertung Gewichtung	Kundenbewertung Erfüllungsgrad in %
Systemverfügbarkeit	80	92
Antwortzeit-Verhalten	30	90
Userzufriedenheit	40	75
Problemlösungszeit	30	60
Leistungsqualität	50	80

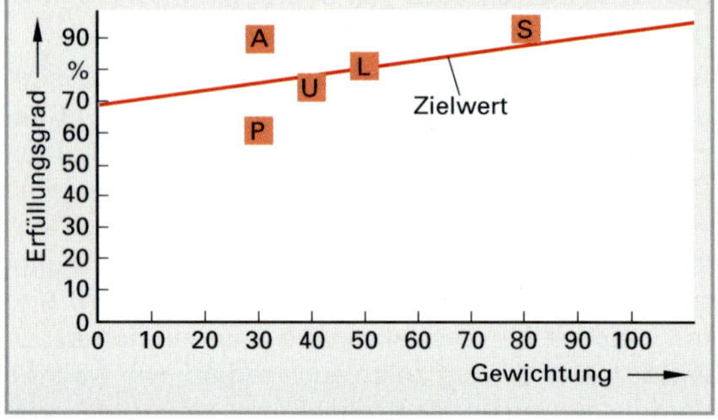

Bild 1: Qualitätsmerkmale Helpdesk

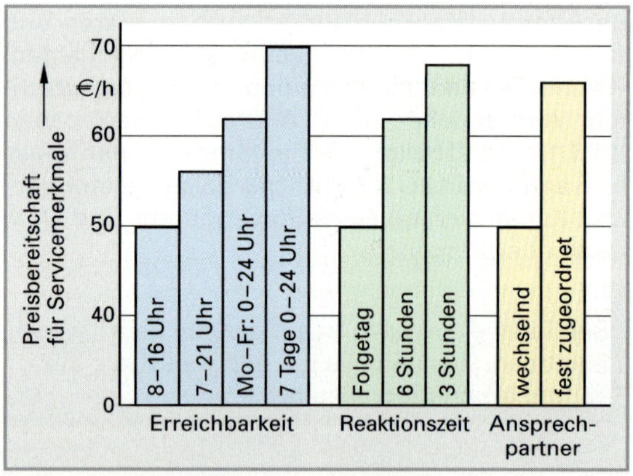

Bild 2: Ermittlung der Preisbereitschaft

Wiederholung und Vertiefung

1. **Welche Vorschriften gelten bei den meisten Serviceverträgen?**
2. **Welche wesentlichen Unterschiede gibt es zwischen Werkvertrag und Dienstvertrag.**
3. **Warum legen viele Auftraggeber Wert darauf, Vertragsstrafen zu vereinbaren?**
4. **Worauf sollte beim Abschluss von Serviceverträgen geachtet werden?**
5. **Bestimmen Sie Messgrößen für die Leistungsmessung bzw. Bewertung eines Web-Hosting-Vertrages.**
6. **Warum ist die Preisermittlung für Serviceverträge besonders schwierig?**
7. **Welche Ziele will man mit Conjoint Measurement erreichen?**

11 Rechnungswesen und Controlling

Die Aufgabe des betrieblichen Rechnungswesens ist es, durch ein System von monetären (monetär = in Geld bewertet) Zahlen das Unternehmen selbst und seine Beziehungen zur Außenwelt zu dokumentieren und zu beschreiben **(Bild 1)**.

Hierzu gehören:

- das systematische Erfassen und Dokumentieren aller Einnahmen und Ausgaben,
- das Bereitstellen von aufbereiteten Informationen für andere Funktionsbereiche des Unternehmens, z. B. die Finanzbuchhaltung,
- die Kontrolle von unternehmerischen Abläufen und Abteilungen, z. B. Überwachung von Zahlungseingängen und Zahlungsterminen,
- das Erstellen von Planungsrechnungen und Vorschaurechnungen zur Unterstützung von betrieblichen Entscheidungen (Dispositionen) für die Zukunft.

Betriebswirtschaftliche Standardsoftwarepakete (ERP-Systeme = Enterprise Resource Planning System) stellen alle notwendigen Funktionen für diese unternehmensinternen Aufgaben bereit. Sie sind meistens modular aufgebaut **(Bild 2)**.

In vielen Unternehmen ist das betriebliche Rechnungswesen in die Funktionsteilbereiche Finanzbuchhaltung, Controlling und Kosten- und Leistungsrechnung untergliedert **(Bild 3)**.

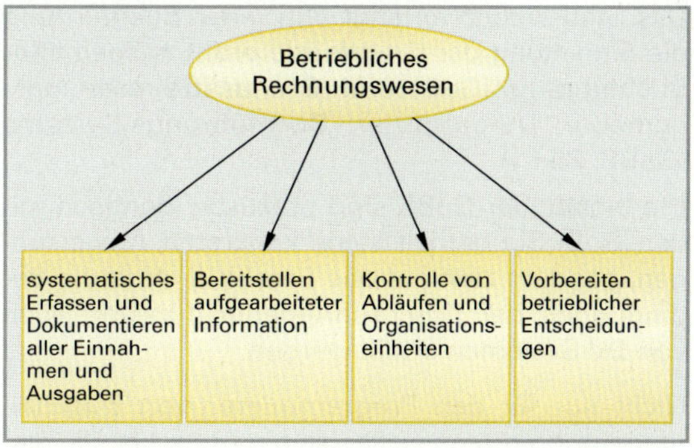

Bild 1: Aufgaben des betrieblichen Rechnungswesens

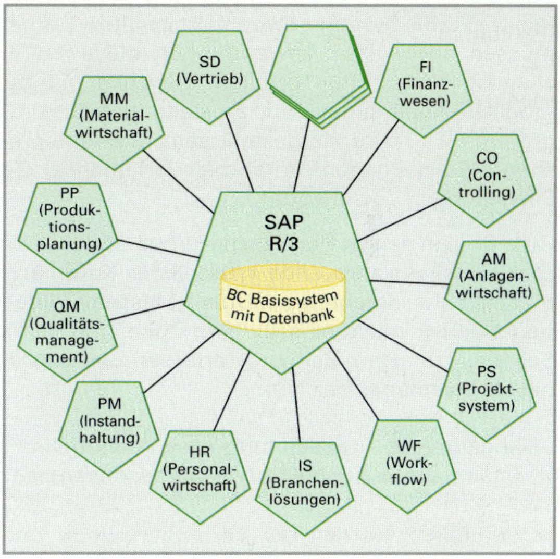

Bild 2: Modularer Aufbau betriebswirtschaftlicher Standardsoftware am Beispiel von SAP R3

11.1 Die Finanzbuchhaltung

Die Finanzbuchhaltung erfasst den Wertefluss (Einnahmen und Ausgaben) des Unternehmens mit der Außenwelt und bilanziert nach gesetzlichen Grundlagen (§§ 238 ff HGB). Sie gibt monetäre Informationen zum Wertezuwachs (Einnahmen) bzw. Werteverzehr (Ausgaben) des Unternehmens und zur Vermögenslage.

Aus dem Handelsgesetzbuch (HGB §§ 286 ff) ergibt sich, dass jeder Betreiber eines Handelsgewerbes zur ordungsgemäßen Buchführung verpflichtet ist. Das Steuerrecht bzw. die Abgabenordnung erweitert die Buchführungspflicht auf Handwerker, Freiberufler und andere Gewerbetreibende.

Die Dokumente der Finanzbuchhaltung dienen der Rechenschaftslegung gegenüber Finanzbehörden, Kapitalgebern, Arbeitnehmern und bei juristischen Personen auch gegenüber der Öffentlichkeit.

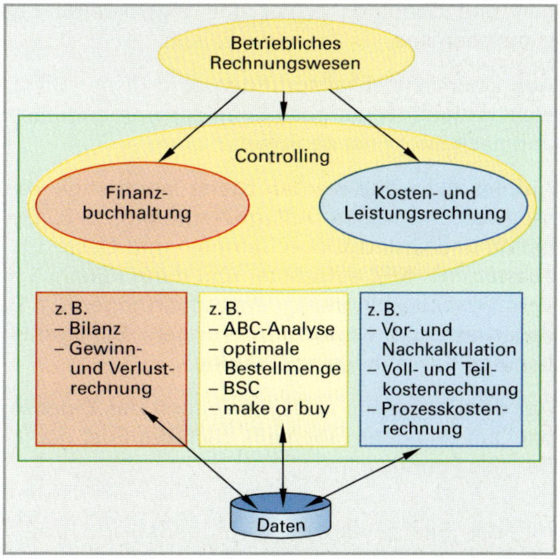

Bild 3: Teilbereiche des betrieblichen Rechnungswesens

Das Steuerrecht verlangt von jeder Buchführung die Einhaltung der **G**rundsätze **o**rdnungsgemäßer **B**uchführung (GoB) und **G**rundsätze **o**rdnungsgemäßer DV-gestützter **B**uchführungs-**S**ysteme (GoBS, **Bild 1**).

Die Inhalte der GoBS sind praktisch identisch mit den GoB. Sie enthält keine konkreten Anweisungen, sondern zielt auf das Ergebnis, dass die Bedingungen der Durchschreibebuchführung auch von DV-Systemen erfüllt werden.

Nicht nur für den Programmierer von Buchhaltungsprogrammen stellt sich die Aufgabe, alle diese Forderungen in seinem Programm umzusetzen. Durch die Verknüpfungen mit anderen Anwendungen (z. B. ERP-Systeme, Warenwirtschaftssysteme) müssen auch diese Anwendungen die entsprechenden Vorschriften erfüllen. Gleiches gilt für mögliche Anpassungen und Einstellungen des Programms. Es muss klargestellt sein, wer entsprechende Einstellungen vornehmen darf und wer die Einstellungen verantwortet.

Zum Beginn seines Handelsgewerbes und jeweils zum Geschäftsjahresende muss jeder Kaufmann eine Inventur durchführen. Durch Messen, Zählen und Wiegen muss er sein Vermögen und seine Schulden zu einem Zeitpunkt erfassen und geordnet als Inventar aufzeichnen.

> Die geordnete Aufzeichnung aller Vermögensbestandteile und Schulden nennt man Inventar.

In der Bilanz werden die Vermögenswerte und Schulden abschließend nach Bilanzierungsgrundsätzen bewertet und einander gegenübergestellt **(Bild 2 und Bild 3)**. Die Differenz aus Vermögen und Schulden ergibt das Eigenkapital des Unternehmens.

Aus Übersichtlichkeitsgründen sind in der Bilanz gleichartige Inventarpositionen zusammengefasst und nach ihrer Frist geordnet.

Auf der Aktivseite werden zuerst langfristige Vermögensbestandteile (Anlagevermögen), z. B. Gebäude und Grundstücke, Betriebs- und Geschäftsausstattung, KFZ aufgelistet und dann kurzfristige Vermögensbestandteile (Umlaufvermögen), z. B. Lagerbestände, Kundenforderungen, Bankguthaben und Kassenbestand **(Tabelle)**.

Auf der Passivseite listet man zuerst das Eigenkapital auf und dann, ebenfalls nach der Frist geordnet, das Fremdkapital.

> In der Bilanz werden Vermögenswerte und Schulden geordnet gegenübergestellt.

Grundsätze ordnungsgemäßer Buchführung, GoB (Auszug)

- Alle Buchungen müssen vollständig, richtig und zeitlich geordnet sein.
- Änderungen an Buchungen dürfen nicht dazu führen, dass ursprüngliche Buchungen unleserlich werden.
- Keine Buchung ohne Belege.
- Fortlaufende Nummerierung.
- Die Buchhaltung muss so beschaffen sein, dass ein sachverständiger Dritter innerhalb angemessener Frist einen Überblick über Vermögenslage und Vorgänge erhalten kann.
- Konten, Vermögensbestandteile usw. sind eindeutig und gleichbleibend zu benennen.

Bild 1: Grundsätze ordnungsgemäßer Buchführung

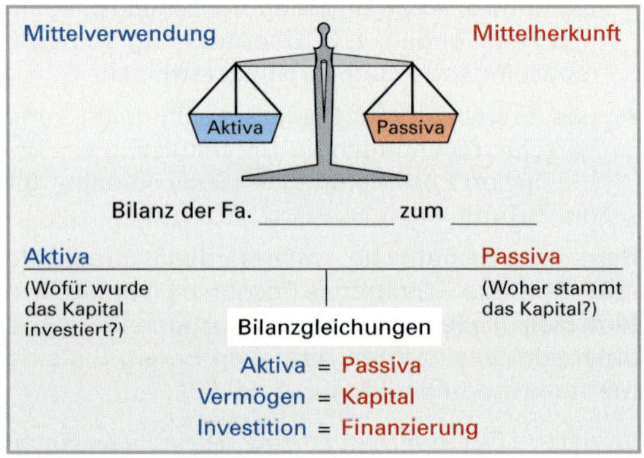

Bild 2: Bilanzgleichung

Bilanzierungsgrundsätze

- Anschaffungswertprinzip: nur der wirklich bezahlte Nettoanschaffungswert darf bilanziert werden.
- Bilanzkontinuität: Begriffe, Bezeichnungen, Zuordnungen usw. sollen gleichbleibend sein.
- Vorsichtsprinzip: bei alternativen Bewertungsmöglichkeiten ist der niedrigere Wert anzunehmen.
- Periodenabgrenzungsprinzip: Erträge und Aufwendungen müssen dem richtigen Zeitraum zugeordnet werden.

Bild 3: Bilanzierungsgrundsätze

Tabelle: Bilanz der Firma Elektro-Metzger zum 31.12. 20xx

Aktiva			**Passiva**
Anlagevermögen		**Eigenkapital**	325.099 €
Grundstücke und Gebäude	436.200 €	**Fremdkapital**	
Geschäftsausstattung	243.542 €	Hypotheken	382.121 €
Umlaufvermögen			
Warenbestände	24.353 €	Verbindlichkeiten an	
Forderungen	32.682 €	Lieferanten	44.281 €
Bankguthaben	12.381 €		
Kassenbestand	2.343 €		
Summe	**751.501 €**	**Summe**	**751.501 €**

Konten

Jeder der vielen Geschäftsvorfälle in einem Unternehmen verändert die Bilanz mindestens in zwei Positionen. Z. B. betrifft ein Rohstoffeinkauf in bar die Bilanzposten Rohstofflager, Vorsteuer und Kasse. Die gesamte Bilanz müsste also ständig neu erstellt werden.

Wirtschaftlicher ist es, Geschäftsvorfälle über einen bestimmten Zeitraum (Quartal, Geschäftsjahr) zu sammeln und dann die Summe aus den Veränderungen (Saldo) in die Bilanz zu übertragen.

Für jeden Geschäftsvorfall wird für jeden Bilanzposten im Journal (Tagebuch) ein Konto eröffnet. Für Posten der Aktivseite Aktivkonten und für Positionen der Passivseite Passivkonten. In diesen Konten werden die Buchungen taggenau mit Betrag und kurzer Vorgangsbeschreibung eingetragen.

Am Ende der Abrechnungsperiode werden die Salden der Konten in die neue Bilanz übernommen **(Bild 1)**.

Da gegenüber Kunden und Lieferanten ein erhöhter Auskunfts- und Informationsbedarf besteht, werden alle Buchungen, die Kunden (Debitoren) oder Lieferanten (Kreditoren) betreffen, zusätzlich in der Kreditoren- bzw. Debitorenbuchhaltung erfasst.

Am Schluss der Abrechnungsperiode werden alle Konten abgerechnet und mit ihrem neuen Kontostand (Saldo) in das Hauptbuch (Abschlussübersicht) übernommen. Im Hauptbuch wird die Schlussbilanz erstellt und eine Gewinn- und Verlustrechnung (Zusammenfassung aller Erlöse und Aufwendungen) durchgeführt.

Die Erträge E des Unternehmens berechnen sich aus den im Betrachtungszeitraum erwirtschafteten Werten der erstellten Güter und Leistungen (Verkauf, Lagerveränderungen und Eigenverbrauch, **Bild 2**).

Der steuerliche Gewinn G_S ist die Differenz von Erträgen E und Aufwendungen A in einer Rechnungsperiode.

Der betriebswirtschaftliche Gewinn G_B ergibt sich, wenn man die Zusatzkosten Z (z. B. kalkulatorische Kosten) vom steuerlichen Gewinn G_S abzieht.

> Wichtige Berichte der Finanzbuchhaltung sind das Inventar, die Bilanz und die Gewinn- und Verlustrechnung.

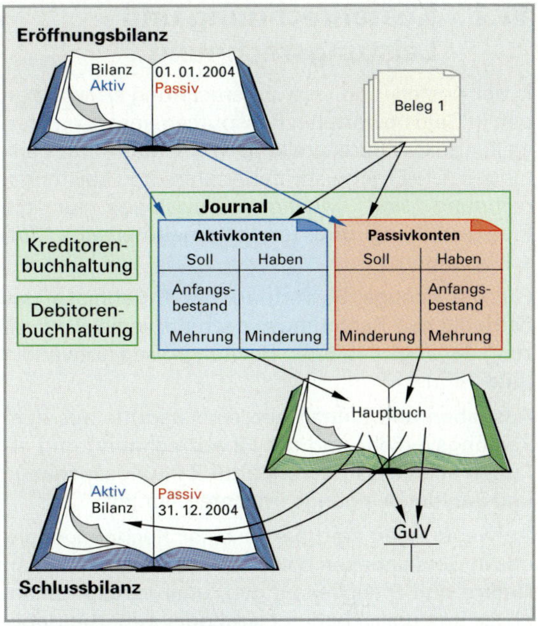

Bild 1: Ablauf der Buchungen

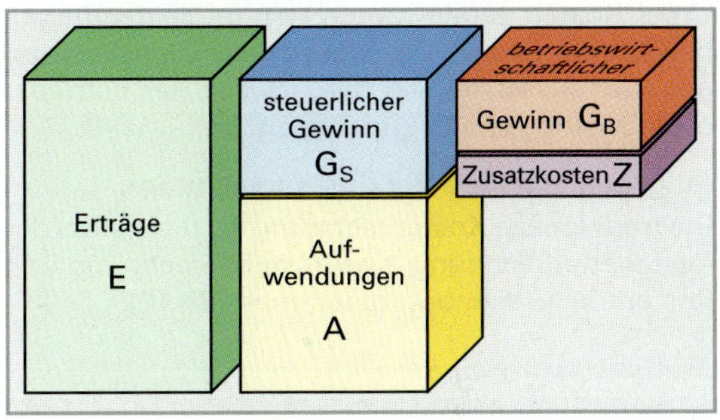

Bild 2: Ermittlung des steuerlichen und betriebswirtschaftlichen Gewinns

$$G_S = E - A$$

$$E = V + \Delta L + EV$$

$$G_b = G_S - Z$$

A	Aufwendungen;	ΔL	Lagerveränderungen
E	Erträge;	G_S	steuerlicher Gewinn
EV	Eigenverbrauch;	V	Verkaufserträge
G_b	betriebswirtschaftlicher Gewinn;	Z	Zusatzkosten

Wiederholung und Vertiefung

1. **Beschreiben Sie kurz die Aufgaben des betrieblichen Rechnungswesens.**
2. **Welche Funktionen erfüllt eine „betriebswirtschaftliche Standardsoftware"?**
3. **Bei der Inventur der Firma Schock GmbH wurden folgende Werte ermittelt: Grundstück und Gebäude 217.400 €, Warenbestände 24.810 €, Forderungen an Kunden 16.690 €, Verbindlichkeiten an Lieferanten 14.460 €, Bankdarlehn 24.000 €, Bankguthaben 34.280 €, Kassenbestand 1.650 € und Betriebs- und Geschäftsausstattung 148.000 €. Erstellen Sie eine Bilanz und bestimmen Sie das Eigenkapital.**

11.2 Kostenrechnung und Leistungsrechnung

In der Kosten- und Leistungsrechnung erfasst man den in Geld bewerteten Ressourceneinsatz zur Herstellung bzw. Bereitstellung von Gütern und Leistungen. Die Ergebnisse der Kosten- und Leistungsrechnung sind wichtige Grundlagen für die Preisgestaltung und für unternehmerische Entscheidungen.

Für die richtige Bewertung der Ergebnisse des betrieblichen Rechnungswesens ist eine Abgrenzung der angewendeten Rechengrößen notwendig **(Bild 1)**.

Ausgaben und Einnahmen sind Begriffe aus dem Zahlungsverkehr und der Finanzrechnung und erfassen alle baren und unbaren Zahlungsausgänge und Zahlungseingänge im Unternehmen.

Aufwendungen sind der in einer Rechnungsperiode in Geldeinheiten bewertete gesamte Einsatz an Gütern und Dienstleistungen, unabhängig davon, ob sie betrieblich bedingt sind oder außerbetriebliche Ursachen haben **(Tabelle)**.

Unter Kosten versteht man den in Geldeinheiten bewerteten Einsatz an Gütern und Dienstleistungen, die ausschließlich dem Zweck der betrieblichen Leistungserstellung dienen.

Aufgaben und Ziele der Kostenrechnung

Die traditionelle Kostenrechnung setzt sich aus der Kostenartenrechnung, Kostenstellenrechnung und Kostenträgerrechnung zusammen **(Bild 2)**.

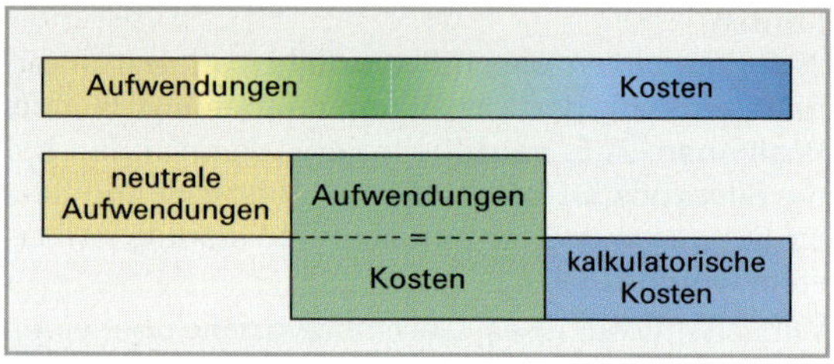

Bild 1: Unterscheidung von Kosten und Aufwand

Tabelle: Beispiele zum Zusammenhang zwischen Ausgaben, Kosten und Aufwendungen

Zusammenhang	Beispiel
Ausgaben, die gleichzeitig Kosten und Aufwendungen sind.	Lohn- und Gehaltszahlungen, Mietzahlungen für Büroräume.
Ausgaben, die teilweise den Kosten und teilweise den Aufwendungen zuzurechnen sind.	Anschaffungen von Maschinen, die über mehrere Jahre anteilig abgeschrieben werden.
Ausgaben, die keine Kosten sind, aber Aufwand bedeuten.	Spende für wohltätige Zwecke.
Kosten, die gleichzeitig Aufwand bedeuten, aber keine Ausgaben verursachen.	Verbrauch von früher beschafftem Lagermaterial.
Kosten, die kein Aufwand bedeuten und nicht zu Ausgaben führen.	Kalkulatorische Zinsen für das Eigenkapital in einem Einzelunternehmen.

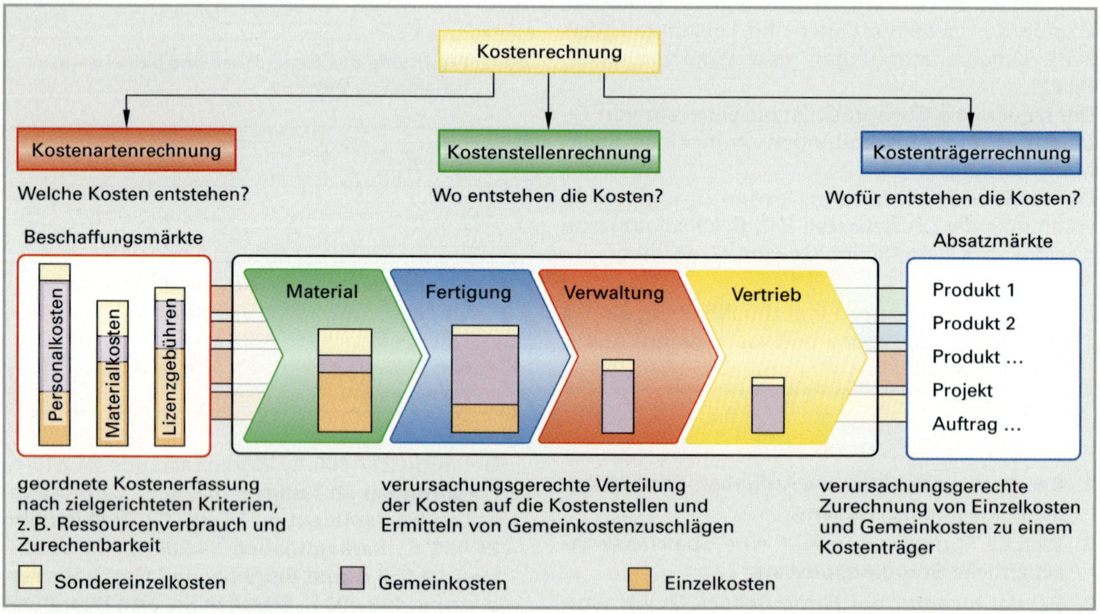

Bild 2: Betriebliche Kostenrechnung

Die Kostenartenrechnung erfasst die Kosten einer Abrechnungsperiode und unterteilt sie je nach Ziel der Untersuchung nach verschiedenen Kriterien **(Bild 1)**.

Die Kostenstellenrechnung schafft Verantwortungsbereiche und ist Voraussetzung für die Verteilung verschiedener Kostenarten.

In der Kostenträgerrechnung werden die verursachten Kosten möglichst verursachungsgerecht auf die Kostenträger, z. B. Aufträge, Produkte und Projekte, verteilt und Preise ermittelt.

Kostenträger sind z. B. Produkte, Aufträge, Projekte und Dienstleistungen.

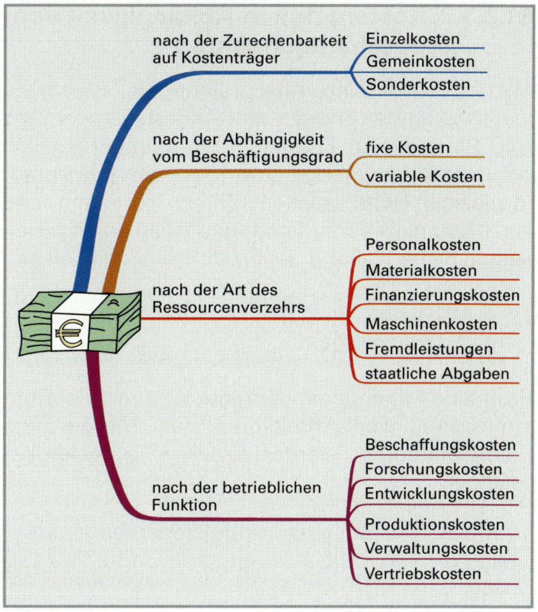

Bild 1: Kostenarten

11.2.1 Kostenartenrechnung

Die Kostenartenrechnung muss die Kosten einer Rechnungsperiode erfassen und für die spätere Verwendung mit bestimmten Merkmalen (Attributen) versehen. Dies geschieht z. B. bei der Buchung durch die Zuordnung der Erlöse und Aufwendungen zu einem bestimmten Konto mit einer festgelegten Kontonummer **(Tabelle)**.

Die Kostenartenrechnung erfasst die Aufwendungen einer Rechnungsperiode nach unterschiedlichen, dem späteren Verwendungszweck entsprechenden Sortierkriterien.

Tabelle: Industrie-Kontenrahmen (Auszug)

Konto	Kostenart
60	Aufwendungen für Roh-, Hilfs- und Betriebsstoffe und bezogene Waren.
6000	Aufwendungen für Rohstoffe, Fertigungsmaterial.
6010	Aufwendungen für Vorprodukte, Fremdbauteile.
6020	Aufwendungen für Hilfsstoffe.
6030	Aufwendungen für Betriebsstoffe, Verbrauchswerkzeuge.
6040	Aufwendungen für Verpackungsmaterial.
6050	Aufwendungen für Energie.
6060	Aufwendungen für Reparaturmaterial.
6070	Aufwendungen für sonstiges Material.

11.2.1.1 Kostenarten in Abhängigkeit von der Zurechenbarkeit auf Kostenträger

Kosten, die für einen Kostenträger genau vorausbestimmbar oder zurechenbar sind, nennt man Einzelkosten. Beispiele hierfür sind die Materialkosten, die über Materialentnahmescheine **(Bild 1, folgende Seite)** oder Konstruktionsunterlagen eindeutig einem Kostenträger zugeordnet werden können. Bei Löhnen entstehen Einzelkosten, wenn beispielsweise über Rapportzettel oder Zeitakkordsätze die Lohnkosten einem Kostenträger eindeutig zugeordnet sind.

Einzelkosten können einem Kostenträger eindeutig zugeordnet werden.

Mieten, Wertminderungen bei Maschinen und Einrichtungen, Gehälter von Angestellten, Energiebereitstellungskosten u.a. können üblicherweise keinem Kostenträger eindeutig zugeordnet werden. Diese Kosten werden periodenweise erfasst und als Gemeinkosten bezeichnet. Sie müssen über einen in der Kostenstellenrechnung zu ermittelnden Verteilungsschlüssel als Gemeinkostenzuschlagssätze auf alle Kostenträger verrechnet werden.

Gemeinkosten können keinem Kostenträger eindeutig zugeordnet werden.

Einzelkosten, die bei gleichartigen Kostenträgern nur in besonderen Fällen und unterschiedlicher Höhe auftreten, nennt man Sondereinzelkosten. Sondereinzelkosten wie z. B. Expresszuschläge für eilige Aufträge, Übersee-Verpackungen usw., werden den jeweiligen Aufträgen direkt verrechnet.

11.2.1.2 Kostenarten in Abhängigkeit vom Beschäftigungsgrad

Mieten, steuerliche Abschreibungen, Bereitstellungskosten der Energie und Angestelltengehälter sind Beispiele für Fixkosten, die unabhängig von der Produktionsmenge (vom Beschäftigungsgrad) in gleicher Höhe anfallen **(Bild 2)**. Fixkosten sind kurzfristig nicht veränderbar und fallen durch die alleinige Sicherstellung der Produktionsfähigkeit an.

> Fixkosten sind kurzfristig unabhängig von der Produktionsmenge.

Produktionsmengenabhängige Kosten wie Rohstoffkosten, der Arbeitspreis für Energie und Fremdleistungen, werden als variable Kosten bezeichnet.

> Variable Kosten sind produktionsmengenabhängig.

Für Produktionen mit hohen Fixkosten, wie z. B. die Herstellung von Prozessoren, sind sehr hohe Stückzahlen sehr wichtig, da mit steigender Stückzahl die Fixkosten je Stück immer geringer werden (Gesetz der Massenproduktion, Bild 2).

Beispiel:

Für die Produktion eines neuen Schnittstellenchips sind Investitionen in Höhe von 2.000.000 € notwendig. Die variablen Kosten betragen 8 € je Stück.

a) Welche Herstellkosten entstehen je Chip bei pessimistischen Absatzprognosen von 400.000 Stück und für optimistische Absatzprognosen von 4 Millionen Stück?

b) Welche Menge m muss mindestens abgesetzt werden, damit die Selbstkosten unter 10 € sinken?

Lösung:

a) bei einer Absatzmenge von 400.000

$$k = \frac{K_f}{m} + k_v = \left(\frac{2.000.000}{400.000} + 8\right) €$$

$\mathbf{k = 13{,}00}$ **€**

bei einer Absatzmenge von 4.000.000

$$k = \frac{K_f}{m} + k_v = \left(\frac{2.000.000}{4.000.000} + 8\right) €$$

$\mathbf{k = 8{,}50}$ **€**

b)

$$m = \frac{K_f}{k - k_v} = \frac{2.000.000\ €}{(10 - 8)\ €}$$

$\mathbf{m = 1.000.000}$

Materialentnahmenschein		**Auftrags-Nr./ Projekt-Nr. NW4 – N564**	
Bezeichnung:	**Anzahl**	**Artikel-Nr.**	**empfangen:**
NIC 3C905B	22	Z 455 642 3	*Mu*
Ethernet-Anschluss-dosen Scea-2.0	22	Z 345 869 2	*Mu*
Wandverteiler-gehäuse 600 x 746 x 615	1	Z 463 886 1	*Mu*
Glasfaserkabel II/AD(ZH)H G 50/125	250 m	Z 345 347 7	*Mu*
		Datum:	24.2.20xx
Abteilung:	NW 4	**Kosten-stellen-Nr.**	NW 4-45
Ausgegeben	*KL*	**Empfänger:**	*Mu*

Bild 1: Auszug Materialentnahmeschein

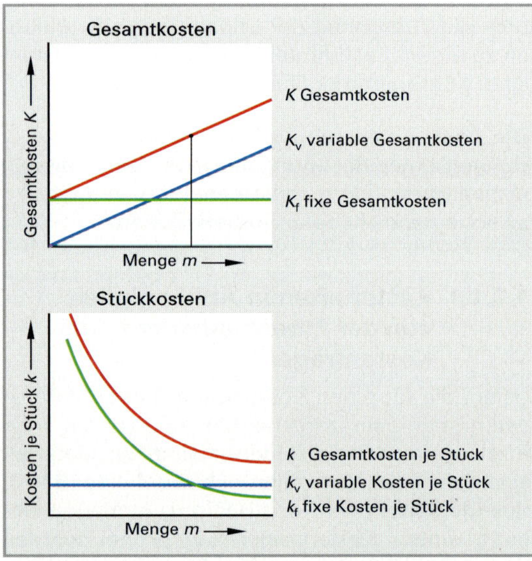

Bild 2: Kosten in Abhängigkeit vom Beschäftigungsgrad

$$k = \frac{K_f}{m} + k_v \qquad K = K_f + m \cdot k_v$$

K	Gesamtkosten;	m	Menge
k	Gesamtkosten je Stück		
K_f	fixe Gesamtkosten		
k_f	Fixkosten je Stück		
K_v	variable Gesamtkosten		
k_v	variable Kosten je Stück		

Es ist in der Kostenrechnung üblich, für Gesamtgrößen Großbuchstaben und für Stückgrößen Kleinbuchstaben zu verwenden.

11.2.2 Kostenstellenrechnung

Die Kostenstellenrechnung unterteilt das Unternehmen in Verantwortungsbereiche und schafft damit die Voraussetzungen für die Budgetierung, für leistungsorientierte Entlohnungssysteme und ist Grundlage für genauere Kostenträgerrechnungen.

Die Abgrenzung der Verantwortungsbereiche erfolgt nach räumlichen, kalkulatorischen oder funktionalen Merkmalen und Erfordernissen. Jeder Verantwortungsbereich erhält eine Kostenstellennummer **(Bild 1)**.

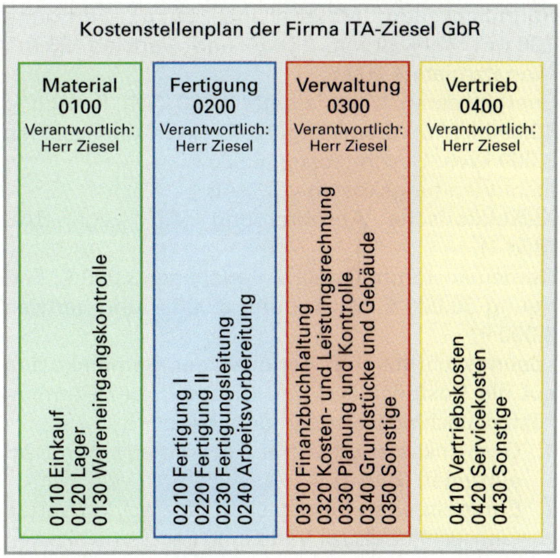

Bild 1: Kostenstellenplan

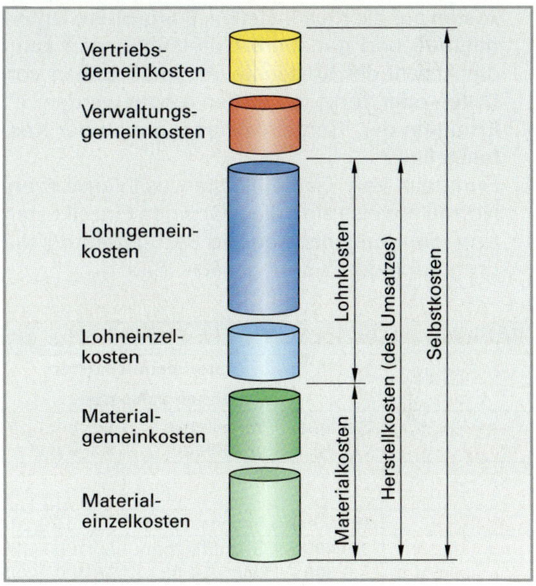

Bild 2: Kostenzusammensetzung in der einfachen Zuschlagskalkulation

> Die Kostenstellenrechnung analysiert die Kosten in Verantwortungsbereichen.

Die Erfassung der Kostenstellen-Einzelkosten z. B. über Materialentnahmescheine und Stundenzettel und ihre Zurechnung ist in der Regel einfach. Schwieriger ist es, mit vertretbarem Aufwand die Gemeinkosten verursachungsgerecht auf die Kostenstellen zuzurechnen.

Die Verteilung dieser Gemeinkosten einer Rechnungsperiode auf die Kostenstellen erfolgt in der Praxis häufig mit dem Betriebsabrechnungsbogen (BAB, **Bild 1, folgende Seite**).

Die Gemeinkostenzuschlagssätze dienen der Kalkulation und sind ein wichtiger Ansatzpunkt für Vergleiche mit Mitwettbewerbern und interne Verbesserungsansätze.

> Mit dem Betriebsabrechnungsbogen BAB werden die Gemeinkosten auf die Kostenstellen verteilt und Gemeinkostenzuschlagssätze ermittelt.

Der BAB beruht immer auf Vergangenheitszahlen und sollte in regelmäßigen Abständen, z. B. jährlich, und bei relevanten Kostenveränderungen, neu erstellt werden. Alle Kosten im BAB sind Nettozahlen, also ohne Mehrwertsteuer.

Fallbeispiel

Die IT-Firma „ITA-Ziesel GbR" fertigt Komponenten für den IT-Bereich.

Zur Vorbereitung von Preisverhandlungen mit einem Auftraggeber will der Unternehmensleiter Herr Ziesel seine Kostensituation analysieren. Er möchte wissen, welche Gemeinkosten er auf Fertigungsmaterialeinzelkosten und Fertigungslohneinzelkosten aufschlagen muss, um seine Selbstkosten zu decken.

Bei den Preisverhandlungen geht es um eine Serie von Routern, die Materialeinzelkosten von 74,50 € und Lohneinzelkosten von 36,40 € verursachen.

Daten der Firma:
Personal: Unternehmensleiter und eine IT-Fachkraft. Der Unternehmensleiter Herr Ziesel verursacht Lohngesamtkosten von 152.000 €/Jahr, die er als Gemeinkosten verrechnen möchte, da eine genaue Erfassung seiner Arbeitszeiten für bestimmte Kostenträger aufgrund der oft wechselnden Tätigkeiten sehr aufwändig wäre. Er hat ermittelt, dass er 20 % seiner Arbeitszeit mit Lageraufgaben beschäftigt ist, 40 % mit der Fertigung und jeweils 20 % mit Verwaltung und Vertrieb.

Die IT-Fachkraft ist ausschließlich produktiv tätig und erfasst die Arbeitszeiten zu jedem Auftrag. Die Gesamtlohnkosten von 70 400 € können damit zu 100 % als Lohneinzelkosten verrechnet werden.

Räumlichkeiten: Materiallager 50 m², Fertigung 100 m², Verwaltung 25 m² und Vertrieb 25 m². Monatsmiete 4.200 €.

Energiekosten: Materiallager 5.600 kWh, Fertigung 40.000 kWh, Verwaltung 12.000 kWh und Vertrieb 8.000 kWh. Gesamtkosten 6.560 €.

Instandhaltungskosten vgl. BAB

Kalkulatorische Abschreibung (AfA) vgl. BAB (Bild 1).

Gemeinkostenmaterial: Materiallager 3.000 €, Fertigung 30.000 €, Verwaltung 6.000 € und Vertrieb 3.000 €.

Lösungsschritte zum Verteilen der Gemeinkosten auf die Kostenstellen und Ermitteln der Gemeinkostenzuschlagssätze mit dem BAB:

1. Gemeinkostenarten mit Gesamtbetrag im BAB eintragen (Bild 1).
2. Ermitteln eines verursachungsgerechten Verteilungsschlüssels zur Verteilung der Gemeinkosten auf die Kostenstellen.
3. Verursachungsgerechtes Verteilen der Gemeinkosten auf die Kostenstellen. Für größere Unternehmen und genauere Untersuchungen kann die Anzahl der Kostenstellen durch Bilden von Unter- oder Vorkostenstellen erhöht werden.
4. Ermitteln der Gemeinkostensummen der Kostenstellen.
5. Ermitteln von Gemeinkostenzuschlagssätzen. Normalerweise sind die jeweiligen Einzelkosten bzw. die Herstellkosten die Bezugszahl für die Ermittlung der Zuschlagssätze (Bild 1).

$$MGKZS = \frac{MGK \cdot 100\,\%}{MEK}$$

$$LGKZS = \frac{LGK \cdot 100\,\%}{LEK}$$

$$HK = LEK + LGK + MEK + MGK$$

$$VerwGKZS = \frac{VerwGK \cdot 100\,\%}{HK}$$

$$VertrGKZS = \frac{VertrGK \cdot 100\,\%}{HK}$$

$$SK = HK + VerwGK + VertrGK$$

LEK	Lohneinzelkosten
LGK	Lohngemeinkosten
LGKZS	Lohngemeinkostenzuschlagsatz in %
MEK	Materialeinzelkosten
MGK	Materialgemeinkosten
MGKZS	Materialgemeinkostenzuschlag %
VerwGK	Verwaltungsgemeinkosten
VerwGKZS	Verwaltungsgemeinkostenzuschlagsatz in %
VertrGK	Vertriebsgemeinkosten
VertrGKZS	Vertriebsgemeinkostenzuschlagssatz in %

6. Herstellkosten des Umsatzes und Selbstkosten bestimmen **(Bild 2, vorhergehende Seite)**.

Betriebsabrechnungsbogen Fa. ITA-Ziesel für die Zeit vom ... bis ...							
		Materialeinzelkosten		**84.000 €**			
		Lohneinzelkosten			**70.400 €**		
Gemeinkosten	Gesamtbetrag	Verteilungsgrundlage	Verteilungsschlüssel	**Kostenstellen**			
				Material 0100	**Fertigung 0200**	**Verwaltung 0300**	**Vertrieb 0400**
Gehälter	**152.000 €**	Arbeitszeiterf.	20/40/20/20	30.400 €	60.800 €	30.400 €	30.400 €
Raumkosten	**50.400 €**	Grundflächen	50/100/25/25	12.600 €	25.200 €	6.300 €	6.300 €
Energiekosten	**6.560 €**	kWh-Zähler	56/400/120/80	560 €	4.000 €	1.200 €	800 €
Instandhaltungskosten	**24.000 €**	Anlagenkarten	3/12/5/4	3.000 €	12.000 €	5.000 €	4.000 €
kalkulatorische AfA	**32.000 €**	Anlagenkarten		4.000 €	20.000 €	5.000 €	3.000 €
kalkulatorische Zinsen	**8.000 €**	nach Kapitalbindung		2.000 €	3.000 €	2.000 €	1.000 €
Gemeinkostenmaterial	**42.000 €**	Buchhaltungszahlen		3.000 €	30.000 €	6.000 €	3.000 €
Summe Gemeinkosten	**272.960 €**			**55.560 €**	**155.000 €**	**55.900 €**	**48.500 €**
Materialgemeinkostenzuschlagssatz				**66,1 %**			
Lohngemeinkostenzuschlagssatz					**220,2 %**		
Herstellkosten des Umsatzes				**364.960 €**			
Verwaltungsgemeinkostenzuschlagssatz						**15,3 %**	
Vertriebsgemeinkostenzuschlagssatz							**13,3 %**
Selbstkosten				**469.360 €**			

Bild 1: Betriebsabrechnungsbogen BAB

Wiederholung und Vertiefung

1. **Welche Kostenart wird im BAB auf die Kostenstellen verteilt?**
2. **Wodurch wird bestimmt, in wie viele Kostenstellen ein Unternehmen eingeteilt wird?**
3. **Ein Unternehmen stellt in zwei Betrieben dieselben Produkte her. Der Einkauf ist zusammengefasst. Lagerhaltung, Produktion, Verwaltung und Vertrieb sind eigenständig. Für beide Betriebe gilt: Fertigungsmaterial 114 €/Stk.**

Gemeinkosten	Gesamt	Material	Fertigung	Verwaltung	Vertrieb
Betrieb 1: 5500 Stk/a Fertigungslohnkosten 26,– €/Stk					
Kosten in €/a					
Heizung		12 000	10 000	2 000	6 000
Strom		3 000	7 000	1 000	1 000
Gehälter		20 000	30 000	68 000	42 000
sonst.		10 000	40 000	30 000	30 000
AfA		10 000	80 000	10 000	10 000
Betrieb 2: 4500 Stk/a Fertigungslohnkosten 35,– €/Stk					
Kosten in €/a					
Heizung		16 000	15 000	3 000	11 000
Strom		1 500	5 000	1 500	1 000
Gehälter		22 000	42 000	60 000	2 6000
sonst.		15 000	50 000	15 000	2 000
AfA		15 000	20 000	5 000	10 000

   a) **Bestimmen Sie für beide Betriebe die Gemeinkostenzuschlagssätze, die Herstellkosten und Selbstkosten (gesamt und je Stück).**
   b) **Bewerten Sie die Ergebnisse im Vergleich beider Betriebe.**
   c) **Welcher Nutzen kann über die Kalkulation hinaus aus diesen Zahlen gewonnen werden?**

4. **Welche betriebswirtschaftlichen Analysen können durchgeführt werden, wenn in der Kostenartenrechnung eine Trennung**
   a) **in fixe und variable Kosten**
   b) **Einzel- und Gemeinkosten durchgeführt wird?**

11.2.3 Kostenträgerrechnung

Die Kostenträgerrechnung bestimmt die Kosten einer Leistung, z. B. eines Produktes oder einer Dienstleistung, für eine Zeiteinheit (Kostenträger-Zeitrechnung) oder je Kostenträgereinheit (Kostenträger-Stückrechnung).

In der Kostenträgerzeitrechnung stellt man die gesamten Kosten und Erträge einer Zeitperiode einander gegenüber und bestimmt die Wirtschaftlichkeit des Gesamtbetriebes, dies bezeichnet man als kurzfristige Erfolgsrechnung.

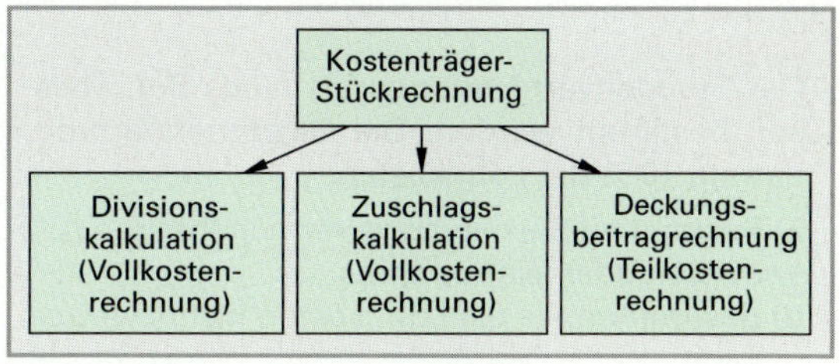

Bild 1: Kostenträger-Stückrechnung

Die Kostenträger-Stückrechnung ermittelt mit verschiedenen Verfahren die Kosten für eine Einheit eines Kostenträgers **(Bild 1)**.

11.2.3.1 Divisionskalkulation

Bei der Kostenträger-Stückrechnung kann man im einfachsten Fall die Divisionskalkulation anwenden.

$$k = \frac{SK}{n}$$

k	Kosten je Leistungseinheit
SK	Selbstkosten
n	Anzahl der Leistungseinheiten

In der Divisionskalkulation werden alle Kosten einer Berechnungsperiode durch die Anzahl der Leistungseinheiten geteilt.

Sie ist dann möglich, wenn ein Unternehmen oder ein abgegrenzter Teil eines Unternehmens, z. B. ein Profit-Center, nur eine Leistung bereitstellt, bzw. die Kosten einer Leistungsart gesondert erfasst.

Beispiel:

Die VDE-Sicherheitsüberprüfungen von Geräten werden durch zwei Mitarbeiter, 1 IT-Fachkraft, 1 Helfer durchgeführt. Es entstanden im vergangenen Jahr folgende Kosten:

Personal 225.000 €, Kfz-Kosten 16.200 €, AfA-Messgeräte 8.200 €, Fortbildung 14.600 €, sonstige Kosten 84.800 €. Durchschnittlich werden pro Jahr 4360 Überprüfungen durchgeführt.

Berechnen Sie die Kosten K je Einheit.

Lösung:

$$k = \frac{SK}{n} = \frac{348.000}{4.360}\,€$$

$k = \mathbf{80}$ €

Beispiel 1:
Der Stundenverrechnungssatz eines Betriebes soll bestimmt werden. Die Gewinnerwartung beträgt 10 % der Lohnkosten.

a) Bestimmen Sie die direkt verrechenbaren Arbeitsstunden eines Jahres.
b) Bestimmen Sie die Lohnkosten inclusive Gewinn.
c) Bestimmen Sie die Kosten pro Arbeitsstunde.

Lösung:

a) **Tabelle 1**

b) **Tabelle 2**

c) $k = \frac{SK}{n} = \frac{76.574{,}78}{1.224}$ €/h = **62,56 €/h**

Tabelle 1: Berechnung der Arbeitstage und produktiven Stunden pro Jahr und Mitarbeiter

Anzahl der Tage im Jahr	365
– arbeitsfreie Samstage und Sonntage	105
– unbezahlte Urlaubstage	2
– Feiertage	10
– durchschnittliche Krankheitstage	12
– Arbeitsbefreiung für besondere Anlässe	2
– Ausfallzeiten nach dem BetrVerG	0
– durchschnittliche Urlaubstage	30
Tatsächliche Arbeitstage im Jahr	**204**
Berechnung der direkt verrechenbaren Arbeitsstunden pro Jahr und Mitarbeiter	
Jährliche Arbeitszeit	1530
– unproduktive Zeiten (1,5 h/Tag)	306
Direkt verrechenbare Arbeitsstunden	**1224**

Tabelle 2: Ermittlung von Bruttolohn und Sozialbeiträgen in €/Jahr

Direkt verrechenbare Lohnkosten	€
Direkt verrechenbare Arbeitsstunden x durchschnittlichen Stundenlohn 18 €/h	22.032,00
Sonstige Lohnkosten	€
Unproduktive Zeiten	5.508,00
VWL gem. VWL-Tarifvertrag	624,00
Weihnachtszuwendung	1.200,00
Feiertagsentlohnung	1.350,00
Lohnfortzahlung im Krankheitsfall	1.620,00
Arbeitsbefreiung bes. Anlässe	270,00
Ausfallzeiten nach BetrVerfG	0,00
Freiwillige Sozialleistungen	800,00
Urlaubsentgelt	4.300,00
zusätzliches Urlaubsgeld 25 %	1.075,00
Summe sonstige Lohnkosten	16.747,00
Bemessungsgrundlage für Sozialbeiträge	38.779,00
Sozialbeiträge Arbeitgeberanteil	€
Rentenversicherung 19 % AG-Anteil	3.684,01
Krankenversicherung 13 % AG-Anteil	2.520,61
Arbeitslosenversich. 6,5 % AG-Anteil	1.260,32
Pflegeversicherung 1 %	387,79
Beiträge zur BG 1,5 %	581,68
Schwerbehindertenabgabe	0,00
Sozialbeiträge	8.434,43
Bruttolohn + Sozialbeiträge	47.213,43
Zusätzliche anteilige Lohnkosten (Vertrieb, Verwaltung)	22.400,00
Lohnkosten gesamt	69.613,43
10 % Gewinn auf Lohnkosten	6.961,34
Lohnkosten inkl. Gewinn	76.574,78

11.2.3.2 Einfache Zuschlagskalkulation

In der Regel bieten aber Abteilungen bzw. Unternehmen eine Vielzahl von Leistungen an und müssen damit differenziertere Kalkulationsverfahren, z. B. die Zuschlagskalkulation anwenden. In der Zuschlagskalkulation werden die für die einzelnen Kostenstellen ermittelten Gemeinkostenzuschlagssätze auf die Einzelkosten bzw. Herstellkosten aufgeschlagen **(Bild 1, folgende Seite)**.

Bei der Zuschlagskalkulation werden die im BAB ermittelten Zuschlagssätze auf die Einzelkosten aufgeschlagen.

Beispiel 2:

Über eine Zuschlagskalkulation ist aufgrund der Zahlen aus der Vergangenheit (BAB Fa. Ziesel GbR, Abschnitt 11.2.2) zu bestimmen, wie die voraussichtlichen Selbstkosten für eine neue Druckerserie der Firma sein werden (= Vorkalkulation).

Die Kosten für die Komponenten betragen 62,20 €. Die Arbeitsvorbereitung hat ermittelt, dass die Arbeitszeit zum Zusammenbau der Komponenten 12 Minuten und der Stundenverrechnungssatz für die Montagemitarbeiter 62,56 €/h beträgt.

Die Selbstkosten sind zu bestimmen.

Lösung:

***SK* = 184,38 €, Tabelle, folgende Seite.**

Einfache Zuschlagskalkulation als Vorkalkulation in der Produktion

Eine Vorkalkulation wird z. B. erstellt, wenn Kunden ein Angebot anfordern oder wenn betriebsinterne Entscheidungen getroffen werden müssen.

Die Vorkalkulation wird in sieben Schritten ausgeführt:

- Materialeinzelkosten, z. B. aus Stückliste, erfassen.
- Materialgemeinkosten entsprechend den Ergebnissen des BAB zuschlagen.
- Lohneinzelkosten, z. B. nach Arbeitsvorbereitung erfassen.
- Lohngemeinkosten entsprechend den Ergebnissen des BAB zuschlagen.
- Herstellkosten durch Addition ermitteln.
- Verwaltungsgemeinkosten und Vertriebsgemeinkosten laut den Ergebnissen BAB auf die Herstellkosten aufschlagen.
- Selbstkosten bestimmen.

Tabelle: Zuschlagskalkulation Produktion

Materialeinzelkosten	aus BAB	**62,20 €**
Materialgemeinkosten	66,1 %	41,11 €
Lohneinzelkosten		**12,51 €**
Lohngemeinkosten	220,2 %	27,55 €
Herstellkosten		143,37 €
Verwaltungsgemeinkosten	15,3 %	21,94 €
Vertriebsgemeinkosten	13,3 %	19,07 €
Selbstkosten *SK*		184,38 €

Vorkalkulation im Handelsbetrieb

Durch die geringe Fertigungstiefe und die Notwendigkeit volle Sortimente anzubieten, treten heute nahezu alle Unternehmen auch als Händler auf.

Für die Warenkalkulation werden zwei Kalkulationsschemas nacheinander angewendet, die Einstandspreiskalkulation (Bezugspreiskalkulation) und die Verkaufspreiskalkulation.

In der Einstandspreiskalkulation werden vom Listen- oder Katalogpreis des Herstellers alle in Anspruch genommene Rabatte z. B. Wiederverkäuferrabatt, Mengenrabatte, Saisonrabatte und Skonti abgezogen und alle durch die Lieferung entstandenen Bezugskosten z. B. Verpackungskosten, Rollgeld, Transportversicherung und Marketingkosten addiert **(Bild 1)**.

Der Handlungskostenzuschlag, Geschäftskostenzuschlag für die Verkaufspreiskalkulation wird bestimmt, indem alle Handlungskosten wie z. B. Personalkosten, Abschreibungen, Mieten, Fuhrparkkosten, Energiekosten, Kommunikationskosten eines Zeitraumes addiert und prozentual auf den Handelswarenumsatz bezogen werden.

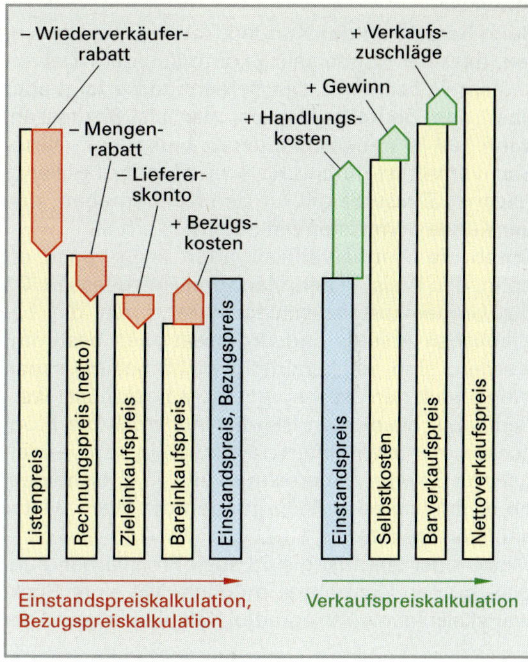

Bild 1: Einstandspreiskalkulation und Verkaufspreiskalkulation

$$HaKZ = \frac{HaK}{\Sigma WU_E}$$

HaKZ	Handlungskostenzuschlag in %
HaK	Handlungskosten
ΣWU_E	Summe Warenumsatz, bewertet zum Einstandspreis

Beispiel 1:
Ein Unternehmen setzt innerhalb eines Jahres Handelswaren mit einem Einstandspreis von 420.000 € um. Die gesamten Handlungskosten (Geschäftskosten) betragen 158.400 €. Wie hoch ist der Handlungskostenzuschlag in %?

Lösung:

$$HaKZ = \frac{HaK}{\Sigma WU_E} \cdot 100\,\% = \frac{158.000}{420.000} \cdot 100\,\%$$

$$\mathbf{HaKZ = 37{,}7\,\%}$$

Beispiel 2:
Ein Handelsbetrieb erweitert sein Angebot durch einen neuen Drucker.

a) Der Listenverkaufspreis des Großhändlers für den neuen Drucker beträgt 100 €, er gewährt 12 % Wiederverkäuferrabatt, 2 % Skonto und berechnet 20 € für die Lieferung. Der Bezugspreis für den Drucker ist zu bestimmen.

b) Der Barverkaufspreis ist so festzulegen, dass

bei 37,7 % Handlungskosten ein Gewinn von 8 % der Selbstkosten erzielt wird.

c) Der Listenpreis bei 2 % Kundenskonto und 5 % Kundenrabatt ist festzulegen.

Lösung: **Bild 1, Spalte 1**

a) 106,24 €

b) 158,00 €

c) 169,71 €

Hinweise:

Beim Berechnen des Kundenskontos ist zu beachten, dass der Kunde sein Skonto aus dem Zielverkaufspreis bekommt. Die Berechnung erfolgt aber über den Barverkaufspreis, der als Bezugszahl dann 100 % minus Skontosatz entspricht. Dieser Sachverhalt ist durch i.H. (= im Hundert) gekennzeichnet. Dasselbe gilt für den Kundenrabatt, den der Kunde vom Listenverkaufspreis erhält.

Durch die Wettbewerbssituation ist es auch oft nötig, den Preis an den Marktpreis anzupassen. Da die Gemeinkostenzuschlagssätze durch die betrieblichen Abläufe und Organisationen bestimmt werden, sind sie kurzfristig nicht beeinflussbar. Wenn auch der Bezugspreis nicht beeinflusst werden kann, bleibt dem Händler nur noch die Möglichkeit, mit einer Differenzkalkulation den verbleibenden Gewinn zu berechnen und zu entscheiden, ob er unter diesen Bedingungen die Ware weiter anbieten möchte.

Mittel- oder langfristig sind auch Preisverhandlungen mit den Lieferanten möglich. Mit einer Rückwärtskalkulation (retrograden Kalkulation) kann der Händler z. B. im Vorfeld bestimmen, welchen Listenpreis er bei seinen Verhandlungen erzielen muss, damit seine Gewinnvorstellungen wieder realisierbar sind.

Beispiel 1:

Ein Mitbewerber bietet den Drucker für einen Listenpreis von 149,99 € an. Welcher Gewinn ergibt sich bei diesem Listenverkaufspreis?

Lösung: In **Bild 1, Spalte 2** ist der Gewinn = – **6,65** € abzulesen

Beispiel 2:

Bei neuen Preisverhandlungen mit Lieferanten soll ein Listeneinkaufspreis erzielt werden, der die Gewinnerwartungen von 8 % der Selbstkosten wieder erzielt. Welcher Listenverkaufspreis muss ausgehandelt werden?

Lösung: **LVP = 144,99 €**
abgelesen **Bild 1, Spalte 3**

Hinweis:

Bei der Berechnung des Gewinns muss beachtet werden, dass der Gewinn im Barverkaufspreis enthalten ist. Der Barverkaufspreis entspricht damit 100 % plus Gewinn in %. Dasselbe gilt für die Handlungskosten, bei denen die Selbstkosten (100 % plus dem Handlungskostenzuschlag in %) entsprechen. Dieser Sachverhalt ist durch a.H. (= auf Hundert) gekennzeichnet.

Handelskalkulationen		**Spalte 1**		**Spalte 2**		**Spalte 3**	
Einstandspreiskalkulation und Verkaufspreiskalkulation	Zuschlagssätze in %	Handelskalkulation in €		Differenzkalkulation für Handel in €		Retrograde Kalkulation im Handel in €	
Listeneinkaufspreis			100,00		100,00		**85,69**
– Lieferer-Rabatt	12	v.H.	12,00	v.H.	12,00	i.H.	10,28
= Zieleinkaufspreis			88,00		88,00		75,41
– Lieferer-Skonto	2	v.H.	1,76	v.H.	1,76	i.H.	1,51
= Bareinkaufspreis			86,24		86,24		73,90
+ Bezugskosten			20,00		20,00		20,00
= Bezugspreis (BP)			**106,24**		106,24		93,90
+ Handlungskosten	37,7	v.H.	40,05	v.H.	40,05	a.H.	35,40
= Selbstkosten			146,29		146,29		129,30
+ Gewinn	8	v.H.	11,70	**– 4,5 %**	**– 6,65**	a.H.	10,34
= Barverkaufspreis			**158,00**		139,64		139,64
+ Kundenskonto	2	i.H.	3,22	v.H.	2,85	v.H.	2,85
= Zielverkaufspreis			161,22		142,49		142,49
+ Kundenrabatt	5	i.H.	8,49	v.H.	7,50	v.H.	7,50
= Listenverkaufspreis (LVP)			**169,71**		149,99		149,99

v.H. vom Hundert, Bezugszahl entspricht 100 %, i.H. im Hundert, Bezugszahl ist <100 %, a.H. auf Hundert, Bezugszahl ist >100 %

Bild 1: Handelskalkulation

In der Praxis verwendet man bei Kalkulationen aus Vereinfachungsgründen häufig auch die Größen Rohgewinn, Kalkulationszuschlag, Handelsspanne und Kalkulationsfaktor **(Bild 1)**.

Beispiel 1:
Berechnen Sie a) den Rohgewinn, b) den Kalkulationszuschlag, c) die Handelsspanne und d) den Kalkulationsfaktor für die Handelskalkulation des Druckers, Bild 1, vorhergehende Seite, Spalte 1).

Lösung:

a) $RG = LVP - BP = 169{,}71\ € - 106{,}24\ €$

$\mathbf{RG = 63{,}47\ €}$

b) $KZ = \frac{RG \cdot 100\ \%}{BP} = \frac{63{,}47 \cdot 100\ \%}{106{,}24}$

$\mathbf{KZ = 59\ \%}$

c) $HS = \frac{RG \cdot 100\ \%}{LVP} = \frac{63{,}47 \cdot 100\ \%}{169{,}71}$

$\mathbf{HS = 37{,}4\ \%}$

d) $KF = \frac{LVP}{BP} = \frac{169{,}71}{106{,}24}$

$\mathbf{KF = 1{,}6}$

Da aufgrund der Marktbedingungen für verschiedene Produkte und Produktgruppen unterschiedliche Handelsspannen möglich sind, wenden Händler zur schnellen und einfachen Kalkulation meistens auch mehrere Kalkulationsfaktoren an.

Produktionsbetrieb mit hohen Maschinenkosten oder Gerätekosten

In hochautomatisierten Produktionsbetrieben und bei teueren Einzelgeräten werden die Fertigungsgemeinkosten wesentlich durch die Kosten dieser Maschinen und Geräte beeinflusst. Da nicht alle hergestellten Leistungen diese Maschinen und Geräte beanspruchen, wird die Kalkulation genauer, wenn man diese Kosten aus den Gemeinkosten herausnimmt und direkt den jeweiligen Beanspruchern zuschlägt.

Beispiel 2:
Ein Netzwerkmessgerät für CAT 6-Kabel verursacht Anschaffungskosten von 9.800,00 €. Eine Nutzungsdauer von 4 Jahren ist möglich und die Wiederbeschaffungskosten für ein neues Messgerät betragen 120 %. Es wird damit gerechnet, dass jährlich 4.200 Messungen durchgeführt werden und die jährlichen Instandhaltungskosten 5 % der Wiederbeschaffungskosten ausmachen.

Bestimmen Sie die Gerätekosten je Messung.

Lösung: **1,51 €, Bild 2**

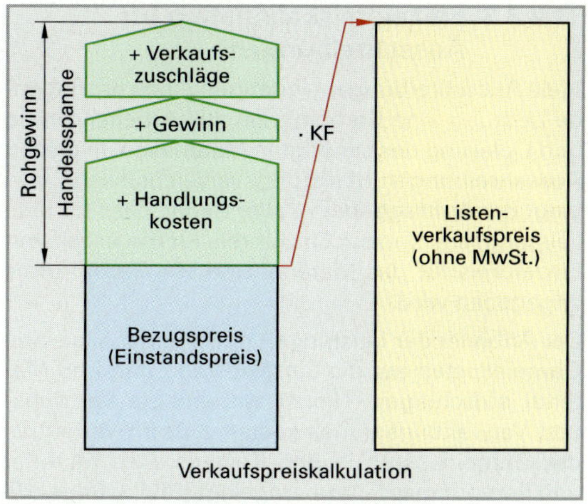

Bild 1: Zusammensetzung des Rohgewinns und Anwendung des Kalkulationsfaktors

Formeln zur Handelskalkulation

$$RG = LVP - BP$$

$$KZ = \frac{(LVP - BP) \cdot 100\ \%}{BP} = \frac{RG \cdot 100\ \%}{BP}$$

$$HS = \frac{(LVP - BP) \cdot 100\ \%}{LVP} = \frac{RG \cdot 100\ \%}{LVP}$$

$$HS = LVP - BP \qquad KF = \frac{LVP}{BP}$$

BP Bezugspreis
HS Handelsspanne in % oder €
KF Kalkulationsfaktor
KZ Kalkulationszuschlag
LVP Listenverkaufspreis
RG Rohgewinn

Ziesel GbR	**GS M342**
Maschinen-Gerätesatz	GS M342
Kosten-Nr.	12 287
Kostenstelle	272
Bezeichnung	Cat6 Messgerät
Nutzungsdauer in Jahren	4
Messungen pro Jahr	4 200
Kostenart	M15
Beschaffungskosten	9 800,00 €
Wiederbeschaffungskosten WBK	120 % 11 760,00 €
Instandhaltung, Messleitungen	5 % WBK/a 2 352,00 €
Zinsen auf 50 % WBK	6 %/a 1 411,20 €
Gesamtkosten	25 323,20 €
kalk. Gerätekosten je Messung	1,51 €

Bild 2: Maschinen-Gerätesatz-Karte

11.2.3.3 Einzelpreiskalkulation für Ausschreibungen

Viele Ausschreibungen verlangen als zu erbringende Leistung eine Kombination aus Arbeitsleistung und Lieferung der benötigten Materialien. In diesen Ausschreibungen (Leistungsverzeichnissen) verlangt der Auftraggeber in aller Regel, dass für jede Leistungsposition ein Einzelpreis für die Arbeit, ein Einzelpreis für das Material und ein Gesamtpreis angegeben wird.

Der Anbieter der Leistungen muss damit alle seine Gemeinkosten auf die Einzelkosten Lohn und Material aufschlagen. Hierzu werden die Vertriebs- und Verwaltungsgemeinkosten z. B. im Verhältnis der Gemeinkosten in den Kostenstellen Material und Fertigung auf diese umgelegt **(Bild 1, folgende Seite)**.

Auf die Summe der Materialeinzel- und Gemeinkosten bzw. der Lohneinzel- und Gemeinkosten wird dann der kalkulatorische Gewinn aufgeschlagen.

Für die Praxis berechnet man aus den Gemeinkostenzuschlagssätzen die Kalkulationsindizes für Material und Löhne, mit denen schnell und einfach aus den Einstandspreisen (Materialeinzelkosten) bzw. Bruttostundenlöhnen (Lohneinzelkosten) Angebotspreise berechnet werden können.

Bestimmung der Kalkulationsindizes

$$MI_{iG} = \frac{MGKZ_{iG}}{100\,\%} + 1 \qquad LI_{iG} = \frac{LGKZ_{iG}}{100\,\%} + 1$$

$MGKZ_{iG}$	Materialgemeinkostenzuschlag incl. Gewinn in %
MI_{iG}	Materialindex inkl. Gewinn
$LGKZ_{iG}$	Lohngemeinkostenzuschlag inkl. Gewinn in %
LI_{iG}	Lohnindex inkl. Gewinn

Beispiel:

Der durchschnittliche Stundenlohn eines Teams für Netzwerkverkabelung der Fa. Elektro Metzger beträgt 17,40 €. Der Einstandspreis für 1 m Datenleitung 4 x 2 x 0,5 AWG 24 Kat 5 beträgt 0,50 € und für 1 m Kommunikationsleitung j-Y(ST9Y 2 x 2 x 0,6 Kat 3 0,35 €. Der einzukalkulierende Gewinn ist 10 % der Einzel- und Gemeinkosten.

Die Angebotspreise sind mithilfe des BAB **(Bild 1, folgende Seite)** zu bestimmen.

Lösung:

Einzelpreis Lohn (Stundenverrechnungssatz)
= durchschnittlicher Stundenlohn · Lohnindex
= 17,40 €/h · 3,06 = **53,24 €/h**

Minutenfaktor
= Einzelpreis Lohn / 60min/h =
53,24 €/h/60 min/h = **0,89 €/min**

Lohneinzelpreis für Position 1.1
= 1,5min/m · 0,89 €/min = **1,34 €/m**

Einzelpreis Material = Einstandspreis · Materialindex = 0,50 € · 1,41 = **0,71 €**

Gesamteinzelpreis der Position 1.1
= Einzelpreis Lohn + Einzelpreis Material
= 1,34 €/m + 0,71 € /m = **2,05 €**/m

Gesamtpreis der Position 1.1
= Menge · Gesamteinzelpreis
= 2,05 €/m · 420 m = **861,00 €**.

Hinweise:

Einzelpreis Lohn: Die Arbeitszeit ist Erfahrungswert bzw. wird einer Kalkulationshilfe (Bücher, Kalkulationssoftware) entnommen. Da die Arbeitszeit in Minuten je Meter oder Stück angegeben ist, muss zuerst der Minutenlohn (oft auch als Minutenfaktor bezeichnet) berechnet werden.

Leistungsverzeichnis Seite 1 Ausschreibung-Nr.: 00-786		Menge	Arbeits-zeit	Einzelpreis Material	Einzelpreis Lohn	E.-Preis	G.-Preis
1.	Verkabelung	m St.	m/min St./min	€/m €/St.	€/m €/St.	€/m €/St.	€
1.1	Datenleitungen 4 × 2 × 0,5 AWG 24 Kat 5 in Fensterbank-Kanal in den dafür vorgesehenen Teilen nach EIA/TIA-568 liefern und einziehen. An den Auslässen ist jeweils eine Länge von 0,3 m zum Anschluss der Datenanschlussdosen vorzuhalten.	420	1,5	0,71	1,34	2,05	811,00
1.2	Datenleitungen, wie in 1.1 beschrieben, jedoch in Unterflurboden-System einziehen.	46	2,0	0,71	2,68	3,39	146,28

Bild 1: Auszug aus einem Leistungsverzeichnis

BAB ITA-Metzger für die Zeit vom 1.1.20xx bis 31.12.20xx								
	Materialeinzelkosten						2.516.920 €	
	Lohneinzelkosten					1.108.480 €		
Lfd.	Kostenart	Verteilungsschlüssel			Gesamtbetrag	Fertigung/ Produktion	Material	Verwaltung Vertrieb
1	*Lohnabhängige Kosten*							
2	Feiertagslöhne	95	5	0	92.465 €	87.842 €	4.623 €	0 €
3	Krankheitslöhne	95	5	0	84.040 €	79.838 €	4.202 €	0 €
4	Urlaubslöhne	95	5	0	265.542 €	252.265 €	13.277 €	0 €
5	Zusätzl. Urlaubsgeld	95	5	0	132.771 €	126.132 €	6.639 €	0 €
6	Tarifl. Ausfallzeit	95	5	0	14.286 €	13.572 €	714 €	0 €
7	sonst. nicht. verr. Stunden	95	5	0	25.658 €	24.375 €	1.283 €	0 €
8	Weihnachtsgeld	95	5	0	94.256 €	89.543 €	4.713 €	0 €
9	VWL	95	5	0	13.728 €	13.042 €	686 €	0 €
10	Auslösung	95	5	0	24.400 €	23.180 €	1.220 €	0 €
11	Sozialversicherungen AG-Anteil	95	5	0	624.880 €	593.636 €	31.244 €	0 €
12	Berufsgenossenschaft	95	5	0	6.400 €	6.080 €	320 €	0 €
13	Schwerbehindertenausgleich	95	5	0	5.400 €	5.130 €	270 € €	0 €
14	Freiwillige Sozialleistungen	95	5	0	3.360 €	3.192 €	168 €	0 €
15		95	5	0		0 €	0 €	0 €
16		95	5	0		0 €	0 €	0 €
17		95	5	0		0 €	0 €	0 €
18	Zwischensumme 1-16				1.387.186 €	1.317.827 €	69.359 €	0 €
19								
20	*Lohnunabhängige Kosten*							
21	Löhne und Gehälter unproduktiv inkl. Sozialkosten	10	20	70	524.462 €	52.446 €	104.892 €	367.123 €
22	Hilfs- und Betriebsstoffe	70	10	20	4.660 €	3.262 €	466 €	932 €
23	Werkzeuge	70	10	20	32.860 €	23.002 €	3.286 €	6.572 €
24	Allgemeine Geschäftskosten	70	10	20	28.560 €	19.992 €	2.856 €	5.712 €
25	Reparatur und Instandhaltung	70	10	20	42.800 €	29.960 €	4.280 €	8.560 €
26	Versicherungen	70	10	20	62.850 €	43.995 €	6.285 €	12.570 €
27	Heizung und Beleuchtung	70	10	20	23.128 €	16.190 €	2.313 €	4.626 €
28	Gewerbesteuer	0	0	100	56.240 €	0 €	0 €	56.420 €
29	Rechts- und Beratungskosten	0	0	100	10.600 €	0 €	0 €	10.600 €
30	Marketingkosten	50	0	50	46.280 €	23.140 €	0 €	23.140 €
31	Kfz-Kosten	70	10	20	124.760 €	87.332 €	12.476 €	24.952 €
32	Haus- und Grundstücksaufwendungen	20	50	30	24.554 €	4.911 €	12.277 €	7.366 €
33	Zinsen	20	60	20	64.280 €	12.856 €	38.568 €	12.856 €
34								
35								
36	Zwischensumme 1-35				2.433.400 €	1.634.912 €	257.059 €	541.429 €
37	Gesamtsumme inkl. Einzelkosten				6.058.800 €	2.743.392 €	2.773.979 €	541.429 €
38								
39	*Zusatzkosten*							
40	Kalkulatorische Miete	20	40	20	144.000 €	36.000 €	72.000 €	36.000 €
41	Kalkulatorische Zinsen	30	65	5	42.000 €	12.600 €	27.300 €	2.100 €
42	Kalkulatorische Abschreibung	30	65	5	24.000 €	7.200 €	15.600 €	1.200 €
43	Kalkulatorischer Unternehmerlohn	25	50	25	124.000 €	31.000 €	62.000 €	31.000 €
44	Kalkulatorisches Wagnis	0	0	100	24.000 €	0 €	0 €	24.000 €
45								
46	Summe Gemeinkosten I				2.791.400 €	1.721.712 €	433.959 €	635.729 €
47	Gesamtkosten					2.830.192 €	2.950.879 €	635.729 €
48	Umlage, Verwaltungs- und Vertriebsgemeinkosten					311.229 €	324.500 €	
49	Summe Gemeinkosten II					2.032.941 €	758.459 €	
50	Lohngemeinkostenzuschlag					183,40 %		
51	Materialgemeinkostenzuschlag						30,13 %	
52	Gewinnzuschlag Lohn	8				22,67 %		
53	Gewinnzuschlag Material	8					10,41 %	
54	Lohngemeinkostenzuschlag inkl. Gewinn					206,07 %		
55	Lohnindex					3,06		
56	Materialgemeinkostenzuschlag inkl. Gewinn in %						40,55 %	
57	Materialindex						1,41	

Bild 1: Betriebsabrechnungsbogen

11.2.3.4 Zuschlagskalkulation mit Sondereinzelkosten

In allen Kostenstellen treten in besonderen Fällen relevante Kosten auf, deren Verrechnung als Gemeinkostenzuschlag auf alle Leistungen zu falschen Ergebnissen führen würde.

Solche Sonderkosten sind z. B. im Vertrieb Expresszuschläge, Vertreterprovisionen, Überseeverpackungen. Sonderkosten der Fertigung sind z. B. Lizenz- und Patentgebühren, Sonderwerkzeuge.

Alle extra berücksichtigten Sonderkosten vermindern den jeweiligen Gemeinkostenzuschlagssatz und bewirken damit eine verursachungsgerechtere Kostenverteilung.

Fallen keine Sonderkosten an, so entfällt die jeweilige Sonderkostenzeile in nebenstehendem Berechnungsschema.

Formeln zur Zuschlagskalkulation

$LK = LEK + LGK + LSK$

$MK = MEK + MGK + MSK$ $HK = MK + LK$

$SK = HK + VerwGK + VerwSK + VertrGK + VertrSK$

HK Herstellkosten; *MEK* Materialeinzelkosten
LEK Lohneinzelkosten; *MGK* Materialgemeinkosten
LGK Lohngemeinkosten; *MK* Materialkosten
LSK Lohnsonderkosten; *MSK* Materialsonderkosten
LK Lohnkosten; *SK* Selbstkosten
VertrGK Vertriebsgemeinkosten
VertrSK Vertriebssonderkosten
VerwGK Verwaltungsgemeinkosten
VerwSK Verwaltungssonderkosten

Beispiel 1:
Ein Kunde fragt kurzfristig einen in den Unternehmensfarben lackierten Netzwerkschrank mit einem zweiten Lüfter an (Sonderausführung). Unsere Materialkosten betragen (laut Stückliste) 182,50 €, die Lohnkosten für den Umbau wurden von der Arbeitsvorbereitung auf 60 € geschätzt. Die Lackierung ist Fremdleistung und kostet 160 €. Wegen des Zeitdrucks erfolgen die Transporte per Botenfahrzeug. Der Transport zum Lackierbetrieb und zurück kostet 80 €, der Transport zum Kunden 65 €.
Der Materialgemeinkostenzuschlag im Betrieb beträgt 34 %, der Lohngemeinkostenzuschlag 165 %, der Verwaltungsgemeinkostenzuschlag 16 % und der Vertriebsgemeinkostenzuschlag 20 %.
a) Die Herstellkosten sind zu bestimmen.
b) Die Selbstkosten sind zu bestimmen.
Lösung: a), b) **Bild 1**

Materialeinzelkosten		182,50 €
+ Materialgemeinkosten	*MGK* 34 %	62,05 €
+ Materialsonderkosten	*MSK*	240,00 €
+ Lohneinzelkosten	*LEK*	60,00 €
+ Lohngemeinkosten	*LGK* 165 %	99,00 €
= Herstellkosten	*HK*	**643,55 €**
+ Vertriebsgemeinkosten	*VertrGK* 20 %	128,71 €
+ Vertriebssonderkosten	*VertrSK*	65,00 €
+ Verwaltungsgemeinkosten	*VerwGK* 16 %	102,97 €
= Selbstkosten		**940,23 €**

Bild 1: Selbstkostenberechnung

11.2.3.5 Vollkostenrechnung als Grundlage für betriebliche Entscheidungen

Die Kostenrechnung dient auch zur Vorbereitung betrieblicher Entscheidungen. Dabei ist es wichtig, beurteilen zu können, welche Aussagekraft die Ergebnisse eines bestimmten Kalkulationsverfahrens für die jeweilige Problemstellung haben.

Beispiel 2:
Auf einem Messestand sollen Refills für Druckerpatronen und Spiele-CDs verkauft werden. Die Tagesmiete für den Stand beträgt 600 €. Die Standgemeinkosten sind im Verhältnis der Stückzahlen zu verteilen. Die Lager- und Verkaufsfläche am Stand reicht für den täglichen Absatz von 100 Refills und 200 Spielen. Das Verkaufspersonal bekommt 10 % des Verkaufspreises als Provision. Der Einstandspreis der Refills beträgt 15 € und der Messeverkaufspreis 25 €. Der Einstandspreis der Spiele-CDs 7,50 € und der Messeverkaufspreis 12,50 €. Mithilfe eines Tabellenkalkulationsprogramms ist in einer Vollkostenkalkulation a) der jeweilige Stückgewinn und b) der Gesamtgewinn je Artikelgruppe zu kalkulieren.
Lösung: a), b) **Tabelle 1, folgende Seite**

Der Stückgewinn bei den Refills ist mit 8 € je Stück wesentlich höher als bei den Spielen. Es erscheint also sinnvoll, die Anzahl der Refills zu erhöhen und die Anzahl der Spiele entsprechend zu verringern.

Beispiel:
Durch eine zweite Vollkostenkalkulation (Planrechnung) soll ermittelt werden, ob es rentabel ist, die Menge der Refills auf 140 zu erhöhen und die Anzahl der PC-Spiele entsprechend des höheren Platzbedarfes der Refills zu verringern. Die Refills benötigen je Stück den 4-fachen Verkaufs- bzw. Lagerplatz gegenüber einer Spiele-CD.

Lösung: **Tabelle 2**, das Gesamtergebnis verschlechtert sich.

Hinweis:
Wegen des vierfachen Platzbedarfs der Refills gegenüber den Spielen muss bei einer Erhöhung der Refillstückzahl von 40 die Stückzahl der Spiele-CDs um 160 reduziert werden.

Warum ist die erwartete Erhöhung des Gewinns nicht eingetreten? Die Vollkostenkalkulation geht von einzelkostenproportionalen Gemeinkosten aus. In Wirklichkeit sind die fixen Gemeinkosten für die Standmiete im Beispiel aber vom Volumen der Produkte abhängig.

Erkenntnis:
Bei der Vollkostenrechnung werden den Kostenträgern Kosten zugerechnet, die sie in dieser Höhe nicht verursachen, z. B. fixe Gemeinkosten). Die Ergebnisse der Vollkostenrechnung sind für betriebliche Entscheidungen deshalb oft nicht geeignet, bzw. müssen genau überdacht werden.

Tabelle 1: Vollkostenrechnung Messeverkauf Ausgangssituation (alle Preise in €)

Produkt	Refills		CD	
Anzahl/Tag	100		200	
Einstandspreis/Stk	12,50		7,50	
Verkaufspreis/Stk	25,00		12,50	
Standmiete/Tag	600,00			
Vollkostenkalkulation 1				
	Refill/ Stk	Refill	CD/ Stk	CD
Barverkaufspreis	25,00	2500,00	12,50	2500,00
- Einstandspreis	12,50	1250,00	7,50	1500,00
- Verkaufsprovision	2,50	250,00	1,25	250,00
- Gemeink. Stand	2,00	200,00	2,00	400,00
Betriebsergebnis	8,00	800,00	1,75	350,00
Gesamtergebnis:				1150,00

Tabelle 2: Vollkostenrechnung Messeverkauf Planung (alle Preise in €)

Produkt	Refills		CD	
Anzahl/Tag	140		40	
Vollkostenkalkulation 1				
	Refill/ Stk	Refill	CD/ Stk	CD
Barverkaufspreis	25,00	3500,00	12,50	500,00
– Einstandspreis	12,50	1750,00	7,50	300,00
– Verkaufsprovision	2,50	350,00	1,25	50,00
– Gemeink. Stand	3,33	466,67	3,33	133,33
Betriebsergebnis	6,67	933,33	0,42	16,67
Gesamtergebnis:				950,00

11.2.3.6 Deckungsbeitragrechnung

Die Deckungsbeitragrechnung **(Direct Costing)** der Teilkostenrechnung unterscheidet die durch die Bereitstellung von Gütern und Leistungen entstehenden Kosten in variable und fixe Kosten. Die produktionsmengenabhängigen variablen Kosten werden vom Umsatzerlös des Kostenträgers abgezogen. Die Differenz zeigt, ob dieses Produkt einen Beitrag zum Decken der fixen Kosten liefert.

Kostenträger, die mehr Ertrag bringen, als sie variable Kosten verursachen, erwirtschaften einen Deckungsbeitrag.

Die Deckungsbeitragsrechnung liefert Anhaltspunkte für betriebliche Entscheidungen.
Alle Absatzmengen unterhalb der Gewinnschwelle (Nutzenschwelle) führen zu Verlusten, alle größeren Absatzmengen führen zu einem Gewinn **(Bild 1)**.
Solange der Marktpreis über den variablen Kosten liegt, wird durch den Weiterverkauf immer noch ein Deckungsbeitrag erwirtschaftet, der einen Teil der Fixkosten decken kann.

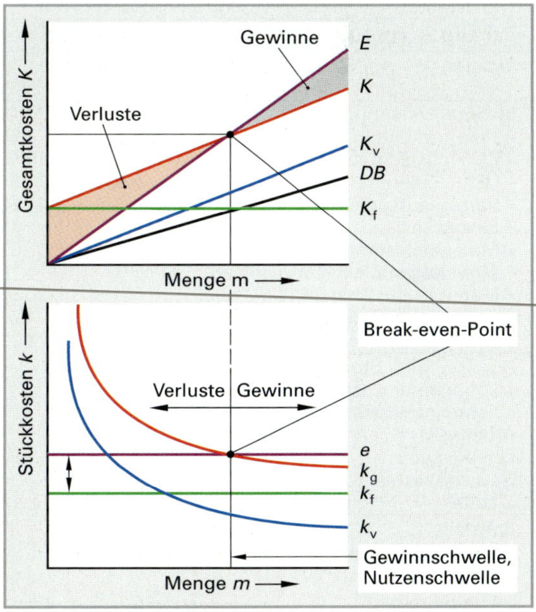

Bild 1: Break-even-Analyse

Die Deckungsbeitragsrechnung zeigt damit auch, dass notfalls Produkte und Leistungen auch dann weiter vertrieben werden, wenn der Marktpreis unter den in einer Zuschlagskalkulation ermittelten Preis sinkt.

Beispiel:
Die Produktion des Modems ESC 56k verursacht monatliche Fixkosten in Höhe von 2.000 € und variable Kosten von 24 € pro Stück. Der Stückertrag beträgt 38 €. Durch den Vergleich der Erträge mit den Gesamtkosten ist a) die Gewinnschwelle (Break-even-Point) und b) der jeweilige Deckungsbeitrag für den Kostenträger zu ermitteln.

Lösung:

a) $m_{BEP} = \frac{K_f}{e - K_v} = \frac{2000\ €}{38\ € - 24\ €}$ $m_{BEP} = \mathbf{142,8}$

b) **Tabelle 1**, letzte Zeilen

Formeln zur Deckungsbeitragsrechnung

$$K = K_f + K_v = K_f + m \cdot k_v$$

Erträge $E = m \cdot e$

Gewinnschwelle (Break-even-Point): E = K

$$m_{BEP} \cdot e = K_f + m_{BEP} \cdot k_v \qquad m_{BEP} = \frac{K_f}{e - k_v}$$

Deckungsbeitrag

$$DB = E - K_v \qquad DB = \frac{E - K_v}{K_f} \cdot 100\ \%$$

K Gesamtkosten; K_v variable Gesamtkosten
K_f fixe Gesamtkosten; k_v variable Stückkosten
k_f fixe Kosten je Stück; m Menge
m_{BEP} Menge beim Break-even-Point, Gewinnschwelle
e Stückertrag
E Gesamtertrag
DB Deckungsbeitrag in € oder %

Tabelle 1: Break-even-Analyse

Kostenträger Modem ESL 56k	Monat: Mai variable Stückkosten 24 €				
Absatzmenge	100	120	140	160	180
Fixkosten in €	2000	2000	2000	2000	2000
Variable Kosten in €	2400	2880	3360	3840	4320
Gesamtkosten in €	4400	4880	5360	5840	6320
Ertrag je Stück in €	38				
Erträge in €	3800	4560	5320	6080	6840
Deckungsbeitrag €	1400	1680	1960	2240	2520
Deckungsbeitrag in %	70	84	98	112	126

11.2.3.7 Nachkalkulation

Die Zuschlagssätze für die Kalkulation werden aus den Durchschnittswerten eines Vorjahreszeitraumes ermittelt.

Für die betriebsinterne Kontrolle einzelner Aufträge und zur Kontrolle der Kalkulationsdaten ist es unerlässlich, möglichst häufig eine Nachkalkulation durchzuführen **(Tabelle 2)**.

Mit der Nachkalkulation werden die Zuschlagssätze überprüft und der Istgewinn einzelner Aufträge bestimmt.

Tabelle 2: Vor- und Nachkalkulation (alle Preise ohne Mwst.)

Position	Vorkalkulation (Planung)		Nachkalkulation (Realität)		Kostenüber- bzw. unterdeckung
Material Listenpreis		23.456,00 €		23.456,00 €	
– Liefererrabatt in %	32 %	7.505,92 €	30 %	7.036,80 €	
= Zieleinkaufspreis		15.950,08 €		16.419,20 €	– 469,12 €
– Liefererskonto	2 %	319,00 €	2 %	328,38 €	– 9,38 €
= Bareinkaufspreis		15.631,08 €		16.090,82 €	– 459,74 €
+ Bezugskosten		245,06 €		234,24 €	10,82 €
= Materialeinstandspreis		15.876,14 €		16.325,06 €	– 448,92 €
· Materialgemeinkostenzuschlag	30,13 %	4.783,48 €	30,13 %	4.918,74 €	– 135,26 €
= Materialselbstkostenpreis		20.659,62 €		21.243,80 €	– 584,18 €
Gewinnzuschlag Material	8 %	1.652,77 €			
Materialpreis		**22.312,39 €**		**21.243,80 €**	
Durchschnittl. Stundenlohn	17,40 €		18,20 €		
+ Lohngemeinkostenzuschlag	183,4 %		183,4 %		
= Lohneinzelpreis		31,91 €		33,38 €	– 1,47 €
Arbeitszeit	62,0 h		60,0 h		
Lohnkosten		1.978,52 €		2.002,73 €	– 24,21 €
Gewinnzuschlag Lohn	8 %	158,28 €			
Σ Lohn		**2.136,80 €**		**2.002,73 €**	134,07 €
Barpreis		24.449,19 €	Selbstk.	**23.246,52 €**	
+ Kundenskonto	2 %	498,96 €		Kunde zahlt:	**24.449,19 €**
= Zielverkaufspreis		24.948,15 €			
+ Kundenrabatt	5 %	1.313,06 €		Istgewinn:	**1.202,67 €**
Angebotspreis		**26.261,21 €**		Istgewinn in %:	**4,92 %**

Wiederholung und Vertiefung

1. **Warum wird das Modem unter Umständen auch dann weiter angeboten, wenn der Absatz auf 120 Stück je Monat sinkt?**
2. **Erstellen Sie mit einem Tabellenkalkulationsprogramm eine Vorlage, die für beliebige Zahlenwerte eine Break-even-Analyse durchführt und den Deckungsbeitrag als Säulendiagramm darstellt.**

11.2.3.8 Prozesskostenrechnung

Die traditionellen Kostenrechnungssysteme müssen für die heutigen Anforderungen oft durch zusätzliche Methoden und Verfahren ergänzt werden. Die wesentlichen Ursachen hierfür liegen in der Kostenzusammensetzung und bei der Aufgabenstellung der Kostenrechnung.

Bei der Kostenzusammensetzung ist seit vielen Jahren festzustellen, dass z. B. durch die verstärkte Automatisierung der Anteil der Lohneinzelkosten ständig fällt. Im Gegenzug steigen die Lohngemeinkosten durch mehr administrative und kontrollierende Tätigkeiten. Die Fertigungsgemeinkosten erhöhen sich durch teuere Produktionsanlagen **(Bild 1)**.

In der Folge muss z. B. bei der Zuschlagskalkulation mit immer höheren Zuschlagssätzen gearbeitet werden und die Kalkulation wird immer riskanter und fragwürdiger. Zu den neuen Anforderungen an die Kostenrechnung gehört auch, dass sie zunehmend Lieferant von quantitativen Kennzahlen für das Controlling und Monitoring ist.

An der folgenden Beispielrechnung zeigt sich deutlich, zu welchen Fehlkalkulationen die unreflektierte Anwendung der einfachen Zuschlagskalkulation führen kann und welche Vorteile die Prozesskostenrechnung erbringt.

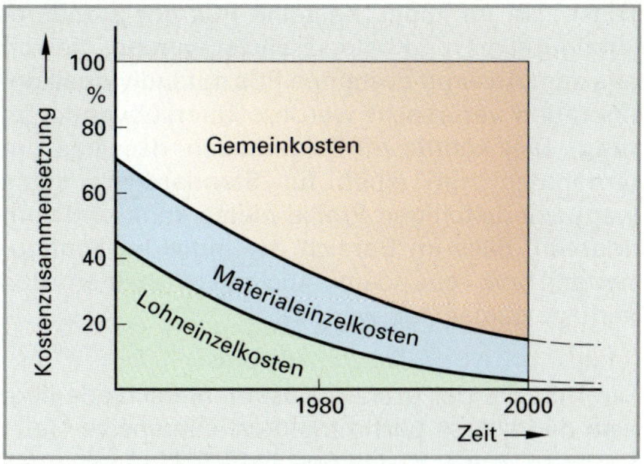

Bild 1: Typische Kostenzusammensetzung bei der Zuschlagskalkulation

Tabelle: Unternehmensdaten				
Jahr	**1**	**2**	**3**	**4**
Einzelkosten in der PC-Fertigung				
Materialeinzelkosten (lt. Konstruktionszeichnung, Stückliste) in €/Stk	210,50	189,80	192,50	190,20
Lohneinzelkosten Fertigung (Durchschnittslohn) in €/Stk	75,20	77,70	79,80	81,50
Kostenstellenrechnung				
Materialgemeinkosten für PC-Produktion (Kostenstelle 60 xx) in €/a	266.000	276.000	301.460	298.800
Fertigungslohngemein- für PC-Produktion (Kostenstelle 62 xx) in €/a	110.000	165.100	167.400	174.240
Vertriebs- und Verwaltungsgemeinkosten für PC-Produktion (Kostenstelle 62 xx) in €/a	297.000	312.000	376.860	454.380
PPS-System				
Produktionsmenge	1.000	950	980	1.120
durchschnittl. netto VK in €/Stk	1048,00	1164,00	1176,00	1186,00

Fallbeispiel:

Ein IT-Unternehmen bietet unternehmensintern, für inländische Vertragspartner und Wiederverkäufer nach Kundenwunsch konfigurierte PCs an **(Tabelle)**. Trotz guter Umsätze verschlechtert sich die Gewinnlage des Unternehmens im Standard-PC-Bereich.

Eine Analyse der Unternehmensdaten **(Tabelle 1, folgende Seite)** legt folgende Kausalitäten nahe:

Im Geschäftsjahr 1 stiegen die Fertigungslohngemeinkosten außergewöhnlich stark an (FLGKZ von 146,3 % auf 223,7 %). Wesentliche Ursache war, dass in diesem Geschäftsjahr ISO 9000 ff in der Fertigung eingeführt wurde.

Im Geschäftsjahr 2 musste das Unternehmen aus Wettbewerbsgründen individualkonfigurierte PCs in ihr Programm aufnehmen. Dadurch wurden die Kosten im Vertriebs- und Verwaltungsbereich und die Materialgemeinkosten in die Höhe getrieben.

Im Geschäftsjahr 3 beginnt das Unternehmen die PCs auch über das Internet zu vertreiben. Die notwendige Anpassung der Vertriebs- und Verwaltungsabläufe verursachte erhebliche Umstellkosten und höhere Vertriebsgemeinkosten, insbesondere bei Bestellungen aus dem Ausland.

Als Gesamtresümee ergibt sich für das Unternehmen, dass in Zukunft keine einheitliche Zuschlagskalkulation mehr durchgeführt werden soll, da sonst z. B. im Inland bestellte PCs mit Standardkonfiguration mit Kosten belastet werden, die von aus dem Ausland bestellten PCs mit Individualkonfiguration verursacht werden (Quersubventionierung). Dies könnte zur Folge haben, dass das Unternehmen zum einen für Standard-PCs keine wettbewerbsfähigen Preise bieten kann und zum anderen, dass im Bereich der individualkonfigurierten bzw. aus dem Ausland bestellten PCs Verluste gemachten werden.

Die Ursache der großen Kostenunterschiede liegt also darin, dass bestimmte kostenintensive (Teil-) Prozesse, wie z. B. das Beschaffen von individuell gewünschten Komponenten, nur bei manchen Aufträgen verlangt ist. Es liegt nahe, diese Prozesskosten den Verursachern direkt zu berechnen. Für das Geschäftsjahr 2000 wird deshalb die Gemeinkostenstelle Material genauer analysiert und nach möglichen Kostentreibern durchsucht, die die Kosten wesentlich beeinflussen.

Insbesondere der erhöhte Dispositionsaufwand wurde als Kostentreiber identifiziert **(Tabelle 2)**.

In Tabelle 2 ist zu erkennen, dass durch die Erfassung von sich auftragsabhängig wiederholenden Teilprozessen, z. B. Serienmaterial über Rahmenliefervertrag abrufen, bisher als Gemeinkosten behandelte Kosten sich nun als Einzelkosten identifizieren lassen. Z. B. verursacht ein Serienmaterialabruf über Rahmenliefervertrag Kosten von 30 € (Prozesskostensatz PKS). Die Kosten dieser Teilprozesse können verursachungsgerecht den Kostenträgern zugerechnet werden. Der Materialgemeinkostenzuschlagssatz für alle Produkte verringert sich im Beispiel von 140,3 % auf 96,0 % **(Tabelle 3)**.

Die Wirkung des erweiterten Kalkulationsverfahrens zeigen die drei folgenden typischen Aufträge.

Auftrag 1:
10 Standard-PCs, dazu sind 4 Serienmaterialabrufe mit Rahmenliefervertrag (RLV) und ein Serienmaterialabruf ohne Serienmaterial-RLV notwendig.

Auftrag 2:
5 Standard-PCs mit spezieller Schnittstellenkarte, dazu sind 3 Serienmaterialabrufe mit RLV, ein Serienmaterialabruf ohne Serienmaterial-RLV und eine Sondermaterialbestellung notwendig.

Auftrag 3:
1 Standard-PC als Nachlieferung zu Auftrag 2.

Tabelle 1: Zuschlagskalkulationen

	€/Stk	€/a	GKZ in %	€/Stk
Jahr 1	**Produktionsmenge: 1000**			
Materialeinzelkosten	210,50	210.500		210,50
Materialgemeinkosten		266.000	126,4	266,07
Lohneinzelkosten	75,20	75.200		75,20
Lohngemeink.		110.000	146,3	110,02
Herstellkosten		661.700		661,79
Vertriebs-Verw.-GK		297.000	44,9	297,14
Selbstkosten		958.700		**958,93**
Jahr 2	**Produktionsmenge: 950**			
Materialeinzelkosten	189,80	180.310		210,50
Materialgemeinkosten		276.000	153,1	322,28
Lohneinzelkosten	77,70	73.815		75,20
Lohngemeink.		165.100	223,7	168,22
Herstellkosten		695.225		776,20
Vertriebs-Verw.-GK		297.000	42,7	331,44
Selbstkosten		992.225		**1107,63**
Jahr 3	**Produktionsmenge: 980**			
Materialeinzelkosten	192,50	188.650		210,50
Materialgemeinkosten		301.460	159,8	336,38
Lohneinzelkosten	79,80	78.204		75,20
Lohngemeink.		167.400	214,1	161,00
Herstellkosten		735.714		783,08
Vertriebs-Ver.-GK		376.860	51,2	400,94
Selbstkosten		1.112.574		**1184,02**
Jahr 4	**Produktionsmenge: 1120**			
Materialeinzelkosten	190,20	213.024		210,50
Materialgemeinkosten		298.800	140,3	295,33
Lohneinzelkosten	81,50	91.280		75,20
Lohngemeink.		174.240	190,9	143,56
Herstellkosten		777.344		724,59
Vertriebs-Verw.-GK		454.380	58,5	423,88
Selbstkosten		1.231.724		**1148,47**

Tabelle 2: Gemeinkostenstelle 6021 Material 00

Kostentreiberanalyse (Teil-)Prozess	Häufigkeit	Kosten in €	PKS in €
Abteilungsleitung und sonst. Gemeinkosten		131.680	
Beschaffungsanalysen	12	24.240	
Gemeinkostenmaterial bestellen	50	5.020	
Rahmenlieferverträge (RLV) abschließen	20	20.120	
Serienmaterial über RLV abrufen	1400	42.000	30,00
Serienmaterial ohne RLV bestellen	500	50.000	100,00
Sondermaterial bestellen	100	28.400	284,00
Summe Materialdispositions-GK		298.800	
Summe Prozesskosten		120.400	
Summe Material GK neu		178.400	

Tabelle 3: Neubestimmung der Zuschlagssätze im 4. Jahr

	€/Stk	€/a	GKZ in %
MEK	192,50	188.650,00	
MGK		181.060,00	96,0
FLEK	79,80	78.204,00	
FLGK		167.400,00	214,1
Prozesskosten		120.400,00	
Herstellkosten		615.314,00	
Vertr.-Verw.-GK		376.860,00	61,2
Selbstkosten		992.174,00	

Bei der Kalkulation der Aufträge mit den Prozesskostensätzen und dem neuen Materialzuschlagssatz, zeigt sich, dass die Aufträge sehr unterschiedliche Selbstkosten verursachen **(Tabelle 1)**. Insbesondere Aufträge, die teure Teilprozesse in Anspruch nehmen, die auf geringe Stückzahlen verteilt werden müssen, verursachen hohe Selbstkosten (vgl. Auftrag 3).

Die zusätzliche Erfassung der Prozesskosten hat neben der genaueren Kalkulation weitere Vorteile für das Unternehmen **(Bild 1)**:

- Verbesserungspotenziale von Prozessen können für die Prozessoptimierung besser erkannt und quantifiziert werden.
- Modellrechnungen erlauben verschiedene Prozessvarianten im Voraus zu berechnen.
- Für den Prozessverantwortlichen (Process Owner) und das Management steht ein zusätzliches Messinstrument zur Qualitätsüberwachung der Prozesse bereit.

Da in der Praxis 7 bis 10 Kostentreiber oft 80 % der Kosten verursachen, versucht man, alle wichtigen, leicht zu identifizierenden und kostenintensiven Prozesse über Prozesskosten abzurechnen und verwendet für die Restgemeinkostenverteilung weiterhin die Methoden der Zuschlagskalkulation **(Bild 2)**.

Prozesskosten nennt man „mengeninduziert", wenn sie bei jeder Inanspruchnahme des Prozesses erneut anfallen. Andernfalls bezeichnet man sie auch als „nichtmengeninduziert".

Tabelle 1: Prozesskostenkalkulation

	Auftrag 1 Menge 10	Auftrag 2 Menge 5	Auftrag 3 Menge 1
	€	€	€
MEK	1.925,00	962,50	192,50
MGK	1.848,00	924,00	184,80
FLEK	798,00	399,00	79,80
FLGK	1.708,52	854,26	170,85
RLF abrufen	4x 120,00	3x 90,00	3x 90,00
RLF abrufen ohne RV	1x 100,00	1x 100,00	1x 100,00
Sondermaterialbest.	0x 0,00	1x 284,00	1x 284,00
Herstellkosten	6.499,52	3.613,76	1.101,95
Vertr.-Verw.-GK	3.977,71	2.211,62	674,39
Selbstkosten	10.477,22	5.825,38	1.776,35
Selbstkosten je Stk.	1.047,72	1.165,08	1.776,35

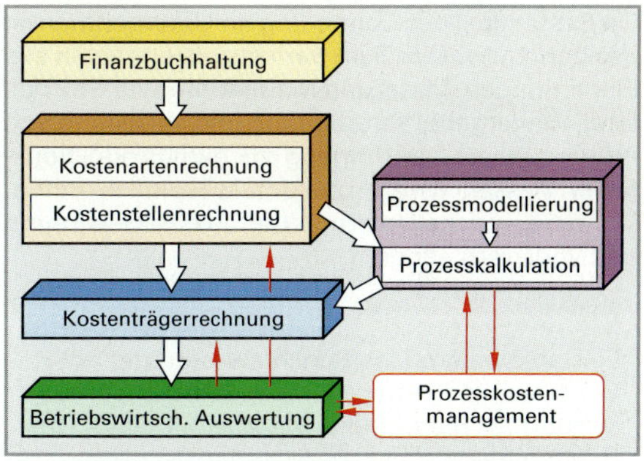

Bild 1: Ergänzung der traditionellen Kostenrechnung durch die Prozesskostenrechnung

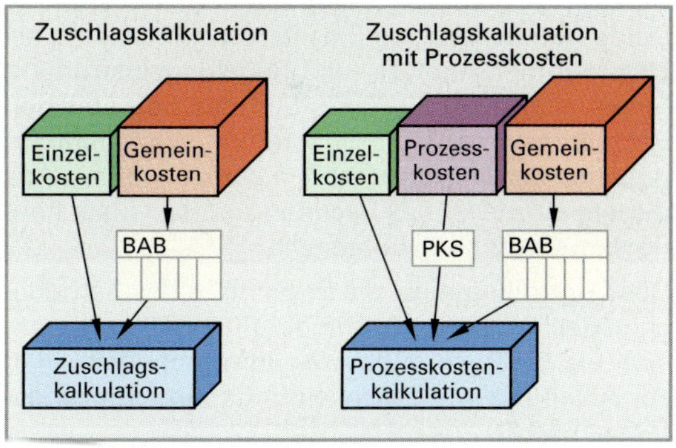

Bild 2: Erweiterung der Zuschlagskalkulation durch Prozesskostenkalkulation

Wiederholung und Vertiefung

Seit die Firma auch das Internet als Vertriebskanal nutzt, kommen auch Aufträge aus dem Ausland. Trotz Umsatzsteigerungen im PC-Bereich verschlechtert sich aber die Gewinnsituation.

1. **Forschen Sie nach möglichen Ursachen und machen Sie Verbesserungsvorschläge. Als Informationsquelle steht Ihnen eine Analyse der Vertriebs- und Verwaltungskostenstelle zur Verfügung (vereinfacht, in Auszügen, Tabelle 2).**
2. **Zeigen Sie die Auswirkungen an den Aufträgen aus dem Fallbeispiel. Auftraggeber von Auftrag 1 ist ein inländischer Vertragspartner, Auftrag 2 bzw. Auftrag 3 haben französische Vertragspartner.**
3. **In der Prozesskostenrechnung wird nach „mengeninduzierten" Prozesskosten und „nicht mengeninduzierten" Prozesskosten unterschieden. Warum ist es nur für die mengeninduzierten Prozesskosten sinnvoll, Prozesskostensätze zu ermitteln?**

Tabelle 2: Gemeinkostenstelle 62xx Vertriebs- und Verwaltungsgemeinkostenstelle

Teilprozess	Menge	Gesamtkosten in €	PKS in €
Intercompany-Auftrag	200	8.520	42,60
Inland, Vertragspartner	610	36.780	60,30
Inland	68	8.800	129,40
EU	74	12.340	166,76
Drittländer	28	12.640	451,43
Sonst. Gemeinkosten		297.780	
Summe:	980	376.860	

11.3 Controlling

Controlling ist die Anwendung der Kybernetik auf Systeme der Wirtschaft. Die Kybernetik stellt vergleichende Betrachtungen über Steuerungs- und Regelungsvorgänge an. Sie beschäftigt sich mit Kommunikationssystemen in lebenden Organismen, Maschinen und Organisationen.

Unternehmensregelung bedeutet, dass vom Controlling messbare Zielwerte für wichtige Unternehmenskennwerte vorgegeben werden, die ständig zu überwachen sind. Solange eine Differenz zwischen dem Sollwert und Istwert im Controlling-Regel-Kreis auftritt, müssen Maßnahmen ergriffen werden, die diese Differenz verringern **(Bild 1)**.

Ein Bestandteil des Controlling im Unternehmen ist das Berichtswesen. Zum Berichtswesen zählen alle Einrichtungen, Mittel und Maßnahmen zur Erarbeitung, Weitergabe, Verarbeitung und Verteilung von Informationen. Der Umgang mit dem Produktionsfaktor Wissen wird in Zukunft wesentlich mitbestimmen, welche Unternehmen zu den Gewinnern und Verlierern gehören.

Ein funktionierendes Berichtswesen und gutes Wissensmanagement ist wesentliche Voraussetzung für die erfolgreiche Zukunft eines Unternehmens.

Durch den verstärkten Einsatz von Controlling als Unternehmensanalyse- und Regelungsinstrument haben sich auch die Aufgaben des betrieblichen Rechnungswesens insbesondere als Lieferant quantitativer Führungsgrößen stark erweitert. Aus diesem Grund ist das Rechnungswesen auch häufig dem Controlling unterstellt.

Das Controlling nutzt die Ergebnisse des betrieblichen Rechnungswesens in der finanziellen Dimension als eine von mehreren Informationsquellen zur Ableitung von Entscheidungs- und Führungshilfen **(Bild 2)**.

Da die Zahlen des Rechnungswesens immer Vergangenheitswerte sind und nur einen Teil eines Unternehmens ausmachen, muss das Controlling zusätzlich aktuelle und zukunftsgerichtete Kennwerte aus anderen Bereichen bekommen.

Am Markt gibt es Softwarelösungen zur Unterstützung des strategischen und operativen Controllings.

Im Management von Unternehmen gibt es unterschiedliche Ansichten, was unter einem „optimalen Unternehmensergebnis" zu verstehen ist **(Bild 3)**.

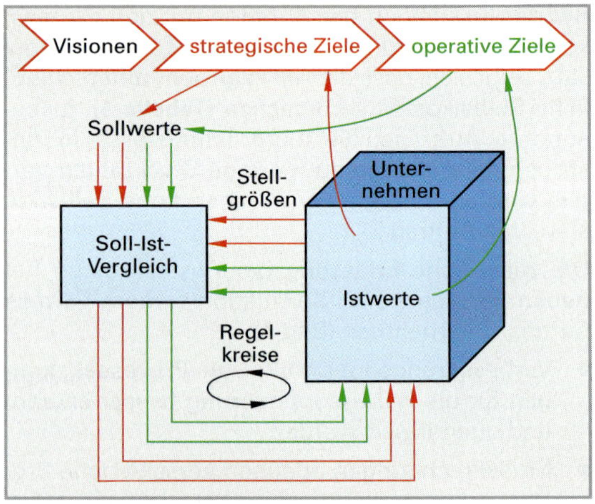

Bild 1: Controllingregelkreise

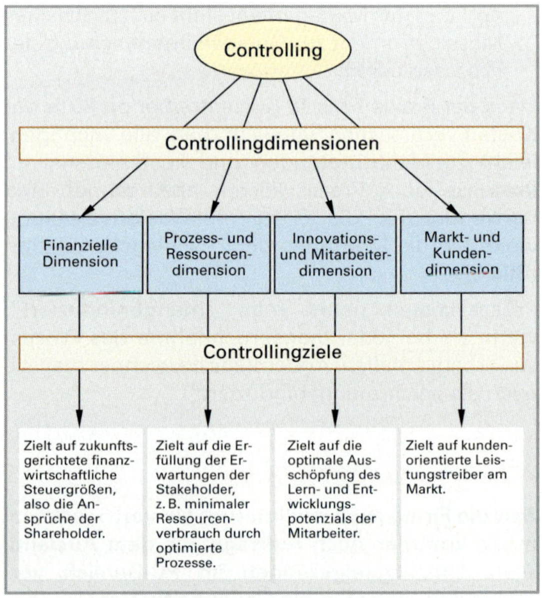

Bild 2: Controlling-Bereiche

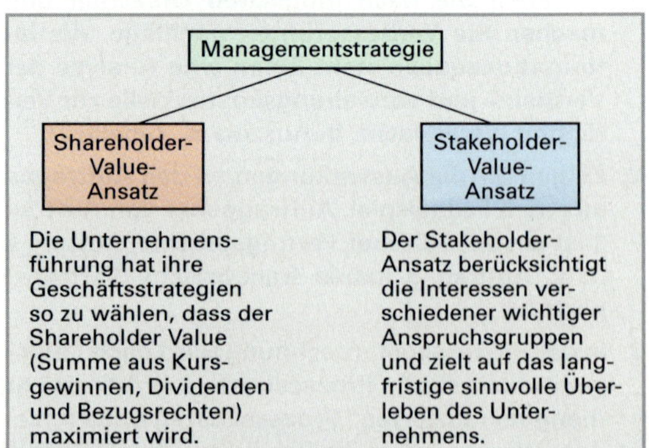

Bild 3: Grundsätzliche Ausrichtungen des Unternehmensmanagements

Den Anhängern des Shareholder-Value-Ansatzes (Shareholder Value = Wertsteigerung für die Anteilseigner) steht der finanzielle Aspekt für die Anteilseigner im Vordergrund. Es wird davon ausgegangen, dass Investoren nur dann Kapital in ein Unternehmen investieren, wenn die Rendite besser ist, als alternative Anlagemöglichkeiten.

Beim Shareholder-Value-Ansatz werden die Interessen der Anteilseigner besonders berücksichtigt.

Entsprechend diesem Ansatz müssen im Controlling dann insbesondere Zahlen des betrieblichen Rechnungswesen in entscheidungsrelevante Informationen für die Unternehmensleitung transferiert werden.

Am Shareholder-Value-Ansatz wird vor allem bemängelt, dass er keine operativen Ziele beinhaltet und auch wesentliche Gesichtspunkte für die lang- und mittelfristige Entwicklung eines Unternehmens unbeachtet lässt.

Im Stakeholder-Value-Ansatz (Stakeholder = Unparteiischer) geht man davon aus, dass dauerhafter Markterfolg nur auf der Basis der Berücksichtigung der Ansprüche aller wichtigen beteiligten Gruppen möglich ist. Es werden z. B. die Ansprüche der Kapitalgeber, der Lieferanten, der Kunden, der Öffentlichkeit, der Mitarbeiter, des Managements und des Staates für die Entscheidungsfindungen berücksichtigt.

Beim Stakeholder-Value-Ansatz werden alle Interessengruppen berücksichtigt.

Eine mehrdimensionale Leistungsüberwachungsmethode und Leistungsregelungsmethode ist die Balanced-Scorecard (BSC, **Bild 1**). Eine ausführliche Beschreibung zu BSC findet man im Kapitel 2.5.

Die BSC berücksichtigt die zentralen Leistungsindikatoren (Key Performance Indicators KPI) und bringt sie in einen Wirkungszusammenhang. Hierzu müssen strategische Ziele in operationale Ziele mit geeigneten Messzahlen umgesetzt werden. Da zur Erarbeitung entscheidungsrelevanter Daten Variablen aus vielen verschiedenen Abteilungen und Funktionen berücksichtigt werden müssen, ist hierzu wiederholt eine team-orientierte Zusammenarbeit von Abteilungen und Funktionen notwendig.

Endziel dieser Maßnahmen ist es, erfolgsrelevante Faktoren zu identifizieren, weiter zu entwickeln und das Wissen über ihre Abhängigkeiten gezielt zu nutzen **(Bild 2)**.

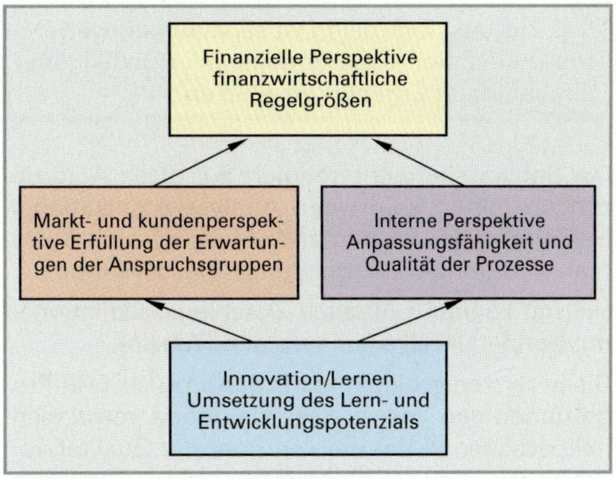

Bild 1: Balanced-Scorecard BSC

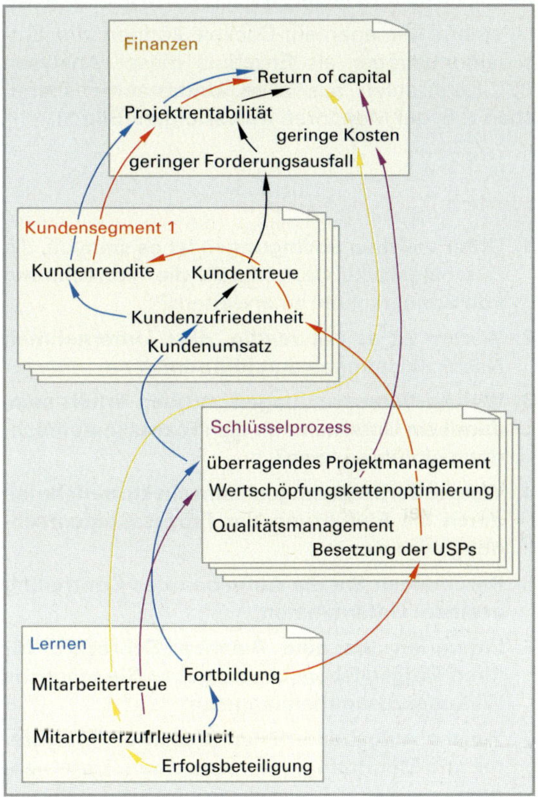

Bild 2: Kausalketten zum BSC

BSC lenkt damit die Aufmerksamtkeit des Top-Managements über die finanziellen Aspekte hinaus auf weitere wesentliche Faktoren des mittel- und langfristigen Unternehmenserfolgs. Gelingt es, diese Faktoren auch den Kapitalanlegern zu kommunizieren, so profitiert auch der Unternehmenswert von der Neuorientierung der Managements.

Das Ziel des Controlling ist es, durch die gezielte Koordination des Handelns aller Beteiligten ein optimales Ergebnis zu erzielen.

Die Softwareindustrie reagiert auf diese Anforderungen mit so genannten Analyse-Applikationen bzw. Enterprise Performance Measurement Systemen (= Unternehmensleistungs-Messsysteme).

Hiermit können z. B. auch Zuschlagskalkulationen mit Sondereinzelkosten erfolgen **(Tabelle)**.

Diese Systeme bieten als Ergänzung zu ERP-Programmen den Vorteil, dass sie neben vergangenheitsbezogenen Kennzahlen über die Qualität von Prozessen auch die Möglichkeit bieten, durch prozessorientierte Modellrechnungen neue Strategien im Voraus zu überprüfen und auf Optimierungsmöglichkeiten zu testen.

In einem Management-Cockpit können die Entscheidungsträger als Ergebnis dieser Analysen BSC-Kennzahlen aus allen Unternehmensbereichen z. B. auf Monitoren mitverfolgen **(Bild 1)**.

Wiederholung und Vertiefung

1. **Unter welchen Bedingungen ist es sinnvoll, die Zuschlagskalkulation durch die Verrechnung von Sonderkosten zu erweitern?**
2. **Warum ist es notwendig, dass Unternehmen Nachkalkulationen durchführen?**
3. **Welche Voraussetzungen müssen erfüllt sein, damit ein Unternehmen die Prozesskostenrechnung einführen kann?**
4. **Welche Verbesserungen kann ein Unternehmen durch die Einführung der Prozesskostenrechnung erwarten?**
5. **Beschreiben Sie die Aufgaben des Controlling in einem Unternehmen.**
6. **Entwerfen Sie eine Balanced-Scorecard für Ihren Tätigkeitsbereich und geben Sie mögliche Wirkungszusammenhänge an.**
7. **Welche Aufgaben erfüllen Measurementsysteme und Monitoringsysteme in einem Unternehmen?**
8. a) **Erstellen Sie mit einem Tabellenkalkulationsprogramm ein Kalkulationsschema für die Tabelle.**
   b) **Ergänzen Sie das Schema mit weiteren Spalten so, dass auch eine Differenzkalkulation und eine retrograde Kalkulation möglich ist.**
   c) **Durch welche Maßnahme können Sie leicht feststellen, ob die Formeln bei den ergänzten Spalten stimmen?**

Tabelle: Zuschlagskalkulation mit Sondereinzelkosten

	%	€
Materialeinzelkosten		**1.720,00**
+ Materialgemeinkosten	**9**	154,80
+ Sondereinzelkosten Material		**120,00**
= Materialkosten		**1.994,80**
Fertigungslöhne		**2.140,00**
+ Fertigungslohngemeinkosten	**110**	2.354,00
+ Sondereinzelkosten d. Fert.		**140,00**
= Herstellkosten		**6.628,80**
+ Verwaltungsgemeinkosten	**18**	1.193,18
+ Vertriebsgemeinkosten	**6**	397,73
+ Sondereinzelkosten d. Vertriebs		**60,00**
= Selbstkosten		**8.279,71**
+ Gewinn	**15**	1.241,96
= Barverkaufspreis		**9.521,67**
+ Kundenskonto	**2**	209,27
+ Vertreterprovision (in % des Bar-VK!)	**7**	732,44
= Zielverkaufspreis		**10.463,37**
+ Kundenrabatt	**10**	1.162,60
= Listenverkaufspreis (o. MwSt.)		**11.625,97**

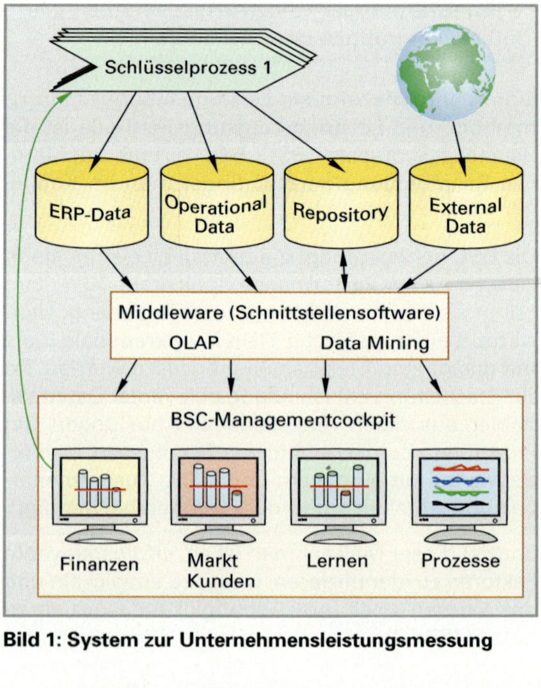

Bild 1: System zur Unternehmensleistungsmessung

Übliche Formelzeichen

Kleinbuchstaben

Formelzeichen	Bedeutung
c	Lichtgeschwindigkeit
d	Klirrfaktor (distortion)
f	Frequenz
g	Tastgrad
i	zeitabhängige Stromstärke
k	1. Kanalzahl 2. Verkürzungsfaktor
l	Länge
m	Masse
n	1. Umdrehungsfrequenz 2. Anzahl
p	Druck (pressure)
q	Querstromverhältnis
r	1. Radius 2. Differenzieller Widerstand
s	1. Strecke, Dicke 2. Siebfaktor
t	Zeit, Impulsdauer (time)
u	zeitabhängige Spannung
ü	Übersetzungsverhältnis
v	Geschwindigkeit (vitesse)

Großbuchstaben

Formelzeichen	Bedeutung
A	1. Fläche (Area), Querschnitt 2. Dämpfungsmaß
B	1. Bandbreite 2. Gleichstromverhältnis 3. Blindleitwert 4. Bitrate
C	Kapazität (Capacity)
D	Dämpfungsfaktor
E	elektr. Feldstärke
F	Kraft (Force)
G	1. Leitwert, Verstärkungsmaß (gain)
I	Stromstärke
J	Stromdichte
K	Konstante
L	1. Induktivität 2. Pegel (Level)
M	1. Kraftmoment 2. Nachrichtenmenge
N	Zahl, z. B. Windungszahl
P	Leistung, Wirkleistung (Power)
Q	1. Ladung 2. Wärme 3. Blindleistung
R	Wirkwiderstand (Resistanz)
S	1. Scheinleistung 2. Stabilisierungsfaktor
T	1. Periodendauer (Time) 2. Übertragungsfaktor
U	Spannung
V	1. Verstärkungsfaktor 2. Volumen
W	Arbeit, Energie (Work)
X	Blindwiderstand
Y	Scheinleitwert
Z	Scheinwiderstand

Griech. Kleinbuchstaben

Formelzeichen	Bedeutung
α	Temperaturkoeffizient
γ	Leitfähigkeit
δ	Verlustwinkel
ε_0	elektr. Feldkonstante
ε	Permittivität
η	Wirkungsgrad
ϑ	Temperatur
λ	Wellenlänge
μ_0	magnetische Feldkonstante
μ	Permeabilität
ϱ	1. spezif. Widerstand 2. Dichte
τ	1. Impulsdauer 2. Zeitkonstante
φ	Winkel, insbesondere Phasenverschiebungswinkel
ω	1. Winkelgeschwindigkeit 2. Kreisfrequenz

Griech. Großbuchstaben

Formelzeichen	Bedeutung
Δ	Differenz
Φ	1. magn. Fluss 2. Lichtstrom

Übliche Indizes und Zeichen

Ziffern, Zeichen

Index	Bedeutung
0	1. Leerlauf; 2. im Vakuum; 3. Bei Resonanz
1	Eingang
2	Ausgang
$\hat{}$, z.B. $\hat{i}$	Maximalwert, Scheitelwert
$\check{}$, z.B. $\check{u}$	Minimalwert, Tiefstwert
′, z.B. a′	1. besonderer Hinweis 2. Ableitung

Kleinbuchstaben

Index	Bedeutung
a	1. Abfall; 2. Ausgang; 3. Abschalten
ab	abgegeben
auf	aufgenommen
b	1. Betrieb; 2. Blindgröße
c	Grenzwert (cut)
d	Gleichgröße, z.B. Gleichstrom
e	Eingang
eff	Effektivwert
f	Frequenz
g	Grenzwert
h	hoch, oben
i	1. innen; 2. induziert; 3. vom Strom; 4. ideell
j	Sperrschicht
k	1. kinetisch 2. Kurzschluss
max	maximal
min	minimal
n	Nenn-, Bemessungs-, Rauschen
o	1. Oszillator; 2. oben
p	1. potenziell; 2. parallel; 3. Pause; 4. Puls
q	quer
r	1. relativ; 2. Reihe; 3. Anstieg
s	1. Sieb-; 2. Signal; 3. Serie; 4. Soll
th	Wärme (von thermal)
tot	total, gesamt
u	1. durch Spannung; 2. unten
v	1. Vor- 2. Verlust 3. visuell
w	Wirk-
x	unbekannte Größe

Großbuchstaben

Index	Bedeutung
A	1. Strommesser; 2. Anode; 3. Anker
B	Basis
C	1. kapazitiv 2. Kollektor
D	Drain
E	Emitter
F	1. vorwärts; 2. Fehler
G	1. Gewicht; 2. Gate; 3. Glättung
H	1. Hysterese 2. Hall-
K	1. Katode 2. Kopplung (Gegen-) 3. Kühlkörper
L	1. induktiv 2. Laden 3. Last 4. Berührung
M	Mitkopplung
N	1. Nenn-; 2. Nutz-
Q	Quer-, Ausgangs-
R	1. rückwärts 2. Rauschen
S	Source
T	Transformator
U	Umgebung, Spannung
V	Spannungsmesser
Z	Zener

Die Indizes können kombiniert werden, z.B. bei U_{bl} für die induktive Blindspannung. Indizes, die aus mehreren Buchstaben bestehen, können bis auf den Anfangsbuchstaben gekürzt werden, wenn keine Missverständnisse zu befürchten sind. Zur Kennzeichnung von Werkstoffen können die Symbole für das Material verwendet werden, z.B. P_{vCu} für Kupferverlustleistung.

Verzeichnis der Firmen und Dienststellen

Die nachfolgend aufgeführten Firmen und Dienststellen haben die Bearbeiter durch Beratung, durch Zurverfügungstellen von Druckschriften, Fotos und Retuschen sowohl bei der Textbearbeitung als auch bei der bildlichen Ausgestaltung des Buches unterstützt. Es wird ihnen hierfür herzlich gedankt.

Agilent Technologies
71034 Böblingen

BASF AG
67069 Ludwigshafen

Black Box Deutschland GmbH
85716 Unterschleißheim

Borland
63225 Langen
www.borland.com

Cherry Mikroschalter GmbH
91275 Auerbach

Deutsche Philips GmbH
20095 Hamburg

Deutsche Telekom Medien GmbH
60329 Frankfurt
www.t-online.de

Fanuc
J.-Jamanashi Prefecture 401-05

Forschungs- und Technologie-Zentrum FTZ
64295 Darmstadt

Fraunhofer-Institut
91058 Erlangen

Gossen-Metrawatt
90471 Nürnberg

HAMEG GmbH
60528 Frankfurt

Hartmann und Braun AG
60487 Frankfurt

Hewlett-Packard GmbH
71034 Böblingen
www.hewlett-packard.de

Hirschmann, Richard GmbH & Co.
73728 Esslingen

IBM Deutschland Informationssysteme
70511 Stuttgart
www.ibm.com

iMatix Corp.
13-15 rue des Ateliers
1080 Bruxelles, Belge

Inprise
Paul-Ehrlich-Str. 11-13
63225 Langen

IRPA Internationale Strahlenschutzvereinigung

Klöckner-Moeller
53105 Bonn

Microsoft GmbH
85716 Unterschleißheim
www.microsoft.de

Mitsubishi Electric Europe GmbH
40880 Ratingen

MySQL AB
www.mysql.com

National Instruments Germany GmbH
81369 München

NEC Electronics (Europe) GmbH
40472 Düsseldorf

Panasonic Deutschland GmbH
22525 Hamburg

RS Components GmbH
64546 Mörfelden-Walldorf
www.rs-components.de

Siemens AG
91050 Erlangen

SORCUS GmbH
69126 Heidelberg

Spectra Computersysteme GmbH
70771 Leinfelden-Echterdingen

SSK Strahlenschutzkommission
Berlin

Sun Microsystems, Inc.
Palo Alto
www.sun.com

Texas Instruments Deutschland GmbH
85350 Freising

Toshiba Electronics Europe GmbH
40549 Düsseldorf

Umweltbundesamt
14191 Berlin

Vacuumschmelze
63412 Hanau

VDE, Verband Deutscher Elektrotechniker e. V.
60596 Frankfurt
www.vde.de

Vicor Europe
85748 Garching

Wichmann WorkX AG
franz.rosenberger@wichmann-ag.de

Yahoo! Deutschland
www.yahoo.de

Zeiss, Carl
73447 Oberkochen

Zentralverband des deutschen Handwerks, ZVEH
53113 Bonn

Zentralverband elektrotechnischer und elektronischer Industrie, ZVEI
60596 Frankfurt

Softwareverzeichnis

Im Buch werden Programme und Software-Pakete folgender Firmen verwendet.

C51 Compiler und µVision 2
Microcontroller Development Tools
Keil Elektronik GmbH
www.keil.com/

DAVE 2
Digital Application Virtual Engineer
Infineon technologies – a Siemens company
www.infineon.com/dave

Delphi und Turbo Pascal
Borland Inprise Corporation
www.borland.de

EAGLE
CadSoft Computer GmbH, 84568 Pleiskirchen
www.cadsoft.de

GALEP
Conitec Datensysteme, 64807 Dieburg
www.conitec.de

GHOST 7.0
Symantec Corp.
www.symantec.com

HP VEE
Hewlett-Packard GmbH, 71034 Böblingen
www.hewlett-packard.de

Java Development Kit
Sun Microsystems GmbH, 85630 Grasbrunn
www.sun.de

JBuilder Foundation
Borland Inprise Corporation
www.borland.de

Meybohms HTML-Editor (Freeware)
www.meybohm.de

Microsoft Betriebssysteme W98, ME, NT, 2000, XP
Microsoft GmbH, 85716 Unterschleißheim
www.microsoft.com/germany/office

Microsoft Office 97 / Office 2000
Microsoft GmbH, 85716 Unterschleißheim
www.microsoft.com/germany/office

Microsoft Visual Basic und Visual C++
Microsoft GmbH, 85716 Unterschleißheim
www.microsoft.com/germany/office

Mindjet LLC.
MindManager
www.mindjet.de

Netscape Communication
www.netscape.com

Norton AntiVirus
Symantec Corporation
www.symantec.de

Novell Netware
Novell GmbH, 40549 Düsseldorf
www.novell.de

Partition Magic
PowerQuest Corp.
www.powerquest.com

PSpice V9.1
Micro Sim Corp.
www. microsim.com

Turbo C++
Borland Inprise Corporation
www.borland.de

Scitor Project Scheduler
Scitor, 65232 Traunstein
www.scitor.com

Xitami, MySQL
Imatix
www.imatix.com

Zone Alarm
Zone Labs
www.zonelabs.com

Literaturverzeichnis

G. Kuhlmann u.a.	SQL	Rowohlt Taschenbuch Verlag
E. Schicker	Datenbanken und SQL	Teubner Verlag
D. Schmid u.a.	Automatisierungstechnik	Verlag Europa-Lehrmittel
Tabatt u.a	Java programmieren mit JBuilder	Software & Support Verlag
St. Münz	HTML-Dateien selbst erstellen	Franzis Verlag
Ebner u.a.	Pascal mit Delphi 7	Addison-Wesley
S. Baloui	Access 97	Markt & Technik
H. Balzert	Lehrbuch der Software-Technik	Spektrum-Verlag

Wichtige Normen

Inhalt, gekürzter Titel	Nummer	Inhalt, gekürzter Titel	Nummer
Aderkennzeichnung bei Nennspannungen bis 1000 V	DIN VDE 0293	Kennzeichnung von Anschlüssen	DIN 42400
Akkumulatoren und Batterie-Anlagen	DIN VDE 0510	Kennzeichnung von Widerständen und Kondensatoren	IEC 62
Allgemeine mathematische Zeichen und Begriff	DIN 1302	Kennzeichnungssystematik für technische Produkte	DIN 6779
Anschlussbezeichnung für Befehlsgeräte	DIN EN 50013	Verkabelung	DIN EN 50173 50173-1
Anzeigende Messgeräte	DIN 43780	Leitungen für Informationsverarbeitungsanlagen	DIN VDE 0815
Begriffe der Nachrichtenübertragung	DIN 40146	Leitungsschutzschalter	DIN VDE 0641
Benennung und Einstellung von Reglern	DIN 19225	Magnetisches Feld	DIN 1325
Bildschirmarbeitsplätze	DIN 66234	Maßnahmen zur Funkentstörung	DIN VDE 0875
Bildzeichen	DIN 40101	Nennwert, Bemessungswert u.ä. (Begriffe)	DIN 40200
Code zur Farbkennzeichnung	IEC 757	Bemessungswerte von Widerständen und Kondensatoren	DIN 41426
Datenübertragung	DIN 66021	Niederspannungssicherungen	DIN VDE 0636
Dokumente der Elektrotechnik	DIN EN 61082	Normspannungen	IEC 38
Eigenschaften von Oszilloskopen	IEC 351	Optoelektronische Halbleiterbauelemente	DIN 41855
Einheiten elektrischer Größen	DIN 1357	PASCAL	DIN 66256
Einheiten magnetischer Größen	DIN 1339	Physikalische Größen und Gleichungen	DIN 1313
Einheiten (Einheitenname, Einheitenzeichen)		Primärbatterien	IEC 86
Elektrisches Feld	DIN 1324	Programmaufbau für NC-Maschinen	DIN 66025
Elektromagnetische Beeinflussung	DIN EN 50310	Qualitätssicherung	DIN ISO 9000
Errichten von Starkstromanlagen	DIN VDE 0100	Regelungstechnik und Steuerungstechnik	DIN 19226
Farbkennzeichnung von Widerständen und Kondensatoren	DIN 41429	Richtungssinn und Vorzeichen in der Elektrotechnik	DIN 5489
Formelschreibweise	DIN 1338	Schallpegelmesser	IEC 651
Formelzeichen	DIN 1304	Schnittstellen in Fernsprechnetzen	DIN 66020
Funkentstörung von Hochfrequenzgeräten	DIN VDE 0871	Schutzmaßnahmen Teil 410	DIN VDE 0110
Gas- und Wasserleitungen für Hauptpotenzialausgleich	DIN VDE 0190	Sicherheitstransformatoren	DIN VDE 0551
Gehäuse für Halbleiterbauelemente	DIN 41868	Sicherungsverfahren mit dem 7-Bit-Code	DIN 66019
Gehäuse für Halbleiterbauelemente	DIN 41869	Sinnbilder für Datenflusspläne und Programmablaufpläne	DIN 66001
Gehäuse für Halbleiterbauelemente	DIN 41873	Skalen von Messgeräten	DIN 43802
Gehäuse für Halbleiterbauelemente	DIN 41876	Spannungsmerkmale	DIN EN 50160
Geräte zum Prüfen der Schutzmaßnahmen	DIN VDE 0413	Speicherprogrammierbare Steuerungen	DIN EN 61131
Geräte zur Messung von Funkstörungen	DIN VDE 0876	Steuerungstechnik (Begriffe)	DIN 19237
Grafische Symbole der Prozessleittechnik	DIN 19277	Struktogramm nach Nassi-Shneiderman	DIN 66261
Grafische Symbole für Schaltpläne	DIN EN 60617	Temperaturabhängige Widerstände, Heißleiter	DIN 44070
Handhabungssysteme	DIN 2860	Temperaturabhängige Widerstände, Kaltleiter	DIN 44080
HF-Leitungstechnik	DIN 47301	Überspannungsschutzgeräte	DIN VDE 0675
IEC-Bus	IEC 625	Übertragungsfaktor, Pegel	DIN 40148
Informationsverarbeitung	DIN 44300	Umweltmanagement-Systeme	DIN ISO 14001
Informationsverarbeitung, 7-Bit-Code	DIN 66003	Varistoren	IEC 40
Innenraumbeleuchtung	DIN 5035	Vorzugsreihen für die Bemessungswerte von R und C	IEC 63
IP-Schutzarten	DIN VDE 0470	Wechselstromgrößen	DIN 40110
Kennzeichnung der Anschlüsse	DIN EN 60445	Winkel	DIN 1315
Kennzeichnung Fernmeldeschnüre	DIN 47100	Zeichen der Schaltalgebra	DIN 66000
Kennzeichnung für Signale und Verbindungen	DIN EN 61175		

Sachwortverzeichnis

Bei Schwerpunktseiten sind die Seitenzahlen **fett** gedruckt.